Unerklärliche Phänomene

Unerklärliche Phänomene

nebel
SACHBUCH

Fachliche Beratung:
D. Harald Alke, Kyborg-Institut, Postfach 20,
67592 Flörsheim-Dalsheim.

Umschlaggestaltung: Martine Salvat

Printed in Spain

ISBN 89555-074-4

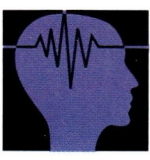

Unglaubliche Erscheinungen

Neue Horizonte

Außerirdisches

IST ÜBERSINNLICHKEIT ERBLICH?

Um ihre Konzentration zu steigern, behilft sich die Hellseherin manchmal mit einer Glaskugel. Viele sind jedoch davon überzeugt, daß die eigentliche Gabe des Hellsehens angeboren ist und durch verschiedene Faktoren wie Ernährung oder Sexualität beeinflußt werden kann.

Neigen einige Menschen schon aufgrund ihrer Rassenzugehörigkeit oder gar Blutgruppe eher zu paranormalen Fähigkeiten als andere? Eine umstrittene Theorie geht davon aus, daß Übersinnlichkeit erblich sein könnte.

Ein Mensch mit paranormaler Veranlagung ist in ungewöhnlich hohem Maße zu außersinnlichen Wahrnehmungen – sei es Telepathie, Hellsehen oder Präkognition – fähig. Vermutlich verfügen wir alle über eine gewisse paranormale Begabung, auch „Psi" genannt, die bei jungen Menschen leichter hervortritt als bei Erwachsenen. Kleinkinder sind oft mit ihren Geschwistern und nahezu immer mit ihren Eltern telepathisch verbunden, wenigstens so lange, bis sich eine präzisere Kommunikation in Form von Sprache entwickelt. Der Psychiater Dr. Berthold Schwarz verzeichnete bei seinen eigenen Kindern bis zum Alter von 15 Jahren immerhin 1520 Ereignisse solcher Art und schloß daraus, daß Telepathie innerhalb der Familie wesentlich häufiger auftritt als angenommen. Da diese Art der Kommu-

nikation allerdings selten von besonderer Bedeutung ist, wird sie kaum beachtet.

Häufig ist es uns auch gar nicht bewußt, daß wir telepathisch Informationen empfangen – ein weiterer Grund, weshalb diese Form von Psi häufig unbemerkt bleibt. Vor einigen Jahren unternahmen es Forscher am „Newark College of Engineering" in New Jersey, USA, dies unter Laborbedingungen zu beweisen. Man setzte zwei Versuchspersonen in getrennte Räume. Die eine erhielt eine Liste mit Namen, die andere wurde an ein Blutdruckmeßgerät angeschlossen. Zu Versuchsbeginn sollte sich der Teilnehmer mit der Liste in willkürlicher Reihenfolge auf die Namen konzentrieren. Sobald er dabei an einen Namen dachte, den der andere kannte, wurde bei diesem eine leichte Veränderung des Blutdrucks registriert. Das Bedeutsame dabei war, daß er die Gedanken des anderen subliminal, also unterschwellig, empfangen haben mußte, denn er äußerte zu keinem Zeitpunkt, der Sender denke

Links: William Wordsworth (1770-1850), der englische Dichter der Romantik, glaubte, daß ein Kind bei seiner Geburt noch mit einer anderen geistigen Sphäre in Kontakt stehe. Auf dem Weg zum Erwachsensein, so meinte er, werden diese besonderen Bande dann zerrissen.

Rechts und rechts unten: Auch die Ernährung soll eine wichtige Rolle spielen. In der westlichen Welt werden vor allem Vegetarier für außersinnlich begabt gehalten. Allerdings gibt es auch Menschengruppen, die sich fast ausschließlich von Fleisch ernähren, wie diese Eskimos, und über legendäre hellseherische Fähigkeiten verfügen.

Unten: Die Tibetaner, wie dieser Mönch, leben nahezu abgeschieden vom Rest der Welt und führen traditionsgemäß ein einfaches, spirituelles Leben. Ihnen werden besonders starke außersinnliche Fähigkeiten zugesprochen.

gerade an einen bestimmten Namen. Die telepathische Kommunikation erfolgte auf rein unbewußter Ebene, physiologisch meßbar nur über die Blutdruckveränderungen.

Sobald ein Kind zu sprechen beginnt und sich auf bestimmte Aufgaben zu konzentrieren vermag, verliert sich seine paranormale Begabung wahrscheinlich. Mit zunehmendem Alter läßt es sich nicht mehr vom Ticken einer Uhr oder vom störenden Verkehrslärm ablenken, und durch das Herausfiltern solcher unwesentlichen Informationen blockt es möglicherweise auch die ab, die es auf telepathischem Wege empfängt.

Es gibt allerdings verschiedene Gründe, warum sich einige Kinder ihre paranormalen Fähigkeiten bis in ihr späteres Leben bewahren können. Kommt sich ein Kind zum Beispiel vernachlässigt oder aus-

Links: Michael Bentine, der vielseitige englische Komödiant, ist auch überzeugter Spiritualist. Als eindeutig extrovertierter Typ scheint er die Theorie zu bestätigen, daß aufgeschlossene, lebhafte Persönlichkeiten für Psi besonders empfänglich sind. Manche gehen noch weiter und sehen einen Zusammenhang zwischen dieser Begabung und einer bestimmten Körperstatur.

Links: Diese Szene stammt aus J.B. Priestleys Theaterstück „An Inspector Calls" („Ein Inspektor kommt"). Darin geht es um das schuldhafte Verhalten aller Mitglieder einer angesehenen Familie, das zum Selbstmord einer jungen Frau führt. Wenn außersinnliche Fähigkeiten in der Familie liegen sollen, könnte dann vielleicht auch ein „kollektives Schicksal" erblich sein?

„ MÖGLICHERWEISE LEIDEN PARANORMAL VERANLAGTE MENSCHEN UNTER STÖRUNGEN DER ELEKTRISCHEN HIRNTÄTIGKEIT. „

gruppe mit negativem Rhesusfaktor aufweisen. Der Grund hierfür ist unbekannt.

In den sechziger Jahren versuchten französische Forscher, Psi-Fähigkeiten und physiologische Merkmale miteinander zu verknüpfen. Medien haben danach häufig einen kräftigen Haarwuchs, bekommen rasch blaue Flecken, bluten leicht und neigen zu schwachen Bändern. Der amerikanische Psychologe Dr. W. H. Sheldon forschte nach einem Zusammenhang zwischen Körperbau und Persönlichkeit, allerdings sind seine Theorien höchst umstritten.

Sheldon untersuchte die körperliche Konstitution einer großen Zahl von Menschen und fand heraus, daß sich im wesentlichen drei somatische Typen unterscheiden lassen – der endomorphe, der mesomorphe und der ektomorphe. Einige Menschen stellen allerdings Mischformen dar.

Der rein endomorphe Typus ist untersetzt und ausgeglichen; er genießt Bequemlichkeit, gutes Essen und Trinken, gesellige Ereignisse und braucht Menschen um sich, wenn er sich unglücklich fühlt. Er ist vorwiegend extrovertiert – und gerade solche Personen schneiden in parapsychologischen Experimenten meist besonders gut ab. Zu weiteren Eigenschaften, die sich bei außersinnlichen Wahrnehmungstests (ESP-Tests) als vorteilhaft erweisen, zählen Herzlichkeit, Geselligkeit, Fröhlichkeit und Begeisterungsfähigkeit.

Der mesomorphe Menschentyp neigt laut Sheldon ebenfalls zur Extrovertiertheit, ist athletisch muskulös gebaut, zäh, flink, aufgeweckt und abenteuerlustig. Auch solche Typen scheinen sich in ESP-Versuchen besonders gut zu bewähren.

Am anderen Ende der Sheldon-Skala steht der ektomorphe Typus, dünne, knochige Menschen, spannungsgeladen und leicht erregbar, aber auch furchtsam, verschlossen und depressiv. In ESP-Tests schneiden sie meistens schlecht ab. Unklar bleibt jedoch, ob Introvertierte dafür mehr spontane ESP-Erlebnisse haben.

Die „heilige Krankheit"

Möglicherweise leiden paranormal veranlagte Menschen sowohl in primitiven als auch in zivilisierten Kulturen unter Störungen der elektrischen Hirntätig-

geschlossen vor, wird es vielleicht seine Psi-Talente gezielt einsetzen und sich damit brüsten, um Aufmerksamkeit zu erheischen. Eventuell macht ein Kind hier die Erfahrung, daß ihm jedesmal Bewunderung zuteil wird, wenn es ein völlig unerwartetes Ereignis voraussieht. Bestimmte Faktoren können den Grad beeinflussen, in dem die paranormalen Fähigkeiten schwinden: ihre ursprüngliche Intensität, die Einstellung der jeweiligen Gesellschaft gegenüber außersinnlichen Phänomenen, Wettereinflüsse, die Ernährung und der Tagesablauf. Auch persönliche Erfahrungen dürften hier eine Rolle spielen. Wer einmal im Traum etwas vorausgesehen hat, wird künftig auf all seine Träume achten und entdecken, daß sich nächtliche Visionen in der Tat mit bevorstehenden Ereignissen decken können.

Merkwürdigerweise sind Psi-Fähigkeiten bei bestimmten Menschengruppen stärker ausgeprägt als bei anderen. Dies gilt insbesondere für Zigeuner, Kelten und Basken, die auffällig häufig eine Blut-

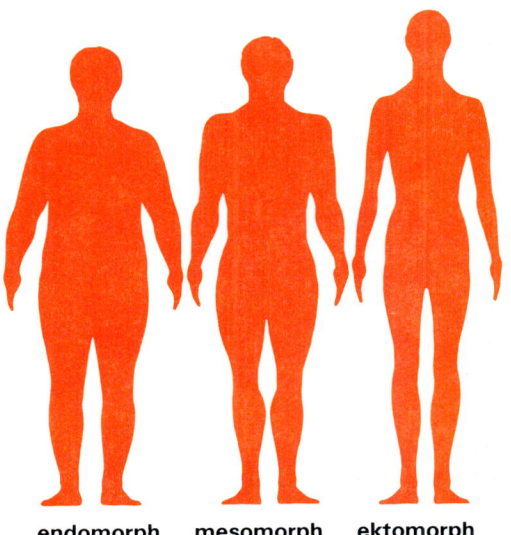

endomorph   mesomorph   ektomorph

keit, wie sie vor allem die Epilepsie auslöst, die früher als „heilige" Krankheit galt. Diese Ansicht hat sich teilweise bis heute gehalten. Der Anthropologe Adrian Boshier lebte einige Zeit bei den primitiven Stämmen in Südafrika und wurde hauptsächlich deshalb von ihnen akzeptiert, weil er Epileptiker war. Interessanterweise traten auch bei dem bekannten Medium Leonora Piper (1857-1950) unmittelbar vor einer Trance „kleine epilepsieähnliche Anfälle" auf. Weitere Belege bringt ein Artikel des amerikanischen Parapsychologen William G. Roll mit dem Titel *Towards a Theory of the Poltergeist* (Beitrag zu einer Poltergeist-Theorie), der 1978 im *European Journal of Parapsychology* erschien. Roll nimmt an, daß Epilepsie mit Poltergeist-Aktivitäten in Verbindung stehen könnte und besonders lebhafte paranormale Aktivitäten vielleicht einem „Grand Mal"-Anfall entsprächen.

Unten: Vincent Van Goghs Bild „Der Sämann" scheint, auch wenn es offensichtlich nicht gegenständlich gemalt ist, eine echte Vision widerzuspiegeln, als habe Van Gogh die Szene beim Malen lebhaft vor sich gesehen. Die meiste Zeit seines Lebens zeigte er sich psychisch labil; möglicherweise besaß auch er die gleichen neurologischen und emotionalen Voraussetzungen wie einige der großen Mystiker und Heiligen.

Welche Rolle die physikalische Umgebung für den Grad der Psi-Begabung spielt, läßt sich schwer ermitteln. Nomaden scheinen eher paranormal veranlagt zu sein als seßhafte Menschen, vielleicht, weil ihr Leben nicht in den einschränkenden Grenzen von Regeln und Routine verläuft, so daß sie gelöster und empfänglicher sind. Die seit der Jahrhundertwende durchgeführten Untersuchungen deuten darauf hin, daß Psi bei entspannten Menschen eher auftritt und sich anscheinend nicht bewußt herbeiführen läßt.

Hier könnte auch der Grund liegen, weshalb bestimmte Personen unter Laborbedingungen so schlecht abschneiden. Die Kontrollatmosphäre, die ein wissenschaftlicher Test erfordert, setzten eine sensible Versuchsperson unter Druck und beeinflußt das Ergebnis. Die besten Resultate bringen Menschen in ausgeglichener Stimmung. Auch ein vertrauensvoller Kontakt zum Parapsychologen wirkt sich positiv aus. In Telepathieversuchen erwies sich

Die Vorstellungen und Wertmaßstäbe der sozialen Gruppe, in der ein Kind aufwächst, dürften zweifellos seine Entwicklung in jeder Hinsicht beeinflussen. Eine ausgeprägte paranormale Begabung wird vielleicht akzeptiert und rationalisiert wie beispielsweise im alten Griechenland oder auch in Japan, wo es bis Mitte des 19. Jahrhunderts sogar ein offizielles „Ministerium für Weissagung" gab. In Afrika fördert man die geheimnisvolle Begabung mancher Kinder bis heute, während man sie in den industriellen Gesellschaften eher für Betrug oder Geisteskrankheit hält. Auch kann die Einstellung zu Psi unerfreulich geteilt sein, besonders wenn zwischen außersinnlichen und spirituellen Aktivitäten beziehungsweise dem Paranormalen und dem Übernatürlichen nicht unterschieden wird.

Rechts: Sir Ernest Shackleton (1874-1922) leitete von 1914 bis 1916 eine Transantarktis-Expedition, die extreme körperliche Belastungen und eine mangelhafte Ernährung mit sich brachte. Vielleicht traten dadurch bei ihm und mindestens zweien seiner Begleiter Halluzinationen auf, in denen sie ein weiteres Expeditionsmitglied zu sehen glaubten. Andere Polarforscher machten ähnliche Erfahrungen. Vielleicht löste die kalzium- und zuckerarme Nahrung Shackletons die Visionen aus.

außerdem die Sender/Empfänger-Beziehung als ausschlaggebend. Ferner stellte sich heraus, daß jemand, der von Anfang an überzeugt ist zu versagen, gewöhnlich schlechtere Ergebnisse erzielt als andere mit einer positiven Einstellung zu Psi. Eine Untersuchung hat sogar gezeigt, daß telepathische Übertragungen in Vollmondnächten „Hochkonjunktur" haben.

Auch spontane Psi-Erlebnisse, die nicht unter kontrollierten Testbedingungen auftreten, unterliegen der geistigen Verfassung. Da die meisten Berichte allerdings anekdotischen Charakter haben, ist es recht schwierig, die Bedingungen zu bestimmen, die dem Phänomen zugrunde lagen. Wer sich müde und resigniert fühlt, unter niedrigem Blutdruck leidet und sich im Halbschlaf befindet, scheint für außersinnliche Eindrücke empfänglicher zu sein als jemand, der hellwach, aufmerksam und konzentriert ist. Auch kurz nach dem Meditieren treten häufig Psi-Wahrnehmungen auf, wie sowohl klinische Untersuchungen als auch persönliche Erlebnisse bestätigen.

Wer für außersinnliche Wahrnehmungen aufgeschlossen ist, kann sie durch Meditieren und andere psychophysische Techniken wie Yoga-Übungen und Atmen stimulieren. Auch rhythmisches Singen, Trommeln und Tanzen wirkt hilfreich, wie es die Menschen in früheren Zeiten einsetzten, um ihre paranormalen Fähigkeiten zu steigern.

Stoff zum Nachdenken

Auch die Ernährung könnte eine Rolle spielen. Vegetarier sollen angeblich eher zu außersinnlichen Fähigkeiten neigen, doch viele Gruppen, bei denen Psi ungewöhnlich häufig auftritt, wie Eskimos, Buschmänner und australische Ureinwohner, sind ausgesprochene Fleischesser. In den fünfziger Jahren entdeckte man, daß Menschen, die ausgesprochen wenig Kalzium und möglicherweise auch Zucker zu sich nehmen, besonders anfällig für Visionen sind.

Außersinnliche Fähigkeiten werden vielleicht auch von Sex und Sexualität beeinflußt. Die Seherin, die früher im Wasser oder in einer Kristallkugel Zukünftiges erkennen sollte, durfte traditionsgemäß nur eine Jungfrau sein und die Pubertät noch nicht erreicht haben. Auch herrschte einst der weitver-

Oben: Parapsychologische Laborversuche deuten stark darauf hin, daß sich eine Versuchsperson um so empfänglicher für telepathische Wahrnehmungen zeigt, je entspannter sie ist. Dies scheint auch für den Alltag zu gelten – je unbeschwerter und gelassener man sich fühlt, z.B. im Urlaub (oben), desto wahrscheinlicher werden spontane Psi-Erlebnisse.

Rechts: Ein Eremit am Eingang seiner Höhle. Diese Menschen suchten Einsamkeit, um zu beten, zu meditieren und über längere Zeit hinweg zu fasten. Sie schufen so ideale Bedingungen, um die Empfänglichkeit für Psi-Wahrnehmungen und Visionen zu steigern.

breitete Glaube, daß Medien nach der Heirat ihre übersinnlichen Fähigkeiten verlören. Davon nicht betroffen war offensichtlich das berühmte englische Medium D. D. Home. Edward Carpenter stellte 1941 in *Intermediate Types Among Primitive Folk* (Zwischenformen bei primitiven Völkern) die Theorie auf, daß eine homosexuelle Veranlagung zur Entwicklung paranormaler Fähigkeiten führen kann. Es ist durchaus vorstellbar, daß diese Personen, die die Empfindungen und Probleme beider Geschlechter verarbeiten müssen, sich häufig verunsichert und orientierungslos fühlen, dadurch aber oftmals eine erhöhte Sensitivität und Empfänglichkeit für Psi mitbringen.

Was immer auch die Motivation sein mag, paranormale Fähigkeiten zu entwickeln, und wie immer man dazu stehen mag, interessant ist, daß in uns allen Psi-Fähigkeiten zu schlummern scheinen. Welche Faktoren diese Fähigkeiten auslösen oder ihre Aktivierung begünstigen, bleibt allerdings ein Rätsel.

" WER FÜR AUSSERSINNLICHE WAHRNEHMUNGEN AUFGESCHLOSSEN IST, KANN SIE DURCH MEDITIEREN UND ANDERE PSYCHOPHYSISCHE TECHNIKEN WIE YOGA-ÜBUNGEN UND ATMEN STIMULIEREN. AUCH RHYTHMISCHES SINGEN UND TANZEN WIRKT HILFREICH, WIE ES DIE MENSCHEN IN FRÜHEREN ZEITEN EINSETZTEN, UM IHRE PARANORMALEN FÄHIGKEITEN ZU STEIGERN. **"**

Dem Anschein nach war Papst Johannes ein Papst wie jeder andere – bis „er" bei einer Prozession ein gesundes Kind gebar. So jedenfalls erzählt es die Legende. Was aber hat es mit dieser unerhörten und ganz ungewöhnlichen Geschichte wirklich auf sich? Hat sie einen wahren Kern, oder ist sie frei erfunden?

EIN WEIBLICHER PAPST

Oben: Papst Johanna gebar bei einer Prozession ein Kind, wie es eine Illustration des 15. Jahrhunderts zu Boccaccios Decamerone darstellt. In seinem Werk Das Leben der Päpste, *das der humanistische Gelehrte Bartolomeo Platina (links, mit Papst Sixtus IV. in der Vatikanischen Bibliothek) 1479 veröffentlichte, berichtet er, daß Johanna sich als Mann verkleidete und ihren Geliebten nach Athen begleitete, wo sie „in verschiedenen Wissenschaften ausgebildet wurde und sich niemand mit ihr messen konnte". Als sie nach Rom zurückkehrte, soll man sie „einstimmig" zum Papst gewählt haben.*

D ie schockierende und ketzerische Geschichte von Papst Johanna, dem weiblichen Statthalter Christi, der beziehungsweise die sich angeblich als Mann ausgab (bis sie von der Natur „ertappt" wurde und mitten in einer päpstlichen Prozession ein Kind zur Welt brachte), gehört zu den skandalumwittertsten Gerüchten über den Vatikan. Der italienische Historiker Bartolomeo Platina faßte diese höchst ungewöhnliche Legende in seinem 1479 veröffentlichten Werk *Das Leben der Päpste* zusammen:

„Papst Johannes VIII.: Johannes, von englischer Herkunft, wurde in Metz geboren und soll durch Teufelswerk die Papstwürde erlangt haben: Er war in Wirklichkeit eine Frau, die als Mann verkleidet in jungen Jahren mit ihrem Geliebten, einem gelehrten Mann, nach Athen ging. Sie erzielte in ihrem Studium bei den dortigen Professoren so große Fortschritte, daß sich später in Rom kaum jemand mit ihr messen, geschweige denn sie übertreffen konnte, nicht einmal in der Kenntnis der Heiligen Schrift. Durch ihre gelehrten und geistreichen Lesungen und Disputationen erlangte sie so große Anerkennung und Autorität, daß sie noch am Sterbebett Leos einstimmig zu seinem Nachfolger gewählt wurde. Auf dem Weg zur Lateranbasilika, zwischen dem Kolosseum und S. Clemente, überkamen sie die Wehen. Sie starb an Ort und Stelle, nachdem sie der Kirche zwei Jahre, fünf Monate und vier Tage vorgestanden hatte, und wurde ohne jeglichen Pomp ebendort begraben. So liest man die Geschichte gemeinhin, allerdings bei sehr zweifelhaften und obskuren Autoren …"

Es ist kaum verwunderlich, wenn man diese Version weithin glaubte, denn sie findet sich in den verschiedensten zeitgenössischen Quellen. Die erste Erwähnung stammt von Anastasius Bibliothecarius,

Papst Johanna brachte ihr Kind angeblich während einer päpstlichen Prozession zwischen dem Kolosseum und der Kirche S. Clemente zur Welt. Diese Stelle soll mit einer großen Steintafel gekennzeichnet worden sein, die Papst Pius (rechts, in einem Porträt von El Greco) entfernen ließ, da die Geschichte hätte peinlich werden können.

einem gebildeten Römer des 9. Jahrhunderts, der sie in der Handschrift eines Historienwerks anmerkte. Anastasius war der Verwalter der Vatikanischen Bibliothek und so stark in die Amtsgeschäfte des Papstes eingebunden, daß er beim Tode Leos IV. im Jahre 855 zu seinem Nachfolger bestimmt wurde. Es stellte sich jedoch heraus, daß er sich für dieses Amt nicht eignete, und man setzte Papst Benedikt III. ein. Da Papst Johannas kurze Amtszeit in etwa dieselbe Zeit gefallen sein soll, könnte sich Anastasius' Kommentar als höchst bedeutsam erweisen.

Sicher scheint zumindest, daß seine Anmerkung bei den nachfolgenden Generationen sehr bekannt war. Martinus Scotus, ein Mönch der Abtei St. Martin in Köln, der 1086 starb, schrieb: „Am 14. Lotharii des Jahres 854 folgte Johanna, eine Frau, auf Papst Leo und blieb zwei Jahre, fünf Monate und vier Tage im Amt." Der belgische Chronist Sigebert de Gembloux, der bis 1112 lebte, fügte weitere Informationen hinzu: „Es wird berichtet, daß dieser Papst eine Frau war und von einem ihrer Diener ein Kind empfing. Sie kam als schwangerer Papst nieder, daher weigern sich manche, sie in die Reihe der Päpste zu stellen." Stephan von Bourbon (gestorben 1261) bestätigte die Grundzüge der Geschichte in seinem Werk *De Septem Donis Spiritu Sancti* (Von den sieben Gaben des Heiligen Geistes), erwähnte aber keine Details. In seiner Darstellung trägt der mysteriöse weibliche Papst keinen Namen, und die Schwangerschaft war zum Zeitpunkt des Amtsantritts bereits ziemlich weit fortgeschritten. Ihre Amtszeit blieb daher kurz bemessen, denn die Geburt des Kindes fand während der feierlichen Amtseinführung statt, und die wütende Menge zerrte sie unverzüglich vor die Tore der Stadt und steinigte sie für ihr Sakrileg gnadenlos zu Tode.

In anderen mittelalterlichen Quellen weichen die Details über Johannas Leben geringfügig voneinander ab. Einige geben als ihren Namen Hagnes oder Gilberta an, sie sei die Frau Papst Leos XIII. gewesen und nach dessen Ableben an seine Stelle getreten. Die wohl bekannteste Version der Geschichte stammt von dem Dominikanermönch Martin von Troppau aus dem 13. Jahrhundert. In seinem *Chronicon Pontificum et Impera-*

torum (Chronik der Päpste und Kaiser) kann man folgendes nachlesen:

„Nach Leo IV. war Johann Anglus aus Metz für zwei Jahre, fünf Monate und vier Tage im Amt. Das Pontifikat blieb einen Monat lang vakant. Er starb in Rom. Er soll weiblichen Geschlechts gewesen und als junges Mädchen seinem Geliebten in Männerkleidern nach Athen gefolgt sein. Dort wurde sie in verschiedenen Wissenschaften ausgebildet, und es fand sich niemand, der ihr ebenbürtig war. Nachdem sie drei Jahre lang ihr Studium in Rom fortgesetzt hatte, fanden sich große Gelehrte unter ihren Schülern und Zuhörern. Da sie wegen ihrer Tugend und ihres großen Wissens höchstes Ansehen in der Stadt genoß, wurde sie einstimmig zum Papst ge-

wählt. Aber während ihres Pontifikats wurde sie durch einen ihrer Vertrauten schwanger. Da sie den genauen Zeitpunkt der Geburt nicht kannte, entband sie unter großen Schmerzen auf dem Weg vom Petersdom zur Lateranbasilika zwischen dem Kolosseum und S. Clemente, mitten auf der Straße. Sie starb unmittelbar danach und wurde angeblich an Ort und Stelle begraben…" An ihrer Todesstätte soll eine große Steintafel mit einer klassischen Inschrift gestanden haben, bis Papst Pius V. (1566-1572) sie zerstören ließ. Nach diesem Vorfall blieb es bis zur Amtszeit Papst Leos X. (1513-1521) üblich, daß man jeden Anwärter auf das päpstliche Amt einer Geschlechtskontrolle unterzog – wie es scheint ein Versuch, in Zukunft einen weiblichen Papst zu vermeiden.

Es ist kein Zufall, daß der Heilige Stuhl im 15. Jahrhundert jegliche Hinweise auf Johanna auszumerzen versuchte. In Europa bahnte sich die Reformation an, und viele Verfasser protestantischer Flugschriften hatten die Geschichte begeistert aufgegriffen, um dem orthodoxen Klerus einen Hieb zu versetzen. In dem Bestreben, den Sittenverfall in der römisch-katholischen Kirche anzuprangern, behaupteten die Protestanten nicht nur, Johannas erster Liebhaber sei ein Benediktinermönch gewesen, sondern nannten ihren späteren Verführer sogar einen Kardinal – oder gar den Teufel selbst.

Die Verweltlichung der Gelehrsamkeit, eine der Nebenwirkungen der Reformation, brachte auch einen neuen Forschergeist mit sich, der erste Zweifel an der Geschichte um Papst Johanna anmeldete. David Blondel (1590-1655) war ein französischer Landpfarrer und Gelehrter, der zum Calvinismus tendierte. Abgesehen davon vertrat er liberale Ansichten und galt als eine Art Bilderstürmer. Eingehend studierte er die Geschichte der Päpste und veröffentlichte seine Ergebnisse 1647 unter dem Titel *Eclaircissement Familier de la Question: Si une Femme a été Assise au Siège Papal de Rome* (Zur Aufklärung der Frage, ob eine Frau den päpstlichen Thron zu Rom innehatte). Dieses Werk stieß bei seinen protestantischen Glaubensgenossen auf Mißbilligung.

Als erstes fiel Blondel auf, daß es sich bei Anastasius' Kommentar zu Johanna eindeutig um eine spätere Randbemerkung handelte. Außerdem erinnerte

Unten: David Blondel (1590 – 1655), ein französischer Landpfarrer mit calvinistischen Neigungen, war der erste, der eine objektive Untersuchung der Legende von Papst Johanna in Angriff nahm. 1647 veröffentlichte er seine Ergebnisse (unten rechts). Als er die schriftlichen Quellen der Legende auswertete, stellte er fest, daß es sich bei den drei ersten um spätere Randnotizen handelte und die ursprünglichen Manuskripte einen Papst Johanna nicht erwähnten.

Ganz unten: Es gibt vielfältige Berichte von Johannas Ende: Auf einem Holzschnitt aus dem 17. Jahrhundert hängen sie und ihr Neugeborenes wie gemeine Verbrecher am Galgen, während sie von einem Drachen verschlungen werden und die Flammen der Hölle auf sie warten.

ihr Stil weniger an Anastasius, den vermeintlichen Autor, sondern vielmehr an Martin von Troppau, der rund 400 Jahre später wirkte. Überdies schien der Zusatz in einer anderen Handschrift angefertigt zu sein als der Haupttext, und auch inhaltlich ließ er sich nicht mit den Fakten der schlichten historischen Darstellung vereinbaren. Blondel meint dazu: „Es ist absolut unmöglich, daß es zwischen Leo IV. und Benedikt III. noch einen anderen Papst gegeben haben könnte, denn er [Anastasius] schreibt: ‚Nachdem der Prälat Leo von dieser Welt geschieden war, wählten sofort alle, Klerus, Adel und das Volk von Rom, Benedikt zum neuen Papst. Man suchte ihn unverzüglich und fand ihn beim Gebet in der Titularkirche St. Callixtus. Als er auf den päpstlichen Thron gesetzt war und das Wahldekret unterzeichnet hatte, sandte man ihn zu den unbesiegbaren Kaisern Lothar und Ludwig. Ersterer starb am 29. September des Jahres 855, nur 74 Tage nach dem Tode Papst Leos.'"

Selbst wenn Anastasius seine eigene Rolle bei der Papstwahl 855 verschleiern wollte, gibt er doch ansonsten so präzise Daten an, daß für die Johanna zugeschriebenen „zwei Jahre, fünf Monate und vier Tage" kein Raum bleibt. Nachdem Blondel diese

erste zeitgenössische Quelle in Zweifel gezogen hatte, arbeitete er sich mit geradezu detektivischem Spürsinn weiter vor.

Martinus Scotus war der nächste auf seiner Liste. Da die Nachrichtenübermittlung damals bekanntlich schlecht war, Scotus aber in Deutschland, also sehr weit von Rom entfernt und dazu über 200 Jahre nach dem fraglichen Ereignis lebte, begegnete Blondel diesem Bericht mit größter Skepsis. Ferner fand er Anzeichen für Verfälschungen. In einigen Abschriften des Scotus-Manuskripts wurde die Geschichte von Papst Johanna kühn als Tatsache hingestellt, in anderen so formuliert, als sei das Ganze nur vom Hörensagen bekannt, wieder andere ließen sie völlig aus. Dann gab es noch Sigebert de Gembloux, dessen frühestes Manuskript sich ebenfalls nicht mit der Legende befaßte. Auch die Chronik des Guillaume de Nangiac aus dem Jahre 1302, die auf Sigeberts Werk fußt, enthält keinen Hinweis auf einen weiblichen Papst.

Kurzum, Blondel entdeckte, daß die drei ältesten Beschreibungen von Johannas Leben alle Anzeichen von Verfälschungen aufwiesen. Es lag also nahe, daß die ursprünglichen Fassungen die Geschichte nicht erwähnt hatten. In allen drei Fällen waren Einzelheiten über Johannas Leben offenbar erst viel später hinzugefügt worden. Da diese Details jenen glichen, die Martin von Troppau im 13. Jahrhundert verbreitet hatte, zog Blondel ihn oder einen seiner Nachfolger als möglichen Urheber in Betracht, zumal sie „wesentlich anfälliger für diese Art von Märchen" waren.

Der erste authentische Hinweis auf einen weiblichen Papst bleibt also der Bericht Stephans von Bourbon aus dem 13. Jahrhundert. Er nannte jedoch keinen Namen und schrieb der Frau auch weitaus weniger Abenteuer zu als andere. In den abweichenden Versionen erhielt sie so verschiedene Namen wie Margaret und Jutt und kam mal aus England, mal aus Deutschland. Martin von Troppau war der erste, der Einzelheiten über ihr Leben ausmalte und ihr den Namen Johanna gab. Er erzählt seine Geschichte mit solcher Bestimmtheit, daß nur wenige Historiker nach ihm sie anzuzweifeln wagten.

Die letzte Hoffnung für jene, die die Existenz eines Papstes Johanna beweisen möchten, ist die Möglichkeit, daß sich die Chronisten in den Lebensdaten irrten – doch leider sind die Amtszeiten der Päpste des 9. Jahrhunderts recht klar umrissen. Leo IV., Johannas angeblicher Vorgänger, regierte von 847 bis zum 17. Juli 855; Benedikt III. folgte ihm am 1. September desselben Jahres. Zweieinhalb Jahre lang blieb er Papst, und Nikolaus I. trat wenige Tage nach Benedikts Tod die Nachfolge an.

Im 9. Jahrhundert gab es tatsächlich einen Papst Johannes VIII., der als Erzdiakon der Kirche von Rom

Rechts: La Papesse, die Päpstin, auf der Tarotkarte stellt angeblich Papst Johanna dar. Beim Wahrsagen steht die Karte für Intuition, Inspiration und unbewußte Erinnerung – aber auch für mangelnde Voraussicht.

„DIE ‚STELLVERTRETER CHRISTI' ZEIGTEN KEINE HEMMUNGEN, INTRIGEN, MORD UND FOLTER EINZUSETZEN, WENN ES IHREN MACHTINTERESSEN DIENLICH WAR. GEWALT UND WÜSTE AUSSCHWEIFUNGEN KENNZEICHNETEN DIESE EPOCHE DER INHABER DES ‚STUHLES PETRI'."

zwischen 850 und 860 auch in der Stadt war. Papst wurde er allerdings erst 20 Jahre später, und in seiner zehnjährigen Amtszeit ging es hauptsächlich darum, die Angriffe der Moslems abzuwehren. Zu diesem Zweck ließ er um die päpstliche Zitadelle eine Mauer bauen und setzte sich für religiöse und politische Einheit in Europa als Gegengewicht gegen die „Heiden" ein. Seine Amtszeit ist gut belegt, einschließlich mehrerer Briefe. Nichts deutet jedoch darauf hin, daß er ein heimlicher Transvestit war, und wie er mit dieser Legende in Zusammenhang geriet, ist nicht bekannt.

Wo also nahm die Geschichte des weiblichen Papstes ihren Ursprung? Vermutlich stammt sie aus dem 10. Jahrhundert. Selbst für mittelalterliche Verhältnisse herrschte in dieser Zeit großes Elend. Der Heilige Stuhl war in Kämpfe um die Vormachtstellung in Europa verstrickt, und eine ganze Reihe von Päpsten schien alles daranzusetzen, sich an Amoralität zu übertreffen. Die „Stellvertreter Christi" zeigten keine Hemmungen, Intrigen, Mord und Folter einzusetzen, wenn es ihren Machtinteressen dienlich war. Gewalt und wüste Ausschweifungen kennzeichneten diese Epoche der Inhaber des „Stuhles Petri". Vielleicht verlegte der Chronist Stephan von Bourbon seinen Bericht über einen weiblichen Papst in die Nähe seiner Gegenwart. So gut sich Papst Johanna auch als Symbol kirchlicher Korruption oder als Motiv für Künstler eignete, so gibt es doch keinen Beweis, daß sie wirklich existierte.

Links: In einer Illustration eines französischen Manuskripts aus dem 15. Jahrhundert zieht der Antichrist als Frau verkleidet in Rom ein. Einige der ausufernden Versionen von der Geschichte Papst Johannas besagen, daß ihr Geliebter der Teufel war – und ihr Kind der Antichrist. Verständlicherweise sahen die Kirchenkritiker in dieser Legende eine willkommene Waffe.

BILDER, DIE EINEM SPANISCH VORKOMMEN

Mysteriöse Gesichter, die in einem spanischen Haus auf dem Küchenfußboden auftauchten, sich im Laufe der Zeit zu verändern und schließlich zu verfallen schienen, zogen Tausende von Besuchern an und verblüfften die Parapsychologen.

Am Morgen des 23. August 1971 betrat eine Hausfrau in dem südspanischen Dorf Belmez de la Moraleda ihre Küche und stand wie vom Donner gerührt: Auf den Fußboden hatte offenbar jemand ein Gesicht gemalt. Es handelte sich weder um eine flüchtige Erscheinung noch um eine Halluzination. Maria Gómez Pereira, eine einfache Bäuerin, konnte sich die Sache nur so erklären, daß in ihrem Haus ein paranormales Phänomen aufgetreten war. Die Nachricht verbreitete sich wie ein Lauffeuer, und bald strömte das ganze Dorf in das Haus in der Rodriguez-Acosta-Straße, um das rätselhafte Gesicht zu sehen. Es wirkte wie ein expressionistisches Porträt, und seine Züge schienen sich ganz natürlich aus den Farbmustern im Zementboden zu ergeben.

Die Familie Pereira versuchte, den ungewöhnlichen Vorfall herunterzuspielen, da ihr bis dahin ruhiges Leben aus den Fugen zu geraten drohte. Sie beschlossen, das „Gemälde" zu zerstören. Sechs Tage nach dem Auftauchen des Gesichts hackte ihr Sohn Miguel den Küchenboden auf und brachte neuen Zement auf.

Eine Woche lang geschah nichts. Als aber Maria Pereira am 8. September morgens ihre Küche betrat, war das Gesicht wieder aufgetaucht, an derselben Stelle wie zuvor. Diesmal zeichnete sich sogar noch deutlicher ein männliches Gesicht ab.

Nun ließ sich die sensationshungrige Menge nicht mehr abhalten: Tag für Tag standen Schaulustige vor dem Haus Schlange, um das „Antlitz aus der anderen Welt" zu bestaunen. Es verschwand zwar nicht, sondern blieb wochenlang bestehen, aber seine Züge veränderten sich allmählich, und es schien, als ob es altere oder auf andere Weise verfalle.

Der Bürgermeister von Belmez erkannte die Bedeutsamkeit dieser Attraktion und verfügte, daß das zweite Gesicht unversehrt erhalten bliebe – als handelte es sich um ein wertvolles Kunstwerk. Am 2. November 1971 schauten zahllose Neugierige zu, wie das Porträt aus dem Boden herausgeschnitten, hinter Glas gerahmt und an die Wand neben dem Kamin gehängt wurde. Zu diesem Zeitpunkt hatte sich die Geschichte von dem zweiten Gesicht bereits weit über das Dorf hinaus verbreitet, und Fotos waren in der Lokalpresse erschienen.

Dann wurde der Küchenfußboden aufgemeißelt, um herauszufinden, ob sich darunter vielleicht et-

Maria Gómez Pereira (unten) vor ihrer Haustür in der Rodriguez-Acosta-Straße in Belmez (rechts). Als sich die Nachricht verbreitete, daß auf ihrem Küchenfußboden paranormale Gemälde entstanden, war das Haus täglich von Schaulustigen umlagert. Die Familie wurde durch den Besucherstrom so belästigt, daß sie das erste Bild bewußt vernichtete.

Links: Das zweite Gesicht wurde aus dem Fußboden herausgeschnitten, an die Wand gehängt und von parapsychologischen Forschern fotografiert. Der Gesichtsausdruck wechselte im Verlauf mehrerer Monate von Furcht zu Ironie, und die feinen Linien begannen sich allmählich aufzulösen. Es gab auch Augenzeugen, die die Entstehung eines Gesichtes mitverfolgten, von anfangs groben Linien bis hin zu feinst ausgemalten Porträts.

was verberge, das das Erscheinen der Gesichter hätte erklären können. In einer Tiefe von 2,7 Metern stieß man auf menschliche Knochen. Diese Entdeckung stellte zumindest die Spiritisten unter den Schaulustigen zufrieden, denn sie bestätigte ihren Glauben, daß eine rastlose Seele den Ort heimsucht, an dem ihr Körper begraben liegt, oder aber dort Poltergeist-Phänomene auslöst. Die Einwohner von Belmez jedoch zeigten sich von dem Knochenfund wenig beeindruckt, denn sie wußten, daß man die meisten Häuser an dieser Straße auf einem ehemaligen Friedhof erbaut hatte.

Das Porträt wurde von Professor Camón Aznar, einem Kunstsachverständigen, genauestens untersucht. Er staunte, mit welcher Feinheit die Gesichtszüge ausgeführt waren, und beschrieb den Ausdruck als den eines erstaunten oder erschrockenen Mannes mit leicht geöffneten Lippen. In den nachfolgenden Wochen begannen sich die Linien allerdings zu verändern, und das Gesicht schien eher Ironie auszudrücken.

Zwei Wochen, nachdem der Küchenboden aufgerissen und wieder zubetoniert worden war, erschien zum dritten Mal ein Gesicht, nahe der früheren Stelle, und nach zwei weiteren Wochen ein viertes, erstmals mit weiblichen Zügen. Professor Aznar untersuchte auch die jüngsten Bilder und kam zu dem Schluß, daß sie Beispiele für einen rein expressionistischen Stil darstellten. Auch der Maler Fernando Calderón und der Parapsychologe Germán de Argumosa beschäftigten sich intensiv mit den mysteriösen Kunstwerken und hielten diese Gesichter für Meisterwerke paranormalen Ursprungs.

Immer mehr Gesichter...

Kurz darauf tauchten rings um das vierte Gesicht mehrere kleinere auf. Maria Pereira zählte neun, während Professor Argumosa, der sich dieser Phänomene mit großem Enthusiasmus angenommen hatte und zu ihrem maßgeblichen Erforscher geworden war, auf 18 Köpfe kam.

Auf einer internationalen parapsychologischen Konferenz in Barcelona im Jahre 1977 vertrat Argumosa die Meinung, daß diese Gesichter auf poltergeistartigen Aktivitäten ruheloser Geister beruhten. Er formulierte seine Ansichten allerdings nicht sehr entschieden und räumte ein: „Ich war äußerst erstaunt, als ich mit eigenen Augen sah, wie sich einige dieser anfangs groblinigen Gesichter zu immer deutlicheren Porträts entwickelten."

Am 9. April 1972 beobachtete Argumosa die Entstehung eines Gesichts über einen langen Zeitraum. Zu den Zeugen gehörten die Journalisten Rafael Alcala von der Zeitung *Jaén* und Pedro Sagrario von der *Patria*.

„Es war unglaublich", schrieb Argumosa später, „wie das Gesicht vor unseren erstaunten Augen langsam Konturen annahm... Ich muß gestehen, mein Herz schlug etwas schneller als normal." Auch Sagrario beschrieb, wie auf dem mit Ziegelsteinen ausgelegten Bereich des Fußbodens allmählich scheinbar unzusammenhängende Linien auftauchten, die sich schließlich zu einem beeindruckenden und faszinierenden Abbild eines Gesichtes zusammenfügten. Dieses Gesicht wurde mehrmals fotografiert, löste sich aber bis zum Ende des Tages praktisch in nichts auf.

Später zog Professor Argumosa einen Kollegen hinzu, den Parapsychologen Hans Bender von der Universität Freiburg, der ihn bei seinen Untersuchungen unterstützen sollte. Professor Bender traf im Mai 1972 in Belmez ein und fand eine chaotische Situation vor: Priester, Maler, Parapsychologen und Journalisten – alle hatten sie dem Phänomen beigewohnt, und jeder hatte seine eigene Theorie aufgestellt. Bender sprach mit einigen Augenzeugen aus dem Ort und kam auch zu der Überzeugung, daß die Gesichter paranormalen Ursprungs waren. Er stellte aber noch etwas anderes fest: Sie wurden von den Menschen offenbar unterschiedlich wahrgenommen. Ein und dasselbe Porträt hielt der eine für das eines jungen Mannes, der andere für das eines alten. Auch erschienen einige Gesichter wie ein Puzzle-

Dieses Verfahren sollte sicherstellen, daß die Bilder nicht durch irgendeine Manipulation erzeugt wurden. Leider begann sich unter der Folie Wasser anzusammeln, und die Pereiras entfernten sie, bevor noch ein Gesicht auftauchte. Obwohl Argumosa und Bender sich in den darauffolgenden Monaten mehrmals in Belmez aufhielten, erbrachten ihre Nachforschungen keine schlüssigen Resultate. Das „Spukhaus" wurde jedoch zu einem wahren Pilgerort für alle, die sich für Okkultes interessierten. Aus Spanien, Frankreich, England und Deutschland reisten sie an, um die Gesichter zu bestaunen, die manche als „heilig", andere als „dämonisch" deuteten. Einige brachten sogar Kassettenrekorder mit, um die Stimmen eventuell im Hause umherspukender Geister aufzuzeichnen. Dabei entstanden einige ungewöhnliche Aufnahmen, unter anderen eine, die Argumosa selbst aufzeichnete. Darauf sind laute Schreie, ein Gewirr vieler Stimmen und ein Schluchzen zu vernehmen. Dieses Band wurde im Hause der Parapsychologin Carole Ramis in Barcelona abgespielt und hörte sich wahrhaft schauerlich an. Die Expertin vermutete, daß sich vor Jahrhunderten an diesem Ort in Belmez etwas Entsetzliches zugetragen haben mußte – möglicherweise in Verbindung mit dem darunterliegenden Friedhof. Eine rationale Erklärung für die Gesichter liegt bis heute nicht vor, denn auch eine gründliche chemische Analyse des Fußbodenzements verriet nichts über den Ursprung dieser Phänomene.

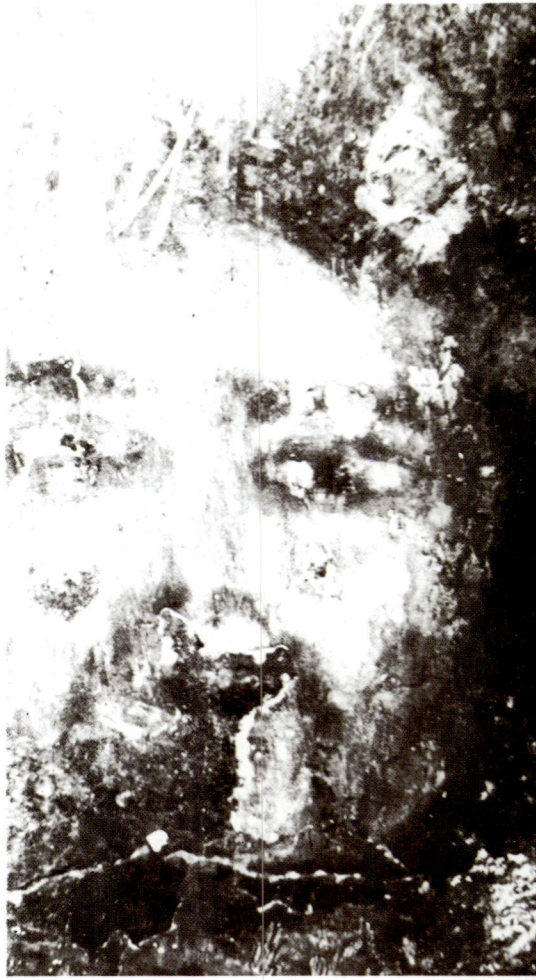

spiel aufgebaut zu sein oder sich in andere, größere Gesichter einfügen zu lassen. (Dieses Phänomen, daß eine Linienführung auf verschiedene Weise wahrgenommen wird, tritt auch häufig bei den Werken medial begabter Künstler auf.)

Versuche, die Gesichter mit Reinigungslösung und Bürsten zu entfernen, blieben erfolglos. Die Bilder tauchten auf und verschwanden nach offenbar seltsamen eigenen Gesetzen.

Bender wollte die Entstehung der Gesichter gerne unter kontrollierten Bedingungen festhalten und bediente sich dabei eines Verfahrens, mit dem bereits Argumosa gescheitert war. Zunächst fotografierte er mit seinem Forscherteam den Küchenfußboden und deckte ihn dann vollständig mit einer dicken Plastikfolie ab, die rings an den Wänden hochreichte und alle 15 Zentimeter festgeklebt wurde. Der ursprüngliche Plan, die paranormalen Erscheinungen mit einer Kamera aufzuzeichnen, mußte verworfen werden, da das Küchenlicht zum Filmen nicht ausreichte und künstliche Beleuchtung auf der Folie störend reflektierte.

Das zweite Gesicht von Belmez wurde im Abstand von mehr als 6 Monaten zweimal fotografiert. Am 10. September 1971 traten die Gesichtszüge noch deutlich hervor (oben), am 10. April 1972 aber begannen sie bereits zu verfallen (rechts). Andere Porträts auf dem Küchenfußboden entstanden, zerfielen und verschwanden innerhalb eines einzigen Tages. Wissenschaftler und Parapsychologen waren gleichermaßen ratlos.

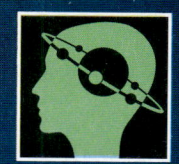

DIE WELT STEHT KOPF

Wäre es möglich, daß die Erde schon morgen umkippte und eine Kette von Katastrophen auslöste? In Grönland gäbe es dann vielleicht tropische Wälder, und Indien läge unter dem ewigen Eis begraben. Nach extremen Polverschiebungs-Theorien könnte die Erdkugel im All herumtanzen wie ein Ball auf dem Meer.

Die Erde dreht sich Tag für Tag einmal um sich selbst, d.h. um eine imaginäre Achse zwischen Nord- und Südpol, ähnlich wie früher ein Schulglobus um die Metallstange. Dies war schon immer so und wird auch ewig so bleiben, sollte man annehmen. Einige Außenseiter denken darüber allerdings ganz anders. Sie halten unsere Welt für instabil und meinen, daß sie sich jederzeit

Die Erdkugel aus der Sicht der Polverschiebungs-Verfechter: Mittelamerika und weite Teile Südamerikas lagen unter Eis, der Äquator verlief durch Afrika, Europa, den Pazifik und die Antarktis. Der Pol lag bei Sumatra und dem Malaiischen Archipel.

verschieben könnte, so daß Indien von einer polaren Eiskappe bedeckt wäre, während sich die Antarktis und Grönland in der Äquatorsonne badeten.

Wenn die Erde plötzlich kippte, müßten die Atmosphäre, die Ozeane und das Oberflächengestein versuchen, mit der neuen Ausrichtung Schritt zu halten. Wirbelstürme und riesige Flutwellen würden über unseren Planeten hinwegrollen und Vulkanausbrü-

che und Erdbeben ihn erschüttern. Die Anhänger der Polverschiebungs-Theorie sind überzeugt, daß hier die Ursache so mancher Katastrophe im Laufe der Erdgeschichte zu suchen ist – vom Aussterben der Dinosaurier vor 65 Millionen Jahren bis zum legendären Verschwinden der Insel Atlantis.

Zur Unterstützung ihrer These ziehen sie die Tatsache heran, daß es in der Vergangenheit in vielen Ländern drastische Klimaveränderungen gegeben hat. So waren die Britischen Inseln im Karbon beispielsweise noch eine tropisch-heiße Region mit üppigen Farnwäldern, die dann zu Kohle versteinerten. Solche Urwälder bedeckten einst auch große Teile Nordamerikas bis hoch nach Grönland, während Indien und Westaustralien damals unter Eis begraben lagen.

1889 kam der amerikanische Schriftsteller Marshal Wheeler zu dem Schluß, dies sei ein Beweis dafür, daß sich die Erdachse in Relation zur Erdoberfläche plötzlich um 90° verschieben könne. Die Ursache liege in einer abrupten Positionsveränderung der Erde. Die Achse behalte dabei ungefähr ihre ursprüngliche Neigung bei (sie bildet mit der Erdumlaufbahn um die Sonne einen Winkel von 66°). Die neuen Polregionen würden abkühlen und vereisen. In seinem Aufsatz *Die 3. Bewegung der Erde* versuchte Wheeler aufzuzeigen, daß aufgrund einer anderen Erdposition Sumatra und Ecuador einst in den heutigen Polbereichen lagen. Damals soll der Äquator rund um die Erde durch Zentralafrika, Italien und Schweden hindurch bis zum heutigen Nordpol und mitten durch den Pazifik zur Antarktis und über Kapstadt zurück nach Afrika verlaufen sein. Indien und Australien sowie das polare Sumatra waren also von Eis bedeckt, während es in Nordeuropa nahe des Äquators tropische Wälder gab.

Verschiebungstheorien

Wheeler bezeichnete die Polwanderung von Sumatra und Ecuador als die „dritte Erdbewegung" (neben der täglichen Rotation um die eigene Achse und der jährlichen Umrundung der Sonne). Um den gesamten Erdball kippen zu lassen, bedarf es ungeheurer Energie, die laut Wheeler von den „umgebenden magnetischen Strömen" herrührt.

Fast 80 Jahre später lieferte der Elektrotechniker Hugh Auchinclose Brown eine Variante zu dieser Theorie. Er wollte beweisen, daß sich die Erde in jüngerer Vergangenheit verschob. In seinem Buch *Cataclysms of the Earth* (Umwälzungen der Erde) kam er zu dem Schluß, daß sich die Erdachse vor erst 7000 Jahren um 90° gedreht haben muß. Damit ließ er die alte Theorie wieder aufleben, nach der diese Verschiebung die Sintflut verursachte. Darüber hinaus soll die Erde vor 11400, 18400 und 41800 Jahren gekippt sein. Vor der letzten Drehung befanden sich die Pole in Zentralafrika und im mittleren Pazifik. Der Äquator verlief durch Sibirien, wo sich damals Mammuts in der Sonne tummelten, allerdings nur bis zur nächsten Polwanderung, bei der sie buchstäblich einfroren.

Browns Erklärung für die plötzliche Bewegung der Erde weicht erheblich von Wheelers Theorie ab.

Oben: Vor 300 Millionen Jahren waren weite Gebiete von solchen tropischen Wäldern bewachsen, sogar Nordeuropa, das heute nur über ein gemäßigtes Klima verfügt. Die Kohlenflöze unserer Welt sind nichts anderes als die versteinerten Überreste dieser Vegetation.

PERSPEKTIVEN

DIE ERDE ALS KREISEL

Das paradoxe Verhalten eines schnell rotierenden Körpers wurde Generationen von Kindern mit Spielzeugkreiseln anschaulich vor Augen geführt. Im wesentlichen handelt es sich dabei um ein Schwungrad, das auf einer Spindel befestigt ist. Sobald man dieses zum Drehen bringt, entwickelt es ein Eigenleben, das eine Achsverschiebung verhindert. Dieser Effekt zeigt sich besonders beeindruckend, wenn der Körper an einem Ende seiner Achse gehalten wird – wie in dieser mehrfach belichteten Aufnahme (rechts), in der die Achse eines Kreisels in einer Fadenschlinge ruht. Er fällt nicht auf den Boden, sondern rotiert bzw. präzediert um den Aufhängepunkt, wobei die Achse in waagrechter Lage

Nach jeder Polverschiebung sollen sich in den neuen Polregionen Eis- und Schneemassen aufgetürmt haben, bis die Polkappen massiv genug waren, um die Erde aus dem Gleichgewicht zu bringen. Sie kippte um 90°, so daß die bisherigen Polkappen am Äquator liegen und die beiden früheren Äquatorbereiche der neue Nord- und Südpol werden.

Gegen derartige 90°-Verschiebungen sprechen allerdings eine ganze Reihe von Gründen. Das Magnetfeld der Erde ist nicht stark genug, um den gesamten Planeten „auf den Kopf zu stellen", selbst wenn es durch einen äußeren Einfluß umgekehrt werden könnte. Und obwohl sich die Eismassen an den Polen tatsächlich anhängen, kann die Erde dieses Extragewicht recht gut ausgleichen: Die darunterliegende Landfläche an der Antarktis wird durch die schwere Eiskappe etwas eingedrückt, während am Nordpol das Eis entsprechend viel Wasser aus dem Polarmeer verdrängt. Außerdem erzeugt die Erddrehung rund um den Äquator eine Ausbuchtung, deren Gesamtmasse die des Polareises weit übertrifft. Dieser äquatoriale Buckel bewahrt die Erde vor jeder angeblichen Kraft, die Polverschiebungen verursachen könnte.

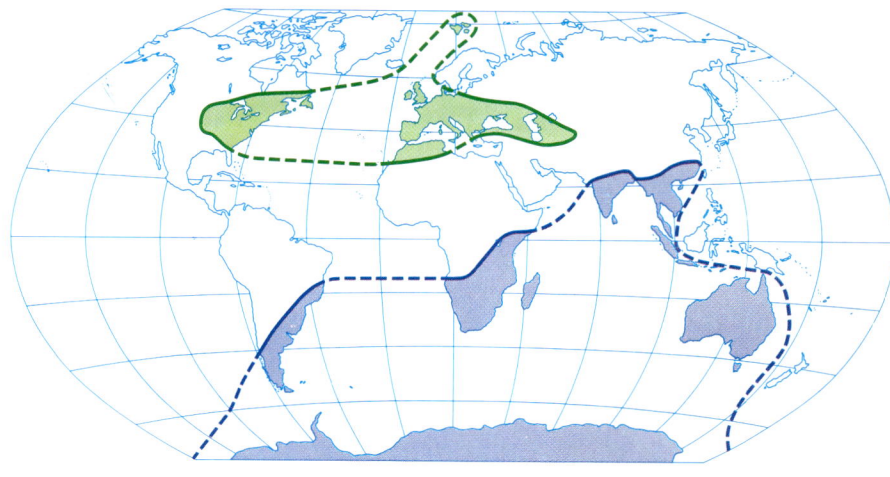

Oben: Das Klima vor 300 Millionen Jahren: In den grün gezeichneten Regionen gedieh eine tropische Flora, in den blau markierten Landgebieten eine typisch polare Vegetation.

Die Vorstellung, daß die Pole alle Jahrtausende wandern, steht in direktem Widerspruch zu den vorliegenden Fakten. Die Eiskappen in Grönland und der Antarktis sind Millionen von Jahren alt, nicht erst einige tausend, und es gibt keinerlei Anhaltspunkte für eine Vereisung in Zentralafrika, die erst um 5000 v. Chr. stattgefunden haben soll.

Die anderen Thesen halten ebensowenig stand. Vor etwa 300 Millionen Jahren waren zwar Indien und Teile Australiens von Eis bedeckt, nicht aber die heutigen Regionen auf der gegenüberliegenden Hemisphäre. So war Ecuador auch damals, ebenso wie Nordeuropa, ein tropisches Paradies.

Der amerikanische Patentanwalt Adam Barber, der mit Gyroskopen experimentiert hatte, stellte die Behauptung auf, die rotierende Erdkugel vollführe gelegentlich einen „Salto", weil sie sich im Raum auf zwei Umlaufbahnen gleichzeitig bewege. Barber stimmte der orthodoxen Lehrmeinung zu, daß die Erde einer Umlaufbahn mit einem Durchmesser von 300 Millionen Kilometern folge, auf der sie einmal im Jahr die Sonne umrunde. Zusätzlich vermutete er aber noch eine zweite, etwa zwanzigmal kleinere Umlaufbahn, die die Erde alle 36 000 Jahre durchlaufe. Alle 9000 Jahre soll die Erdachse zu diesen beiden Umlaufbahnen senkrecht stehen, woraus Barber schloß, daß in diesem Moment gyroskopische Kräfte auf den Erdball einwirken und sie um 135° kippen lassen. Er veröffentlichte einen Artikel über die nächste Polverschiebung, *The Coming Desaster Worse than the H-Bomb* (Die bevorstehende Katastrophe, schlimmer als die H-Bombe), und 1955 prophezeite er, sie werde innerhalb der nächsten 50 Jahre eintreten.

Glücklicherweise kann man diese Gyroskop-Erkenntnisse getrost vergessen, denn die Astronomen hätten jede Abweichung der Erde von ihrer bekannten Umlaufbahn längst entdeckt. Auch wäre es der astronomischen Forschung in den letzten 2000 Jahren sicher nicht entgangen, wenn es eine zweite Umlaufbahn gäbe, da sich dies in einer unerklärlichen Verschiebung sämtlicher übrigen Planeten hätte manifestieren müssen.

Allerdings gibt es eine weitere „gyroskopische" Theorie, die sich nicht so einfach abtun läßt. 1978 veröffentlichte Peter Warlow in dem angesehenen *Journal of Physics* einen Artikel über die Polverschiebung, in dem er behauptet, daß die Erde nicht um 90° oder 135°, sondern um 180° kippe, so daß der bisherige Nord- zum Südpol würde und umge-

verbleibt. Ist das Schwungrad massiv und dreht es sich sehr schnell, so präzediert es nur langsam, der Körper hängt scheinbar bewegungslos und widersetzt sich der Schwerkraft. Die Erde selbst ist ein riesiger Kreisel, aber mit einer extrem langsamen Präzession – eine volle Drehung dauert etwa 26 000 Jahre. Nach Peter Warlow, einem Verfechter der Polverschiebungs-Theorie, kann ein verirrter Planet, der zu dicht an der Erde vorbeizieht, so viel Anziehungskraft ausüben, daß die Erdkugel umkippt. Ihre Drehachse würde sich einer Veränderung widersetzen, die Erde selbst sich jedoch um 180° drehen – vielleicht sogar innerhalb eines Tages. Das Erdmagnetfeld, so Warlow, bliebe unverändert, und die Ozeane, die Atmosphäre und die Lebewesen würden nicht in den Weltraum geschleudert, sondern den Umschwung wahrscheinlich mitmachen. Allerdings würden Erdbeben folgen.

Oben: Könnte sich das Klima infolge einer Polverschiebung „über Nacht" vollkommen verändern, dann müßten die üppigen Wälder in vielen tropischen oder gemäßigten Regionen der Welt häufig unter eine Eisschicht begraben worden sein. Wenn man sieht, wie sich der argentinische Moreno-Gletscher die Anden hinunterwälzt, wirkt eine derartige Szenerie gar nicht mehr so abwegig.

kehrt. Warlow experimentierte nicht mit einem gewöhnlichen Gyroskop, sondern mit einer Art Drehkreisel, wie er zur viktorianischen Zeit beliebt war und noch heute manchmal in Knallbonbons zu finden ist. Dieser Kreisel bestand aus einer massiven Kugel, von der ein Teil abgekappt und durch einen kurzen Stiel ersetzt worden war. Wenn man die Kugel am Stiel zum Kreiseln bringt, kann man beobachten, wie sie langsamer wird, schließlich um 180° umkippt und auf dem Stiel balancierend weiterdreht. Die Drehachse steht nach wie vor senkrecht, auch der Drehsinn bleibt gleich, lediglich das massive Oberteil hat eine Kehrtwendung vollführt.

Warlow verglich die Erdkugel mit einem solchen Kreisel und untermauerte die Analogie durch exakte Berechnungen – im Unterschied zu den meisten Polverschiebungs-Verfechtern. Doch auch er versucht seine Theorie mit einer eigenen Auslegung der Erdgeschichte zu belegen und zieht dabei alte Mythen als ernsthafte Beweise heran. So erklärt er, daß die altägyptischen Überlieferungen seit 9000 v. Chr. vier Hinweise auf eine Richtungsänderung der Sonne enthalten. Warlow deutete dies natürlich als einen „Kopfstand" der Erde. Die jüngsten Verschiebungen fanden angeblich um 700 und 1550 v. Chr. statt, wobei die letztere den Untergang der minoischen Kultur auf Kreta herbeigeführt habe. Davor soll die Erde bereits um etwa 3000, 8000 und 11000 v. Chr. umgekippt sein.

Warlow weist darauf hin, daß das Magnetfeld der Erde in den letzten 4,5 Millionen Jahren mindestens 20mal umgepolt worden sei, wie Gesteinsuntersuchungen ergaben. Zu diesen Zeitpunkten habe sich der arktische Magnetpol von Norden nach Süden umgekehrt. Das Magnetfeld der Erde behalte jedoch vermutlich immer dieselbe Ausrichtung bei, nur die Erdkugel selbst drehe sich um.

Manchmal könnten allerdings auch andere Planeten dafür verantwortlich sein. Zöge in einer Entfernung von 50000 Kilometern (ca. vierfacher Erddurchmesser) ein Planet mit gleicher Masse an uns

Oben: Auf diesem Gemälde führt Josua die israelitischen Stämme gegen die Amoriter. Die Bibel erzählt uns, wie Josua sprach: „Du Sonne, steh still zu Gibeon, du Mond, im Tal zu Ajalon!" Die Himmelskörper gehorchten und „...stille verhielt sich die Sonne, und der Mond blieb stehen, bis das Volk sich gerächt hatte an seinen Feinden." Dies ist nur eine der vielen Legenden, nach denen die Sonne stillstand oder im Westen aufging. Immanuel Velikovsky führt sie als Belege dafür an, daß die Erde in der Vergangenheit mehr als einmal abrupt ihre Position wechselte.

Links: Bei einer erwiesenen Polbewegung wanderte der Nordpol (roter Kreis) in 430 Tagen in unregelmäßiger Bahn einmal um seine Mittellage herum. Dabei finden unablässig Luft-, Wasser- und Erdkrustenbewegungen statt. Der Zeitraum wird nach dem Wissenschaftler, der die Bewegungen entdeckte, als Chandlersche Periode bezeichnet.

1945
1946
1944
1943
1941
1942

0   5
└─────────┘ Meter

vorbei, wäre dessen Anziehungskraft auf den Äquatorbuckel stark genug, um den Erdball vornüber kippen zu lassen. Warlow folgt den unorthodoxen Vorstellungen von Immanuel Velikovsky, wenn er vermutet, daß aus dem Inneren größerer Planeten kleinere herausgeschleudert würden und Jupiter und Saturn Planeten wie die Venus entstehen ließen. Warlow bestärkt damit Velikovskys Auffassung, daß die Katastrophen aus der Zeit um 1500 v. Chr. auf die neuentstandene Venus zurückzuführen sind, die zu dicht an uns vorbeizog.

Warlows Polverschiebungs-Theorie läßt sich noch am ehesten ernst nehmen, weil sie immerhin auf einer schlüssigen physikalischen Basis ruht. Einer kritischen Überprüfung hält aber auch sie nicht stand. Man kann sich zwar vorstellen, daß ein Planet der Erde nahe genug kommt, um sie umzukippen,

❞ DIE GEOLOGEN DES 20. JAHRHUNDERTS HABEN FÜR DIESES WETTERWENDISCHE VERHALTEN ALLERDINGS EINE ANDERE ERKLÄRUNG: NICHT DIE MAGNETPOLE, SONDERN DIE KONTINENTE VERSCHIEBEN SICH. SIE DRIFTEN VOM ÄQUATOR ZU DEN POLEN HIN AUSEINANDER, UND IN DER FOLGE VERÄNDERTE SICH IHR KLIMA. ❞

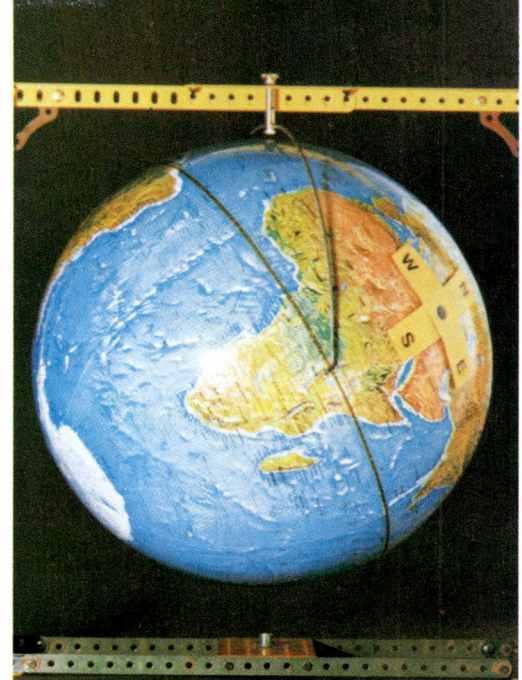

Rechts: Darstellung eines Erdumschwungs nach Warlow. Ein fremder Planet zieht vorbei und bringt den Erdball zum Kippen (oben). Wenn die komplette Verschiebung nur einen Tag dauert, zeigt diese Ansicht die Position der Erde nach acht Stunden. Nach zwölf Stunden (Mitte) sind die Pole am Äquator angelangt. Nach 16 Stunden hat sich die Erde endgültig „auf den Kopf" gedreht (unten). Für etwaige Überlebende würde die Sonne von nun am im Westen aufgehen, und auch das erdmagnetische Feld schiene eine andere Ausrichtung zu haben, obwohl es in Wirklichkeit unverändert bliebe.

das aber würfe uns empfindlich „aus der Bahn" um die Sonne. Schon eine kleine Veränderung im Abstand Erde-Sonne oder in der Form der Erdumlaufbahn hätte drastische Klimaveränderungen zur Folge, doch davon war in den letzten Jahrtausenden nichts zu spüren. Weiter würde ein mit der Erde etwa massegleicher Planet, der sich innerhalb der Mondumlaufbahn bewegt, eine ebenso große Anziehungskraft auf den Mond ausüben wie auf die Erde. Nach einer Reihe solcher Planetenbegegnungen wäre der Mond von der Erde „fortgerissen" und im All verschwunden.

Warlow scheint ferner nicht bedacht zu haben, wie viele Planeten nach seiner Theorie die Erde knapp verfehlt haben müßten. Den Mythen zufolge hätte sich die Erde etwa alle 2000 Jahre einmal auf den Kopf gestellt. Das entspräche sage und schreibe zwei Millionen Umschwüngen seit der Entstehung unseres Planeten, und setzt voraus, daß zwei Millionen Planeten von erdähnlicher Masse aus anderen Planeten herausgeschleudert und dann im Sonnensystem verschwunden sind (außer der Venus und möglicherweise Mars und Merkur). All diese Planeten zusammengenommen brächten die sechsfache Masse der Sonne auf die Waage!

Wenn sich uns diese zwei Millionen Planeten um nur wenige Erddurchmesser genähert hätten, wäre es erstaunlich, daß kein einziger mit der Erde kollidierte. Ein echter Aufprall ist zwar weniger wahrscheinlich als ein Beinahezusammenstoß, aber die Chance, daß uns alle verfehlen, ist extrem gering. Man stelle sich vor, man würfe zwei Millionen Pfeile auf eine Zielscheibe und träfe immer nur fast, aber niemals voll ins Schwarze.

Einer genauen Überprüfung halten Warlows 1982 in seinem Buch *Reversing Earth* (Der Umschwung der Erde) dargelegten Anschauungen demnach nicht stand. Überdies hat ihm der amerikanische Physiker Victor Slabinski drei Berechnungsfehler nachgewiesen. So müßte die Anziehungskraft, die ein Kippen der Erde bewirken könnte, etwa 200mal größer sein, als Warlow annahm. Die Masse eines dicht an uns vorbeiziehenden Planeten dürfte demnach nie und nimmer nur der Erdmasse entsprechen, wie etwa die Venus, sondern eher der des Jupiter. Ein solcher Riesenplanet aber hätte die Erdkugel ein für allemal aus ihrer Umlaufbahn geworfen.

Wer die Gegenargumente zu Warlows Theorien kennt, braucht nicht mehr ernsthaft zu befürchten, daß die Erde ihre Achse verschieben, schräglegen oder gar einen Salto vollführen und dadurch riesige Katastrophen herbeiführen könnte. Einige Probleme bleiben jedoch nach wie vor ungelöst. Zum einen steht zweifelsfrei fest, daß sich das Erdmagnetfeld tatsächlich verändert, zum anderen herrschte in einigen Erdregionen in der Vergangenheit wirklich ein anderes Klima als heute. Die Geologen des 20. Jahrhunderts haben für dieses wetterwendische Verhalten allerdings eine andere Erklärung zu bieten: Nicht die Magnetpole, sondern die Kontinente verschieben sich. Sie driften vom Äquator zu den Polen hin auseinander, und in der Folge veränderte sich ihr Klima. Diese in der 1. Hälfte des 20. Jahrhunderts von Alfred Wegener aufgestellte These ist weitgehend in der modernen Geologie anerkannt. Eine Furcht vor einer neuen Eiszeit scheint daher unbegründet. Dennoch besteht wegen des Ozonlochs durchaus die Möglichkeit einer Klimakatastrophe.

GÄRTNER AUS DEM ALL

Aus Frankreich und Spanien liegen unabhängige Berichte über außerirdische Besucher vor, die ein starkes Interesse für Feldpflanzen zeigten. Welches Ziel verfolgten sie?

Unten: Die Zeichnung zeigt ein ovales UFO in einem Lavendelfeld im Südosten Frankreichs und zwei Außerirdische, die in der Nähe Lavendelpflanzen untersuchen.

Ufologen klagen häufig darüber, daß es nur so wenige „qualifizierte" UFO-Beobachter gebe, und meinen damit Wissenschaftler und Techniker. Das ist aber nicht weiter verwunderlich, denn der „geschulte Verstand" eines Augenzeugen verleitet ihn dazu, außergewöhnliche Vorfälle zu verschweigen und sich eine logische Erklärung zurechtzulegen. Andererseits liefern gerade einfache Menschen, die mit der UFO-Kontroverse nicht vertraut sind, oft eindrucksvolle, unverfälschte Berichte. Vielleicht wirken die folgenden Beobachtungen von „fliegenden Untertassen" gerade darum besonders glaubhaft, weil sie von Personen stammen, die nur wenig wissenschaftliche Bildung besitzen.

Am 1. Juli 1965 begann der 41jährige Lavendelbauer Maurice Masse kurz nach fünf Uhr früh mit der Arbeit auf seinen Feldern auf der Hochebene von Valensole im Département Basses Alpes im Südosten Frankreichs. Plötzlich vernahm er ein schrilles pfeifendes Geräusch. Er vermutete einen Hubschrauber und ging um den Hügel herum. Statt dessen sah er ein Objekt von matter Farbe, so groß wie ein Renault Dauphine, geformt wie ein Rugbyball und oben mit einer Kuppel. Es stand auf sechs Metallfüßen und hatte in der Mitte eine Art Hauptstütze, die in den Boden gerammt schien. In der Nähe dieser „Maschine" sah Masse zwei etwa achtjährige Jungen, die sich über eine Lavendelpflanze beugten.

Masse glaubte, er könne die Lausbuben erwischen, die im Monat zuvor mehrfach die jungen Triebe etlicher Pflanzen abgezwickt hatten, und ging auf die beiden zu. Da erkannte er, daß es sich nicht etwa um Kinder handelte, sondern um zwergenhafte Kreaturen mit großen, kahlen Köpfen. Als er noch etwa fünf Meter von ihnen entfernt war, drehte sich eines der Wesen zu ihm um und richtete ein bleistiftähnliches Instrument auf ihn. Masse blieb sofort wie angewurzelt stehen, unfähig, sich in irgendeiner Weise zu bewegen. (In den ersten Berichten hieß es,

Links: Maurice Masse, Besitzer ausgedehnter Lavendelfelder im Südosten Frankreichs, steht an der Stelle, an der sich das UFO befand, während er bewegungsunfähig war. Nach dem Vorfall wuchs an diesem Ort nur noch Unkraut.

Ganz unten: Hier richtet einer der außerirdischen Besucher eine Art Waffe auf den Bauern – möglicherweise einen Immobilisator.

der Zeuge sei „paralysiert" worden, aber der Ufologe Aimé Michel schlug den Begriff „immobilisiert" vor, da es sich möglicherweise um hypnotische Suggestion handelte.)

Nach Masses Beschreibung waren die Wesen kleiner als 1,20 Meter und trugen enganliegende, graugrüne Overalls. Sie hatten riesige, kürbisförmige Köpfe ohne jegliche Behaarung – nur glatte, weiße Haut. Ihre breiten, fleischigen Wangen verjüngten sich nach unten zu einem recht spitzen Kinn, und sie hatten große, schräggestellte Augen. Über die Nasen sagte er nichts, beschrieb aber ihren Mund als dünnen Schlitz, der sich zu einem lippenlosen Loch öffnete.

Die beiden kommunizierten offenbar miteinander, denn Masse hörte unartikulierte Laute, die aber aus ihrer Körpermitte zu kommen schienen. In seiner mißlichen Lage glaubte er, daß sie ihn verspotteten, auch wenn in ihren Blicken nichts Feindseliges lag; überhaupt hatte er nie das Gefühl, sich in Gefahr zu befinden. Was sich aber in der Zeit abspielte, die er bewegungsunfähig fünf Meter von den außerirdischen Wesen entfernt verbrachte, darüber hat Masse niemals gesprochen.

Nach einigen Minuten kehrten die beiden in einer merkwürdigen Art der Fortbewegung zu ihrem Gefährt zurück: „Sie schwebten in der Luft auf und nieder wie Blasen in einer Flasche, ohne sichtbare Stütze ... glitten an Lichtbändern entlang ... und stiegen dann durch eine Schiebetür in das Objekt." Masse konnte erkennen, wie sie ihn aus dem Inneren des Raumschiffs heraus anschauten. Plötzlich wurde die Mittelstütze hörbar nach oben eingezogen, die sechs Metallbeine begannen zu rotieren, das Raumschiff stieg in einem Winkel von 45° auf und flog unter schrillem Pfeifen davon. Nach 20 Metern war es auf einmal verschwunden. Später entdeckte man auf dem Lavendel eine mehr als 90 Meter lange Spur in Richtung Manosque. (Diese

Pflanzen verkümmerten zunächst, erholten sich aber wieder und wuchsen höher und kräftiger als die umstehenden.)

Als sich seine unsichtbaren Fesseln nicht lösten, bekam es der Bauer mit der Angst zu tun, aber 15 Minuten später konnte er sich allmählich wieder bewegen. Einige der Metallfüße des Raumschiffs hatten in der Erde Spuren hinterlassen, und rund um das Loch in der Mitte lag eine Art flüssiger Schlamm, obwohl seit Wochen kein Regen gefallen war.

Masse rannte hinunter nach Valensole in das „Café des Sports", das sich am Stadtrand befindet. Der Besitzer, einer seiner Freunde, öffnete gerade das Café, als Masse kreidebleich hereinwankte und ihm von seinem Erlebnis erzählte. Sein Freund drängte auf weitere Einzelheiten, doch Masse fürchtete, daß ihm den Rest seiner Geschichte ohnehin niemand glauben würde. Auch den Rat, den Vorfall bei der Polizei zu melden, wies er von sich. Daraufhin lief der Cafébesitzer zu dem Feld hinauf, sah sich die Spuren an und verbreitete Masses Geschichte dann selbst.

Am Abend zeigte Masse den Landeplatz seiner 18jährigen Tochter. Dabei entdeckte er, daß nur vier Metallfüße Eindrücke hinterlassen hatten.

Die Reaktion der Öffentlichkeit

Kurz nachdem der Vorfall an die Öffentlichkeit gedrungen war, wurde Masse vom Polizeichef der örtlichen Gendarmerie vernommen. Auf seinem Feld drängten sich bald die Schaulustigen, und nach Valensole strömten die Vertreter von Presse, Rundfunk und Fernsehen. Drei Tage nach dem Vorfall brach Masse zusammen, völlig erschöpft von den ständigen Interviews und Befragungen. Angeblich hätte er tagelang durchgeschlafen, wenn seine Frau ihn nicht ab und zu zum Essen geweckt hätte.

Die erste private Untersuchung wurde von einem örtlichen Beamten durchgeführt, der seinen Bericht im Oktober 1965 an die Zeitschrift *Flying Saucer Review* weiterleitete. Er schrieb, Masse habe seine Tochter nicht nahe an das Loch herangelassen, in der Sorge, es könnte etwas Schädliches davon ausgehen, auch für sich selbst befürchtete er mögliche genetische Auswirkungen. Schließlich habe er das trichterförmige Loch einfach zugeschüttet.

Auch Aimé Michel interviewte 1965 den Augenzeugen zweimal in Valensole. Er wirkte auf ihn ängstlich und bedrückt und zeigte sich immer noch beunruhigt über eventuelle Gesundheitsschäden. Bei seinem zweiten Besuch brachte Michel das Foto eines Modell-UFOs mit, angefertigt nach der Beschreibung eines Augenzeugen, der das Raumschiff 1964 in Socorro, New Mexico, gesichtet hatte. Masse verschlug es die Sprache, daß jemand sein Raumschiff fotografiert haben sollte! Als er erfuhr, daß es in den USA von einem Polizisten beobachtet worden war, seufzte er erleichtert auf: „Sehen Sie, ich hab's also doch nicht geträumt, und verrückt bin ich auch nicht!"

Zwei Jahre später erhielt Masse erneut Besuch von Ufologen, und er zeigte ihnen den Landeplatz. Dieser hatte einen Durchmesser von drei Metern und war leicht zu erkennen, weil die Lavendelbüsche rings herum verdorrt waren und an der Stelle selbst nur Unkraut wuchs, obwohl er sie umgepflügt und neu bepflanzt hatte.

Masse hatte sich in der Zwischenzeit zwar von seinem Erlebnis erholt, wollte aber weiterem Medienrummel aus dem Weg gehen. Er versuchte, den Landeplatz unkenntlich zu machen, indem er das dichte Unkraut so beschnitt, daß es wie Lavendel aussah. Schließlich riß er die Weinstöcke heraus, pflügte das ganze Lavendelfeld um und baute überall Weizen an.

Im Jahre 1974 erhielt die *Flying Saucer Review* einen Bericht von der *Charles Fort Group* in Valladolid, Spanien, die eine mehrere Jahre zurückliegende UFO-Sichtung untersucht hatte. Die Augenzeugin war 22 Jahre alt und Hausangestellte bei einem Bauern in Puente de Herrera in der Nähe des Duero-Flusses, südlich von Valladolid. Ihr Name blieb auf ihren Wunsch hin ungenannt, da sie nicht einmal die Grundschule besucht hatte und weder lesen noch schreiben konnte.

In der Nacht zum 15. August 1970 saß die junge Frau vor dem Fernseher, als sie plötzlich ein gellendes Pfeifgeräusch hörte. Gleichzeitig gab es eine Bildstörung. Sie drehte ergebnislos an allen Knöpfen, schaltete schließlich das Gerät ab und trat vor die Haustür.

Dort erblickte sie zu ihrem Erstaunen in der Einfahrt ein seltsames Objekt mit verschiedenen Lichtern. In der Nähe stand ein äußerst merkwürdig aussehender „Mann", der sich für das angrenzende Luzerne-Feld zu interessieren schien. Erschreckt zog sich die junge Frau ins Haus zurück und schloß die Tür. Dann ertönte wieder dieses Pfeifgeräusch, aber als sie vorsichtig aus ihrem Zimmerfenster hinausspähte, waren die „Maschine" und der „Mann" verschwunden.

Damals erzählte sie nur ihrem Freund davon. Ihre Familie erfuhr ihre Geschichte erst im März 1972, als ihr Schwager einige Bemerkungen über UFOs machte und sie nicht länger an sich halten konnte.

Unten: Während einer nahen Begegnung in Nordspanien interessierte sich ein Außerirdischer für ein Luzerne-Feld. Rund um sein Raumschiff zuckten bunte Lichter auf.

Dieser Schwager informierte dann die „Charles Fort Group".

Während der darauffolgenden Untersuchungen fanden J. Macias und seine Mitarbeiter heraus, daß zwischen dem Einsetzen des Pfeiftons und dem Zeitpunkt, als die Augenzeugin zum ersten Mal hinausschaute, etwa fünf Minuten vergangen waren. Das Pfeifen hielt an, als sie durch die Tür lugte, wurde dann aber schwächer. Wie üblich hatte sie die Außenbeleuchtung zwischen 22.30 Uhr und 23 Uhr abgeschaltet und war sich daher ziemlich sicher, daß niemand sie beim Öffnen der Tür bemerkt haben konnte.

Das UFO hatte einen Durchmesser von etwa 4 Metern, war etwa 2,5 Meter hoch und stand auf mehreren „Füßen" mitten auf der Straße. Der obere Teil bestand aus einer halbkugelförmigen, kristallartigen Kuppel. Auf ihr rotierte ungleichmäßig ein bläulich-weißes Licht, das sich jedesmal etwas verdunkelte, wenn es langsamer wurde. Die Kuppel saß auf einer Scheibe, umgeben von einem Ring aus farbigen Lichtern, die laufend zwischen Weiß, Violett und Gelb wechselten.

Der Insasse des Flugobjektes war etwa 1,80 Meter groß und trug ein dunkles, enganliegendes Gewand sowie einen Helm. An seinen Fuß- und Handgelenken befanden sich weißlich leuchtende Reifen und an seinem Gürtel eine viereckige „Schnalle" aus ähnlich schillerndem Material. An seine Hautfarbe vermochte sich die Zeugin nicht mehr genau zu erinnern, und sie hatte keinerlei Behaarung erkennen können. Sie erzählte, daß sich der „Mann" für die Luzerne zu interessieren schien und mit ungewöhnlich großen Schritten darauf zugegangen war.

Abglanz einer anderen Welt

Nach Aussagen der Augenzeugin blieben am Landeplatz materielle Spuren zurück, denn als sie aus ihrem Zimmerfenster schaute, sah sie an der Stelle, an der das Objekt gestanden hatte, ein gedämpftes Leuchten. Neugierig untersuchte sie später den Boden und entdeckte auf dem Straßenasphalt schwarze Fußabdrücke, ähnlich wie von normalen Schuhen, nur daß die Ferse schmäler war als die restliche Fußsohle. Die Spuren hätte jeder, der zum Haus ging, bemerken müssen, doch da sie damals ihr Erlebnis für sich behielt, achtete wahrscheinlich niemand darauf. Sie blieben jedenfalls bestehen und auch der Landeplatz des UFOs leuchtete weiterhin des Nachts.

Die Forscher hielten den Bericht für absolut authentisch, zumal die junge Frau völlig ungebildet war und sich eine so komplexe Geschichte schwerlich hätte ausdenken können. Gespräche mit ihrer Familie ergaben auch, daß sie zu wenig über UFO-Beobachtungen wußte, um sich daraus derart detaillierte Einzelheiten zusammenzureimen. Ein Motiv für einen Schwindel ließ sich auch nicht erkennen, da sie ihrem Schwager die Geschichte erst nach 18 Monaten und dann auch nur zufällig erzählt hatte. Die Forscher erfuhren später von anderen Familienmitgliedern, daß sie nach ihrer ersten Befragung geradezu hysterisch geweint und ihrem Schwager heftige Vorwürfe gemacht habe, weil er ihr Geheimnis verraten hatte.

Es gab schon eine ganze Reihe von Eiszeiten, in denen riesige Gletscher die halbe Erde, von den Polen bis zum Äquator, bedeckten und sich selbst bis in das Hochland tropischer Regionen zogen. Während jeder dieser Vereisungen, die zum Teil Millionen von Jahren anhielten, schob sich das Eis weiter vor und schmolz wieder entsprechend den Klimaschwankungen und warmen Perioden, den kalten Eiszeiten und Zwischeneiszeiten. Wir leben in einer Zwischeneiszeit, doch niemand weiß, ob und wann die nächste Eiszeit beginnt. Allerdings existieren mehrere Theorien.

Eine Lehrmeinung besagt, daß Eiszeiten zyklisch und somit vorhersagbar aufträten und mit der nächsten Eiszeit in weniger als 1000 Jahren zu rechnen sei. Sollten jedoch die abweichenden Ansichten eines angesehenen Forschers zutreffen, ist dieses Ereignis im Grunde nicht vorhersehbar: Die auslö-

Unten: Mount McKinley, Alaska, mit seiner ewigen Decke aus Eis und Schnee. Auf dem Höhepunkt der letzten Eiszeit vor ungefähr 20 000 Jahren sah es in weiten Teilen der Erde ähnlich aus.

sende Katastrophe könnte sich erst in Jahrhunderten ereignen.

Wie kommt es zu so völlig unterschiedlichen Theorien? Den Geologen des 19. Jahrhunderts verschlug es den Atem, als sie entdeckten, daß es Eiszeiten gegeben hatte. Dies war eindeutig belegt durch Anzeichen von weiträumigen Vereisungen in ganz Europa und Nordamerika, aber auch in Gegenden, die heute heiß und trocken sind, wie etwa Indien und der Nahe Osten. Das Problem, dieses Phänomen zu erklären, beflügelte die Phantasie der Wissenschaftler vieler Disziplinen, und es wurden zahlreiche Theorien entwickelt.

Einer der einleuchtendsten Vorschläge bestand in einer Temperaturschwankung der Sonne. Die Wärmeleistung der Sonne ist zweifellos in den letzten 3000 Millionen Jahren stetig gestiegen. Die Schwierigkeit besteht darin, eine Erklärung für die relativ

In etwa 1000 Jahren könnte die Erde von einer neuen Eiszeit heimgesucht werden. Was löst diese entsetzlichen und lebenzerstörenden Zeitalter aus? Gibt es irgendeinen Weg, sie zu verhindern? Eine revolutionäre Theorie zeigt eine mögliche Lösung auf.

EISIGE AUSSICHTEN

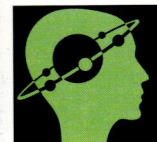

kurzlebigen Schwankungen zu finden. Eine rein theoretische Vorstellung besagt, daß das Sonnensystem in seiner 250 Millionen Jahre dauernden Umlaufbahn häufig Staubwolken durchquere und diese interstellaren Staubwolken die Sonnenwärme senkten. Andere Astronomen machen Störungen auf der Sonne selbst dafür verantwortlich, daß ihre Strahlungswärme variiert. Seit den dreißiger Jahren, als man die Sonnenaktivitäten als nukleare Reaktionen beschrieb, sah es nicht so aus, als ob es einen plausiblen Grund gebe, warum die Sonne nicht über Tausende von Jahrmillionen mit einer beständigen Tem-

ken der Durchschnittstemperatur auf der Welt zur Folge und dies wiederum eine Steigerung des Schneefalls – und so weiter.

Alle Theorien, die Eiszeiten als Folge einer Veränderung der Sonnentemperatur zu betrachten, machen sie somit auch unvorhersagbar. Das derzeit bevorzugteste Modell aber beinhaltet die Berechenbarkeit der nächsten Eiszeit. Es wurde in den zwanziger Jahren von dem Jugoslawen Milutin Milankovic entwickelt, der behauptet, die Lösung sei in den winzigen, regelmäßigen Störungen der Erdbahn zu finden. Bei diesen Veränderungen gibt es drei Hauptzyklen. Der erste ist der der Erdbahn selbst. In einem

Oben: Der abgeflachte Tafelberg, der sich bei Kapstadt, Südafrika, erhebt, entstand vor 150 Millionen Jahren durch die Aufschichtung von Sedimentgestein. Die unterste Schicht enthält geschliffene und gletscherverschrammte Kiesel aus einer Eiszeit, die einst große Teile der südlichen Hemisphäre bedeckte.

Rechts: Die Insel Surtsey im Nordatlantik entstand am 14. November 1963 als Folge eines submarinen Vulkanausbruchs. Man nimmt an, daß die riesigen Staubwolken, die bei Vulkanausbrüchen solchen Ausmaßes in die oberen Schichten der Atmosphäre geschleudert werden, teilweise für die Entstehung von Eiszeiten mitverantwortlich sein könnten.

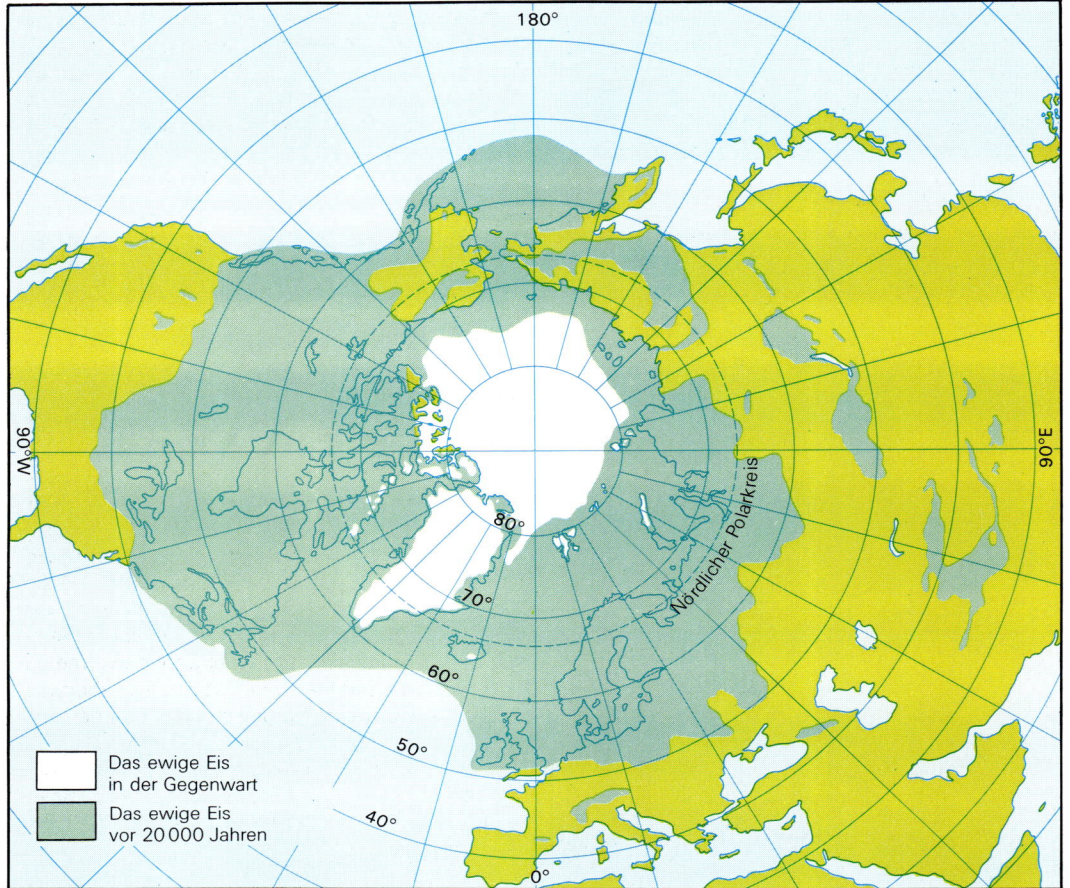

180°

90°W

90°E

Nördlicher Polarkreis

80°

70°

60°

50°

40°

0°

Das ewige Eis in der Gegenwart

Das ewige Eis vor 20 000 Jahren

peratur scheinen sollte. Doch nun liegt eine Theorie vor, daß die Sonne in ihrem Kern vielleicht kälter ist, als eine Berechnung ihrer Oberflächentemperatur vermuten ließe; und diese Schwankungen könnten der Grund für das Entstehen von Eiszeiten sein.

Die meisten Klimaforscher glauben, daß bereits eine prozentual geringe Veränderung der Menge an Sonnenlicht, das auf die Erde fällt, ausreicht, um eine neue Eiszeit auszulösen. Doch es ist keineswegs klar, ob dazu eine Zu- oder eine Abnahme der Bestrahlung erforderlich ist. Es wird vermutet, daß eine größere Intensität mehr Wasser verdampfen ließe und sich dadurch weltweit die Regen- bzw. Schneemenge erhöhte. Durch die zusätzlichen Wolken könnte ein Teil des Sonnenlichts niemals bis zur Erdoberfläche durchdringen; der vermehrte Schneefall würde zu einer Ausdehnung der schneebedeckten Gebiete auf der Erde führen und somit mehr Sonnenlicht ins Weltall reflektierten. All dies hätte ein Absin-

Rechts: Die graphische Darstellung zeigt die geschätzten Durchschnittstemperaturen in Nordwesteuropa während der letzten 3 Millionen Jahre. Eine Eiszeit tritt immer dann auf, wenn die Durchschnittstemperatur im Sommer unter 10° Celsius sinkt. Klimaschwankungen werden nicht nur häufiger, sondern auch extremer.

Oben: Die Ausdehnung des Eises auf dem Höhepunkt der letzten Eiszeit ist grau dargestellt, die des Ewigen Eises unserer Zeit weiß.

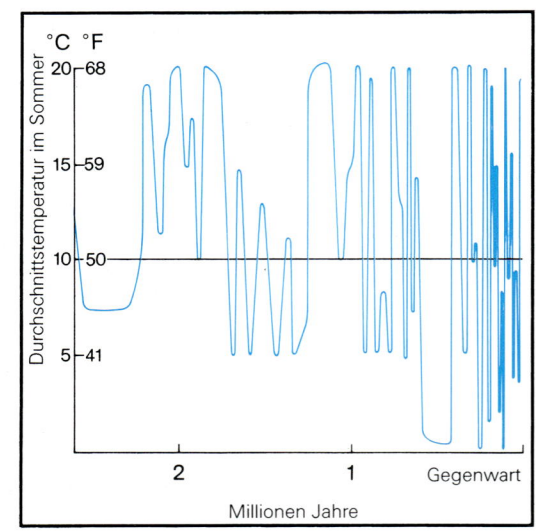

°C °F
20 — 68

15 — 59

10 — 50

5 — 41

Durchschnittstemperatur im Sommer

2

1

Gegenwart

Millionen Jahre

Zeitraum von etwa 95 000 Jahren wechselt ihre Form von einem Kreis zu einer Ellipse und wieder zu einem Kreis. Wenn die Erdbahn elliptisch ist, variiert der Abstand zwischen Erde und Sonne im Verlauf eines Jahres. Die hierdurch verursachte geringfügige Differenz in der Wärmemenge, die die Erde erreicht, kann den jahreszeitlichen Unterschied zwischen Sommer- und Wintertemperaturen in einem bestimmten Teil der Erde entweder verstärken oder abmildern. Gegenwärtig ist die Erdumlaufbahn nur leicht elliptisch und nähert sich wieder der Kreisform an. Dennoch macht die Veränderung der Entfernung Erde – Sonne die nördlichen Sommer und südlichen Winter gewöhnlich kühler sowie die nördlichen Winter und südlichen Sommer wärmer als bei absolut kreisförmiger Erdbahn.

Der zweite Zyklus ist der der Jahreszeiten, der aus der Neigung der Erdachse resultiert. Gewöhnlich beträgt der Neigungswinkel etwa 23°27', doch schwankt er zwischen 21°48' und 24°24'. Die Erde braucht etwa 40 000 Jahre, um einmal zu „nicken". Zur Zeit nimmt der Neigungswinkel der Erde ab, die Erde steht etwas „aufrechter" in ihrer Umlaufbahn, und dies mildert den Kontrast zwischen Sommer

und Winter. Dies ist eine Erklärung für die momentane klimatische Situation.

Der dritte Zyklus in Milankovics Theorie ist größtenteils auf die Präzession, die Richtungsveränderung der Erdachse, zurückzuführen. In der Folge verändert sich die Jahreszeit, zu der die Erde der Sonne am nächsten steht. Daraus resultiert wieder, daß sich der Kontrast zwischen Sommer und Winter verstärkt oder abschwächt, und das über einen Zeitraum von 11 500 Jahren.

Auch wenn die Gesamtmenge an Sonnenlicht, die im Verlauf eines Jahres die Erde erreicht, von keiner dieser Wirkungen verändert wird, so wandelt sich die Milde oder Strenge der Jahreszeiten doch nach einem komplexen Muster. Dieses Muster wurde, so behaupten einige Wissenschaftler, durch die geologische Aufzeichnung von Meerestemperaturen entschlüsselt. Man kam darauf, als man den Sauerstoffgehalt fossiler Meeresorganismen untersuch-

te, die man durch Bohrungen dem Meeresboden entnommen hatte. Eine komplexe statistische Analyse des Graphen aus Meerestemperatur und Zeit, den man auf diese Weise erhielt, zeigte zyklische Veränderungen über Zeiträume von etwa 95 000, 40 000 und 11 500 Jahren auf.

Ein gravierender Kritikpunkt an Milankovics Theorie bestand darin, daß nach ihr Eiszeiten offenbar nur abwechselnd auf der nördlichen oder der südlichen Halbkugel auftreten könnten. Modifizierungen dieser Theorie, die die Verteilung der Landmassen auf der Erde berücksichtigen, zeigen jedoch, wie es möglich ist, daß es etwa gleichzeitig in beiden Hemisphären zu Eiszeiten kommt, eine Tatsache, die geologische Befunde nachweisen.

Eiszeiten können, wie es scheint, nur dann auftreten, wenn an oder nahe bei einem oder beiden Pole Festland liegt, so daß sich dort dauerhafte Eiskappen bilden können. Da die Kontinente langsam über die Erdoberfläche driften, gab es in langen Perioden in beiden Polarregionen nur Meer. Unter solchen Umständen hätten unmöglich Eiszeiten entstehen können.

Seit vielen Jahrmillionen liegt die Antarktis jedoch am Südpol, und das Nordpolarmeer ist nahezu von Land umgeben, so daß es leicht gefriert. Unter diesen Voraussetzungen sind für eine Eiszeit bitterkalte südliche Winter erforderlich, damit große Teile der antarktischen Meere gefrieren. Die südliche Hemisphäre leitet dann die Ausdehnung des Eises ein und sorgt für kühle nördliche Sommer, so daß nicht allzuviel von der Schnee- und Eisdecke im Norden schmilzt. Diese Bedingungen wurden durch den Milankovic-Effekt während der letzten 150 000 Jahre erfüllt. Die Zu- oder Abnahme der Vereisung in den nördlichen Breiten war außerdem eng mit der mangelnden oder ausgiebigen Sonneneinstrahlung auf der nördlichen Halbkugel gekoppelt. Während der letzten 18 000 Jahre wurde der nördlichen Hemisphäre überdurchschnittlich viel Sonnenwärme zuteil, und das Eis nahm ab. Doch von nun an aber wird die Sonnenwärme im Norden stetig abnehmen und in 10 000 Jahren ein Minimum erreichen. Doch bereits lange vorher wird eine neue Eiszeit angebrochen sein. Nach dieser Theorie dürfte sie ihren Höhepunkt in 1000 Jahren erreicht haben und 100 000 Jahre dauern.

Abweichende Meinungen

Viele Wissenschaftler lehnen indes die Milankovic-Theorie ab. Zu ihnen gehört der anerkannte Astrophysiker Sir Fred Hoyle. Das Modell von Milankovic zeigt, wie Hoyle ausführt, daß zyklische Schwankungen der Erdtemperatur zu erwarten seien, aber nicht, daß Eiszeiten nicht entstünden, wenn es diese Schwankungen nicht gäbe. Überdies glaubt er nicht, daß Schwankungen von wenigen Prozent ausreichten, um die Erde in eine Eiszeit zu stürzen oder sie aus einer zu befreien. Er schreibt: „Wenn ich behaupten würde, daß man in einem Raum, der im Winter von Nachtspeicheröfen geheizt wird, eiszeitliche Verhältnisse herbeiführen könne, indem man einfach einen Eiswürfel in diesen Raum legte, dann wäre dieser Vorschlag kaum unrealistischer als Milankovics Theorie."

Hoyle ging auch davon aus, daß die langsamen astronomischen Veränderungen niemals den plötzli-

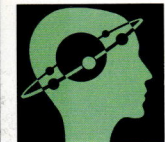

chen Beginn von Eiszeiten erklären könnten, die sich in einem oder zwei Jahrhunderten zu entwickeln vermögen. Noch viel schneller, innerhalb von Jahrzehnten, können sie beendet sein. Hoyle nahm daher an, daß Eiszeiten eine gewaltsame Ursache haben mußten. Für ihn bestand die einzige Möglichkeit im Impakt eines riesigen Meteoriten. Interessanterweise schlagen solche Körper mit einem Durchmesser von 300 Metern oder mehr etwa alle 10 000 Jahre auf der Erde ein – also ungefähr so häufig, wie Eiszeiten vorkommen.

Was also würde passieren, wenn ein solcher Körper morgen auf unsere Erde prallte? Angenommen, das Objekt hätte ein Gewicht von 50 Millionen Ton-

Unser Klima hängt größtenteils von der Stellung der Erde zur Sonne ab, wie unten gezeigt wird. In der nördlichen Hemisphäre sind die Tage im Sommer lang, weil der Nordpol sich zur Sonne neigt, und im Winter kurz, weil er von ihr abgewandt ist. Doch zudem „nickt" die Erde – der Neigungswinkel ihrer Achse variiert zwischen 21° 48' und 24° 24' (s. Abb.), und je nachdem, wie sich der Winkel ändert, wird der Kontrast zwischen den Jahreszeiten größer oder geringer.

ren Atmosphäre, die viel von der Sonnenwärme zurück ins All reflektierte. Diese Eisdecke würde auch einen großen Teil der Wärme abstrahlen, die sonst bis zur Erdoberfläche durchdringt. Daraufhin würde die Temperatur auf der Erde weiter absinken.

Wenn erst einmal die überschüssige Wärme des Meeres verloren und die Temperaturen in den Ozeanen, in der Luft und auf dem Festland im Gleichgewicht wären, dann gäbe es nach Hoyles Theorie fast keine Winde mehr. Es würde kaum noch regnen oder schneien, doch im Laufe der Jahrhunderte entständen 800 Meter dicke Eisplatten über Großbritannien, Nordeuropa und großen Teilen Nordamerikas. Sogar in tropischen Regionen trügen die Berge Kappen aus Eis, von denen sich ungeheure Gletscher-

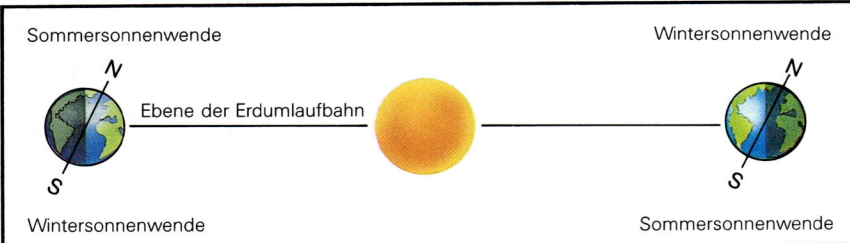

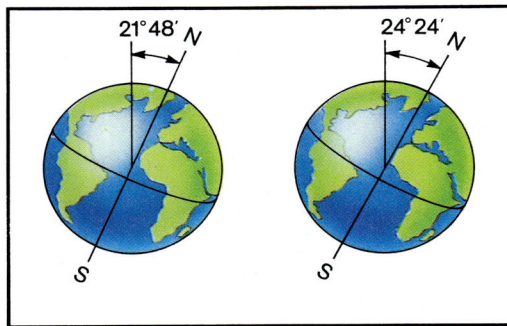

Nicht nur das „Nicken", sondern noch zwei weitere Faktoren der Erdrotation wirken sich auf das Klima des Planeten aus. Über einen Zeitraum von 95 000 Jahren wandelt sich die Form der Erdbahn von einem Kreis zu einer Ellipse und wieder zum Kreis (s. Abb.). Auch die geringen Differenzen in der Wärmemenge, die die Erde erreicht, können die Unterschiede zwischen den Jahreszeiten verstärken oder abschwächen, und die Präzession der Erde (unten) hat innerhalb eines Zeitraums von 11 500 Jahren die gleiche Wirkung. Nach Milankovic können diese drei Zyklen zusammenfallen und eine Eiszeit herbeiführen.

nen, dann dürfte es etwa 50 Millionen Tonnen Trümmer in die Stratosphäre schleudern. Die dadurch entstehende Decke aus reflektierenden Teilchen würde genug Sonnenlicht abschirmen, um die Temperatur auf der Erde gravierend zu senken.

Das Land würde schneller abkühlen als der Ozean, und diese Temperaturunterschiede ließen das Wetter auf der Erde rauher werden mit heftigen Stürmen, Regen- und Schneefällen. In der Folge gäbe der Ozean seine gespeicherte Wärme ab und die Abkühlung der Atmosphäre verlangsamte sich. 10 Jahre lang sänke die Temperatur der Erde ab, bis sich die Staubpartikel in der oberen Atmosphäre abgesetzt hätten und die gespeicherte Wärme des Ozeans aufgebraucht wäre. Auch fiele immer mehr Schnee und bliebe in immer weiteren Gebieten liegen.

An diesem Punkt träte eine Katastrophe ein, die die Erde in eine neue Eiszeit einschlösse. Die obersten Schichten aus Wasserdampf in der Atmosphäre sind erwärmt, und zwar nicht vom Sonnenlicht, das Wasserdampf nicht gut absorbieren kann, sondern von der Wärmestrahlung der Erde. Sie würden nun bis zu dem Punkt abkühlen, an dem sich plötzlich unzählige winzige Eiskörnchen („Diamantenstaub") bilden. Vom Weltraum aus betrachtet ergäben sie eine blendend weiße Decke in der obe-

massen ausbreiteten. Die Menschheit würde stark dezimiert, weil Millionen aufgrund der jähen Verschiebung der Vegetationszonen verhungert wären.

Hoyle ist der Ansicht, daß nur ein erneuter Meteoriteneinschlag die Auswirkungen des ersten wieder rückgängig machen könnte. Dafür wäre ein Meteorit mit einem hohen Eisenanteil erforderlich; doch nur jeder fünfte bis zehnte ist ein Eisenmeteorit.

Sollte ein solches Objekt einschlagen, so würden Millionen Tonnen feinster Eisenpartikel in die obere Atmosphäre geschleudert. Sie würden die Menge des Sonnenlichts, das direkt bis auf die Erdoberfläche durchdringt, um vielleicht 20 bis 30 Prozent verringern. Doch die Eisenteilchen würden Hitze eher absorbieren als sie ins All reflektieren, so daß sich die Atmosphäre schnell aufheizte. Dann wandelte sich der Diamantenstaub zu Wasserdampf, und Land und Meer würden sich ihrerseits erwärmen. Die Eisenpartikel bedürften einiger Jahrzehnte, um die

Atmosphäre zu verlassen, doch dann wäre die Erde imstande, zum „Normalzustand" zurückzukehren.

Was wir als „normales" Klima ansehen, war jedoch in unserer Glazialepoche der vergangenen 2 Millionen Jahre die Ausnahme. Wärmeperioden dauerten etwa 10 000 Jahre, Eiszeiten hingegen etwa 100 000 Jahre. Das stimmt mit der Tatsache überein, daß Steinmeteoriten zwischen fünf- und zehnmal häufiger auf der Erde einschlagen als solche aus Eisen.

Hoyle schlug ernsthaft vor, die Menschheit solle etwas unternehmen, um eine nächste Eiszeit zu verhindern, die ansonsten unweigerlich käme, und zwar so rasch, daß wir mit der dadurch verursachten Störung nicht fertig würden. Sein etwas absonderli-

cher Vorschlag bestand darin, den Wärmevorrat in den Ozeanen zu erhöhen.

Die Tiefen der Ozeane sind kalt, das liegt weitgehend an der Eiskappe in der Antarktis. Eisberge brechen ab und schmelzen langsam während des südlichen Sommers. Das kalte, dichte Meerwasser sinkt auf den Grund, wo es von der Wärme der Atmosphäre und des Sonnenscheins abgeschnitten ist.

Hoyle schlug vor, die Tiefen der Ozeane zu erwärmen, indem Wasser von dort an die Oberfläche gepumpt und hier von der Wärme der Luft aufgeheizt würde. Es wäre jedoch noch immer kälter und dichter als das Oberflächenwasser und sänke daher wieder nach unten, wobei es von dem umgebenden Wasser erwärmt würde.

Die Erwärmung sollte nicht zu schnell geschehen, da das zu einer Abkühlung des Oberflächenwassers führen und eine Eiszeit nur fördern würde. Hoyles Berechnungen zufolge müßte man ein Jahrhundert lang pumpen, um den Vorrat der im Meer gespeicherten Wärme so weit zu erhöhen, daß er ein Jahr lang die Bildung von Diamantenstaub und also auch den Beginn einer Eiszeit verhindern könnte.

Es würde somit ein Jahrtausend dauern, um einen Zehnjahresvorrat anzulegen, das heißt, die gegenwärtigen Wärmereserven der Erde zu verdoppeln. Nach weiteren 1000 Jahren, mit einem Vorrat für 30 Jahre, wäre die Erde laut Hoyle sicher vor der Gefahr einer neuen Eiszeit.

Um diese behutsame Erwärmung der Erde zu erreichen, müßte man das Ozeanwasser aus einem Bereich von 4 Quadratkilometern nach oben pumpen. In gut einer Stunde wäre das Wasser aus der durchschnittlichen Meerestiefe von 3800 Metern aufgestiegen. Dieses System liefe selbständig, da es die Pumpen mit der Energie betriebe, die es aus dem Temperaturunterschied zwischen dem Oberflächen- und dem Tiefenwasser gewönne.

Im Endeffekt würde man die Gesamttemperatur der Meere auf den Stand von vor 20 Millionen Jahren bringen, als es keine Eiszeiten gab. Die polaren Eiskappen schmölzen zwar zu einem Teil, so daß der Weltmeeresspiegel stiege, doch innerhalb weniger tausend Jahre könnte man dieses Problem leicht meistern. Hoyle stellte sich vor, daß wir in dieser Zeit die Ozeane von den Schellen der Kontinente zurückdrängen sollten, um ihre reichen Mineralvorkommen auszubeuten. Er sieht kein Problem darin, zusätzliche Wälle als Schutz gegen das Meer bauen zu müssen, da man ähnliche Projekte technisch bereits realisiert hat.

Einige werden diesen visionären Plan für eine der arrogantesten Ausgeburten menschlichen Technologiewahns halten, für Hoyle aber erscheint er unabdingbar. Eines Tages, so warnt er, werde ein weiterer Steinmeteorit einschlagen, und dann liege es bei uns, ob die katastrophalen Folgen nur ein Jahrzehnt oder hundert Jahrtausende andauerten.

" SOGAR IN TROPISCHEN REGIONEN TRÜGEN DIE BERGE KAPPEN AUS EIS, VON DENEN SICH UNGEHEURE GLETSCHER AUSBREITETEN. "

Sowohl die Admiralty Bay, King-George-Insel, in der Antarktis (oben) wie auch die Tundra Grönlands in der nördlichen Hemisphäre (rechts) würden die Auswirkungen einer zukünftigen Eiszeit zu spüren bekommen. Nach Milankovic wird die nächste Eiszeit wahrscheinlich durch eine Kombination folgender Faktoren ausgelöst: eine Reihe bitterkalter Winter in der südlichen Hemisphäre, die Ausdehnung dauerhaft gefrorener Flächen Antarktischer Meere und kalte Sommer in der nördlichen Hemisphäre, die die Schneedecke auf dem Land nahe dem Nordpol auf Dauer vereisen lassen.

DIE AUSSERIRDISCHEN IN UNS

Auf der ganzen Welt weisen Berichte

von Entführungen durch Außerirdische

so frappierende Parallelen auf, daß

irgendein Zusammenhang nicht von der

Hand zu weisen ist. Einer besonderen

Theorie zufolge sind all diese

Erfahrungen Nachwehen des

Geburtstraumas.

In den Beschreibungen, die Augenzeugen nach einer nahen Begegnung der dritten Art von den Außerirdischen gaben, überwiegt bei weitem der humanoide Typ. Als kleine Gestalten mit unverhältnismäßig großen Köpfen und Augen, dünnen Gliedmaßen und gekleidet in einteilige, enganliegende Anzüge erinnern sie oft unweigerlich an einen menschlichen Fetus. Ist dies reiner Zufall, oder könnte mehr dahinter stecken?

Das erste auffällige Kennzeichen ist der meist kleine Wuchs solcher Humanoiden von etwa 90 cm bis 1,70 m. Dazu sprechen die Berichte von überproportionierten Köpfen und Augen. Auch beim Fetus ist der Kopf ab der vierten Woche übermäßig groß; das gleiche gilt für die Augen, die sich in der vierten Woche bilden und schnell wachsen, bis sie bei der

Geburt halb so groß wie die eines Erwachsenen sind – jedoch in einem sehr viel kleineren Kopf. Die Körpermerkmale von Humanoiden werden im allgemeinen als rudimentär oder gänzlich fehlend beschrieben. Auch dies stimmt mit der fetalen Entwicklung bis in eine sehr späte Phase überein. Die Hände beginnen sich in der fünften Woche zu bilden, die Füße in der sechsten Woche, doch Finger und Zehen weisen bis etwa zur achten Woche Schwimmhäute auf. Wegen der schwachen Entwicklung von Ohren, Nase, Mund und Gesicht kann bis zur zehnten Schwangerschaftswoche kaum von einem erkennbar „menschlichen" Antlitz die Rede sein, sondern es entspricht schon eher unserer Vorstellung von einem „Humanoiden". In den meisten Berichten besitzen die Humanoiden keine deutlichen Geschlechtsmerkmale, und auch beim menschlichen Fetus sind sie bis zur zwölften Schwangerschaftswoche nicht eindeutig oder nur ganz schwach entwickelt.

Auf viele Zeugen wirkten die Arme der Humanoiden länger als ihre Beine. Auch dies trifft zweifellos bis zum vierten Monat auf den Fetus zu. Humanoide gehen unbeholfen, als seien sie nicht an solche Bewegungen gewöhnt. Der menschliche Fetus wiederum vollführt bis zum fünften Monat keine merklichen Bewegungen. Bei Humanoiden ist die Haut meist blaß – grau oder weiß – oder aber rötlich. Die Haut des Fetus ist bis zum sechsten Monat blaß, im siebten rötlich. Humanoide haben faltige Haut und haarlose Körper; beim menschlichen Fetus ist die Haut im siebten Monat faltig, und Haare bilden sich nicht vor dem achten Monat. Vielen Berichten zufolge besitzen Humanoide keine Augenbrauen und eine, wenn nicht faltige, dann unnatürlich glatte Haut. Die Augenbrauen erscheinen beim Ungeborenen nicht vor dem achten Monat, und die Haut wird kurz vor der Geburt, im achten und neunten Monat, glatt und geschmeidig.

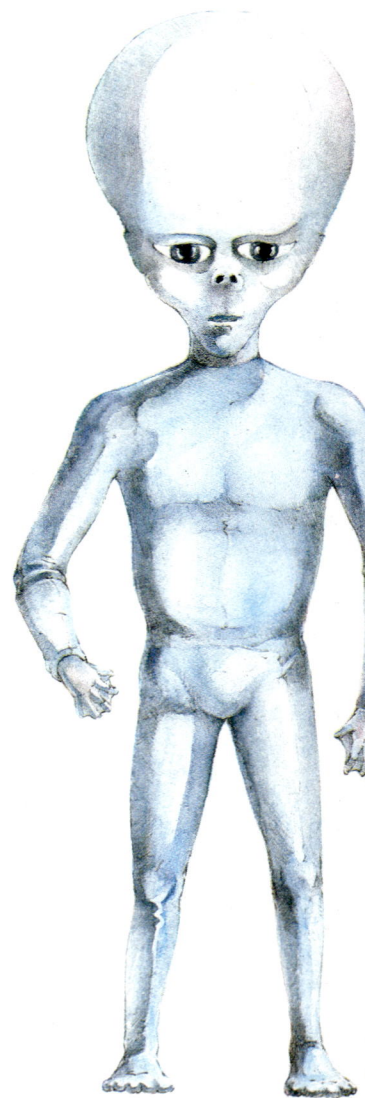

Die Parallelen zwischen den Beschreibungen von Humanoiden, wie sie Augenzeugen liefern, und den imaginären Vorstellungen von hypnotisierten Versuchspersonen oder solchen unter LSD-Einfluß lassen vermuten, daß pränatale Erfahrungen im Ungeborenen einen reichen Bilderfundus anlegen, der durch bestimmte Auslöser aktiviert werden kann.

Nach jahrelangen Erfahrungen mit dem therapeutischen Einsatz von LSD gelangte der Psychiater Stanislav Grof zu der Überzeugung, daß viele seiner Patienten in LSD-Sitzungen erneut ihr Geburtstrauma durchleben.

Die oben genannten Parallelen deuten darauf hin, daß das Ungeborene, besonders sein Entwick-

Links und links unten: Dieser zehn Wochen alte Embryo und die Zeichnung von einem der außerirdischen Humanoiden, dem Travis Walton angeblich während seiner fünftägigen Entführung am 5. November 1975 in Heber, Arizona, USA, begegnet war, weisen verblüffende Ähnlichkeiten auf.

wand einnistet, nimmt das schon differenzierte Embryonalgewebe im Ei eine erstaunliche Gestalt an: Es ähnelt einer abgeflachten Scheibe, der gängigen Form eines UFOs. In dieser Phase des pränatalen Lebens kann die Frucht erstmals als ein eigenständiges Ganzes oder Individuum gelten.

Der Psychologe C. G. Jung stellte eine Analogie zwischen den Formen von „fliegenden Untertassen" und „Mandalas" fest, die er als archetypische Symbole für Einheit, Ganzheit und Individuation, Selbstwerdung deutete. Falls Grofs Erkenntnisse korrekt sind, könnte man sie vielleicht als physiologische Grundlage für Jungs Theorien über Archetypen, urtümliche Bilder, und das damit verbundene kollek-

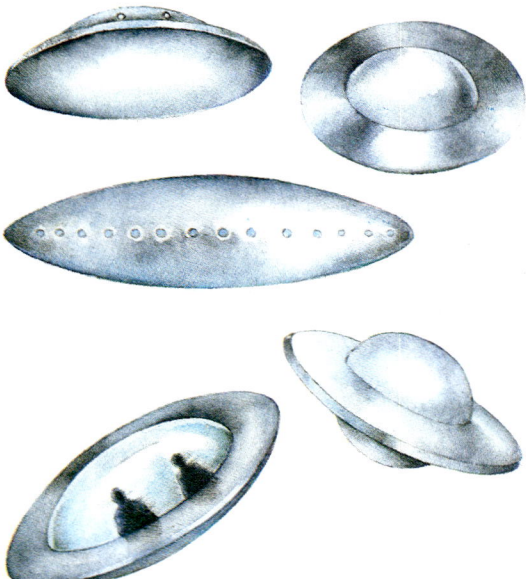

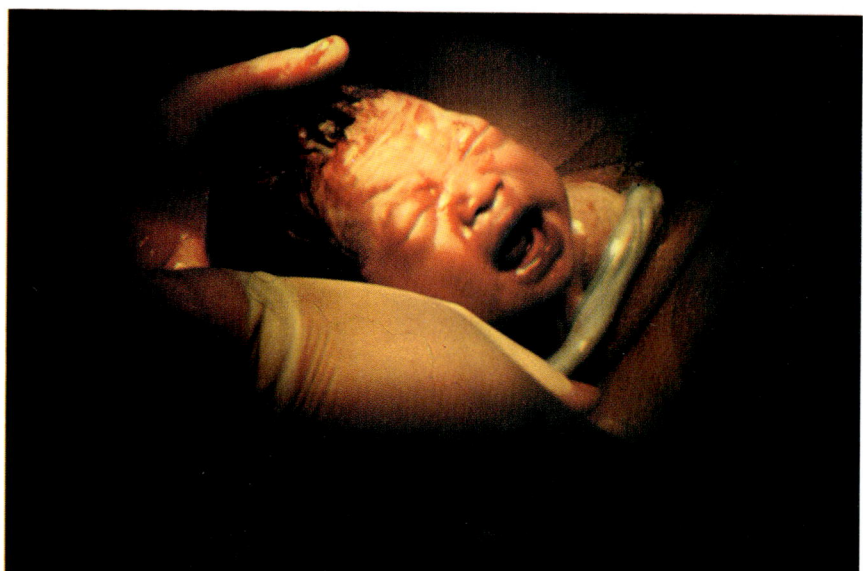

lungsstadium in den ersten acht Wochen nach der Zeugung, als Modell für die Beschreibungen von Humanoiden dient.

„Auf eine Weise, die beim derzeitigen Forschungsstand noch nicht ganz geklärt ist, scheinen die Erlebnisse [der Versuchspersonen] mit der Erfahrung der biologischen Geburt in Zusammenhang zu stehen. Versuchspersonen unter LSD-Einfluß vergleichen sie häufig ausdrücklich mit dem Durchleben des eigenen Geburtstraumas. [Andere] zeigen ziemlich regelmäßig jene körperlichen Symptome, die sich am ehesten als Nachempfinden des Geburtsvorgangs deuten lassen. Sie nehmen auch Positionen ein und vollführen ganze Bewegungsabläufe, die eine frappante Ähnlichkeit mit denen eines Kindes in den verschiedenen Geburtsphasen erkennen lassen."

Grof beschrieb ebenso LSD-Patienten, die sich allem Anschein nach auf das „Bewußtsein" eines bestimmten Organs oder Gewebes in ihrem Körper „einschalten" und sogar in ein Zellular- oder Subzellularbewußtsein regredieren. Häufig berichten solche Versuchspersonen laut Grof gar von einer Identifizierung mit Samen- und Eizelle im Augenblick der Empfängnis und beschreiben zuweilen einen beschleunigten fetalen Entwicklungsprozeß.

Eine in Grofs Aufzeichnungen nicht erwähnte Tatsache könnte möglicherweise für die Ufologie äußerst aufschlußreich sein. Wenn sich das befruchtete Ei nach sechs Tagen in der Gebärmutter-

Oben: Es gibt Behauptungen, nach denen die Reise durch tunnelartige Gebilde, wie sie in vielen Berichten über Entführungen durch Außerirdische beschrieben wird, ein Wiedererlebnis des Geburtsvorgangs sein könnte, in dem das Baby nach unten durch den Vaginalkanal gleitet. Oben links: Die Zeichnungen wurden nach Angaben verschiedener UFO-Beobachter angefertigt. Sechs Tage nach der Empfängnis weist ein befruchtetes menschliches Ei eine ähnlich abgeflachte rundliche Gestalt auf.

tive Unbewußte werten. Zumindest aber ist die Tatsache, daß jedes menschliche Wesen für einige Stunden die Form eines UFOs besaß, recht verblüffend. Von daher darf man in Betracht ziehen, daß die embryonale Scheibe möglicherweise tatsächlich als Jungsches Mandala- oder als UFO-Archetyp in jedermanns Empfinden verankert ist und mitunter in Berichten über Begegnungen mit UFOs an die Oberfläche tritt. Folglich könnten Augenzeugen zuweilen geneigt sein, bei einem entsprechenden psychisch-physischen Stimulus ein scheibenförmiges Flugobjekt zu sehen – obgleich es sich bei ihrer Wahrnehmung um ein archetypisches Echo ihrer eigenen pränatalen Erfahrungen handeln mag.

Am schwierigsten gestaltet sich für die Ufologie die Untersuchung von Entführungsfällen. Da sie oftmals durch keinerlei Tatsachen belegt scheinen, mögen derartige Berichte unsinnig oder gar lächerlich wirken. Gleichwohl haben wir es hier mit einem in sich stimmigen Komplex von Wahrnehmungen zu tun, die ernst genommen zu werden verdienen. Wie nun sind solche Entführungsberichte unter Berücksichtigung der pränatalen Erlebnisse zu beurteilen?

Stanislav Grof gliedert den Geburtsvorgang in vier Phasen, von denen eine jede sich nach seiner Überzeugung auf die spätere Persönlichkeitsentwicklung und das Verhalten niederschlägt. Phase 1 ist die der ursprünglichen Einheit mit der Mutter und für den Fetus allein von, wie Grof es formuliert, „guten" und „schlechten" Erfahrungen, d. h. einem ruhigen oder

unruhigen Leben in der Gebärmutter geprägt. Dann, in der 2. Phase, treten mit dem Beginn des Geburtsvorgangs Kontraktionen innerhalb des geschlossenen Systems des Uterus auf. In Phase 3 arbeitet der Fetus gemeinsam mit der Mutter an seiner Austreibung durch den Geburtskanal. Die 4. Phase schließlich, die eigentliche Geburt, beendet die Vereinigung mit der Mutter und läßt eine neue Beziehung sowohl zu ihr wie auch zur Umwelt entstehen.

Grof stellte fest, daß viele seiner LSD-Patienten ihre „schlechten" Uterus-Erfahrungen, ausgelöst beispielsweise durch körperliches oder emotionales Unwohlsein der Mutter, die Einnahme schädigender Substanzen oder eine versuchte Abtreibung, in Form von Krankheit, Übelkeit oder leichter Paranoia erneut erlebten. „Gute" Uterus-Erfahrungen manifestierten sich dagegen in Empfindungen von pränataler Glückseligkeit, dem Gefühl des Einsseins mit dem Kosmos, der Transzendenz von Raum und Zeit, in Visionen vom Paradies, „ozeanischen" Emotionen und anderen Zuständen, die mystischen oder ekstatischen Erlebnissen vergleichbar sind. Ganz ähnliche Elemente finden sich zahlreich in Entführungsberichten: kosmische Bilder, Gefühle von Harmonie und friedvollem Selbstbewußtsein und intuitive Einsichten in das Wesen des Universums, wie auch nach dem Erlebnis Übelkeit, Unwohlsein, unangenehmer Geschmack und Gerüche.

Unten: Diese altindische Abbildung zeigt einen von Dämonen umgebenen Buddhisten inmitten einer Mandala. Nach Alvin Lawson könnte diese Mandala symbolisch für die Gebärmutter stehen: Innen ist man sicher und geschützt, außen jedoch durch allerlei Gefahren bedroht. Der Psychologe Carl Gustav Jung glaubte, daß fliegende Untertassen eine Form von Mandala darstellen. Diese Behauptung deckt sich mit Lawsons Vorstellung, der in fliegenden Untertassen die symbolische Darstellung der Gebärmutter sah.

Der Beginn des Geburtsvorgangs, der sich dem Fetus durch Kontraktionen in der Gebärmutterwand ankündigt, findet seinen Ausdruck in immer wieder genannten Gefühlen, gefangen, angekettet oder einem unausweichlichen Schicksal oder einer anhaltenden Bedrohung hilflos ausgeliefert zu sein, ferner in Vorstellungen des Verschlungenwerdens vom Kosmos, von einem gigantischen Strudel, in den die Person und ihre Welt während einer solchen Begegnung erbarmungslos hineingesogen wird. Phase 3, das Passieren des Geburtskanals, wird durch starken Druck und Schmerz im Kopf und in anderen Körperteilen und ein eher allgemeines Mißbefinden ausgedrückt, in dem die Personen sadomasochistische Orgien, Verstümmelungen ihrer selbst und anderer, Opferrituale und andere blutige Geschehnisse erleben. Außerdem berichten die Augenzeugen häufig von abwechselnden Hitzewallungen und Kälteschauern sowie extremem Schwitzen in Kombination mit Schüttelfrost.

Medizinische Untersuchungen

Die letzte Phase, die Trennung von der Mutter und die Konfrontation mit einer neuen Welt, spiegelt sich in häufig geäußerten Atembeschwerden sowie starken Schmerzen in der Nabelgegend wider, die oft auch in die Beckenregion ausstrahlen. Gleichzeitig kann bei dem Betreffenden das Gefühl auftreten, man schneide seinen Körper auf und entnehme sein Herz oder andere Organe „für medizinische Zwecke". Wenn sie schließlich wieder eingesetzt werden, breitet sich ein Gefühl von Wiedergeburt und Erneuerung aus.

Übereinstimmungen zwischen der unmittelbaren Umgebung des Ungeborenen und Details aus den Berichten über nahe Begegnungen sind kaum zu übersehen. Röhren und Tunnels sind häufige Ele-

schnitt erforderlich wurde. Inzwischen hatte sie ein oder zwei Stunden im Geburtskanal zugebracht, vielleicht lang genug, daß sich das Tunnelbild in ihrer Vorstellung festsetzen konnte.

Türen und Durchgänge kommen in Entführungsberichten beinahe ebenso häufig vor wie Röhren. Die meisten Augenzeugen beschreiben ungewöhnliche Türen, die sich plötzlich in Wänden oder außen an den Objekten auftun, um bald darauf wieder spurlos zu verschwinden. Dabei handelt es sich häufiger um Schwing- oder Schiebetüren als um normale Ausführungen. Manche Berichte sprechen sogar von Türen, die unmittelbar, bevor der Augenzeuge hindurchging, zerfielen oder „explodierten". All diese ungewöhnlichen Türen und Durchgänge können als Sinnbild für ein anderes Geburtsereignis, das Öffnen des Gebärmutterhalses, gedeutet werden. Diese Theorie wird durch eine Kontrollversuchsperson, einer Normalgeburt, erhärtet, die zu dem Stichwort Gebärmutterhalsweitung spontan äußerte: „Es ist, als öffnete sich eine Tür."

Auch die Plazenta wird in Entführungsberichten möglicherweise durch die UFO-Form oder den angeblich oft von Außerirdischen getragenen Rucksack symbolisiert und die Nabelschnur durch den Schlauch, der aus diesem führt. Die Fruchtblase findet vielleicht ihre Entsprechung in der angeblich blasenförmigen Kopfbedeckung und auch in den so häufig erwähnten durchsichtigen UFOs.

Derart erstaunliche Parallelen geben Anlaß zu der Vermutung, daß sich hinter den Berichten von Entführungen tatsächlich ein erneutes Durchleben des Geburtstraumas verbergen könnte.

„ÜBEREINSTIMMUNGEN ZWISCHEN DER UNMITTELBAREN UMGEBUNG DES UNGEBORENEN UND DETAILS AUS DEN BERICHTEN ÜBER NAHE BEGEGNUNGEN SIND KAUM ZU ÜBERSEHEN."

mente. Oft geben Augenzeugen an, durch eine Röhre, die anscheinend aus Licht oder einem leuchtenden Material besteht, in das UFO „hinaufgesaugt" zu werden. Hierbei könnte es sich gut um Erinnerungen an den Durchgang durch den Geburtskanal handeln. Untermauert wurde diese Theorie durch eine Untersuchung von acht Personen, die mit Kaiserschnitt zur Welt kamen. Sieben von ihnen wählten bei ihrer Schilderung vom Betreten und Verlassen des UFOs nicht das Tunnelbild. Bei der achten Zeugin verlief die Geburt normal, bis ihre Mutter eine Blutung bekam und ein Kaiser-

Oben: Am 27. Oktober 1974 fuhr Familie Day in Richtung Aveley im englischen Essex. Gegen 22 Uhr befand sie sich plötzlich in einer dichten grünen Nebelbank. John Day erinnerte sich später unter Hypnose, daß er von einem hellen weißen Lichtstrahl in ein UFO gezogen worden sei. Dieses Phänomen wird in Berichten über Entführungen durch Außerirdische immer wieder erwähnt. Alvin Lawson ist der festen Überzeugung, daß mit dem Lichtstrahl die Nabelschnur symbolisiert werde. Zudem weist er darauf hin, daß zu dem goldenen Lichtstrahl, der in der Malerei, wie oben links in einem Gemälde von Carlo Crivelli, in der Darstellung von Mariae Verkündigung verwendet wurde, ein möglicher Zusammenhang besteht.

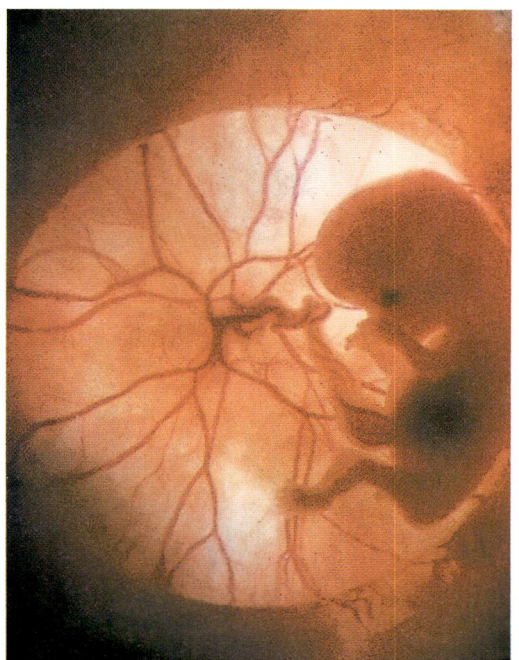

Links: Nach Alvin Lawson steht die in den Entführungsberichten oftmals beschriebene Form der UFOs symbolisch für die Plazenta. Rechts: Auch Rucksack und Helm der Außerirdischen, wie in der Zeichnung einer UFO-Begegnung im belgischen Vilvorde zu sehen, sollen Plazenta, Nabelschnur und Fruchtblase symbolisieren.

Die phänomenalen Leistungen im Kopfrechnen, die einige bemerkenswerte Menschen besaßen, überstiegen jedes normale Maß. Die Begabung dieser Blitzrechner versetzt uns noch heute in Erstaunen. Wer waren diese Supernovae am Himmel der Mathematik?

WUNDERREC

Im Zeitalter der billigen Taschenrechner laufen viele von uns Gefahr, ihre eigenen rechnerischen Fähigkeiten auf ein Minimum zu reduzieren. Früher hätte ein Verkäufer bei sechs Artikeln zu je 25 Pfennig mühelos die Summe im Kopf errechnet und den Gesamtbetrag von DM 1,50 eingegeben. Heute würde er in der gleichen Situation ernsthaft sechsmal 25 Pfennig in die Kasse eintippen. Während einst für Schulkinder das Einmaleins zum Grundwissen gehörte, greifen sie heute zum bewährten Taschenrechner, um beispielsweise das Ergebnis von 4 x 9 zu ermitteln.

Verglichen mit früheren Generationen, sind viele von uns arithmetische Analphabeten. In den vergangenen Jahrhunderten dagegen machten Menschen mit außerordentlichen Rechenfähigkeiten von sich reden, die alles bisher Dagewesene übertrafen und Mathematiker, Wissenschaftler und Psychologen in Erstaunen versetzten. Diese „Blitzrechner", die so

zufällig wie Meteore am Himmel der Mathematik auftauchten, beweisen, daß das menschliche Gehirn zu Leistungen fähig ist, die weitgehend ungeklärt bleiben. Manche dieser Rechentalente zeigten sich auch auf anderen Gebieten ungewöhnlich begabt, während einige ansonsten eine Dummheit an den Tag legten, die in seltsamem Kontrast zu ihren mathematischen Fähigkeiten stand. Gemeinsam ist den meisten von ihnen nur, daß sie ihre Sonderbegabung schon in frühester Kindheit unter Beweis stellten. Bei einigen hielt sie sich bis an ihr Lebensende, bei anderen ging sie nach einigen Jahren verloren. Wie die musikalischen Wunderkinder Chopin und Mozart, die bereits sehr früh brillant musizierten und komponierten, hatten diese Rechenkünstler sich ihre Fähigkeiten offenbar entweder selbst angeeignet, oder sie wurden ihnen einfach in die Wiege gelegt.

Der irische Mathematiker Sir William Hamilton (1805-1865) gehörte zu den herausragenden Allround-Genies. Als Dreijähriger begann er Hebräisch zu lernen; dem Siebenjährigen bescheinigte ein Dozent des Dubliner „Trinity College" fundiertere Kenntnisse der Sprache, als sie so mancher Anwärter auf die Dozentur besitze. Im Alter von 13 Jahren sprach er mindestens 13 Sprachen. Über seine frühen rechnerischen Fähigkeiten sagte ein Verwandter: „Ich erinnere mich, wie er als Sechsjähriger eine schwierige mathematische Aufgabe löste und dann fröhlich davonlief, um weiter zu spielen."

Auch der deutsche Mathematiker und Astronom Karl Friedrich Gauß (1777-1855) zeigte früh eine außergewöhnliche Fähigkeit zum Kopfrechnen. In seiner ersten Arithmetikstunde – er war damals neun Jahre alt – legte er, kaum hatte der Lehrer einige Aufgaben diktiert, seine Tafel mit den Worten nieder: „Da ist es." Am Ende des Unterrichts über-

Links und rechts unten: Gute rechnerische Fähigkeiten waren früher für Wissenschaftler unabdingbar. Bei Sir William Hamilton und Karl Friedrich Gauß handelte es sich nicht nur um Rechenwunder, sondern auch um wissenschaftliche Genies. Nach dem Tode von Gauß wurde durch Autopsie festgestellt, daß sein Gehirn (Abb. 1 und 2 unten) weit komplexer war als das eines Arbeiters (Abb. 3 und 4).

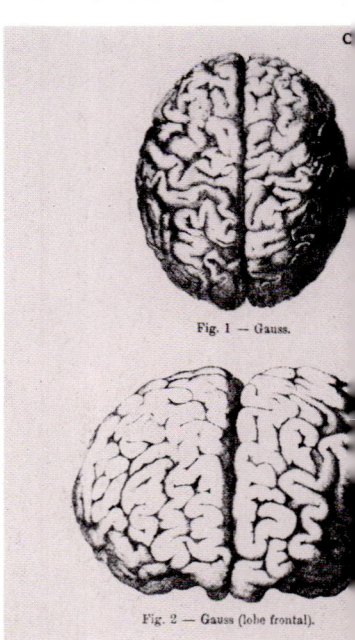

Fig. 1 — Gauss.

Fig. 2 — Gauss (lobe frontal).

Fig. 3 — Ouvrier allemand.

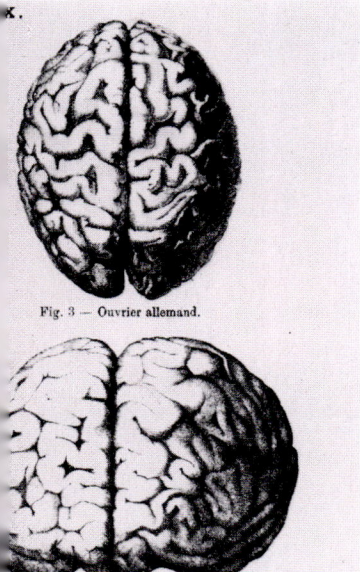

Fig. 4 — Ouvrier allemand (lobe frontal).

prüfte der Lehrer die Ergebnisse, und nur die von Gauß stimmten. Im Alter von 13 Jahren wurde er vom Mathematikunterricht befreit. Viele seiner bedeutendsten mathematischen Erkenntnisse gewann er zwischen dem 14. und 17. Lebensjahr. Als 24jähriger veröffentlichte dieser größte Mathematiker seiner Zeit ein Werk zur Zahlentheorie. Auch die Astronomie verdankt ihm wichtige Impulse. Zeitlebens zeigte er ein verblüffendes Zahlengedächtnis und eine ungeheure Schnelligkeit im Kopfrechnen.

Angesichts der vielseitigen Begabung von Hamilton und Gauß verblassen allzu leicht ihre rechnerischen Fähigkeiten. Wie rätselhaft dieses Phänomen indes ist, wird bei Persönlichkeiten wie Tom Fuller, Jedediah Buxton oder Zacharias Dase deutlich.

Im 18. Jahrhundert verblüfften offenbar manche Sklavenhändler die europäischen Kolonialherren, mit denen sie Geschäfte machten, durch ihre fixen Rechenkünste. Thomas Fuller aber, der als Sklave nach Virginia (USA) verschifft wurde, übertraf sie alle und erlangte als „Rechner von Virginia" Berühmtheit. Als 70jähriger wurde er 1780 von William Hartshorne und Samuel Coates auf die Probe gestellt, die ihm unter anderem folgende Fragen vorlegten:

„Wie viele Sekunden haben eineinhalb Jahre?" Nach etwa zwei Minuten gab Fuller die korrekte Antwort.

„Wie viele Sekunden hat ein Mann gelebt, der 70 Jahre, 17 Tage und 12 Stunden alt ist?" Die Antwort kam nach eineinhalb Minuten. Als man Fuller sagte, sie sei falsch, wies er darauf hin, daß man die Schaltjahre mit berücksichtigen müsse. Er starb 1790, ohne jemals Lesen oder Schreiben gelernt zu haben.

Ebenfalls Analphabet und dennoch ein Rechengenie war Jedediah Buxton, der Sohn eines englischen Dorfschulmeisters aus dem 18. Jahrhundert, der selbst jeden Unterricht beharrlich ablehnte und als Erwachsener nicht einmal seinen eigenen Namen kritzeln konnte. Er schien sich ausschließlich für das Rechnen zu interessieren. 1725 sagte er einmal, er sei trunken vor Zahlen – was kaum verwunderlich war, denn er hatte soeben nach einmonatiger Arbeit (und ohne Stift und Papier) folgende Mammutaufgabe gelöst: Wie viele Gersten-, Wicken-, Weizen-, Hafer- und Roggenkörner, Erbsen, Bohnen und Linsen würden einen Raum von 202 680 000 360 Kubikmeilen ausfüllen? Und wie viele Haare gingen auf diesen Raum, wenn ein jedes einen Zoll (2,54 cm) lang und 48 nebeneinandergelegte Haare ebenso breit wären?

Seine Fähigkeit, diese und ähnliche Aufgaben zu lösen, trug ihm Ruhm und das Interesse der Royal Society in London ein, die ihn 1754 untersuchte. Bei dieser Gelegenheit sah er eine Aufführung von Shakespeares *Richard III.* im „Drury Lane Theatre". Allerdings richtete sich sein ganzes Interesse nur darauf, zu zählen, wie oft jeder Schauspieler die Bühne betrat und verließ und wie viele Wörter er sprach.

Im Blickpunkt

GEWUSST WIE

Der Aufwand von Rechenoperationen läßt sich durch einige einfache Tricks erheblich reduzieren, die höchstwahrscheinlich auch viele der berühmten Blitzrechner anwandten – möglicherweise sogar unbewußt.

Hier einige Beispiele. Wenn Sie testen möchten, wieviel Zeit und Mühe die kleinen Tricks sparen, lösen Sie die Aufgaben auf beide Arten, und vergleichen Sie!

Was ist das Quadrat von 97?
Anstatt wie gewohnt 97 x 97 zu rechnen, geht man so vor:
$$97 \times 97 = (100 - 3) \times (100 - 3)$$
$$= 10\,000 - 300 - 300 + 9$$
$$= 9409$$

Wieviel ergibt 197 x 104?
$$197 \times 104 = (200 - 3) \times (100 + 4)$$
$$= 20\,000 - 300 + 800 - 12$$
$$= 20\,488$$

Was ist die Quadratwurzel aus 3249?
Versuchen Sie, die Zahl einzukreisen:
$$50^2 = 2500 \text{ (zu niedrig)}$$
$$60^2 = 3600 \text{ (zu hoch)}$$
Nur 3^2 oder 7^2 ergeben an der letzten Stelle eine 9.
Versuchen Sie $53^2 = (50 + 3) \times (50 + 3)$
$$= 2500 + 150 + 150 + 9$$
$$= 2809 \text{ (falsch)}$$
Also muß die Antwort 57 lauten.

Was ist die Quadratwurzel aus 92 416?
Die gesuchte Zahl muß zwischen 300 und 310 liegen, denn 300^2 (= 90 000) ist zu klein und 310^2 (= 96 100) zu groß. Anhand der letzten beiden Stellen finden wir die Zahl, die in der 2. Potenz 16 ergibt, nämlich 4. Daher muß die gesuchte Quadratwurzel 304 sein.

Was ist die Quadratwurzel aus 321 489?
Um die annähernden Zahlen (in Hundertern) zu finden, nehmen wir die ersten beiden Stellen (32). $5^2 = 25$ und $6^2 = 36$. Also liegt die Quadratwurzel zwischen 500 und 600. Dann schauen wir uns die letzten beiden Stellen an und fragen uns, welche Zahl in der 2. Potenz mit 89 endet. Die Antwort ist 17 und 67, doch 17 ist zu niedrig. Die Quadratwurzel muß also 567 sein.

Eselsbrücken helfen uns, häufig auftretende Zahlen zu merken, zum Beispiel den Wert von π (= 3,14159265359), der das Verhältnis von Kreisumfang zu Kreisdurchmesser angibt. Die Zahl läßt sich durch folgenden Reim merken, bei dem die Zahl der Buchstaben der einzelnen Wörter den jeweiligen Ziffern entspricht:
See, I have a rhyme assisting
My feeble brain its chore resisting.

Links: Jedediah Buxton, Sohn eines Dorfschulmeisters, weigerte sich, Lesen und Schreiben zu lernen, zeigte jedoch bemerkenswerte Rechentalente. Er löste komplizierte Aufgaben, die ihn Wochen in Anspruch nahmen, ohne Papier und Bleistift.

Als Rechenwunder berühmt wurde auch der 1824 geborene Zacharias Dase. Seine enorme Begabung im Kopfrechnen trat recht früh zutage. Später bereiste er ganz Europa und lernte dabei so herausragende Wissenschaftler wie Gauß oder den Astronom Johann Encke kennen. Dase, der offenbar einen weiteren geistigen Horizont als Buxton und Fuller besaß, hatte den Wunsch, seine Rechenkünste der Mathematik und anderen Wissenschaften zugute kommen zu lassen. Aufgrund seiner Fähigkeit, hohe Zahlen im Kopf zu multiplizieren oder dividieren, konnte er unglaublich schnell Zahlentabellen erstellen. Bis 1847 hatte er die natürlichen Logarithmen für alle Zahlen von 1 bis 1 005 000 bis auf sieben Stellen errechnet. Die benötigte Rechenzeit hing von der Größe der jeweiligen Zahlen ab. Als er bei einer Probe aufs Exempel 79 532 853 mit 93 758 479 multiplizieren mußte, brauchte er dafür 54 Sekunden. Die Multiplikation zweier 20stelliger Zahlen dauerte sechs Minuten, zweier 40stelliger Zahlen 40 Minuten und zweier 100stelliger Zahlen 8 3/4 Stunden! Dabei kam er ohne jede Notiz aus.

Dase war zwar bestrebt, sein Talent in den Dienst der Wissenschaft zu stellen, besaß selbst aber leider keine weitere Begabung. Ja, viele hielten ihn sogar für dumm. Sechs Wochen lang bemühte sich ein Lehrer vergeblich, ihn die Grundlagen der Mathematik zu lehren. Geometrie war für ihn ein Buch mit sieben Siegeln. Und dennoch konnte er in gewisser Weise sein Ziel erreichen: 1849 gewährte ihm die „Hamburger Akademie der Wissenschaften" auf Empfehlung von Gauß finanzielle Unterstützung, um Tabellen mit den Faktoren und Primzahlen zwischen 7 und 10 Millionen zu erstellen. Mitten in dieser kolossalen Arbeit ereilte ihn 1861 der Tod.

Wunderkinder

Vito Mangiamele, der Sohn eines sizilianischen Schäfers, war zehn Jahre alt, als er 1837 von dem Astronomen François Arago vor der „Académié française" in Paris geprüft wurde. Die Frage: „Was ist die Kubikwurzel aus 3 796 416?" beantwortete der Junge korrekt innerhalb von dreißig Sekunden. In weniger als einer Minute gab er die richtige Antwort (nämlich 5) auf die Frage: „Welche Zahl erfüllt die Bedingung, daß ihre dritte Potenz plus fünfmal ihrem Quadrat gleich dieser Zahl mal 42 plus 40 ist?" Nach der 10. Wurzel aus 282 475 249 gefragt, antwortete das Kind ganz richtig „7".

Bei dem amerikanischen Jungen Zerah Colburn trat das Talent offenbar praktisch über Nacht zutage. Während seiner Dorfschulzeit zeigte er zunächst keine rechnerische Begabung. Dann aber hörte sein Vater ihn eines Tages Multiplikationstabellen fehlerlos aufsagen. Bald trat er mit seinem Sohn an verschiedenen Orten in den USA auf, und 1812 reisten sie nach England. Der inzwischen achtjährige Zerah wurde mit Fragen bombardiert wie: „Was ist die Quadratwurzel aus 106 929?" Ohne Zögern kam die Antwort „327". Genauso schnell und richtig gab er „645" auf die Frage an: „Was ist die Kubikwurzel aus 268 336 125?" Zerah konnte auch sagen, ob es sich bei einer hohen Zahl um eine Primzahl handele. Als man ihm die Zahl 4 294 967 297 nannte, wußte er sogar, daß sie sich aus der Multiplikation von 641 mit 6 700 417 ergab. Colburn tat sich niemals auf irgendeinem anderen Gebiet besonders hervor und starb im frühen Alter von 35 Jahren.

Gemeinsame Nenner

Näher erforscht wurde das Phänomen der menschlichen Rechenmaschinen von dem Amerikaner Dr. E. W. Scripture (1864–1943), der dafür weit mehr

FALL
Sammlung

MENSCHLICHE RECHENSCHIEBER

George Bidder (rechts) wurde 1806 als Sohn eines englischen Steinmetzen geboren. Schon in früher Jugend bereiste sein Vater mit ihm das Land, um seine Rechenkünste zur Schau zu stellen. Dabei wurde er mit komplizierten Fragen auf die Probe gestellt wie: „Wie viele Tropfen sind in einem Weinfaß, wenn jeder Kubikzoll 4685 Tropfen und jede Gallone 231 Kubikzoll enthält und das Faß 126 Gallonen aufnimmt?" Solche Fragen konnte er in kürzester Zeit richtig beantworten.

Bidder war hochintelligent, und so unterschied sich sein Leben von dem vieler anderer Schnellrechner. Er besuchte nicht nur die Schule, sondern im Anschluß auch die Universität von Edinburgh, wo er 1822 den Mathematikpreis errang. Als einer der herausragendsten Ingenieure Englands arbeitete er in der amtlichen Landvermessung und später in der „Institution of Civil Engineers" (Technische Hochschule), deren Präsident er wurde. Er gilt als Vater des Londoner Telegraphensystems, und ihm schreibt man den Entwurf der Victoria Docks in London zu. In einer Zeit, in der das englische Eisenbahnwesen aufgebaut wurde, war Bidder als Tiefbauexperte ein gefragter Mann.

Im Gegensatz zu Erzbischof Whately, dessen außerordentliche Fähigkeiten sich schon früh verloren, steigerten sie sich bei Bidders mit zunehmendem Alter. Einem Mitglied der „Royal Society" zufolge besaß er eine geradezu übernatürliche seherische Gabe. Aufgefordert, intuitiv die Divisionsfaktoren hoher Zahlen anzugeben, kam zum Beispiel bei 17861 sogleich die Antwort 337 x 53. Offensichtlich aber konnte er nicht erklären, wie er dies vollbrachte. Vielmehr schien es instinktiv zu geschehen. Bidder gab seine Begabung an seinen Sohn George Bidder weiter. Zwar war dieser kein ganz so brillanter Rechner wie sein Vater, konnte aber immerhin zwei 15stellige Zahlen im Kopf multiplizieren und wurde ein berühmter Mathematiker. Auch zwei von Bidders Enkelinnen bewiesen bemerkenswerte Fähigkeiten im Kopfrechnen.

1903 entwickelte der Parapsychologe Frederic Myers die Theorie, die rechte – von den meisten Rechtshändern weniger benutzte – Gehirnhälfte könne bei diesen Rechenwundern stärker aktiviert sein. Als Beweis führte er an, daß sowohl Bidder jun. als auch Edward Blyth, ebenfalls ein Ingenieur und Schnellrechner des 19. Jahrhunderts, Linkshänder waren. Dies deutet darauf hin, daß ihre rechte Gehirnhälfte dominierte. Doch kann man heute nicht mehr feststellen, ob auch andere dieser frühen Rechentalente Linkshänder waren, noch läßt sich mit Gewißheit sagen, ob diese Gabe erblich ist.

Fallbeispiele als die hier erwähnten zusammentrug. Als Psychologe interessierte ihn natürlich die Frage, wie solche Rechenwunder zu den Ergebnissen kamen. Zwar vermochten seine Untersuchungen das Rätsel nicht vollends zu lösen, doch immerhin aufzuhellen.

Scripture wies darauf hin, daß diese Schnellrechner, um die Berechnungen durchzuführen und verschiedenste Zahlen über lange Zeit im Gedächtnis zu behalten, über eine überdurchschnittliche Merkfähigkeit verfügen müßten. Tatsächlich legten Buxton, Fuller, Dase und auch Colburn – oftmals in anderen Bereichen als dem der Mathematik – ein erstaunliches Erinnerungsvermögen an den Tag. Ihr perfektes Gedächtnis ermöglichte es auch, bei Berechnungen auf frühere Ergebnisse zurückzugreifen, so, wie der Normalsterbliche das Einmaleins, einmal gründlich gelernt, nicht wieder vergißt. Entsprechend stünden ihnen verschiedene Konstanten, wie beispielsweise die Zahl der Sekunden in einem Jahr, stets abrufbar zur Verfügung.

Diese Schlußfolgerungen lagen auf der Hand. Darüber hinaus aber vermutete Dr. Scripture hinter dem Phänomen ein sehr schnelles Erinnerungsvermögen, eine Vorliebe für arithmetische Berechnungen und Patentlösungen, mathematische Frühreife und eine ausgeprägte visuelle Vorstellungsgabe.

Allerdings erklärte er nicht, warum sich diese Merkmale bei bestimmten Menschen manifestieren. Wird die Fähigkeit vererbt, welche speziellen Genkonstellationen sind dann verantwortlich? Wie kommt es, daß einige wenige Gehirne sensationelle

Wunderrechner müssen nicht zwangsläufig männlichen Geschlechts sein. 1981 überflügelte die zehnjährige Ruth Lawrence in einem offenen Wettbewerb über 500 Studenten, die beinahe doppelt so alt waren, und gewann damit ein Stipendium für die Oxford University. Sie hatte den Ruf, der vermutlich begabteste englische Mathematikstudent aller Zeiten zu sein.

Rechenleistungen vollbringen, neben denen d durchschnittlichen mathematischen Fähigkeite geradezu primitiv anmuten? Diese Fragen bleibe ungelöste Teilaspekte des umfassenden Rätse das das menschliche Gehirn aufgibt.

" VERGLICHEN MIT FRÜHEREN GENERATIONEN, SIND VIELE VON UNS ARITHMETISCHE ANALPHABETEN. IN DEN VERGANGENEN JAHRHUNDERTEN DAGEGEN MACHTEN MENSCHEN MIT AUSSERORDENTLICHEN RECHENFÄHIGKEITEN VON SICH REDEN, DIE ALLES BISHER DAGEWESENE ÜBERTRAFEN UND MATHEMATIKER, WISSENSCHAFTLER UND PSYCHOLOGEN IN ERSTAUNEN VERSETZTEN. DIESE BLITZRECHN ... BEWEISEN, DASS DAS MENSCHLICHE GEHIRN ZU LEISTUNGEN FÄHIG IST, DIE WEITGEHEND UNGEKLÄRT BLEIBEN. "

DAS CHINESISCHE ORAKEL

Eine der ältesten und flexibelsten Methoden des Wahrsagens ist zugleich die faszinierendste. Das über 3000 Jahre alte chinesische I-ching bietet eine Fülle von Inspirationen für alle, die seine okkulten Aussagen deuten können.

Der große chinesische Philosoph Konfuzius (551-479 v. Chr.) soll 481 v. Chr. gesagt haben: „Wenn ich einige zusätzliche Lebensjahre erhielte, würde ich fünfzig auf das Studium des I-ching verwenden und könnte dann vielleicht großen Fehlern entgehen." Damals war er schon fast 70 Jahre alt und hatte eine Reihe von Kommentaren zu den Texten des I-ching geschrieben, das die Chinesen das „Buch der Wandlungen" nennen.

Das I-ching gehört zu den ältesten und angesehensten Orakelbüchern der Welt. In seiner gegenwärtigen Form läßt es sich mindestens 3000 Jahre zurückverfolgen – und selbst damals hielt man es

Unten: Eine Befragung des I-ching in westlich romantisiertem Licht: Die Stäbe werden durch Weihrauchnebel geschwenkt, während der Ratsuchende Kotaus vor ihnen macht.

schon für verehrungswürdig, da es auf noch älteren Orakelformen beruhte.

Die philosophischen Wurzeln des I-ching liegen im uralten chinesischen Glauben des Tao. „Tao" ist am ehesten mit „Weg" zu übersetzen – wie in der christlichen Losung „Ich bin der Weg und die Wahrheit und das Leben". Eine wirklich treffende Entsprechung bietet unsere Sprache nicht, und selbst im Chinesischen gibt es mehrere Deutungen. „Das Tao, das sich in Worte fassen läßt, ist nicht das Ewige Tao", heißt es in einer chinesischen Inschrift.

Der Tao-Kundige sieht die Welt nicht aus Einzelelementen von Zeit und Raum zusammengesetzt: Alles ist Teil von allem, und die Wirklichkeit beruht auf ewigem Wandel. Das Wasser eines Flusses bleibt niemals dasselbe, und entsprechend gilt das Universum als eine bewegte Struktur, in der nichts von Dauer ist. Das I-ching unterscheidet sich darin von anderen Orakelbüchern, daß es Vergangenheit, Gegenwart und Zukunft nicht als festgelegt betrachtet. Zeit und Schicksal werden als dynamisch und fließend, von einem Moment zum nächsten wechselnd angesehen. Eine Wahrsagung nach dem I-ching zeigt daher nur Möglichkeiten auf.

Um das I-ching zu befragen, muß man eines der 64 möglichen Hexagramme erstellen – Blöcke aus sechs Linien, die nach entsprechender Auslegung das Leben von Natur und Mensch erklären sollen. Jedes Hexagramm besteht aus zwei dreizeiligen Zeichen, den „Trigrammen", deren Linien durchge-

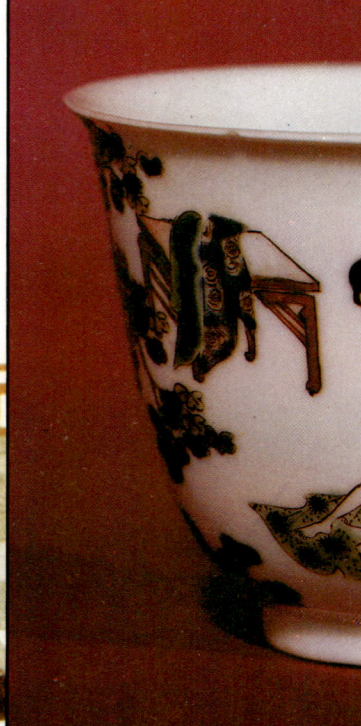

Oben: *K'ung fu-tzu, der große chinesische Philosoph, der uns als Konfuzius bekannt ist.*
Unten: *Die Philosophie des Tao enthält ein stark sexuelles Element, und der Geschlechtsverkehr wird als der Austausch des Yin und Yang der beiden Partner betrachtet. Die Schale stellt die Herbsttage dar, die letzte der dreißig Stellungen von Himmel und Erde: „Der Gebieter Yang liegt mit der Hand am Hinterkopf auf dem Rücken, und die Herrin Yin sitzt auf seinem Bauch, das Gesicht seinen Füßen zugekehrt."*

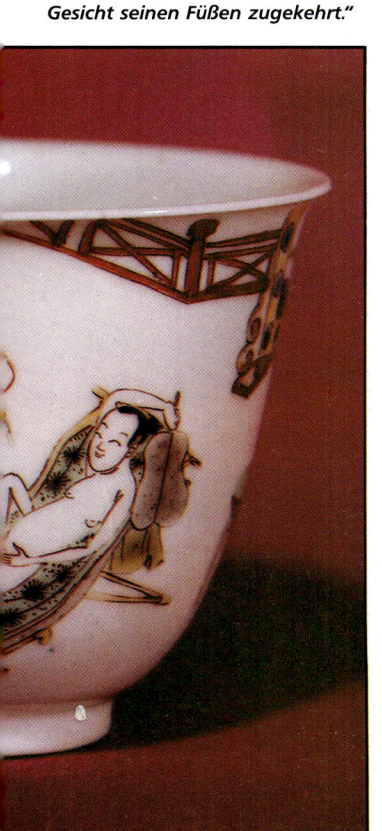

zogen oder durchbrochen sein können. Es gibt acht verschiedene Trigramme und somit als Summe aller möglichen Anordnungen 64 Hexagramme, jedes mit einem eigenen chinesischen Namen.

Die Linien der Trigramme werden mit den beiden polaren, sich aber ergänzenden Prinzipien der taoistischen Philosophie, Yin und Yang, erklärt. Yin ist passiv, Wasser und Mond zugeordnet und weiblicher Natur. Yang ist aktiv, Feuer und Sonne zugeordnet und männlicher Natur. Eine durchbrochene Linie stellt Yin dar, eine durchgezogene Yang. So veranschaulicht das Hexagramm das unaufhörliche Wechselspiel zwischen den beiden, das heißt, es spiegelt den beständigen Wandel im Leben selbst wider, der diesem Orakel seinen Titel gab: Buch der Wandlungen.

Das System, durchbrochene und durchgezogene Linien zu verwenden, um Yin und Yang zu symbolisieren, sowie die Bildung der Trigramme selbst sollen das Werk des legendären Kaisers Fu-hsi um 2800 v. Chr. sein. Die Zusammenstellung der Hexagramme wird dem chinesischen König Wen aus dem 12. Jahrhundert v. Chr. zugeschrieben.

Die den Hexagrammen zugeordneten Texte des I-ching, die der Fragende konsultieren muß, stammen aus verschiedenen Geschichtsepochen und sind in mehrere Abteilungen unterteilt. Die erste Abteilung beschreibt das Hexagramm entsprechend den beiden Trigrammen; es folgt das sogenannte „Urteil", das König Wen zusammengestellt haben soll. Die dritte Abteilung, das „Bild", beschreibt in knapper, prägnanter Form dem Aufgeschlossenen, allgemein als „der Edle" angesprochen, was er tun sollte. Dieser Text wird Konfuzius zugeschrieben.

Auch die vierte Abteilung, die „Linien" oder der „Kommentar", gilt traditionell als Werk des Konfuzius. Sie ist im allgemeinen länger als das „Urteil" und bezieht sich auf die Bedeutung der einzelnen Linien, die das ganze Hexagramm bilden.

Jedes der acht Trigramme – entsprechend auch die daraus gebildeten Hexagramme – hat viele Bedeutungsebenen. Dazu gehören Naturgegebenheiten wie Erde oder Donner, allgemeine Eigenschaften wie schöpferisch oder störrisch, Jahres- und Tageszeiten sowie Körperteile. Das Trigramm mit drei durchgehenden (Yang) Linien zum Beispiel heißt ch'ien und symbolisiert das Schöpferische. Es drückt Stärke, Dynamik und männliche Kraft aus und ist dem Tageslicht und dem Frühsommer (Mai-Juni) zugeordnet.

Das erste der 64 Hexagramme heißt auch ch'ien, da sein oberes und unteres Trigramm beide das Zeichen ch'ien darstellen. Dieses Hexagramm ist dem Himmel, dem König, dem Führer und dem Familienoberhaupt zugeteilt. Nach einer Deutung repräsentiert es jemanden, der seine Kraft und Vitalität konstruktiv einsetzt, enthält aber auch die Warnung vor dem Versagen, wenn die Stärke anmaßend oder übermäßig ausgespielt wird.

Die Bildung eines Hexagramms

Auch wenn die Hexagramme des I-ching schon alle vorhanden sind, können Sie nicht willkürlich eines auswählen. Jeder muß sein eigenes Hexagramm bilden, um Antwort auf eine bestimmte Frage zu bekommen. Das geschieht Linie für Linie, von unten angefangen, indem man jeweils ein Los wirft.

PERSPEKTIVEN

DER GEIST DER SCHAFGARBE

Ein traditioneller Weg der Befragung des I-ching basiert auf der Verwendung von 50 getrockneten Schafgarbenstengeln, einer Pflanze, die einst den Chinesen heilig war. Ein Stengel wird beiseite gelegt und nicht weiter gebraucht, doch der Grund für diesen Brauch liegt im Dunkeln. Die übrigen 49 Stengel werden auf zwei Häufchen verteilt. Danach wird folgendermaßen verfahren:

1. Ein Stengel vom rechten Stapel wird zwischen den kleinen Finger und den Ringfinger der linken Hand gesteckt.
2. Je vier Stengel gleichzeitig werden vom linken Stapel entfernt, bis vier oder weniger übrigbleiben. Diesen Rest nimmt man zwischen Ring- und Mittelfinger der linken Hand.
3. Je vier Stengel gleichzeitig werden vom rechten Stapel entfernt, bis vier oder weniger übrigbleiben. Diesen Rest steckt man zwischen Mittel- und Zeigefinger der linken Hand. Die Summe der Stengel zwischen den Fingern der linken Hand ergibt nun entweder 5 oder 9:

   1 + 1 + 3 = 5 oder   1 + 2 + 2 = 5 oder
   1 + 3 + 1 = 5 oder   1 + 4 + 4 = 9

4. Diese Stengel werden dann beiseite gelegt, und der Vorgang wird mit den übrigen 40 oder

44 Stengeln wiederholt. Am Ende bleiben zwischen den Fingern entweder 4 oder 8 Stengel:

   1 + 1 + 2 = 4 oder
   1 + 2 + 1 = 4 oder
   1 + 4 + 3 = 8 oder
   1 + 3 + 4 = 8

5. Auch dieser Stapel wird beiseite gelegt und der Vorgang mit den verbliebenen Stengeln wiederholt. Wiederum beträgt die Summe der Stengel in der linken Hand entweder 4 oder 8. Nun liegen drei Häufchen vor: Der erste enthält 5 oder 9 Stengel, der zweite und dritte je 4 oder 8. Es gibt somit acht mögliche Kombinationen dieser drei Mengen. Diese ergeben eine Yin- oder Yang-Linie:

5 + 4 + 4	———O———	alte Yang-Linie
9 + 8 + 8	———X———	alte Yin-Linie
5 + 8 + 8		
9 + 8 + 4	———————	junge Yang-Linie
9 + 4 + 8		
5 + 4 + 8		
5 + 8 + 4	——— ———	junge Yin-Linie
9 + 4 + 4		

Damit ergibt sich erst eine Linie, die als unterstes Element des Hexagramms aufgezeichnet wird. Den Vorgang muß man dann noch fünfmal wiederholen und die Linien in aufsteigender Reihenfolge notieren.

Hierfür gibt es zwei Methoden. Man kann entweder drei Münzen oder etwa 20 Zentimeter lange Stecken auf eine flache Oberfläche werfen. (Die traditionellen Entsprechungen sind die alten chinesischen Bronzemünzen mit einem Loch in der Mitte oder getrocknete Schafgarbenstengel.) Bei den Münzen wird jeder Seite ein Wert zugeteilt; Kopf bei heutigen Münzen erhält den Wert drei, Zahl zwei.

Sie müssen zunächst dem Orakel eine klare Frage stellen, vorzugsweise eine, die nicht ein eindeutiges Ja oder Nein verlangt. Dann werfen Sie die Münzen sechsmal (die ersten drei Würfe für das untere Trigramm, die nächsten drei für das obere). Von jedem Wurf werden die Werte zusammengezählt – das ergibt entweder sechs, sieben, acht oder neun – und übereinander aufgeschrieben.

So ergibt jeder Wurf eine Linie, und das Hexagramm baut sich von unten auf. Sie müssen allerdings wissen, ob sie eine durchbrochene (Yin) oder durchgezogene (Yang) Linie ziehen sollten. Jede Summe hat einen ihrem Wert entsprechenden Namen: Sechs bedeutet „altes Yin", sieben „junges Yang", acht „junges Yin", neun „altes Yang". Es empfiehlt sich, jedes „alte Yang" mit einem Kreis und jedes „alte Yin" mit einem Kreuz in der Mitte zu versehen.

Der Beiname „alt" bezieht sich auf das t'ai chi, eine Lebensweisheit, die zuerst im I-ching erwähnt wird. Dort steht, wenn eine Urkraft wie Yang ihre größte Entfaltung erreiche („alt" wird), dann wandele oder mildere sie sich in ihr Gegenteil, Yin. Das läßt sich etwa an der Bewegung einer Welle veranschauli-

DIE 64 HEXAGRAMME

Die hier aufgeführten 64 Hexagramme bilden die Grundlage des I-ching, des Buchs der Wandlungen. Jedes Zeichen ist mit einer stark vereinfachten Interpretation versehen, die den Bedeutungsgehalt des Hexagramms zusammenfaßt. Zum besseren Verständnis sollten Sie eine Übersetzung des I-ching zu Rate ziehen. Neben dem chinesischen Namen des Hexagramms steht die sinngemäße Bedeutung.

1. ch'ien *(Das Schöpferische)*
Nutze deine Kraft richtig, dann hast du Erfolg, doch hüte dich vor Anmaßung und Übermut

2. k'un *(Das Empfangende)*
Anpassungsfähigkeit und die Nachgiebigkeit des Weiblichen zusammen mit Beharrlichkeit bringen Heil

3. chun *(Die Anfangsschwierigkeit)*
Eine neue Situation ringt sich durch; erzwinge nichts und handle bedachtsam und überlegt

4. meng *(Die Jugendtorheit)*
Unerfahrenheit führt nur mit Hilfe eines Lehrers zum Verstehen. Sei ehrerbietig und bedacht

5. hsü *(Das Warten)*
Stehe widrige Zeiten mit positiven Gedanken durch. Bewahre deine Ruhe, aber sei zum Handeln bereit

6. sung *(Der Streit)*
Innerer oder äußerer Unfriede lassen sich nur durch Kompromisse oder Rat von außen schlichten

7. shih *(Das Heer)*
Heerscharen bedürfen eines starken Führers, der die Soldaten (Macht) im Zaum halten kann

8. pi *(Das Zusammenhalten)*
Wahre Partnerschaft und Zusammenarbeit, die auf gegenseitigem Vertrauen und Pflichtgefühl beruht, bringt Heil

9. hsiao-chu *(Des Kleinen Zähmungskraft)*
Große Vorhaben können durch Kleinigkeiten beeinträchtigt werden und einen Kompromiß erzwingen

10. lü *(Das Auftreten)*
Trete bei deinem Tun behutsam auf, indem du dein und der anderen inneres Wesen und Ansehen achtest

11. t'ai *(Der Friede)*
Wenn Stärke Nachgiebigkeit zeigt, erfolgt Harmonie in persönlichen Beziehungen und Umständen

12. pi *(Die Stockung)*
Wenn das Schöpferische und das Empfangende sich trennen, hinterläßt das mangelnde Harmonie

13. t'ung-jen *(Gemeinschaft mit Menschen)*
Die Gemeinschaftsbande werden durch Zusammenarbeit sowie Annehmen der Verschiedenheit erhalten

14. ta yu *(Der Besitz von Großem)*
Großer persönlicher und materieller Besitz verlangt Demut, das rechte Verhalten und hohe Gesinnung

15. ch'ien *(Die Bescheidenheit)*
Bescheidenheit im Denken und Tun bei Wohlstand und Ansehen bewahren den Erfolg

16. yü *(Die Begeisterung)*
Eine Zeit schöpferischer Energie, die besonders günstig für neue Vorhaben und Regelung von Angelegenheiten ist

17. sui *(Die Nachfolge)*
Sich den Wünschen anderer unterzuordnen oder sich dem Strom anzupassen, macht zufrieden und spart Kraft

18. ku *(Die Arbeit am Verdorbenen)*
Nach Zerstörung und Verfall kommt die Zeit des Aufbaus und der Erneuerung, der ewige Kreislauf der Natur

19. lin *(Die Annäherung)*
Das rechte Verhalten zwischen einem Vorgesetzten und dem Untergebenen bewirkt Gelingen für beide

20. kuan *(Die Betrachtung)*
Nach getaner Arbeit betrachte mit Muße deine Lage; das schafft Klarheit und Verständnis bei dir und anderen

21. shih-ho *(Das Durchbeißen)*
Durch Anfangsschwierigkeiten muß jeder sich durchbeißen; tatkräftiges und gerechtes Handeln bringt Gelingen

22. pi *(Die Anmut)*
Anmut und Jugend sind anziehend und hilfreich, aber du mußt auch tiefer blicken können

23. po *(Die Zersplitterung)*
Verfall und Unordnung drohen den Starken zu überwältigen; bewahre deine Würde durch selbstloses Handeln

24. fu *(Die Wiederkehr)*
Nach einem Unglück bessern sich die Aussichten wieder; das ist der immerwährende Kreislauf des Tao

25. wu-wang *(Die Unschuld)*
Unschuldige Schlichtheit und Güte im Denken, mit Beharrlichkeit gepaart, bringt großes Wohl

26. ta-chu *(Des Großen Zähmungskraft)*
Geistige und materielle Kraftreserven werden vergeudet, wenn sie nicht angezapft werden

27. i *(Die Ernährung)*
Auf der Suche nach geistiger und körperlicher Nahrung unterscheide stets zwischen Gesundem und Unreinem

28. ta-kuo *(Des Großen Übergewicht)*
Auch bei der Stärke ist jegliches Übermaß gefährlich; der Weise jedoch erkennt die Gefahr

29. k'an *(Das Abgründige)*
Tiefe Krisen kommen in einem inneren wie äußeren Zustand vor, doch wo Gefahr ist, wächst auch das Rettende

30. li *(Das Feuer)*
Die Kräfte einer feurigen Person müssen gezügelt werden; Kraftüberschuß wirkt schöpferisch wie auch zerstörerisch

31. hsien *(Die Einwirkung)*
Ruhige und beharrliche Stärke zieht das Schwache an, wirkt auf es ein und bringt Glück und Frieden

32. heng *(Die Dauer)*
Das Zusammenwirken einer aktiv leitenden Kraft mit einer passiv sanften erweist sich als dauerhaft

chen, die sich zu Yang aufbaut und zu Yin zerfällt, oder am Lauf der Sonne, die im Zenith Yang ist und dann in die Dunkelheit (Yin) taucht.

Die „alten" oder „bewegten" Linien zeigen Wandel an. Wenn sie auftreten, muß daher ein neues Hexagramm gebildet werden („altes Yang" wird „junges Yin" und „altes Yin" wird „junges Yang"). Erst der Text dieses zweiten Hexagramms gibt die Antwort auf Ihre Fragen.

Das folgende Beispiel zeigt Ihnen, wie Sie ein Hexagramm bilden und den Text konsultieren. Sie brauchen dazu natürlich eine gute und vollständige Übersetzung; im Buchhandel sind mehrere erschwingliche Ausgaben erhältlich.

Wenn Sie zum Beispiel das Hexagramm 63, das chi-chi (nach der Vollendung) werfen, ist das obere Trigramm k'an und symbolisiert Gefahr, das Abgründige, Wasser, Mond, Winter, Norden, den mittleren Sohn, ein Ohr, das „Element" Holz und die Farbe rot. Das untere Trigramm ist li, Sinnbild für Feuer, Sonne, Sommer, Süden, die mittlere Tochter,

das Auge und die Farbe gelb. Dies ist zwar ein sehr günstiges Hexagramm, das eine Zeit des Erfolgs und der Harmonie andeutet, doch es besteht auch Grund zur Vorsicht. Das „Urteil" zu chi-chi lautet: „Gelingen im Kleinen. Fördernd ist Beharrlichkeit. Im Anfang Heil, am Ende Wirren."

Nehmen wir einmal an, daß das Hexagramm chi-chi wie rechts abgebildet zustande kam. Wenn die Linien sich in ihr Gegenteil verwandelt haben, ergibt sich das Hexagramm 31 oder hsien (Einwirkung), wie unten abgebildet.

Das „Urteil", „Bild" und die „Linien" für dieses zweite Hexagramm sollten deswegen zur Interpretation gelesen werden.

Einige Erläuterer des I-ching warnen davor, das Orakel zu leicht zu nehmen. So besagt auch das Hexagramm 4 (meng oder Jugendtorheit): „Nicht ich suche den jungen Toren; er sucht mich. Beim ersten Orakel gebe ich Auskunft. Doch fragt er weiter, ist das Belästigung, und ich gebe keine Auskunft mehr."

CHI CHI

HSIEN

33. tun *(Der Rückzug)*	34. ta-chuang *(Des Großen Macht)*	35. chin *(Der Fortschritt)*	36. ming-i *(Die Verfinsterung des Lichts)*
Bewahre deine Kraft, indem du rechtzeitig einer möglicherweise gefährlichen Lage ausweichst	Wachsende persönliche Energie bewirkt Macht, aber hüte dich vor Übermaß und Mißbrauch der Macht	Fortschritt und Wohlstand schaffen nur ein gerechter Herrscher und gehorsame, doch selbständige Diener	In dunklen Zeiten fügt sich der Weise äußerlich, bewahrt aber sein inneres Licht und seine Grundsätze
37. chia-jen *(Die Sippe)*	38. k'uei *(Der Gegensatz)*	39. chien *(Das Hemmnis)*	40. hsieh *(Die Befreiung)*
Jedes Glied in der Sippe spielt eine unwandelbare Rolle; so wird die allgemeine Ordnung bewahrt	Voneinander abweichendes Denken und Tun hemmt, aber es kann doch Fortschritte in kleinen Dingen geben	Droht ein Hemmnis, so halte inne und versuche es zu überwinden, indem du dich mit anderen verbindest	Probleme werden gelöst und Spannungen und Kummer behoben; das Leben wird wieder normal und bringt Heil
41. sun *(Die Minderung)*	42. i *(Die Mehrung)*	43. kuai *(Die Entschlossenheit)*	44. kou *(Das Entgegenkommen)*
Des einen Verlust ist des anderen Gewinn; so bringt die Hinnahme wechselnden Glücks innere Stärke	Fortschritt und Gelingen werden durch Aufopferung und Eifer des Starken herbeigeführt	Nach einer Zeit der Anspannung bringt gesammelte Kraft den Durchbruch und die Verbesserung der Lage	Stärke mag durch scheinbare Schwäche getäuscht werden; so wird das männliche Prinzip vom weiblichen verführt
45. t'sui *(Die Sammlung)*	46. scheng *(Das Empordringen)*	47. kun *(Die Bedrängnis)*	48. ching *(Der Brunnen)*
Gemeinschaft und Familien gedeihen, wenn ihre Mitglieder unter einem guten Führer zusammenarbeiten	Das Empordringen zu Macht und Einfluß geschieht durch Willenskraft und Anpassungsfähigkeit	Die Zeit der Bedrängnis kann aufgehoben werden, wenn man innerlich frohen Muts bleibt	Unabdingbar sind tiefe Gefühle sowie seelische und körperliche Stärkung, symbolisiert durch den Brunnen
49. ko *(Die Umwälzung)*	50. ting *(Der Tiegel)*	51. chen *(Die Erschütterung)*	52. ken *(Das Stillhalten)*
Gesellschaftliche, politische und persönliche Umwälzungen dürfen nur in arger Not vollzogen werden	Praktische Werte (der Tiegel zum Kochen) sind höheren Werten geweiht: körperliche und seelische Nahrung	Ein erschütterndes Ereignis erregt oft Furcht und Schrecken, aber der wirklich Weise bleibt stets gefaßt	Völlige Ruhe wird durch Meditation und den Rückzug von den Problemen der anderen erreicht
53. chien *(Die Entwicklung)*	54. kuei-mei *(Das Heiratende Mädchen)*	55. feng *(Die Fülle)*	56. lü *(Der Wanderer)*
Jeder Fortschritt beruht auf einer allmählichen, beständigen Entwicklung; er folgt Vorbildern	Beziehungen wie zwischen einem Mann und seiner Nebenfrau verlangen taktvolle Zurückhaltung	Eine Zeit der Größe, ähnlich der Sonne im Zenit, ist gekommen, auch wenn sie kurz ist	Der Wanderer muß vorsichtig und zuvorkommend sein; er muß auch auf seine innere Würde achten
57. sun *(Das Eindringliche)*	58. tui *(Das Heitere)*	59. huan *(Die Auflösung)*	60. ch'ieh *(Die Beschränkung)*
Wie ein sanfter, aber doch eindringlicher Wind kann behutsamer Einfluß dauerhaften Wandel herbeiführen	Eine Zeit des Gelingens und des Wohlbefindens, die für den Beginn neuer Unternehmungen günstig ist	Ganzheitlichkeit läßt sich nur erreichen, wenn starre Eigensinnigkeit durch Sanftheit gelöst wird	Das rechte Maß Selbstbeschränkung ist weise, doch zuviel Einschränkung kann unheilvoll sein
61. chung-fu *(Die innere Wahrheit)*	62. hsiao-kua *(Des Kleinen Übergewicht)*	63. chi-chi *(Nach der Vollendung)*	64. wei-chi *(Vor der Vollendung)*
Inneres Verständnis aufgrund von Lernen und Lehren vermag Großes zu leisten und viel zu bewegen	Überschreite nicht die eigenen Grenzen. Erfolge lassen sich erzielen, wenn man seine Stärken kennt	Erfolg und Harmonie sind erreicht, aber der Lebensfluß könnte auch wieder Verfall bringen	Die Zeit des Übergangs ist noch nicht vorbei; sei wachsam auf deinem Weg, dann kommst du ans Ziel

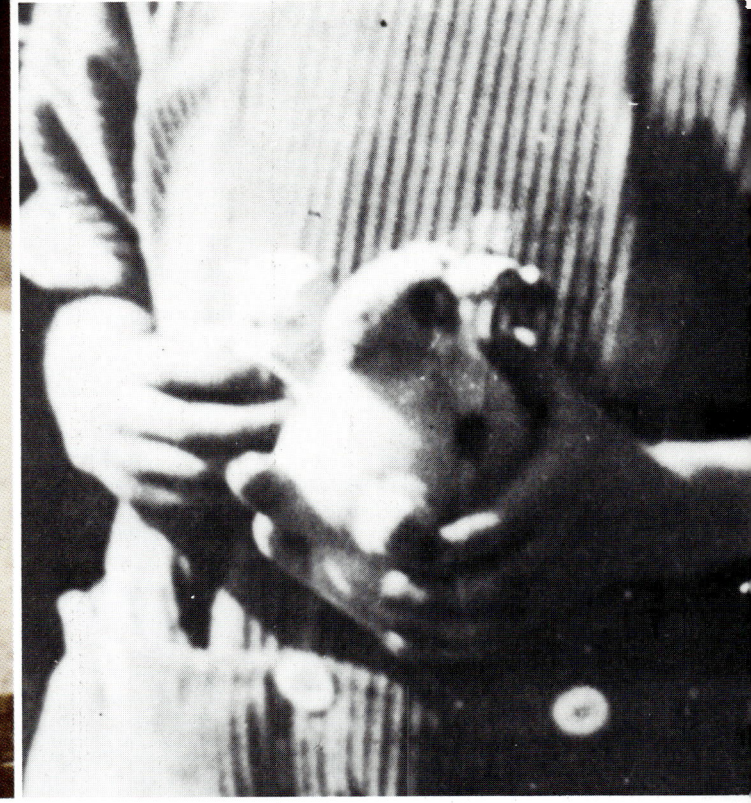

TIER-EXTRAS

Geisterhafte Katzen, Hunde und andere Tiere, in der Regel aber Haustiere, erscheinen als überraschende „Extras" auf Spiritfotografien, die sowohl Amateure wie auch Experten aufnahmen.

Die meisten Fotos mit Tier-Extras kamen unbeabsichtigt zustande. Sie stammen gewöhnlich von Amateuren, die die seltsamen Geisterformen zwar nicht erklären, aber doch identifizieren konnten.

Ein interessantes Beispiel liefert eine Aufnahme, die Major Wilmot Allistone im August 1925 in Clarens (Schweiz) machte. Auf den ersten Blick wirkt sie wie ein nicht sonderlich gelungener Schnappschuß von der Familie, erweist sich bei näherem Hinsehen aber als bemerkenswertes Geisterfoto. Der Major machte die faszinierende Entdeckung, daß auf dem Abzug über der rechten Hand seines Sohnes neben dem Plüschtier in seiner Linken verschwommen ein weißes, halb durchsichtiges Kätzchen zu erkennen war. Bei der Aufnahme hatte der Junge kein solches Kätzchen im Arm gehalten. Noch mehr erstaunte den Major die Tatsache, daß dieses Kätzchen verblüffend dem des Jungen äh-

Die Familie Allistone mit einem überraschenden und deutlich erkennbaren Extra, einem Kätzchen, das neben einem Spielzeug in der Hand des Jungen zu kauern scheint. Das Erstaunlichste an dem Tiergeist war, daß er der kurz zuvor gestorbenen Katze des Jungen glich.

nelte, das nach einem Angriff durch einen Bernhardiner einige Tage zuvor gestorben war.

Negativ und Abzüge dieses Fotos wurden später ohne Ergebnis von Experten gründlich untersucht, sogar unter einem binokularen Mikroskop.

Um einen weiteren, in gewisser Hinsicht noch seltsameren Fall handelt es sich bei dem Foto, das 1927 dem „British College of Psychic Science" vorgelegt wurde. Die Aufnahme, die eine Mrs. Filson gemacht hatte, zeigte Lady Hehir mit ihrer irischen Wolfshündin Tara. Das ungewöhnliche Extra ist hier kein durchscheinender Geist, sondern der recht konkrete Kopf eines jungen Hundes, der sich seltsamerweise am hinteren Rumpfende der Wolfshündin befindet. Sowohl Mrs. Filson als auch Lady Hehir erkannten in dem Teil-Extra den jungen Cairn-Terrier Kathal, einen engen Spielgefährten Taras, der im August 1926, etwa sechs Wochen vor der Aufnahme, gestorben war.

> **WÄHREND VIELE GEISTERFOTOGRAFEN GEZIELT MENSCHLICHE GEISTER MIT DER KAMERA EINZUFANGEN VERSUCHTEN, BEMÜHTEN SICH NUR WENIGE BEWUSST UM DIE AUFNAHMEN VON TIERGEISTERN.**

In einer unterzeichneten Erklärung an das College schrieb Lady Hehir: „Ich bin überzeugt, daß er [der Cairn-Terrier] oft mit Tara und mir im Zimmer ist, denn sie spricht sanft knurrend zu etwas, das sie offensichtlich sieht."

Jeder, der lange Zeit Haustiere hält, dürfte beobachtet haben, daß sie mitunter Besucher zu sehen scheinen, die dem menschlichen Auge verborgen bleiben. Ob es sich dabei um Geister, Elementargeister oder andere Wesenheiten handelt, sei dahingestellt. Es existiert ein ungewöhnliches Foto, auf dem ein Tier tatsächlich eine Erscheinung beobachtet, die für den Fotografen höchstwahrscheinlich nicht sichtbar war. Dabei handelt es sich um eine normale Blitzlichtaufnahme, die Alfred Hollidge 1974 von seiner Katze Monét machte. Die Familie hatte nur eine Katze, und ohne Zweifel befand sich zum Zeitpunkt der Aufnahme keine zweite im Haus. Auf den entwickelten Negativen ist jedoch ein dunkles Tier zu erkennen, das vor Monet herläuft – eine kleine Katze oder eine große Ratte mit einem seltsamen, wie ein langer Schwanz hinterherschleifenden Fortsatz.

Oben: Eine Katze und ein geisterhafter, dunkler Eindringling, der offenbar den Blicken des Fotografen verborgen blieb, von der Katze aber anscheinend konzentriert beobachtet wird.

Unten: Ein junger Cairn-Terrier erschien etwa sechs Wochen nach seinem Tod an einer seltsamen Stelle auf diesem Foto vor seiner Herrin mit ihrer Wolfshündin, seiner einstigen Spielgefährtin.

Was Hollidge selbst sah, läßt sich nicht mit Sicherheit sagen, da er den Film erst nach einigen Monaten zum Entwickeln schickte und starb, bevor die Bilder zurückkamen. Allerdings hätte er bestimmt darüber gesprochen, wenn ihm etwas Außergewöhnliches aufgefallen wäre. Der vielleicht interessanteste Aspekt dieser Spiritfotografie ist, daß Monet die Stelle zu fixieren scheint, an der das Extra auf dem Bild auftaucht.

Eine Reihe von Fotos mit Tier-Extras stammen von Experten. Beispielsweise schoß der berühmte amerikanische Geisterfotograf Edward Wyllie eine Aufnahme, auf der die Geister einer Frau und eines Hundes zu sehen sind. Das Bild entstand 1897 in Los Angeles im Auftrag von J. Wade Cunningham, der später dem englischen Journalisten und Spiritisten William T. Stead einen langen Bericht über die Entstehung schickte.

Laut Cunningham erzählte ein weibliches Medium ihm oft von einer schönen Frau, die gelegentlich in seiner Gegenwart erschien. Sie sei häufig in Begleitung eines Hundes, der freudig belle und hochspringe, sobald er Cunninghams Stimme vernehme. Eines Tages fragte das Medium die Erscheinung, ob sie bereit sei, sich mit dem Hund fotografieren zu lassen. Wyllie erhielt den Auftrag für das Foto, ohne jedoch über die näheren Umstände informiert worden zu sein. Die Aufnahme zeigte sowohl die schöne Frau wie auch das Tier, das Cunningham erfreut als seinen früheren Hund identifizierte.

Der englische Sensitive und Geisterfotograf William Hope nahm selten Bilder im Freien auf. Während eines Urlaubs in Exmouth, Devon, im Jahre 1924 machte er jedoch einige Schnappschüsse von seiner Assistentin, Mrs. Buxton, und ihrer Familie auf den Stufen ihres Wohnwagens. Zwar ist das Bild inzwischen stark verblaßt, doch läßt es immer noch einige erstaunliche Extras erkennen. Mrs. Buxton verschwindet beinahe hinter einer Ektoplasma-Wolke, und über ihr ist, eingehüllt in diesen Nebel, das Gesicht ihres Sohnes zu sehen, der im Jahr zuvor gestorben war. Später sagte sie, sie habe im Augenblick der Aufnahme „gewünscht, er könne dabeisein". Rechts neben dem Gesicht ist eine weitere Erscheinung erkennbar, die deutlich an den Kopf eines Pferdes erinnert. Die Familie erkannte darin Tommy, das weiße Pony des Sohnes, das kurz vor ihm gestorben war.

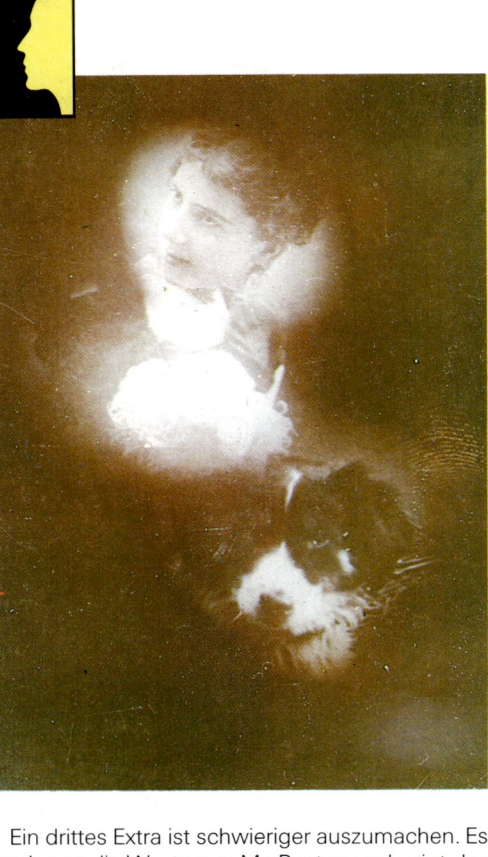

Links: Sowohl bei der Frau als auch bei dem Hund auf diesem Foto handelte es sich angeblich um Geister. Die Aufnahme wurde von dem Sensitiven Edward Wyllie gemacht, der den Auftrag ausführte, ohne zu wissen, worum es dabei ging.

Rechts: Auf dieser Aufnahme, die das englische Medium William Hope machte, drängen sich förmlich die Extras: in der Ektoplasma-Wolke der verstorbene Sohn der Frau, rechts davon der Kopf eines Pferdes, identifiziert als der seines toten Ponys, und links das Bild eines alten Mannes, des ebenfalls nicht mehr lebenden Onkels des Jungen.

Unten: Diese seltsame Tiererscheinung manifestierte sich während einer Reihe experimenteller Sitzungen im Studio eines Fotografen.

Ein drittes Extra ist schwieriger auszumachen. Es überlagert die Weste von Mr. Buxton und zeigt das Bild eines alten Mannes, den Mr. Buxton als seinen vor einer Weile verstorbenen Bruder identifizierte.

Wie das verblaßte Hope-Foto ahnen läßt, halten nur wenige Geisterfotos dem Zahn der Zeit stand. Leider gehört auch jene Aufnahme dazu, die der kaum bekannte Geisterfotograf Dr. Stanbury in den achtziger Jahren des letzten Jahrhunderts machte.

Eine gewisse Mrs. Cabell besaß offenbar zwei Hunde, einen alten Dalmatiner mit dem klangvollen Namen Sekretär Stanton und einen kleinen englischen Pinscher namens Fanny. Die beiden waren gute Freunde und starben hochbetagt im Abstand von wenigen Stunden. Etwa vier Jahre später verbrachte Mrs. Cabell den Sommer in Onset Bay, Massachusetts (USA), wo sie zu einer Séance eingeladen wurde.

Das Medium nahm auf der übersinnlichen Ebene ein „kleines Hündchen" wahr, das um Mrs. Cabell herumsprang, und entzifferte bei näherer Untersuchung des Halsbandes die Inschrift „Fanny". Mrs. Cabell war verständlicherweise sehr bewegt und ging auf den Vorschlag ein, den in der Nachbarschaft lebenden Dr. Stanbury aufzusuchen und um den Versuch zu bitten, ihren alten Hund zu fotografieren. Später erzählte Mrs. Cabell diese Geschichte:

„Man stelle sich meine Überraschung vor, als ich unter meinen Arm gekuschelt das Hündchen sah. Wie sprachlos ich war, als ich auch Stanton, meinen alten Dalmatiner, erblickte, läßt sich gar nicht schildern. Er nahm den vordersten Platz ein und hatte in seinem Eifer, sich zu behaupten, seinen kleinen Freund beinahe aus dem Bild gedrängt... Die Hunde wurden auf dem Foto von Hunderten von Leuten identifiziert, die sie selbst gekannt hatten... Diese Aufnahme entstand vier Jahre nach ihrem Tod und ist deshalb für mich nicht mit Gold aufzuwiegen."

Auch andere Tiere erscheinen mitunter bei Séancen. So tauchten beispielsweise auf einem Foto des

> **„MAN STELLE SICH MEINE ÜBERRASCHUNG VOR, ALS ICH UNTER MEINEN ARM GEKUSCHELT DAS HÜNDCHEN SAH. WIE SPRACHLOS ICH WAR, ALS ICH AUCH STANTON, MEINEN ALTEN DALMATINER, ERBLICKTE, LÄSST SICH GAR NICHT SCHILDERN."**

bekannten polnischen Mediums Franek Kluski einmal ein affenartiges Wesen und ein anderes Mal ein eulenähnlicher Vogel auf. Dieser Vogel, der über Kluskis Schultern schwebt und ihn beinahe anzugreifen scheint, wurde weder vor noch nach der Séance in dem Zimmer gesehen. Die völlig unerklärliche Abbildung eines fledermausartigen Wesens über einer Ektoplasma-Wolke ist auf einem Foto zu sehen, das Staveley Bulford, Mitglied des „British College of Psychic Science", 1921 aufnahm. Das Gesicht des Tieres, das Züge einer menschlichen Leiche aufweist, scheint aus einem besonderen Ektoplasma gebildet, laut Bulford selbst „einer ziemlich anderen Art von Ektoplasma, sehr dicht und gar nicht leuchtend".

Die Séancereihe, während der sich die Fledermaus zeigte, wurde zwischen Mai und Juli 1921 im Fotostudio eines Mr. Scott abgehalten. Dabei kamen einige außergewöhnliche Spiritfotografien und später auch „Mitteilungen" der abgelichteten Geister zustande.

Andere während dieser experimentellen Séancen entstandene Fotos zeigten Verschiedenes, häufiger jedoch Geister, eingehüllt in wattiges Ektoplasma oder umgeben von seltsam unzusammenhängenden Ektoplasma-Strukturen. Auf einem erschien eine Pflanze, deren dicke, samtige Blätter und edelweißähnlichen Blüten sehr klar und in allen Feinheiten zu erkennen waren. Auf einem Foto von Scott selbst ist über seinem Kopf auch ein Tier zu sehen, ein kurioses Wesen mit einem langen Ringelschwanz in einer Wolke aus glänzendem Ektoplasma.

Während viele Geisterfotografen gezielt menschliche Geister mit der Kamera einzufangen versuchten, bemühten sich nur wenige bewußt um die Aufnahmen von Tiergeistern. Vielleicht liegt hierin der Grund, weshalb Tier-Extras eine solche Seltenheit sind. Die wenigen Fotografien, die wir kennen, geben allerdings schon genügend Rätsel auf.

Rechts: Im Sommer 1980 sah die Mannschaft des Schleppers Caioba-Seahorse vor der brasilianischen Küste ein seltsames Objekt treiben. Es schien, wie die Zeichnung zeigt, mit verschiedenen bunten Lichtern Signale auszusenden. Kurz darauf schwebte ein UFO herab, dockte an das Objekt an und flog mit seiner Ladung davon. Wie manche glauben, hatte die Mannschaft die Bergung eines USOs erlebt.

EIN UNERGRÜNDBARES GEHEIMNIS

UFOs sind heute jedem ein Begriff, doch haben Sie schon einmal von USOs gehört? Da sich die Berichte über USO-Sichtungen häuften, versuchte man, dieses Phänomen zu erforschen.

Am Abend des 30. Juli 1967 hatte Jorge Montoya Dienst als wachhabender Offizier auf dem argentinischen Handelsschiff „Naviero", das sich 190 Kilometer vor der brasilianischen Küste im Südatlantik befand. Die nicht eingeteilten Offiziere und Mannschaftsmitglieder nahmen gerade unter Deck das Abendessen ein. Alles war ruhig verlaufen, als Montoya plötzlich steuerbord in 15 Metern Entfernung ein zigarrenförmiges Objekt ausmachte, das geräuschlos durch das Wasser glitt. Einen Moment starrte er verblüfft ins Meer und alarmierte dann über Bordfunk den Kapitän, Julian Ardanza, der sich sofort an Deck begab. Die beiden Männer konnten das seltsame Objekt etwa 15 Minuten lang in derselben Position beobachten. Sie schätzten seine Länge ungefähr bis 33,5 Meter. Es strahlte ein bläulich-weißes Licht aus und schlug keinerlei wahrnehmbare Wellen.

Mit einem Mal steuerte das unbekannte U-Boot auf die Naviero zu, leuchtete grell auf, als es beschleunigte, tauchte unter das Handelsschiff und verschwand in den Tiefen des Meeres. Die „Naviero" war auf eines dieser rätselhaften USOs (unidentified submarine objects – unbekannte Unterseeobjekte) gestoßen. Kapitän Ardanza beteuerte in einem späteren Presseinterview, daß es mit Sicherheit kein gewöhnliches U-Boot oder gar ein Wal gewesen sei und er in seinen 20 Dienstjahren auf See niemals etwas Vergleichbares zu Gesicht bekommen habe.

Die große Zahl von Augenzeugenberichten lassen den Schluß zu, daß es in den Gewässern unseres Planeten beinahe ebenso viele USOs gibt wie UFOs am Himmel. Dieses Ergebnis überrascht nicht, wenn man bedenkt, daß die Ozeane über 70 Prozent der Erdoberfläche einnehmen. Ihre Durchschnittstiefe beträgt etwa drei Kilometer, und der Mensch steht in diesen Bereichen erst am Anfang seiner Forschung. Theoretisch könnten sich hier technologisch hochentwickelte Lebewesen aufhalten und ungestört entfalten.

Wie bei den UFOs, die nicht, wie man heute weiß, erst 1947 zum ersten Mal gesichtet wurden, gibt es auch über USOs schon Berichte aus dem vorigen Jahrhundert. In der Nacht vom 24. Februar 1885 zum Beispiel beobachtete die Besatzung der Innerwich im Nordpazifik, wie ein riesiges Objekt, das strahlend rot leuchtete, vor ihren Augen ins Wasser tauchte und dabei meterhohe Wellen schlug. Eine ähnliche Entdeckung machte Kapitän Moore vom britischen Schiff Siberian. In der Nähe vom Kap Race bei Neufundland sichtete er etwa fünf Minuten lang „einen großen Feuerball", der aus dem Ozean in eine Höhe von 15 Metern aufstieg, gegen den Wind auf sein Schiff zusteuerte und dann seinen Blicken ent-

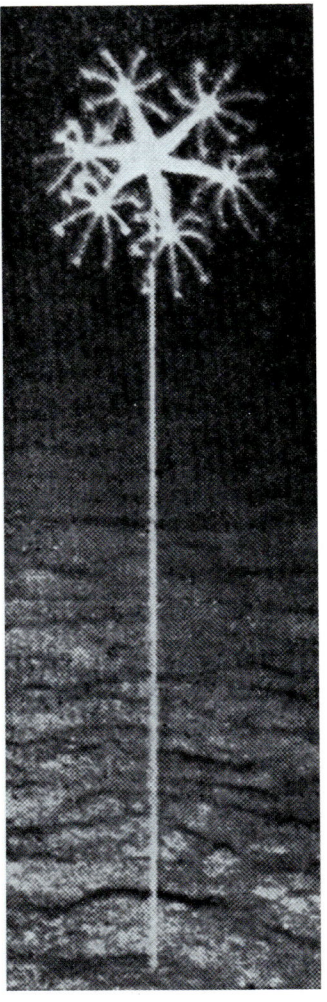

Links: Dieses Objekt, das 1964 westlich des Kaps der Guten Hoffnung fotografiert wurde, ist den Meeresbiologen nach wie vor ein Rätsel. Die gekreuzten Formen erinnern stark an Antennen. Sollte es sich etwa nicht um ein Tier handeln, oder ist es nur eine ungewöhnliche Abart der riesigen Tintenfische (oben), die in diesen Gewässern leben?

schwand. Diese und andere Schilderungen legen nahe, daß USOs sich in einigen Fällen in UFOs verwandeln können und umgekehrt.

Eine der aufregendsten USO-Sichtungen ereignete sich in der Nacht vom 26. Juli 1980. Der Schlepper „Caioba-Seahorse" befand sich 95 Kilometer vor der brasilianischen Küstenstadt Natal, als der Erste Kapitänleutnant vor sich ein graues Objekt mit ungefähr zehn Metern Durchmesser treiben sah. Gleichzeitig näherte sich vom Horizont mit hoher Geschwindigkeit ein grelles Licht. Der Offizier änderte sofort den Kurs, um eine Kollision mit dem Objekt zu vermeiden, an dem daraufhin gelbe, rote, grüne und blaue Lichter aufflammten. Auch der grelle Schein hatte sie inzwischen erreicht und schwebte geräuschlos als leuchtender ovaler Körper etwa 60 Meter über dem USO. Die Maschinen des Schleppers waren ausgefallen, und angsterfüllt, aber dennoch fasziniert beobachtete die Mannschaft, wie das UFO langsam an das im Wasser treibende USO andockte. Nach diesem Manöver erloschen die Lichter des USOs, beide Objekte stiegen auf, schwebten einige Minuten in der Luft und entfernten sich dann sehr schnell. Dieser Vorfall rief eine großangelegte Untersuchung seitens der Marinebehörden hervor und gab den brasilianischen Ufologen etliche Fragen auf. Hatte die Mannschaft des Schleppers die Rettungsaktion eines USOs durch ein UFO erlebt? Oder handelte es sich um ein Routinemanöver an einem festgelegten Treffpunkt? Zu welchen Ergebnissen die Marine gelangt ist, blieb geheim.

Grünes Leuchten auf offener See

Auch vor der nordamerikanischen Küste wurden USOs gesichtet. Zu den Augenzeugen gehörte der 19jährige Wesley Gruman, der am Abend des 27. März 1979 nach Oak Bluff in Massachusetts unterwegs war. Als er über den Sanddünen ein grünes Leuchten bemerkte, suchte er eine Stelle, an der er das Meer überblicken konnte, und entdeckte in etwa 60 Metern Entfernung einen langen leuchtenden Zylinder auf dem Wasser. Er hielt an, und da das USO gerade geräuschlos aufstieg, verließ er den Wagen, um es zu beobachten. Als er seine Taschenlampe holen wollte, bemerkte er, daß er nur noch seinen Kopf bewegen konnte. Diese Lähmung löste sich erst wieder, als das USO schon seinen Blicken entschwunden war. Wie Gruman später berichtete, hatte das Autoradio während des Vorfalls ein tiefes Brummen von sich gegeben, und am nächsten Tag stellte er fest, daß seine mechanische Armbanduhr, die normalerweise um drei Tage vorging, plötzlich das richtige Datum anzeigte.

In Newport, Rhode Island, beobachtete John Gallagher im April 1961 bei Tageslicht, wie ein merkwürdiges Objekt vom Meer abhob. Gallagher arbeitete an einem Haus, als er plötzlich eine rote Kugel auf den Wellen tanzen sah. Neugierig stieg er in den zweiten Stock, um eine bessere Sicht zu haben, und stellte fest, daß das Objekt ungefähr 180 Meter von der Küste entfernt war und auf die offene See hinaustrieb. Mit einem Mal stieg es langsam auf eine Höhe von etwa 18 Metern und flog mit circa 160 Stundenkilometern zielstrebig davon. Die kontrollierten Bewegungen und die hohe Geschwindigkeit des Objekts überzeugten Gallagher davon, daß es sich nicht um einen Ballon handelte, den der Wind abtrieb, sondern um ein gesteuertes Fahrzeug.

Die unbekannten U-Boote scheinen ihre Aktivitäten auch auf Binnengewässer auszudehnen, denn zahlreiche Augenzeugen wollen sie auf Seen, Flüssen, in Häfen, kleinen Buchten und Fjorden gesehen haben. Im November 1980 zum Beispiel beobachteten über 70 Menschen, die am Araguaia-Fluß in Brasilien auf eine Fähre warteten, wie ein festes Objekt mit fünf Metern Durchmesser aus dem Wasser aufstieg. Es schwebte etwa vier Minuten in 200 Meter Höhe und flog dann in Richtung Meer davon. Kurzzeitig befand es sich sogar nur 30 Meter vom Ufer entfernt.

Ein anderer Augenzeuge, der behauptet, am Thompson River nahe Kamloops in der kanadischen Provinz British Columbia eine „typische Fliegende Untertasse" gesehen zu haben, möchte anonym bleiben, doch der weltberühmte UFO-Forscher Dr. J. Allen Hynek verbürgt sich für seine Zuverlässigkeit. Der Mann angelte am sonnigen Nachmittag des 16. Mai 1981 am Thompson River, als etwa 90 Meter vom Ufer entfernt mit einem zischenden Geräusch, „als gieße man Wasser in eine heiße Pfanne", ein seltsames Objekt aus dem Fluß aufstieg, über seinem Kopf hochzog und schnell davonflog. Dabei lösten sich kleine Kugeln von der Maschine und prasselten auf ihn nieder.

Am 13. April 1964 konnten der Fahrer, Bob Fall, und die Passagiere der Londoner Buslinie 123 nach Tottenham aus nächster Nähe beobachten, wie ein silbernes, zigarrenförmiges USO in den Fluß Lea tauchte, nachdem es mehrere Telefonleitungen durchbrochen und die asphaltierte Uferstraße aufgerissen hatte. Die Polizei suchte den zwei Meter tiefen Fluß mit einem Schleppnetz ab, fand aber nichts und vermutete, daß die Zeugen vielleicht einen Schwarm Enten gesehen hatten. Doch können Enten Telefonleitungen zerreißen und Beton beschädigen?

Auch im St. Lorenz-Strom in der Nähe der Stadt Quebec, Kanada, wurde im März 1965 ein solches „Ding der Unmöglichkeit" gesichtet. Kapitän Claude Laurin von der Quebecair und sein Copilot konnten vier bis fünf Minuten lang vom Flugzeug aus ein „U-Boot" beobachten, das mehr als 320 Kilometer vom offenen Meer entfernt im Fluß lag. Für jedes herkömmliche U-Boot wäre diese Position viel zu riskant gewesen. Am 23. Mai 1969 sahen drei Augenzeugen, wie ein „rundes glänzendes Objekt mit rot strahlenden Lichtern" in den St. Lorenz tauchte. Die polizeiliche Untersuchung des Vorfalls verlief jedoch ergebnislos.

Die Theorie, daß einige UFOs nach einem Überschallflug durch die Atmosphäre überhitzte Konstruktionsteile kühlen müssen, scheint der folgende Bericht zu bestätigen. Im Sommer 1967 lagerte eine Gruppe von Pfadfindern am Ufer eines ruhig gelegenen Sees in der kanadischen Provinz New Brunswick, 32 Kilometer von St. John entfernt. Die Jungen schliefen bereits, als die beiden Pfadfinderführer zum See gingen, um Wasser zu holen. Plötzlich sahen sie in der Dunkelheit ein UFO heranschweben. Es hatte die Form zweier gegeneinander gelegter Untertassen, um deren Rand herum rote, orangefarbene, grüne und blaue Lichter blinkten. Als es ins Wasser tauchte, hörten die Männer ein zischendes Geräusch von der Art, wie es 1981 der anonyme

> **"** DER SEE FÜHRTE NORMALERWEISE KRISTALLKLARES, EISKALTES WASSER, DOCH AM NÄCHSTEN MORGEN WAR ES SELTSAM TRÜBE UND LAUWARM. **"**

Am Titicus-Stausee im Staat New York sichtete das Ehepaar Bordes 1955 ein USO. Sie wurden zwar einige Zeit von den Lichtern des seltsamen Schwimmobjekts verfolgt, kamen aber nicht zu Schaden. Stauseen scheinen, den Berichten zufolge, für USOs von besonderem Interesse zu sein.

Zeuge am Thompson River vernahm. Der See führte normalerweise kristallklares, eiskaltes Wasser aus den Bergen, doch am nächsten Morgen war es seltsam trübe und lauwarm.

Die wenigsten Menschen verbringen ihre Nächte an einem See und haben deshalb kaum Gelegenheit, solch merkwürdige Dinge zu beobachten wie zum Beispiel das Ehepaar Bordes, das in der Nacht vom 16. September 1955 am Titicus-Stausee im Staate New York angelte. Um 1.30 Uhr hatten sie immer noch keinen Fisch, als Mrs. Bordes plötzlich eine rosa leuchtende Kugel aus dem Wasser steigen und wieder eintauchen sah. Kurz darauf entdeckten sie beide auf dem Stausee ein dunkles Objekt, an dem unten zwei weiße Lichter strahlten und oben sich ein blaßgelbes Licht drehte. Mr. Bordes, den die Neugier gepackt hatte, ruderte auf das Ding zu, doch es wich sehr schnell zurück, um danach direkt auf ihn zu zu kommen, so daß er die Flucht ergriff. Da seine Frau sich unbehaglich fühlte, kehrten sie zu dem etwa 1,5 km entfernten Anlegeplatz zurück, doch die Lichter folgten ihnen in einigem Abstand. Als sie bereits im Auto saßen, konnten sie die hellen Strahlen noch immer über dem See erkennen.

Stauseen scheinen UFOs und USOs besonders anzuziehen, denn viele Zeugen sahen sie hier sowohl im wie über dem Wasser. Experten haben dafür die verschiedensten Erklärungen, angefangen von der Vermutung, daß Außerirdische sich über die zunehmende Umweltverschmutzung informieren, bis zu der Theorie, daß sie – aus welchen Gründen auch immer – unserem Trinkwasser systematisch irgendwelche Wirkstoffe zusetzen.

Diese rätselhaften Maschinen – falls es sich darum handelt – besitzen offenbar ungeheure Kräfte, wie das folgende Fallbeispiel zeigt. Am 30. April 1976 beobachteten drei Zeugen zwischen 17.15

und 17.30 Uhr, wie sich ein neun Meter langes, dunkelgraues Objekt einen Weg durch die 20 Zentimeter dicke Eisschicht des Siljansees in Mittelschweden bahnte. Es entstand ein etwa 3 bis 3,6 Meter breiter Kanal, der sich mehr als 800 Meter über den See zog. Das USO soll mit circa 95 Stundenkilometern durch das Eis gebrochen sein, so daß zu beiden Seiten Eisblöcke flogen und Wasserfontänen spritzten. Acht Jahre zuvor, am 5. April 1968, hatte bereits in *The Times* gestanden: „... Etwas unglaublich Kraftvolles hat ein riesiges Loch in die Eisdecke eines Sees in Mittelschweden geschlagen, aber Wissenschaftler wie Militärexperten sind unschlüssig, was es war." Zwei Einwohner aus der Umgebung von Malung hatten das 585 Quadratmeter große Loch entdeckt. Oberst Curt Hermansson, der die Untersuchung leitete, schloß einen Flugzeugabsturz aus, da man keinerlei Spuren fand, „nur große Eisblöcke, die hochgeschleudert wurden. Was immer in den See

Im Sommer ist der Siljansee in Schweden üppig bewachsen (oben), im eisigen Winter 1976 aber war er völlig zugefroren (unten). Drei Zeugen beobachteten damals, wie ein großes graues Objekt einen Kanal durch die dicke Eisschicht brach. Bis heute konnte der Vorfall nicht geklärt werden. Das riesige Loch, das man acht Jahre früher in der Eisdecke des Sees entdeckt hatte, ließ auf etwas schließen, das mit ungeheurer Kraft von unten durchgebrochen war und dabei riesige Eisbrocken aufgeworfen hatte.

stürzte, muß also eine unglaubliche Kraft entfaltet haben." Die Tatsache, daß die ein Meter dicke Eisschicht hochgeschleudert wurde, legt in Anbetracht der übrigen USO-Sichtungen nahe, daß diese Kraft sie von unten her aufbrach – doch auch dies bleibt reine Spekulation. Auch Taucher konnten auf dem schlammigen Seeboden keine Lösung für dieses Rätsel finden.

Verständlicherweise gingen die Behörden schließlich davon aus, daß die Eislöcher durch herabstürzende Objekte verursacht wurden. Die skandinavischen Seen waren seit vielen Jahren Ziel solcher unbekannter Flugobjekte. Im Jahre 1946 traten ähnliche Vorfälle gehäuft auf, und man hielt zunächst Meteoriten für die Ursache. Als jedoch immer häufiger, oft mehrmals täglich, Berichte über silberne, torpedoförmige Geschosse eingingen, die eine Rauchfahne hinter sich herzogen, sprach man zunehmend von „Geisterraketen". Manche glaubten, daß es sich um erbeutete V2-Raketen handle, die die Russen testeten, doch dies entbehrte jeder Grundlage. Das deutsche Raketenentwicklungsgelände in Peenemünde war erst im Mai 1945 von den Russen besetzt worden, als sich die Deutschen längst den Amerikanern ergeben und alle Einrichtungen zerstört hatten. Den russischen Wissenschaftlern wäre es in der verbliebenen Zeit bis 1946 ohnehin nicht möglich gewesen, die V1- oder V2-Raketen zusammenzubauen und abzuschießen bzw. Hunderte neuer Raketen selbst zu entwickeln.

Der folgende Bericht vom 19. Juli 1946 ist kennzeichnend für die Beschreibung dieser „Geisterraketen". An jenem Tag sichtete eine Familie 60 Kilometer nördlich von Oslo zwei Raketen von je zwei Metern Länge mit je einem Meter langen Seitenflügeln. Sie sollen mit „orkanartigem" Geräusch über ihre Köpfe gerast und in den Mjösasee gestürzt sein. Auf dem Grund des Sees entdeckten die Militärbehörden einen Krater, den man ergebnislos absuchte. Auf dem Radar hatte man die „Geisterraketen" ausmachen und abrupte Richtungsänderungen verfolgen können, ihren Absturz aber bekam man nur selten zu Gesicht und wenn, so fielen sie immer in Seen. Trotz intensiver Suche ist es dem Militär aber nie gelungen, irgendwelche Wrackteile zu finden.

Rechts: Ein Blitz trifft eine Familie in einem ländlichen Teil Frankreichs – und fordert zwei Todesopfer, wie es diese Illustration in der Literaturbeilage des Le Petit Parisien von 1901 darstellt. Blitze verhalten sich oftmals recht ungewöhnlich und scheinen sich regelrecht „auszusuchen", wen oder was sie treffen.

NATÜRLICH ODER ÜBERNATÜRLICH?

In der Natur ereignen sich ständig rätselhafte Dinge, die die Wissenschaftler nicht erklären können – oder es gar nicht erst versuchen. Wie entstehen solche kuriosen Phänomene?

Die Welt ist voller Phänomene, die von Hunderten von Menschen bezeugt werden, für die die Wissenschaft aber unerklärlich sind oder von ihr einfach ignoriert werden. Dazu gehören solche eindeutig dubiosen Dinge wie UFOs oder Geistererscheinungen. Es gibt aber noch vieles andere, was die Wissenschaft zwar nicht ganz so in Ratlosigkeit stürzt, aber nicht minder außergewöhnlich ist. Hierzu zählen z.B. Kugelblitze, die man trotz vieler glaubhafter Zeugenberichte bis ins späte 19. Jahrhundert nicht als echtes Naturphänomen anerkannte.

Stadt." Das klingt um so unglaublicher, als dieses Haus niedriger lag als die umstehenden Gebäude und damit eigentlich weniger gefährdet war.

In einer Ausgabe der Zeitschrift *Nature* aus dem Jahre 1902 wird von einem ähnlich merkwürdigen Ereignis berichtet. In einem Haus in Jefferson im Staat Iowa, USA, entdeckte man nach einem Blitzeinschlag, daß in einem Stapel von zwölf Tellern exakt jeder zweite zerbrochen war. Wurde hier das elektrische Feld auf irgendeine Weise in jedem zweiten Teller besonders verstärkt, oder handelte es sich um ein rein mechanisches Phänomen? Die Herausgeber jedenfalls konnten keinerlei plausible Erklärung anbieten.

Vermag sich ein Blitz seinen Einschlagsort tatsächlich „auszusuchen"? Die genannten Beispiele verdeutlichen, daß eine wissenschaftliche Untersuchung solcher Erscheinungen äußerst schwierig ist.

In der Tat haftet Blitzen grundsätzlich etwas Geheimnisvolles an. In jedem Schulbuch kann man nachlesen, daß ein Blitz lediglich eine gewaltige elektrische Entladung in die Erde ist. Die Ladung baut sich meist in den Wolken auf, und der Blitz nimmt in der Regel den kürzesten Weg zur Erdoberfläche. Gelegentlich beobachtet man jedoch auch Blitze, die nach oben schießen. Gibt es vielleicht im Himmel irgendwo einen elektrischen Pol, der normale Blitze und langsame, polarlicht-ähnliche Entladungen zuweilen stärker anzieht als die Erde? Hängt die Wirkung eines solchen Pols möglicherweise von der Sonnenaktivität oder auch von Meteorschauern ab?

Manchmal schlagen Blitze auch waagrecht ein. Zwischen zwei Wolken lassen sich solche Entladungen leicht erklären. Die Wolken enthalten unterschiedlich starke elektrische Ladungen, und der Blitz verläuft vom höheren zum niedrigeren Potential. Wie aber steht es mit Blitzen, die zielstrebig über riesige Entfernungen hinweg in ein bestimmtes Objekt einschlagen?

Genau dies geschah am 16. Juli 1873 in Hereford, England. W. Clement Ley teilte den Vorfall dem *Symons's Monthly Meteorological Magazine* mit. Nachdem es am frühen Morgen geregnet hatte, brauten sich Gewitterwolken zusammen. Gegen 10 Uhr erschien in West-Süd-West eine riesige Kumuluswolke am klaren blauen Himmel und zog stetig nach Nordosten. Es entlud sich ein Blitz und nach Leys Worten „bewegte sich das elektrische Fluidum in Erdnähe über das baumbewachsene Gelände, über die Dörfer hinweg und ganz knapp an den Kirchtürmen von ‚All Saints' und ‚St. Peter's' vorbei und wählte als Ziel ein Haus im östlichen Teil der

Wie bei den Kugelblitzen gibt es genügend Augenzeugenberichte, um diese Phänomene ernst zu nehmen, doch die lassen sich nicht ohne weiteres im Labor reproduzieren. Es müßte schon der glückliche Zufall eintreten, daß ausgerechnet ein kompetenter Wissenschaftler Zeuge eines solchen Ereignisses wäre. Ein Aspekt der augenscheinlichen Zielauswahl von Blitzen ist indes gründlich erforscht worden. Aus Untersuchungen von 1898 und 1907 geht hervor, daß Blitze vorzugsweise in Eichen und nur selten in Buchen einschlagen – daher rät wohl der Volksmund bei Gewitter „Eichen sollst du weichen, Buchen sollst du suchen". Warum dies so ist, blieb leider offen.

Im 19. Jahrhundert beschäftigte sich die Wissenschaft mit der Streitfrage, ob es „Blitz-Bilder" gebe, d.h. „Fotografien" auf Lebewesen oder Objekten, die von einem Blitz getroffen wurden. Man gab dem Studium dieses Phänomens sogar einen eigenen Namen – „Keranographie". Ob es solche Abbilder wirklich gibt, ist aber nach wie vor umstritten.

Der erste glaubhafte Bericht zu diesem Thema stammt von keinem Geringeren als dem amerikanischen Diplomaten und Wissenschaftler Benjamin Franklin. 1786 teilte er der „Meteorological Society of London" seine Erinnerungen über einen Vorfall mit, der sich 20 Jahre zuvor ereignet hatte: Ein Mann stand damals dicht neben einem Baum, in den ein Blitz einschlug, und war „höchst erstaunt, als er auf seiner Brust ein genaues Abbild eben jenes Baumes entdeckte". Von ähnlichen Ereignissen wurde aber auch schon früher berichtet: Im Jahr 1596 schlug während eines Sommergewitters ein Blitz in die Kathedrale von Wells in Somerset ein. In seinem Buch *Adversaria* schreibt der Gelehrte Isaac Casaubon, der 1614 starb: „Das Wunderbare daran war, daß auf den Körpern der Gläubigen, die dem Gottesdienst beiwohnten, das Abbild eines Kreuzes erschien, wie viele hernach bezeugten."

Oben: Diese Zuni-Indianer aus New Mexiko vollführen einen Regentanz. Das Ritual der Wolkenbeschwörung – hier in Form einer Gruppen-Zeremonie – gilt seit eh und je als eine besondere Macht von Schamanen und Medizinmännern.

Links: Dieses dendritische bzw. verästelte Muster wurde in einem Acrylblock durch die elektrische Entladung eines Stromgenerators erzeugt – verblüffend ähnlich sehen Blitze aus (links). Durch Blitze hervorgerufene Abbilder von Bäumen auf Lebewesen sind für Wissenschaftler daher nichts anderes als dendritische Muster. Wie aber erklären sich dann Blitz-Bilder, die Kreuze oder nichtverzweigte Objekte darstellen?

Nach der klassischen Erklärung entstehen solche Blitz-Bilder aus dem sogenannten dendritischen – oder verästelten – Muster, das bekanntlich von elektrischen Entladungen auf der Oberfläche vieler Materialien hervorgerufen wird. Das erklärt vielleicht die Abbildungen von Bäumen, aber wie steht es mit den Kreuzbildern von Wells? Und gilt diese Erklärung auch für den folgenden außergewöhnlichen Vorfall, über den James Shaw bei einer Tagung der „Meteorological Society" am 24. März 1857 berichtete?

„Etwa sieben Kilometer von Bath entfernt, in der Nähe des Dorfes Coobe Hay, lag ein weitläufiger Wald mit Haselnußsträuchern und vereinzelten Eichen. In seiner Mitte befand sich ein quadratisches Feld von etwa 45 Metern Länge, auf dem sechs vom Blitz tödlich getroffene Schafe lagen. Als man die Tiere häutete, entdeckte man auf der Innenseite jeder Haut ein naturgetreues Abbild der Umgebung…

Die Sache verursachte damals großen Aufruhr… die Landschaft war mir und meinen Schulkameraden so vertraut, daß wir sie auf den Häuten sofort wiedererkannten…"

Phantasiemuster

Man könnte nun behaupten, daß die Bilder lediglich auf einer zufälligen Verteilung von Hautpigmenten beruhten, die sich nur in der Phantasie der Betrachter zu einem erkennbaren Muster zusammenfügten. Bekanntlich neigt das menschliche Gehirn dazu, Gesehenes sinnvoll einzuordnen. Auf dieser Fähigkeit basiert weitgehend der Rorschach-Test in der Psychiatrie, bei dem eine Versuchsperson völlig willkürlich erzeugte, symmetrische Tintenklecksbilder deuten soll. Ob sich dieses Assoziationsprinzip nun auf das oben geschilderte Ereignis anwenden läßt oder nicht, so gilt es doch, wie viele meinen, für

Augenzeugen, die sonderbar geformte Wolken zu sehen glauben. Die große Bedeutung, die man solchen Wolkenformationen seit jeher beimaß, läßt jedoch fast vermuten, daß vielleicht doch mehr dahintersteckt mag.

Wolkenbeschwörung gehörte schon immer zu den Zeremonien von Medizinmännern und Schamanen. Oft ging es dabei nur darum, Regen herbeizuführen, denn Wolken bringen Regen. Häufig jedoch war auch die Gestalt der herbeibeschworenen Wolken von großer Bedeutung - das galt besonders für die alten Chinesen, die nordamerikanischen Indianer und einige Anhänger des „animalischen Magnetismus" im 19. Jahrhundert.

Im Jahre 1801 kniete Klemens Hofbauer, der von der Römisch-Katholischen Kirche später heiliggesprochen wurde, eines Tages betend vor dem Altar der Kirche St. Joseph in Warschau. In seinem *Buch der Wunder* berichtet Zsolt Aradi:

„Hunderte von Menschen sahen, wie sich über dem Altar eine Wolke bildete, die die Figur des Heiligen umhüllte und ihn vor ihren Blicken verbarg. An seiner Stelle erblickten sie eine himmlische Vision. Es erschien eine Frau von großer Schönheit und mit strahlendem Antlitz, die den Gläubigen zulächelte..."

Am 3. Oktober 1843 arbeitete Charles Cooper gerade auf einem Feld in der Nähe von Warwick, England, als er über sich ein rumpelndes Geräusch vernahm. Am Himmel erblickte er eine merkwürdig geformte Wolke, unter der drei vollkommen „weiße" Gestalten schwebten und ihn „laut und klagend" anriefen. Cooper hielt sie für Engel. Weitere Augenzeugen, die sich zur selben Zeit auf einem etwa 9 Kilometer entfernten Feld aufhielten, hatten diese Wolke ebenfalls gesehen, aber nicht alle nahmen die „Engel" wahr.

„Spektakulär und beunruhigend"

In einem anderen Bericht geht es um eine nicht minder merkwürdige, aber doch wesentlich fundiertere Wolkensichtung als in den oben beschriebenen Fällen. Demnach können Wolken die seltsamsten Formen annehmen, und zwar unter völlig natürlichen Umständen.

Am 22. März 1870 kreuzte das Schiff „Lady of the Lake" im Mittelatlantik in Äquatornähe, als gegen 19 Uhr in Richtung Süd-Süd-Ost eine sonderbar geformte Wolke auftauchte. Bis auf einige verstreute Schäfchenwolken war der Himmel klar und blau. Die Wolke hatte eine runde Form und sah aus wie ein Rad mit vier Speichen, wovon eine sehr viel dicker war als die anderen. Aus der Mitte ragte eine fünfte Speiche heraus, breiter und ausgeprägter als die übrigen und am Ende gebogen. Die Wolke war von hellgrauer Farbe und besaß einen Schweif „ähnlich dem eines Kometen". Sie war etwa 45 Minuten lang zu sehen.

Berichte über ringförmige, oft auch rotierende Wolken sind nicht ungewöhnlich. Wissenschaftlich lassen sich solche Formationen als Folge atmosphärischer Verwirbelungen erklären, und dennoch wirkt ihr Anblick spektakulär und beunruhigend.

Auf dem Meer läßt sich noch ein weiteres eigenartiges Phänomen beobachten, das ganz natürlichen Ursprungs sein soll, das sogenannte „Meeres-

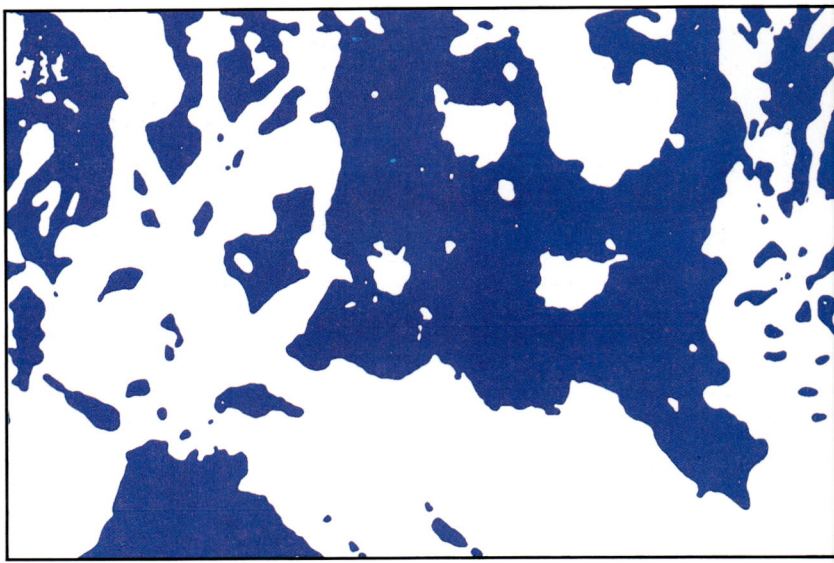

DAS GÖTTLICHE ANTLITZ

Im Blickpunkt

Als „Simulacra" bezeichnet man die schemenhaften Abbilder natürlicher Objekte, die sich zuweilen im Feuer, im Wasser, in Wolken oder an feucht-modrigen Wänden, Steinböden und anderen Flächen zeigen. Als eines der häufigsten „Simulacra" erscheint das Antlitz Christi – obwohl es zumeist der lebhaften Phantasie der Beobachter entspringt und kein echtes, übernatürliches Phänomen darstellt.

> **AM HIMMEL ERBLICKTE ER EINE MERKWÜRDIG GEFORMTE WOLKE, UNTER DER DREI VOLLKOMMEN WEISSE GESTALTEN SCHWEBTEN UND IHN LAUT UND KLAGEND ANRIEFEN.**

leuchten". Vor allem rund um den Persischen Golf treffen Schiffe, die den Indischen Ozean durchqueren, häufig auf blendend hell leuchtende Wasserflächen. In einer anonymen Meldung in Heft 36 der *Monthly Weather Review* von 1908 ist die Rede von einer „bemerkenswerten Meereserscheinung", die von der Besatzung der *SS Dover* auf der Strecke von Mobile, Alabama, nach Tampa, Florida, beobachtet wurde. Etwa 56 Kilometer von Mobile entfernt bewegte sich das Schiff gegen 19 Uhr plötzlich in teils blau, teils grün strahlende Gewässer. Die Farben „waren so gleißend, daß das Schiff wie von farbigen Bogenlampen angestrahlt erschien." Etwa 800 Meter weiter traf das Schiff auf einen zweiten Lichtstreifen, genauso breit wie das Schiff selbst und so hell, daß man dabei lesen konnte. Der Kapitän sagte aus: „Ich griff ein Blatt Papier und konnte selbst das Kleingedruckte mühelos entziffern."

Eine vielleicht noch erstaunlichere Variante dieses Phänomens erlebte W. Rutherford, Kapitän der *SS Stanvac Bangkok*, als er am 27. September 1958 von den Fidschi-Inseln im Pazifischen Ozean nach Indonesien unterwegs war. Gegen Mitternacht fuhr das Schiff durch eine Flotte von Fischerbooten. Der wachhabende Offizier und der Kapitän hielten durch ein Fernglas Ausschau nach den kleinen Booten, um sie nicht zu rammen. Sie bemerkten auf den Wellen weiße Schaumkronen und gingen davon aus, daß sich der Wind aufgefrischt haben mußte. Die gleichmäßige Brise auf ihren Gesichtern sprach jedoch dagegen. Dann leuchteten im Wasser Lichtstrahlen auf, und der wachhabende Offizier meinte, daß die Fischer wahrscheinlich Taschenlampen verwende-

So berichtet die *Houston Post* vom 23. April 1977 von einer Kirche in Shamokin, Pennsylvania, die zu einer Art Wallfahrtsort wurde, seit am Altar das Gesicht Christi erschienen war. Viele, die das Phänomen besichtigen wollten, konnten jedoch nichts als ein gewöhnliches Altartuch entdecken. Auch die Fotos, die damals gemacht wurden, zeigen nichts Besonderes. Einen ungewöhnlichen Fall meldet der *International Herald Tribune* vom 25. Juli 1978: Eine Frau namens Maria Rubo aus einem kleinen Bauerndorf im südlichen Teil von New Mexico war gerade dabei, eine *Tortilla* (eine Art Fladenbrot aus Maismehl) auszurollen, als sich im Teig ein Gesicht abzeichnete, das wie das Antlitz Christi aussah. Noch erstaunlicher aber war, daß die *Tortilla* nach vier oder fünf Tagen immer noch nicht schlecht wurde. Die Dorfbewohner hielten sie für ein „Wunder", und der Pfarrer erklärte sich bereit, sie zu segnen. Der Erzbischof von Santa Fé allerdings befürchtete, daß sich daraus ein Kult entwickeln könnte und riet zur Vorsicht.

Eines der bekanntesten Christi-Simulacra (oben links) erschien angeblich in Form von Schattenumrissen auf einer Schneefläche. Es fand in den Medien weite Verbreitung und ist zwar eindrucksvoll, aber recht zweifelhaften Ursprungs. Viele glauben, daß jemand die Schneefläche fotografierte, um seine Filmrolle aufzubrauchen und das Gesicht erst nach dem Entwickeln bemerkte. Nach einigen Berichten soll ein 12jähriges Mädchen das Bild aufgenommen haben; andere behaupten, es seien Kalifornier gewesen, die einen ungewöhnlichen Schneefall dokumentieren wollten. Laut der wohl phantasievollsten Version hatte im Jahre 1938 eine Norwegerin zu Gott gebetet, er möge ihr ein Zeichen seiner Existenz geben. Einer Inspiration folgend habe sie ihren Garten fotografiert – und dieses Bild erzielt.

Ein weiteres berühmtes Christus-Gesicht erschien in einer Wolkenformation. Das Foto soll von einem Angehörigen der US-Luftwaffe während des Korea-Krieges aufgenommen worden sein, der mit seiner Kamera eigentlich nur amerikanische und sowjetische Flugzeuge in Aktion festhalten wollte. Erst nach dem Entwickeln des Films bemerkte er das Phänomen. All diese Beispiele haben leider eines gemeinsam: Es liegen keinerlei Belege für ihre Authentizität vor, so daß eine sachliche Auswertung der Bilder unmöglich ist. So gibt es keine Hinweise auf die damals herrschenden Witterungsbedingungen oder andere relevante Faktoren. Dennoch wirken diese Bilder auf die meisten Menschen derart bezwingend, daß der Versuch, sie als erklärbare Launen der Natur abzutun, von vornherein zum Scheitern verurteilt ist. Die Faszination, die von solchen Phänomenen ausgeht, setzt manchmal die Vernunft außer Kraft.

"DAS SCHIFF SCHIEN DAS ZENTRUM DIESER ERSCHEINUNG ZU SEIN, UND EINMAL HATTE ICH SOGAR DAS GEFÜHL, DASS DAS SCHIFF SELBST SIE VERURSACHTE UND SICH DAS LICHTMUSTER BEI EINEM GESCHWINDIGKEITS- ODER KURSWECHSEL ENTSPRECHEND VERÄNDERTE."

ten. Die Strahlen wurden jedoch immer heller und bewegten sich schließlich als etwa 2,5 Meter breite Lichtbänder auf das Schiff zu. In Abständen von etwa einer halben Sekunde tauchten sie unter dem Bug hindurch. Kapitän Rutherford verglich sich mit einem Fußgänger, der auf einem riesigen Zebrastreifen steht und sieht, wie er unter ihm hinwegzieht. Plötzlich veränderte sich das Bild. Das Strahlenmuster verformte sich zu gigantischen leuchtenden Rädern, die sich erst nach links, dann nach rechts herum langsam um einen Mittelpunkt drehten und zunächst in Richtung Steuerbord, anschließend in Richtung Backbord bewegten. Schließlich ordneten sich die Strahlen wieder zu parallelen Linien an und schienen das Schiff zu verfolgen, bis sie allmählich verblaßten. Zum Schluß sah man nur noch eine Reihe von Ringen von etwa 60 Zentimeter Durchmesser, die jeweils zwei Meter voneinander entfernt lagen und rhythmisch blinkten.

Kapitän Rutherford bemerkte, der Anblick habe ihn an „einen Baum voller Glühwürmchen" erinnert. Die Lichtstrahlen schienen sich über der Wasseroberfläche zu befinden, aber er hielt das für eine Illusion. Er meinte, daß das Licht von unten aufstieg. „Das Schiff", so Rutherford, „schien das Zentrum dieser Erscheinung zu sein, und einmal hatte ich sogar das Gefühl, daß das Schiff selbst sie verursachte und sich das Lichtmuster bei einem Geschwindigkeits- oder Kurswechsel entsprechend veränderte."

Dieser Vorfall wirkt zwar äußerst sonderbar, hat aber eine ganz natürliche Ursache: Es handelt sich um die Leuchtkraft zahlloser winziger Meeresorga-

nismen, wie sich leicht beweisen läßt, wenn man einen Eimer hineintaucht. Wie aber entstehen diese streng geometrischen Figuren? Vollführen diese marinen Lebewesen hier etwa eine Art „Formationstanz"? Dies ist wohl kaum der Fall. Eher darf man vermuten, daß diese Lebewesen von gewissen Kräften beeinflußt werden – von seismischen Wellen, dem Kielwasser eines Schiffes oder vielleicht von etwas noch Subtilerem –, auf die sie mit so schönen und spektakulären Formen reagieren.

Wenn Meerleuchten (Noctiluca miliaris), marine Einzeller aus der Gattung der Dinoflagellaten, in Massen auftreten, erzeugen sie angeblich so viel Helligkeit, daß man dabei lesen kann – zweifellos eine äußerst kuriose Laune der Natur.

Die Fähigkeit des menschlichen Geistes, derart intensive Gedanken hervorzubringen, daß ihre Gestalt sichtbar wird, ist in mystischen Religionen immer schon bezeugt. Hier stellen wir einige Bilder vor, die darauf schließen lassen, daß es dieses Phänomen tatsächlich gibt – Zufallsaufnahmen, auf denen seltsame Figuren abgelichtet sind, die niemand wahrgenommen hatte. Sie entstanden allein durch geistige Kraft.

„Gedanken sind Dinge", so behaupten Annie Besant und C.W. Leadbeater in ihrem Buch *Thought Forms* (Gedankenformen). Das Erscheinungsbild einer Gedankenform wird nach ihrer Ansicht von drei Faktoren bewirkt: Die Qualität des Gedankens bestimmt die Farbe, sein Wesen die Form und seine Eindeutigkeit die Schärfe der Konturen. So wurde etwa die Gedankenform eines Mannes, der „nicht entsetzt, doch sehr erschrocken" war (wie oben abgebildet), als ein „Ansturm" halbmondförmiger Zeichen sichtbar. Ihre Farbe ist das „fahle Grau" der Angst, in das sich fast sofort das Rot der Wut mischt, als „der Mann sich bereits von seinem Schock erholt und Wut in ihm aufsteigt". Ein weiteres Beispiel (rechts) stellt den bewußten Versuch dar, Liebe und Mitgefühl für die Menschheit zu empfinden. Es ergab sich aus der konzentrierten Vorstellung, daß diese Gefühle sich in „die sechs Richtungen" der hinduistischen mystischen Gedankenwelt ausbreiteten. Laut Besant und Leadbeater ist jeder für Gedankenformen empfänglich, auch wenn nicht alle Menschen sie tatsächlich sehen können. Somit üben unsere Gedanken, selbst wenn sie nicht verbal geäußert werden, einen ständigen, wenn auch kaum merklichen Einfluß aus. „Dadurch wird deutlich", so folgerten Besant und Leadbeater, „daß jeder Mensch, der hochherzige Gedanken hegt, missionarische Arbeit leistet.

Das Londoner Medium Gladys Hayter fotografierte ihre Tochter Dawn am Steuer des neuen Wagens (oben), den sie ihr im März 1979 geschenkt hatte. Als der Film im September desselben Jahres entwickelt wurde, sahen beide Frauen mit Erstaunen auf dem Abzug etwas, das damals keine von ihnen wahrgenommen hatte – den Kopf eines kleinen blonden Mädchens, das scheinbar auf dem Rücksitz des Wagens saß (siehe Vergrößerung rechts). Wer war das geheimnisvolle Mädchen? Bei einer Sitzung mit dem Medium für Direkte Stimmen, Leslie Flint, „sprach" Mrs. Hayters Mutter und fragte Gladys, was sie von der Aufnahme halte. Dann erklärte sie, das Mädchen heiße Sheila, sei ein fröhliches kleines Kind und habe sich dem Kreis des D.S.-Mediums angeschlossen, zu dem auch Gladys gehörte. „Natürlich ist sie ein nettes kleines Ding", warf Gladys' Mutter ein, „aber du weißt doch, daß sie nichts mit unserer Familie zu tun hat ... Sie ist ein kleines Mädchen, das zum Spielen herkommt, kannst du mich hören?" In einer späteren Sitzung erläuterte ein Geist namens Samantha Rigg-Milner, der Nachname des Mädchens laute Wilkins. „Ich kenne das – Ich weiß, wer das kleine Mädchen – ich habe sie gesehen, weißt du ... Sheila ... ich habe sie im Auto auf deinem Bild ganz deutlich erkennen können. Ich bin gut mit ihr befreundet."

Mrs. Hayter selbst war davon überzeugt, zwischen Dawn und dem geisterhaften Kind das Gesicht eines Neufundländers erkennen zu können. Sie hielt ihn für den Hund ihrer Tochter, Brandy, der 1974 im Alter von 18 Monaten gestorben war. Offenbar gehörte auch der Hund zum Kreis des Mediums, und Gladys' Mutter bestätigte, daß der Hund sich häufig in der Nachwelt herumtreibe.

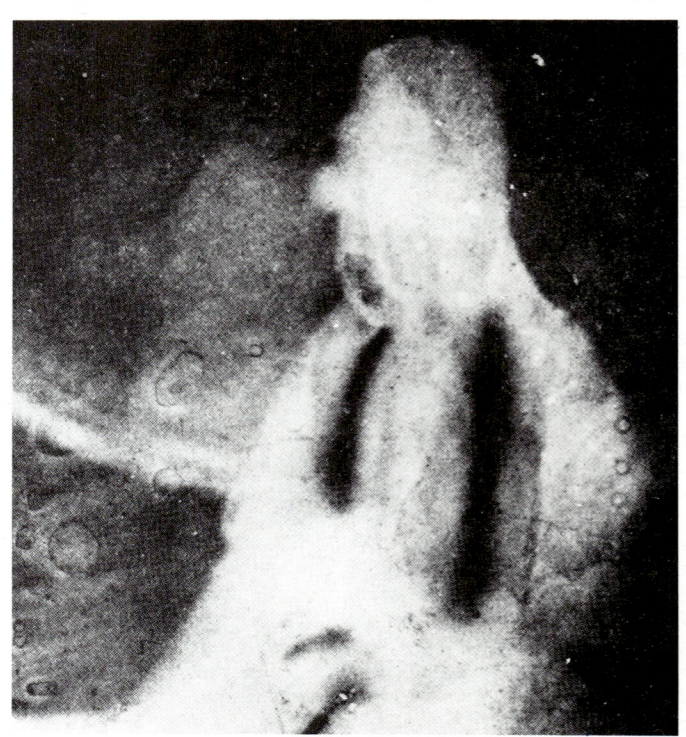

Das Bild des fröhlichen Tee-Kränzchens auf einem sommerlichen Rasen (oben) wurde 1916 von Arthur Springer, einem pensionierten Polizeiinspektor, in seinem Garten in Tingewick in der englischen Grafschaft Buckinghamshire aufgenommen. Angeblich hatte niemand den Hund, den man links im Bild sieht, bemerkt, als das Foto entstand.

Im Unterschied zu Geisteraufnahmen von menschlichen Gestalten lassen sich die von Tieren nur äußerst selten im Studio einfangen. Gelegentlich aber erscheinen Tiergestalten auf Amateurfotos, und zwar meist, wie hier, ohne daß der Fotograf sie wahrgenommen hatte. Häufig identifiziert man sie später als heiß geliebte, verstorbene Haustiere des Fotografen oder einer anderen Person, die während der Aufnahme anwesend war. Manche vermuten sogar, daß die Bilder auf dem Film durch die Intensität des Gefühls hervorgerufen werden, das man für das Tier empfand. Offensichtlich nehmen die Frauen am Teetisch die Gegenwart von etwas so Außergewöhnlichem wie einem Phantomhund gar nicht wahr. Man ist zunächst irritiert, warum der Fotograf dann den imaginären Hund so in den Vordergrund rückte, daß die Frauengruppe stark an den rechten Rand gedrängt wird. Die Erklärung ist jedoch recht einfach: In der ursprünglichen Aufnahme saß die Teerunde tatsächlich mitten im Bild, und bei dem abgebildeten Foto handelt es sich lediglich um einen vergrößerten Ausschnitt.

Ein weiteres Problem bei der Analyse solcher Fotografien besteht darin, daß es nahezu unmöglich ist, die Authentizität der Aufnahme exakt nachzuweisen. Für den versierten Hobbyfotografen ist es überhaupt kein Problem, das Bild in der Dunkelkammer entsprechend zu manipulieren.

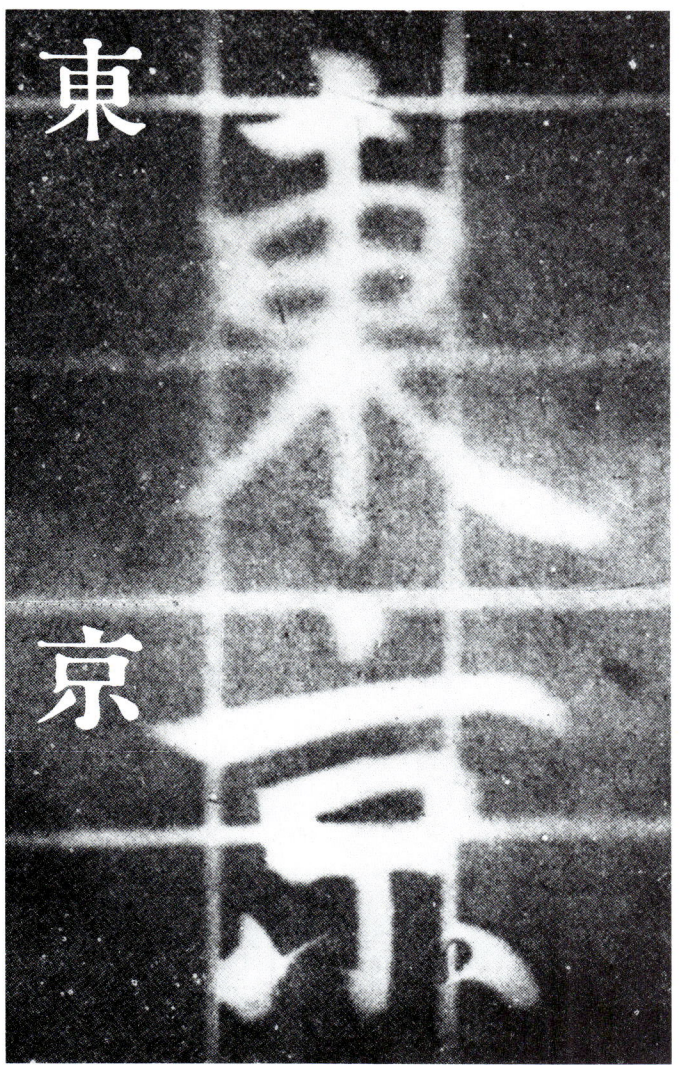

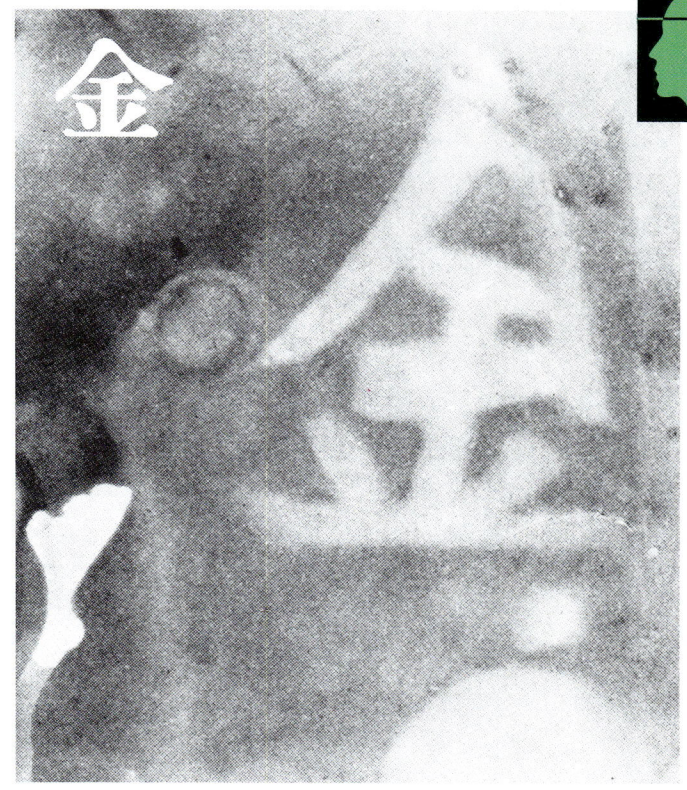

Das obere Psycho- oder Gedankenfoto wurde unter der Aufsicht von Professor Fukurai am 10. Mai 1911 von der Sensitiven Sadako Takahashi erzeugt. Unter Hypnose tauchte eine Sekundärperson auf, um folgende Information mitzuteilen: „Das Bild ... war meine Gedankenfotografie.... Ich wollte davor warnen, sich von persönlichem Gewinnstreben versuchen zu lassen." Am 10. Februar 1917 erzeugte Herr Kohichi Mita, ein professioneller Zauberer, bei einem öffentlichen Versuch in Nagoya zwei Platten (unten). Getrennt ergaben sie keinerlei Sinn, doch zusammengesetzt bildeten sie erstaunlicherweise zwei japanische Schriftzeichen.

Zwischen 1910 und 1913 führte Professor T. Fukurai von der Kaiserlichen Universität in Tokio, Vorsitzender des parapsychologischen Instituts von Japan, mit mehreren japanischen Sensitiven eine bemerkenswerte Versuchsreihe über Hellsehen und Psychofotografie durch. Zu den Personen, die er eingehend erforschte, gehörte eine gewisse Frau Ikuko Nagao, die sich nach dem Tod ihres kleinen Sohnes ihrer außersinnlichen Fähigkeiten bewußt wurde. Frau Nagao erzielte spektakuläre Erfolge sowohl im Hellsehen wie in der Gedankenfotografie, und sie wurde gebeten, ihre Bilder auf versiegelten Fotoplatten entstehen zu lassen. Wie viele paranormal begabte Menschen konnte sie ihre Eindrücke von Gegenständen optisch wahrnehmbar werden lassen. Das abgebildete Gedankenfoto (links) zum Beispiel machte eine buddhistische Schriftrolle sichtbar. Noch bemerkenswerter war jedoch ihre Fähigkeit, genaue Abbilder japanischer Schriftzeichen zu erzeugen. Kritiker wendeten ein, daß die Zeichen ebensogut entstanden sein könnten, indem man die Platte durch eine Schablone hindurch belichtete, aus der man das Schriftzeichen ausgeschnitten hatte. Das Beispiel mit zwei besonders komplexen Zeichen (oben) beweist allerdings, daß es äußerst schwierig wäre, sie zu fälschen. Diese Versuche fanden in Gegenwart von Fachleuten statt.

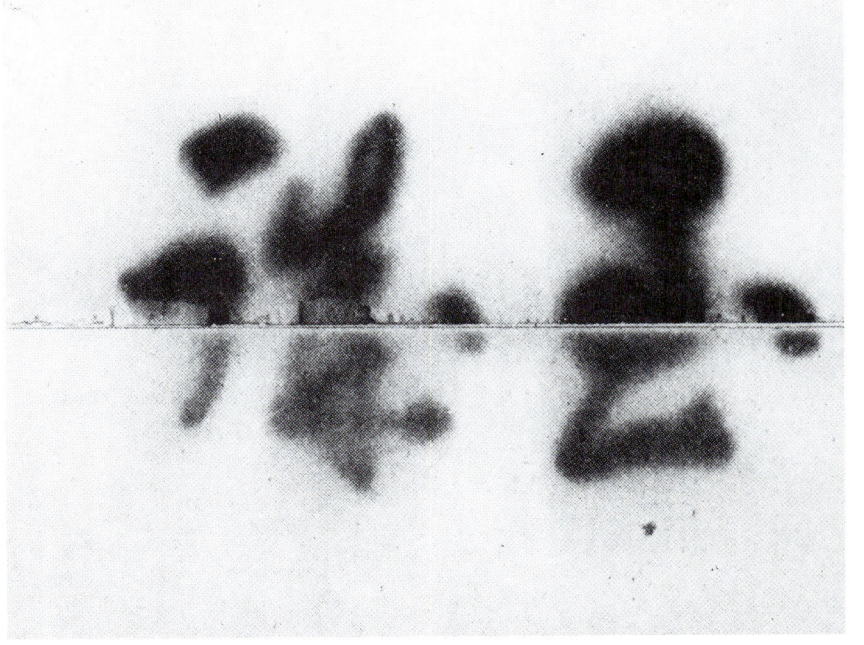

DER KOSMISCHE
ORGASMUS

Wilhelm Reich glaubte, im Orgasmus das Geheimnis körperlicher und geistiger Gesundheit gefunden zu haben. Für ihn war sexuelle Energie eine reale Größe, die sich nutzen ließe, um die Welt von allen Übein zu befreien.

Rechts: Wilhelm Reich (1897-1957) stellte die kühne Theorie auf, daß der Orgasmus sowohl für das Individuum als auch für die Gesellschaft von großer Bedeutung sei. Männer wie Frauen könnten durch den ungehemmten Orgasmus – freilich nur den heterosexuellen – all ihre Verspannungen abbauen und vollkommene innere Harmonie erlangen. Reich nahm sogar für sich in Anspruch, sogenannte „Bionen", eine Art Mittelding zwischen totem und lebendem Zellgewebe, erschaffen zu haben.

PERSPE

ENERGIEVERGEUDUNG?

Reichs Behauptung, er habe aus anorganischer Materie Leben erschaffen, das Traumziel der Alchimisten (unten), trug ihm heftige Kritik ein.

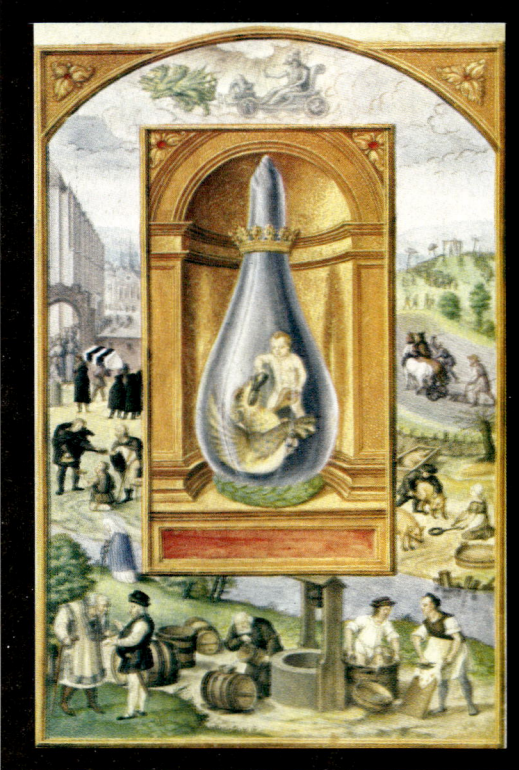

Die Suche nach dem Geheimnis des Lebens und nach jener verborgenen Kraft, die das Protoplasma von unbelebter Materie scheidet, beschäftigt schon seit Jahrhunderten Okkultisten, Alchimisten und Wissenschaftler. In den meisten Fällen dienten diese Studien dem reinen Selbstzweck, doch es gab auch Forscher, die der Natur das Vorrecht streitig machten und Leben aus anorganischer Materie erschaffen wollten.

Noch in den 30er Jahren versuchte dies der Londoner Alchimist Archibald Cockren in Form des „alchimistischen Baums", den man für ein lebendes Mineral hielt. Paracelsus beschrieb ihn im 16. Jahrhundert als „wunderbares und erfreuliches Gesträuch, welches die Alchymisten ihr Gülden Pflänzlein nennen.' Der Dichter C.R. Cammell berichtete, er habe in Cockrens Labor beobachtet, wie diese mineralische „Pflanze" im Laufe mehrerer Monate zu beträchtlicher Größe anwuchs.

Der Anspruch, Leben erschaffen zu haben, blieb aber nicht auf exzentrische Okkultisten beschränkt. Auch Wilhelm Reich (1897-1957), ein Wissenschaftler mit untadeligem akademischen Hintergrund, behauptete im Alter nicht nur, lebende Materie erzeugt, sondern dadurch zudem viele Geheimnisse der Natur gelöst zu haben, von der Krebserkrankung bis hin zu UFO-Sichtungen.

Reich war der Sohn wohlhabender österreichischer Juder. Im Ersten Weltkrieg diente er in der K.-u.-K.-Armee, studierte dann an der Universität Wien und promovierte 1922 zum Doktor der Medizin. Schon als Student befaßte er sich mit den Schriften Sigmund Freuds (1856-1939) und anderer Pioniere der Psychoanalyse und schloß sich der Mei-

KTIVEN

Auch John Sladek, ein Erzskeptiker gegenüber allen paranormalen Phänomenen, nahm in seinem Buch *The New Apocrypha* (Die neuen Apokryphen) wahrlich kein Blatt vor den Mund, als er in einem Kapitel über Reich dessen unselige ORANUR-Experimente schilderte.

OR – Reichs Abkürzung für Orgonstrahlung, hielten seine Anhänger in sehr vieler Hinsicht für sehr wohltuend. Seine Frau, Ilse Ollendorf Reich, erklärte, daß Reich die schrecklichen Folgen der Atombombe durch eine dreifache Strategie ausmerzen wollte. Die Orgonenergie sollte die Menschen von der Strahlenkrankheit heilen, die Auswirkungen von Atombomben neutralisieren und die Menschheit gegen Strahlung immunisieren.

Beim ORANUR-Experiment wurde eine größere Zahl von Mäusen radioaktivem Material ausgesetzt und danach einer Bestrahlung durch OR unterzogen, das, wie Reich und seine Mitarbeiter glaubten, die schädliche Strahlung neutralisieren würde. Schon kurz nach Beginn des Experiments bemerkten die Assistenten, wie Sladek beschreibt, daß die Geigerzähler verrückt spielten, doch sie führten dies auf einen Überschuß an Orgonenergie zurück. Innerhalb eines Tages verendeten vierzig Mäuse, die alle Symptome einer radioaktiven Vergiftung zeigten. Dann traten dieselben Symptome auch bei den Laborassistenten auf. Auch Reichs Frau war derart strahlenverseucht, daß sie sich sogar einer Operation unterziehen mußte. Reich hielt jedoch an seiner Überzeugung fest.

Oben: Die fieberhafte Suche der mittelalterlichen Alchimisten nach dem Geheimnis des Lebens zielte auf die Isolierung chemischer oder physikalischer Ingredienzen ab, mit deren Hilfe man aus toter oder anorganischer Materie lebendes Zellgewebe erschaffen wollte. Reich und seine Anhänger glaubten, in den strahlenden „Bionen", die sie aus sterilisiertem Seesand gewannen, diese Ingredienz gefunden zu haben. Die Strahlung der „Bionen" hielten sie für den Urstoff des Universums.

> **REICH HIELT DIE SEXUELLE ENERGIE FÜR EINE BESONDERE KRAFT, VERGLEICHBAR MIT DER GRAVITATION UND DEM ELEKTROMAGNETISMUS.**

nung an, daß die Sexualität im Leben des Menschen von zentraler Bedeutung sei. Am 1. März 1919 schrieb er in sein Tagebuch, er sei aufgrund seiner Erfahrungen und Beobachtungen davon überzeugt, daß die Sexualität das Zentrum sei, um das sich das gesamte soziale als auch innere Leben des Individuums drehe.

1920 wurde Reich in Freuds Wiener Psychoanalytische Gesellschaft aufgenommen. Als er 1922 das Wiener Seminar für Psychoanalytische Therapie mitbegründete, galt er innerhalb der analytischen Bewegung bereits als Kapazität für therapeutische Techniken. Ab 1927 aber entfernte sich Reich von der orthodoxen Lehre Freuds. Er entwickelte ein Gebiet der frühen Freudschen Theorie weiter, das dieser selbst seit einem Vierteljahrhundert mißachtet hatte: die Aktualneurosen.

In der Entstehungsphase der Psychoanalyse hatte Freud die Neurosen in zwei Gruppen eingeteilt: Psychoneurosen, die durch lange zurückliegende Erlebnisse, speziell aus der frühen Kindheit, verursacht wurden, und Aktualneurosen, psychische Krankheiten, die vermutlich durch aktuelle Sexualstörungen wie vorzeitigen Samenerguß und zwanghaftes Masturbieren bedingt waren. Freud konzentrierte sich ganz auf die Psychoneurosen, und nach 1900 erwähnte er die Aktualneurosen kaum mehr.

Reich hielt dies jedoch für einen Fehler, denn nach seiner Ansicht rührten fast alle Krankheiten, auch die Schizophrenie und manisch-depressive Zustände, von der Unfähigkeit her, einen „wahren Orgasmus" zu erleben. Diesen Orgasmus definierte er als das Vermögen, durch unwillkürliche, lustvolle Kontraktionen des Körpers die aufgestaute sexuelle Erregung vollständig zu entladen. Ziel der psychoanalytischen Therapie, so Reich, sei die volle „orgastische Potenz".

Das Individuum solle in die Lage versetzt werden, einen lang andauernden und vollkommen befriedigenden sexuellen Höhepunkt zu erreichen, unabhängig von Phantasien oder Fetischen. Dieser Orgasmus, der das Ergebnis einer heterosexuellen Beziehung wäre, hinterließe dann im Individuum auch keine Schuldgefühle oder Versagensängste.

Wenn die aufgestaute sexuelle Energie nicht durch die Konvulsionen des Orgasmus freigesetzt werden könne, so glaubte Reich, bewirke dies einen Muskelpanzer, das heißt eine Verspannung oder Versteifung der Muskeln. Diese wiederum verstärke die ursprünglichen Störungen, die ihrerseits weitere Verspannungen hervorriefen – ein Teufelskreis physischer und geistiger Degeneration.

Weder die traditionelle Freudsche Analyse (Enthüllung verdrängter Erinnerungen) noch Reichs Methode, die auf der Untersuchung des aktuellen Charakterbildes beruhte, vermochten diese „Panze-

rung" aufzubrechen. So entwickelte Reich eine neue Therapietechnik, die Charakteranalyse, Tiefenmassage, Atemübungen und sogar gewaltsame physische Manipulationen einschloß, um die Verspannungen der Patienten zu lösen und die blockierte sexuelle Energie freizusetzen. Diese Behandlungsform nannte er „Vegetotherapie", da nach seiner Meinung die im Muskelpanzer gefangenen Energien im vegetativen Nervensystem gespeichert wurden.

Reich hielt die sexuelle Energie für eine besondere Kraft, vergleichbar mit der Gravitation und dem Elektromagnetismus, und meinte, man könne sie speichern wie Elektrizität in einer Batterie. Er führte eine Versuchsreihe durch, die zeigen sollte, ob die Sexualorgane im Zustand der Erregung eine erhöhte bioelektrische Ladung aufweisen. Freiwillige Testpersonen wurden an entsprechende Geräte angeschlossen und die Ergebnisse ihrer sexuellen Aktivitäten aufgezeichnet. Sexuelle Erregung, so berichtete Reich, bewirke eine deutliche Erhöhung der bioelektrischen Ladung, Angst, Schmerz und Schuldgefühle eine Verminderung.

Orgonenergie

1935 begann Reich, der vor den Nazis nach Norwegen geflüchtet war, noch ehrgeizigere Experimente durchzuführen. Bald konnte er seinen verblüfften Kollegen verkünden, daß es ihm gelungen sei, aus Substanzen wie sterilisierter Kohle und Ruß sogenannte „Bionen" herzustellen. Dies seien Energiebläschen, ein Mittelding zwischen toter Materie und lebendem Zellgewebe, die sich zu Protozoen (Einzellern) weiterentwickeln könnten. Obwohl ein Assistent Reichs diese „Bionen" sogar durch ein Mikroskop gefilmt hatte, machte die Entdeckung auf Biologen keinerlei Eindruck. „Bionen", behaupteten sie,

Unten: Das Orgonenergie-Observatorium in Orgonon bei Rangley, Maine (USA), das Reich und seine Helfer begründet hatten, um das Wesen des Orgon zu erforschen und es der Menschheit nutzbar zu machen. Die Orgonenergie-Akkumulatoren (links) dienten dazu, die Auswirkung erhöhter Orgonkonzentrationen zu untersuchen. Reich glaubte, daß sich mit dieser Vorrichtung das Orgon jeder Person, die darin saß, auffangen und speichern ließe. Mit dieser konzentrierten Orgonenergie hoffte er jede Art von Krankheit heilen zu können.

seien lediglich winzige Partikel nichtlebender Materie und ihre Bewegungen das Ergebnis normaler physikalischer Erscheinungen.

Reich ließ sich von dieser Kritik nicht entmutigen und setzte seine Experimente fort. Er konzentrierte sein Interesse nun auf ein „strahlendes Bion", das er aus sterilisiertem Seesand gewonnen zu haben glaubte. 1939 gab er bekannt, daß die von den sogenannten Sandpäckchen-Bionen (die er auch „Sapabionen" nannte) abgegebene Strahlung eine bislang unbekannte Form von Energie darstelle, den Grundstoff des Lebens im Universum. Dieses „Orgon", wie Reich es nannte, sollte von nun an seine Forschung bestimmen.

Noch im Jahr seiner Entdeckung emigrierte Reich in die USA, wo er bald eine kleine, aber begeisterte Anhängerschaft um sich scharte. Die Orgonenergie, so behauptete er, sei identisch sowohl mit der „vis animalis" (animalische Kraft) der alten Alchimisten als auch mit der „vis vitalis", der Lebenskraft – einer geheimnisvollen Qualität, die lebende von toter Materie scheidet, wie sie der Philosoph Henri Bergson zugrunde legte. Das Orgon war jedoch keine metaphysische Abstraktion. Es konnte nicht nur mit einem „Orgonenergiefeldmeßgerät" (einem von Reich modifizierten Elektroskop) gemessen, sondern auch mit bloßem Auge wahrgenommen werden (z.B. die blaue Verfärbung sexuell erregter Frösche). Zudem ließ es sich in sogenannten „Orgonenergie-Akkumulatoren", einer anderen Reichschen Erfindung, einfangen und speichern. Diese Geräte könne man zur Behandlung sämtlicher Krankheiten einsetzen, von der Depression bis zum Krebs.

Der Orgonenergie-Akkumulator ist eine Kiste aus anorganischen und organischen Materialien (gewöhnlich Metall und Holz), die abwechselnd aufeinandergeschichtet werden. Je mehr Schichten man verwendet, desto stärker wirkt der Akkumulator. Dient das Gerät zu Behandlungszwecken, baut man es so groß, daß ein Patient darin sitzen kann.

Zwischen 1939 und 1957 veröffentlichte Reich zahlreiche Artikel und Bücher, in denen er immer verblüffendere Behauptungen über das Orgon auf-

Mit zunehmendem Alter wurden Reichs Ideen immer seltsamer. Er gab eine Flut von Broschüren mit Anweisungen heraus, wie diese geheimnisvolle, aber elementare Energie aufgespürt und nutzbar gemacht werden könne. Auch bediente er sich dabei seltsamer Geräte (unten). Zu seinen Bewunderern gehörten recht skurrile Menschen wie der amerikanische Architekt Frank Lloyd Wright (oben), der bei seinem letzten, quälenden Prozeß zu ihm stand. Ein nicht minder extravaganter Schüler Reichs war der Beat-Poet Allen Ginsberg (oben rechts bei einer Auseinandersetzung mit der britischen Polizei), der mit Reichs Theorien den Drogenkonsum legitimieren wollte.

stellte. Hatte er ursprünglich gemeint, diese Energieform sei auf lebende Organismen beschränkt, so hielt er 1951 das Orgon für den Urstoff der Schöpfung. Nach Reichs Überzeugung war die gesamte Materie aus der Überlagerung („kosmischer Orgasmus") zweier Orgonströme entstanden. Die unterschiedlichsten Phänomene, von der Störung des Radioempfangs und dem Blau des Himmels (das Orgon ist blau) bis zu den Wirbelstürmen und der Gravitation, konnten als Manifestationen des Orgon gelten. Die einzige Ausnahme bildete die atomare Strahlung, denn in ihr sah Reich einen Widerpart zur Lebensenergie des Orgon, eine Art Satan im Gegensatz zum Jehova, dem Orgon.

Noch seltsamer muteten Reichs Schriften zum Thema UFO an. Er behauptete, daß die Erde im Mittelpunkt eines intergalaktischen Kampfes stehe und die UFOs die Kriegsschiffe der gegnerischen Parteien seien. Auf der einen Seite, so Reich, stand das Böse, das der Erdatmosphäre Orgon entzog in der Absicht, den Planeten in eine radioaktive Schlackekugel zu verwandeln; auf der anderen Seite kämpften die Verbündeten der Menschheit und damit auch Wilhelm Reichs, die der Erde das gestohlene Orgon zurückerstatten wollten.

Reich starb 1957 im Gefängnis. Er war wegen Mißachtung des Gerichts verurteilt worden, das den Verkauf seiner Akkumulatoren als betrügerischer Instrumente verboten hatte. Eine Zeitlang schien es, als würden seine Theorien schnell in Vergessenheit geraten, denn einige seiner Anhänger waren fast noch verschrobener als ihr Idol: Eine Gruppe zum Beispiel hüllte sich (dem Orgon zu Ehren) in blaue Roben und versammelte sich im Halbdunkel, um mit dem toten Meister über das Qui-ja-Bord zu kommunizieren. Andere angebliche Reichianer, die mit den Schriftstellern Allen Ginsberg und William Burroughs in Verbindung standen, verknüpften Reichs Theorien mit dem Eintreten für Homosexualität und den Gebrauch psychedelischer Drogen.

Manche von Reichs Schriften haben aber auch ernsthafte Wissenschaftler angezogen. Mittlerweile gibt es bereits in vielen Großstädten Therapeuten, die seine Ideen in die Praxis umsetzen. Bislang hat jedoch noch niemand versucht, Reichs Laborexperimente mit Orgon zu wiederholen.

TOD DURCH MAGIE?

EXTERIOR OF THE GATE

THE FIFTH VICTIM of

Manche glauben, daß zwei außergewöhnliche viktorianische Frauen vielleicht die wahre Identität des Frauenmörders „Jack the Ripper" aufdeckten, als sie den verschlossenen Koffer des geheimnisvollen Dr. Donstan öffneten, der bei ihnen wohnte.

Unten: Der bizarre Okkultist Aleister Crowley ließ unbeabsichtigt den unglaublichen Verdacht aufkommen, Jack the Ripper sei in seinen Augen kein geringerer als Madame Blavatsky (ganz rechts). Der Irrtum entstand durch eine Fehlinterpretation von Crowleys umständlichem Satz: „Es ist kaum jemandes erste und nicht einmal seine hundertste Vermutung, daß der berüchtigte Jack the Ripper kein geringerer war als Helena Petrowna Blavatsky." Zweifellos hätte die Vorstellung, daß die Gründerin der „Theosophischen Gesellschaft" Prostituierte dahinmetzelte, Crowleys Art von Humor entsprochen.

Aleister Crowley wird in einer Biographie für zumindest halb verrückt erklärt, weil in seinen Augen Jack the Ripper kein geringerer gewesen sei als Madame Blavatsky, die verehrte Mitbegründerin der Theosophischen Gesellschaft.

Crowley glaubte zweifellos viele merkwürdige Dinge – beispielsweise, daß er der wahre Messias sei, der „Erlöser der Welt", und daß die „Offenbarung" Einzelheiten aus seinem Leben prophezeit habe. Aber er glaubte keineswegs, daß die stark übergewichtige und todkranke Madame Blavatsky sich als Mann zu verkleiden und durch halb London zu fahren pflegte, um Prostituierte im Stadtteil Whitechapel zu ermorden. Diese abwegige Vorstellung scheint der Biograph irrtümlicherweise aus dem zweiten Satz eines Schriftstücks Crowleys herausgelesen zu haben: „Es ist kaum jemandes erste und nicht einmal seine hundertste Vermutung, daß der berüchtigte Jack the Ripper kein geringerer war als Helena Petrowna Blavatsky."

In Wirklichkeit mutmaßte Crowley, daß der geheimnisvolle Mörder ein eingeweihter Okkultist auf der Suche nach höchster magischer Macht war, ein geschickter Astrologe und persönlich bekannt mit vielen aktiven Mitgliedern der führenden Kreise der Theosophischen Gesellschaft.

Der Mann, an den Crowley dachte, benutzte viele Namen, hatte sich im Laufe eines langen und abenteuerlichen Lebens häufig in sonderbaren Situationen befunden und nach eigener Aussage viele be-

merkenswerte Dinge erlebt. Der Mann, den Crowley Dr. Donstan nannte, war nicht von Crowley selbst, sondern von einer allgemein nur als „Cremers" bekannten Frau mit Jack the Ripper identifiziert worden.

Viele seltsame Gestalten tummelten sich zwischen 1880 und 1940 in der okkulten Welt Europas und Nordamerikas, doch kaum eine war so geheimnisvoll wie diese auch „Baronin Vittoria Cremers" genannte Frau.

Ihr genaues Geburtsdatum, vermutlich um 1865, und die Identität ihrer Eltern sind unbekannt. Es gab Gerüchte, sie sei das uneheliche Kind eines Mitglieds der Rothschild-Familie, doch ähnliches kursierte damals über so manchen. Sie behauptete, die Gattin oder vielleicht Witwe eines russischen Barons zu sein, doch niemand war diesem obskuren Adeligen je begegnet. Um ihre Vergangenheit rankten sich alle möglichen Geschichten: Sie sei eine Geheimagentin der New Yorker Polizei gewesen, die unerschrocken das organisierte Verbrechen aufdeckte, oder vielleicht eine Zuhälterin, die vom lasterhaften Einkommen ihrer lesbischen Geliebten lebte.

Selbst über so grundlegende Punkte wie Aussehen und Sprechweise gehen die Aussagen auseinander. So beschrieb ein enger Vertrauter von Cremers ihren Kopf als mißgestaltet, ihre Haut als pergamentartig, ihr Haar als „schmutzig weiß" und ihren gewöhnlichen Gesichtsausdruck als gehässig und mißgünstig. Andererseits war der Dichter und Astrologe Jean Overton Fuller, der Cremers 1935 auf einem Fest traf, von ihrer Erscheinung beeindruckt. Sie besaß, wie er schilderte, eine ehrfurchtgebietende Autorität, und seichtes Gerede verstummte

Links und unten: Die Ripper-Morde wurden von den damaligen Medien gierig ausgeschlachtet, wie die Zeitungsausschnitte zeigen. Als Opfer um Opfer zerstückelt an Orten wie dem Mitre Square aufgefunden wurde, mußte sich die Polizei heftige Vorwürfe wegen Inkompetenz gefallen lassen.

vor der Macht ihrer Ausstrahlung. Einer, der diese Ausstrahlung eindeutig nicht spürte, war ein Reporter des *Sunday Graphic* oder der *Empire News* (die Angaben schwanken), der sich zu dem besagten Fest Zutritt erzwang und von Cremers verlangte, sie solle ihm „ihre Geschichte von Jack the Ripper erzählen". Ob sie es tat, ist ungewiß, aber es steht fest, daß sie sie vielen Freunden erzählte.

Das Ganze begann um 1885, als Cremers, die damals nicht älter als 20 gewesen sein konnte, die Bekanntschaft von Mabel Collins machte, einem führenden Mitglied der Theosophischen Gesellschaft und Mitarbeiterin von Madame Blavatsky. Die Bekanntschaft reifte zur Freundschaft, und nach einigen Monaten zog Cremers zu Mabel Collins.

Welche Formen diese Freundschaft annahm, läßt sich unmöglich sagen. Vielleicht schwatzten die beiden Damen nur, wie junge Mädchen es lieben, oder führten außersinnliche Experimente durch – Mabel Collins war ein begabtes Trancemedium – und waren nur gerne zusammen. Laut dem verstorbenen Gerhard Heym, einer Autorität auf dem Gebiet der Alchimie und moderner okkulter Geschichte, hatten sie aber eher eine leidenschaftliche Liebesaffäre. Wenn ja, dann war Mabel Collins jedenfalls aktiv bisexuell, denn ein weiterer Gast des Hauses war ihr Liebhaber, ein dem Alkohol verfallener Astrologe und Okkultist, der sich damals Dr. Donstan nannte.

„Donstan" war fast so geheimnisvoll wie Cremers. Er hatte das *Trinity College* in Dublin absolviert und behauptete, an mehreren europäischen Universitäten Medizin studiert und als Söldner in verschiedenen kleinen Kriegen gedient zu haben. Einmal soll er unter anderem Namen wegen Betrugs beim Kartenspiel vor ein Kriegsgericht gestellt und unehrenhaft aus der Britischen Armee entlassen worden sein. Sein Verhalten war unberechenbar, besonders wenn er stark getrunken hatte, und im Herbst 1889, zur Zeit der Ripper-Morde, sann Mabel Collins darauf, ihn loszuwerden.

Eines Abends, kurz nach dem fünften Mord des Rippers, redeten die beiden Damen über den Fall. Die eine drückte ihr Erstaunen aus, daß der Mörder nicht schon wenige Minuten nach seinem ersten Verbrechen entlarvt worden sei, denn an seinem Hemd müßten sich Blutflecken befunden haben.

> " ZWEIFELLOS WAR DONSTAN EIN
> KUNDIGER UND GEÜBTER ASTROLOGE,
> UND EINIGES DEUTET DARAUF HIN, DASS
> DER RIPPER NICHT ZU WILLKÜRLICHEN
> ZEITEN MORDETE, SONDERN NACH
> ASTROLOGISCHEN GESICHTSPUNKTEN. "

wachte, immer verschlossen hielt und niemals in ihrer Gegenwart öffnete.

Für Cremers lag die Lösung auf der Hand: Sie und Mabel Collins würden den Koffer aufbrechen, die Briefe an sich bringen und verbrennen; dann könnten sie ohne Angst vor Erpressung Donstan loswerden. Das einzige Hindernis war Donstan selbst, der ein unregelmäßiges Leben führte und kam und ging, wie es ihm gefiel. Sollte er die beiden Frauen überraschen, wie sie seinen Koffer durchwühlten, könnte er die Beherrschung verlieren.

Doch Cremers löste das Problem. Sie ließ ein gefälschtes Telegramm zustellen, das Donstan zu einer weiter entfernten Versammlung bestellte. Sobald er fort war, brachen sie und Mabel Collins den Koffer auf. Er enthielt keine Liebesbriefe, sondern nur fünf Krawatten, die steif vor getrocknetem Blut waren.

Hier endete Cremers' Geschichte. Keine der Frauen ging zur Polizei oder bat einen Anwalt um Rat. Donstan aber zog aus und starb einem Gerücht zufolge bald darauf in einer biederen Pension an Alkoholvergiftung.

Gemetzel auf Geheiß der Sterne

Möglicherweise war Donstan der Ripper, der Magie-Mörder, der – laut Crowley und anderen – Huren im East End nachschlich und sie ermordete, um okkulte Macht zu erlangen. Wahrscheinlich besaß er die anatomischen Kenntnisse, wie sie die Verstümmelungen des Rippers an seinen Opfern erforderten. Zweifellos war Donstan ein kundiger und geübter Astrologe, und einiges deutet darauf hin, daß der Ripper nicht zu willkürlichen Zeiten mordete, sondern nach astrologischen Gesichtspunkten, wenn Saturn oder Merkur fast direkt im Aszendenten standen (auf dem Horoskop im östlichen Horizont).

Es erscheint allerdings äußerst unwahrscheinlich, daß sich Cremers und Mabel Collins nicht an die zuständige Behörde gewandt hätten, wenn sie Dr. Donstan ernsthaft für die blutige Bestie hielten, deren Morde ganz London in Entsetzen versetzte. Selbst wenn Mabel Collins vor einer vollen Aussage zurückscheute, bei der sie als ledige Frau mit bislang einwandfreiem Leumund nicht nur ihren Liebhaber, sondern auch ihre kompromittierenden Briefe eingestehen mußte, hätte sie Donstan doch anonym verraten können. In Scotland Yards Aktenberg mit „Verdächtigungen" und „Briefen" zum Fall des Rippers ist jedoch keine derartige Notiz zu finden.

Vielleicht aber hat eine der Frauen etwas unternommen, was den Fall eindeutig entschied. Gerhard Heym jedenfalls behauptete stets, daß Cremers den Ripper ermordete – und zwar durch Magie.

Man glaubte damals allgemein, daß der Ripper noch am Tatort Körperteile seiner Opfer zu verzehren pflegte.

Diesen Teil der Unterhaltung hörte Dr. Donstan, der in Abendgarderobe gerade aus dem Theater heimkehrte. Er lachte kurz auf, schlug den Kragen seines Umhangs hoch, zog den Mantel über sein Hemd und bemerkte: „Ihr habt wohl nicht bedacht, daß der Mann ein feiner Herr sein könnte, doch im East End treiben sich viele im Frack herum, teils zum Opiumrauchen und ähnlichen Dingen."

Etwas an Donstans vielsagendem Gebaren entsetzte Mabel Collins und bestärkte sie in ihrem Entschluß, ihren Geliebten aufzugeben. Sie hätte ihn natürlich einfach bitten können, ihr Haus zu verlassen, doch dann wäre sie für den völlig skrupellosen Donstan erpreßbar geworden. Sie hatte ihm viele kompromittierende und sexuell eindeutige Liebesbriefe geschrieben, die sich vielleicht noch in seinem Besitz befanden. Womöglich, so dachte sie, bewahrte er sie in dem großen ledernen Militärkoffer unter seinem Bett auf, den er argwöhnisch be-

Eines der hartnäckigsten Gerüchte um die wahre Identität des Rippers aber rankte sich um die Baronin Vittoria Cremers, deren starke Persönlichkeit die Dichterin und Astrologin Jean Overton Fuller (oben links) beeindruckte. „Cremers" lebte mit dem begabten Medium Mabel Collins (oben) zusammen, aber auch mit einem gewissen Dr. Donstan, dessen verschlossener Koffer, wie es heißt, erdrückende Beweise enthielt, daß er der Ripper war.

> " MÖGLICHERWEISE WAR DONSTAN
> DER RIPPER, DER MAGIE-MÖRDER, DER
> HUREN IM EAST END NACHSCHLICH
> UND SIE ERMORDETE, UM OKKULTE
> MACHT ZU ERLANGEN. "

WARUM STARBEN DIE MAMMUTS AUS?

Seit der Entdeckung des ersten vollständig erhaltenen Mammuts versuchen die Wissenschaftler eine Frage zu beantworten: Warum wurde die gesamte Art vor 12 000 Jahren plötzlich ausgelöscht?

In solchen typischen Tundra-Gebieten wurden die meisten Mammut-Überreste im Dauerfrostboden gefunden. Oft sind sie erstaunlich gut erhalten, wie zum Beispiel das 1860 entdeckte Exemplar (kleines Bild).

Die Arktis gehört zu den letzten geheimnisumwobenen Orten unserer Erde. Meereskundler und Geologen haben gerade erst begonnen, ihre rätselhaften Tiefen auszuloten, und das Eis, das Meer und die angrenzenden Küstenstreifen bieten nach wie vor Anlaß zu Kontroversen.

Eines ihrer besonders faszinierenden Merkmale ist der Dauerfrostboden, der sich wie ein Gürtel entlang der Küste der Laptewsee in Nordsibirien bis nach Alaska und von dort durch Kanada bis zum Rand der Hudsonbai zieht. Er wurde beschrieben als gefrorener Sumpf, eine Mischung aus Sand, Kieseln, Muscheln, pflanzlichen Stoffen und halbverwesten Überresten von Millionen von Tieren, angefangen von kleinen Nagern über Säbelzahntiger und Moschusochsen bis hin zu den riesigen Mammuts, den Elefanten der Arktis.

Für die Zoologen sind all diese Überreste von großer Bedeutung, bei den Laien aber stieß vor allem das Wollhaarmammut – *Mammuthus primigenius* – auf lebhaftes Interesse. Obwohl diese Art vor mindestens 12 000 Jahren ausstarb, kamen in den vergangenen 200 Jahren immer wieder Teile von Mammutkadavern zum Vorschein, die der Dauerfrostboden weitgehend konserviert hatte. Die Fragen, wie diese Tiere in der rauhen Umgebung lebten und wie und warum genau sie starben, lösten seit dem ausgehenden 19. Jahrhundert so manche heftige Fehde unter den Wissenschaftlern aus.

Wie so vieles an diesen riesigen Tieren ist auch der Zeitpunkt ihres Erscheinens ungewiß. Fest steht indes, daß ihre Blütezeit im Pleistozän lag, das vor etwa zweieinhalb Millionen Jahren begann und um 10 000 vor Christus endete. Sie bildeten eine der mindestens drei Gattungen der *Elephantidae*-Familie (der heutige afrikanische und indische Elefant sind weitere Vertreter), die in Koexistenz lebten.

Mammuthus meridionalis nahm allem Anschein nach seinen Ursprung in Europa und Asien und entwickelte sich möglicherweise zum heutigen Elefanten, während sich *Mammuthus imperator* Tausende von Jahren erfolgreich in Kanada und Alaska halten konnte, bevor es ausstarb. Die langlebigste reine Gattung war *Mammuthus primigenius*. Funde versteinerter Knochen belegen, daß es bis nach Wyoming und zum Michigansee wanderte. Sein natürlicher Lebensraum aber lag in Nordrußland, besonders in Sibirien, wo einst schätzungsweise 50 000 Mammuts in Herden umherzogen, stets auf der Suche nach den gewaltigen Nahrungsmengen, die sie täglich zum Leben brauchten.

Schätze im Eis

Die wenigen Mammut-Funde aus Nordamerika entsprachen dem „üblichen" prähistorischen Zustand: unvollständige Skelette in unterschiedlichen Sta-

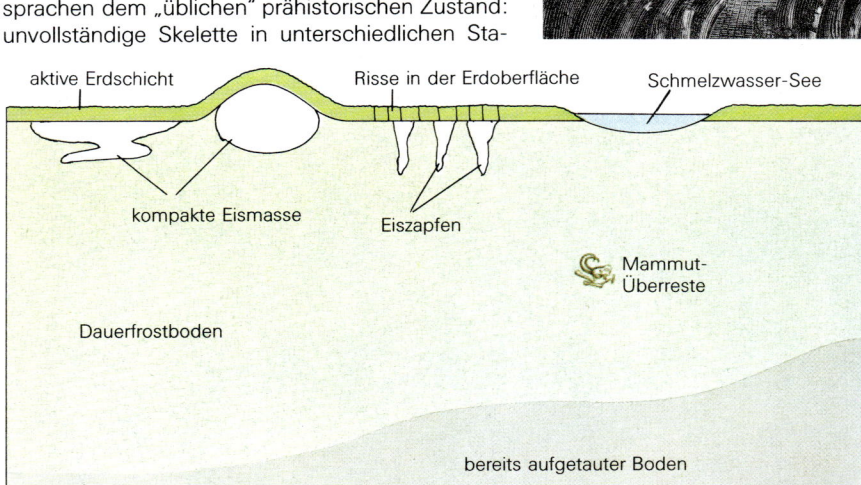

aktive Erdschicht | Risse in der Erdoberfläche | Schmelzwasser-See

kompakte Eismasse | Eiszapfen

Mammut-Überreste

Dauerfrostboden

bereits aufgetauter Boden

Mammut-Elfenbein war seit dem Mittelalter ein begehrter Handelsartikel. Im 19. Jahrhundert gab es regelmäßige Verschiffungen zu den wichtigsten europäischen Häfen. Die auf 1873 datierte Illustration zeigt eine Fracht in den Londoner Docks. Bis in die dreißiger Jahre besserten die sibirischen Stämme ihren Lebensunterhalt durch das Ausgraben von Mammutstoßzähnen auf.

Links: Das vereinfachte Diagramm zeigt die Bodenschichten der sibirischen Tundra. Unter dem sogenannten Auftauboden, der selten mehr als 2 Meter stark ist und jährlich gefriert und taut, liegt der Dauerfrostboden. Er kann bis in 300 Meter Tiefe reichen und besteht aus Muscheln, Kieseln, Sand und den halbzersetzten Überresten von Millionen von Tieren – darunter auch Mammuts.

Unten links: Diese Zeichnung zeigt sibirische Mammuts. Die Wissenschaft nimmt an, daß die gebogenen Stoßzähne den Tieren als eine Art Schneepflug dienten.

Rechts: Die Cro-Magnon-Zeichnung eines Mammuts aus der Rouffignac-Höhle in der Dordogne (Frankreich) zeigt das kräftige Vorderviertel und das zottige Fell, wie sie für die in Sibirien gefundenen Mammuts charakteristisch sind.

dien der Versteinerung oder Zersetzung. Die Überreste aus Sibirien hingegen waren gefroren, so daß die enormen, mitunter bis fünf Meter langen Stoßzähne perfekt erhalten blieben und sich zu Ziergegenständen, Schwertgriffen, Gerätschaften und ähnlichem verarbeiten ließen. Somit ist die Existenz der Elfenbeinschnitzer auch künftig gesichert.

Manches weist darauf hin, daß die Chinesen und Mongolen schon vor mindestens 2000 Jahren von diesen unterirdischen Elfenbeinlagern wußten. Im 13. und 14. Jahrhundert strömten arabische Händler nach Rußland, um die riesigen Stoßzähne zu erwerben, und auch innerhalb Rußlands hatte sich ein blühender Handel entwickelt. Als im 16. Jahrhundert das Billard-Spiel zunehmend an Beliebtheit gewann, wurde dieser Rohstoff, der bei den Russen *mamontovakosty*, „Mammut-Elfenbein", hieß, von dem Handelszentrum St. Petersburg aus bis nach England und Frankreich verkauft.

Der Ursprung der Bezeichnung „Mammut" ist nicht bekannt, obwohl die Sibirer selbst das Wort *mammat* schon sehr früh benutzten. Ebensowenig stellte sich den ersten Entdeckern jenes herrlichen und seltsamen Materials, das sie aus dem Frostboden herausbrachen, die Frage nach seiner Herkunft. Man nahm allgemein an, es handele sich um die Zähne einer Riesenratte, die tief in der Erde lebe und zum Sterben nach oben komme. Sehr viel Aberglaube rankte sich um diese Kreatur, und die meisten russischen Händler fürchteten sich davor, je eines dieser rätselhaften Wesen lebend aufzuspüren, denn sein Anblick verhängte über den Betreffenden angeblich einen Todesfluch. Im Mittelalter war das gesamte christliche Eurasien von dem Volksglauben beseelt, die großen Schädel und langen Knochen seien die Überreste von Riesen, bösen Halbmenschen, die Noah zurückließ, als er die Arche bestieg.

Der erste, der das sibirische Mammut mit dem Elefanten unserer Tage in Verbindung brachte, war der holländische Diplomat Evert Ysbrandt Ides, der 1692 im Auftrag von Zar Peter dem Großen nach China reiste. Dort vernahm er Geschichten über die Mammuts und über ganze eingefrorene Kadaver, die man gefunden hatte. Ides brachte ein Buch heraus, mit dem er beweisen wollte, daß die Überreste von einem Elefanten stammten, der „vor der Sintflut" gelebt habe.

Peter der Große war fasziniert von der Vorstellung, daß einige dieser riesigen „Elefanten" noch immer in einem entlegenen Winkel seines Reiches leben könnten. Diese Möglichkeit schien ihm ein Bericht des Sibirien-Forschers Michael Wolochowicz zu bestätigen, der, wie er erzählte, den Kadaver eines solchen Tieres am Ufer des Indigirka nahe der Ostsibirischen See gesehen hatte. Bedauerlicherweise hatten Wölfe den Kadaver bis auf die Knochen abgefressen. Doch Wolochowicz beteuerte: „Ich sah ein Stück verwesten Fells, das aus einem Sandhügel herausschaute. Es war ziemlich groß, dick und braun und erinnerte irgendwie an Ziegenhaar. Ich hielt es aber nicht für die Haut einer Ziege, sondern für die eines Behemoth, da ich sie keinem mir bekannten Tier zuzuordnen wußte."

Erst ein Forschungsreisender namens Khariton Laptew äußerte 1743 die Vermutung, daß es sich um uralte, durch das Eis konservierte Tiere handele. Er schrieb: „An den Ufern mehrerer Flüsse in der Tundra werden ganze Mammuts mitsamt Stoßzähnen und Fell ausgegraben. Allerdings sind ihre Haare und Körper verwest, und auch die Knochen, mit Ausnahme der Stoßzähne, sind im Verfall begriffen."

Während des gesamten 18. Jahrhunderts stellten die Zoologen Vermutungen und Theorien über die sibirischen Mammuts an, bis schließlich im August 1799 im Delta der Lena ein beinahe vollständig erhaltenes Exemplar und somit ein erstes ergiebiges

Unten: Im Unterschied zu dem dicken Fell und den kleinen Ohren des Mammuts, die Wärmeverluste verhinderten, besitzt der afrikanische Elefant eine glatte Haut und riesige Ohren, die die Abgabe von Körperwärme begünstigen.

Ganz unten: Die Karte zeigt die bedeutendsten Mammut-Funde seit dem späten 18. Jahrhundert. In der Dauerfrostregion Sibiriens fand man die besterhaltenen Exemplare.

Studienobjekt gefunden wurde. Ein Elfenbeinjäger namens Shumakow, Häuptling des Tungus-Stammes, der vor dem Mammut eine abergläubische Ehrfurcht hegte, bemerkte in einem mächtigen Eisblock einen dunklen Schatten. Als er im folgenden Jahr erneut zu der Stelle kam, war das Eis etwas geschmolzen, so daß sich die Konturen eines riesigen Tieres abzeichneten. Wieder ein Jahr später, im Jahre 1801, lag eine Seite des Tieres frei. Shumakow geriet in Panik: Er hatte ein Mammut angeschaut, und somit war ihm der Tod gewiß.

Er wurde tatsächlich krank, zu seinem Erstaunen jedoch auch wieder gesund. Wenn er den ersten Anblick überlebt hatte, so schilderte er später seine Überlegung, warum sollte er dann nicht zurückgehen und sich die Stoßzähne holen? Nachdem er seinen Aberglauben besiegt hatte, kehrte er 1803 zu der Stelle zurück. Inzwischen lag das Tier völlig frei. Wieder versagten seine Nerven, doch er erzählte seinem „Mittelsmann", einem Elfenbeinhändler namens Roman Boltunow, von seinem Fund. Dieser überredete ihn, ihm den Ort zu zeigen, entfernte die

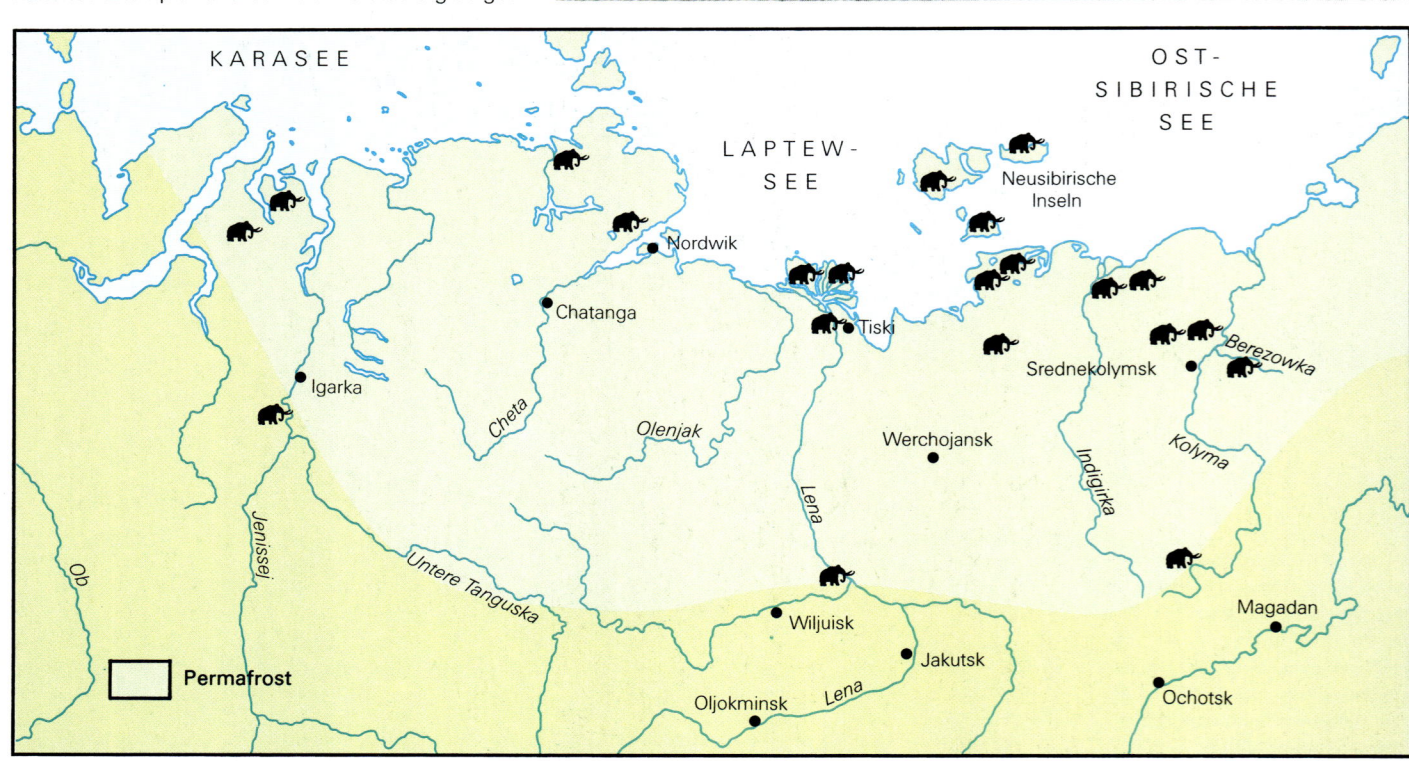

Stoßzähne, fertigte aber eine genaue Zeichnung an und schickte sie Professor Michail Iwanowitsch Adams von der Akademie der Wissenschaften in St. Petersburg.

Adams erkannte die Bedeutung des Fundes und brach mit einer Expedition auf, um die Überreste des Kadavers zu bergen. Die zugängliche Seite hatten zwar weitgehend die Wölfe zerfressen, und der Rüssel sowie ein Vorderbein fehlten, doch der Schädel war noch intakt und mit Fell bedeckt, ferner ein Ohr, das linke Auge sowie ein Großteil des Gehirns. Die verdeckte Seite konnte samt dem zottigen Fell beinahe vollständig geborgen werden.

Sorgfältig zerlegte Adams den Kadaver für den Transport nach St. Petersburg. Zehn Männer waren nötig, um das Fell hochzuheben, und die rötlichen Zotteln, die abfielen und aufgesammelt wurden, wogen 1,7 Kilogramm. Schließlich kaufte Adams auch die Stoßzähne von Boltunow zurück. Alle Überreste wurden nach St. Petersburg geschafft und wieder zusammengesetzt.

Adams mühselige Arbeit hatte die Identität der Tiere im Eis klären können, doch auch neue Fragen entstehen lassen: Warum waren die Tiere ausgestorben? Oder existieren sie vielleicht doch noch? Es schien unwahrscheinlich, daß ein Tier so relativ gut erhalten bliebe, wenn es wirklich „vor der Sintflut" verendet wäre. Fast ein Jahrhundert sollte noch vergehen, bevor die Entdeckung des bislang perfektesten Exemplars einen Hinweis darauf gab, daß zumindest manche dieser Riesen vermutlich durch eine plötzliche Naturkatastrophe starben.

Im August 1900 stellte eine Jagdgesellschaft fest, daß sich am Ufer der Berezowka, einem Nebenfluß der Kolyma in der damaligen Provinz Jakutsk in Nordsibirien, ein Erdrutsch ereignet hatte. Aus dem gefrorenen Kies ragten Kopf und Schultern eines Mammuts. Die Jäger entfernten einen Stoßzahn, bevor sie den Fund dem Gouverneur von Jakutsk meldeten. Dieser ließ das Tier sofort bewachen und

Oben: Eine stark romantisierte Darstellung der Entdeckung eines gefrorenen Mammuts durch einen sibirischen Elfenbeinjäger im Jahre 1799. Später wurden diese Überreste Gegenstand der ersten wissenschaftlichen Erforschung eines Mammuts.

Unten: Das Berezowka-Mammut wurde 1900 entdeckt. In seinem Maul fand man Gras, das es wegen des plötzlich eintretenden Todes nicht mehr verschlingen konnte. Die genaue Todesursache ließ sich jedoch nicht klären.

informierte die Wissenschaftler in St. Petersburg. Bald schon brach eine Expedition unter Professor Otto Hertz auf, dem Leiter der Zoologischen Abteilung der Russischen Akademie der Wissenschaften (der eigentlich Spezialist für Insekten war). Hertz nahm einen Geologen und einen erfahrenen Präparator mit. Nach einer mehrmonatigen abenteuerlichen Reise zu Pferd und zu Fuß fanden sie das Mammut. Abgesehen von einigen Schäden, die wilde Tiere an der Kopfhaut und einem Vorderbein angerichtet hatten, war der im Frostboden eingebettete Kadaver noch völlig intakt. Mit Hilfe spezieller Stahlwerkzeuge legten die Experten ihn Stück für Stück frei. Ihr größtes Problem war der „unerträgliche" Gestank der Verwesung, die einsetzte, sobald man zum Schutz der Arbeiter eine Hütte um die Fundstelle errichtet hatte. Desungeachtet sezierte der Präparator das Mammut, sorgte dafür, daß die Haut als Ganzes erhalten blieb, und siegelte die Eingeweide zur späteren Untersuchung in Spezialbehälter ein. Als er das Fell von den Hinterbeinen löste, kam dunkelrotes Fleisch wie das einer gut abgehangenen Rinderlende zum Vorschein. Hertz erzählte später, er und seine Leute seien versucht gewesen, sich Steaks daraus zu braten, sie hätten sich dann aber doch nicht zu einer Kostprobe überwinden können. Statt dessen verfütterten sie das Fleisch an die Schlittenhunde.

Der Kadaver stammte von einem jungen Bullen mit einer Schulterhöhe von 2,7 Metern (im Vergleich zu 3,2 Metern bei Adams Exemplar). Seine Hinterbeine waren unter dem Rumpf eingeknickt, Becken und rechtes Vorderbein gebrochen. Die Haut war 1-2 Zentimeter dick, mit einem gelblich-grauen, etwa 2,5 Zentimeter langen Unterfell und verfilztem, rötlichem Deckhaar von 10-15 Zentimetern Länge. Unter dem Fell lag eine 10 Zentimeter starke Fettschicht, die an Schultern und Kopf einen Wulst bildete, was den Tieren den charakteristischen Höcker der Cro-Magnon-Zeichnungen verlieh. Später konnte man mit Hilfe der Radiokarbon-Methode oder C14-Datierung nachweisen, daß sowohl das Mammut von der Berezowka als auch das von Adams vor etwa 30 000 Jahren gestorben waren.

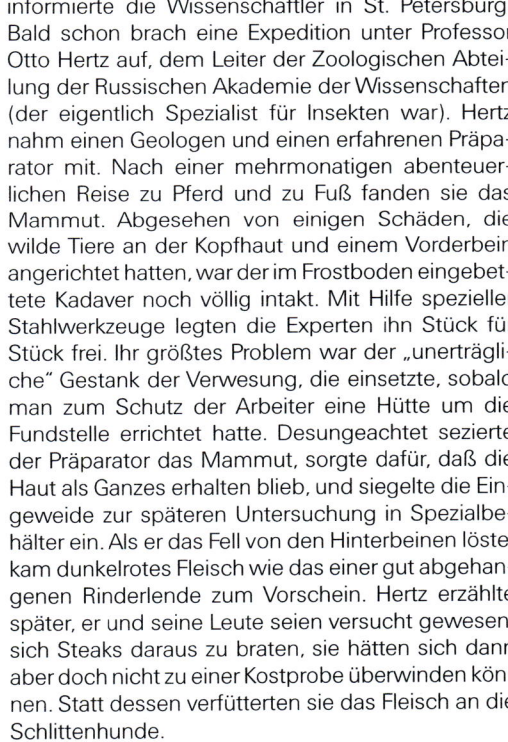

Zeigen Träume uns Seiten der realen Welt, die wir im Wachzustand nicht wahrnehmen können? Und gewähren sie wirklich sogar einen Blick in die Zukunft?

Oft führen uns unsere Träume in ferne Zeiten und Gegenden, zu Menschen und Dingen, die uns vertraut und dennoch seltsam verfremdet erscheinen. Wir agieren, wie wir es im Wachzustand niemals vermöchten, oder aber wir sind gelähmt und absolut handlungsunfähig. Manchmal haben wir das Gefühl, ein profundes Wissen zu besitzen, das unserem Leben eine neue Dimension verleihen könnte, doch wenn wir erwachen, erinnern wir uns nicht mehr oder tun es als Unsinn ab. Und manchmal, so scheint es, gewährt uns ein Traum reale Kenntnisse, einen echten Blick in die Zukunft.

Schon in den frühesten Kulturen schlug das Phänomen der Träume die Menschen in seinen Bann und trug zur Entstehung zahlloser seltsamer Glaubensformen und Kulte bei. Dies kann kaum verwundern, denn selbst heute hat noch keine Theorie über Schlaf und Träume allgemeine Akzeptanz gefunden.

Im Altertum galten Träume gewöhnlich als Vorhersagen zukünftiger Ereignisse, und man entwickelte komplexe Methoden zu ihrer Interpretation. Eine der ältesten erhaltenen Handschriften, ein 4 000 Jahre alter ägyptischer Papyrus, befaßt sich mit der hohen Kunst der Traumdeutung.

Pharao Thutmosis IV. erachtete einen Traum, den er um 1450 v. Chr. hatte, für bedeutend genug, um ihn in eine Steintafel einmeißeln zu lassen, die er vor der Sphinx bei Gise aufstellen ließ. Sie erzählt, wie Thutmosis, damals noch ein Prinz, während des Mittagsschlafs träumte, der Gott Hormakhu richte folgende Worte an ihn: „Der Sand in dem Bezirk, in dem ich existiere, hat mich zugedeckt. Versprich mir, daß du wirst tun, was mein Herz begehrt; dann will ich dich anerkennen als meinen Sohn, als meinen Helfer…" Als er Pharao wurde, ließ Thutmosis die Sphinx, die Hormakhu heilig war, von den Sandverwehungen säubern, und er regierte lang und erfolgreich, wie der Gott es ihm im Traum verheißen hatte.

Füße aus Ton

Eine dramatische Geschichte, die ein Traum Nebukadnezars, des König von Babylon (605-562 v. Chr.), auslöste, ist im *Buch Daniel* erzählt. Der König schreckte eines Morgens entsetzt aus einem Traum auf, an den er sich jedoch nicht entsinnen konnte. Er ließ alle Weisen und Wahrsager des Landes zusammenrufen und hieß sie, ihm den Traum und seine Bedeutung zu sagen. Als sie beteuerten, den Traum nicht deuten zu können, ohne ihn zu kennen, gab er den Befehl, alle Weisen von ganz Babylon zu töten.

Dies betraf auch Daniel, der bekannt für seine Deutung von Visionen und Träumen war, und er betete zu Gott, ihm den Traum zu enthüllen. In der folgenden Nacht erschien ihm ein erschreckendes Bild, dessen Kopf aus Gold war, Brust und Arme aus Silber, Bauch und Hüften aus Bronze, die Beine aus Eisen und die Füße teils aus Eisen, teils aus Ton. Das Bild wurde von einem Stein zerschmettert, der zu

TRÄUME WERDEN WAHR

Oben: Jakobs Traum von einer Leiter, wie er in der Bibel erzählt und von William Blake gemalt wurde, ist einer der bedeutendsten prophetischen Träume der jüdischen Geschichte.

Rechts: In einer anderen Erzählung aus dem Alten Testament enthüllt Daniel König Nebukadnezar seinen vergessenen Traum von einem Bild mit tönernen Füßen und deutet ihn als Prophezeiung über das Königreich. Beeindruckt huldigt der König Daniel.

Oben links: Die Sphinx und die Steintafel, die vom Traum des Pharao Thutmosis IV. erzählt. Darin hatte der Gott Hormakhu ihm eine erfolgreiche Herrschaft verheißen, wenn er ihn, das hieß die ihm geweihte Sphinx, vom Sand befreite.

"IM ZWEITEN JAHR DER HERRSCHAFT NEBUKADNEZARS HATTE DIESER EINEN TRAUM. SEIN GEIST WURDE DAVON SO BEUNRUHIGT, DASS ER NICHT MEHR SCHLAFEN KONNTE. "

Buch Daniel 2,1

Oben: Alexander der Große hatte einen Traum, den sein Traumdeuter Aristander als Wortspiel und damit als Siegesprophezeiung auslegte. Sie sollte sich bald bewahrheiten.

einem großen Berg anwuchs und die ganze Erde füllte. Daniel erklärte dem König, Gott habe ihm seinen Traum gesandt, und deutete ihn: Der König selbst sei das goldene Haupt, die anderen Teile des Standbildes aber verkörperten die nachfolgenden, schlechteren Herrscher. Der Stein aber verkörpere das Reich Gottes, das alle anderen Reiche zerschlagen und ewig währen werde. Daraufhin huldigte Nebukadnezar Daniel und verlieh ihm einen hohen Rang.

Die Bibel enthält zahlreiche weitere Beispiele von Traumdeutungen. Auch Jakob, der Patriarch des Alten Testaments, hatte auf der Flucht vor seinem rachgierigen Bruder Esau, den er mit List um das Recht der Erstgeburt geprellt hatte, in der Wildnis einen Traum. Er sah eine Leiter, die bis in den Himmel reichte, und die Engel Gottes stiegen daran auf und nieder. Der Herr selbst aber stand oben und sprach: „Das Land, darauf du liegst, will ich dir … geben … und durch dich und deine Nachkommen sollen alle Geschlechter auf Erden gesegnet werden." Offenbar bewahrheitete sich der Traum, der Jakob mit ehrfürchtigem Schrecken erfüllte, denn er wurde der Stammvater Israels.

Feldherren und Patriarchen ließen sich in ihren Entscheidungen oft von Trauminhalten leiten. Alexander der Große träumte während der Belagerung der phönikischen Stadt Tyros im Jahre 332 v. Chr. von einem Satyr, der auf einem Schild tanzte. Sein Traumdeuter Aristander erkannte darin ein Wortspiel: Das griechische Wort „satyros" konnte ebenso als „sa Tyros", im Sinne von: „Tyros wird dein sein" gelesen werden. Alexander führte den Feldzug fort und eroberte die Stadt. Interessanterweise unterstützt dieses frühe Beispiel eines Traums um ein Wortspiel Freuds Theorie vom Unbewußten als einem meisterlichen Filou, der durch Wortassoziationen unterdrückten Impulsen Ausdruck verleihe und verschlüsselte Traumbotschaften hervorbringe, die der Zensur durch das Bewußtsein entgingen.

Allerdings findet man auch in der Antike bereits kritische Stimmen gegen die gemeinhin geltende

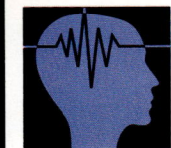

Einschätzung von Träumen. Der große römische Redner Cicero legte im 1. Jahrhundert v. Chr. überzeugend dar, daß die Traumdeutung nicht auf fundiertem Wissen, sondern auf reiner Mutmaßung beruhe. Und obwohl im Islam die Weissagung anhand von Träumen durchaus akzeptiert war, verbot Mohammed sie im 6. Jahrhundert, da sie im Volk übermäßig um sich gegriffen hatte.

Heute gilt die Ansicht, Träume seien Mitteilungen von Göttern oder Geistern, als äußerst unorthodox. Doch spaltet sich das Lager der Psychologen in diejenigen, die Träume als Reflexionen des Unbewußten und somit Ausdruck unserer Hoffnungen und Ängste ansehen, und jene, nach denen man sich in Träumen schlichtweg des „Gerümpels" entledigt, das das Hirn im Laufe des Tages angesammelt hat.

Zweifellos liegen manchen Träumen, besonders Alpträumen, komplexe psychische Einflüsse zugrunde, deren Wurzeln in der Vergangenheit zu suchen sind. Daneben aber gibt es noch jene verblüffende Art von Träumen, die Einblick in die Zukunft zu gewähren scheint und vermutlich in der Antike den Glauben an die Weissagekraft von Träumen hervorrief.

Tod und Unheil

Ein oft zitierter prophetischer Traum betraf die Ermordung des britischen Premierministers Spencer Perceval am 11. Mai 1812. Acht Tage zuvor träumte ein Unbekannter aus Cornwall (England), wie ein kleiner Mann mit blauem Mantel und weißer Weste die Vorhalle des britischen Unterhauses betrat. Dann sah er einen zweiten Mann eine Pistole unter seinem Mantel hervorziehen, der braun und mit verzierten gelben Metallknöpfen besetzt war. Er feuerte auf den ersten Mann, der zu Boden fiel und aus einer Wunde unterhalb des Herzens blutete. Einige andere Anwesende ergriffen den Attentäter. Als der Träumer nach der Identität des Erschossenen fragte, erhielt er zur Antwort: „Mr. Perceval."

Der Mann war so beeindruckt, daß er den Premierminister warnen wollte. Seine Freunde rieten ihm jedoch ab, da man ihn als Fanatiker abtun werde. Später sah der Mann bei einem Besuch in London Bilder von der Ermordung, die man nach Augenzeugenberichten angefertigt hatte. Er stellte viele Übereinstimmungen mit seinem Traum fest, nicht zuletzt in der Kleidung der beiden Männer.

Obwohl dieser Fall damals angeblich gründlich untersucht und bestätigt wurde, kann er doch nicht als Beleg dienen, da der Träumer unbekannt blieb. Der folgende Traum hingegen stammt von dem berühmten Schriftsteller Charles Dickens:

„Mir träumte, daß ich eine Dame mit einem roten Tuch sah, die mir den Rücken zuwandte... Als sie sich umdrehte, stellte ich fest, daß sie mir unbekannt war, und sie sagte: ‚Ich bin Miss Napier.' Während ich mich am nächsten Morgen ankleidete, dachte ich immer wieder: ‚Wie absurd, ein so konkreter Traum über nichts! Und warum Miss Napier?' Denn ich hatte nie zuvor von einer Miss Napier gehört. An jenem Freitagabend hielt ich eine Lesung. Anschließend suchten Miss Boyle und ihr Bruder mich in meiner Garderobe auf – und die Dame mit dem roten Tuch, die sie als ‚Miss Napier' vorstellten."

Solche Träume sind, wie auch Dickens anmerkt,

Unten: Cicero, der berühmte römische Redner, brachte den Traumdeutern größte Skepsis entgegen, da er ihre Interpretationen für reine Mutmaßung hielt.

Oben: Am 11. Mai 1812 wurde der britische Premier Spencer Perceval von John Bellingham ermordet. Acht Tage zuvor träumte ein Unbekannter aus Cornwall von dem Ereignis in allen Einzelheiten bis hin zu den Knöpfen am Mantel des Attentäters.

meist sehr deutlich oder besonders ungewöhnlich. Dr. Walter Franklin Prince, ein amerikanischer Geistlicher, Historiker und namhafter Parapsychologe, berichtete, er habe im Laufe seines Lebens so üble Träume gehabt, daß ihm alle anderen „wie Glühwürmchen im Vergleich zum Blitz" erschienen. Er sah außergewöhnlich lebhafte Bilder, die meist heftige Gefühle auslösten, wie etwa in folgendem Traum: „Ich betrachtete einen Zug, dessen Ende aus einem Tunnel ragte. Dann raste zu meinem Entsetzen plötzlich ein anderer Zug in ihn hinein. Ich sah, wie die Waggons zusammen- und übereinandergeschoben wurden, und aus den Wracks erschollen gellende, verzweifelte Schreie Verwundeter... Und dann quollen Wolken, anscheinend aus Dampf oder Rauch, hervor, gefolgt von noch qualvolleren Schreien. Hier etwa wurde ich von meiner Frau geweckt, da ich jammervolle Laute ausstieß."

Am nächsten Morgen kam es in New York zu einem Zugunglück. Als Dr. Prince die Zeitungsberichte las, war er betroffen über die vielen „übereinstimmenden Details": Die Kollision hatte sich an einem Tunneleingang ereignet, und zu den Opfern, die der Aufprall forderte, kamen weitere Tote und Verwundete, als Dampfleitungen barsten und das Wrack Feuer fing. Die Katastrophe ereignete sich nur sechs Stunden nach dem Traum und gerade 125 Kilometer von Dr. Princes Haus entfernt.

Auch John W. Dunne, ein Pionier der britischen Luftfahrt, war verblüfft über seine eigenen Träume, die oft einen Blick in die Zukunft zu werfen schienen. Zur Erklärung dieses Phänomens entwickelte er Zeittheorien. Sein 1927 erschienenes Buch *An Experiment with Time* (Ein Experiment mit der Zeit) gehört zu den bekanntesten Werken zu diesem Thema.

Dunne schrieb seine Träume gewissenhaft auf. Ein typisches Beispiel datiert vom Herbst 1913: „Ich sah einen hohen Bahndamm. Im Traum wußte ich – so selbstverständlich, wie jeder, der mit der Gegend vertraut wäre –, daß der Ort gleich nördlich der Firth of Forth Bridge in Schottland lag. Am Fuße des Dammes erstreckte sich offenes Grasland, auf dem Menschen in kleinen Gruppen umhergingen. Das Bild kam und verschwand mehrere Male. Beim letztenmal aber sah ich, daß ein nach Norden fahrender Zug soeben die Böschung hinabgestürzt war. Mehrere Waggons lagen am Fuß des Abhangs, und dicke Steinblöcke rollten und rutschten herab."

Er versuchte, das Datum zu „erfahren", fand aber nur heraus, daß es sich um das folgende Frühjahr handele. Nach seiner Erinnerung dachte er an Mitte April, doch seine Schwester meinte, er habe von März gesprochen, als er ihr am nächsten Morgen den Traum erzählte. Im Scherz beschlossen sie, ihre Freunde zu warnen, im kommenden Frühjahr eine Zugfahrt in Schottland zu unternehmen. Am 14. April 1914 stürzte der Postzug *Flying Scotsman* nahe dem Bahnhof von Burntisland 15 Kilometer nördlich der Forth Bridge den sechs Meter hohen Bahndamm hinab auf den unterhalb liegenden Golfplatz.

Um dem häufig geäußerten Einwand zu begegnen, solche Berichte würden immer erst nach dem betreffenden Ereignis bekannt, wurden in den letzten Jahren mehrere Büros eingerichtet, die Vorwarnungen aus der Öffentlichkeit entgegennehmen. Beim Toronto Premonitions Bureau ging folgende Vorhersage ein, die, wie so viele andere, einem Traum entstammte:

Eine Kanadierin, Mrs. Zmenak, träumte, daß die Polizei sie anrief und informierte, ihr Mann werde vorerst nicht nach Hause kommen, da jemand getötet worden sei. Dann sah sie einen Körper ohne Beine. Nach dem Aufwachen war sie überzeugt, nicht ihr Mann werde sterben, sondern jemand anderer, wenn er am nächsten Tag aus dem Haus ginge. Er ignorierte jedoch ihre Warnung. Das nachfolgende Geschehen ist in der Zeitschrift der „New Horizons Research Foundation" geschildert, die das Büro leitet: „Auf dem Heimweg versagte die Elektrik seines Wagens. Er ging zu einem Telefon und bat seine Frau, ihn abzuholen. Eine Polizeistreife hielt an, um sich zu erkundigen, was los sei. Während er die Situation erklärte, hielt auf der anderen Straßenseite ein weiteres Auto. Der Fahrer kam herüber, um sich nach einem Weg zu erkundigen, und die Polizisten gaben ihm Auskunft. Auf dem Weg zu seinem Wagen lief er direkt vor ein anderes Auto und war auf

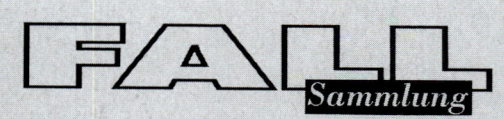

Dieses Foto von Erzherzog Franz Ferdinand entstand unmittelbar vor seiner Ermordung durch serbische Nationalisten. Das Attentat erschütterte die ohnehin labilen Beziehungen zwischen den europäischen Mächten und führte zum Ersten Weltkrieg.

EIN KRIEGSOMEN

In der Nacht des 27. Juni 1914 hatte Monsignore Joseph de Lanyi einen schrecklichen Traum: Auf seinem Arbeitstisch lag ein schwarz umrandeter Brief mit dem Wappen des Erzherzogs Franz Ferdinand, des Thronfolgers der österreichisch-ungarischen Monarchie. Als er im Traum den Brief öffnete, beobachtete er auf dem Briefkopf eine Straßenszene: Der Erzherzog saß in einem Automobil, neben ihm seine Frau und ihm gegenüber ein General. Ein zweiter Offizier saß neben dem Chauffeur. Plötzlich traten zwei Männer vor und schossen auf das Paar. Der Text des Briefes lautete: „Eure Eminenz, sehr geehrter Dr. Lanyi, meine Gemahlin und ich wurden Opfer eines politischen Verbrechens in Sarajevo. Wir empfehlen uns Ihren Fürbitten an. Sarajevo, 28. Juni 1914, 4 Uhr." Am nächsten Tag erhielt der Bischof die erschütternde Nachricht.

der Stelle tot. Seine Beine lagen zusammengeknickt unter seinem Körper, so daß es aussah, als seien sie abgetrennt. Die Polizei rief Mrs. Zmenak an ... und teilte ihr mit, ihr Mann könne noch nicht nach Hause kommen, da jemand getötet worden sei und ihr Mann eine Zeugenaussage machen müsse."

Eine so bemerkenswerte Übereinstimmung zwischen Traum und Realität scheint den Schluß nahezulegen, daß die normalen zeitlichen und räumlichen Schranken im Schlaf fallen können. Und da wir alle schlafen und träumen, wäre es dann nur logisch, wenn auch wir diese Schranken gelegentlich überwinden.

Unten und ganz unten: John W. Dunne träumte von einem Zug, der von einer Böschung nahe der Forth Bridge stürzte. Einige Monate später entgleiste hier der Flying Scotsman.

Die hinduistische Gottheit Vishnu wird zum zweiten Mal wiedergeboren – als Schildkröte. Im Osten ist der Glaube an die Seelenwanderung, die Reinkarnation als Mensch oder Tier, noch weitverbreitet. Nach dem angeblichen Beweismaterial aus dem Jenseits werden wir jedoch immer nur als Menschen wiedergeboren.

LEBEN NACH DEM TOD

Vermeintliche Mitteilungen aus dem Jenseits deuten darauf hin, daß die Toten ein bewegtes und sinnerfülltes Dasein führen, ja, in vieler Hinsicht sogar „lebendiger" sind als wir.

Wenn der Tod nicht die Persönlichkeit eines Menschen auslöscht, sondern eher den Beginn einer Art „Pilgerfahrt" darstellt, wie viele Parapsychologen behaupten, dann sollte man alles daransetzen, diese abenteuerliche Reise zu erforschen. Es heißt, der körperlose Geist begegne geliebten Menschen wieder, die vor ihm gestorben sind, und lebe dann zunächst im „Sommerland" oder im „Winterland", die beide der guten bzw. schlechten gedanklichen Haltung des einzelnen entspringen. Sie bestehen jeweils auf der ideoplastischen Ebene und scheinen dazu zu dienen, den Menschen aus seinem irdischen Kontext zu lösen und in ihm die Sehnsucht nach höheren, geistigeren Fähigkeiten zu erwecken. Als erstes aber muß sich der Verstorbene dem Gericht und dem „zweiten Tod" unterziehen. Dabei erkennt er wie in einem Spiegel, wer er einmal war, und wird aller Illusionen über seine Person beraubt. Er erfährt, was er anderen Menschen zugefügt hat, indem er für einen Moment in ihre Haut schlüpfen muß.

Durch diese einerseits zerstörende, andererseits heilsame Erfahrung des „zweiten Todes" „verdient" sich der Geist den Eingang in den zweiten Himmel. Er entdeckt, daß er bei diesem traumatischen Prozeß lediglich sein äußeres Selbst verlor, das ihm auf Erden so wesentlich erschienen war. Diese Persönlichkeit (abgeleitet vom lateinischen persona – „Maske des Schauspielers") wird abgelegt, und er kommt als sein wirkliches „ungeteiltes Selbst" zum Vorschein.

Seelenverwandtschaft

Sinn des zweiten Himmels ist es offenbar, dem suchenden Geist die Möglichkeit zu Wachstum und Entwicklung zu geben. Dieser Prozeß läuft in einem Bereich ab, der in vielen Berichten „das große Schweigen" genannt wird. In dieser Phase löst sich die frühere Identität auf, und man empfindet ein Gefühl großen Friedens. Man weiß nicht mehr, wer oder wo man ist, doch wirkt diese Erfahrung keineswegs „erschreckend", sondern läßt sich etwa mit der Metamorphose einer Raupe zu einem Schmetterling vergleichen.

Plans. Laut dieser Theorie ist das vergangene Leben nur das jüngste Kapitel eines dicken Buches, dessen Handlung viele irdische Jahrhunderte umfassen kann. Sobald der Geist das Panorama seiner Leben zu überschauen beginnt, erkennt er unweigerlich, daß vieles in seinem letzten Leben die direkte Folge seines Handelns in anderen, früheren Inkarnationen war.

Die meisten Geister durchleben angeblich zahlreiche Inkarnationen, denn nahezu jeder bedarf vieler Schicksale, um alle notwendigen Lektionen zu erlernen. Im Laufe der Jahrhunderte bieten sich jedem sämtliche Möglichkeiten. Nicht alle werden gleich schnell Erfahrungen verwerten, aber es gibt viele Gelegenheiten, Irrtümer auszugleichen und Chancen erneut wahrzunehmen. Wie Frances Banks sagte: „Noch ist es eine Fortsetzung, eine Abfolge, die eindeutig ein roter Faden durchzieht."

Diese Bereicherung der Seele durch die Enthüllung der Vergangenheit ist die erste Stufe in dem Prozeß der Neubewertung, der sich im zweiten Himmel vollzieht. Es folgen zwei weitere, ebenso bedeutsame Stufen.

Die erste umfaßt Ratschläge weiserer Wesen über den Umgang mit dem künftigen Erdenleben.

Die meisten alten Kulturen glaubten an eine übernatürliche Gottheit, deren einzige Aufgabe es war, über die Toten zu herrschen. Teils Wächter, teils Richter wird sie meist als schreckenerregende Gestalt dargestellt, etwa als Yamantaka, der tibetische Herr der Toten (oben), oder Mictlantecuhtli (rechts), ein Gott der Totonaken im alten Mexiko.

Unten: Die neunte Hölle, wie sie Dantes Inferno beschreibt, in einer Illustration von Gustave Doré. In dieser kargen, eisigen Öde ist die verdammte Seele auf ewig erstarrt, es sei denn, sie bekennt ihre Sünden den höheren Wesen, die sie aufsuchen.

An diesem Punkt verliert der Geist den Kontakt mit allen Menschen, die er zu Lebzeiten kannte. Dies ist nur eine Durchgangsphase, doch sie scheint für ihn unabdingbar zu sein, um alle Energien auf die neue, unermeßlich weitere Welt zu konzentrieren, der er nun gegenübersteht. Hier finden äußerst bedeutungsvolle Begegnungen mit anderen statt, Männern wie Frauen, zu denen er eine tiefe geistige Verbindung und eine enge Vertrautheit empfindet. Wie es heißt, gleicht dies einem Wiedersehen mit alten Freunden, mit denen man wichtige Erfahrungen teilt. Die Geister auf dieser Ebene sind in der Tat alte Freunde, doch aus Beziehungen, die im Laufe vieler Leben entstanden. Diese Tatsache ist sehr wichtig, um das Wesen des Lebens nach dem Tode zu verstehen. Mit diesen Freunden aus früheren Zeiten lebt der Geist alte Erinnerungen erneut durch, zu denen seine unmittelbar vergangene Persönlichkeit keinen Zugang hatte. Zusammen wiederholen sie gemeinsame vergangene Erlebnisse, und dabei erkennen sie allmählich, daß ein klares Ziel und eine Bedeutung aus den scheinbar unvereinbaren und bruchstückhaften Persönlichkeiten erwachsen, die sie in der Vergangenheit im Verlaufe zahlreicher Wiedergeburten angenommen hatten.

Hier erkennen sie, daß ihre Leben keineswegs zufällig sind, sondern Teil eines sinnvollen Ganzen, das noch vollendet werden muß. Jedes Leben ist ein Schritt zur Erkenntnis des sogenannten „Kausalkörpers" und ein steter Annäherungsprozeß. Dieser „Kausalkörper" birgt in sich die Samen aller früheren Leben, aber auch Hinweise darauf, was in zukünftigen Inkarnationen kommen wird. Der zweite Himmel ist Rückblick und Vorausschau zugleich – eine Ebene der Einsicht in Vergangenheit wie Zukunft. Die verstorbene anglikanische Nonne Frances Banks soll aus dem Jenseits mitgeteilt haben: „Dies ist die erste Stufe auf einer Reise ins Licht, bei der die überlebende Wesenheit langsam mit der ganzen Seele wiedervereint wird". Nun sieht man sein früheres Erdenleben aus der richtigen Perspektive – als winzigen Bruchteil eines weitaus umfassenderen

Die Waage und das Schwert, die die Statue über Old Bailey, dem obersten Strafgerichtshof Großbritanniens, trägt, symbolisieren die beiden Aspekte der Gerechtigkeit: Gnade und Strafe. Doch laut einer Theorie findet sich absolute Gerechtigkeit nur im Jenseits, wo die wahren Beweggründe aufgedeckt werden. Während der Urteilsfindung erleidet die Seele den Schmerz und die Demütigung, die sie einst anderen zufügte, doch auch die guten Taten werden erneut durchlebt und belohnt.

" WENN DIESE BEHAUPTUNGEN ÜBER DIE BEDINGUNGEN EINES LEBENS NACH DEM TOD – UND DAMIT ÜBER DEN SINN DES LEBENS SELBST – STIMMEN, DANN KÖNNEN WIR UNSER INDIVIDUELLES LEBEN AUF ERDEN IN DIE RICHTIGE PERSPEKTIVE BRINGEN UND ALS TEIL EINES WEITAUS GRÖSSEREN PLANS ERKENNEN. **"**

Die zweite Stufe erhellt die wahre Natur der Beziehungen des Geistes mit seinen Mitmenschen, den „alten Freunden", mit denen er gerade wiedervereint wurde. Nun erkennt er, daß sie bis in alle Ewigkeit miteinander verbunden sind durch das gleiche, übergeordnete Ziel. Gemeinsam bilden sie einen Teil einer sehr wichtigen Einheit, die als Gruppenseele bekannt ist. Man sagt, das Zusammensein mit den Gruppenmitgliedern verleihe ein tiefes Gefühl geistiger Heimkehr.

Irdische Familienmitglieder mögen sich geistig nahestehen oder einfach nur genetisch verwandt, also auf jeder höheren Ebene praktisch Freunde sein. Ihre spirituelle „Familie" liegt anderswo. Solche Menschen gelten als die wahren Findelkinder unserer Welt. Doch im Leben nach dem Tode gibt es keine derart zufälligen oder losen Bande; die Gruppenseele umfaßt nur Einzelseelen, die ganz in ihrer spezifischen langfristigen spirituellen Aufgabe aufgehen.

Das Leben geht weiter

Wenn diese Behauptungen über die Bedingungen eines Lebens nach dem Tode – und damit über den Sinn des Lebens selbst – stimmen, dann können wir unser individuelles Leben auf Erden in die richtige Perspektive bringen und als Teil eines weitaus größeren Plans erkennen. Zwar scheinen diese Berichte im Grunde dem herkömmlichen christlichen Glauben an Fegefeuer, Hölle und Himmel zu entsprechen, doch die in etwa vergleichbaren Stadien stellen keine abschließende Strafe oder Belohnung für ein einziges Erdenleben dar, sondern Stadien einer kontinuierlichen Entwicklung. Jeder muß die Teile seines Selbst erlösen, die in selbsterschaffenen Fesseln liegen. Sogar im zweiten Himmel setzen sich die Prozesse der Selbstreinigung und des selbstlosen Dienens fort. Hier lernt der Geist, daß es weitere Stufen der Glückseligkeit gibt, die er aber noch nicht vollziehen kann.

Daraus wird ersichtlich, daß das Leben auf Erden und das Leben zwischen den Inkarnationen lediglich unterschiedliche Gelegenheiten darstellen, „erwachsen zu werden". Jeder Geist erlebt abwechselnd Phasen harter Arbeit und Erholung; und obwohl das Leben im Jenseits angenehmer sein soll als auf Erden, so ist die Arbeit doch ebenso anstrengend. Jeder Geist muß großen Einsatz bringen, um

PERSPEKTIVEN

DER MANN, DER KÖNIG BLEIBEN WOLLTE

Den Tod nennt man auch den „großen Gleichmacher", und nirgends kommt dieser Aspekt deutlicher zum Ausdruck als in A Tudor Story (Eine Tudor-Geschichte) von dem 1960 verstorbenen Kanoniker W.S. Pakenham-Walsh. Darin berichtet er, wie er über mehrere Medien Kontakt zu verschiedenen Mitgliedern des Hauses Tudor aufnahm. Pakenham-Walsh erkannte seine spirituelle Hauptmission darin, Heinrich VIII. zu helfen, einer zornigen, verlorenen Seele. Er klammerte sich kläglich an eine Krone, die er

nicht mehr besaß. Ein Medium mußte „Henry" daran erinnern, daß er nicht mehr König war. Er wurde wütend und erklärte: „Ich bin ein König. Ich trage königliche Geburt und königlichen Tod in meinen Händen… Ein König vollbringt keine Taten, die er bedauert." Der Kanoniker rief unter anderem die „Geister" von Anne Boleyn und Elizabeth I. zu Hilfe, und er selbst betete für die Seele des Königs. Eine Zeitlang schwankte Heinrich zwischen Demut und Ausbrüchen königlicher Wut. Der Durchbruch kam , als er seinen Söhnen begegnen durfte – einschließlich des totgeborenen Babys, das nun erwachsen war. Heinrichs letzte Mitteilung lautete: „Wisset, daß Henry, einst König von England, wirklich Reue empfand."

Doch was geschieht, wenn es für einen Menschen auf der Erde kaum noch etwas zu lernen gibt? Die meisten Berichte stimmen darin überein, daß man dann eine Wahl treffen darf. Man kann den Sprung ins große Unbekannte wagen und diesen Planeten und seine Inkarnationen für immer hinter sich lassen, um woanders von neuem zu beginnen. Die Kommunikatoren drücken sich in diesem Punkt recht unklar aus, doch sie scheinen von einem neuen Kreislauf physischen Lebens auf einem anderen Planeten auszugehen. Nur wenige, so übermittelt F.W.H. Myers aus dem Jenseits, sind stark genug, um die erste Gelegenheit zum Abschied wahrzunehmen. Die meisten Geister ziehen es vor, zu warten und, wenn nötig, anderen zu helfen, selbst wenn dies bedeutet, erneut wiedergeboren zu werden. Eine Gruppenseele steigt erst dann zur nächsten Stufe auf, wenn jedes Mitglied dazu bereit ist.

einen dauerhaften Fortschritt zu erzielen, doch er steht nicht allein und darf Hilfe, Rat und Anregung erwarten, wie sie auf Erden unmöglich gewesen wären. Voller Mut und Erleuchtung kann das Individuum dann seiner eigenen höchsten Reife zustreben. Die Bestimmung jeder Seele ist angeblich nur dann erfüllt, wenn die der Gruppenseele vollendet ist, und dies kann Jahrtausende dauern. Es gibt viele Gruppenseelen, deren Mitgliederzahl von relativ wenigen bis zu Hunderten variiert. Häufig spiegelt der innere Drang eines Menschen auf Erden nur die Suche nach seiner Gruppenseele wider, seiner Form des Heiligen Grals. Jedem ist es freigestellt, vom vorgezeichneten Weg der Gruppenseele abzuweichen, doch die Anstöße seines eigenen inneren Wesens führen ihn, so glaubt man, schließlich auf ihn zurück.

Während seines Aufenthalts im zweiten Himmel kann der Geist durch diese „Neuinszenierung" seiner vergangenen Leben seine wahren Möglichkeiten erkennen und erfahren, welche Schritte er unternehmen sollte, um sie zu erfüllen. Gestärkt durch die Einsicht und die Liebe seiner Gefährten ist er nun zu einer noch größeren Erweiterung des Bewußtseins bereit, die im dritten Himmel stattfindet. Diese Erfahrung ist für viele Geister jedoch zu intensiv, um sie lange zu ertragen, doch sie steht ihnen genauso lange offen, wie sie sie verkraften können. Für uns nahezu unvorstellbar, berichten Kommunikatoren davon, daß ein Geist im dritten Himmel die Grenzen seines Bewußtseins erreicht. Ein kurzer Blick auf diese Ebene belehrt ihn, daß er nicht weiter in sie vordringen kann, als es seine Natur zuläßt. Angesichts solcher Beschränkungen bleibt ihm keine andere Wahl, als zur Erde zurückzukehren.

Andere Leben, andere Welten

Wenn diese nächste Inkarnation jedoch erfolgreich verläuft und er geistig gewachsen daraus hervorgeht, wird er erkennen, daß er weiter in den dritten Himmel vordringen kann. Dies wiederum ermöglicht ihm, größeren Gewinn aus dem darauffolgenden Erdenleben zu ziehen, denn im dritten Himmel offenbart sich die Aufgabe der Gruppenseele in dem Maße, wie sich das Bewußtsein der Einzelseelen erweitert.

Oben: Das Bild, das der australische Eingeborenenkünstler Bunia auf einem Stück Baumrinde einritzte, zeigt Aspekte des Lebens nach dem Tode.
Rechts: In einer Darstellung aus dem frühen 15. Jahrhundert empfängt der heilige Petrus drei Seelen an der Himmelspforte. Im traditionellen christlichen Glauben war der Einlaß in den Himmel selbst eine Art Urteilssprechung, obwohl der schreckliche Tag des Jüngsten Gerichts noch bevorstand.
Unten: Das Wandgemälde in Tepantitla, Mexiko, ist über 1000 Jahre alt. Man nimmt an, daß es das Paradies des Regengottes im Leben nach dem Tode darstellt.

Durch seine Behauptung, die Erde sei in der Frühzeit von höheren Wesen aus dem Weltraum besucht worden, machte der bekannte Schriftsteller Erich von Däniken weltweit von sich reden. Wieviel Glauben aber darf man solchen Thesen wirklich schenken, und wie stichhaltig sind seine Argumente?

Alle Mythen enthalten ein Körnchen Wahrheit. Die einen spiegeln die innere Sehnsucht des Menschen nach einer höheren Seinsebene wider, wie etwa der „Superman"-Mythos, andere die rätselhafte Bedeutung, die einst bestimmte Stätten, wie zum Beispiel Megalithmonumente, hatten. In manchen Mythen schwingen Erinnerungen an historische Ereignisse und Persönlichkeiten mit, und einige führen uns vielleicht sogar noch weiter zurück bis in die Vorgeschichte. So klingen Erzählungen der nordamerikanischen Indianer über die Zeit, als ihre Welt vom „Großen Schnee" beherrscht war, wie eine Beschreibung der letzten Eiszeit, die vor 10 000 Jahren endete.

Wie aber sollen wir jene Mythen deuten, die sich wie reine Fiktion lesen und doch, in leicht abgewandelten Versionen, in den Traditionen uralter Völker und Stämme weltweit zu finden sind? In solchen

AUSSERIRDISCHE GREIFEN EIN

Geschichten tauchen häufig „Götter" oder „Himmelsbewohner" oder auch Wesen von den Sternen auf, die auf die Erde kamen und die Menschheit zivilisierten. Sie flogen, wie mitunter erzählt wird, in geflügelten oder feurigen Wagen, und einige auserwählte Sterbliche durften sogar mitfahren. Angeblich zeugten diese „himmlischen" Besucher sogar mit menschlichen Partnern Halbgötter, die Könige und Weise wurden. Wo liegt der Ursprung dieser Erzählungen? Sollten wir sie als Ausdruck der Sehnsüchte menschlicher Psyche begreifen? Oder wären wir gar gut beraten, sie gleichsam für bare Münze zu nehmen?

Viele glauben, daß unsere modernen wissenschaftlichen Erkenntnisse uns Wege zum Verständnis solcher Mythen erschließen, die den Gelehrten in der Vergangenheit verschlossen blieben. Heute erscheint den meisten von uns die Möglichkeit außerirdischen Lebens gar nicht so abwegig. Als der Mensch die Herausforderung annahm, ins Sonnensystem zu reisen und andere Welten zu erforschen, erhob sich zwangsläufig die Frage, ob auch unser Planet schon von anderen intelligenten Lebensformen besucht wurde. Könnte die Vorstellung von den „Göttern vom Himmel" aus dem uralten Versuch der Menschheit geboren sein, ihre eigene Erfahrung als Wesen von anderen Welten zu umschreiben, bevor man von der Existenz solcher Welten wußte? Waren die Erzählungen von fliegenden, feurigen Wagen vielleicht der einzige Weg für den antiken Men-

Links: Für von Däniken stellt die faszinierende Figur aus einem Felsbild in den algerischen Tassili-Bergen einen Raumfahrer dar, der vor Jahrhunderten die Erde besuchte. Die ätherische Gestalt kontrastiert mit den klaren Darstellungen in der Gruppe.

Unten und unten rechts: Die eindrucksvollen Skulpturen und Monumente in Tiahuanaco (Bolivien) mögen Zeugnis ablegen für die außergewöhnlichen baulichen Fähigkeiten der Menschen im Altertum. Oder sind sie vielleicht das Werk Außerirdischer?

schen, Luft- und Raumfahrzeuge zu beschreiben, wie wir sie heute kennen?

Überlegungen dieser Art, die stark vereinfacht und doch nach gesundem Menschenverstand klingen, stellte Erich von Däniken in seinem Buch *Erinnerungen an die Zukunft* und späteren Schriften an. Sie alle basieren auf derselben Theorie, daß die Erde in prähistorischer und frühgeschichtlicher Zeit von intelligenten Wesen einer entfernten Galaxie besucht wurde, die Außerirdischen durch Genmanipulationen an Affen den Menschen schufen und dieser, überwältigt von ihren technischen Wunderwerken, sie als Götter verehrte.

Däniken ist nur einer von vielen Autoren, die entsprechend argumentierten, doch er erlebte von seinem ersten Buch an einen kometenhaften Aufstieg zum führenden Verfechter dieser Theorien. Der atemberaubende Erfolg von *Erinnerungen an die Zukunft*, das in mindestens 26 Sprachen übersetzt und mehr als fünfmillionenmal verkauft wurde, machte aus einem ehemals bankrotten Schweizer Hotelier mit Reiseambitionen den Advokaten der „Weltraumgötter", der seine Suche nach dem „endgültigen Beweis" rund um den Globus mit beinahe messianischem Eifer betrieb. Sein Erfolg erstaunt um so mehr, als nur wenige seiner Thesen wirklich eigenständig sind. Viele Punkte seiner Beweisführung findet man auch in den Veröffentlichungen früherer, oft weit seriöserer Vertreter des Gedankens von „antiken Astronauten". Archäologen und Theologen reagierten jedoch mit Empörung und bezichtigten ihn des Betrugs und der Scharlatanerie.

Von Däniken versicherte seiner Leserschaft, er habe viele „handfeste Beweise", daß Außerirdische die Erde besuchten und „unübersehbare Spuren hinterließen". In der Tat strotzen seine Bücher von Details über alte Artefakte, die angeblich Raumfahrer, Raketen, Antennen und sogar Herztransplantationen darstellen, und er beschreibt technische Meisterleistungen, die die Menschen seinerzeit un-

möglich ohne fremde Hilfe hätten vollbringen können.

Bei den meisten seiner Belege aber haben wir es mit einem Mischmasch von Halbwahrheiten zu tun, die er durch Anspielungen in Frageform aufzuwerten versucht. Tatsächlich bewegt sich von Däniken oft auf so dünnem Eis, daß er sich aus den Schlingen seiner Kritiker nur mit seiner Frage-ohne-Antwort-Masche wieder herauswinden konnte. Über die berühmten Steinlinien von Nazca in Peru zum Beispiel schrieb er in *Erinnerungen an die Zukunft*: „Uns vermittelt die ... Ebene von Nazca – aus der Luft betrachtet – eindeutig die Idee eines Flugplatzes!" Auf die Start- und Landebahnen von Dänikens angesprochen, sagte die deutsche Wissenschaftlerin Maria Reiche – sie hatte die Linien mehrere Jahre lang persönlich studiert, ohne den geringsten Hinweis auf Landungen Außerirdischer zu finden – nur lächelnd: „Wenn man die Steine entfernt, ist der Boden ziemlich weich. Ich fürchte, die Raumfahrer wären steckengeblieben."

In der Zeitschrift *Second Look* machte von Däniken in einem Streitgespräch mit Autor Colin Wilson einen Rückzieher. „Ich habe nicht behauptet, daß Außerirdische die Linien in Nazca anlegten. Ich habe nur gesagt, diese Spuren seien das Ergebnis einer Art Fracht-Kult der dortigen Eingeborenen", meinte er und forderte Wilson auf, eine Stelle aus seinen Büchern anzuführen, in der er behaupte, die Linien seien „von oder mit Hilfe von Außerirdischen" errichtet. Für Wilson spricht folgender Auszug aus von Dänikens *Zurück zu den Sternen*:

„In der Nähe des heutigen Städtchens Nazca landeten auf der menschenleeren Ebene irgendwann einmal fremde Intelligenzen und errichteten einen improvisierten Flugplatz für ihre Raumfahrzeuge, die in Erdnähe operieren sollten. Auf dem idealen Gelände legten sie zwei Pisten an."

Und in *Erinnerungen an die Zukunft* heißt es: „Nach unserer Vorstellung könnten sie (die Linien)

diesem Buch behauptet von Däniken, mit Hilfe von Juan Moricz, dem selbsternannten Entdecker und „Hüter" der Tunnel, das weitläufige unterirdische Netz erforscht zu haben, und beschreibt detailliert seine Erlebnisse:

„Helmscheinwerfer und Taschenlampen blitzen, vor uns reißt das Einstiegsloch seinen Schlund auf. An einem Seilzug gleiten wir auf die erste Plattform herab."

Während er die Wunder in den Gängen wie die mit bizarren und unbekannten Schriftzeichen bedeckten Metallplatten bestaunte, erfüllt ihn „ein großes Glücksgefühl", doch er hatte auch „das Gefühl..., dauernd beobachtet zu werden".

Diese „Expedition" zu den Tunneln Ecuadors wurde zum Gegenstand einer grotesken Auseinandersetzung zwischen von Däniken und Juan Moricz. Vier Monate nach Erscheinen von *Aussaat und Kos-*

nach Weisungen aus einem Flugzeug gebaut worden sein."

Auch in vielen anderen Punkten mußte er zurückstecken. Im Zusammenhang mit der nichtrostenden Säule im indischen Meharauli, die er falsch datierte und beschrieb, gab er später in einem Interview mit dem *Playboy* zu:

„...als ich die *Erinnerungen an die Zukunft* schrieb, war mein Informationsstand über die Eisensäule so, wie ich ihn darlegte. Inzwischen wurden, wie ich erfuhr, Untersuchungen durchgeführt, die zu ziemlich anderen Ergebnissen kamen. Dieses Eisending können wir also vergessen."

Ein weiterer bezeichnender Fall ist das geheime Tunnelsystem unter den Bergen Ecuadors mit seinen rätselhaften Schätzen prähistorischer Artefakte und einer „Bibliothek" von Metallplatten mit Aufzeichnungen über einen Besuch von „Weltraumgöttern". Eine Beschreibung dieser angeblichen Relikte steht im Mittelpunkt von *Aussaat und Kosmos*. In

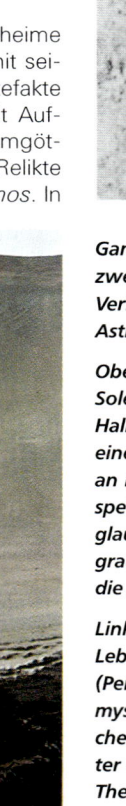

Ganz oben: Erich von Däniken ist zweifellos der berühmteste aller Verfechter der These von „antiken Astronauten".

Oben: Diese Höhlenzeichnung aus Soledad auf der mexikanischen Halbinsel Baja stellt angeblich eine fliegende Untertasse dar, die an ihrer Unterseite Flammen speit. Sie liefert, wie manche glauben, den Beweis, daß in grauer Vorzeit ein Raumfahrzeug die Erde besuchte.

Links: Der Kandelaber „der Lebensbaum" oberhalb von Pisco (Peru) besteht aus einer Reihe mysteriöser Linien, die, wie manche meinen, auf das 190 Kilometer entfernte Nazca weisen. Einer Therorie zufolge handelt es sich um eine Navigationshilfe aus dem 19. Jahrhundert.

mos gab von Däniken gegenüber zwei Journalisten des *Spiegel* zu, niemals in dem betreffenden Gebiet Ecuadors gewesen zu sein, allerdings 100 Kilometer entfernt in der Nähe der Stadt Cuenca unterirdische Nachforschungen betrieben zu haben. Und in seinem *Playboy*-Interview gestand er, daß die dramatischen Einzelheiten seiner Abenteuer in den Tunneln weitgehend seiner Fantasie entsprungen seien, was er jedoch mit „dichterischer Freiheit" zu entschuldigen versuchte. Währenddessen erklärte Moricz in einem Interview klipp und klar, daß „Däniken niemals einen Fuß in die Höhlen setzte... Wenn er sagt, er habe die Bibliothek und die übrigen Dinge selbst gesehen, lügt er". Moricz behauptet, von Däniken lediglich einen Seiteneingang zu dem Tunnelsystem gezeigt zu haben: „Man konnte die Höhle nicht betreten... der Eingang ist versperrt." Zu den Schätzen äußerte Moricz, von Däniken habe sie in einem Museum vor Ort fotografiert, „die meisten aber sind reiner Plunder".

Moricz selbst ist eine zwielichtige Gestalt: Sein „Besitz" der Tunnel wurde angefochten, und kein seriöser Archäologe oder Geologe durfte anscheinend auch nur in die Nähe der geheimnisvollen Höhlen mit der Bibliothek kommen, deren Echtheit er nach wie vor beteuert. Obwohl er angab, von Däniken nichts Bedeutsames gezeigt zu haben, prozessierte Moricz gegen ihn und forderte wegen illegaler Veröffentlichung seiner Entdeckungen eine Beteiligung an von Dänikens Tantiemen.

Ungeachtet seiner vorherigen Eingeständnisse behauptete von Däniken in dem *Second Look*-Artikel weiterhin: „Was ich in *Aussaat und Kosmos* über diese unterirdischen Höhlen sagte, ist alles wahr." Er beharrt darauf, die metallene Bibliothek mit eigenen Augen gesehen zu haben, und laut seinem Biographen Peter Krassa war ihm intuitiv bewußt, daß die Gänge den Beweis für seine Theorien bergen.

Mangel an Beweisen

Trotz der in *Aussaat und Kosmos* wie auch in zahlreichen Interviews und Artikeln aufgestellten Behauptungen hat bisher niemand auch nur den geringsten Beweis für die extraterrestrische Natur der angeblichen Entdeckungen erbracht. Selbst wenn die Tunnel, entgegen der Annahme eines erfahrenen Geologen aus der Gegend, künstlich sind und selbst wenn sie Goldgegenstände und eine geheimnisvolle Bibliothek mit bislang nicht entzifferten Schriftzeichen enthalten, was beweist dies? Von Däniken wiederholte Moriczs Aussage, die Bibliothek könnte eine Zusammenfassung der Menschheitsgeschichte sowie Informationen über die Ursprünge der Menschheit auf diesem Planeten und über eine untergegangene Kultur enthalten. Doch weder von Däniken noch Moricz haben auch nur ein einziges Schriftzeichen entziffert. Und die Gegenstände, die sie als Funde aus den Höhlen deklarieren, sind eher simpel wirkende Objekte aus Messing und Zinn (nicht Gold), die jeder geschickte Schmied anfertigen könnte. Dennoch werden die Funde aus den Tunneln in *Aussaat und Kosmos* als „die unglaublichste, die unwahrscheinlichste Geschichte des Jahrhunderts" bezeichnet.

So verwundert es kaum, daß Kritiker von Däniken häufig als Betrüger abstempelten. Doch trotz der

Oben: Die Piri Re'is-Karte aus dem Jahre 1513 zeigt nach Ansicht von Dänikens Berge in der Antarktis, die tief unter Schnee und Eis vergraben sind und erst Jahrhunderte später von Europäern entdeckt wurden. Sie basiert, wie er glaubt, auf Luftaufnahmen. Nach Einschätzung von Kartographen enthält die Karte jedoch wenig Geheimnisvolles, sondern ist eindeutig ein ungenaues Konglomerat aus mehreren verschiedenen Karten.

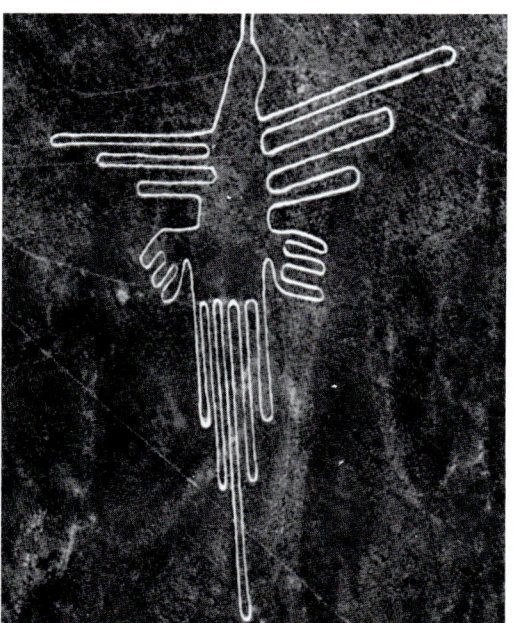

Links: Solche Linien in Nazca (Peru) liefern nach wie vor Zündstoff in der Debatte über kosmische Besucher auf unserem Planeten.

zahlreichen Fälle, in denen von Däniken sich die Fakten nachweislich und zuweilen auch zugegebenermaßen aus den Fingern sog, wirkt die Masse der Beweise und Argumente in Büchern wie *Erinnerungen an die Zukunft* und ähnlichen Veröffentlichungen anderer Autoren auf Millionen von Lesern nach wie vor überzeugend. Was hat es mit den unglaublichen baulichen Leistungen wie den ägyptischen Pyramiden, Tiahuanaco in Bolivien, Sacsayhuaman in Peru und den riesigen Skulpturen auf der Osterinsel auf sich? Oder auch mit den Trockenbatterien und Kristallinsen aus dem alten Mesopotamien, der ausgeklügelten astronomischen Uhr, die man vor der griechischen Insel Antikythera barg, oder den massigen, nahezu perfekt geformten Steinkugeln, die über den Urwald von Costa Rica verstreut sind? Von Däniken mag grobe Fehler begangen haben, doch man könnte anführen, daß die Mythen der Welt zu der Annahme verleiten, die Erde sei einst von „Göttern" besucht worden. Vielleicht verbirgt sich hinter solchen technischen Meisterleistungen doch der Beweis, daß intelligente Außerirdische einst auf unserem Planeten am Werk waren?

PARAN ZAHNHE

Wenn es um einen Termin beim Zahnarzt geht, denken die meisten Menschen an sterile Wartezimmer, sirrende Bohrer und den Geschmack von antiseptischem Mundwasser. Patienten der paranormalen Zahnheilkunde aber erfahren eine ganz andere Behandlung.

D ie paranormale Zahnbehandlung ist zweifellos die ungewöhnlichste Heilerfähigkeit und auch die, die sich am schwierigsten erklären läßt. Die wenigen Medien, die sie praktizieren, können angeblich schlechte Zähne augenblicklich mit Gold-, Silber- oder Porzellanfüllungen versehen, die sich im Mund ihrer Patienten materialisieren. Manchmal, so heißt es, wachsen sogar neue Zähne, wo zuvor nur schwarze Stümpfe standen.

Derart erstaunliche Behauptungen fordern die Kritik geradezu heraus: Sogar viele Anhänger der Parapsychologie stehen dieser Form der Zahnbehandlung mit großer Skepsis gegenüber. Wer allerdings den Prediger Willard Fuller bei der „Arbeit" beobachtete, gab seine Zurückhaltung für gewöhnlich bald auf. Man sagt, er habe im Mund von über 25000 Patienten „wahre Wunder" vollbracht.

Fuller, ein Amerikaner, absolvierte eine Ausbildung als Verwaltungskaufmann und Elektroingenieur, bevor die Baptisten ihn für sich gewannen. Daraufhin betrieb er Studien in Theologie und bereiste zehn Jahre lang als Wanderprediger die Vereinigten Staaten.

Und dann geschahen zwei Dinge, die sein Leben grundlegend verändern sollten: Er wurde exkommuniziert – weil er zu viele Fragen stellte, wie er behauptet –, und etwa zur selben Zeit erlebte er, was man in der frühen Pfingstbewegung die „Taufe durch den Heiligen Geist" nannte. Kurz darauf folgte er seiner Berufung und betätigte sich als Heiler.

Anfangs praktizierte er die übliche Art der Geistheilung durch Handauflegen, doch nach der Begegnung mit A. C. MacKaig entwickelte sie sich zu etwas höchst Ungewöhnlichem. Fuller hatte bereits von diesem Mann gehört, der für die „Zahnprobleme" seiner Patienten betete und so wundersame Zahnfüllungen erwirkte. Als MacKaig dann in Shreveport, Louisiana, predigte, begab sich Fuller sofort dorthin, um selbst Zeuge dieser Fähigkeiten zu werden.

Mit wachsender Erregung beobachtete Fuller, wie der Heiler eine Vielfalt von Krankheiten behandelte, und den krönenden Abschluß bildeten die Zahnbehandlungen. Unter den Anwesenden befand sich eine Frau, die noch nie einen Zahnarzt aufgesucht hatte. In einem ihrer Zähne war ein Loch, das dringend behandelt werden mußte. MacKaig legte seine Hände auf den Kopf der Patientin und bat Gott um Hilfe. Dann gab er ihr eine Taschenlampe und einen Spiegel, damit sie in ihren Mund schauen konnte. Sie überprüfte ihren Zahn und jubelte laut: „Er hat eine Füllung aus Silber!" Fuller stand ganz in ihrer Nähe und beeilte sich, selbst die Zahnfüllung zu begutachten. „Sie glänzte so hell wie eine frisch gepreßte Münze", erklärte er später.

Es folgten noch weitere Wunder dieser Art, denn die Zahl der Patienten riß nicht ab, doch eines der

Unten: Reverend A. C. MacKaig war Willard Fullers Mentor und brachte ihn erstmalig auf den Gedanken, für die „Zahnprobleme" seiner Patienten zu beten.

Unten: Diese Zeichnung aus dem 18. Jahrhundert zeigt, wie einem Patienten ein Zahn gezogen wird. Auch wenn sich seither zum Glück vieles verändert hat, ist ein Besuch bei einem konventionellen Zahnarzt oder Kieferchirurgen (ganz unten) auch heute noch für viele Menschen ein unerfreuliches Erlebnis.

seltsamsten Ereignisse war für Fuller selbst reserviert: MacKaig wandte sich abrupt um, zeigte auf ihn und verkündete: „Jetzt werde ich für Sie beten und Gott bitten, Sie zu segnen." Der Heiler war nicht sehr groß und mußte auf ein kleines Podest steigen, um an Fuller heranzureichen. Die Szene mag recht grotesk gewirkt haben, doch Fuller verspürte offenbar eine sofortige und höchst dramatische Wirkung. Gott, so erklärte Fuller, sprach zu ihm mit folgenden Worten – Worte, die er nie mehr vergaß: „Halte nicht

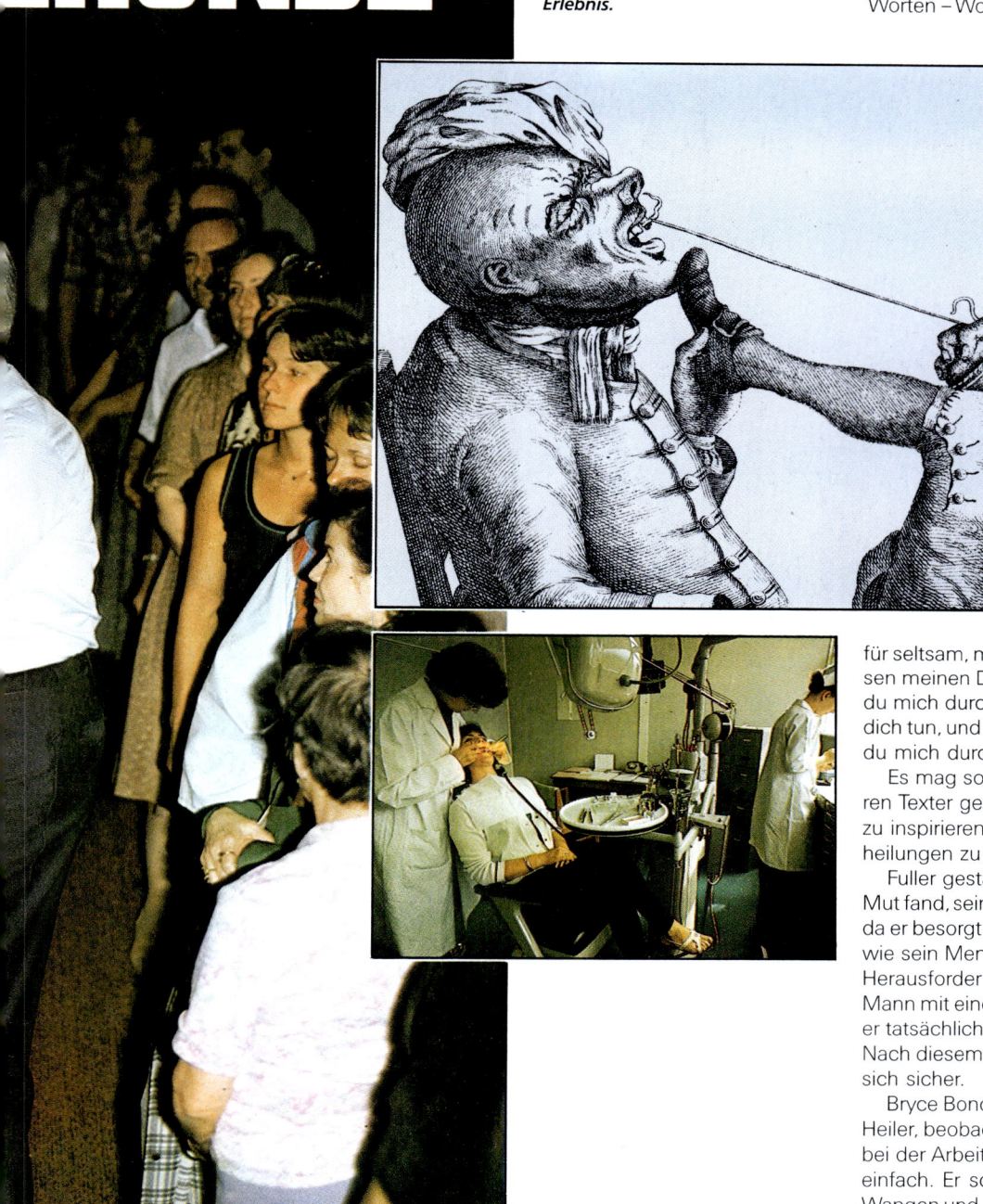

für seltsam, mein Sohn, was du mich durch ihn, diesen meinen Diener, hast tun sehen. Denn alles, was du mich durch ihn hast tun sehen, werde ich durch dich tun, und Größeres werde ich durch dich tun, als du mich durch ihn hast tun sehen."

Es mag so klingen, als könnte Gott einen besseren Texter gebrauchen, aber es genügte, um Fuller zu inspirieren und ihn zu einem Medium für Zahnheilungen zu machen!

Fuller gestand, daß er erst nach einiger Zeit den Mut fand, seine neue Gabe in die Praxis umzusetzen, da er besorgt war, nicht denselben Erfolg zu erzielen wie sein Mentor. Schließlich aber stellte er sich der Herausforderung und behandelte einen jungen Mann mit einem Loch im Zahn. Überglücklich stellte er tatsächlich fest, daß er die Kraft zu heilen besaß. Nach diesem ersten zaghaften Versuch fühlte Fuller sich sicher.

Bryce Bond, ein amerikanischer Schriftsteller und Heiler, beobachtete den außersinnlichen „Zahnarzt" bei der Arbeit. Er erklärte: „Fullers Methode ist sehr einfach. Er schlägt den Patienten leicht auf beide Wangen und sagt dazu ‚Im Namen Jesu, werde wieder ganz'. Man hält es für möglich, daß das Moment intensiven Glaubens eine magische Verwandlungskraft bewirken kann, die Gold, Silber oder Porzellan im Mund des Patienten Gestalt annehmen läßt. Es mag unwahrscheinlich klingen, doch viele Menschen sind bereit zu bezeugen, daß sie eben dies erlebt haben.

Diese Augenzeugen schildern eine Zahnfüllung als einen anfänglich hellen Fleck, der sich vergrößert, bis er den ganzen Zahn ausfüllt, ähnlich einer

Links: Die Leute standen Schlange, um Willard Fuller bei seiner Arbeit zu sehen. Zu seiner Methode gehörte es, den Patienten leicht auf die Wangen zu schlagen – der einzige schmerzliche Teil einer ansonsten schmerzfreien Behandlung.

Zeitrafferaufnahme von der Entfaltung einer Rosenblüte. Der britische Sensitive Matthew Manning bestätigt diese Beschreibung. Er nahm an einer von Fullers Sitzungen in New York teil, ohne sich das Geringste davon zu versprechen. Nachdem er jedoch das Phänomen mit eigenen Augen beobachtet hatte, bezeichnete er Fullers Behandlung als „absolut echt". Der Zeitschrift *Psychic News* gab er folgenden Bericht: „Eine Frau hatte einen stark verfaulten, schwarz verfärbten Backenzahn. Ich sah, wie er sich mit etwas Weißem füllte, das wie eine keramische Substanz wirkte. Am Ende besaß sie einen neuen, weißen Zahn. Mehrere Leute schauten in ihren Mund. Die Substanz kam aus ihrem Zahnfleisch. Das habe ich gesehen."

Nur wenige Ärzte waren allerdings bereit, Fullers Behauptungen ernst zu nehmen, obwohl einige persönlich an seinen Sitzungen teilnahmen. In Miami, Florida, erlebten Wissenschaftler der NASA aus Cape Kennedy mit, wie Fuller Zahnheilungen

den, rubinartigen Füllung, andere sprechen von platinfarbenem Metall. Keine dieser Substanzen wurde jedoch wissenschaftlich analysiert.

Man untersuchte indes einige Goldfüllungen und stellte, wie es heißt, einen höheren Reinheitsgrad fest, als ihn das normalerweise in der Zahnheilkunde verwendete Gold besitzt. Zudem soll es so aussehen, als sei es in geschmolzenem Zustand eingefüllt, das aber hätte Fullers Patienten an sich entsetzliche Schmerzen bereiten müssen. Tatsächlich aber ist eine solche Behandlung vollkommen schmerzfrei. Fuller nahm sich die Zeit, Paul Esch, einen anderen paranormalen Zahnheiler, auszubilden. Bryce Bond untersuchte auch dessen Fähigkeiten, und was er sah, grenzte für ihn an „ein Wunder". Bereits ein Jahr, bevor er Fuller persönlich kennenlernte, wohnte er einer Heilung in Woodstock im Staat New York bei und berichtete: „Eine Frau hatte mehrere Zahnlücken, sie schmeckte Blut, und dann schob sich ein Zahn durch ihr Zahnfleisch. Fast alle Anwesenden bemerkten, daß ihre Zähne weißer wurden."

> *SPÄTER MERKTE ER, DASS SICH BEI IHM ZAHNSTEIN ABGELÖST HATTE, DER IN KLEINEN TEILCHEN AUF SEINER ZUNGE LAG.*

Links: Fuller leuchtet einem Patienten mit einer Taschenlampe in den Mund, damit dieser seine neue „Wunder"-Füllung begutachten kann. Fullers Frau scheint ebenso überrascht zu sein wie alle anderen Zuschauer.

Unten: Fuller pflegte keines der Instrumente zu benutzen, wie sie moderne Zahnärzte verwenden; alles, was er brauchte, konnte er mit sich führen. Ein Blick in seine Aktentasche zeigt, daß sein einziges Zugeständnis an die moderne Technik aus einer Batterie für seine Taschenlampe bestand.

vornahm, und zu den 400 Augenzeugen einer Demonstration im „Wagner College" auf Staten Island in New York gehörten mehrere Ärzte. Die schwedische Ärztin, Dr. Audrey Kargere vom „Humanist College" in Stockholm, scheute sich allerdings nicht, ihre ehrliche Meinung zu sagen. Sie war „hocherfreut", als mehrere ihrer Silberfüllungen zu Gold verwandelt wurden. Ihr kamen auch Fullers konventionellere Heilmethoden zugute: Ihr stark geschwollenes Bein nahm sehr schnell wieder normale Formen an. Auch der Arzt Peter Williams verfolgte diese Sitzung. Er soll sich ebenfalls begeistert, aber völlig verwirrt gezeigt haben, als ein schwarz verfärbter Zahn plötzlich in „glänzendem Gold" erstrahlte.

Bryce Bond zufolge ist es nicht einmal nötig, Fullers Hilfe zu erbitten, um geheilt zu werden; es genügt die bloße Teilnahme an seinen Versammlungen. Als er eine Sitzung besuchte, drängte er sich keineswegs zur Behandlung. Dennoch verspürte er ein ständiges Kribbeln im Zahnfleisch, und danach fühlte es sich taub an. Später merkte er, daß sich bei ihm Zahnstein abgelöst hatte, der in kleinen Teilchen auf seiner Zunge lag.

Fuller soll nicht nur Silberfüllungen in Gold verwandelt, sondern auch das Entstehen unkonventionellerer Materialien bewirkt haben. Einige Zeugen sahen angeblich Zähne mit einer durchscheinen-

SEX, SÜNDE, SAKRAMENT

Einige Okkultisten maßen dem Geschlechtstrieb einen so hohen Wert bei, daß er im Lauf der Geschichte sogar Instrument und Gegenstand bestimmter magischer Rituale wurde.

Die Haltung okkulter Kreise gegenüber körperlicher Liebe war seit jeher seltsam gespalten. Einige Okkultisten und Sensitive sahen in allen sexuellen Gefühlen und Handlungen eine Äußerung der „niederen Natur" des Menschen. Entsprechend dieser Denkweise ist absolute Keuschheit – Reinheit

Oben: Auf diesem Stich wird eine Jungfrau während einer Schwarzen Messe zur Opferung vorbereitet. Der gehörnte „Priester" im Hintergrund stellt den Teufel dar.

in Gedanken, Worten und Werken – notwendige Voraussetzung für einen höheren Bewußtseinszustand. Diesen Standpunkt vertrat der mittelalterliche Kompilator des *Grimoire* des Papstes Honorius, eines Handbuchs zur rituellen Magie. Er empfahl seinen Lesern dringlichst, „bußfertig zu sein und alle Sünden zu beichten, allen Verlockungen des Weibes zu widerstehen ... denn es ist besser, mit einem Bären oder einem Löwen in seiner Höhle zu leben als mit einer Frau." Andere Okkultisten und Mystiker hingegen äußerten eine diametral entgegengesetzte Auffassung und betrachteten sexuelle Aktivität als ein wahres Sakrament, „das äußere, sichtbare Zeichen einer inneren, spirituellen Gnade". Sie gaben den Geschlechtsverkehr als ein Mittel aus, okkulte Macht zu erlangen. Auf seiner vollendetsten Stufe führte er angeblich zum höchsten Ziel, der mystischen Vereinigung mit dem Göttlichen.

Zu den Mystikern, die diesen Standpunkt vertraten, gehören zwei Verfasser aus dem 16. Jahrhundert, Cornelius Heinrich Agrippa und Aratus. Ersterer erklärte, der Geschlechtsakt „sei voller magischer Kräfte", während Aratus behauptete: „Ebenso wie durch die körperliche Vereinigung von Mann und Frau die aus beiden zusammengesetzte Frucht entsteht, ist die innere und geheime Verbindung von Mann und Frau die Kopulation von männlicher und weiblicher Seele und dient dazu, die entsprechende Frucht des göttlichen Lebens hervorzubringen."

Sexuelle Symbolik war bei Alchimisten gang und gäbe, und einige von ihnen faßten Metaphern wie „die Verbindung des Roten Königs und der Weißen Königin" nicht nur im alchimistischen, sondern auch im sexuellen Sinn auf. Manche gingen sogar so weit zu versuchen, den Stein der Weisen – die geheimnisvolle Substanz, die unedles Metall in Gold verwandelt – aus menschlichem Sperma zu erzeugen. So berichten etwa deutsche Quellen aus dem 18. Jahrhundert, die Christopher McIntosh in seinem geschichtlichen Abriß über den Geheimbund der Rosenkreuzer zitiert, von einer alchimistischen Gemeinschaft, die Experimente dieser Art durchführte. Der Leiter dieser Gruppe, ein hoher Offizier der österreichischen Armee, gewann den Rohstoff für diese seltsamen Versuche, indem er Soldaten für das Masturbieren bezahlte.

Das Vorhaben scheiterte kläglich. Die unter dem Befehl dieses Offiziers stehenden Soldaten gaben sich so begeistert der Möglichkeit hin, ihren kargen Sold aufzubessern, daß sie ihre militärischen Pflichten vernachlässigten, um fast unablässig zu masturbieren. Schließlich bemerkte der Regimentsarzt, was vor sich ging. Er machte Meldung, und der alchimistische Offizier mußte den Dienst quittieren.

Weder aus dieser lächerlichen Geschichte noch aus gelegentlichen Bauernfängern, die Mystik und Okkultes zum Vorwand nehmen, um sexuelle Spielchen zu treiben, sollte man jedoch schließen, daß alle Menschen, die im Geschlechtsverkehr ein Mittel zu echter religiöser Erfahrung sehen, verrückt oder pervers sind.

In der westlichen Kultur besteht seit jeher eine komplexe Beziehung zwischen Religion und Magie einerseits und menschlicher Sexualität andererseits. Praktisch jede mystische Symbolik, von der Astrologie bis zum Tarot, wurde auch sexuell interpretiert. So glaubte etwa der französische Magier Eliphas

volle außersinnliche Energie zurückführen ließen. Diese sei im Grunde mit den Energien identisch, die im Geschlechtsverkehr ihr Ventil finden. Sie ist das „Orgon" Wilhelm Reichs, das „Od" der Mesmeristen des 19. Jahrhunderts und das „Astrallicht" des Paracelsus und anderer Magier. Anhänger dieser Theorie weisen darauf hin, daß das Poltergeistphänomen meist bei gestörten Jugendlichen in der Pubertät auftritt, die ihre sexuellen Energien nicht mit einem andersgeschlechtlichen Partner „erden" können. Der okkulte Autor Benjamin Walker geht noch weiter und behauptet:

„Parapsychologen haben wiederholt festgestellt, daß im Zentrum von Poltergeist-Erscheinungen häufig ein Mensch steht, der beständig masturbiert,

> **"IN DER WESTLICHEN KULTUR BESTEHT SEIT JEHER EINE KOMPLEXE BEZIEHUNG ZWISCHEN RELIGION UND MAGIE EINERSEITS UND MENSCHLICHER SEXUALITÄT ANDERERSEITS. PRAKTISCH JEDE MYSTISCHE SYMBOLIK, VON DER ASTROLOGIE BIS ZUM TAROT, WURDE AUCH SEXUELL INTERPRETIERT. "**

Lévi, daß der Sündenfall, wie er im Ersten Buch Mose beschrieben wird, sexueller Natur sei: Die „Erbsünde", die der Menschheit einen ewigen Fluch auferlegte, galt als der erste Geschlechtsverkehr zwischen Adam und Eva. Madame Blavatsky, die Gründerin der „Theosophischen Gesellschaft", ging sogar noch weiter: Ihrer Ansicht nach sind die ersten fünf Bücher der Bibel „die symbolhafte Schilderung der Geschlechter sowie eine Apotheose des Phalluskults". Unter „Phalluskult" verstand sie die Verehrung des männlichen Geschlechtsorgans als sichtbaren Ausdruck des Göttlichen.

Oben: Die Macht der Sexualität wird in dem Bild Satana dargestellt, das der Berliner Künstler Fidus 1896 gravierte. Die Frau wirkt verführerisch und doch seltsam bedrohlich, der Mann hingegen gequält. Seine Körperhaltung erinnert an die Kreuzigung. Der Titel des Werks stellt eine eindeutige Verbindung zu magischen Sexualritualen her.

Unaussprechliches

So unwahrscheinlich Madame Blavatskys Behauptungen erscheinen mögen, könnten sie doch ein Körnchen Wahrheit enthalten. Einige Gelehrte des Talmud, der umfangreichen Sammlung uralter jüdischer Kommentare, sind ähnlicher Ansicht. Laut ihnen enthielt nämlich die „Bundeslade", die heilige Truhe aus Akazienholz, die die Israeliten auf ihrer langen Wanderschaft mit sich trugen und schließlich im Tempel in Jerusalem aufstellten, eine heilige Steinskulptur in der Form vereinigter männlicher und weiblicher Geschlechtsorgane. Das wäre nicht allzu verwunderlich, denn ähnliche Gegenstände wurden in vielen Kulten verehrt. Zu den „Mysterien" des alten Griechenland, den Initiationsritualen, die in Eleusis stattfanden, gehörte etwa ein Ritus, der „das Tragen von Unaussprechlichem" hieß. Bei diesen unaussprechlichen Dingen handelte es sich anscheinend um ein Steinmodell eines erigierten Penis und einen hohlen Stein, der den Schoß Demeters darstellte, der Göttin des Ackerbaus und der Fruchtbarkeit.

Einige Okkultisten glauben, daß sich alle Phänomene, die bei Séancen auftreten – vom Tischrücken bis zur Geistererscheinung –, auf eine geheimnis-

Rechts: Die Hochzeit des Roten Königs und der Weißen Königin, wie sie in Splendor solis, einer Handschrift aus dem 16. Jahrhundert von Salomon Trismosin, dargestellt ist, verkörpert in herkömmlicher Deutung die Verbindung von Schwefel (männlich) und Quecksilber (weiblich). Der Prinz, der aus dieser Vereinigung hervorgeht, soll der Stein der Weisen sein, der unedle Metalle in Gold verwandeln kann. Einige Alchimisten legten diese Symbolik wörtlich aus und glaubten, zur Erzeugung dieses Steins seien sexuelle Handlungen notwendig.

Viele Okkultisten interpretierten den Verzehr einer Frucht vom Baum der Erkenntnis – hier in einer Darstellung aus dem flämischen Stundenbuch um 1500 – als den ersten Geschlechtsakt von Adam und Eva.

und sie halten es für möglich, daß die vom Poltergeist angezogene biomagnetische Energie beim Freisetzen der sexuellen Spannung entsteht, wenn die Person, die masturbiert, den Höhepunkt erreicht. Exzessive Selbstbefriedigung … wurde auch als Grund für andere unerklärte paranormale Ereignisse angeführt …"

Ob nun „exzessive Selbstbefriedigung" Übernatürliches hervorrufen kann oder nicht, so scheint doch kaum Zweifel daran zu bestehen, daß zumindest einige Poltergeist-Phänomene durch sexuelle Verfehlungen oder unglückliche und komplexe emotionale Verstrickungen hervorgerufen werden. Nehmen wir zum Beispiel das sogenannte „große Geheimnis von Amherst", eine Poltergeist-Erscheinung, die im Herbst 1878 die Einwohner des kanadischen Neuschottland in Erstaunen versetzte. Im Zentrum stand die 18jährige Esther Cox. „Esther Cox, du gehörst mir, und ich werde dich töten", lautete eine Schrift, die auf geheimnisvolle Weise an der Wand im Schlafzimmer des jungen Mädchens erschienen war.

Bei diesem Fall trat praktisch jede Form von Poltergeistaktivität auf, angefangen von plötzlich ausbrechendem Feuer über Steinwürfe bis hin zu der Tatsache, daß Esthers Bauch gewaltig anschwoll. Letzteres war vermutlich die Folge verschluckter Luft oder eines Gärungsprozesses in ihrem Körper, denn nach „einem lauten Knall wie ein Donnerschlag, doch ohne das typische Grollen", wurde sie so schlank wie zuvor.

Wenn sich, wie anzunehmen, Esther mit diesem „Donnerschlag" von ihrer inneren Luft befreite, muß man die Möglichkeit in Betracht ziehen, daß das Klopfen, die Schläge und das Trommeln, die mit Poltergeistern in Verbindung gebracht werden, gelegentlich einen ähnlichen Ursprung haben. Vielleicht ist es aufschlußreich, daß die Geräusche eines Poltergeists aus dem 17. Jahrhundert, bekannt als „Trommler von Tedworth", zumindest einmal von einem „rätselhaften Schwefelgeruch" begleitet waren, den „die Anwesenden als äußerst störend empfanden". Die Augenzeugen der Erscheinungen in Amherst sprachen nicht von Gerüchen; vielleicht traten sie wirklich nicht auf, aber wahrscheinlicher ist, daß man sie aufgrund viktorianischer Prüderie nicht erwähnte.

Diese angeblich paranormalen Ereignisse wurden mit größter Wahrscheinlichkeit durch ein Erlebnis ausgelöst, das Esther am 28. August 1878 hatte, genau eine Woche, bevor der vermeintliche Poltergeist zum ersten Mal in Erscheinung trat. Unmittelbar daran beteiligt war Esthers Freund, ein gewisser Bob McNeal.

Vermutlich hatte Bob sie schon seit einiger Zeit sexuell bedrängt, denn in der Nacht des 27. August hatte sie einen Alptraum voller Freudscher Symbolik, in dem die Ängste des Mädchens vor der männlichen Sexualität deutlich zum Ausdruck kamen. In diesem Traum hatten sich alle Verwandten Esthers durch Zauber in riesige Bären mit roten Augen verwandelt. Als sie die Haustür öffnete, blickte sie entsetzt auf Hunderte von schwarzen Bullen, aus deren Maul Blut tropfte und die zum Haus drängten. Sie warf die Tür ins Schloß und verriegelte sie, doch die Bullen stürmten immer näher und rammten ihre Hörner gegen das Haus. Das Gebäude erzitterte unter ihrem Angriff, und Esther wachte auf.

Zu den Mysterien des alten Griechenland gehörte auch das Tragen sogenannter unaussprechlicher Gegenstände wie dieser phallischen Figur (oben links), die aus der Zeit um 2000 v.Chr. datiert. Die Tafel (links) stammt aus dem 4. Jahrhundert v.Chr. und stellt Initiationsriten in den Kult der Demeter, der Göttin des Ackerbaus, und ihrer Tochter Persephone dar. In der Mitte ist ein Omphalos zu sehen, ein abgerundeter Fels, der den Nabel der Welt verkörpert. Darunter sind Ritualobjekte abgebildet, die stark an die männlichen und weiblichen Geschlechtsorgane erinnern.

Am Abend nach diesem unheilvollen Traum machte Bob McNeal mit Esther in einem geliehenen oder gemieteten zweisitzigen Buggy eine Spazierfahrt in die bewaldete Umgebung. Bob band das Pferd fest, näherte sich Esther in sexueller Absicht und drängte sie, mit ihm in den Wald zu gehen. Als sie sich weigerte – offenbar war sie bereit, im Buggy ein wenig Petting zuzulassen, aber nicht mehr –, verlor McNeal die Beherrschung. Er zog eine Pistole, richtete sie auf Esthers Kopf und befahl ihr, ihm in den Wald zu folgen. Doch sie weigerte sich standhaft, und einen Moment schien es, als werde McNeal sie erschießen. Zum Glück näherte sich in dem Augenblick ein weiteres Fahrzeug. Erschreckt steckte McNeal die Pistole wieder ein, ergriff die Zügel und fuhr Esther

Rechts: Der Parapsychologe Hereward Carrington machte das berühmte Poltergeist-Opfer Esther Cox ausfindig und sprach mit ihr. Sie war viele Jahre zuvor in ihrem Haus (unten rechts) in Amherst, Neuschottland, von Poltergeistphänomenen heimgesucht worden. Einige Ausbrüche waren so stark, daß sie das Haus erbeben ließen. Carrington fand heraus, daß die Störungen seit Esthers Heirat aufgehört hatten. Dies ist möglicherweise darauf zurückzuführen, daß sie ihre sexuellen Energien freisetzen konnte.

zur anderen übertragen ließe. Auf diese Weise könnten alte Menschen zufällig oder absichtlich zu ihrem eigenen Vorteil Lebenskraft aus einer jüngeren Person beziehen.

Die Anwendung dieser ungewöhnlichen paranormalen Technik hat eine lange Geschichte. Sie wird häufig "Schunemitismus" genannt, nach einer Erzählung aus dem Alten Testament:

"Als aber der König David alt war und hochbetagt, konnte er nicht warm werden… Da sprachen seine Großen zu ihm: Man suche unserm Herrn, dem König, eine Jungfrau, die … in seinen Armen schlafe und unsern Herrn, den König, wärme. Und sie suchten ein schönes Mädchen im ganzen Gebiet Israels und fanden Abischag aus Schunem und brachten sie dem König. Und sie war ein sehr schönes Mädchen und umsorgte den König und diente ihm…"

Abischag teilte regelmäßig das Bett mit David, doch sie hatten keinen Geschlechtsverkehr, denn dies hätte die Lebenskraft "geerdet" und den Erfolg dieser Übung vereitelt.

Im antiken Griechenland und in Rom wurde die gleiche Technik angewendet, anscheinend mit großem Erfolg. Römische Historiker berichteten zum Beispiel von dem bemerkenswerten Fall eines gewissen L. Claudius Hermippus. Als er siebzig Jahre alt wurde, fühlte er seine körperlichen und geistigen Kräfte schwinden. Daraufhin begann er, mit jungfräulichen Mädchen zu schlafen – allerdings, wie König David, ohne Geschlechtsverkehr. Auf seinem Grabstein stand, er habe ein Alter von 115 Jahren erreicht dank "der Ausstrahlung junger Mädchen, was alle Ärzte in großes Erstaunen versetzte".

Viele europäische Herrscher des Mittelalters praktizierten den Schunemitismus, gelegentlich auch in homosexueller Form. So hielt Kaiser Barbarossa junge Knaben gegen seinen Bauch und seine

nach Hause. Am selben Abend verließ er Amherst, vermutlich aus Angst vor einer Anklage wegen versuchter Nötigung, und wurde nie wieder gesehen.

In gewisser Hinsicht jedoch blieb er noch jahrelang bei Esther. Die sexuellen Sehnsüchte und Ängste, die McNeal hervorgerufen hatte, schienen in dem Mädchen einen Stau außersinnlicher Energie aufzubauen – eine Art drohenden libidinösen Unwetters. Da es sich nicht in der Ekstase eines Orgasmus entladen konnte, rief es die spontanen Brände, Levitationen und andere übernatürliche Phänomene hervor, die die Bürger von Amherst in Erstaunen versetzten.

Viele Jahre später spürte der Parapsychologe Hereward Carrington Esther auf und befragte sie. Sie war mittlerweile verheiratet, lebte in den Vereinigten Staaten und zeigte sich wenig dazu bereit, über die Vergangenheit zu sprechen. Doch sie machte die aufschlußreiche Bemerkung, "die Kraft" habe sie vom Tag ihrer Eheschließung an verlassen. Das Paranormale war ihr wieder fremd geworden.

Einige der Okkultisten und Parapsychologen behaupten, die "subtilen Kräfte" bei Séancen und die sexuellen Ströme der Libido seien Ausdrucksformen der gleichen geheimnisvollen Energie. Sie sind zudem davon überzeugt, daß sie sich von einer Person

Kaiser Barbarossa (oben) belebte seine schwindenden Kräfte durch Körperkontakt mit jungen Knaben. Diese Kur muß erstaunlich erfolgreich gewesen sein: Der Legende nach ist er nicht gestorben, sondern schläft nur. König Davids Stärkungsmittel (rechts) bestand darin, in den Armen von Abischag zu liegen.

Genitalien, um „ihre Energie auszukosten und aufzunehmen". Papst Innozenz VIII., der direkte Vorgänger des Borgia-Papstes Alexander VI., stellte gesunde kleine Kinder in seinen Dienst, die ihn streicheln und damit ihre Energie auf ihn übertragen sollten.

Einige Ärzte der damaligen Zeit glaubten, daß das Blut junger Menschen sehr viel von dieser Lebenskraft enthalte. Ficino, ein platonischer Philosoph, der sich auch mit Medizin beschäftigte, schlug sogar vor, altersschwache Menschen sollten sich als Vampire betätigen. Die Alten, so riet er, müßten frisches Blut aus den Adern junger Menschen trinken, „in der Art der Egel".

Schunemitismus wurde bis ins 18. Jahrhundert hinein praktiziert und war in Paris und London ein blühendes Geschäft. So betrieb zum Beispiel eine „Madame Janus" in Paris ein einträgliches Etablissement, das zeitweise angeblich vierzig Jungfrauen beschäftigte. Drei Wochen dauerte die Behandlung, bei der der Kunde jeden Abend ein „Zauberbad" mit Kräutern erhielt, mit aromatischen Ölen massiert und sich dann zwischen zwei Jungfrauen, einer blonden und einer brünetten, schlafen legte. Diese Kur war natürlich sehr kostspielig und mußte im voraus bezahlt werden. Zudem bestand Madame Janus darauf, daß jeder Klient eine beträchtliche Geldsumme bei ihr hinterlegte. Dies geschah für den Fall, daß ein Mann so sehr zu Kräften kam, daß er eine seiner Schlafgenossinnen entjungferte.

Ein ähnliches Etablissement, der „Tempel Auroras", wurde von Mrs. Anna Fawkland in London unterhalten, zu deren Kunden angeblich ältere Aristokraten wie Lord Buckingham und Lord Cornwallis gehörten.

Der Glaube an die Wirksamkeit dieses fast vampirhaften Verhaltens, um psychosexuelle Energie zu gewinnen, gehörte auch zu den abstrusen Überzeugungen, die Reichsführer SS Heinrich Himmler vertrat. Zwar führte Himmler seine grausame Arbeit mit nüchterner Effizienz durch, befaßte sich aber auch umfassend mit so ausgefallenen Themen wie der

mystischen Symbolik gotischer Architektur und „der okkulten Bedeutung des Zylinders von Eton". 1940 zeigte er sich besorgt ob der großen Anzahl von Luftwaffenpiloten, die nach einem Absturz über der Nordsee an Unterkühlung starben. Er ging davon aus, daß diese Piloten, sollten sie lebend geborgen werden, vermutlich überlebten, wenn man sie zwischen die Körper nackter Mädchen legte. Um diese These zu überprüfen, führten Ärzte der SS eine Reihe geschmackloser und grausamer Versuche durch. Sie ließen Insassen von Konzentrationslagern so lange in eisigem Wasser hocken, bis sie bewußtlos wurden, und legten sie dann zwischen nackte Mädchen ins Bett. Die Bemühungen der Frauen erfüllten einige Opfer so sehr mit Leben, daß sie den Geschlechtsverkehr vollziehen konnten. Mit dieser entarteten Form von Schunemitismus konnte man jedoch nicht mehr Fälle von Wiederbelebung verzeichnen als bei herkömmlichen Methoden.

„DER GLAUBE AN DIE WIRKSAMKEIT DES FAST VAMPIRHAFTEN VERHALTENS, UM PSYCHO- SEXUELLE ENERGIE ZU GEWINNEN, GEHÖRTE ZUR ABSTRUSEN ÜBERZEUGUNG, DIE HEINRICH HIMMLER VERTRAT."

RETTER IN DER NOT

Viele Überlebende gefährlicher Situationen wollen sich dies nicht mit dem Zufall erklären. Für sie steht fest, daß eine höhere Macht sie vor einem schlimmen Schicksal bewahrt hat.

In allen Kulturen und zu allen Zeiten haben die Menschen zu ihrem eigenen Schutz und dem ihrer Gemeinschaft Götter, Geister oder sonstige übernatürliche Mächte angerufen. Auch der christliche Glaube kennt „Schutzpatrone", wie den heiligen Christopherus, der den Autofahrern beistehen soll, oder die heilige Barbara, die für die Bergleute zuständig ist. Außerdem hat die Vorstellung des Schutzengels im Volksglauben einen hohen Stellenwert. Jeder Mensch hat demnach ein höheres Wesen zur Seite, das ihm in schwierigen Lebenslagen beisteht. Mit den rational geprägten Vorstellungen des modernen Industriezeitalters waren solche Vorstellungen jedoch nicht mehr zu vereinbaren und wurden in den Bereich des reinen Aberglaubens verwiesen.

Dennoch sind auch heute noch viele Menschen davon überzeugt, daß die gute Wendung ihres persönlichen Schicksals nicht allein dem Zufall zugeschrieben werden kann und daß höhere Mächte ihre Hand mit im Spiel gehabt haben müssen. Ein eindrucksvolles Zeugnis für diesen Glauben geben beispielsweise die Votivbilder in Altötting und anderen katholischen Zentren Bayerns. Doch auch Personen, die mit der Kirche und der Religion nichts im Sinn haben, berichten von wundersamen Rettungserlebnissen, die sie nur auf das Wirken paranormaler Kräfte zurückführen können. Oftmals hat sich der rettende Geist ihnen auch in Form von wildfremden, aber auch verstorbenen Personen aus ihrem Umkreis zu erkennen gegeben. Es ist gewiß leicht, solche Darstellungen der übersteigerten Phantasie einiger verwirrter Spinner zuzuschreiben, dagegen spricht jedoch die offensichtliche Seriosität und das durchaus vernünftige Auftreten einer Vielzahl der betroffenen Personen.

Der rettende Bruder

Helga C. wurde 1930 in Schlesien geboren und lebt heute mit ihrem Mann in einer Zweizimmerwohnung im Ruhrgebiet. Das Leben der ehemaligen Arbeiterin in einer Textilfabrik war nicht immer einfach: Krieg, Vertreibung, die Nöte der Nachkriegszeit und der mühsame Aufbau einer neuen Existenz in Westdeutschland haben ihr Leben nachhaltig geprägt. Mehrfach überstand sie gefahrvolle Situationen, und sie ist fest davon überzeugt, daß dies ohne die Hilfe ihres 1943 in Rußland vermißten Bruders nicht möglich gewesen wäre.

Oben: Seit dem 16. Jahrhundert ist der Schutzengel ein beliebtes Motiv der christlichen Malerei. Das Thema wurde vielfach variiert. Auf diesem Gemälde von Gregor Elgar vertrauen die trauernden Eltern die Seele ihrer verstorbenen Tochter dem guten Engel an.

Während des Zweiten Weltkrieges lebte Helga mit ihren Eltern und ihrem älteren Bruder Paul im schlesischen Steinkohlengebiet, wo ihr Vater als Elektriker auf einer Zeche arbeitete. Zu Paul hatte sie ein besonders inniges Verhältnis. Alle Sorgen und Nöte konnte sie ihm mitteilen, und sein Rat und Trost halfen ihr oft über den Kummer hinweg. Als Paul im Sommer 1942 zur Wehrmacht eingezogen wurde, war dies für sie ein besonders schmerzliches Ereignis. „Ich habe es noch genau vor Augen, wie meine Eltern und ich Paul zum Bahnhof brachten", erinnert sich Helga. „Er trug Uniform und sollte an der Ostfront eingesetzt werden. Ich weinte beim Abschied, doch er strich mir übers Haar, sagte, daß kein Krieg der Welt uns wirklich trennen könne, und sofort war meine Traurigkeit gelindert." Es war das letzte Mal, daß sie ihren Bruder lebend sah, und doch begleitet er sie noch heute. Einige wenige Feldpostbriefe, die sie immer noch aufbewahrt, sind die letzten Lebenszeichen. Im Februar 1943 kam die Meldung, daß Paul vor Stalingrad vermißt werde. „Mir war sofort klar, daß mein Bruder nicht mehr am Leben war, und dennoch war er für mich nicht wirklich tot." Als die Front näherrückte und Panik die Zivilbevölkerung erfaßte, erschien ihr Paul im Traum, beruhigte sie und versicherte, daß alles gut werde. Als die russische Armee Schlesien erreichte, schloß sich auch Helga mit ihrer Mutter, der Vater war zum Volkssturm eingezogen worden und sollte im sinnlosen Endkampf fallen, einem der zahllosen Flüchtlingstrecks an. 2,8 Millionen Zivilisten kamen bei der Flucht aus dem Osten ums Leben, doch Helga und ihre Mutter überlebten, und wieder schrieb sie die Rettung der Hilfe ihres Bruders zu. Als sie nämlich die Elbe erreichten, waren die meisten Brücken gesprengt, und der Versuch, das rettende Westufer schwimmend zu erreichen, endete oft im Kugelhagel der siegreichen Armeen. „Wir übernachteten in einem provisorischen Lager, als Paul plötzlich vor mir stand. Er lächelte, nahm mich bei der Hand und führte mich wenige hundert Meter weiter an eine Stelle, an der noch vor einigen Tagen inzwischen abgerückte amerikanische Truppen lagen. Ich fand einen Rucksack, den ein amerikanischer Soldat dort zurückgelassen haben mußte. Im gleichen Augenblick war die Erscheinung meines Bruders wieder verschwunden. Ich staunte nicht schlecht, als ich in dem Rucksack Zigaretten, Cornedbeefdosen und eine Flasche Whiskey fand. Wir hatten seit Tagen nichts mehr zum Essen gehabt, und mit dem Schnaps und den Zigaretten konnten wir einen russischen Posten bestechen, der uns daraufhin eine unzerstörte Brücke passieren ließ."

Auch in der neuen Heimat, die Helga und ihre Mutter im Ruhrgebiet gefunden hatten, riß der geistige Kontakt mit Paul nicht ab. Immer wieder spendete er in nächtlichen Visionen Trost und half Helga über viele schwierige Situationen hinweg.

Anfang der sechziger Jahre war Helga verheiratet und arbeitete in einer kleinen Textilfabrik. Eines Tages erschien ihr Paul, als sie mit dem Fahrrad nach Schichtende nach Hause fahren wollte. Er forderte sie auf, entgegen ihren Plänen einen Umweg über die Wohnung ihrer Mutter zu fahren, die ganz in der Nähe lag. Als ihre Mutter auch auf mehrfaches Klingeln nicht öffnete, wußte Helga, daß etwas passiert sein mußte. Mit ihrem Schlüssel öffnete sie die Tür und fand ihre Mutter reglos auf den Boden liegend. Der sofort alarmierte Notarzt brachte sie schleunigst ins Krankenhaus. „Wäre ich auch nur eine halbe Stunde später gekommen, wäre es zu spät gewesen." Seit dieser Zeit ist Paul ihr nicht mehr erschienen, doch ist sie fest davon überzeugt, daß er ihr in Situationen der Not immer zur Seite stehen wird.

Mysteriöse Anhalter

Vor einigen Jahren häuften sich Presseberichte über Autofahrer, die in Süddeutschland seltsame Erlebnisse mit merkwürdigen Anhaltern gehabt haben wollen. Die meisten von ihnen nahmen in der Regel keine Tramper mit, doch irgend etwas, das sie nicht näher beschreiben konnten, bewegte sie dazu, die Personen am Straßenrand doch in ihren Wagen einsteigen zu lassen. In allen Fällen gab sich der unbekannte Fahrgast als übernatürliches Wesen zu erkennen und schien sich schließlich plötzlich in Luft

aufzulösen. Oftmals verschwand er während der Fahrt, und sein Sicherheitsgurt steckte noch in der Arretierung.

Auch sollen solche Phantome schwerwiegende Verkehrsunfälle verhindert haben. So geschehen ist es im Fall eines jungen Automechanikers, der in der Abenddämmerung auf einer niederbayerischen Landstraße einen Anhalter mitnahm. Das Verhalten der gepflegt wirkenden Erscheinung sei äußerst merkwürdig gewesen, er sprach kaum ein Wort, und eine seltsame Atmosphäre breitete sich im Wagen aus. Nicht, daß die Person gefährlich oder unheimlich gewirkt hätte, nur ging von ihr eine nicht zu erklärende Ruhe und Entspanntheit aus. Es begann zu regnen, und der Wind wurde immer heftiger. Trotz der mittlerweile orkanartigen Böen verlangte der Anhalter nach einigen Kilometern mitten auf freier Strecke auszusteigen. Kaum war er in einem Wald-

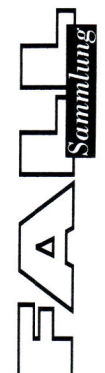

GEISTHEILUNG DURCH DEN SCHUTZENGEL

Frau Gisela W. aus B. in der Rheinpfalz berichtet uns ihren eigenen Fall, der sich im letzten Frühjahr zugetragen hat.

„Seit etwa vier Jahren habe ich einen engen Kontakt zu meinen Schutzengel. Ich besuchte damals eine Meditationsgruppe, in der ich mich allerdings nicht besonders wohlfühlte. Da erschien mir erstmals mein Schutzengel, den ich leibhaftig vor mir sah. Er schritt eine breite Treppe in einer imposanten Marmorhalle herunter, redete zu mir und wusch mir Hände und Gesicht. Damit machte er mir klar, daß ich mich von der Gruppe trennen solle.

Wenige Tage später mußte ich mich einer unangenehmen Darmoperation unterziehen. Doch die Heilung war nicht dauerhaft, 1991 traten erneut Blutungen auf, und die Ärzte rieten zu einer wieder Operation. Es bestand das Risiko bösartiger Tumore. Im Frühjahr 1992 wurde ich in das Krankenhaus „Guter Hirte" in Ludwigshafen eingeliefert. Der bevorstehende Eingriff löste natürlich eine nicht unbedeutende Angst bei mir aus. Am Abend zuvor bekam ich eine Beruhigungsspritze, doch bevor ich einschlief, konnte ich noch innere Zwiesprache mit meinem Schutzengel halten. Ich bat ihn, dafür zu sorgen, daß mit mir nicht mehr gemacht werde, als unbedingt notwendig sei. Am nächsten Morgen wurde ich in den OP gebracht. Als ich wieder zu mir kam, eröffnete mir der Arzt, daß gar kein Eingriff stattgefunden habe. Eine nochmalige Routineuntersuchung hat ergeben, daß die Tumore verschwunden waren. Medizinisch konnte er sich das nicht erklären. Ich war hingegen verwundert, daß der Arzt meine Worte an den Schutzengel zum Teil wörtlich wiederholte.

Ich weiß, daß Krankheiten oft die Folge ungelöster Probleme sind. Ich war bereit, das Notwendige zu erdulden, und das war wohl genug. Meinem Schutzengel dankte ich für seine Hilfe. Als mir die Ärzte die erfreuliche Botschaft mitteilten, konnte ich nicht an mich halten und mußte in einem fort lachen. Als ich meine Fröhlichkeit zu erklären versuchte, lachten alle mit, obwohl sie mich sicher nicht verstanden hatten. Ich bin sehr dankbar und glücklich, daß ich eine solch enge Beziehung zu meinem Schutzengel aufbauen konnte." D.H.A.

weg verschwunden, stürzte ein mächtiger Baum quer über die Fahrbahn. Hätte der Automechaniker nicht kurz zuvor angehalten, wäre sein Auto unter dem Baum begraben worden.

Ebenso unglaublich mutet die Geschichte eines Handelsvertreters an, der auf einer Autobahnraststätte einen jungen Mann mitnahm. Während der Fahrt gab sich der Anhalter äußerst wortkarg, und der Vertreter fuhr mit hoher Geschwindigkeit Richtung Stuttgart, da er dort einen wichtigen Kundentermin hatte. Plötzlich tauchten dicke Nebelwände auf, und das letzte, was er wahrnahm, war der heftige Aufprall auf einen liegengebliebenen Sattelschlepper.

Als er später im Krankenhaus aufwachte, teilte man ihm mit, daß er wie durch ein Wunder mit nur leichten Verletzungen überlebt habe. Sein Wagen war nur noch ein Schrotthaufen, und es erschien ihm unerklärlich, aus diesem Wrack lebend geborgen worden zu sein. Auf seine Frage nach dem Verbleib des Beifahrers teilte man ihm verwundert mit, daß niemand sonst in dem Wagen gesessen habe.

Am Abgrund

Nicht immer erscheinen die Schutzengel in menschlicher Gestalt. Dennoch sind viele Menschen absolut sicher, daß höhere Wesen ein unheilvolles Schicksal von ihnen abgewandt haben. In Kriegszeiten scheinen Schutzengel ganz besonders häufig wahrgenommen zu werden.

Rechts: Die Wahrscheinlichkeit, aus einem solchen Autowrack lebend geborgen zu werden, ist offensichtlich mehr als gering. Viele Überlebende solch katastrophaler Verkehrsunfälle können sich ihre Rettung nur durch das Eingreifen eines Schutzengels erklären.

Oben: Thomas von Aquin(1225–1274) formulierte die Lehre vom Schutzengel für die katholische Kirche.

Im Blickpunkt
DER CHRISTLICHE SCHUTZENGEL

Unsere Vorstellung vom Schutzengel geht vermutlich auf altiranische und altbabylonische Denkmuster zurück. Schon das Alte Testament kennt Engel, die den Menschen bei Gefahr schützen. Doch den ständigen Begleiter und Beschützer eines Menschen kennt erst die spätere Zeit. Die für die katholische Kirche verbindliche Lehre vom Schutzengel hat im Mittelalter Thomas von Aquin in seiner Schrift *Summa Theologiae* definiert. Demnach hat jeder Getaufte, ja jeder Mensch einen besonderen Schutzengel zur Seite. Seit dem 9. Jahrhundert sind besondere Schutzengelfeste belegt, die zunächst auf den Tag des Erzengels Michael, den 30. September, fielen. Die Bedeutung und die Datierung des Festes wurden von den Päpsten mehrfach neu festgelegt. Die letzte Änderung des Vatikans zum Schutzengelkult stammt aus dem Jahr 1961. Daß die katholische Kirche dem Schutzengel auch in der Religionserziehung einen besonders hohen Wert beimißt, zeigt ein Gebet aus einem Schulreligionsbuch:
Heiliger Schutzengel, hilf mir!
Heiliger Schutzengel mein,
laß mich dir empfohlen sein!
Steh mir in jeder Not bei,
halte mich von Sünden frei,
führe mich an deiner Hand
in das himmlische Vaterland!

Heinz W. wurde als junger Mann 1943 zur Wehrmacht eingezogen und diente als LKW-Fahrer in Jugoslawien. Seine Aufgabe war es, Nachschub für die kämpfende Truppe vom Hinterland an die Front zu transportieren. Da gegen Ende des Krieges die Alliierten die Lufthoheit besaßen, mußten die Transporte nachts geschehen. Aus Sicherheitsgründen durften die Fahrzeuge nicht beleuchtet werden, und so war es sehr mühsam, den Weg zu finden. Auf einer dieser nächtlichen Fahrten sagte plötzlich eine innere Stimme dem jungen Landser, er möge anhalten und sich ein wenig die Beine vertreten. „Ich weiß bis heute nicht, warum ich gerade kurz vor dieser Brücke stoppte. Als ich den Wagen verlassen hatte, zündete ich mir eine Zigarette an und wollte von der Brücke ein wenig ins Wasser sehen." Nachdem er ein paar Schritte gegangen war, stellte er fest, daß die Brücke nach etwa 15 Metern einfach endete. Wie er später erfuhr, war sie von Partisanen in die Luft gesprengt worden. Hätte er nicht angehalten, wäre er samt Lastwagen in die Tiefe gestürzt. Sein unfaß-

> **SEIN WAGEN WAR NUR NOCH EIN SCHROTTHAUFEN, UND ES WAR IHM UNERKLÄRLICH, AUS DIESEM WRACK LEBEND GEBORGEN WORDEN ZU SEIN. AUF SEINE FRAGE NACH DEM VERBLEIB DES BEIFAHRERS TEILTE MAN IHM VERWUNDERT MIT, DASS NIEMAND SONST IN DEM WAGEN GESESSEN HABE.**

Unten: Die meisten Angehörigen der 6. Armee hatten keinen Schutzengel. Für die Überlebenden der verheerenden Schlacht um Stalingrad begann ein mörderischer Marsch in die russische Gefangenschaft, von dem nur wenige zurückkehrten. Wer trotzdem die Heimat wiedersah, konnte sich oftmals nicht erklären, warum es gerade ihn nicht getroffen hat.

bares Glück kann sich Heinz W. bis heute nur durch die Hilfe eines höheren Wesens erklären.

Plötzliche Umkehr

In den letzten Jahren konnte man in der Presse häufig von Personen lesen, die angaben, daß sie aus plötzlicher Eingebung ihren Flug stornierten. Als sie dann aus der Zeitung entnahmen, daß das Flugzeug, in dem sie hätten sitzen sollen, abgestürzt sei, waren sie nicht nur erleichtert, sondern auch verwundert über diesen „Zufall".

Die Münchner Schauspielerin Alexandra P. glaubt, daß sie über paranormale Fähigkeiten verfügt, die schon mehreren Menschen das Leben gerettet haben. So hielt sie sich zu einem Dreh Ende 1988 in London auf. Als sich die Schauspielertruppe nach Ende der Filmaufnahmen zerstreute, schlug sie zwei amerikanischen Kollegen vor, noch ein paar Tage bei Freunden von ihr in Winchelsea in East Sussex zu verbringen. Die beiden willigten ein und buchten einen späteren Flug. Aus den Nachrichten erfuhren sie, daß der ursprünglich geplante Heimflug bei Lockerbie jäh endete. Terroristen hatten eine Bombe an Bord geschmuggelt, die über Schottland explodierte. Viele Menschen fanden den Tod, doch ihnen blieb aufgrund einer spontanen Idee dieses Schicksal erspart.

Alexandra hatte ihren Kollegen unbewußt das Leben gerettet. „Ich hatte keine Ahnung von der möglichen Katastrophe, als ich den Trip vorschlug", erklärte sie später, doch hat sie schon öfter durch scheinbar unmotivierte Abänderung der Planung andere Menschen vor Schlimmem bewahrt. Sie ist heute der festen Überzeugung: „Ich bin ein Schutzengel."

Links: Buddha im Gespräch mit seinen Schülern. Die Lehren vieler östlicher Religionen haben einen auffallend nicht-intellektuellen Charakter, der in krassem Gegensatz zu der im Westen vorherrschenden analytischen Denkweise steht. Die moderne neurologische Forschung fand jedoch heraus, daß wir zwei Gehirne besitzen: Das eine arbeitet intuitiv, das andere rational-analytisch. Um welchen Preis hat der Westen letzten Endes die intuitive Seite unterdrückt beziehungsweise der Osten die rationale?

NUR HALB BEI VERSTAND?

Die Wissenschaft fand heraus, daß das menschliche Gehirn zweigeteilt ist und wir im wahrsten Sinne des Wortes einen doppelten Verstand besitzen. Im folgenden wird die ganze Tragweite dieser Entdeckung untersucht.

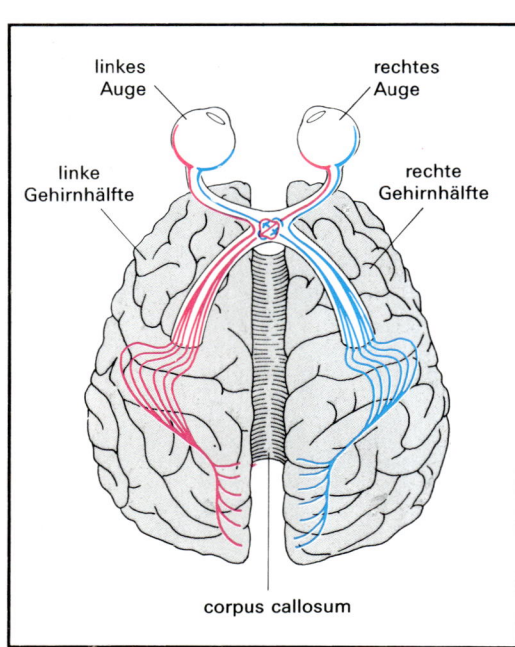

linkes Auge

rechtes Auge

linke Gehirnhälfte

rechte Gehirnhälfte

corpus callosum

Eine der größten Leistungen des berühmten französischen Mathematikers Henri Poincaré (1854-1912) war die Lösung eines schwierigen mathematischen Problems im Zusammenhang mit den – wie er sie nannte – „Fuchsschen Funktionen". In seinen Memoiren schreibt er, er habe das Problem eine geraume Zeit beharrlich mit logischem Denken zu lösen versucht, jedoch ohne Erfolg. Mitten in der Arbeit gönnte er sich eine kleine Pause, unternahm eine geologische Exkursion und vergaß über den neuen Eindrücken die Mathematik völlig. Rein geologische Fragen beschäftigten ihn auch, als er in einen Bus stieg, der ihn zu einer Grabungsstätte bringen sollte – da schoß ihm plötzlich die Lösung seines mathematischen Problems durch den Kopf wie ein intuitiver Blitz. Er war so sicher, die richtige Antwort gefunden zu haben, daß er sie erst nach seiner Rückkehr von der Exkursion überprüfte. Er fand tatsächlich bestätigt, daß seiner Intuition etwas gelungen war, bei dem die Logik versagt hatte.

Die Geschichte kennt viele Fälle solcher Geistesblitze, die einem Menschen – häufig im Traum – plötzlich die richtige Lösung eines schwierigen Pro-

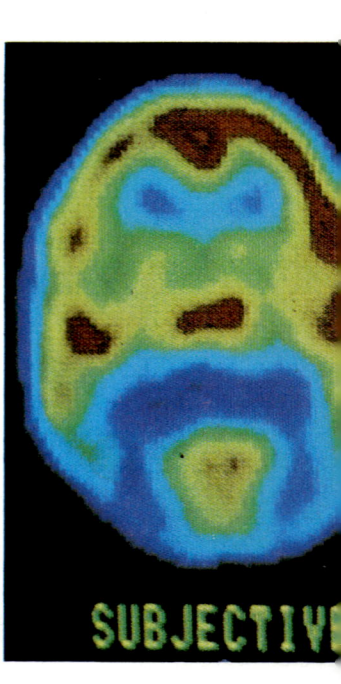

SUBJECTIVE

SINISTRE FÄHIGKEITEN

Eine ganze Reihe von Phänomenen, die sich jeder rationalen Erklärung entziehen, so auch paranormale Fähigkeiten, gehen möglicherweise auf geheimnisvolle, in unserer rechten Gehirnhälfte verborgene Kräfte zurück. Wünschelrutengänger beispielsweise arbeiten oft in einem entspannten, beinahe tranceartigen Zustand, in dem die linke Hemisphäre nicht an ihrer Dominanz festhält und die rechte somit frei agieren kann. Möglicherweise erkennt die rechte Gehirnhälfte das Vorhandensein von Wasser. Die Beteiligung der rechten Hemisphäre erklärt vielleicht auch, warum man paranormale Phänomene im Labor fast nicht reproduzieren kann: Die

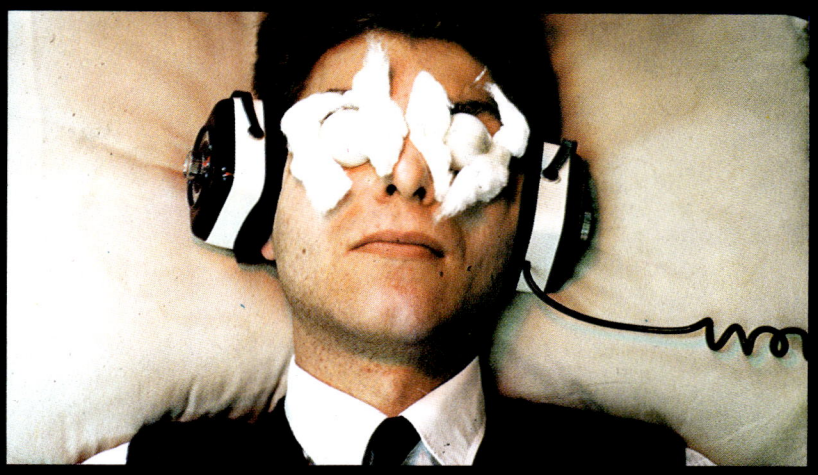

Links: Die Fähigkeiten dieses Wünschelrutengängers aus dem 18. Jahrhundert wurden, so vermutet man, von der rechten Gehirnhälfte gesteuert.

sterile Labor-Atmosphäre spricht möglicherweise verstärkt die linke Hemisphäre an und unterdrückt die rechte Seite.

Eine weitere faszinierende Theorie sieht hinter der Telepathie – einer anscheinend nur sporadisch auftretenden Fähigkeit – nichts anderes als das Verständigungsmittel unserer jeweiligen rechten Gehirnhälften. Durch Wiederherstellung des Gleichgewichts zwischen der rechten und linken Hemisphäre könnten wir vielleicht die in jedem von uns schlummernde Fähigkeit wiedererwecken, allein über den Geist miteinander zu kommunizieren.

PERSPEKTIVEN

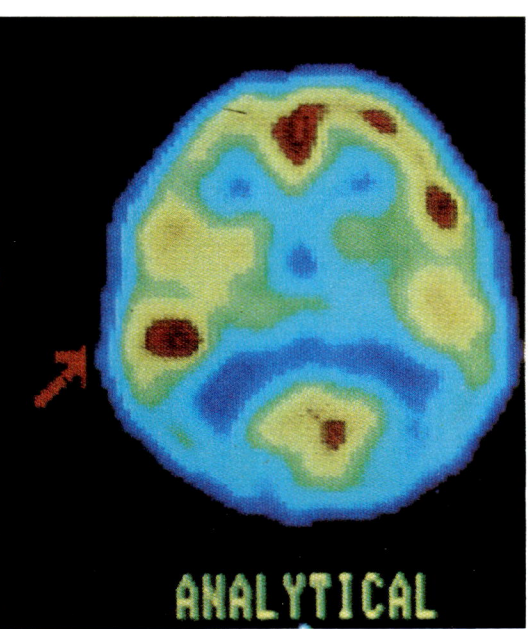

ANALYTICAL

Das Gehirn (ganz links) setzt sich aus zwei deutlich voneinander abgegrenzten Hälften zusammen, die durch einen Balken aus etwa 200 Millionen Nervenbahnen, dem Corpus callosum, miteinander verbunden sind. Die linke Hemisphäre steuert im wesentlichen die rechte Körperhälfte und umgekehrt. Beide Hemisphären üben verschiedene kognitive Funktionen aus: Die linke arbeitet vornehmlich analytisch, die rechte eher intuitiv. Diese Gehirnströme (links) wurden registriert, als die Versuchsperson gerade Musik hörte: Bei der linken Aufzeichnung ist bei intuitivem und subjektivem Zuhören hauptsächlich die rechte Gehirnhälfte aktiviert, rechts dagegen ist bei eher analytischer Wahrnehmung vorrangig die linke Gehirnhälfte beteiligt.

blems bescheren, das ihn beschäftigt. Interessanterweise geschieht dies oft in einem Moment, in dem gar nicht bewußt über das Problem nachgedacht wird. Es ist, als könne das Gehirn gerade dadurch, daß es sich entspannt und vom strikten logischen Denken entfernt, zur richtigen Lösung gelangen. Bedeutet Poincarés Erfahrung, die andere ähnlich erlebten, daß das Gehirn auf zwei Arten arbeiten kann, entweder logisch systematisch Schritt für Schritt oder aber intuitiv und ohne Steuerung durch das Bewußtsein?

Immer mehr Physiologen und Psychologen tendieren dazu, diese Frage zu bejahen: Unser Gehirn scheint tatsächlich je nach den Gegebenheiten zwischen diesen beiden unterschiedlichen Verhaltensformen umzuschalten.

Untersuchungen von Anatomen und Neurophysiologen, die sich mit dem Gehirn und seinen Funktionen befassen, stützen diese kühne Behauptung. Wir wissen, daß der menschliche Körper im großen und ganzen symmetrisch gebaut ist. Teilte man ihn in der Mitte der Länge nach durch, erhielte man, mit Ausnahme einiger wichtiger Organe wie dem Herzen, zwei spiegelgleiche Hälften. Anatomisch gesehen, trifft dies auch auf das Gehirn zu.

Von oben betrachtet, besteht es aus zwei Großhirnhälften, den Hemisphären, die durch einen Balken aus etwa 200 Millionen Nervenfasern miteinander verbunden sind. Dieses Corpus callosum ist eine von mehreren sogenannten Kommissuren, Bündeln von Nervenfasern, die identische Stellen

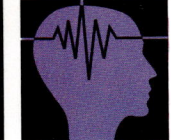

beider Hirnhälften miteinander verbinden. Auch wenn diese Hemisphären in etwa spiegelgleich erscheinen, stellt sich bei näherer Untersuchung doch heraus, daß die linke und die rechte Seite ganz unterschiedliche Funktionen erfüllen.

Auch andere Körperteile weisen eine zwar anatomische, nicht aber funktionale Symmetrie auf. Das auffälligste Beispiel bieten unsere Hände. 90 Prozent der Menschen sind Rechtshänder, das heißt, sie benutzen bevorzugt die rechte Hand, während bei der Minderheit der Linkshänder die linke eine dominierende Rolle spielt. \

Auch das Gehirn läßt diese Unterschiede erkennen, allerdings mit umgekehrten Vorzeichen. Bei 96 bis 98 Prozent der Bevölkerung übernimmt die linke Hemisphäre die dominierende und die rechte die untergeordnete Rolle.

Auf den ersten Blick mag es erstaunen, daß bei den meisten Menschen zwar die linke Hemisphäre, aber die rechte Hand verstärkt arbeitet. Doch gibt es für dieses Phänomen eine plausible anatomische Erklärung: Im Rautenhirn, dem hintersten Teil des Gehirns, das mit dem Rückenmark zusammenhängt, kreuzen viele Nervenbahnen von rechts nach links und umgekehrt. Diese Kreuzungen oder Decussatio von Fasern ist verantwortlich für die Tatsache, daß die linke Gehirnhälfte in der Regel die rechte Körperhälfte steuert und umgekehrt. So kommt es, daß die dominante linke Hemisphäre die ebenfalls dominante rechte Hand kontrolliert.

Was heißt „Dominanz"?

Was genau ist unter dieser Dominanz der linken Hemisphäre zu verstehen? Bei der Hand läßt es sich leicht erklären: Sie ist einsatzfähiger und wird am häufigsten gebraucht (bezeichnenderweise nennt man einen unentbehrlichen Helfer auch „Rechte Hand"). Die Funktionen des Gehirns, das sich unter der harten Schädeldecke verbirgt, stellen uns vor ein weit größeres Problem. Es kann daher kaum überraschen, daß man erst 1844 von den beiden Hemisphären auf die Existenz zweier gesonderter Verstandesebenen schloß. Diese These formulierte damals A.L. Wigan in seinem Buch The Duality of Mind (Die Dualität des Geistes). Wigan gelangte zu dieser strittigen Ansicht durch die Autopsie eines Mannes, der zu Lebzeiten keinerlei Geistesstörungen gezeigt hatte, jedoch nur eine Gehirnhälfte besaß. Offenbar war er durch diese Mißbildung nie gravierend beeinträchtigt worden.

Es handelte sich um den ersten protokollierten Fall von absoluter Dominanz einer Gehirnhälfte. In jüngerer Zeit stieß die Neurophysiologie auf zahlreiche weitere, allerdings weniger dramatische Beispiele, bei denen eine Hemisphäre in ganz bestimmten Funktionsbereichen eine wichtigere Rolle spielte als die andere.

Eine entscheidende Methode, die Funktionen beider Hirnhälften zu erforschen, bietet die „splitbrain"-Operation, bei der der Balken und andere Kommissurenbahnen durchtrennt werden, also Bündel von Nervenbahnen, die die beiden Gehirnhälften miteinander verbinden. In den frühen sechziger Jahren führte der kalifornische Arzt Joseph Bogen diesen Eingriff bei Epileptikern durch, um die Anfälle einzugrenzen. Trennt man das Corpus callo-

sum und die Commissura anterior, ein weiteres Bündel von Nervenbahnen zwischen den beiden Gehirnhälften, kann eine epileptische Erregung nicht mehr von einer Seite auf die andere übergreifen. Die Patienten, die sich dieser Operation unterzogen, hatten keine Anfälle mehr und wirkten in jeder Hinsicht recht normal.

Die Neurophysiologen nahmen verblüfft zur Kenntnis, daß sich ein derart massiver Eingriff offenbar nicht nachteilig auswirkte. Vielleicht hatte A.L. Wigan recht, und die Menschen besaßen tatsächlich zwei gesonderte Verstandesebenen, die lediglich unabhängiger voneinander wurden, wenn sie nicht mehr verbunden waren.

Erst als R.W. Sperry und seine Kollegen vom „California Institute of Technology" die Auswirkungen von „split-brain"-Operationen an Katzen und Affen untersuchten und danach ihre Forschungen auf Menschen ausdehnten, wurde man auf einige überraschende Verhaltensanomalien aufmerksam. Sperry und seine Kollegen konzentrierten sich auf die Folgen für die Schreib- und Lesezentren, die in der linken Gehirnhälfte angesiedelt sind. Durchtrennt man das Corpus callosum, stehen sie nicht länger in Verbindung mit der rechten Gehirnhälfte, die die linke Körperhälfte kontrolliert. Demnach, so schlossen sie, müßte ein „split-brain"-Patient, dem man in seinem linken (von der rechten Gehirnhälfte gesteuerten) Gesichtsfeld einen Gegenstand zeigte, diesen zwar wahrnehmen, nicht aber mündlich oder schriftlich benennen können, da letztere Funktionen in die Zuständigkeit der linken Gehirnhälfte fielen.

Zur Untersuchung ihrer Theorie führten die Forscher eine Reihe einfacher Versuche durch. Bei einem dieser Experimente saß ein „split-brain"-Patient vor einer Leinwand, hinter der, seinen Blicken verborgen, einige alltägliche kleine Gegenstände wie etwa ein Hammer, ein Messer und eine Mutter mit Schraube lagen. Das Abbild eines dieser Gegenstände, für dessen Erkennen die rechte Hemisphäre

Oben: Dieser Stich aus dem 17. Jahrhundert zeigt Zauberer in gemeinsamer Aktion. Vielleicht deshalb, weil sie jeder rationalen Grundlage entbehrt, gilt Magie in der westlichen Gesellschaft als „sinister" – das Wort bedeutet im Lateinischen „links".
Unten: Die heilige Barke der ägyptischen Göttin Isis gleitet durch die Nacht. Prozessionen zu Ehren der Gottheit wurden von Priestern angeführt, die ein Abbild der linken Hand mit sich führten.

Unten rechts: Das Porträt von Jaco Bar zeigt Fra Luca Pacioli, einen der großen Geometer der Renaissance. In der abendländischen Tradition wird dem analytischen Denken seit jeher der Vorzug vor der Intuition gegeben. Letztere kann jedoch auch beim analytischen Ansatz durchaus hilfreich sein. So gelangte zum Beispiel Henri Poincaré (unten), der berühmte französische Mathematiker des 19. Jahrhunderts, offenbar fast zufällig zu einer wichtigen mathematischen Erkenntnis: Er hatte eine blitzartige, intuitive Eingebung, als er gar nicht bewußt über das Problem nachdachte.

zuständig ist, wurde für eine Zehntelsekunde so auf die Leinwand projiziert. Der Aufforderung, das Objekt richtig zu benennen, vermochte der Patient nicht nachzukommen, doch er suchte den Gegenstand heraus, wenn er mit seiner linken Hand hinter die Leinwand tastete.

Zu diesem Thema wurden zahlreiche weitere Experimente entwickelt. Parallel dazu liefen Untersuchungen der Gehirnfunktionen mit Hilfe der Elektroenzephalographie, die es ermöglicht, die Nervenaktivität in den beiden Hemisphären zu vergleichen, wenn eine Person verschiedene Aufgaben ausführt.

Nun gibt es natürlich Künstler, Mystiker und andere mehr, die gleichsam gegen den Strom schwimmen, indem sie der Aktivität der rechten Gehirnhälfte mehr Bedeutung zukommen lassen. In unserer Gesellschaft führen sie im allgemeinen aber eher ein Dasein als geduldete Minderheit. Immerhin gibt es sie, und wir sollten sie als Vorreiter einer neuen Bewußtseinsform betrachten, die Gedanken und Verhaltensweisen aus beiden Hemisphären einen gleichberechtigten Platz einräumt. Es erfordert Durchsetzungsvermögen, die weithin akzeptierte Dominanz der linken Hemisphäre zu erschüttern.

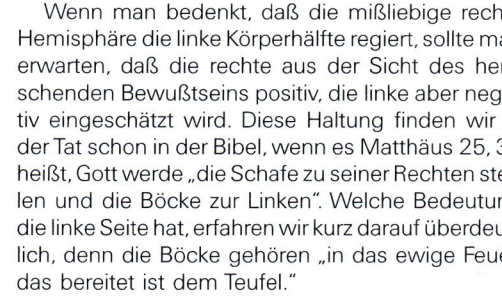

Die linke Hemisphäre steuert das Sprechen, Schreiben und Rechnen; sie denkt analytisch, logisch und rational und löst die gestellten Probleme durch eine systematische Schritt-für-Schritt-Analyse. Dagegen sind in der rechten Hemisphäre die Fähigkeit der dreidimensionalen Wahrnehmung, der Orientierungssinn und die Musikalität angelegt. Sie arbeitet perzeptiv, intuitiv, metaphorisch und imaginativ und nimmt die Dinge als Ganzes oder als Muster wahr, anstatt sie, wie es in der linken Hemisphäre geschieht, logisch zu analysieren.

Solche Erkenntnisse führen uns zu interessanten Schlußfolgerungen. Beispielsweise scheint die linke Gehirnhälfte deshalb zu dominieren, weil analytische, logische und verbale Fähigkeiten im Abendland die höchste Wertschätzung genießen. Der Mathematiker steigert im Laufe seiner Ausbildung seine linke Hemisphäre zu Höchstleistungen, während seine rechte Gehirnhälfte erst dann zum Zuge kommt, wenn die linke Seite ihren Zugriff auf die Gedankenarbeit lockert. Poincarés Erkenntnis traf ihn so plötzlich wie ein Blitz, zeigt also, daß die Prozesse in seiner rechten Gehirnhälfte weitgehend unbewußt abliefen.

Wenn man bedenkt, daß die mißliebige rechte Hemisphäre die linke Körperhälfte regiert, sollte man erwarten, daß die rechte aus der Sicht des herrschenden Bewußtseins positiv, die linke aber negativ eingeschätzt wird. Diese Haltung finden wir in der Tat schon in der Bibel, wenn es Matthäus 25, 33 heißt, Gott werde „die Schafe zu seiner Rechten stellen und die Böcke zur Linken". Welche Bedeutung die linke Seite hat, erfahren wir kurz darauf überdeutlich, denn die Böcke gehören „in das ewige Feuer, das bereitet ist dem Teufel."

Licht und Dunkel

In der griechischen – patriarchalisch ausgerichteten – Tradition seit Pythagoras brachte man die rechte Seite in Verbindung mit Licht und Sonne, dem Geradlinigen, dem Guten und Männlichen, die linke aber mit dem Dunkel und dem Mond, dem Gekrümmten, dem Bösen und Weiblichen. Im alten Ägypten, einer matriarchalischen Gesellschaft, verehrte der Isis-Kult das Weibliche (Isis) stärker als das Männliche (Osiris). Der Nacht, nicht dem Tag huldigte man, und die mystischen Prozessionen wur-

den von Priestern angeführt, die ein Bild ihrer linken Hand trugen.

Die westliche Gesellschaft übernahm von den Griechen ihre auf das Männliche ausgerichtete Weltsicht und ignorierte die matriarchalische Auffassung der Ägypter. Die rechte Seite, das heißt die als männlich betrachteten Qualitäten der linken Hirnhälfte traten die Herrschaft an, die ein Nebeneinanderbestehen beider Kulturen hätte gefährden können.

Es ist vielleicht bezeichnend, daß Dinge wie Magie und Mystik in der westlichen Zivilisation auch sinister (vom lateinischen Wort für „links"), das heißt zwielichtig oder unheilvoll, genannt werden, da sie jeder Rationalität zu entbehren scheinen. Transzendentale Meditation, Yoga, Glaubensheilung, Parapsychologie, Wahrsagen, das Erlangen veränderter Bewußtseinsebenen mit Hilfe von Drogen und dergleichen mehr entziehen sich allerdings jedem logischen Zugriff der linken Hemisphäre, und dennoch werden sie von vielen praktiziert. Die Zahl der Verfechter und Anhänger dieser „sinistren" Aktivitäten scheint sogar laufend zuzunehmen. Immer mehr Menschen lehnen sich gegen die Entfremdung, Entmenschlichung und Rationalisierung unseres tech-

Oben: Eine mittelalterliche Wandmalerei in der St. Thomas Kathedrale von Salisbury, England, zeigt das Jüngste Gericht. Seelen, die für den Himmel bestimmt sind, sitzen zur Rechten Gottes, jene, auf die die ewige Verdammnis wartet, zu seiner Linken.

Rechts: Diese Tarockkarte wurde von Frieda Harris für Aleister Crowley entworfen. Sie zeigt die ineinandergreifenden Symbole von Yin und Yang, dem weiblichen und männlichen Prinzip, die in ihrer Vereinigung die Gesamtheit des Lebens versinnbildlichen. Zugleich umreißen sie in etwa auch die Grundwesenszüge der rechten und der linken Gehirnhälfte.

nischen Zeitalters auf und versuchen, ihre rechte Gehirnhälfte zu aktivieren, so daß sie das Gleichgewicht zwischen beiden Seiten wiederherstellen. Der gestärkte Einfluß der rechten Hemisphäre wird in allen Lebensbereichen sichtbar, sei es in einem steigenden Interesse an Zen und anderen mystischen Religionen aus Fernost oder in der vermehrten Offenheit gegenüber paranormalen Phänomenen.

Soll diese Rebellion der rechten Hemisphäre ein neues Lebensgefühl hervorbringen, so darf man den Sinn für die Verhältnismäßigkeit nicht verlieren. Das Ziel ist nicht die Dominanz der rechten oder linken Seite, sondern die Harmonie zwischen beiden Gehirnhälften. Diese aber kann nur aus einem offenen Dialog zwischen beiden erwachsen, in den jede ihre besonderen Stärken und Fähigkeiten einfließen läßt. Zu diesem Zweck könnten wir uns – zum Beispiel durch Biofeedback – von Jugend an darin üben, unsere rechte Hemisphäre bewußt einzusetzen. Wir müssen erkennen, wann wir „loslassen" oder ein Problem vergessen sollten, um so der rechten Hemisphäre die Lösung zu überlassen. Die Chinesen sind uns in diesem Punkt um einiges voraus. Sie haben seit jeher die Auffassung, daß aller Lebenskraft die Verbindung von Yin, dem weiblichen Prinzip, und Yang, dem männlichen Prinzip, zugrundeliegt, von Gegensätzen also, die im Grunde genommen auch den Kontrast zwischen der rechten und der linken Hemisphäre symbolisieren. Die Philosophen im alten China waren offenbar weiser als wir. Sie wußten schon Jahrhunderte, bevor die westlichen Neurophysiologen eben dieser Wahrheit auf die Spur kamen, daß wir ohne das aktive Zusammenwirken von Gegensätzen praktisch nur halb bei Verstand sind.

> „SOLL DIESE REBELLION DER RECHTEN HEMISPHÄRE EIN NEUES LEBENSGEFÜHL HERVORBRINGEN, SO DARF MAN DEN SINN FÜR DIE VERHÄLTNISMÄSSIGKEIT NICHT VERLIEREN. DAS ZIEL IST NICHT DIE DOMINANZ DER RECHTEN ODER LINKEN SEITE, SONDERN DIE HARMONIE ZWISCHEN BEIDEN GEHIRNHÄLFTEN."

Ein Leben lang werden wir vor Entscheidungen gestellt. In der Regel sind diese eher unbedeutend. Und obwohl wir uns auch oft mit Kleinigkeiten quälen, wenn es zum Beispiel um den Kauf eines Kleides oder um eine Urlaubsreise geht, so beschäftigen sie uns doch meist nur kurze Zeit. Aber manchmal bringt eine Entscheidung eine echte Herausforderung mit sich: Hauskauf, Umzug in eine andere Stadt, berufliche Veränderung oder Heirat. Das alles sind Entscheidungen, die sich, einmal getroffen, nur schwer rückgängig machen lassen. Auch wenn sich die Vor- und Nachteile einer Veränderung gegeneinander abwägen lassen, so besteht doch die Wahrscheinlichkeit, daß andere, versteckte Faktoren nicht berücksichtigt worden sind. Und wenn wir andere um Rat fragen, müssen wir feststellen, daß diese unsere Probleme nicht in ihrer ganzen Tragweite erfassen können. Wo sollen wir also Rat suchen?

Das Buch der Wandlungen

Seit Jahrtausenden können die Chinesen in solchen Momenten auf eine Quelle der Weisheit zurückgreifen, einen alten Klassiker, ein heiliges Buch: das *I Ging*, das *Buch der Wandlungen*. Heute ist dieses Orakelbuch auch für viele Menschen im Westen eine Quelle der Inspiration in Zeiten rasanter Veränderungen. Unzählige Philosophen, Staatsmänner und vor allem Wahrheitssucher haben in diesem Werk Rat, Weisheit und Selbsterkenntnis gesucht und gefunden. Westliche Gelehrte glauben, daß das *I Ging* die bereits in unserem Unterbewußtsein verborgenen Informationen an die Oberfläche unserer Erkenntnis bringt.

Die Geschichte des I Ging

Die ersten Spuren des *I Ging* sind etwa 5000 Jahre alt. Damals war das *Buch der Wandlungen* nur eine Sammlung von Zeichen für Orakelzwecke und beschränkte sich auf die Antworten „ja" und „nein". Eine durchgehende Linie symbolisierte das „Ja", eine unterbrochene Linie das „Nein". Auf diesem einfachen, nur aus zwei Zeichen bestehenden Code beruht auch heute noch das *I Ging*. Die Beobachtung der Sterne, des Wechsels von Ebbe und Flut, des Wandels der Jahreszeiten, die Beobachtung von Pflanzen und Tieren, von menschlichen Beziehungen und Gefühlen führte zu der Erkenntnis, daß alle Dinge zwischen Himmel und Erde sich immer in Bewegung befinden und damit in ständiger Veränderung und Wandlung. Auf dieser Grundlage entstand im Laufe der Jahrtausende ein differenziertes Verständnis menschlicher und kosmischer Verflechtungen und gegenseitiger Durchdringung. Heute gibt es acht Grundzeichen, die aus jeweils drei Linien bestehen. Diese acht Zeichen sind symbolische Bilder dessen, was im Himmel und auf Erden geschieht. Um Übergangszustände darzustellen, wurde jeweils eines der acht Zeichen mit einem anderen kombiniert. Aus den daraus entstandenen Verknüpfungen wurden

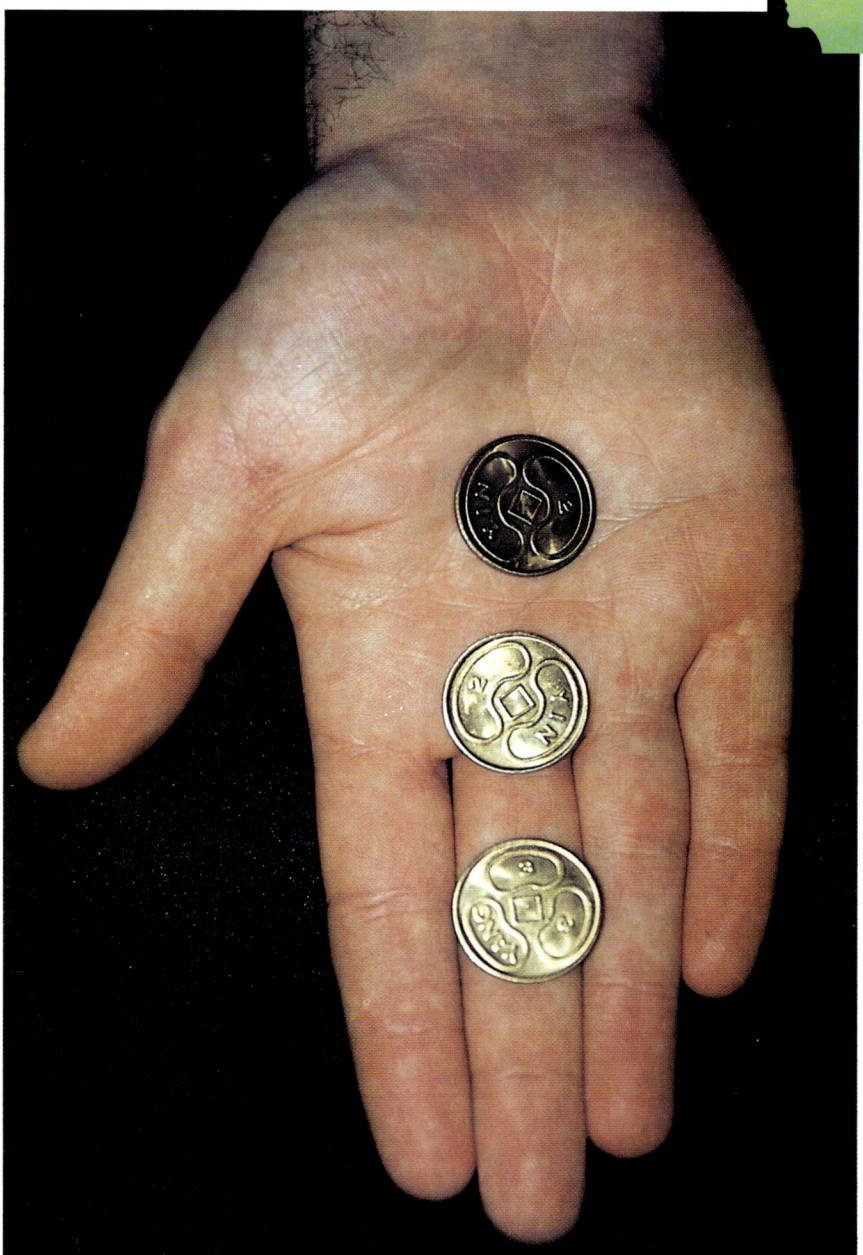

WEISHEIT DES I GING

Seit Jahrtausenden haben die Chinesen Schafgarbenstengel oder Münzen wie die oben abgebildeten verwendet, wenn sie das I Ging befragen wollten.

die 64 Hexagramme mit den jeweils sechs Wandlungslinien des heutigen *I Ging*. In einem wunderbar ineinander verwobenen Beziehungsnetz wird die ständige Veränderung aller Dinge ins Bewußtsein gerufen. Die großartigen, unsere tiefsten Seelenschichten ansprechenden Bilder gewähren uns einen Einblick in die kosmischen und irdischen Naturgesetze, in gesellschaftliche Vorgänge und die eigene innere Entwicklung. Bekannte chinesische Philosophen wie Lao Tse und Konfuzius haben das I Ging erweitert und kommentiert. Es faszinierte unter anderem Hermann Hesse, Bertold Brecht und C. G. Jung so nachhaltig, daß vieles in ihre Werke einfloß. In den psychologischen Bildern und archetypischen Symbolen des I Ging erkannte C. G. Jung seine Theorie des „kollektiven Unterbewußten" wieder. Die uralten Symbole des I Ging scheinen zu allen Zeiten und in jeder Kultur ihre Gültigkeit zu behalten. Die 64 Bilder zeigen uns das Ineinandergreifen aller Dinge, wie sie auf unser Leben einwirken und es gestalten. Wie und warum dieses Orakel funktioniert, kann bis heute wissenschaftlich nicht erklärt werden. Wenn Sie jedoch das I Ging über einen längeren Zeitraum anwenden, werden Sie nicht umhin können, seine Treffsicherheit und Zuverlässigkeit anzuerkennen. Inzwischen haben auch die Erkenntnisse der modernen Physik und der Chaosforschung eine neue Sicht erschlossen. Sie schlagen eine Brücke zu dem uralten, mystischen Wissen, das auf geniale Weise hier seinen Ausdruck findet, und verändern zusehends unser starres, lineares Weltbild zugunsten eines universellen, dynamischen Prozesses, in dem alles und jedes

Vor der Befragung des I Ging folgt selbst heute noch so mancher der Tradition und verbeugt sich dreimal, um die Macht des Himmels anzuerkennen (oben). Oft wird auch Weihrauch entzündet, durch den dann die Karten gezogen werden (links). Dann kann die Bestimmung des Hexagramms beginnen, in diesem Fall ist es „Die Jugendtorheit" (unten).

miteinander in Beziehung steht und einander beeinflußt. Doch das I Ging ist kein einfaches Wahrsagebuch, dessen Auskünfte man schicksalsergeben hinnehmen muß. Der Auskunftssuchende kann seine Zukunft mitgestalten. Solange die Dinge noch im Entstehen begriffen sind, können sie in verschiedene Richtungen geleitet werden, je nachdem, wie wir uns verhalten. Die 64 Zeichen verschaffen uns die Übersicht dazu. Die Linien erteilen Ratschläge über das, was wir tun können und lassen sollten, oder sie geben genaueren Aufschluß über den Haupttext des Hexagramms.

Yin und Yang

Die meisten von uns haben die Begriffe Yin und Yang schon einmal gehört. Sie symbolisieren die Zweiteilung des Kosmos in seine negativen und positiven Elemente. Aus der Wechselbeziehung zwischen Yin und Yang entstand, so das I Ging, alles Existierende. Im I Ging werden Yin und Yang durch unterbrochene (Yin) und durchgehende (Yang) Linien symbolisiert. Dem Yin werden folgende Eigenschaften zugeschrieben: dunkel, passiv, weich, feucht, negativ. Das Yang dagegen steht für hell, aktiv, hart, trocken, positiv. Aus der Wechselbeziehung dieser beiden Kräfte, die in der menschlichen Psyche ebenso wie in der gegensätzlichen Ladung der Atomteilchen vorhanden sind, entsteht die Wirklichkeit.

Die Anwendung des I Ging

Ursprünglich benutzte man 50 Schafgarbenstengel. Heute wirft man sechsmal drei Münzen auf eine ebene Fläche – die Yin- und Yang-Münzen. Diese Münzen haben auf einer Seite die Zahl 2 und auf der anderen die Zahl 3. Die unterschiedlichen Kombinationen von Zweien und Dreien ergeben die Hexagramme. Die Fragen an das I Ging müssen genau formuliert sein, jedoch so, daß ihre Beantwortung nicht auf ein einfaches „Ja" oder „Nein" hinausläuft.

Seien Sie präzise in der Angabe der Zeit, des Ortes und des Wirkungsbereiches, über den Sie etwas wissen wollen. Aus den Würfen der Münzen lassen sich die Hexagramme, die verschiedenen Kombinationen von unterbrochenen und durchgehenden Linien, erstellen. Die Kombination des Münzenwurfs gibt also eine zu befragende Karte vor. Eventuell ergeben die Linien, die durch den Münzenwurf vorgegeben werden, die Möglichkeit, ein weiteres Hexagramm zu erstellen, das dem Ratsuchenden weitere Einsichten vermittelt. Sie können die gleiche Frage auch mehrmals stellen. Aus den unterschiedlichen Hexagrammen ergeben sich dann wiederum neue Aspekte und Antworten auf die gestellte Frage, über die Sie vielleicht noch gar nicht nachgedacht haben.

Die Befragungsriten

Die Chinesen haben das *I Ging* stets ernsthaft und nie leichtfertig befragt. So wurden selbst in der ärmlichsten Behausung die Gerätschaften, mit denen die Linien der Hexagramme bestimmt wurden, mit größter Sorgfalt in ein Stück Tuch eingeschlagen und sicher in einem besonderen Kasten verwahrt. Nach der Tradition mußte dieser auf dem höchsten Regal aufbewahrt werden, so daß niemand in unwürdiger Weise auf das heilige Buch herabsehen konnte. In den Häusern der Wohlhabenden gab es eine abgetrennte Kammer, in der das *I Ging* mit großer Zeremonie und besonderem Ritual befragt wurde. Nach einer sorgfältigen Reinigung des Raumes wurde Weihrauch abgebrannt, durch den die Orakelgeräte dreimal getragen werden mußten. Dann machte derjenige, der das *I Ging* befragen wollte, drei Kotaus (chinesische Ehrerweisung), wobei er mit der Stirn den Boden berühren mußte. Damit bezeugte er seine Ehrfurcht vor der Macht des Himmels, bevor er mit der Bestimmung der Hexagramme begann. Dabei war es traditionellerweise üblich, daß ein Assistent die offenbarten Hexagramme Strich für Strich aufzeichnete, damit sich der um eine Antwort auf seine Frage bemühte „Wahrsager" ganz auf sein Anliegen konzentrieren konnte. Behandeln auch Sie daher das *I Ging* mit dem nötigen Respekt, der einem der wohl ältesten Bücher der Menschheit gebürt. Vielleicht wollen Sie Ihr *I Ging* wie die Wahrsager im China der Kaiserzeit in schwarze Seide einschlagen, es auf einem hohen Regal lagern und die Karten über glimmenden Weihrauchstäbchen schwenken, bevor Sie die Münzen werfen. Eins dürfen Sie dabei auf keinen Fall vergessen: Immer sollten Sie sich dem *I Ging* mit der nötigen Ernsthaftigkeit nähern. Wenn Sie sich durch Ihre Umgebung ablenken lassen und Ihre Konzentration dahin ist, werden sich die Offenbarungen des Orakels wie Weihrauch verflüchtigen, und seine Sprüche bleiben dunkel und unverständlich. Doch wenden Sie sich dem *I Ging* voller Achtung zu, so wird dessen Ratschlag schon bald klar und deutlich. Obwohl das *I Ging* Tausende von Jahren alt ist, war das *Buch der Wandlungen* mit seinen Botschaften in man-

Erhält man einen sich wandelnden Strich, ist der Wahrsager aufgefordert, ein entsprechendes neues Hexagramm zu bilden und die dazugehörige Karte herauszusuchen, um zusätzlichen Rat einzuholen (unten).

cher Hinsicht wohl nie bedeutender als in der flüchtigen Welt von heute.

SEIT JAHRTAUSENDEN KÖNNEN DIE CHINESEN IN SOLCHEN MOMENTEN AUF EINE QUELLE DER WEISHEIT ZURÜCKGREIFEN, EINEN ALTEN KLASSIKER, EIN HEILIGES BUCH: DAS I GING, DAS BUCH DER WANDLUNGEN. HEUTE IST DIESES ORAKELBUCH AUCH FÜR VIELE MENSCHEN IM WESTEN EINE QUELLE DER INSPIRATION IN ZEITEN RASENDER VERÄNDERUNGEN.

Die universell gültigen Gesetze der Mathematik, der Physik und der Chemie sind wahrscheinlich – als eine Art „interstellares Esperanto" – der Schlüssel zur Kommunikation mit intelligenten Wesen aus dem All.

S elbst wenn wir mit einem Radioteleskop Signale empfingen, die offenbar künstlich und daher von intelligenten Wesen hervorgerufen wurden, bliebe es nach Meinung vieler doch unmöglich, mit Außerirdischen zu kommunizieren. Wie sollte man jemals eine Sprache verstehen, die nie ein Mensch gesprochen hat? Auch auf der Erde gibt

KOMMUNIKATION MIT AUSSERIRDISCHEN

es noch einige Sprachen, die wir aus Inschriften kennen, aber nicht entziffern können, wie zum Beispiel Minoisch und Etruskisch. Dennoch müßte es möglich sein, mit Hilfe grundlegender mathematischer und wissenschaftlicher Fakten dieses Problem zu lösen.

Zunächst gälte es eine Funkmeldung zu erstellen, die offensichtlich künstlich wäre. Ein Radioteleskop läßt sich sowohl als Empfänger wie auch als Sender einsetzen. So hat man mit dem Radio-Parabolspiegel in Arecibo, Puerto Rico, nicht nur schwache Signale von fernen Radioquellen aus dem All aufgefangen, sondern auch starke Funkimpulse ausgesendet, die von der Venus reflektiert wurden. So konnte man grobe topographische Karten von der Oberfläche dieses Planeten erstellen, noch bevor man Radargeräte in seine Umlaufbahn schickte.

Angenommen, wir würden von einem starken Radioteleskop aus in folgendem Rhythmus Signale aussenden: ein Impuls, Pause, zwei Impulse, Pause, drei Impulse, Pause, vier Impulse, Pause, sechs Impulse. Nach einer längeren Unterbrechung wiederholte sich dieselbe Signalfolge, und dies mehrmals hintereinander. Wo auch immer im All intelligente

Links: Das geplante Cyclops-System besteht aus Hunderten von dichtstehenden Radioteleskopen, die zusammen einem einzigen riesigen Instrument entsprechen. Diese Anordnung ermöglicht eine äußerst genaue Richtungsortung der Radioquelle. Mit der Cyclops-Anlage wird man so umfassend wie nie zuvor auf die Suche nach schwachen Signalen intelligenter Lebewesen im All gehen können. Die ersten Schritte wurden noch mit konventionellen Radioteleskopen in Green Bank, West Virginia, USA, unternommen (unten links). Auch hat man bereits Botschaften ins All geschickt – mit einer Antwort ist aber frühestens in Jahrtausenden zu rechnen.

Lebewesen existieren und wie sie beschaffen sein mögen: Sie dürften vermutlich zählen können. Unabhängig von ihrer Zahlenskala – sollten sie nun wie ein Computer nur Eins und Null oder wie die alten Babylonier 60 verschiedene Ziffern kennen – wüßten sie in jedem Fall, daß zwei mehr ist als eins, drei mehr als zwei usw. Sie würden erkennen, daß unser Signal einfach die ersten, aber lückenhaften Zahlen einer bestimmten Reihe darstellt, und somit als Versuch zu werten ist, mit eindeutig künstlichen Impulsen Kontakt zu intelligenten Wesen aufzunehmen. Als Antwort käme diese Signalfolge, aber mit der fehlenden Fünf, zu uns zurück. Um ihnen mit Nachdruck klarzumachen, daß es sich um bewußte Botschaften handelt, könnten wir von Zeit zu Zeit andere Zahlenfolgen aussenden, die in irgendeiner arithmetischen Verbindung ständen.

Angenommen, wir hätten auf diese Weise mit einer außerirdischen Rasse Kontakt aufgenommen und durch eine berichtigte Impulsreihe eine Antwort erhalten, die deutlich ihr Interesse an einem Dialog bekundete – wie sollte diese Unterhaltung dann aussehen?

Das Problem besteht darin, ein Verständigungsvokabular aus Radiosignalen zu entwickeln und die Zahl der „Wörter" allmählich zu erhöhen, bis beide Rassen eine gemeinsame Sprache beherrschen. Die Übertragung einfacher Summen wäre hierzu wohl der erste Schritt. Bald würden die Fremden dann unsere Signalmuster erkennen, die für Addition, Subtraktion, Multiplikation und weitere Rechenoperationen stehen.

Zahlen mit einfachen Signalfolgen zu umschreiben, wäre allerdings auf Dauer äußerst umständlich. Wir könnten den Fremdlingen jedoch beibringen, wie wir Zahlen im Dezimalsystem darstellen. So ließe sich beispielsweise eine Folge von sechs Impulsen aussenden, gefolgt von einem kompakteren Signalmuster – ähnlich wie wir einem Kind die Zahlen von 0 bis 9 beibringen, indem wir sechs Striche malen und dahinter die Zahl „6" schreiben. Wenn die Außerirdischen erst einmal die Zahlen von 0 bis 9 beherrschen, könnten wir ihnen anhand weiterer Signalfolgen zeigen, wie man die Zehn als „10", die Elf als „11" und so weiter darstellt.

Anschließend würden wir zur Multiplikation und Division übergehen, indem wir solange entsprechende Summen aussenden, bis die Außerirdischen begreifen, daß bestimmte Radiosignale für das Multiplikations- bzw. für das Divisionszeichen stehen. Etwas später könnten wir ihnen klarmachen, welche Symbole wir für „größer als" bzw. „kleiner als" verwenden. Mit dieser Methode ließe sich eine Fülle mathematischer Symbole vermitteln und anwenden. Immerhin wären damit recht komplexe Aussagen möglich.

Im Blickpunkt

SCHWARZ AUF WEISS

Rechts: Ein Fernsehbild läßt sich im Binärcode, hier in einer Aneinanderreihung von Nullen und Einsen, an fremde Intelligenzen senden. Jedes Symbol repräsentiert ein einzelnes Pixel (Bildpunkt) – 0 für weiß, 1 für schwarz. Wie aber könnte man den Empfängern dieser Signale zu verstehen geben, daß diese Ziffernfolge ein Fernsehbild darstellen soll? Man könnte zum Beispiel 253 solcher Symbole aussenden. Mathematisch begabte Intelligenzen würden erkennen, daß diese Ziffer 11 x 23 entspricht und keine anderen Zahlen dieses Produkt ergeben. Sie gehen dann vielleicht davon aus, daß die Zahlen ein Raster von entweder 23 Spalten mit je 11 Elementen oder 11 Spalten mit je 23 Elementen darstellen sollen. Im ersten Fall erhielten sie ein verstümmeltes Bild (siehe rechts), mit dem zweiten Bild aber (rechts außen) könnten sie – wenn wir Glück haben – etwas anfangen.

Eine solche Botschaft wurde bereits von dem riesigen Radioteleskop in Arecibo gezielt ins All ausgestrahlt – auf den dichtgepackten Sternenhaufen namens M13. Damit hat sie gute Chancen, eine ganze Reihe von Planetensystemen zu passieren. Die Meldung bestand aus einer Kette von 1679 Ziffern, die sich nur zu einem 23 x 73-Punktraster anordnen lassen, das viel Raum für Informationen bietet. Darin enthalten waren die Atomzahlen der fünf lebenswichtigsten Elemente – Sauerstoff, Stickstoff, Kohlen- stoff, Phosphor und Wasserstoff. Durch Formeln wird gezeigt, wie sich aus diesen Elementen die DNS, Träger unserer Erbinformation, zusammensetzt. Neben vielen weiteren Informationen ist auch eine kleine humanoide Figur dargestellt.

Wissenschaftler, die diesen Code nicht kannten, waren in der Lage, ihn zu „knacken". Dies läßt hoffen, daß auch Außerirdische dazu imstande sein könnten. Da M13 ungeheuer weit von der Erde entfernt liegt, würde uns eine Antwort allerdings leider erst im Jahre 48 000 n. Chr. erreichen.

```
0 0 0 0 1 1 1 0 0 0 0 0 0 0 0 1 1 1 1 1 0 0 0 0 0 0 0 1 0 1 0
1
0 0 0 0 0 0 0 1 0 0 0 0 0 0 0 0 1 0 1 0 0 0 0 0 0 0 1 1 1 0 0 0 0 0
1
1 0 0 0 0 0 0 1 1 1 1 1 1 0 0 0 1 1 1 1 1 1 1 0 0 1 0 0 1 1 1 1 0 1 0 0
1
0 1 1 1 1 0 1 0 0 1 0 1 1 1 1 1 0 1 0 0 1 0 1 1 1 1 1 0 1 0 0 1 0 1 1 1 1 0
1
0 0 1 1 0 0 1 0 1 1 1 1 1 0 0 0 1 0 1 1 1 0 0 0 1 0 0 1 0 0 0 0 1 0
1
0 0 0 0 0 0 1 1 0 1 1 0 0 0 0 0 0 1 1 0 1 1 0 0 0 0 0 0 0 1 1 0 1 1 0 0 0 0 0 1
1
1 0 1 1 0 0 0 0 0 1 1 1 0 1 1 1 0 0
```

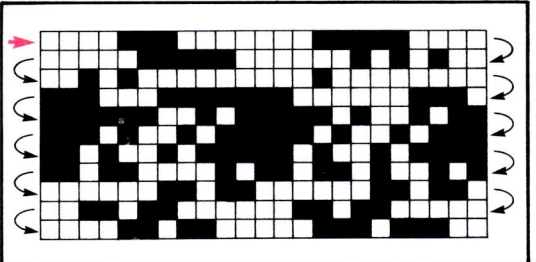

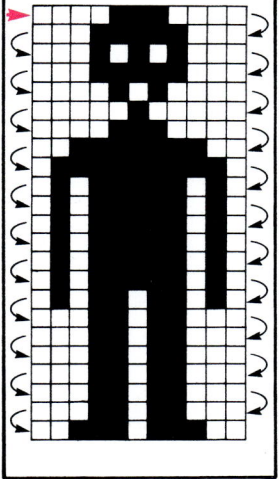

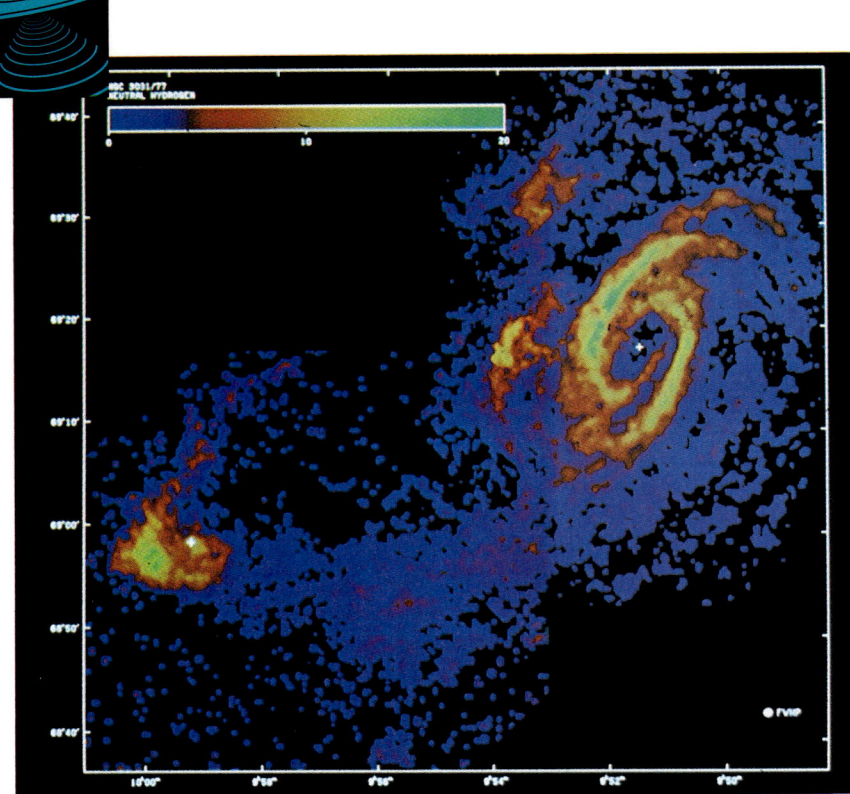

gediehen, um auch Bilder auf etwa die gleiche Weise zu übermitteln, wie sie die Raumsonde Voyager zu Tausenden vom Jupiter und Saturn zur Erde funkte – in digitalisierter Form. Ein solches Signal bestünde aus einer Aneinanderreihung von Zahlen, in denen Helligkeit und Farbe jedes einzelnen Bildpunkts codiert sind.

Auf internationalen Konferenzen zum Thema „Suche nach außerirdischen Lebewesen" wird häufig vorgeschlagen, unseren Freunden im All als nächstes – entsprechend verschlüsselt – die Encyclopaedia Britannica zu senden, um ihnen ein umfassendes Bild der Zivilisationen auf unserem Planeten zu geben. Andere geben hier zu bedenken, daß unsere „Funkpartner" die Beziehungen zu uns vielleicht sofort abbrechen, wenn sie erfahren, wie turbulent, kriegerisch, habgierig und hoffnungslos es auf unserem Planeten zugeht. Dieses Risiko müßten wir aber wohl eingehen in der Hoffnung, sie mit unseren positiven Errungenschaften mehr zu beeindrucken.

Jedenfalls ist es keineswegs unmöglich, sondern eher eine Frage der Zeit und der Geduld, eine außerirdische Verständigungssprache aufzubauen. Hat man das erreicht, wird der Fortschritt nur noch durch die Funkgeschwindigkeit begrenzt. Ob wir es schaffen werden, mit außerirdischen Intelligenzen in Kontakt zu treten, wird noch lange ungewiß bleiben.

Über dieses Stadium, so könnte man meinen, dürfte man kaum weiter hinauskommen, aber das ist nicht der Fall. Bei der Erforschung und Übersetzung der altägyptischen Hieroglyphen leitete die Entdeckung des Steins von Rosette eine bahnbrechende Entwicklung ein. Es handelt sich dabei um eine Steinplatte, auf der die gleiche Inschrift in hieroglyphischer, ägyptischer, demotischer und in griechischer Schrift verzeichnet ist. Mit Hilfe des Griechischen ließen sich die Bilderzeichen und von da an auch andere altägyptische Inschriften entziffern. Um unser extraterrestrisches Vokabular zu erweitern, müßten wir einen oder mehrere solcher Rosette-Steine finden, die auch unsere Freunde im All besäßen und wiedererkennen könnten. Es gibt in der Tat einige solcher „Steine", die für jede Rasse die gleiche Bedeutung haben dürften – vorausgesetzt, sie steht auf dem gleichen wissenschaftlichen und technischen Stand wie wir.

Dazu gehört zum Beispiel das Periodensystem der chemischen Elemente. Die astronomische Erkenntnistheorie von der gleichförmigen Strukturierung des Universums besagt, daß hier jede Materie im Verhältnis zu ihrer Masse zu fast identischen Anteilen aus denselben Elementen besteht.

Das Periodensystem der Elemente enthält eine gewaltige Fülle an kernphysikalischen, chemischen, elektrischen und numerischen Informationen. Es lassen sich damit nicht nur natürliche Maßeinheiten für Entfernung, Masse, elektrische Ladung und Zeit definieren, sondern wir wären auch in der Lage, Außerirdischen Bezeichnungen wie „Wasserstoff", „Helium", „Kohlenstoff", „Elektron", „Proton", „Neutron" etc. zu vermitteln. Mit Hilfe symbolischer Darstellungen von chemischen Reaktionen und Informationen darüber könnten wir ihnen in unserer Sprache einen leichtverständlichen Unterricht erteilen. Zu diesem Zeitpunkt wäre zudem unsere gemeinsame mathematische Sprache weit genug

Oben links: Zwei Galaxien in einer Radiowellenlänge von 21 Zentimetern Wasserstoffwolken im All senden auf dieser Wellenlänge ein Radiorauschen aus – hier könnten auch Außerirdische Funksprüche übermitteln.

Oben: Die Oberfläche der Venus, wie sie uns eine Raumsonde per Radar übermittelte. Die Radarinformationen wurden in Form von Ziffern zur Erde zurückgesendet. So könnten wir auch Außerirdischen Bilder übertragen.

WO LAG ATLANTIS?

Links: Santorin beziehungsweise Thera, die südlichste der griechischen Kykladen-Inseln, ist nach Meinung einiger Gelehrter der Ort, der einst Atlantis darstellte.

Unten: Diese Karte stammt von dem griechischen Historiker Dr. Angelos Galanopoulos und zeigt die Thera-Inselgruppe. Nach seiner Theorie lag die Stadt Atlantis auf dem jetzigen Krater inmitten der Inselgruppe, die um 1500 vor Christus bei einer gewaltigen Vulkaneruption zerstört wurde.

Unten links: Viele glauben, daß sich der wahre Garten Eden, hier in einer Darstellung des niederländischen Malers Hieronymus Bosch, auf Atlantis befand.

Hat die sagenumwobene Insel Atlantis wirklich existiert? Nachforschungen aus neuerer Zeit deuten darauf hin – allerdings verlegen sie sie an einen anderen Ort als Platon, der Urheber der Legende.

Im April 1975 veranstaltete die altphilologische Fakultät der Universität Indiana ein Symposium zu dem Thema „Atlantis: Faktum oder Fiktion?" Experten der verschiedensten Fachgebiete – von Altphilologen bis zu Geologen – bemühten sich, die Frage um Atlantis ein für allemal zu lösen. Nach Meinung vieler erreichten sie ihr Ziel und verwiesen Platons 2300 Jahre alte Sage endgültig ins Reich der Phantasie.

Das Schlußwort von Professor Edwin Ramage, dem Autor eines im Anschluß an das Symposium erschienenen Buches, klang jedoch keineswegs endgültig. „Bis jetzt", so heißt es da, „konnte noch niemand eine befriedigende Lösung für dieses Problem bieten – falls hier überhaupt ein Problem vorliegt." Und nach wie vor reißen die Neuerscheinungen zu diesem Thema nicht ab.

Das lebendige Interesse an dem verschwundenen Kontinent beruht nicht zuletzt auf Ignatius Donnellys Bestseller *Atlantis: The Antediluvian World* (Atlantis: Die Welt vor der Sintflut). Zu Beginn seines Buches, das von 1882 bis zu seiner Neubearbeitung 1950 etwa fünfzigmal nachgedruckt wurde, listet Donnelly „einige präzise und neue Thesen" auf:

1. Einst lag im Atlantischen Ozean, gegenüber der Mündung des Mittelmeeres, eine große Insel. Sie war ein Überbleibsel des Atlantischen Kontinents und in der Antike unter dem Namen Atlantis bekannt.

2. Platons Beschreibung dieser Insel beruht nicht, wie man lange annahm, auf einer Sage, sondern auf historischen Tatsachen.

3. Atlantis war der Ort, an dem sich der Mensch erstmals vom Barbaren zum zivilisierten Wesen entwickelte.

4. Im Laufe der Jahrhunderte entstand ein mächtiges Reich, das sich bis an die Ufer des Golfes von

Mexiko, den Mississippi, den Amazonas, die Pazifikküste von Südamerika, das Mittelmeer, die Westküste von Europa und Afrika, die Nordsee, das Schwarze Meer und das Kaspische Meer erstreckte und von zivilisierten Völkern dicht besiedelt war.

5. Atlantis war die vorsintflutliche Welt – der Garten Eden, die Gärten der Hesperiden, das Elysium, die Gärten des Alkinoos, der Mesomphalos, der Olymp der griechischen Götter, der Asgard oder Avalon der altisländischen Eddadichtungen. Diese antiken Traditionen repräsentieren das universelle Vermächtnis eines großen Landes, in dem die frühe Menschheit jahrhundertelang in Glück und Frieden lebte.

6. Die Götter der Antike bei den Griechen, den Phöniziern, den Hindus und den Skandinaviern waren niemand anderes als die Könige, Königinnen und Helden von Atlantis, und die Taten, die ihnen die Mythologie zuschreibt, sind eine verworrene Erinnerung an tatsächliche historische Geschehnisse.

7. Die ägyptischen und peruanischen Mythen sind auf die ursprüngliche Religion von Atlantis, die Sonnenanbetung, zurückzuführen.

8. Die älteste Kolonie von Atlantis befand sich vermutlich in Ägypten, dessen Kultur die der Insel Atlantis wiederholte.

9. Die Geräte des Bronzezeitalters wurden von Atlantis übernommen, wo man auch zuerst Eisen herstellte.

Oben: Der angesehene griechische Archäologe Professor Spyridon Marinatos erforscht hier alte Ruinen auf der Vulkaninsel Thera auf den griechischen Kykladen. Nach seiner Meinung lag dort einst Atlantis.

13. Einige konnten sich jedoch auf Schiffen und Flößen retten und überbrachten den Völkern im Osten und Westen die Kunde von dieser furchtbaren Katastrophe. Die Legende überlebte als Sintflutsage der Alten und Neuen Welt bis in die heutige Zeit.

Kühne neue Vision

Donnelly ging von Platons 7000 Worte umfassenden Legende aus, gestaltete sie zu einer völlig neuen Frühgeschichte der Menschheit und beantwortete so viele Fragen, die die Menschen heute beunruhigen. Donnellys Vision dient nach wie vor als Grundlage für die anhaltende Flut von Büchern, die das Thema Atlantis unter okkulten bis hin zu verwegenen wissenschaftlichen Aspekten beleuchten.

Die Gelehrten weisen jedoch mit einiger Genugtuung immer wieder darauf hin, daß Donnellys Behauptungen oft auf falschen oder unvollständigen Informationen basieren. Allerdings erscheinen auch ihre Thesen häufig eher fragwürdig. Jeder, der den Wahrheitsgehalt der Atlantis-Sage sucht, sollte daher beide Positionen ignorieren und von Platons Erzählung ausgehen. Selbst wenn sie, so einige Wissenschaftler, aus Propagandazwecken oder zur besseren Anschaulichkeit von Übertreibungen und literarischen Ausschmückungen strotzt, könnte sie doch eine verlorengegangene Wahrheit verbergen.

Unter diesem Aspekt erscheinen zwei in jüngerer Zeit favorisierte Thesen zur Lage von Atlantis zwei-

10. Das phönizische Alphabet, die Basis aller europäischen Alphabete, entsprang dem atlantischen Alphabet, das von Atlantis auch zu den Maya-Stämmen in Mittelamerika übermittelt wurde.

11. Aus Atlantis stammen sowohl die arische beziehungsweise indogermanische Völkerfamilie als auch die semitischen und möglicherweise die uraltaischen Völker.

12. Atlantis wurde bei einer großen Naturkatastrophe überflutet und versank mit seinen Bewohnern im Meer.

> **" VIELLEICHT LAG ATLANTIS JA WIRKLICH GENAU DORT, WOHIN PLATON ES VERLEGTE – AUF EINER RIESIGEN LANDMASSE WESTLICH VON GIBRALTAR. "**

Ignatius Donnellys Buch Atlantis: the Antediluvian World *will aufzeigen, daß die Menschheit ihre erste Blütezeit in Atlantis erlebte. Die Relikte des Sonnenanbetungskultes, die sich überall auf der Welt wiederfinden – zum Beispiel in Form von Sonnensymbolen in den rätselhaften Linien von Nazca (oben links) und im Kult um Ra, den Sonnengott der alten Ägypter (oben) – stellen Überreste der ursprünglichen Religion von Atlantis dar. Die christliche Sintflut-Legende, wie sie in dieser koptischen Handschrift aus Äthiopien dargestellt ist (rechts), wird als historisch verschwommene Überlieferung des endgültigen Untergangs von Atlantis interpretiert.*

felhaft. Genannt werden hier Kreta beziehungsweise Thera im östlichen Mittelmeer sowie Nordeuropa einschließlich Skandinavien.

Dr. James W. Mavors Buch *Voyage to Atlantis* (Reise nach Atlantis) löste im Jahre 1969 eine kleine Sensation aus. Er griff die Behauptungen der griechischen Wissenschaftler Dr. Angelos Galanopoulos und Professor Spyridon Marinatos auf, bei Atlantis handle es sich um die minoische Kultur auf Kreta, die um 1500 v. Chr. durch den Ausbruch des Inselvulkans Thera zerstört wurde.

Die Bezeichnung „minoisch" stammt von dem britischen Archäologen Sir Arthur Evans, der 1900 den Palast von Knossos ausgrub. Er glaubte, daß schemenhafte Erinnerungen an diese Kultur den griechischen Mythos von Minos, dem König von Kreta und Sohn des Zeus, entstehen ließen, der in einem Labyrinth ein stierköpfiges Ungeheuer namens Minotaurus gefangenhielt. Der Athener Theseus soll mit Hilfe seiner Geliebten Ariadne den Minotaurus zur Strecke gebracht haben, so daß die regelmäßigen Menschenopfer endlich beendet werden konnten. In Knossos entdeckte Evans die Ruinen eines herrlichen Palastes, in dem sich eine Stierkampfarena befand. Auf den Schmuckreliefs und Fresken dieses Palastes sowie auf vielen Tongefäßen sah man Stierkämpfe und -jagden von jungen Männern, die nur mit Stöcken und Stricken ausgerüstet waren.

Auch in Atlantis hatte es nach Platon einen Stierkult gegeben: Alle vier oder fünf Jahre mußte sich der jeweilige König der Insel unbewaffnet mehreren Stieren stellen, einen einfangen und ihn als Opfer darbringen.

Der verlorene Garten Eden

Um 1500 v. Chr. bildete Kreta den Mittelpunkt eines mächtigen Reiches mit starker Seeflotte, das aber innerhalb erstaunlich kurzer Zeit zerbrach. Überall verfielen die Paläste und Tempel, und die minoischen Handelsniederlassungen in Übersee wurden verlassen oder zerstört. Auch die Kunststile veränderten sich, die Fertigung von Töpferwaren nahm rapide ab, und ein Großteil der kretischen Bevölkerung wanderte in den Westteil der Insel ab. Bald verlagerte sich die Machtherrschaft von der Ägäis auf das griechische Festland, nach Mykene.

Nach Marinatos und Galanopoulos könnte der Ausbruch des Vulkans Thera etwa 1500 v. Chr. diesen Untergang herbeigeführt haben. Die meisten Küstenbewohner wurden dabei von einer gigantischen Flutwelle in das Ägäische Meer gespült, und

Oben: Der deutsche Gelehrte Dr. Jürgen Spanuth vertritt in seinem Werk Das enträtselte Atlantis *die These, daß sich Atlantis nicht im Atlantischen Ozean oder im Mittelmeer, sondern auf einer Insel nahe der deutschen Küste befunden hat.*

Vulkanasche bedeckte den Boden etwa 50 Zentimeter hoch und machte jeglichen Ackerbau auf Jahre unmöglich. Die Gelehrten mutmaßten weiter, daß Thera das eigentliche Zentrum der minoischen Kultur war und nicht, wie allgemein vermutet, nur ein Vorposten.

Die Behauptung, daß es sich bei der minoischen Kultur um Atlantis handle, ist in vielen Punkten durchaus glaubhaft und wird von den Gelehrten, die sich heute noch mit diesem Thema beschäftigen, bevorzugt angeführt. Mavor und seine Anhänger erreichten es allerdings nur durch einige geschickte Winkelzüge, ihre Behauptung historisch zu untermauern.

Deckt sich die minoische Kultur wirklich so lückenlos mit Platons Atlantisbeschreibung, wie Mavor anführt? Ein vehementer Gegner dieser These ist der deutsche Gelehrte Dr. Jürgen Spanuth, der ihre Vertreter eines groben logischen Fehlschlusses bezichtigte. Weder Kreta noch Thera befinden sich im Atlantik, argumentierte Spanuth, keine der Inseln liege an der Mündung eines großen Flusses und keine sei im Meer versunken. Der angebliche Durchbruch der Archäologie sei nichts als eine hohle Blase, die schon vor langer Zeit zerplatzt sei.

In seinem Buch *Das enträtselte Atlantis* versucht Spanuth zu beweisen, daß sich Atlantis während der Bronzezeit auf den versunkenen Inseln östlich von Helgoland befand und ein Vorläufer der Wikinger-

Oben: Auf diesem Wandgemälde aus dem Palast von Knossos auf Kreta ist das rituelle Stierspringen dargestellt, das zur minoischen Kultur gehörte. Platon, der Verfasser des Atlantismythos, erwähnt den Stierkult. Viele Gelehrte gingen deshalb davon aus, daß Atlantis und das minoische Reich in Wirklichkeit eins waren.

kultur in Nordeuropa und Skandinavien in einem Gebiet namens Atland war.

Spanuth legte seine Ansichten sehr engagiert dar, verfiel aber in die gleichen geschichtlichen Verdrehungen, die er anderen ankreidete, und verlegte die Geschehnisse in die Nordsee anstatt in den Atlantik. In seinen Büchern *The Other Atlantis* (Das andere Atlantis) und *The secrets of Lost Atland* (Die Geheimnisse des untergegangenen Atland) handelt Robert Scrutton ganz ähnlich, wenn auch er Atlantis in die Zeit vor den Wikingern verlegt.

All diese jüngeren Bemühungen, Atlantis zu lokalisieren und seine Existenz zu beweisen, verdienen insofern Respekt, als sie Platons Legende immerhin für faktisch richtig ansehen. Sie biegen die Sage dann allerdings so zurecht, daß sie sich mit historischen Ereignissen zu anderer Zeit an anderem Ort deckt. Vielleicht lag Atlantis ja wirklich genau dort, wohin Platon es verlegte – auf einer riesigen Landmasse westlich von Gibraltar, die vor fast 12.000 Jahren durch eine verhängnisvolle Naturkatastrophe in den Meeresfluten versank.

> **"** MANCHE GLAUBEN, ES (ATLANTIS)
>
> LIEGE UNTER LAND BEGRABEN – UNTER
>
> DEM SAND DER SAHARA, EINEM
>
> EINSTIGEN BINNENMEER. ANDERE
>
> VERMUTEN ES UNTER DEM
>
> ARKTISCHEN EIS. **"**
>
> **Charles Berlitz, Das Rätsel Atlantis**

ZU NEUEN UFERN DER WISSENSCHAFT

Charles Fort, den manche für einen Erzfeind der Wissenschaft halten, beschäftigte sich intensiv mit rätselhaften Phänomenen und gelangte so, wie andere glauben, zu wichtigen Erkenntnissen über den Kosmos.

Ganz oben: Forts Interesse an UFOs – wie dem hier abgebildeten – förderten die Entwicklung der heutigen Ufologie.

Oben rechts: Auf dem Gemälde führt Galileo Galilei florentinischen Adligen sein Teleskop vor, das er als erster zur Himmelsbeobachtung verwendete. Er machte im frühen 17. Jahrhundert eine Reihe wichtiger Entdeckungen, die engstirnige Gelehrte und die allmächtige Kirche verwarfen.

C harles Hoy Fort veröffentlichte 1919 sein *Book of the Damned* (Das verdammte Universum des Ch. F.). Von da an besserte sich in der amerikanischen Presse deutlich das Niveau der Berichte über ungewöhnliche Phänomene. Doch das Erscheinen von Forts Buch hatte noch eine ganz andere Wirkung. Wann immer Journalisten von einem Seeungeheuer, einer Poltergeisterscheinung oder einem Froschregen berichteten, kommentierten sie dies als „Material für den Erzfeind der Wissenschaft, Charles Fort".

Fort haftet bis heute der bedauerliche Ruf an, ein Feind der Wissenschaft zu sein. Wer seine Bücher liest, muß jedoch erkennen, daß Fort in fast allen

Wissenschaftszweigen seiner Zeit auf dem neuesten Stand war und sich in der Forschung mit ihrer Methodik und Beweisführung auskannte. Er hatte das erhabene Gebäude der Wissenschaft genau studiert und verkündete, es sei voller Risse. Er fand Forscher vor, die ungeachtet der Fakten apodiktische Erklärungen abgaben, wissenschaftliche Untersuchungen durch ein Dogma ersetzten und störende Daten unterschlugen. Er seinerseits war überzeugt, daß ungewöhnliche Phänomene für die Wissenschaft durchaus bedeutsam seien und erforscht werden sollten.

Die Wissenschaftsgeschichte verläuft nicht geradlinig; sie gleicht einer Schlacht mit scheinbar chaotischen Vorstößen, Rückzügen und Scharmützeln. Dieses Bild von Unordnung und Zufall im wissenschaftlichen Fortschritt ist von Thomas Kuhn in seinem grundlegenden Werk *The Structure of Scientific Revolutions* bekräftigt worden. Laut Kuhn war die Wissenschaft in jeder Phase ihrer Geschichte in den „Grundfassungen" ihrer Zeit gefangen. Diese einschränkenden Faktoren nennt Kuhn Paradigmen. Doch Paradigmen sind für den formalen Ausdruck einer Wissenschaft wesentlich, da sie als Modelle oder Strukturen dienen, um ganze Wissensbereiche zu ordnen und einen Erklärungsrahmen zu bilden.

Oben: Die Illustration stammt aus Marco Polos Bericht über seine Asienreise im 13. Jahrhundert. Sie zeigt die fantastischen Geschöpfe, die dem Vernehmen nach in Indien lebten. Solche Reiseberichte dienen immer noch als Fundgrube für rätselhafte Phänomene.

Mitte und unten: Antoine Lavoisier gilt als „Vater der modernen Chemie". Er war ein ausgezeichneter Wissenschaftler und stritt dennoch die Existenz von Meteoriten rundweg ab. Damit verhinderte er für Jahrhunderte ihre Erforschung.

skop ablehnten, um nicht – wie der Jesuit Clavius – angesichts der Jupitermonde ihr bequemes geozentrisches Weltbild aufgeben zu müssen. Tatsächlich blieben die um Jupiter kreisenden Monde, das Modell für die neue Auffassung des Sonnensystems, noch viele Jahre nach Galileis Erstentdeckung umstritten.

Neue Paradigmen

Ein neues Paradigma oder die dahin führenden Daten können bedrohlich und sogar unheilvoll erscheinen. So verhält sich das Gros der orthodoxen Wissenschaft wie ein infizierter Organismus und bildet eine Front gegen die „infektiösen" Daten. Schließlich häufen sich die Hinweise, bis man sie nicht mehr ignorieren kann. In der folgenden Krisenzeit zerfallen ganze Wissenschaftsbereiche und werden erst durch die Eingliederung neuer Daten wieder zusammengefügt. Frühere Anomalien gelten nun als offenkundige Tatsache. Kuhn nennt wiederholte Krisen nicht nur typisch für den Wissenschaftsfortschritt, sondern sogar wesentlich. In seinem Buch *Lo!* (Sieh da!) bezeichnet Fort die Wissenschaft als „Konventionalisierung angeblichen Wissens". Er erklärt: „Zunächst hält sie weiterer Aufklärung stand, doch wenn sie nachgibt, ist das keine Kapitulation, sondern eine Partnerschaft, und was man bitter bekämpft hatte, wird nun zu einem neuen Prestigefaktor."

Orthodoxe Wissenschaft bemüht sich vor allem, ihr Wissensgebiet zu untermauern, nicht Ausnahmen von der Regel aufzuspüren. Wiederholbarkeit und Gesetzmäßigkeit rangieren vor der Anomalie.

In der „Anomalistik", wie einige amerikanische Gelehrte die Lehre von den rätselhaften Phänomenen nennen, gibt es jedoch seit jeher reichhaltige Sammlungen von Ungereimtheiten. Arbeiten antiker Schriftsteller wie Plinius, Pausanias und Athenäus lieferten Fort eine Fülle von Material, ebenso

Kuhn zeigt, daß ein Paradigmenwechsel in der Wissenschaft nicht immer als „elegante Kapitulation" ehrlicher einzelner ablaufe, wie die Wissenschaftspropaganda uns glauben machen will. Ein solcher Wechsel vollzieht sich im Gegenteil oft langsam und schmerzhaft. Da Wissenschaftler sehr viel in ihren Beruf, ihren Rang und ihre Glaubwürdigkeit investiert haben und diese Faktoren ihnen eine größere Sicherheit als das Ideal vorurteilslosen Denkens versprechen, bleiben sie häufig den gängigen Paradigmen treu.

Als klassisches Beispiel für die Abwehrhaltung gegenüber neuen Erkenntnissen kann man die Gelehrten anführen, die einen Blick durch Galileis Tele-

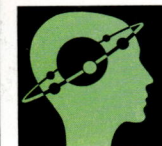

die Berichte von Reisenden wie Ibn Batutah und Marco Polo und von Naturkundlern wie Olaus Magnus und Edward Topsell. Ihre Werke bieten eine wahre Datenbank zu Themen, die gegenwärtig unter der Rubrik „Unerklärliches" laufen.

Ein unüberbrückbarer Abgrund

Fort war auch überzeugt, daß die orthodoxe Wissenschaft nach eigener Definition „ausschließend" arbeitet. Ein wissenschaftliches Experiment beispielsweise ist ein Versuch, etwas vom übrigen Universum zu isolieren. Der Haken an der Orthodoxie liegt in dem Bemühen, Dinge in Einheiten und Kate-

gorien zu pressen. Wer aber selbst ernsthaft ungewöhnliche Daten hinterfragt hat, weiß, daß sie sich im allgemeinen jeder Kategorisierung entziehen. Ausschließende Wissenschaft funktioniert recht gut, aber ihre Kriterien beruhen auf willkürlichen Entscheidungen. Im Laufe der Wissenschaftsgeschichte wurden solche Unterscheidungen als veraltet verworfen. So machten Biologen im frühen 19. Jahrhundert noch eine grundsätzliche Unterscheidung zwischen Belebtem und Unbelebtem. Für diese „Vitalisten" klaffte zwischen belebter und unbelebter Materie ein unüberbrückbarer Abgrund. Doch als Chemiker gegen Ende der zwanziger Jahre des 19. Jahrhunderts erstmals organische Verbindungen (Ausscheidungen von Lebewesen, wie Harnstoff oder Essigsäure) synthetisierten, entfiel die Grundlage für die fundamentale Unterscheidung zwischen Belebtem und Unbelebtem. Auch heutige Forscher neigen dazu zu verdrängen, daß viele Trennlinien in der modernen Wissenschaft – wie etwa zwischen Geist und Materie – auch einmal aufgehoben werden könnten. Sie akzeptieren oder verwerfen oft sklavisch Daten nach Kriterien, die

Links: Der Physiker Werner Heisenberg erhielt 1932 den Nobelpreis für Physik. Die Quantentheorie, zu der er einen großen Beitrag leistete, wurde auch dreißig Jahre nach ihrer Ausarbeitung noch nicht an den größeren englischen Universitäten gelehrt – ein treffendes Beispiel für den Widerstand von Wissenschaftlern gegen neue Ideen, mögen sie auch von überaus angesehenen Kollegen stammen.

Unten: Das Spektrum, das sich bei der Brechung von Licht zeigt, besteht aus farbigen Bändern. Die Theorie, daß Licht aus Wellen besteht, wurde von den Forschern angenommen, weil sie mit dieser Erklärung erfolgreich arbeiten konnten. Doch heute erscheint Licht, je nach Aufbau des Experiments, sowohl aus Wellen wie aus Teilchen (Photonen) zusammengesetzt.

bestenfalls vorübergehend sind. Es ist klar, daß diese willkürliche Struktur bestimmt, mit welchen Fragen wir an das Universum herantreten und wie wir es deuten. Der deutsche Physiker Werner Heisenberg erklärte, daß wir nicht etwa die Natur selbst beobachten, sondern die unserer Fragestellung ausgesetzte Natur. So kann sich Licht, je nach Untersuchungsansatz, wie eine Welle oder wie ein Teilchen verhalten.

Das Wissen von der Welt verändert sich. Was heute als Magie oder Aberglaube gilt, kann von den kommenden Generationen ganz anders verstanden und zur Wissenschaft erhoben werden. Zahllose Beispiele aus der Geschichte belegen dies. Der große französische Chemiker Antoine Lavoisier etwa verkündete 1769 vor der Akademie der Wissenschaften, daß nur Bauern glauben könnten, Steine vermöchten vom Himmel zu fallen, denn es gebe im Himmel keine Steine. Sein Einfluß verhinderte noch bis 1803 die Erforschung von Meteoriten, den „Steinen vom Himmel".

Umwälzender Fortschritt

Die heutigen Biowissenschaften übernahmen vieles aus der rehabilitierten Volksweisheit: Alte Kräutermittel werden für neue Arzneien und Praktiken von Schamanen für neue Behandlungsweisen verwendet. Geistererscheinungen, früher Theologen und Dämonologen vorbehalten, sind heute Themen parapsychologischer und psychologischer Forschung. Darüber hinaus werden eine Reihe von Forts Spezialgebieten heute ernsthaft erforscht – seltsame Lichter auf dem Mond oder am Himmel, Begleitgeräusche bei Erdbeben, der Einfluß von Mondzyklen auf biologische Abläufe und das Verhalten, Seeungeheuer und UFOs.

Als Antwort auf die Frage, wie rätselhafte Phänomene sich in den Hauptkorpus der Wissenschaft einbeziehen ließen, erklärte Fort, die Wissenschaft werde sich schließlich von sich aus annähern und durch eine einschließende Vorgehensweise Anomalien eingliedern. Damit werde „Glauben durch Anerkennung ersetzt", aber nur so lange, bis bessere

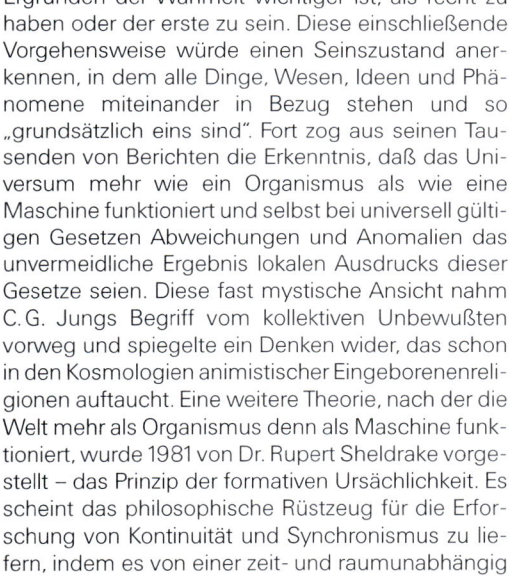

Links: Charles Hoy Fort sitzt hier am Spielbrett des von ihm erfundenen Superschachs. Die beiden Gegner müssen viel Zeit mitbringen, da das komplizierte Spiel viele Stunden in Anspruch nimmt.

Unten: Hofnarren haben seit jeher Moral und Glauben der Gesellschaft anprangern dürfen. Diese Rolle spielte auch Charles Fort, wenn er sich gegen das wissenschaftliche Establishment seiner Zeit wandte.

zugsrahmen, in dem sie diese Phänomene studierten, normalerweise als Omen oder Vorboten eines sozialen Wandels. Im Spätmittelalter waren Priester im ländlichen Skandinavien verpflichtet, ihren Bischöfen alles „Widernatürliche" zu melden. Die noch erhaltenen Chroniken sind wahre Fundgruben für Berichte von Seeungeheuern, Mäuse- und Fischregen, Tierschlachten und anderen seltsamen Erscheinungen.

Heute liest man solche Geschichten nicht mehr in den Fachzeitschriften, in denen Fort sie fand. Sie dienen als Lückenfüller in den Tageszeitungen und sollen erheitern. Wenn die orthodoxe Wissenschaft eines Tages ihren Wirkungskreis erweitert, wird sie die Fortschen Erscheinungen mit Hilfe der eifrigen Sammler sonderbarer und merkwürdiger Vorkommnisse leichter eingliedern können. Die wahre Funktion solcher Daten in bezug zur Hauptströmung der Wissenschaft nennt Enid Elsford in ihrem Buch über den Narren im Mittelalter: „Der Narr führt keine Revolution gegen das Gesetz an; er lockt uns in einen geistigen Bereich, in den der Arm des Gerichts nicht hinreicht." In diesem Sinne war Charles Hoy Fort zweifellos Narr der Wissenschaft.

Daten oder Theorien vorlägen. Ein wahrer Forscher verhält sich in eben dieser Weise, da für ihn das Ergründen der Wahrheit wichtiger ist, als recht zu haben oder der erste zu sein. Diese einschließende Vorgehensweise würde einen Seinszustand anerkennen, in dem alle Dinge, Wesen, Ideen und Phänomene miteinander in Bezug stehen und so „grundsätzlich eins sind". Fort zog aus seinen Tausenden von Berichten die Erkenntnis, daß das Universum mehr wie ein Organismus als wie eine Maschine funktioniert und selbst bei universell gültigen Gesetzen Abweichungen und Anomalien das unvermeidliche Ergebnis lokalen Ausdrucks dieser Gesetze seien. Diese fast mystische Ansicht nahm C.G. Jungs Begriff vom kollektiven Unbewußten vorweg und spiegelte ein Denken wider, das schon in den Kosmologien animistischer Eingeborenenreligionen auftaucht. Eine weitere Theorie, nach der die Welt mehr als Organismus denn als Maschine funktioniert, wurde 1981 von Dr. Rupert Sheldrake vorgestellt – das Prinzip der formativen Ursächlichkeit. Es scheint das philosophische Rüstzeug für die Erforschung von Kontinuität und Synchronismus zu liefern, indem es von einer zeit- und raumunabhängig wirkenden Schwingung zwischen Gebilden von ähnlicher Struktur, belebt oder unbelebt, ausgeht.

In früheren Zeiten herrschte in den meisten Kulturen eine Wertschätzung für Anomalien, die wir verloren haben. Die Menschen besaßen auch einen Be-

Rechts: Dieser schlichte Stein kennzeichnet Charles Forts Grab in seinem Geburtsort Albany, New York.

> " EINE REIHE VON FORTS SPEZIALGEBIETEN WIRD HEUTE ERNSTHAFT ERFORSCHT – SELTSAME LICHTER AUF DEM MOND... DER EINFLUSS VON MONDZYKLEN AUF BIOLOGISCHE ABLÄUFE UND DAS VERHALTEN DES MENSCHEN, SEEUNGEHEUER UND UFOS. "

BOTSCHAFT DER GÖTTER

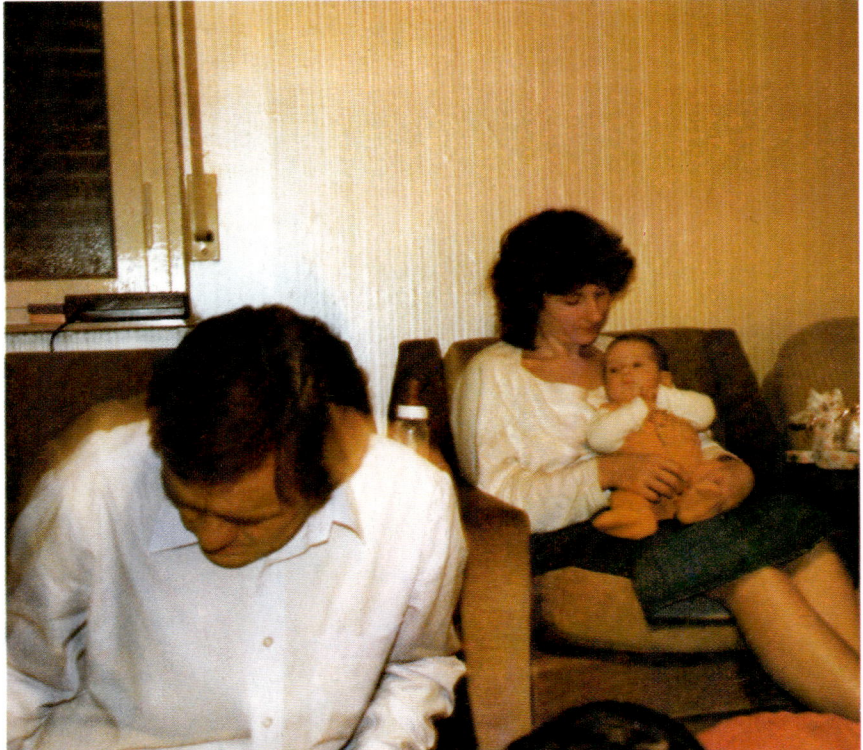

Channeling mit den Göttern der Antike, Zwiesprache mit Jesus, immer mehr Medien behaupten, im Kontakt mit Gott zu stehen.

Kaum ein anderes Thema beschäftigt religiöse Menschen so sehr wie die Frage, ob und in welcher Weise man sich selbst mit Gott in Verbindung setzen kann. Je nach Kulturkreis und entsprechend den Auffassungen der einzelnen Religionen wurde diese Fragestellung unterschiedlich gehandhabt.

Das Gespräch mit den Göttern

Im Alten Ägypten waren Gotterscheinungen keine Seltenheit. Speziell in Träumen offenbarten sich die Götter den Menschen. Vor allem von Gotterscheinungen der Pharaonen sind mehrere Geschichten bekannt. So überliefert die Traumstele vor den Tatzen der großen Sphinx in Gizeh, daß Horus dem Kronprinzen die baldige Herrschaft verkündigt und ihn auffordert, die Sphinx vom Sand zu befreien.

Auch sollen Götter mit der Pharaonin den künftigen Herrscher gezeugt haben. Ein erhaltener Text berichtet, daß Amun der königlichen Gemahlin beigewohnt habe:

"Es kam dieser herrliche Gott,
Amon, Herr der Throne und Länder,
nachdem er die Gestalt ihres Gatten annahm.
Sie fanden ihn in der Schönheit ihres Palastes ruhn.
Sie erwachte vom Duft des Gottes
und lachte vor seiner Majestät.
Er ging sofort zu ihr und entbrannte für sie.
Er verlor an sie sein Herz.
Sie konnte ihn scheuen
in der Gestalt eines Gottes."

Über Hatschepsut, das Ergebnis dieser Begegnung, soll Amun gesagt haben: "Sie wird das herrliche Königtum im ganzen Lande ausüben ... Ich werde sie alle Tage mit meinem Schutz umgeben, gemeinsam mit dem Gott des jeweiligen Tages."

Die altgriechische Mythologie kennt ebenfalls viele Göttererscheinungen. So berichtet Homer, daß Apoll in Gestalt des Hektor den damals schnellsten Läufer, Achilles, besiegt haben soll. Auch Zeus trat immer wieder in unterschiedlicher Tiergestalt auf.

In Indien glaubt man daran, daß sich Götter wie Shiva oder Krishna in unzähligen Formen manifestieren und den Menschen Ratschläge geben. Durch intensive religiöse Hingabe kann der Gläubige mit dem angebeteten Gott Kontakt aufnehmem, dessen Bildnis dann häufig lebendig werden soll.

In den Bauerngesellschaften Indonesiens sind es spezielle Tanzmedien, die die Kommunikation mit den Göttern aufnehmen. In ihren Trancetänzen verkünden sie der Dorfgemeinschaft die göttliche Botschaft. Die Chinesen treten mit den Ahnengöttern über diverse Orakelpraktiken in Kontakt, etwa dem Stäbchenorakel oder dem I Ging.

Auch die hohe Politik wurde in verschiedenen Kulturen durch die Zwiesprache mit den Göttern be-

stimmt. So steht der japanische Tenno in Kontakt zu seinen göttlichen Ahnen. Auch das Alte Testament basiert auf Erscheinungen Gottes. So hat Gott Moses durch den brennenden Dornbusch direkt angesprochen und ihm persönlich die Tafeln mit den Zehn Geboten übergeben. Immer wieder heißt es in der Bibel: „Der Herr sprach zu Mose …"

Im Neuen Testament läßt Gott seine Botschaften zumeist durch Engel vermitteln und tritt nicht direkt an die Menschen heran. Zwar sind aus dem Mittelalter Darstellungen bekannt, wonach Christus am Kruzefix lebendig geworden sein soll, doch spielt der direkte wechselseitige Kontakt keine wichtige Rolle mehr. Auch wenn die Fürsten des Absolutismus ihren Machtanspruch „von Gottes Gnaden" herleiteten, kann von einer direkten Einflußnahme Gottes auf die Staatsführung der Neuzeit nicht die Rede sein.

Channeling boomt weltweit

In unserer westlichen, rational orientierten Welt verstummten die Stimmen der Götter. D. Harald Alke vom Kyborg-Institut ist der festen Überzeugung, daß göttliche Botschaften nicht länger totgeschwiegen werden dürfen und für die Entwicklung der Menschheitsgeschichte von entscheidender Bedeutung sein können. Er selbst steht seit Jahren in medialem Kontakt zu verschiedenen Göttern, vor allem dem altägyptischen Gott Horus und den römischen Gottheiten Jupiter und Juno. Er kann mehrere Zeugen benennen, die während seiner Kontakte zu Geistwesen Lichteffekte um seinen Oberkörper wahrgenommen haben. Er erklärt, daß es sich auch

Oben: In den Naturreligionen spielt der Tanz eine wichtige Rolle. Bei manchen Völkern übermitteln bestimmte Tanzmedien im Trance der Dorfgemeinschaft Botschaften der Götter.

Gegenüberliegende Seite oben: Mehrere Zeugen haben Lichteffekte um D. Harald Alke wahrgenommen, als dieser im Einfluß von Geistwesen stand.

Unten: Die meisten Channelingsitzungen des Kyborg-Instituts finden in diesem Beratungsraum statt.

bei den Fotografien, die davon aufgenommen wurden, um keinen Trick handelt. Für ihn steht es zweifelsfrei fest, daß der aktuelle Wert solcher Botschaften, die an ihn und viele andere Medien vermittelt werden, nicht übersehen werden kann.

Als versierter Beobachter der parapsychologischen Szene konstatiert er, daß in den letzten zehn Jahren immer mehr Menschen zum Teil völlig überraschend Nachrichten von jenseitigen Wesen erhalten. Allein in den Vereinigten Staaten soll es Tausende von Medien geben, die sich in den letzten fünf Jahren an die Öffentlichkeit wagten. Auch in Deutschland häufen sich die Berichte, in denen von direkten göttlichen Mitteilungen die Rede ist. Alke bewertet die Qualität solcher Botschaften höchst unterschiedlich. So glaubt er, daß beispielsweise die Ratschläge des Erdgeistes Vywamus einen lehrenden Charakter hätten und interessante Hinweise für das Erlernen des Channelings enthalten.

Die Technik des Channelings

Freilich räumt Alke ein, daß es einerseits eine Anzahl von Scharlatanen gibt und andererseits eine ganze Reihe von Botschaftsempfängern nicht die Fähigkeit aufweisen, mit diesem Phänomen adäquat umzugehen. Vielfach seien diese Leute keine Lügner oder Betrüger, doch ist ihre Erfahrung für uns nur sehr begrenzt von Nutzen. Die geistige Kapazität des Mediums ist von entscheidender Bedeutung. Wer keine gute Ausbildung genossen hat und sich mündlich und schriftlich nicht besonders gut artikulieren kann, wird nur sehr einfache Botschaften vermitteln können. Auch bedarf es einer gewissen

Erfahrung und einer speziellen Technik beim Entschlüsseln. Die Übertragung in unsere Sprache ist recht schwierig und erfordert ein großes Maß an Feingefühl und Wissen. Feinste Unstimmigkeiten können den Sinn einer Botschaft völlig verändern. Erhält ein Medium etwa die Mitteilung „Jesus war Mensch und wahrer Gott" und gibt sie in Form eines Liedes an uns weiter, so kann der Satz vollkommen mißverstanden worden sein und in Wirklichkeit lauten: „Jesus war Mensch, und war er Gott?". Hier besteht ein Problem in der Interpretation, da diese Botschaften immer durch das Bewußtsein des Mediums gefiltert und verändert werden. Trotzdem können Botschaften sehr klar übermittelt werden. Besonders überzeugend sind nach Ansicht Alkes solche Nachrichten, die in Anwesenheit vieler Menschen durch das Bewußtsein des Mediums gefiltert und verändert werden. Die Interpretation und die Beurteilung solcher göttlichen Mitteilungen erfordert ein hohes Maß an Fingerspitzengefühl und einen gewissen Grad an Erfahrung im Umgang mit Medien und deren Eigenheiten.

Die Art und Weise, wie Medien die jenseitigen Botschaften erhalten, differiert ganz erheblich. Sowohl das Verhalten des Mediums als auch die Art der Wahrnehmung ist immer wieder anders. Bei den Naturvölkern Asiens und Afrikas vollführen die Schamanen zum Teil wild anmutende Rituale, um sich in die erfolgversprechende Stimmung zu versetzen. Auch ist die Verwendung von Drogen recht weit verbreitet, um die ekstatischen Bewußtseinszustände zu erzeugen oder zu verstärken. Im Deutschland des 20. Jahrhunderts geht es in aller Regel etwas weniger verzückt zu. Einige westliche Medien setzen sich allerdings auch in einer werbewirksamen Show in Szene.

Nicht selten fallen die Empfänger der göttlichen Botschaften völlig in Trance und wissen hinterher nichts mehr von dem, was sie gesagt oder getan haben. Andere wiederum bleiben während des gesamten Vorgangs bei vollem Bewußtsein. Es sind Fälle beobachtet worden, in denen die Medien einfach zu reden begannen, zum Teil in fremden Sprachen, die sie nie erlernt haben. Weitere Möglichkei-

Im Blickpunkt

CHANNELING

Die *Kunst des Channelns* ist der Titel eines Buches, das unlängst im falk-verlag erschienen ist. Die Autorin Janet McClure beschreibt darin in Zusammenarbeit mit dem spirituellen Wesen Vywamus das Phänomen der Übermittlung von geistigen Botschaften. Vywamus ist ein Geistwesen, das sich vor Äonen von Jahren auf einem weit entfernten, der Erde ähnlichen Planeten entschloß, eine körperliche Gestalt anzunehmen, und nach 37 physischen Inkarnationen in die geistige Sphäre überging. Nun habe sich dieses übersinnliche Wesen „in seiner großen Liebe entschlossen, der Menschheit beizustehen." Das Medium Janet McClure berichtet über ihre Erfahrungen mit dem Channeln und über ihre bewußte, eigenverantwortliche Kontaktaufnahme mit diesem Wesen von sehr hohem Bewußtsein. Die komplexe Kunst des Channelings beschränkt sich nicht nur auf eine geistige Partnerschaft. Auch die Auswirkungen auf den Körper werden besonders betont. Der Band wird ausdrücklich als „Lehrbuch" bezeichnet. Ob nach der Lektüre der Leser durch Channeling tatsächlich einen stimulierenden Einfluß auf Körper und Geist verspüren kann, muß von ihm selbst entschieden werden.

ten scheinen darin zu bestehen, daß innere Stimmen gehört werden, Visionen und Gesichte urplötzlich auftauchen oder das Medium von der höheren Kraft zum medialen Schreiben aufgefordert wird. Hierbei wird die übersinnliche Nachricht dem Medium sozusagen diktiert.

Rettung unserer Welt?

Wie auch immer man zu dem Wert oder Unwert derartiger paranormaler Erscheinungen stehen mag, für D. Harald Alke steht fest, daß die Kommunikation mit

Links: Im Alten Ägypten spielte der Jenseitsglaube eine äußerst wichtige Rolle. Auf diesem Papyrus wird das Totengericht dargestellt. Osiris, der Unterweltkönig mit dem Krummstab, beobachtet das Abwägen der Seele der Verstorbenen, was der schakalköpfige Anubis vornimmt. Im oberen Teil erkennt man die diesseitige Welt mit dem Falkengott Horus und dem Jenseitstor, das die Verstorbene durchschreiten muß. Viele Texte weisen darauf hin, daß im Alten Ägypten ein intensiver Austausch der Menschen mit den Göttern stattgefunden haben muß.

höheren geistigen Wesenheiten das Geschick ganzer Völker entscheidend beeinflussen kann. Die Tatsache, daß die westlichen Industrienationen solche Praktiken rigoros ablehnen, hält er für einen bedauerlichen Fehler. Freilich könne niemand gesicherte Aussagen darüber treffen, wie viele Personen in verantwortungsvollen Positionen mit oder ohne ihr Wissen ihr Handeln an medialen Eingebungen orientieren. So ist ihm beispielsweise bekannt, daß die Bonner Wahrsagerin Frau Buchela hochrangige Politiker beraten hat. Insgesamt scheinen die Taten der Staatsmänner wohl kaum göttlichen Eingebungen zu entspringen. Alke ist der Ansicht, daß die Welt unbedingt die Ratschläge höherer Wesen benötigt, um die gegenwärtige Wirtschaftskrise und die immensen Umweltprobleme lösen zu können.

Bedauerlicherweise verhielten sich die meisten philosophisch oder wissenschaftlich gebildeten Leute, also diejenigen, die leitende Positionen bekleiden, solchen Ansinnen gegenüber äußerst reserviert. Dies sei darauf zurückzuführen, daß das Eingeständnis prophetischer Kräfte dem gegenwärtigen Wertesystem widersprechen würde und somit imageschädigend sei. Als interessante Initiative in dieser Richtung empfiehlt er das Buch *Globale Transformation* von Kautz/Branon, in dem sieben amerikanische Medien, deren Visionen man miteinander verglich, zu den globalen Trends befragt wurden. Alle diese Medien entsprechen den Anforderungen, die auch Alke in der von ihm geforderten qualifizierten Ausbildung als Basis für Kompetenz und Glaubwürdigkeit ansieht. Ob es nun Menschen gibt, die Kontakte zu den Göttern unterhalten, oder ob es sich bei diesen Fällen um Phantasieprodukte verirrter Spinner handelt, wird wohl nie mit absoluter Sicherheit nachgewiesen werden können.

REVISION DER CHRISTLICHEN LEHRE?

Am Dienstag, dem 26. Mai 1992, channelte der altägyptische Gott Horus D. Harald Alke während eines Seminars über mediale Botschaften folgende Information: „Achtet auf den 21. Juli 1992, es wird etwas Außergewöhnliches geschehen, das die Welt verändert!"

Voller Erwartung blickte Alke dem angekündigten Termin entgegen. Seit langem ist er der Überzeugung, daß die katholische Lehre von Kreuzestod und Wiederauferstehung Christi nicht mit der tatsächlichen Person Jesus in Einklang zu bringen ist. Von Anfang an seien die Jünger und die Evangelisten darauf bedacht gewesen, Jesus zu einem Gott hochzustilisieren. Tatsächlich hat die christliche Heilslehre unsere Gesellschaft nachhaltig beein-

Rechts: Der Tod Christi am Kreuz und die anschließende Wiederauferstehung sind Grundbestandteile der christlichen Lehre.

Links: Der Falkengott Horus hat D. H. Alke gechannelt, daß sich die Welt durch eine Neuinterpretation der Figur Jesus verändern wird.

flußt. Wenn sich nun herausstellen würde, daß alles auf falschen Prämissen beruhe, dann würde dies die grundsätzliche Lebenseinstellung unserer Zeit in vielen Punkten in Frage stellen. Die Bestätigung für seine Annahme glaubt Alke am 21. Juli 1992, eben jenem Datum, auf das ihn Horus aufmerksam gemacht hatte, in den Händen zu halten.

An diesem Tag wurde durch internationale Presseagenturen die Meldung verbreitet, daß Jesus nicht am Kreuz gestorben sei, zweimal verheiratet war, drei Kinder hatte und sechzig Jahre alt wurde. Dr. Barbara Thiering von der theologischen Fakultät der Universität Sydney hat 20 Jahre an der Entzifferung der berühm-

ten Qumran-Schriftrollen vom Toten Meer gearbeitet. Ihre Ergebnisse hat sie in einem Buch veröffentlicht, das demnächst auch in Deutschland erscheinen wird.

Frau Thiering glaubt die christliche Überlieferung in einigen entscheidenden Punkten revidieren zu können. Ihrer Auffassung nach starb Jesus, aus dessen Ehe mit Maria Magdalena bereits eine Tochter hervorgegangen war, nicht am Kreuz. Seine Hinrichtung wurde nur scheinbar vollzogen. Jesus und seine Eltern seien Mitglieder der Essener-Sekte gewesen, die Auffassung von der jungfräulichen Geburt sei eine nachträgliche Klitterung der Evangelisten, und der Geburtsort habe in der Nähe von Qumran gelegen. Außerdem glaubt Thiering, daß Jesus eine zweite Ehe mit einer Griechin namens Lydia eingegangen sei. Basiert nun die Lehre der weltweit größten Religion auf gezielten Manipulationen von Paulus und den Evangelisten? Sind die allsonntäglichen Predigten seit 2000 Jahren nichts weiter als ein großangelegter Betrug? Der gläubige Christ wird solch ketzerische Thesen sicher nicht akzeptieren können. Trotzdem glaubt Alke, daß die Geschichte des Christentums neu geschrieben werden müsse.

Die vier Fotos auf dieser Seite stammen aus einem Film, den ein Kamerateam der „Associated Television" für die Sendung „Landwirtschaft heute" in der Nähe von Birmingham, England, im Oktober 1972 drehte.

Kameramann Neil Stuart fing einen hellen Leuchtstreifen ein, der über den Himmel schoß (oben). Er wuchs in die Länge (siehe oben rechts und rechts) und teilte sich schließlich, bevor er verschwand, in zwei kaum erkennbare leuchtende Flecken.

Das Team gab seine Beobachtung an die Behörden und an UFO-Forscher weiter. Jenny Randles vom „Northern UFO Information Network" sah sich den Film an und hielt das „UFO" für eine F-111, einen Bomber des nahegelegenen US Airforce-Stützpunkts, die Treibstoff abwarf. Ein Sprecher der USAF widersprach – verständlicherweise, denn Treibstoff über Agrarflächen abzuwerfen ist verboten! So bleibt dieser Fall nach wie vor für jede Art von Erklärung offen.

Das leuchtende goldfarbene UFO (oben) fotografierten Norman Vedaa und ein nicht genannter Freund in der Nähe von Denver, Colorado, USA, am 28. August 1969 um 6.20 Uhr. Vedaa entdeckte das einzelne UFO, als es über dem Highway schwebte, und zückte sofort die Kamera. Er stellte fest, daß das Objekt außerordentlich hell leuchtete und sehr stabil wirkte. Sein Freund machte inzwischen die beiden Fotos. Beide meinten später, das UFO habe keinerlei Geräusche von sich gegeben. Während sie die Kamera einstellten, drehte das UFO ab und flog so schnell fort, daß es „innerhalb von Sekunden" verschwunden war. Die Aufnahmen wurden bei der „Ground Saucer Watch, Inc." einer Reihe von Computertests unterzogen. Sie ergaben, daß es sich um ein dichtes, dreidimensionales und weit entferntes Objekt handelte – kurz, um ein echtes UFO. „Ground Saucer Watch" schloß daraus: „Die Aufnahmen lassen sich zur Zeit durch kein Phänomen in der Natur oder am Himmel erklären, das wir kennen."

Auch bei der „Sixth Annual Spacecraft Convention", die 1950 in Giant Rock in der Mojavewüste, Kalifornien, abgehalten wurde, sah man ein Raumschiff am Himmel schweben (rechts). Es klingt zu schön, um wahr zu sein, daß sich ausgerechnet bei einer Tagung zum Thema Raumschiff das umstrittene Objekt nicht nur einstellen, sondern sogar fotografiert werden sollte. Wahrscheinlicher ist, daß der Fotograf eine Windhose, ausgelöst durch einen MIni-Wirbelsturm, im Bild festhielt. Nicht auszuschließen wäre auch, daß die Teilnehmer einer solchen Tagung – ob nun bewußt oder nicht – ihren sehnlichen Wunsch, ein Raumschiff zu entdecken, auf ihre Umgebung projizierten und damit auch auf den Film. In diesem Fall handelte es sich allerdings um eine überaus bemerkenswerte Aufnahme.

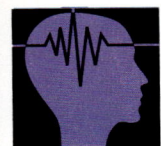

LEGIONEN DER HÖLLE

Der Aufstieg der NSDAP ist oft auf okkulte Praktiken zurückgeführt worden. Adolf Hitler selbst war zweifellos von der „Schwarzen Magie" fasziniert. Wie und warum kam diese ungewöhnliche Assoziation zustande?

Unten: Das Hakenkreuz wurde zum offiziellen Emblem der NSDAP, wie 1933 auf Bannern bei einer Kundgebung in Nürnberg zu sehen. Auf weißem Rund mit rotem Hintergrund war es ein eindrucksvolles Symbol, das für Hitler (rechts) alle Ideale der nationalsozialistischen Bewegung verkörperte. Viele sahen in Hitlers Entscheidung, das Symbol umzudrehen – er wollte lieber ein „linksdrehendes" Hakenkreuz als das traditionell „rechtsdrehende" –, ein Indiz für seine finsteren Machenschaften. Das einstige Glückssymbol gilt heute als die Verkörperung des Bösen.

Im Spätsommer des Jahres 1940, als sich die Schlacht um Großbritannien ihrem Ende näherte, hatte Toby O'Brien, der Pressesekretär Winston Churchills, plötzlich eine Eingebung. Er saß eines Morgens in der Badewanne, als ihm „unvermittelt" die Worte zu einem derben Spottlied einfielen. Noch am selben Tag trug er seine Komposition beim Mittagessen einer Gruppe hochrangiger britischer Offiziere in Whitehall vor, und sie bogen sich vor Lachen. Einige notierten sich den Text, andere prägten ihn sich ein. In wenigen Wochen machte das Lied die Runde, und man hörte es von Luftwaffenmajoren, Kompanieführern und Admirälen. Der Text wurde zu der Melodie von Colonel Bogey gesungen und lautete:

„Hitler, der hatte nur ein Ei,
der Göring hatte zwei, doch jeweils nur ein kleines.
Himmler ging's ganz ähnlich,
der arme alte Goebbels aber
hatte keins."

Toby O'Brien glaubte gewiß nicht, daß sein Text den Tatsachen entsprach; über die Potenz oder die sexuellen Gewohnheiten des Führers war herzlich wenig bekannt. Doch als russische Stabsärzte im Mai 1945 den verbrannten Leichnam Hitlers im Berliner Bunker untersuchten, stellten sie fest, daß Hitler tatsächlich nur einen Hoden besaß. Ein bizarrer und höchst ungewöhnlicher Zufall.

Möglicherweise hatte Hitlers körperlicher Defekt tatsächlich große Bedeutung für die Entwicklung seiner okkulten Neigungen. Nach Ansicht von Dr. Walter Stein, dessen Beobachtungen bei persönlichen Gesprächen mit Hitler in Wien die Grundlage für Trevor Ravenscrofts Buch *The Spear of Destiny* (Die Lanze des Schicksals) bildeten, begeisterte sich Hitler bereits 1912 leidenschaftlich für die Musik Richard Wagners – insbesondere für die Oper *Parsifal*, in der der Deutsche Ritterorden und die arische Rasse verherrlicht werden. Schon bald machte Hitler Wagners Quelle ausfindig: die mittelalterliche Dichtung Wolfram von Eschenbachs. Tatsächlich führte der Kauf einer Ausgabe von Eschenbachs *Parzival*, die früher Hitler gehört hatte, dazu, daß Stein ihm begegnete. Dr. Stein war von der peinlichen Genauigkeit der Randbemerkungen beeindruckt, wenn

Unten: Der Engländer Toby O'Brien verbreitete 1940, ohne es zu wissen, ein inhaltlich richtiges Gerücht über Hitler.

Unten: Lange bevor Guido von List in Deutschland gegen Ende des 19. Jahrhunderts das Hakenkreuz als Emblem einer neo-heidnischen Bewegung verwendete, war es ein weitverbreitetes Symbol für Glück, Leben und Energie. Die Swastika auf dieser Figur (Mitte rechts), Teil des Griffs eines Krugs, den man in einem Bootsgrab aus dem 9. Jahrhundert in Oseberg, Norwegen, fand, symbolisiert die Hämmer von Thor, dem Gott des Donners und des Krieges. Die Swastika auf dem Sockel der Statue von Kali dagegen (oben rechts) steht für eine lebensspendende, erneuernde Kraft.

auch gleichzeitig entsetzt von dem krankhaften Rassenhaß, der aus ihnen sprach. Es fanden sich zahlreiche Anspielungen auf die Figur des Klingsor, den Hitler offenbar mit Landulph II. von Capua gleichsetzte, einem berüchtigten Tyrannen des 9. Jahrhunderts.

Landulphs habgieriges Streben nach Macht führte ihn 875 n. Chr. zur Schwarzen Magie, so daß man ihn wegen dieser Praktiken exkommunizierte. Aber noch ein Punkt muß Hitler ein Gefühl der Übereinstimmung mit dem „Führer" aus dem 9. Jahrhundert vermittelt haben. Landulph war anscheinend völlig oder teilweise kastriert worden: Eschenbach beschreibt ihn als „Mann, der glatt zwischen den Beinen war".

Wir wissen, daß Hitler als Jugendlicher leicht zu beeinflussen war und gierig die Ideen derer aufsog, die ihn beeindruckten – Wagner und Nietzsche zum Beispiel. Landulphs Machtgier und seine unselige anatomische Ähnlichkeit mit ihm müssen großen Eindruck auf den jungen Adolf gemacht haben, und man darf vermuten, daß dies ebenso für Landulphs Schwarze Magie galt. Es gibt Beweise, daß Hitler sich von Anbeginn seiner politischen Karriere vom magischen Symbolismus beeindruckt zeigte.

Heidnische Riten

In der zweiten Hälfte des 19. Jahrhunderts wurden in Deutschland pseudointellektuelle Kreise von einer Bewegung erfaßt, die von heidnischen Ritualen und der Idee von nordischer Reinheit geprägt und von einem Mann namens Guido von List begründet war. Von List wurde 1848 als Sohn eines reichen Kaufmanns geboren, der mit Lederwaren und Stiefeln handelte – vielleicht ein Fingerzeig auf die Dinge, die da kommen würden. Er hatte mit 14 Jahren dem Katholizismus abgeschworen und gelobt, eines Tages Wotan (oder Odin), dem Kriegsgott der skandinavischen Mythologie, einen Tempel zu errichten.

In den siebziger Jahren des 19. Jahrhunderts hatte von List eine beachtliche Zahl von Anhängern, die die heidnischen Bräuche bei Sonnwendfeiern und Tagundnachtgleiche überwachten. 1875 wurde man auf sie aufmerksam, da sie die Sonne als Baldur verehrten. Dieser nordische Gott war in einer Schlacht erschlagen worden und von den Toten wieder auferstanden. Der Kult wurde auf einer Anhöhe bei Wien abgehalten und endete damit, daß von List acht Weinflaschen in der Anordnung eines Hakenkreuzes, vergrub.

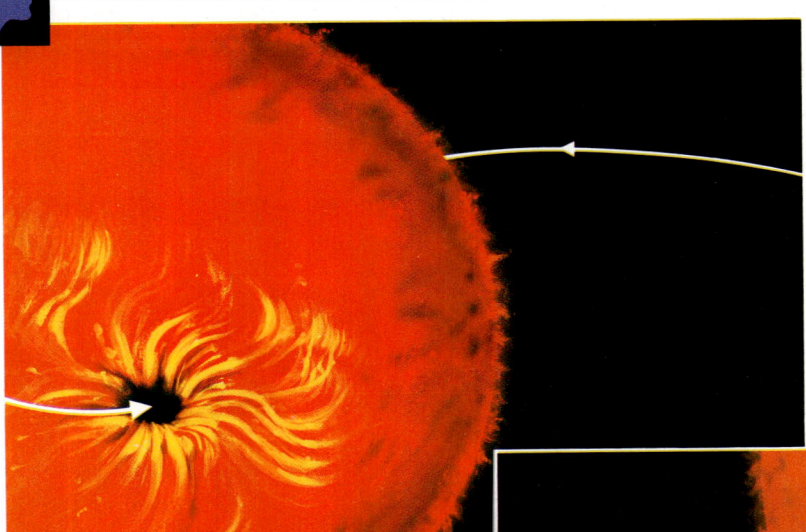

förmigen Bahn folgten. So kam er zu der Vermutung, daß ursprünglich vier Monde die Erde umkreist hatten. Er behauptete, der letzte Zusammenstoß mit der Erde, vor zirka 13.000 Jahren, habe den Untergang von Atlantis verursacht – dem Kontinent, der nach Ansicht der Nazis die eigentliche Heimat der arischen Rasse war.

Vor allem Himmler zeigte sich von Hörbigers Theorien fasziniert und erklärte, daß er in Linz, seiner Heimatstadt, ein Observatorium bauen lassen wolle, um es den drei größten Kosmologen zu widmen: Kopernikus, Kepler – und Hanns Hörbiger.

Im Blickpunkt

EINE WELT AUS EIS

Wie kam es, daß die kosmologischen Theorien eines Schmieds, der sich als Ingenieur ausgab, zu einem Pfeiler des Nazi-Weltbildes wurden? Hanns Hörbiger (1860–1931) (Mitte rechts) glaubte, daß in der „kosmischen Materie", aus der das Universum besteht, Wasser in seiner „kosmischen Form" vorkomme – als Eis. Dieses Eis forme sich zu großen Blöcken, die junge Sterne umkreisen. Er ließ Keplers Bewegungsgesetze außer acht, die besagen, daß kreisende Körper dies in Form einer Ellipse tun, und behauptete, diese Eisbrocken folgten einer spiralförmigen Bahn, so daß sie schließlich mit dem Stern zusammenprallten (oben) und eine ungeheure Explosion auslösten. Der Stern stieße daraufhin eine flüssige Masse rotierender Materie aus (Mitte rechts), aus der ein neues Sonnensystem entstehe (rechts). Hörbiger nahm an, daß Planeten einer spiral-

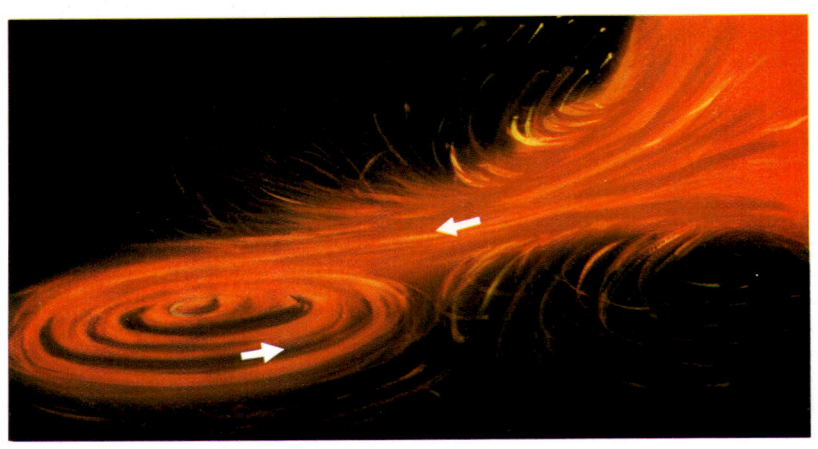

Die Swastika, das Hakenkreuz, war seit jeher und bei allen Völkern ein weitverbreitetes Symbol für Glück: Man findet es auf chinesischen, mongolischen und indianischen Gegenständen, in der Antike diente es den Griechen zur Verzierung ihrer Keramiken und im Mittelalter den Architekten als Rahmenmuster für Buntglasfenster. Auf Mittelenglisch heißt es „fylfot" und steht wahrscheinlich für „fill foot", ein Gerät, das man für den unteren Teil der Fenster benutzte. Der Begriff Swastika kommt aus dem Sanskrit von „Su asti", was wörtlich übersetzt „Gut, er ist" heißt. In der Tat symbolisierte das Hakenkreuz mit seinen Armen, die einander folgen, als ob sich das ganze Zeichen im Uhrzeigersinn drehen würde, die Sonne und die Mächte des Lichts.

In den zwanziger Jahren, als die nationalsozialistische Bewegung noch in den Kinderschuhen

steckte, ließ Hitler sich einprägsame Symbole entwerfen, ähnlich dem Hammer und der Sichel der russischen Kommunisten. Friedrich Krohn, ein Zahnarzt von Sternberg, der auch Okkultist war, schlug ein Hakenkreuz auf einem weißen Rund mit rotem Hintergrund vor – rot für Blut und das soziale Ideal, weiß für Nationalismus und die Reinheit der Rasse, und das Hakenkreuz für „den siegreichen Kampf des arischen Menschen."

Hitler war sehr angetan, bis auf eine Kleinigkeit – das traditonell „rechtsdrehende" Hakenkreuz mußte in die andere Richtung weisen, damit es zu dem wurde, was der Schriftsteller Francis King als „Heraufbeschwören des Bösen, der geistigen Rückentwicklung und der Schwarzen Magie" bezeichnet.

Dr. Krohn durchschaute, was Hitler mit der Änderung des alten Symbols bezweckte, denn er war Mitglied des Germanenordens, der, zusammen mit der Thulegesellschaft, da weitermachte, wo von Lists recht dilettantische Organisation in den Jahren vor dem Ersten Weltkrieg aufgehört hatte. Beide Gesellschaften wurden schließlich nahezu austauschbar in ihren Ideen und sogar in ihrer Mitgliedschaft. Sie bestanden ursprünglich aus Angehörigen des deutschen Offiziersstandes und anderer Berufsgruppen, die davon überzeugt waren, daß es eine massive, internationale jüdische Verschwörung gebe, die sich auf okkulte Praktiken stützte. Um diesem Komplott zu begegnen, gründeten sie ihre eigene nordische, auf Okkultem basierende Freimaurerloge: mit ausgefeilten Ritualen und Roben, Wikingerhelmen und Schwertern. Entscheidender aber war, daß die Thulegesellschaft – die ihren Namen dem sagenhaften Land Thule entlieh, einer Art Paradies auf Erden – begann, neue Mitglieder aus den unteren Klassen der Gesellschaft zu rekrutieren und antisemitisches Material in ihren verschiedenen Zeitungen zu verbreiten. Eine dieser Zeitungen, der *Völkische Beobachter*, wurde später zum offiziellen Organ der NSDAP.

Es steht außer Zweifel, daß Hitler – sowohl in seinen Jahren in Wien, als er völlig heruntergekommen war, wie als Vorsitzender der aufstrebenden NSDAP in den zwanziger und dreißiger Jahren – sich immer von ungewöhnlichen Okkultismus-Theorien fasziniert zeigte. Dazu gehörte die verrückte „Welteistheorie", ein kompliziertes Gedankengebäude, das ein österreichischer Ingenieur namens Hanns Hörbiger (1860–1931) propagierte. Er behauptete, die Planeten seien durch den Zusammenstoß von Sternen (wie der Sonne) mit riesigen Eisbrocken entstanden. Hörbiger glaubte, dieses System ermögliche es ihm, das Wetter ganz genau vorherzusagen. Einige okkulte Schriftsteller, vor allem Pauwels und Bergier in ihrem Buch *Dawn of Magic* (Anbruch der Magie), vermuteten sogar, daß Hörbigers Vorhersagen Hitlers verheerenden Rußland-Feldzug beeinflußten.

Zuletzt war Hitler davon besessen, Landkarten auszupendeln – er schwang ein Pendel über einer Landkarte, um versteckte Gegenstände ausfindig zu machen. Hitlers Berater hörten durch einen Architekten namens Ludwig Straniak davon, der ebenfalls Amateurokkultist war. Straniak demonstrierte vor deutschen Marineoffizieren seine Fähigkeit, die Position ihrer Schiffe auf See festzustellen, indem er ein Pendel über einer Admiralskarte baumeln ließ. Sie waren besonders beeindruckt, als er den Standort des Westentaschenkreuzers Prinz Eugen ausfindig machte, der damals in geheimer Mission unterwegs war.

Die Schwarzen Magier

Über Hitlers Interesse an Astrologie, an Prophezeiungen im allgemeinen, ist viel diskutiert worden. Man behauptete sogar, daß er wahrsagerische Fähigkeiten habe, durch die er das Ausbleiben von Widerstand vorherzusehen vermochte, als er nach Österreich und in die Tschechoslowakei einmarschierte. Doch Hitlers wahres Talent lag in seiner meisterhaften Beurteilung der politischen Stimmung in Europa. Seine Intuition ließ ihn allerdings im Stich, als er 1939 beschloß, in Polen einzumarschieren. Sein Propagandaminister Josef Goebbels benutzte die Astrologie geschickt, aber zynisch – zum

Ganz oben: Der Okkultist Ludwig Straniak konnte den Standort des deutschen Westentaschenkreuzers Prinz Eugen ermitteln, indem er lediglich ein Pendel über einer Landkarte schwingen ließ. Als Hitler von Straniaks eindrucksvoller Vorführung hörte, begann auch er sich für das Auspendeln von Landkarten zu interessieren und war später davon regelrecht besessen.

Oben: Josef Goebbels, Reichsminister für Volksaufklärung und Propaganda, glaubte zwar nicht an Okkultismus, erkannte aber Hitlers Faszination und nutzte dieses Thema geschickt als psychologische Waffe, um die Sache der NSDAP im deutschen Volk voranzutreiben.

Beispiel zitierte er Nostradamus zur Untermauerung der Nazivorherrschaft. Hitler und ganz besonders Reichsführer SS Himmler nahmen die Astrologie ernst.

Angesichts dieser vielseitigen Beschäftigung mit dem Okkulten wurde oft unterstellt, daß unter den hochrangigen Nazis zumindest Hitler und Himmler im wahren Sinne des Wortes „Schwarze Magier" darstellen. Wer das behauptet, muß jedoch die Frage beantworten, warum dann, mit der Machtergreifung der Nazis, okkulte Schriften und Praktiken so rigoros verboten wurden?

Dann wurde ein allgemeines Verbot aller okkulten Gruppen erlassen. Es betraf – völlig überraschend und sehr zum Leidwesen der Mitglieder – auch den Germanenorden und die Thulegesellschaft. In beiden Gruppierungen waren natürlich viele Nazis, doch auch für sie machte man keine Ausnahme. Zum Beispiel wurde Jörg Lanz von Liebenfels untersagt, in Zukunft weiter okkultes Material zu veröffentlichen. Seine Schriften aber hatten sehr zum Nimbus der deutschen Rasse beigetragen, und er selbst rühmte sich, Hitlers Guru gewesen zu sein, indem er ihn in okkulte Gruppen einführte.

Mit Ausnahme einiger „engeren Parteimitglieder", wie gewisser persönlicher Berater Himmlers, wurden Okkultisten aller Schattierungen umgebracht oder 1940 in den von Deutschland besetzten Ländern in den Untergrund getrieben.

Eine mögliche Antwort auf dieses Rätsel gaben Schriftsteller wie Francis King und J.H. Brennan. Sie behaupten, daß in Regimen, die in gewisser Hinsicht dem Hitlers ähnelten – zum Beispiel Stalins Rußland –, keine so systematische Ausmerzung von Okkultisten stattfand. Stalin habe zwar Jagd auf Freimaurer, kabbalistische Mystiker und ähnliche Gruppierungen gemacht, doch nur, weil sie „geheime Organisationen" per se waren und nicht wegen der vermuteten okkulten Betätigung.

Doch in Nazideutschland mußten „freischaffende" Okkultisten niedergemacht werden, denn in Wirklichkeit vernichtete man seine eigenen Rivalen.

Nur eine einzige okkulte Bewegung war im Dritten Reich erlaubt, gut versteckt in den eigenen Reihen. Sie wurde vom obersten Magier Adolf Hitler und Heinrich Himmler angeführt.

VAMPIRE – MYTHOS ODER REALITÄT?

Graf Dracula hält trotz aller Wider-legungsversuche die Menschen bis heute in einem Zustand gruseligen Halbwissens.

Als 1924 der Vorhang nach der ersten Vorstellung des Stückes *Dracula* fiel, trat der Schauspieler und Regisseur Hamilton Deane, der die Rolle des Van Helsing gespielt hatte, vor sein Publikum mit den beschwichtigenden Worten:

„Meine Damen und Herren, schenken Sie mir noch kurz ihr Gehör, bevor Sie gehen. Wir möchten Ihnen mit unserem Stück über Dracula keine Alpträume bescheren und Sie daher beruhigen. Wenn Sie heute abend nach Hause kommen, alles dunkel ist, Sie Angst haben, hinter die Gardinen zu schauen und sich vor Gesichtern fürchten, die am Fenster erscheinen könnten – dann reißen Sie sich zusammen! Denken Sie einfach daran, daß es solche Dinge wirklich gibt!"

Es war der perfekte Abgang. Aus diversen Büchern über Vampire hatte das Publikum genügend Hintergrundwissen mitgebracht und den Nervenkit-

Oben: Auf diesem Standfoto aus dem Film Dracula AD von 1972 attackiert Christopher Lee als Graf Dracula ein unschuldiges Opfer – eine typische Filmversion der Vampir-Legende. Die sado-masochistische Färbung der Geschichte, in der der sexuell unwiderstehliche Angreifer ein williges Opfer findet, trägt sicher dazu bei, daß sie eine so große Faszination ausübt.

Gegenüberliegende Seite oben: Die drei Brahmanen auf dieser Darstellung führen in Anwesenheit von Vampiren eine Beschwörung durch, wie es in Sir Richard Burtons Tales of Hindu Devilry (Hinduistische Teufelskulte) beschrieben wurde. Diese Geschichten wurden angeblich von indischen Vampiren, den „Baitals", überliefert.

Gegenüberliegende Seite unten: Diese Darstellung sieht in dem Befreiungskampf aus dem Sarg ein Symbol für den Tag des Jüngsten Gerichts. Früher geschah es nur allzu häufig, daß Menschen lebendig begraben wurden.

zel der packenden Geschichte vom „größten Vampir aller Zeiten", Graf Dracula, genossen. Der Theatermanager Bram Stoker, der die Figur erschaffen hatte, ahnte instinktiv, daß seine Geschichte tief im kollektiven Unterbewußtsein seines Publikums eine Saite zum Klingen bringen würde.

Der Schauspieler Christopher Lee erklärte den Erfolg von Dracula zum Teil damit, daß es sich um ein übermenschliches Wesen handle, einen Unsterblichen, dessen gruselige Existenz auch einen sexuellen Reiz ausübe. Die Psychologen unterscheiden hier deutlich zwischen dem sadistischen, dominierenden Vampir und dem masochistischen, unterwürfigen Opfer. Aber welche Fachsprache man auch bemüht – Graf Dracula fasziniert uns mehr als der atavistische Werwolf (der immerhin halb Tier und mitnichten ein Aristokrat ist) oder irgendein schemenhafter Geist.

Auch von den „Wesen aus der schwarzen Lagune" oder Dr. Whos Feinden, den Daleks, unterscheidet sich der Vampir erheblich. Während man diese Wesen als reine, wenn auch furchteinflößende Phantasiefiguren abtun kann, die man nach der Vorführung gleich wieder vergißt, sind Vampire schon ernster zu nehmen. Es sind ganze Berge von Schriften aus dem Osteuropa des 18. Jahrhunderts über diese „lebenden Leichname" überliefert. Muß man daraus schließen, daß es so etwas wirklich gibt?

Wie bei vielen anderen Bereichen des Paranormalen muß man zunächst einmal alle nur denkbaren rationalen Erklärungen ausschöpfen, bevor man das „Übernatürliche" bemüht. Im Falle des „Vampir-Booms", der vor 200 Jahren ausbrach, stehen gleich etliche rationale Erklärungsmöglichkeiten zur Wahl.

Der bekannte Okkultist Dennis Wheatley wies darauf hin, daß sich in den damaligen Zeiten der Armut Bettler oft auf Friedhöfe schlichen, um am Tag im Schutze von Mausoleen zu schlafen und sich nachts auf die Suche nach etwas Eßbarem zu machen. Kein Wunder, daß man sie oft für die sagenumwobenen, schauerlichen Vampire hielt, wenn sie in der Dunkelheit bleich und abgemagert unter Grabmalen hervorkrochen.

Die Verwechslung mit zerlumpten, menschlichen Gestalten auf Nahrungssuche leuchtet ein, erklärt aber nicht, warum man manche Leichen beim Öffnen des Sarges unverwest vorfindet. Dieses Phänomen ist selten, aber keineswegs unbekannt, und man versuchte es auf „natürliche" Weise zu erklären. Zum Beispiel kann die Art der Erde, in der eine Leiche begraben liegt, den Verwesungsprozeß erstaunlich beeinflussen. So fand man auf der griechischen Vulkaninsel Santorin Leichname, die auch nach vielen Jahren noch fast unversehrt waren. Bei den Einwohnern kursierte daher sogar die Redewendung: „Einen Vampir nach Santorin tragen" im Sinne von „Eulen nach Athen tragen".

Die überzeugendste Erklärung bietet jedoch ein Begräbnis bei lebendigem Leibe. Nicht alle Kataleptiker hatten so viel Glück wie der irische Soldat, der Anfang des 19. Jahrhunderts „wieder zum Leben erwachte", als man ihn kurz vor seiner Bestattung etwas grob anfaßte. Selbst heute bleiben todesähnliche Zustände wie Koma oder Katalepsie (Starrkrampf) weitgehend unbegreiflich, um so mehr waren sie es für die abergläubischen Bauern aus dem „Land jenseits der großen Wälder" in früherer Zeit.

Wer weiß, wie viele unglückliche Menschen damals aus ihrem vorübergehenden Starrkrampf erwachten und sich unter einer dicken Schicht Erde in einem Sarg begraben wiederfanden. Wer sich aus dem Sarg befreien konnte, blieb vielleicht in der Familiengruft gefangen und ging vor Durst, Hunger und Panik elend zugrunde.

Das Grauen nach dem Tode

In früheren Jahrhunderten kam es in der Tat relativ häufig vor, daß Menschen lebendig begraben wurden. Als in England ein Friedhof aus dem 18. Jahrhundert einem Parkplatz weichen mußte, ließ, wie es heißt, ein Drittel der Leichen, die der Bulldozer ans Tageslicht brachte, Anzeichen dafür erkennen, daß diese Menschen sich aus ihrem Sarg hatten befreien wollen. Einige hatten im Todeskampf am Sargdeckel gekratzt und sich dabei die Finger gebrochen, andere die Hände aus dem Sarg gestreckt. Manche Leichengewänder waren blutverschmiert, da sich die Totgeglaubten aus Atemnot oder dem Wahnsinn nahe ins eigene Fleisch gebissen hatten. Blutflecken an einer Leiche galten damals aber meist als eindeutiger Beweis für die Annahme, daß es sich um einen Vampir handelte.

Ging jedoch das Gerücht um, der frisch Verstorbene sei ein Vampir (vielleicht, weil aus seinem Grab schwache Laute drangen), dann griffen die entsetzten „Zeugen" zu althergebrachten Maßnahmen. Sollte gar das Herz der „Leiche" noch schlagen, fühl-

ten sie sich verpflichtet, einen angespitzten Pfahl hineinzurammen.

Charlotte Stoker, die Mutter des erwähnten Theatermanagers Bram Stoker, erzählte dem jungen Bram immer eine gruselige Gutenachtgeschichte, wie eine Einheimische an der Cholera verstarb. Sie wurde für tot erklärt und in eine verlassene Kalkgrube zu den übrigen Leichnamen geworfen. Der untröstliche Ehemann holte seine Frau heimlich heraus, um ihr ein würdiges Begräbnis zu geben, und bemerkte, daß sie noch atmete. Sie lebte nach diesem grauenhaften Erlebnis noch viele Jahre weiter. Wäre sie nun zu sich gekommen und selbst aus der Grube gewankt, hätte man sie leicht für einen dieser „lebenden Leichname" halten können!

Auch heute liest man gelegentlich in den Zeitungen von Menschen, die offiziell für tot erklärt wurden und auf dem Marmortisch in der Leichenhalle oder während der Bestattungsvorbereitungen wieder „auferstehen". Im Zeitalter der Organtransplatio-

Oben: Desmodus rotundus, der „Große Blutsauger", lebt in Mexiko und Südamerika. Diese Tiere werden etwa 8 Zentimeter groß und ernähren sich unbemerkt vom Blut schlafender Tiere.

nen ist die Frage, wann genau der Tod eintritt und welche Kriterien hierfür gelten, umstrittener als je zuvor. Im Viktorianischen Zeitalter jedenfalls wußten die Menschen bereits von der Möglichkeit, lebendig begraben zu werden, und manche waren von panischer Angst davor geradezu besessen. So ranken sich mehrere der Geschichten von Edgar Allan Poe um dieses Thema. Und sowohl in England wie in den USA wurden Särge patentiert, die mit Alarmglocken und Notfall-Vorrichtungen für Atemluftzufuhr ausgestattet sind.

Vielleicht wurde auch des öfteren ein Mensch lebendig begraben, weil man die verschiedenen Stadien des „Rigor mortis", der Totenstarre, falsch auslegte. Etwa eineinhalb Stunden nach Eintritt des Todes, je nach der Umgebungstemperatur auch früher oder später, beginnen sich die Muskeln zu versteifen, zunächst im Gesicht und im Nacken. Nach etwa 36 Stunden löst sich diese Totenstarre – die Muskeln erschlaffen wieder, und der Körper wird relativ biegsam. Damit läßt sich wahrscheinlich erklären, was 1974 im Tal von Curtea de Arges in Rumänien passierte. Mit Hilfe eines Dolmetschers erzählte eine junge Zigeunerin, welchen Schock ihre Familie bekam, als sie den Leichnam ihres Vaters für die Bestattung vorbereiteten: Seine Arme und Beine waren schlaff, nicht wie sonst bei einer Leiche steif. Diese Geschichte verbreitete sich im Dorf wie ein Lauffeuer, und für alle gab es nur eine Erklärung: Der alte Mann hatte sich in einen Vampir verwandelt! Man stieß ihm also einen hölzernen Pfahl durchs Herz, und die Dorfbewohner konnten beruhigt nach Hause gehen. Vielleicht aber – sollte die Totenstarre in diesem Fall nicht zufällig zu früh abgeklungen sein – lebte der arme Mann noch.

> *„DIE GESCHICHTE VERBREITETE SICH IM DORF WIE EIN LAUFFEUER: DER ALTE MANN HATTE SICH IN EINEN VAMPIR VERWANDELT!"*

Auch für den weitverbreiteten Brauch, Vampire mit Knoblauch abzuwehren, gibt es eine logische Erklärung. Zur damaligen Zeit wurde die Pest häufig durch Ungeziefer übertragen, und man hatte festgestellt, daß man die Tiere mit frischem Knoblauch fernhalten konnte. Mit Zauberei hatte das nichts zu tun, denn Knoblauchknollen verströmen ätherische Duftstoffe, die beispielsweise für Fliegen und andere Insekten unerträglich sind. Im rohen Zustand verzehrt, wirkt Knoblauch angeblich infektionshemmend und reinigt das Blut.

Dämonische Blutsauger

In den meisten Fällen von angeblichem Vampirismus gibt es eine logische und banale Erklärung. Einige Fälle bleiben für die Forscher jedoch rätselhaft. Lange Zeit glaubten die Okkultisten an die Existenz dämonischer, blutsaugender Materialisationen. Die Schriftstellerin Dion Fortune (ihr wirklicher Name war Violet Firth) glaubte, daß der „Astralleib" aus dem Körper eines Lebenden entweichen und sich in anderer Form wieder materialisieren kann – als Vogel, als ein anderes Tier oder als Vampir.

Dion Fortune war es, die den Fall der verstorbenen ungarischen Soldaten beschrieb, die im Ersten Weltkrieg angeblich zu Vampiren wurden und sich im „ätherischen Doppel" aufhielten – halb in diesem, halb in einem nächsten Leben, oder aber „erdgebunden", indem sie Verwundeten das Blut aussaugten. Vampirismus soll zudem ansteckend sein, das heißt, ein Biß macht das Opfer selbst zum Vampir. Seines Lebenssaftes beraubt, ist es von da an nur noch ein „psychisches Vakuum", das nun auch anderen die „Lebenskraft" entziehen kann.

Die Parapsychologie befaßt sich allerdings nicht mit dem, was einer glaubt, sondern mit beobachteten Tatsachen. Zu den Phänomenen, die die „Society for Psychical Research" am häufigsten untersucht, gehören beispielsweise Poltergeisterscheinungen. Im Jahre 1926 zeigten sich auf dem Gesicht des Poltergeistopfers Eleonore Zugun aus Rumänien heftige Kratzspuren. 1960 wurde ein gewisser Jimmy de Bruin, ein 20jähriger Farmarbeiter in Südafrika, von einer wahren Flut von Poltergeistern heimgesucht. Einmal hörte ihn ein Untersuchungsbeamter in Todesangst aufschreien, als auf seinen Beinen und auf der Brust plötzlich blutige Einschnitte erschienen.

Zu weiteren paranormalen Erscheinungen gehören spontane Wunden oder Blutungen, wie blutende Bilder oder Wundmale Christi. Während diese jedoch allgemein als „heilige" Phänomene akzeptiert werden, gilt der Vampirismus gemeinhin als „dämonisch". Andere Vampirismustheorien gehen davon aus, daß Vampire gar keine Blutsauger sind, sondern ihre Opfer nach und nach ihrer Lebensenergie berauben. Den Klassiker *Graf Dracula* halten die Vertreter dieser Ansichten für ein reines Phantasieprodukt. Vielleicht verkörpern diese Erscheinungen die beiden Kehrseiten ein und derselben Medaille – die eine gut, die andere böse. Oder aber all diese rätselhaften Phänomene haben einen gemeinsamen Ursprung, der, losgelöst von allem Moralismus, einfach nur ungewöhnlich ist. Solange wir keine Lösung kennen, sollten wir uns getrost bei den neuesten Vampirgeschichten gruseln und darüber spekulieren, wie sie entstanden sind.

Ende der siebziger Jahre füllten drei junge Franzosen die Schlagzeilen mit ihrer erstaunlichen Geschichte von einer UFO-Entführung in der Nähe von Paris. Was war damals wirklich geschehen?

„Franzose plumpst auf die Erde zurück" – so lautete die Schlagzeile in der Londoner *Times*. Die Nachricht ging um die Welt, und niemand wußte so recht, ob er sie ernst nehmen sollte. Eines jedoch war sicher: Franck Fontaine, eine Woche zuvor angeblich von einem UFO entführt, war am Morgen des 3. Dezember 1979 zurückgekehrt.

Wo genau hatte er die letzten sieben Tage verbracht? Die Öffentlichkeit hoffte auf eine Story, die jede Mondlandung in den Schatten stellt, doch sie wurde herb enttäuscht. Fontaine vermochte sich an kaum etwas zu erinnern. Ihm kam es so vor, als sei er nur für eine halbe Stunde eingenickt, und er konnte es nicht fassen, daß er eine geschlagene Woche fortgewesen sein sollte. Die seltsamen Bilder, die ihm durch den Kopf geisterten, hielt er für Träume. Die These, er habe sich möglicherweise in der Gewalt von Außerirdischen befunden, stürzte ihn vollends in Verwirrung.

Unten: Polizisten suchen in einem Feld in Cergy-Pontoise, Frankreich, Hinweise auf das Verschwinden von Franck Fontaine. Seine Freunde, Jean-Pierre Prévost und Salomon N'Diaye, wollen an einem Novembermorgen im Jahre 1979 beobachtet haben, wie Fontaine von einem UFO entführt wurde. Im Hintergrund sieht man den Wohnblock, in dem Prévost und N'Diaye lebten. Ganz in der Nähe hatte sich der Vorfall ereignet.

Es machte ihm auch zu schaffen, daß er plötzlich im Mittelpunkt des Weltinteresses stand. Während seiner siebentägigen Abwesenheit hatte sich die Aufmerksamkeit auf die Augenzeugen der Entführung Fontaines konzentriert, seine Freunde Salomon N'Diaye und Jean-Pierre Prévost. Seit ihrem ersten aufgeregten Anruf bei der Polizei – „Ein Freund wurde gerade von einem UFO entführt!" – waren sie von der Polizei, der Presse und von UFO-Forschern ausgefragt worden. Fontaines Rückkehr wirbelte die ganze Sache zwar wieder auf, befreite die beiden aber wenigstens von dem Verdacht, sie könnten mit dem Verschwinden ihres Freundes – oder gar mit seinem Tod – etwas zu tun haben.

Der Lebensstil der drei jungen Männer hatte sie nicht gerade unverdächtig gemacht. Prévost (26), N'Diaye (25) und Fontaine (18) hielten sich über Wasser, indem sie auf Straßenmärkten Jeans verkauften. Sie fuhren ein altes Auto ohne Versicherung, obwohl keiner von ihnen eine Fahrerlaubnis hatte, und Prévost bezeichnete sich selbst als Anarchist. Er und N'Diaye waren Nachbarn in einem Wohnblock in Cergy-Pontoise, einem Pariser Vorort. Fontaine wohnte etwa drei Kilometer entfernt.

Wie die Freunde berichteten, hatte Fontaine den Sonntagabend bei Prévost verbracht. Sie wollten gegen halb vier Uhr früh zu dem 35 Kilometer ent-

DAS GEHEIMNIS DER VERLORENEN WOCHE

fernten Straßenmarkt von Gisors aufbrechen, um sich dort rechtzeitig einen guten Platz zu sichern. Außerdem war ihr alter Taunus zuletzt schlecht angesprungen, so daß sie etwas mehr Zeit einkalkulierten. Nach nur vier Stunden Schlaf begannen sie, das Auto zu beladen.

Sie mußten ihr Auto anschieben, damit der Motor ansprang. Fontaine blieb im Wagen sitzen, damit der Motor nicht wieder ausging, während die beiden anderen weiter einluden. Fontaine schaute aus dem Fenster und sah als erster das helle Licht am Himmel. Als seine Freunde mit einem Stoß Jeans aus dem Haus kamen, deutete er auf das leuchtende Objekt. Es hatte eine zylindrische Form, mehr war nicht auszumachen. Als es hinter dem Wohnblock verschwand, rannte N'Diaye ins Haus, um seine Kamera zu holen – vielleicht ließ sich ja mit solchen Fotos Geld machen! In der Hoffnung, einen weiteren

Blick auf das seltsame Objekt zu erhaschen, fuhr Fontaine die Hauptstraße hinauf, die an den Wohnungen vorbeiführte.

Lichtkugeln

Als seine Freunde das Auto anfahren hörten, schauten sie aus ihren Wohnungsfenstern. Beide sahen, wie das Auto auf der Hauptstraße anhielt, und hörten, daß der Motor nicht mehr lief. Prévost war wütend, weil sie das Auto nun noch einmal anschieben mußten, rannte die Treppen hinunter und rief N'Diaye zu, er solle die Kamera dalassen, da das UFO jetzt fort sei. N'Diaye folgte ihm und meinte, daß es von seinem Fenster aus so gewirkt habe, als sei das Auto von einer großen Lichtkugel umgeben.

Auf der Straße blieben beide einen Moment lang wie angewurzelt stehen: Der hintere Teil des Autos war von einer scharf umgrenzten Kugel aus leuchtendem Nebel verhüllt, und ringsherum schwebten kleinere Lichtkugeln. Dann verschluckte die große Kugel alle kleinen, bis auf eine. Es bildete sich ein Lichtstrahl, der immer größer wurde, bis er die zylindrische Form hatte, die sie zuvor am Himmel gesehen hatten. Die große Kugel schien in diesen Strahlenzylinder einzudringen, der daraufhin in den Him-

mel hinaufschoß und dann mit einem Mal plötzlich verschwand.

Schließlich rannten sie zu ihrem Auto, fanden aber keine Spur von Fontaine – auch nicht auf der Straße oder in dem angrenzenden Kohlfeld. Prévost bestand darauf, sofort die Polizei zu benachrichtigen, und N'Diaye lief zum Telefon. Prévost blieb beim Auto und wurde Augenzeuge der letzten Phase des Geschehens: Eine Lichtkugel wie die vorher beobachteten schien plötzlich die offene Autotür zuzuschlagen. Dann verschwand auch sie.

Dies war der Bericht, den die beiden wenig später der Polizei zu Protokoll gaben. Da UFO-Sichtungen in Frankreich als Sache des Militärs gelten, wies man Prévost und N'Diaye an, die Gendarmerie zu benachrichtigen, die dem Ministerium für Nationale Sicherheit unterstand. Dort wiederholten die beiden für den Rest des Tages ihre Geschichte. Gegen Mit-

Ganz oben: Franck Fontaine verläßt nach seiner glücklichen Rückkehr die Polizeistation. Er sagte aus, daß er sich nicht erinnere, was während der „verlorenen Woche" passiert sei.

Salomon N'Diaye (Mitte) und Jean-Pierre Prévost (rechts) hatten den UFO-Vorfall sofort der Polizei mitgeteilt. Diese Tatsache überzeugte viele Menschen davon, daß sie die Wahrheit sagten.

tag legte man eine Pause ein, so daß die beiden die Presse informieren konnten. Kommissar Courcoux von der Gendarmerie in Cergy teilte später mit, daß kein Anlaß bestünde, die Angaben der beiden Männer zu bezweifeln. „Irgend etwas" habe hier sicher stattgefunden, genaue Angaben aber könne er gegenwärtig noch nicht machen. In einem anderen Interview gab er allerdings zu: „Wir bewegen uns im Reich der Phantasie." Eine Woche lang erfuhr die Öffentlichkeit nichts Neues. In dieser Zeit wurden die beiden jungen Männer immer wieder befragt. Manche glaubten die UFO-Geschichte aufs Wort, andere hielten sie für ein Täuschungsmanöver, mit dem sich Fontaine vielleicht vor dem Militärdienst drücken oder womöglich Schlimmeres vertuschen wollte. Eines aber stand fest: Prévost und N'Diaye hatten die Polizei unverzüglich und aus freien Stücken verständigt. Dürfte das – angesichts ihres Lebenswandels – nicht ein überzeugender Beweis für ihre Aufrichtigkeit sein?

Als Fontaine schließlich nach einer Woche wieder auftauchte, wirkte auch seine Darstellung durchaus glaubhaft. Er berichtete, er sei in einem Kohlfeld wieder aufgewacht. Als er aufstand, merkte er, daß er sich genau gegenüber dem Wohnblock neben der Hauptstraße befand, wo er angehalten hatte, um das UFO zu beobachten. Das Auto war allerdings fort. Sein erster Gedanke war, daß man es samt der wertvollen Ladung gestohlen hatte. Als er keinen seiner Kumpanen entdecken konnte, rannte er ins Haus und klingelte zuerst vergeblich bei Prévost und dann bei N'Diaye. Dieser öffnete verschlafen die Tür, starrte ihn erst verblüfft an und umarmte ihn dann voller Wiedersehensfreude. Fontaine wunderte sich über den Schlafanzug, staunte aber noch mehr, als er erfuhr, daß seit dem fraglichen Morgen eine ganze Woche verstrichen war.

Polizei und Presse konnte er nur wenig sagen. Die Medien berichteten zwar rund um die Welt über seine Rückkehr, warteten mit einer Stellungnahme aber auf die der Behörden. Die Polizei erklärte die

Oben: Jimmy Guieu ist ein bekannter Science-fiction-Autor und Begründer eines UFO-Forschungsteams. Ihm vertrauten sich die drei Augenzeugen vorbehaltlos an, während andere UFO-Forscher sie als äußerst unkooperativ bezeichneten.

Sache jedoch für abgeschlossen, da kein Verbrechen vorliege. Abgesehen davon, daß Fontaines Geschichte als solche unwahrscheinlich wirkte, gab es keinen Grund, ihm oder seinen Freunden nicht zu glauben.

Von Ufologen umlagert

Nun lag es also bei den Ufologen, Licht in die Angelegenheit zu bringen. Von Anfang an waren die Augenzeugen von verschiedenen französischen Forschungsgruppen umlagert, die größtenteils auf ihrer Unabhängigkeit bestanden und eine Zusammenarbeit mit anderen ablehnten. Eine der angesehensten Gruppen nennt sich „Control"; ihr verdanken wir die meisten Hintergrundinformationen über diesen Fall.

Noch während Fontaines Abwesenheit hatte eine andere Gruppe schon vor „Control" ihr Interesse angemeldet, das „Institut Mondial des Sciences Avancées" (IMSA – Weltinstitut für Neuzeitliche Wissenschaften). Ihr Mitbegründer und Sprecher war Jimmy Guieu, ein bekannter Science-fiction-Schriftsteller und Autor zweier UFO-Bücher. Bereits vor Beginn seiner Untersuchungen hatte Guieu in einem Interview betont, er glaube an die Geschichte: „Keine Frage, Franck Fontaine wurde von einem UFO entführt. Ich gebe zu, daß ich mit den beiden Freunden des jungen Mannes noch nicht gesprochen habe, aber ich halte ihre Darstellung a priori für wahr."

Fontaines Freunde waren hocherfreut, daß eine so angesehene Autorität ihrer Geschichte vorbehaltlos Glauben schenkte, und bereit, mit Guieu zusammenzuarbeiten. Als Fontaine wieder auftauchte, begab auch er sich unter die Fittiche der IMSA. Guieu bot den dreien sogar einen geheimen Unterschlupf in Südfrankreich an. Dort könnten sie gemeinsam an einem Buch arbeiten, das er, Guieu, schreiben würde, und sich den Erlös aus den verkauften Auflagen teilen.

Rechts: Das UFO, das die drei Freunde gesehen haben wollen, war angeblich zylinderförmig und wirkte im Durchmesser größer als der in dieser Nacht leuchtende Vollmond. Es lief vorne abgerundet zu, und der hintere Teil verlor sich in einer nebelhaften Wolke. Das UFO verschwand, als Fontaine sich ihm allein näherte.

In Guieus Buch wird Prévost zum Helden der Geschichte, und als einzige Belege stehen seine Worte. Seine beiden Freunde erscheinen plötzlich ganz unwichtig. Dieses Buch wirft mehr Fragen auf, als es beantwortet, und Prévosts Ankündigung, er werde seine Erlebnisse selbst darlegen, hielt nicht, was man erhofft hatte. Noch im selben Jahr erschien ein weiteres Buch, *The Truth About Cargy-Pontoise Affair* (Die Wahrheit über die C. D.-Affäre), das jedoch noch unbefriedigender war. Es handelt sich um ein ausschweifendes Machwerk, in dem Prévost die „Philosophie" der Außerirdischen wiedergab. Seichte Sprüche wie „Wir brauchen mehr Liebe und weniger Technik" sind, soll man Prévosts Berichten Glauben schenken, offenbar nicht nur auf den Planeten Erde beschränkt.

Über Fontaines Entführung wird praktisch kein Wort verloren – er und N'Diaye werden kaum mehr erwähnt. Prévosts detaillierte Beschreibung über seinen Besuch in einer außerirdischen Geheimbasis ist allerdings ein guter Gradmesser für die Glaubwürdigkeit des übrigen Materials. Angeblich hatte

Auf Anhieb ein Bestseller

Das Buch *Cergy-Pontoise UFO Contacts* (UFO-Begegnungen in Cergy-Pontoise) erschien bereits knapp vier Monate nach Fontaines Rückkehr. Guieus berühmter Name und das weltweite Interesse an dem Fall machten es über Nacht zum Bestseller. Wer aber eine schlüssige Darstellung erhofft hatte, wurde enttäuscht. Das Buch war journalistisch aufgebauscht mit ausufernden Berichten von anderen UFO-Beobachtungen. Die Erlebnisse des entführten Augenzeugen Fontaine suchte man vergebens, doch gerade sie hatten die Leser erwartet.

Guieu hatte gehofft, Fontaine könne sich unter Hypnose an mehr erinnern, aber dagegen sträubte sich der junge Mann hartnäckig. Statt seiner ließ sich jedoch Prévost hypnotisieren, und das mit erstaunlichem Ergebnis. Es erschien nun so, als hätten die Außerirdischen sich eigentlich für ihn und nicht für Fontaine interessiert. Durch ihn sprachen sie und erklärten alles. Mit Fontaine hatten sie nur den Kontakt hergestellt; Prévost aber war der „Kommunikationskanal", über den sie die Welt vor einer drohenden Katastrophe bewahren wollten. Sie bezeichneten sich als „Intelligenzen aus dem anderen Raum", den sie aber nicht näher bezeichneten, außer als „Planet, unähnlich dem euren". Ihr Sprecher hieß Haurrio – ein freundliches, aber etwas geschwätziges Wesen.

Die Titelseiten von Jimmy Guieus Buch Cergy-Pontoise UFO Contacts (UFO-Begegnungen in Cergy-Pontoise) (oben links) *und von Jean-Pierre Prévosts Bericht* La vérité sur l'affaire de Cergy-Pontoise (Die Wahrheit über die Cergy-Pontoise-Affäre) (oben rechts). *Beide Bücher wurden nach Fontaines angeblicher Entführung innerhalb kürzester Zeit veröffentlicht und boten phantasiereich ausgeschmückte Darstellungen, aber wenig handfeste Fakten. Wer Klärung der Ereignisse erhofft hatte, wurde enttäuscht.*

es bald nach Fontaines Rückkehr morgens an Prévosts Tür geklingelt, und ein unbekannter Händler, der auf dem Weg nach Bourg-de-Sirod war, lud Prévost ein mitzufahren. Bourg-de-Sirod ist ein kleines Dorf nahe der Schweizer Grenze, etwa 360 Kilometer von Cergy entfernt. Es gibt keinen einleuchtenden Grund, warum ein Handlungsreisender dorthin reisen wollte oder glauben könnte, Prévost hätte an dieser Fahrt Interesse, zumal beide sich gar nicht kannten. Allerdings war Prévost der Ort vertraut, denn in Bourg-de-Sirod hatte er als Kind oft seine Ferien verbracht, später sogar dort gearbeitet und erst vor kurzem mit Fontaine dort gezeltet. Er nahm das Angebot des Fremden daher erfreut an, auch wenn er sich darüber wunderte. Der Mann setzte ihn bei dem Dorf ab, und Prévost wanderte den Hügel hinauf zu einer Stelle, die ihn schon immer fasziniert hatte – einem Eisenbahntunnel mit

Oben: Am 15. August 1980 versammelte sich bei Cergy-Pontoise eine Gruppe von Menschen in Erwartung einer Begegnung mit Außerirdischen. Fontaine hatte behauptet, er habe mit seinen Entführern im vergangenen Dezember für diesen Tag eine Verabredung getroffen.

Links: Ein Wesen namens Haurrio hatte angeblich im Namen der „Intelligenzen aus dem anderen Raum" mit Prévost Kontakt aufgenommen. Einmal trug Haurrio eine Art silbrigen Overall und sah damit eindeutig „außerirdisch" aus. Bei einer anderen Gelegenheit hatte er lange blonde Haare und wirkte wie eine maskuline Frau in einem Anzug. Er wurde als freundlich und ausgesprochen redselig beschrieben.

kehrten die Männer zum Lagerfeuer zurück und legten sich auf den Boden schlafen – was in einer Dezembernacht in den Bergen sicher nicht besonders gemütlich war. Am nächsten Morgen wurde Prévost von dem freundlichen Handelsreisenden erwartet, der ihn zurück nach Cergy chauffierte.

> **❝DIE BELEGE, DIE MIR ZUR VERFÜGUNG STEHEN, LEGEN NAHE, DASS … WIR VON ETLICHEN AUSSERIRDISCHEN GRUPPEN BESUCHT WERDEN… TEILWEISE WOLLEN SIE UNS VIELLEICHT EINE HELFENDE HAND REICHEN BEI UNSEREN KLÄGLICHEN VERSUCHEN, NACH DEN STERNEN ZU GREIFEN.❞**
>
> **Timothy Good, Alian Liaison**
> **(Verbindung mit Außerirdischen)**

einem verlassenen Waggon aus der Zeit des Zweiten Weltkriegs.

Als er spätabends am Tunnel ankam, traf Prévost auf eine Gruppe junger Männer, die sich dort vor einem Lagerfeuer versammelt hatten. Einer davon rief ihn beim Namen: Er kam aus der Sahara und hatte Prévost erst kürzlich geschrieben. Es stellte sich heraus, daß sie alle aufgrund der „Intelligenzen aus dem anderen Raum" aus allen Ecken der Welt hierher gekommen waren. Jeder redete in seiner Landessprache – aber alle verstanden sich untereinander.

Schließlich traf Haurrio ein, der Vertreter der Außerirdischen. Er verkündete den jungen Männern, daß sie ausersehen seien, die Philosophie der „Intelligenzen" auf der Erde zu verbreiten. Dann wurden sie von einer hübschen Außerirdischen im Tunnel herumgeführt, der als UFO-Basis diente. Danach

Je mehr nachprüfbare Aussagen die Männer machten, desto unglaubwürdiger wurde die ursprüngliche Geschichte von der angeblichen Entführung. Die Zweifel mehrten sich, als Forscher der „Control"-Gruppe den Fall unabhängig von Augenzeugen unter die Lupe nahmen und sämtliche sich widersprechenden Aussagen und bruchstückhafte Beweise so gut wie möglich überprüften. Wir werden wohl nie erfahren, ob Jimmy Guieu und Jean-Pierre Prévost ernsthaft erwarteten, daß man ihre Berichte glaubte.

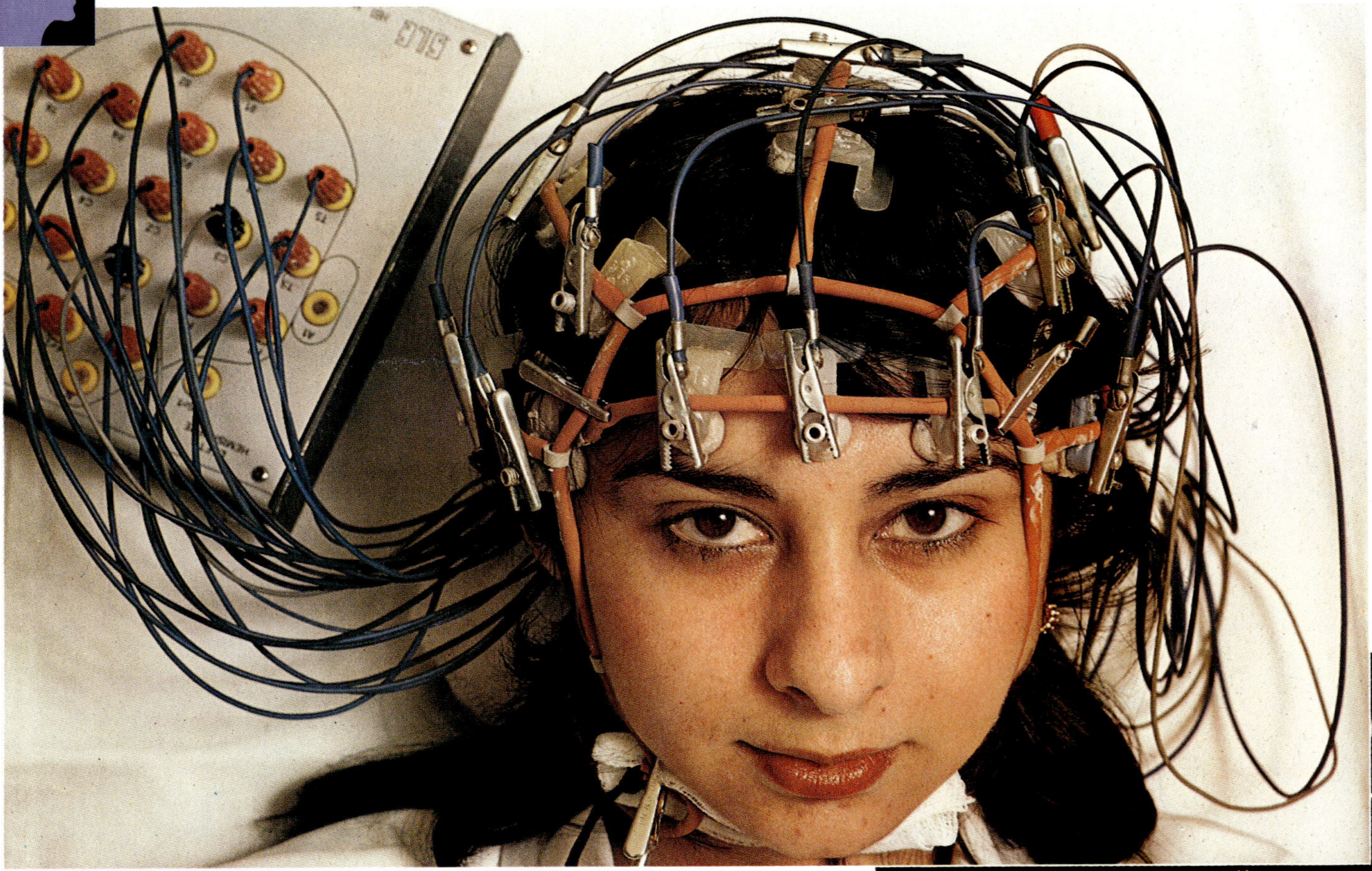

JENSEITS DES HIRNS

Viele Wissenschaftler glauben, daß der Geist nur eine Erscheinungsform der elektrochemischen Prozesse darstellt, die im Gehirn ablaufen. Gibt es Belege für diese These?

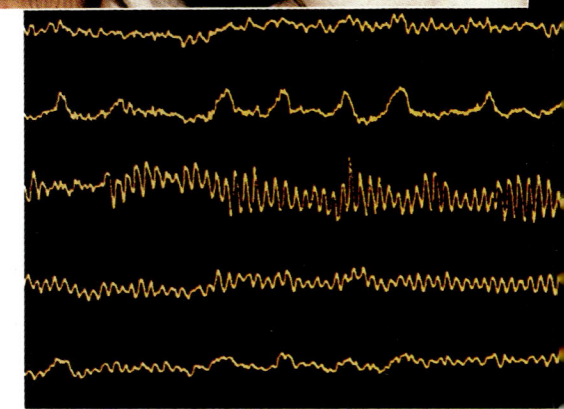

All unsere Träume, Wünsche, Erinnerungen, Gefühle und Gedanken, unsere Hoffnungen und Ängste, selbst die Art, wie wir die Welt um uns wahrnehmen – all das ist lediglich das Produkt chemischer und elektrischer Prozesse in unserem Gehirn. Wenn das Gehirn beim Eintritt des Todes aufhört zu arbeiten, endet auch jegliche geistige Aktivität; unser Bewußtsein kann den körperlichen Tod nicht „überleben".

Diese Überzeugung vertritt jedenfalls die Philosophie des Materialismus. Danach entstand alles Leben rein zufällig in einem zweckfreien Universum, Tiere und Pflanzen entwickelten sich nur aufgrund planloser, genetischer Mutationen sowie der blin-

Oben: Diese Patientin ist an einen Elektroenzephalographen (EEG) angeschlossen, der ihre elektrischen Hirnströme mißt. Rechts darunter eine EEG-Aufzeichnung der normalen Gehirnaktivität. Die charakteristischen Muster eines solchen Elektroenzephalogramms verraten verschiedene Stadien der Hirnaktivität – Wachen, Tiefschlaf, Träumen –, nicht aber die Gedanken des Patienten.

den Kräfte natürlicher Auslese, und der Mensch ist nicht mehr als eine komplexe Maschine. Allerdings läßt sich diese Theorie niemals beweisen, und in vielerlei Hinsicht läuft sie auf ein atheistisches Glaubensbekenntnis hinaus.

Dennoch führen die Materialisten die Errungenschaften der Wissenschaft in den Bereichen der Physik und der Chemie oftmals als Beweis dafür an, daß alle Lebewesen im Grunde nur komplizierte chemische und physikalische Maschinerien darstellen. Viele Aspekte des Lebens entziehen sich jedoch solchen rein mechanistisch orientierten Erklärungen. Wenn ein Baum aus einem Samenkorn oder ein Embryo aus einem befruchteten Ei heranwächst, fällt es schwer zu glauben, daß es sich hierbei bloß um die zufällige Kombination passender chemischer Moleküle handelt.

Der Wissenschaftler Rupert Sheldrake stellte eine alternative Theorie auf, um die Vererbung von Fähig-

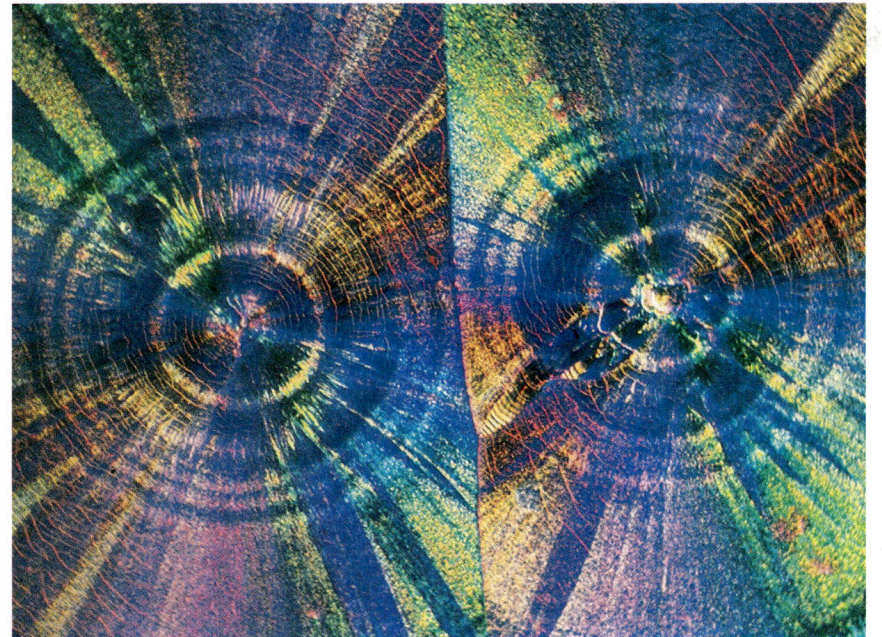

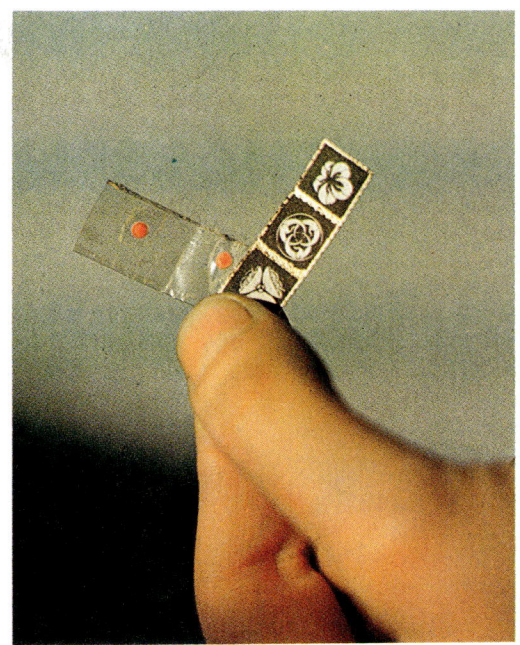

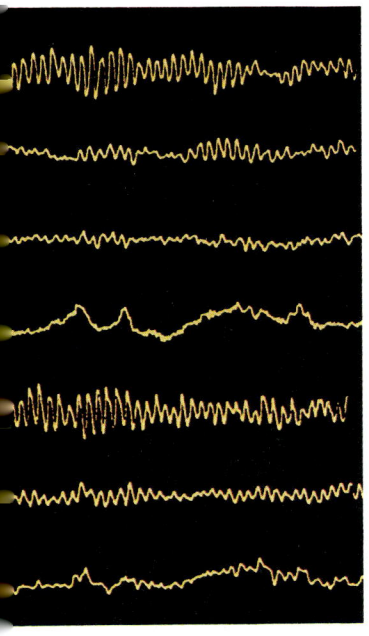

Ganz oben: Fotografische Darstellung der Hippursäure in 150facher Vergrößerung. Die grellen Farben und abstrakten Muster sind typisch für bestimmte, unter Drogeneinfluß entstehende Halluzinationen. Schon kleinste Mengen von Lysergsäurediäthlyamid (LSD), einer farblosen Flüssigkeit, die man auf einem Stückchen saugfähigen Papier oder an Strychnin gebunden in Form von Minitabletten (oben rechts) einnehmen kann, vermögen Halluzinationen hervorzurufen, die die normalen Grenzen der menschlichen Gehirnaktivität weit überschreiten.

keiten bei Pflanzen und Tieren zu erklären. Danach werden Form und Verhalten eines Organismus durch sogenannte „morphogenetische Felder" bestimmt, die den im lebenden Gewebe, also auch im Gehirn, ablaufenden physikalischen Prozessen eine gewisse Gesetzmäßigkeit auferlegen. Aufgebaut werden diese Felder durch die „morphische Resonanz" von früheren Vertretern der entsprechenden Spezies, also durch eine Art kollektives Gedächtnis. Die Lebewesen „schalten" sich auf diese Felder „auf", und damit sowohl auf die Form als auch auf die Erfahrungen der Vorfahren ihrer jeweiligen Spezies. Das genetische Erbgut, das in Form der DNS in den Zellen festgelegt ist, kann diesen Aufschaltprozeß zwar beeinflussen, aber Gestalt und Instinkt eines Organismus sind nicht in der DNS verschlüsselt – so wie sich auch die Menschen, die man auf einem Fernsehschirm sieht, nicht in den Drähten und Transistoren des Gerätes befinden. Damit die Aufschaltung klappt, muß das Gerät zwar korrekt verdrahtet sein, aber die Bilder selbst entstehen außerhalb.

Einflüsse aus der Vergangenheit

Entsprechend meint Sheldrake, daß vielleicht auch das Gehirn ähnlich wie ein kompliziertes Aufschaltsystem funktioniert. Er glaubt sogar, daß es sich in den Einflußbereich seiner eigenen Vergangenheit „einklinken" kann. Dies setzt eine Form der Erinnerung voraus, die von der konventionellen, mechanistisch orientierten Auffassung weit abweicht. Letztere geht davon aus, daß sich alle mentalen Prozesse auf chemisch-physikalische Vorgänge im Gehirn zurückführen lassen. Vielleicht sind Erinnerungen ja doch nicht als „Spuren" im Nervengewebe verankert, sondern werden vom Gehirn empfangen, wenn es sich auf die morphische Resonanz einstellt.

Vertreter des Materialismus argumentieren häufig mit der Tatsache, daß der Geisteszustand eines Menschen durch physikalisch-chemische Veränderungen im Gehirn beeinflußt werden kann. Er stellt demnach nur ein Produkt der Gehirnaktivität dar. Bereits kleine Dosen von halluzinogenen Drogen,

beispielsweise LSD, können dramatische subjektive Empfindungen auslösen. Dies bedeutet aber nicht unbedingt, daß das bewußte Erleben nur von stofflichen Veränderungen abhängt. Um nochmals auf das Beispiel mit dem Fernsehgerät zurückzugreifen: Wenn man an den Drähten im Inneren des Gerätes herumspielt oder Chemikalien hineinschüttet, verändern sich die Bilder auf dem Fernsehschirm. Das heißt aber nicht, daß die Bilder im Inneren des Gerätes entstehen oder daß die Ereignisse auf dem Bildschirm widerspiegeln, was innen im Gerät passiert. Die Übertragung ist zwar ohne das Gerät nicht möglich, hängt aber letztlich vom Geschehen im Fernsehstudio ab und auch von den elektromagnetischen Wellen, die es übermitteln. Ist das Gerät beschädigt und der Bildschirm schwarz, beeinflußt das nicht die Aktivitäten im Studio. Mit anderen Worten, nur weil der Bildschirm „tot" ist, sind es noch lange nicht die Moderatoren und Schauspieler.

Gehirnmuster

Messungen der elektrischen Gehirnaktivität mit Hilfe eines Elektroenzephalographen (EEG) lassen erkennen, daß sich bei verschiedenen Bewußtseinszuständen – wie Wachsein, Tiefschlaf und Träumen – jeweils charakteristische Muster ergeben. Wir können anhand einer EEG-Aufzeichnung demnach sagen, ob jemand gerade träumt, aber nicht, was er träumt. Vergleichbar ist eine Messung der Vibrationen in einem Filmvorführraum: Sie verrät, ob der Projektor gerade läuft, zurückspult oder stillsteht, nicht aber den Inhalt des Films. Ähnlich allgemein sind die meisten Kenntnisse über die Gehirnaktivität. Es gibt keinerlei Hinweise darauf, daß die Bilder und Gedanken, die uns durch den Kopf gehen, an spezifische physikalische oder chemische Veränderungen im Gehirn gekoppelt sind.

Die Wechselbeziehungen zwischen den verschiedenen Geisteszuständen und den Vorgängen im Gehirn lassen sich mit einem weiteren Beispiel illustrieren – dem eines Piloten in einem Flugzeug. Auf einem Flug richten sich die Reaktionen des Pilo-

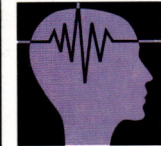

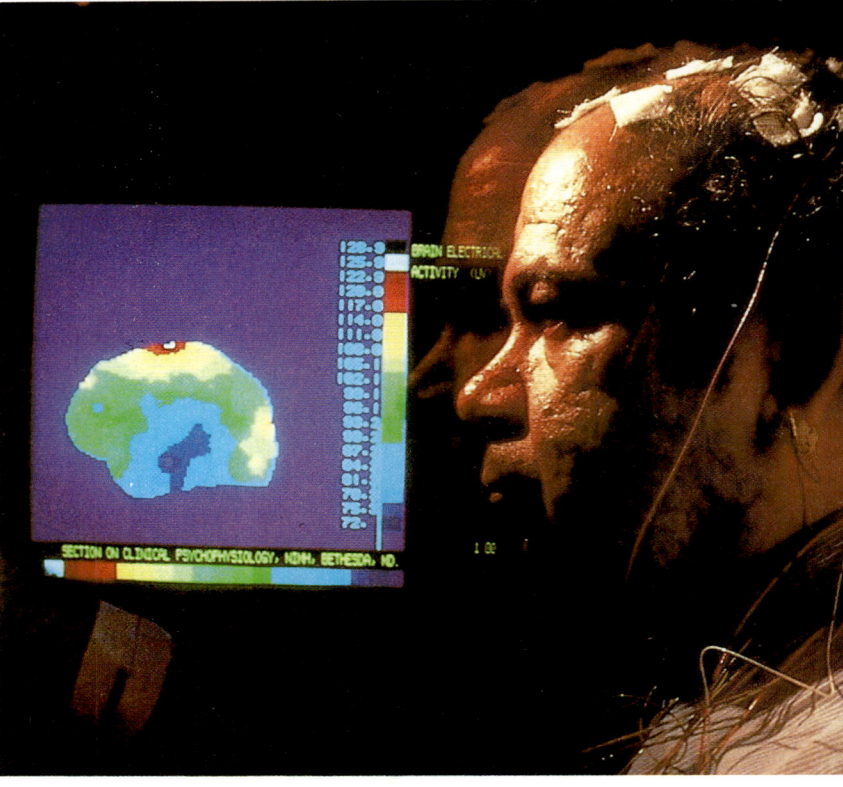

ten danach, was er auf den Instrumenten im Cockpit abliest. Diese sind ihrerseits über Drähte mit Geräten verbunden, die sich in den verschiedenen Teilen des Flugzeugs befinden. Gleichzeitig achtet der Pilot auf das Geschehen am Himmel und auf die Funksprüche der Bodenstationen. Umgekehrt bestimmt der Pilot durch sein Handeln den Triebwerkschub, die Lenksysteme und die Flughöhe. Trotz der Tatsache, daß Veränderungen am Flugzeug den Piloten beeinflussen und dieser wiederum das Flugzeug, sind doch beide offensichtlich nicht gleichartig. Nach der Landung kann der Pilot aussteigen und fortgehen, und sollte ein Absturz drohen, vermag er sich mit einem Fallschirm in Sicherheit zu bringen.

Ähnlich kann das Bewußtsein im Wachzustand den Körper kontrollieren, wird aber seinerseits beeinflußt von den Geschehnissen im Körper und in der Umgebung sowie von den Worten anderer Menschen. Beim Schlafen oder Träumen ist die Verknüpfung Körper–Geist nicht mehr ganz so eng. Um auf den Flugvergleich zurückzukommen – Schlafen und Träumen entspräche hier einem Flugzeug am Boden mit noch laufendem oder schon abgeschaltetem Triebwerk. Der Pilot kann nun das Cockpit verlassen, im Flugzeug umhergehen oder einfach nach Hause fahren. Aber selbst während eines Fluges muß der Pilot nicht ständig mit dem Flugzeug in Verbindung stehen: Er kann den Autopiloten einschalten und mit seinen Kollegen plaudern. Auch im Wachzustand sind Körper und Geist manchmal nur locker verbunden, wenn man zum Beispiel Tagträumen nachhängt.

Anhand eines dritten Beispiels läßt sich verdeutlichen, daß Körper und Geist zwar eng miteinander verbunden, aber trotzdem nicht ein und dasselbe sind. Man kann das Gehirn mit einem Computer vergleichen. Die „Hardware" allein kann nicht das Geringste leisten. Sie nützt nur, wenn man die passende „Software" verwendet. Diese Programme sind von einem Programmierer entworfen worden. Sein Tun hängt davon ab, wie der Computer funk-

Oben: Ein Szintigramm stellt bildlich dar, wie die Gehirnaktivität auf einen Elektroschock im rechten Arm reagiert. Nach den Thesen der Materialisten ist der Geist nichts anderes als ein Produkt der Gehirnaktivität.
Unten links: Wie ein Pilot agiert und sein Flugzeug reagiert, steht in engem Zusammenhang. Dennoch sind Mensch und Maschine eindeutig nicht dasselbe Ding.

tioniert, und dieser wiederum von den Programmen. Programmierer und Computer aber kann man unmöglich für identisch halten.

Die Vorstellung, daß das bewußte Selbst und der Körper sich gegenseitig beeinflussen, aber nicht Formen ein und derselben Sache sind, wird als „Dualismus" oder „Interaktionismus" bezeichnet und von zahllosen Philosophen seit Platon vertreten. Die maßgebliche Aussage hierzu ist in dem Buch *The Self and its Brain* (Das Ich und sein Gehirn) nachzulesen, das der berühmte – und umstrittene – Wissenschaftstheoretiker Sir Karl Popper gemein-

Menschen, die unter einem sogenannten Wasserkopf leiden, die Gehirnmasse extrem verringert ist, da der Schädel fast nur noch Wasser enthält. Dennoch können sich diese Menschen durchaus normal verhalten.

Reduzierte Gehirnmasse

Professor John Lorber von der Universität Sheffield untersuchte das Gehirngewebe solcher Patienten mit Hilfe modernster Szintigraphie-Techniken. 1982 stellte er seine Ergebnisse vor unter der Leitfrage: „Ist das Gehirn überhaupt notwendig?" Er beschreibt folgenden Fall: „An der Sheffield Universität gibt es einen Studenten mit einem IQ von 126, der in Mathematik die beste Note erzielte und ein völlig normales Sozialverhalten aufweist. Dennoch hat der Junge praktisch keine Gehirnmasse." Der Universitätsarzt hatte bemerkt, daß sein Kopf etwas größer war als normal, und ihn aus rein wissenschaftlichem Interesse an Lorber überwiesen. „Wir machten von ihm ein Gehirnszintigramm", fährt Lorber fort, „und sahen anstatt der normalen 4,5 Zentimeter dicken Gewebeschicht zwischen den Ventrikeln und der Gehirnrinde nur eine etwa ein Millimeter dünne Gewebehülle."

Lorbers Befunde stellten nicht nur konventionelle Vorstellungen über die Rolle des Gehirns in Frage, sondern brachten auch die materialistische Theorie in arge Verlegenheit.

Auch bei der Möglichkeit eines Weiterlebens nach dem leiblichen Tod stehen die materialistischen Thesen in Konflikt mit anderen Blickweisen – insbesondere mit außersinnlichen Phänomenen, mit Reinkarnationsberichten und mit der offensichtlichen Trennung des Bewußtseins vom Körper bei exsomatischen (OOBE = Out-Of-Body-Experience) und Nahtod-Erfahrungen. Nun lassen sich einige dieser Phänomene vielleicht mit Telepathie, Hellsehen oder Präkognition erklären, ohne vom Überleben eines bewußten Selbst oder der Seele auszugehen. Erkennt man aber die Existenz solcher parapsychologischen Kräfte an, dann verfügt der Geist offenbar über Fähigkeiten, die nicht physikalisch erklärbar sind. Leider bewegt sich diese Beweisführung außerhalb der orthodoxen Wissenschaft, und so können die Vertreter des Materialismus sie entweder ignorieren oder versuchen, sie abzutun.

Nach Sheldrake gibt es keinen überzeugenden logischen, philosophischen oder wissenschaftlichen Grund, weshalb wir die materialistische Theorie vom Geist als reinem Produkt der chemischen Abläufe im Gehirn akzeptieren sollten. Die Vorstellung, daß sich der Geist in einem Wechselspiel mit dem Körper befindet, deckt sich viel eher mit unseren tatsächlichen Erfahrungen. Sie läßt zudem die Möglichkeit eines bewußten Überlebens nach dem Tode offen.

> **" AUCH BEI DER MÖGLICHKEIT EINES WEITERLEBENS NACH DEM LEIBLICHEN TOD STEHEN DIE MATERIALISTISCHEN THESEN IN KONFLIKT MIT ANDEREN BLICKWEISEN. "**

sam mit dem Gehirnforscher Sir John Eccles verfaßte. Weiterhin verfochten wird aber bis heute die materialistisch-philosophische Theorie, daß der Geist nur Vorgänge im Gehirn widerspiegele. Wie es scheint, endet die Debatte noch lange nicht.

Warum übt die materialistische Vorstellung eine solche Anziehungskraft aus? Sie bietet offenbar eine relativ simple und nachvollziehbare Betrachtung des Universums bezüglich der Materie und der Gesetze der Physik. Danach gibt es nur eine Realität – und die ist mit Instrumenten physikalisch meßbar. Die mögliche Existenz eines Gottes und jede Art von religiösem Glauben an ein Leben nach dem Tode werden abgelehnt. Diese Theorie entbehrt zwar nicht eines gewissen intellektuellen Reizes, aber wird sie der Realität wirklich gerecht?

Ob Geist und Hirn nun identisch sind oder der Geist nur einem passiven Schatten des Gehirns ähnelt – es gibt keinen Nachweis zugunsten des Materialismus, den man nicht ebenso gut, wenn nicht sogar besser, durch die interaktionistische Theorie erklären könnte. Einige äußerst merkwürdige Fakten lassen sogar vermuten, daß man das Gehirn bisher möglicherweise viel zu sehr überschätzt hat. So ist seit langem bekannt, daß bei

Oben: Geist und Gehirn stehen in Wechselbeziehung, sind aber nicht identisch. In einen Computer wird eine Diskette eingegeben, auf der Informationen gespeichert sind. Vertreter des Materialismus vergleichen unser Gehirn gern mit einem riesigen Computer – allerdings ist ein Computer ohne ein Programm, das von einem intelligenten Menschen erschaffen werden muß, vollkommen nutzlos.
Gegenüberliegende Seite rechts: Auf diesem römischen Mosaik sind die neun Musen, die Töchter des Zeus und der Mnemosyne, dargestellt. Sie galten in der Antike als die Göttinnen der Künste und Wissenschaften. Für die alten Griechen und Römer waren sie es, die jegliche kreative Inspiration auslösten – nicht das Gehirn.

Links: Dieser Papyrus der Göttin Anhai aus einem der ägyptischen Totenbücher zeigt, wie ihr Herz gegen die Feder der Wahrheit und Gerechtigkeit aufgewogen wird. Horus, Anubis und Thot überwachen in Tiergestalt das Ritual.

Unten: Den „Magier" aus einem Tarot-Kartenspiel entwarf Frieda Harris für Aleister Crowley. Dargestellt ist Thot in seinen Masken als Hermes und als Pavian.

ERINNERUNGEN AUS DEM ALTEN ÄGYPTEN

Die altägyptische Kultur übt auf uns bis zum heutigen Tag eine starke Faszination aus und dient so mancher okkulter Lehre als Quelle der Inspiration.

D er Magier Aleister Crowley, der sich selbst „Das Tier der Offenbarung" nannte, betitelte seine Erläuterungen zu den Tarot-Karten *Das Buch des Thot*. Wie viele andere Magier und Mystiker vor ihm behauptete auch er, seine Schrift enthalte die verborgene Weisheit der alten Ägypter.

Thot galt als Schriftführer der Götter und spielte eine zentrale Rolle beim zeremoniellen Wiegen des Herzens, einem wichtigen Ritual der altägyptischen Kultur für den Übergang der Seele eines Verstorbenen von dieser Welt in die nächste. Bei diesem Totengericht legte Anubis, der schakalköpfige Gott der Toten, das Herz des Verstorbenen in die eine Schale einer Waage; in der anderen lag eine Feder, das Symbol für Wahrheit und Gerechtigkeit. Thot las das Ergebnis ab und schrieb es auf.

Neben dieser Aufgabe, die Anwärter für die Gefilde der Seligen zu notieren, fungierte Anubis auch als Gott des Wissens und der Weisheit. Von daher lag es nahe, ihn auch zum Herrn der Magie zu erklären. Die alten Ägypter glaubten, daß Thot die erhabensten aller Geheimnisse eigenhändig in Büchern festgehalten habe. Crowley und andere moderne Totenbeschwörer verehrten Thot als ewige Quelle okkulten Wissens und trugen so dazu bei,

Unten: Seth, der abtrünnige Bruder des Gottes Osiris, war neidisch auf dessen Macht. Daher tötete er ihn, zerstückelte die Leiche und verstreute sie über das ganze Land. Dieser Konflikt fasziniert Anhänger des Okkultismus bis heute – sie sehen darin den archetypischen Kampf zwischen Gut und Böse.

daß Rituale und magische Praktiken, die sich auf den ägyptischen Symbolismus stützen, einen immer größeren Reiz ausübten.

Bereits im Jahre 1781 hatte der französische Gelehrte Antoine Court de Gébelin behauptet, in den 22 Trumpfkarten des Tarot seien die geheimen Lehren der Ägypter bewußt so verschlüsselt, daß kein Uneingeweihter sie mißbrauchen konnte. Seine Idee, die auf reiner Eingebung beruhte, wurde von späteren Magiern bereitwillig übernommen, wie zum Beispiel von Eliphas Levi im 19. Jahrhundert. Etwa zur gleichen Zeit wie de Gébelin begründete Graf Cagliostro seinen ägyptischen Ritus der Freimaurer. Die Zusammenkünfte fanden in einem Tempel in Paris statt, der mit Statuen der Isis und des Anubis geschmückt war. Auch Mozart verknüpfte in seiner Oper *Die Zauberflöte* die Freimaurerei mit dem Gedankengut des alten Ägypten und der Mystik um Isis und Osiris.

Das antike Ägypten beschwört okkulte Vorstellungen geradezu herauf. Hier findet man die Überreste einer geheimnisumwitterten Kultur, deren wundervolle Bauwerke – die Pyramiden und Tempel entlang des Nils – so gewaltige Kräfte und technische Fähigkeiten verraten, daß sie uns auch im 20. Jahrhundert noch Ehrfurcht einflößen. Es fasziniert uns der Totenkult und die Hoffnung auf ein Leben nach dem Tod, wie sie die Grabstätten und Mumien dokumentieren, und nicht zuletzt die Hieroglyphen, eine Bilderschrift, die über ein simples Alphabet offenbar weit hinausgeht. Vergessen wir auch nicht die antike ägyptische Religion selbst, mit ihrer Vielzahl transzendenter Wesen, von den mächtigsten Weltschöpfern bis hin zu den Geistern spezieller Orte.

Im Alten Ägypten waren die Götter eng mit dem alltäglichen Leben verknüpft. Die obersten Gottheiten, mit denen sich die Könige identifizierten, repräsentierten jede nur denkbare Form außersinnlicher Macht. Der Sonnengott Re herrschte über die anderen Götter und die Menschheit, und der ägyptische Pharao nannte sich „Sohn des Re". Andere Gottheiten, die früher nur lokal verehrt wurden, vereinten sich später in einem friedlichen Nebeneinander mit Re. Amun von Theben wurde so zu Amun-Re, und die Priester des Ptah von Memphis erklärten Re zu dessen Vater, während Ptah selbst der Vater der übrigen Götter blieb.

Laut den Schöpfungsmythen gingen die Götter Seth und Osiris aus dem Himmel und der Erde hervor, ebenso wie die Göttinnen Isis und Nephthys. Osiris, der Gott der Fruchtbarkeit und der Wiedergeburt in einer anderen Welt, wurde zur bedeutendsten Gottheit. Seine Frau Isis gebar Horus, und mit Nephthys, der Gemahlin des Seth, zeugte Osiris den Totengott Anubis.

Osiris war gut und mildtätig. Er lehrte die Ägypter den Ackerbau und gab ihnen Gesetze sowie eine Religion. Seth aber tötete Osiris aus Eifersucht, zerstückelte seinen Leichnam und verstreute ihn über ganz Ägypten. Isis aber fügte seine Körperteile mit Stoffbinden wieder zusammen (angeblich entstand so die erste Mumie) und hauchte ihm erneut Leben ein. Ihr Kind Horus setzte den Kampf mit Seth fort. Auf einer Gedenktafel eines der Pharaone heißt es: „Dein Wesen, Osiris, birgt größere Geheimnisse als das anderer Götter. Deine Jugend wird wiedererweckt auf dein Geheiß. Du erscheinst, die Dunkelheit zu vertreiben, denn die Götter und die Magie lassen deine Macht hell erleuchten und zwingen deine Feinde in den Staub."

Oben: Diese Statue zeigt Osiris mit Hirtenstab und Dreschflegel, die seine Rolle als Begründer der ägyptischen Landwirtschaft symbolisieren. Sie dienen bis heute als okkulte Insignien.

Rechts: Isis gibt ihrem Sohn Horus die Brust. Diese „Madonna mit dem Kinde" spielte im Jenseitsglauben des Osiris-Kultur eine wichtige Rolle.

Links: Der falkenköpfige Sonnengott Re fährt in seiner Barke durch den Himmel und bringt das Licht in die Welt. Auf seinem Kopf trägt er die Sonnenscheibe. Re wurde oft mit dem falkenköpfigen Himmelsgott Horus gleichgesetzt, dessen Augen, wie viele glauben, Sonne und Mond darstellen.

Unten: Thoeris, die ägyptische Schutzgöttin der Geburt, wird oft als ein auf den Hinterbeinen stehendes Nilpferd dargestellt.

Es gab auch geringere Götter, die für das tägliche Leben zuständig waren. Eine der ältesten ägyptischen Gottheiten ist Thoeris, die Schutzgöttin der Fruchtbarkeit und der Geburt. Wohl jede Ägypterin betete ihre Statue an oder trug ein Amulett, das die Göttin als auf den Hinterbeinen stehendes Nilpferd darstellte. Ihr Gemahl war Bes, der trotz seines furchterregenden Aussehens den Menschen wohlgesonnen war.

Göttlicher Rat

Wer den Rat der Götter brauchte, verbrachte die Nacht in einem Tempelhof und hoffte, daß ihm der betreffende Gott im Traum erschiene. In den Tempeln drängten sich daher Magier und Traumdeuter,

die ihre Dienste anboten. Um eine Vision des Gottes Bes herbeizuführen, mußte man zunächst eine Bittschrift verfassen mit einer Tinte, die unter anderem das Blut einer weißen Taube enthielt. Danach galt: „Male den Gott auf deine linke Hand, und umwickle diese mit einem Streifen schwarzen Tuches, das der Isis geweiht wurde. Dann lege dich zum Schlafen nieder, aber sprich zu niemandem ein Wort."

Der große Eindruck, den die altägyptische Gesellschaft auf moderne Menschen macht, rührt nicht zuletzt von der ungeheuren Fülle an Funden des Grab- und Mumienkultes her. Die alten Ägypter glaubten an ein Leben nach dem Tode. Als Grabbeilage gaben sie den Toten daher einen bebilderten Wegweiser für das Jenseits, das sogenannte Totenbuch, mit, das auf Papyrus geschrieben in die Mumienbinden eingewickelt oder auf den Sarkophag beziehungsweise eine der Grabwände gemalt wurde. Es enthielt die Prüfungen, die die Seele bestehen muß, bevor sie mit Osiris in ewigem Leben verschmelzen darf, sowie Anrufungen, mit denen der

Links: Die Vereinigung von Geb, dem Gott der Erde, mit Nut, der Göttin des Himmels. Daraus sollen Osiris, Isis, Seth und Nephthys hervorgegangen sein.

Tote die Götter gnädig stimmen konnte. Die Zeichnungen – von Szenen wie dem Wiegen des Herzens oder von Göttern und Dämonen, wie dem schauerlichen Tier Amemt, das das Herz Unwürdiger verschlang – inspirierten viele Künstler Anfang des 20. Jahrhunderts zu ihren symbolischen Motiven.

Die ägyptischen Mumien übten auf Reisende aus anderen Ländern seit jeher einen besonderen Reiz aus. So hielten die arabischen Ärzte aus dem Mittelalter eine zermahlene Mumie für ein nützliches Heilmittel gegen viele Krankheiten. Dieser Glaube breitete sich bis nach Europa aus, und im 16. und 17. Jahrhundert wurden Mengen dieser „Arznei" verschifft. Im 19. Jahrhundert geriet das öffentliche Auswickeln von Mumien zu einer beliebten Unterhaltungsvorstellung, an der selbst der Erzbischof von Canterbury teilnehmen wollte – bei einer solchen Veranstaltung bekam er jedoch keinen Platz mehr. 1827 veröffentlichte Jane Webb das Buch *The Mummy* (Die Mumie), nur zehn Jahre nach Erscheinen von Mary Shelleys *Frankenstein*. Als Höhepunkt der Handlung klettern zwei der Helden in die Cheops-Pyramide und erwecken den Pharao mit einer galvanischen Batterie wieder zum Leben.

„Ein schauerlicher Donnerschlag ließ die Grabkammer erbeben, dann richtete sich die Mumie langsam in ihrem Sarg auf. Eine verwitterte Hand streckte sich nach Edric aus. Er spürte ihren eisernen Griff, dann versank alles in Dunkelheit…"

Dieser Roman diente vielen Filmen als Vorlage – von *Die Mumie* mit Boris Karloff aus dem Jahr 1932 über Abott und Costello als Mumienräuber von 1954 bis hin zu *Das Erwachen der Sphinx* mit Charlton Heston von 1980.

Spätere Kulturen interpretierten die Bräuche im alten Ägypten zumeist falsch. Die Griechen und Römer, die das Land einige hundert Jahre vor und nach der Geburt Christi beherrschten, hielten Ägypten für das Reich der unerklärlichen Rätsel. Als die Araber Ägypten eroberten, ersannen sie die erstaunlichsten Geschichten über Macht und Reichtümer der alten Pharaonen. Sie berichten von Schatzkästen, gefüllt mit heiligen Symbolen aus Gold, von Waffen aus niemals rostendem Eisen, von biegsamem und doch unzerbrechlichem Glas und von Büchern mit goldenen Seiten, die die Geschichte der Vergangenheit und Offenbarungen für die Zukunft enthielten.

Obelisken und Sphingen

Als die Europäer begannen, nach Ägypten zu reisen, drangen immer mehr Informationen in den Westen, und im 18. Jahrhundert war im Zuge der allgemeinen Altertumsbegeisterung Ägypten groß in Mode. Künstler fügten in ihre Landschaften Pyramiden, Obelisken und Sphingen ein. Sir Isaac Newton ersann eine neue Chronologie der ägyptischen Geschichte und versuchte, die Liste der Pharaonen auf die entsprechenden Zeitperioden der Bibel abzustimmen. Der französische Autor Jean Terrasson sammelte alle erhaltenen griechischen und römischen Ägypten-Beschreibungen und verarbeitete sie zu dem Roman *The Life of Sethos* (Das Leben des Seth). Andere befaßten sich mit den Hieroglyphen, denen sie beliebig verschiedene Bedeutungen zuschrieben. Thomas Greenhill zum Beispiel, ein Londoner Chirurg, behauptete 1705 in einem Buch mit dem Untertitel *On the Art of Embalming* (Die Kunst des Einbalsamierens), das Zeichen Krokodil

Unten: Die phantastischen Geschichten von der Wiederauferstehung altägyptischer Mumien lassen sich alle auf Jane Webbs Buch The Mummy aus dem Jahre 1827 zurückführen. Es bot auch Stoff für eine ganze Reihe von Horrorfilmen mit Stars wie Lon Chaney Jr. in The Mummy's Curse (Der Fluch der Mumie) (links unten) und Christopher Lee in Die Rache der Pharaonen (unten).

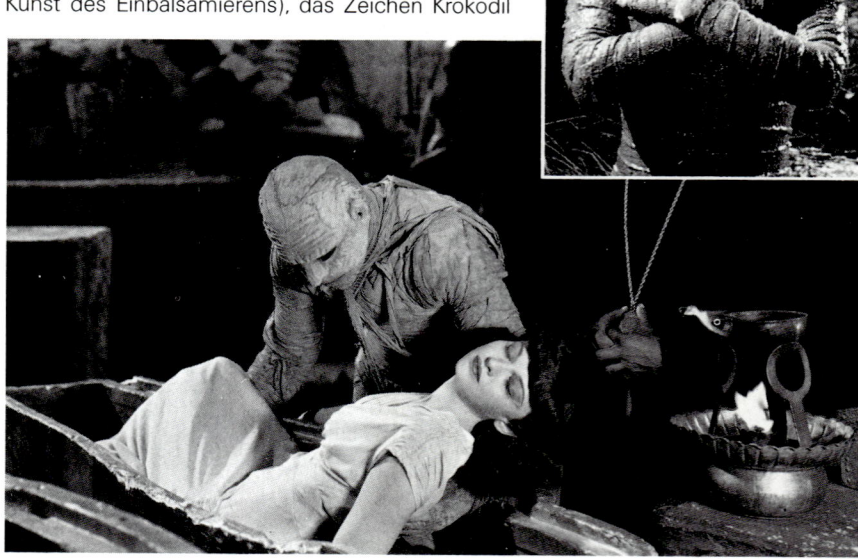

stehe für das Böse, das Auge für Erhalter der Gerechtigkeit und die rechte gespreizte Hand bedeutet Fülle. Als Napoleon 1798 in Ägypten einmarschierte, fanden diese Spekulationen ein Ende. Einige seiner Soldaten gruben bei Arbeiten an den Befestigungsanlagen nahe der Hafenstadt Rosette einen Basaltstein aus, der eine Inschrift in drei Sprachen, in Hieroglyphen, Griechisch und Demotisch, trug. Damit konnten die Gelehrten die Hieroglyphenschrift, wenn auch erst nach jahrelanger Arbeit, entschlüsseln.

Von da an wuchs das Interesse an Ägypten immer mehr. Viele reisten in das Land, um seine alte Kultur zu studieren, andere wollten möglichst viele Antiquitäten zusammenraffen. Die Menschen in Europa wurden vertraut mit den Tempelanlagen, den Pyramiden, den gigantischen Statuen und der Bilderschrift. Selbst bei den Möbeln machte sich der ägyptische Einfluß bemerkbar: Ägyptisierende Motive findet man im Empire- und Regency-Stil und später auch im Jugendstil. Selbst ägyptische Tempel dienten als Vorbild, wie man an einigen Baumwollmühlen in Nordengland sieht, und Obelisken hielten Einzug in Europa und den USA. Durch Organisationen wie den 1882 gegründeten „Ägyptischen Forschungsfonds" wurden ägyptische Studien für jedermann zugänglich. Mystische Zirkel schossen wie Pilze aus dem Boden und machten sich jede neue Information für ihre magischen Lehren zunutze.

Auch der Autor H. Rider Haggard, der in den achtziger Jahren des 19. Jahrhunderts schrieb, schöpfte aus dem Wissensschatz über die Hieroglyphen und Grabstätten, die Einbalsamierungen und den Jenseitsglauben sowohl für sein Buch *Cleopatra* wie für sein Werk *Sie, die düstere Liebesgeschichte von Ayesha* (Sie-der-man-gehorchen-muß), die sich über Jahrtausende erstreckt. Aleister Crowley war inzwischen zu der Überzeugung gelangt, daß Seth, der später als Satan verehrt wurde, die wahre Quelle der Weisheit darstellte. Angeblich war ihm Seth

Unten: Zwei Symbole, die die Ägypter auf Amuletten als wirksamen Schutz gegen das Böse trugen, sind das Auge des Horus und das Henkelkreuz „ankh" (ganz unten), das Zeichen des Lebens. Beide Symbole spielen bis heute in verschiedenen okkulten Zeremonien eine Rolle.

1904 in Kairo erschienen, in Form eines körperlosen Geistwesens namens Aiwass, und hatte ihm die drei Kapitel des Werkes *Das Buch des Gesetzes* diktiert. Darin breitet sich Crowley über seine Maxime aus „ ‚Tue, was du willst', soll das ganze Gesetz sein."

Im Museum von Kairo suchte Crowley, der seine vielen Geliebten später als „Affen des Thot" bezeichnete, nach Offenbarungen. Er selbst sah sich stolz als „Das Tier 666" mit der Nummer 666 (siehe in der biblischen Offenbarung des Johannes 13). Das Ausstellungsstück Nr. 666 im Kairoer Museum aber war eine bemalte Tafel zur Erinnerung an den ägyptischen Priester Anch-f-n-Khonsu. Daraus folgerte Crowley sofort, daß er in einem früheren Leben dieser Priester gewesen sei. Auch war er überzeugt, daß das gegenwärtige Zeitalter des Osiris mit seinem christlichen Glauben bald von einem neuen, dem des Horus, abgelöst würde.

Links: Leila Waddell gehörte zu den zahlreichen Geliebten und Zaubergehilfinnen von Aleister Crowley, die er kollektiv als „Affen des Thot" bezeichnete. Er brannte darauf, eine Frau zu finden, deren mediale Fähigkeiten es ihm ermöglichten, mit seinem Schutzengel in Kontakt zu treten.

Bis heute hat das alte Ägypten nichts von seiner Faszination verloren. So beeindruckt uns zum Beispiel immer wieder das ausdrucksstarke Auge des Horus, das die Ägypter als Schutzamulett trugen. Und auch in unserer Zeit ist ein wohl verwandtes Symbol verbreitet und häufig auf Armbändern zu finden, das Schriftzeichen „ankh" (ein Henkelkreuz), das auf altägyptisch „Leben" bedeutet.

" DAS EHEPAAR CROWLEY MIETETE EINE WOHNUNG IN KAIRO, UND CROWLEY VERSUCHTE, SYLPHEN (LUFTGEISTER) HERBEIZUBESCHWÖREN… UM MITTERNACHT NAHM ER NACH DEN ANWEISUNGEN SEINER FRAU DIE ANRUFUNG VOR… UND DURCH SEINE FRAU WURDE IHM MITGETEILT, DASS … EINE NEUE EPOCHE IN DER GESCHICHTE DER MENSCHHEIT ANGEBROCHEN UND ER BERUFEN SEI, DAS BINDEGLIED ZWISCHEN DEN GEISTIGEN SONNENKRÄFTEN UND DEN MENSCHEN ZU BILDEN. **"**

**Colin Wilson, Aleister Crowley:
The Nature of the Beast (Das Wesen der Tiere)**

VISIONEN VON DER JUNGFRAU MARIA

Die Heilige Jungfrau soll im 20. Jahrhundert viele Male erschienen sein – vornehmlich Kindern. Häufig warnte sie vor drohenden Katastrophen.

Die Marienerscheinungen in La Salette und Lourdes in Frankreich, Knock in Irland und Llanthony in Wales ereigneten sich alle im 19. Jahrhundert. Die drei erstgenannten Orte wurden zu wichtigen Wallfahrtszentren, aber Llanthony geriet in Vergessenheit, vermutlich weil es schwer erreichbar und Wales zudem nicht katholisch ist. In drei Fällen gingen die Visionen angeblich mit Wun-

derheilungen einher, und ebensooft erlebten sie Kinder. Zweimal prophezeite Maria zukünftige Ereignisse, und zweimal blieb sie stumm. In allen Berichten aber werden die Erscheinungen auffallend ähnlich beschrieben, und sie machten einen bleibenden Eindruck auf die Augenzeugen.

Unten: Eine der bekanntesten Marienerscheinungen ereignete sich 1917 in Fatima, Portugal. Drei Kinder, Jacinta, Francisco und Lucia (rechts) sahen die „Maria mit dem Rosenkranz" und sprachen mit ihr. Tausende von Menschen wurden Zeugen außergewöhnlicher Phänomene, als die Kinder sechs Monate lang regelmäßig mit der Mutter Gottes Kontakt hatten. Fatima (unten) ist heute ein bedeutendes Wallfahrtszentrum.

JACINTA   FRANCISCO   LUCIA

Auch im 20. Jahrhundert blieben die Visionen ebenso zahlreich wie komplex. Dank der modernen Technik können sie wesentlich mehr gläubigen Menschen detailliert nähergebracht werden. Besonders verbreitet sind Fälle, in denen die visionäre Gestalt spricht und häufig umfangreiche Prophezeiungen von sich gibt. Wieder zeigen sich viele Ähnlichkeiten mit früheren Zeugenberichten. Die Gestalt selbst wird offenbar immer ähnlich wahrgenommen, und viele Zeugen berichteten von spontanen Heilungen. Bei den drei folgenden bedeutsamen Fallbeispielen standen jeweils Kinder im Mittelpunkt des Geschehens.

Die wundersamen Ereignisse von Fatima, Portugal, aus dem Jahre 1917 wurden nicht zuletzt wegen des sogenannten „Sonnenwunders" weithin bekannt, mit dem die letzte von sechs Marienerscheinungen abschloß. Hinzu kamen die mystischen Prophezeiungen, die die Kinder Lucia de Santos (neun Jahre), Francisco Marto (acht Jahre) und dessen Schwester Jacinta (sechs Jahre) angeblich empfingen. Die drei Kinder hüteten in der Umgebung von Fatima Schafe, als ihnen ein etwa 15jähriger Junge erschien, der sie mahnte zu beten. Dieser „Engel", wie sie ihn nannten, erschien ihnen in jenem Jahr noch zwei weitere Male. Aber erst die Ereignisse ab dem 13. Mai 1917 sollten Fatima weltberühmt machen.

Aus heiterem Himmel

Die drei Kinder hüteten wie gewohnt ihre Schafe, als aus dem strahlend blauen Himmel ein Blitz niederfuhr. Sie suchten eilig Schutz vor möglichem Regen – doch es erschien eine schöne junge Frau von etwa 18 Jahren. Während Jacinta sie nur fassungslos anstarrte, sprach Lucia sie mutig an. Die Erscheinung sagte, sie komme vom Himmel und werde sich in den nächsten sechs Monaten an jedem 13. des Monats zeigen.

Die Kinder beschlossen, die Sache für sich zu behalten, aber zu Hause platzte Jacinta damit heraus. Die Neuigkeit verbreitete sich wie ein Lauffeuer, und schon bald fanden sich bei Fatima am 13. jedes Monats ganze Heerscharen von Menschen ein.

Die Jungfrau Maria erschien regelmäßig zwischen Mai und September – allerdings sahen sie nur die drei Kinder. Dennoch wuchs die Menge der Schaulustigen. Am 13. Oktober, als das „Sonnenwunder" eintrat, waren etwa 70.000 Menschen versammelt. Nicht jeder aber nahm es wahr. Später wurde es wie folgt beschrieben:

„Plötzlich hörte der Regen auf, und durch einen Spalt oder ein Loch in der Wolkendecke zeigte sich die Sonne als eine silbrige Scheibe. Sie schien sich zu drehen, verhielt und drehte sich ein zweites oder drittes Mal. Dabei sandte sie farbig schillernde Strahlen aus. Dann schien sie, nunmehr rotstrahlend und heiß glühend, auf die Erde zu stürzen. Die Menschenmenge geriet in Panik und glaubte, der Weltuntergang stehe bevor. Dann fielen alle in inbrünstige Gebete."

Die Marienerscheinungen wurden folgendermaßen geschildert: „Eine wunderschöne Frau trat auf, die jünger als 18 Jahre alt zu sein schien. Sie trug ein weißes Gewand, und ihr Kopf war in einen weißen Schleier gehüllt. In ihren gefalteten Händen hielt sie einen Rosenkranz."

Oben: Pilger vor dem Schrein in Beauraing, Belgien. Er wurde in den dreißiger Jahren erbaut, nachdem diese fünf Kinder (rechts) zweier armer Familien angeblich 33mal die Jungfrau Maria gesehen und mit ihr gesprochen hatten. Während dieser zahlreichen Kontakte gab die Jungfrau allerdings kaum etwas Wesentliches von sich. Dennoch scheinen diese Visionen ein tiefverwurzeltes Bedürfnis der Katholiken anzusprechen, denn nach wie vor pilgern alljährlich zahllose Gläubige zu diesem Schrein.

" DIE NEUIGKEIT VERBREITETE SICH WIE EIN LAUFFEUER, UND SCHON BALD FANDEN SICH BEI FATIMA AM 13. JEDEN MONATS GANZE HEERSCHAREN VON MENSCHEN EIN. "

Ihre Prophezeiungen stifteten einige Verwirrung. Die beiden ersten, die Lucia angeblich 1917 vernommen hatte, traten in den angekündigten Jahren 1936 und 1941 jedenfalls nicht ein. Die dritte Offenbarung bleibt bis heute ein ungelöstes Rätsel. Sie wurde Lucia angeblich am 13. Juli 1917 mitgeteilt, als geheimes Dokument an den Vatikan übermittelt und dort vom Papst im Jahre 1942 oder 1960, ebenfalls geheim, geöffnet. Im Widerspruch zu Lucias Auftrag ließ man den Inhalt des Dokumentes nicht an die Öffentlichkeit dringen. Damit waren Spekulationen von Journalisten und religiösen Extremisten Tür und Tor geöffnet. Es heißt, für die zweite Hälfte dieses Jahrhunderts sei ein furchtbarer weltweiter Krieg prophezeit, eine Spaltung innerhalb der Kirche, der Aufstieg Satans und schließlich der alleinige Sieg Christi. Angeblich soll 1977 Jesus selbst einem nicht genannten Katholiken verkündet haben, von nun an müsse jeder das Geheimnis kennen. Viele Menschen glauben, daß die Fakten – falls es sie gibt – vorsätzlich von der Kirche zurückgehalten werden. Eine offizielle Stellungnahme des Vatikans zu diesen schweren Vorwürfen liegt bis heute nicht vor und dürfte auch nicht zu erwarten sein.

Marienerscheinungen in Beauraing, Belgien, die von November 1932 bis Januar 1933 dauerten, brachten einige neue Aspekte. Sie wurden ausschließlich von fünf Kindern im Alter zwischen 9 und 15 Jahren gesehen, die aus zwei armen Familien stammten.

Im Namen der Jungfrau

Angeblich war ihnen die Jungfrau Maria dreiunddreißigmal erschienen, und obgleich es keine unabhängigen Zeugen gab, waren bei einigen Erscheinungen große Menschenmengen zugegen. In einem Bericht über die erste Vision heißt es:

„Am 29. November 1932 trafen sich in Beauraing vier Kinder mit einem ihrer Kameraden aus der Klosterschule. Nach einem Gebet im Garten des Klostergebäudes läutete einer von ihnen die Türglocke. Die Kinder warteten auf die Schwester, die ihnen die Tür öffnen sollte. Andrée blickte auf die Brücke über der Straße und rief plötzlich aus: ‚Ich sehe ein Licht!‘ ‚Das muß ein Autoscheinwerfer sein‘, meinte eines der anderen Kinder, und alle schauten in die Richtung, aus der das Licht kam. ‚Da bewegt sich doch etwas – ist das ein Mensch?‘ Dann rief Albert Voisin: ‚Das ist die Heilige Jungfrau Maria!‘ Ein erneuter Blick überzeugte alle, daß die Jungfrau Maria über die Brücke wandelte ... dies war die erste von 33 Erscheinungen ... einmal versammelten sich 30.000 Menschen, aber nur die Kinder konnten die Jungfrau sehen.“

In Beauraing wurden die Ereignisse erstmals genauer unter die Lupe genommen. Man testete, ob sich die Kinder in Trance befunden hatten. Versuche mit brennenden Streichhölzern und einem Taschenmesser ergaben offenbar ihre Ehrlichkeit. Die katholischen Kirchenhistoriker Herbert Thurston und Jean Helle schrieben langatmige, gelehrte, aber wenig überragende Abhandlungen über die Ereignisse. Zudem mußten die Visionen als Propagandamaterial bei Auseinandersetzungen innerhalb der Landes- und Kirchenpolitik herhalten.

Thurston und Helles Beschreibung der Jungfrau Maria folgt dem üblichen Muster:

Ganz oben: In diesem Tal liegt die spanische Stadt Garabandal. Hier hatten vier Kinder (oben) mehrmals Visionen von Engeln, die die Erscheinung der Jungfrau Maria ankündigten. Im Verlauf von vier Jahren sollte sie den Kindern dann 2000mal erschienen sein. Manchmal war sie von Engeln begleitet und einmal vom „Auge Gottes", wie es eines der Kinder beschrieb. Während der Visionen fielen die Kinder in Trance, stolzierten mit „ekstatischen Schritten" umher oder fielen praktisch synchron nach hinten um. Eines der Kinder, Maria Cruz Gonzalez, gab später allerdings zu, daß einige dieser Trancezustände nur vorgespielt waren.

„Sie erblickten ihre strahlende Gestalt, die auf einer Art kleiner Wolke stand. Auf ihrem weißen Gewand schienen blaue Lichtreflexe zu tanzen, und ihr Haar war von einem weißen Umhang verhüllt. Von ihrem Kopf gingen kurze Lichtstrahlen aus, die wie eine Krone wirkten. Sie hielt ihre Hände gefaltet und den Blick gen Himmel gerichtet."

Eines der Mädchen behauptete, die Gestalt habe ihr ihr goldenes Herz gezeigt, aber auch beharrliche Hinweise auf die Bedeutung der Unbefleckten Empfängnis konnten der Offenbarung nur wenig Sinn verleihen. Dennoch waren Tausende von Menschen bereit, den Worten der Kinder Glauben zu schenken, da sie sich haltlos in die Tradition von Lourdes einfügten. Obwohl unabhängige Beobachter ernsthafte Zweifel hegten und es keine objektiven Beweise gab, pilgerten weiterhin Heerscharen von Gläubigen nach Beauraing.

Eine Reihe von Marienerscheinungen, die für ernsthafte Wissenschaftler wie für die Kirche schon eher nachvollziehbar waren, setzten am 18. Juni 1961 in Garabandal, einem Dorf im Nordwesten Spaniens, ein. Wieder blieben vier Kinder, Mädchen im Alter zwischen 11 und 12 Jahren, die einzigen Augenzeugen. Die Jungfrau sprach lange und ausführlich zu ihnen und gab Prophezeiungen und Ermahnungen von sich. Sie soll den Kindern in vier Jahren sage und schreibe 2000mal erschienen sein. Auch scheinen belegte Wunderheilungen vorzuliegen, wie in einem Fall die Wiederherstellung des Augenlichts. Das Dorf ist seitdem zu einem wichtigen Wallfahrtsort geworden.

Es begann mit neun Engelserscheinungen, die den Kindern ankündigten, daß die Jungfrau Maria ihnen als „Unsere Liebe Frau von Carmel" erscheinen werde. So fanden sich schon bei der ersten Marienvision zahlreiche Neugierige ein. Vor den Kindern erschien die Jungfrau mit je einem Engel an ihrer Seite. Über ihr schwebte ein großes Auge, das die Kinder für das Auge Gottes hielten. Die Kinder selbst beschrieben die Jungfrau später so:

„Sie trägt ein weißes Kleid, einen blauen Umhang und eine Krone aus goldenen Sternen. In ihren feinen, schlanken Fingern hält sie ein braunes Skapulier (Überwurf) – es sei denn, sie trägt das Kind in ihren Armen. Sie hat lange, kastanienbraune Haare mit einem Scheitel in der Mitte. Ihr Gesicht ist oval mit einer zierlichen Nase und einem sehr schönen Mund mit feingeschwungenen Lippen. Sie wirkt nicht älter als 18 Jahre und ist eher groß."

Während ihrer Visionen und Gespräche mit der Jungfrau wurden die Kinder von zahllosen Pilgern und anderen Menschen beobachtet, und auch die Ärzte und Forscher erfüllten ihre Aufgaben. Die Kinder schienen sich in Trance zu befinden und nahmen keinerlei Störungen wahr. Interessanterweise konnten sie rückwärts umfallen (wie das Personen bei Bekehrung, Gesundbeten und Exorzismus häufig tun), teilweise sogar gleichzeitig, oder sie hielten sich an den Armen und marschierten „mit ekstatischen Schritten" umher.

Die Offenbarungen glichen denen von Fatima und äußerten vor allem Warnungen. Eine Abfolge von Ereignissen stach hervor: Es werde an alle Menschen auf der Erde eine Warnung ergehen und dann in dem spanischen Dorf Garabandal ein Wunder geschehen, das Conchita, eines der Mädchen, die

Ganz unten: Veronica Leuken, die „Seherin von der Bayside" (New York) behauptet, ihr sei die Jungfrau Maria erschienen und habe ihre Polaroidkamera gesegnet. Daraufhin seien Fotos mit seltsamen Effekten entstanden (ganz unten) wie zum Beispiel der sogenannte „Ball der Erlösung" (unten). Skeptiker vermuten allerdings, daß sie lediglich ihren Daumen vor die Linse hielt. Veronika Leuken gibt an, die Jungfrau habe vor dem Verfall der Moral in der modernen Welt und einer Unterwanderung der Kirche durch „satanische" Einflüsse gewarnt. Keine dieser Offenbarungen bezieht sich jedoch auf konkrete Ereignisse.

nach wiederholt gesehen wurde, sowohl weinend wie auch betend.

Bei diesen immer wieder, aber unregelmäßig auftretenden Marienerscheinungen wandeln sich die Angaben über Alter, Titel und Merkmale, und zwar offenbar bedingt durch Alter und Situation des Betroffenen. Man gewinnt den Eindruck, daß es sich dabei nur um unterschiedliche Ausprägungen desselben psychisch bedingten Archetypus handelt und möglicherweise keine der Gestalten objektiv real ist. Dagegen steht allerdings die Tatsache, daß die meisten Visionen von Kindern und offenbar spontan gesehen wurden. Sind Kinder wirklich in der Lage, derart stimmige Geschichten zu erfinden? Nicht vergessen darf man die vielen Heilungen und Prophezeiungen. Hätte eine psychische Illusion solche Auswirkungen?

Diese Fragen lassen sich natürlich nur schwer beantworten. Die Aussagen tausender Augenzeugen deuten darauf hin, daß sich in Orten wie Fatima und Lourdes tatsächlich ungewöhnliche Dinge ereigneten. Solange jedoch nicht wesentlich mehr Beweise vorliegen, haben wir nicht das Recht, den inbrünstigen Glauben an diese zweifellos inspirierenden Erlebnisse zu verurteilen oder verächtlich abzutun.

" WÄHREND IHRER VISIONEN UND GESPRÄCHE MIT DER JUNGFRAU WURDEN DIE KINDER VON ZAHLLOSEN PILGERN UND ANDEREN MENSCHEN BEOBACHTET, UND AUCH DIE ÄRZTE UND FORSCHER ERFÜLLTEN IHRE AUFGABE. DIE KINDER SCHIENEN SICH IN TRANCE ZU BEFINDEN UND NAHMEN KEINERLEI STÖRUNGEN WAHR. "

heute in den USA lebt, acht Tage vorher ankündigen werde. Aufgrund dieses Wunders werde die gesamte Sowjetunion zum christlichen Glauben überwechseln, und es werde ein „dauerhaftes, übernatürliches Zeichen bis zum Ende der Zeit bestehen bleiben". Sollte die Welt auch dann nicht bereuen, werde die große Strafe folgen.

Eines der Kinder, Maria Cruz Gonzales, gab allerdings später in Interviews zu, daß einige ihrer „Ekstasen" nur Schwindel waren, eine List, um außerhalb des Dorfes spielen zu dürfen. Die anderen Mädchen beharrten jedoch stets auf der Echtheit ihrer Visionen und Trancezustände.

Weltweite Erscheinungen

Kinder in aller Welt bekunden, eine Marienerscheinung erlebt zu haben. In Belgien sah 1933 die elfjährige Mariette Béco nur etwa 1,5 Meter entfernt die Jungfrau der Armen auf einer weißen Wolke. In jüngerer Zeit, im Jahre 1987, zeigte sich die Mutter Gottes, bekleidet mit einem rotblauen Gewand, der elfjährigen Marina Kizyu in Hrushiy, Ukraine, in einer verlassenen Kirche aus dem 16. Jahrhundert, in der sie bereits einmal zuvor erschienen war und da-

MÄDCHEN, MACHT UND MAGIE

Schöne Frauen, schnelle Autos, politische Verstrickungen und ein tragisches Ende kennzeichneten das Leben der wohl bizarrsten Figur in der parapsychologischen Szene der Zwischenkriegszeit: Erik Jan Hanussen.

Politische und ökonomische Krisen bringen immer wieder beeindruckende Persönlichkeiten hervor. Philosophie, Kunst und Literatur feiern ihre Höhepunkte oftmals in den Phasen des allgemeinen Niedergangs. Auch Hellseher, Magier und paranormale Erscheinungen haben in solchen Zeiten besondere Konjunktur. Eine tiefgreifende Orientierungslosigkeit und die Suche nach neuen Wegen mögen hierfür die Ursache sein. Das Geschäft von Scharlatanen blüht, aber auch ernstzunehmende Phänomene erfahren ein gesteigertes Interesse.

Die Zeit zwischen den beiden Weltkriegen war geprägt von Arbeitslosigkeit, politischer Instabilität, Wirtschaftskrisen, und gerade bei den Hauptverlierern des Krieges, Deutschland und Österreich, schien der städtische Geldadel auf einem Pulverfaß zu tanzen. Varietédarbietungen, rauschende Orgien,

pompöser Luxus und die aufkommende Unterhaltungsindustrie bildeten einen seltsamen Kontrast zu den offensichtlichen Problemen der Zeit. Diese Atmosphäre war es, die den Hellseher Hanussen zu ungeahntem Ruhm kommen ließ.

Die frühen Jahre

Im Jahre 1889 wurde Hermann Steinschneider in Wien geboren. Seine Eltern schlugen sich als Schauspieler bei verschiedenen reisenden Schmierentheatern durch. So kam der Junge viel in der Welt herum und wurde immer mehr in den Bann der glitzernden Scheinwelt des Tingeltangels gezogen. Als Schüler versetzte er seine wenige Habe, um sich Garderobe und Requisite für einen Auftritt als Volkssänger im Hinterzimmer einer zwielichtigen Gaststätte kaufen zu können. Der Erfolg war alles andere als berauschend, und dennoch war sein Entschluß, Künstler zu werden, unumstößlich. Er verließ das Gymnasium und versuchte sich als Schauspieler bei diversen Wanderbühnen und als Artist und Tierbändiger in einem drittklassigen Zirkus. Freilich hatte er weder eine Ausbildung als Schauspieler noch Erfahrung am Trapez oder als Dompteur. Doch sein ungeheurer Ehrgeiz und eine gehörige Portion Frechheit verhalfen ihm zu gelegentlichen kleinen Erfolgen. Der selbstverliebte Hochstapler führte das Publikum wie die dubiosen Theateragenten gleichermaßen an der Nase herum. Frauenaffären, Sektorgien in

Oben: Klaus Maria Brandauer spielte 1988 die Rolle des Hanussen in einem Film von István Szabó.

"WIR UNTERSUCHEN IN ,HANUSSEN' DEN HITLER IN UNS. ICH WAGE ZU BEHAUPTEN, IN JEDEM VON UNS STECKT EIN BISSCHEN VON IHM. MICH INTERESSIERT NICHT, WAS EINER WAR, SONDERN WIE ER ES WIRD."

Klaus Maria Brandauer

Oben: Die feine Gesellschaft Berlins verkehrte auf den okkultistischen Veranstaltungen des berühmten Hellsehers.

Noch war Hanussen Soldat und mußte seine Pflicht für das Vaterland erfüllen, doch gestaltete sich dies für ihn weitaus angenehmer als für seine Kameraden in den Schützengräben. Er sollte als Wünschelrutengänger für die k.u.k.-Armee Wasser suchen, und tatsächlich soll er eine ganze Anzahl von Brunnen gefunden haben. Zwischendurch trieb er sich in Bordellen herum und gab hie und da einige Vorstellungen, um sein ausschweifendes Leben finanzieren zu können.

Berühmt

Nach dem Krieg wurde er am Wiener Apollotheater engagiert und sorgte allabendlich für ein volles Haus. Doch stellte er seine Fähigkeiten auch außerhalb von Varietéabenden unter Beweis. So wurde er von der österreichischen Staatsbanknotendruckerei zur Aufklärung eines spektakulären Diebstahls hinzugezogen. Er ermittelte dann den Täter mit Hilfe seines „Lebaschasystems", d.h., er versetzte sich in Trance und konnte in diesem Zustand Täter und Versteck der Beute benennen.

Obwohl er hoch in der Gunst des Wiener Publikums stand, machte er sich nicht nur Freunde. Insbesondere die Kriminalpolizei, die er gründlich blamiert hatte, strengte einen Prozeß gegen Hanussen an, der schließlich mit seiner Ausweisung aus Österreich endete.

Dieser Rückschlag änderte nichts an seinem Lebenswandel. Er bereiste den Orient und die USA und konnte sein Publikum immer wieder durch erstaunlich exakte Voraussagen verblüffen. Immer öfter gastierte er nun auch in Berlin, der Stadt, in der er seine größten Triumphe feiern sollte. Er verdiente unglaubliche Summen Geld, die er in Spielcasinos, durch Luxusautos und teure Damenbegleitung genauso schnell wieder ausgab. Neben seinen traumhaften Gagen nutzte er seine hellseherischen Fähig-

halbseidenen Lokalen und seine Vorliebe für aufwendige Garderobe standen in keinem Verhältnis zu seinen künstlerischen Fähigkeiten, deren miserable Qualität er allerdings durch großspuriges Auftreten immer wieder zu kaschieren verstand. Bis zum Ausbruch des Ersten Weltkrieges verdingte er sich als Redakteur einer Wiener Zeitung und als Zauberkünstler, dann wurde er eingezogen.

Auch als Frontsoldat mogelte er sich immer irgendwie durch und gab in einem improvisierten Frontvarieté seine erste Vorstellung als Telepath. Wie er in seiner Autobiographie *Meine Lebenslinie*, die 1930 erschien, zugab, waren alle Experimente getürkt und mißlangen gründlich. Doch nach und nach, und beinahe gegen den eigenen Willen, will er tatsächlich hellseherische Fähigkeiten bei sich entdeckt haben. Mit kleineren Vorführungen in Offizierscasinos konnte er seine Zuschauer begeistern, und es wurde ein großer telepathischer Abend in Krakau organisiert, der ein beachtlicher Publikumserfolg wurde.

Der Durchbruch

Hanussen, alias Steinschneider, nutzte die neuentdeckte Fähigkeit geschickt. Er las Offiziersfrauen die Karten und konnte ihm gegenüber kritisch eingestellte Vorgesetzte durch zutreffende Prophezeiungen auf seine Seite ziehen. Mit einem Mal hatte er Freunde, konnte sich dem Frontdienst entziehen und nach Wien reisen, wo er im „Wiener Konzerthaus" vor 2500 Zuschauern seine Fähigkeiten unter Beweis stellen sollte. In dieser Zeit verwendete er zum ersten Mal den Künstlernamen, unter dem er berühmt werden sollte: Erik Jan Hanussen. Ganz Wien war mit seinem Konterfei plakatiert, und sein Auftritt markierte den Beginn einer unglaublichen Karriere. Insbesondere seine „telepathische Post", eine Nummer, in der es galt, einen verschlossenen Umschlag, der den Namen einer im Saale anwesenden Person beinhaltete, durch Telepathie zuzustellen, erntete frenetischen Beifall. Die Zeitungen brachten spaltenlange Berichte, und der neue Star erhielt sogar eine Audienz bei der Erzherzogin Immakulata.

> **„** DAZU KOMMT ABER NOCH ALS GEWICHTIGER UMSTAND, DASS DAS GERICHT NICHT IN DER LAGE IST, AUSZUSPRECHEN, DASS DER ANGEKLAGTE DIE GABE DES HELLSEHENS NICHT BESITZE… **"**
>
> **Leitmeritzer Urteil**

Rechts: Hanussen verstand es großartig, seine Talente publikumswirksam auf der Bühne zu präsentieren.

keiten, um auch an der Börse erfolgreich zu spekulieren. Seine Karriere ging steil nach oben, doch wieder einmal sollte sie einen Knick erleiden: Er wurde verhaftet und unter Betrugsanklage gestellt. Der folgende Prozeß war jedoch der Auftakt zu noch größeren Erfolgen.

Der Leitmeritzer Prozeß

1928 wurde das Betrugsverfahren in der böhmischen Stadt Leitmeritz gegen Hanussen eröffnet. Zudem wurde ihm vorgeworfen, daß sein Erfolg bei Frauen auf hypnotischer Manipulation der angeblichen Opfer beruhe. Mehrere Wochen saß Hanussen im Gefängnis, und während des mehr als zwei Jahre dauernden Prozesses konnte kein Beweis eines Betruges erbracht werden. Im Gegenteil: Die Beweisaufnahme brachte eine Vielzahl von Fällen zutage, in denen Hanussen richtige Voraussagen getroffen hatte. Eine bessere Reklame konnte sich der Hellseher gar nicht erträumen. Er verlor alle Skrupel und funktionierte die Gerichtsverhandlung zu seiner eigenen Shownummer um. Der Angeklagte war der Star und Richter, Staatsanwalt und Presse das Publikum. Das Verfahren endete mit einem Freispruch und der höchstrichterlichen Anerkennung seiner paranormalen Fähigkeiten.

Im Zenit des Ruhms

Der nun amtlich anerkannte Hellseher setzte in der Reichshauptstadt seine Tätigkeit mit dem gewohnten Erfolg fort. 2500 Zuschauer konnte er bei seinen okkultistischen Vorstellungen in der „Scala", dem damals bekanntesten Revuetheater Europas, in seinen Bann ziehen. Die Eintrittskarten wurden auf dem Schwarzmarkt gehandelt, und entsprechend hohe Honorarforderungen konnte Hanussen durchsetzen: 1000 Mark Tagesgage, 30.000 Mark Vorschuß und Gewinnbeteiligung. Für ein halbstündiges Beratungsgespräch, das er zahlungskräftigen Kunden gewährte, kassierte er 200 Reichsmark. Das entsprach einem normalen Arbeitermonatslohn.

Die Scala-Premiere am 1. September 1930 wurde ein voller Erfolg. Hanussen erriet Geburtsdaten, spürte verlorene Gegenstände auf, hypnotisierte

Obwohl Hanussen keineswegs über ein ansprechendes Äußeres verfügte, wurden Frauen von ihm magnetisch angezogen.

> **ICH GLAUBE NICHT, DASS MENSCHEN ZUVERLÄSSIGE DINGE VORAUSZUSAGEN IMSTANDE SIND … ABER ICH WEISS, DASS MENSCHEN OHNE GLAUBEN SCHWER ODER GAR NICHT LEBEN KÖNNEN. SIE SIND VERFÜHRT, HELLSEHERN, FALSCHEN PROPHETEN, MÖCHTEGERN-RELIGIONS-STIFTERN UND POLITISCHEN HEILSBOTSCHAFTEN AUF DEN LEIM ZU GEHEN.**
>
> **Klaus Maria Brandauer**

Den Reichstagsbrand in der Nacht vom 27. auf den 28. Februar 1933 hatte Hanussen 24 Stunden zuvor vor mehreren Zeugen prophezeit.

verschiedene Kandidaten aus dem Publikum und veranlaßte sie zu allerlei grotesken Handlungen. Der Beifall wollte nicht enden.

Das Gedruckte als zusätzliche Einnahmequelle faszinierte Hanussen, und er gründete die *Berliner Wochenschau*, ein Revolverblatt mit leicht okkultistischem Touch, das enorme Auflagen erreichte.

Seine medizinischen Beratungen, die angeblich vielen von den Ärzten bereits aufgegebenen Patienten geholfen haben sollen, brachten ihm mehr als erkleckliche Einkünfte.

Politisches Engagement war Hanussen eigentlich fremd. Er liebte den Ruhm, die Frauen und den Luxus. Aber er erkannte auch, daß er sich im Fahrwasser des aufkommenden Nationalsozialismus besonders gut profilieren konnte. Vielleicht spekulierte er sogar mit einer offiziellen Funktion. Die Gäste seiner rauschenden Feste trugen immer öfter die braune Uniform der SA. Seit Mitte 1932 prophezeite er wöchentlich in seiner Zeitschrift den kommenden Sieg der NSDAP. Inzwischen wurde Hitler zum Reichskanzler ernannt, und der „NS-Hellseher" richtete sich in Berlin seinen „Palast des Okkultismus" ein. Er fühlte sich absolut sicher, obwohl er Jude war. Seine Herkunft versuchte er seit einigen Jahren durch Fälschungen von Urkunden zu verschleiern. Er verließ sich allzu sehr auf seine guten Verbindungen und schwärmte von einer kommenden Blüte Deutschlands unter dem Hakenkreuz.

Am 26. Februar 1933 war eine große Gesellschaft in seinen „Palast des Okkultismus" geladen. In einem Nebenzimmer soll er vor einem kleinen ausgewählten Kreis die Vision des brennenden Reichstags mitgeteilt haben. 24 Stunden später stand das Parlamentsgebäude tatsächlich in Flammen.

Ob nun seine hellseherischen Fähigkeiten die Nazis so sehr erschreckten, daß sie Hanussen als zu gefährlich einstuften, ob es seine ruchbar gewordene jüdische Herkunft oder ob es SA-interne Intrigen waren, die Hanussen schließlich das Leben kosteten, wird man wohl nie erfahren. Am 24. März wurde er von SA-Leuten abgeholt und am 7. April 1933 am Stadtrand tot aufgefunden. Auch über seinen Tod hinaus konnte Hanussen sein Publikum begeistern. Zweimal wurde sein abenteuerliches Leben verfilmt, 1955 mit O.W. Fischer in der Titelrolle, und 1988 lief der Streifen „Hanussen", den der ungarische Regisseur István Szabó mit Klaus Maria Brandauer inszenierte, in den deutschen Kinos.

Die Leiden Christi und sein Tod stehen im Mittelpunkt des christlichen Glaubens. Was wäre, wenn er nun nicht am Kreuz gestorben ist, sondern geheiratet und Kinder gezeugt hat? Leben vielleicht heute noch Nachfahren Christi unter uns?

D ie Entdeckung geheimer Dokumente und eines Schatzes – manche behaupten, auch der mumifizierten Gebeine Christi – in Rennes-le-Château in Südwestfrankreich haben einen armen Dorfpfarrer zum Millionär gemacht. Der Fund löste eine Kette von weiteren Entdeckungen und Hinweisen aus, die, wenn sie wahr sind, zweifellos zur aufsehenerregendsten Offenbarung in der Geschichte des Christentums führen.

Die Suche nach den Hinweisen, die zu dieser erstaunlichen Entdeckung führten, wurde von Michel Baigent, Richard Leigh und Henry Lincoln in ihrem Bestseller *The Holy Blood and the Holy Grail* beschrieben. Die Leser reagierten darauf entweder hellauf begeistert oder total ablehnend. Erwartungsgemäß wurde das Werk von den geltenden Kritikern als blühende Phantasiegeschichte abgetan, die sich auf nichts als fadenscheinige Hinweise stützte. Diese Verurteilung ist jedoch nicht nur ungerecht, sondern auch nachweislich falsch. Die vielen Beweise, die die Autoren sorgfältig zusammengetragen haben, lassen sich nicht so einfach beiseite schieben. Die weitreichende Bedeutung des umfangreichen Beweismaterials wurde von vielen Leuten offenbar erheblich unterschätzt.

Die Autoren des Buches *The Holy Blood and the Holy Grail* lüften ein mächtiges, altes Weltgeheimnis und liefern Beweise für die Existenz einer weitverzweigten geheimen Gemeinschaft, die bis zum heu-

DAS KÖNIGSHAUS CHRISTI

Von links nach rechts: Richard Leigh, Henry Lincoln und Michael Baigent behaupten in ihrem Buch The Holy Blood and the Holy Grail, *daß sich die Nachfahren Christi zu gegebener Zeit erheben und die Geschicke der Regierungen in Europa, vielleicht sogar der ganzen Welt, in die Hand nehmen werden.*

tigen Tage großen Einfluß ausübt. Den Ausgangspunkt der Nachforschungen bilden unermeßliche verborgene Schätze, und die Schlußfolgerung der Autoren besagt, daß Jesus Christus Maria Magdalena heiratete und Kinder zeugte. Die Nachfahren dieser Kinder, so die Autoren, haben sich mit Königen und Herrschern ihrer damaligen Zeit vermählt, insbesondere mit den Merowingern, dem ersten Königsgeschlecht der Franken in Gallien. Direkte Nachkommen dieser Herrscher leben noch heute

> **"ES LIEGT NICHT IN UNSERER ABSICHT, DAS EVANGELIUM IN VERRUF ZU BRINGEN. WIR HABEN NUR VERSUCHT, ES ETWAS ZU SICHTEN – BESTIMMTE FRAGMENTE MÖGLICHER ODER WAHRSCHEINLICHER WAHRHEITEN ZU FINDEN, OHNE DAS GANZE AUSSCHMÜCKENDE DRUMHERUM, MIT DEM MAN ES UMRANKT HAT."**
>
> **Baigent, Leigh und Lincoln,
> The Holy Blood and the Holy Grail**

und warten auf die Berufung – oder die Gelegenheit –, in der Politik Europas, möglicherweise sogar der Welt, eine führende Rolle zu übernehmen.
  Die Verbindung zwischen diesem königlichen Blut und dem Heiligen Gral im Titel des Buches ergibt sich aus einem Wortspiel. Der Gral ist ein komplexer, mysteriöser Begriff. In den verschiedenen Sagen und Erzählungen taucht er als Stein mit wunderbaren Kräften, aber auch als Gefäß zur Aufbe-

wahrung von heiligen Reliquien auf. Am häufigsten gilt der Gral als die Abendmahlschüssel Christi und zugleich als das Gefäß, in dem das Blut Christi aufgefangen wurde, als er am Kreuz hing. In den frühesten Fassungen der Sage heißt er *Sangraal*, später bezeichnete ihn Sir Thomas Malory in seinem Prosawerk als *Sangreal*. Nach Baigent, Leigh und Lincoln muß eine dieser Bezeichnungen – *Sangraal* oder *Sangreal* – dem ursprünglichen Begriff am nächsten kommen. Sie teilten den Begriff in zwei sinnvolle Einzelwörter und schlossen daraus, daß die ursprüngliche Bezeichnung vielleicht nicht *San Gral* oder *San Greal* lautete – was übersetzt Heiliger Gral hieße –, sondern vielmehr *Sang Raal* beziehungsweise *Sang Réal* oder, um die moderne französi-

Die Autoren des Buches The Holy Blood and the Holy Grail *behaupten, daß der Templerorden – ein einflußreicher und kämpferischer Ritterorden, der von 1124 bis 1307 bestand (rechts ein Mitglied) – nur der militaristische Flügel einer noch mächtigeren Organisation war, des Priorats von Zion, die die Interessen der Nachfahren Christi wahrten.*

sche Schreibweise zu benutzen, *Sang Royal* – königliches Blut. In der Legende gelangt also demnach nicht ein toter Gegenstand von Judäa nach Europa, sondern es ist die Geschichte der Ankunft der Nachfahren von Jesus und Maria Magdalena in Frankreich, Träger des königlichen Blutes, eben des *Sang Réal*.

Dies ist zumindest eine höchst beeindruckende Hypothese. Die Behauptung, daß noch heute lebende Nachfahren Christi unter uns weilen, entbehrt jedoch einer sicheren Grundlage. Es ist unwahrscheinlich, daß in den vielen, vielen Generationen, die seit Jesu Tod gelebt haben, nicht der eine oder andere Nachfahre versucht gewesen wäre, hervorzutreten und zu sagen „Ich bin ein direkter Nachfahre von Jesus Christus". 2000 Jahre lang hat es in den Überlieferungen keinerlei Hinweise über eine solche Nachkommenschaft gegeben. Selbst wenn Baigent, Leigh und Lincoln mit ihrer Annahme recht haben, daß noch heute Nachfahren Christi leben, liegt hinter all ihren Anhaltspunkten vielleicht ein zentrales Geheimnis, das noch viel allumfassender ist und wesentlich weiter zurückreicht. Die christliche Botschaft und die damit verknüpften Geschehnisse könnten möglicherweise nur ein einziges (wenn auch sehr bedeutsames) Puzzlesteinchen

" WENN JESUS TATSÄCHLICH MIT MARIA MAGDALENA VERHEIRATET WAR, KÖNNTE EINE SOLCHE EHE NICHT EINEM BESTIMMTEN ZWECK GEDIENT HABEN?… VERBIRGT SICH DAHINTER VIELLEICHT IRGENDEINE DYNASTISCHE VERBINDUNG VON POLITISCHER TRAGWEITE UND AUSWIRKUNG? KÖNNTE DIE NACHKOMMENSCHAFT, DIE DIESER EHE ENTSPRANG, NICHT MIT VOLLEM RECHT ANSPRUCH AUF DIE BEZEICHNUNG ‚HEILIGES BLUT' ERHOBEN HABEN? "

Baigent, Leigh und Lincoln,
The Holy Blood and the Holy Grail

Im Blickpunkt

MARIA MAGDALENA – DIE BRAUT CHRISTI?

War Jesus verheiratet? Nach dem Buch *The Holy Blood and the Holy Grail* der Autoren Baigent, Leigh und Lincoln deuten die Evangelien darauf hin, daß dem so war.
Die Autoren führen in ihrem Werk insbesondere das erste Wunder Christi an, die Verwandlung von Wasser in Wein bei der Hochzeit zu Kana (Johannes 2.1–13). Das Evangelium besagt, daß Jesus und seine Mutter Maria zu einer Landhochzeit geladen – oder „gerufen" – wurden. Aus irgendeinem Grund, auf den im Text nicht eingegangen wird, bittet Maria Jesus darum, den Wein nachzufüllen – etwas, was in aller Regel die Aufgabe des Gastgebers oder der Familie des Bräutigams war. „Und da es an Wein gebrach, spricht die Mutter Jesu zu ihm: Sie haben nicht Wein." Warum sollte sie dies tun, so die Autoren, wenn es nicht Jesus eigene Hochzeit war? Unmittelbar nach der wundersamen Verwandlung von Wasser in Wein „ruft der Speisemeister den *Bräutigam* und spricht zu ihm: „Jedermann gibt zuerst den guten Wein und, wenn sie trunken geworden sind, alsdann den geringern; du hast den guten Wein bisher behalten" (Hervorhebung von den Verfassern). Was das bedeutet, liegt für viele auf der Hand: Es handelt sich um Christus eigene Vermählung. Wenn dies zutrifft, dann stellt sich sofort die Frage: Wer war seine Frau? Aus den Evangelien des Markus, Matthäus und Lukas ergeben sich zwei mögliche Kandidatinnen: Maria Magdalena und Maria aus Bethanien –

Oben: Christus und Maria Magdalena. Sind hier in Wahrheit Ehemann und Ehefrau dargestellt?

möglicherweise ein und dieselbe Frau. Untermauert wird diese Theorie durch einige der Apokryphen, Zusatzschriften zum Alten und Neuen Testament, die in der frühen Geschichte von der Kirche abgelehnt wurden. Im *Marien-Evangelium* beispielsweise will Petrus von Maria Magdalena wissen, warum der Heiland sie mehr liebte als alle anderen Frauen. Petrus bittet Maria Magdalena, ihm von den Worten des Heilands zu erzählen, an die sie sich erinnerte und die nur sie kannte. Anschließend beklagt sich Petrus bei den anderen Jüngern und fragt sich, warum Jesus mit einer Frau vertraulich gesprochen hat, den Jüngern gegenüber aber nicht offen war? Er überlegt, ob sich die Jünger nun vielleicht ihr zuwenden und zuhören sollten? Ihn quält die Frage, ob Jesus Maria Magdalena den Jüngern vorgezogen hat. An einer späteren Stelle in den Apokryphen wird Petrus von einem Jünger beschwichtigt, der ihm erklärt, daß der Heiland Maria Magdalena mehr liebte als die Jünger selbst, weil er sie sehr gut kannte.
Die *Apostelakte des Philippus* wird hier noch deutlicher. Hier ist die Rede davon, daß Maria Magdalena die Gefährtin des Heilands war, die er mehr liebte als alle seine Jünger und oft auf den Mund küßte.
Gegen Ende dieses Evangeliums, so Baigent, Leigh und Lincoln, gibt es noch eine weitere bedeutsame Textstelle. Für jeden, der die Heiligen Schriften wörtlich nimmt und als gültigen Beweis akzeptiert, ist damit jeglicher Irrtum ausgeschlossen. An dieser Stelle ist von dem Sohn des Mannes und dem Sohn des Sohnes des Mannes die Rede. Der Herr sei der Sohn des Mannes, und der Sohn des Sohnes des Mannes sei derjenige, der vom Sohn des Mannes erschaffen wurde.

innerhalb eines großen, universalen Mysteriums darstellen.

Nach Baigent, Leigh und Lincoln war der Templerorden einer der wichtigsten Hüter dieses Geheimnisses. Dieser geistliche Ritterorden wurde um 1120 zum Schutz der Jerusalempilger gegründet. Die Templer errangen schnell große militärische Macht und Reichtum. Ihr Aufstieg fand jedoch ein jähes Ende, als auf Befehl von König Philipp IV. in der Nacht vom Freitag, dem 13. Oktober 1307, alle Templer in Frankreich verhaftet wurden. Es folgten Prozesse und Todesstrafen. Durch ein Papstedikt von 1312 wurde der Orden schließlich offiziell aufgelöst.

Die Autoren von *The Holy Blood and the Holy Grail* haben Dokumente entdeckt, aus denen hervorgeht, daß die Templer in Wirklichkeit ein kämpferischer Flügel einer noch älteren, geheimnisumwobenen Gemeinschaft waren, dem Priorat von Zion –

Unten: Dieses Gefäß – hier auf einer Abendmahl-Darstellung eines unbekannten Malers aus dem 15. Jahrhundert im Kloster des Hl. Neophytos auf Zypern – gilt als der Heilige Gral, in dem nach der Legende das Blut Christi am Kreuz aufgefangen wurde. Die Autoren des Buches The Holy Blood and the Holy Grail *sind jedoch der Überzeugung, daß die Legenden um den Heiligen Gral auf etwas ganz anderes hindeuten – die Heilige Blutlinie, d.h. die Familie von Christus.*

einer Gemeinschaft, die zum Schutze und zur Wahrung der Interessen der direkten Nachfahren Christi gegründet wurde und angeblich bis heute fortbesteht. Zu ihren Führern sollen im Laufe der Jahrhunderte auch Leonardo da Vinci, Sandro Filipepi (besser bekannt unter dem Namen Botticelli), Isaac Newton, Victor Hugo und Claude Debussy gezählt haben, nebst verschiedenen, offenbar weniger illustren, französischen Aristokraten.

Ablehnung des Kreuzes

Während der Prozesse gegen die Templer im Jahre 1308 sagte ein Ordensritter aus, daß man ihm bei seiner Einführung in den Orden ein Kruzifix gezeigt und dazu gesagt hatte: „Glaube nicht daran, denn es ist zu jung." Einem anderen sagte man: „Christus war ein falscher Prophet", und wieder anderen: „Glaube nicht daran, daß der Mann Jesus, den die Juden in Outremer (Palästina) kreuzigten, dich erretten kann." Neben derlei direkten Anklagen verfolgte man die Templer wegen Ketzerei und unreligiöser Taten gegen das Kreuz. In diesem Zusammenhang erscheint es vielleicht bedeutsam, daß der Künstler Jean Cocteau, der nach Debussy das Priorat von

Zion geleitet haben soll, bei der Ausschmückung der Londoner Kirche *Notre Dame de France* im Jahre 1960 sich selbst mit dem Rücken zum Kreuz gewandt darstellte und am Fuße des Kreuzes eine riesige Rose malte, die als ein sehr altes, mystisches Symbol gilt.

Baigent, Leigh und Lincoln räumen ein, daß es für die Ablehnung der Kreuzigung seitens des Templerordens keine schlüssige Erklärung gibt. Sie scheinen aber nicht bemerkt zu haben, daß ihre eigenen Überlegungen in diesem Zusammenhang einen erheblichen Schwachpunkt aufweisen. Wenn die Templer und ihre Anhänger die Kreuzigung verleugnen (aus welchem Grund auch immer), warum sollten sie sich als Hüter des Geheimnisses um die Nachfahren Christi berufen fühlen und diese wieder an die Macht bringen wollen? Hier scheint ein beachtlicher Anachronismus vorzuliegen. Eine mögliche Erklärung, die die Autoren später selbst nachlieferten, besagt, daß ein ganz anderer am Kreuz starb, während der „echte" Jesus entkam. Und wie steht es mit der Aussage, daß das Kruzifix zu jung sei, um ein Objekt der Verehrung sein zu können? Es gibt indessen eine Menge verschiedener Hinweise darauf, daß die Templer ein ganz anderes Anliegen hatten, das viel weiter in die Vergangenheit zurückreichte – und ein noch viel größeres Geheimnis barg.

Die katholische Kirche warf den Templern unter anderem vor, daß sie daran glaubten, die bärtigen Köpfe und Schädel, die sie in Geheimritualen verehrten, verfügten über die Macht, Bäume erblühen zu lassen und das Land fruchtbar zu machen. Letzteres scheint auf den ersten Blick harmlos, läßt jedoch eine enge Verknüpfung der Praktiken und Gebräuche der Templer mit alten und vorchristlichen Fruchtbarkeitsreligionen erkennen.

Verrat und Niedergang

Die Machenschaften des Templerordens wurden an die Inquisition verraten, und am Freitag, den 13. Oktober 1307, wurden in Frankreich alle Mitglieder ver-

Rechts: Papst Johannes XXIII. nahm den gleichen Namen an wie ein Gegenpapst aus dem 15. Jahrhundert. Es wurde behauptet, daß er dem Priorat von Zion wohlgesonnen oder sogar ein Mitglied dieser Gemeinschaft war.

Rechts: Auf diesem Wandfresko, das Jean Cocteau (oben), angeblich der Großmeister des Priorats von Zion von 1918 bis 1963, für die Kirche Notre Dame de France in London gestaltete, hat sich der Künstler selbst mit dem Rücken zum Kreuz dargestellt.

haftet. Im Mittelalter spielte die Numerologie eine große Rolle, daher kann dieses Datum eine bestimmte Bedeutung haben. Aber selbst wenn den Angreifern derlei Aberglauben ferngelegen war – für andere hatte diese Zahl vielleicht eine Bedeutung: Nach Baigent, Leigh und Lincoln hatte es jemanden gegeben, der den Niedergang der Tempelritter nicht nur auf diese Weise vorbereitete, sondern ihnen auch im voraus eine Warnung zukommen ließ, so daß die Templer die meisten ihrer Aufzeichnungen rechtzeitig vernichten und ihre Schätze und heiligen Reliquien (darunter, wie viele glauben, das Grabtuch von Turin und den mumifizierten Schädel Christi) in Sicherheit bringen konnten.

Die Zahl 13 spielt in dem von Baigent, Leigh und Lincoln enthüllten Geheimnis eine vorherrschende Rolle. Aus alten Aufzeichnungen geht hervor, daß dem Priorat von Zion zwischen 1637 und 1654 der Großmeister J. Valentin Andreä vorstand. Etwa zu Beginn dieses Jahrhunderts hatte sich in Europa eine mysteriöse Geistesströmung manifestiert – die Bruderschaft der Rosenkreuzer, die behaupteten, im Besitz gewisser spiritueller Wahrheiten zu sein. Andreä selbst war überzeugter Rosenkreuzer. Obwohl er wußte, daß seit etwa 200 Jahren jegliche Art von Häresie von der Kirche strengstens bestraft wurde, gründete Andreä in Europa ein Netz halbgeheimer Gemeinschaften, die sogenannten Christlichen Unionen, die das Wissen, das für die orthodoxe Kirche als ketzerisch galt, bewahren sollten. Den Vorstand jeder dieser Unionen hatte ein anonymer „Prinz", dem zwölf Anhänger zur Seite standen. Diese Personenkonstellation erinnert stark an einen Hexensabbat – zwölf Männer oder Frauen, die von einem Vertrauten oder einem gerade Eingeweihten geleitet werden – oder auch an Jesus und seine zwölf Jünger.

Ein weiterer faszinierender Aspekt, den Baigent, Leigh und Lincoln in ihrem Buch liefern, betrifft Papst

Unten: Pierre Plantard de Saint-Clair, der am 17. Januar 1981 angeblich zum Großmeister des Priorats von Zion gewählt wurde, soll ein Nachfahre Christi sein.

Johannes XXIII. Daß dieser nach seiner Wahl 1959 den Namen Johannes annahm, erstaunt insofern, als es bereits im 15. Jahrhundert einen Gegenpapst beziehungsweise einen Bewerber um das Papat gegeben hatte, der ebenfalls den Namen Johannes XXIII. trug. Nach dem Tode des Papstes unserer Zeit kursierten Gerüchte, daß er ein Mitglied der Rosenkreuzer und des Priorats von Zion gewesen war. Hatte er sich den Namen Johannes zugelegt, weil dies auch der Vorname von Jean Cocteau war, dem damaligen Großmeister von Zion?

Angesichts einer weiteren Tatsache gewinnt diese Namensgleichheit noch mehr an Bedeutung. Nach einer Verfügung des modernen Papstes Johannes durften künftig auch Katholiken in die Freimaurerloge eintreten – bisher war dies vom Vatikan strikt abgelehnt worden. Die Freimaurer behaupten, sie seien direkte Nachfahren der Tempelritter und auch der Mitglieder von Gemeinschaften wie der Christlichen Unionen. Darüber hinaus verkündete Papst Johannes XXIII., wesentlich bei der Kreuzigung sei nicht die Wiederauferstehung, sondern das von Christus vergossene Blut. Diese Verkündung läßt uns natürlich sofort wieder an den Heiligen Gral denken – das Gefäß, in dem nach weitverbreiteter Auffassung das Blut Christi am Kreuz aufgefangen wurde. Baigent, Leigh und Lincoln interpretieren das Blut Christi allerdings im Sinne von Blutlinie und damit als Nachfahren von Christus. Hinweise wie dieser führen dazu, daß die Frage nach der Existenz eines „königlichen Hauses Jesu" auch künftig zum Nachdenken anregen wird.

> ❝ DIE FREIMAURER BEHAUPTETEN, SIE SEIEN DIREKTE NACHFAHREN DER TEMPELRITTER. ❞

BRÜCKE ZUM JENSEITS

Der Tod ist ein entscheidender Moment im menschlichen Leben. Ist danach alles aus? Oder leben wir weiter?

Schon immer und in allen Kulturen haben sich die Menschen Gedanken über den Tod gemacht. Dabei wollen die meisten Religionen sich nicht damit abfinden, daß nach dem physischen Ende der Geist eines Menschen ins Nichts verschwindet. Afrikanische und asiatische Stammesreligionen verehren die Ahnen, die als Geister allgegenwärtig zu sein scheinen. Aber auch in China treten die Familien in Kontakt zu den Vorfahren. Im westlichen Europa ist der Jenseitsglaube nicht mehr besonders stark ausgeprägt, zumal die Kirchen immer mehr an Einfluß verlieren. Dennoch ist das Phänomen „Tod – und was kommt danach?" für viele Menschen nach wie vor Gegenstand intensiver Überlegungen. Zumeist wird das Nachdenken über dieses Thema durch den Verlust eines geliebten Angehörigen oder Freundes angeregt. Wenn dessen Weggang nicht akzeptiert wird, stellt sich die Frage, ob man mit seinem Geist nicht doch in Kontakt bleiben kann.

Obwohl es schon früher Berichte über Kommunikation mit Verstorbenen gab, melden sich in letzter Zeit immer mehr Personen, die behaupten, Botschaften von Angehörigen der Totenwelt erhalten zu haben. Vielfach werden die Mitteilungen der Verstorbenen durch technische Geräte weitergegeben. So findet die Beschäftigung mit Tonbandstimmen-forschung immer mehr Anhänger. Da hierbei Tondokumente vorgelegt werden können, glauben die Vertreter solcher esoterischen Richtungen, mit stichhaltigen Beweisen den Skeptikern den Wind aus den Segeln nehmen zu können.

Sprechkontakte mit Verstorbenen

Im Jahre 1959 kam Friedrich Jürgensen auf die Idee, über Tonbänder und über die statischen Geräusche aus dem Radio Sprechkontakte zu den Geistern der Verstorbenen herzustellen. Er behauptet, daß seine Bemühungen tatsächlich erfolgreich gewesen seien und daß er im Laufe der Jahre durch Verbesserung der Technik eine immer deutlichere Kommunikation

erzielen konnte. Angeregt durch viele interessierte Menschen aus aller Welt, unterhielt er bald einen regen Austausch mit den Geistern des Jenseits. Der Wunsch, mit einem geliebten Menschen nach seinem Tode noch einmal sprechen zu können, war das Hauptmotiv zahlreicher Interessierter, die sich an Jürgensen wandten. Sind die ersten Kontakte erst einmal hergestellt – so Jürgensen –, entwickeln sich daraus oftmals auch intensive, tiefgründige Gespräche über Erfahrungen, Empfehlungen der Geistwesen für die Erdenbewohner und Warnungen an uns durch die jenseitigen Wesen. Diese Ratschläge beziehen sich zumeist auf gesundheitliche Probleme oder ein drohendes Unheil.

Stimmen aus dem Jenseits

Erst 1984 entdeckte Ernst Struck die Schriften von Jürgensens Jenseitsforschung. Er war sofort fasziniert. Sein besonderes Interesse erklärte sich wohl daraus, daß 25 Jahre zuvor sein erster Sohn im Alter von nur vier Monaten gestorben war. Dieses Ereignis hatte ihn tief erschüttert. So war es mehr als reine Neugier, die ihn dazu drängte, sich näher mit der Materie zu beschäftigen. Bereits seine ersten Versuche verliefen erfolgreich. Es gelang ihm auf Anhieb, Stimmeinspielungen vorzunehmen. Zunächst hielt er sich genau an die Methode, mit der Jürgensen seit Ende der fünfziger Jahre so erfolgreich war. Dann experimentierte er weiter und machte Versuche mit Wassergeplätscher. Er erkannte, daß Naturgeräusche im Hintergrund eine sehr geeignete Grundlage sind, um die Botschaften der jenseitigen Wesen einzufangen. Technisch gesehen bedeutet dies, daß die Stimmenforscher eine Geräuschkulisse – in diesem Fall das Wasserplätschern – modulieren, um so aus dem Hintergrundrauschen zum Teil bemerkenswerte Ergebnisse herauszufiltern. Ernst Struck geht davon aus, daß die Geister der Verstor-

Oben: Mit dem Hämmerchen wird die sich im „Telemant" befindliche Silberplatte bestrichen. Sofort werden paranormale Stimmen hörbar, die durch das im Gerät befindliche Mikrofon auf das Tonband im Kassettenrecorder geleitet werden.

benen von sich aus nicht die Kraft haben, normale Tonbandgeräte so stark zu aktivieren, daß die Stimmen auf dem Band hörbar wären. Eine sanfte Geräuschkulisse könne jedoch von den Geistwesen im Moment der Entstehung geringfügig verändert werden, so daß brauchbare Bandaufnahmen entstehen können. Die Tonqualität ließe sich entscheidend steigern, wenn man ein Aufnahmegerät mit variabler Bandgeschwindigkeit benutzt.

Wie auch viele andere Medien berichten, erhielt Ernst Struck vor allem zu Beginn seiner Experimentierphase besonders bewegende Nachrichten. So lautete eine Botschaft: „Du stehst im Drehbuch Gottes! Alle Dinge sah ich. Du sorgst für den spontanen Brückentext!" Auch hier gibt es Parallelen zu den Erlebnissen anderer Stimmforscher, die ebenfalls in Kontakt mit Gott oder einer erhabenen jenseitigen

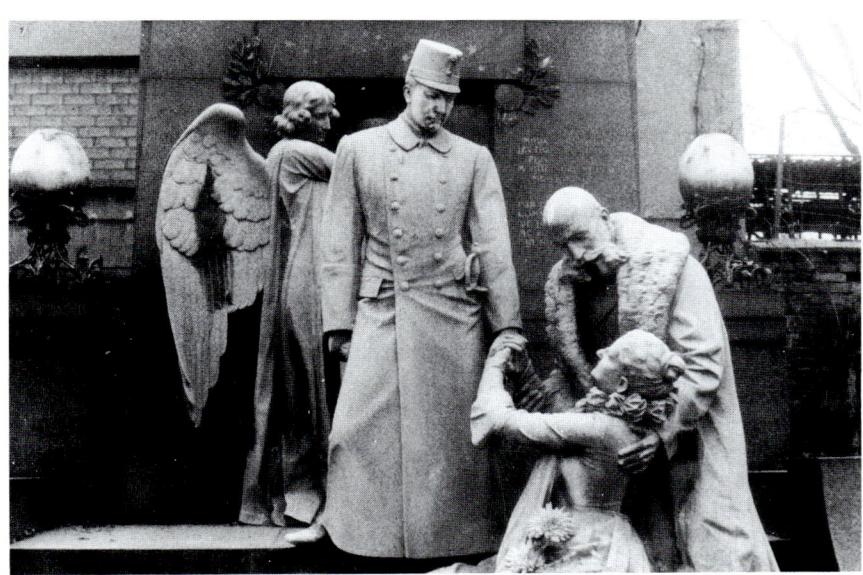

FALL Sammlung

RETTUNG AUS DEM JENSEITS

Lilli Büssian aus Mölln hat in ihrem Leben viele Gesichte und Begegnungen gehabt. Sechs Jahre nach dem Tod des Vaters erschien dieser seiner mittlerweile fünfundsechzigjährigen Tochter im Traum. Sie sah einen Park, in dem ihr Vater als durchscheinende Lichtgestalt auf einen gläsernen Sarg zuging. „Da wußte ich, daß mein Vater gekommen ist, um seine Frau zu holen. Meine Mutter kam von der anderen Seite, und sie umarmten sich. Am 28.1.1979, dem Geburtstag meines Vaters und zehn Tage nach dieser Vision, erhielt ich die Nachricht vom Tod der Mutter.
Vor vier Jahren erschien mir meine Mutter im Traum. Sie fuhr im Rollstuhl eine Straße entlang, winkte und wollte etwas sagen. Als ich morgens erwachte, war mir so eigenartig zumute. Irgendwie verspürte ich einen Zwang, meine Schwester aufzusuchen. Als ich zu ihrer Wohnung kam, war mir klar, was Mutter mir zu sagen versuchte. Meine Schwester konnte gerade noch vom Notarzt ins Krankenhaus gebracht werden.
Ich glaube fest daran, daß die Toten hinter uns stehen und daß sie uns helfen können."

Macht zu stehen vorgeben. Für Struck waren diese Erfahrungen von entscheidender Bedeutung, und aus ihnen glaubt er die Kraft zu ziehen, um als Botschafter zwischen den Welten fungieren zu können.

Die Entwicklung des Telemant

Die ermutigenden, aber noch keineswegs zufriedenstellenden Ergebnisse seiner Kontaktaufnahmen mit dem Jenseits veranlaßten Ernst Struck, neue erfolgversprechende Wege zu suchen. Dabei erhielt er tatkräftige Unterstützung aus dem Reich der Verstorbenen. Unter Anleitung seiner paranormalen geistigen Führer entstand in den letzten acht Jahren ein Gerät, das immer weiter verbessert wurde. Die spezielle Akustik dieser Maschine ermöglicht es, die Kommunikation mit den Geistwesen immer weiter zu perfektionieren. Auch die Bezeichnung „Telemant" stammt aus dem Jenseits. Die integrierte Silberplatte garantiert inzwischen eine besonders feine und naturgetreue Stimmwiedergabe. Dennoch ist das Ergebnis für Struck noch immer nicht zufriedenstellend. Hinweise zur weiteren Optimierung gehen ständig ein, so daß Struck davon ausgeht, in Zukunft einen noch deutlicheren Empfang vorweisen zu können.

Interessant ist, daß nicht nur die Erdenbewohner ein Interesse an diesem Austausch der beiden Welten zu haben scheinen. Auch die Verstorbenen tun nach Überzeugung Strucks alles, um die Verständigung weiter auszubauen.

Es waren auch jene Geistwesen, die Struck dazu veranlaßten, mit seiner Entdeckung an die Öffentlichkeit zu gehen. D. H. Alke vom Kyborg-Institut ist fest davon überzeugt, daß die Mitteilungen an Struck authentisch sind. Vermutlich die gleichen Geistwesen waren es nämlich, die ihm eine Channeling-Botschaft übermittelten, in der sie ihn aufforderten, Struck zu weiteren Anstrengungen zu ermutigen. In dieser Mitteilung hieß es: „Der Telemant wird zusammen mit der jetzt begonnenen Entwicklung der Mikroelektronik zu einem perfekten Kontakt zwischen Eurer und unserer Energieebene führen. Was uns unterscheidet, ist die Frequenz und das Potential. Die Mikroelektronik wird in Verbindung mit speziellen mechanischen Geräten die Verbindung herstellen. Der Telemant ist eine Vorstufe dazu."

Oben: Das Nekrosmantaion am Acheron diente den alten Griechen als Kommunikationsstätte mit der Unterwelt. Hier wurde das Totenorakel befragt, und die Toten gaben Auskunft über die Zukunft.

Unten: Die Glühbirne war nur eine bedeutende Erfindung von Thomas Alva Edison. Struck ist der festen Überzeugung, daß der Geist des genialen Erfinders bei der Entwicklung des „Telemants" entscheidenden Anteil hatte.

Botschaften aus dem Totenreich

Ernst Struck fand bei seinen Forschungsarbeiten die Unterstützung des großartigen Erfinders Thomas Alva Edison. Der Geist des Verstorbenen hat ihm immer wieder Mitteilungen gemacht, die die Weiterentwicklung des Telemants voranbrachten.

Ebenso wie bei den Schamanen und Magiern der Naturvölker und auch den entsprechenden Praktiken in der Antike ist auch Struck der Überzeugung, daß die Kenntnis des korrekten Namens der entscheidende Schlüssel ist, um einen Verstorbenen herbeirufen zu können. Der Name einer Person ist eine Schwingung, und eben diese Schwingung ermöglicht die Kontaktaufnahme. So könnte es auch zu erklären sein, daß chinesische Jungen zusätzlich zu dem alltäglich benutzten Namen noch einen geheimen tragen.

Es gibt allerdings auch Verstorbene, die zu keiner Kontaktaufnahme zu bewegen sind. Teilweise teilen sie auch mit, daß ihnen eine Kommunikation nicht möglich sei, da sie mit anderen Aufgaben beschäftigt seien. Eventuell kann man aus den Gesprächen mit der Totenwelt auch Rückschlüsse auf die Richtigkeit der Wiedergeburtstheorie ziehen. Einige Verstorbene werden nämlich nicht mehr angetroffen, andere wurden regelrecht „entschuldigt", da sie inzwischen wiedergeboren seien. Wie stark daß Mitteilungsbedürfnis der Verstorbenen ist, hat D. H. Alke auch bei Tonbandeinspielungen im Kyborg-Institut erlebt. Manchmal standen die jenseitigen Wesen geradezu „Schlange", um sich äußern zu können. Dieses Phänomen wurde von Struck bestätigt.

Eine bemerkenswerte Einspielung aus Nürnberg erklärte den Anwesenden, daß die Sprache des Verstorbenen keine Rolle spielt, denn durch „Silbentausch" würden die Verstorbenen ihre Botschaften immer in der Muttersprache des gerade forschenden, noch lebenden Menschen übermitteln. Sie wiesen Ernst Struck auch darauf hin, daß dies bereits in Atlantis bekannt gewesen sei. Den Hinweis auf Atlantis kennt man von vielen Medien, und es scheint einiges dafür zu sprechen, daß in dieser sagenumwobenen Welt die geistige Brücke viel breiter war und das Jenseits nur eine Handbreit von der Realwelt entfernt lag.

Die körperlosen Geistwesen scheinen auch bestimmte Betreuungsfunktionen wahrzunehmen. An allen menschlichen Lebensfunktionen sind sie nach Ansicht der meisten Medien unmittelbar beteiligt, auch wenn dieser Einfluß von den Menschen nicht unbedingt wahrgenommen werden könne. Alke wie auch Struck glauben durch ihre Forschungen dem Phänomen „Schutzengel" nähergekommen zu sein. So würden die Verstorbenen ihre Hinterbliebenen zu behüten versuchen, aber es gäbe auch übergeordnete, nicht durch das frühere Erdenleben motivierte Schutzgeister, die die Geschicke der Menschheit dirigieren. D. H. A.

Als Kind wurde Ruth von ihrem Vater brutal sexuell mißbraucht. Jahre später wiederholte sich ihr Leiden, als sie von Halluzinationen verfolgt wurde. Dieser Fall bietet einen einzigartigen Einblick in die wahre Natur unserer Realität.

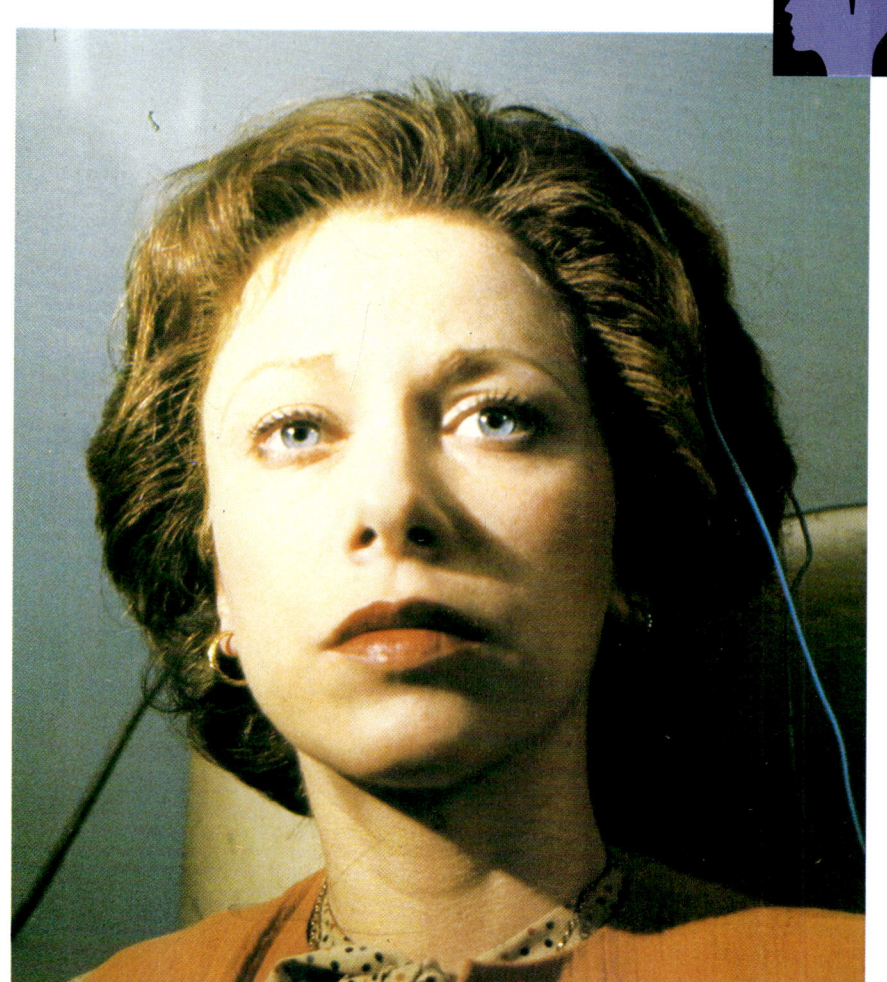

Was ist die „Wirklichkeit", und wo beginnt die Illusion? Für die Wissenschaftler existiert real nur das, was wahrnehmbar, meßbar und beobachtbar ist. Aus diesen Wahrnehmungen werden Folgerungen gezogen und entsprechende Naturgesetze aufgestellt. Ein geistig gesunder Mensch vermag zumeist problemlos zwischen Phantasie und „realen" Geschehnissen zu unterscheiden.

Es ist jedoch wissenschaftlich erwiesen, daß es Dinge gibt, die zwar real existieren, von unseren fünf Sinnen aber nicht erfaßbar sind, wie z.B. Töne, die so hoch sind, daß sie für das menschliche Ohr unhörbar sind. Möglicherweise gibt es sogar noch eine weitere Form von „Realität", basierend auf den Erleb-

VON HALLUZINATIONEN VERFOLGT

*Oben: Die Schauspielerin Connie Booth spielte 1982 die Hauptrolle in dem BBC-Dokumentarfilm **The Story of Ruth**. Ruth, eine Amerikanerin, lebte mit ihrem Ehemann Paul in London. Eine Frau von durchschnittlicher Intelligenz und vollkommen normal, bis auf die immer wiederkehrende, leibhaftige Halluzination von ihrem Vater. Links: Der Film beschreibt die Qualen der Erinnerung an die sexuellen Belästigungen, die die zehnjährige Ruth erleiden mußte.*

nissen, die Menschen in Ekstase haben. Tatsache ist, daß bestimmte sinnliche Wahrnehmungen die Grundlage dessen bilden, was wir gemeinhin als „vernünftig" bezeichnen. Für die meisten von uns sitzt eine Katze sicherlich auf dem Sofa und nicht umgekehrt.

Was geschieht jedoch, wenn uns der Geist nun aber im Stich läßt, und zwar nicht nur in Form alltäglicher Irrtümer, sondern durch eine vollkommen falsche Interpretation der Informationen, die ihm von den Sinnesorganen zugetragen werden? Um einen solchen Fall handelte es sich bei Sybil Isabel Dorsett, die in sechzehn Persönlichkeiten unterschiedlichsten Charakters gespalten war und sich im Spiegel abwechselnd als elegante Blondine, als hochgewachsene, schlanke Rothaarige, als verschüchterte Aschblonde, als kleinwüchsige Brünette, ja sogar als Mann mit braunen Augen und dann wieder als Mann mit blauen Augen erblickte. Sie paßte sogar ihre Kleidung der jeweiligen Person an, die ihrem „echten", sichtbaren Selbst überhaupt nicht entsprach. Sobald dann eine andere Persönlichkeit in ihren Körper schlüpfte, zeigte sich diese sehr erstaunt über die unpassende Garderobe.

Ganz anders gelagert ist der Fall von Ruth, einer 25jährigen Amerikanerin, verheiratet mit Paul, drei

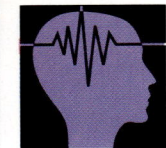

Kinder und Patientin des Psychiaters Dr. Morton Schatzman. Er hat ihre Erlebnisse in einem Buch mit dem Titel *Die Geschichte von Ruth* festgehalten, die 1982 von der BBC für das Fernsehen bearbeitet wurden.

Ruth hatte Dr. Schatzman ihre Probleme anfangs folgendermaßen geschildert: Sie empfand ihren ehelichen Verkehr als „schmutzig", fürchtete sich vor Türen, mied Gesellschaft und geriet in Menschenmengen leicht in Panik. Sie haßte es, einkaufen zu gehen, hatte keinen Appetit, empfand Abneigung gegen ihre Kinder und hatte das Gefühl, daß ihr Kopf bald explodiert. Sie war die zweitjüngste von vier Geschwistern. Bei der Geburt ihres jüngsten Bruders war sie zehn Jahre alt. In dieser Zeit versuchte der Vater, Ruth zu vergewaltigen, was ihm beinahe gelang. Die Tatsache, daß er Alkoholiker und rauschgiftabhängig war, macht Ruths Darstellung glaubwürdig. Auch war er als gewalttätig bekannt. Einmal hatte er sogar ein Gewehr auf Ruth angelegt und sie nur knapp verfehlt. Wegen Scheckbetrugs mußte er eine Zeitlang ins Gefängnis und wurde auch in eine Nervenheilanstalt eingeliefert.

Haß und Ekel

Ruth erzählte ihrer Mutter von dem Vorfall, aber sie glaubte ihr nicht und steckte sie sofort in ein Kinderheim, wohin sie jedesmal zurück mußte, wenn ihr Vater die Familie wieder einmal verließ. Ruth heiratete mit 17 und gründete ihren eigenen Hausstand. Ihrem Vater gegenüber empfand sie nur noch Haß und Ekel.

Sie verschwieg Dr. Schatzman, daß sie ihren Vater fast täglich als Halluzination wahrnahm und er ihr wie eine Person aus Fleisch und Blut erschien. Diese Sinnestäuschungen hatten ein Jahr nach der Geburt ihres ersten Kindes eingesetzt. Manchmal überlagerte sein Gesicht das ihres Mannes oder des Babys, und selbst wenn sie ihn nicht sah, spürte sie seine Gegenwart im Haus. Sie hatte das Gefühl, daß er sie in den Selbstmord treiben wollte. Einmal saß er bei einem Essen mitten in der Runde ihrer Freun-

> **" BEIM VIERTEN MAL SAH SIE EINEN MANN VOR SICH IM ZUG, DER SICH IN IHREN VATER VERWANDELTE. SIE BEKAM ES MIT DER ANGST. ALS SIE AN IHRER HALTESTELLE AUSSTIEG, FOLGTE IHR DER MANN. "**
>
> **Dr. Morton Schatzman**

Unten: Viele Legenden erzählen von unglücklichen Menschen, die von paranormalen Wesen, Geistern und vielleicht auch Halluzinationen verfolgt wurden, die vielfach totale Macht über sie gewannen. In einem bekannten griechischen Mythos wurde Orest von den Erinyen verfolgt. Ruths Vater war seiner Tochter gegenüber ebenso erbarmungslos wie diese Furien. Er verspottete sie, wenn sie Furcht hatte, pirschte sich hinterrücks an sie heran oder tauchte plötzlich in einer Runde von Freunden auf. Er verfolgte sie deshalb, so glaubte sie, weil sie seiner Meinung nach „als Kind nicht genügend verletzt hatte."

de – so leibhaftig, daß sie ihm glattweg eine Tasse Kaffee angeboten hätte, wäre sie daheim gewesen. Ein andermal saß er zwischen zwei Besuchern und nahm aktiv an dem Gespräch teil, was außer ihr freilich niemand beobachten konnte.

1979 wurde sie als Patientin in das „Arbours Crisis Centre" eingeliefert, das Dr. Schatzman und seine Kollegen in London gegründet hatten. Auch dort begegnete ihr immer wieder der Vater. Einmal meinte sie zu spüren, wie sich ihr Bett verrückte, als er mit den Füßen dagegentrat. Immer wieder sah sie ihren Vater deutlich vor sich. Sie konnte genau seine Zähne erkennen, hörte ihn lachen und nahm in Anwesenheit des Arztes sogar seinen Körpergeruch wahr.

Schatzman erkannte, daß Ruth durchaus rational dachte. Sie verhielt sich nicht wie eine typische Geisteskranke, und er wußte von Forschungen, die belegen, daß auch in der westlichen Welt bei geistig Gesunden gelegentlich Halluzinationen auftreten. Auch hatte er gelesen, daß für die Senoi, einen malaiischen Volksstamm, Träume eine so wichtige Rolle spielten, daß sie ihren Kindern beibrachten, den Schreckgestalten aus ihren Alpträumen entgegenzutreten, Macht über sie zu gewinnen und sie sich schließlich zunutze zu machen. So schlug er Ruth vor, sie solle diesem Beispiel folgen und der Erscheinung ihres Vater Einhalt gebieten.

Dies war kein einfaches Unterfangen. Ruth sah, hörte und roch ihren Vater immer wieder, manchmal erschien er ihr auf den Gesichtern völlig Fremder. Sie hatte das Gefühl, er könne ihre Gedanken lesen, und daß er danach trachtete, Macht über sie zu gewinnen und sie zu beherrschen. Der Arzt riet ihr, die Erscheinung zu verscheuchen, was sie schließlich ab und zu auch schaffte, obwohl danach manchmal noch sein unverwechselbarer Geruch im Zimmer hing.

Vaterfigur

Eine Woche nach ihrer Einlieferung verwandelte sich Paul vor Ruths Augen in ihren Vater. Als ihr Mann sie einmal leicht berührte, hatte sie das Gefühl, als

Links: Die Schuld in Form einer Erscheinung einer „Frau, der Unrecht zugefügt worden war", soll Lord Lyttleton vor seinem nahen Tode gewarnt haben.

würde ihr jemand die Hand zerquetschen. Sie weigerte sich, in dieser Nacht mit ihrem Mann im gleichen Raum zu schlafen. Am nächsten Tag erschien ihr Vater auf Dr. Schatzmans Gesicht. Der Arzt hatte ihr vorgeschlagen, sie solle ihren Vater auf ihn projizieren, denn sobald etwas „faßbar" wird, verliert es oft seinen Schrecken. Dies würde Ruth beweisen, daß sie nun die Oberhand hatte, denn wenn sie die Erscheinung willkürlich heraufbeschwören konnte, wäre sie auch in der Lage, sie willentlich zu vertreiben. Als ihr dies gelang, bestand Ruths nächster Schritt darin, die Halluzination ohne die Hilfe eines anderen Körpers herbeizuführen und dann kraft ihres Willens wegzuschicken.

Weitere Fortschritte machte Ruth, als es ihr gelang, ihren Vater wieder auf Dr. Schatzman zu projizieren, ihn jedoch dabei andere Kleider tragen zu lassen. Als der Arzt auf sie zutrat, kam die Erscheinung näher, und als Dr. Schatzman ganz leicht seine Hand auf Ruths legte, fühlte sie wieder diesen schmerzhaften Druck. Es gelang ihr, die Trugwahrnehmung zu verscheuchen, allerdings fühlte sie sich danach völlig erschöpft.

> „ALS NÄCHSTES RIEF RUTH EINEN DOPPELGÄNGER VON DR. SCHATZMAN HERBEI, DER – IN ANWESENHEIT DES ARZTES – IN EINEM SESSEL LINKS NEBEN IHM SASS. ALS SCHATZMAN AUFSTAND, UM SICH AUF DIESEN PLATZ ZU SETZEN, NAHM DAS PHANTOM SEINEN EIN... SIE KONNTE BEIDE MÄNNER GLEICHZEITIG IN EINEM SPIEGEL BEOBACHTEN."

Unten: In dieser Szene aus der BBC-Verfilmung fühlt sich Ruth von den sexuellen Annäherungsversuchen ihres Mannes Paul (gespielt von Colin Bruce) abgestoßen, weil sie in ihm plötzlich ihren eigenen Vater sah. Im späteren Verlauf ihrer Behandlung fand sie heraus, daß sie in Abwesenheit ihres Mannes nicht nur ein leibhaftiges Abbild von ihm heraufbeschwören, sondern mit dieser Halluzination auch schlafen konnte – und das sexuelle Erlebnis als befriedigend empfand.

Nach elf Tagen wurde Ruth entlassen, und Dr. Schatzman war davon überzeugt, daß sie keineswegs „verrückt" war, sondern offenbar über die Begabung verfügte, willentlich Halluzinationen herbeizuführen und wieder verschwinden zu lassen. Aufgrund ihrer Familiengeschichte nahm er an, daß sie diese Gabe wohl geerbt hatte. Als Dr. Schatzman dann für zweieinhalb Wochen verreist war, erschien Ruths Vater mindestens achtmal. Sie hörte das Rascheln seiner Kleider, wie er eine Packung Zigaretten öffnete und wachte davon auf, als er sich auf ihr Bett setzte. Einmal gelang es ihr, ihn zu verscheuchen, das zweite Mal verwirrte sie ihn durch eine beiläufige Bemerkung über den Kaffee, und beim dritten Mal saß sie in der Badewanne und bat ihn um ein Handtuch. Anschließend blieb er ungewöhnlich lang fern. Erst nach 19 Tagen nahm sie ihn wieder im Bett auf Pauls Körper wahr.

Nach seinem Wiederauftauchen schlug Dr. Schatzman vor, Ruth solle versuchen, unter kontrollierten Versuchsbedingungen eine freundlichere Erscheinung herbeizuführen. Nach einigen Bemühungen gelang es Ruth, eine Halluzination ihrer besten Freundin Becky zu projizieren, mit der sie im Geiste Gespräche führte. In der Regel verhielten sich die Erscheinungen normal. Nur gelegentlich konnten sie etwa durch geschlossene Türen gehen. Ruth nahm aber auch die ihre Anwesenheit begleitenden Umstände wahr. So spürte sie den Luftzug, wenn jemand ins Zimmer „trat", und einmal sah sie, wie Becky Zahnpasta auf eine Zahnbürste drückte und ihr diese reichte, obwohl weder die Tür noch die Zahnpastatube oder die Bürste sich tatsächlich bewegten. Ruths Halluzinationen dauerten zwischen wenigen Sekunden und 20 Minuten, und jedesmal war sie danach gleichermaßen aufgeregt wie ausgelaugt. Sie erlebte, daß ihre Erscheinungen über eine eigene Persönlichkeit verfügten: Obwohl sie sie schließlich willentlich kommen und gehen lassen konnte, taten sie nicht immer, was sie von ihnen verlangte.

Als nächstes rief Ruth in Anwesenheit von Dr. Schatzman dessen Doppelgänger hervor, der in

einem Sessel links neben dem Arzt saß. Als sich Dr. Schatzman auf den Platz seines Doppelgängers setzte, stand dieser auf und übernahm seinen Platz, und als Dr. Schatzman an ihm vorbeiging, versperrte er Ruth die Sicht auf sein Doppel. Sie beobachtete beide Männer gleichzeitig im Spiegel, und als Dr. Schatzman seinen Arm vor sich in die Luft ausstreckte, sah sie ihn mit seinem Doppelgänger tanzen.

Schließlich projizierte Ruth auch eine Erscheinung von sich selbst und kommunizierte mit dieser auf geistiger Ebene. Allerdings empfand sie dieses Erlebnis als äußerst anstrengend. Sie wiederholte das Experiment in Dr. Schatzmans Anwesenheit, die Anspannung verursachte ihr jedoch starkes Herzklopfen und Kopfweh.

Die Welt des Zwielichts

Zu diesem Zeitpunkt war Ruth für Dr. Schatzman in vielerlei Hinsicht keine Patientin mehr, sondern eher eine wissenschaftliche Assistentin. Als sie beschrieb, daß die Beine ihrer Erscheinungen Schatten warfen, wurden Experimente mit Licht und Dunkelheit durchgeführt. In ihren Halluzinationen konnte Ruth Räume erhellen bzw. verdunkeln, konnte aber die Worte auf dem Rücken eines Buches, das in einem real verdunkelten Raum stand, nicht lesen, obwohl sie in ihrer Halluzination den Raum heller leuchtet sah. Sie konnte um eine Scheinperson herumgehen und sie aus allen Winkeln betrachten, war in der Lage, sie anzufassen und von ihr berührt zu werden. Sie beschrieb die Phantome als etwas kühler als leibhaftige Menschen und erhielt geschriebene Mitteilungen auf Papier. Für Außenstehende deutete jedoch nichts auf die Existenz dieser Gestalten hin. Ihre Phantome erschienen auch nicht auf Fotos von den Sesseln, in denen sie gesessen haben sollten, und auch die von ihr wahrgenommenen Stimmen waren auf Bandaufnahmen nicht nach-

> **"** SOBALD DAS GESICHT IHRES VATERS IHR EIGENES ÜBERLAGERTE, KÖNNTE ER MACHT ÜBER SIE GEWINNEN. DESHALB WOLLTE SIE MICH IN DER NÄHE HABEN. **"**
>
> **Dr. Morton Schatzman**

weisbar. Es handelte sich also eindeutig um Trugbilder ohne objektive Realität.

Dann entdeckte Ruth, daß sie das Bild ihres Vaters auf ihr eigenes Spiegelbild projizieren konnte, wobei Dr. Schatzman in der Nähe war, damit das Phantom „nicht Macht über sie gewinnen konnte". Sie spürte die Empfindungen ihres Vaters, was ihr Angst einflößte. „Er" antwortete auch auf Fragen des Psychiaters und gab dabei Informationen über sich selbst preis. Ruth fühlte sich bei diesen Experimenten äußerst unbehaglich, aber sie wurde von ihrem Vater nicht überwältigt, obgleich sie seine Angst, seinen Zorn und sein sexuelles Begehren intensiv fühlte. Diese Erfahrungen hatten Ähnlichkeit mit mediumistischen Trancezuständen. Ob die vom „Vater" gegebenen Antworten nun stimmten und ob Ruth jemals davon gewußt hatte, konnte allerdings nicht ermittelt werden.

Während einiger solcher Sitzungen traten verschiedene Fakten zutage, die mit der Vorgeschichte ihres Vaters und mit Ruths Kindheit zusammenhingen. Sie schien seine und ihre Emotionen gleichzeitig zu empfinden. Je mehr sie von ihm erfuhr, desto mehr Mitleid verspürte sie für ihn. Schließlich konnte sie seine Erscheinung ohne Hilfe eines Spiegels herbeiführen, mit ihm geistig verschmelzen und trotzdem noch seine Gefühle empfinden. „Je mehr ich mich entspannte", so Ruth, „desto weniger sah ich ihn, und desto mehr wurde ich eins mit ihm." Schatzman konnte über Ruth mit ihm sprechen und erlebte ihn als eine mit der Person des Vaters schlüssige Persönlichkeit, die aber nicht mehr Ruths entsprach. Schatzman stellte Überlegungen an, ob diese möglicherweise einen verborgenen Aspekt von Ruths Persönlichkeit darstellen könnten.

Als Ruth ihren leibhaftigen Vater in den Vereinigten Staaten besuchte, ereignete sich etwas gänzlich Unerwartetes: In ihrem Auto projizierte sie eine Erscheinung von Paul, die offensichtlich auch der Vater wahrnahm. Noch überraschender ist die Tatsache,

Links oben: Dr. Morton Schatzman, Ruths Psychiater, nahm sich seiner verzweifelten Patientin mit sehr viel Einfühlungsvermögen an. Er schaffte es, daß ihre Halluzinationen schließlich nichts Alptraumhaftes mehr für sie hatten und half ihr dabei, diese Erscheinungen zu kontrollieren und sogar willkürlich herbeizuführen.

Links: Ruth vertraut sich in dieser Szene aus der BBC-Verfilmung Dr. Schatzman an (gespielt von Peter Whitman).

daß es ihr gelang, „Paul" zweimal während seiner Abwesenheit heraufzubeschwören, mit ihm schlief und dies als außerordentlich befriedigend empfand.

Es gab aber auch Experimente, die mißlangen. Einmal versuchte sie, ein paar neue Slips zu beschreiben, die Paul gekauft hatte, indem sie ihn als nur mit Unterwäsche bekleidetes Scheinbild projizierte, aber ihre Beschreibung stellte sich als falsch heraus. Als sie ein anderes Mal versuchte, von einem Doppelgänger Informationen über Dr. Schatzmans Leben zu erfahren, lag die Trefferquote recht niedrig.

Allmählich zeichneten sich die Grenzen ihrer seltsamen Begabung ab. Allerdings gelang es ihr, von sich selbst eine Doppelgängerin heraufzubeschwören, die ihr halbvergessene Kindheiterinnerungen ins Gedächtnis zurückrief. Dieses Double war mög-

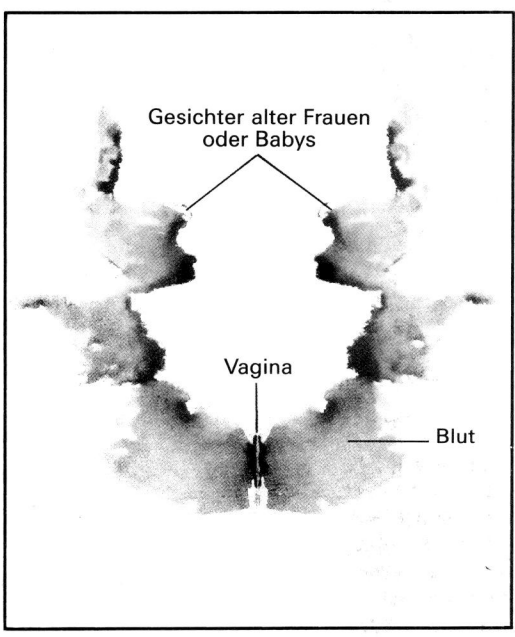

Gesichter alter Frauen oder Babys

Vagina

Blut

licherweise nur ein Instrument, mit dessen Hilfe sie unterschwellige Erinnerungen aktivierte. Wie auch immer, die von ihr dabei detailliert beschriebenen Vorfälle aus ihrer Kindheit wurden später zum großen Teil von ihrer Mutter bestätigt. Gelegentlich konnte sie sogar mit ihrer eigenen Doppelgängerin verschmelzen, so daß sie in „Erinnerungstrancen" geriet, die in mancher Hinsicht wie die Trancezustände spiritistischer Medien anmuteten, dann wieder hypnotischen Regressionen ähnelten. Mit der Zeit lernte sie, diese „Trancetechnik" auch ohne Doppelgängerin einzusetzen, allerdings mußte immer jemand anwesend sein, weil sie sich an diese Erlebnisse später nicht mehr erinnern konnte.

Während dieser Regressionszustände sprach und benahm sich Ruth wie ein Kind oder eine Heranwachsende. In den psychologischen Tests, die dabei durchgeführt wurden, reagierte sie stets wie Mädchen des betreffenden Alters. Dies beweist, daß sie tatsächlich ihre Vergangenheit nacherlebte. Andere Tests zeigten, daß Ruths Sinne (Sehen, Hören) Äußerungen ihrer Phantome genauso wahrnahmen, als handelte es sich um Menschen aus Fleisch und Blut. Aus all dem folgerte Dr. Schatzman, daß Ruth keineswegs „geistesgestört" oder hirngeschädigt war, sondern vielmehr über eine einzigartige kreative Begabung und Projektionsfähigkeit

Der Rorschachtest ist in der Psychiatrie eine weitverbreitete Methode, um den geistigen Zustand eines Patienten auszuloten. Der Test umfaßt zufällig entstandene, symmetrische Tintenkleckse, die von den Versuchspersonen gedeutet werden. Auch Ruth wurden mehrere solcher Testbilder gezeigt – sowohl als Erwachsene als auch in hypnotischer Regression.

Links: Diese Abbildung wurde Ruth vorgelegt, als sie unter Hypnose in ihre Teenagerzeit zurückgeführt worden war. Sie sah darin die Köpfe zweier Babys, die bluteten. In einer späteren Phase sah sie in demselben Klecks zwei alte Frauen und eine Vagina – eine gängige Interpretation, die jeder von uns sehen könnte.

Rechts: In einem anderen Klecksbild erkannte die unter Hypnose stehende Ruth ein Tier mit gefährlichen Beißzangen – bzw. einen Penis. Auf die Frage, ob sie jemals ihren Vater nackt gesehen hatte, antwortete sie als „Teenager" pikiert: „Nein, niemals. Er hat immer aufgepaßt, daß das nicht passierte." Aus der Hypnose erwacht, meinte Ruth, das sei eine Lüge gewesen: „Immer, wenn er betrunken war, wedelte er mit ihm herum." Aus diesen Sitzungen ließ sich erkennen, daß Ruth als „Teenager" eine große Abneigung gegen Psychiater hegte und sich deshalb absichtlich so unkooperativ wie nur möglich verhielt. Ihre Klecks-Deutungen entsprangen jedenfalls ganz sicher keinem kranken Gehirn.

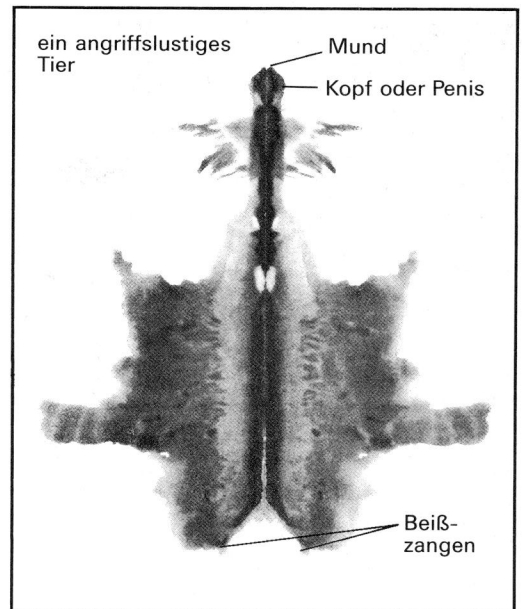

ein angriffslustiges Tier

Mund

Kopf oder Penis

Beiß-zangen

verfügte. Warum traten die Halluzinationen dann erst ab einem bestimmten Zeitpunkt auf? Begonnen hatten sie 1976. Ruths ältere Tochter war damals drei Jahre alt – in diesem Alter war Ruth das erste Mal ins Kinderheim gesteckt worden. Das älteste Kind war sieben – in diesem Alter war ihr Vater damals zurückgekehrt, nachdem er seine Familie zum ersten Mal verlassen hatte. Der Auslöser für ihre Halluzinationen waren möglicherweise diese unterbewußten Kindheitstraumata, in Verbindung mit dem Gefühl der Verlassenheit, die sie empfand, als sie nach ihrer Heirat nach London übersiedelte und sich dort zunächst fremd fühlte.

Wie erging es Ruth nach der Therapie? Die Halluzinationen dienen ihr heute nur noch zum Zeitvertreib. Wenn sie z.B. lange Strecken im Auto allein unterwegs ist, „holt" sie sich einen Beifahrer zum Unterhalten, und wenn es auf einer Party langweilig zugeht, unterhält sie sich im Geiste mit einem Phantom. Ihre Geschichte ist für die psychologische Forschung von unschätzbarer Bedeutung.

„ANDERE TESTS ZEIGTEN, DASS RUTHS SINNE (SEHEN, HÖREN) ÄUSSERUNGEN IHRER PHANTOME GENAUSO WAHRNAHMEN, ALS HANDELE ES SICH UM MENSCHEN AUS FLEISCH UND BLUT. AUS ALL DEM FOLGERTE DR. SCHATZMAN, DASS RUTH KEINESWEGS ‚GEISTESGESTÖRT ODER HIRNGESCHÄDIGT' WAR, SONDERN VIELMEHR ÜBER EINE EINZIGARTIGE BEGABUNG UND PROJEKTIONSFÄHIGKEIT VERFÜGTE."

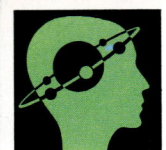

UNHEIL-BRINGENDE STERNE

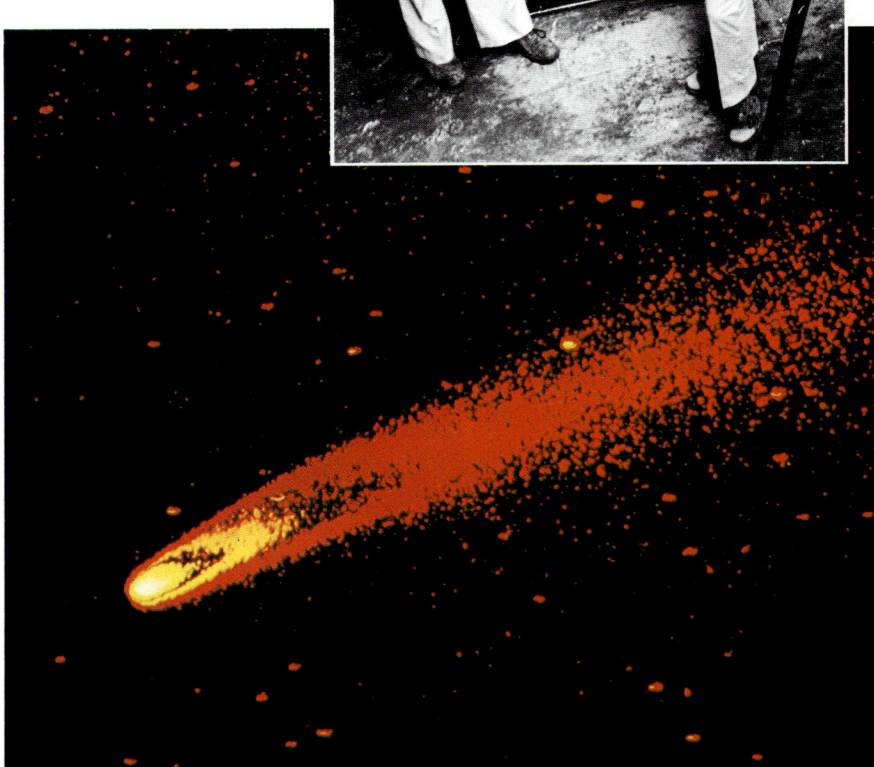

Die Vorstellung, daß die Entwicklung des Lebens auf unserer Erde durch Kometen beeinflußt wurde, halten viele für ein Hirngespinst. Eine neue wissenschaftliche Theorie scheint dies aber wieder in den Bereich des Möglichen zu rücken.

Über 2000 Jahre hatte sich die Wissenschaft strikt an die Lehre des Aristoteles gehalten, wonach kein fester Körper von jenseits ihrer Atmosphäre auf die Erde gelangen könnte. Seine Argumentation beruhte auf philosophischen Prämissen. Jenseits des Mondes, so glaubte Aristoteles, bestand alles aus „purer" Materie, die feinstofflicher war als alles, was es auf der Erde gab. Wie könnten also jemals Steine vom Himmel fallen?

Diese traditionelle Auffassung hielt sich hartnäckig über Jahrhunderte und erstickte jegliche wissenschaftliche Forschung einer anderen Richtung. Noch im 18. Jahrhundert konnte die „Académie Française" mehrere Museen dazu bewegen, ihre Meteoriten-Sammlungen wegzuwerfen, da sie von keinerlei wissenschaftlichem Interesse wären. Gerade aus der wissenschaftlich nicht vorbelasteten Landbevölkerung kamen immer wieder Berichte über Kometensichtungen. Doch die Wissenschaft ignorierte dies, einfach, weil ein Zweifel an Aristoteles nie in Erwägung gezogen wurde.

Heute ist die Existenz von Kometen wissenschaftlich erwiesen. Allerdings formulierten die Astronomen Victor Clube und Bill Napier vom „Royal Observatory" von Edinburgh (jetzt Oxford University) vor einigen Jahren eine Theorie über den Ursprung von Kometen, die mindestens ebensoviel Staub aufwirbelte, wie seinerzeit die Behauptung, daß „Steine" auf die Erde fallen.

Clube und Napier wiesen darauf hin, daß das Sonnensystem alle 50 Millionen Jahre einmal durch einen der Spiralarme unserer Galaxis reist, wobei es zwangsläufig mit einer der enormen, eisigen Staubwolken kollidiert, die sich bekanntermaßen in den Lücken zwischen den Sternen befinden. Diese Kollisionen führen zum Chaos: Beim Aufeinandertreffen der verschiedenen Schwerkraftfelder werden die Kometen des Sonnensystems umhergeschleudert,

Oben: Eine Computerfotografie des Kometen Bennett. Ganz oben: Die Astronomen Dr. Victor Clube und Dr. Bill Napier verfechten die Theorie, daß für viele Katastrophen, die im Verlauf der Erdgeschichte auftraten, riesige Kometen verantwortlich waren.

und ein neuer Kometenschwarm dringt in das Sonnensystem ein.

Dafür gibt es laut Clube und Napier seit langem einen Beweis. Trifft diese Theorie nämlich zu, müßte das Sonnensystem schon seit geraumer Zeit mit Sternfragmenten geradezu vollgepackt sein, was auch der Fall ist. Die Planeten wären mit Aufschlagskratern übersät, was auch stimmt. Das Modell von Clube und Napier würde demnach eine der rätselhaftesten Merkmale des Sonnensystems erklären, den Asteroidengürtel zwischen den Umlaufbahnen des Mars und des Jupiter, der aus kleinen, felsigen Körpern besteht. Dieser Asteroidengürtel war lange Zeit Gegenstand höchst spekulativer Theorien über explodierende Planeten, die sich alle als unhaltbar erwiesen. Nach Clube und Napier handelt es sich dabei um eine Art Abfalleimer für die Überreste vormaliger und nunmehr ausgebrannter Kometenschwärme.

Begegnung mit einem Kometen auf, sondern versuchten, den Übeltäter auch zu identifizieren, oder zumindest seine Überreste ausfindig zu machen. Wenn man die im Universum kreisenden Bruchstücke sorgfältig analysiert, so meinen sie, könnten wir „größere und aufschlußreichere Überreste von Kometen rekonstruieren". Der 1978 entdeckte Asteroid Hephaistos hätte bei einem Aufprall auf die Erde mit seinen zehn Kilometern Durchmesser durchaus zum Aussterben der Dinosaurier führen können. Auch der Beta-Taurid-Strom aus kleinen Bruchstücken und ein sterbender Komet namens Encke kreisen in nahezu derselben Umlaufbahn, die sehr nah an die Erde heranreicht. Für Clube und Napier liegt es auf der Hand, daß alle diese Objekte die ursprünglichen Bestandteile ein und desselben Körpers sind. Aus den vorhandenen Nachweisen entwickelten sie die Theorie, daß „mit großer Sicherheit einmal ein 20 Kilometer großer Komet die Erde umkreiste, der um 2500 v. Chr. auseinanderbrach".

Wie dieser riesige Komet ausgesehen haben könnte, läßt sich theoretisch nachvollziehen. Seine Leuchtkraft „käme fast der des Mondes gleich, auch hätte er nachts Schatten werfen können. Er wäre als leuchtend gelber Lichtfleck erschienen, umgeben von einer kreisförmigen Koma (Kern), die vermutlich den Vollmond an Größe übertraf, und mit einem Schweif, der sich über weite Bereiche des Firmaments hinzog."

Dieser ehrfurchtgebietende Anblick und sein Gefolge aus kleineren Kometen, die seine allmähliche Auflösung begleiteten, wäre jahrhundertelang die vorherrschende Himmelserscheinung gewesen.

Parallelen in der Mythologie

Es liegt auf der Hand, warum ein solcher Komet die ganze Erde hätte vernichten können. Auf seiner Reise entlang der Erdumlaufbahn wäre er irgendwann auseinandergebrochen und ein wahrer Meteoritenhagel wäre auf unseren blauen Planeten niedergeprasselt. Es hätten sich mächtige Feuerkugeln gebildet und mit sehr großer Wahrscheinlichkeit wären riesige Bruchstücke davon auf der Erde aufgeschlagen.

Liefern die zeitgenössischen Aufzeichnungen unserer Vorfahren, die Zeuge dieses tödlichen Zusammenbruchs gewesen sein müßten, Hinweise auf einen „Superkometen", wie ihn Clube und Napier annehmen? Die beiden Physiker verweisen hier auf die Mythologie und darauf, daß die Himmelsgötter und Himmelsdrachen der alten Kulturen durchaus Kometen symbolisieren könnten. Fast alle Legenden erzählen vom Kampf um die Vorherrschaft zwischen der Sonne und dem regierenden Himmelsgott oder von einer fürchterlichen, vorzeitlichen Drachengestalt. In Ägypten gab es Ra und Apophis, in Griechenland Zeus und Typhon, in Babylonien Marduk und Tiamat, und die Bibel erzählt von Jehovah und Rahab. Wenn diese Legenden auf realen Erscheinungen basieren, würde das die verblüffenden Übereinstimmungen zwischen all den vielen Legenden der Alten und Neuen Welt erklären, deren zentrales Thema die Theomachie, der „Krieg der Götter", darstellt, die durch Schilderungen von Himmelsschlachten, Erdbeben, Flutwellen, Blutregen (roter Staub?), Donnerschlägen und anderen kataklystischen Ereignissen ausgeschmückt wurden.

Oben: Drachen und Schlangenwesen, wie sie in dieser altägyptischen Malerei aus dem Grab des Sennutem zu erkennen sind, werden von vielen als symbolische Darstellungen von Kometen interpretiert.

Welche langfristigen Folgen ziehen diese periodisch auftretenden Kometenbombardements nach sich? Deren sichtbare Auswirkungen lassen angeblich nur ganz allmählich nach, so daß die Erde noch Tausende von Jahren weiterhin unter „Dauerbeschuß" dieser extraterrestrischen Flugkörper steht. Den sogenannten Gould-Gürtel, ein spiralförmiges, galaktisches System, haben wir erst vor 10 Millionen Jahren verlassen, als sich vermutlich gerade unsere humanoiden Vorfahren entwickelten. Echte menschenähnliche Wesen tauchten etwa vor einer Million Jahren auf, die prähistorischen Höhlenkulturen entstanden vor 50.000 Jahren, und urbane Gesellschaften, die schriftliche Aufzeichnungen hinterließen, existieren seit etwa 5000 Jahren. Besteht demnach die Möglichkeit, daß der Mensch das lange Nachspiel des Zusammenpralls mit einer interstellaren Wolke aus planetaren Bruchstücken erlebt hat?

Clube und Napier sind der Auffassung, daß die Auswirkungen dieser Kollision bis weit in die Frühzeit der Menschheitsgeschichte bemerkbar gewesen sein müßten: „Das gegenwärtig gehäufte Auftreten interplanetarischer Partikel, Meteorschwärme und Feuerkugeln (große Meteore) ... sind Hinweise darauf, daß es in den letzten tausend Jahren am Himmel äußerst bewegt zuging." Nach ihren Berechnungen müssen in den letzten 5000 Jahren mindestens 50 Kometen mit einem Gesamtgewicht zwischen einer und 1000 Megatonnen auf die Erde aufgeprallt sein. Mit abnehmender Größe dieser Objekte sinkt natürlich auch die Wahrscheinlichkeit eines Aufpralls. Allerdings ist es durchaus im Bereich des Möglichen, daß im Verlauf der Menschheitsgeschichte zumindest ein Himmelskörper auf die Erde niederging, der zwischen 1000 und 10.000 Megatonnen wog. Die Folgen eines solchen Aufpralls wären katastrophal gewesen: Ein Meteor von diesem Gewicht könnte ein Gebiet von 2,5 Millionen Quadratkilometern vollkommen zerstören und verstrahlen.

Clube und Napier zeigten aber nicht nur die mathematische Wahrscheinlichkeit einer solchen

Die Kometentheorie verleiht Mythen von weltweiten Feuersbrünsten und Überschwemmungen eine ganz neue Bedeutung. Besonders das Alte Testament enthält eine ganze Reihe von Katastrophenbeschreibungen, die durchaus die Folgen eines Kometenaufschlags gewesen sein könnten, angefangen von der Sintflut bis zu dem Feuer- und Schwefelregen, der auf Sodom und Gomorrah niederging. Am eindrucksvollsten sind die Geschehnisse vor dem Auszug der Israeliten aus Ägypten um 1450 v. Chr. Hier erzählt die Bibel von Plagen, die man leicht als Folgen niedergehender Kometenbruchstücke und Kometenstaub interpretieren kann: die Vergiftung und Rotfärbung des Nils, Ruß, der die Haut verbrannte, sengende Winde, tagelange Dunkelheit und feurige „Hagelkörner", die beim Aufprall ausgewachsene Bäume umlegten. Die Teilung des Roten Meeres beruhte möglicherweise auf einem schweren Erdbeben.

Oben: Noah und die Arche – hier eine Darstellung in einem farbigen Glasfenster in einer Kirche in Coignières, Frankreich. Clube und Napier behaupten, daß die Sintflut, wie viele andere in der Bibel beschriebene Katastrophen, durch einen nahe an der Erde vorbeifliegenden Kometen verursacht wurden.

Ein weiteres Indiz ist eine Bibelstelle, die konkret von einem Kometen berichtet, der zu einem Zeitpunkt niederging, der astronomisch wahrscheinlich ist. Als die Israeliten Ägypten verließen, wurden sie von einer „Wolkensäule" geführt, die sich vor ihnen am Himmel erhob und nachts wie ein Feuer leuchtete. Nach der Auswertung der Bewegungen dieser Erscheinung, wie sie im Buch Mose geschildert sind, kamen Clube und Napier zu der Schlußfolgerung, daß es sich hier „eindeutig um die Beschreibung eines riesigen Kometen handelt, der sich in geringer Inklination in einer unmittelbaren Erdumlaufbahn befindet … falls diese Textstelle frei erfunden ist, müßte man den Verfasser zu seinen hellseherischen Fähigkeiten beglückwünschen."

Die gelungene Verknüpfung alter Quellen mit modernen astronomischen Forschungsergebnissen führte dazu, daß die Theorie von Clube und Napier von den Wissenschaftlern aller davon berührten Disziplinen ernst genommen werden mußte. Es ist jedenfalls zu hoffen, daß ihnen nicht das gleiche Schicksal widerfährt wie Immanuel Velikowsky, einem wissenschaftlichen Außenseiter unseres Jahrhunderts, dessen Arbeit mit fadenscheinigen Argumenten ignoriert und ins Lächerliche gezogen wurde. In seinem in den 50er Jahren erschienenen, vielgelesenen und vielgeschmähten Buch *Worlds in Collision* (Welten im Zusammenstoß) führt er die biblischen Plagen und andere wundersame Erscheinungen aus dem Buch Mose auf die verheerende Aktivität eines Kometen zurück. Velikowskys Interpretation der biblischen Ereignisse klingt in der Tat recht kühn: Bei dem besagten Kometen handelt es sich um einen Himmelskörper vom Ausmaß der Erde, der später zum Planeten Venus wurde. Nach Velikowsky wurde um 700 v. Chr. durch den Mars, der durch die abgeirrte „protoVenus" aus seiner Umlaufbahn geworfen wurde, eine weitere Serie von Katastrophen ausgelöst.

Die Vertreter der konventionellen Lehrmeinung, darunter bekannte Persönlichkeiten wie Isaac Asimov und Carl Sagan, versuchten Velikowskys Arbeit ins Lächerliche zu ziehen und sogar zu unterdrücken. Es ist in diesem Zusammenhang von einer der skandalösesten Hexenjagden in der Geschichte der Wissenschaft gesprochen worden. Die mit großem Eifer vorgebrachten Gegenargumente entbehrten oftmals jeglicher wissenschaftlichen Grundlage. Vielleicht war auch Berufsneid im Spiel, da Velikowsky kein ausgebildeter Astronom, sondern Psychoanalytiker war. Grobe Fehldarstellungen seiner

Links: Nach Auffassung von Clube und Napier zeigt dieser in Schottland gefundene Stein einen langen, geschwungenen Kometenschweif. Der von einem riesigen Halo umgebene Kometenkopf dürfte ebensostark wie unser Vollmond geleuchtet haben.

Links: Die Zerstörung von Sodom und Gomorrah und die Teilung des Roten Meeres (unten), die es Moses und den Israeliten ermöglichte, der ägyptischen Armee zu entkommen, könnte nach Clube und Napier die Folge von starken Bewegungen in der Erdkruste gewesen sein, die durch einen erdnahen Kometen ausgelöst wurde.

und den Ereignissen innerhalb unseres Sonnensystems herzustellen, ist von unschätzbarem Wert. Sein Buch ist eine einzigartige Quelle alter, kosmologischer Mythen, der viele spätere Forscher, darunter auch Clube und Napier, sehr viel verdanken. Vor allem ist das Durchhaltevermögen Velikowskys zu würdigen, der sich mit seiner Katastrophentheorie in den fünfziger Jahren völlig isoliert hatte und von niemandem ernst genommen wurde.

Die meisten Geologen des 19. und 20. Jahrhunderts sind Anhänger der Katastrophentheorie, d.h. sie sind überzeugt, daß globale Verwüstungen die Erdgeschichte geprägt und den Verlauf der biologischen Evolution beeinflußt haben. Zeitweilig gerieten diese Theorien etwas in Vergessenheit, aber die aktuelle Forschung tendiert wieder in diese Richtung. In der Geologie spricht man heute von einer „Neo-Katastrophentheorie", oder wie es Derek Ager, emeritierter Professor der Swansea University, ausdrückt: „Die Geschichte der Erde besteht, gleichsam dem Leben eines Soldaten, aus langen Phasen der Langeweile und kurzen Phasen voll Furcht und Schrecken."

Velikowskys Problem mit der Zeit

Im Rückblick wird deutlich, daß Velikowskys Theorie, daß die Erdgeschichte durch punktuelle extraterrestrische Katastrophen beeinflußt wurde, ihre Richtigkeit hat. Ein wissenschaftliches Gegenargument konnte er allerdings nicht widerlegen: der korrekte Zeitmaßstab. Laut Velikowsky war der riesige Komet, der den Himmel in den Jahrtausenden vor Christus beherrscht hatte, zum Planeten Venus geworden. Nach den momentan anerkannten Gesetzen der Astrophysik kann sich die Umwandlung der elliptischen Umlaufbahn eines Kometen in eine nahezu kreisrunde jedoch unmöglich in so kurzer Zeit vollziehen. Clube und Napier haben dieses Problem umgangen: Sie hatten behauptet, daß die Fragmente des Himmelskörpers die Erde bis heute auf einer Kometenumlaufbahn umkreisen, und dadurch wird kein geltendes Gesetz der Astrophysik verletzt. Mit komplizierten Argumenten versuchten sie zu belegen, daß Velikowsky die Namen zerstörter Kometen auf Planeten übertragen hatte. Für sie beruhte Velikowskys Irrtum auf einer falschen Namenszuweisung: „Er nahm die Mythologie der Kometen für bare Münze und übertrug sie auf die Planeten. Dabei kam er dann auf alle möglichen seltsamen Ideen."

Ein anderes Zeitproblem beschäftigt Wissenschaftler, die die Vorstellung, daß von extraterrestrischen Ereignissen ausgelöste Katastrophen erst in jüngster Vergangenheit stattfanden, nur mit Widerwillen akzeptieren können. Möglicherweise liegt dies an einer nur allzu menschlichen Angst, die die Möglichkeit von periodischen Katastrophen nicht in Betracht ziehen will, zumal, wenn diese sich in der unmittelbaren Vergangenheit ereignet haben könnten. Die Vorstellung einer langsamen, ungestörten Entwicklung des Lebens, wie sie Darwin postulierte, ist jedoch nicht länger haltbar. „Darwin konnte sich die Evolution noch ohne die zerstörerische Einwirkung von Kometen vorstellen", so Clube und Napier. „Das ist, als würde man jemandem ein Fußballspiel erklären, in dem niemand die Existenz des Balles anerkennt."

Theorie in frühen Rezensionen (so unterstellte man Velikowsky z.B., er würde glauben, daß von der Venus Frösche herabfielen) und nicht zuletzt vielleicht auch eine tiefverwurzelte Angst vor der Vorstellung, daß globale Katastrophen solchen Ausmaßes erst in relativ junger Vergangenheit stattgefunden haben sollen, mögen zu solchen Reaktionen geführt haben.

Die erhitzten Gemüter beruhigten sich erst 30 Jahre später. Dann endlich unterwarf man Velikowskys Arbeit einer sachlichen Untersuchung, insbesondere durch die „Society for Interdisciplinary Studies" (Gesellschaft für interdisziplinäre Forschung) in Großbritannien. Velikowskys Methodik, die Aufzeichnungen alter Völker aus aller Welt auszuwerten und Zusammenhänge zur jüngsten Erdgeschichte

POLTERGEIST- UMTRIEBE

Stecken hinter Poltergeist-Manifestationen reale, physische Kräfte, oder entspringen diese spukhaften Erscheinungen lediglich unserem Unterbewußtsein?

Im Jahre 1952 wurden einige Poltergeist-Forscher Zeugen eines bemerkenswerten Vorfalls. Der schwere Eichentisch, an dem sie saßen, kippte plötzlich leicht zur Seite und hob offenbar ohne äußere Einwirkung vom Boden ab. Dann bewegte er sich über den Fußboden und schob dabei zwei der Forscher bis zum Kaminplatz vor sich her. Die beiden hochgewachsenen, kräftigen Männer blieben zwar unverletzt, doch fuhr ihnen ein nicht unerheblicher Schrecken durch die Glieder. Sie fanden keine physikalische Erklärung für diesen Vorfall, allerdings bemerkten sie, daß im Raum auf einmal eine spürbare Kälte herrschte und sich einer der Männer, der sich erst später als Medium herausstellen sollte, in Trance befand.

Die körperlichen Reaktionen mancher Menschen auf diese Phänomene konnten gemessen und aufgezeichnet werden. So behauptete das Medium Eusapia Palladino (1854–1918), während einer einzigen Séance neun Kilogramm Gewicht abgenommen zu haben. In Irland wurde ein 14 Kilogramm schwerer Tisch mit einer speziellen Waage verbunden, und man stellte fest, daß er im Zustand der Levitation auf unerklärliche Weise um sieben Kilogramm leichter wurde. Leider ist bei solchen Erscheinungen eine gezielte Untersuchung von Gewichtsverminderungen nicht durchführbar, da Levitationen nicht vorhersehbar sind und somit die Forscher sich nicht darauf vorbereiten können.

Ein drastischer Temperaturabfall, wie er in dem Vorfall von 1952 beschrieben wurde, ereignet sich auch bei spontanen Phänomenen anderer Natur. Dabei wurden schon Temperaturverminderungen um 8°C innerhalb von 10 Sekunden registriert. Durch diesen plötzlichen Wärmeverlust wird offenbar eine große Menge von Energie freigesetzt, die vielleicht nicht nur für die blauen Funken verantwortlich ist, die von einigen Zeugen beobachtet wurden, sondern auch für das Versagen elektrischer Geräte: Lampen, Fernsehgeräte und Herde schalten sich zuweilen selbsttätig ein und aus. Dies betrifft fatalerweise auch die Beobachtungsinstrumente der Forscher.

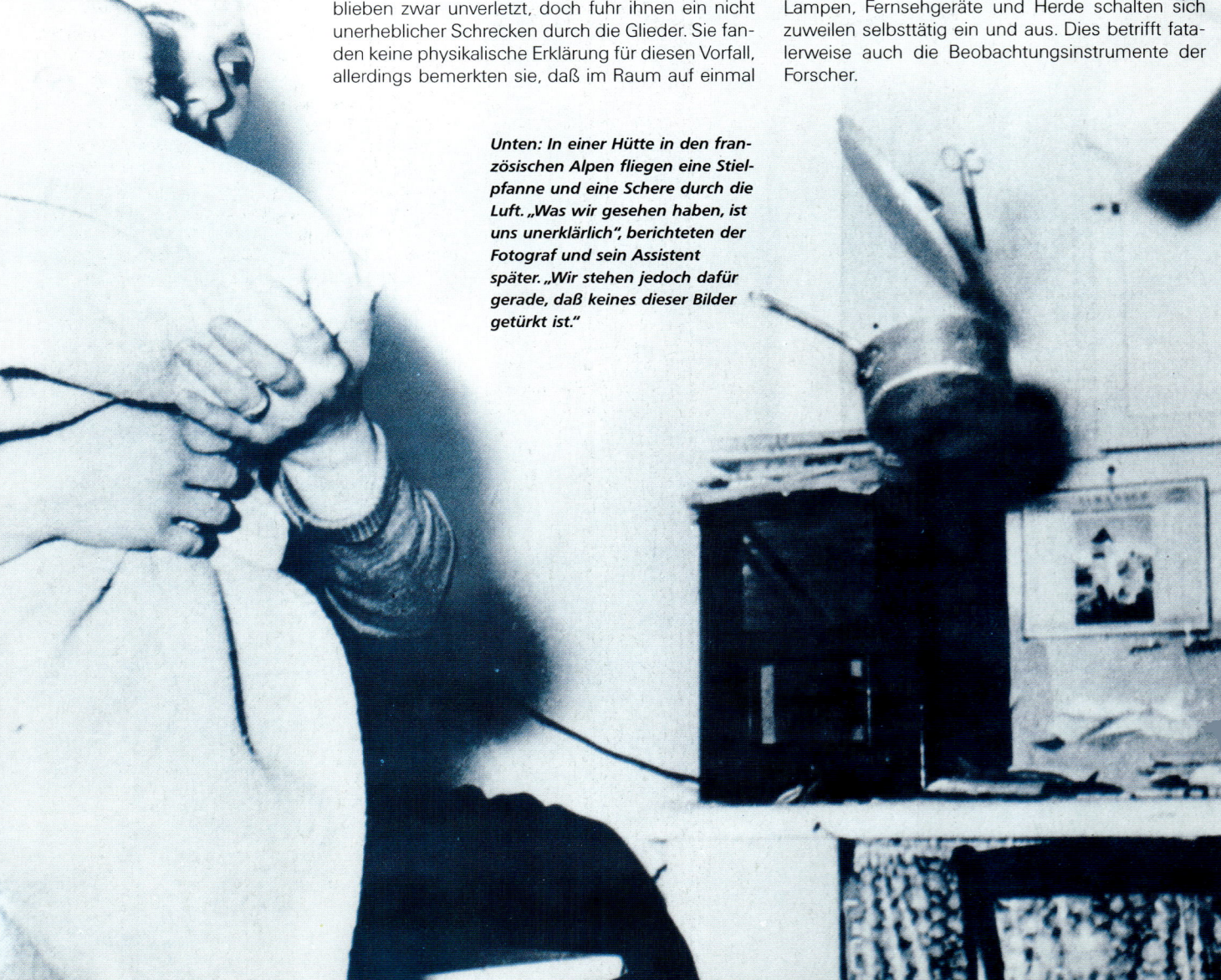

Unten: In einer Hütte in den französischen Alpen fliegen eine Stielpfanne und eine Schere durch die Luft. „Was wir gesehen haben, ist uns unerklärlich", berichteten der Fotograf und sein Assistent später. „Wir stehen jedoch dafür gerade, daß keines dieser Bilder getürkt ist."

Es scheint festzustehen, daß elektrische Ladungen als meßbare Nebenerscheinungen psychokinetischer Manifestationen auftreten. Bei einem in Folkestone, Kent (England), durchgeführten Experiment saßen sieben Personen, die sich an den Händen hielten, um einen Tisch und erzeugten eine beträchtliche elektrische Spannung, die drei Sekunden lang anhielt. „Philipp, der imaginäre Geist", gab sich durch Klopflaute auf dem Tisch zu erkennen, die scheinbar einen Sinn ergaben und aufgezeichnet werden konnten, obwohl es sich bei diesem „Wesen" lediglich um ein Phantasieprodukt handelte. Hyperventilation ist eine weitere Nebenerscheinung, die in derartigen Situationen häufiger auftreten soll, d.h., die Medien beginnen in Trance tief und heftig zu atmen.

Die psychologischen Ursachen oder Auswirkungen von Poltergeist-Manifestationen sind nicht so einfach zu messen, obwohl viele Betroffene eindeutige Symptome aufweisen und von ähnlichen Erfahrungen berichten. Plötzliche Erscheinungen von existierenden wie völlig unbekannten Personen gehören ebenfalls zu den typischen Symptomen. Während der Untersuchungen des Poltergeistes von Enfield ging im Hause mindestens zweimal ein „Geist" um, der Maurice Grosse, einen der Forscher, verkörperte. Dutzende von Berichten bestätigen derartige Erscheinungen, obwohl längst nicht alle nachgewiesen werden konnten. Es scheint allerdings, daß sich die Opfer eines Poltergeistes häufig eine sichtbare Verkörperung des unsichtbaren Wesens schaffen müssen, um das Phänomen psychisch besser bewältigen zu können. Mit anderen Worten, der „Geist" liefert eine Entschuldigung für die Umtriebe, so daß man die Verantwortung dafür auf seine unsichtbaren Schultern laden kann. In eini-

Oben: Das berühmte italienische Medium Eusapia Palladino hält einen Tisch 25 cm über dem Boden in der Schwebe. Im Verlauf solcher Demonstrationen verlor sie angeblich bis zu neun Kilogramm an Gewicht.

Unten: Dieser Tisch erhob sich vor laufenden Fernsehkameras in die Luft, während die Medien mit „Philipp", einem frei erfundenen Geist, Kontakt aufnahmen.

gen Fällen zeigte sich das Phantom bereits, bevor sich die psychokinetischen Vorfälle überhaupt ereigneten, so daß dieses als deren Verursacher oder Katalysator herhalten konnte. Da Poltergeister häufig auch dann aktiv werden, wenn in einem Hause Spannungen oder traumatische Situationen herrschen, könnte ein solcher „Geist" auch auf ein Streßsymptom zurückgeführt werden, und der Schock beim Anblick dieser Spukerscheinung eine Reihe unerklärlicher Phänomene auslösen, die man ihm dann sozusagen „in die Schuhe schieben" kann.

Konversionsneurose

Auch Neurosen sind oftmals mit psychokinetischen Vorfällen verknüpft. Nach Professor A.R.G. Owen sind Poltergeisterscheinungen vielleicht sogar überhaupt nur Formen einer Konversionsneurose, wobei manche Menschen akute Angstzustände in Geräusche und Bewegungen von Objekten umwandeln. Wenn dem aber so ist, wie können solche Phänomene dann plötzlich wieder verschwinden? „Vielleicht", so Professor Owen, „hören diese Manifestationen schließlich auf, weil sie keine Krankheit, sondern bereits eine Heilung darstellen." Viele Poltergeist-Betroffene leiden auch unter Schlafwandeln, einem weiteren Symptom für tiefliegende Ängste. Oftmals dauern die Erscheinungen fort, während der Betroffene schläft, was die Theorie zu bestätigen scheint, daß das Unbewußte die eigentliche Kraftquelle darstellt.

Mary Carrick, ein irisches Mädchen, das 1898 in Amerika lebte, hörte in den Wänden ihres Arbeitszimmers immer wieder Klopfgeräusche. Auch bewegten sich in ihrer Gegenwart schwere Gegenstände wie von Geisterhand geführt. Oft erledigte sie im Tiefschlaf Hausarbeit, wobei das Klopfen unvermindert andauerte. In anderen Fällen konnte man in der Nähe von Personen, die tief und fest schliefen, ebenfalls seltsame Kratz- und Klopfgeräusche vernehmen.

1970 wurden mit einer russischen Hausfrau verschiedene Experimente durchgeführt, die klären sollten, in welchem Maße physiologische und psychologische Faktoren zusammentreffen müssen, um psychokinetische Kräfte zu erzeugen. Nina Kulagina war angeblich imstande, Dotter von Eiweiß zu

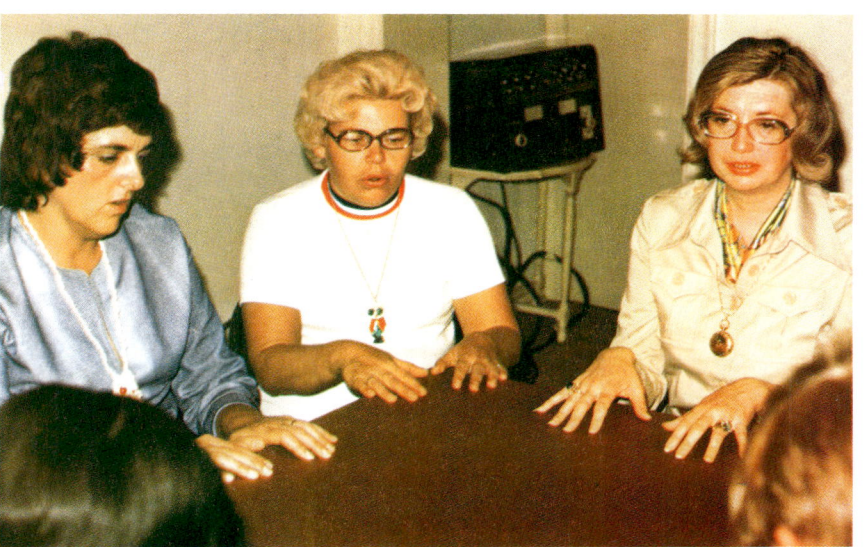

gerte, mehr als das Dreifache des normalen Pulsschlags. Auch das die Frau umgebende Magnetfeld wurde erheblich stärker, und als sämtliche elektrischen und elektromagnetischen Kräfte ihren Höhepunkt erreicht hatten, verschmolzen sie in einem einzigen, fluktuierenden Rhythmus. In diesem Moment war sie imstande, etwas entfernt von ihr befindliche Objekte zu bewegen, ohne sie in irgendeiner Weise zu berühren. Jedesmal, wenn ihre psychokinetischen Kräfte zur Wirkung kamen, verlor sie fast zwei Kilogramm an Gewicht. Bei der laufenden Überwachung ihrer körperlichen Konstitution kam heraus, daß sich Nina Kulagina in einem Zustand höchster nervöser Spannung befand. Mittels eines Elektroenzephalographen wurde eine starke Gehirnaktivität registriert. Sie verspürte leichte Schwindelgefühle und ihr Schlafrhythmus war gestört. Damit einher gingen ein steigender Blutzuckerspiegel und unregelmäßiger Puls. Solche Symptome sind ansonsten vor allem bei Epileptikern und bei Frauen in den Wechseljahren bekannt.

Die Erzeugung psychokinetischer Kräfte könnte demnach mit bestimmten psychologischen Befindlichkeiten zusammenhängen, die sich anhand phy-

trennen und das Ei anschließend wieder zusammenzusetzen, ohne daß sie den Behälter mit dem Ei berührte. Auch vermochte sie den Herzschlag eines Frosches zu stoppen, indem sie einen elektrischen Stromkreis unterbrach. Dabei wußte sie nicht einmal, daß die stromführenden Drähte an ein Lebewesen angeschlossen waren. In einem anderen Test überwachte man die elektrischen Impulse während dieser psychokinetischen Ereignisse, indem man an ihrem Kopf Elektroden und an ihrem Herz sowie an den Handgelenken Strommesser befestigte. Dabei ergab sich, daß ihre elektrische Gehirnaktivität in diesen Situationen enorm anstieg und ihr Pulsschlag sich auf unglaubliche 240 Schläge pro Minute steigerte,

Oben: Das englische Medium Jack Webber läßt während einer Séance einen Tisch schweben.

Rechts: Das polnische Medium Stanislawa Tomczyk demonstriert hier die Levitation kleiner Gegenstände bei vollem Tageslicht. Nach ihrer Eheschließung im Jahre 1919 hielt sie keine Séancen mehr ab und behauptete, daß sie alles nur vorgetäuscht habe. Ihre Tricks behielt sie jedoch für sich.

siologischer Begleitsymptome erkennen lassen. Allerdings scheinen diese Kräfte bis zu einem gewissen Grad auch ohne Anwesenheit ihres Verursachers weiter existieren zu können. Es scheinen sich bewußt erzeugte Kräfte an einem bestimmten Ort zu konzentrieren.

So wurde 1973 beobachtet, daß eine Kompaßnadel, die psychokinetisch abgelenkt worden war, sich weiterhin bewegte, sobald der Kompaß an die Stelle gelegt wurde, auf die sich ein Sensitiver ursprünglich konzentriert hatte, obwohl der Betreffende selbst gar nicht mehr anwesend war. Der Forscher William Roll behauptete sogar, daß sich an einem Ort, an dem eine solche Erscheinung aufgetreten war, höchstwahrscheinlich noch weitere ereignen.

Die Vorstellung, daß sich hinter diesen unerklärlichen Vorfällen, die man als Poltergeistphänomene bezeichnet, irgendeine „kosmische Kraft" verbirgt, existiert seit mindestens vier Jahrhunderten. Im 16. Jahrhundert soll schon Paracelsus davon ausgegangen sein, und 300 Jahre später wurde diese These von Mesmer erneut postuliert.

P E R S P E K T I V E N

SUBLIMAT DES GEISTES

Unter Ektoplasma versteht man in der Biologie die äußere Protoplasmaschicht eines Zellkörpers. 1905 bezeichnete der französische Physiologe und Parapsychologe Charles Richet mit diesem Begriff „eine Art flüssige oder gelförmige Substanz, [die] aus dem Mund oder aus der Brust hervortritt… [und] sich allmählich formt und fortbildet und dabei die Form eines Gesichtes oder eines Gliedmaßes annimmt."
Juliette Bisson beschrieb in ihrem Buch *Phénomènes dits de Matérialisation* mehrere solcher Fälle, bei denen trotz strengster Vorsichtsmaßnahmen kein Betrug nachgewiesen werden konnte und die Forscher außerstande waren, die Natur dieser Substanz festzustellen. In den vielen Fällen ektoplasmatischer Materialisationen, die

seit 1905 dokumentiert sind, bleibt dieses Phänomen meist sehr suspekt. Medien behaupten, daß es sich bei Ektoplasma um eine lebendige Substanz handelt, die durch Lichteinfall zerstört werden kann. Interessanterweise wird seit der Erfindung des Infrarot-Films kaum noch von Ektoplasma-Vorfällen berichtet. Auf Fotos aus den zwanziger und dreißiger Jahren ähnelt dieses „geistige Substrat" dünnem Mullgewebe. In der Tat handelte es sich bei einem der insgesamt zwei chemisch untersuchten Ektoplasma-Muster um eben dieses Material. Das andere entpuppte sich als gekautes Toilettenpapier. Der oft mit dem Ektoplasma einhergehende Gestank läßt darauf schließen, daß es aus dem Verborgenen einer Körperöffnung heraufgestiegen sein muß.

Zum Leben eines jeden Menschen gehört der Tod. Aber nur wenige Menschen machen sich über diese unanzweifelbare Gewißheit Gedanken oder bereiten sich gar auf den Tod vor.

Was erwartet uns nach dem Tode? Das endlose Nichts? Die ewige Glückseligkeit – das immerwährende Leben? Oder eine unbestimmte, nichtmaterielle Existenz? Für Atheisten und Materialisten ist das Leben ein rein biologischer Ablauf – wenn der Körper stirbt, vergeht auch die Persönlichkeit. Sie verneinen ein Leben nach dem Tode.

Rationalisten weisen häufig darauf hin, daß der Glaube an ein Weiterleben nach dem Tode lediglich die menschliche Furcht vor dem Sterben und die Angst vor dem Vergessenwerden widerspiegelt. Im Verlauf der Geschichte wurde das Undenkbare von den Menschen entweder tabuisiert oder mit Ritualen und naivem Optimismus umgeben. Materialisten bezeichnen ein solches Verhalten als feige:

Unten: In seinem Gemälde The Plains of Heaven (Die Himmelsebenen) vermittelt der englische Maler John Martin eine Vorstellung vom Leben nach dem Tode, in dem sich die Seelen der Erlösten in einer wildromantischen Landschaft wiederfinden, wie sie die Dichter des viktorianischen Zeitalters geschildert haben. Die Engel im Zentrum des Bildes, einige von ihnen mit Flügeln, spielen auf der Harfe.

Jeder vernünftige Mensch müsse zugeben, daß die einzige wirklich sichere Tatsache in diesem Leben die ist, daß wir alle einmal sterben werden. Man muß lernen, diese Tatsache zu akzeptieren und das Leben mit dem Tod als beendet anzusehen.

Nahezu alle Religionen verkünden jedoch, daß wir den physischen Tod in der einen oder anderen Form überleben. Wenn die Materialisten recht haben, erübrigt sich jedes weitere Hinterfragen. Sollte jedoch stimmen, was die Religionen verbreiten, obliegt es jedem einzelnen, sich beizeiten um seine Erlösung zu kümmern. Jeglicher Glaube an ein Leben nach dem Tode beruht auf einer höchsteigenen Überzeugung, und erst im Moment des Todes werden wir vielleicht erfahren, ob sie sich bewahrheitet.

Wenn nun aber keines dieser starren Konzepte zutrifft? Was wäre, wenn irgendein „Etwas" – eine Art Lebensfunke oder eine Spur der menschlichen Persönlichkeit – nach dem Tode weiterbestehen und in eine neue Existenzform übergehen würde? Nicht als Belohnung oder Strafe, sondern einfach einem Naturgesetz folgend? Eine Reihe von Parapsycholo-

WAS PASSIERT NACH DEM TODE?

Links außen: Bei diesem Gebäude handelt es sich um eine Nachbildung des historischen Hauses der Fox-Familie. Es steht in Hydesville im Staat New York – dem Geburtsort der spiritistischen Bewegung.

Links: Die seltsamen Klopfzeichen und Tischbewegungen, die in Anwesenheit der Fox-Schwestern eintraten, bedeuteten für viele Menschen den langersehnten Beweis für Mitteilungen aus dem Jenseits.

gen sind heute der Ansicht, daß die vielen bisher vorliegenden Hinweise darauf hindeuten, daß nach dem Tode ein Teil der Persönlichkeit weiterbesteht, wenn auch nicht unbedingt für unbegrenzt lange. Bevor dieses „Etwas" irgendwann später vielleicht für immer ausgelöscht wird, bestehen Erinnerungsfragmente und Wesensmerkmale eines Menschen noch eine Weile fort. Dieses Weiterbestehen von Teilen der Persönlichkeit des Verstorbenen ermöglicht den Hinterbliebenen, ihn zu erkennen.

Eine der Haupttätigkeiten der 1882 in London gegründeten „Society for Psychical Research" (SPR – Gesellschaft für parapsychologische Forschung) ist die objektive Analyse der angeblichen Nachweise dieser Theorie. Diese Gesellschaft wäre wohl kaum ins Leben gerufen worden, wenn sich nicht einige Jahrzehnte zuvor bestimmte Vorfälle ereignet hätten. Diese sind ihrerseits eng verknüpft mit der Emanzipation des Denkens, die mit der Renaissance eingesetzt hatte.

In den vergangenen Jahrhunderten machte die Wissenschaft ununterbrochen Fortschritte. Durch die neuen Erkenntnisse wurde die materialistische Position gefestigt, und spätestens ab der Mitte des 19. Jahrhunderts galt ein „rational denkender Mensch" allgemein als jemand, der sich von den Fesseln des Aberglaubens befreit hatte. Fromm-religiöse Menschen fühlten sich dadurch angegriffen und verschlossen sich geflissentlich gegenüber allem, was ihrem Glauben widersprach. Grotesker-weise nahmen sie damit genau dieselbe Haltung ein, die selbst heute noch viele Wissenschaftler gewissen paranormalen Vorfällen gegenüber an den Tag legen, trotz der überwältigenden Faktenfülle.

Angesichts dieser rational geprägten Denkhaltung war man intensiv auf der Suche nach einem Glauben, der sich „beweisen" ließ. Als im Haus der Fox-Familie in Hydesville (New York) 1848 Poltergeister umgingen, erregte dies in der Öffentlichkeit enormes Aufsehen. Nun endlich ließ sich „beweisen", daß der Geist den leiblichen Tod überleben kann und die Materialisten mit ihren trostlosen Aussichten im Unrecht waren. Dies war die Geburtsstunde des Spiritismus, einer bedeutenden Bewegung in der modernen westlichen Welt.

Die Spiritisten glauben an ein Leben nach dem Tode. In vielen Séancen der Spiritisten sollen Geister schwere Tische bewegt, auf Musikinstrumenten gespielt und Objekte herbeigeschafft haben; sollen sich verstorbene Angehörige und Freunde mit ihren eigenen Stimmen über Ereignisse unterhalten haben, die nur ihnen oder einem Séance-Mitglied bekannt sein konnten, und manchmal seien sie sogar in materieller Form wie leibhaftig erschienen. Die zeitgenössische Wissenschaft weigerte sich, derlei Phänomene zu untersuchen, während Spiritisten wie fundamentalistische Christen sich in den einfachen Glauben flüchteten, daß Erscheinungen dieser Art ein Machwerk des Teufels darstellten – wenn sie dabei auch nicht gerade vereint marschierten.

Objektive Untersuchungen

In dieser von gegensätzlichen Meinungen aufgeladenen Atmosphäre wurde das SPR ins Leben gerufen. Zu den Gründungsmitgliedern zählte eine Gruppe englischer Intellektueller, die die festgefahrenen Positionen der „Gläubigen" und der „Skeptiker" leid hatten und meinten, es wäre endlich an der Zeit, diese umstrittenen Phänomene einmal unvoreingenommen unter die Lupe zu nehmen. Die seither von der SPR und ähnlichen Institutionen in anderen Ländern zusammengetragenen Informationen liefern jedem, den die Frage quält, was wohl nach dem Tode geschieht, ernstzunehmende Anhaltspunkte.

Das enorm umfangreiche, seit 1882 gesammelte Material kann in folgende Teilbereiche untergliedert werden: Phantasmen, mediale Kommunikation, Kreuz-Korrespondenz, Kommunikation durch unsichtbare Dritte, „Willkommens"-Trugbilder von Sterbenden, Erlebnisse von „klinisch toten" Patienten, exsomatische Erfahrungen (Verlassen des eigenen Körpers), Tests mit Codewörtern und Zahlenkombinationsschlössern, Erscheinungspakte, Reinkarnations-Nachweise und schließlich elektronische Stimmphänomene.

Die erste große Untersuchung der „SPR" war eine groß angelegte Fragebogenaktion zum Thema

Links: In dem Gemälde Die Schätze des Satans des französischen Symbolisten Jean Delville (spätes 19. Jahrhundert) wird der Satan als feuerrotes Flammenwesen dargestellt – die Farbe Rot symbolisiert seine wilden Begierden und sein feuriges Verlangen, durch die Erniedrigung des Fleisches unschuldige Seelen zu zerstören.

Links unten: Nicht alle Kulturen begraben ihre Toten. In dieser Darstellung besucht ein indianischer Krieger die verwesten Leichname zweier Stammesbrüder, die auf einem speziell zu diesem Zweck ausgesuchten Hügel den Raubvögeln preisgegeben wurden. Nach indianischem Glauben gingen auf diese Weise die Seelen der Verstorbenen in die sogenannten Ewigen Jagdgründe ein.

„Halluzinationen". Von den 17.000 eingegangenen Antworten blieben – nachdem alle nur denkbaren Erklärungsmöglichkeiten ausgeschöpft waren – etwa acht Prozent übrig, die wahre Erscheinungen schilderten. Diese Berichte wurden von führenden Mitgliedern der „SPR" kritisch untersucht und die Ergebnisse in den Bänden *Apparitions of the Living* (Erscheinungen von Lebenden) und *Human Personality and its Survival* (Das Überleben der menschlichen Persönlichkeit) niedergelegt. In ersterem werden verschiedene Erscheinungen von Verstorbenen beschrieben, die bis zu zwölf Stunden nach deren Ableben auftraten. Die Forscher gehen davon aus, daß es sich hier möglicherweise um eine Form der Gedankenübertragung zwischen dem gerade Verstorbenen und seinen noch lebenden Angehörigen handelt, die sich vielleicht so lange verzögerte, bis die Bedingungen dafür „stimmten". Selbst dann lassen sich viele dieser Fälle nach wie vor als Nachweise für ein – zumindest vorübergehendes – Weiterleben nach dem Tode einstufen.

Die meisten Parapsychologen, die Phantasmen für erwiesen halten, sind sich darüber einig, daß die Übertragung von Gedanken, Gefühlen und Bildern in visueller wie auch akustischer Form – die man heute in den Bereich der außersinnlichen Wahrnehmungen (ASW) einreiht – eine besondere Fähigkeit des menschlichen Geistes darstellt. Dies scheint bestätigt zu werden durch Berichte von Personen, die behaupten, sie könnten sich kraft ihrer Gedanken außerhalb ihres Körpers versetzen und sich auf eine „Astralreise" zu Freunden begeben. Sie „sehen" dabei nicht nur die Zimmer, in die sie sich „hineindenken", sondern können beispielsweise auch Ver-

änderungen in den Räumen beschreiben, von denen sie bewußt nichts gewußt haben können. Oftmals werden sie bei diesen „Besuchen" auch von ihren Freunden selbst wahrgenommen oder von zufällig anwesenden Fremden bis ins Detail beschrieben.

Etwa sechs bis sieben Prozent der im Rahmen der „SPR"-Umfrage ermittelten Phänomene ereigneten sich jedoch erst so lange Zeit nach dem Tod, daß sie nicht mehr als verzögerte telepathische Kommunikation erklärbar sind. Diese kleine Zahl von Fällen blieb übrig, nachdem man alle denkbaren Erklärungsmöglichkeiten – Trickserei, Übertreibung, verwechselte Identitäten, Träume und so weiter – in Erwägung gezogen und verworfen hatte.

Interessanterweise wiesen alle Fälle, die als echte Erscheinungen oder Trugbilder von Toten klassifiziert wurden, bestimmte Gemeinsamkeiten auf. In vielen Fällen gab die Erscheinung Informationen preis, die dem Empfänger bis dahin nicht bekannt waren. In anderen Fällen schien sie einen ganz bestimmten Zweck zu verfolgen, und in wieder anderen Fällen war die Erscheinung dem Empfänger zunächst unbekannt, bis er den Betreffenden später auf einem Porträt oder auf einer Fotografie wiedererkannte. Oftmals erblickten auch zwei Menschen unabhängig voneinander zum selben Zeitpunkt dieselbe Erscheinung.

Über den Tod hinaus

Viele Parapsychologen sind der Auffassung, daß nur diejenigen Fälle, in denen die Toten aus einem bestimmten Grund nochmals erscheinen, als Beweise

Durch den Sensitiven kann der Geist angeblich noch weitere Geister herbeirufen, die anhand ihrer Stimme, einer bestimmten Gestik oder aufgrund von Informationen identifizierbar sind. Sensitive verfügen häufig über beeindruckende Fähigkeiten wie Hellhören, Hellsehen und andere Formen der außersinnlichen Wahrnehmung. Oft leiten sie während einer Sitzung Botschaften mittels einer Planchette (Schreibbrett) und über automatisches Schreiben weiter.

In unmittelbarer Nähe von einigen Sensitiven kann ein Zuhörer direkt, das heißt ohne selbst in Trance zu sein, Stimmen vernehmen, und zwar Stimmen beiderlei Geschlecht, vielfältigster Färbung und mit unterschiedlichen regionalen Akzenten – manchmal sogar in Fremdsprachen.

Die Kommunikation mit solchen Erscheinungen verläuft sehr unterschiedlich; vieles ist schlichtweg trivial und überraschend „diesseitig". In den Anfängen des Spiritismus wurde oft darüber gespottet, daß die Geister sich im Jenseits anscheinend im Rauchen und Whiskytrinken ergehen. Diese irdischen Gelüste stimmen aber mit den Lehren einiger östlicher Religionen überein, die besagen, daß man sich unmittelbar nach dem Tode in einem illusionären Stadium befindet, in dem das Ego in all dem schwelgt, was es sich zu Lebzeiten gewünscht hat und sich nicht erfüllen konnte.

Andere Botschaften wiederum sind höchst ethischer und literarischer Natur. Bittet man die Geister jedoch um Auskunft darüber, was uns nach dem Tode konkret erwartet, wird meistens erwidert (wohl nicht ganz zu Unrecht), daß sich die spirituelle Exi-

für ein – wenn vermutlich auch nur kurzzeitiges – Weiter„leben" nach dem Tode herangezogen werden können. Es wäre auch denkbar, daß der Wunsch des Sterbenden, den Lebenden noch etwas Wichtiges mitzuteilen, so stark ist, daß er so lange über den Tod hinaus andauert, bis der Wunsch erfüllt ist: Dann endlich kann auch der Tote Ruhe finden.

Seit Beginn der Arbeit der „Society for Psychical Research" wurden die Hinweise für ein angebliches Weiterleben nach dem Tode genauestens dokumentiert und untersucht. Einige Wissenschaftler glaubten daran, daß wir nach unserem Ableben weiter existieren, andere nicht. Sicher ist jedoch, daß kein einziger Forscher, der sich mit dieser Thematik beschäftigt hat, rein aufgrund solcher Erscheinungen davon überzeugt war, daß es ein Weiterleben nach dem Tode gibt.

Neben der Untersuchung von Phantasmen widmete sich die „SPR" auch den Aktivitäten von Medien oder, wie sie treffender bezeichnet werden, von Sensitiven. Diese Menschen – in der Mehrzahl Frauen – verfügen über ungewöhnliche parapsychische Fähigkeiten, die auf verschiedenste Weise zum Ausdruck kommen. Je nach der individuellen Begabung unterscheidet man in der Regel zwischen „paragnostischen" und „physikalischen" Sensitiven.

Ein paragnostisch veranlagter Sensitiver vermag sich in Trancezustand zu versetzen, in dem ein „Geistwesen" oder ein „geistiger Führer" durch sie oder ihn spricht, oftmals mit einer völlig anderen Stimme. Manchmal verändert sich auch das Aussehen des Sensitiven – so hat einmal eine europäische Frau vorübergehend Gesichtszüge und Stimme eines Chinesen angenommen.

Oben: Die Verbrennung einer Wikinger-Galeere bildet den Höhepunkt des alljährlich stattfindenden Up-Helly-Festivals in Lerwick auf den Shetland-Inseln. Die Einäscherungen der alten Wikinger waren spektakuläre Ereignisse: Die Verstorbenen wurden in ein Grabschiff gebettet, das angezündet und dann aufs Meer hinausgeschickt wurde. Für die Trauernden am Ufer muß sich diese Reise in den Walhall (den Himmel der Wikinger) sehr real und nachvollziehbar dargestellt haben. Rechts: Häuptlingsbegräbnis bei den peruanischen Inkas. Die Zeremonie steht der irdischen Existenz des Verstorbenen an Pomp und Aufwand in nichts nach. Wie viele andere heidnische Völker gaben die Inkas ihren Verstorbenen Schätze, Nahrung und Waffen mit ins Grab, damit sie im Jenseits genauso gut ausgestattet waren, wie sie es zu ihren Lebzeiten gewohnt waren. Für andere Völker hingegen, zum Beispiel die Balinesen (auf der gegenüberliegenden Seite rechts oben vor einem pagodenförmigen Krematoriumsturm), sind solche Besitztümer für das Leben nach dem Tode unwichtig.

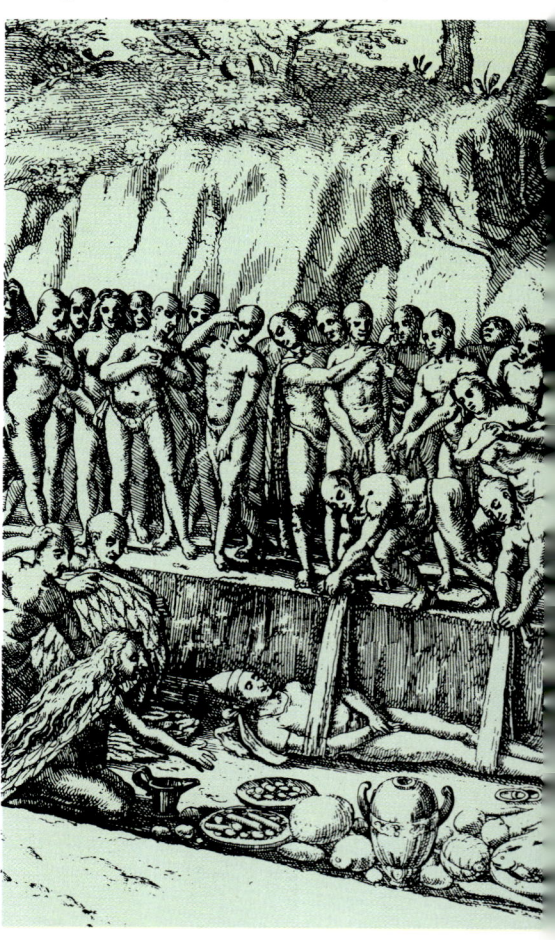

Oben links: Sehr beliebt in Séancen zu Edwardianischen Zeiten waren Paraffinwachsabgüsse von den Händen materialisierter Geister. Die Hände lösten sich angeblich nach einiger Zeit in Nichts auf und hinterließen eine unversehrte Wachshülle. Harry Houdini, der berühmte Entfesselungskünstler und der Schrecken betrügerischer Medien, konnte jedoch beweisen, daß dahinter nichts als ein simpler Trick steckte.

stenz nicht beschreiben ließe. Zuweilen zeigt sich der eine oder andere Geist allerdings gesprächiger, und solche Botschaften vermitteln uns ein Bild vom Leben nach dem Tode, das in geradezu unheimlicher Weise mit den Aussagen anderer Geister übereinstimmt.

In Gegenwart sogenannter „physikalischer" Medien ereignen sich – mit oder ohne Trance – häufig psychokinetische Vorfälle, zum Beispiel können laute Klopfzeichen (Raps) zu vernehmen sein. Manchmal scheinen diese Laute Sinn zu geben, als wollten sie eine Botschaft übermitteln. Häufige Erscheinungen sind auch Telekinese (wobei feste Objekte von Geisterhand bewegt werden), Levitation des Sensitiven selbst oder anderer Gegenstände und Materialisationen von Geistererscheinungen. Auch musikalische Phänomene sind nicht selten, wobei ein Instrument, ohne berührt zu werden, plötzlich anfängt zu erklingen.

Leider haben sich in der kurzen Geschichte des Spiritismus viele Phänomene als Betrug herausgestellt, aber es gibt nach wie vor überwältigend viele Fälle, die sich jeglicher „rationalen" Erklärung entziehen. Unzählige Tests wurden durchgeführt, um eventuelle Betrüger zu entlarven. Bei einem solcher Tests wurde für eine Séance eine Schale mit geschmolzenem Wachs bereitgestellt. Ein materialisierter Geist tauchte seine Hand hinein, woraufhin das Wachs rasch erstarrte. Anschließend löste sich die Hand wieder in Nichts auf, ließ aber einen unversehrten Wachsabdruck zurück. Für die verblüfften Zeugen war das ein sicherer Beweis dafür, daß nicht alles Bluff ist und daß mit dem Tod eben doch nicht alles endet.

Homöopathen sind davon überzeugt, daß viele Krankheiten geheilt werden können, indem man Gleiches mit Gleichem behandelt. Gibt es für diese Überzeugung wissenschaftliche Nachweise?

V iele Formen der unorthodoxen Medizin beschreiten außergewöhnliche Wege, die eine ganze Reihe interessanter Fragen aufwerfen. Haben alle homöopathischen Arzneimittel auf den Körper einen physikalisch meß- und nachvollziehbaren Einfluß? Oder handelt es sich manchmal um Placebos, die dem Patienten nur dann etwas nutzen, wenn er fest an ihre Wirkung glaubt und zu dem Therapeuten eine positive Beziehung entwickelt?

Ziel der Homöopathie ist eine ganzheitliche Therapie. Bei der Auswahl des richtigen Arzneimittels spielen also nicht nur die körperlichen Beschwerden, sondern auch die Psyche des Patienten und seine augenblickliche Gemütsverfassung eine Rolle.

Ein Homöopath schickt seinen Patienten nicht zu zahllosen Untersuchungen bei verschiedenen Fachärzten. Vielmehr bestimmt er ein individuelles Krankheitsbild – ausgehend von den offensichtlichen Symptomen und den Aussagen des Patienten, wie er sich etwa zu bestimmten Tageszeiten fühlt oder welche Gewohnheiten er hat. Erst all diese Faktoren zusammengenommen ergeben ein sinnvolles, ganzheitliches Bild, anhand dessen der Homöopath eine passende Arznei auswählen kann. Einer der Mitbegründer der Homöopathie, James Tyler Kent, hat wesentliche Prinzipien dieser Heilkunde folgendermaßen erklärt:

„Die Homöopathie ist eine exakte Wissenschaft. Sie basiert auf einem Naturgesetz, an das sich jeder seriöse Arzt bei der Verschreibung von Arzneimitteln halten muß. In der Homöopathie gibt es keine Mittel, die gezielt gegen ganz bestimmte Krankheiten wirken; sie bietet vielmehr individuell auf die Person und deren Beschwerden abgestimmte Mittel."

Bei homöopathischen Heilverfahren gilt die Grundregel, daß Ähnliches durch Ähnliches behandelt wird. Der Vater der Homöopathie, der Arzt Samuel Hahnemann (1755–1843), fand heraus, daß ein Mittel, das an einem Gesunden in hoher Dosierung bestimmte Krankheitssymptome verursacht, bei einem Kranken in niedriger Dosierung einen Reiz hervorruft, der die Krankheit auslöscht. Für ihn waren Symptome Ausdruck individueller Heilvorgänge der augenblicklichen Krankheit. Diese Theorie war bereits in den Schriften von Hippokrates und 1676 auch in den *Medical Observations* des englischen Arztes Thomas Sydenham erwähnt worden.

Klingen die Konzepte der Homöopathie also wirklich so seltsam? Auch in der Schulmedizin gibt es Mittel, die, wenn sie einem Gesunden verabreicht werden, die gleichen Symptome hervorrufen, die bei dem Leiden auftreten, für das sie verschrieben werden. Auch scheint das Ähnlichkeitsprinzip der Homöopathie mit dem Impfprinzip der Schulmedi-

HOMÖOPATHIE –
HEILVERFAHREN ODER HUMBUG?

Oben: Ordentlich aufgereiht stehen diese alten Tinkturfläschchen bei A. Nelson und Co., einem britischen Hersteller homöopathischer Arzneien, auf den Regalen. Diese Apotheke wurde eingerichtet von Ernest Louis Ambrecht, einem Landsmann und Zeitgenossen von Samuel Hahnemann (auf der gegenüberliegenden Seite rechts), dem Begründer der Homöopathie. Hahnemann formulierte folgende drei Grundprinzipien: Eine Krankheit kann durch kleine Dosen eines Mittels geheilt werden, das in hoher Dosierung die Symptome eben dieser Krankheit hervorruft; durch hohe Verdünnung werden die Heilkräfte einer Substanz erhöht (potenziert) und schädliche Nebenwirkungen ausgeschaltet.

zin übereinzustimmen – jedenfalls bei oberflächlicher Betrachtung. Ein Impfstoff stimuliert das Immunsystem des Körpers, so daß er bestimmte künftige Erreger besser bekämpfen kann. Im Einzelfall können kurz nach der Impfung in abgemilderter Form die Symptome der betreffenden Erkrankung auftreten. Zwischen den beiden Verfahren besteht allerdings insofern ein grundsätzlicher Unterschied, als die Homöopathie nicht immunisieren, sondern heilen will und hierzu Mittel verwendet, die ähnliche Symptome hervorrufen, wie sie bei dem Kranken gerade vorliegen, und auf diese Weise eine Heilreaktion auslösen. Was die heutige Schulmedizin jedoch grundsätzlich von der Homöopathie unterscheidet, sind die winzigen Dosierungen, in denen homöopathische Mittel verordnet werden. Diese werden in so hoher Verdünnung verabreicht, daß von der ursprünglichen Heilsubstanz zum Schluß nur mehr Spuren übrig sind.

Die Vorteile einer Verdünnung an sich sind immerhin wissenschaftlich erwiesen. Die sogenannte Arndt-Schulz-Regel besagt, daß jeder Arzneistoff in kleinen Dosen stimulierende Wirkung zeigt, wäh-

rend höhere Dosen hemmend und sehr hohe Dosen tödlich wirken. Trotz dieser bekannten Tatsache sträubt sich die etablierte Schulmedizin gegen die extremen Verdünnungen, wie sie in der Homöopathie praktiziert werden. Was in der Schulmedizin als „kleine" Dosis gilt, ist nach homöopathischen Maßstäben bereits eine enorm hohe Konzentration. Laut Schulmedizin sind Arzneimittel dazu da, Krankheiten zu bekämpfen und nicht, um dem Körper zu helfen, sich selbst zu heilen.

Schon die Art der Herstellung homöopathischer Heilmittel mutet etwas „alchemistisch" an – die therapeutischen Wirkstoffe werden abwechselnd kräftig geschüttelt und verdünnt. Dies muß nach genau beschriebenen Regeln erfolgen, um die richtige Potenz (Verdünnungsstufe) zu erzielen. Natürlich sind die Homöopathen darum bemüht, die Wirksamkeit ihrer Heilbehandlungen wissenschaftlich nachzuweisen und zu erklären. Es wurde in dieser Richtung bereits viel geforscht, hauptsächlich in Frankreich, Deutschland, der Schweiz, Indien, England und in den USA. Die hierbei gewonnenen Ergebnisse haben aber wenig Überzeugungskraft. In einem inoffiziellen Bericht mußte Dr. Jean Kollerstrom vom

„Scientific and Medical Network" (England) eingestehen, daß nur sehr wenige Veröffentlichungen auf diesem Gebiet einer strengen, statistischen Analyse standhalten oder den geforderten Maßstäben im Hinblick auf die Wiederholbarkeit genügen.

Zwischen 1941 und 1954 führte Dr. William Boyd von der Universität Glasgow Untersuchungen durch, die aufsehenerregende Resultate an den Tag brachten. Er maß den Einfluß von Quecksilberchlorid auf die Geschwindigkeit chemischer Reaktionen bei Wachstumsprozessen. Üblicherweise wirkt diese Substanz wachstumshemmend. Die Forschungsergebnisse ergaben jedoch, daß es in winzigen Mengen eine wachstumsstimulierende Wirkung zeigte. Seine Arbeit wurde von vier Gruppen von Statistikern unabhängig voneinander analysiert, die Boyds Schlußfolgerung alle bestätigten. Leider ließ sich dieses eindrucksvolle Ergebnis niemals wiederholen, so daß einer der fundamentalen Grundsätze der wissenschaftlichen Forschung – daß eine Behauptung erst dann als wissenschaftlich einwandfrei erwiesen gilt, wenn mehr als ein Forscher zu demselben Ergebnis kommen – nicht erfüllt werden konnte.

Oben rechts: Diese wunderbaren Strukturen bildeten sich bei der Kristallisierung einer Lösung aus Chrom- und Nickelsalzen, denen eine winzige Menge einer homöopathsichen „Muttertinktur" beigemischt wurde. Die Muster hängen von der chemischen Beschaffenheit dieser Tinktur ab; es handelt sich dabei um eine relativ konzentrierte homöopathische Substanz, aus der hochverdünnte Arzneien hergestellt werden.

Im Blickpunkt

DIE BACHBLÜTENTHERAPIE

Die 38 verschiedenen Heilmittel der Bachblütentherapie sollen auf bestimmte Gemütsverstimmungen und davon abhängige körperliche Symptome einen positiven Einfluß ausüben und wurden erstmals von Dr. Edward Bach (1880–1936) entwickelt. Der Homöopath war davon überzeugt, daß die körperlichen Symptome eines Patienten durch Beeinflussung seiner psychischen Verfassung gelindert werden können. Nach Bachs peinlich genauen Anweisungen müssen die Köpfe bestimmter Blüten drei Stunden lang im Wasser liegen und dem Sonnenlicht

ausgesetzt werden. Seiner Theorie zufolge beruht die Wirksamkeit der Blüten auf der Anziehung geistiger Kräfte zur Reinigung und Heilung. Mit wissenschaftlichen Methoden kann dieses Zusammenspiel jedoch nicht nachgewiesen werden.

Bach verschrieb Kirschpflaume gegen unkontrollierte Ausbrüche, Enzian gegen allgemeinen Pessimismus und Wildrose gegen Apathie. Gegen Selbstvorwürfe empfahl er Kiefernblüten, gegen Grollgefühle Weiden- und Eichenblüten gegen Mutlosigkeit. Chicorée sollte bei Selbstmitleid helfen, Springkraut bei Reizbarkeit und Stechpalme bei Eifersucht. Ein besonderes sogenanntes Erste-Hilfe-Mittel enthält eine Kombination von fünf verschiedenen Blüten und soll bei Schock oder extremer Panik angewendet werden.

1980 wurde am „Scientific and Medical Network" versucht, die Versuche zweier holländischer Wissenschaftler, Amons und Manavelt, zu wiederholen, die diese einige Jahre zuvor durchgeführt hatten. Sie hatten unter Laborbedingungen die Wirkung von hochverdünntem Quecksilberchlorid auf die Wachstumsgeschwindigkeit von Lymphoblasten in der Gewebekultur einer Maus untersucht. Auch die Holländer hatten festgestellt, daß diese Substanz die Wachstumsgeschwindigkeit beeinflußte, was sich durch die eigenen zwei Testreihen des britischen Institutes jedoch nicht bestätigte. Das Wachstum der Zellkulturen wurde durch Quecksilberchlorid weder gehemmt noch gesteigert. Hierzu Dr. Kollerstrom: „Unsere Ergebnisse sind weitere Beispiele (von denen es in der Literatur noch andere gibt) dafür, daß diese Art von Experiment nicht wiederholbar ist. Nun gibt es viele Skeptiker, die dieses unerquickliche und unerklärliche Phänomen endlich vom Tisch haben wollen und es deshalb als Schlamperei im Labor abtun oder davon ausgehen, daß das Experiment in der Literatur zu ungenau beschrieben war. Hierzu möchte ich anmerken, daß solche Mög-

Oben: Der Arzneikasten von Samuel Hahnemann, dem Vater der Homöopathie. Da homöopathische Tinkturen nur in extremer Verdünnung verwendet werden, braucht man jeweils nur winzige Mengen. Die Korken tragen Hahnemanns handschriftliche Vermerke.

Unten: In einem Labor zur Herstellung homöopathischer Arzneimittel wird die Potenz beziehungsweise die Wirksamkeit einer Arznei durch mehrfaches Verdünnen paradoxerweise laufend erhöht; nach jedem Verdünnungsvorgang wird der Behälter kräftig geschüttelt. Eine gängige Potenz ist „D3" – auf einen Teil Arzneistoff kommen tausend Teile Verdünnung (Alkohol oder Milchzucker).

lichkeiten meiner Meinung nach nur sehr selten zutreffen ... Was ich damit sagen will – und dies nicht ohne Zögern und auch nur mit einem gewissen Widerwillen –, ist, daß wir vielleicht einfach gezwungen sind, die Nichtwiederholbarkeit als Faktum zu akzeptieren, daß sie weder auf menschlicher Nachlässigkeit noch auf irgendeinem Wunschdenken und vermutlich auch nicht auf einer schieren Laune der Zelle oder des Organismus beruht. Dies gilt vielleicht in besonderem Maße für Schwellenbereiche, für die man gerne wissenschaftliche Nachweise auf dem Tisch hätte. Wir müssen uns hier entweder mit einer Art ‚Experiment-Effekt' zufrieden geben oder von Faktoren ausgehen, die jenseits dessen liegen, was wir bis heute wissen."

Der Autor und Physiker Fritjof Capra meinte, daß die Homöopathie jeglicher wissenschaftlichen Grundlage entbehrt und möglicherweise eher als eine Form „Resonanz" oder „Abstimmung" verstanden werden sollte, die zwischen dem Arzt und dem Heilmittel herrscht. Das würde etwa bedeuten, daß die körpereigenen Heilkräfte eines Menschen durch das relativ schwache, aber feinabgestimmte Heilmittel einen kräftigen Reiz erfahren – ähnlich wie eine Klaviersaite einen lauten Ton von sich gibt, wenn diese exakt mit einer Note von einem anderen Instrument harmoniert. Capra weiter: „Man könnte sich fragen, ob die eigentliche Resonanz ... nicht die ist, die zwischen Arzt und Patient besteht, und das Heilmittel dabei nur als Krücke fungiert."

Man mag versucht sein, homöopathische Heilbehandlungen in den Bereich der Psychotherapie oder des Gesundbetens abzuschieben und nicht als medizinisches Behandlungsverfahren zu betrachten. Das hieße aber wiederum, andere Aspekte der Forschungsliteratur und die mehr informellen Beweise aus klinischen Fallstudien zu ignorieren.

1980 wurde in Glasgow, Schottland, eine großangelegte klinische Versuchsreihe über die Wirkung homöopathischer Mittel bei Gelenkrheumatismus durchgeführt. Dabei stellte sich heraus, daß sich der Gesundheitszustand derjenigen Patienten, die die üblichen Medikamente der Schulmedizin plus individuell verschriebene homöopathische Arzneien erhielten, schneller verbesserte als der Zustand der

Links: Aus dem Eisenhut, einer Giftpflanze, wird eine homöopathische Tinktur gewonnen, die bei akuten Erkrankungen, zum Beispiel bei Fieber und Erkältungen, Verwendung findet. Auch chronische Angstzustände sollen durch die Tinktur gemildert werden.

Rechts: Die Christrose liefert homöopathische Heilmittel, die unter anderem bei Bewußtlosigkeit, Muskelschwäche und Zähneknirschen Abhilfe schafft. Ein Vorteil homöopathischer Mittel besteht darin, daß sie nur in winzigen Mengen erforderlich sind – oft braucht man sie nicht einmal zu schlucken, da sie bereits im Mund absorbiert werden.

Rechts: Das „Royal London Homoeopathic Hospital" steht seit 1948 unter der königlichen Schirmherrschaft, was diesem Zweig der unorthodoxen Heilmedizin großen Auftrieb bescherte.

zweiten Versuchsgruppe, der die üblichen Medikamente zusammen mit Placebos verabreicht wurden – einer wirkungslosen Substanz, die die Betreffenden für eine Zusatzarznei hielten. Dieser Unterschied wurde den Mitteln und nicht den beteiligten Ärzten zugeschrieben.

1981 gelang ein großer Durchbruch in bezug auf die Wiederholbarkeit homöopathischer Experimente. Raynor Jones und Michael Jenkins vom „Royal London Homoeopathic Hospital" konnten mehrmals nachweisen, daß bestimmte Substanzen in extrem hoher Verdünnung die Wachstumsgeschwindigkeit von Weizensämlingen beeinflußten.

Einen weiteren eindrucksvollen Beweis liefern die Heilungserfolge während der großen Cholera-Epidemie, die Europa in den 30er Jahren des 19. Jahrhunderts heimsuchte. Das „Royal London Homoeopathic Hospital" verfügt über eine umfassende Dokumentation über nachgewiesene Heilungserfolge, die sich über Jahre hinziehen. Vieles scheint sogar darauf hinzudeuten, daß die Homöopathie der Schulmedizin häufig überlegen ist.

Auch die vielen anekdotischen Aussagen lassen sich nicht einfach beiseiteschieben. Versuchen Sie einmal einer Mutter, die gerade noch voller Sorge um ihr fiebergeschütteltes Kind war, einzureden, daß seine Temperatur unmittelbar nach der Einnahme einer homöopathischen Arznei nur deshalb gefallen war, weil sich das Kind mit dem Arzt so gut verstand!

Das Problem ist, daß die Homöopathie mit der heutigen wissenschaftlichen Auffassung unvereinbar ist. Das betrifft eine weitere unorthodoxe Heilbehandlung, die Bachblütentherapie. Für einen streng wissenschaftlich denkenden Menschen bedeutet deren Anwendung schierer Unsinn. Sind es chemische Reaktionen oder die Einbildung? Wie diese homöopathischen Mittel nun wirklich funktionieren, entzieht sich nach wie vor unserer Kenntnis.

SPUKGESTALTEN AUS DEM JENSEITS

*Die ruhelosen Seelen der Verstorbenen und Phantome in Tiergestalt
sollen sich in Form von Geistererscheinungen zeigen. Was hat es
mit diesen Erscheinungen auf sich? Haben sie vielleicht alle etwas
gemeinsam?*

Die immer wiederkehrende Frage, ob es Geister gibt, muß, glaubt man den Ergebnissen der vielen Untersuchungen, die an den verschiedenen parapsychologischen Institutionen im Verlauf der letzten 100 Jahre durchgeführt wurden, mit Ja beantwortet werden. Es würde an Borniertheit grenzen, wollte man die Aussagen von Hunderten von ehrbaren Menschen als bloßes Wunschdenken, Selbsttäuschung oder nackte Lüge abtun.

Die Fragen, die sich Parapsychologen und Forscher aus anderen Bereichen stellen, sind anderer Art: Wie können Geister existieren? Sind Geister die ruhelosen Seelen Verstorbener? Werden Geister durch Telepathie herbeigerufen? Oder beruhen Geistererscheinungen vielleicht auf Massenhalluzinationen oder Selbsthypnose? Die psychologische Forschung ist in den letzten Jahrzehnten sehr vorangeschritten, und einige Aspekte der Geistererscheinungen sind unserem Verständnis nähergerückt. Die letztendliche Wahrheit entzieht sich jedoch nach wie vor unserer Kenntnis.

Die häufigste Form der Geisterphänomene scheint die „Krisenerscheinung" zu sein. Dabei erscheint eine Person, die unter großer innerer Spannung steht, etwa im Augenblick des Todes, einem ihr nahestehenden Menschen als Phantom – gelegentlich ist auch nur die Stimme zu hören. Die Mehrzahl dieser Fälle erfolgt unter tragischen Umständen. So erschienen Soldaten ihren Müttern oder Ehefrauen

Unten: Dieses Foto der Bibliothek der Combermere-Abtei in Cheshire, England, wurde am 5. Dezember 1891 von Sybell Corbet aufgenommen, die sich damals allein im Lesesaal der Bibliothek aufhielt. Als sie die Platte entwickelte, entdeckte sie in dem Sessel (links im Bild) zu ihrer Verblüffung einen älteren Mann sitzen. Er wurde später als Lord Combermere identifiziert. Als das Foto entstand, war dieser allerdings längst tot und einige Kilometer von der Bibliothek entfernt begraben.

genau in dem Augenblick, da ihr irdischer Leib auf einem fernen Schlachtfeld starb. Allerdings gehen durchaus nicht alle Erscheinungen mit Unglücksfällen einher. In ihrem Buch *Understanding Ghosts* (Geister verstehen) führt Victoria Branden den Fall einer Freundin an, die im Zweiten Weltkrieg aus gesundheitlichen Gründen von England nach Kanada evakuiert wurde, während ihr Mann auf seinem Armeeposten zurückblieb. Eines Abends saßen die Kinder über den Hausaufgaben, während sie selbst beim Bügeln war – in einem, wie sie es Victoria Branden später beschrieb, „ziemlich abwesend-träumerischen Zustand".

Plötzlich sah sie, wie sich die Zimmertür öffnete und ihr Mann hereintrat. Er trug seine Uniform, und bevor sie sich von ihrer Verblüffung erholen konnte, war er auch schon wieder verschwunden. Sie legte das Bügeleisen ab und setzte sich in einen Sessel, der Ohnmacht nahe. Die Kinder scharten sich erschreckt um sie, und als sie ihnen von ihrem Erlebnis erzählte, stellte sich heraus, daß die Kinder nichts bemerkt hatten und ganz sicher auch die Tür nicht aufgegangen war. Die Mutter und das älteste Kind hatten jedoch schon einmal von Krisenphantomen gelesen und waren überzeugt, daß der Vater tot oder verletzt sein mußte. Sie notierten sich den genauen Zeitpunkt und die Umstände – qualvollerweise war das alles, was sie im Moment tun konnten.

Einige Tage darauf flatterte zu ihrer grenzenlosen Erleichterung eine positive Nachricht ins Haus: Der Mann war unerwartet nach Kanada versetzt worden, um dort an einem Ausbildungsprogramm teilzunehmen, das in einem Lager ganz in der Nähe seiner Familie stattfinden würde. Das bedeutete natürlich, daß er während dieser Zeit mit ihnen leben konnte. Als die Familie glücklich vereint war, erzählte der Mann, daß ihn die Nachricht von seiner Versetzung sehr bewegt hatte. Er konnte sich nicht daran erinnern, in dem Moment bewußt an seine Frau gedacht zu haben, aber sie kamen zu dem Schluß, daß er nach der Eröffnung der guten Nachricht das Büro seines Vorgesetzten in Hochstimmung verlassen hatte und er just in diesem Moment wohl seiner Frau erschienen war.

Interessant dabei ist, daß die Frau zu dem betreffenden Zeitpunkt vor sich hingeträumt hatte, ihr Geist sich also in einem entspannten und empfänglichen Zustand befand. Die Kinder, die nichts bemerkt hatten, waren voll auf ihre Hausaufgaben konzentriert gewesen.

Es bleibt rätselhaft, wie solche Bilder nun genau übertragen werden – besonders in den Fällen, wo die Phantome geradezu greifbar und leibhaftig erscheinen. Wissenschaftler haben jedoch darauf hingewiesen, daß unsere Wahrnehmung weitaus komplexer abläuft, als wir denken: In lebhaften Träumen zum Beispiel erscheint alles vollkommen real und dreidimensional, obwohl der Träumer dabei garantiert keine Informationen durch seine Augen erhält. Ein Hypnotiseur kann einer Person einreden, daß nach ihrem Erwachen nur sie selbst im Raum sein wird – auch wenn noch andere Menschen anwesend sind. Diese werden nach dem Erwachen aus der Hypnose so lange nicht wahrgenommen, bis der Hypnotiseur seine Anweisung zurücknimmt. Etwas Ähnliches spielt sich vielleicht auch bei Krisenerscheinungen ab. Dabei ist es bemerkenswert, daß der Agent, das heißt derjenige, der die Halluzination „sendet", dies aus oft beträchtlicher Entfernung und sogar im Zustand der Bewußtlosigkeit vermag, während ein Hypnotiseur dazu bestimmte Anweisungen geben muß.

Untersuchungen scheinen darauf hinzuweisen, daß der Geist des „Senders" bei Krisen-Erscheinungen eine geringere Rolle spielt als der des Empfängers. Aus dokumentierten Fällen läßt sich ersehen, daß der Agent nur selten so erscheint, wie er im Moment seines Auftauchens in Wirklichkeit aussieht – das heißt, der Empfänger sieht ihn nicht verstümmelt in einem Autowrack oder als schwerverwundeten, sterbenden Soldaten im Schützengraben liegend, sondern ganz normal, und der Umgebung des Empfängers angepaßt.

Diesen Aspekt hat G.N.M. Tyrell in seinem Buch *Apparitions* (Erscheinungen) besonders hervorgehoben. Er beschreibt, daß sich Phantome bei Krisenerscheinungen teilweise sogar recht ungeisterhaft

Unten: Krisenerscheinungen treten besonders häufig in Kriegszeiten auf. Viele Mütter „sahen" ihren Sohn im Moment seines Todes auf dem Schlachtfeld. Anscheinend kann der Todesschock eine Art telepathische Kommunikation zwischen Mutter und Sohn bewirken. Nur selten erscheint allerdings das Bild des Sterbenden; vielmehr wird der Sterbende meistens so wahrgenommen, wie er zu Lebzeiten aussah.

verhielten, indem sie Schatten warfen oder im Spiegel zu sehen waren:

„[Sie] passen sich in geradezu verblüffender Weise der Empfängerumgebung an, über die der Agent in der Regel nur wenig oder gar nichts wissen kann. Dies deutet darauf hin, daß die Erscheinung eine Art Theaterrequisite darstellt, die zu einem großen Teil vom Empfänger erschaffen wird und zu der auch einige Details selbst beisteuern muß – das heißt, das Phantom kann keine unmittelbare Verkörperung der Vorstellung des Agenten sein; es muß sich hier vielmehr um eine Art Dramenfigur handeln, für das die gedankliche Vorstellung das Motiv darstellt."

Kollektiverscheinungen, bei denen ein Phantom von mehr als einer Person wahrgenommen wird, lassen sich nur teilweise durch Telepathie erklären. Der Agent muß dazu per definitionem ein empfindungsfähiges Wesen sein; daher läßt es sich nur schwer nachvollziehen, wie die Erscheinung eines konkreten Gegenstandes durch Telepathie zustan-

dekommen soll. Einer der berühmtesten Fälle von Kollektiverscheinungen wurde der „Society for Psychical Research" (Gesellschaft für Parapsychologische Forschung) im späten 19. Jahrhundert durch Charles Lett, dem Schwiegersohn eines gewissen Captain Towns, mitgeteilt. Etwa sechs Monate nach dem Tod des Captains betraten Letts Tochter und eine Freundin, Fräulein Berthon, gegen 21 Uhr ein Schlafzimmer im Hause des Verstorbenen. Das Gaslicht brannte:

„Sie waren höchst verblüfft, als sie auf dem glänzend polierten Kleiderschrank das Bild von Captain Towns erblickten. Es ähnelte einem normalen Medaillonporträt, aber in Lebensgröße. Das Gesicht Captain Towns wirkte matt und bleich … er trug die graue Flanelljacke, in der er zu Lebzeiten zu schlafen pflegte. Überrascht und auch etwas erschrocken hielten die Frauen die Erscheinung zunächst für ein Porträtbild, das sich in der Schrankfläche nur spiegelte – aber es war im Raum nichts dergleichen zu finden. Während sie noch verwirrt dastanden, kam Fräulein Towns, die Schwester meiner Frau, ins Zimmer, und bevor die beiden etwas sagen konnten, rief sie aufgeregt: ‚Du meine Güte! Da ist Papa!' Eines

Links: Wenn Geister zum Zeitpunkt einer Fotoaufnahme nicht zu sehen sind, aber später auf dem Bildabzug auftauchen, kann das daran liegen, daß das Filmmaterial mehr erfaßt als das menschliche Auge. Umgekehrt kann der Fotograf etwas sehen, was später nicht auf dem Film erscheint. Der Grund dafür ist dann die menschliche Hypersensitivität.

der Hausmädchen wurde ins Zimmer gerufen und stieß aus: ‚Oh, gnädiges Fräulein! Da ist ja der selige Herr!' Auch der herbeigeholte Privatdiener des Captains, der Butler sowie ein Kindermädchen erkannten den Verstorbenen sofort. Schließlich schickte man nach Frau Towns, der Witwe. Als sie die Erscheinung sah, ging sie mit ausgebreiteten Armen darauf zu, als wolle sie sie berühren, doch während ihre Hand über das Furnier strich, verblaßte das Bild allmählich. Die Erscheinung wiederholte sich nie mehr." Parapsychologen, die Erscheinungen prinzipiell auf Tele-

pathie zurückführen, würden vermutlich behaupten, daß entweder Fräulein Letts oder Fräulein Berthon das Bild als erste gesehen hatte und es dann durch Gedankenübertragung den nachfolgenden Personen mitgeteilt hatte. Aber woher stammte die Erscheinung dann selbst?

F.W.H. Myers, ein Vorreiter der parapsychologischen Forschung und Autor des Buches *Human Personality and its Survival of Bodily Death* (Die menschliche Persönlichkeit und ihr Überleben des körperlichen Todes) hielt die Erscheinung für den Geist, die „Wesenheit" des verstorbenen Towns, der

GEISTER, DIE MAN RIEF...

Eines der Hauptprobleme der parapsychologischen Forschung ist die schiere Leichtgläubigkeit der Menschen. Wer ergötzt sich nicht gerne an einer guten Gespensterstory, die dann beim Weitererzählen immer weiter ausgeschmückt wird, bis die einst nackten Fakten schließlich von frei erfundenen Einzelheiten dicht umrankt sind.

Im Sommer 1970 wollte Frank Smyth, damals Mitherausgeber der Zeitschrift *Man, Myth and Magic* (Menschen, Mythen, Magie), herausfinden, welche Formen die menschliche Leichtgläubigkeit annehmen kann. Zu diesem Zweck erfand er einen Geist – samt Spukort, Hintergrundstory und „Augenzeugen" und veröffentlichte den Bericht in seiner Zeitschrift.

Alles entsprang von A bis Z seiner Phantasie. An einem Sonntagmorgen hatte sich Smyth im Londoner Hafenviertel mit John Philby getroffen, dem Sohn des Superagenten ‚Kim' Philby. Philbys Baufirma sanierte gerade die Ratcliffe-Werft, und Smyth fand, daß dieser etwas unheimliche, gottverlassene Ort einen guten Tummelplatz für seinen Geist abgeben würde. Ganz in der Nähe der Werft befand sich die halbverfallene St. Anna-Kirche. Da es Sonntag war, entschloß sich Smyth kurzerhand, daß sein Geist einen Geistlichen darstellen sollte. Entlang der Werft verläuft der Ratcliffe-Highway, der bis ins späte 19. Jahrhundert eine Straße voller Bordelle, wüster Kneipen und billiger Pensionen gewesen war. Was lag also näher, als den Geist flugs zu einem Vikar zu ernennen, der dort eine der Seemannspensionen führte und Matrosen in ihren Unterkünften reihenweise beraubt, umgebracht und ihre Leichen in der Themse versenkt hatte? So entstand im Handumdrehen eine waschechte Geistergeschichte.

Philby, ein ehemaliger Kriegskorrespondent, und Smyth waren sich einig, daß auch einige Augenzeugen her mußten. Gemeinsam mit einem von Philbys Angestellten behaupteten sie unter ihren eigenen Namen, daß sie den Geist selbst gesehen hätten – einen alten, weißhaarigen Mann mit einem Gehstock. Sie vereinbarten aber auch, daß sie sofort zugeben würden, daß alles nur erfunden war, sollte ein Forscher oder jemand anderer zu diesem „Phänomen" irgendwelche Fragen stellen.

Unten: Frank Smyth, der Erfinder der Ratcliffe-Geschichte, vor der Londoner St. Anna-Kirche.

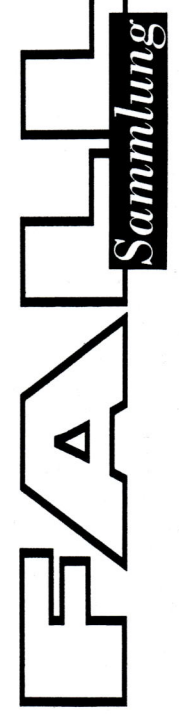

Smyth verfaßte dann für *Man, Myth and Magic* einen als Tatsachenbericht aufgemachten Artikel. Kein Mensch fragte jemals nach irgendwelchen Nachweisen für den „Geisterpfarrer von der Ratcliffe-Werft"; vielmehr tauchte dieser in den nächsten zwölf Monaten in etwa acht Büchern über angeblich wahre Geistererscheinungen auf. Nur ein Reporter von der *Sunday Times* behandelte die Story mit einiger Skepsis; alle übrigen druckten die Geschichte ohne jegliche kritische Hinterfragung ab. Ein berühmter Autor, der sich mit übernatürlichen Phänomenen beschäftigt, schmückte sie sogar noch kräftig aus. 1973 schrieb Smyth einen Artikel für die *Sunday Times*, in dem er sein Experiment offenlegte; bald darauf trat er in einem Film von BBC2 auf, der den Titel *A Leap in the Dark* (Ein Sprung ins Ungewisse) trug. Auch in diesem Film wurde deutlich gemacht, daß es sich um eine reine Phantasiegeschichte gehandelt hatte; allerdings kamen auch einige Personen zu Wort, die den Geisterpfarrer angeblich gesichtet hatten. Ein Mann sagte aus, er habe einen alten Mann in geistlicher Kleidung aus dem 18. Jahrhundert die Straße am „Town-of-Ramsgate"-Pub in der Nähe des Hafenviertels St. Katherine entlangwandern sehen – etwa einen Kilometer von der Ratcliffe-Werft entfernt. Der Autor Jilly Cooper berichtete von einem Interview mit einem Polizisten, der nach seiner Pensionierung erzählte, daß er als junger Mann nur ungern in der Ratcliffe-Werft zu tun hatte, da er dort einmal einen gespensterhaften Geistlichen bemerkt hatte. Und ein Themse-Fährmann behauptete, er habe die schemenhafte Gestalt des Geisterpfarrers an der Werft stehen sehen – und zwar einige Monate, bevor die Geschichte in den Zeitungen stand. Nach diesem Film erhielt die BBC Waschkörbe voller Briefe, die offenbar alle ehrlich gemeint waren und von weiteren Beobachtungen erzählten. Die Ratcliffe-Story entbehrt wirklich jeglicher Grundlage – nie zuvor war in der Geschichte von Wapping oder irgendeinem anderen Gebiet des Londoner Hafenviertels ein Geisterpfarrer erwähnt worden. Trotz der Erklärung der Erfinder dieser Geschichte erscheint der Geisterpfarrer nach wie vor vielen Menschen in der Umgebung der Werft. Ein Parapsychologe meinte allerdings einmal, daß Smyths Gespenst vielleicht ja doch einmal existiert und sich ihm irgendwie bemerkbar gemacht hatte – auf dem Wege der puren Einbildung.

sechs Monate nach seinem Ableben seinem Heim auf diese Weise einen letzten Besuch abstattete. Laut Myers kann eine Erscheinung „die Manifestation einer dauerhaften persönlichen Energie" darstellen; als Beweis führte er mehrere Fälle an.

Einer davon handelt von einem Vertreter, der in einem Hotelzimmer in Boston, Massachusetts, USA, arbeitete. Plötzlich bemerkte er etwas, schaute auf – und sah seine Schwester vor sich, die seit neun Jahren tot war. Als er aufsprang und ihren Namen rief, verschwand sie, aber er hatte genügend Zeit gehabt, sie ganz genau zu sehen. „Sie schien wie zu ihren Lebzeiten", erinnerte er sich, fügte aber hinzu, daß ihm auf ihrer rechten Wange ein kleiner roter Kratzer auffiel. Voller Unruhe machte er unplanmäßig bei seinen Eltern halt und erzählte ihnen von seinem Erlebnis. Als er den Kratzer erwähnte, wurde seine Mutter von Gefühlen überwältigt und sagte, sie selbst habe ihrer Tochter diesen Kratzer beigebracht, als sie ihre Leiche für das Begräbnis zurechtmachte. Zwei Wochen später verstarb die Mutter.

Myers wies darauf hin, daß die Erscheinung „nicht aussah wie die Leiche mit dem Verletzungs-

wie gefangen, vielleicht aufgrund einer unerfüllt gebliebenen Aufgabe oder als Strafe – so sehen es diejenigen, die an ein Leben nach dem Tode glauben.

Im großen und ganzen neigt die Parapsychologie zu der Annahme, daß es Stellen gibt, an denen bevorzugt paranormale Phänomene auftreten – möglicherweise, weil dort einmal eine starke Gefühlsaufwallung oder eine Gewalttat stattgefunden hat. In diesen Fällen würde es sich bei solchen Erscheinungen nicht mehr um einen empfindungsfähigen Geist, sondern um eine Projektion handeln, ähnlich wie in einem Kinofilm. Diese Erklärung scheint plausibel und läßt sich auch mit der Telepathie-Hypothese vereinbaren: Wenn ein Agent auf telepathischem Wege ein Abbild von sich selbst an einen Empfänger übertragen kann, kann er dann nicht auch in der Lage sein, ein bestimmtes, quasi „freischwebendes" Bild in die Atmosphäre zu projizieren, das dann von einer Person wahrgenommen wird, die für solche Eindrücke besonders empfänglich ist?

Diese Vorstellung würde auch die gelegentlich überzeugenden „Geister-Fotos" erklären: In diesen

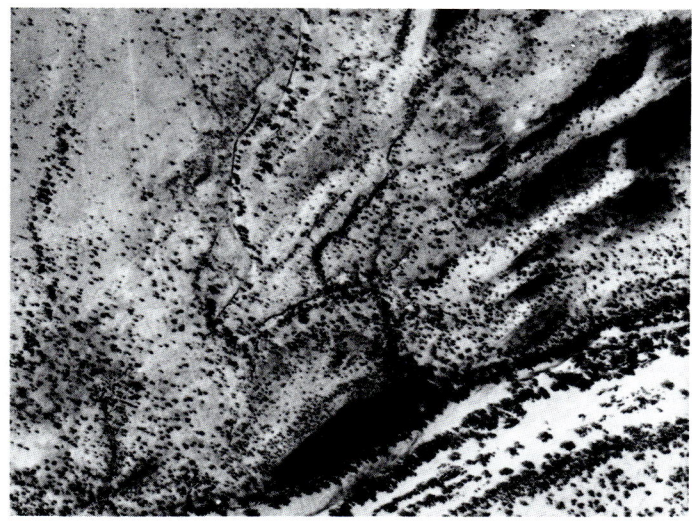

mal, über das die Mutter sicher reuevoll grübelte, sondern ... wie das gesunde, glückliche Mädchen, das sie zu ihren Lebzeiten gewesen war, und daß der Kratzer nur eine Art Erkennungszeichen war." Nach Myers handelte es sich bei der Erscheinung um die Seele der verstorbenen Schwester, die ihren Bruder veranlassen wollte, sein Elternhaus aufzusuchen, um die Mutter vor ihrem Tod noch einmal zu sehen.

Wenn ein Phantom einen Ort oder eine Person immer wieder heimsucht, dann ist die Seele eines Verstorbenen in ihrer irdischen Umgebung irgend-

Oben: Geisterfotografien enthüllen oftmals Dinge, die unserem Auge verborgen bleiben, da der Film von Natur aus auf bestimmte Lichtfrequenzen empfindlicher reagiert. Dieser Unterschied läßt sich anhand dieses Bildes veranschaulichen, das einmal mit einem normalen Film (oben links) und dann mit einem Infrarotfilm (oben rechts) aufgenommen wurde. Auf dem rechten Bild ist ein bestimmtes Gebiet der australischen Wüstenregion sehr viel schärfer und detaillierter zu erkennen und liefert Informationen, die mit einem Standardfilm nicht möglich wären.

Fällen war der Film empfindlicher als der Fotograf. Im umgekehrten Fall kann dieser vielleicht einen Geist erkennen, der auf dem Foto später nicht zu sehen ist; dann war der Mensch dem Film an Empfindlichkeit vielleicht überlegen.

Wenn sich Geistererscheinungen wirklich fotografisch festhalten lassen, dann verändert sich ihr Bild womöglich auch. In seinem Buch *Ghost Hunting* (Geisterjagd) beschreibt Andrew Green den interessanten Fall einer Geisterfrau, die im 18. Jahrhundert in einem Herrenhaus in England spukte und damals rote Schuhe, ein rotes Kleid und eine schwarze Kopfbedeckung getragen haben soll. Anfang des 19. Jahrhunderts wurde sie erneut gesichtet – diesmal in rosa Schuhen, einem rosa Kleid und mit grauem Kopfputz. Danach zeigte sie sich erst wieder Mitte des 19. Jahrhunderts und war zu einer „grauhaarigen Dame in weißem Kleid" gealtert. Kurz vor dem Zweiten Weltkrieg berichtete man nur noch von „dem raschelnden Geräusch des Kleides einer Frau, die einen Flur entlanggeht". 1971, vor dem Abriß des Gebäudes, bemerkten die Arbeiter lediglich noch „in einem der alten Flure eine merkwürdige Präsenz".

″ES MAG SEIN, DASS EINIGE MENSCHEN ÜBER EINE BESONDERE GABE VERFÜGEN, DIE SIE GEISTER WAHRNEHMEN LÄSST ... UND DASS GEISTER NUR FÜR DIEJENIGEN SICHTBAR WERDEN ... DIE DAFÜR EMPFÄNGLICH SIND.″

Hilary Evans, Gods: Spirits: Cosmic Guardians

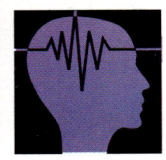

TELEPATHISCHE BOTSCHAFTEN

Viele Menschen sind der Überzeugung, daß wir alle einmal im Besitz telepathischer Fähigkeiten waren, sie jedoch in unserer modernen Gesellschaft zum großen Teil verloren haben. Mit Hilfe der Experimente von Serena Roney-Dougal kann man diesen verborgenen Talenten auf die Spur kommen.

Stellen Sie sich vor, Sie sitzen in einem bequemen Sessel in einem abgedunkelten Raum und hören über Kopfhörer das Rauschen eines Wasserfalls. Ihre Augen sind mit halbierten Pingpongbällen abgedeckt, auf die eine rote Lampe gerichtet ist, so daß Sie beim Entspannen nur ein diffuses rötliches Licht wahrnehmen.

Diese außergewöhnliche Situation gehört zu einem Experiment, mit dem man feststellen kann, ob jemand über telepathische Fähigkeiten verfügt. Wer sich diesem Experiment unterzieht, gibt nach der Begrüßung durch den Testleiter zunächst einen „Stimmungsbericht" ab, in dem die Testperson ihre Einstellung gegenüber dem Experiment und ihre allgemeine emotionale Verfassung beschreibt. Dann macht es sich die Testperson auf einem Sessel bequem, der Testleiter setzt ihr einen Kopfhörer auf und stellt die Lautstärke des Wasserfalls nach den Wünschen der Testperson ein. Als nächstes blendet er ein anderes Geräusch ein – nur so laut, daß es durch das Wasserrauschen hindurch gerade noch wahrnehmbar ist. Dann dreht der Testleiter die Lautstärke um fünf Dezibel herunter, worauf dieses Geräusch für die Testperson unhörbar wird. An ihrer linken Hand schließt der Versuchsleiter dann Palmar-Elektroden an, mit denen die physiologischen Reaktionen der Testperson überwacht werden können. Anschließend werden halbierte Pingpongbälle auf die Augen gelegt und etwa 45 Zentimeter vom Gesicht entfernt eine rote Lampe plaziert.

Durch das sanfte Rauschen des Wasserfalls und die Augenabdeckung werden alle äußeren Einflüsse und visuellen Ablenkungen ausgeblendet, und die Versuchsperson gleitet entspannt in den sogenannten Ganzfeldzustand hinüber – einen völlig ungestörten Zustand gleichmäßiger Stimulation, der durch keinerlei äußere Reize beeinflußt wird.

Anschließend wird das Wasserfallgeräusch abgeschaltet, und die Testperson erhält die Mitteilung, daß sie nun unterbewußte Botschaften erhalten wird. Daraufhin setzt das Rauschen des Wasserfalls wieder ein.

Da von außen nichts mehr an die Testperson herandringt, wendet sich ihr Geist nach innen, und es tauchen Gedanken, Bilder und Erinnerungen auf, die dem Unterbewußtsein entspringen. Gleichzeitig spielt der Testleiter ein Band mit Informationen ab, die über den Kopfhörer zugespielt werden – allerdings so leise, daß sie durch das Rauschen des Wasserfalls hindurch nicht hörbar sind. Dies wird als subliminale Stimulation bezeichnet: Der Reiz ist physikalisch real, aber akustisch zu leise, um bewußt wahrgenommen zu werden. Er kann allerdings die unterschwellige Bewußtseinsebene erreichen. Das Band, das diese Informationen in Form von fünf miteinander in Beziehung stehenden Wörtern enthält, wird vom Testleiter kurz nach Beginn des Experiments willkürlich unter vier Bändern ausgewählt. Während des Experiments weiß also niemand, was darauf zu hören ist. Während sich die Testperson in diesem Zustand befindet, wird sie gebeten, alles auszusprechen, was ihr durch den Kopf geht. Ihre Äußerungen werden aufgezeichnet, und nach Beendigung des Experiments wird die Testperson gebeten, die Wörter zu ordnen, und zwar in der Reihenfolge, die ihrem Gefühl nach ihren Eindrücken während des Ganzfeldzustandes am ehesten entspricht.

Wortassoziationen

Als nächstes füllt die Testperson einen weiteren Bericht zu ihrer Stimmungslage aus und führt für jedes der vier Informationsbänder einen Wortassoziationstest durch. Dabei werden die Bänder mit den jeweils fünf Wörtern vorgespielt, darunter auch das Band mit den bereits vorher übermittelten Informationen. Die Testperson soll sich nun an die einzelnen Wörter erinnern und das erste nennen, das ihr in den Sinn kommt. Das Band mit den von ihr genannten Eindrücken wird dann drei unabhängigen Untersuchern vorgelegt, die es analysieren und auf Übereinstimmung mit den vier Informationsbändern überprüfen.

Im Ganzfeldzustand kann man nicht nur Botschaften wahrnehmen, die einem physikalisch durch die Kopfhörer zugespielt werden, sondern auch telepathisch übertragene Inhalte. In einem weiteren Experiment wählt eine Person, die als Sender fungiert, ein Band aus, hört sich die Wortfolgen in ihrem Kopfhörer in normaler Lautstärke an, visualisiert sie vor ihrem geistigen Auge und versucht, der Testperson diese Bilder mental mitzuteilen.

Bei diesem Experiment wechseln die beiden Übertragungsmöglichkeiten – telepathisch beziehungsweise unterschwellig – nach dem Zufallsprinzip miteinander ab, das heißt, die Testperson weiß nicht, auf welche Weise die Botschaften jeweils übermittelt werden. Es hat sich herausgestellt, daß diejenigen, die subliminale Botschaften wahrnehmen können, auch die telepathisch übermittelten Inhalte empfangen, während andere, die mit der einen Übertragungsform Probleme haben, in der Regel auch für die andere nicht recht empfänglich sind. Ein Ziel des Experiments besteht darin herauszufinden, für welche Art von Menschen in welchen psychologischen Zuständen sich solche Kommunikationswege eröffnen.

Bei der Auswertung einer Versuchsreihe ergab sich, daß von insgesamt acht Testpersonen drei in der Lage waren, das betreffende Band jedesmal zu

Links: Bei den von Serena Roney-Dougal entwickelten ASW-Experimenten hört sich eine Testperson auf einem Band bestimmte Wortfolgen an und versucht im Anschluß daran, diese einer anderen Testperson geistig zu übermitteln.
Unten: Serena Roney-Dougal überwacht den Lautstärkepegel einer Bandaufzeichnung und spielt dabei ihrer Versuchsperson per Kopfhörer subliminale Informationen zu.

Oben: Bei dieser Versuchsperson ist nahezu jegliche sinnliche Wahrnehmung ausgeschaltet. Die Augen mit halbierten Pingpong-bällen abgedeckt, erreicht den Mann durch einen Kopfhörer lediglich das Rauschen eines Wasserfalls. In diesem Zustand völliger Entspannung, dem sogenannten Ganzfeldzustand, kann er subliminale, das heißt unterschwellige Botschaften empfangen, die ihm ein Sender von außen übermittelt.

identifizieren, das heißt, es als erstes oder zweites nannten. Diese drei Personen zeigten eine signifikante Empfänglichkeit für die Informationen – sowohl die physikalisch als auch die telepathisch übermittelten.

Informationsübertragung scheint in einem zweiphasigen Prozeß abzulaufen. In der ersten Phase erreicht die Meldung das Unterbewußtsein, in der zweiten Phase gelangt sie von dort ins Bewußtsein. Wem die Mechanismen des Unterbewußten nicht ganz fremd sind, ist hier im Vorteil: diese Menschen sind eher in der Lage, die oftmals recht komplizierten und vielschichtigen Bilder aus ihrem Unterbewußtsein in Begriffe umzusetzen.

Die komplizierten Vorgänge, die während einer solchen Umsetzung und Übertragung ablaufen, lassen sich am besten anhand eines tatsächlichen Beispiels veranschaulichen. In dem betreffenden Ganzfeldexperiment enthielt das Band die fünf Wörter „Sultan – Aladin – Harem – Fest – Tanzen". Im Ganzfeldzustand äußerte die Testperson folgendes: „Ich

sehe etwas, aber ich weiß nicht, was es ist – eine Krippe oder so, eine Wiege, meine ich, ja, eindeutig eine Wiege in einem Wohnzimmer, einem mittelalterlichen Wohnzimmer, jemand schaukelt die Wiege und trägt mittelalterliche Kleidung, schwarze Wandteppiche … Mineralien, entweder Kohle oder irgendeine Art Stein … verwandelt sich in ein Wasserbecken oder etwas Ähnliches … Lichtblitze … Bohnensprossen … Küche, kupferne Küchenutensilien."

Die Testperson analysierte später ihre eigenen Eindrücke und interpretierte die Wiegenbilder im Zusammenhang mit einem Harem, die Lichtblitze und das Mineral bezog sie auf Aladin und seine Zauberlampe, die Küche hing mit einem Fest zusammen. Während des ganzen Experiments dachte sie immer wieder an Essen, und das Wiegenbild tauchte später erneut auf. Es wird zwar nicht direkt auf die arabische Nachtszene eingegangen, aber die Testperson war in der Lage, den begrifflichen Inhalt ihrer Eindrücke mit den Zielwörtern zu verknüpfen, so daß ihre Interpretation als „Treffer" galt.

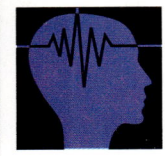

Zwei der drei unabhängigen Beurteiler stimmten übrigens mit ihrer Analyse überein.

Nun ist es natürlich einfach, diese Verbindungen nachzuvollziehen, wenn die Testperson die Zielbegriffe identifiziert. Aber was ist, wenn sie das Ziel verfehlt? In der Regel schenkt man solchen „Versagern" keine Beachtung. Kann man aber davon ausgehen, daß telepathische oder subliminale Kommunikation nur dann stattgefunden hat, wenn der Betreffende die Zielwörter nennen kann?

Der korrekte Empfang einer Zielbotschaft hängt, wie wir gesehen haben, von zwei Schritten ab. Eines hat sich bei diesen Experimenten immer wieder gezeigt: Die meisten „Versager" erfolgen nicht deswegen, weil die Botschaft nicht ins Unbewußtsein vordringt, sondern aufgrund einer unkorrekten Umsetzung der Eindrücke, die im Ganzfeldzustand entstehen. Die Bilder, die auf die Zielwörter hinweisen, sind in der Regel durchaus vorhanden; aber oft ist die Testperson unfähig, sie mit der Wortfolge auf dem Testband in Zusammenhang zu bringen.

Wahrnehmungsabwehr

Zuweilen tritt etwas ein, was man als niedriges Geräuschverhältnis bezeichnen könnte: Die zielwortbezogenen Bilder sind vorhanden, aber es stürmen soviele äußere Informationen auf den Geist ein – sozusagen „Nebengeräusche" aus dem Unbewußten –, daß es außerordentlich schwierig ist, die subliminale beziehungsweise telepathische Botschaft herauszuhören. Diese Nebengeräusche bilden möglicherweise einen Verteidigungsmechanismus des Geistes gegen unerwünschte Informationen. In der Psychologie, insbesondere der Erforschung der subliminalen Wahrnehmung, ist dieses Phänomen wohlbekannt und wird dort als Wahrnehmungsabwehr bezeichnet: Man hört einfach nicht, was man nicht hören will. Dank dieser Fähigkeit kann man sich in einem Raum trotz Stimmengewirr mit jemand einzelnem unterhalten – oder den Wirt überhören, der die Sperrstunde anmahnt. Ein besonders anschauliches Beispiel lieferte eine Testperson, die sich im Ganzfeldzustand zehn Minuten lang darüber ausließ, wie sie das Trinken aufgegeben hatte. Die Zielwörter waren „Kneipe – Fäßchen – Faß – Bierseidel – Stielglas" gewesen; trotzdem reihte die Testperson das betreffende Band erst als viertes und damit letztes ein – einfach deshalb, weil, wie sie später sagte, „der Zufall einfach zu groß war".

Die meisten Abwehrhaltungen haben allerdings einen subtileren Hintergrund. Nehmen wir das Beispiel einer Testperson, die nach ihrer eigenen Einschätzung in subliminalen wie in telepathischen Testsitzungen eine Trefferquote aufweist, die nur ganz knapp oberhalb der Zufallsgrenze liegt. Für alle drei Bewerter lag der Betreffende aufgrund seines Sitzungsprotokolls jedoch signifikant über der Zufallsgrenze. Mit anderen Worten, bei der logischen, analytischen Auswertung der Gedankenbilder durch drei unabhängige Beobachter ergab sich ein statistisch relevantes Vorhandensein zielwortbezogener Vorstellungsbilder. Während des Experiments war sich die Testperson der Zielwörter insofern „bewußt", als sie an Dinge dachte, die mit diesen zusammenhingen. Viermal war die betreffende Person während der Selbstanalyse im Anschluß an die Ganzfeldsit-

„ INFORMATIONSÜBER-TRAGUNG SCHEINT IN EINEM ZWEIPHASIGEN PROZESS ABZULAUFEN. IN DER ERSTEN PHASE ERREICHT DIE MELDUNG DAS UNTERBEWUSSTSEIN, IN DER ZWEITEN PHASE GELANGT SIE VON DORT INS BEWUSSTSEIN. **"**

Im Blickpunkt

TELEPATHIE-SPIELE

Mit dem im folgenden beschriebenen Spiel können Sie Ihre telepathischen Fähigkeiten aktivieren – Fähigkeiten, die angeblich von Natur aus mehr oder minder in allen von uns schlummern, die wir aber nach der Kindheit meist verlieren.

Man braucht dazu zwei Mitspieler – einen „Sender" und einen „Empfänger" und ein normales Kartenspiel. Der Sender schaut sich jede Karte an, ohne sie seinem Mitspieler zu zeigen. Dieser muß dann sagen, welche Farbe (rot oder schwarz) die jeweilige Karte hat. Gehen Sie folgendermaßen vor:

1. Setzen Sie sich beide Rücken an Rücken hintereinander.
2. Der Sender mischt die Karten, nimmt die oberste auf und sieht sie sich an. Dann klopft er kurz auf die Karte, um dem Empfänger mitzuteilen, daß er zur Übertragung bereit ist. Er konzentriert sich nun auf die betreffende Kartenfarbe und versucht, sie dem Empfänger geistig mitzuteilen. Hierzu kann er entweder seine Augen schließen

und sich intensiv auf das Wort „rot" beziehungsweise „schwarz" konzentrieren oder sich auch bildhaft etwas in der entsprechenden Farbe vorstellen, zum Beispiel eine rote Tür oder ein schwarzes Auto.
3. Der Empfänger nennt die Farbe, die er geistig wahrgenommen hat.
4. Der Sender macht für jede richtige Antwort auf einem Blatt Papier einen Haken und für jede falsche Antwort ein Kreuz.

Bei 52 Karten sind nach dem Gesetz der Wahrscheinlichkeit 26 Zufallstreffer möglich. Wer laufend über diesem Durchschnitt liegt, bedient sich zweifellos in irgendeiner Form telepathischer Kräfte. Paradoxerweise kann aber auch eine niedrige Trefferquote auf paranormale Fähigkeiten hinweisen – allerdings auf einer negativen Ebene, da der Empfänger sich unbewußt vielleicht selber im Wege steht (dieses Phänomen ist als „psi-Blockade" bekannt). Fortgeschrittene können später versuchen, bestimmte Farbenfolgen zu beschreiben.

Obwohl zwischen diesen Vorstellungsbildern und den Zielwörtern kein unmittelbarer Zusammenhang erkennbar ist, bilden die Wortassoziationen doch sehr aufschlußreiche Verbindungsglieder. Man muß dazu wissen, daß der Geist beim freien Assoziieren, also bei dem Versuch, sich zu dem Informationsmaterial im Unterbewußtsein Zugang zu verschaffen, Bilder meist verzerrt und im wesentlichen in symbolischer Umsetzung wiedergibt. Man darf also nicht erwarten, daß die Zielbegriffe im Ganzfeldzustand wortwörtlich auftauchen; vielmehr kommt es auf Verknüpfungen an.

Nur etwa zehn Prozent aller Testpersonen nennen die Zielwörter ganz direkt; die meisten Protokolle enthalten vielschichtige symbolische und assoziative Verbindungen, die von den unabhängigen Beurteilern jedoch eindeutig als zielwortbezogen erkannt werden, auch wenn von manchen Testpersonen jeglicher Zusammenhang vehement bestritten wird – vermutlich weil sie der Tatsache nicht ins Gesicht sehen wollen, daß sie Informationen empfangen haben auf eine Art und Weise, die sie persönlich für Humbug halten. Wer nicht an außersinnliche Wahrnehmungen glaubt, produziert besonders verzerrte Bilder, was aber nicht bedeutet, daß auf der Ebene des Unterbewußtseins keine subliminale oder telepathische Kommunikation stattgefunden hat. Es bedeutet lediglich, daß die Übertragung durch mehr „Nebengeräusche" gestört wurde. Bei den treffsicheren Testpersonen kommen die Botschaften klar und

Oben: Auf dieser Darstellung aus dem 19.Jahrhundert sieht man Zöllner, die gerade eine Bande Schmuggler überwältigen. In einer von Serena Roney-Dougals Telepathie-Sitzungen lauteten die Zielwörter „Schmuggler – Schwarzhandel – Abenteuer – Pferde – Mondschein". Die Testperson sah vor ihrem geistigen Auge Eis, die Titanic, den ewigen Frost von Alaska, Jungen in Gefängnissen, die finstere Gestalt des Steerpike, einer Figur aus Mervyn Peakes Roman Gormenghast (rechts), und sogar Albert Pierrepoint, den letzten Staatshenker von England (auf der gegenüberliegenden Seite oben links). Diese Bilder scheinen mit den Zielwörtern nur entfernt in Zusammenhang zu stehen – aber bei dem Assoziationstest verknüpfte die Versuchsperson später das Wort „Abenteuer" mit „Kälte" und das Wort „Schmuggler" mit „Galgen".

zung nicht in der Lage, die richtigen Zielwörter zu identifizieren – hauptsächlich deshalb, weil sie ihr Protokoll keiner streng-analytischen Beurteilung unterzog, sondern sich das Zielwort herauspickte, von dem sie das „Gefühl" hatte, daß es das richtige wäre. Solche persönlichen Bewertungen erweisen sich meistens als falsch.

Ein noch deutlicheres Beispiel dieses Abwehrmechanismus lieferte eine Testperson, die von vornherein nicht an außersinnliche Wahrnehmungen glaubte. Sie bestritt, daß die Bilder, die sie im Ganzfeldzustand vor ihrem geistigen Auge gesehen hatte, mit den Zielwörtern in einem wie auch immer gearteten Zusammenhang standen – obwohl sich immer und immer wieder herausstellte, daß das der Fall war. Der Bezug war zwar nie so offenkundig wie bei den anderen drei Testpersonen, die laufend Treffer erzielten, aber er war definitiv vorhanden. Obwohl die Testperson selbst die Zielwörter nicht benennen konnte, sahen die unabhängigen Beurteiler – einigermaßen vertraut mit den symbolischen Verzerrungen und Umwandlungen, zu denen das Unterbewußtsein imstande ist – in der Regel durchaus einen Zusammenhang.

In einer typischen Sitzung lauteten die Zielwörter „Schmuggler – Schwarzhandel – Abenteuer – Pferde – Mondschein". Die Testperson sprach wiederholt von Eis, Eisbergen, der Titanic, Frost in Alaska und so weiter. Nach dem Experiment assoziierte sie das Zielwort „Abenteuer" mit „Kälte", „Schmuggler" mit „Galgen". Noch während der Sitzung sah sie vor ihrem geistigen Auge Jungen in Gefängnissen, römische Soldaten, Steerpike (eine Figur aus Mervyn Peakes mittelalterlichem Roman Gormenghast) mit einem Messer in der Hand und, was besonders bedeutsam war, Albert Pierrepoint, den letzten Henker von England.

deutlich an, die geistigen Nebengeräusche treten zurück. Diese Menschen sind mit den Mechanismen ihres Geistes vertrauter und können die verschlungenen Pfade, auf denen die Zielwörter in ihr Unterbewußtsein eindringen und die geistigen Bilder beeinflussen, in der Regel gut verfolgen. Bei der Untersuchung der Unterschiede zwischen Testpersonen, die laufend Treffer erzielen und denen, die laufend danebenliegen, ergeben sich bestimmte Faktoren, die diese Abweichungen möglicherweise verursachen. Ein Schlüsselfaktor ist die innere Einstellung – wer leugnet, daß er die Fähigkeit besitzt, subliminale oder telepathische Botschaften zu empfangen, und behauptet, noch niemals derartige Erfahrungen gemacht zu haben, wird höchstwahrscheinlich keine Treffer erzielen. Wer jedoch in einer Umgebung aufgewachsen ist, in der man solchen Dingen positiv gegenüberstand, kann sich diese Fähigkeit antrainieren und nach und nach immer mehr Treffer erzielen.

Es scheint experimentell erwiesen, daß wir alle über gewisse latente ASW-Talente verfügen, die nur aktiviert werden müssen.

GEISTIGE WELTEN RÜCKEN NÄHER

Die Zeichen der Zeit deuten ganz offenbar auf eine Öffnung des menschlichen Bewußtseins für geistige Phänomene. Das zunehmende Interesse an esoterischen Themen kann nicht mehr ignoriert werden.

Seit einigen Jahren kann man beobachten, daß die Esoterikabteilungen der Buchläden stetig anwachsen. Viele Buchhandlungen haben sich sogar voll auf Literatur spezialisiert, die sich mit übersinnlichen Wahrnehmungen, Ufologie, alternativen Heilmethoden und dergleichen auseinandersetzt. Kleinanzeigen, in denen Wahrsager, Wunderheiler oder Reinkarnationsforscher ihre Dienste anbieten, sind inzwischen keine Seltenheit mehr. Auch in den deutschen Fernsehprogrammen nimmt die

Oben: Madame Olbeér-Sandmair ließ 1981 neben Bundesligatrainer Franz ein Pendel über dem Mannschaftsfoto von Arminia Bielefeld kreisen. Ihre Prognose, daß die Elf nicht absteigt, bestätigte sich.

Behandlung esoterischer Themen einen immer größeren Raum ein. Dabei sind es keineswegs nur sensationsheischende Programmacher der Privatsender, die diesen Komplex aufgreifen. Auch bei den sich selbst als „seriös" verstehenden öffentlichrechtlichen Fernsehanstalten ARD und ZDF sind derartige Sendereihen inzwischen ein fester Programmbestandteil.

Nicht zuletzt deshalb, weil die Erörterung paranormaler Erscheinungen immer mehr von seiner Anrüchigkeit verliert, geben viele Menschen außergewöhnliche Erfahrungen, Visionen oder Begegnungen mit fremden Lebensformen unumwunden zu und treten damit auch an die Öffentlichkeit. Die Scham ist einer allgemeinen Aufgeschlossenheit gegenüber übersinnlichen Phänomenen gewichen.

Es gibt statistische Erhebungen, die besagen, daß bereits mehr als 10 Prozent der deutschen Bevölkerung Spukphänomene erlebt haben. Etwa 30 Prozent glauben an die Reinkarnation, und mehr als 80 Prozent halten eine Wiedergeburt zumindest theoretisch für möglich. Diese in der Tat erstaunlichen Zahlen machen es auch den kritischsten Skeptikern unmöglich, vor dem allgemeinen Trend die Augen zu verschließen. Durch die neue Medienwirksamkeit wird sich das Interesse der Bevölkerung mit Sicherheit noch mehr auf diese Dinge konzentrieren.

Der Kontakt wird stärker

Bereits die Begründer der modernen Psychologie, Sigmund Freud und Carl Gustav Jung, haben in ihren Werken darauf hingewiesen, daß allein die Aufmerksamkeit der Menschen sie zu immer neuen Erfahrungen führt, die die eigenen Vermutungen bestätigen. Jung nannte dieses Phänomen „Synchronizität".

Ein Mensch, der der Möglichkeit einer Existenz von geistigen Wesen ablehnend gegenübersteht, wird alle Hinweise auf solche Erscheinungen entweder ignorieren oder aber mit mehr oder weniger stichhaltigen Argumenten bagatellisieren oder ins Lächerliche ziehen. Eine gewisse Offenheit ist erforderlich, um ein Bewußtsein für die geistigen Welten zu entwickeln. Hat man die Existenz von übersinnlichen Erscheinungen erst einmal akzeptiert, häufen sich in der Regel die außergewöhnlichen Beobachtungen eines Menschen. Seine verstärkte Aufmerksamkeit macht es ihm dann möglich, Dinge wahrzunehmen, die anderen verborgen bleiben.

Kritische Distanz

Zweifellos ist es angebracht, jeden einzelnen Bericht aufmerksam und kritisch zu prüfen. Sinn, Aussagekraft und praktischer Wert von angeblichen übersinnlichen Erscheinungen sollten nicht unhinterfragt akzeptiert werden. Viele Scharlatane schwimmen auf der Esoterikwelle und versprechen sich lohnende Einkünfte, die ihnen allzu leichtgläubige Zeitgenossen oft genug auch verschaffen. Auch muß erkannt werden, daß viele Menschen unter dem Druck außergewöhnlicher seelischer Belastungen zu Angstphantasien neigen, die aber mit paranormalen Kräften nichts zu tun haben. Ganz gewiß ist es nicht immer leicht, hier eine Grenze zu ziehen.

Oben: Wegen ihrer besonderen Fähigkeiten luden asiatische Firmen Frau Sanmair als Beobachterin bei Geschäftsverhandlungen nach Asien ein. Das Bild zeigt sie mit Managern 1983 in Hongkong.

Bereits vor etwa 1200 Jahren wies der bedeutende indische Gelehrte Yogavasistha in einem Lehrbuch darauf hin, daß der menschliche Geist selbst derartige Zustände hervorbringt, und „nur der menschliche Geist selbst kann diese Zustände auch wieder überwinden." Dies sollte man so interpretieren, daß derjenige, der außergewöhnliche Phänomene beobachtet, diese auch gewissenhaft prüfen muß. Ein gesunder Geist ist eine wichtige Voraussetzung, um mit paranormalen Erscheinungen umgehen zu können. Nach Yogavasistha ist die Kraft der eigenen Gedanken das „Heilmittel gegen alle üblen Erscheinungen und gegen Dämonen". „Der starke und gesunde Geist eines aufgeklärten Menschen ist gefeit gegen alle Übel dieser Welt!"

Erfahrene Medien vertreten die Auffassung, daß die Beschäftigung mit außergewöhnlichen Erscheinungen als Hilfsmittel verstanden werden sollte, um neue Bereiche der Wirklichkeit kennenzulernen. Das Verständnis der jenseitigen Kräfte und der richtige

PERSPEKTIVEN

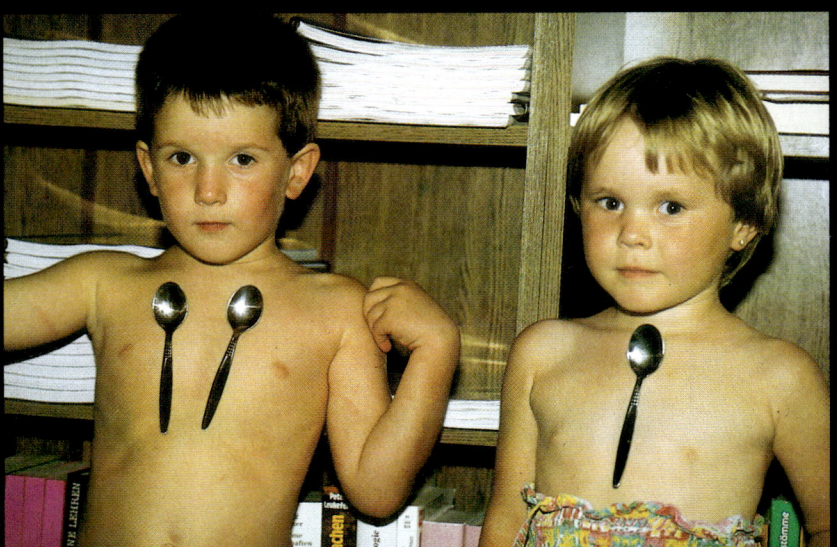

Der vierjährige Tobias erwies sich als besonders „magnetisch". Bei seiner Schwester Celina gelingt es nicht ganz so gut.

MAGNETISCHE KINDER

In der letzten Zeit verlieren auch die Massenmedien ihre Scheu, über paranormale Erscheinungen zu berichten. So wurde im März 1992 im ZDF eine russische Familie vorgestellt, die „magnetisch" ist. Bei Mutter und Tochter blieben Metalllöffel an der Haut haften, ohne daß irgendwelche Hilfsmittel verwendet wurden.

Untersuchungen im Kyborg-Institut haben ergeben, daß weitaus mehr Menschen solche Eigenschaften aufweisen, als man annehmen möchte. Sollte es tatsächlich möglich sein, die Gesetze der Physik außer Kraft zu setzen? Oder gibt es Naturgesetze, die uns bislang nicht bekannt waren? Die Ergebnisse waren verblüffend. Bei mindestens 20 Prozent der Testpersonen war das elektromagnetische Feld so stark ausgeprägt, daß Gegenstände wie handelsübliche Suppenlöffel haftenblieben. Der Erfolg solcher Experimente kann durch Konzentration und Meditation verstärkt werden. Besonders Kindern scheinen bei frühzeitiger Förderung durch Yoga derartige Übungen problemlos zu gelingen.

Links: Viele Medien und Jenseitsforscher behaupten, nicht mit der Wissenschaft in Konflikt zu stehen. So finden die Bücher des Begründers der Psychoanalyse Sigmund Freud auch in diesen Kreisen lebhaftes Interesse.

Umgang damit sei eine Möglichkeit, den alltäglichen Problemen besser gegenübertreten zu können.

Zurück aus dem Reich der Toten

Als ein Beispiel für den vernünftigen und sachgerechten Umgang mit paranormalen Fähigkeiten gilt für D. H. Alke Frau Elfi Olbeér-Sandmair aus Olching bei München. Die Entdeckung und die Nutzung ihrer hellseherischen Begabung hat sie folgendermaßen geschildert:

„Meine spirituellen Anlagen hatte ich nicht immer schon. Vor vielen Jahren lag ich mit einer schweren Krankheit in der Klinik, wurde operiert und war während des Eingriffs eine Zeitlang klinisch tot. Ich fühlte nichts mehr von meinem Körper, sondern nur noch, wie ich plötzlich ganz leicht wurde. Obwohl mein Körper mit geschlossenen Augen unbeweglich auf dem Operationstisch lag, konnte ich mit einem Mal sehr klar sehen. Mein Astralkörper löste sich aus dem Leib, und ich sah mich selbst wie einen lichten blau-weißen Nebel aufsteigen. Ich fühlte sehr deutlich, wie mein Geist den Körper verließ und in eine andere Materie eintrat. Mein Bewußtsein fiel in einen langen, dunklen Kanal. Schließlich tauchte am anderen Ende ein immenses helles Licht mit grellen weißen Strahlen auf. Erst fühlte ich nur die Gegenwart eines anderen Wesens, dann erschien mir das Bild eines hell strahlenden alten Mannes mit ergrauten Haaren. Ich glaube, es war meine Vision von Gott. Vermutlich stellte sich mein Unterbewußtsein Gott so vor. Er sagte zu mir: ,Dein Weg ist nicht beendet. Du mußt zurück und den Menschen helfen! Das ist Deine Aufgabe!'"

Ich wollte widersprechen, doch dann erwachte ich wieder in dem hellerleuchteten Operationssaal. Alles erschien mir lichtdurchflutet, so wie ich es bisher in meinem Leben noch nicht gekannt hatte. Mir war eine zweite Chance gegeben worden.

" ERFAHRENE MEDIEN VERTRETEN DIE AUFFASSUNG, DASS DIE BESCHÄFTIGUNG MIT AUSSERGEWÖHNLICHEN ERSCHEINUNGEN ALS HILFSMITTEL VERSTANDEN WERDEN SOLLTE, UM NEUE BEREICHE DER WIRKLICHKEIT KENNENZULERNEN. "

Unten: 1982 traf Madame Sandmair den berühmten amerikanischen Graphologen Caroll Righter in München wieder.

Nach dieser Erfahrung, die einen wirklichen Wendepunkt in meinem Leben bedeutete, eröffnete ich eine Beratungspraxis. Obwohl ich vorher kaum etwas mit übersinnlichen Dingen zu tun hatte und mit dieser Materie nicht vertraut war, entdeckte ich erstaunliche Begabungen in mir. Meine glückliche Hand erlaubte es mir, anderen Menschen durch Beratungen und Wahrsagen wirklich helfen zu können.

Meine Erfolge sprachen sich bald herum, und ich wurde international tätig. Eine japanische Firma lud mich nach Asien ein, um geschäftlichen Beratungen und vertraulichen Besprechungen beizuwohnen. Ich muß einen sehr nachhaltigen Eindruck bei diesen Leuten hinterlassen haben. Japanische und auch chinesische Fung-Shui-Meister erkannten aus ihren Orakeln, daß ich ein außergewöhnlich spiritueller Mensch sein müsse.

In Hollywood lernte ich den berühmten amerikanischen Graphologen Carroll Righter kennen, der Filmstars und Politprominenz Amerikas betreute. Gemeinsam mit ihm fanden Beratungs- und Diagnosesitzungen statt.

Als ich 1981 nach Deutschland zurückgekehrt war, konnte ich dem Fußballclub Arminia Bielefeld eine Siegesserie prophezeien, die dann auch wirklich eintraf. Ebenso unterstützte ich die Kriminalpolizei in Bielefeld. Ich gab den entscheidenden Hinweis, der es ermöglichte, die Leiche einer ermordeten Frau aufzufinden.

Heute kann ich sagen, daß mein Leben viel schöner, erfüllter und bewegter geworden ist, seit mir dieses jenseitige Wesen, diese göttliche Kraft erschienen ist. Ich habe mich zwar schon seit einigen Jahren von der öffentlichen Arbeit zurückgezogen, weiß aber ganz genau, daß diese spirituellen Wesen meine Wege auch weiterhin begleiten und mich beschützen. Immer wieder bekomme ich Hinweise und Prophezeiungen, die dann auch tatsächlich eintreffen."

Die Kooperation zwischen traditioneller Wissenschaft und Grenzwissenschaft scheint große Zukunft zu haben. So arbeitete Frau Olbeér-Sandmair auch eng mit dem Arzt Dr. Gayland aus Houston/Texas zusammmen. Gemeinsam konnten sie vielen Patienten helfen. Selbst der renommierte *Stern* wollte im Februar 1993 die Wirksamkeit von paranormalen Heilmethoden nicht ausschließen.   D. H. A.

MONDSÜCHTIGE THEORIEN

Der Mond hört nicht auf, uns Rätsel aufzugeben. Manche behaupten sogar, daß Weltraumforscher bemüht sind, ein schreckliches Geheimnis vor uns zu verbergen: Der Mond, unsere Tür zum Weltall, soll von außerirdischen Intelligenzen bewohnt werden. Gibt es Beweise für diese unvorstellbare Behauptung?

Oben: Trotz der umfangreichen und kostenaufwendigen Erforschung durch amerikanische und sowjetische Weltraumprogramme bleibt der Mond – seit Tausenden von Jahren von vielen Völkern als Herrscher der Nacht verehrt – in vielerlei Hinsicht noch genauso geheimnisvoll wie eh und je.

Der Mond ist eine kleine Welt – er ist etwa ein Viertel so groß wie die Erde und hat nur etwas über fünf Prozent von ihrem Gewicht. Der sagenumwobene Himmelskörper birgt eine Wüste von öden Felsen, die ringförmig aufgetürmt sind und Krater genannt werden. Weite, sich dahinschlängelnde Gebirgszüge heben sich vom Hintergrund ab wie ein freiliegendes Rückgrat. Trotz der geringen Größe des Mondes sind viele dieser Berge höher als der Mount Everest.

Zwischen den Gebirgsketten erstrecken sich über Hunderte von Kilometern ausgedehnte Ebenen. Diese in Dunkelheit gehüllten, düsteren Weiten kann man sogar von der Erde aus mit dem bloßen Auge erkennen. Die ersten Astronomen, die den Mond durch Fernrohre beobachteten, hielten sie aufgrund ihrer Ebenheit für Ozeane. So tragen diese dunklen Gebiete heute noch Namen wie Meer der Ruhe (lateinisch: Mare tranquillitatis) und Meer der Stürme (Oceanus procellarum). Heute wissen wir jedoch, daß es sich bei den Meeren (Maria) eigent-

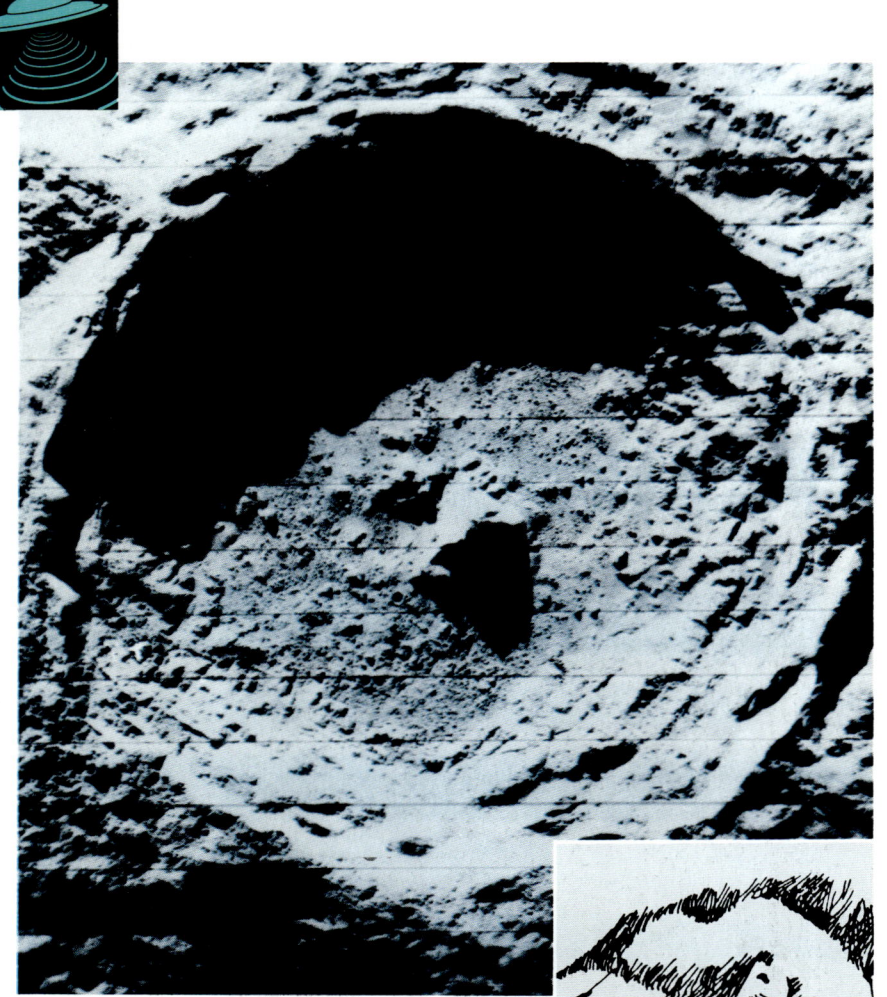

Antwort warf jedoch auch neue Fragen auf. Selbst über den Ursprung des Mondes wird noch gestritten. Seit über einhundert Jahren sind einige Wissenschaftler der Ansicht, daß der Mond in der Frühphase unseres Sonnensystems von der Erde abgespalten und als unser einziger natürlicher Satellit ins All geschleudert wurde. Andere vertreten wiederum die Meinung, daß der Mond in der Nähe unserer Erde entstand, geboren aus der gleichen Wolke wirbelnder Gase und Staub. Eine dritte Theorie verlegt den Geburtsort des Mondes ganz weit weg ins Sonnensystem. Nachdem er als ein eigenständiger Planet durch das All gewandert war, wurde er schließlich von der Gravitation der Erde eingefangen und zu seinem Satellitendasein gezwungen.

Unter der Vielzahl von Informationen zu unserem Erdmond haben unabhängige Forscher auch Hinweise gefunden, die eine Reihe von unorthodoxen Thesen unterstützen. Eine immer wieder vertretene These besagt, daß der Mond eben nicht so tot ist, wie er scheint. Vielleicht – so behaupten manche – war er einmal von Lebewesen bewohnt; vielleicht ist er es immer noch. Möglicherweise existieren auf unserem Mond außerirdische Lebensformen, die ihn unter Umständen von den Tiefen des Alls in die Umlaufbahn der Erde gebracht haben.

Teures Versteckspiel

Der Amerikaner George H. Leonard ist von der Existenz außerirdischen Lebens auf dem Erdmond überzeugt. In seinem Buch *Someone Else is On Our Moon* (Es gibt Leben auf dem Mond) behauptet er, daß gigantische Maschinen die Mondoberfläche umgraben und Krater ausheben. Seiner Meinung

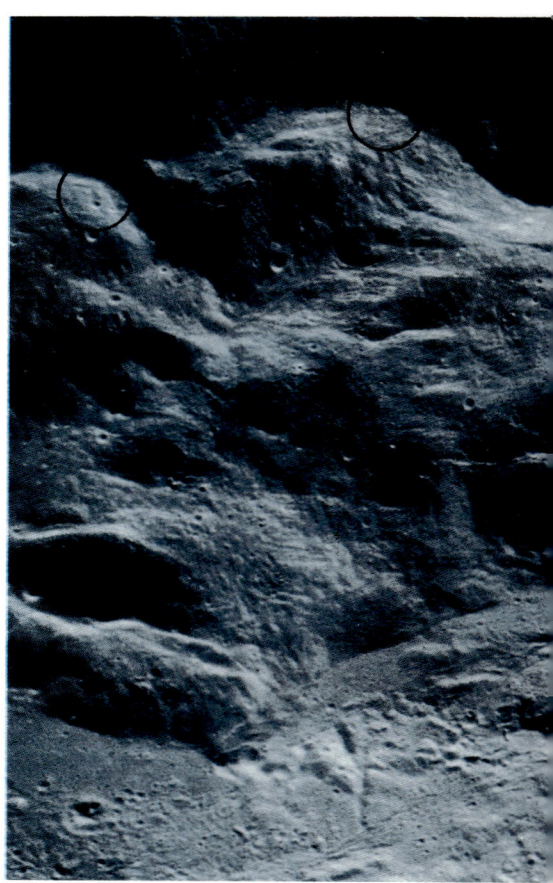

lich um ebene Flächen aus trockenem Gestein, Staub und vulkanischer Asche handelt. Auf dem Mond gibt es weder Wasser noch Luft. Aus diesem Grund erscheint es unwahrscheinlich, daß dort Leben, wie wir es kennen, existieren kann.

Noch bevor die ersten Astronauten mit der Apollo II im Juli 1969 den Mond erreichten und die trostlose Einsamkeit mit eigenen Augen sahen, hatten die Astronomen früherer Generationen entschieden, daß der Mond eine tote, luftlose Welt ist. Eingehüllt in dicke Raumanzüge, die für die lebenswichtige Versorgung mit Atemluft sorgten, kletterten die ersten Menschen auf dem Mond aus ihrer Rakete hinab auf die düstere, graue Mondoberfläche. Die Unfruchtbarkeit der sie umgebenden Landschaft war sofort zu spüren. So bewiesen auch die von ihnen zur Erde mitgebrachten Felsstücke, daß der Mond eine tote Welt ist und sich seit Milliarden von Jahren nicht verändert hat.

Die amerikanischen Astronauten ließen Instrumente auf der Mondoberfläche zurück, die nach möglicherweise vorhandenen Gasen „schnuppern" sollten. Auch sollten sie eventuelle Bodenerschütterungen aufzeichnen, die dann auf Mondbeben schließen ließen. Von den sowjetischen, unbemannten Sonden Luna kehrten Oberstufen mit Bodenproben zur Erde zurück, die ebenso wie die Bodenproben der Amerikaner eindeutig jede Lebensform auf dem Erdmond ausschlossen.

Diese wissenschaftlichen Unternehmungen hätten eigentlich die Geheimnisse unseres natürlichen Satelliten ein für allemal lüften sollen. Jede neue

Ganz oben: Der Schriftsteller George H. Leonard glaubt, auf einer offiziellen NASA-Fotografie auf dem Boden des Kraters Tycho die Buchstaben PAF zu erkennen, die der außerirdischen Kommunikation dienen sollen. Leonard nahm eine Zeichnung (oben) mit seiner rätselhaften Botschaft in sein Buch Someone Else is On Our Moon (Es gibt Leben auf dem Mond) *auf. Er beharrt darauf, Konstruktionen auf dem Kraterboden gesehen zu haben, die Sonnenkollektoren sein könnten.*

nach haben die außerirdischen Mondbewohner gewaltige Wohnkuppeln und Türme errichtet, riesige kilometerlange Spiralen schräg in die Mondkruste getrieben. Sie sollen sogar große Spalten in der Oberfläche des Mondes miteinander verbunden haben.

Leonard ist sich sicher, daß die amerikanische Weltraumbehörde NASA ihr Wissen um die Außerirdischen zurückhält. Er glaubt, daß die Astronauten der Apollo verhüllende Worte zur Beschreibung der Mondoberfläche wählten, damit bei der Übertragung der Bilder nicht die Existenz außerirdischen Lebens ans Licht käme. So wurden nach Leonard die mehrere Milliarden teuren Mondlandungen nicht zu wissenschaftlichen Zwecken geplant, auch nicht wegen des politischen Ruhms, das Wettrennen im All gewonnen zu haben: Sowohl die Regierung der USA als auch der UdSSR, so Leonard, hatten sich strenggeheim verbündet, um den außerirdischen Mondbewohnern auf die Spur zu kommen. Als die ersten Astronauten dann riesige, leistungsstarke außerirdische Maschinen vorfanden, ohne ihre Verwendung klären zu können, hielten die Regierungen die Ergebnisse der Mondlandung unter Verschluß. Die NASA erzählte der Welt, daß sie „für den Augenblick die bemannten Landungen eingestellt" hätte.

In seiner Hypothese stützt sich Leonard auf seine eigene Untersuchung Tausender Nahaufnahmen, die bei bemannten und unbemannten Flügen zum Mond gemacht wurden. Er versichert, daß seine Auslegung von „Dr. Sam Wittcomb" – ein Pseudonym für einen ehemaligen Mitarbeiter der NASA – unterstützt wird. Leonards gesamte „Beweise" basieren auf veröffentlichten Fotografien der NASA; seine „künstlichen Bauten" kann man allerdings nur

Oben: Die beiden Spuren auf der Mondoberfläche wurden, so behauptet es der Schriftsteller George Leonard, von intelligenten Wesen verursacht. Die kürzere, kettengliedartige Spur erstreckt sich über 275 Meter; die schmalere, schwächere Spur auf der äußersten rechten Seite des Bildes ist 365 Meter lang.

Links: Die schwer erkennbaren x-förmigen Zeichen (eingekreist und auf der unteren Zeichnung wiedergegeben) sind nach Leonards Meinung ferngesteuerte X-Drohnen – außerirdische Maschinen mit einer Armlänge von bis zu fünf Kilometern, die in der Lage sind, Gestein in Staub zu verwandeln.

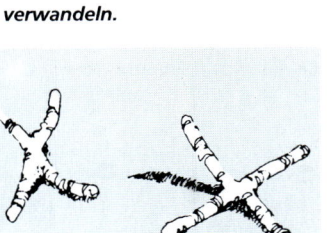

bei genauer Betrachtung durch ein Vergrößerungsglas erkennen. Leonard sagt, daß „zwölf Quadratzentimeter Mondterritorium auf den glänzenden, von der NASA veröffentlichten Fotos einen wochenlang beschäftigen können. Und am Ende dieser Wochen hat man vielleicht nur einen Hauch Ahnung von der Hälfte dieses Gebietes."

Leonard behauptet, daß die Fotografien Objekte von einer solchen Regelmäßigkeit zeigen, die nur künstlichen Ursprungs sein können. In einem bergigen Gebiet unweit des Kraters Bullialdus glaubt er eine gigantische Gruppe von Zahnrädern – das größte mit einem Durchmesser von acht Kilometern – sowie einen Generator von vergleichbarer Größe entdeckt zu haben. Im bekannten Krater Tycho erkennt er eine künstlich angelegte achteckige Fläche mit den riesigen Schriftzeichen PAF. Weitere schriftzeichenähnliche Glypten (Furchen) kommen auch an anderen Stellen auf der Mondoberfläche vor, sagt er. Am häufigsten findet man die Buchstaben A, X und P. Leonard hat auch Buchstaben vom altertümlichen Runenalphabet entdeckt sowie ein Schriftzeichen, das aussieht wie „ein altes Hindu-S, das mit einem semitischen S verbunden ist". Diese Buchstaben, so vermutet er, dienen als Markierung, damit die Außerirdischen in ihren UFOs erkennen, welchen Krater sie gerade überfliegen.

In einem mit solchen Glypten gekennzeichneten Krater will Leonard ein halbes Dutzend UFOs am Boden ausfindig gemacht haben. Diese sind, wie er berichtet, oval mit einem Durchmesser von etwa 45–60 Metern; das UFO im Zentrum des Kraters

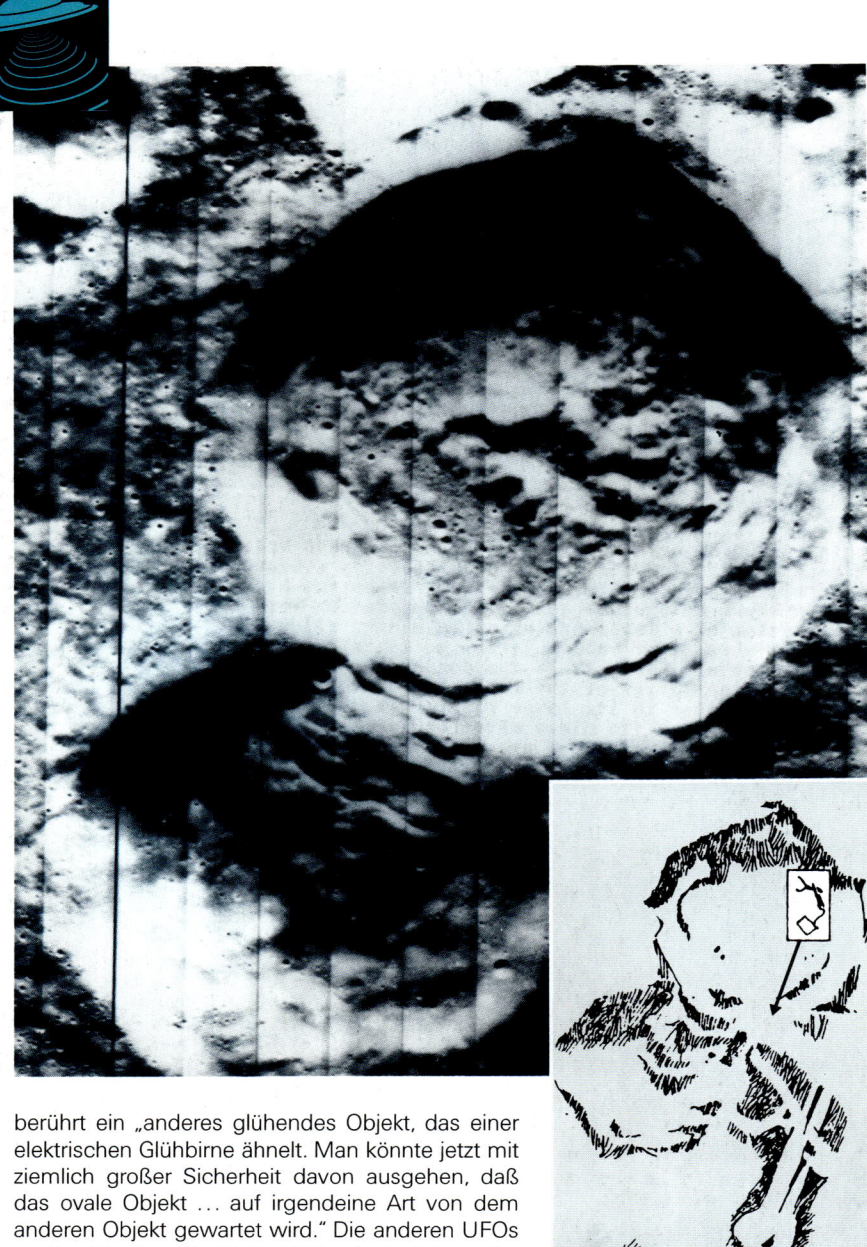

berührt ein „anderes glühendes Objekt, das einer elektrischen Glühbirne ähnelt. Man könnte jetzt mit ziemlich großer Sicherheit davon ausgehen, daß das ovale Objekt … auf irgendeine Art von dem anderen Objekt gewartet wird." Die anderen UFOs warten, bis sie an der Reihe sind – etwa wie man das von Autos an der Tankstelle kennt, versichert Leonard. Jedes ovale Objekt trägt eine y-förmige Kennzeichnung, „ähnlich einem alten semitischen Z oder dem Baum des Lebens". Dreht man die aufwärtsgerichteten Striche am Y nach unten, ergibt sich eine Form, die der Kennzeichnung am berühmten Socorro UFO, das ein Polizist in New Mexico erblickt hat, gleicht.

Noch erstaunlicher sind Leonards Behauptungen über die außerirdischen Bagger. Am häufigsten entdeckte er die sogenannten ferngesteuerten X-Drohnen. Diese bestehen aus zwei zu einem X verkreuzten Röhren. Die größte Röhre mißt eine Länge von fünf Kilometern. X-Drohnen will Leonard auch an den Kammlinien und Rändern der Krater sowie auf den Kraterböden gefunden haben. Sie scheinen das darunterliegende Gestein aufzubrechen, indem sie mit Keulen, die an den Enden der Beine befestigt sind, darauf einschlagen. Andere X-Drohnen entfernen den ausgegrabenen Staub mit einer Art Gebläse. Leonard beteuert sogar, eine Gruppe von X-Drohnen gefunden zu haben, die systematisch einen 5800 Meter hohen Berg abtragen, während

Ganz oben: George Leonard versichert, er könne auf diesem von der NASA-Sonde Lunar Orbiter 1 am 26. August 1966 aufgenommenen Foto eine gigantische Maschine, einen Superbagger in der rechten oberen Ecke des oberen Kraters erkennen. Auf der obenstehenden Skizze ist das vermeintliche Objekt eingerahmt wiedergegeben.

Rechts: George Leonard vertritt die Meinung, daß eine mit einer Kuppel versehene Plattform den schmalen dreieckigen Schatten auf der Fotografie des Herodotus-Gebirgszuges verursacht.

andere Krater von bis zu sechs Kilometer Durchmesser ausheben. Jeder dieser Krater ist mit einem weißen Kreuz markiert, welches, so meint Leonard, über die Anwesenheit einer X-Drohne informiert.

Leonard zufolge gibt es auf dem Mond jedoch noch andere Maschinen. Er gibt an, daß er auf Fotos der Apollo 14 zwei riesige Superbagger entdeckt hätte, ähnlich den von Menschen geschaffenen Löffelbaggern, aber um ein Vielfaches größer. Er ist überzeugt, die Apollo-Besatzung muß sie auch gesehen, das Gesehene aber geheimgehalten haben.

Ein weiterer Schriftsteller, der gleichfalls die Meinung vertritt, daß die NASA Informationen geheimhält, ist Don Wilson, Autor von *Our Mysterious Spaceship Moon* (Unser geheimnisvoller Raumschiff-Mond). Auch er will merkwürdige Konstruktionen auf dem Mond entdeckt haben. Nach Wilsons Vorstellung ist der Mond teilweise hohl und soll tatsächlich ein Raumschiff aus den fernen Tiefen des Universums sein, das seine außerirdische Besatzung in unser Sonnensystem geflogen hat.

Für seine Theorie verweist Wilson auf zwei angesehene Wissenschaftler – Michael Wasir und Alexander Tscherbakow –, die an der Sowjetischen Akademie der Wissenschaften arbeiteten. Er zitiert ihren Artikel *Is the Moon the Creation of Intelligence?* (Ist der Mond ein Werk der Intelligenz?), der erstmals im Juli 1970 in der Zeitschrift Sputnik erschienen war. Wasir und Tscherbakow deuten an, daß der Mond ein Raumschiff von Außerirdischen sei. Die für uns sichtbare Oberfläche sei lediglich eine äußere Hülle, die wirkliche Oberfläche liege 80 Kilometer tief im Inneren des Mondes. Die Außerirdischen sollen für sich einen Raum von 50 Kilometern Höhe beanspruchen und eine durchgehende äußere Hülle von 30 Kilometer Dicke geschaffen haben, die als Schutzschild gegen Meteoriten dient. Oben auf dieser har-

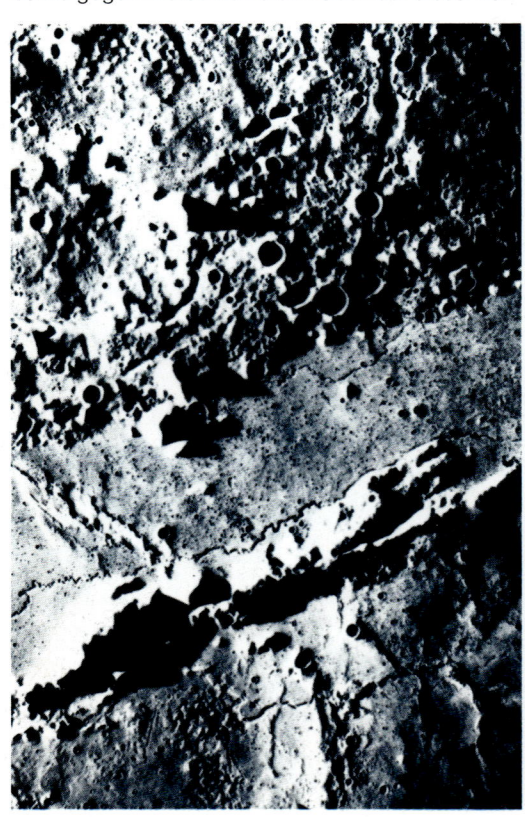

ten Außenhaut liege eine wenige Kilometer dicke Schicht lockeren Füllmaterials – die Mondoberfläche.

Wilson behauptet nun, daß seine Theorie viele der „Geheimnisse" des Mondes erklärt. Die Krater sind im Vergleich zu ihrem Durchmesser ziemlich flach: Auf den Mond aufschlagende Meteoriten konnten die harte Außenhaut nicht durchdringen und sprengten lediglich die lockeren Gesteinsmassen zur Seite, so daß weite, aber flache Senken entstanden. Die glatten Lava-Ebenen bestehen dann aus einem „zementartigen Material", das die Außerirdischen zur Reparatur der bei diesen Aufschlägen entstandenen Einkerbungen benutzten. Den russischen Wissenschaftlern zufolge hat der Mond deshalb eine geringere Dichte als die Erde, weil er zum Teil hohl ist.

Uralte Felsen

Wilson akzeptiert diese Interpretation pauschal und fügt einigen der von den Apollo-Missionen gebrachten „Überraschungen" seine eigene Auslegung bei. Zu diesen zählen die Unterschiede zwischen dem Alter des Felsgesteins auf dem Mond und auf der Erde sowie zwischen den Mondfelsen und dem Mondboden, auf dem sie liegen. Wilson schließt daraus, daß der Mond älter ist als die Erde, aber auf seiner Reise durch „verschiedene kosmische Zeitzonen" „jüngeres" Gestein aufsammelte. Auch die chemische Zusammensetzung des Mondes unterscheidet sich von der der Erde, und hier deutet Wilson an, daß die Außerirdischen die Oberflächenschichten von innen nach außen schichteten, als sie die Gebiete unter der Außenhaut, die sie als ihren Lebensraum benötigten, aushöhlten.

Ist der Mond auch heute noch bewohnt? Wilson gräbt die 70 Jahre alten Ideen des Österreichers

Oben: Auf diesem Foto, das von der anderen Seite des Mondes aufgenommen wurde, identifiziert Leonard verschiedene Konstruktionen als das Ergebnis der Arbeit intelligenter Wesen. Dazu gehört eine Kuppel auf einer „planmäßig errichteten" Plattform mit parallelen, durch einen Bogen verbundenen Wänden. Die gezeigten Landschaftsausschnitte umfassen den flachen, unregelmäßig geformten Lacus Veris, ganz oben im Bild, den großen Krater von Maunder sowie einen Teil des flachen Mare Orientale im unteren Drittel des Bildes.

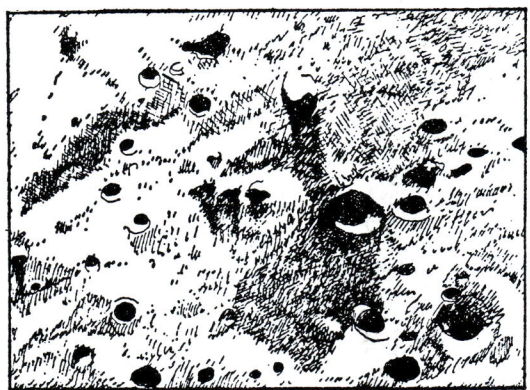

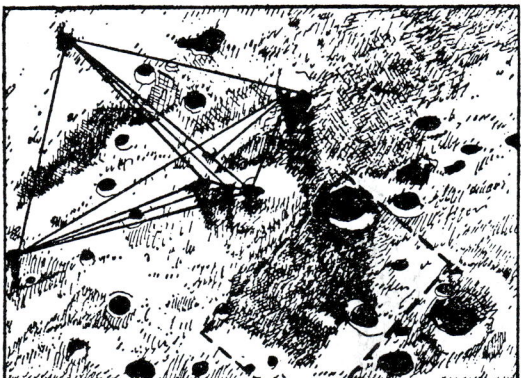

Links: Die Illustrationen aus Don Wilsons Buch Our Mysterious Spaceship Moon versuchen zu beweisen, daß es sich bei den geometrischen Felsanordnungen im Gebiet westlich des Meeres der Ruhe um Steinsäulen handelt, die von intelligenten Wesen auf dem Mond aufgestellt wurden.

Hans Hoerbiger aus – Ideen, die nebenbei bemerkt, einen Bestandteil des, wenn auch geringen, philosophischen Hintergrunds des Nationalsozialismus darstellten. Hoerbiger glaubte, die Erde hätte mehr als nur einen Mond gehabt, und unser gegenwärtiger Mond wäre vor erst 13.500 Jahren erschienen. Wilson vermutet, daß Außerirdische in einem beschädigten Raumschiff in unser Sonnensystem kamen, den vorigen Mond der Erde in ein neues Schiff umwandelten und dann mit ihrem neuen Schiff davonflogen. (Er gibt jedoch keinerlei Erklärung für die Herkunft des vorigen Mondes.)

Wilson vertritt die Auffassung, daß diese Außerirdischen, als sie sich in unserer Nähe aufhielten, die Erde auch besuchten und hoch in den Anden die jetzt verlassene Stadt Tiahuanaco (was Wilson mit „Stadt des zum Untergang verurteilten Satelliten" übersetzt) gründeten. Er hat sich auch mit Anhaltspunkten auseinandergesetzt, die andeuten, daß der Mond immer noch von Außerirdischen bewohnt sei. Er entdeckte zwar nicht Leonards ferngesteuerte X-Drohnen, Superbagger oder schriftzeichenähnliche Glypten, fand dafür aber hohe „Turmspitzen", „Blöcke" und „Kuppeln", wobei er sich mehr auf die Kommentare der Apollo-Astronauten verließ und jede Abweichung vom einfachen Englisch als Geheimcode interpretierte. Jedoch, selbst wenn man Wilsons Verdacht bezüglich der Unaufrichtigkeit der NASA akzeptiert, gibt uns dies noch immer keinen Hinweis darauf, was die Astronauten wirklich gesehen haben.

Die Wissenschaftler sind davon überzeugt, daß unser Mond eine tote Welt ist, seit langem nach geologischen Maßstäben inaktiv und zudem ein Satellit, auf dem es noch nie Leben gegeben hat.

KELTISCHE VORBOTEN DES TODES

Das Wehklagen der Todesfee als Vorbote des Todes ist in den irischen Legenden ein immer wiederkehrendes Motiv. Jüngste Ereignisse scheinen darauf hinzudeuten, daß die Trauernde auch heute noch zu hören ist.

Es war eines Nachts Anfang 1979. Irene McCormack aus Andover, Hampshire, England, lag in ihrem Bett, als sie etwas vernahm, was sie später als das „jämmerlichste Wehklagen" beschrieb, das sie je gehört hatte. Damals war sie allein zu Hause und zutiefst bedrückt, da ihre Mutter im Krankenhaus in Winchester im Sterben lag.

Als sie das Wehklagen vernahm, wäre sie vor Schreck beinahe aus dem Bett gefallen. „Vor Angst bebend stand ich auf und ging die Treppe hinunter. Der Hund lief winselnd im Wohnzimmer hin und her." Da er sich nicht beruhigen wollte, nahm sie ihn mit nach oben in das Schlafzimmer, wo – nachdem das Wehklagen verklungen war – sie beide bis zum Morgengrauen wachlagen.

Am Morgen klingelte die Polizei bei Mrs. McCormack. Sie wurde gebeten, zu ihrer Mutter an das Krankenbett zu kommen. Als sie das Krankenhaus erreichte, lag ihre Mutter bereits im Koma. Irene McCormack blieb bei ihrer Mutter, bis die alte Frau kurz darauf verstarb. Als die Beisetzung vorüber war und sich das Leben wieder normalisiert hatte, erzählte Mrs McCormack ihrer Familie von dem Wehklagen, das sie gehört hatte. Ihr irischer Ehemann meinte, sie hätte eine Todesfee gehört. „Damals lachten viele aus meiner Familie darüber", sagte Mrs. McCormack. „Sie dachten wohl, ich schnappe über … aber ich hoffe, daß ich so etwas nie wieder hören muß."

Das englische Wort für Todesfee „Banshee" ist aus dem gälisch-irischen Wort „bean shide" hergeleitet, was soviel wie „Frau aus der Feenwelt" bedeutet. Ihr trauerndes Weinen soll den Tod ankündigen. Nach der irischen Überlieferung hat sie langes rotes Haar, das sie wie eine Meerjungfrau sorgfältig kämmt, wenn sie vor dem Heim der Familie, die bald ein Familienmitglied verlieren wird, wehklagt. Von den zum Sterben Verurteilten wird sie jedoch selten gehört oder gesehen.

Die Todesfee ist tief in der irischen Legende verwurzelt. Sie wehklagte schon für solch alte Helden wie König Connor McNessa, Finn McCool und für den großen Brian Boru, dessen Sieg über die Wikinger im Jahre 1014 deren Macht in Irland brach. In nicht ganz so ferner Vergangenheit behaupteten

Rechts: „I saw the banshee flying wild in the wind of March" – „Ich sah die Todesfee fliegen, wild in des Märzen Wind". Dies ist der Titel der sehr romantischen Interpretation eines Auftritts der irischen Todesfee der englischen Künstlerin Florence Harrison.

Einwohner des Dorfes Sam's Cross, in der Grafschaft Cork, die schauerliche Stimme der Todesfee gehört zu haben, als Michael Collins, der Oberbefehlshaber der Armee des Irischen Freistaates während des Irischen Bürgerkrieges, 1922 aus dem Hinterhalt ermordet wurde.

Gegen Ende der sechziger Jahre produzierte die Para-Forscherin Sheila St. Clair eine Radiosendung für die BBC über die irische Todesfee, und einige der Berichte klangen durchaus überzeugend. Ein Bäcker aus Kerry erzählte von einer unangenehmen Nacht, die er und seine Gesellen verbracht hatten, während sie Brot für die Morgenlieferung buken.

„Es begann ganz leise, dann schwoll die Lautstärke an. Die Stimme hatte eindeutig etwas Menschliches an sich … Die Tür zur Bäckerei, in der ich arbeitete, stand auch offen, und die Männer blie-

Gegenüberliegende Seite oben rechts: General Michael Collins, Oberbefehlshaber der Armee des Irischen Freistaates, wurde bei Beal-na-Blath aus dem Hinterhalt getötet – ein Ereignis, von dem die Menschen im irischen Dorf Sam's Cross, Grafschaft Cork, behaupten, daß es durch das Wehklagen der Todesfee angekündigt wurde.

Rechts: Die Ermordung von John F. Kennedy soll einem amerikanischen Geschäftsmann und engen Freund durch das Weinen der Todesfee angekündigt worden sein.

ben stehen und lauschten. Na ja, wie ich schon sagte, die Stimme wurde sehr laut, und man konnte beinahe ein paar gälische Wörter erkennen, und dann, langsam, verklang die Stimme. Tja, wir haben uns ein paar Minuten darüber unterhalten, und schließlich, als der Morgen dämmerte, so gegen 5 Uhr, kam einer der Brotausträger herein und sagte zu mir: ‚Ich fürchte, du mußt den Karren herausziehen. Ich habe soeben erfahren, daß eine Tante von mir gestorben ist.' An seinem Karren hatte die Todesfee geklagt."

In der gleichen Radiosendung bemühte sich ein älterer Mann aus der Grafschaft Down, das Todesklagen, das er gehört hatte, näher zu beschreiben. „Es war ein sehr trauriger Ton", sagte er. „Er hätte einen an die alten Hofkatzen auf der Mauer erinnern können. Es waren aber keine Katzen. Das weiß ich ganz genau. Erst dachte ich, es ist vielleicht ein Vogel, der sich quält oder so etwas Ähnliches . . . ein trauerndes Weinen war es, und dann ließ es ein klein bißchen nach, dann immer mehr, bis es schließlich ganz verschwand."

Obwohl das englische „bean shide" von der Wortbedeutung her eine feenhafte Frau bezeichnet, gehen die meisten Volkskundler davon aus, daß sie eher ein Geist ist als eine „Fee". Nach der Mythologie jedoch klagt die irische Todesfee auch beim bevorstehenden Tod von Feenkönigen. Einige der älteren irischen Familien – die O'Briens und die O'Neils zum Beispiel – betrachten die Todesfee traditionell fast als einen persönlichen Schutzengel, der stumm über das Schicksal der Familie wacht, ihre Mitglieder vor Gefahr bewahrt und ihnen schließlich den letzten Dienst des „Wehklagens" für ihre scheidenden Seelen erweist.

Ein Mann aus der Grafschaft Antrim berichtete Sheila St. Clair in der gleichen Rundfunksendung über seine Interpretation der Rolle der irischen Todesfee. Er behauptete, daß vor Jahrhunderten einige der gottesfürchtigen Clans mit Schutzgeistern gesegnet waren. Da sich diese himmlischen Wesen nicht selbst in menschlichen Worten ausdrücken konnten, war es ihnen gestattet, ihren tiefen Gefühlen nur dann Ausdruck zu verleihen, wenn einer der ihnen Anvertrauten starb: Das Ergebnis ist das Weinen der Todesfee. Jedoch, schränkte der Mann aus Antrim ein, genießen nur die am meisten gottesfürchtigen Familien das Privileg, daß ihnen heute noch von einer persönlichen Todesfee ein Todesfall angekündigt wird.

Diese These mag einen Geschäftsmann aus Boston, USA, zufriedenstellen, der vor einigen Jahren behauptet hatte, daß die irische Todesfee, wie auch andere Geschöpfe der europäischen Folklore, den Atlantik überquert hatte. James O'Barry stammt von einer irischen Familie ab, die 1848 nach Massachusetts kam. Er war noch ein ganz kleiner Junge, als er das erste Mal die Todesfee hörte.

„Eines Morgens, ich lag noch im Bett, hörte ich einen unheimlichen Ton, als ob eine wahnsinnige Frau weinte. Es war Frühling. Vor meinem Fenster sangen die Vögel, die Sonne schien, und der Himmel war blau. Für einen Moment dachte ich, Wind wäre aufgekommen, aber ein Blick auf die sich kaum bewegenden Bäume sagte mir, daß das nicht stimmte. Ich ging hinunter zum Frühstück, und da saß mein Vater am Küchentisch mit Tränen in den Augen. Nie zuvor hatte ich ihn weinen sehen. Meine Mutter erzählte mir dann, sie hätten gerade einen Anruf erhalten, daß mein Großvater in New York verstorben war. Obwohl schon ein alter Mann, so war er doch kerngesund gewesen, und sein Tod kam unerwartet."

Es dauerte einige Jahre, bis O'Barry von der Legende der irischen Todesfee hörte. Dann erinnerte er sich an die klagende Stimme beim Tod seines Großvaters. 1946 hörte er sie wieder. Dieses Mal jedoch unter ganz anderen Umständen. Er war als Regierungsbeamter bei der amerikanischen Air Force im Fernen Osten, als er eines Tages um 6 Uhr morgens von einem langgezogenen Heulen geweckt wurde. Er war zu Tode erschrocken.

„Damals wußte ich sofort, worum es sich handelte. Ich saß kerzengerade im Bett, und mir standen die Haare im Nacken zu Berge. Das Geräusch wurde lauter, schwoll an und ab wie bei einer Sirene. Dann verklang es, und ich merkte, daß ich tieftraurig war. Ich wußte ganz genau, mein Vater war gestorben. Ein paar Tage später erhielt ich die Nachricht, daß er wirklich tot war."

17 Jahre später sollte O'Barry diese Stimme noch einmal hören, zu einer Gelegenheit, die er als die bemerkenswerteste von allen bezeichnet. Er hielt sich allein in Kanada, in Toronto, auf und verband eine Geschäftsreise mit einem Urlaub.

„Wieder war ich im Bett – ich las die Morgenzeitung –, als ich diesen furchtbaren Klang vernahm. Ich dachte an meine Frau, meinen kleinen Sohn, meine beiden Brüder, und hoffte: ‚Oh Gott, bitte laß es nicht einen von ihnen sein.' Aus irgendeinem Grund wußte ich aber, daß sie nicht gemeint waren."

Es war der 22. November 1963, kurz nach Mittag, als die irische Todesfee den Tod eines Bekannten von O'Barry beklagte – Präsident John F. Kennedy.

Wenn bei den Iren die Todesfee einen Tod ankündigt, so könnte man doch annehmen, daß ihre engen keltischen Verwandten, die Schotten, auch etwas Ähnliches haben. Dem ist aber nicht so. Obwohl die meisten Clans von Zeit zu Zeit mit Stolz auf die Existenz eines persönlichen Vorboten des Todes verwiesen haben. Die größte Ähnlichkeit mit der irischen Todesfee hat die „Todesfrau", die in der schottischen Folklore an den westwärts strömenden Flüssen an der Westküste Schottlands weilt und die Kleidung derjenigen wäscht, deren Tod bevorsteht. Dann gibt es in den Highlands noch den „roten Fischer", eine Erscheinung mit Gewand und Kapuze, der dasitzt und angelt. Allein ihn zu sehen bedeutet eine Ankündigung des Todes.

Tödliche Wäsche

Die MacLaines von der Insel Mull, Argyllshire, jedoch bewahren eine merkwürdige Legende von ihrem eigenen Todesboten. Im 16. Jahrhundert soll Eoghan a' Chin Bhig (Ewan vom Kleinen Kopf) eine ernsthafte Auseinandersetzung mit seinem Vater, MacLaine of Loch Buie, gehabt haben. Im Jahre 1538

Oben: Im 16. Jahrhundert erhielt der Häuptling Eoghan (Ewan) a' Chin Bhig als Hochzeitsgeschenk von seinem Vater, der im Schloß Moy Castle (rechts) lebte, das Inselschloß von Loch Sguabain. Eoghan überwarf sich mit seinem Vater und fiel im Kampf. Seitdem soll das Erscheinen des kopflosen Eoghan immer wieder Todesfälle in der Familie angekündigt haben.

Unten: In dieser Illustration aus dem 19. Jahrhundert erscheint einem jungen Mann eine irische Todesfee in einer Rauchwolke.

THE BANSHEE.

Awful Death warning by the appearance of an Apparition.

sammelten sich beide Seiten zum Entscheidungskampf. Am Abend vor der Schlacht traf Eoghan beim Spaziergang auf eine alte Frau, die im Fluß ein Bündel blutbefleckter Hemden wusch. Er erkannte in ihr eine Todesfrau und wußte, daß die Hemden denen gehörten, die am Morgen sterben würden. Ziemlich kühn fragte er, ob sein eigenes Hemd auch darunter wäre. Die Antwort lautete: Ja. Sie erzählte ihm auch, daß er aber weiterleben und siegen würde, wenn ihm seine Frau aus eigener Hand Brot und Käse anbieten würde.

Seine Frau tat dies nicht. Eoghan ritt entmutigt in den Kampf, und auf dem Höhepunkt der Schlacht wurde sein Kopf mit einer Lochaber-Streitaxt glatt von den Schultern getrennt. Sein Pferd galoppierte mit dem kopflosen Reiter im Sattel hinunter zur Glen-More-Schlucht. Die Legende erzählt, daß der tote Eoghan zum Vorboten des Todes für seinen eigenen Clan wurde. Auch heute noch wollen Menschen seinen kopflosen Körper auf dem galoppierenden Pferd kurz vor drei Todesfällen in der Familie gesehen haben. Diese Erscheinung soll ebenfalls schwere Erkrankungen, wann immer sie in der Familie auftreten, ankündigen.

Ein weiterer bekannter schottischer Verkünder des Todes ist der Geistertrommler vom Schloß Cortachy Castle, Tayside, dem Sitz des Grafen von Airlie. Eine Geschichte erzählt, daß er dem Leslie-Clan

angehörte und gekommen war, um sich für einen Waffenstillstand mit den Gegnern seines Clans, den Ogilvys – der Familienname des Grafen von Airlie – einzusetzen. Er wurde getötet, noch bevor er die Botschaft überbringen konnte. Eine romantischere Version besagt jedoch, daß er im 15. Jahrhundert Trommler in einem Highland Regiment und Liebhaber der Lady Airlie war. Der Graf nahm ihn gefangen und stieß ihn aus einem Turmfenster.

Vier gut belegte Berichte aus dem 19. Jahrhundert deuten darauf hin, daß das Phantom seine Warnungen weiterhin wirksam überbringt. So wurde der Trommler in den vierziger Jahren von Mitgliedern des Haushaltes vor dem Tod der Gräfin von Airlie gehört. Der Graf heiratete kurz darauf erneut und gab im Jahre 1848 ein Fest, zu dem auch Miss Margaret Dalrymple geladen war. Während des Essens am ersten Abend machte Miss Dalrymple eine Bemerkung über die merkwürdige Musik, die sie vor ihrem Fenster gehört hatte, während sie sich ankleidete – der Klang einer Querpfeife, gefolgt von Trommeln. Der Gastgeber und seine Frau erbleichten. Nach dem Essen erzählte einer der Gäste die Legende.

Gespenstisches Trommeln

Am folgenden Morgen befand sich Ann Day, das Dienstmädchen von Miss Dalrymple, allein im Schlafgemach und bereitete die Kleidung ihrer Herrin vor. Sie kannte die Legende vom Trommler nicht und war überrascht, als sie hörte, wie unten im Hof ein Wagen vorfuhr und dazu jemand trommelte. Als sie feststellte, daß sich niemand im Hof befand, das Trommeln aber nicht aufhörte, wurde sie von panischer Angst erfaßt. Am darauffolgenden Tag hörte ihre Herrin das Trommeln wieder und entschied, daß es jetzt genug sei. Kurz darauf starb die neue Lady Airlie in Brighton. Sie hinterließ eine Mitteilung, die besagte, daß sie sich sicher wäre, ihr Tod sei vom Trommler angekündigt worden.

1853 vernahmen mehrere Personen, wie sie berichteten, den Trommler kurz vor dem Tod des Grafen, und 1881 erzählten zwei Verwandte, sie hätten diese prophetische Musik während ihres Aufenthaltes auf Schloß Cortachy gehört, als sich der

Oben: Mehrere Berichte bezeugen das Erscheinen des Geistertrommlers von Schloß Cortachy Castle, Tayside, beim bevorstehenden Tod eines Mitglieds der Familie Ogilvy. Zwei Verwandte hörten, wie das Phantom vor dem Ableben von David Ogilvy, dem zehnten Earl of Airlie (oben links), im Jahre 1881 seine Trommel schlug.

" ICH SASS KERZENGERADE IM BETT, UND MIR STANDEN DIE HAARE IM NACKEN ZU BERGE. DAS GERÄUSCH WURDE LAUTER, SCHWOLL AN UND AB WIE BEI EINER SIRENE. "

damalige Lord Airlie in Amerika aufhielt. Einige Tage später erreichte sie die Nachricht von seinem Ableben. Was die irische Todesfee und die schottischen Todeswarnungen betrifft, so gibt es in diesen Fällen Dutzende Menschen, die behaupten, diese Unglücksboten gehört oder gesehen zu haben. Gibt es eine rationale Erklärung für diese Erscheinungen?

Sheila St. Clair hat hier eine interessante Theorie, die sich eng an das anlehnt, was der Psychologe Carl Gustav Jung als das kollektive Unbewußte bezeichnet – eine vererbte Struktur von Erinnerungen, die von Psyche zu Psyche weitergegeben wird. „Ich würde meinen", sagt sie, „daß genauso, wie wir physische Merkmale erben ... wir ebenfalls Gedächtniszellen erben. Und jene unter uns, mit direkter Stammesherkunft und häufigen Ehen innerhalb des Stammes, besitzen die Todesfee als Bestandteil eines ererbten Gedächtnisses. Die symbolische Erscheinung einer weinenden Frau kann sich in unser Stammesbewußtsein eingeprägt haben ... Ein besonderer Teil unseres Bewußtseins bringt ein symbolisches, vererbtes Muster hervor, das in der Vergangenheit mit Unglücksfällen im Stamm assoziiert wurde. Diese unterbewußte ‚letzte Warnung' soll uns auf das tragische Ereignis vorbereiten." Sollte es wirklich möglich sein, daß es eine kollektive Urerinnerung gibt? Genetiker würden eine solche Vererbungstheorie sicher ausschließen, wer weiß ...?

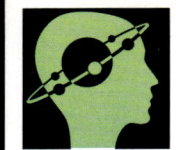

VON KOSMISCHE

Von jeher waren die Astrologen der Auffassung, daß die Himmelskörper das menschliche Leben beeinflussen. Der folgende Beitrag beschäftigt sich mit verschiedenen Theorien über die Auswirkungen der Kraft der Sonne auf unser Verhalten und auf unseren Charakter.

Die Astrologie ist eine sehr alte Wissenschaft: Ihre Lehren und Prinzipien sind uns seit Jahrtausenden überliefert. Vieles von dem, was wir heute als traditionelle Astrologie bezeichnen, hat seinen Ursprung jedoch nicht im Altertum, sondern im späten 19. Jahrhundert. Damals erfuhr das Studium der Astrologie in Europa einen enormen Aufschwung.

Ein Teil der heutigen Verwirrung über das eigentliche Ziel der Astrologie kann auf die Theorien einiger Astrologen des 19. Jahrhunderts, wie zum Beispiel auf R.C. Smith, zurückgeführt werden. Er und andere Astrologen behaupteten, daß die Himmelskörper nicht nur Menschen, sondern auch Tiere, Pflanzen, Edelsteine und Orte beeinflußten. Die Verknüpfung von Objekten mit himmlischen Dingen aufgrund einer „inneren Sympathie" liegt der Lehre von der „Analogie" zugrunde, die wiederum Tierkreiszeichen mit Teilen des menschlichen Körpers assoziiert. Diese Theorie inspirierte den englischen Okkultisten Aleister Crowley (1875–1947) zur Aufstellung seiner „Analogietafeln", die er 1909 unter dem Titel *777* veröffentlichte. Seine 194 Tafeln beinhalten die Entsprechungen der Buchstaben des hebräischen Alphabets zu den Planeten, der Himmelssphäre und den Elementen, zu den Farben, den Tarot-Karten, den ägyptischen und römischen Göttern, den Hindu-Göttern, Pflanzen, Edelsteinen, Arzneien und Düften.

Wie oben, so auch unten

Teile seiner Theorie übernahm Crowley von den englischen Okkultisten der achtziger und neunziger Jahre des 19. Jahrhunderts, wie zum Beispiel von L. MacGregor Mathers. Einige seiner Gedanken findet man schon bei mittelalterlichen Gelehrten wie Cornelius Agrippa; wieder andere Aussagen können der römischen Astrologie zugeschrieben werden und Lehren, die mit der jüdischen Kabbala verbunden sind. Die Lehre von den „Analogien" ist eine eindeutige Weiterentwicklung des Prinzips „Wie oben, so auch unten", das jede Eventualität berücksichtigen soll. Obwohl häufig als vollkommen künstlich kritisiert, ist dieses Prinzip auch heute noch häufig ein wesentlicher Bestandteil von Astrologiekursen.

Man mag den Skeptiker verstehen, wenn er einige der fundamentalen Prinzipien der Astrologie, etwa anthropomorphe Zuschreibungen, fraglich findet. Liest man zum Beispiel, daß der typische Fisch (Pisces) ungewöhnlich hervorstehende Augen und einen korpulenten Körperbau hat und daß er oder sie wahrscheinlich gut schwimmen kann, dann wird der

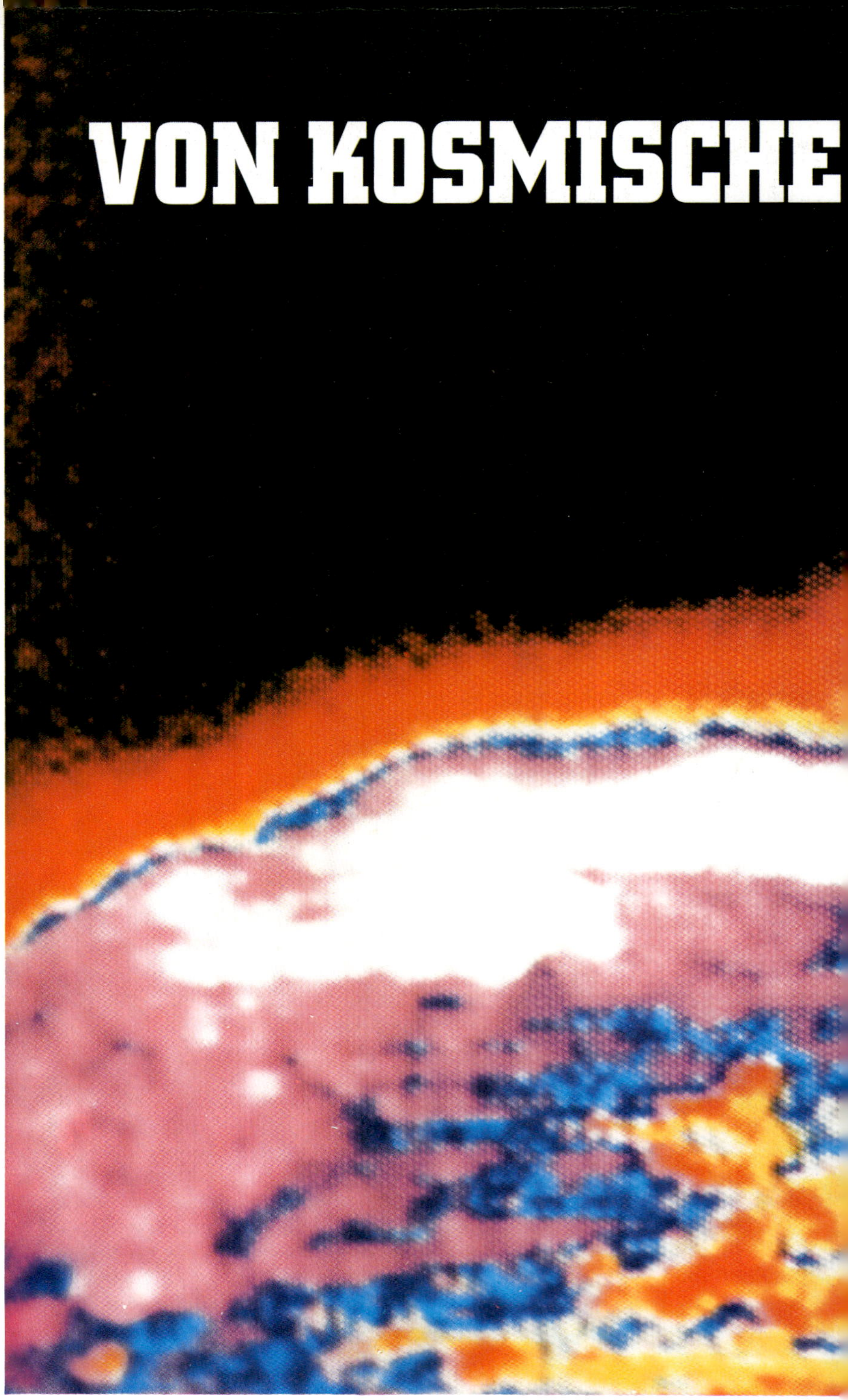

Oben: Diese gewaltige Sonneneruption erstreckte sich über eine Fläche von etwa 160.000 Kilometern. Ob wir nun glauben oder bestreiten, daß Sonneneruptionen Auswirkungen auf das Schicksal der Menschen haben, John Nelsons Beobachtungen scheinen jedenfalls darauf hinzudeuten, daß die relative Stellung der Planeten die Aktivität auf der Sonnenoberfläche beeinflußt und demzufolge auch die Menge der die Erde erreichenden kosmischen Strahlung.

Skeptiker sagen, daß diese Beschreibung auch auf Menschen anderer Sternzeichen zutrifft. In der Astrologie findet man jedoch häufig anthropomorphe Zuschreibungen. Vom Krebs (Cancer) sagen Astrologen beispielsweise, daß er einen besonderen, ein wenig seitwärts gerichteten Gang habe, der Schütze (Sagittarius, halb Mensch, halb Pferd) soll ein längliches Gesicht mit hervorstehenden Vorderzähnen haben, und der Stier (Taurus) sei typisch starrköpfig, mit einem breiten Gesicht und einem stämmigen Körper.

Durch den Einfluß der Himmelskörper, vor allem durch den der Sonne und des Mondes, kommen angeblich bestimmte Eigenschaften im Menschen zum Tragen. In *Waites Compendium of Natal Astrology* (Kompendium der Geburtsastrologie) werden einige davon aufgeführt:

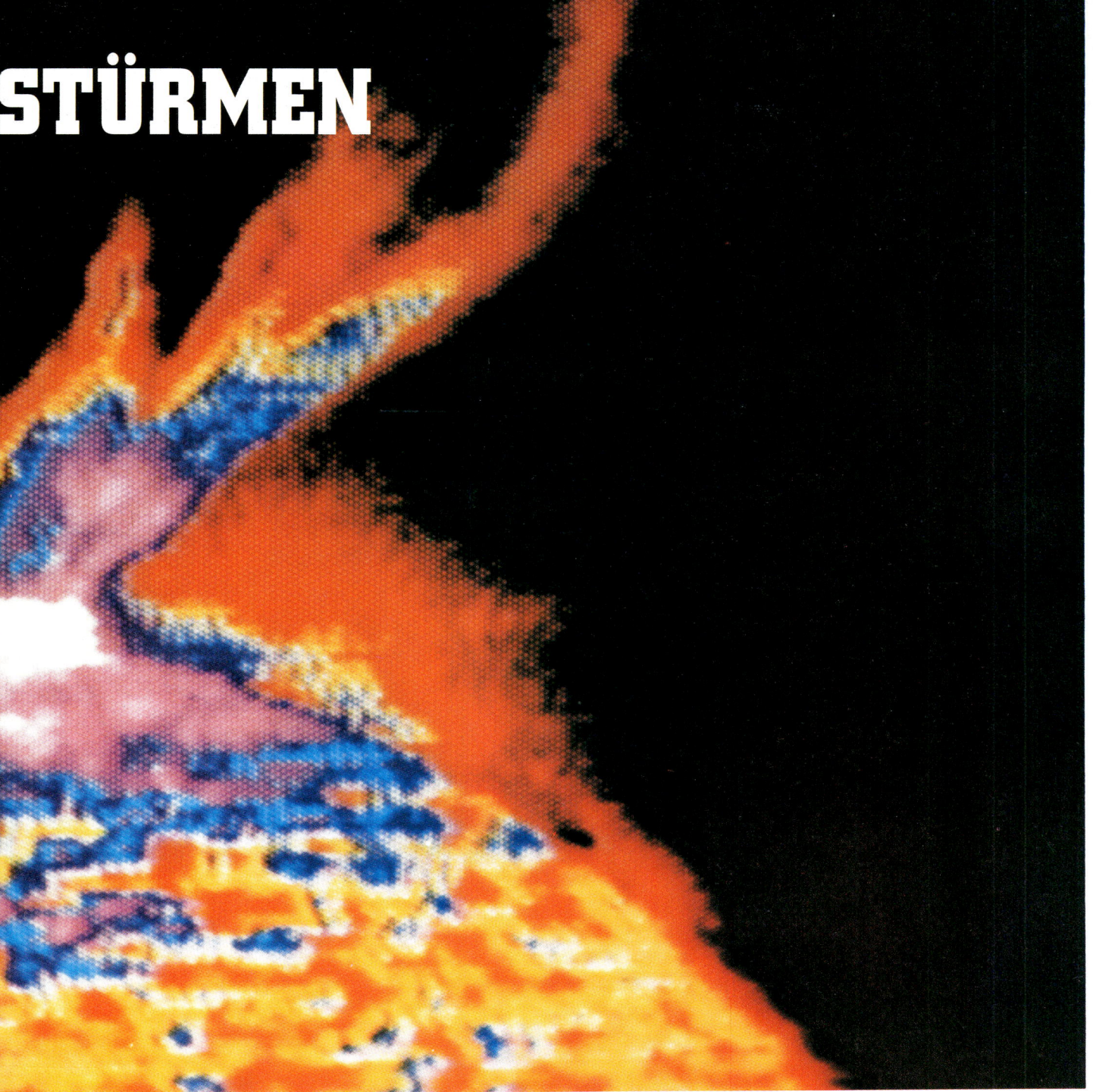

STÜRMEN

Sonne: Stolz, Großzügigkeit, Egoismus, Ehrgefühl, Treue, Ehrgeiz, Vitalität

Mond: Empfindlichkeit, Sentimentalität, Mutterinstinkt, Fraulichkeit, Unbeständigkeit

Merkur: Schnelligkeit, Scharfsinn, Verstand, Schlagfertigkeit, Redegewandtheit

Venus: Schönheit, Würde, Liebreiz, künstlerischer Geschmack, Sensibilität, Geselligkeit

Mars: Männlichkeit, Stärke, Ausdauer, Mut, Impulsivität, Leidenschaft, Aggression

Jupiter: Optimismus, Großzügigkeit, Fröhlichkeit, Sportlichkeit, Stärke, Vornehmheit, Förmlichkeit

Saturn: Bedachtsamkeit, Schweigsamkeit, Pessimismus, Selbstbeherrschung, Tiefgründigkeit, Standhaftigkeit

Bei den angeführten Eigenschaften handelt es sich um Eigenschaften, die man von den einzelnen Göttern aus der Mythologie kennt – aber warum wurde einem bestimmten Planeten der Name eines bestimmten Gottes verliehen? Der Mars mit seiner roten Färbung als Symbol für Blut und Leidenschaft läßt sich leicht mit dem Kriegsgott identifizieren und damit mit all dem, was als wesentliche männliche Charaktereigenschaften angesehen wird. Nur warum sollte man einen kleinen, hellen Planeten mit Schlagfertigkeit und Verstand in Zusammenhang bringen, während ein anderer Schönheit und Liebreiz verkörpern soll? Warum sollte wohl ein entfernter und sich langsam bewegender Himmelskörper Optimismus und Großzügigkeit symbolisieren, während ein anderer Bedachtsamkeit und Pessimismus verkörpert?

Erst wenn man das Beispiel der Sonne heranzieht, kommt man einer möglichen Erklärung näher.

Es gibt Menschen, die der Überzeugung sind, daß Kinder, die im Hochsommer zur Mittagszeit geboren wurden, sich in der Persönlichkeit prinzipiell von denen unterscheiden, die im Winter um Mitternacht geboren wurden. Viele von denen, die von sich behaupten, nicht an Astrologie zu glauben, sind trotzdem überzeugt, daß die Jahreszeit, die Tageszeit und das Wetter zur Zeit der Geburt eines Kindes durchaus dessen Wesen und Verhalten beeinflussen können.

Vor dem Hintergrund dieser Argumentation lesen Sie bitte aufmerksam folgende Zeilen: „Jüngste Untersuchungen eines bekannten Marktforschungsbüros haben gezeigt, daß ein hoher Prozentsatz von Kindern, die in den ersten zwei Wochen im August um die Mittagszeit herum geboren wurden, gesünder sind als der Rest ihres Jahrgangs, im allgemeinen kräftig gebaut, hoch gewachsen und häufig blond sind. In ihrer weiteren Entwicklung zeigen sie Führungsqualitäten, sind sowohl praktisch veranlagt als auch gutmütig."

Wahr oder nicht wahr, ist die Aussage zumindest glaubhaft formuliert und dürfte selbst Skeptiker zumindest zum Nachdenken bringen. Hätte die Ausführung aber begonnen mit: „Löwen sind tendenziell..." würden wahrscheinlich auch aufgeschlossenere Menschen „Unsinn!" und „Aberglauben!" gerufen haben – so allergisch reagieren viele auf das Thema Astrologie.

Und doch, zu sagen, daß sich die Sonne im Tierkreis des Löwen befindet, heißt nicht mehr, als daß die Wochen zwischen dem 22. Juli und dem 21.

Im Blickpunkt

DER JUPITEREFFEKT UND ANDERE PHÄNOMENE

1974 führte ein Buch mit dem Titel *The Jupiter Effect* (Der Jupitereffekt) von John Gribbin und Stephen Plagemann zu einer umfangreichen Kontroverse unter den Wissenschaftlern. Die Autoren stellten ihre Hypothese vor, wonach die Stellung der Planeten zur Sonne Auswirkungen auf die Sonnenaktivität habe und eine verstärkte Aktivität auf der Erde seismische Vorgänge auslösen können soll.

Diese Vermutung allein hätte aber nicht solch einen Wirbel verursacht. Die Autoren sagten jedoch für 1982 zudem einen besonders starken Ausbruch solarer Aktivitäten voraus, welcher – so ihre Hypothese – auf der ganzen Welt, einschließlich im berüchtigten San-Andreas-Graben in Kalifornien, zu schweren Erdbeben führen würde.

Die Autoren legten sich auf das Jahr 1982 fest, da ihrer Meinung nach im März desselben Jahres der Einfluß von kombinierter planetarer Gravitation auf die Sonne spektakuläre Sonneneruptionen auslösen würde. Da Jupiter der größte Planet mit der stärksten „Zugkraft" ist, wurde die Theorie von einem derartigen Einfluß der Planeten als „Jupitereffekt" bezeichnet.

Die Vorhersage massiver Erdbeben stellte sich jedoch als falsch heraus. Die Sonnenaktivität erreichte 1979 einen Höhepunkt; Kalifornien wurde nicht von besonders schweren Erdbeben heimgesucht – weder zu diesem Zeitpunkt noch 1982 –, und die Autoren zogen ihre Vorhersage offiziell zurück. In einer weiteren Veröffentlichung *Beyond The Jupiter Effect* (Was hinter dem Jupitereffekt steckt) aus dem Jahre 1983 gaben Gribbin und Plagemann ihren Irrtum zu, unterstrichen jedoch erneut ihre Überzeugung, daß die seismischen Aktivitäten auf der Erde in den Jahren erhöhter Sonnenaktivität am stärksten sind. Sie wiederholten ebenfalls ihre Argumentation, daß die Wechselwirkung der Gravitation zwischen kosmischen Körpern das Klima der Erde beeinflussen kann und so eventuell dramatische Auswirkungen auf die Nahrungsmittelproduktion hat.

Oben: Dieses farbverstärkte Foto des Jupiter wurde 1979 von der Raumsonde Voyager 1 aufgenommen und zeigt den wolkenverhüllten Planeten mit seinem Großen Roten Fleck, von dem man annimmt, daß es sich um eine atmosphärische Störung handelt, die seit mindestens 200 Jahren andauert.

August gemeint sind. Daß aber der Teil des Tierkreises, in welchem sich die Sonne zu diesem Zeitpunkt des Jahres befindet, als Löwe bezeichnet wird, kann daran liegen, daß über die Jahrhunderte die Erfahrungen gezeigt haben, daß die Kinder, die in dem Zeitraum geboren wurden, den wir August nennen, dahin tendieren, wesentliche Eigenschaften aufzuweisen, die der Mensch dem Löwen zuweist.

Dann ist es möglich, daß alle Konstellationen des Tierkreises ursprünglich nach den Charaktereigenschaften derjenigen benannt wurden, die zu dem jeweiligen Zeitpunkt des Jahres geboren wurden. Möglich ist auch, daß die Namen der Planeten zugleich das Temperament derjenigen bezeichnen, die geboren wurden, als dieser Planet im Horoskop dominierte. Wir haben es hier – das sollte man nicht vergessen – mit einer Flut von detaillierten Informationen zu tun, die über etwa 2000 Jahre zusammengetragen wurden.

Das Horoskop ist eine Zeittafel für einen bestimmten Augenblick. Für die in diesem Augenblick geborene Person zeigt das Horoskop ihr „Sonnenzeichen" – es sagt uns, in welchem Zwölftel des Jahres die Geburt erfolgte, mit anderen Worten gibt es die Stellung der Sonne im Horoskopkreis und des am östlichen Horizont bei der Geburt aufsteigenden Zeichens (des Aszendenten) an. Es nennt auch die relative Position von bis zu neun anderen „Markierungspunkten" (Marker) am Himmel.

Der bedeutendste dieser Marker ist der Mond, der sich in weniger als drei Tagen durch jedes Tierkreiszeichen hindurch bewegt. Es ist allgemein anerkannt, daß die Sonne und der Mond einen sehr großen Einfluß auf die Menschen ausüben: Die Sonne, weil sie Licht und Wärme spendet und für die Photosynthese unabdingbar ist; Sonne und Mond zusammen, da ihre Gravitationskräfte miteinander beziehungsweise gegeneinander gerichtet die Gezeiten hervorrufen. Da die Geschichte der Menschen über 600 Millionen Jahre in einer engen Verbindung mit dem Wasser zurückverfolgt werden kann, gibt es keinen Grund anzunehmen, wir würden nicht auf die Kraft der Gezeiten reagieren. Hat man dies erst einmal als Möglichkeit akzeptiert, kann man die Art der Beeinflussung der Gravitations und Magnetfelder innerhalb des Sonnensystems durch die Bewegung der Planeten untersuchen.

Immer wieder die Sonne

In der Mitte der vierziger Jahre unseres Jahrhunderts errichtete John Nelson, ein Techniker der „RCA Communications Inc.", ein Teleskop auf dem Dach des Bürogebäudes der Firma mitten in Manhattan, New York, und begann, die Sonne zu studieren. Nelson wußte, daß ungewöhnlich starke Sonnenaktivität im allgemeinen von starken Störungen der Funkübertragungen begleitet war. Seine Aufgabe bestand darin, einen Weg zu finden, diese „kosmischen Stürme" vorherzusagen.

Bis 1967 konnte Nelson mit seiner Untersuchungsmethode bereits eine Erfolgsquote von 93 Prozent bei insgesamt 1460 Vorhersagen von schweren magnetischen Stürmen verzeichnen. Über die Jahre hatte er auch gelernt, welche Planetenstellungen gut beziehungsweise schlecht für die Übertragung von Funksignalen waren. Störungen, so hatte er entdeckt, traten immer dann auf, wenn

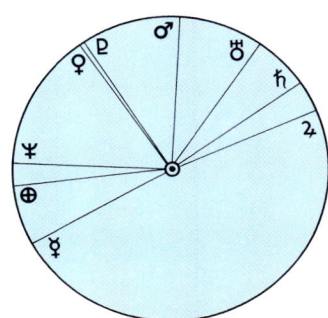

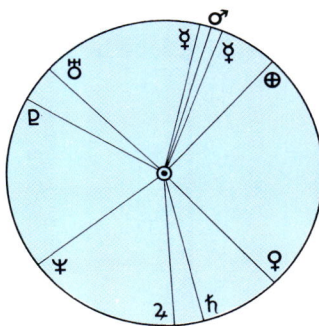

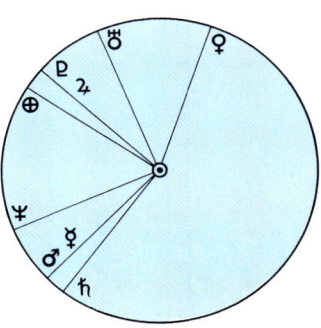

Merkur	Saturn
Venus	Uranus
Erde	Neptun
Mars	Pluto
Jupiter	

zwei oder mehr Planeten im Winkel von 0°, 90° oder 180° im Verhältnis zur Sonne auseinanderstanden – gleich, ob Sonnenaktivitäten vorhanden waren oder nicht. Außerdem traten größere Störungen auf, wenn einer der vier inneren Planeten (Merkur, Venus, Erde oder Mars) in dieser geometrischen Anordnung mit einem der riesigen äußeren Planeten, wie zum Beispiel Jupiter oder Saturn, verbunden war. Es zeigte sich, daß noch schwerwiegendere Störungen auftraten, wenn fünf oder sechs Planeten innerhalb von wenigen Tagen diese Anordnung passierten. Nelson kam zu der Auffassung, daß der Merkur für das Auslösen von 90 Prozent aller magnetischen Stürme verantwortlich war.

Die Ursache dieser Auswirkungen auf die Erde ist bis heute nicht geklärt: Vielleicht handelt es sich nur um eine Art Ebbe und Flut der Gravitation, oder Ursache ist die eine Sonneneruption begleitende Flut kosmischer Strahlung. Einige Biologen sind der Ansicht, daß heftige kosmische Stürme die Evolution wesentlich beeinflussen können, und Meteorologen sind sich nur zu gut über deren Auswirkungen auf das Wetter im klaren. Was die Ursache für die Sonneneruptionen betrifft, so ist es nicht zu weit hergeholt, anzudeuten, daß sie das Ergebnis einer Art solarer Flutwelle sind, verursacht durch die Stellung der Planeten zur Sonne.

Es verbleiben mindestens zwei Richtungen, in denen geforscht werden müßte. Erstens: Da Nelson mit seiner Arbeit eine enge Verbindung zwischen den Stellungen der Planeten zur Sonne und der ungewöhnlich vermehrten Sonnenaktivität nachgewiesen hat, besteht dann nicht auch die Möglichkeit, einen ähnlichen Zusammenhang zwischen der Stellung der Planeten zur Erde und der Geburt von Kindern mit bestimmten Persönlichkeitsmerkmalen herzustellen? Und zweitens: Wenn sich dieser Zusammenhang nachweisen läßt – was einen wesentlichen Beweis für die fundamentalsten Lehren der Astrologie erbringen würde –, müßten wir als nächstes untersuchen, ob der Einfluß auf die Persönlichkeit vor allem der Gravitation oder aber dem Auftreten verschiedener Intensitäten kosmischer Strahlung zuzuschreiben ist.

Halb Mensch, halb Fisch – so werden Meerjungfrauen in Volksmärchen und sogar in den Logbüchern einiger Seefahrer beschrieben. Gibt es jedoch Fakten, die für die Existenz dieser interessanten Geschöpfe sprechen?

Die Legenden über Meerjungfrauen und Wassermänner reichen bis in die Antike zurück. Diese Geschöpfe sind immerwiederkehrende Motive in den Sagen fast jedes Volkes. Durch die Jahrhunderte wollen unzählige Menschen die rätselhaften Wasserbewohner gesehen haben – und, glaubt man den Berichten, so sind die Meere auch heute noch das Zuhause zahlloser Meerjungfrauen.

Am 20. Dezember 1977 berichtete die südafrikanische Zeitung *Pretoria News* über den Fund einer Meerjungfrau in einem Abwasserkanal im Limbala Stage III Township von Lusaka. Die Aussagen der Augenzeugen widersprachen einander, und es war schwierig herauszufinden, wer denn nun eigentlich was gesehen hatte: Es scheint, daß die Meerjung-

DER REIZ DER MEERJUNGFRAU

frau von Kindern entdeckt wurde. Sobald das bekannt wurde, versammelte sich dort eine Menschenmenge. Einem Reporter wurde erzählt, daß das Geschöpf „von der Taille aufwärts wie eine europäische Frau aussah, während der Rest des Körpers dem hinteren Teil eines Fisches ähnelte und mit Schuppen bedeckt war."

Die ersten Aufzeichnungen über einen Wassergeist betreffen den fischschwänzigen Gott Ea, auch bekannt unter dem Namen Oannes, einer der drei großen Götter der Babylonier. Er war der Herrscher der Meere, der Gott des Lichtes und der Weisheit und brachte seinem Volk die Kultur. Ursprünglich war Oannes der Gott der Akkadier gewesen, einem semitischen Volk im nördlichen Babylonien, von dem die Babylonier ihre Kultur herleiteten. Er wurde bereits im Jahre 5000 vor unserer Zeitrechnung in Akkad verehrt.

Fast unser ganzes Wissen über den Oannes-Kult verdanken wir den erhalten gebliebenen Fragmenten einer dreibändigen Geschichte von Babylonien, die im 3. Jahrhundert v. Chr. von Berossus, einem chaldäischen Priester der Bel, in Babylon geschrieben wurde. Im 19. Jahrhundert entdeckte Paul Emil Botta, der französische Vizekonsul in Mosul, Irak,

und passionierte Archäologe (wenn es ihm auch vornehmlich um Grabplünderung ging) im Palast des assyrischen Königs Sargon II. bei Khorabad in der Nähe von Mosul eine bemerkenswerte Skulptur des Oannes aus dem 8. Jahrhundert v. Chr. (jetzt im Pariser Louvre) und dazu noch Reliefs, auf denen mehrere Menschen in fischähnlicher Kleidung zu sehen waren.

Ein weiterer alter fischschwänziger Gott war Dagon, der von den Philistern verehrt wurde und der in der Bibel (1. Sam 5, 1–4) erwähnt wird. Wir erfahren, daß die Bundeslade direkt neben die Statue des Dagon in einem ihm geweihten Tempel in Aschdod, einem der fünf großen philistäischen Stadtstaaten, gestellt wurde. Am folgenden Tag lag die Statue „vor der Lade des Herrn, mit dem Gesicht zur Erde gewandt". Mit großer Bestürzung und zweifellos noch größerer Furcht stellte das Volk von Aschdod die Dagon-Statue wieder an ihren Platz. Am darauffolgenden Tag jedoch war sie wieder vor die Bundeslade gefallen, dieses Mal waren aber der Kopf und die Hände abgebrochen.

Es ist ebenfalls wahrscheinlich, daß die Frau und die Töchter Oannes Fischschwänze hatten. Erhalten gebliebene Darstellungen sind jedoch undeutlich

Oben links: Die „Fejee mermaid" war 1842 die Hauptattraktion des Wanderzirkus von Phineas T. Barnum. Sie wurde auf Plakaten mit verlockenden Meereswesen, ähnlich dem auf dem Gemälde von John Waterhouse (oben) angekündigt. Wir wissen aber, daß diese „Meerjungfrau" eine Fälschung war, die aus dem Rumpf eines weiblichen Affen bestand, der auf einen großen, ausgestopften Fischschwanz aufgesetzt wurde.

und lassen keine eindeutige Bestimmung zu. Keine Zweifel gibt es dagegen bei der semitischen Mondgöttin Atargatis, die zuweilen auch Derketo genannt wird. Der griechische Schriftsteller Lukian (etwa 120–180 n. Chr.) beschrieb sie in seinem Werk *De Syriam Dea*: „Von dieser Derketo sah ich in Phönizien eine Zeichnung, in der sie in einer merkwürdigen Gestalt dargestellt wurde: In der oberen Hälfte ist sie eine Frau, von der Taille aber hinunter zu den unteren Gliedmaßen hat sie einen Fischschwanz."

Fischschwänzige Gottheiten sind in beinahe jeder Kultur des Altertums anzutreffen. Im Mittelalter sah man fischschwänzige Wesen dann eher als menschenähnliche Meeresbewohner an. Plinius d. Ä. (23–79 n. Chr.), ein römischer Staatsbeamter und enzyklopädischer Schriftsteller, der bei Ausbruch des Pompeji zerstörenden Vesuvs getötet wurde, war für die abendländischen Gelehrten von bedeutendem Einfluß. Für die mittelalterlichen Gelehrten galten die Aussagen Plinius' als über jeden Zweifel

Oben: Die Meerjungfrau, die Mathy Trewhella entführt haben soll, ist für die Nachwelt in der Kirche in Zennor, Cornwall, England, in eine Bank geschnitzt worden. Die Schnitzerei ist etwa 600 Jahre alt, die Legende kann jedoch beträchtlich älter sein.

Links: Meerjungfrauen, Wassermänner und Meerkinder vergnügen sich auf diesem Bild in der wogenden See.

Unten: Berichte und Darstellungen von Meerjungfrauen entsprangen häufig erotischen Männerphantasien. So sollen sie etwa ertrinkenden Seeleuten zu Hilfe kommen.

erhabene Wahrheiten. Aus diesem Grund akzeptierten sie auch das, was er über die Meermenschen zu berichten wußte:

„Ich habe verdiente Mitglieder des Ritterordens (römische Soldaten) als Zeugen … die im Golf von Cadiz einen Meermenschen gesehen hatten, der in allen Teilen seines Körpers vollkommen einem menschlichen Wesen glich …"

Es ist jedoch nicht klar, warum die „verdienten Mitglieder" glaubten, einen Meeresbewohner gesehen zu haben, obwohl er doch so vollkommen einem Menschen ähnelte. Plinius war aber überzeugt davon, daß es die Wesen aus dem Meer wirklich gab.

Die Geschichten über die Meermenschen fanden Verbreitung, und merkwürdigerweise wurde dies von der Kirche offen unterstützt, die es als angebracht empfand, die alten heidnischen Legenden an ihre eigenen Belange anzupassen. Meerjungfrauen wurden in das *Bestiarium* (Tierbuch) aufgenommen, und in vielen Kirchen und Kathedralen fand man geschnitzte Darstellungen. Ein besonders schönes Exemplar einer geschnitzten Meerjungfrau ist in der Kirche in Zennor, in Cornwall, England, an der Seite einer Bank zu sehen. Man nimmt an, daß diese Schnitzerei etwa 600 Jahre alt ist, und sie wird mit der Legende von Mathy Trewhella, dem Sohn des Kirchenvorstehers, in Verbindung gebracht, der eines Tages auf unerklärliche Weise verschwand. Jahre danach kam ein Schiffskapitän nach St. Ives und erzählte, wie er vor Pendower Cave geankert hatte, als eine Meerjungfrau erschien und zu ihm sagte: „Dein Anker versperrt unsere Höhle, Mathy und unsere vier Kinder kommen dort nicht heraus." Für die Einwohner von Zennor war das die Erklärung für Mathys geheimnisvolles Verschwinden.

Im allgemeinen aber verhieß der Anblick der Meerjungfrauen nichts Gutes. Man sagte ihnen nach, daß sie mit ihrem wunderbaren Gesang so manche Schiffsbesatzung bezauberten und das Schiff dann – wie die sagenhaften Sirenen der griechischen Mythologie – an gefährliche Klippen lockten.

Nachgewiesene Begegnungen

Im späten Elisabethanischen und frühen Jakobinischen Zeitalter war der Glaube an die Meerjungfrauen teils stärker und teils schwächer ausgeprägt. Solche Männer wie der Philosoph Frances Bacon und der Dichter John Donne wußten viele Naturerscheinungen rational zu erklären, so auch die Meerjungfrauen. Dies war nun auch die Zeit der aufblühenden Seefahrt, und manch großer Seefahrer erzählte von persönlichen Begegnungen mit den Wesen aus dem Meer. Im Jahre 1608 machte der Seefahrer und Forscher Henry Hudson, nach ihm wurden die Gebiete an der Hudson Bay benannt, den folgenden sachlichen Eintrag in sein Logbuch:

„Heute morgen schaute einer aus unserer Mannschaft über Bord und erblickte eine Meerjungfrau. Er rief nach den anderen, damit auch sie die Meerjungfrau sehen könnten. Ein weiterer Seemann kam, da war die Meerjungfrau schon dicht längsseits am Schiff und blickte die Männer sehr ernsthaft an: Kurz darauf wurde sie von einer Welle in die Höhe getragen: Vom Nabel aufwärts ähnelten der Rücken und die Brüste denen einer Frau (wie die sagten, die sie

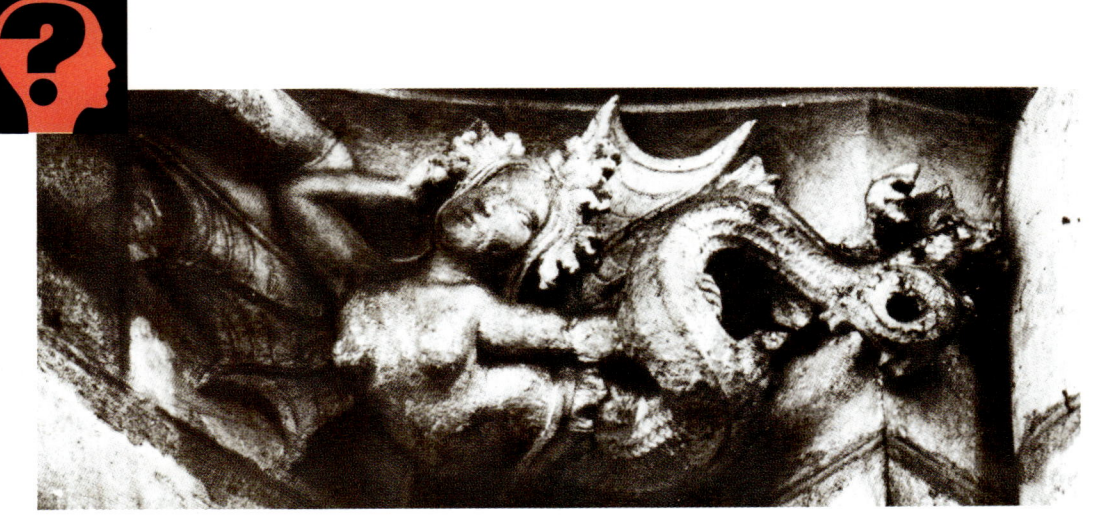

sahen); der Körper war so groß wie unserer auch, ihre Haut war sehr weiß, und sie hatte langes, schwarzes Haar; als sie untertauchte, sahen sie ihren Schwanz, der aussah wie der Schwanz eines Delphins und gefleckt war wie der einer Makrele. Die Namen derer, die sie gesehen haben, lauten Thomas Hilles und Robert Raynar."

Hudson war ein äußerst erfahrener Seemann, der seine Mannschaft kannte und sich vermutlich nicht die Mühe gemacht hätte, einen üblen Scherz in das Logbuch einzutragen. Darüber hinaus zeigt dieser Bericht an sich schon, daß der Mannschaft die Geschöpfe aus dem Meer nicht unbekannt waren.

Die hohe Zeit der Meerjungfrauen kam jedoch im 19. Jahrhundert. Zu jener Zeit wurden den Menschen mehr falsche Meerjungfrauen auf Jahrmärkten und Ausstellungen vorgeführt als jemals zuvor. Damals wurde aber auch von mehreren erstaunlichen Begegnungen berichtet. Dazu gehören auch die beiden glaubwürdigsten Berichte, die je aufgezeichnet wurden. Am 8. September 1809 veröffentlichte die Times den folgenden Brief des schottischen Schulmeisters William Munro:

„Vor etwa zwölf Jahren, als ich Schulmeister der Kirchenschule von Reay (Schottland) war, machte ich einen Spaziergang zur Küste vom Sandside Bay. Da es ein sehr angenehmer und warmer Sommertag war, entschloß ich mich, meinen Spaziergang bis zum Sandside Head auszudehnen, als meine Aufmerksamkeit auf eine Gestalt gelenkt wurde, die einer unbekleideten Frau glich. Sie saß auf einem Felsen, der sich bis ins Meer erstreckte, und war offensichtlich dabei, sich das ihre Schultern umhüllende Haar von hellbrauner Farbe zu kämmen. Die Gestalt ähnelte mit all dem, was man sehen konnte, so verblüffend einer Frau, daß, wenn dieser Felsen, auf dem sie saß, nicht an einer zu gefährlichen Stelle für ein Bad gelegen wäre, ich diese Gestalt für ein menschliches Wesen hätte halten müssen. Dem ungeübten Auge wäre dies auch zweifelsohne so erschienen. Das Haupt war von Haar der oben erwähnten Farbe bedeckt, am Scheitel war es etwas dunkler, eine rundliche Stirn, ein volles Gesicht, gerötete Wangen, die Augen blau, der Mund und die Lippen natürlich geformt, ähnlich denen eines Mannes; die Zähne waren nicht zu sehen, da ihr Mund geschlossen war; die Brüste und der Bauch, die Arme und die Finger entsprachen von der Größe her einem erwachsenen Körper der Gattung Mensch; die Finger hatten, soweit ich aufgrund der Tätigkeit der Hände sehen konnte, keine Schwimmhäute.

Aber da bin ich mir nicht ganz so sicher. Sie blieb drei oder vier Minuten, nachdem ich sie erblickt hatte, auf dem Felsen sitzen und kämmte während dieser Zeit ihr Haar, das lang und dick war und auf das sie stolz zu sein schien, dann ließ sie sich ins Meer gleiten…"

Was immer William Munro auch gesehen und so ausführlich beschrieben hat, er war nicht allein, denn er fügte hinzu, daß mehrere Leute vor ihm, deren „Wahrheitsliebe ich nie habe anzuzweifeln hören", behauptet hätten, die Meerjungfrau gesehen zu haben. Aber erst als er sie selbst gesehen hatte, war er „geneigt, ihren Berichten Glauben zu schenken".

Etwa um 1830 herum behaupteten Einwohner von Benbecula auf den Hebriden, eine junge Meerjungfrau fröhlich spielend im Meer gesehen zu haben. Einige Männer versuchten hinauszuschwimmen und sie zu fangen, aber sie schwamm ihnen mühelos davon. Dann warf ein kleiner Junge Steine nach der Meerjungfrau, von denen sie einer traf. Sie schwamm fort. Einige Tage später, etwa drei Kilometer von dem Ort entfernt, wo sie gesehen wurde, fand man den Leichnam der kleinen Meerjungfrau an die Küste geschwemmt. Viele Menschen kamen zum Strand, um den winzigen, hilflosen Körper zu

Unten rechts: Hochwürden Robert S. Hawker soll in seiner Jugend nachts vor der Küste von Bude, Cornwall, eine Meerjungfrau nachgeahmt haben.

sehen. Nach eingehender Untersuchung des Leichnams wurde festgestellt:

„Der obere Teil des Wesens hatte etwa die Größe eines gutgenährten drei- oder vierjährigen Kindes mit einer unnatürlich stark entwickelten Brust. Das Haar war lang, dunkel und glänzend, die Haut weiß, weich und zart. Der untere Teil des Körpers war wie ein Lachs geformt, aber ohne Schuppen."

Zu den vielen Menschen, die den kleinen Körper sahen, gehörte auch Duncan Shaw, Gutsverwalter von Clanranald und Richter des Bezirkes. Er wies an, einen Sarg und ein Leichentuch für die Meerjungfrau anzufertigen und sie zur letzten Ruhe zu betten.

Von den vielen Fälschungen aus jener Zeit genügt es, ein oder zwei zu erwähnen, um so den Erfindungsreichtum der Fälscher zu illustrieren. Ein be-

der Menge). Barnum kaufte eine „Meerjungfrau", die er in „Watson's Coffee House" in London gesehen hatte, wo man sie für einen Schilling besichtigen konnte. Bei dem Wesen handelte es sich um ein scheußliches, runzliges Ding – wahrscheinlich die Mißbildung eines Fisches. Barnum nahm es in seine Kuriositätensammlung für seine „Größte Show der Welt" auf. Der Trick bestand aber darin, daß er vor dem Eingang zu seiner „Meerjungfrau-Show" ein auffälliges Plakat anbrachte, auf dem drei wunderschöne Frauen in einer Unterwasserhöhle ausgelassen herumtollten. Unter diesem Bild war zu lesen: „Eine Meerjungfrau wurde neu ins Museum aufgenommen – kein Preisaufschlag." Angezogen von dem Bild und der Vorstellung, was man da drin wohl zu sehen bekäme, kauften viele tausend eine Ein-

rühmtes Beispiel wird von der englischen Autorin Sabine Baring-Gould in *The Vicar of Morwenstow* (Der Vikar von Morwenstow) eingehend beschrieben. Der fragliche Vikar war der exzentrische Robert S. Hawker, der – aus Gründen, die ihm selbst am besten bekannt waren – im Juli 1825 oder 1826 vor der Küste von Bude in Cornwall, England, eine Meerjungfrau nachahmte. Eines Nachts bei Vollmond schwamm oder ruderte er zu einem Felsen unweit der Küste, setzte eine Perücke aus geflochtenem Seetang auf und wickelte Öltücher um seine Beine. Unbekleidet von der Taille aufwärts, sang er schließlich – was keine Wohltat für die Ohren war – so lange, bis er von der Küste aus gehört und gesehen wurde. Als die Neuigkeit in Bude bekannt wurde, strömten die Menschen zusammen, um ihn zu sehen, und Hawker wiederholte seine Vorstellung. Nach mehreren Auftritten verlor Hawker jedoch den Spaß an der Sache – seine Stimme war auch etwas heiser geworden – und trug unverkennbar *God Save the King* vor, stürzte sich in die See und ward als Meerjungfrau nimmermehr gesehen.

Dem großen amerikanischen Schausteller Phineas T. Barnum (1810–1891) werden zwei vielsagende Zitate zugeschrieben: „There's one (a sucker) born every minute" (Die Dummen werden nicht alle) und „Every crowd has a silver lining" (in Verballhornung eines Sprichwortes: Es ist ein Silberstreifen in

trittskarte, um sich dieses bemerkenswerte Spektakel nicht entgehen zu lassen.

Aber auch in jüngerer Vergangenheit sollen Meerjungfrauen gesehen worden sein. So zum Beispiel 1947 von einem Fischer auf der Hebrideninsel Muck. Die Meerjungfrau saß auf einer im Wasser treibenden Heringskiste (die zur Aufbewahrung lebender Hummer diente) und kämmte ihr Haar. Als sie bemerkte, daß sie beobachtet wurde, sprang sie ins Meer. Bis zu seinem Tod Ende der fünfziger Jahre war der Fischer nicht davon abzubringen, eine Meerjungfrau erkannt zu haben.

1978 erblickte der philippinische Fischer Jacinto Fatalvero in einer mondhellen Nacht nicht nur eine Meerjungfrau, sie half ihm sogar, einen großen Fang zu machen. Mehr ist darüber kaum bekannt, denn nachdem Fatalvero die Geschichte weitererzählt hatte, wurde er zur Zielscheibe von Witzen, zum Gespött der Leute und natürlich von den Medien gejagt. Verständlicherweise hat er sich dann geweigert, noch ein Wort davon verlauten zu lassen. Es wird angenommen, daß die Legende von den Meerjungfrauen auf einer Verwechslung mit Robben oder mit zwei im Meer lebenden Säugetieren beruht, der Rundschwanz-Seekuh und dem Dugong (eine Seekuh des Indischen Ozeans). Offensichtlich lassen sich viele Berichte auf diese Weise erklären. Dies ist mit Sicherheit aber keine plausible Erklärung.

Links: Junge Mädchen des Temiar-Senoi-Stammes schmücken sich mit Blumen, bevor sie an einer Trancezeremonie teilnehmen und der Dorfschamane Geister zur Heilung von Kranken herbeiruft. Der Schamane erfährt in seinen Träumen die besondere Melodie, mit der ein bestimmter guter Geist herbeigerufen werden kann, um den bösen Einfluß, der für eine Krankheit verantwortlich ist, zu brechen.

Unten: Wenn dieser kleine für die Trancezeremonie vorbereitete Senoi-Junge später einmal ein Schamane werden möchte, muß er in einem Traum von einem Geist „adoptiert" werden.

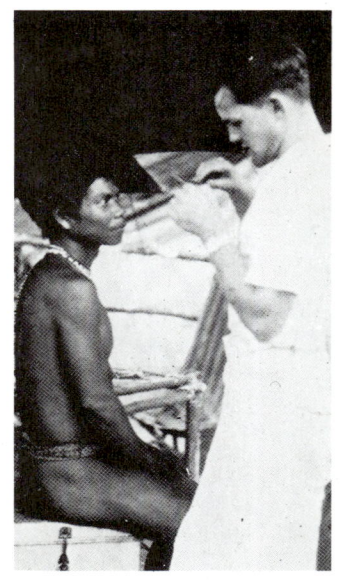

MIT TRÄUMEN ARBEITEN

Im allgemeinen messen wir unseren Träumen wenig Bedeutung zu. Die Senoi – ein malaiischer Stamm – wissen jedoch schon seit langem, daß Träume die Kanäle für außersinnliche Wahrnehmungen sein können.

Im Jahr 1932 erforschte der britische Anthropologe Pat Noone ein abgelegenes Gebiet im Hochland der malaiischen Halbinsel. Auf seiner Forschungsreise studierte er unmittelbar einen Stamm, der sich Temiar Senoi nannte. Noone war der Ansicht, es handele sich um außergewöhnlich zufriedene Menschen. In seinen Briefen nannte er sie sogar „das glückliche Volk". Ihre Ehen waren dauerhaft, Gewalt und Verbrechen gab es nicht im Stamm. Auch die Kinder schienen wundersam zufrieden zu sein. Noone fragte sich, warum sich dieser Stamm so auffällig von den abergläubischen,

Oben: Der britische Anthropologe Pat Noone beschäftigte sich über lange Zeit mit dem Studium des Traumlebens der Temiar Senoi.

furchtsamen und oft gewalttätigen Stämmen unterschied, die das umliegende Gebiet bewohnten. Um dies herauszufinden, verbrachte er den Rest seines Lebens damit, die Temiar Senoi zu studieren, und er lud den amerikanischen Psychologen Kilton Stewart ein, an seiner Arbeit teilzuhaben und sein Fachwissen miteinzubringen.

Noone entdeckte, daß sich die Kultur der Senoi in großem Maße auf die gemeinsame Beschäftigung mit Träumen stützte. Jeden Morgen traf sich die Großfamilie bei der ersten Mahlzeit des Tages, um sich gegenseitig von den Träumen der letzten Nacht zu erzählen und diese zu besprechen. Sobald ein Kind sprechen konnte, wurde es dazu angeregt, ebenfalls seine Träume zu beschreiben. Dadurch wurde es schrittweise immer vertrauter mit seiner eigenen inneren Welt und auch der der anderen.

Es gibt wohl kein Kind, das nicht irgendwann einmal angsteinflößende Träume oder Alpträume hat. Soweit wir wissen, ist jedoch die Gemeinschaft der Senoi insofern einzigartig, wie sie ihre Kinder lehren, mit diesen Träumen umzugehen. Träumt ein Senoi-Kind, daß es von einem großen Tier gejagt wird und wacht mit Schrecken auf, kann es sein, daß sein Vater das Kind drängt, sich wieder hinzulegen und sich in einem neuen Traum seinem Verfolger zu stellen. Ist das Tier aber zu groß, als daß sich das Kind ihm allein stellen könnte, wird ihm geraten, seine Brüder oder Freunde zu Hilfe zu rufen, die mit ihm zusammen dem Tier im Traum die Stirn bieten. So werden die Alpträume immer seltener und schließlich verschwinden sie ganz. Die Senoi-Kinder bauen auch Beziehungen zu den Gestalten auf, die ihnen einst in ihren Träumen Furcht einflößten, und nach und nach werden diese zu hilfreichen Ratgebern.

Die Senoi sind überzeugt, daß in ihren Träumen die Geister der Tiere, Pflanzen, Bäume, Berge und Flüsse wohnen. Durch ihre Freundschaft mit diesen Geistern, so fand Noone heraus, glauben sie, Dinge zu erfahren, die sie mit ihren Sinnesorganen allein nie erfassen würden.

So träumte ein Mann, der sich in seinen Träumen mit dem Geist der Flüsse befreundet hatte, häufig davon, wo er große Fische fangen könnte. Begab er sich dann am folgenden Tag zu dieser Stelle des Flusses, fing er auch die Fische, von denen er geträumt hatte. Ein anderes Mal träumte er von einer neuartigen Fischfalle. Er baute diese Falle seinem Traum gerecht nach, und sie funktionierte in der Tat einwandfrei. Andere Männer, die mit Geistern aus dem Tierreich befreundet waren, träumten oft von Plätzen im Wald, an denen sie gut jagen konnten.

Stewart fand Beweise für noch viel deutlichere und stärkere psychische Phänomene im Leben der Senois. Einmal war eine Epidemie im Stamm ausgebrochen, und ein Schamane hatte einen Traum, in welchem er von seiner verstorbenen Frau besucht wurde. Sie zeigte ihm einen Tanz, der, wie sie sagte, die Kranken in seinem Stamm heilen sollte. Im Traum verlangte der Schamane nach einem Beweis dafür, daß sie seine Frau war und kein anderer Geist, der

Oben: Mitglieder einer von Joe Friedman geleiteten Traumgruppe, die sich regelmäßig zur Besprechung ihrer Träume trafen, genauso wie die Temiar Senoi dies jeden Morgen tun. Die Mitglieder konnten sich nach einigen Wochen viel umfassender an ihre Träume erinnern, und – das erstaunlichste Ergebnis der Treffen – sie fanden telepathische und hellseherische Verbindungen zwischen den einzelnen Gruppenmitgliedern.

" IN JENER NACHT TANZTE DER STAMM DEN TANZ AUS DEM TRAUM DES SCHAMANEN: AM SCHLUSS DES TANZES ERSCHIEN EINE HOLZKISTE IN DER LUFT UND FIEL ZU BODEN. EIN KALTER LUFTHAUCH DURCHZOG DIE HÜTTE, UND DIE KRANKEN GESUNDETEN RASCH. **"**

sie nur nachahmte. Sie antwortete, daß, wenn der Tanz richtig ausgeführt würde, sie eine mit ihr zusammen begrabene Holzkiste in der Mitte der Gemeinschaftshütte erscheinen lassen würde.

In jener Nacht tanzte der Stamm den Tanz aus dem Traum des Schamanen: Am Schluß des Tanzes erschien eine Holzkiste in der Luft und fiel zu Boden. Ein kalter Lufthauch durchzog die Hütte, und die Kranken gesundeten rasch.

Stewart und Noone hörten sich diesen Bericht skeptisch an und beschlossen, den Schamanen zu hypnotisieren, um so die zugrundeliegende Wahrheit zu entdecken. Aber auch unter Hypnose wiederholte der Schamane die Geschichte mit nur geringen Abweichungen. Der Schamane hatte also zumindest keinen bewußten Trick angewendet: Seiner Aussage nach war er genauso überrascht gewesen wie die anderen Stammesmitglieder auch, als die Kiste tatsächlich erschien.

Ob wir diese außergewöhnliche Geschichte nun glauben oder nicht – und der Beweiswert einer unter Hypnose erzählten Geschichte ist wahrscheinlich sehr zu bezweifeln –, es handelt sich hier um eine von den vielen Geschichten, erzählt von den Kulturen, die an die heilende Kraft von Träumen glauben. Ist es möglich, daß solche Phänomene auch in unserer Gesellschaft auftreten?

Um mehr über die Dynamik von Träumen herauszufinden, stellte der englische Traumforscher Joe Friedman 1972 Gruppen zusammen, die nach der Senoi-Methode arbeiteten. Einen Abend in der Woche trafen sich eine Reihe von Londonern im Alter von 20 bis 50 Jahren, die sich zum Teil zuvor nicht gekannt hatten, um sich gegenseitig ihre Träume zu erzählen und über sie zu reden. Jedes Gruppenmitglied berichtete über einen Traum, den er oder sie seit dem letzten Gruppentreffen gehabt hatte. Danach versuchte die Gruppe, die geträumten Ereignisse und die damit verbundenen intensiven Gefühle zu erklären.

Der gemeinsame Traum

Obwohl das Hauptanliegen dieser Treffen darin bestand, den Gruppenmitgliedern zu helfen, ihre Träume zu verstehen, bemerkte man bereits in der ersten Sitzung, daß verschiedene Arten psychischer Phänomene scheinbar gefördert wurden. Zu den eindeutigsten gehörte der „gemeinsame Traum".

Bill, ein Mitglied der Gruppe, beschrieb einen Traum, in dem er mit einem Zauberer, der ihn an Tom – ein anderes Gruppenmitglied – erinnerte, in einem Halbkreis stand. Von dem Punkt aus, wo Bill stand, führten Linien zu den Buchstaben des Alphabets, das an der gegenüberliegenden Wand geschrieben stand. Der Zauberer sagte Bill, daß er ein „H" oder ein „K" wäre. In der gleichen Nacht hatte Tom geträumt, daß er in einem Postamt arbeitete und Pakete dem Alphabet nach in unterschiedliche Säcke sortierte. Die Analogie zwischen beiden Träumen besteht darin, daß in Bills Traum ein Mensch vorkam, der Tom ähnelte und der Bill Buchstaben des Alphabets zuwies, während Tom in der gleichen Nacht geträumt hatte, Pakete nach den Buchstaben des Alphabets zu sortieren.

Manchmal stellte sich sogar heraus, daß ein Traum, den ein Mitglied der Gruppe hatte, mit einem Ereignis übereinstimmte, in das ein anderer aus der

phantastisches Buch mit dem Titel *The Illearth War* (Der Krieg der kranken Erde) von Stephen Donaldson gelesen. Er war gerade in die Stelle des Buches vertieft, wo ein gewisser Thomas Covenant einen letzten Versuch unternahm, die Macht des Königs des Bösen, Lord Foul, zu brechen. Die Macht des Lord Foul wurde so dargestellt, daß sich der Mond blutrot färbte und er Lord Foul als einer seiner Häscher diente.

In seinem Traum erblickte Peter einen roten Lichtfleck an der Wand neben der rechten Hand des Wissenschaftlers. In dem Buch trägt Covenant einen Ring aus Weißgold an seiner linken Hand. Dieser Ring sendet während Lord Fouls Überlegenheit ein rotes Leuchten aus. Peter hatte das Buch nie gelesen, noch konnte er auf irgendeine gewöhnliche Art erfahren haben, daß Ron zu jenem Zeitpunkt das Buch las.

Manchmal ist die außersinnliche Wahrnehmung (ASW) im Traum nicht mit der Gegenwart, sondern mit einem zukünftigen Ereignis im Leben des Träumenden oder eines anderen Gruppenmitglieds gekoppelt. Solche präkognitiven Träume sind häufig sehr spezifisch und genau und deuten auf zukünftige Ereignisse, die außerhalb der Einflußnahme des Träumenden liegen.

Trotzdem sind wir uns normalerweise solcher außersinnlichen Wahrnehmungen im Traum nicht bewußt. Selbst wenn wir uns an unsere Träume erinnern, gelingt dies kaum detailliert über einen längeren Zeitraum, und in den seltensten Fällen machen wir uns Notizen davon. Sollten wir uns doch an die Träume erinnern und sie auch aufschreiben, so diskutieren wir dennoch wohl kaum mit anderen darüber. Hätte Bill nicht an der Traumgruppe teilgenommen, würde er Tom den Traum nicht erzählt haben, da sie keine engen Freunde waren. Dann würde er auch nicht erfahren haben, daß Tom in der gleichen Nacht einen ähnlichen Traum gehabt hatte. An unseren Träumen scheint also mehr zu sein, als man auf den ersten Blick vermutet – wie es die Temiar Senoi schon seit langem erkannt haben. Vielleicht lüften wir einst das Geheimnis der Träume.

Gruppe in der vorhergehenden Woche verwickelt gewesen war. Hier ein erstaunliches Beispiel:

Peter, ein weiteres Mitglied der Gruppe, träumte, er sei beteiligt an oder Zeuge von einem Kampf zwischen einem Wissenschaftler und dem Teufel. Der Mond, den Peter aus dem Fenster sehen konnte, färbte sich blutrot, wurde voll und raste durch das Fenster direkt auf das Gesicht des Mannes zu. Im folgenden ein Zitat aus Peters Traumtagebuch:

„Der Mond war in den Kopf des Mannes eingedrungen. Ich wußte, der Mond war einer der Häscher des Teufels und diente hier als Mittel, den Mann zu besitzen… Ich sah, wie der Mann gegen die Wand schlug… Dann erschien neben seiner rechten Hand ein kleiner roter Lichtfleck an der Wand."

Zu dieser Zeit hatte ein viertes Gruppenmitglied, Ron, da er Schwierigkeiten hatte, einzuschlafen, ein

Oben: Ein Gewirr von Drähten und Elektroden befindet sich am Kopf einer schlafenden Testperson. Infrarot-Videokameras in den Spezial-Schlafräumen des Labors gestatten eine ununterbrochene und trotzdem unaufdringliche Überwachung, so daß die REM-Phasen (englisch: Rapid Eye Movement; rasche Augenbewegung), in denen die Testperson intensiv träumt, am Monitor verfolgt werden können. Gleichzeitig werden die Daten zur Aktivität des Herzens und der Gesichts- und Nackenmuskeln analysiert.

Rechts: Aufzeichnungen der Hirnwellen einer wachen Testperson, die mit der der Gehirnaktivität während des Schlafens verglichen werden, zeigen, daß sich bestimmte Gehirnaktivitäten in der Traum- und der Wachphase sehr stark ähneln. Träume scheinen jedoch außersinnliche Wahrnehmungen (ASW) mehr zu begünstigen – möglicherweise, weil im Wachzustand unsere bewußte Wahrnehmung von ASW-Aktivitäten durch einen Überfluß von Alltagserlebnissen überlagert wird.

Aleister Crowley, einer der berühmtesten Engländer des 20. Jahrhunderts, war für viele seiner Hobbys berüchtigt – vor allem für Drogen, Pornographie und die Magie. Er selbst hielt sich sogar für das „Große Tier" aus der Offenbarung des Johannes.

In unserer Zeit beschäftigt sich die Parapsychologie hauptsächlich mit geistigen Phänomenen wie Telepathie und Vorahnungen. Wie interessant diese für die Wissenschaft auch sein mögen, sie sind zweifellos weit weniger spektakulär als die physikalischen, durch Medien hervorgerufenen Erscheinungen wie Levitationen und Materialisationen verstorbener Seelen, mit denen sich vor allem die parapsychologische Forschung zwischen 1860 und 1930 besonders intensiv befaßt hatte.

Zu jener Zeit lebte eine ganze Reihe sogenannter physikalischer Medien. Neben dem berühmten D.D. Home stand vor allem die Italienerin Eusapia Palladino im Mittelpunkt des Interesses, deren paranormale Fähigkeiten selbst ernsthafte Wissenschaftler wie Everard Feilding und Hereward Carrington in Erstaunen versetzten.

TEUFEL IN MENSCHENGESTALT

Ein Amateurforscher zeigte sich allerdings nicht im geringsten durch Eusapia Palladino beeindruckt. Nach einer ihrer Sitzungen war er der Meinung, sie wäre nur eine gewitzte Betrügerin, und alle, die ihre paranormalen Leistungen untersucht hatten, besonders das ektoplasmatische Gebilde, das aus ihr ausgetreten sein soll, seien hinters Licht geführt worden.

Die fragliche Séance fand 1913 statt, und der Forscher wollte eine Antwort auf eine Frage, die ihn geradezu verfolgte: „Feilding und die anderen sind zwar klug, vorsichtig, erfahren und kritisch, aber kann ich sicher sein, daß sie wirklich zuverlässig beschreiben, was sie sehen?" Die nun folgende Sitzung sollte endlich Klarheit bringen.

Palladino saß am Ende eines Tisches; hinter ihr stand ein mit einem Tuch verhängter Schrank und darin ein Podest mit verschiedenen Gegenständen, die ihr Geisterarm bewegen sollte. Mary d'Este Sturges hielt das rechte Handgelenk des Mediums umfaßt, das linke ergriff der Forscher, der die Séance arrangiert hatte.

Oben: Aleister Crowley hatte seinen entwaffnend-hypnotischen Blick bis zur Perfektion entwickelt: Viele, zumeist labile Damen, fanden ihn unwiderstehlich.

Rechts: Schon als Student am Trinity College in Cambridge hatte sich Crowley für eine ungewöhnlich exzessive Lebensweise entschieden.

Im Verlauf der Sitzung bauschte sich der Vorhang über dem Schrank auf und fiel dann über den linken Arm und die linke Hand des Mediums sowie über den rechten Arm und die rechte Hand des Forschers. Er überlegte sich, daß dies nicht der linke Arm des Mediums bewirkt haben könnte, da er diesen ja selbst hielt; dann jedoch spürte er plötzlich Palladinos Handgelenk in seine Hand gleiten, obwohl ihm nicht bewußt geworden war, daß sie sich seinem Griff überhaupt entzogen hatte.

Nach diesem kleinen, aber bedeutsamen Zwischenfall hielt der Forscher sämtliche Berichte, die er bisher über Palladinos Sitzungen gehört hatte, für unwahr. „Wenn ich", so argumentierte er, „nicht weiß, ob ich die Hand einer Frau halte oder nicht, ist es dann nicht möglich, daß auch andere, selbst Experten, durch die mit großer Schnelligkeit ablaufenden Geschehnisse dermaßen verblüfft sind, daß keine objektive Kontrolle mehr möglich ist?"

Der Forscher beteiligte sich noch an Sitzungen anderer Medien und nahm die Ergebnisse verschiedener Parapsychologen unter die Lupe. Er wurde immer skeptischer und kam schließlich zu dem Schluß, daß fast alle Phänomene, die sich während einer Séance ereignen, auf Betrug und Selbsttäuschung beruhten.

Überzeugter Okkultist

Es überrascht, daß ausgerechnet ein Mann so viel Skepsis zeigte, der selbst überzeugter Okkultist war: Es handelte sich um keinen geringeren als Aleister Crowley, der berufsmäßig magische Rituale abhielt und in den zwanziger Jahren unseres Jahrhunderts als der „böseste Mann der Welt" galt. Er hielt nichts von spiritistischen Medien, glaubte aber fest an rituelle Magie. Dies war typisch für ihn – Widerspruch und Zwiespalt ziehen sich wie ein roter Faden durch sein gesamtes Leben, seine Lehren und seine Beziehungen zu anderen.

Jan: 10th 1910

Oben: Die Ehe („eine verabscheuungswürdige Institution", wie Crowley sie später bezeichnete) mit der Pfarrerstochter Rose Kelly verlief scheinbar glücklich – bis er entdeckte, daß sie Alkoholikerin war. Nach seiner Scheidung pflegte er seine zahlreichen Geliebten „Scharlachrote Frauen" zu nennen.

Links: Allan Bennett war einer der wenigen Männer, die Crowley respektierte. Er bescheinigte Bennett einen „reinen, glasklaren und tiefgründigen Geist, der jedem anderen überlegen war". Er hatte ihn in der Magie unterwiesen, als sie beide noch Mitglieder im „Orden der Goldenen Dämmerung" waren. Später trennten sich ihre Wege: Bennett wanderte nach Sri Lanka aus und wurde Mönch, Crowley wurde das „Große Tier".

Edward Alexander Crowley, wie sein ursprünglicher Name lautet, wurde im Oktober 1875 geboren. Seine Eltern, Mitglieder der „Brüder von Plymouth", einer äußerst strengen protestantischen Sekte, zogen ihren einzigen Sohn streng religiös auf. Ihr Glaube besagte, daß jedes Wort der vom Heiligen Geist inspirierten Bibel die lautere Wahrheit ist, daß die katholische und die anglikanische Kirche „Synagogen des Teufels" sind und die Mehrzahl der Menschen von einem gerechten Gott dazu verdammt wäre, nach ihrem Ableben ewig im Höllenfeuer zu schmoren.

Als der Vater 1887 starb, war Aleister gänzlich dem religiösen Fanatismus seiner Mutter ausgesetzt. Mehr als einmal bezichtigte sie ihn als das „Große Tier", von dem die Offenbarung des Johannes berichtet und dessen Zahl angeblich 666 lautet. Bis zum Ende seines Lebens sollte Aleister alles daran setzen, diesem archetypischen Bild gerecht zu werden. Viele behaupten, er war zum Schluß selbst davon überzeugt, daß er dieses biblische Wesen verkörperte.

In der Schule für die Kinder dieser Glaubensgemeinschaft erlebte Aleister vieles, was ihn von seinem elterlichen Glauben abbrachte – ja, er entwickelte dort sogar einen regelrechten Haß auf die Brü-

Im Blickpunkt

SEXUALMAGIE

Crowleys pornographische Abhandlung *The Scented Garden* (Der Garten der Düfte) ließ bereits zu einem frühen Zeitpunkt erkennen, welche beiden Leidenschaften sein Leben entscheidend prägen würden: Magie und sexuelle Ausschweifungen. Ende 1931 experimentierte er in Paris erstmals mit verschiedenen magischen Ritualen. Dabei versuchte er, mit einem Pentakel den Gott Merkur anzurufen. Der Neophyt Victor Benjamin Neuburg, den Crowley noch von Cambridge her kannte, vollführte dazu rituelle Tänze, ließ sich das Gesäß versengen und in die Haut über seinem Herz ein Kreuz einritzen. Anschließend führten die beiden Männer Analverkehr aus. In einem Zustand extremer Besessenheit dachte Neuburg einmal, Merkur hätte ihnen befohlen, zum äußersten zu gehen und im Rahmen eines sexualokkulten Aktes eine Frau zu vergewaltigen und anschließend zu töten, ihren Leichnam zu zerstückeln und die Teile als Opfer darzubringen. Davor schreckte aber selbst Crowley zurück, und die Zeremonie soll auch nie stattgefunden haben. Crowleys Anhänger betonen jedoch, daß seine *Magick* (Crowleys eigene Schreibweise von Magie; er definierte sie als Wissenschaft und Kunst, Veränderungen willentlich herbeizuführen) ihm niemals als Vorwand für sexuelle Aktivitäten diente. Crowley war vielmehr der Überzeugung, daß Sex, ebenso wie Magie, höchste Konzentration und Experimentierfreudigkeit erfordert, wenn man darin zu neuen Ufern vorstoßen will, und daß Sexualität bei magischen Praktiken hilfreich sein kann. Nach Crowley kann man mit *Magick* auch einen anderen dazu bringen, sich in einen zu verlieben. In seinem Buch *Magick* schreibt er: „Angenommen, ich möchte eine Frau gewinnen, die mich aber ablehnt und einen anderen liebt. Ich muß erreichen, daß mein Geist den ihren beherrscht … ihr Geist wird sich mit der Ablehnung auseinandersetzen, ihr Wille wird sie dazu bringen, den anderen aufzugeben, und ihr Körper wird sich meinem unterwerfen, als Besiegelung ihrer Hingabe. Hier existiert eine magische Verbindung … ich kann sie natürlich ganz normal umwerben, aber auf magischer Ebene greife ich ihren Astralleib an, so daß ihre Aura unsicher wird und sie sich von dem anderen abwendet."

dergemeinschaft und ihren Glauben, der sein ganzes ereignisreiches Leben lang anhalten sollte.

Im Oktober 1895, im Alter von 21 Jahren und im Besitz seines Erbes von £ 30.000, trat Aleister in das Trinity College von Cambridge ein. Er verbrachte drei glückliche Jahre an dieser Universität: Er sammelte seltene Bücher, schrieb viele Gedichte, widmete sich dem alpinen Bergsteigen – und begann sich für Okkultismus zu interessieren.

1898 wurde er als Neophyt in den „Hermetischen Orden der Goldenen Dämmerung" aufgenommen, eine halbgeheime Sekte, die sich mit dem Studium der okkulten Künste und Wissenschaften sowie mit Geisterbeschwörungen, Weissagungen und Alchemie befaßte.

Die meisten seiner Sektenbrüder waren für Aleister Crowley „absolut unbedeutende Figuren", zwei davon allerdings beeindruckten ihn durch ihre magischen Fähigkeiten: Cecil Jones und Allan Bennett. Mit letzterem teilte er seine Londoner Wohnung, wo die beiden zahlreiche okkulte Experimente durchführten, darunter eine Konsekration, das heißt die Weihung eines Talismans mit magischen Kräften zur Heilung von einer schweren Krankheit.

Dieser Talisman wurde entsprechend präpariert und der kranken Lady Hall überbracht; leider jedoch hielten sich weder Lady Hall noch ihre Tochter an Crowleys minutiöse Anweisungen. Als man der ehrwürdigen alten Dame den Talisman auflegte, erlitt sie eine Reihe von Herzanfällen und wäre um ein Haar daran gestorben.

Die Konsekration, die diese unerquickliche Wirkung hervorrief, fand vermutlich im „Weißen Tempel" in Crowleys Wohnung statt – einem mit Spiegeln ausgekleideten Raum, den Crowley der Weißen Magie (Zauberpraktiken zum Wohle der Menschen) geweiht hatte. In seiner Wohnung befand sich aber auch noch ein anderer Raum, der sogenannte „Schwarze Tempel". Hier ruhte ein Altar auf dem Bild eines schwarzen Mannes, der auf seinen Händen stand; außerdem gab es ein Skelett, dem Crowley angeblich Spatzen opferte.

Unsichtbare Vandalen

In der ganzen Wohnung muß eine ausgesprochen düstere Atmosphäre geherrscht haben. Eines Abends im Jahre 1899 gingen Crowley und ein befreundeter Okkultist zum Abendessen aus. Bei ihrer Rückkehr fanden sie die verschlossene Tür zum Weißen Tempel auf mysteriöse Weise geöffnet und den ganzen Raum in höchster Unordnung vor: die Möbel verrückt, die magischen Symbole wild verstreut. Beim Aufräumen sahen Crowley und sein Freund hellseherisch angeblich „halbmaterialisierte Wesen … die in schier endloser Prozession im Raum herummarschierten."

Im Jahre 1900 spaltete sich der „Orden der Goldenen Dämmerung" in zwei konkurrierende Lager. Crowley schaffte es, sich mit beiden anzulegen, verlor aber im Laufe der folgenden drei Jahre das Interesse am westlichen Okkultismus. Er schrieb Gedichte, reiste um die Welt und heiratete eine Frau, die er „Ouarda die Seherin" nannte, obwohl sie über Okkultismus kaum etwas wußte.

Im März des Jahres 1904 hielt sich das Paar in Kairo auf. Crowley wollte seiner Frau seine okkulten Fähigkeiten demonstrieren und hielt eine Reihe magischer Rituale ab. Wenn man Crowleys Aufzeichnungen Glauben schenken kann, geschah dabei etwas Ungeheuerliches: Er empfing von irgendwoher eine Botschaft, in der ihm verkündet

Rechts: Trotz der oftmals lächerlichen Posen, in denen sich Crowley gefiel, schien es ihm im Kern mit seiner Magick ernst zu sein. Seine vielzitierte und häufig mißverstandene Maxime „Tue, was du willst, soll das ganze Gesetz sein" wurde untermauert durch die Forderung „Liebe ist das Gesetz; Liebe unter Willen". Er forderte seine Anhänger stets dazu auf, ihr wahres Selbst zu entdecken, weil er dies für den göttlichen Sinn und Zweck der menschlichen Existenz hielt. Möglicherweise bezog er diesen Gedanken von Dr. Dee, einem Magier der elisabethanischen Zeit, der geschrieben hatte: „Tue, was dir am liebsten ist…" Ein Uneingeweihter konnte dies leicht als Aufforderung für moralische Zügellosigkeit auffassen. Nun, mehr als einmal verfiel auch Crowley selbst dieser Versuchung.

wurde, daß sehr bald eine neue geschichtliche Epoche beginnen würde und daß er, Crowley, als Prophet dieses neuen Zeitalters ausersehen wäre. Auch Crowleys Frau erhielt eine Botschaft: Ihr Mann sollte sich an drei aufeinanderfolgenden Tagen mit Stift und Papier jeweils eine Stunde lang bereithalten. Die Götter würden ihm dann das Evangelium dieses neu heraufziehenden Zeitalters diktieren, wobei nur er als der Auserwählte ihre Stimmen hören könnte.

Crowley befolgte diese Anweisungen. Er hörte – vermutlich aus den Tiefen seines eigenen Geistes – tatsächlich eine Stimme und schrieb die Worte auf. So entstand das *Buch des Gesetzes*, ein lyrisches Prosawerk, von dem er glaubte, daß es auf die gleiche Weise inspiriert wurde wie vormals die Bibel.

Die Bedeutung einiger Textstellen in diesem *Buch des Gesetzes* liegt im dunkeln, und Crowley gab zu, daß er einige Passagen selbst nicht verstand. Die Grundbotschaft war jedoch eindeutig: Crowley war der Prophet einer neuen Ära – dem sogenannten Zeitalter des Horus. In dieser Ära würden die alten Religionen – Christentum, Islam und Buddhismus – alle vergehen und durch einen neuen Glauben an „Kraft und Feuer" ersetzt werden, als dessen Grundprinzip die vollständige Selbsterfüllung galt. „Jeder Mann und jede Frau ist ein Stern", so wurde ihm mitgeteilt – mit anderen Worten, jeder hat das Recht, sich auf seine Weise zu entfalten. „Tue, was du willst, soll das ganze Gesetz sein", hieß es in dem neuen Evangelium. „Du hast kein Recht, als zu tun, was du willst" und „Das Wort der Sünde heißt Einschränkung".

Um Crowley und seinen Anhängern gerecht zu werden, muß man darauf hinweisen, daß er selbst immer betont hat, daß die Maxime „Tue, was du willst" kein Aufruf zur schrankenlosen Willkür sei,

sondern vielmehr bedeutet, daß jeder seinen wahren Willen, seinen eigenen Weg finden muß, der mit seiner inneren Natur in Einklang steht.

Einige Jahre lang glaubte Crowley nur halbherzig an die Wahrheit und die Bedeutung des *Buchs des Gesetzes*, aber um 1910 war er vollkommen von dieser Idee beherrscht und verbrachte von da an den Rest seines Lebens damit, seine Botschaft zu verbreiten und andere davon zu überzeugen, daß er, Crowley, ihr neuer Messias sei.

> **TUE, WAS DU WILLST, SOLL DAS GANZE GESETZ SEIN.**

Er schrieb zu diesem Zweck mehrere Bücher und gründete zwei okkulte Orden, hielt in der Londoner Caxton Hall öffentliche okkulte Zeremonien ab und richtete in einem halbverfallenen Bauernhaus auf Sizilien eine „Abtei" ein, deren Bewohner sich der Ausübung des neuen Glaubens widmeten.

In den Jahren vor dem Ausbruch des Ersten Weltkrieges führten Crowley und seine Anhänger in England eine großangelegte Glaubenskampagne durch. Sie war ziemlich erfolglos, obwohl Crowley und seine Freunde viel Geld in die Sache investierten. Nur eine Handvoll Menschen ließ sich bekehren, und Crowley hatte eine ziemlich schlechte Presse. 1914 brach er auf nach Amerika, wo man, so hoffte er, seiner Glaubensbotschaft aufgeschlossener gegenüberstehen würde – und auch seiner Lehre von der *Magick*, einer Verknüpfung westlicher okkulter Praktiken mit den Lehren aus dem *Buch des Gesetzes* und aus dem Tantrismus, einer Yogalehre, deren rituelle Sexualpraktiken er aus fernöstlichen Quellen bezogen hatte.

Die neue Welt zeigte sich von Crowleys Heilslehre jedoch noch unbeeindruckter als die alte, und

Links: Die Violinistin Leila Waddell assistierte Crowley bei seinen rituellen Zeremonien. Bei der Aufführung seiner Eleusinischen Riten in der Londoner Caxton Hall im Jahre 1910, zu der die Öffentlichkeit Zutritt hatte, spielte sie Violine. Crowley behauptete, er habe sie magisch von einer „fünftklassigen Fiedlerin" in ein musikalisches Genie verwandelt – allerdings nur für diesen einen Abend.

Gegenüberliegende Seite links: Crowley mit Leah Hirsig, einer seiner Geliebten und ihrem kleinen Sohn Poupée, vor der berüchtigten Abtei Thelema in Sizilien (1921). Das Leben in der Kommune mit Anhängern seiner Magick war von Anfang an ein gescheitertes Experiment und endete 1923 mit dem Tod eines Mitglieds und dem Verbot der Kommune.

Gegenüberliegende Seite rechts: Jane Wolfe (links im Bild), eine ehemalige Film- und Theaterschauspielerin, und Leah Hirsig vor der Abtei im Jahre 1921. Zahlreiche Besucher aus aller Welt strömten hierher. Viele fühlten sich allerdings von den Gebräuchen abgestoßen (vor allem, wenn Crowley ihnen „Kuchen der Erleuchtung" darbot, der aus Dung bestand). Die meisten Besucher waren tief enttäuscht.

Oben: Crowleys Skizze eines menschenverschlingenden Dämons.

Rechts: „Der Teufel", von Lady Frieda Harris nach einem Entwurf von Crowley gezeichnete Tarot-Karte. Für die Arbeit an diesen Karten waren ursprünglich drei Monate vorgesehen; daraus wurden dann fünf volle Jahre.

XV

The Devil

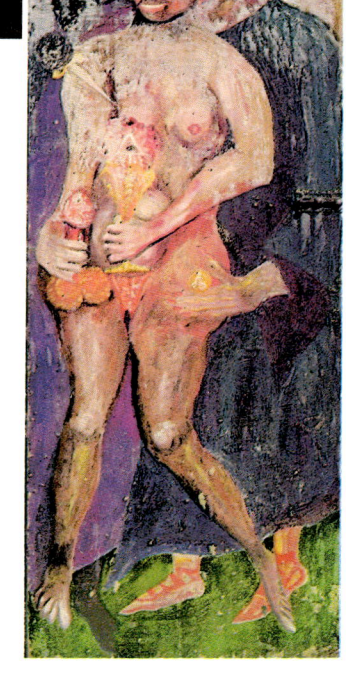

der selbsternannte Prophet verbrachte in Amerika sechs nicht besonders glückliche Jahre. Er war ständig in Geldnot und konnte nur wenige Amerikaner konvertieren.

1920 kehrte er mit zwei Mätressen nach Europa zurück (Crowley hatte stets ein ausschweifendes Liebesleben geführt) und gründete in Sizilien die Abtei Thelema (griechisch: Wille). Die Sizilianer erwiesen sich Crowley und seiner *Magick* gegenüber als überraschend tolerant. In der folgenden Zeit suchte eine ganze Reihe von treuen Anhängern und interessierten Neugierigen seine Abtei auf, darunter die ehemalige Schauspielerin Jane Wolfe, der Mathematikprofessor Norman Mudd und Raoul Loveday, ein hochbegabter Oxford-Absolvent, der sein Leben Crowleys neuer Religion verschrieb.

Loveday starb während seines Sizilienaufenthaltes, vermutlich an einer Dünndarmentzündung. Seine Frau jedoch glaubte, daß sich ihr Mann während einer magischen Zeremonie durch das Trinken von Blut eine Vergiftung zugezogen hatte und startete nach ihrer Rückkehr nach London in der Presse eine Hetzkampagne gegen Crowley, in der er als „Teufel in Menschengestalt" denunziert wurde. Schließlich mußte er seine Abtei schließen und wurde offiziell aus Italien ausgewiesen.

Crowleys letzte Lebensjahre verliefen ziemlich ereignislos. Er reiste ziellos durch Europa – ein einsa-

Oben: Dieses pornographische Wandgemälde stammt aus der Abtei Thelema.

mer und zunehmend verbitterter Mann, bis er 1947 starb. Zu diesem Zeitpunkt hatte er nur noch eine Handvoll Anhänger. Heute hingegen glauben wieder Tausende an seine Botschaft, und in mancherlei Hinsicht scheint Crowleys Glaubenslehre heutzutage besser anzukommen als zu seinen Lebzeiten.

"CROWLEY WAR DER PROPHET EINER NEUEN ÄRA – DEM SOGENANNTEN ZEITALTER DES HORUS. IN DIESER ÄRA WÜRDEN DIE ALTEN RELIGIONEN – CHRISTENTUM, ISLAM UND BUDDHISMUS – ALLE VERGEHEN UND DURCH EINEN NEUEN GLAUBEN AN ‚KRAFT UND FEUER' ERSETZT WERDEN, ALS DESSEN GRUNDPRINZIP DIE VOLLSTÄNDIGE SELBSTERFÜLLUNG GALT. "

Leuchterscheinungen, wie sie immer wieder bei Heiligen und bei Kranken beobachtet worden sind, versetzen die Menschheit seit Jahrhunderten in Erstaunen.

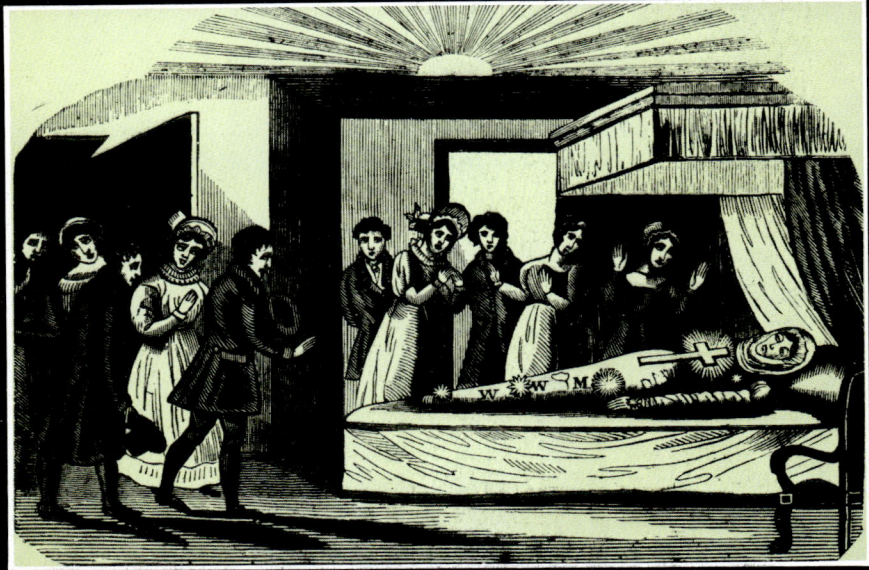

LEUCHTENDE MENSCHEN

Während sie schlief, ging von Anna Moranas Brüsten ein seltsames blaues Leuchten aus. Dieses Phänomen trat über Wochen hinweg mehrmals auf und war immer nur wenige Sekunden lang zu sehen. Niemand hatte dafür eine Erklärung.

Zum ersten Mal wurde dieses Leuchten am Körper der Italienerin im Jahre 1834 bemerkt, als sie einen Asthmaanfall erlitt. Sie geriet damals sofort als „die leuchtende Frau von Pirano" in die Schlagzeilen. Das blaue Leuchten, das von ihr ausging, wurde fotografiert und war auch von vielen Ärzten gesehen worden. Ein Psychiater erklärte es als die Wirkung „elektrischer und magnetischer Organismen, die sich im Körper der Frau in großer Zahl entwickelt hatten" – was nicht gerade zur Klärung der Sache beitrug. Ein weiterer Arzt spekulierte, daß ihr Blut aufgrund ihrer schwachen Konstitution und wegen ihres religiös bedingten Fastens einen überhöhten Sulfidspiegel aufwies und diese Sulfide auf natürlichem Wege, nämlich durch die ultraviolette Strahlung, zum Leuchten angeregt würden. Selbst wenn das stimmte, würde dies nicht erklären, warum das Leuchten nur an den Brüsten zu sehen war und immer nur dann auftrat, wenn die Frau schlief.

Berichte über leuchtende Menschen finden sich sowohl in der medizinischen Literatur wie auch in religiösen Schriften und in vielen Legenden. In toxikologischen Berichten ist oftmals von „leuchtenden Wunden" die Rede, und in dem *Anomalies und Curiosities of Medicine* (Enzyklopädie der medizinischen Anomalien und Absonderlichkeiten) betitelten Werk der Engländer Dr. George Gould und Dr. Walter Pyle beschreiben die beiden Mediziner den

Fall eines Brustkrebsgeschwürs, von dem ein so starkes Leuchten ausging, daß man bei völliger Dunkelheit im Raum auf einer mehrere Meter entfernten Uhr die Zeit ablesen konnte. Hereward Carrington (1881–1958), ein amerikanischer Parapsychologe, berichtete von einem Kind, das an akuter Magenverstimmung gestorben war und nach seinem Tode am ganzen Körper seltsam bläulich leuchtete.

Den Fall eines leuchtenden Menschen, der kerngesund war, entnehmen wir einem Brief an die Zeitschrift *English Mechanic* vom 24. September 1869:

„Eine Amerikanerin entdeckte beim Zubettgehen, daß der vierte Zeh an ihrem rechten Fuß phosphoreszierte. Dieses Leuchten wurde durch Reiben noch verstärkt und breitete sich über den ganzen Fuß aus. Außerdem stieg ein seltsamer Dampf auf, der das Zimmer verpestete. Es half auch nichts, als sie den Fuß in ein Wasserbecken hielt. Selbst kräftiges Abseifen vermochte das Leuchten nicht abzuschwächen. Erst nach einer dreiviertel Stunde verglomm das Licht allmählich. Ihr Mann war Zeuge dieses Geschehens."

Für leuchtende Tiere wie Glühwürmchen beziehungsweise Leuchtkäfer hat die Wissenschaft eine Erklärung gefunden: Deren Biolumineszenz ergibt sich aus der Oxidation von Luciferin unter der Einwirkung des Enzyms Luciferase unter Einwirkung von

Oben: Als Jane Pallister 1833 auf dem Totenbett lag, erschien um ihren Leichnam herum ein himmlisches Leuchten in Form eines Kreuzes und mehrerer Sterne. Ihr Sohn und andere Augenzeugen schrieben dies ihrer großen Tugendhaftigkeit zu.

Rechts: Das kalte, grünlich-gelbe Glühlicht dieser beiden flügellosen, weiblichen Leuchtkäfer (Familie Lampyridae) wird aus einem Organ an ihrem Hinterleib ausgesendet. Der Leuchtstoff wird durch eine chemische Reaktion erzeugt und dient zur Anlockung der Männchen.

Gegenüberliegende Seite oben: Bei der Verklärung Jesu begannen seine Kleider hell und weiß zu leuchten. Dieses Phänomen wurde auf dieser Darstellung durch die ihn umgebenden runden und spitzwinkligen Formen bildlich wiedergegeben.

Gegenüberliegende Seite Mitte: Auch bei der Konversion des Paulus auf dem Weg nach Damaskus spielte Licht eine wichtige Rolle: Ein gleißender Blitzstrahl schien ihn vom Pferd zu stoßen.

Adenosintriphosphat (ATP). Menschliches Leuchten wurde jedoch nie auf derlei chemische Reaktionen zurückgeführt.

Viele Mystiker und Okkultisten glauben, daß jeder Mensch von einem wechselfarbigen Strahlenfeld – der sogenannten Aura – umgeben ist, das für das trainierte Auge eines Okkultisten oder für von Natur aus Sensitive erkennbar ist. Die Leuchtintensität ist von Mensch zu Mensch unterschiedlich ausgeprägt, soll aber bei spirituell arbeitenden Personen oder bei Menschen, die sich in Ekstase befinden, besonders stark hervortreten. Vielleicht steckt hinter dem Ausdruck vom „glückstrahlenden Gesicht" ja mehr als eine alltägliche Redewendung.

Im 2. Buch Mose 34 heißt es: „Als Mose vom Berge Sinai herabstieg, hatte er die zwei Tafeln des Gesetzes in seiner Hand und wußte nicht, daß die Haut seines Angesichts glänzte, weil er mit Gott geredet hatte". Als die Menschen dies sahen, „fürchteten sie sich, ihm zu nahen", so daß Mose eine Decke auf sein Angesicht legte. Von ähnlichen Leuchterscheinungen weiß die Bibel im Zusammenhang mit der Vision des Heiligen Paulus im Moment seiner Konversion zu berichten, und auch bei der Verklärung Jesu sollen dessen Kleider gestrahlt haben, wie keine Bleicherde sie weißer und heller hätte färben können.

Der Ungar Nandor Fodor (1895–1964), Autor zahlreicher parapsychologischer Bücher, beschreibt, daß die Heiligen und Mystiker des Mittelalters vier verschiedene Auren unterschieden: den Nimbus, den Halo, die Aureole und die Glorie. Nimbus und Halo gingen vom Kopf aus, während die Aureole den ganzen Körper umgab. Die Glorie ist eine verstärkte Form von Nimbus und Aureole – eine wahre Lichtumflutung.

Die Theosophen wiederum kennen fünf Auren: die Gesundheitsaura, die Lebensaura, die karmische Aura, die Charakteraura und die Aura der geistigen Natur. Auch sollen die verschiedenen Aurafarben auf bestimmte emotionale Zustände oder Wesensmerkmale hinweisen. Ein grelles Rot zeigt beispielsweise Ärger und Gewalt an, ein warmer Rotton steht für Leidenschaft und Sinnlichkeit, Braun für Geiz, Rosa für Zuneigung, Gelb für gute intellektuelle Fähigkeiten, Violett für Spiritualität, Blau für religiöse Hingabe, Grün für Betrug, Dunkelgrün für Mitleid. Das polnische Medium Stefan Ossowiecki sah im 19. Jahrhundert gelegentlich auffallend dunkle Auren, die einen nahen Tod ankündigten.

Natürliche Flammen

Die meisten von uns sind mit der christlichen Darstellung des Halo vertraut. Weniger bekannt dürfte sein, daß Könige und Priester Kronen und Kopfputze trugen, um sich damit symbolisch mit einem Halo zu umgeben. Fast alle großen Kulturen zeigen ihre großen Lehrmeister und Heilige von einer Aureole umgeben – man findet entsprechende Darstellungen überall auf der Welt, in Peru, Mexiko, Ägypten, Sri Lanka, Indien und in Japan.

Der als aufgeklärt geltende Papst Benedikt XIV. (1740–1758), wegen seiner Toleranz selbst von Friedrich dem Großen und Voltaire geschätzt, äußerte sich zu Leuchtphänomenen wie folgt:

„Es scheint wirklich so zu sein, daß es natürliche Flammen gibt, die manchmal den menschlichen Kopf sichtbar umgeben, und daß zuweilen vom ganzen Körper eines Menschen ein natürliches Feuer ausgeht – jedoch nicht in Form einer emporschlagenden Flamme, sondern als Funken, die ringsum entstehen. Auch sollen manche Menschen in gleißendem Glanz erstrahlen, obgleich dieser nicht von innen heraus entsteht, sondern an ihren Kleidern haftet oder an dem Stab oder dem Speer, den sie tragen."

In der Hagiographie (Heiligengeschichte) gibt es unzählige Begebenheiten von Priestern, die dunkle Zellen und Kapellen mit einem Licht durchfluteten, das aus ihrem Körper zu kommen schien oder das von einer unbekannten Quelle von oben her direkt auf sie herabströmte. Als im 14. Jahrhundert der Kartäusermönch John Tornerius einmal nicht rechtzeitig zur Frühmesse erschien, wollte ihn der Sakri-

stan holen – und fand die Mönchszelle in hellstes Licht getaucht. Wundersamerweise breitete sich dieses wie die Mittagssonne rings um den säumigen Priester herum aus. Bei der Seligsprechung des Franziskaners Thomas von Cori berichteten Augenzeugen, daß trotz des wolkenverhangenen Himmels an diesem Morgen die ganze Kirche durch ein Strahlen erhellt wurde. Die vermutlich älteste Überlieferung berichtet von dem hl. Giles von Assisi (gestorben 1262), den eines Nachts „ein so helles Licht umstrahlte, daß das Licht des Mondes dadurch völlig verdunkelt wurde."

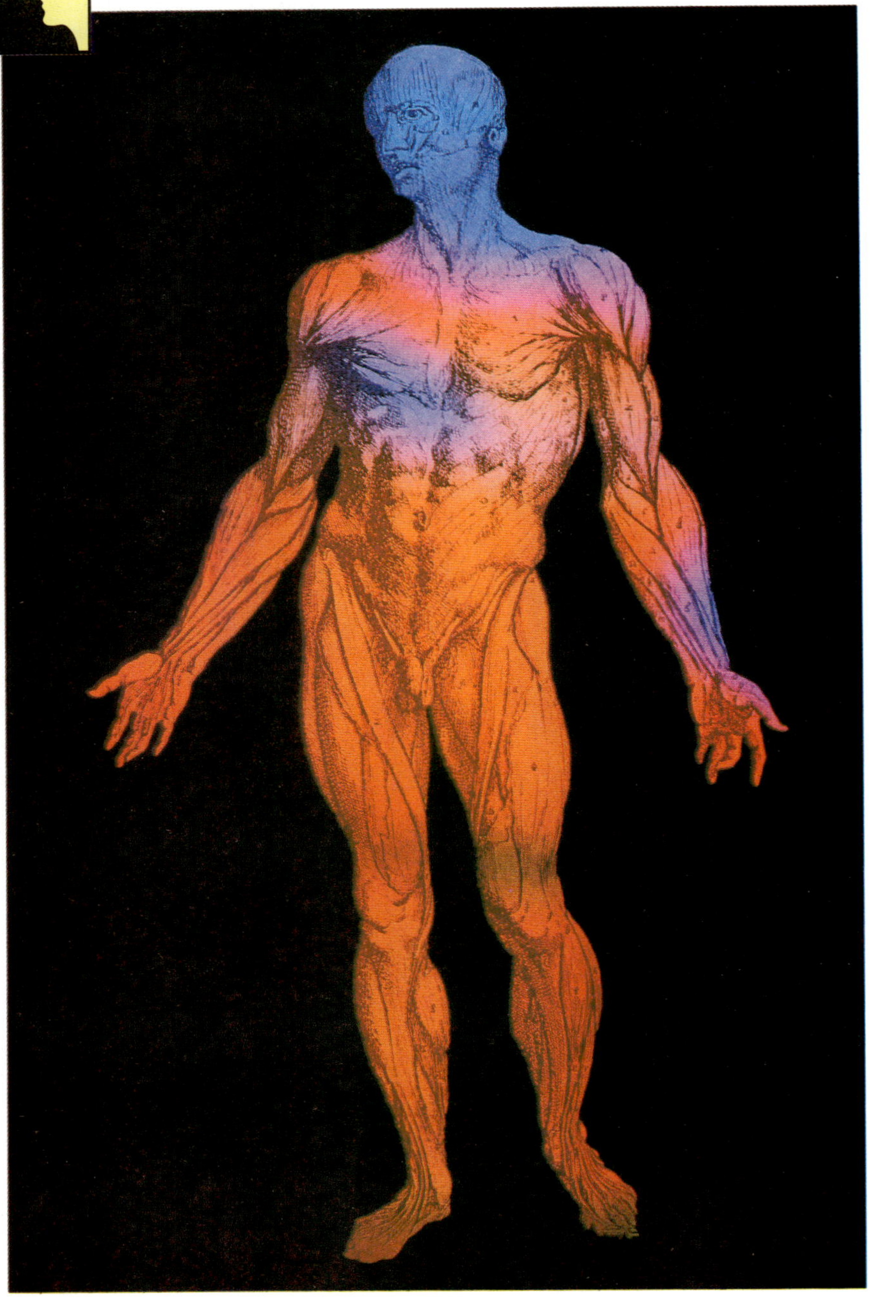

In anderen Darstellungen wird beschrieben, wie das Haus der hl. Aleidis von Scarbeke einmal in hellen Flammen zu stehen schien, als sie gerade darin betete, und dieses Leuchten von ihrem Gesicht ausging. Und in der Klause des hl. Louis Bertran soll ein Licht geschienen haben, „als sei sie mit den hellsten Lampen erleuchtet." Der deutsche Kleriker Thomas à Kempis schrieb im 15. Jahrhundert über die hl. Lydwina: „Obgleich sie stets im Dunkeln lag und materielles Licht ihren Augen unerträglich war, empfand sie das göttliche Licht als sehr angenehm, und ihre Kammer war des Nachts oft so wundersam von diesem Leuchten durchflutet, daß jedermann meinte, dort wären überall normale Lampen oder Feuer aufgestellt. Selbst ihr Körper war in diese göttliche Helligkeit getaucht."

Heiliges Leuchten

In seinem vielbeachteten Buch *Die körperlichen Begleiterscheinungen der Mystik* kommentiert Pater Herbert Thurston diese Heiligenberichte folgendermaßen:

„Eine große Zahl dieser Berichte basiert auf recht unzureichenden Augenzeugenbeschreibungen, aber es gibt andere, die sich nicht so einfach von der Hand weisen lassen... Es gibt demnach keinen Grund, weshalb man Berichten über derlei Erscheinungen nicht Glauben schenken sollte, wenn sie Menschen widerfahren, deren außerordentliche Heiligkeit und wunderbare Gnade allgemein anerkannt sind."

Pater Thurston zitiert hierzu zwei verblüffende Fälle aus dem 17. Jahrhundert, zum einen den des heiligen Bernardini Realini und zum anderen den von Pater Francisco Suárez.

Oben: Menschen, die ähnlich wie auf dieser Darstellung zu leuchten begannen, führen dies häufig auf ihre Heiligkeit oder eine höhere spirituelle Natur zurück. In religiösen Darstellungen werden göttliche Personen in der Tat sehr häufig von einer sichtbaren Aura umgeben, zum Beispiel mit einem Halo um den Kopf, was ihre Heiligkeit symbolisieren soll.

FALL Sammlung

FARBENTALENT

Der berühmte amerikanische Seher und Heiler Edgar Cayce (1877–1945) behauptete, daß er schon als Kind Menschen stets in Verbindung mit Farben gesehen hatte – bei jedem, den er traf, sah er aus dem Kopf und den Schultern stets rote, grüne und blaue Strahlen hervortreten. Cayce: „Für mich ist die Aura eine Art Wetterfahne der Seele. Sie zeigt mir, in welche Richtung der Wind des Schicksals gerade weht."
Es handelt sich dabei um eine Fähigkeit, die sich seiner Meinung nach jeder aneignen könnte. Mehr noch, er war davon überzeugt, daß die meisten von uns die Aura ihres Gegenübers sehen, sie aber nicht bewußt wahrnehmen. Wenn wir darauf achten, welche Farben jemandem am besten stehen und welche Farben die betreffende Person für ihre Einrichtung wählt, können wir uns allmählich ihrer Aura gewahr werden, und auch, wie sie sich je nach der augenblicklichen Verfassung des Betreffenden verändert.
„Wir wissen doch alle, welche Farben einem Freund schmeicheln und sein Wesen besonders unterstreichen", schrieb Cayce. „Dies sind die Farben, die die gleichen Schwingungen aufweisen wie seine Aura und diese somit verstärken und erhöhen."

Links: Dieses türkische Gemälde aus dem 16. Jahrhundert zeigt Mohammed von Flammen umlodert.

Mitte links: Eine altmexikanische Stele mit Quetzalcoatl, einem aztekischen Gott, hier in Gestalt des Morgensterns.

Mitte rechts: Padmasamphava, der große buddhistische Lehrer, auf einer tibetanischen Darstellung aus dem 18. Jahrhundert, umgeben von einem Heiligenschein.

Unten: Die vier Könige der Hölle auf einem chinesischen Rollbild, deren bekrönte Häupter jeweils von einem hellen Lichtkreis umgeben sind.

hen, wohl aber, wie überall von seinem Körper Funken ausgingen. Andere bestätigten, daß sie sich vor dem gleißend hellen Licht in seinem Antlitz oftmals geblendet abwenden mußten und seine Gesichtszüge nicht mehr erkennbar waren.

Pater Francisco Suárez, von dem Thurston als zweitem Fall berichtet, war ein spanischer Theologe, der von 1597 bis 1617 an der Jesuitenschule in Coimbra in Portugal lehrte. Eines Tages suchte Jerome da Silva, ein älterer Laienbruder, den Pater auf, um ihn über die Ankunft eines Besuchers zu unterrichten. Ein Stock an der Tür wies zwar darauf hin, daß der Pater nicht gestört werden wollte, aber der Laienbruder hatte Anweisung, ihn in jedem Fall sofort zu benachrichtigen, und so trat er ins Zimmer. Der Vorraum war gegen die Mittagssonne völlig abgedunkelt. In seiner Biographie über Suárez zitiert Pater de Scoraille Silvas eigene Worte: „Ich rief nach dem Pater, erhielt aber keine Antwort. Der Trennvorhang zu seinem Arbeitszimmer war zugezogen, und durch den Spalt zwischen Türpfosten und Vorhang bemerkte ich eine starke Helligkeit. Ich schob den Vorhang zur Seite und betrat den Raum. Dort sah ich, daß das Licht von dem Kruzifix ausging – so gleißend hell wie ein Sonnenstrahl, der sich auf einer Glasscheibe spiegelt. Ich konnte nicht länger hinsehen, ohne völlig benommen zu werden. Dieses

Die Seligsprechung von Pater Bernardino (gestorben 1616) erfolgte in Neapel im Jahre 1621. Tobias de Ponte, ein Herr von Rang und Ansehen, bezeugte, daß er um das Jahr 1608 den Pater aufgesucht hatte, um ihn um einen Rat zu fragen. Bevor er den Raum betrat, bemerkte er rings um die nur angelehnte Tür ein helles Leuchten. Er wunderte sich, daß der Pater mittags im April ein Feuer angemacht hatte und öffnete die Tür etwas weiter. Im Raum erblickte er den Pater, kniend und in Trance versunken und mehr als einen halben Meter über dem Boden schwebend. De Ponte war so sprachlos, daß er sich eine Weile hinsetzen mußte und dann heimging, ohne sich zu erkennen zu geben.

Auch andere haben in Pater Bernardinos Antlitz verschiedentlich ein außergewöhnliches Leuchten bemerkt. Sie hatten ihn zwar nicht in Levitation gese-

Licht strömte aus dem Kruzifix direkt auf die Brust und das Gesicht von Pater Suárez, der inmitten dieser Helligkeit vor dem Kreuz kniete, mit entblößtem Kopf und gefalteten Händen. Sein Körper schwebte etwa einen Meter über dem Boden und befand sich auf gleicher Ebene wie der Tisch mit dem Kruzifix. Als ich das sah, zog ich mich zurück ... mir standen die Haare zu Berge ...“

Etwa eine Viertelstunde später kam Pater Suárez heraus und war überrascht, daß dort Bruder da Silva auf ihn wartete. Weiter heißt es in dem Bericht: „Als ich dem Pater sagte, daß ich sein Zimmer betreten hatte, ergriff er meinen Arm ... dann schlug er seine Hände zusammen und flehte mich mit Tränen in den Augen an, niemals jemandem etwas von dem zu erzählen, was ich erblickt hatte ... solange ich lebe.“

Sein Bericht wurde in einem versiegelten Umschlag aufbewahrt, und erst nach seinem Tod wurde er weiteren Menschen zugänglich gemacht.

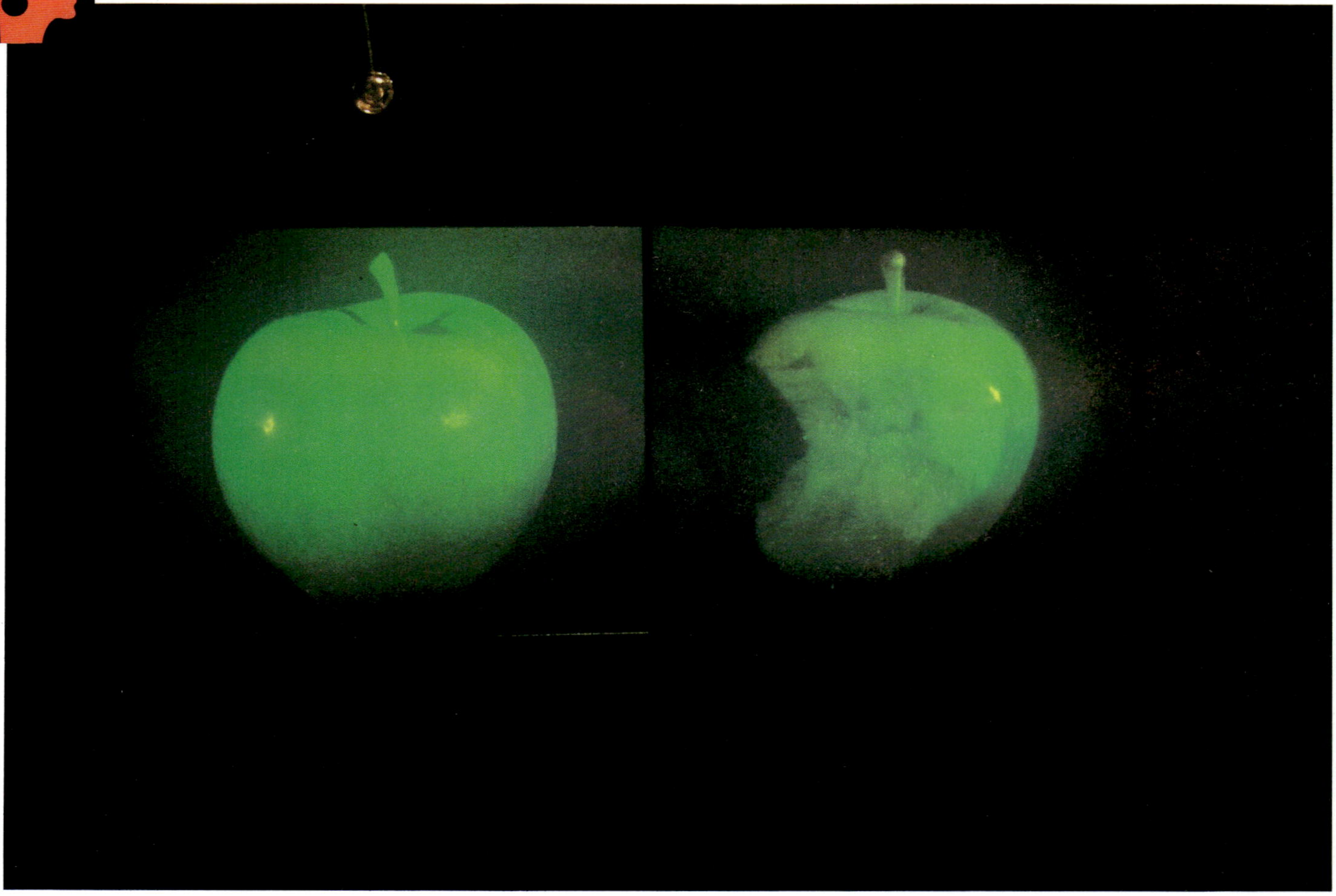

SINNESTÄUSCHUNGEN

Bei der Wahrnehmung der Realität gibt es von Mensch zu Mensch beträchtliche Unterschiede. Damit stellt sich die unvermeidliche Frage, ob überhaupt Dinge wirklich exakt wahrgenommen werden können.

In der psychiatrischen Fachliteratur gibt es zahlreiche Fälle von geistig völlig gesunden Menschen, die zeitweise Halluzinationen hatten. Sie wußten zwar, daß dies nur Illusionen waren, verhielten sich aber so, als wären es reale Begegnungen: Sie konnten regelrecht um die Erscheinungen herumgehen, die offenbar leibhaftig genug waren, um Licht und andere Gegenstände zu verdecken und in Spiegeln sichtbar zu werden. Wenn ein anwesender

Oben: Unsere Wahrnehmung der Welt entspricht nicht immer der Realität. Dieses Hologramm eines Apfels sieht zwar recht real aus, ist aber nur ein mittels Laserstrahlen erzeugtes Abbild.

Rechts: Tiere wiederum sehen die Welt völlig anders als wir Menschen. Für eine Biene stellt sich ein Vogelauge wie ein riesiges, zerstückeltes Etwas dar.

Gegenüberliegende Seite unten: Delphine sehen mittels Sonarortung; man nimmt sogar an, daß sie eine Art Röntgenblick besitzen.

Psychiater seitlich gegen die Augäpfel des Betreffenden drückte, wurden diese Trugbilder sogar als Doppelbilder gesehen, genauso wie das bei echten Objekten der Fall ist. Da sie jedoch objektiv nicht wirklich existierten, konnte unmöglich Licht von ihnen aus auf die Augen treffen, im Gehirn registriert und in ein Bild umgesetzt werden.

Trotzdem geht kein Weg daran vorbei, daß in diesen Fällen definitiv ein Bild existiert, zumindest für eine bestimmte Person. Es kann also hier nur eine Umkehrung der Wahrnehmung stattgefunden haben – das Gehirn selbst produziert ein Bild und projiziert es auf unerklärliche Weise an die Stelle, an der es dann wahrgenommen wird. Ähnliches muß auch bei anderen Formen der Trugwahrnehmung stattfinden, zum Beispiel bei akustischen oder haptischen Sinnestäuschungen. Es gibt die unterschiedlichsten Halluzinationen, die jederzeit auftreten können, im Wachzustand, im Schlaf, in Trance, in Hypnose oder auch im Halbschlaf.

Alles nur ein Traum?

Jedem von uns sind Träume vertraut. Träume verarbeiten die Erlebnisse des Tages und können Ausdruck aufgebauschter Ängste oder verdrängter Triebe sein, die aus dem Unterbewußtsein emporkommen. Zuweilen sind sie auch nur Ausdruck eines körperlichen Unbehagens, etwa wenn man davon träumt zu ersticken, weil einem das Kopfkissen über das Gesicht gerutscht ist. Außergewöhnliche Träume, die der Betreffende sehr intensiv und plastisch erlebt, können auch präkognitiv sein, das heißt Zukünftiges vorwegnehmen. Dabei laufen regelrechte „Spielfilme" ab, die mit der äußeren Wirklichkeit, die

Rechts: Königin Mary I. (1516–1558), die während ihrer Ehe mit Philipp II. von Spanien eine Scheinschwangerschaft entwickelte. Dieses Gemälde stammt von Sir Anthony Moore und hängt im Prado-Museum in Madrid. Im Fall einer Scheinschwangerschaft weisen alle äußerlichen Anzeichen auf eine fortschreitende Schwangerschaft hin: Die Menstruation setzt aus, und die Betreffende leidet unter morgendlicher Übelkeit und ähnlichen Zuständen – aber es existiert kein Baby. Anscheinend kann diese grausame Illusion einer bevorstehenden Mutterschaft durch das übermächtige Verlangen einer frustrierten Mutter nach einem Kind hervorgerufen werden.

der Träumer oder irgendein anderer Mensch zu diesem Zeitpunkt sinnlich wahrnehmen könnte, nicht das geringste zu tun haben.

Im Mittelalter war die Furcht vor männlichen und weiblichen Dämonen weit verbreitet, die mit schlafenden Menschen sexuell verkehren sollten. Angeblich riefen sie wollüstige Träume hervor. Das mag lächerlich klingen, aber selbst die moderne Psychologie kennt Fälle, in denen manche Somnambulisten (Schlafwandler) in ihren Träumen sexuellen Phantasien derart freien Lauf lassen, daß sie bis zum Orgas-

EINE SINNESTÄUSCHUNG?

Vor einigen Jahren wurde der Schriftsteller David Christie-Murray gebeten, an einer Schule einen Vortrag über Parapsychologie zu halten. Vor dem Vortrag lud ihn der Lehrer, der die Veranstaltung organisiert hatte, zu einem Essen ein. Unter den Gästen war auch die Mutter zweier Schüler, die Christie-Murray von folgender Begebenheit erzählte.

Sie hatte sich stets eine Tochter gewünscht, und als ihre beiden Buben im Teenageralter waren, adoptierte sie ein kleines Mädchen, das sie sehr liebgewann. Kurz darauf kam das Kind bei einem Autounfall ums Leben. Das schlimmste war, daß sie am Steuer gesessen hatte und den Unfall selbst verschuldet hatte. Die trauernde Mutter quälte daher nicht nur der Verlust ihres Töchterchens, sondern auch ein schier unerträgliches Schuldgefühl.

Einige Zeit nach dem tragischen Unfall wachte sie wie so oft nachts plötzlich auf. Elend und von Trauer überwältigt, sehnte sie sich nach etwas Trost und Beistand und wollte ihren Mann wecken, aber dieser schlief so fest, als läge er in einer Art Koma. Schließlich gab sie es auf, ging voller Verzweiflung in das Kinderzimmer hinüber und setzte sich an das Bettchen ihres verstorbenen Kindes.

Auf einmal stand das kleine Mädchen vor ihr, streckte ihr die Hände entgegen und sagte „Mami!" Die Mutter öffnete unwillkürlich ihre Arme und das Kind kletterte auf ihren Schoß und schmiegte den Kopf an ihre Schulter. Es

war unglaublich: Ihre Tochter war tot, und doch war sie hier, warm und leibhaftig, aus Fleisch und Blut, ein lebendes Wesen, dessen Köpfchen sie warm an ihrer Brust fühlen konnte. Kurze Zeit saßen sie in inniger Umarmung. Dann stieg die Kleine von ihrem Schoß herunter, sagte: „Mami, ich muß jetzt gehen" und verschwand auf ebenso mysteriöse Weise, wie sie aufgetaucht war.

Nach diesem Erlebnis war die Mutter von einem tiefen Gefühl der Freude erfüllt, das genauso intensiv war wie die Verzweiflung, die sie vorher empfunden hatte. Von Stund an war sie fest davon überzeugt, daß es ein Leben nach dem Tode gibt und der Körper in irgendeiner Form weiterexistiert.

David Christie-Murray kommentierte diesen außergewöhnlichen Vorfall folgendermaßen: „An ihrer Ergriffenheit und Aufrichtigkeit beim Erzählen dieser Begebenheit besteht kein Zweifel. Sollte sie es darauf abgesehen haben, einen angesehenen Parapsychologen mit irgendeiner Phantasiegeschichte hereinzulegen, dann hätte sie höchst überzeugend geschauspielert. Wenn sich der Vorfall jedoch so zugetragen hat, und ich hege daran keinerlei Zweifel, dann beweist er zumindest, daß nicht alle ‚überirdischen' Begegnungen furchteinflößend, unheilvoll oder krankhaft sind."

Diese Geschichte scheint die Überzeugung der Spiritualisten zu untermauern, daß verstorbene Seelen sich auf irgendeine Art materialisieren können. Andere mögen solche Erlebnisse als schlichte Sinnestäuschungen abtun.

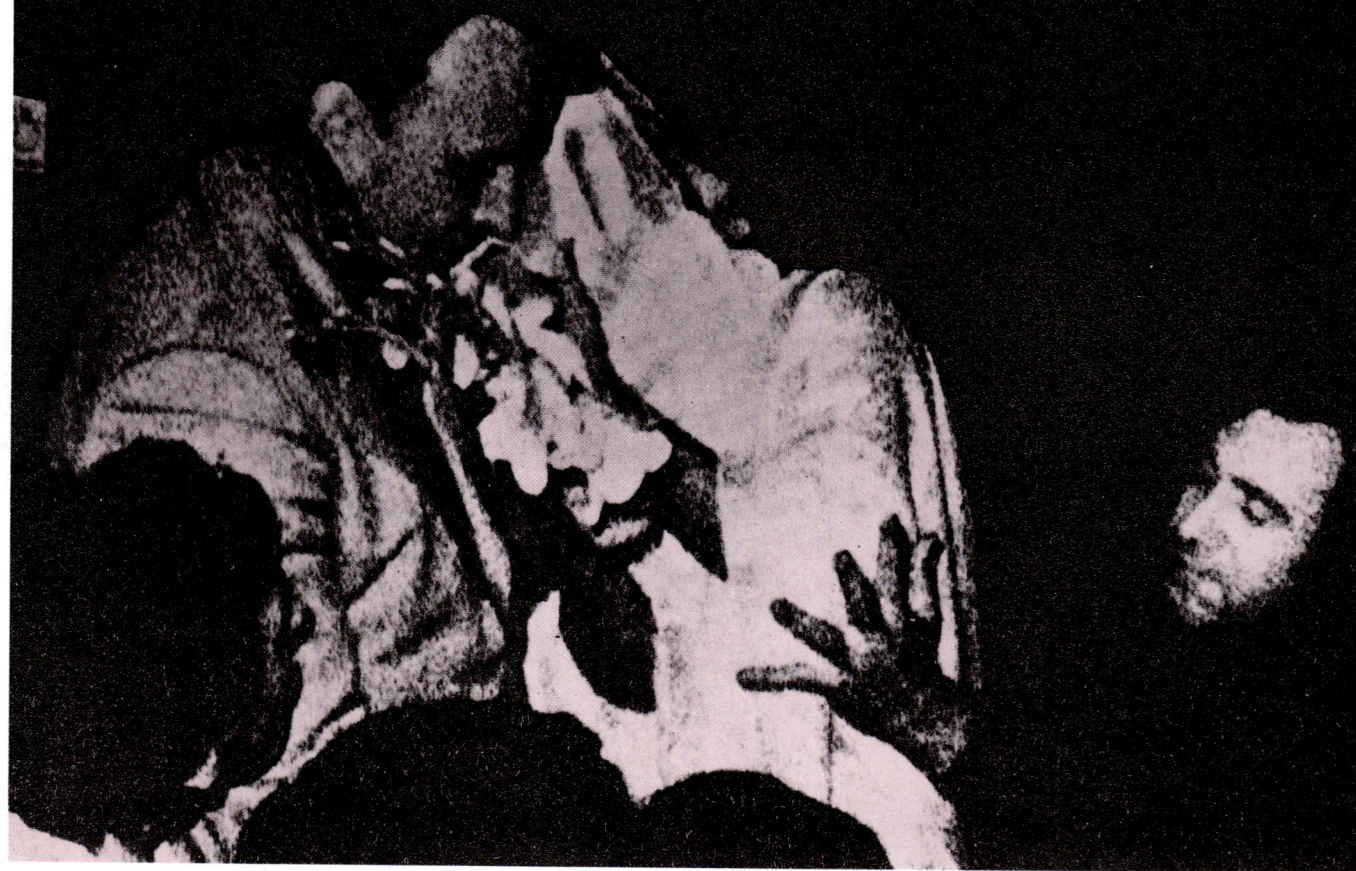

wahrnehmungen werden dermaßen intensiv und deutlich erlebt, daß selbst hartnäckige Zweifler nicht umhin können, ihnen eine gewisse Realität zuzubilligen. Untersuchungen haben ergeben, daß Halluzinationen oftmals durch kulturelle Prägungen vorgegeben sind. In Epochen, in denen der Aberglaube eine große Rolle spielte, in denen Drogenkonsum, Fasten, Kasteiungen und Meditation an der Tagesordnung waren, erlebten die Menschen sehr häufig die Orgien der Hexensabbate oder Visionen und Botschaften von Engeln, der Jungfrau Maria oder Christus. Das 20. Jahrhundert bringt seine eigenen Spielarten hervor, wie der Fall von der Frau beweist, die neben ihren Freunden in einem Auto saß und einen fortlaufenden Kommentar dazu abgab, wie sie gerade von einem UFO entführt wurde.

In vieler Hinsicht weist dieses Erlebnis Ähnlichkeit mit Halluzinationen auf, die unter Hypnose entstehen. Hierbei werden besonders rezeptive Personen dazu gebracht, Leute zu sehen, die in Wirklichkeit gar nicht anwesend sind, und andere, die anwesend

mus gelangen. Eine andere bemerkenswerte Form von Halluzination ist die Scheinschwangerschaft: Das berühmteste Beispiel hierfür ist wohl Mary I. von England, die von 1553 bis 1558 regierte. Sie sehnte sich so sehr nach einem Kind, daß sie volle neun Monate lang alle äußeren Anzeichen einer bevorstehenden Mutterschaft erkennen ließ.

Noch verblüffender sind Fälle von Geistervergewaltigungen. Eine Vielzahl von Frauen haben solche Vergewaltigungen erlebt, sowohl im Wach- als auch im Schlafzustand, und während dieser geisterhaften Angriffe alle möglichen Quetschwunden, Kratzer und Bisse davongetragen, die sie sich unmöglich selbst zugefügt haben können – nicht einmal im Zustand der Hysterie, wie sie aus Triebverdrängung und Schuldgefühlen erwachsen kann. So jedenfalls pflegt die Schulmedizin diese Phänomene zu erklären. In Einzelfällen haben sogar die Angehörigen des Opfers gesehen, wie sich der gespensterhafte Angreifer vor ihren Augen in Nichts auflöste.

Mystische Wundmale

Es gibt auch noch andere, ähnlich gelagerte Erlebnisse, die im Geist der betreffenden Person zu entstehen scheinen. So erlebte ein Mann unter dem Einfluß von Drogen beziehungsweise unter Hypnose im Geiste eine Schlägerei. Plötzlich erschien auf seinem Gesicht eine Schnittwunde. Ein Mädchen hielt sich für die Reinkarnation einer Sklavin, die totgepeitscht worden war. An der Stelle, an der sie angeblich gestorben war, brach sie zusammen, und wie aus dem Nichts zeichneten sich Peitschenstriemen auf ihrem Rücken ab. Derartige Wunden könnten durch die Kraft des Geistes hervorgerufen werden. Und bei dem geisterhaften Vergewaltiger, der auch von anderen schemenhaft wahrgenommen wurde, könnte es sich um eine hysterische Vision handeln, die im Kopf des Opfers entstand und den Außenstehenden telepathisch mitgeteilt wurde.

Manche dieser Trugbilder treten kurz vor dem Einschlafen auf (hypnagogische Phänomene), andere kurz vor dem Aufwachen. In diesen beiden „Dämmerzonen" des Tages sind wir alle besonders empfänglich für Halluzinationen und vielleicht auch für Besucher aus einer anderen Dimension. Diese Trug-

Oben: Dieses Gemälde von Hieronymus Bosch zeigt den hl. Anton, der völlig weltabgeschieden lebte und ständig von Dämonen heimgesucht wurde. Er hielt sie für so real, daß er sie sehen und mit ihnen reden konnte, vermochte sie aber dank seines Glaubens auch willentlich zu verscheuchen. Es heißt, daß Mystiker in Ekstase Dinge sehen und wahrnehmen, die sich so sehr von der Alltagsrealität unterscheiden, daß sich diese Erfahrungen nicht in Worte fassen lassen.

Rechts: Eine ungewöhnliche Mystikerin war die Schriftstellerin Emily Brontë, die im 19. Jahrhundert lebte. Ihre ekstatischen Trancezustände schienen so gar nicht zu ihrem sonstigen beschaulichen Leben zu passen – sie buk gern Brot und versorgte ihre Familie in Yorkshire vorbildlich.

sind, nicht wahrzunehmen. Wie „real" ist also der Löffel Senf, der sowohl der Versuchsperson als auch dem Hypnotiseur auf der Zunge brennt – obwohl nur letzterer ihn in den Mund genommen hat? Oder der Nadelstich beziehungsweise das Kneifen, das die Versuchsperson deutlich spürt, in Wirklichkeit aber nur dem Hypnotiseur zugefügt wurde?

Es scheint sehr viele unterschiedliche Realitäten zu geben. Eine davon ist besonders weit von unserer alltäglichen Welt entfernt – die Realität der Mystiker und Seher, die in einem veränderten Bewußtseinszustand mit dem gesamten Universum und dessen Ursprung plötzlich eins werden. Dem Betreffenden ist dieser Moment der Erleuchtung so glasklar gegenwärtig, daß ihm die alltägliche Realität dagegen verschwommen und unbedeutend wie ein Traumgebilde erscheint. Vielleicht liegen die übrigen Ebenen der Wirklichkeit irgendwo auf halbem Weg zwischen dem banalen Alltag und der letzten Stufe der Wahrheit, die den Mystikern begegnet. Vielleicht sind es aber nur Abwege eines gestörten Geistes.

Ein riesiger, gesichtsloser Humanoide, die seltsame Teleportation von Rindern und ein UFO, das ein Auto verfolgte – dies sind nur ein paar der Phänomene, die die Familie Coombs aus Wales eine Zeitlang in Atem hielten.

Im Herbst 1977 bot eine geschäftstüchtige Hotelbesitzerin in West-Wales Wochenendaufenthalte für UFO-Forscher an. Als besonderen Service konnten sich die Besucher von einem erfahrenen Führer die Stellen zeigen lassen, an denen angeblich häufig UFOs auftauchten. Garantiert wurde das natürlich nicht. „Pembrokeshire ist in diesen Dingen ziemlich fortschrittlich", meinte die Hotelbesitzerin, und war selbst recht erstaunt darüber, wie viele Interessierte schriftlich oder telefonisch nähere Auskünfte einholten.

DAS RÄTSEL VON RIPPERSTON

Was die Gemüter der UFO-Enthusiasten – nicht nur aus England, sondern auch aus dem Ausland – so erregt hatte, war eine nicht abreißende Flut bemerkenswerter Berichte über ein Gebiet, das die Presse als das „Broad-Heaven-Dreieck" bezeichnete. Auf derart spektakuläre Sensationsmeldungen reagieren seriöse Ufologen aus Erfahrung zunächst eher skeptisch. Wenn eine Zeitlang überdurchschnittlich viele Meldungen über UFOs eingehen, kann das zwar darauf hindeuten, daß irgendwo tatsächlich verstärkt außerirdische Aktivitäten stattfinden. Es kann aber auch nur heißen, daß die Leute durch Presseberichte dazu ermutigt werden, Beobachtungen zu melden, die sie sonst für sich behalten hätten. Es kommen also lediglich mehr Meldungen zutage, was nicht bedeuten muß, daß wirklich eine auffällige Häufung derartiger Vorfälle vorliegt. Und dann besteht natürlich noch die Gefahr, daß die Berichte die Phantasie und die Geltungssucht der Leute anregen...

Diese Möglichkeiten sind jedem Forscher ein Greuel, der UFOs grundsätzlich für physikalische Erscheinungen hält und jegliche psychologischen Aspekte abstreitet. Bei den Vorfällen, die sich zwischen Frühjahr und Herbst 1977 in West-Wales ereigneten, wäre es allerdings denkbar, daß sich die Berichte über mysteriöse Vorfälle in einer Art Schneeballsystem vermehrten – besonders die erstaunlichen Ereignisse, die der Familie Coombs auf

Gegenüberliegende Seite oben: Der Ripperston-Hof in der Nähe der St.-Brides-Bucht in West-Wales. Hier lebte die Familie Coombs, die im Frühjahr und Sommer 1977 eine Reihe offensichtlich übernatürlicher Vorfälle beobachtete. Auffällig dabei ist, daß Brian und Caroline Klass, die gleich nebenan wohnten, in diesem Zeitraum nie etwas Außergewöhnliches bemerkt haben – oder vielleicht auch nur beschlossen hatten, ihre Beobachtungen nicht publik zu machen.

Unten: Auf dieser Landstraße, die zum Ripperston-Hof führt, fuhr Pauline Coombs nach Hause, als ihr Auto angeblich von einem UFO verfolgt wurde.

Links: Hier eine Zeichnung des fraglichen Flugobjekts. Pauline und ihre Kinder waren vor Angst fast erstarrt, aber als kurz bevor sie ihren Hof erreichten, auch noch der Motor abstarb, die Scheinwerfer erloschen und das Auto nur noch im Leerlauf rollen konnte, packte sie eine entsetzliche Panik.

dem Ripperston-Hof widerfuhren. Die Öffentlichkeit war von diesen Begebenheiten dermaßen in Bann gezogen, daß drei Bücher darüber erschienen. Auch Presse und Fernsehen widmeten sich diesem Thema in aller Ausführlichkeit. Leider wurde durch zahlreiche Ungereimtheiten soviel Verwirrung gestiftet, daß es zum Schluß fast unmöglich war, die wahren Ereignisse zu rekonstruieren. Die nachfolgende Beschreibung hält sich an die wahrscheinlichsten Vorfälle. Oft galt es allerdings, unter zwei widersprüchlichen Versionen auszuwählen, so daß eine absolute Genauigkeit nicht gewährleistet werden kann.

Billie Coombs war einer von drei Hirten, die auf dem Ripperston-Hof Milchkühe hüteten. Ihr Arbeitgeber war Richard Hewison, der auf der benachbarten Lower-Broadmoor-Farm lebte und seinerseits bei einem Unternehmen angestellt war, dem beide Höfe gehörten. Billie bewohnte mit seiner Frau Pauline und den fünf Kindern das Bauernhaus auf der Ripperston-Farm, gleich neben Brian Klass und seiner Frau Caroline, die ebenfalls auf dem Hof beschäftigt waren.

Pauline Coombs hatte ihrer Familie bereits früher von UFO-Begegnungen berichtet, aber der erste wirklich bemerkenswerte Zwischenfall ereignete sich am 16. April 1977. Damals fuhr sie nach Einbruch der Dunkelheit mit drei ihrer Kinder von der Arbeit nach Hause. Plötzlich bemerkte der zehnjährige Keiron am Himmel ein sonderbares Licht. Es hatte etwa die Größe und Form eines Rugby-Balles, leuchtete oben gelblich, unterseits verschwommen-grau und schickte einen Lichtkegel, ähnlich dem einer Taschenlampe, geradewegs nach unten. Aufgeregt teilte Keiron seiner Mutter mit, daß dieses Ding eine Kehrtwendung gemacht hatte und sie nun verfolgte. Schließlich hatte es sie eingeholt und schwebte neben dem Wagen her. Die Autoscheinwerfer wurden immer schwächer, und als sie fast das Haus erreicht hatten, starb der Motor ab, so daß Pauline das Auto den Rest des Weges im Leerlauf rollen lassen mußte. Von Panik ergriffen, rannte sie ins Haus und rief nach ihrem Mann. Er und Clinton, der älteste Sohn, stürzten heraus und sahen gerade

noch, wie das UFO langsam in Richtung Meer verschwand. Als sie das Auto starteten, funktionierte alles wieder einwandfrei.

Einige Wochen später sah Pauline vom Küchenfenster aus ein weiteres UFO. Es hatte angeblich sechs Meter Durchmesser und schwebte etwa einen Meter über dem Boden. Das silberfarbene, mit Antennen bestückte Objekt hatte einen dreifüßigen Unterbau. Auch dieses UFO entschwand in Richtung Meer, hinterließ aber eine kreisrunde, verbrannte Stelle. Ein anderes Mal behaupteten zwei der jüngeren Kinder, sie hätten drei runde Flugobjekte am Himmel gesehen. Als sich eines davon nur noch 15 Meter über dem Boden befand, wurde eine Leiter heruntergelassen, auf der ein Wesen in silbernem Anzug herabkletterte. Ein hellroter, fluoreszierender Kasten wurde aus dem UFO abgeworfen. Die Kinder suchten später danach, konnten aber nichts finden.

Am 22. April sahen die Coombs spät abends noch fern, obwohl an diesem Abend starke Bildstörungen auftraten. Gegen 23.30 Uhr bemerkte Pauline draußen vor dem Wohnzimmerfenster ein befremdliches Leuchten. Etwa eine Stunde später sah ihr Mann am Fenster ein Gesicht. „Es war ein Mann – aber ein furchterregend großer, fast 2 Meter hoch", berichtete er später. Das Wesen war weiß gekleidet, und sein Gesicht – wenn es überhaupt eines hatte – war unter einer Art schwarzem Helm verborgen.

Höchst beunruhigt telefonierten die Coombs mit Richard Hewison, dem Hofverwalter, und benachrichtigten danach Randall Jones Pugh, einen Ermittler der „British UFO Research Association" (Britische Gesellschaft für UFO-Forschung). Pugh riet ihnen, die Polizei zu benachrichtigen. Hewison kam sofort vorbei, kurz danach auch die Polizei, aber sie fanden keine Spur von dem Eindringling. Etwa drei Wochen später machten die beiden achtjährigen Zwillinge eine ganz ähnliche Beobachtung. Sie spielten im Freien, als sie ein Wesen erblickten – silbrig gekleidet und mit einem schwarzen Kopf. Es ging etwa 15 Meter entfernt an ihnen vorbei und verschwand dann, offenbar geradewegs durch einen Stacheldrahtzaun hindurch.

Wundersames Verschwinden

Von all den Vorfällen, die sich auf der Ripperston-Farm ereignet haben sollen, ist der erstaunlichste wohl der, bei dem Kühe auf scheinbar übernatürliche Weise von einem Ort zum anderen gelangten. Mehr als einmal entdeckte Billie Coombs, daß seine Kühe – manchmal nur ein oder zwei Tiere, oft auch die ganze Herde – vom Hof verschwunden waren. Und mindestens einmal erhielt er einen verärgerten Anruf von einem Nachbarn, der ihn aufforderte, seine Kühe abzuholen. Billie beteuerte, daß er die Tiere fest angebunden und den Stallriegel sogar extra gesichert hatte. Um zum Nachbarhof zu gelangen, mußten die Kühe direkt an seinem Haus vorübergelaufen sein, aber weder er noch seine Frau hatten davon das geringste bemerkt. Einmal, so berichtet er, war zwischen dem Zeitpunkt, als er die Kühe noch gesehen hatte, und dem Moment, als sie auf einer anderen Farm auftauchten, nur so kurze Zeit verstrichen, daß die Tiere diese Entfernung unmöglich auf natürliche Weise zurückgelegt haben konnten. Alles deutete darauf hin, daß irgendeine

spirituelle Kraft sie von einem Ort zu einem anderen befördert hatte. Die Kühe machten jedenfalls einen vollkommen verängstigten Eindruck und gaben am folgenden Tag merklich weniger Milch.

Diese außergewöhnliche Teleportation stellt die Glaubwürdigkeit der Augenzeugen auf eine besonders harte Probe. Die UFO-Beobachtungen und die Beschreibung des fremden Wesens, so ungewöhnlich sie auch sind, bewegen sich noch im allgemein anerkannten Rahmen derartiger Erscheinungen. Die Teleportation von Tieren scheint allerdings in eine vollkommen andere Kategorie zu gehören.

Allerdings hatte sich etwas Ähnliches schon einmal zugetragen. In seinem Buch *Haunted Houses* (Spukhäuser) berichtet John Ingrams von einem Anwesen namens Birchen Bower in der Nähe von Oldham in Lancashire, England. Dort wurde ein makabrer Brauch gepflegt: Eine frühere Besitzerin, die fürchterliche Angst hatte, lebendig begraben zu werden, hatte verfügt, daß man ihren Leichnam einbalsamieren, alle 21 Jahre in das Haus bringen und dort eine Woche lang in der Kornkammer aufbewahren sollte. Das Vieh reagierte darauf höchst ungewöhnlich:

„Wenn man die Leiche wieder abholte, liefen die Kühe und Pferde stets frei herum, und manchmal fand man eine Kuh oben auf dem Heuboden. Es war ein völliges Rätsel, wie sie dorthin gelangen konnte, denn es gab keinerlei Zugang, der für ein solches Tier groß genug gewesen wäre ... vor ein paar Jahren, als der damalige Hausbesitzer wieder einmal eine Kuh auf dem Heuboden fand, waren viele Leute vom Ort der festen Überzeugung, daß sich dies nur auf übernatürliche Weise zugetragen haben konnte ... Wie die Kuh dort oben hinaufgekommen war, war jedermann ein Rätsel – Tatsache aber ist, daß sich der Besitzer von der Bower-Mühle Steinblöcke ausleihen mußte, um die Kuh durch die Heuluke aus dem Schober herauszuholen."

Die *Daily Mail* brachte am 18. Mai 1906 einen Bericht über ein anderes Spukhaus: „Aus der Scheu-

ne verschwand ein Pferd, das sich später im Heuschober wiederfand. Um es dort herauszuholen, mußte eine Trennwand eingerissen werden." Und im April 1936 meldete die italienische Zeitung *Ali del Pensiero*: „Auf einem Bauernhof in Prignano (Salerno) kam es kürzlich zu mysteriösen Feuersbrünsten. Haushaltsgegenstände wurden zerstört, und Menschen und Tiere kamen in den Flammen um. In den Räumen flogen Ziegel und Steine herum, obwohl die Fenster geschlossen waren. Gegenstände wurden auf rätselhafte Weise an andere Orte versetzt. Zwei Ochsen ... wurden in einen anderen Stall befördert, ohne daß eine Menschenhand dabei im Spiel war ... Ein Arzt und ein Parapsychologe stießen schließlich auf ein 16jähriges, stark mediumistisch veranlagtes Mädchen, das diese unfaßlichen Phänomene unbeabsichtigt ausgelöst hatte."

Dieser letzte Fall läßt an Poltergeister denken, und es stellt sich die Frage, ob solche vielleicht auch im Ripperston-Fall am Werk waren. Wenn ja, dann muß es sich um außerordentlich starke Kräfte gehandelt haben: Die Teleportation einer ganzen Rinderherde übertrifft wahrhaftig jede Poltergeistaktivität, von der bisher jemals berichtet wurde. Andere Vorfälle im Ripperston-Fall scheinen eine Poltergeisttheorie jedoch zu untermauern. Dazu muß man wissen, daß

Oben: Ein solches UFO beobachtete Pauline aus dem Küchenfenster, bevor es in Richtung Meer entschwand.
Rechts: Auf dieser Karte sind die Ripperston-Farm und die Broadmore-Farm eingezeichnet. Billie Coombs berichtete mehrfach, daß seine Rinderherde spurlos vom Hof verschwunden war – auch wenn er selbst das Gatter gesichert hatte –, um auf völlig unerklärliche Weise auf der etwa 800 Meter entfernt gelegenen Broadmoor-Farm wieder aufzutauchen.
Unten: Der lokale Ermittler Randall Jones Pugh nahm die Farm unter die Lupe, fand jedoch für die sonderbaren Phänomene keine Erklärung.

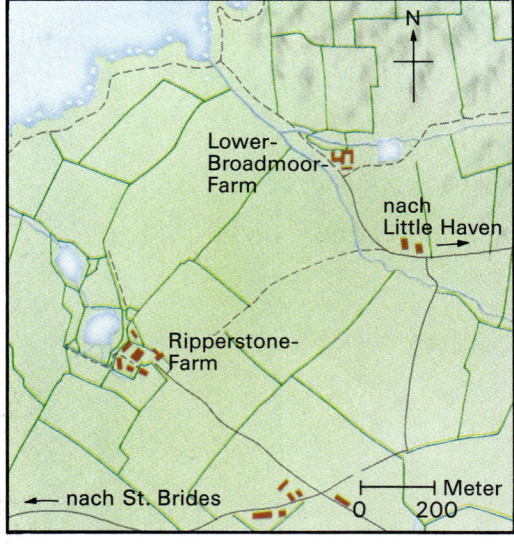

der Ort einen stark negativen Einfluß auf technische Gegenstände ausübte. Abgesehen von dem Motorversagen von Pauline Coombs Auto an dem Abend, als sie von dem UFO verfolgt wurde, berichtete auch Billie Coombs, daß er allein im Jahre 1977 sein Auto fünfmal zur Reparatur bringen mußte, und noch häufiger ging der Fernseher kaputt. Zudem war die Stromrechnung der Coombs so astronomisch hoch, daß sie das Elektrizitätswerk um eine Zählerüberprüfung baten. Seltsamerweise fand man keinen Fehler.

Möglicherweise waren auch paranormale Kräfte am Werk. Hierzu muß man etwas über die Vergangenheit von Pauline Coombs wissen, die römischkatholischen Glaubens ist. Bevor sie nach Ripperston zogen, lebten die Coombs in einem Wohnwagen im nahegelegenen Pembroke Dock. Auch dort hatten sich bereits unerklärliche Vorfälle ereignet. So sah Pauline jeden Abend, während sie im Wohnwagen saß, draußen eine lebensgroße Erscheinung

der Jungfrau Maria in einem weißen Gewand, mit einem Rosenkranz um der Hüfte und den kleinen Jesus im Arm. Später verwandelte sich die Erscheinung in Jesus selbst, der etwa eine halbe Stunde lang zu sehen war. Das Gerücht über diese Vorfälle breitete sich aus wie ein Lauffeuer, und schon bald drängten sich allabendlich Menschenmengen vor dem Wohnwagen, um einen Blick auf dieses Phänomen zu werfen. Schließlich fühlte sich der Wohnwagenbesitzer von diesen Volksaufläufen dermaßen gestört, daß er seinen Wohnwagen zerstören ließ. Der Bericht über dieses Ereignis ist jedoch recht lückenhaft. Für unseren Zweck aber genügt es zu wissen, daß Pauline Coombs offensichtlich etwas an sich hatte, das sie für übernatürliche Erfahrungen anfällig zu machen schien.

Unheimliche Besucher

Die vielen seltsamen Vorfälle auf der Ripperston-Farm boten natürlich im Frühjahr und Sommer 1977 immer wieder eine wahre Fundgrube für Reporter und Ermittler, und so war es vielleicht nur eine Frage der Zeit, bis merkwürdige Wesen auf der Farm auftauchten, die sehr an die finsteren, schwarzgekleideten Außerirdischen erinnerten, von denen UFO-Augenzeugen so häufig berichten. Eines Tages soll ein sonderbares Auto vorgefahren sein, das niemand hatte kommen hören. Drinnen saßen angeblich zwei Männer, die sich auffällig ähnlich sahen. Der eine, in einem sehr korrekten grauen Anzug und glänzenden Schuhen, stieg aus. Er inspizierte die Kühe im Hof, als Caroline Klass ihn von der Haustür nebenan erblickte. Auf unerklärliche Weise stand er dann plötzlich direkt neben ihr und fragte nach Pauline Coombs – offenbar wissend, daß sie es nicht war. Er sprach angeblich mit einem fremdartigen Akzent und wirkte irgendwie „außerirdisch". Auch besaß er „große, durchdringende Augen, die durch sie hindurchzusehen und ihre Gedanken zu lesen schienen."

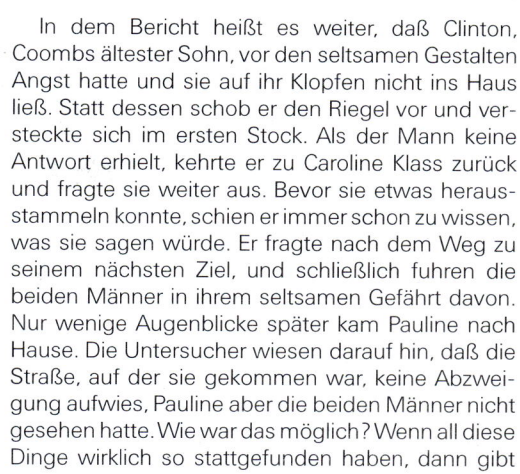

Oben: Pauline Coombs vor dem Fenster, durch das ihr Mann am 23. April 1977 gegen ein Uhr nachts einen riesigen Humanoiden erblickte. Etwa eine Stunde vorher hatte sie ein merkwürdiges „Leuchten" vor dem Fenster wahrgenommen, ihrem Mann gegenüber jedoch nichts davon erwähnt, damit er nicht dachte, „ihre Nerven würden ihr einen Streich spielen". Dann sah ihr Mann die Kreatur, ein silberfarben gekleidetes, sehr großes Wesen, der sich ganz nah an die Scheibe drückte (rechts). Die Polizei fand später keinerlei Spur von dem Wesen.
Unten: Kurze Zeit darauf hatten auch zwei Kinder der Coombs eine Begegnung mit einem fremdartigen Wesen, das einen silberfarbenen Anzug trug.

In dem Bericht heißt es weiter, daß Clinton, Coombs ältester Sohn, vor den seltsamen Gestalten Angst hatte und sie auf ihr Klopfen nicht ins Haus ließ. Statt dessen schob er den Riegel vor und versteckte sich im ersten Stock. Als der Mann keine Antwort erhielt, kehrte er zu Caroline Klass zurück und fragte sie weiter aus. Bevor sie etwas herausstammeln konnte, schien er immer schon zu wissen, was sie sagen würde. Er fragte nach dem Weg zu seinem nächsten Ziel, und schließlich fuhren die beiden Männer in ihrem seltsamen Gefährt davon. Nur wenige Augenblicke später kam Pauline nach Hause. Die Untersucher wiesen darauf hin, daß die Straße, auf der sie gekommen war, keine Abzweigung aufwies, Pauline aber die beiden Männer nicht gesehen hatte. Wie war das möglich? Wenn all diese Dinge wirklich so stattgefunden haben, dann gibt

es einigen Grund zu der Annahme, daß in Ripperston tatsächlich unheimliche Kräfte am Werk waren. Aus den zahlreichen Befragungen ergab sich allerdings nur ein „Beweis" – daß das Ganze ein Mischmasch aus irreführenden Aussagen und vorsätzlichen Erfindungen war. So deutet für viele Forscher nichts darauf hin, daß die beiden Männer „fremdartig" waren. Auch sahen sie sich nicht merkwürdig ähnlich, und ihre Fragen seien vollkommen normal gewesen. Und sie hätten durchaus nicht „irgendwie gewußt", daß Caroline Klass nicht Pauline Coombs war, im Gegenteil, sie hatten Caroline gleich als erstes gefragt, ob sie Pauline wäre. Es stimmte auch nicht, daß sich Clinton voller Panik im Haus versteckt hatte. Und warum Pauline das Auto mit den beiden nicht bemerkt hatte – nun, auch darauf gibt es eine verblüffend simple Antwort: Caroline hatte ihnen eine Abkürzung empfohlen, und dieser Weg führte vom Hof weg in eine ganz andere Richtung.

Kurz und gut, viele Untersucher halten die ganze Geschichte, so wie sie erzählt wurde, für eine unverantwortliche Verdrehung eines schlichten, ganz normalen Vorfalls. Zudem handelte es sich hier beileibe nicht um den einzigen Bericht aus West-Wales, in dem Tatsachen und Schilderungen weit auseinanderklaffen.

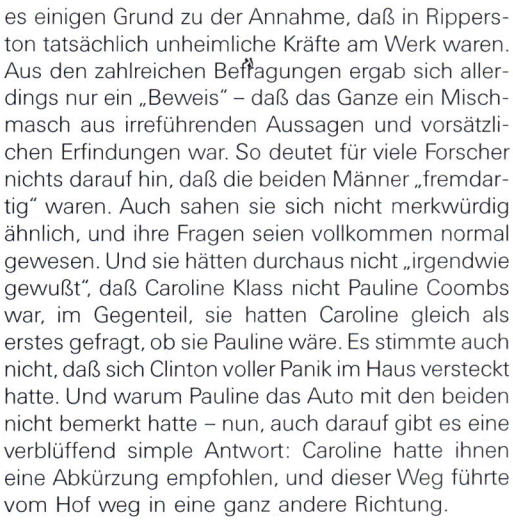

EIN TIBETANISCHES WUNDER

Sadhu Sundar Singhs Schicksal schien besiegelt, als er zur Strafe in einen tiefen, ausgetrockneten Brunnen gestoßen wurde – aber wie durch ein Wunder entkam er aus seinem tödlichen Gefängnis!

In jeder Religion gibt es Heilige, Mystiker und Seher, deren Erfahrungen die Sprache ihrer jeweiligen Kultur sprechen. Einem Katholiken erscheint vielleicht die Jungfrau Maria, während einem Quäker eher eine Erleuchtung durch das „innere Licht" widerfährt; ein Moslem empfängt ver-

mutlich eine Botschaft von Mohammed, und ein weltlicher Dichter fühlt sich vielleicht für einen Augenblick eins mit dem Universum und verbringt den Rest seines Lebens mit dem Versuch, dieser wunderbaren Empfindung Ausdruck zu verleihen.

Solcherlei Erfahrungen können zur Verbreitung der einen oder anderen Glaubensrichtung beitragen. Aufgrund der Tatsache, daß sie Menschen ganz unterschiedlicher Konfession, und auch Ungläubigen, widerfahren, können sie jedoch noch nicht als Beweise für die Gültigkeit einer bestimmten Glaubensform herhalten.

Die Geschichte von Petrus, der, obwohl „gebunden mit zwei Ketten und zwischen zwei Kriegsknechten", wunderbarerweise aus dem Gefängnis entkam (Apostelgeschichte 12), weckt selbst bei vielen Gläubigen etwas Skepsis. Und doch behauptet ein Christ aus dem 20. Jahrhundert, der Inder Sadhu Sundar Singh, daß ihm nicht nur etwas ganz Ähnliches widerfahren ist, sondern er zudem auch eine Vision hatte, die sein ganzes Leben veränderte.

Sundar Singhs Geschichte beginnt in Indien um 1890, wo er in einer reichen Sikh-Familie aufwuchs. Seine Mutter, eine tiefreligiöse Frau, hatte Sundar einmal zu einem Sadhu gebracht, einem Heiligen, der auf der Suche nach der spirituellen Wahrheit heimatlos umherwanderte. Die Begegnung mit diesem ehrwürdigen Mystiker hinterließ bei dem kleinen Sundar einen nachhaltigen Eindruck, und er beschloß, ebenfalls nach Gott zu suchen. Seine Mutter und sein älterer Bruder starben, als er 14 war. Ein Jahr später begann er, die westlichen Religionen anzugreifen – vermutlich unter dem Einfluß der Missionare, die zu der damaligen Zeit in Indien recht eifrig am Werk waren. Das Christentum war ihm ein Greuel, und er demonstrierte seinen Haß, indem er

Rechts: Ein indischer Sadhu wie dieser inspirierte den jungen Sundar Singh, sich auf die Suche nach Gott zu begeben.

christliche Priester steinigte und in seinem Heimatdorf öffentlich die Bibel verbrannte.

Drei Tage nach dieser Anprangerung soll Sundar das Zeichen erhalten haben, auf das er so inbrünstig gehofft hatte. Nach einer langen Nacht des Betens hatte er eine Vision: Jesus Christus erschien ihm und sagte in Hindustani: „Wie lange willst du mich noch verfolgen? Ich bin gekommen, um dich zu erretten. Du betest, um den rechten Weg zu finden. Schlag ihn ein."

Damit hatte sich Sundars Suche erfüllt, und niemand war erstaunter als er selbst, daß sie mit einer Erleuchtung durch den christlichen Gott endete.

Doch dies ist erst der Beginn seiner Geschichte. Seine Suche war vorüber, nun widmete er sich den Aufgaben eines Bekehrers. 1905 wurde er auf den christlichen Glauben getauft, entschied aber nach der anglikanischen Ordination, daß das herkömmliche Priesteramt nichts für ihn sei. Sein neuer Glaube war zwar fest gefügt, aber ebenso ausgeprägt war nach wie vor sein Sinn für die indische Kultur und Tradition. Sundar glaubte, er könne seine Vision von Christus nur dann verbreiten, wenn er sich keinen konfessionellen Zwängen unterwarf. Mit den steifen, hohen Kragen und den Anzügen, die er andere konvertierte indische Priester tragen sah, hatte er

Gegenüberliegende Seite links und unten: Selbst das unwirtliche Himalaja-Gebirge konnte Sadhu Sundar Singh (links) nicht entmutigen – ebensowenig wie das eher unfreundliche Empfangskomitee, das ihn nach seiner Durchquerung des Himalaja-Gebirges in Tibet erwartete.

Im Blickpunkt

HERR, ERLÖSE UNS

Apostelgeschichte 12: 1–17 berichtet von einem Wunder, für das es keine einleuchtende Erklärung gibt. Im Zuge einer antichristlichen Kampagne des Herodes wurde Petrus ins Gefängnis geworfen. Angekettet zwischen zwei Wachsoldaten wurde er eines Nachts von einem Licht in seiner Zelle geweckt. Ein Engel erschien vor ihm, schlug die Ketten von ihm ab und geleitete ihn in die Freiheit – offenbar ungehindert aller Riegel, Gitter und Schlösser. „Und der Engel sprach zu ihm: Gürte dich, und tue deine Schuhe an! Und er tat es. Und er sprach zu ihm: Wirf deinen Mantel um dich, und folge mir nach!" Auf der Gasse erst kam Petrus zu sich – bis dahin hatte er das Geschehen für einen Traum gehalten. Als ihm aber gewahr wurde, daß er wirklich frei war, ging er zu dem Haus eines Freundes, in dem eine Magd, als sie seine Stimme hörte, berichtete, daß sein Geist draußen stünde. Als Petrus' Freunde ihn erkannten, waren sie höchst verblüfft, und er erzählte ihnen, was sich zugetragen hatte. Fast 2000 Jahre später sollte Sundar Singhs wundersame Flucht ähnliche Überraschung und Ungläubigkeit hervorrufen.

nichts im Sinn. Ebensowenig war er bereit, seinem Bewußtsein der allgegenwärtigen spirituellen Welt zu entsagen – einer Welt, die auch den Herzen der einfachen Menschen nahe war, unter denen er lebte und später auch predigte.

Um dieses Dilemma zu lösen, tat er einen einzigartigen Schritt: Er wurde ein christlicher Sadhu, der seinen Glauben ohne materielle Mittel lehrte und von Almosen lebte. Als solcher hatte er Zutritt in Bereiche, die ihm sonst verschlossen gewesen wären, und als indischer Heiliger, obschon ein christlicher, fand er zu den Menschen, die er bekehren wollte, leichteren Zugang.

Sadhu Sundar Singh hatte sich zur Aufgabe gemacht, seinen Glauben in Tibet zu verbreiten. Und in eben jenem geheimnisumwitterten Land geschah dann später das Wunder. Mehrmals überquerte er das Himalaja-Gebirge zu Fuß. Sein missio-

narischer Eifer blieb stets ungebrochen, obwohl es kein leichtes war, den Buddhisten den christlichen Glauben nahezubringen. Während einer dieser Reisen wurde er eines Tages festgenommen und wegen Verbreitens des christlichen Glaubens zum Tode verurteilt.

Im Angesicht des Todes

Die buddhistische Lehre verbietet das Töten eines Menschen, so daß man Verbrecher auf so geschickte Weise ums Leben brachte, daß kein Buddhist sich eines Vergehens schuldig machte. Sundar hätte auf verschiedenste Weise umgebracht werden können. Es gab zum Beispiel die Möglichkeit, jemanden in eine wasserdurchtränkte Ochsenhaut einzunähen und dann in die Sonne zu legen, so daß die Haut beim Austrocknen zusammenschnurrte und den Unglückseligen allmählich erdrückte. Sundars Schicksal war nicht minder grausam: Man schlug ihn, riß ihm die Kleider vom Leib und stieß ihn gewaltsam in ein tiefes, ausgetrocknetes Brunnenloch, das oben mit einem schweren Eisendeckel verschlossen wurde. Der Boden, so erzählte er später, war mit menschlichen Knochen und verfaulten Leichen bedeckt.

Es schien nur eine Frage der Zeit, wann Sundar Singh entweder an dem ekelerregenden Todesgeruch ersticken oder vor Hunger und Durst sterben würde. Etwas jedoch hielt ihn aufrecht. Als Christus ihm das erste Mal erschienen war, hatte er ein sehr starkes Gefühl von Glück und Frieden verspürt. Diese Empfindung trug er immer in sich, auch in Zeiten der Verzweiflung und der Verfolgung. Und diese Vision, die sich, wie er einmal betonte, von den vielen anderen mystischen Erfahrungen, die er in seinem späteren Leben machte, gänzlich unterschied, hielt ihn während seiner Einkerkerung aufrecht.

Sundar verbrachte die Zeit mit Beten. Dann, in der dritten Nacht, hörte er über sich einen Schlüssel am Schloß kratzen und wie jemand rasselnd den Eisen-

deckel wegschob. Ein Seil fiel herab, und jemand rief ihm zu, er solle es ergreifen. Da sein Arm gebrochen war, war das unmöglich, aber glücklicherweise war an dem Seil eine Schlinge, in die er einen Fuß hineinschieben konnte. Er wurde nach oben gezogen – und war frei! Er behauptete, gehört zu haben, wie der Eisendeckel wieder aufgelegt und festgeriegelt wurde, gesehen aber hatte er niemanden. Sobald er an der frischen Luft war, verschwand der Schmerz in seinem Arm. Sundar soll sich bis zum Morgengrauen ausgeruht haben und dann zu der nächsten Karawanserei gelaufen sein, eine Art Gasthaus, in dem sich Reisende erfrischen konnten. Dort blieb er für kurze Zeit, bevor er seine Wanderpredigten wieder aufnahm.

Als der Totgeglaubte plötzlich wieder leibhaftig auftauchte, herrschte große Aufregung. Sundar wurde erneut verhaftet und vor den Obersten Lama geführt, dem er erklären sollte, wie er es geschafft hatte zu entkommen. Der Lama ging davon aus, daß jemand den Schlüssel gestohlen haben mußte. Als er jedoch feststellen mußte, daß dieser nach wie vor an seinem Gürtel hing, den er niemals abgelegt hatte, soll der Lama vor Schreck erblaßt sein, denn dies konnte nur bedeuten, daß Sundar die Flucht durch irgendeine göttliche Fügung ermöglicht worden war. Sundar mußte den Ort sofort verlassen und sich so weit wie möglich von der Stadt entfernen.

Dies also ist das Wunder, das sich in Tibet ereignet haben soll, als Sundar seinem qualvollen, sicheren Tod entkam. War es nun aber eine göttliche oder eine menschliche Hand, die ihn rettete? Sundars Schilderung weist zweifellos gewisse Schwächen auf. Wie schaffte er es zum Beispiel, nach seiner Freilassung trotz seiner Nacktheit unbehelligt zu der Karawanserei zu gelangen? Zugegeben, der Anblick eines nackten Wanderers war in Tibet nicht so aufsehenerregend wie es zum Beispiel in Deutschland

Oben: Drei tibetanische Lamas vor einem Pilgerschrein. Sie tragen ihre traditionellen rituellen Requisiten – Gebetsmühlen und Rosenkränze. Der in Tibet praktizierte Buddhismus ist eine Mischung aus dem indischen Buddhismus und einheimischen Glaubensrichtungen.

"ER AHNTE, DASS SEINE WUNDERTATEN DIE SENSATIONSLUST DER MENSCHEN ANSTACHELN UND IHRE AUFMERKSAMKEIT VON CHRISTUS WEG AUF SEINE PERSON LENKEN WÜRDEN. ER SELBST HIELT DAS EREIGNIS IN TIBET FÜR EINE HIMMLISCHE FÜGUNG, JEDOCH WÄRE ER DER LETZTE GEWESEN, DAS SOGENANNTE WUNDER FÜR SEINE ZWECKE AUSZUSCHLACHTEN. **"**

der Fall gewesen wäre. Denkbar wäre auch, daß doch jemand den Schlüssel gestohlen und ihn später wieder heimlich am Gürtel des Lamas befestigt hatte. Vielleicht hatte es ja auch einen zweiten Schlüssel gegeben. Jeder, der drei Tage lang unter solchen Umständen wie Sundar eingesperrt verbringen mußte, wäre nach seiner plötzlichen Freilassung sicherlich verwirrt und desorientiert. Dies könnte erklären, weshalb er keinen Menschen bemerkt hatte, als er aus dem Brunnen entwichen war. Zu bedenken wäre auch, woher er angesichts seiner Lage überhaupt wußte, daß er drei Tage lang in dem stockfinsteren Brunnen verbracht hatte – es sei denn natürlich, man hätte ihm das später erzählt.

Jeder Skeptiker wird auch sofort darauf hinweisen, daß die ganze Geschichte lediglich auf der unbeweisbaren Aussage eines einzelnen Zeugen beruht – eines Mannes, dem laufend mystische Visionen widerfuhren und der schon vielerlei Wunder erlebt hatte. So hatte er einmal behauptet, mit einer geheimen indischen Bruderschaft Kontakt aufgenommen und sie gedrängt zu haben, sich öffentlich zu bekennen. Auch will er im Himalaja-Gebirge einen uralten Rishi (indische Heilige oder Seher, sieben an der Zahl, die das heilige Wissen der Veden, der heiligen Texte des Hinduismus, bewahren und weitergeben) getroffen haben, den Maharishi von Kailash, der 4000 Meter über dem Meeresspiegel in einer Höhle hauste und ihm eine Reihe apokalyptischer Visionen mitteilte. Hiervon existieren allerdings keinerlei Aufzeichnungen, und auch die geheime Bruderschaft gab sich nie zu erkennen. Und schließlich ließe sich auch noch einwenden, daß der Sadhu trotz seines strengen christlichen Glaubens vielleicht auch ein bißchen romantisch veranlagt und nicht so ganz gegen Hirngespinste gefeit war...

Himmlische Mächte?

Es sei noch angefügt, daß Sundar selbst stets bemüht war, seine übernatürlichen und mystischen Erfahrungen wie auch seine Heilgabe herunterzuspielen. Er ahnte, daß seine Wundertaten die Sensationslust der Menschen anstacheln und ihre Aufmerksamkeit von Christus weg auf seine Person lenken würden. Er selbst hielt das Ereignis in Tibet für eine himmlische Fügung, jedoch wäre er der Letzte gewesen, das sogenannte Wunder in irgendeiner Weise für seine Zwecke auszuschlachten. Jede Glorifizierung seiner Person war ihm gänzlich fremd.

In den zwanziger Jahren war Sadhu Sundar Singh zu einem feststehenden Begriff geworden. Er unternahm viele Reisen nach Ceylon, Burma, Malaysien, China, Japan, Amerika, Australien und Europa. Er predigte, wo immer er sich aufhielt, und begegnete vielen berühmten Geistlichen, unter denen er einen hohen Ruf genoß. Auf seinen Reisen hinterließ er bei Tausenden von Menschen aller Rassen einen tiefen Eindruck. Jedoch gab es auch viele Skeptiker, die ihn des Vertrauensmißbrauchs bezichtigten und ihm unterstellten, er würde Lügen erzählen, um eine Sache zu untermauern, an die er glaubte. Er besuchte weiterhin auch Tibet, und dieses Land, in dem er seine höchste Erleuchtung erfahren hatte, sollte auch der Ort sein, wo er sein Ende fand. Im Jahre 1929 verschwand Sundar Singh eines Tages irgendwo im Himalaja, ohne eine Spur zu hinterlassen.

Neben der hellhäutigen Jungfrau Maria gibt es noch eine weitere legendenumwobene Madonna – schwarz und geheimnisvoll und möglicherweise von ganz anderer Herkunft als ihr hellhäutiges Gegenstück.

Bis spät ins 18. Jahrhundert hinein beteiligten sich Pilger nach Chartres traditionell an einem komplexen und faszinierenden christlichen Ritual. Nach dem Gebet in der Abtei und der Anhörung der Messe in der Kathedrale begaben sie sich über einen nordwärts gelegenen Durchgang hinunter zu einer alten unterirdischen Krypta direkt unterhalb der Kirche. Hier verharrten sie dann in frommer Andacht für die *Notre-Dame de Sous-Terre* (Unsere Jungfrau der Unterwelt) – einer schwarzen Ebenholzstatue einer sitzenden Frau, die ihr Kind auf den Knien hielt. Auf dem Kopf der Statue befand sich eine Krone, an ihrem Sockel eine römische Inschrift

Unten: Die Schwarze Madonna in der Kathedrale von Chartres stand ursprünglich auf einer Steinsäule, die durch die Küsse ihrer inbrünstigen Verehrer abgetragen worden sein soll.

– „Virgini Paritures" (die Jungfrau, die gebären wird). Nach ihrer Andacht wurden die Pilger mit Wasser aus einem heiligen Brunnen der Krypta gesegnet. Es war ihnen auch gestattet, von dem Wasser zu trinken. Dann setzten sie ihre unterirdische Wanderung fort und kamen über einen südlichen Durchgang wieder ans Tageslicht.

Im Benediktinerkloster von Montserrat im Nordosten Spaniens genießt eine hölzerne Statue der Jungfrau mit Kind besondere Verehrung. Montserrat ist vor allem ein Wallfahrtsort für Jungvermählte, und von der schwarzen Statue dort wird behauptet, daß sie über Ehe, Sexualität und Fruchtbarkeit gebietet. Überlieferte Legenden besagen, daß Gebete an dieser Statue Unfruchtbarkeit verhindern sollen.

In der Nähe von Crotone, in einem Vorgebirge am Golf von Taranto in Süditalien gelegen, findet man die Überreste eines der Hera Lacinia gewidmeten Tempels. Sie ist die römische Göttin des Mondlichts, die Frauen, insbesondere bei der Entbindung, beschützt. Sie sollte Fruchtbarkeit bringen und über

JUNGFRAUEN MIT HEIDNISCHER VERGANGENHEIT

Links: Der berühmten Schwarzen Madonna aus dem polnischen Czestochwa, von den Gläubigen „Unsere Jungfrau von Czestochwa" genannt, werden, wie allen schwarzen Madonnenstatuen, übernatürliche Kräfte zugeschrieben.

den Zyklus der Geburt – Empfängnis, Schwangerschaft, Wehen und Entbindung – herrschen. Die Kirche von Crotone, wie auch Chartres und das Kloster bei Montserrat, beherbergt eine schwarze Frauenstatue. Auch diese Statue ist zu einem Wallfahrtsort für Pilger geworden. Am zweiten Sonntag im Mai wird sie von der Kathedrale in Crotone zur „Kirche

"BERNARD VON CLAIRVAUX SELBST SOLL SEINE BEWEGENDSTE RELIGIÖSE ERLEUCHTUNG BEI DER SCHWARZEN MADONNA VON CHATILLON ERFAHREN HABEN. ES WIRD BERICHTET, DASS SIE, ALS ER VOR IHR DAS AVE MARIA AUFSAGTE, IHRE BRUST DRÜCKTE UND DARAUFHIN DREI TROPFEN MILCH IN DEN GEÖFFNETEN MUND DES ZISTERZIENSER-MÖNCHES FIELEN."

unserer Jungfrau" von Capo Colonne getragen. Bei Nacht wird sie dann über Wasser in einer Prozession von mit Fackeln erhellten Fischerbooten wieder zurückgebracht.

Offiziell sieht die römisch-katholische Kirche schwarze Madonnenstatuen als ganz normale Madonnen an. Ihnen wird kein besonderer Status und auch keine besondere Bedeutung zuerkannt. Für viele Pilger aber, die die Schwarzen Madonnen aufsuchen, haben sie eine Bedeutung und auch Macht, die weit über das hinausgeht, was die katholische Kirche ihnen zugesteht.

Außer den drei erwähnten Schwarzen Madonnen existieren noch mindestens 35 weitere, die nicht nur über ganz Europa verteilt sind, sondern sich auch in so entfernten Ländern wie Mexiko befinden. Zu den bedeutendsten Orten mit einer Schwarzen Madonna gehören Einsiedeln in der Schweiz, Rocamadour, Dijon, Avioth und Le Puy in Frankreich, Orval in Südbelgien und Loreto, Florenz, Venedig und Rom in Italien.

Wie der Name bereits sagt, sind die Statuen schwarz und bestehen aus Stein, Ebenholz oder libanesischer Zeder. Sie sind in kostbare Gewänder gekleidet und werden bei festlichen Anlässen oft mit Edelsteinen geschmückt. Alle Statuen tragen eine

"VIELE SCHWARZE MADONNENSTATUEN WERDEN MIT SEXUALITÄT, FORTPFLANZUNG UND FRUCHTBARKEIT ASSOZIIERT – WAHRLICH NICHT DIE TRADITIONELL DER JUNGFRAU MARIA ZUGESCHRIEBENEN EIGENSCHAFTEN."

Krone. Oftmals sind sie auch von bildlichen Darstellungen des Mondes und/oder von Sternen umgeben, was auf die heidnische Verehrung weiblicher Gottheiten zurückgeht. Sämtliche Madonnen werden mit einem Kind im Arm dargestellt und sind zum Anziehungspunkt für Pilger geworden. Die älteren unter ihnen erinnern auf merkwürdige Art an den Mittleren Osten, möglicherweise Byzanz oder Ägypten. Viele, wie zum Beispiel die Schwarze Madonna von Chartres, wurden während der Französischen Revolution zerstört. Andere wiederum wurden vor allem in den letzten 150 Jahren offiziell durch konventionellere Statuen der Jungfrau – die nicht schwarz sind – ersetzt. Viele der ursprünglich schwarzen Madonnenstatuen sind im Lauf der Jahrhunderte absichtlich weiß übertüncht worden.

Schwarze Madonnen sind von Legenden umgeben, und viele der Madonnen sollen unter geheimnisvollen Umständen erschienen sein. Die Schwarze Madonna von Tindari, Sizilien, ist angeblich in einem Sarg an die Küste gespült worden. In Loreto soll am 10. Mai 1291 über Nacht ein „seltsames Gebäude" mit einer Schwarzen Madonna darin erschienen sein – von diesem Ereignis behauptete der Gemeindepfarrer, daß es in einem Traum angekündigt worden sei. 880 n. Chr. sollen Schafhirten die Schwarze Madonna von Montserrat in einer Höhle entdeckt haben, zu der sie nächtliche himmlische Lichter und Engelsgesang geführt hatten. In Avioth, im Nordosten Frankreichs, ist überliefert, daß die Schwarze Madonna plötzlich in einem Dornenbusch Gestalt annahm. In Le Puy soll sie zuerst in einer Vision erschienen sein und dann angewiesen haben, ihr zu Ehren an dieser Stelle eine Kirche zu errichten. Der Grundriß für das Gebäude soll im Hochsommer durch einen Schneefall angezeigt worden sein. Die Einweihung der Kirche, etwa ein Jahrhundert später, wurde angeblich von himmlischen Lichtern und Chören begleitet.

Himmlische Milch

Die Madonna, und insbesondere die Schwarze Madonna, nahm im Christentum erstmals während des Mittelalters und der Kreuzzüge eine zentrale Stellung ein. Im wesentlichen war dies auf den Einfluß des hl. Bernard (1090–1153), dem berühmten Abt von Clairvaux in Frankreich, zurückzuführen, der wahrscheinlich mehr als jeder andere zur Verbreitung des Jungfrauenkultes beitrug. Bernard von Clairvaux selbst soll seine bewegendste religiöse Erleuchtung bei der Schwarzen Madonna von Châtillon erfahren haben. Es wird berichtet, daß sie, als er vor ihr das Ave Maria aufsagte, ihre Brust drückte und daraufhin drei Tropfen Milch in den geöffneten Mund des Zisterziensermönches fielen.

Die „Königin des Himmels" wurde auch zum offiziellen Schutzpatron der Tempelritter und später des Deutschritterordens, dem deutschen Äquivalent. Häufig wurde sie auf Ritterfahnen und Bannern dargestellt, und die Ritter zogen ihr zu Ehren in den Kampf, wobei ihr Schlachtruf oft einzig aus ihrem Namen bestand. Auf gewisse Weise verkörperte sie die gesamte christliche Dreifaltigkeit – Vater, Sohn und Heiliger Geist. Als „Braut Gottes" verdrängte sie in vielerlei Hinsicht sogar erfolgreich die Dreifaltigkeit. Obwohl die Jungfrau mitunter als „Braut Gottes" bezeichnet wurde, war sie auch als die „Mutter

Unten: Die mit Gold und Juwelen reich verzierte Schwarze Madonna von Einsiedeln läßt das hohe Maß der Verehrung erkennen, die diesen ungewöhnlichen Statuen entgegengebracht wurde und wird.

> **"**LASSEN SIE MICH ERKLÄREN, WARUM ICH GLAUBE, DASS MAN DIESES DOMINIERENDE ABBILD DER HOFFNUNG AUF LIEBE SCHWARZ DARGESTELLT HAT ... WEIL SIE DAS SYMBOL FÜR ALLES UND DAS TOR ZU ALLEM IST, WAS WIR IN DER SCHEINBAREN SCHWÄRZE JENSEITS DES SICHTBAREN LICHTES BEGREIFEN KÖNNEN.**"**
>
> **Peter Redgrove,**
> **The Black Gooddess and the Sixth Sense**

Gottes" bekannt. Man glaubte, das gesamte Leben würde von ihr abhängen. Häufig wurde sie mit dem Heiligen Geist gleichgesetzt, der, wie auch die Jungfrau, oft durch eine Taube symbolisch dargestellt wurde.

Heiliger Mittler

Im Mittelalter konzentrierte sich der christliche Glaube – besonders im Bewußtsein des Volkes – vorrangig auf die Jungfrau. Er wurde tatsächlich eher zu einer matriarchalischen als einer patriarchalischen Religion, also einer Religion, die sich mehr am femininen als am maskulinen Prinzip orientierte. Gott, der Vater, hörte auf, in der Vorstellung des Volkes zu dominieren, wie es vorher der Fall gewesen war. Jesus, dem Sohn, wurden immer mehr feminine Charaktereigenschaften zugeschrieben, wobei seine Sanftmut, seine Güte und Widerstandslosigkeit betont wurden. Die Jungfrau wurde zur Mittlerin zwischen Gott und dem Menschen, in vielerlei Hinsicht die Hüterin des gesamten westlichen Europas.

Die großen gotischen Kathedralen aus dieser Zeit wurden zu Tempeln und Palästen der Madonna. Zwischen 1170 und 1270 errichtete man allein in Frankreich nicht weniger als 80 Kathedralen und 500 Kirchen "Für Unsere Jungfrau". Ein Großteil dieser Gebäude entstand an Plätzen, die bereits aufgrund der Anwesenheit nicht nur einer Madonnenstatue, sondern einer Schwarzen Madonna als heilig verehrt wurden. Obwohl man keinen eindeutigen Beweis dafür erbringen kann, behaupten manche, daß alle größeren, "Unserer Jungfrau" geweihten Kathedralen eigentlich an Stätten erbaut wurden, an denen man vorher eine Schwarze Madonna verehrt hatte.

Trotzdem scheint die römische Kirche, wie wir gesehen haben, bisweilen von den Statuen der Schwarzen Madonna eher peinlich berührt zu sein. Offiziell weigerte sie sich, einen Unterschied zwischen ihr und der häufigeren, hellhäutigen Madonna zu machen. Gleichzeitig wurden aber viele von ihnen weiß übertüncht oder, wie es bei der Schwarzen Madonna von Avioth der Fall war, fleischfarben angestrichen. Es gab auch ausgeklügelte Versuche, eine rationale Erklärung für das schwarze Aussehen der Statue zu finden. Einige dieser Erklärungen waren durchaus glaubwürdig. In einigen Fällen könnte sich das Holz durch Rauch und das hohe Alter schwarz gefärbt haben. In anderen Fällen könnte das Silber, von dem die Statuen häufig umgeben waren, auch oxydiert sein und so das Holz verfärbt haben. Trotzdem ist es eine unbestreitbare Tatsache, daß die meisten dieser Statuen ursprünglich aus Ebenholz – einem schwarzen Holz – oder aus schwarzem Stein gearbeitet wurden. Mit anderen Worten, es scheint, als ob die schwarze Farbe von Beginn an beabsichtigt war. Das wird anscheinend auch durch den Umstand bestätigt, daß schwarze Madonnenstatuen erst in relativ junger Zeit entstanden und mit Sicherheit bewußt schwarz gestaltet wurden wie die Schwarze Madonna bei Orval.

Es wird vermutet, daß die Verehrung Schwarzer Madonnen sich nie wirklich in Übereinstimmung mit dem geltenden katholischen Dogma befand. Eine Vielzahl der mit Schwarzen Madonnen verbundenen Glaubensbekenntnisse hat nicht nur dem Wesen nach und von der Herkunft her keine Verbindung zum Christentum – sie sind sogar eindeutig heidnisch. Viele schwarze Madonnenstatuen werden mit Sexualität, Fortpflanzung und Fruchtbarkeit assoziiert – wahrlich nicht die traditionell der Jungfrau Maria zugeschriebenen Eigenschaften. Die Schwarze Madonna von Montserrat wird bei Festlichkeiten sogar mit einem kreisförmigen orgiastischen Tanzritual geehrt, das eindeutig heidnischen Ursprungs ist. Andere Schwarze Madonnen, wie die von Chartres, werden mit der "Königin der Unterwelt" identifiziert.

> **"**VIELE DER URSPRÜNGLICH SCHWARZEN MADONNEN-STATUEN SIND IM LAUF DER JAHRHUNDERTE ABSICHTLICH WEISS ÜBERTÜNCHT WORDEN.**"**

PERSPEKTIVEN

DIE VERMEHRUNG DER JUNGFRAU MARIA

Maria, die Mutter Jesu, den sie vom Heiligen Geist empfing, spielt eine Schlüsselrolle in der römisch-katholischen Kirche. Aus ihrer Würde als "Gottesgebärerin" ergeben sich für sie alle Gnadenvorzüge, so wurde sie vor der Erbsünde bewahrt und auch dem Leib nach in den Himmel aufgenommen. Die Marienfeste reichen im Osten bis zu den Anfängen des Christentums zurück, im Westen wurden sie im 6./7. Jahrhundert übernommen.

Viele Forscher sind der Überzeugung, daß die Madonnenverehrung ihren Ursprung gar nicht im christlichen, sondern im heidnischen Glauben hat. Es gibt viele Interpretationsversuche, die den Ursprung der Verehrung der Schwarzen Madonnen auf heidnische Kulte zurückzuführen bemüht sind. So wird angenommen, daß der Mensch lange vor dem Erscheinen männlicher Götter einen weiblichen Schöpfer angebetet hat. Diese Göttin soll, da sie vor dem Mann erschien, eine Jungfrau gewesen sein. Der Zyklus der Geburt war von Geheimnissen umgeben. Da nicht jeder Geschlechtsverkehr zur Zeugung führte, glaubte man, daß eine Geburt auch ohne diesen möglich war – beispielsweise, indem man einen Grashalm aß oder indem man sich gegen den Wind stellte. Allein die Göttin übte die Macht über den rätselhaften Zyklus von Fruchtbarkeit, Empfängnis und Geburt aus. Zu Beginn unserer Zeitrechnung wurde der Jungfrau Maria nicht mehr Verehrung entgegengebracht als anderen Heiligen auch. Um aber den Schock nach der Plünderung von Rom im Jahre 410 n. Chr. zu überwinden – so eine häufige These – Maria, der Mutter Christi, zu. Der Jungfrau Maria wurden Eigenschaften zugeschrieben, die vormals der Göttin zukamen. Beide wurden als "Königin des Himmels" und "Beschützerin" und "jungfräuliche Mutter" bezeichnet. Statt des christlichen Konzeptes der rein männlichen Dreifaltigkeit betonte die Kirche jetzt die Stellung Marias, das weibliche Prinzip.

Die Ostkirchen stimmen mit der frühchristlichen Mariologie überein, nicht aber mit den späteren Dogmen. Die Verehrung Marias in der Volksfrömmigkeit hat sich besonders seit der Gegenreformation ausgebreitet.

FEUERFESTE MENSCHEN

Links: Ein balinesischer Tänzer in Trance tanzt auf dem Feuer, ohne sich Verbrennungen zuzuziehen.
Unten: Diese Darstellung illustriert die biblische Geschichte von Nebukadnezar, der drei Männer in einen glühenden Ofen warf. Doch sie blieben unversehrt.

Die Angst vor dem Feuer ist tief in der menschlichen Psyche verwurzelt – einigen wenigen Menschen scheinen jedoch Hitze und Flammen nichts auszumachen.

auf seinen Handflächen. Zum Abschluß nahm Coker ganz ungerührt ein rotglühendes Stück Eisen in die Hand. „Ich verbrenne mich nicht", erzählte er dem Reporter. „Schon als kleiner Junge habe ich nie Angst gehabt, mit Feuer umzugehen." Coker war weder Varietékünstler noch religiöser Fanatiker. Für ihn war dieses erstaunliche Phänomen lediglich ein Teil seines Lebens.

Von einem anderen Schmied berichtet 1927 der New Yorker Arzt Dr. K.R. Wissen. Als sich Dr. Wissen zu einem Jagdausflug in den Bergen Tennessees aufhielt, traf er auf einen schüchternen Mann, der brennende Holzscheite halten konnte, ohne daß er Schmerz fühlte oder sich dabei verbrannte. Der Mann erzählte Dr. Wissen, daß er diese rätselhafte Fähigkeit bei sich bemerkte, als er einmal als Kind ein glühendes Hufeisen aus der Esse genommen hatte. Genau wie Coker faßte auch er diese Gabe als etwas Selbstverständliches auf.

Die Unempfindlichkeit einiger Menschen gegenüber extremer Hitze – ob nun wie bei den Schamanen bewußt gepflegt oder offensichtlich zufällig wie bei Coker oder dem Schmied aus Tennessee – wird schon seit Jahrhunderten von Zeugen dieses Phä-

Ein altes Sprichwort besagt, daß der Schmied der Herr des Feuers sei. Am 7. September 1871 wurde im *New York Herald* von einem Schmied berichtet, der dem Sprichwort alle Ehre machte. Nathan Coker war Schmied in Easton, Maryland, USA, und stand schon seit langem in dem Ruf, gegenüber Hitze unempfindlich zu sein. Eine Abordnung ortsansässiger Bürger und Vertreter der Presse fragten, ob sie einmal seine angebliche Feuerunempfindlichkeit testen könnten. Er willigte ein. Zuerst wurde eine Schaufel in der Esse bis zur Weißglut erhitzt. Dann, so wird berichtet, zog Coker seine Stiefel aus, hielt die Schaufel gegen seine Fußsohlen, so lange, bis sie nicht mehr glühte.

Als nächstes brachte Coker ein Bleigeschoß zum Schmelzen. Er goß das geschmolzene Blei in seinen Mund und umspülte damit die Zähne, bis das Blei wieder fest war. Dann griff er mit beiden Händen in die lodernde Esse, nahm in aller Ruhe glühende Kohlen heraus und präsentierte sie den Zuschauern

"DER AMERIKANISCHE PHYSIKER JEARL WALKER DEMONSTRIERT DEN LEIDENFROST-EFFEKT, INDEM ER SEINE FINGER ANFEUCHTET UND SIE DANN IN FLÜSSIGES BLEI MIT EINER TEMPERATUR VON 500 °C TAUCHT. FLEISCH KOCHT BEI 100 °C, DIE

Rechts: Dieser Holzschnitt aus dem frühen 19. Jahrhundert zeigt einen traditionellen thailändischen Feuertänzer bei der Vorführung seiner Künste. Es scheint, daß nur „besondere" Menschen – die wenigen, die „unbrennbar" geboren wurden oder die, die sich geheimen magischen Ritualen unterwerfen, vielleicht auch unter Anwendung der Selbsthypnose – ihren Körper starker Hitze aussetzen können, ohne etwas zu spüren oder Verletzungen zu erleiden.

FEUCHTEN FINGER ABER SIND, AUF JEDEN FALL FÜR EINIGE SEKUNDEN, VON SCHÜTZENDEM WASSERDAMPF UMHÜLLT. UND ER DEUTET AN, DASS DIES DAS GEHEIMNIS DER FEUERTÄNZER SEIN KÖNNTE.**"**

Lyall Watson, Lifetide

nomens bewundert und bestaunt. Noch rätselhafter ist, daß auf der ganzen Welt, über alle Zeit- und auch Ländergrenzen hinweg, von „feuerfesten" Menschen berichtet wurde. Die biblische Geschichte von Nebukadnezars glühendem Ofen und seinen drei vorgesehenen Opfern Schadrach, Meschach und Abed-Nego klingt gar nicht mehr so ungewöhnlich, wenn man sie mit dem Feuertanzen vergleicht, das man heute in Trinidad oder Polynesien sehen kann. In *Daniel 3, 27* ist zu lesen, daß alle hohen Beamten Nebukadnezars herbeiliefen und sich davon überzeugten, daß die Flammen den drei Männern nicht den geringsten Schaden zugefügt hatten. Ihr Haar war nicht versengt, ihre Kleidung unversehrt, nicht einmal Brandgeruch war an ihnen wahrzunehmen.

Bereits in der Antike finden sich etwa bei Plato oder Virgil Beispiele, in denen Menschen unversehrt auf glühenden Kohlen liefen. Der Neuplatonist Porphyrios und sein Schüler Lamblichus untersuchten dieses Phänomen im 3. Jahrhundert n. Chr. als Teil einer Studie zu Wahrsagungen, Geisterbeschwörungen und Trancezuständen. Bestimmte „besessene" Medien, so stellten sie fest, spürten keinen Schmerz und verbrannten sich auch nicht,

wenn sie in Feuer geworfen wurden oder durch Feuer hindurchgingen.

Überall in den Annalen der mittelalterlichen Kirchengeschichtsschreibung stößt man auf Berichte über „heilige" Aktivitäten, wie zum Beispiel Levitation, Wunderheilen, Teleportation und eben auch Unempfindlichkeit gegenüber Feuer. Dazu zählen Berichte über die Feuerprobe, einer damals weitverbreiteten Methode, um den Wahrheitsgehalt einer Aussage zu prüfen. So wurde im Jahre 1062 der Bischof von Florenz vom frommen Peter Aldobrandini beschuldigt, sich sein Amt durch Bestechung erkauft zu haben. Zur Überprüfung der Behauptung legte man einen langen, schmalen Gang, der an beiden Enden durch offenes Feuer begrenzt wurde, mit glühend heißen Kohlen aus. Aldobrandini ging durch das erste Feuer hindurch, über die Kohlen den Gang

entlang und am Ende durch die Flammen des zweiten Feuers hinaus. Sein Körper und auch seine Kleidung blieben unversehrt, der Wahrheitsbeweis seiner Behauptung war damit in den Augen der Kirche erbracht. Der Bischof von Florenz lehnte es ab, ihm zu folgen, und trat von seinem Amt zurück.

Ein weiteres Beispiel für die Unempfindlichkeit gegenüber Feuer ist der im 13. Jahrhundert lebende Mönch Giovanni Buono, der den Ruf eines Heiligen genoß und seinen Glauben öffentlich demonstrierte, indem er seine Füße in brennenden Kohlen hin und her bewegte, „als ob er sie in einem Bach waschen würde".

1637 war der französische Jesuit Paul Lejeune außerordentlich beeindruckt von dem, was er bei den Huron Indianern in der Nähe von Quebec gesehen hatte. Lejeune leitete eine Mission zu den Indianern, die aber nicht gewillt waren, ihren Glauben zu wechseln. Die Medizinmänner ließen Lejeune statt dessen Augenzeuge einer beeindruckenden Zeremonie werden, einer Art Heilung-durch-Feuer-Zeremonie, die Lejeune veranlaßte, seine Reise abzubrechen. Er schrieb später:

„Sie können mir glauben, daß ich von einer Sache erzähle, die ich mit eigenen Augen gesehen habe. Sie (die Medizinmänner) schoben die brennenden Scheite beiseite und holten kleine Steine aus der Mitte des Feuers. Dann, mit den Händen auf dem Rücken verschränkt, nahmen sie sie zwischen die Zähne, trugen sie so zu den Patienten und verweilten dort, ohne die Steine loszulassen … Nicht nur diese Männer, auch die Kranken verbrannten sich nicht. Sie ließen sich die Körper mit glühender Asche einreiben, ohne daß ihre Haut auch nur im geringsten dadurch verletzt wurde."

Im Jahre 1731 gründeten Gelehrte und Vertreter der katholischen Kirche eine Untersuchungskommission, um den Ursachen der hysterischen Wahnvorstellungen auf die Spur zu kommen, die vier Jahre zuvor nach dem Tod des Jansenisten François de Paris unter seinen Anhängern ausgebrochen waren. Es wurde berichtet, daß sich die Anhänger

Oben: Das Feuertanzen wird immer mehr zu einer Touristenattraktion. Hier fotografieren Urlauber Eingeborene, die bei einer Veranstaltung des Korolevu Beach Hotel auf den Fidschiinseln unversehrt über weißglühende Steine laufen.

Rechts: Theodulus eilt zum heiligen Alexander und zum heiligen Eventius, um ihren Triumph über die Flammen zu feiern, in die sie Aurelius, der die Christen verfolgte, geworfen hatte.

Unten: Ein indischer Fakir stellt auf seine Art die Überlegenheit des Geistes über den Körper zur Schau, indem er sich mit dem Kopf nach unten über ein Feuer hängen läßt.

von de Paris an seinem Grab in St. Medard versammelten und sich in Krämpfen wanden, während derer sie sich wie Kreisel drehten und ihre Gliedmaßen in unmögliche Stellungen verrenkten. Vereinzelt wurden auch Levitationen beobachtet. Ludwig XV. ordnete die Schließung des Friedhofes an und ernannte einen Richter, den Agnostiker Carré de Montgeron, zum Leiter der Untersuchungskommission.

Ein von Montgeron, zwei Priestern und acht Gerichtsbeamten akribisch zusammengestellter Untersuchungsbericht verweist auf die unbrennbare Marie Souet, an der folgender „Test" durchgeführt wurde. Nur mit einem Leinentuch bekleidet, verfiel Marie in Trance, wodurch ihr Körper steif wurde. In diesem Zustand mußte sie 35 Minuten lang über loderndem Feuer aushalten. Obwohl die Flammen um sie herumschlugen, wurde sie weder verletzt noch das Leinentuch beschädigt. Der freidenkerische Montgeron war von dem, was er erblickte, so verblüfft, daß er eine systematische Untersuchung des Spiritismus in Angriff nahm, womit er die Behörden sehr verärgerte und zum Dank für seine Bemühungen in die Bastille geworfen wurde.

Zerstreuung nach dem Dinner

Der englische Schriftsteller John Evelyn berichtete über einen Auftritt von „Richardson, dem Feuerschlucker" nach einem Dinner bei Lady Sunderland in London am 8. Oktober 1672. Seine leicht skeptische Schlußbemerkung verleiht dem Bericht um so größere Glaubwürdigkeit:

„Er verschlang vor unseren Augen Schwefel auf glühenden Kohlen. Er kaute sie und schluckte sie hinunter. Er schmolz ein Bierglas und aß es dann auf. Danach legte er eine glühende Kohle auf seine Zunge und darauf eine rohe Auster. Die Kohle wurde mit einem Blasebalg so lange angeblasen, bis Flammen herausschlugen und die Funken in seinem Mund sprühten. So hielt er aus, bis die Auster aufging und gar war. Schließlich schmolz er Pech und Wachs mit Schwefel. Als das Gemisch entflammte, trank er es. Ich habe es eine ganze Weile in seinem Mund brennen sehen. Er nahm auch ein dickes Eisenstück, wie es die Waschfrauen zum Glätten benutzen, und legte es ins Feuer. Als es glühend heiß war, nahm er es erst zwischen die Zähne und warf es dann zwischen den Händen hin und her. Doch mir fiel auf, daß er darauf achtete, es nicht zu lange in einer Hand zu halten."

Ein weiterer berühmter „Nachtisch"-Künstler, dessen Kunststücke in der Viktorianischen Gesellschaft große Beachtung fanden, war das Medium Daniel Dunglas Home. Der Offizier und Kriegsberichterstatter Lord Adare und der Rechtsanwalt H.D. Jencken beschrieben, wie bei einer Séance im Jahre 1868 Home im Kamin Feuer anschürte und dann „sein Gesicht in die brennenden Kohlen tauchte und den Kopf darin hin und her bewegte, als ob es Wasser wäre". Es scheint, daß Home seine Unempfindlichkeit gegenüber Feuer auch auf Zuschauer übertragen konnte: Nachdem er einige Handbewegungen über ihren Händen ausgeführt hatte, reichte er ihnen glühende Asche, ohne daß sie dadurch verletzt wurden. Noch Erstaunlicheres ereignete sich bei einer Séance im Haus des in der Künstlerwelt prominenten Ehepaars Hall, das zu den Mitgliedern

der „Society for Psychical Research" (Gesellschaft für parapsychologische Forschung) zählte. Bei seiner Vorführung nahm Home einen „Klumpen brennende Kohle, der so groß war, daß er ihn mit beiden Händen halten mußte", und setzte ihn auf Halls Kopf. Hall berichtete, daß er die Kohle als „warm, aber nicht heiß" empfand. Dr. Hall berichtete später: „Home fuhr dann fort und zog Mr. Halls weißes Haar über die rotglühende Kohle. Er formte das Haar zu einer Art Pyramide, so daß unter dem Haar, direkt auf der Kopfhaut, die noch glühende Kohle zu erkennen war."

Zur gleichen Zeit, als Home solch anerkannte Persönlichkeiten wie Lord Adare und Sir William Crookes in Erstaunen versetzen konnte, waren Geschichten von Feuertänzern und Feuerkunststücken, die aus weit entfernten Ländern kamen, schon nichts Besonderes mehr.

So beschrieb Basil Thompson in seinen *South Sea Yarns* (Seemannsgarn aus der Südsee), wie er einmal auf den Fidschiinseln einer Zeremonie beisitzen konnte, bei der eine Gruppe von Einwohnern über einen langen Graben glühend heißer Steine lief. Thompson berührte einen der nähergelegenen Steine mit einem Taschentuch, worauf es sofort ver-

sengte. Doch die fast nackten Einwohner liefen nicht nur unbeschadet über die Steine, selbst „ihre Bänder aus getrocknetem Farn, die sie um die Knöchel trugen, blieben unversehrt."

Im Jahre 1904 berichteten Teilnehmer der „Sir-Francis-Younghusband"-Expedition nach Tibet von buddhistischen Mönchen, die nicht nur bewegungslos und unverletzt inmitten lodernder Flammen verharrten, sondern die auch bei Temperaturen unter dem Gefrierpunkt stundenlang in nur dünner Kleidung auf dem nackten Boden sitzen konnten, ohne Erfrierungen davonzutragen.

Professor E.R. Dodds beschreibt in seinem Buch *Supernormal Phenomena in Classical Antiquity* (Übernatürliche Erscheinungen im klassischen Altertum) die Probleme bei der Überprüfung antiker Berichte über paranormale Ereignisse. Eine nützliche Methode, so regt er an, könnte darin bestehen, heutige Phänomene zu untersuchen, um herauszufinden, ob sie mit denen aus anderen historischen Epochen übereinstimmen. Unterscheiden sie sich auffallend, könnte man argumentieren, daß eben jedes Zeitalter das Opfer seines eigenen Aberglaubens war.

DIE KUNST DER LEVITATION

Zahlreiche Urvölker sollen das Geheimnis der Levitation gekannt haben. Aber auch heute noch gibt es Menschen, denen diese Kunst nicht fremd ist.

Am 6. Juni 1936 erschien in der englischen Zeitschrift *Illustrated London News* eine einzigartige Fotoserie. Sie dokumentierte die verschiedenen Phasen der Levitation des indischen Yogi Subbayah Pullavar. Die Fotos bewiesen, daß sich dieses Phänomen nicht auf eine hypnotische Illusion zurückführen ließ, wenn die Kritiker auch sonst keine Erklärung dafür geben konnten.

Ein europäischer Zeuge des Ereignisses, P.Y. Plunkett, gab später eine detaillierte Beschreibung des Vorgangs: „Es war etwa 12.30 Uhr, und die Sonne stand genau über uns, so daß Schatten bei dieser Vorstellung keine Rolle spielten … Ganz ruhig kam Subbayah Pullavar auf uns zu, mit langem Haar und Schnurrbart und einem feurigen Ausdruck in den Augen. Er begrüßte uns mit einer tiefen Verbeugung, und wir unterhielten uns noch eine Weile. Er erzählte uns, daß er diese besondere Art des Yoga seit fast 20 Jahren praktiziert (und seine Familie bereits seit Generationen). Wir baten um Erlaubnis, die Vorstellung zu fotografieren. Subbayah Pullavar gab sie bereitwillig …"

Rechts und unten: Fotos von einer Levitation, die der indische Yogi Subbayah Pullavar vor einer großen Anzahl von Zeugen vorführte. Die Fotos wurden von dem Engländer P.Y. Plunkett und einem Freund gemacht und am 6. Juni 1936 in der Illustrated London News *veröffentlicht. Das erste Foto (unten) zeigt den Yogi vor der Vorführung in einem Zelt liegend. Er umfaßt einen mit Stoff umhüllten Stab, den er im Verlauf der gesamten Levitation nicht losläßt. Während des geheimnisvollen Vorganges der Levitation selbst wird das Zelt dann für einige Minuten geschlossen (rechts).*

Plunkett holte etwa 150 Zeugen zusammen, während der Yogi seine rituellen Vorbereitungen traf und innerhalb eines Kreises ein Zelt aufstellte. Um das Zelt herum, in dem die Levitation stattfinden sollte, wurde Wasser vergossen. Im Inneren des Kreises waren Schuhe mit Ledersohlen verboten, der Yogi betrat das Zelt allein. Einige Minuten später entfernten Helfer das Zelt; und dort, im Inneren des Kreises, befand sich der Yogi und schwebte frei in der Luft.

Plunkett und ein weiterer Zeuge näherten sich dem Yogi auf etwa einen Meter Entfernung und stellten fest, daß er tatsächlich über dem Boden schwebte. Obwohl er sich an einem mit Stoff umhüllten Stab festhielt, schien das nur zur Balance und nicht als Stütze zu dienen. Plunkett untersuchte mit seinem Freund die Umgebung um Subbayah Pullavar, ohne daß sie Stricke oder irgendwelche versteckten Hilfsmittel fanden. Der Yogi befand sich in Trance, und viele Zeugen glaubten, daß er unbe-

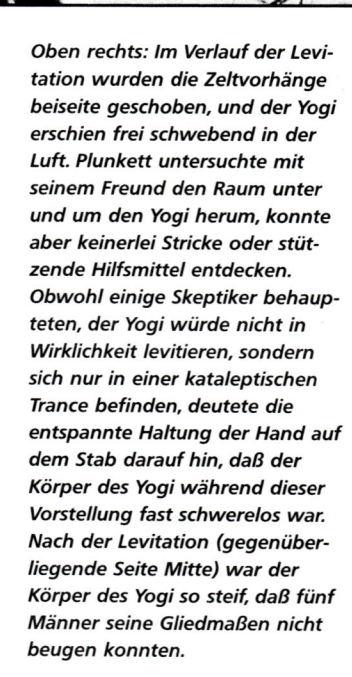

Oben rechts: Im Verlauf der Levitation wurden die Zeltvorhänge beiseite geschoben, und der Yogi erschien frei schwebend in der Luft. Plunkett untersuchte mit seinem Freund den Raum unter und um den Yogi herum, konnte aber keinerlei Stricke oder stützende Hilfsmittel entdecken. Obwohl einige Skeptiker behaupteten, der Yogi würde nicht in Wirklichkeit levitieren, sondern sich nur in einer kataleptischen Trance befinden, deutete die entspannte Haltung der Hand auf dem Stab darauf hin, daß der Körper des Yogi während dieser Vorstellung fast schwerelos war. Nach der Levitation (gegenüberliegende Seite Mitte) war der Körper des Yogi so steif, daß fünf Männer seine Gliedmaßen nicht beugen konnten.

streitbar in der Luft schwebte, obwohl auch die Vermutung geäußert wurde, der Yogi hätte sich lediglich in einem kataleptischen (starrkrampfähnlichen) Zustand befunden. Die Fotos wurden während der vierminütigen Vorführung von verschiedenen Blickwinkeln aus aufgenommen. Dann wurde das Zelt wieder um den Yogi herum aufgebaut. Augenscheinlich war die „Landung" etwas sehr Geheimes, aber es gelang Plunkett dennoch, den Vorgang durch einen kleinen Spalt im Zeltvorhang genau zu beobachten:

„Nachdem etwa eine Minute vergangen war, schien der Yogi zu schwanken. Dann begann er ganz langsam herabzuschweben, immer noch in waagerechter Lage. Er brauchte etwa fünf Minuten, um von der Spitze des Stabes bis zum Boden zu sinken – eine Strecke von ungefähr einem Meter... Als Subbayah wieder auf dem Boden lag, trugen ihn seine Helfer zu uns herüber und fragten uns, ob wir versuchen wollten, seine Gliedmaßen zu beugen. Selbst mit Unterstützung gelang uns dies nicht."

Der Yogi wurde anschließend fünf Minuten lang mit kaltem Wasser abgerieben und bespritzt, bis er aus seiner Trance erwachte und seine Glieder wieder vollständig unter Kontrolle hatte.

In einem Zentrum in der Schweiz haben Anhänger der transzendentalen Meditation (TM) die Möglichkeit, die Kunst der Levitation zu erlernen. Ein Teilnehmer eines solchen Kurses beschrieb den Lernvorgang wie folgt:

„Die Teilnehmer fangen an, sanft hin und her zu schaukeln, dann immer stärker, bis sie schließlich etwas vom Boden abheben. Am Anfang ist es wie beim ersten Flug der Gebrüder Wright. Man plumpst immer wieder auf den Boden. Deshalb müssen wir uns auf Schaumgummikissen setzen. Mit der Zeit lernen wir, den Vorgang besser zu steuern, und es wird zu einem großartigen Erlebnis."

Kann man also die Levitation künstlich hervorrufen? Die TM-Anhänger glauben, das nach einem strengen mentalen Training zu können: Verschiedene Yogi-Disziplinen, sowohl spirituelle als auch physische, scheinen sie darauf vorzubereiten, sich über die Schwerkraft hinwegzusetzen. Es ist unter

Rechts: Die Anhänger der transzendentalen Meditation versichern, daß dieses Foto einen levitierenden Schüler zeigt. Angeblich sollen die Schüler unter Anleitung von Lehrern durch Meditation Schwerelosigkeit erreichen.

ley seinen Landsmann Alan Bennett auf, der als buddhistischer Mönch in Burma lebte: Von ihm wird berichtet, daß auch er einmal so schwerelos geworden sei, daß er „wie ein Blatt umhergeweht wurde".

Die französische Reisende Alexandra David-Neel wurde zu Beginn des 20. Jahrhunderts Augenzeugin einer außergewöhnlichen Art der Fortbewegung eines tibetanischen Lamas: „Der Mann lief nicht. Er schien sich selbst vom Boden zu lösen und in Sprüngen vorwärtszukommen. Es sah aus, als ob er über die Elastizität eines Balles verfügte und jedes Mal, wenn seine Füße den Boden berührten, wieder abprallte. Seine Schritte erfolgten mit der Regelmäßigkeit eines Pendels."

Der Lama soll auf diese merkwürdige Art Hunderte von Metern gelaufen sein. Dabei hielt er seinen Blick auf ein unbestimmtes Ziel in der Ferne fixiert.

Der wegweisende russische Ballettänzer und Choreograph Vaclav Nijinsky verfügte über eine außerordentliche Sprungkraft. Bei seinen gewaltigen Sprüngen wirkte er fast schwerelos, und sein einzigartiges, langsames Aufsetzen nach einem Sprung sowie seine begeisternde tänzerische Ausdruckskraft machten ihn schon für seine Zeitgenossen zum „Gott des Tanzes".

Wie viele andere unerklärliche Phänomene, scheint auch die Levitation eigentümlich nutzlos zu sein. Die erreichte Höhe beträgt kaum mehr als einen Meter. Einige Menschen glauben jedoch, daß unsere Vorfahren leicht levitieren konnten und dies auch nutzten, beispielsweise um bestimmte gigantische Erdarbeiten zu planen oder sonstige aufwendige Unternehmen zu vereinfachen.

Umständen sogar ganz einfach, einen Zustand der Halbschwerelosigkeit hervorzurufen, wie Berichte über Levitationen bezeugen, die fast wie ein „Partytrick" vorgeführt wurden.

Ein auf einem Stuhl sitzender Mensch kann von vier Personen mühelos für kurze Zeit hochgehoben werden, wenn die Träger ausschließlich mit ihren Zeigefingern in den Achselhöhlen und Kniekehlen der Testperson ansetzen. Zuerst legt einer nach dem anderen die Hände übereinander auf den Kopf der Testperson, wobei sie darauf achten, sich immer abzuwechseln, damit sich die Hände der gleichen Person nicht berühren. Die vier konzentrieren sich intensiv für etwa 15 Sekunden; auf ein Zeichen hin schließlich fassen sie mit den Zeigefingern in die Achselhöhlen und Kniekehlen der Testperson, die sich, wenn man alles richtig gemacht hat, nun ohne Schwierigkeiten in die Luft heben läßt.

Dieses Phänomen ist schon unzählige Male zur Verwunderung der Zuschauer vorgeführt worden. Aber wie ist das möglich?

Es wird behauptet, daß der plötzliche Konzentrationsstoß von vier Personen mit einem einzigen „unmöglichen" Ziel die verborgene Magie des menschlichen Willens offenbaren könnte. Es wird ebenfalls vermutet, daß eine wenig bekannte Naturkraft, vielleicht dieselbe, die den Wünschelrutengänger leitet, eingreift und so zur Aufhebung der Schwerkraft führt.

Es scheint, als ob religiöse Inbrunst auch etwas mit diesem Phänomen zu tun haben könnte. Es existieren viele Berichte über Levitationen sowohl von christlichen als auch von buddhistischen Mönchen. 1902 suchte der berühmte Engländer Aleister Crow-

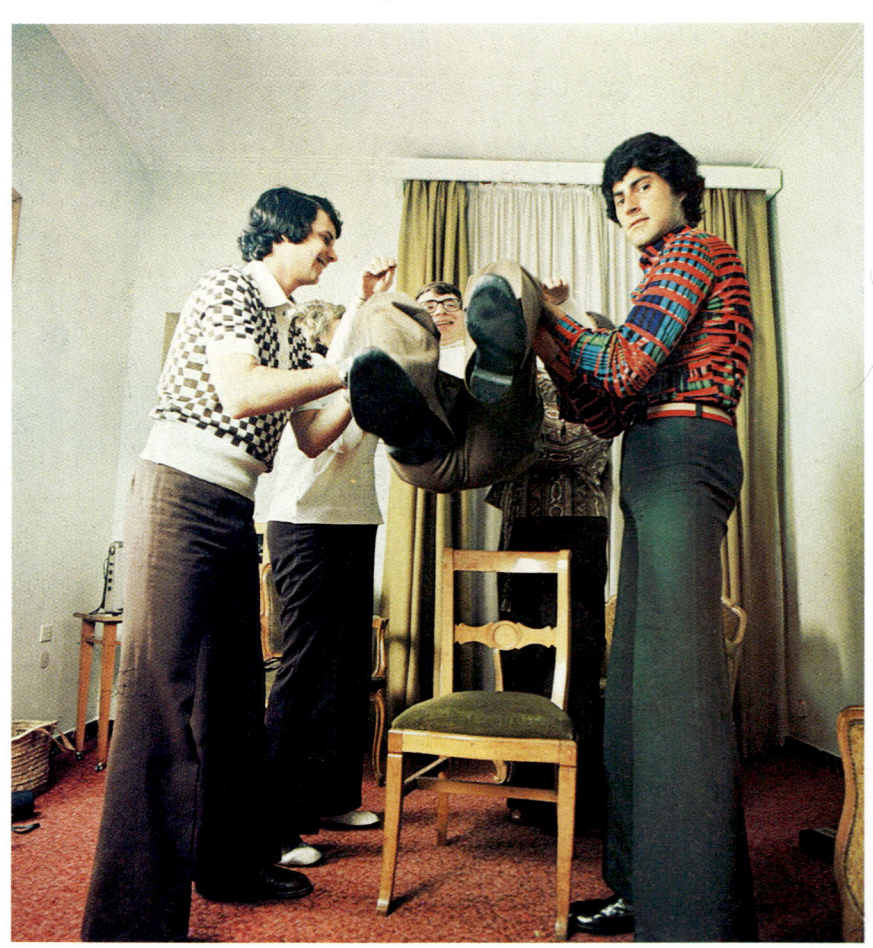

Links: Dieses Luftbild zeigt den im 1. Jahrhundert n. Chr. aus Stein gehauenen Schimmel bei Uffington in der Grafschaft Oxfordshire, England. Die Landschaft dort ist so hügelig, daß man erst aus der Luft eine Vorstellung von den gewaltigen Umrissen des Pferdes gewinnen kann. Dieser Umstand hat zu Spekulationen geführt, daß die Menschen, die dieses Monument schufen, in der Lage gewesen sein mußten, zu levitieren und ihr Werk aus der Luft zu betrachten.

" DER MANN LIEF NICHT. ER SCHIEN SICH SELBST VOM BODEN ZU LÖSEN UND IN SPRÜNGEN VORWÄRTSZUKOMMEN. "

Gegenüberliegende Seite oben: Auch Gegenstände können schweben, wie hier bei einem psychokinetischen Experiment in Missouri, USA, geschehen.

Gegenüberliegende Seite links: Uri Geller und einige Freunde bei einer Levitationssitzung mit Colin Wilson als Testperson. Zuerst legten die Teilnehmer ihre Hände so auf den Kopf der Versuchsperson, daß sich die beiden Hände einer Person nicht berührten. Dann, auf das Kommando von Geller, nahmen sie die Hände vom Kopf weg und positionierten die Zeigefinger in den Achselhöhlen und Kniekehlen der Testperson. Diese erhob sich sofort in die Luft.

Vielleicht hatten sie diese Kunst so weit entwickelt, daß sie sich nach Belieben hoch in die Lüfte erheben konnten. Wie es ebenfalls bei anderen parapsychischen Fähigkeiten der Fall ist, erscheint auch die Levitation als eine Kunst, die fast verlorengegangen war und die jetzt von entschlossenen Schülern wieder erlernt wird. So werden vielleicht eines Tages die modernen Levitatoren in der Lage sein zu „fliegen", wie es die alten Druiden angeblich vermocht hatten.

Berichte über solche „Flüge" lassen einige Forscher vermuten, daß es sich dabei eher um körperlose Erlebnisse beziehungsweise Astralreisen denn um Ortsveränderungen des Körpers handelte. Manche Berichte über Levitationen gleichen Traumerlebnissen – und vom Fliegen träumen ist an sich etwas ganz Alltägliches.

Von wenigen Ausnahmen abgesehen, scheint es, als ob man erst nach langem Training und harter Disziplin zu levitieren vermag: Es wird dem Körper auf geheimnisvolle Weise die Erlaubnis gegeben, sich über das Gesetz der Schwerkraft hinwegzusetzen. Möglicherweise existiert sogar ein Gesetz der Levitation mit einer geheimen Formel, die der Eingeweihte anwendet, bevor er sich vom Boden löst.

Mit dieser Theorie ließen sich auch die ungewöhnlichen Fälle von spontaner Levitation erklären, von denen Charles Fort fasziniert war. So haben Augenzeugen im Jahre 1657 mehrmals beobachtet, wie der zwölfjährige Henry Jones aus Shepton Mallet über dem Boden schwebte. Einmal gelang es ihm, bis zur Decke emporzuschweben. Ein anderes Mal hob er vom Boden ab und flog über eine Distanz von 27 Metern durch die Luft. Dieses Phänomen hielt nur für ein Jahr an, lange genug jedoch, um das

Gerücht zu verbreiten, der kleine Junge wäre „verhext".

Natürlich ist die Levitation eine seltene Erscheinung. Betrachtet man sie jedoch vor dem Hintergrund anderer Berichte über gleichermaßen seltene und merkwürdige menschliche Fähigkeiten, wie zum Beispiel Unbrennbarkeit, Elongation und übermenschliche Kraft, muß man sie einfach ernst nehmen. Nicht nur Feuertänzer und Schlafwandler, die „unmögliche" Leistungen vollbringen, werfen tiefgründige Fragen über das Wesen des physischen und psychischen Leistungsvermögens des Menschen auf. Vielleicht sind wir dazu bestimmt, uns beliebig über die Schwerkraft hinwegzusetzen. Solange wir jedoch nicht mehr vom Wesen der Levitation verstehen, so lange wird sie mit Sicherheit eine der geheimnisvollen versteckten Kräfte des Menschen bleiben.

" NACHDEM ETWA EINE MINUTE VERGANGEN WAR, SCHIEN DER YOGI ZU SCHWANKEN. DANN BEGANN ER GANZ LANGSAM HERABZUSCHWEBEN, IMMER NOCH IN WAAGERECHTER LAGE. ER BRAUCHTE ETWA FÜNF MINUTEN, UM VON DER SPITZE DES STABES BIS ZUM BODEN ZU SINKEN… "

UFOS VON DER ERDE

Die Nazis und später auch einige der alliierten Siegermächte bauten scheibenförmige Flugobjekte. Könnten solche ungewöhnlichen Flugzeuge manche der Berichte über UFOs erklären?

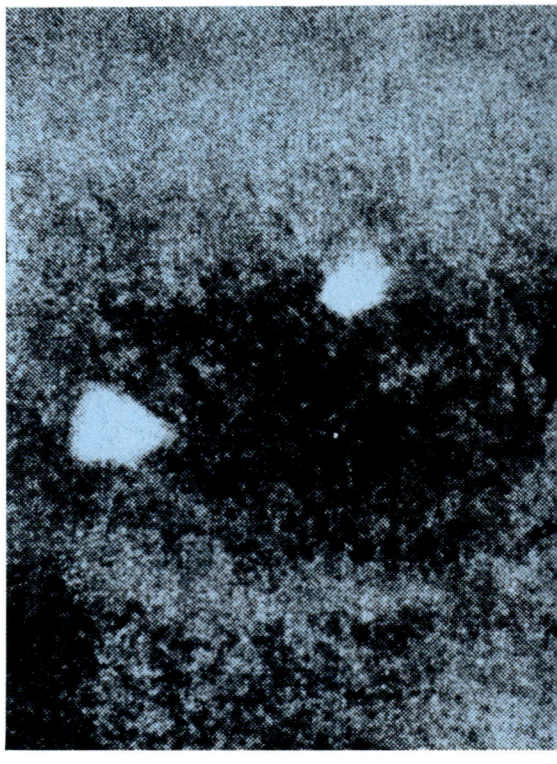

„**D**ie Nazis haben etwas Neues in den nächtlichen Himmel über Deutschland geworfen. Es sind die geheimnisvollen ‚Feuerkugeln', die sich an die Flügel der britischen Beaufighter hängen, die in den Luftraum über Deutschland eindringen. Die Piloten treffen bei ihren nächtlichen Flügen schon seit über einem Monat auf diese ge-

spenstische Waffe. Offensichtlich kann niemand sagen, worum es sich dabei handelt. Die Feuerkugeln tauchen plötzlich auf und begleiten die Flugzeuge mehrere Kilometer weit. Sie scheinen von Bodenstationen aus über Funk ferngesteuert zu werden..."

Leutnant Schlueter von der 415. US Night Fighter Squadron berichtete zum Beispiel, in der Nacht des 23. November 1944, als er den Rhein überflog, von „zehn kleinen rötlichen Feuerkugeln" belästigt worden zu sein. Und die Piloten Henry Giblin und Walter Cleary erzählten, daß sie in der Nacht des 27. September 1944 in der Nähe von Speyer durch „ein riesiges brennendes Licht" gestört wurden, das mit einer Geschwindigkeit von etwa 400 km/h über ihrem Flugzeug flog. Die meisten der UFO-Berichte stimmten in zwei wichtigen Punkten überein: Die Feuerkugeln schienen jedesmal vom Boden her zu den Flugzeugen aufzusteigen, und sie führten gewöhnlich zu Ausfällen in der Zündanlage des Flugzeugs. Andere, von den alliierten Streitkräften nicht bestätigte Berichte lassen vermuten, daß diese Zündstörungen bei einigen Maschinen tatsächlich zum Absturz führten.

Am Anfang nahmen die Alliierten an, bei den Feuerkugeln handle es sich um elektrostatische Aufladungen. Nachdem diese Theorie widerlegt war, begann man zu glauben, daß diese Feuerbälle wahr-

auch zahlreiche Flugzeugpiloten und Radarpersonal, über merkwürdige zigarren- oder scheibenförmige Objekte am Himmel. Auch in den USA gab es solche Beobachtungen. Am 21. Juni 1947 meldete Harold Dahl, er hätte untertassenförmige Objekte gesichtet, die in Richtung kanadische Grenze flogen. Drei Tage später machte Kenneth Arnold seine berühmten Beobachtungen von untertassenförmigen Objekten, die über die Kaskaden, einem Gebirgszug im Bundesstaat Washington, gleichfalls zur kanadischen Grenze flogen. Es wurde damals viel darüber spekuliert, ob die Sowjetunion und die Amerikaner nicht aus den geheimen Forschungslaboratorien Nazi-Deutschlands Forschungsobjekte weiterentwickelt und scheibenförmige Flugzeuge gebaut hätten.

Fliegende Prototypen

Spekulationen über eine Verbindung zwischen Geheimwaffen der Nazis und Beobachtungen von angeblichen „fliegenden Untertassen" wurden noch durch Artikel verstärkt, die Mitte der fünfziger Jahre in verschiedenen westdeutschen Zeitungen und Zeitschriften über Flugkapitän Rudolph Schriever erschienen. Diesen Berichten zufolge hatte der ehemalige Flugzeugingenieur der Luftwaffe im Frühjahr 1941 den Prototyp eines „fliegenden Deckels" kon-

Oben: Dieses Foto zeigt die geheimnisvollen Feuerkugeln zusammen mit alliierten Flugzeugen im Zweiten Weltkrieg. Einige Flugzeugbesatzungen verglichen die Feuerkugeln mit silbernem Weihnachtsbaumschmuck. Die Engländer gaben ihnen den Spitznamen „Foo-Fighter", nach dem damals populären Comic Smokey Stover, in dem der Spruch „Where there is foo, there's fire" (Wo foo ist, ist auch Feuer) häufig vorkam.

Rechts: Der Chance-Vought Flying Flapjack, auch als Navy Flounder bekannt, konnte fast senkrecht starten. Er war in der Lage, mit nur 55 km/h zu fliegen, konnte aber angeblich auch Geschwindigkeiten von über 640 km/h erreichen.

Gegenüberliegende Seite links: Das Avro-Car wurde von dem kanadischen Unternehmen Avro-Canada für die Luftstreitkräfte und die Armee der USA gebaut und von dem englischen Ingenieur John Frost konstruiert. Offiziell wurden die Arbeiten an der vielversprechenden Maschine 1960 eingestellt, obwohl man anfangs behauptet hatte, das Flugzeug könnte doppelt so schnell wie der Schall fliegen.

scheinlich deutsche oder japanische Geheimwaffen wären, die die Zündsysteme der Bomber stören sollten. Eine weitere Theorie besagte, diese Objekte wären nur aus Gründen der psychologischen Kriegsführung gebaut worden und würden in den Himmel geschickt, um alliierte Piloten zu verwirren und so die Flugzeuge zum Absturz zu bringen. Letztendlich kamen sowohl die britischen Luftstreitkräfte als auch die 8. Armee der USA, die alle nicht in der Lage waren, das Geheimnis zu lüften, zu dem Schluß, daß die Feuerkugeln wahrscheinlich das Produkt einer Massenhalluzination waren.

Wenige Wochen vor Beendigung des Krieges verschwanden die Feuerkugeln vom Himmel. Interessanterweise kam es dann zwischen 1946 und 1948 in Westeuropa und Skandinavien zur nächsten Welle von UFO-Beobachtungen. In diesem Zeitraum berichteten viele Menschen, unter ihnen

struiert, der im Juni 1942 zu Testflügen startete. Zusammen mit seinen Kollegen Habermohl, Miethe und Bellonzo machte er sich im Sommer 1944 an die Konstruktion einer größeren Version der „fliegenden Scheibe". Im BMW-Werk in der Nähe von Prag wurden die Motoren der ersten Version gegen moderne Strahltriebwerke ausgetauscht.

Major Rudolf Lusars Buch *German Secret Weapons of the Second World War* (Deutschlands Geheimwaffen im Zweiten Weltkrieg) enthält eine kurze Beschreibung von Schrievers Flugzeugprojekt. „Habermohl und Schriever wählten einen großflächigen Ring, der um ein feststehendes, kuppelförmiges Cockpit rotierte. Der Ring bestand aus verstellbaren Flügelscheiben, die zum Start beziehungsweise zum Horizontalflug in die entsprechende Position gebracht werden konnten. Miethe entwickelte eine scheibenförmige Platte mit einem

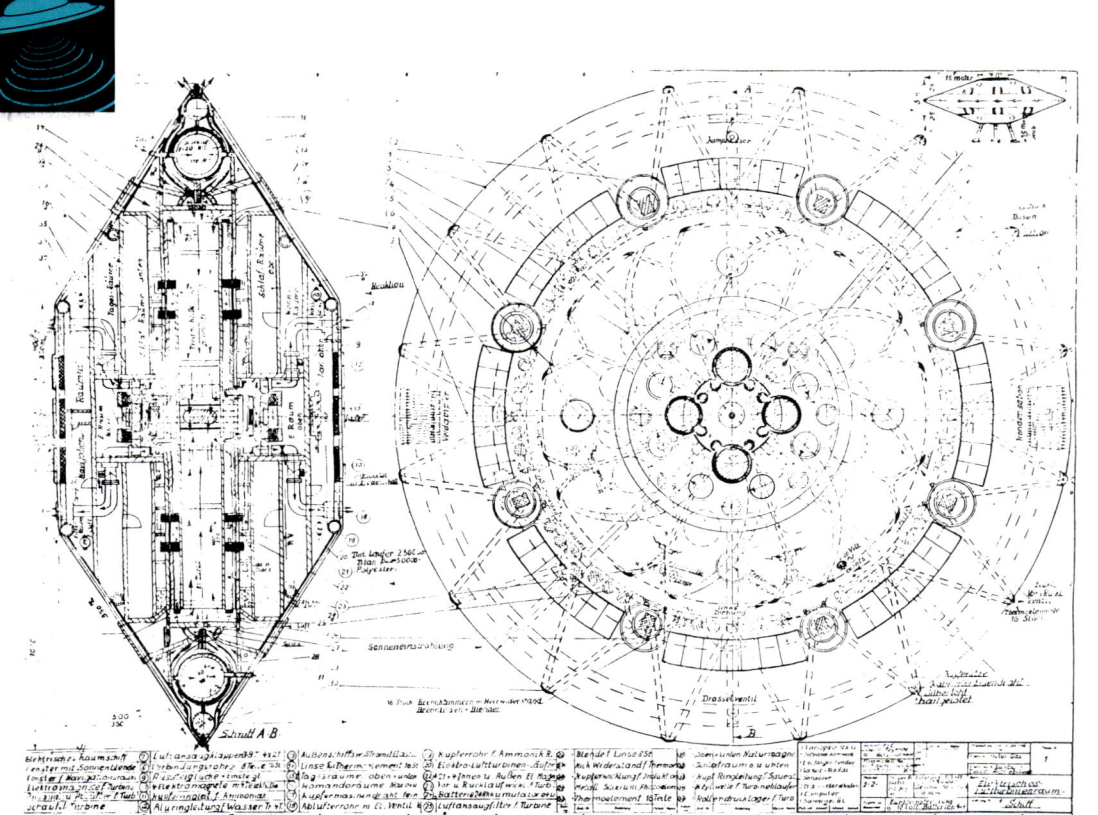

Links: Konstruktionszeichnungen für eine „fliegende Untertasse". Diese Zeichnungen wurden 1978 in der Zeitschrift Brisant, der keine weiteren Ausgaben folgten, veröffentlicht. Brisant behauptet, daß es sich bei diesen Zeichnungen um Pläne für ein scheibenförmiges Raumschiff handeln würde, die von der westdeutschen Regierung verändert wurden, damit sie bei einer eventuellen Veröffentlichung nicht entschlüsselbar seien. Obwohl elektromagnetische Turbinen, Laser-Radar und Computer eingetragen sind, scheint diese Zeichnung tatsächlich nicht brauchbar zu sein. Brisant veröffentlichte die Zeichnungen, die möglicherweise von Rudolph Schrievers während des Zweiten Weltkriegs entstandenen Konstruktionsplänen inspiriert sind, zusammen mit einem Artikel über den deutschen Flugzeugingenieur.

Durchmesser von 42 Metern, in welche verstellbare Düsentriebwerke eingesetzt wurden."

Andere Berichte machten im wesentlichen übereinstimmende Angaben zu Größe und Kapazitäten der „fliegenden Untertasse". Vom Boden bis zur Kabinenhaube soll sie 32 Meter gemessen haben, weiter konnte sie bis zu einer Höhe von ungefähr 12.000 Metern aufsteigen und im Horizontalflug eine Geschwindigkeit von 2000 km/h erreichen.

Rudolph Schriever selbst beteuerte in den späten fünfziger Jahren, daß er tatsächlich an einem Kriegsforschungsprogramm mit Namen Projekt Untertasse gearbeitet hätte. Seine „fliegende Scheibe" war Anfang 1945 für Tests bereit gewesen. Diese wurden jedoch aufgrund des Vormarsches der Alliierten abgesetzt, die Maschine wurde zerstört, und die gesamten Unterlagen gingen in den Kriegswirren verloren oder wurden gestohlen.

Nur kurze Zeit nach diesen Enthüllungen starb Schriever. Bis zum Schluß war er davon überzeugt, daß die nach dem Krieg gesehenen UFOs bewiesen, daß seine eigenen Ideen weiterentwickelt und erfolgreich verwirklicht worden waren.

Was waren aber nun die Feuerkugeln? Der Italiener Renato Vesco machte in seiner erstmals 1968 veröffentlichten Studie den Versuch einer Erklärung. Für ihn handelte es sich bei den Feuerkugeln in Wirklichkeit um den deutschen Feuerball, der zuerst in einem Flugzeugwerk in der Wiener Neustadt, Österreich, gebaut wurde. Der Feuerball war ein flaches, kreisrundes, von einem Turbo-Strahltriebwerk angetriebenes Flugzeug. Gegen Ende des Krieges wurde es als Radarstörmittel und auch als psychologische Waffe zur Verwirrung der alliierten Piloten eingesetzt. Vesco meint:

„Der durch ein sehr fettes Kraftstoffgemisch verursachte feurige Ring um seinen Umfang und die chemischen Zusätze, die den elektrischen Stromfluß durch eine Überionisierung der Atmosphäre in der Nähe des Flugzeugs, im allgemeinen um die Flügelspitzen beziehungsweise das Leitwerk herum, unterbrachen, setzten das Flugzeug der Wirkung starker elektrostatischer Felder und elektromagnetischer Impulse aus."

Vesco behauptet weiter, daß die Grundprinzipien des Feuerballs später bei einem viel größeren „symmetrischen kreisförmigen Fluggerät", das Kugelblitz genannt wurde, Anwendung fanden, welches durch einen Düsenantrieb senkrecht in die Luft steigen konnte.

Da es unwahrscheinlich ist, daß die Briten, die Amerikaner oder die Russen jemals offenlegen werden, was sie in den geheimen Fabriken Nazi-Deutschlands entdeckt haben, sollte man nicht vergessen, was Sir Roy Feddon, der eine technische Delegation des britischen Ministeriums für Flugzeugproduktion nach Deutschland leitete, im Jahre 1945 zu berichten hatte:

„Ich habe genügend Konstruktionszeichnungen und Produktionspläne gesehen, um sagen zu kön-

> **„ICH HABE GENÜGEND KONSTRUKTIONSZEICHNUNGEN UND PRODUKTIONSPLÄNE GESEHEN, UM SAGEN ZU KÖNNEN, DASS – WENN SIE DEN KRIEG NOCH FÜR EINIGE MONATE HÄTTEN VERLÄNGERN KÖNNEN – WIR MIT VOLLKOMMEN NEUARTIGEN UND TODBRINGENDEN ENTWICKLUNGEN IM LUFTKRIEG KONFRONTIERT GEWESEN WÄREN."**

Oben: Dieser US-Soldat bewacht eine V-2-Rakete, der noch die Verkleidung fehlt. Die Projekte des riesigen unterirdischen Werks bei Nordhausen in Deutschland unterlagen während des Zweiten Weltkrieges strengster Geheimhaltung. Vielleicht sind die Geheimnisse vieler solcher Werke noch immer nicht enthüllt. Gegenüberliegende Seite Mitte: Wernher von Braun, der Schöpfer der V-2, hier mit Vertretern des Militärs in der Anlage von Peenemünde.

nen, daß – wenn sie den Krieg noch für einige Monate hätten verlängern können – wir mit vollkommen neuartigen und todbringenden Entwicklungen im Luftkrieg konfrontiert gewesen wären."

Im Jahre 1956 konnte der damalige Leiter des Project Blue Book der amerikanischen Luftstreitkräfte, Captain Edward J. Ruppelt, feststellen: „Gegen Ende des Zweiten Weltkrieges befaßten sich die Deutschen mit der Entwicklung von verschiedenen extremen Arten von Flugzeugen und Lenkraketen. Die Mehrzahl dieser Projekte befand sich noch im Anfangsstadium."

Den ersten konkreten Beweis für Konstruktionsvorhaben von „fliegenden Untertassen" nach dem Krieg gab es im Jahre 1954. Die kanadische Regierung gab bekannt, daß das riesige, 1951 über Albuquerque, New Mexico, gesichtete UFO einem Fluggerät ähnelte, das Kanada kurz nach dem Krieg zu bauen bemüht war. Aufgrund mangelnder technischer Möglichkeiten hatte Kanada die Konstruktionsunterlagen jedoch schließlich an die USA weitergegeben.

Mit dem sogenannten Flying Flapjack der amerikanischen Marine lagen weitere Beweise für amerikanische Unternehmungen auf dem Gebiet der „fliegenden Untertassen" vor. Der Flapjack, der auch als Navy Flounder bekannt ist, war ein kreisförmiges Flugzeug, dessen Entwicklung bereits im Zweiten

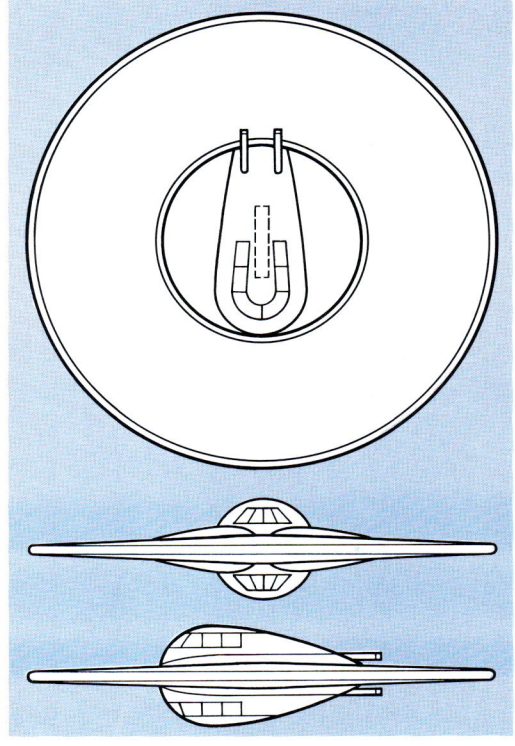

Rechts: Diese fliegende Scheibe wurde von dem deutschen Flugzeugingenieur Miethe konstruiert. Er gehörte zu der Gruppe von Ingenieuren, die für die Kriegsmaschinerie der Nazis an der Entwicklung von unkonventionellen Fluggeräten arbeiteten. Diese „Untertasse" war 1945 fast einsatzfähig, als die Werke in Prag von den Alliierten gestürmt wurden.

Weltkrieg begonnen hatte. Zu der damaligen Zeit benötigte die Marine ein Flugzeug, das in der Lage war, fast senkrecht abzuheben, so daß es von Trägerschiffen zu starten vermochte.

Bis Anfang 1950, kurz nachdem die amerikanischen Luftstreitkräfte ihr UFO-Untersuchungsprogramm, das Project Grudge (der Vorläufer des Project Blue Book), beendet hatten, war über diese Maschine nur wenig bekannt. Um nachzuweisen, daß die UFOs eine weitere Untersuchung nicht verdienten, gaben die Luftstreitkräfte der USA dann aber eine Reihe von Fotodokumenten und vage Informationen zum Flying Flapjack frei.

Aufgrund der fehlenden Flügel bereitete die verringerte Stabilität offensichtlich Probleme. Bei einem

späteren, angeblich als XF-5-U-I bezeichneten Modell soll dieses Problem gelöst worden sein. Gerüchte besagen, daß es einen Durchmesser von über 30 Metern und am äußeren Rand verteilte Strahldüsen gehabt haben soll, die den bei so vielen UFOs erblickten „glühenden Fenstern" ähnelten. Es bestand aus drei Ebenen. Die mittlere Ebene war etwas größer als die beiden äußeren. Da die Geschwindigkeit und die Manövriereigenschaften der Untertasse von der Leistungskraft und dem Neigungswinkel der Schubdüsen gesteuert wurden, hatte es keine Querruder (schwenkbar gelagerte Flügelklappen), Seitenruder oder andere hervorstehende Flächen. Diese Maschine glich in bemerkenswerter Weise den von den UFO-Beobachtern gesehenen Fluggeräten.

Die XF-5-U-I bedeutete aber nicht das Ende der Forschung zu Flugzeugen in Untertassenform. Am 11. Februar 1953 berichtete der Toronto Star, daß im Avro-Canada-Werk in Malton, Ontario, eine neue „fliegende Untertasse" gebaut würde. Am 16. Februar informierte der Minister für Verteidigungsproduktion das kanadische Parlament, daß Avro-Canada an einem „Versuchsmodell" einer „fliegenden Untertasse" arbeitete, das eine Geschwindigkeit von 2400 km/h erreichen und fähig sein sollte, senkrecht abzuheben. Der Direktor von Avro-Canada schrieb daraufhin in den Avro News, daß der im Bau befindliche Prototyp einen Wendepunkt darstelle, der alle anderen, veralteten Überschallflugzeuge in den Hintergrund drängen würde. Der offizielle Name des Flugzeuges lautete Avro Car.

1960 schließlich wurde offiziell bekanntgegeben, daß man das Projekt fallengelassen habe. Der Prototyp der „fliegenden Untertasse" von Avro ist jetzt im US Air Force Museum in Fort Eustis, Virginia, USA, zu besichtigen. Die kanadische und die amerikanische Regierung bleiben bei ihrer Behauptung, nicht mehr an „fliegenden Untertassen" zu arbeiten.

DIE PHANTASTISCHE PALLADINO

Eusapia Palladino war eines der am gründlichsten untersuchten Medien aller Zeiten. Obwohl man sie gelegentlich beim Betrügen ertappte, waren doch viele nach der Teilnahme an ihren Séancen davon überzeugt, daß sie zweifelsohne über geheime Kräfte verfügte.

Wer bei Eusapia Palladino an einer Séance teilnahm, konnte jede Menge Aktionen erwarten: Schwere Möbelstücke bewegten sich ungestüm, so, als ob sie einen eigenen Willen hätten, Hände erschienen, die nach den Sitzenden griffen, Hupen ertönten und Lichter blitzten auf. Palladino tat mehr als jedes andere Medium, um Parapsychologen zu überzeugen, daß die physischen Erscheinungen in ihrem Séance-Raum real waren – obwohl sie bisweilen beim Schwindeln ertappt wurde.

Eusapia Palladino wurde im Januar 1854 als Kind einer Bauernfamilie in der Nähe von Bari, Süditalien, geboren. Ihre Mutter starb bei der Geburt, als sie zwölf war, wurde ihr Vater ermordet. Eusapia war fast noch ein Kind, als man ihre medialen Fähigkeiten erkannte. Dies geschah auf bemerkenswerte Weise.

an die Wände, die Decke und den Fußboden. Diese Frau erhebt sich auch selbst in die Luft – ganz gleich, wie sie festgebunden ist. Wider alle Schwerkraft schwebt sie ruhig in der Luft. Sie spielt Musikinstrumente, ohne sie zu berühren, als wären sie vom Atem unsichtbarer Geister in Klang gesetzt worden ... Wie viele Beine und Arme hat sie? Wir wissen es nicht. Während ihre Gliedmaßen von skeptischen Zuschauern festgehalten werden, sehen wir, wie andere Glieder erscheinen, ohne daß man weiß, woher sie kommen und wem sie gehören."

Als Lombroso zwei Jahre später Neapel besuchte, nahm er die Einladung zu einer Séance mit Eusapia Palladino an. Er war äußerst beeindruckt. Aufgrund seiner Erlebnisse mit dem Medium verbrachte Lombroso in Folge viele Jahre mit dem Studium paranormaler Erscheinungen. Seine Bücher zu diesem Thema machen deutlich, daß er schließlich zu der Überzeugung kam, daß die Geister der Toten wirklich für das Auftreten von medialen Phänomenen verantwortlich sind.

Fesselnde Eindrücke

1892 führte eine Gruppe Forscher, die als die Mailänder Kommission bekannt geworden ist, 17 Sitzungen mit Eusapia Palladino durch. In ihrem Abschlußbericht heißt es unter anderem:

„Es ist uns nicht möglich aufzuzählen, wie oft aus dem Nichts eine Hand erschien, die wir auch berühren konnten. Es genügt wohl, wenn wir sagen, daß ein Zweifeln nicht länger angebracht war. Wir sahen und berührten wirklich mitten im Raum eine menschliche Hand, während zur gleichen Zeit der Oberkörper und die Arme des Mediums sichtbar blieben und ihre Hände von den links und rechts von ihr Sitzenden gehalten wurden."

Im Unterschied zu anderen Medien saß Palladino während ihrer Séancen nicht hinter einem Vorhang. Sie verwendete zwar eine Kabine, die, wie sie meinte, einigen der Erscheinungen half, sich aufzubauen, saß jedoch immer davor. Gleich, ob sie und die Forscher in völliger Dunkelheit saßen oder ob das Licht ausreichte, sie deutlich zu beobachten, immer gestattete sie den Zeugen, sie an den Stuhl zu fesseln oder sie festzuhalten, damit sie sich selbst überzeugten, daß sie nicht betrügen konnte.

Zu den Mitgliedern der Mailänder Kommission gehörte auch Charles Richet, Professor für Physiologie an der Medizinischen Fakultät in Paris, der zu einem ihrer treuesten Anhänger wurde. Er hielt mehr als 100 Séancen mit ihr ab und war als einer der führenden Parapsychologen Europas besser als jeder andere in der Lage, ein Urteil über ihre parapsychischen Kräfte abzugeben – ein positives Urteil.

Professor Richet brachte mehrere Kontrollmöglichkeiten in seine Experimente mit Palladino ein, um zu verhindern, daß sie betrügen konnte. In seinem Buch *Thirty Years of Psychical Research* (Dreißig Jahre parapsychologischer Forschung) beschreibt er einen Tisch, der speziell für ihre Séancen angefertigt wurde. „Die Tischbeine liefen spitz zu, was es überaus schwierig machte, den Tisch mit dem Fuß anzuheben ... Wir hielten ihn außerdem für viel zu schwer (20 Kilogramm), versuchten es aber doch noch am gleichen Abend. Kaum hatte Eusapia den schweren Tisch mit ihren Fingerspitzen berührt, neigte er sich, schwankte hin und her, und ohne daß

Im Jahre 1872 beteiligte sich die englische Ehefrau eines italienischen Parapsychologen namens Damiani in London an einer Séance. Ein Geist, der sich selbst als John King zu erkennen gab, „kam durch" und erzählte ihr, daß es in Neapel ein starkes Medium gäbe, das die Reinkarnation seiner Tochter, der berühmten Katie King, wäre. Dann gab ihr der Geist die vollständige Adresse des Hauses, in dem man das Medium finden könne. Herr Damiani fuhr nach Neapel und traf in dem besagten Haus auf Eusapia Palladino. In der Folge wurde er der Mentor des jungen Mädchens und half ihr, ihre Kräfte zu entwickeln.

Dr. Ercole Chiaia war der erste Wissenschaftler, der sich für Palladinos Glaubwürdigkeit aussprach, und zwar im Jahre 1888 in einem offenen Brief an Cesare Lombroso. Der berühmte Psychiater und Kriminologe hatte sich in einem Artikel über den Spiritismus lustig gemacht. Daraufhin lud Chiaia Lombroso ein, sich einen besonderen Fall anzusehen – Eusapia Palladino. In seinem Brief an Lombroso führte Chiaia unter anderem aus:

„An ihren Sitz gefesselt oder an den Händen festgehalten ... zieht sie die Möbelstücke um sich herum an, sie läßt sie in die Luft steigen ... und sie in wellenförmigen Bewegungen wieder nach unten sinken, als ob sie ihrem Willen gehorchten. Sie klopft oder pocht dabei in einem bestimmten Rhythmus

Oben: Tischrücken, wie hier im Jahre 1906 bei einer Séance in Genua, spielte unter den von Palladino verursachten Erscheinungen eine große Rolle. Manchmal bewegten sich die Tische recht ungestüm und schienen sogar Teilnehmer der Séance angreifen zu wollen.

Gegenüberliegende Seite links: Eine Porträtaufnahme von Eusapia Palladino; die große Aufnahme stammt von einer von der „Society for Psychical Research" im Jahre 1909 angeregten Séance.

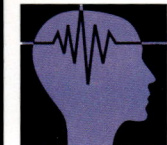

die Tischbeine überhaupt berührt wurden, hob er mit allen vier Beinen vom Boden ab." Tische spielen in Berichten über Eusapia Palladinos mediale Fähigkeiten eine herausragende Rolle. Professor Foa vom Institut für Pathologie an der Universität Turin und eine Gruppe weiterer Wissenschaftler, unter ihnen ein gewisser Dr. Arullani, führten eine Reihe von experimentellen Séancen mit dem Medium durch. Bei einer dieser Sitzungen riet ihnen Palladino, keine schwebenden Gegenstände zu berühren, da sie nicht in der Lage wäre, deren Bewegungen zu zügeln, und jemand verletzt werden könnte.

Augenblicklich begann sich einer der Tische in die Luft zu erheben, schwebte über Professor Foas Kopf hinweg, sank wieder zu Boden, kippte um und stellte sich dann wieder auf die Beine. Zu diesem Zeitpunkt näherte sich Dr. Arullani dem Tisch, aber wie es im Bericht der Wissenschaftler heißt:

„Das Möbelstück bewegte sich ungestüm auf ihn zu und stieß ihn zurück. Dr. Arullani ergriff den Tisch, und man hörte, daß dieser im sich anschließenden Kampf knarzte ... Der Tisch verschwand hinter dem Vorhang ... Professor Foa sah ihn umkippen und auf einer Seite liegen, als sich plötzlich eines der Beine mit Macht löste, als wäre es von einer enormen Kraft getrieben. In diesem Augenblick schnellte der Tisch aus der Kabine heraus, und brach vor den Augen aller Anwesenden in Stücke. Dr. Arullani ... wurde von dem Medium aufgefordert, sich der Kabine zu nähern. Kaum hatte er sie erreicht, als er auch schon spürte, wie er von Holzstücken und Händen geschlagen wurde; und wir alle hörten die Geräusche der Schläge." 1895, Palladino war schon häufig überprüft worden, besuchte sie England, um in Cambridge eine Reihe von Séancen für die „Society for Psychical Research" (SPR) zu geben. Dies geschah, nachdem zwei der Gründungsmitglieder der Gesellschaft, Frederic Myers und Sir Oliver Lodge, an

Oben: Dieser Tisch wurde von der „SPR" zur Überprüfung der Palladino verwendet und war so konstruiert, daß ein Betrug unmöglich schien.

Links: Cesare Lombroso, ein italienischer Kriminologe, war von Palladinos Kräften überzeugt, obwohl er wußte, daß sie bisweilen betrog.

Gegenüberliegende Seite: Bei dieser Séance im Jahre 1908 in Neapel sitzt Eusapia Palladino zwischen zwei Parapsychologen, Professor Galeotti von der Universität Neapel und Everard Feilding von der „SPR". Hier handelt es sich um die vierte von insgesamt elf Sitzungen zur Überprüfung von Palladinos Glaubwürdigkeit. Anfangs waren alle Teilnehmer der „SPR" skeptisch, ließen sich dann aber überzeugen, daß die von ihnen erlebten Phänomene real waren.

Séancen mit ihr im Haus von Professor Richet teilgenommen und sich positiv geäußert hatten.

Einer der Zeugen bei einer Séance in Cambridge war Dr. Richard Hodgson, der den Verdacht hegte, daß Eusapia Palladinos Wirken auf Betrug beruhte. Bei dieser Séance mogelte Palladino wirklich. Die „SPR" bezeichnete sie schließlich als Betrügerin, europäische Forscher jedoch blieben von dieser „Enthüllung" unbeeindruckt. Sie wußten, das Medium würde Tricks versuchen, wenn man ihr die Gelegenheit dazu gab, und hatten das in früheren Berichten auch angemerkt. Sie waren der Auffassung, daß bei strengen Kontrollen seitens der „SPR" die Erscheinungen auch real gewesen wären.

Launen eines Mediums

Auch der bekannte französische Astronom Camille Flammarion begutachtete Eusapia Palladino. Er berichtete, daß während einer der von ihm geleiteten Séancen das Medium sehr gereizt war und die Erscheinungen zerstörerischen Charakter annahmen:

„Das Sofa kam nach vorn, als sie es ansah, und wich dann vor ihrem Atem zurück; alle Instrumente flogen wild durcheinander auf den Tisch; das Tamburin schwebte fast bis an die Decke; die Kissen machten auch mit, kippten alles auf dem Tisch um; ein Teilnehmer wurde von seinem Stuhl geworfen. Dieser Stuhl – ein schwerer Speisezimmerstuhl aus Nußbaum mit gepolstertem Sitz – erhob sich in die Luft, flog mit großem Krach auf den Tisch, stieß sich wieder ab ..."

Eusapia Palladino lieferte den Forschern auf dem europäischen Kontinent weiterhin überzeugende Beweise für physische Erscheinungen, so daß sich schließlich die „SPR" entschloß, den Fall noch einmal zu beleuchten. 1908 schickte sie eine Gruppe von drei Personen nach Neapel, um an Séancen mit Eusapia Palladino teilzunehmen.

Die Mitglieder der Gruppe gehörten wahrscheinlich zu den größten Skeptikern der „SPR" – Everard Feilding, Hereward Carrington und W.W. Baggally. Sie schlußfolgerten, daß die Erscheinungen, deren Zeugen sie wurden, einschließlich der Levitation, der Ortsveränderung von Gegenständen und der Entstehung von Licht, von Klopftönen und sich materialisierenden Gestalten, zurückzuführen wären auf eine Wirkung, die völlig losgelöst sei von Palladinos bloßer physischer Geschicklichkeit. Nach der sech-

Im Blickpunkt

EXPERIMENTE MIT EUSAPIA

In seinem Buch *After Death – What?: Researches into Hypnotic and Spiritualistic Phenomena* (Nach dem Tod – Was dann?: Erforschung hypnotischer und spiritistischer Phänomene) berichtet der Psychiater und Kriminologe Cesare Lombroso über die vielen Experimente, die er und eine Reihe von Kollegen anstellten, um die vermeintlichen medialen Kräfte von Eusapia Palladino zu überprüfen.

Ursprünglich betrachtete Lombroso alles, was mit Spiritismus zusammenhing, mit größter Skepsis, ja sogar mit Abscheu. Sein Interesse erwachte jedoch, als er von einem jungen Mädchen hörte, das plötzlich erblindet war, doch als Ausgleich scheinbar bestimmte bemerkenswerte Fähigkeiten entwickelt hatte – wie zum Beispiel mit dem Ohr sehen, mit dem Fußrücken riechen und die Zukunft vorhersagen.

Lombroso war von solchen Berichten äußerst fasziniert und wurde daraufhin eingeladen, an einer der Séancen Palladinos in Neapel teilzunehmen. Dieses Erlebnis beeindruckte ihn zutiefst und veranlaßte ihn in den nächsten Jahren zu zahllosen Experimenten unter kontrollierten Bedingungen.

Zu den vielen erstaunlichen Ereignissen, deren Augenzeuge Lombroso wurde, zählt auch die Séance, bei der Palladino auf einem Tisch schwebte. Lombroso beschrieb das Gesehene wie folgt: „Es passierte zweimal... Das Medium, das nahe an einer Seite des Tisches saß, schwebte unter Stöhnen mit dem Stuhl in die Höhe, senkte sich, immer noch auf dem Stuhl sitzend, auf die Tischplatte herunter und kehrte dann in die Ausgangsposition zurück." Er war

überzeugt, daß keiner der Anwesenden bei diesem merkwürdigen Vorgang seine Hand mit im Spiel hatte.

Seltsam war auch das Ertönen einer sich hinter dem Medium befindenden Trompete, die Eusapia aber nicht berühren konnte; verwirrend war das Gefühl, angefaßt zu werden, auch wenn Palladino (oder sonst irgend jemand) außer Reichweite war; unerklärlich war es auch, wenn sich Gegenstände aus einer Manteltasche wie von Geisterhand getragen auf den Tisch bewegten. Wurde das Licht im Zimmer wieder angezündet, sah man, daß jetzt Palladino, die quälende Laute von sich gab, den Mantel trug. Dabei war sie die ganze Zeit über von den neben ihr Sitzenden festgehalten worden.

Bei einem Experiment wurde ein Teil des Raumes verdunkelt und durch Vorhänge abgetrennt. Palladino saß in einem Spalt zwischen den Vorhängen, so daß sich ihre Arme, ihr Gesicht und ihr Oberkörper im Licht befanden. Die Versuchsleiter stellten einen kleinen Stuhl hinter den Vorhang, brachten ein Glöckchen am Vorhang an und befeuchteten ihn mit Lehm. Dann stellten sie sich im hellen Teil des Raumes im Kreis um den Tisch herum auf. Bald sahen sie, wie der Vorhang in ihre Richtung geweht wurde. Eine unbekannte Kraft zog am Stuhl eines Zeugen, und es erfolgten fünf Schläge gegen den Stuhl, um, wie Palladino meinte, auf das zu helle Zimmer zu verweisen. Daraufhin wurde das Licht abgedunkelt. Ein Zeuge spürte, wie er von Fingern berührt wurde, und der Stuhl, den man hinter den Vorhang gestellt hatte, wurde ihm plötzlich in die Hand gedrückt. Andere berichteten von „einer lebenden menschlichen Hand, die wir sahen und berührten, während wir zur gleichen Zeit den Körper und die Arme des Mediums sehen konnten und ihre Hände von denjenigen, die zu ihren Seiten saßen, festgehalten wurden".

sten der insgesamt elf Séancen, die in einem Hotelzimmer in Neapel stattfanden, schrieb Feilding:

„Zum ersten Mal bin ich absolut davon überzeugt, daß unsere Beobachtungen richtig sind. Ich erkenne es als ein nennenswertes Geheimnis des Lebens an, daß ich Hände und Köpfe gesehen habe, die hinter einem Vorhang hervorkamen, und daß ich in dem leeren Raum hinter dem Vorhang von lebendigen Fingern ergriffen wurde... Ich habe diese außergewöhnliche Frau gesehen, die vor dem Vorhang saß, festgehalten an Händen und Füßen, ich und meine Kollegen konnten sie sehen, unbeweglich, abgesehen von der gelegentlichen Anspannung eines Gliedes, während irgendeine Kraft immer wieder meine Hand drückte, und das alles außerhalb der Reichweite Eusapia Palladinos."

Ein Jahr später wurde Palladino jedoch wieder beim Betrügen ertappt, diesmal in den USA. Von 1909 bis 1910 verbrachte sie sieben Monate in Amerika und beeindruckte viele Forscher. Bei einer ihrer Séancen jedoch gelang es einem Mann, sich unter dem Vorhang ihrer Kabine zu verstecken, und von diesem Blickwinkel aus sah er, „daß sie einfach mit dem Fuß aus dem Schuh schlüpfte und gewandt

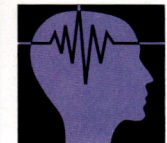

mit ihren Zehen nach der Gitarre und dem Tisch in der Kabine angelte".

Während einer weiteren Séance in den USA erwischte sie ein Zauberkünstler, der sich unter dem Séance-Tisch versteckt hatte, beim Tricksen. Der berühmte Zauberer Howard Thurston bestätigte jedoch, daß die schwebenden Tische, die er in ihrer Anwesenheit gesehen hatte, „nicht auf Betrug zurückzuführen waren und auch nicht mit Hilfe ihrer Füße, Knie oder Hände bewegt wurden."

Dem Willen von Skeptikern ausgesetzt?

Hereward Carrington, einer der drei nach Neapel gesandten Forscher der „SPR", war der Mann, der Eusapia Palladino zu Vorstellungen in die USA eingeladen hatte. Nach dem unglücklichen, oben beschriebenen Vorfall merkte er an:

„Praktisch hat jede wissenschaftliche Kommission sie beim Betrugsversuch ertappt. Trotzdem war jede dieser Kommissionen nach den Untersuchungen von der Realität dieser Erscheinungen recht überzeugt, wenn man von den Beobachtungen in Cambridge und in Amerika absieht, die mit ihrer Bloßstellung endeten."

Palladino selber hat nie abgestritten, daß sie zuweilen betrog. Sie erklärte dazu, daß sie in Trance sogar vom Willen der Skeptiker unter ihren Zuschauern gezwungen werden kann, Tricks anzuwenden. Ihre Verteidiger aber argumentieren, daß einige der „Bloßstellungen" eher auf einen Irrtum der Beobachter als auf einen vom Bewußtsein oder Unterbewußtsein Palladinos gesteuerten Betrugsversuch zurückgeführt werden könnten. Bei ihren Séancen tauchten immer wieder gliederähnliche Objekte auf, auch wenn ihre Hände und Füße deutlich sichtbar festgehalten wurden. Vielleicht, so meinen ihre Befürworter, bemerkten ihre Kritiker diese aus dem Körper des Mediums austretenden, sich materialisierenden Substanzen – die Scheinfüße genannt werden – und hielten sie irrtümlich für Palladinos eigene Füße.

Wie immer die Wahrheit auch aussieht, es gibt bei den medialen Kräften von Eusapia Palladino noch einen anderen faszinierenden Aspekt, der nie in Frage gestellt wurde und bei dem, so scheint es, ein Betrug unter den gegebenen Bedingungen kaum möglich gewesen wäre. Bei vielen Séancen wurden sich spontan materialisierende menschenähnliche Gebilde oder Körperteile erblickt. Manchmal waren sie deutlich sichtbar. Ein anderes Mal konnten die Forscher sie durch den Vorhang der Kabine spüren.

Professor Enrico Morselli und acht weitere Forscher erinnerten sich lebhaft an solche Erscheinungen während einer Séance am 1. März 1902 in Genua. Morselli untersuchte das Medium und fesselte Eusapia dann an eine Liege, so daß sie sich nicht mehr bewegen konnte. Bei verhältnismäßig gutem Licht sahen er und die anderen Anwesenden, wie aus der Kabine sechs Phantome erschienen. Sobald sich die materialisierten Gestalten wieder in die Kabine zurückgezogen hatten, eilte Morselli unverzüglich zu Eusapia, fand sie aber noch immer genauso gefesselt, wie er sie verlassen hatte. Professor Richet bezeugte ebenfalls die materialisierende Kraft des Mediums. „Nach langwierigen Überprüfungen wa-

Oben: Auf dieser Zeichnung ist dargestellt, wie Eusapia Palladino im Jahre 1910 während einer Séance in der Columbia University in New York beim Betrügen ertappt wurde. Obwohl das Medium nicht bestritt, daß sie ab und zu mit Tricks arbeitete, gaben ihr die Amerikaner keine zweite Chance, nachzuweisen, daß ihre medialen Kräfte manchmal auch echt waren.

" ICH HABE DIESE AUSSERGEWÖHNLICHE FRAU GESEHEN, DIE VOR DEM VORHANG SASS, FESTGEHALTEN AN HÄNDEN UND FÜSSEN, ICH UND MEINE KOLLEGEN KONNTEN SIE SEHEN, UNBEWEGLICH, ABGESEHEN VON DER GELEGENTLICHEN ANSPANNUNG EINES GLIEDES, WÄHREND IRGENDEINE KRAFT IMMER WIEDER MEINE HAND DRÜCKTE, UND DAS ALLES AUSSERHALB DER REICHWEITE EUSAPIA PALLADINOS. "

ren 30 höchst skeptische Wissenschaftler überzeugt, daß von ihrem Körper materielle Gestalten ausgingen, die lebendig erschienen.

Bei einer Séance am 16. Juni 1901, an der Dr. Joseph Venzano teilnahm, materialisierten sich Geisterhände und streichelten die Sitzenden. Schließlich ergriffen sie Venzanos Hände:

„Als meine Hand, von einer anderen Hand geleitet und nach oben gehoben, auf die materialisierte Gestalt traf, hatte ich unvermittelt den Eindruck, ich berührte eine breite Stirn, die von langem, sehr feinem Haar bedeckt war. Dann wurde meine Hand schrittweise tiefer geführt, und sie berührte eine leicht gebogene Nase, einen Schnurrbart und ein Kinn mit einem Spitzbart. Vom Kinn aus wurde meine Hand etwas angehoben, bis direkt vor den geöffneten Mund. Dann wurde sie sanft nach vorn gestoßen und mein Zeigefinger, immer noch von der führenden Hand geleitet, reichte in die Mundhöhle hinein, wo er gegen den Rand des oberen Zahnbogens gerieben wurde. Ich konnte deutlich spüren, daß der rätselhaften Erscheinung vier Backenzähne fehlten."

Dr. Venzano glaubte, in der materialisierten Gestalt einen ihm sehr teuren Verwandten erkannt zu haben, der einige Jahre zuvor verstorben war. Er war sich allerdings nicht sicher, welche Zähne dem Verwandten gefehlt hatten. Als er dies später überprüfte, fand er heraus, daß die Zahnlücken seines verstorbenen Verwandten genau mit den Zahnlücken übereinstimmten, die er beim Geist gefühlt hatte. Trotz des Umstandes, daß die meisten Forscher von Palladinos übernatürlichen Kräften überzeugt waren, bedeutete die amerikanische Bloßstellung das Ende der internationalen Karriere des Mediums. In den folgenden acht Jahren, bis zu ihrem Tode im Jahre 1918, hörte man recht wenig von ihr. Wir wissen aber, daß sie bei Séancen in ihrem Heimatland weiterhin mysteriöse physische Erscheinungen hervorbrachte.

Bis heute bleibt Eusapia Palladino so etwas wie ein ungelöstes Rätsel, und die Kontroverse über ihre Materialisationen ist noch lange nicht beendet. Ohne jeden Zweifel aber war sie für die parapsychologische Forschung des 20. Jahrhunderts von sehr großer Bedeutung.

WAS GESCHAH BEI HANGING ROCK?

Inmitten der australischen Wildnis, um die sich so zahlreiche uralte Legenden ranken, sollen vor bald hundert Jahren auf besonders rätselhafte Weise drei Menschen verschwunden sein.

Der Valentinstag des Jahres 1900 versprach ein heiterer, sonniger Tag zu werden. Das Appleyard College, am Rand von Woodend, einer Ortschaft nahe Melbourne, gelegen, veranstaltete an jenem Tag seinen jährlichen Schulausflug. Frühmorgens schon fuhr eine Gruppe von Schülerinnen und Lehrerinnen hinaus zu einem landschaftlich besonders reizvollen Ausflugsziel. Es war eine fröhliche Landpartie – bis gegen Ende des Ausflugs vier der Teilnehmerinnen auf seltsame Weise verschwanden. Drei von ihnen wurden nie wieder gesehen.

Die rätselhafte Begebenheit erlangte traurige Berühmtheit. Sie wurde zum Gegenstand zahlloser Theorien, unzähliger Zeitschriftenbeiträge, mindestens zweier Bücher und 1975 auch eines Spielfilms mit dem Titel *Picnic at Hanging Rock*.

Die ungewöhnliche Felsformation, die vor mehreren Millionen Jahren durch einen Vulkanausbruch entstand und inmitten einer weiten Ebene 150 Meter hoch aufragt, ist von aufeinandergetürmten Gesteinsbrocken gekrönt, die sich auf faszinierende Weise gegenseitig in der Schwebe halten und ihr ihren Namen – übersetzt „hängender Fels" – einbrachten. Um die Jahrhundertwende zog Hanging

Oben: Wuchtig und bedrohlich ragt der prähistorische vulkanische Felsen Hanging Rock wie eine mächtige alte Festung aus der weiten Ebene auf. Er wird mit paranormalen Kräften in Zusammenhang gebracht. Wurden die Mädchen, die hier am Valentinstag des Jahres 1900 spurlos verschwanden, vielleicht von unbekannten Kräften ergriffen und in eine andere Dimension versetzt?

Rock zahllose Ausflügler an. Unweit der Erhebung wurde ein Picknickbereich mit einigen improvisierten Steintischen angelegt.

Die Gruppe umfaßte 19 Mädchen, die meisten von ihnen im Teenageralter, sowie die französische Lehrerin Diane de Poitiers, deren Unterrichtsfächer Französisch und Tanz waren, und die Schottin Greta McCraw, die Mathematik unterrichtete. Die einzige männliche Begleitperson war Ben Hussey, Kutscher der örtlichen Mietstallung. Mrs. Appleyard, die Leiterin des Pensionats, nahm nicht am Ausflug teil.

Da immerhin 66 Kilometer zu bewältigen waren, brach man an jenem Samstagmorgen früh auf und kam kurz vor Mittag an. Nach dem Picknick zogen sich die meisten der Mädchen zu einem Schläfchen in den Schatten der Bäume zurück. Neben der Schülerinnengruppe waren an diesem warmen Tag nur vier weitere Besucher nach Hanging Rock gekommen: Colonel Fitzhubert, ein ehemaliger Angehöriger der Indian Army, Mrs. Fitzhubert, ihr Neffe, der in England lebende und auf Besuch weilende Abgeordnete Michael Fitzhubert, sowie ihr Pferdeknecht Albert Crundall. Diese Gruppe hatte sich am anderen Ufer des nahegelegenen Flüßchens niedergelassen. Gegen fünfzehn Uhr baten drei der Mädchen die Französischlehrerin um die Erlaubnis, die Felsen erkunden zu dürfen. Die drei – es handelte sich um Irma Leopold, Marion Quade und ein Mädchen namens Miranda, dessen Familienname im nachhinein nicht mehr feststellbar ist – waren alle siebzehn Jahre alt und galten als durchaus vernünftig. Mlle. de Poitiers besprach sich kurz mit den anderen Begleit-

personen; zufällig stellte man dabei fest, daß die einzigen vorhandenen Uhren, die von Ben Husseys wie auch die von Miss McCraw, um zwölf Uhr stehengeblieben waren. Ungeachtet dieses Zwischenfalls kam man überein, den Mädchen ihre Bitte zu gewähren. Nachträglich erhielt auch die 14jährige Edith Horton die Erlaubnis, die anderen Mädchen zu begleiten. Alle vier wurden eindringlich gemahnt, nicht zu weit hinaufzusteigen, Felskanten, Höhlen und Abhänge zu meiden und vor Schlangen, Spinnen und dergleichen bedrohlichem Getier auf der Hut zu sein.

Von ihrem Platz aus beobachteten Michael Fitzhubert und Albert Crundall, wie die Mädchen den Fluß überquerten: vorneweg Irma, gefolgt von Marion, Miranda und Edith. Albert stieß einen Pfiff aus, woraufhin Mike aufsprang und den Mädchen nachging. Nach einigen Metern aber hielt er bereits inne, als die Mädchen zwischen einer Baumgruppe verschwanden. Auf dem Picknickplatz hatte man sich indessen der Mittagsruhe hingegeben.

Als Mr. Hussey gegen halb fünf begann, die Gruppe für die Heimfahrt zu sammeln, stellten er und Mlle. de Poitiers fest, daß Miss McCraw fehlte. Niemand hatte ihr Weggehen bemerkt, doch nahm man an, sie sei den Mädchen gefolgt. Die Fitzhuberts hatten inzwischen gepackt und die Stätte verlassen.

Mysteriöse Wiederkehr

Zunächst verärgert, dann aber mit zunehmender Besorgnis hielten Mr. Hussey und Mlle. de Poitiers nach den Fehlenden Ausschau. Nachdem man in den Toiletten am Rand des Picknickplatzes nachgeschaut hatte, wurden die Mädchen paarweise ausgeschickt, nach den Vermißten zu rufen. Umge-

> **"SIE WAR VÖLLIG VERWIRRT UND AUSSERSTANDE ZU BERICHTEN, WAS SICH EREIGNET HATTE. VON MIRANDA, IRMA, MARION UND MISS McCRAW FEHLTE INDES JEDE SPUR."**

Unten: Die Clyde School, ein Pensionat für höhere Töchter, zog 1919 von einem Vorort Melbournes in dieses Haus in Woodend. Sie diente als Vorbild für das Appleyard College, das Joan Lindsay in ihrem Roman Picknick bei Hanging Rock als einen italienisch angehauchten zweigeschossigen Prachtbau aus solidem Castlemaine-Stein beschrieb.

knickte Farnwedel und Zweige führten sie zur Südflanke des Felsens. Ab da aber verloren sich die Spuren im steinigen Gelände.

Nach etwa einer Stunde aufgeregten Suchens taumelte gegen halb sechs plötzlich Edith Horton hysterisch schreiend aus dem Gestrüpp an der Südwestflanke des Felsens. Sie war völlig verwirrt und außerstande zu berichten, was sich ereignet hatte. Von Miranda, Irma, Marion und Miss McCraw fehlte indes jede Spur.

Es dämmerte bereits. Um den Vermißten den Weg zu weisen, entzündete Mr. Hussey am Fluß mehrere Feuer, rief immer wieder nach ihnen und schlug mit einer Eisenstange gegen einen blechernen Essensbehälter. Da es immer dunkler wurde, beschlossen die beiden Erwachsenen, die Mädchen zum Pensionat zurückzubringen. Auf dem Heimweg machten sie bei der Polizeistation von Woodend halt, und Hussey meldete den Vorfall bei Constable Bumpher. Am nächsten Tag, Sonntag, startete die Polizei eine großangelegte Suchaktion, an der sich auch Freiwillige, unter ihnen Mike Fitzhubert und Albert Crundall, beteiligten. Doch gestaltete sich die Suche schwierig angesichts des tückischen Geländes mit seinen zahlreichen Höhlen und Gruben, die unter dem dichten Gestrüpp nicht zu erkennen waren. Am Ende des ersten Tages waren keine Ergebnisse zu vermelden.

Inzwischen hatte Dr. MacKenzie, der Arzt von Woodend, Edith Horton untersucht. Er stellte eine leichte Gehirnerschütterung fest sowie Schürfwunden, Kratzer und blaue Flecken, die von der Flucht durch das Dickicht herrührten, ansonsten aber keine weiteren Verletzungen. Edith konnte sich nicht erinnern, was auf dem Felsen geschehen war. Als sie jedoch am folgenden Mittwoch von Constable Bumpher befragt wurde, erzählte sie eher beiläufig,

auf dem Rückweg habe sie in einiger Distanz Miss McCraw gesehen, die zum Felsen unterwegs gewesen sei, über die Entfernung aber Ediths Schreie nicht gehört habe. Verlegen fügte Edith hinzu, daß die normalerweise sehr sittenstrenge Frau keinen Rock, sondern nur die Unterhose angehabt habe.

Mehrere Tage wurde die Suche fortgesetzt, während die Polizei gleichzeitig alle Zeugen verhörte. Falls sich die aufkeimende Befürchtung, die Vermißten hätten einen gewaltsamen Tod erlitten, bestätigte, war der junge Fitzhubert der Hauptverdächtige. Er hatte die Mädchen als letzter gesehen, als er, wie er gestand, ihnen anfangs gefolgt war. Daneben aber gab es keinen weiteren Hinweis für seine eventuelle Beteiligung an ihrem Verschwinden. Bald indes stellte die Polizei ihre diesbezüglichen Ermittlungen ein – möglicherweise hatten die einflußreichen Fitzhuberts Druck ausgeübt.

Die Spur verliert sich

Am Donnerstag nach dem Picknick setzte die Polizei einen eingeborenen Fährtensucher und einen Spürhund ein. Nachdem der Hund den Duft von einem Kleidungsstück aus Miss McCraws Zimmer aufgenommen hatte, konnte er eine Spur verfolgen, die ihn zu einem runden Plateau auf halber Höhe des Felsens führte. Hier verharrte er zehn Minuten lang knurrend und mit gesträubtem Fell. Da die Polizei aber keine Spuren entdecken konnte, wurde die Suche eingestellt.

Am nächsten Tag, Freitag, suchten Mike Fitzhubert und Albert Crundall auf eigene Faust. Bis Sonnenuntergang hatten sie nichts gefunden. Mike beschloß, die Nacht auf dem Felsen zu verbringen, während Albert zum Haus der Fitzhuberts in Lake View zurückkehrte, um sie von Mikes Entschluß zu

Oben: Angeblich fand das schicksalhafte Picknick am Valentinstag des Jahres 1900 statt. Der Schulkoch hatte, wie Joan Lindsay schreibt, einen „hübsch glasierten Kuchen in Herzform" gebacken. Hier der Kuchen aus dem Film Picnic at Hanging Rock.

informieren. Als er am nächsten Morgen wieder zum Felsen kam, fand er Mike bewußtlos vor. Da er an Unterkühlung litt und sich einen Knöchel verstaucht hatte, trug man ihn nach Hause, wo er von Dr. MacKenzie behandelt wurde. An jenem Abend fand Albert eine hastig hingekritzelte Notiz in Mikes Tasche, die zwar weitgehend unverständlich war, aber andeutete, daß Mike auf dem Felsen fündig geworden war. Sonntagmorgen wurde erneut ein Suchtrupp ausgeschickt, und überraschenderweise fand man Irma Leopold.

Sie war bewußtlos, hatte mehrere Blutergüsse und kleinere Kratzer am Kopf, und ihre Fingernägel waren stark eingerissen. Ansonsten schien sie die acht Tage in der Wildnis ohne größere Schäden

Rechts: In einer Szene aus dem Film Picnic at Hanging Rock *trinken die Schülerinnen des Appleyard College vor dem bedrohlichen Hintergrund des Felsens auf den Valentinstag. Wenige Stunden später schon sollten drei der Anwesenden für immer spurlos verschwinden.*

überstanden zu haben. Ihre bloßen Füße waren sauber und nicht verletzt. Erstaunlicherweise fehlte ihr Mieder, doch war sie nicht sexuell mißbraucht worden. Wieder bei Bewußtsein, konnte sie sich an keine Einzelheiten erinnern.

Hier endet die Geschichte. Irma konnte keine Auskunft darüber geben, was geschehen war. Und Miranda, Marion und Miss McCraw blieben ein für allemal verschwunden. Viele Eltern nahmen aufgrund der Ereignisse ihre Töchter von der Schule. Das Appleyard College mußte schließen. Einige Monate später fuhr die Leiterin des College, Mrs. Appleyard, hinaus nach Hanging Rock und stieg allein hinauf. Ihr Leichnam wurde später am Fuße eines Felsens gefunden.

Spekulative Theorien

Das Rätsel von Hanging Rock gab Anlaß zu endlosen Spekulationen. Abgesehen von einer paranormalen gibt es zwei weitere mögliche Erklärungen. Möglicherweise verirrten sich die Mädchen und starben an Unterkühlung. Ihre Leichname lagen vielleicht verborgen im Gebüsch am Fuße einer Steilwand oder in einer Höhle und verwesten dort (was im australischen Busch sehr rasch geschieht). Ediths Gedächtnisschwund könnte auf Hysterie oder einen Sturz zurückzuführen sein, der Irmas auf das traumatische Erlebnis, von den anderen getrennt worden und eine Woche in der Wildnis allein gewesen zu sein. Vielleicht hatte sie sich ihres Mieders entledigt, um sich freier bewegen zu können. Aus dem gleichen Grund könnte Miss McCraw ihren Rock ausgezogen haben.

Einer zweiten Theorie zufolge wurden die Mädchen Opfer eines Verbrechens. Vielleicht kidnappten Mike Fitzhubert und Albert Crundall die Mädchen (nachdem sie Miss McCraw umgebracht hatten) und hielten sie auf dem Anwesen des Colonels gefangen, um sich an ihnen sexuell zu vergehen. Marion und Miranda wurden möglicherweise getötet, während Irma sich durch einen glücklichen Umstand retten konnte. War die Tat sexuell motiviert,

Oben: Eine der zahlreichen Theorien zum Verschwinden der Mädchen besagt, daß Mike Fitzhubert und Albert Crundall, in dem Spielfilm Picnic at Hanging Rock *gespielt von Dominic Guard (links) und John Jarratt (rechts), sie gekidnappt hätten, um sie sexuell zu mißbrauchen. Anderen Theorien zufolge wurden die Mädchen von einem UFO entführt, für das der Felsen möglicherweise als intergalaktische Landmarke diente, so wie der* Devil's Tower *in Wyoming (unten) in dem Film* Unheimliche Begegnung der dritten Art.

"SO … UNHEIMLICH ES KLINGEN MAG, LASSEN ZAHLREICHE INDIZIENBEWEISE VERMUTEN, DASS ENERGIE UNGLEICH MEHR KANN, ALS NUR OBJEKTE IN UNSERER REALITÄT ZU BEWEGEN, DASS SIE SOGAR MATERIE IN UND AUS UNSEREN RÄUMLICHEN UND ZEITLICHEN DIMENSIONEN ZU BRINGEN VERMAG."

Michael H. Brown
Ein Bericht über die Kraft der Psychokinese

steht dem entgegen, daß Irma unberührt war. Andere Theorien sind buchstäblich weiter hergeholt. So wird vermutet, daß die Mädchen von Außerirdischen entführt wurden. Gewiß, der Felsen ist imposant genug, um ihn sich, sofern man für Gedanken dieser Art offen ist, als intergalaktische Basis vorzustellen – so, wie es der Devil's Tower in dem Film *Unheimliche Begegnung der dritten Art* war. Die UFO-Theorie könnte auch den Stillstand der Uhren erklären – ein Phänomen, das häufig im Zusammenhang mit UFO-Sichtungen erwähnt wird. Als Edith Horton die Begegnung mit Miss McCraw erwähnte, berichtete sie auch von einer seltsamen rosa Wolke, die sie gleichzeitig wahrgenommen hatte – vielleicht ein Beweis für mysteriöse Vorgänge am Himmel.

Eine weitere Spekulation gründet sich auf die Annahme, die Mädchen hätten eine Art Zeitsprung in die Vergangenheit oder Zukunft vollführt. Diese These würde auch die rosa Wolke plausibel erklären: Sowohl Christian Doppler als auch Albert Einstein behaupteten, Körper, die mit unnatürlich hoher Geschwindigkeit von einem Ort verschwänden, würden von den Zurückgebliebenen durch eine „rote Verschiebung" wahrgenommen – eine Verzerrung

Unten: Die beeindruckenden, zerklüfteten Felswände von Hanging Rock forderten, so berichten das Buch und der Film, ein weiteres Opfer. Mrs. Appleyard, die Leiterin des Mädchenpensionats, soll sich einige Zeit nach dem rätselhaften Verschwinden der Mädchen aus großer Höhe in den Tod gestürzt haben.

des Lichtspektrums. Könnte in dieser rosa Wolke vielleicht Miss McCraw verborgen gewesen sein, die sich gerade auf einer rasanten Reise durch die Zeit befand? Andere Ideen lauten dahingehend, daß die Mädchen möglicherweise in ein paralleles Universum übertraten oder daß dem Felsen innewohnende Urkräfte die Opfer wegzauberten. Letztere Theorie klingt in dem Film *Picnic at Hanging Rock* an, der eine bedrohliche australische Landschaft und den Felsen als riesiges Phallussymbol zeigt.

Was geschah also wirklich an jenem Valentinstag? Bedauerlicherweise gibt es keinen konkreten Beweis dafür, daß die Menschen überhaupt verschwanden.

Fakt oder Fiktion?

Die Geschichte basiert in vielen Punkten auf Joan Lindsays Roman *Picnic at Hanging Rock* (Picknick bei Hanging Rock). Obgleich es sich hierbei um eine fiktive Geschichte handelt, hoffte die Autorin offensichtlich, ihre Leser würden sie für einen Tatsachenroman halten. Im Vorwort schrieb sie: „Ob ... Tatsache oder Fiktion, dies muß der Leser selbst entscheiden." Am Ende des Buches findet sich ein langes Zitat, das anscheinend einer Melbourner Zeitung entstammt und die Geschichte in groben Zügen erzählt. Alle darin genannten Orte, einschließlich eines Pensionats für höhere Töchter in Woodend, existierten wirklich. Die Gebrüder Hussey unterhielten ein Geschäft bei Woodend, und ein Dr. MacKenzie praktizierte um die Jahrhundertwende in dieser Gegend. Zeitgenössische Berichte über das Verschwinden dieser Personen liegen indes nicht vor.

Zu bedenken ist schließlich folgendes: Der Valentinstag des Jahres 1900 fiel auf einen Mittwoch, nicht auf einen Samstag. Das Mädchenpensionat (namens Clyde College) wurde 1910 in einem Vorort von Melbourne eröffnet und erst 1919 nach Woodend verlegt. Weder in den Archiven des *Woodend Star* noch in denen der Melbourner Zeitungen *Age* und *Argus* finden sich Berichte über Personen, die im Februar 1900 oder auch in den Jahren zuvor oder danach auf dem Felsen verschwanden. Die am Ende des Romans zitierte Zeitung berichtet, daß Irma mehrfach von der „Society for Psychical Research" zu den Geschehnissen befragt wurde, doch liegen Aufzeichnungen über diese Gespräche nicht vor, auch nicht bei der Zeitung, die hier angeblich zitiert wurde. „Basiert das Picknick auf Tatsachen, oder handelt es sich um Fiktion", wurde Joan Lindsay 1977 in einem Interview geradeheraus gefragt. „Diese Frage kann ich unmöglich beantworten", erwiderte sie geheimnisvoll, „Fakt und Fiktion sind so eng miteinander verwoben."

"MARKIEREN SOLCHE STÄTTEN DIE POSITION JENER TÜREN, DURCH DIE MENSCHEN UNSERE ZEIT- UND RAUMDIMENSION VERLASSEN UND DURCH DIE ETWAS AUS EINER ANDEREN ZEIT- UND RAUMDIMENSION HERVORTRITT?"

Michael Harrison, Vanishings

DIE GUTEN, DIE SCHLECHTEN UND DIE HÄSSLICHEN

In den zahlreichen Berichten von Begegnungen mit vermeintlichen Außerirdischen werden Wesen von vielerlei Gestalt und Größe beschrieben.

Das nahezu „klassische" Bild eines Außerirdischen ist das eines kleinen, dürren Wesens mit großem Kopf und hervortretenden Augen, ansonsten oft ohne weitere Gesichtszüge, gekleidet in einen grauen, einteiligen Anzug ohne erkennbare Knöpfe oder Reißverschlüsse. Die verblüffende Übereinstimmung der Beschreibungen von Außerirdischen in so vielen Augenzeugenberichten legte die Vermutung nahe, daß alle UFOs von einem Ort kommen. Jedem Bericht über fötusähnliche Außerirdische aber steht einer über ganz andersartige Wesen gegenüber, die sich mitunter ungelenk bewegen wie Roboter, dann wieder von Menschen nicht zu unterscheiden oder bisweilen auch grün und gnomenhaft sind.

Was soll die UFO-Forschung von solch einer faszinierenden, aber auch verwirrenden Vielfalt von Beschreibungen angeblich außerirdischer Lebensformen halten? Ist daraus zu schließen, daß unser Planet von Raumschiffen zahlreicher außerirdischer Kulturen aufgesucht wird?

Zunächst einmal müssen wir uns wohl ein Hilfsmittel schaffen, um die Flut von Berichten über Begegnungen mit Außerirdischen, sogenannte Begegnungen der dritten Art, analysieren zu können. Nützlich ist hierbei eine systematische Einteilung, beginnend mit jenen Außerirdischen, die zumindest entfernt eine menschliche Gestalt aufweisen. Meist sind sie in einteilige Anzüge gekleidet und bewegen sich und sprechen ganz normal. Die durchschnittliche Größe liegt den Angaben zufolge bei 1,5–2,1 Meter. Humanoide, der vielleicht am häufigsten beschriebene Typus, sind dem Menschen ähnlich, weisen zugleich aber deutliche anatomische Abweichungen auf. Oft haben sie den Berichten zufolge einen übergroßen Kopf, eine blasse Haut, kaum ausgeprägte Gesichtszüge und keine Körperbehaarung, wodurch sie an menschliche Föten erinnern. Fast durchgängig werden in den Berichten ihre außergewöhnlich großen, mitunter unverwandt

starrenden Augen erwähnt. Humanoide sind durchschnittlich nur 0,9–1,7 Meter groß. Sie verständigen sich in der Regel auf telepathischem Wege und tragen meist enganliegende, einteilige, häufig silberfarbene oder graue Anzüge, auch ist von Raumanzügen die Rede.

Seltener wurden tierhafte Wesen gesichtet, die etwa ein Fell, Klauen, einen Schwanz, Schuppen oder eine andere bemerkenswerte Hautstruktur, spitze Ohren, eine Schnauze, ausnehmend große Zähne und nicht-menschliche Augen aufweisen. Ihre Größe schwankt zwischen 1,8 und 2,4 Metern. Die meisten dieser Wesen ähneln Affen und gehen auf zwei Beinen. Ihr Kommunikationssystem reicht von tierischen Lauten bis zur Telepathie.

Eine weitere Kategorie ist die der Roboterartigen. Diese Wesen scheinen aus einem metallischen oder anderweitigen künstlichen Material zu bestehen

Oben: Alvin Lawson entwickelte anhand von Augenzeugenberichten eine systematische Einteilung Außerirdischer in sechs Kategorien. Mr. Spock aus der Fernsehserie Raumschiff Enterprise beispielsweise (oben links) ist ein Beispiel für den menschlichen Typus. Die Illustration aus einer Ausgabe des französischen Magazins La Baionnette aus dem Jahr 1918 (links) zeigt humanoide Mondwesen, die darüber sinnieren, ob die Kriege auf der Erde wohl dazu dienen, ein Auskühlen des Planeten zu verhindern. Der griechische Gott Acheloos (oben rechts zusammen mit Herakles dargestellt) konnte seine Gestalt nach Belieben verändern und ist daher den Erscheinungen zuzuordnen.

Gegenüberliegende Seite: Zur Kategorie der Exoten zählt der Zyklop, eine Gestalt aus der griechischen Mythologie, hier auf einem Gemälde von Odilon Redon.

und zeigen oft ruckartige, in jedem Falle aber unnatürliche Bewegungen. Von glühenden Augen ist häufig die Rede, ebenso von ihrer Fähigkeit zu schweben oder die Augenzeugen schweben zu lassen. Ihre Gestalt variiert vom Zweibeiner bis hin zu großen Maschinen, die Größenangaben reichen von 0,15–6 Meter. Oft tragen sie wattierte Raumanzüge und eine blasen- bis kugelförmige Kopfbedeckung. Sie unterhalten sich mit einer sehr tiefen, metallischen Stimme oder per Telepathie.

Ein anderer Typus ist der exotische Außerirdische. Er zeichnet sich durch unterschiedlichste seltsame Merkmale aus. So kann er ins Groteske gesteigerte tierische oder menschliche Züge oder auch andere kombinierte Komponenten aufweisen, etwa Robo-

terarme an einem Menschenleib. Die meisten dieser Wesen sind Zweibeiner, mitunter vereinen sie aber auch die Charakteristika von zwei oder mehr Typen der übrigen Kategorien. Ihre Größe reicht von 0,3–3 Meter. Sie bewegen sich wie Menschen oder Tiere, auch wie Roboter, manche können auch schweben. Oft verständigen sie sich auf telepathischem Wege.

Die letzte Kategorie, die der Erscheinungen, ist zugleich auch die verblüffendste, denn sie verfügt über zahlreiche Geistermerkmale. Diese Außerirdischen können sich materialisieren und dematerialisieren, ihre Gestalt verändern, sich nur bestimmten Augenzeugen zeigen und Materie einschließlich Menschen bewegen. Ihre Durchschnittsgröße liegt bei 1,5–1,8 Meter. Oft schweben sie eher, als daß sie gehen, und meist kommunizieren sie per Telepathie. Auch sie tragen häufig einteilige Anzüge.

Anhand dieser Einteilung lassen sich die in Webbs Buch *1973 – Year of the Humanoids* (1973 – Jahr der Humanoiden) beschriebenen Begegnungen der dritten Art klassifizieren: Bei insgesamt 66 Begebenheiten traten in 16 Fällen Humanoide auf, in 12 Fällen Roboter, in 10 Fällen menschengleiche, in 8 Fällen tierhafte, in 7 Fällen exotische Wesen und in 5 Fällen Erscheinungen. Acht Fälle ließen sich aufgrund der vagen Beschreibungen nicht kategorisieren.

Noch seltsamer

Manche Wissenschaftler vermuten die Existenz Außerirdischer mit so ungewöhnlichen Erscheinungsformen, daß sie sich keiner der sechs beschriebenen Kategorien zuordnen lassen. In seinem Roman *The Black Cloud* (Die schwarze Wolke) etwa beschrieb der Astronom Sir Fred Hoyle eine große, intelligente Wolke, die, mit einem molekularen Herzsystem, Gehirn und anderen notwendigen Organen ausgestattet, im interstellaren Raum „lebt". Sie ernährt sich von Rohenergie, und ihr Zentralnervensystem funktioniert mittels Funkwellen. Ronald Bracewell entwarf in seinem Buch *The Galactic Club* (Der galaktische Klub) die Vorstellung von einem „intelligenten Schaum", bestehend aus Kolonien ein-

zelliger Pflanzen, die nach und nach die technische Kontrolle über ihre Umgebung erringen. Tatsächlich aber kommen solche Wesen selten, falls überhaupt jemals, in glaubwürdigen Berichten über Begegnungen der dritten Art vor.

Interessant ist auch die Frage, ob bestimmte Aspekte der obigen Einteilung auch auf andere Phänomene zu übertragen wären. Das für die jeweiligen Gruppen am genauesten beschriebene Einzelmuster ist das der Kleidung, meist ein einteiliger, nahtloser Anzug, der den gesamten Körper mit Ausnahme des Kopfes bedeckt. Frappierend die Parallelen zwischen den zahlreichen Beschreibungen von Außerirdischen, die Musikinstrumente bei sich tragen, und Schilderungen von Elfen, die in Volksmärchen auftreten. Eine nähere Untersuchung der Volksmythen ergibt, daß die Wesen, die sie bevölkern, sich eindeutig den sechs Kategorien zuordnen lassen, so gehören etwa Riesen zum menschlichen Typus, Gnome und Kobolde zur Gruppe der Humanoiden und Feen, Verwandlungskünstler wie Dämonen und bestimmte Gottheiten, gehören wiederum zu den Erscheinungen.

Manche meinen, auch die Wesen der christlichen Glaubenslehre lassen sich diesen Kategorien zuordnen. Die Cherubim und Seraphim, alters- und geschlechtslose Wesen, wären demnach humanoid. Die Symbolfigur des Gartens Eden, die Schlange, sei tierhaft, Adam sei der erste Roboterartige – tote Materie, von Gott mit Leben, Bewußtsein und Empfindungen erfüllt. Teufel und Versucher gehörten mit ihren körperlichen Abnormitäten zur exotischen Kategorie, Engel mit ihrer offensichtlichen Fähigkeit des plötzlichen Auftauchens und Verschwindens zu den Erscheinungen.

Möglicherweise sind diese Kategorien nicht nur als nützliches Analysewerkzeug zu begreifen, sondern als Archetypen, als im kollektiven Unbewußten vorliegende Urbilder, auf die der Verstand beim Auftreten ungewöhnlicher Reize zurückgreift.

Daß diese Annahme richtig sein könnte, ergab eine Reihe von Hypnoseexperimenten, die Dr. W.C. McCall, John DeHerrerra und Alvin Lawson 1977 im kalifornischen Anaheim Memorial Hospital durchführten. Dabei wurden Versuchspersonen hypnotisiert und dann über eine imaginäre Entführung durch ein UFO befragt. Die Aussagen wurden mit denen in Berichten über „wirkliche" Fälle verglichen, wobei die Beschreibungen – insbesondere der Außerirdischen – sich verblüffend ähnelten. Nachstehend die Schilderung einer solchen imaginären Entführung in Auszügen:

„Sie [die Außerirdischen] sehen aus wie Humanoide. Sie haben einen runden Kopf, der viel größer ist als bei … Menschen… Sie haben nicht wirklich Finger. Es ist, als hätten sie Schwimmhäute … Ich kann keine Beine oder Füße sehen, weil sie … es sieht aus wie … ein Anzug bis zum Boden … eher etwas lila, nicht richtig blau. Sieht aus wie aus einem Stück. Ich kann an dem Anzug keine Nähte sehen … Sie sind etwa 1,2 Meter groß, vielleicht auch etwas größer…"

Dies ist die typische Beschreibung eines Humanoiden – ein anscheinend eindeutiger Beweis also dafür, daß die Bilder von Begegnungen der dritten Art offenbar im kollektiven Unbewußten gespeichert und, um mit C.G. Jung zu sprechen, archetypisch sind.

Illusionäre Erlebnisse?

Die Analyse von Halluzinationen und den Erinnerungen aus Nahtod-Erfahrungen ergibt häufig Parallelen zu Schilderungen von Begegnungen der dritten Art. Beweist dies, daß letztere rein illusionär sind? Vier Gründe sprechen dagegen: Erstens sind bei Begegnungen mit Außerirdischen und Entführungen durch solche oftmals mehrere Augenzeugen zugegen, und es scheint unwahrscheinlich, daß so häufig kollektive Halluzinationen über mehrere Stunden auftreten. Zweitens wird im Zusammenhang

Unten links: Der in Ketten gelegte Teufel ist Teil eines Buntglasfensters der Kathedrale des Heiligen Lorenz im Straßburger Münster. Mit seinem Ziegenbart, den Kuhhörnern, Eselsohren und Vogelkrallen zeigt er die typischen Merkmale der exotischen Kategorie.

menschengleich

humanoid

tierhaft

mit UFO-Entführungserlebnissen von physiologischen, psychologischen und physikalischen Auswirkungen berichtet, die, sofern nachweisbar, eindeutig dafür sprechen, daß wirklich etwas geschah. Drittens berichten halluzinierende Patienten und Personen mit Nahtod-Erfahrungen in der Regel von „irrealen" Erlebnissen, während die meisten Zeugen von Begegnungen der dritten Art sehr schnell von der „Realität" ihres Erlebnisses überzeugt sind, so unwahrscheinlich es für sie, objektiv betrachtet, auch ist. Und viertens lassen sich die Auslösemechanismen für Halluzinationen und Nahtod-Erfahrungen anscheinend mit einiger Genauigkeit benennen, während die Stimuli für „real" erlebte Begegnungen der dritten Art für die UFO-Forschung noch immer ein großes Fragezeichen darstellen. Niemand weiß den Grund dafür zu nennen, warum eine bestimmte Person an einem bestimmten Ort und zu einer bestimmten Zeit für eine solche Erfahrung besonders empfänglich ist.

Vermischte Eindrücke

Obwohl keines dieser Argumente für sich genommen Aufschluß gibt über die Natur der Erlebnisse von Augenzeugen, lassen sie doch, zusammen betrachtet, den Eindruck entstehen, daß Begegnungen der dritten Art tatsächlich durch einen echten, wie immer auch gearteten Stimulus ausgelöst werden. Der französische Ufologe Claud Rifat stellte folgende Überlegung an: „UFO-Berichte ... enthalten keinen Hinweis auf ihren wahren Stimulus, sondern vermitteln uns lediglich die Vorstellung der betreffenden Person von einem UFO ... Begegnungen der dritten Art sind wie LSD-Trips, bei denen die Person eine Mischung aus der realen Welt und ihrer inneren unbewußten wahrnimmt."

Die Schilderungen von Augenzeugen geben möglicherweise durchaus deren Sinneseindrücke wieder. Das heißt, die Personen sehen wirklich Humanoide, Exoten oder was auch immer vor sich.

Sind aber die sechs beschriebenen Typen tatsächlich im kollektiven Unbewußten abgelegt, sind sie ergo in gewisser Weise schon vor der Begegnung mit den Außerirdischen auch im Augenzeugen selbst vorhanden. Wenn dem so ist, mag zwar die Wahrnehmung Außerirdischer bei den Augenzeugen durch so etwas wie ein „UFO-Phänomen", um es einmal vage zu formulieren, stimuliert werden, doch deutet sie zugleich auf das Vorhandensein eines Stimulus hin – ohne uns einen Hinweis zu liefern, wie dieser geartet sein mag.

" BEGEGNUNGEN DER DRITTEN ART SIND WIE LSD-TRIPS. "

Mitte rechts: Zwischen den Wesen der christlichen Glaubenslehre und den in Augenzeugenberichten beschriebenen Außerirdischen lassen sich auffallende Parallelen feststellen. Das Fenster aus dem 16. Jahrhundert zeigt Adam, den ersten Menschen, der mitunter gerne mit einem zum Leben erweckten Roboter verglichen wird.

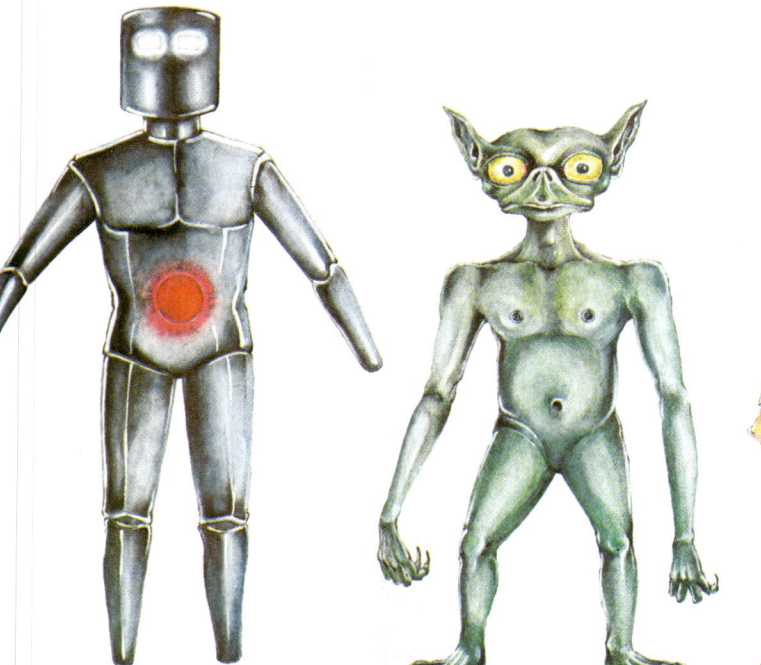

robotartig　exotisch

Erscheinung

Links: Die Zeichnungen zeigen die von Alvin Lawson beschriebenen sechs Typen außerirdischer Wesen. Laut Lawson handelt es sich hierbei um Archetypen. Das heißt, sie sind gewissermaßen in die menschliche Psyche integriert und warten nur auf den richtigen Auslöser, der sie ins Bewußtsein des Menschen transportiert.

DIAGNOSE DURCH KIRLIAN-FOTOGRAFIE

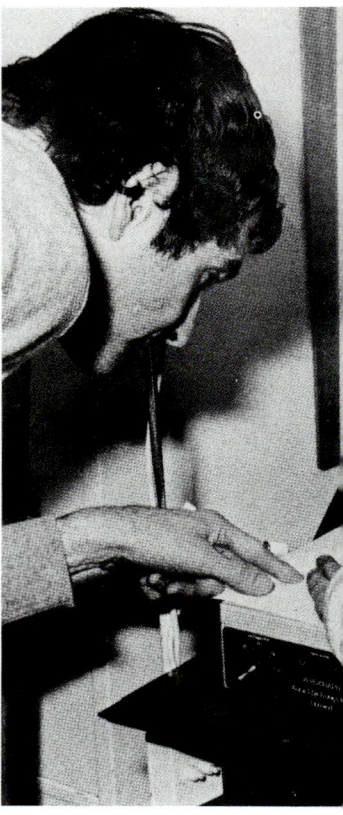

Links: Der Strahlenkranz um das goldene Kreuz wird dem Einfluß der Aura seines Trägers zugeschrieben.

Oben: Brian Snellgrove beim Bedienen einer Kirlian-Maschine. Die Ausgeglichenheit oder Unausgewogenheit der Korona einer fotografierten Hand liefert Erkenntnisse über die Persönlichkeit und Gesundheit des betreffenden Menschen.

Es gibt Menschen, die fest davon überzeugt sind, daß sich Kirlian-Fotos zur Krebsfrüherkennung einsetzen lassen. Weiterhin sollen sie Streß und Angst sichtbar machen. Wo sonst könnten die Lumineszenzen Licht ins Dunkel bringen?

Als russische Wissenschaftler vor geraumer Zeit erstmals die Entdeckung eines „Energiekörpers", bestehend aus dem sogenannten Bioplasma und weitgehend abgetrennt vom physischen Leib, bekanntgaben, wollten die meisten westlichen Forscher ihnen zunächst nicht so recht glauben. Wie, fragten sie, läßt sich eine solche Behauptung beweisen?

Noch immer steht trotz intensiver Forschungsarbeiten eine fundierte Antwort auf diese Frage aus. Was die Russen für den „Energiekörper" hielten, entpuppte sich als die seltsame „Korona", die auf Kirlian-Fotos beinahe alle lebende Materie umgibt.

Nun fragten Skeptiker im Westen: Was genau ist dieser seltsame Korona-Effekt, der bei der Kirlian-Fotografie auf Film gebannt wird? Liefert er wirklich, wie von manchen behauptet, den eindeutigen wissenschaftlichen Beweis für die Existenz eines „Energiekörpers"? Ist der Korona-Effekt vielleicht ein Bild der von Mystikern und Hellsehern beschriebenen Aura? Oder läßt er sich auf andere, ganz unspektakuläre Weise erklären?

Die jüngsten Forschungsbemühungen konzentrieren sich auf den praktischen Nutzen dieser Technik in der medizinischen wie auch psychologischen Diagnostik. So wurde etwa ein Zusammenhang ent-

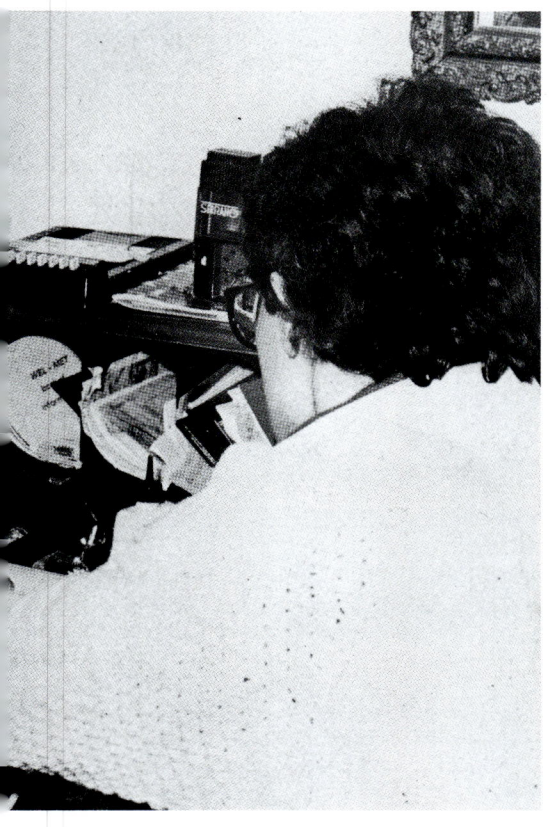

Oben: Russische Ernährungsfachleute haben die Kirlian-Fotografie angeblich eingesetzt, um die Qualität von Getreide und anderen Nahrungsmitteln zu verbessern. Die Abbildung zeigt das Kirlian-Foto einer Scheibe Vollkornbrot.

deckt zwischen unterschiedlich ausfallenden Kirlian-Fotos der menschlichen Hand und der körperlichen und seelischen Verfassung des jeweiligen Menschen.

Die linke Hirnhälfte entspricht der rechten Hand. Dementsprechend erlaubt ihre durch Kirlian-Fotografie dargestellte Strahlung Rückschlüsse auf die logischen Fähigkeiten der Person. Entsprechend läßt sich das intuitive Potential eines Menschen anhand des Korona-Effekts bei der linken Hand beurteilen, die mit der rechten Hirnhälfte korrespondiert. Fällt dieser Effekt bei beiden Aufnahmen ähnlich aus, weist dies angeblich auf eine ausgeglichene Persönlichkeit hin.

Merkmale, die mit dieser Analysetechnik ermittelt werden können und von denen die betreffende Person mitunter selbst nichts weiß, sind beispielsweise Heilkräfte, Kreativität und Führungsqualitäten. Auch machen Kirlian-Fotos angeblich die Art und das Ausmaß berufs- und gefühlsbedingter Konflikte sowie etwaige körperliche Verspannungen und dergleichen sichtbar.

Erste Sondierungen ergaben breitgefächerte diagnostische Einsatzmöglichkeiten der Kirlian-Fotografie. Zum Beispiel zeigten Untersuchungen an Ratten, durchgeführt von Dr. Thelma Moss und Dr. Margaret Armstrong von der University of Rochester, New York, deutliche Veränderungen der Entladungsmuster an den Schwänzen krebskranker Tiere. Ähnliche Entladungsmuster manifestierten sich bei krebskranken Pflanzen und den Fingerspitzen krebskranker Menschen. Beinahe alle Körperbereiche liefern anhand von Kirlian-Fotos Rückschlüsse auf das körperliche und seelische Befinden der jeweiligen Person. Dabei sind die Fotos von Händen und Füßen gewöhnlich jedoch am eindeutigsten zu interpretieren.

Was nun wird für die Kirlian-Fotografie benötigt? Lediglich eine Hochspannungs-Tesla-Spule, die an eine Metallplatte angeschlossen und mittels einer nichtleitenden Schicht gegen das fotografierte Objekt isoliert wird, sowie eine lichtempfindliche Folie, meist Bromsilberpapier oder Film, die zwischen Objekt und Maschine geschoben wird.

Die Kirlian-Maschine erzeugt ein hochfrequentes Hochspannungsfeld. Der Energiekörper des zu fotografierenden Objekts stößt dieses Feld ab, wodurch ein Interferenzmuster entsteht und sichtbar wird. Dieser Energiekörper – oder was immer das Muster erzeugt – stellt sich immer wieder anders dar. Ein ausgeglichener Energiekörper erzeugt ein gleichmäßiges Interferenzmuster, während sich eine beim Objekt vorhandene Unausgewogenheit auf die Korona überträgt. Eben diese Unausgewogenheiten lassen auf physische oder psychische Störungen schließen.

Energie der Seele?

Trotz vielversprechender Ansätze gibt es vor einem Einsatz der Kirlian-Fotografie im Diagnosebereich noch viele theoretische wie auch praktische Fragen zu lösen. Ihre Zuverlässigkeit ist nach wie vor umstritten, und die vielleicht heftigsten Kontroversen gelten der Interpretation der Fotografien.

Gegenwärtig zeichnen sich vier Grundhaltungen zur Kirlian-Fotografie ab. In den Augen der Skeptiker ist der sogenannte Kirlian-Effekt nichts weiter als das Ergebnis der normalen Entladung zwischen Objekt, Film und Maschine. Jede zutreffende Diagnose sei rein zufällig und einzig auf die Intuition des Forschers zurückzuführen. Wohlwollendere Kritiker räumen ein, daß die Kirlian-Fotografie zwar physische Symptome wie Körpertemperatur oder Schweißdrüsen-

" DIE KIRLIAN-MASCHINE ERZEUGT EIN HOCHFREQUENTES SPANNUNGSFELD. DER ENERGIEKÖRPER DES ZU FOTOGRAFIERENDEN OBJEKTS STÖSST DIESES FELD AB, WODURCH EIN INTERFERENZMUSTER ENTSTEHT UND SICHTBAR WIRD. "

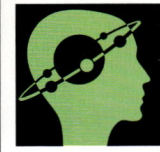

Rechts: Das Foto zeigt ein gesundes Geranienblatt, aufgenommen mit einer konventionellen Kamera. Ganz rechts ein Kirlian-Foto des gleichen Blattes. Das Kirlian-Foto darunter zeigt das gleiche Blatt nach der Welke. Die Korona ist beinahe völlig verblaßt.

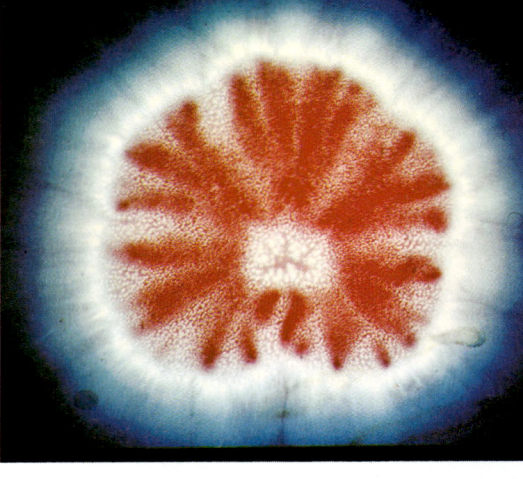

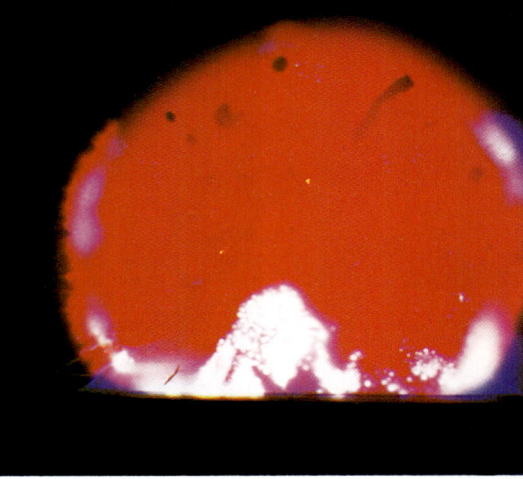

aktivität sichtbar zu machen vermag, doch möchten sie erst noch bewiesen sehen, daß diese tatsächlich Rückschlüsse auf Veränderungen der Physis oder Psyche der Person gestatten.

Eine ganze Reihe von Parapsychologen sind der Ansicht, daß rein physische Vorgänge wie Schweißproduktion zur Entstehung der Korona beitrügen, der Effekt sich dadurch allein aber nicht hinlänglich erklären lasse. So richtig verstanden werden könne die Kirlian-Fotografie erst dann, wenn die Existenz eines Energiekörpers, einer Aura, eines Bioplasmakörpers oder eines anderen „paranormalen Phänomens" akzeptiert sei.

Die radikalste Meinung vertreten die Enthusiasten, die die Kirlian-Fotografie nicht mit profanen physischen Ursachen wie Schweißabsonderung in Zusammenhang bringen. Vielmehr zeige sie ganz deutlich die Energien der Seele, deren Farben und Formen von Mystikern und Hellsehern schon seit Jahrhunderten beschrieben werden.

Um diese vier Meinungen auf ihre Stichhaltigkeit überprüfen zu können, müssen folgende Kriterien erfüllt sein: Die verwendete Kirlian-Maschine muß einem gewissen technischen Standard entsprechen, um zu gewährleisten, daß Hautwiderstand, Schweiß und andere physische Faktoren nicht die Korona verfälschen. Zudem muß die zu fotografie-

rende Person völlig entspannt sein. Versucht sie bewußt, ihre Aura zu projizieren, so resultiert daraus, wie festzustellen war, eine schwächere und unregelmäßigere Strahlung. Ähnliches tritt ein, wenn die Person angespannt oder ängstlich ist. Der Forscher muß also ausreichend Erfahrung mitbringen, um zwischen Ergebnissen, die durch nervös bedingte Anspannung, Schweißabsonderung oder andere vorübergehende körperliche Reaktionen verzerrt wurden, und solchen Effekten, die tieferliegende physische oder psychische Ursachen haben, unterscheiden zu können.

Des weiteren ist, um der allgemeinen Kritik an der Kirlian-Fotografie nicht unnötig Nahrung zu geben, folgendes zu beachten:

Der zu fotografierende Körperteil muß mit Bedacht ausgewählt werden. Beispielsweise liefert die Fingerspitze, isoliert abgelichtet, ein anderes Bild, als wenn sie als Teil der Hand, des Arms oder gar des ganzen Körpers fotografiert wird.

Die Farben der Korona werden gerne mit der emotionalen Befindlichkeit der Testperson in Zusammenhang gebracht. Häufig aber hängen die sich ergebenden Farben von der verwendeten Filmart ab. Beispielsweise erzeugt ein Ektachrom-35-mm-Film Rot- und Gelbtöne, ein Polaroidfilm hingegen einen roten äußeren Kranz mit weißem Innenrand, und harzüberzogenes Papier bewirkt Blautöne. Die Farben selbst sind in der Regel weniger bedeutsam als die Gleichmäßigkeit und Ausprä-

Unten: Die ausgeprägte Korona um den Fuß deutet auf eine gute Gesundheit hin. Auffallend jedoch die fehlende Korona um den großen Zeh, die anzeigen soll, daß der Mensch unter Kopfschmerzen leidet. Eine Fußmassage kann hier angeblich helfen.

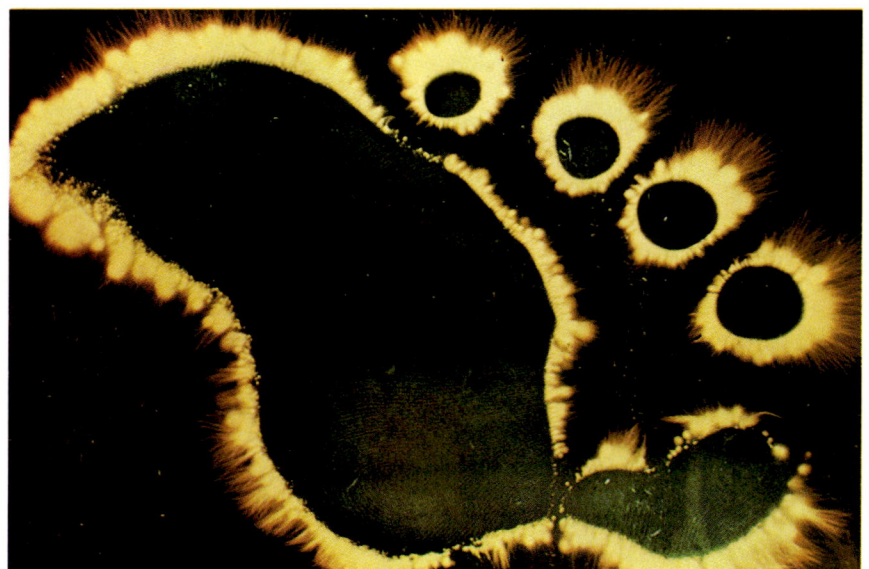

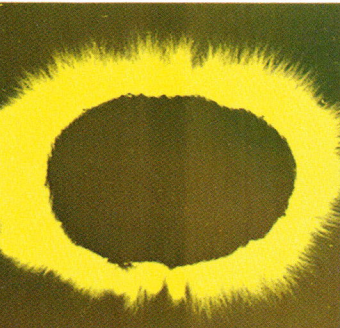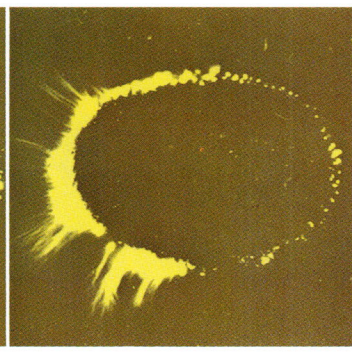

gung der Farbeffekte und die ihnen zugrunde liegenden Stimuli.

Äußere Einflüsse

Nicht zu unterschätzen ist auch die Ausstrahlung des Bedieners der Maschine. Die Fähigkeit des Geistes, bei lebender wie auch toter Materie, strukturelle und emotionale Veränderungen hervorzurufen, wurde schon häufig beobachtet. So kann eine aggressive Haltung seitens der Beobachter von ASW-Tests mitunter die Leistung der Versuchsperson erkennbar beeinträchtigen; und daß die Spannungsmuster sich bei Pflanzen durch die Übertragung disharmonischer Gedanken verändern, ließ sich durch angeschlossene Meßgeräte nachweisen. Um derartige Einflüsse auszuschließen, sollte der Bediener einen Abstand von mindestens 1,5 Metern zu dem zu fotografierenden Objekt einhalten und sich um eine entspannte, offene Haltung bemühen.

Eine zu hohe Spannung erzeugt gewöhnlich eine übermäßig helle Korona. Der Bediener muß dies berücksichtigen und erkennen können, welche Spannung und Frequenz eingestellt werden müssen. Grundsätzlich sollte unbedingt mit einer möglichst geringen Spannung gearbeitet werden, um ein lesbares Muster zu erzeugen.

Nach jeder Therapie benötigt der Energiekörper Zeit – mitunter einige Tage –, um seinen Grundzustand wieder zu erreichen. Schon nach einer Meditation zum Beispiel kann das Ergebnis vollkommen verfälscht sein.

Auch eine zu lange oder zu kurze Belichtung kann irreführende Resultate ergeben. Es gibt anscheinend langsame Aktivitätszyklen, die bei einer zu kurzen Belichtungszeit nicht erfaßt werden. Für die Fotografie einer Fingerspitze genügt eine Sekunde, für eine Hand veranschlagt man zwei Sekunden Belichtungszeit.

In den letzten Jahren wurde die Kirlian-Fotografie in mehreren Bereichen mit überraschenden Erfolgen eingesetzt. Beispielsweise konnte Dr. Thelma Moss in einer von einem US-Handelsunternehmen in Auftrag gegebenen Studie die Keimfähigkeit von Sojabohnensamen mit beinahe hundertprozentiger Genauigkeit angeben. Die Landwirtschaft könnte hieraus großen Nutzen ziehen. Weitere mögliche Einsatzgebiete der Kirlian-Fotografie sind beispielsweise die Beurteilung von Mitarbeitern oder auch die Abschätzung der Auswirkungen elterlicher Konflikte auf Kinder. Und schließlich eröffnet diese Technik, zusammen mit Akupunktur, Homöopathie oder Gesprächstherapie eingesetzt, angeblich erstaunliche diagnostische Möglichkeiten.

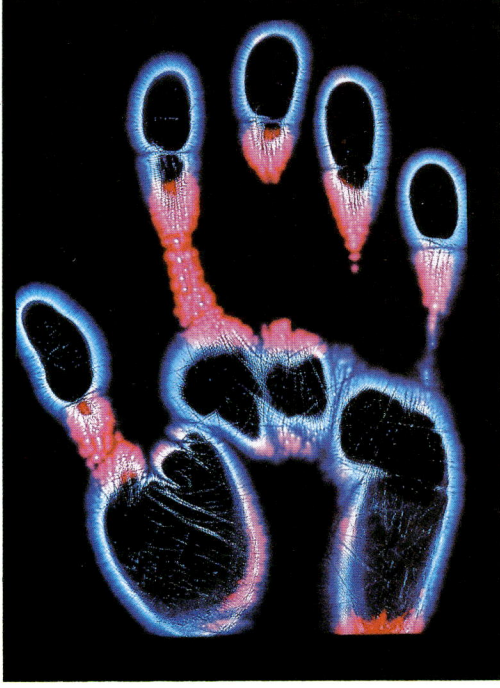

Während der praktische Nutzen der Kirlian-Fotografie eindeutig erwiesen scheint, bleibt nach wie vor die Frage, ob damit auch die Existenz einer Aura bewiesen ist. In der Tat scheint es einen Energiefluß um beinahe alle lebenden Dinge zu geben. Worum es sich dabei genau handelt, ist indes noch immer ungeklärt.

Oben: Die vier Kirlian-Fotografien derselben Fingerspitze wurden zu verschiedenen Tageszeiten erstellt. Von links nach rechts: Aufnahme um 9 Uhr 15. Gleich nach dem Frühstück zeigt das Foto eine auffallende Aura; Aufnahme um 12 Uhr 30. Vor dem Mittagessen ist die Korona bereits deutlich schwächer; Aufnahme um 15 Uhr 45. Nach nur einem Sandwich zum Mittagessen ist die Korona drastisch verblaßt; Aufnahme um 19 Uhr. Vor dem Abendessen ist die Korona weiter geschwunden.

Links: In der Regel erzeugt eine angespannte Person einen stachelig wirkenden Kirlian-Effekt. Je entspannter die Person, desto weicher und gleichmäßiger die Konturen der Korona, wie auf der Abbildung zu sehen ist.

" IN DEN LETZTEN JAHREN WURDE DIE KIRLIAN-FOTOGRAFIE IN MEHREREN BEREICHEN MIT ÜBERRASCHENDEN ERFOLGEN EINGESETZT. BEISPIELSWEISE KONNTE DR. THELMA MOSS IN EINER VON EINEM US-HANDELS-UNTERNEHMEN IN AUFTRAG GEGEBENEN STUDIE DIE KEIMFÄHIGKEIT VON SOJABOHNENSAMEN MIT BEINAHE HUNDERTPROZENTIGER GENAUIGKEIT ANGEBEN. "

LEIBHAFTIGE GEISTER

Können außergewöhnlich begabte Medien Verstorbene materialisieren? Augenzeugenberichte scheinen dieses Phänomen zu bestätigen. Aber vielleicht ist alles auch Betrug und geschickte Täuschung.

Die 15jährige Yolande kam aus Arabien und war zum einen ein ganz normales Mädchen; zum anderen aber soll sie auch ein Geist gewesen sein. Yolande konnte im Beisein des berühmten englischen Materialisationsmediums Madame Elizabeth d'Esperance nach Belieben auftauchen und wieder verschwinden. Die Art und Weise, wie sie dies tat, ließ bei den Augenzeugen keinen Zweifel daran, daß es sich bei ihr um eine echte PSI-Manifestation handele.

Bei einer Sitzung fand Yolande Gefallen an dem leuchtendbunten Schal eines der Anwesenden und „borgte" ihn sich. Als sie sich dematerialisierte, verschwand der Schal mit ihr. Nach erneuter Materialisierung trug sie den Schal um den Hals, wollte sich nicht mehr davon trennen und gab ihn seinem Besitzer nicht mehr zurück. Sie sollte ihn in Zukunft bei den meisten ihrer Séancen tragen.

Oben: Das Foto zeigt die angebliche Materialisation der 15jährigen Yolande, die sich im Beisein des englischen Mediums Madame d'Esperance nach Belieben materialisieren und dematerialisieren konnte.

Rechts und gegenüberliegende Seite oben: Nach seiner Teilnahme an einer Séance des Londoner Mediums William Eglinton (gegenüberliegende Seite oben), bei der zwei Geister aufgetreten waren, schuf Tissot dieses Werk (rechts). Die angeblichen Geister der Verstorbenen tragen bei vielen Séancen Leichentücher.

Manchmal, gelegentlich auch vor 20 Augenzeugen, löste Yolandes Spiritform sich allmählich in einen Nebel auf, bis schließlich nur noch der Schal auf dem Boden lag. Aber manchmal verschwand dann auch noch der Schal, genauso langsam wie zuvor Yolande.

Madame d'Esperance war eines der ersten englischen Materialisationsmedien. Sie arbeitete bereitwillig mit Beobachtern zusammen und erlaubte ihnen sogar zu fotografieren. Bei einer Sitzung aber kam der Verdacht auf, daß es bei der Materialisation allem Anschein nach nicht mit rechten Dingen zugehe.

Handgreiflichkeit mit Folgen

Bei einer Séance in Newcastle im Jahre 1880 wurde einer der Teilnehmer argwöhnisch, da eine weitere von Madame d'Esperances Materialisationen, bekannt als „The French Lady", dem Medium selbst erstaunlich ähnlich sah. Er griff nach dem Geist, der daraufhin prompt verschwand. Das Medium aber erlitt einen Blutsturz und war längere Zeit danach krank. Bei zwei weiteren Gelegenheiten kam es zu ähnlichen Zwischenfällen. Offiziell aber wurde Madame d'Esperance bei ihren Materialisationen niemals des Betrugs überführt.

Spiritisten zufolge fügt man durch Berühren einer Materialisation – sofern der Geist nicht ausdrücklich die Erlaubnis erteilt hat – oder durch Anknipsen des Lichts während einer Séance dem Medium einen schweren Schaden zu, da dann das „Ektoplasma", aus dem die Spiritformen bestehen sollen, zu schnell in den Körper des Mediums zurückkehrt. Gleichwohl sind mehrere Fälle anscheinender Materialisationen bei Tageslicht bekannt.

Zahlreiche Skeptiker vermochte das Londoner Medium William Eglinton zu überzeugen. Nachdem er einer von Eglintons Séancen beigewohnt hatte, erklärte der berühmte Zauberer Harry Kellar: „Ich muß gestehen, daß mir beim Weggehen keinerlei natürliche Ursache als Erklärung für die Phänomene einfiel, die ich mit eigenen Augen gesehen hatte." Während dieser Sitzung kam es zur gleichzeitigen Levitation von Kellar und Eglinton.

Einer der Geister, die regelmäßig bei Eglintons Séancen auftraten, war Abd-u-lah. Er hatte nur einen Arm und war reich geschmückt mit Juwelen, Ringen und Kreuzen. Eine weitere Materialisation, ein bärtiger Mann in einem langen Gewand, erlaubte einmal einem der Anwesenden, von seinem Gewand und seinem Bart jeweils ein Stück abzuschneiden. Diese Stücke paßten, so war später die Rede, genau zu einem Stück Musselin und einem falschen Bart, die in einem auf Eglinton angemeldeten Wagen gefunden wurden.

Trotz dieses konkreten Vorwurfs des Betrugs, der von Erzdiakon Thomas Colley erhoben wurde, hielt Eglinton weiterhin Séancen ab, an denen auch

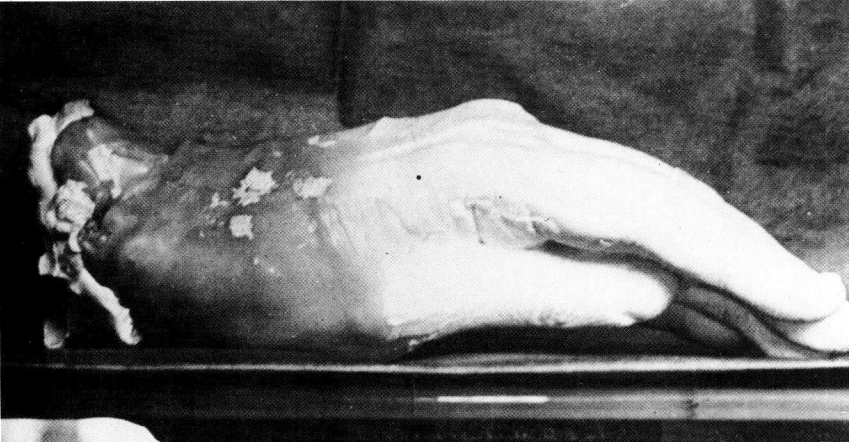

sierter Geister gewissermaßen aufzuzeichnen: Er stellte Paraffinabgüsse von den Händen und Füßen der erschienenen Materialisationen her. 1876 wurde das Verfahren bei einer Séance Moncks in Manchester und später auch bei Sitzungen anderer Medien erfolgreich eingesetzt.

Für die Paraffinabgüsse stand eine Schüssel mit Wasser bereit, auf das warmes Wachs gegossen wurde. Die Materialisation wurde aufgefordert, ihre Hand dort hinein und anschließend in eine Schüssel mit kaltem Wasser zu tauchen, so daß das Wachs erstarrte. Nach der Dematerialisation der Erscheinung blieb ein handschuhartiger Wachsabguß zurück, häufig mit einem so kleinen Querschnitt am Handgelenk, daß eine menschliche Hand den Wachsabguß beim Abstreifen auf jeden Fall beschädigt hätte.

Wachsabdrücke

Franek Kluski, ein polnischer Intellektueller, vollbrachte außerordentliche Materialisationen und erzeugte auch Wachsabdrücke. Er nutzte seine Fähigkeiten niemals professionell, stellte sie aber 1920 in den Dienst von Dr. Gustave Geley, Direktor des „Institut Métapsychique" in Paris. Der Parapsychologe und auch andere Beobachter konnten bezeugen, daß sich in Kluskis Anwesenheit Gliedmaßen materialisierten, leuchtende Formen durch den Séanceraum glitten und plötzlich Lichtfunken aufstrahlten. Sie konnten sogar unter strengster Aufsicht Fotografien eines Phantoms erzeugen. Sowohl Dr. Geley als auch der Pariser Physiologe Dr. Charles Richet produzierten mit Kluski ausgezeichnete Abgüsse materialisierter Hände und Füße. Vollphantome erschienen während seiner Sitzungen häufig plötzlich, mitunter tauchten sie aber auch den Wahrnehmungen der Beobachter zufolge langsam aus einer

Prominente teilnahmen. Er begann auch mit Tafelschrift-Experimenten, bei denen Geister Fragen gestellt bekommen und die Antworten angeblich auf kleine Schiefertafeln schreiben. Der britische Premier William Gladstone besuchte Eglinton am 19. Oktober 1884. Dabei schrieb er vertrauliche Fragen in Spanisch, Griechisch und Französisch nieder und erhielt in den gleichen Sprachen richtige Antworten. Gladstone war so beeindruckt, daß er Mitglied der „Society for Psychical Research" wurde.

Der Mann, der behauptete, Eglinton als Betrüger entlarvt zu haben, gehörte ironischerweise nicht zu den Skeptikern. Vielmehr war Erzdiakon Colley ein überzeugter Anhänger eines anderen Materialisationsmediums, des ehemaligen englischen Geistlichen Reverend Francis Ward Monck. Monck wurde nicht nur des Betrugs angeklagt, sondern sogar zu drei Monaten Gefängnis verurteilt, nachdem man nach einer Séance in Huddersfield im November 1876 in seinem Raum „Requisiten" gefunden hatte. Erzdiakon Colley, der zu jener Zeit in Südafrika weilte, war von Moncks Lauterkeit indes absolut überzeugt.

Das Problem bei Materialisationen ist, daß hinterher in der Regel kein greifbarer Beweis vorhanden ist. Doch entwickelte der Beobachter William Oxley eine geniale Methode, die Anwesenheit materiali-

Links oben: Dieser wächserne „Geisterhandschuh" entstand in den zwanziger Jahren bei einer von Franek Kluskis Séancen in Warschau. Um den Abdruck herzustellen, tauchte der Geist seine Hand in flüssiges Wachs und anschließend sogleich in kaltes Wasser, wodurch das Wachs erstarrte. Nachdem sich der Geist dematerialisiert hatte, blieb ein Abguß mit einer engen Öffnung am Handgelenk zurück. Der Magier Harry Houdini (links) wies mehrfach darauf hin, daß es vergleichsweise leicht sei, den Handschuh, bevor er zum Aushärten ins kalte Wasser getaucht würde, abzustreifen.

schwach leuchtenden Wolke über dem Kopf des Mediums auf.

Die Materialisationen, die George Spriggs, Bootsausbesserer aus Cardiff, erzeugte, scheinen fast zu schön, um wahr zu sein. Und doch sind sie durch Augenzeugen und entsprechende Vorsichtsmaßnahmen gegen betrügerische Manipulationen hinreichend abgesichert.

Ein Phantombrief

Spriggs Kräfte entwickelten sich Ende der siebziger Jahres des vergangenen Jahrhunderts in einem walisischen spirituellen Zirkel. Zu Hellsehen und automatischem Schreiben kamen schließlich Vollphantome hinzu. Im November 1880 emigrierte Spriggs nach Australien. Dort nahm eine prominente Persönlichkeit namens Donovan, ein ehemaliges Mitglied der gesetzgebenden Versammlung von Victoria, 18 Monate lang an Spriggs Séancen teil und schrieb anschließend ein interessantes Buch mit dem vielsagenden Titel *The Evidences of Spiritualism* (Die Beweise für Spiritismus).

Unter anderem enthält das Buch einen Bericht über folgendes außergewöhnliches Vorkommnis. Ein Mann materialisierte sich und sagte, er wolle einen Brief an eine Frau in Sydney schreiben, die zuvor an mehreren Séancen teilgenommen hatte. Man gab ihm Papier und einen Stift, und er schrieb einen dreiseitigen Brief, steckte ihn in einen Umschlag und adressierte diesen an die Frau. Niemand der Anwesenden aber hatte eine Briefmarke bei sich. Der Geist lieh sich Geld und verließ den Séanceraum, um im benachbarten Laden eine Briefmarke zu kaufen. Der Brief wurde abgeschickt, die Antwort bewahrte man auf, bis der Geist bei einer anderen Sitzung wieder erschien, den Umschlag öffnete und den Brief laut vorlas.

Zwar verlor Spriggs nach sechs Jahren aus unerklärlichen Gründen seine Fähigkeiten als Materialisationsmedium, dafür aber konnte er nun Krankheiten auf paranormalem Wege diagnostizieren. Seine Angaben waren erstaunlich präzise. 1900 kehrte er nach Großbritannien zurück und hielt in den Räumlichkeiten der „London Spiritualist Alliance" kostenlos recht rege besuchte Sprechstunden ab.

Die Medizin spielte auch eine wichtige Rolle bei dem englischen Medium Isa Northage. Ihre Materialisationsséancen gehören zu dem wohl Erstaunlichsten, was jemals überliefert wurde. In den vierziger Jahren war sie ein bekanntes Medium und demonstrierte in Kirchen ihre PSI-Phänomene, darunter Apportationen, Direkte Stimmen und Materialisationen. Besonders gefragt aber war die medizinische Therapie durch ihren Kontrollgeist Dr. Reynolds. Schließlich wurde auf dem Gelände der Newstead Abbey, Northumberland, eine Kirche speziell für diesen Bereich ihrer Aktivitäten errichtet. Als Isas Fähigkeiten immer stärker wurden, konnte Dr. Reynolds auch Materialisationen produzieren und „unblutige" Operationen durchführen. Der nachfolgende Bericht von Group Captain G.S.M. Insall wurde einem Buch über Isa Northage mit dem Titel *A Path Prepared* (Ein geebneter Weg) entnommen.

„Die beiden Patienten kamen herein. [Beide hatten einen Bruch.] Der erste, ein Fall mit Komplikationen, wurde teils entkleidet und auf den Operationstisch gelegt. Da war ein Rollwagen, und ich überprüfte die Instrumente – Pinzette, Tupfer, Nierenschalen und Schüsseln; Schneidwerkzeuge mit Ausnahme einer Schere zum Schneiden von Mull

Oben: Das bemerkenswerte, im schwach beleuchteten Séanceraum aufgenommene Foto soll den Moment der Materialisation eines von Kluskis Phantomen wiedergeben. Das „Ektoplasma", die Substanz, aus der die Materialisationen bestehen sollen, gilt als lichtempfindlich. Daher finden die meisten Séancen in abgedunkelten Räumen statt.

Mitte: Das australische Medium George Spriggs bewirkte die Materialisation eines Geistes, der einen Brief schrieb und selbst eine Briefmarke dafür kaufte.

Im Blickpunkt

DER AFFENMENSCH

Nicht alle von Franek Kluskis Materialisationen wären bei einer Party willkommen gewesen – allein schon deshalb, weil nicht alle von ihnen eine menschliche Gestalt besaßen. Im Juli 1919 erschien ein Affenmensch zum ersten von mehreren Malen bei einer Séance Kluskis. Dr. Gustave Geley, der bei vielen dieser Sitzungen zugegen war, berichtete: „Dieses Wesen, dem wir den Namen *Pithecanthropus* gaben, zeigte sich mehrmals bei unseren Séancen. Einer von uns ... spürte seinen dicken Kopf schwer auf seiner Schulter und an seiner Wange. Sein

Kopf war mit dickem Zottelhaar bedeckt, und er verbreitete einen Geruch wie ein Hirsch oder ein nasser Hund." Colonel Norbert Ocholowicz, der 1926 ein Buch in polnischer Sprache über Kluskis außergewöhnliche mediale Fähigkeiten veröffentlichte, schrieb: „Dieser Affe besaß eine solche Kraft, daß er mit Leichtigkeit ein schweres, mit Büchern gefülltes Regal durch den Raum bewegen, ein Sofa über die Köpfe der Teilnehmer hinwegheben oder die schwersten Personen mitsamt ihrem Stuhl bis in Mannshöhe heben konnte. Obwohl sein Verhalten manchmal Furcht auslöste und auf geringe Intelligenz hindeutete, war der Affe doch niemals bösartig. Vielmehr brachte er häufig Wohlwollen, Freundlichkeit und den Willen zu gehorchen zum Ausdruck..."

„EIN LEBENDES WESEN ODER LEBENDE MATERIE, VOR UNSEREN AUGEN GEBILDET… EINE ART ÜBERNATÜRLICHE PERSÖNLICHKEIT MIT EINEM EIGENEN WILLEN, UNABHÄNGIG VON DEM DES MEDIUMS – IN EINEM WORT, EIN NEUES MENSCHLICHES WESEN. DIES IST GEWISS DAS GRÖSSTE ALLER WUNDER!"

**Professor Charles Richet,
Dreißig Jahre PSI-Forschung**

waren nicht vorhanden. Außerdem lag eine kleine Taschenlampe bereit. Ich überprüfte den Notausgang und stellte fest, daß er von innen verriegelt und gegen Zugluft eine Matte auf die Schwelle gelegt worden war. Ich schloß gerade die Innentür zur Kirche, als jemand bemerkte, daß das Medium noch nicht da sei. Also öffnete ich die Tür wieder, und sie kam herein. Das Licht wurde heruntergedreht, und jemand begann zu beten. Ich sah das Medium wie üblich in seinem Stuhl sitzen, neben dem rechts und links ein Vorhang herunterhing.

Sobald das Gebet beendet war, ertönte eine Trompete, und Dr. Reynolds vertraute Stimme grüßte uns. Dann sagte er den Patienten ein paar beruhigende Worte… Man drückte mir eine Nierenschale für die Tupfer in die Hand, und ich trat an den Operationstisch. Die Trompete verhallte, und nur einen Augenblick später erschien der Doktor in materialisierter Gestalt auf der anderen Seite des Operationstisches… Das Medium war in tiefer Trance.

Als erstes nahm er die Pinzette und einen Tupfer und desinfizierte den Bereich… Dann sah ich, wie er seine Hände auf die betreffende Stelle legte, und sie drangen einfach tief ein, bis sie fast nicht mehr zu sehen waren. Er verlangte die Pinzette und Tupfer, von denen zuletzt acht gebrauchte in meiner Schale lagen."

Der Arzt vergewisserte sich, daß es dem Patienten gutging – er hatte keine Schmerzen verspürt –, und inspizierte den Bereich im Schein der Taschenlampe. Es war kein Anzeichen einer Wunde oder Narbe zu sehen. Dann sagte Dr. Reynolds, er wolle dem Medium vor der nächsten Operation eine Pause gönnen, woraufhin er dematerialisierte. Er kam und ging wie andere aus der Geisterwelt, die in leibhaftiger Gestalt vor uns erscheinen.

Diese und viele andere bezeugte Materialisationen können freilich auf geschickte Manipulationen der Sitzungsteilnehmer zurückzuführen sein. Doch sind eine ganze Reihe von Berichten so glaubwürdig, daß auch hartgesottene Skeptiker ins Grübeln kommen, ob derartige Phänomene nicht doch tatsächlich stattfinden.

Oben rechts, Mitte und unten: Die drei Illustrationen zeigen die drei Phasen der Materialisation, wie sie das Medium William Eglinton erlebte. Zunächst trat ein „Nebel" seitlich aus dem Medium aus, und dann begann sich eine Form zu bilden, die – hier in Gestalt einer Hand – zu voller Größe anwuchs.

Oben links: Der französische Wissenschaftler und Parapsychologe Charles Richet war 1905 Präsident der „Society for Psychical Research". Er war von der medialen Begabung Franek Kluskis zutiefst beeindruckt und konnte hinter dem, was er bei dessen Séancen beobachtete, weder eine natürliche Ursache noch Betrug entdecken.

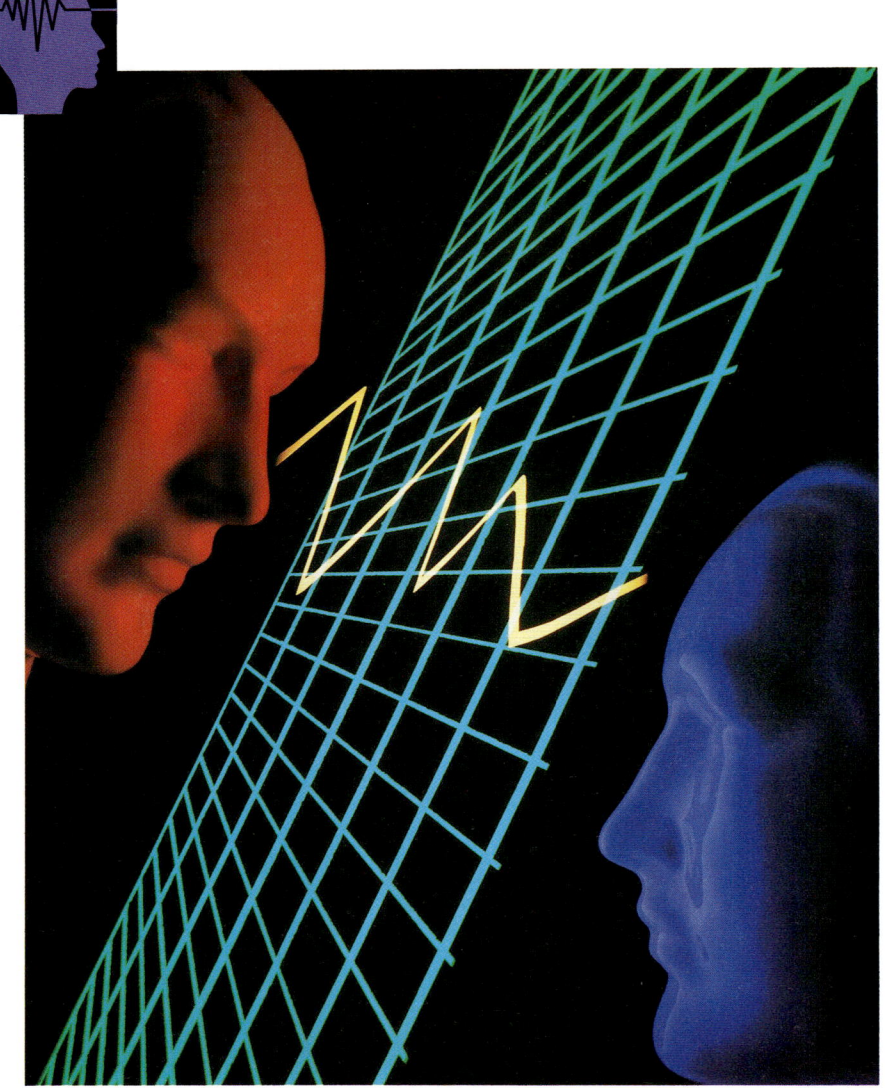

PSI-PHÄNOMENE IM TRAUM

Wenn zwei sich nahestehende Menschen ihre Träume vergleichen, könnten sie dabei durchaus eine telepathische Verbindung feststellen. Nachfolgend hierzu ein Bericht des ASW-Forschers Joe Friedman.

Von den wenigen Fällen einer länger währenden telepathischen Verbindung zwischen zwei Menschen erlangte die zwischen dem amerikanischen Romancier Upton Sinclair und seiner Frau Mary besondere Berühmtheit. Beide führten über Jahre hinweg Experimente durch, bei denen es darum ging, Zeichnungen über größere Distanzen telepathisch zu übertragen. Sinclair verarbeitete die Ergebnisse in seinem 1930 erschiene-

Oben: Die Abbildung versinnbild-licht die verblüffende telepathi-sche Verbindung, die Forscher in den Träumen bestimmter Personen mit einer engen Verbin-dung zueinander festgestellt haben.

nen Werk *Radar der Psyche*. Einstein war davon derart beeindruckt, daß er ein Geleitwort dazu verfaßte.

Ende der siebziger Jahre führte ich selbst mit einem engen Freund und ehemaligen Studenten von mir über längere Zeit telepathische Traumexperimente durch. Die meisten der insgesamt 20 Träume ereigneten sich zwischen Mai und Dezember 1979.

Traumbewußtsein

Dave Ashworth nahm im April 1978 in London erstmals an einem meiner Parapsychologiekurse teil. Schon seit einiger Zeit interessierte sich der damals 23jährige für Okkultismus und Parapsychologie. Zudem konnte er sich häufig gut an seine Träume erinnern, die er auch immer aufschrieb. Nach einer Vorlesung über telepathische und präkognitive Träume kam Dave zu mir und sagte, er habe zwar seit geraumer Zeit seine Träume aufgeschrieben, ein präkognitiver Traum aber sei nicht dabeigewesen. Ich versicherte ihm, in der folgenden Woche werde er einen solchen Traum haben. Damit gedachte ich einerseits, das gewünschte Ergebnis herbeizuführen, und andererseits war ich in meinem Innersten von Daves präkognitivem Traumpotential zutiefst überzeugt. In der nächsten Woche berichtete er mir vom Scheitern seines Bemühens. Er hatte sich in dieser Woche an 13 Träume erinnert und diese aufgeschrieben, keiner aber hatte sich als präkognitiv erwiesen. Ich bat ihn, mir nur einen Traum zu erzählen. Er blätterte in seinen Notizen und wählte dann folgenden Traum aus: „Der Lümmel von nebenan kommt in mein Zimmer. Ich bin sehr gastfreundlich und gebe ihm etwas zu essen, doch er benimmt sich rüpelhaft, als gehöre das Zimmer ihm. Er öffnet den Kleiderschrank, und zu meiner Überraschung befindet sich in der Rückwand eine weitere Tür, die in den angrenzenden Speicher führt…"

Ich sagte Dave, es handele sich um seinen ersten präkognitiven Traum. An jenem Abend hatte ich meine Studenten in eine geführte Phantasie führen wollen: Sie sollten träumen, die Tür ihres Kleiderschrankes zu öffnen und darin eine weitere Tür zu finden, die sich auf magische Weise für sie öffnete.

Dieser Versuch leitete eine Reihe telepathischer Träume ein, die sich über die folgenden zwei Jahre erstreckte und von einem entscheidenden Faktor bestimmt war, nämlich dem der Auswahl. In diesem Fall wählte Dave aus 13 Träumen den „richtigen" aus, was kaum als reiner Zufall gewertet werden kann. Er muß vielmehr ein gewisses Gespür dafür gehabt haben, daß dieser eben jener paranormale Traum war, den er erwartete. Mit dem Voranschreiten des Experiments wurde dieses Gespür deutlicher, so daß jeder von uns seine paranormalen Träume mit größerer Treffsicherheit auswählen konnte.

Im März 1979 nahm Dave an einer von mir geleiteten Traumgruppe teil. Etwas mehr als ein Jahr lang trafen wir uns relativ regelmäßig, oft einmal pro Woche. Während dieser Zeit traten die meisten paranormalen Träume auf. Wir begannen, uns gegenseitig jeden Traum zu erzählen, in dem der andere auftauchte. Überdurchschnittlich häufig stellten wir dabei Übereinstimmungen mit den Träumen oder dem Erleben des anderen fest.

Oft träumten Dave und ich in einer Nacht von den gleichen Themen oder Bildern. Ich träumte, einen

ist der Traum auch aus anderen Gründen bedeutsam. Dave schien darin gespürt zu haben, daß der Traum mit mir in Zusammenhang stand – was in dem Essen in meiner Wohnung zum Ausdruck kommt – und daß er paranormal war, wie in seiner Frage nach den übersinnlichen Kräften ganz deutlich wird.

Viele Psychoanalytiker sind bei der Analyse paranormaler Träume in diesen selbst auf einen Hinweis ihres paranormalen Charakters gestoßen. Auch ich habe festgestellt, daß, wenn bei einer Person regelmäßig telepathische Träume vorkommen, in diesen meist ein solcher „Indikator" enthalten ist. Auch sind paranormale Träume besonders lebhaft, oder es schwingt ein ganz besonderes Gefühl in ihnen mit. In Daves paranormalen Träumen tauchte häufig eine graue Katze auf, bei anderen spielen sich die Träume oft an einem Ort ab, von dem eine gewisse Kraft ausgeht.

Freund in Colliers Wood in Südlondon zu besuchen. In derselben Nacht träumte Dave von einem Essen in meiner Wohnung und von einem Picknick in einem Wald. Er erzählte: „Überall sind orangefarben gekleidete Leute . . . manche einzeln, andere in Gruppen. Es sind entweder Spaziergänger oder Bergleute . . . Ich sehe Steine und Steinkreise . . . In einem von diesen stehe ich . . . Ich lehne meine Stirn gegen einen Baum und frage mich, ob ich übersinnliche Kräfte ausstrahle."

„Collier" heißt „Kumpel, Bergmann". Waren die Personen in dem Wald möglicherweise als Anspielung auf Colliers Wood zu verstehen? In jedem Falle

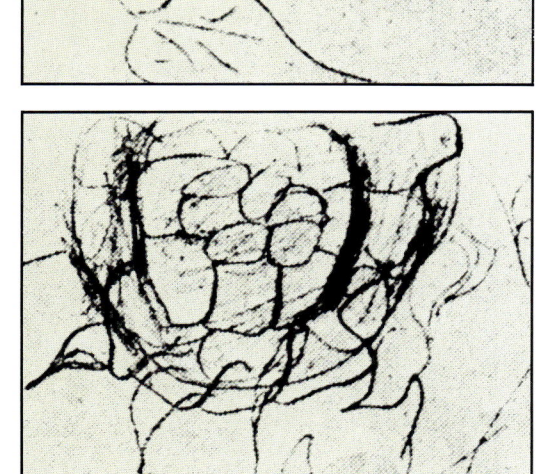

Oben: Ganz offensichtlich wuchs zwischen Joe Friedman (rechts) und seinem Studenten Dave Ashworth (links neben ihm) eine telepathische Verbindung.

Mitte: Friedman schickte einmal aus den USA eine Postkarte an Ashworth in der Hoffnung, das Bild werde in dessen Träumen auftauchen. Tatsächlich träumte Ashworth vor Erhalt der Karte, Friedman zu treffen.

Links: Um die telepathischen Kräfte seiner Frau zu testen, schickte der amerikanische Schriftsteller Upton Sinclair ihr in einem verschlossenen Umschlag die Zeichnung eines Vogelnests (oberes Bild). Nachdem sie sich auf das Ziel konzentriert hatte, fertigte sie ihrerseits eine Zeichnung an (unteres Bild). Die Ähnlichkeit zwischen beiden Bildern ist erstaunlich. Doch deutete Sinclairs Frau ihre Zeichnung nicht als Vogelnest, sondern versah sie mit dem Titel „Fels, von innen gesehen, mit äußerer Äderung".

Dialog im Schlaf

Viele der Träume in unserer Telepathieversuchsreihe enthielten solche Indikatoren. Wir konnten daraus entnehmen, daß sich zwischen uns allmählich ein Traumdialog entwickelte.

Eine andere Kategorie paranormaler Träume weist Bezüge zum tatsächlichen Erleben des Dialogpartners auf. In einem solchen Traum ging ich mit einer gemeinsamen Freundin von Dave und mir in einem Park spazieren. Während ich einer Gruppe von Musikern zuhörte, sah ich plötzlich, wie ein junger Schwarzer sich an meinem Fahrrad zu schaffen machte. Ich sagte: „Hey, was machst du mit meinem Fahrrad?" und schubste ihn ein wenig herum, was mir großen Spaß machte. Währenddessen kam der Vater des Jungen, stieg auf mein Fahrrad und fuhr davon. Ich erkannte, daß ich mich hatte gehenlassen. Später erfuhr ich von Dave, daß ihm, kurz bevor ich meinen Traum hatte, vor dem Haus eines Freundes das Fahrradrücklicht gestohlen worden war, und dies dort schon zum zweiten Mal. Auf dem Heimweg war Dave in einen Wachtraum verfallen, in dem er sein Fahrrad vor eben diesem Haus abstellte, dem Dieb in einem Versteck auflauerte und diesen schließlich ordentlich verprügelte. Dann klingelte der Vater des Jungen bei seinem Freund und erkundigte sich, wem hier ein Fahrrad gehöre.

Ich führte verschiedene spontane Experimente mit Dave durch. So kaufte ich einmal eine Postkarte,

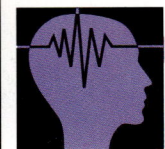
die ich für ein gutes Ziel hielt, und schickte sie ihm aus einem Urlaub in den USA mit folgendem Text: „Lieber Dave, diese Karte war Dein Präkognitionsziel für vergangene Nacht. Hast Du davon geträumt?" Tatsächlich hatte Dave in der Nacht vor dem Erhalt der Postkarte folgenden Traum:

„Bei Joe, sehe ihn zum erstenmal nach der Pause. Er erzählt mir von einem Science-fiction-Film, habe ich ihn gesehen? Ich nicht, aber anscheinend Roy [Joes Mitbewohner]. Sie sprechen darüber. Dann erwähnt Joe mehrere Fantasy-Filme, aber ich habe keinen davon gesehen."

> **"DER SCHLAF SCHEINT BESONDERS GEEIGNET ZUM EMPFANGEN TELEPATHISCHER MITTEILUNGEN. "**
>
> **Sigmund Freud,**
>
> **Traum und Okkultismus**

PERSPEKTIVEN

TRAUMBUCH

Wenn Sie Ihre Träume auf ASW hin analysieren möchten, müssen Sie sich an möglichst viele Einzelheiten möglichst genau erinnern. Legen Sie Stift und Notizbuch neben das Bett, und schreiben Sie Ihre Träume gleich nach dem Aufwachen nieder. Oft ist vielleicht nur noch ein schemenhaftes Bild vorhanden. Wenn Sie jedoch intensiv daran denken, kommen möglicherweise auch andere Teile des Traumes zurück. Können Sie sich hingegen in keinster Weise an den Traum erinnern, konzentrieren Sie sich auf Ihre Gedanken im Moment des Aufwachens. Am besten tragen Sie stets ein Notizbuch bei sich, um auch tagsüber Traumfragmente, die Ihnen mitunter unvermutet wieder in den Sinn kommen, notieren zu können.

Schreiben Sie Ihre Träume so detailliert wie möglich nieder. Natürlich müssen Sie unter allen Einzelheiten eine gewisse Auswahl treffen, wobei Sie jedoch ungewöhnlichen Details besondere Aufmerksamkeit zukommen lassen sollten, die stark auf ein paranormales Element hindeuten, wenn sie auch im Traum (oder im Erleben) einer anderen Person auftauchen. Ihre Partner bei dem Experiment müssen ebenso detaillierte Traumbücher führen. Ohne Frage werden Ähnlichkeiten zwischen Ihren und deren Träumen vorkommen. Das Schwierige dabei ist die objektive Beurteilung, welche dieser Parallelen nicht rein zufälliger Natur sind.

Das Science-fiction- und Fantasy-Thema paßte zu dem Bild auf der Postkarte. Interessant an diesem Versuch ist, daß ich nicht den Termin der Ankunft der Postkarte kannte und Dave von dem Versuch nichts wußte. Der Traum enthält auch einen deutlichen Indikator: Dave sieht mich zum erstenmal seit den Ferien. Anscheinend war der Traum eine paranormale Begegnung. In dem Traum versicherte ich Dave wieder und wieder, daß er einen der Filme, die ich ihm nannte, gesehen haben mußte, was er verneinte. Der Traum selbst scheint auf das Postkartenbild anzuspielen, es dem Träumenden aber nicht richtig zeigen zu können.

Bei einer anderen Gelegenheit empfing Dave ein Foto, daß ich einer anderen Gruppe, mit der ich arbeitete, „übermittelte". In der Nacht dieser Übertragung, von der er keine Kenntnis hatte, träumte Dave folgendes: „Unerwartet treffe ich auf der Straße Jeff [einen Freund]. Zu meiner Verwunderung trägt er einen gelben Safarianzug ... und hält in der einen Hand ein Schmetterlingsnetz ... Da sind viele farbenprächtige Schmetterlinge, große, pelzige und auch gelbe und mittendrin ein ganz besonderer."

Das Foto zeigte eine Gruppe von Tänzern, von denen einige Flügel trugen und tatsächlich an Schmetterlinge erinnerten. Diese Beispiele persönlich erlebter und dokumentierter Traumtelepathie machen deutlich, daß zwei oder auch mehr sich füreinander interessierende Personen mit einer gewissen Offenheit für dieses Thema die Häufigkeit und Qualität ihrer ASW erheblich steigern können, indem sie sich an ihre Träume zu erinnern versuchen, sie aufschreiben und sich gegenseitig mitteilen.

Unten: Das auf einem chinesischen Filmset entstandene Foto wurde vom Autor dieses Artikels bei einem seiner Telepathieexperimente als Ziel verwendet. Er „übermittelte" es einer Gruppe, mit der er damals arbeitete. Dave Ashworth, der von dem Versuch nichts wußte, träumte in jener Nacht von großen, farbenprächtigen Schmetterlingen. Tatsächlich sehen die Tänzer im Hintergrund mit ihren extravaganten Kostümen aus wie riesige Schmetterlinge.

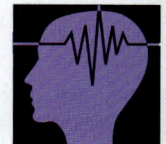

PARAPSYCHOLOGISCHES AUS RUSSLAND

Hinter dem ehemaligen Eisernen Vorhang wurde auf dem Gebiet der Parapsychologie eifrig geforscht – was weltweit das Interesse von Sicherheits- und Militärbehörden auf den Plan rief.

Im Jahre 1957 erschienen in der gesamten sowjetischen Presse lediglich drei Artikel über Parapsychologie, und alle drei waren dem Thema feindlich gesonnen. Zehn Jahre später dagegen wurden 152 Artikel publiziert, von denen weniger als zehn Prozent ablehnend oder gar kritisch waren. Paranormale Erscheinungen waren plötzlich hoffähig geworden. In allen Winkeln der Sowjetunion führten medial begabte Versuchspersonen Wissenschaftlern ihre übersinnlichen Fähigkeiten vor, die ihrerseits begierig darauf waren, die neuen Entdeckungen ihren westlichen Kollegen mitzuteilen. Die Sowjets zeigten sich von Telepathie, Psychokinese, UFOs, paranormalen Heilungen und all den übrigen Facetten des PSI-Spektrums überaus fasziniert.

Nach dem Tod des russischen Wissenschaftlers und Parapsychologen Leonid Wassiliew im Jahre 1966 stand eine neue Generation sowjetischer Forscher vor der Aufgabe, sein Werk fortzuführen. Dr. G. A. Sergejew, ein Mathematiker und Neurophysiologe, beschäftigte sich intensiv mit der Erforschung

Unten: Bis zur Auflösung der Sowjetunion im Jahre 1991 wurde die Stärke der sowjetischen Streitmacht bei verschiedenen Gelegenheiten durch modernstes Kriegsmaterial demonstriert. Im Westen gab es eine Theorie, die besagte, daß von der parapsychologischen Forschung eine viel größere Gefahr ausginge.

Oben: Der Neurophysiologe Dr. Genady Sergejew präsentiert seine Erfindung, ein „Bioenergie-Meßgerät".

natürlicher und übernatürlicher Interaktionen zwischen dem Menschen und seiner Umgebung. Der Biochemiker Juri Kamensky erwies sich als erfolgreicher Übermittler von geistigen Bildern und Informationen – seine ferntelepathischen Versuche mit dem Schauspieler Karl Nikolajew untermauerten die früheren Untersuchungen von Wassiliew. An der staatlichen Universität von Kasachstan in Alma-Ata entwickelte der Biophysiker Dr. V. M. Injuschin seine Theorie des „Bioplasma" und Semyon und Walentina Kirlian das Verfahren der Kirlian-Fotografie.

Höchstleistungen

Das russische Medium Nina Kulagina zum Beispiel war in der Lage, ihre psychokinetischen Fähigkeiten auf Abruf zu demonstrieren. Rosa Kuleschowa stellte unter Beweis, daß sie mit den Fingerspitzen lesen konnte. Und Boris Jermolajew ließ vor den Augen seiner sprachlosen Zuschauer Gegenstände und sogar Personen vom Boden abheben. Nachfolger des weltberühmten „Mentalisten" Wolf Messing war der junge Aserbaidschaner Tofik Dadaschew, dessen bemerkenswerte telepathische Fähigkeiten fast überall in Rußland ein Begriff waren.

Parallel zu all diesen spektakulären Ereignissen waren Wissenschaftler unter der Führung von Dr. Ippolit Kogan, dem Leiter der neugegründeten Abteilung für Bioinformation einer Technischen Hochschule in Moskau, unter Hochdruck dabei, die theoretischen Aspekte von PSI zu ergründen. Eduard Naumov, ein junger Biologe, verschrieb sich ganz der Parapsychologie, obwohl sie in der Sowjetunion nie als eigenständige wissenschaftliche Disziplin anerkannt wurde. Er wollte auf diesem Wege zur

Unten links: Dr. Viktor Injuschin, Biophysiker an der Staatlichen Universität von Kasachstan, erforschte die Kirlian-Fotografie, die offiziell vom Staat anerkannt war.

Unten rechts: Der Schauspieler Karl Nikolajew wirkte mit großem Erfolg als Versuchsperson an vielen ferntelepathischen Experimenten mit.

Oben: Der sowjetische Parapsychologe Viktor Adamenko mit einer kleinen elektrischen Glühbirne, die neben einem von seiner Frau psychokinetisch bewegten Gegenstand aufleuchtete.

Rechts: Bei einer Demonstration ihrer bemerkenswerten Fähigkeiten verschiebt Winogradova Adamenko eine metallene Zigarrenhülse, indem sie einfach mit der Hand darüber hinwegfährt.

Ausweitung und Verbesserung der Ost-West-Beziehungen beitragen.

In anderen Teilen Osteuropas entwickelte sich die parapsychologische Forschung ähnlich vielversprechend, besonders in der Tschechoslowakei. Dort zeigte Dr. Milan Ryzl, daß sich übernatürliche Fähigkeiten durch intensives Training und mit Hilfe von Hypnose hervorrufen lassen. Ebenfalls in der Tschechoslowakei hatte der Ingenieur und Erfinder Robert Pavlita mit seinen „psychotronischen Generatoren" großes Interesse erweckt. Es handelte sich dabei um kleine metallene Apparate, die angeblich „bioplasmatische Energie" zu speichern vermochten.

In Bulgarien faszinierte zu dieser Zeit die blinde Sensitive Wanga Dimitrova. Sie stammte aus der kleinen Stadt Petrich nahe der griechischen Grenze und war von staatlicher Seite offiziell anerkannt. Jeder Besucher konnte im staatlichen Reisebüro „Balkantourist" in Sofia eine Sitzung mit ihr buchen. Er fuhr dann nach Petrich und verbrachte die Nacht in dem speziell für Dimitrovas Kunden erbauten Hotel – mit einem Zuckerwürfel unter dem Kopfkissen. Am nächsten Tag reihte er sich vor Dimitrovas Haus in die lange Schlange der Wartenden ein, den Zuckerwürfel aus dem Hotelzimmer hatte er mitgebracht. Die Hellseherin schließlich nahm seinen Zuckerwürfel in die Hand, preßte ihn an ihre Stirn, und sofort sprudelte eine Flut von Informationen über die Vergangenheit, Gegenwart und Zukunft des Besuchers aus ihr heraus. Im Zentrum von Sofia gab es auch das erste offiziell anerkannte Institut für Parapsycho-

logie, geleitet von dem Arzt Georgi Lozanov, der wie Tausende anderer Bulgaren bei Dimitrova genaue Informationen über sich eingeholt hatte.

Ost-West-Dialog

In den sechziger Jahren war Osteuropa ein Zentrum der Parapsychologie. Dies sollte allerdings nicht von Dauer sein. 1968 organisierte Eduard Naumov in Moskau eine internationale Konferenz, an der auch neun westliche Besucher teilnahmen, darunter die amerikanischen Journalistinnen Lynn Schroeder und Sheila Ostrander. Kurz nach Beginn der Veranstaltung erschien in der Prawda ein Artikel, in dem die Parapsychologie im allgemeinen und das Medium Nina Kulagowa im besonderen zerrissen wurde. Delegierte wurden aus dem „Haus der Freundschaft" ausgestoßen, und es hieß, daß der Ost-West-Dialog zwischen den Parapsychologen wohl endgültig zu Ende sei.

Die Situation verschärfte sich noch, als Schroeder und Ostrander 1970 ihr Buch *Psychic Discoveries Behind The Iron Curtain* (Entdeckungen hinter dem Eisernen Vorhang) veröffentlichten. Die Autorinnen legten in diesem Buch klar, daß die Sowjets dem Westen in den meisten Zweigen der parapsychologischen Forschung weit voraus waren. Die sowjetischen Behörden waren von diesem Werk wenig begeistert – angeblich „strotzte es von faktischen Irrtümern und kaum verhüllten antisowjetischen Angriffen". Heftigst bestritten wurde auch jede Andeutung dahingehend, daß die Parapsychologie in den Bereichen der Verteidigung, der psychologischen Kriegsführung oder in der Spionage strategisch eingesetzt wurde. Solche Dementis sind jedoch nicht unbedingt glaubwürdig.

Der Parapsychologe und Biologe Eduard Naumov soll den Journalistinnen berichtet haben, daß das sowjetische Militär Telepathieversuche mit Tieren zwischen einem Unterseeboot und einer Küstenstation durchgeführt und daß man eine Methode entwickelt habe, mit deren Hilfe man zwischen zwei Personen übermittelte telepathische Informationen abfangen könne. Diese beiden Berichte könnten, sofern sie stimmten, für das Militär von größter Bedeutung sein: Die Kommunikation mit einem untergetauchten U-Boot auf herkömmliche Weise kann sich äußerst schwierig gestalten, und wenn man Telepathie als Kriegsstrategie einsetzen könnte, würde auch das Abfangen solcher Nachrichten von größtem Nutzen sein, um gegenüber dem Feind einen Informationsvorsprung zu gewinnen. Es ist interes-

union weder an den Kongressen in Monaco im Jahre 1975 noch 1977 in Tokio teil, jedoch besuchte ein Team sowjetischer Mediziner 1979 die Konferenz in Brasilien, wobei Dr. Rejdak an die Wissenschaftler appellierte, man solle die Psychotronik über die Politik stellen.

Reaktionen beobachten

1975 gestattete die Sowjetunion überraschenderweise zwei amerikanischen Reportern des Sensationsblattes *National Enquirer* freien Zutritt zu verschiedenen sowjetischen Forschungszentren, darunter einige, die selbst sowjetischen Journalisten verschlossen waren. Die Reporter Henry Gris und William Dick waren über dieses Entgegenkommen selbst wohl am meisten erstaunt. Ein sowjetischer Wissenschaftler vermutete allerdings, daß die Behörden seines Landes auf die westlichen Fortschritte in der parapsychologischen Forschung ge-

Links: Die Meisterin der Psychokinese, Nina Kulagina, bewegt hier eine Streichholzschachtel kraft ihrer telekinetischen Begabung. Kurz bevor sich ein Gegenstand in Bewegung setzte, verspürte sie jedesmal einen stechenden Schmerz im Rücken, ihr Blick wurde verschwommen, und ihr Blutdruck stieg an.

sant, daß über Abwehrmethoden militärischer Kommunikationsmethoden nachgedacht wird, bevor die Methoden selbst angewendet werden können.

Falsche Beschuldigungen

Naumov organisierte 1972 einen weiteren, höchst erfolgreichen internationalen Kongreß, geriet aber im folgenden Jahr in ernsthafte Schwierigkeiten, angeblich wegen eines finanziellen Vergehens. Im März 1974 wurde er verhaftet und zu zwei Jahren Zwangsarbeit verurteilt. Ein Jahr später ließ man ihn wieder frei, möglicherweise aufgrund der weltweiten, starken Proteste. Er durfte allerdings seine Arbeit nicht wieder aufnehmen und verschwand völlig von der parapsychologischen Bühne.

Im Oktober 1974 veröffentlichte die sowjetische Presse einen Artikel, der die offizielle Haltung gegenüber der Parapsychologie zu definieren schien. Er erklärte auch ansatzweise die offenbar sprunghaften internationalen Beziehungen der UdSSR. Eines trat klar hervor: PSI-Phänomene existierten in der Tat, jedenfalls ein paar davon, und sollten auch untersucht werden, allerdings nicht durch Amateure oder „aufrührerische Einzelgänger" (ein Seitenhieb auf Naumov), sondern vielmehr durch die „Sowjetische Akademie der Wissenschaften".

Wie es schien, wurden die internationalen Beziehungen in diesem Bereich daraufhin wieder aufgenommen, vor allem auf Betreiben zweier Psychologen, Dr. Stanley Krippner aus den USA und Dr. Zdenek Rejdak aus der Tschechoslowakei. 1973 fand in Prag die erste Internationale Konferenz über „Psychotronische Forschung" statt (Psychotronik ist der tschechische Begriff für Parapsychologie). Mehr als 400 Delegierte aus 21 Ländern nahmen daran teil, darunter auch Wissenschaftler der „Sowjetischen Akademie der Wissenschaften". Mehrere sowjetische und osteuropäische Forscher lieferten bedeutsame Beiträge. „Wir erleben hier zweifellos die Geburtsstunde einer einzigartigen Wissenschaft", so Krippner über die Psychotronik, „eine Wissenschaft, die eine Kombination von Physik und Verhaltensforschung erfordert sowie eine neue, holistische (ganzheitliche) Perspektive der Struktur der Lebenssysteme." In Folge fanden alle zwei Jahre weitere parapsychologische Kongresse statt. Zwar nahm die Sowjet-

nauso gespannt waren wie umgekehrt. Sie wollten wohl herausfinden, wie weit der Westen tatsächlich fortgeschritten war, indem sie verfolgten, welche Reaktionen die Berichterstattung der beiden Reporter in den USA hervorrufen würden.

Während Gris und Dick jedoch noch an ihrem Buch schrieben, ereignete sich 1977 ein Vorfall, der alle bisher erfolgten Annäherungen wieder auf die eisigste Phase des Kalten Krieges zurückzuwerfen schien. Am 11. Juni erhielt Robert C. Toth, ein Korrespondent der *Los Angeles Times*, in Moskau einen Anruf von einem Mann namens Petukow, der ihn bat, ihn sofort unten auf der Straße zu treffen. Toth folgte der Bitte, und ehe er sich versah, hielt er ein Bündel mit Unterlagen in den Händen – und war im nächsten Moment von Polizisten in Zivil umringt, die ihm endlose Fragen stellten.

Dann erschien ein Mann, der sich als Mitglied der „Akademie der Wissenschaften" ausgab, die Unterlagen durchblätterte und behauptete, sie enthielten eine Zusammenfassung der sowjetischen Forschungsergebnisse über die physikalischen Grundlagen von PSI-Phänomenen; Dokumente, nach denen ein halbes Jahrhundert gefahndet worden wäre. Bei ihnen handle es sich um ein Staatsgeheimnis. Nach einem dreizehnstündigen Verhör durfte Toth das Land jedoch verlassen.

Oben: Boris Yermolaew demonstriert verschiedene Handbewegungen, mittels derer er auf paranormale Weise Gegenstände in die Luft hebt.

Wahrscheinlich ist, daß es sich bei diesem Vorfall um ein von den Behörden plump inszeniertes Verwirrspiel handelte: Die Sowjets hatten das PSI-Rätsel mitnichten gelöst, wollten dies aber dem Westen glauben machen und hofften, daß Toth in seinem Blatt etwas darüber schreiben würde.

Strategische Nutzung?

Es tauchten damals noch weitere wilde Spekulationen auf. 1973 machte Leonid Breschnew in einer Rede eine Andeutung in bezug auf eine Form der Kriegsführung, die „noch viel furchtbarer" sei als der Einsatz von Nuklearwaffen im Kriegsfall. Er forderte, daß die USA in ein Waffenverbot einwilligen müßte. War diese Andeutung vielleicht eine verhüllte Anspielung auf biochemische (bakteriologische) Kriegsführung? Oder war die Toth-Affäre ein dezenter Hinweis an den Westen gewesen, daß die Sowjets nun über die Möglichkeiten einer parapsychologischen Kriegsführung verfügten?

Nach seinem Besuch in der UdSSR und kurz bevor er nach Amerika übersiedelte, berichtete Milan Ryzl über den paradoxen Stand der Dinge in der Sowjetunion. Die Parapsychologie stand auf sehr wackeligen Grundlagen; andererseits gab es Anzeichen für ein starkes Interesse seitens der Sicher-

Oben und Mitte: Robert Pavlita und einige der von ihm erfundenen „psychotronischen Generatoren". Angeblich konnten diese Apparate biologische Energie speichern.

Links: Die amerikanischen Journalistinnen Lynn Schroeder (links) und Sheila Ostrander (rechts) trafen den sowjetischen Parapsychologen Eduard Naumov 1968 während der ersten internationalen Konferenz über Parapsychologie in Moskau. 1970 veröffentlichten Ostrander und Schroeder ihr Buch Psychic Discoveries Behind The Iron Curtain (Entdeckungen hinter dem Eisernen Vorhang).

Rechts: Wanga Dimitrova, Bulgariens berühmte blinde Seherin, war weltweit die erste Sensitive, die die Unterstützung ihrer Regierung genoß. Bei einem staatlichen Reisebüro in Sofia konnte jedermann eine Sitzung mit ihr buchen.

heits- und Militärbehörden in bezug auf eine mögliche strategische Nutzung. Praktische Anwendung wurde in der sowjetischen Forschung stets großgeschrieben, und sobald es möglich wäre, PSI für praktische Zwecke nutzbar zu machen, so Dr. Ryzl, würde „die Sowjetunion keinen Augenblick zögern, dies auch unverzüglich zu tun."

Forscher aus dem Ostblock haben jedoch immer wieder nachdrücklich betont, daß man parapsychologische Kräfte lediglich für den Frieden und zum Wohle der Menschheit einsetzen dürfe.

> **"** HINTER DEM EISERNEN VORHANG STATIONIERTE CIA-AGENTEN HABEN BERICHTET, DASS DIE RUSSEN DAS VERHALTEN VON MENSCHEN PER TELEPATHIE BEEINFLUSSEN KÖNNEN, IHRE GEFÜHLE UND IHRE GESUNDHEIT VERÄNDERN UND ALLEIN DURCH PARANORMALE KRÄFTE ÜBER WEITE ENTFERNUNGEN UMZUBRINGEN VERMÖGEN. **"**
>
> **Gris und Dick,**
> **The New Sowjet Psychic Discoveries**

UFOs
ÜBER DEM MEER

Zahlreichen Berichten zufolge landeten in der Vergangenheit UFOs auf dem Ozean oder tauchten unvermittelt aus den Tiefen des Meeres auf. Insbesondere in Südamerika häufen sich derartige paranormale Beobachtungen.

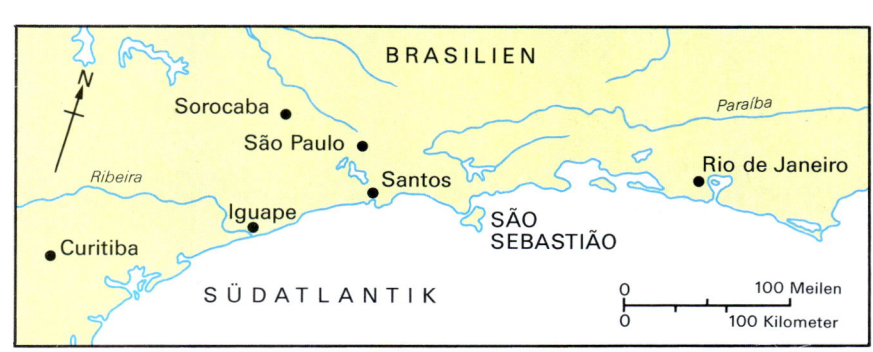

Oben: Diese Karte zeigt die brasilianischen Städte Rio de Janeiro und Santos, wo sich die drei UFO-Vorfälle ereigneten.

Unten: Darstellung des seltsamen Flugobjektes, das im Jahre 1970 von den Machados beobachtet wurde.

Meldungen über UFOs, die aus dem Meer auftauchen oder unter Wasser verschwinden, üben eine ganz eigene Faszination aus. Die folgenden Fälle ereigneten sich alle, nur etwa 320 Kilometer voneinander entfernt, südlich von Rio de Janeiro entlang der brasilianischen Küste. Jedesmal gab es mehrere Augenzeugen, die "solide" Flugobjekte gesehen haben. Lediglich im Santos-Fall ist eine konventionelle Erklärung denkbar. Sollten die Menschen aber tatsächlich nur durch eine fehlgeleitete Rakete, ein abgelöstes Geschoßmagazin oder Satelliten-Überreste genarrt worden sein, dann scheint es zumindest seltsam, daß die Behörden an den Orten des Geschehens keinerlei Wrackteile finden konnten.

Rio de Janeiro, 27. Juni 1970. Aristeu Machado und seine fünf Töchter saßen an diesem Sonntag auf der Veranda ihres Hauses an der Avenida Niemeyer Nr. 318 und waren in ein Spiel vertieft. Über die Straße hinweg konnten sie auf den Südatlantik hinausschauen. Sie hatten Besuch von ihrem Nachbarn Joao Aguiar, einem Beamten der brasilianischen Bundespolizei.

Maria Nazaré, das Hausmädchen, bereitete das Mittagessen vor und informierte die Familie, daß es

Oben: An dieser Straße, der Avenida Niemeyer, die in nordöstlicher Richtung an der Küste entlang verläuft, wohnten die Machados. Von ihrer Veranda aus hatten die Familie, ein Hausmädchen und ein Nachbar auf dem Meer ein sonderbares Flugobjekt samt Besatzung beobachtet.

Rechts: Aristeu und seine Frau an der Stelle, von der aus sie die unerklärlichen Vorfälle, die sich auf dem Wasser abspielten, beobachteten.

nun 11.38 Uhr sei. Zwei Minuten später schweifte Aguiars Blick zufällig aufs Meer hinaus, und er machte die anderen aufmerksam auf "ein Motorboot, das gerade auf die Wasseroberfläche aufschlug", wobei ringsum die Gischt hochspritzte.

Spiel und Mittagessen waren rasch vergessen, als die Machados und ihr Gast auf dem "Motorboot" zwei "Passagiere" erspähten, die mit den Armen etwas zu signalisieren schienen. Gegenüber Dr. Walter Buhler, der den Fall später untersuchte, sagte Aguiar aus, daß sich eindeutig zwei Personen an Bord befanden, die "glänzende Kleidung und irgendwas auf dem Kopf trugen." Das Objekt selbst

war grau-metallisch, etwa fünf bis sechs Meter lang und trug eine durchsichtige Kuppel. Und noch etwas Seltsames fiel auf: zu keinem Zeitpunkt vollführte das Objekt die typische Schaukelbewegung, die ein Boot normalerweise auf den Wellen macht.

Joao Aguiar rannte zu dem nahegelegenen "Mar Hotel" und benachrichtigte die Hafenpolizei, die veranlaßte, daß den Insassen des "Motorbootes", die sich draußen vor der Küste offenbar in Schwierigkeiten befanden, sofort Hilfe geschickt wurde. Aguiar kehrte 30 Minuten später nach Benachrichtigung der Polizei zum Haus der Machados zurück.

Blinkzeichen

Von der Veranda aus konnte man nun beobachten, wie sich das Objekt der Küste entgegen bewegte. Jetzt zeigte sich, daß es scheibenförmig war. Es glitt etwa 280 Meter über die Wasseroberfläche und schob dabei eine Bugwelle vor sich her. Dann hob es ab und flog lautlos und sehr schnell in Richtung Südost davon. Erst jetzt bemerkten die Augenzeugen, daß es sich gar nicht um ein Boot gehandelt hatte, sondern um ein Objekt, das eher wie eine fliegende Untertasse aussah. An der Unterseite wurde eine Art sechseckiges Fahrwerk eingezogen, an dem abwechselnd grüne, gelbe und rote Lichter blinkten.

Sobald sich das Objekt in der Luft befand, schien es eher durchsichtig als aluminiumfarben, und Maria Nazaré sagte aus, daß sie innen deutlich zwei Wesen erkannt hatte.

An der Stelle im Meer, an der sich das UFO ursprünglich befunden hatte, sahen die Augenzeugen nun ein weißes, reifenförmiges Gebilde von der Größe einer Truhe. Das Objekt versank dann plötzlich, um kurz darauf wieder aufzutauchen, wobei sich ein ovaler, etwa 40 cm großer Abschnitt davon trennte, der ungefähr 20 cm aus dem Wasser ragte. Das Segment behielt etwa drei Minuten lang seine Position bei und bewegte sich dann auf die Küste zu. Schließlich trennte sich von diesem Oval ein grüner Teil ab, der dem Hauptgebilde in einem Abstand von etwa einem Meter folgte. Als das Oval nach einer Viertelstunde nur noch 120 Meter vom Ufer entfernt war, drehte es plötzlich scharf nach links ab und steuerte auf den Strand von Gávea zu.

Inzwischen war die Küstenwache von Fort Copacabana an der Stelle angelangt, an der das UFO vorher verharrt hatte. Die Crew mußte demnach genau beobachtet haben, wie das UFO abhob. An etwa derselben Position, an der der "Reifen" aufgetaucht war, hievten die Polizisten ein seltsames rotes, zylinderförmiges Etwas an Bord.

Die Polizei ließ später nichts darüber verlauten, was sie gesehen oder aus dem Wasser gefischt hatte. Obwohl in der Zeitschrift *Diário de Notícias* ein Artikel über den Vorfall erschien, meldeten sich keine weiteren Augenzeugen.

Am 10. Januar 1958 saßen Kapitän Chrysólogo Rocha und seine Frau auf der Veranda ihres Hauses in der Nähe von Curitiba. Sie blickten gerade auf das Meer hinaus, als sie dort eine ungewöhnliche "Insel" sahen. Der Kapitän besah sich dieses Gebilde durchs Fernglas und stellte verblüfft fest, daß es immer größer anschwoll. Er rief nach mehreren Leuten im Haus, und bald standen acht Personen auf der Veranda und beobachteten dieses merkwürdige Phänomen.

Unten: So soll das zweiteilige Flugobjekt ausgesehen haben, das Kapitän Rocah und seine Frau beobachtet haben.

Die „Insel" schien aus zwei Teilen zu bestehen, wovon einer auf dem Wasser schwamm und der andere darüber zu schweben schien. Plötzlich tauchten beide Teile weg. Kurz darauf erschien ein Dampfer und kam ganz nahe an der Stelle vorbei, wo das merkwürdige Objekt zuletzt gesichtet worden war. 15 Minuten später, als das Schiff außer Sicht war, tauchte es wieder auf. Nun konnte man

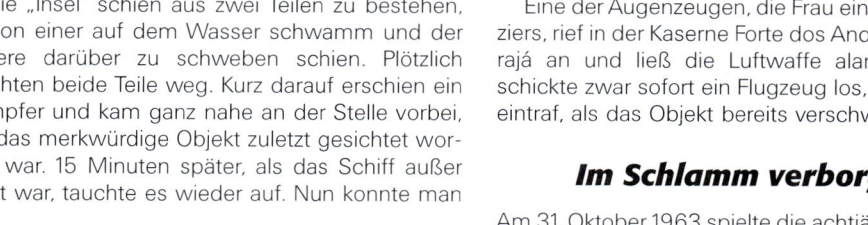

Unten: Die achtjährige Rute de Souza und mehrere Fischer hatten beobachtet, wie ein solches silbriges Objekt mit einem Palmenwipfel zusammenstieß und schließlich in einem nahegelegenen Fluß versank.

erkennen, daß das Ober- und Unterteil durch mehrere helle Röhren oder Stiele miteinander verbunden waren, in denen sich kleine Objekte „wie Perlen auf einer Kette" unregelmäßig auf- und abbewegten. Dies dauerte einige Minuten an, dann schlossen sich die beiden Teile zusammen, und das ganze Objekt verschwand unter Wasser und entzog sich endgültig den Blicken der Beobachter.

Eine der Augenzeugen, die Frau eines Armeeoffiziers, rief in der Kaserne Forte dos Andrades in Guarajá an und ließ die Luftwaffe alarmieren. Man schickte zwar sofort ein Flugzeug los, das aber erst eintraf, als das Objekt bereits verschwunden war.

Im Schlamm verborgen

Am 31. Oktober 1963 spielte die achtjährige Rute de Souza in der Nähe ihres Elternhauses in Iguape, südwestlich von Santos, als sie ein heulendes Geräusch vernahm, das immer lauter wurde. Sie sah sich nach allen Seiten um und entdeckte ein silbriges Objekt vom Himmel herunterkommen und auf den nahegelegenen Fluß zusteuern. Als das UFO über das Haus hinwegflog, streifte es eine Palme und begann in der Luft zu schlingern. Das Mädchen beobachtete, wie es in den Fluß stürzte und unterging.

Das Kind rannte nach Hause und lief auf dem Weg dorthin ihrer Mutter in die Arme, die das Geräusch ebenfalls gehört hatte und in Richtung Fluß lief, gefolgt von Raul de Souza, dem Onkel, der etwa 90 Meter vom Haus entfernt beschäftigt gewesen war. Alle drei starrten atemlos auf den Fluß hinaus. An der Stelle, wo das Objekt gesunken war, schien das Wasser zu brodeln. Dann schoß eine trübe Wasserfontäne empor, gefolgt von Schlamm.

Rute war nicht die einzige Augenzeugin: Ein paar Fischer am gegenüberliegenden Ufer hatten das UFO ebenfalls beobachtet. Einer davon, ein Japaner namens Tetsuo Ioshigawa, lieferte später eine detaillierte Schilderung. Das Objekt hatte die Form eines „Waschbeckens" und einen Durchmesser von etwa 7,5 Metern. Als es mit dem Palmenwipfel zusammenstieß, befand es sich nur noch etwa sechs Meter über dem Boden. Es herrschte die einhellige Meinung, daß das Objekt nach diesem Aufprall in Schwierigkeiten geraten sein mußte.

Viele vermuteten daraufhin, daß sich in dem schlammigen Flußbett das Wrack eines UFOs befinden müßte, aber kein Taucher konnte in dem fünf Meter tiefen Wasser etwas entdecken. Später wurde sogar mit Minensuchgeräten nach dem Objekt gefahndet, ebenfalls ohne Erfolg.

Jim und Coral Lorenzon stellten im *Bulletin of the Aerial Phenomena Research Organisation* (APRO) die Spekulation auf, es könnte sich angesichts der Größe des Objektes durchaus um ein bemanntes UFO gehandelt haben. Demnach wäre es denkbar, daß es rechtzeitig repariert wurde und entkommen konnte.

"DIE ‚INSEL' SCHIEN AUS ZWEI TEILEN ZU BESTEHEN, WOVON EINER AUF DEM WASSER SCHWAMM UND DER ANDERE DARÜBER ZU SCHWEBEN SCHIEN. PLÖTZLICH TAUCHTEN BEIDE TEILE WEG. KURZ DARAUF ERSCHIEN EIN DAMPFER UND KAM GANZ NAHE AN DER STELLE VORBEI, WO DAS MERKWÜRDIGE OBJEKT ZULETZT GESICHTET WORDEN WAR."

GEHEIMNISVOLLES VERSCHWINDEN

Können sich Gegenstände spurlos in Luft auflösen, um woanders wieder zum Vorschein zu kommen? Dies soll häufig Ursache dafür sein, daß „verlegte" Gegenstände auf unerklärliche Weise wieder „auftauchen". Ist es möglich, daß einige Medien tatsächlich die Fähigkeit zur Teleportation besitzen und Naturgesetze außer Kraft setzen?

Am Morgen des 6. Mai 1878 befand sich Johann Zöllner, Professor der Physik und Astronomie an der Universität Leipzig, mit dem amerikanischen Medium Henry Slade in einem Raum, der für ein parapsychologisches Experiment vorbereitet war. Zöllner und Slade saßen am Kartentisch, ihre Hände ruhten ineinandergelegt auf dem Tisch. Sonst war niemand anwesend. Nach etwa einer Minute begann ein rundes Birkenholztischchen, das in einiger Entfernung stand, hin und her zu schaukeln. Dann glitt es langsam auf den Kartentisch zu und „kroch" darunter.

Eine Minute lang geschah nichts weiter. Slade wollte schon seinen Kontrollgeist fragen, was als nächstes passieren würde, als Zöllner einen Blick unter den Kartentisch warf, um nachzuschauen, was der kleine Tisch gerade tat. Zu seiner Verblüffung war er aber verschwunden! Die beiden Männer durchsuchten das ganze Zimmer, doch der Tisch ließ sich nicht finden.

Wie aus dem Nichts

Zöllner und Slade setzten sich schließlich wieder an den Kartentisch, reichten sich die Hände und berührten sich auch an den Beinen, so daß sich keiner von beiden unbemerkt bewegen konnte. Nach fünf Minuten gespannten Wartens bemerkte Slade ein Leuchten in der Luft – für ihn ein Zeichen dafür, daß eine paranormale Erscheinung bevorstand. Niemand sonst hat dieses Leuchten bei Sitzungen mit Slade jemals gesehen.

„Slades Blick wanderte an der Wand hinter mir hinauf zur Zimmerdecke", erinnerte sich Zöllner, „und als ich mich umdrehte, bemerkte ich plötzlich, wie der kleine Tisch, der bis dahin unsichtbar war, aus einer Höhe von 1,5 Metern mit den Beinen nach oben auf den Kartentisch herabschwebte."

Rechts: Der im 19. Jahrhundert lebende Gelehrte Johann Zöllner zeichnete seine telekinetischen Experimente mit dem Medium Henry Slade minutiös auf. Bei einem dieser Versuche hielt Zöllner mit beiden Daumen auf einer Tischplatte eine Bindfadenschlaufe fest, die über die Tischkante nach unten baumelte. Der einzige Knoten in dieser Schlaufe war mit einem Wachssiegel fixiert. Nach einigen Minuten verkündete Slade, daß der Bindfaden mehrere Knoten aufwies.

Unten: Bei anderer Gelegenheit wollte Zöllner zwei Holzringe ineinander verschlingen. Die „Geister" entschlossen sich statt dessen aber, die Ringe um ein Tischbein zu legen. Normalerweise hätte man hierzu den Tisch zerlegen und wieder zusammensetzen müssen.

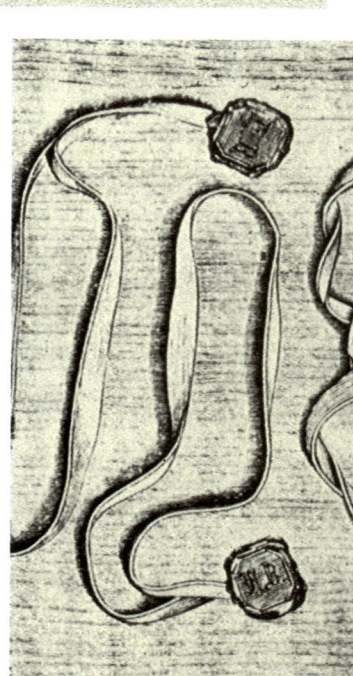

und streng kontrollierte Bedingungen herrschen. Daher scheint der Verdacht, daß es sich um Tricks handelt, nicht ganz unbegründet.

Da solche Phänomene die „Verblüffungsschwelle" (dieser Begriff stammt von dem Schriftsteller Renée Haynes) der meisten Menschen überschreiten und mit den herkömmlichen Naturgesetzen unvereinbar sind, werden sie in der Parapsychologie weitgehend ignoriert. Zöllner jedenfalls wurde regelrecht verspottet und von etablierten Parapsychologen niemals ernst genommen – was sicherlich eher auf die schiere Unglaublichkeit der Ereignisse selbst, als auf irgendwelche Unklarheiten in seinen Schilderungen oder mangelhafte Versuchsbedingungen zurückzuführen ist. Jahre später kam noch hinzu, daß Slade, als seine mediumistischen Fähigkeiten nachließen, von einem Untersuchungskomitee überführt wurde, bei Versuchen mit Geisterschriften eine Schiefertafel betrügerisch präpariert zu haben.

Dabei handelte es sich beileibe nicht um eine Halluzination, denn beim Herunterschweben stieß das Holztischchen beide Männer schmerzhaft am Kopf.

Dieser nüchterne und detaillierte Bericht schildert eine Teleportation – das Verschwinden eines Objektes oder einer Person und ihr Wiederauftauchen am selben oder einem anderen Ort ohne Zuhilfenahme physischer oder mechanischer Mittel. Ein vermutlich verwandtes Phänomen ist das Durchdringen von Materie, wenn beispielsweise ein Gegenstand aus einem fest verschlossenen Behälter verschwindet beziehungsweise durch ein verschlossenes Gefäß in dasselbe hineingelangt.

Derlei Erscheinungen treten bei Séancen mit bestimmten Medien auf, die die Psychokinese beherrschen, zuweilen auch bei Poltergeistern. Allerdings muß hinzugefügt werden, daß sie nur sehr selten stattfinden, wenn Parapsychologen anwesend sind

Oben: Der Forscher Julian Issacs verwendete in seinen Experimenten kleine Gegenstände, die in Kapseln verschlossen wurden.

Mitte: Julian Issacs (zweiter von rechts) mit einer Versuchsgruppe. In den Behältern auf dem Tisch befanden sich verschiedene Gegenstände, die durch Teleportation an einen anderen Ort befördert werden sollten. Zwei Behälter waren mit Heftpflaster verklebt, das mit einem Netz aus Bleistiftlinien markiert wurde.

Links: Zwei Lederschlaufen vor und nach ihrer paranormalen Verschlingung. Dieses Phänomen spielte sich unter Zöllners auf dem Tisch ruhenden Händen ab; er berichtete, daß er buchstäblich fühlte, wie sich die Schlaufen bewegten.

Bei weiteren Sitzungen mit Slade, an denen Zöllner teilnahm, bewegten sich auch andere Objekte auf „unmögliche" Weise. So gerieten etwa Knoten in Bindfäden, Lederschnüre oder selbst Schweinedärme diese fest in der Hand hielt oder sie anderweitig unter Kontrolle hatte. Bei einer Sitzung sollten zwei Holzringe ineinander verschlungen werden, was allerdings mißlang. Immerhin fanden sie sich zum Schluß der Séance auf völlig unerklärliche Weise am Bein des bereits bekannten Birkenholztischchens hängend. Der Tisch hatte sich weit außer Slades Reichweite befunden, da dieser zu diesem Zeitpunkt gemeinsam mit Zöllner an dem großen Tisch saß. Um die Ringe um das Tischbein zu legen, hätte jemand den Tisch auseinandermontieren und wieder zusammenschrauben müssen.

Zöllners psychokinetische Experimente sind in zahlreichen Buchbänden dokumentiert. Wenn jemandes Arbeiten auf diesem Gebiet der Parapsychologie Aufmerksamkeit verdienen, dann gewiß die von Johann Zöllner.

Ein offenbar erfolgreicher Ansatz auf diesem Gebiet wurde im Sommer 1932 im *Journal of the American Society for Psychical Research* (ASPR)

gelegentlich sogar dabei helfen durfte, die Bewegungen des Mediums zu beaufsichtigen. Betrügerische Manipulationen können daher nicht ganz ausgeschlossen werden. Später wurde Margery im Zusammenhang mit andern Aspekten ihrer parapsychologischen Fähigkeiten in der Tat in eine lange und bittere Kontroverse verwickelt.

Blitzreise

Vor einiger Zeit hat der höchst umstrittene sensitive Uri Geller behauptet, daß mit ihm verbundene Gegenstände, ja sogar Menschen und Tiere, durch spontane Teleportation an einen anderen Ort befördert wurden. Geller soll angeblich einmal plötzlich im Wintergarten seines Freundes Andrija Puharich in Ossining, New York, aufgetaucht sein, obwohl er kurz zuvor in Manhattan unterwegs gewesen war, das immerhin eine Stunde entfernt liegt.

Viele westliche Indienbesucher berichten von Sai Baba, einem indischen Mystiker und religiösen Führer. Seine Spezialität besteht darin, daß er kleine Objekte materialisiert; meist handelt es sich dabei um „vibhuti", eine pulvrige, graue Substanz, die manchmal als „heilige Asche" bezeichnet wird. Sai Baba hat westlichen Parapsychologen niemals gestattet, seine Versuche zu kontrollieren. Karlis Osis und Erlendur Haraldsson gelang es jedoch einmal, seine Kleider zu untersuchen, sie konnten aber keinerlei Taschen oder andere Verstecke ausfindig machen. Auch befand sich in den Ärmeln keine Spur der pulvrigen Substanz.

Eines der herausragendsten Beispiele angeblicher Teleportation und des Durchdringens von Materie sind Poltergeistphänomene. Bei vielen solcher Erscheinungen fliegen scheinbar aus dem Nichts Steine oder andere kleine Geschosse umher, die oftmals erst dann sichtbar werden, wenn sie auf etwas auftreffen. Ein berühmter Fall ereignete sich im Jahre 1903, als der Geologe W. F. Grottendieck in Sumatra verschiedene Untersuchungen durchführte. Eines Nachts – er schlief in seiner Hütte, die mit einem Dach aus großen Blättern gedeckt war – wurde er durch kleine Steinchen aufgeschreckt, die rings um ihn herum herabfielen. Das Phänomen dauerte so lange an, daß er Zeit genug hatte zu untersuchen, woher die Steinchen stammten: Sie schienen durch das Dach hindurch zu fallen. Grottendieck konnte allerdings in dem mehrlagigen Blätterdach kein Loch entdecken. Auch schienen die Steinchen ungewöhnlich langsam herabzufallen, und wenn er versuchte, ein Steinchen zu erhaschen, änderte es die Richtung.

Fälle, in denen sich Gegenstände spurlos in Luft auflösen, gibt es viele. Im Jahre 1922 geschah dies sogar direkt vor den Augen einer Mrs. Kogelnik in London. In ihrem Hause gingen seit Monaten Poltergeister um, deren Urheberin vermutlich eine Hausbedienstete war. Eines Tages war Mrs. Kugelnik auf dem Dachboden beschäftigt, als vor ihren Augen eine Axt verschwand. Daraufhin verließ sie fluchtartig den Raum.

Es ließe sich hier eine endlose Reihe gut dokumentierter De- und Rematerialisationen anführen. Die Antworten auf eine Umfrage, die der Forscher Julian Isaacs durchführte, lassen zweifelsfrei erkennen, daß Teleportation häufiger stattfindet, als wir es jemals für möglich gehalten hätten. Auch die briti-

unternommen. William Button, der damalige Präsident der Gesellschaft, berichtete darin über acht Séancen, an denen er teilgenommen und sich intensiv mit den Fähigkeiten des Mediums Mina Crandon, bekannt unter „Margery", befaßt hatte. Während dieser Experimente „teleportierte" angeblich Margerys verstorbener Bruder Walter kleine Gegenstände in Behälter verschiedenster Art, darunter mit Klebeband versiegelte Pappschachteln und verschlossene Holz- oder Metallkästen. Margery wurde mit Klebeband an ihren Stuhl gefesselt, das mehrmals um ihre Hand- und Fußgelenke gewickelt und mit Bleistiftlinien markiert wurde. So ließ sich später feststellen, ob die Bänder gelöst und wieder angebracht worden waren. Der Beweis, daß ein Objekt per Teleportation aus einem Behälter verschwunden war, wurde dadurch erbracht, daß man den Behälter schüttelte und drinnen nichts mehr klapperte.

Ein Problem bestand darin, daß bei vielen Experimenten Margerys Mann, Dr. Crandon, teilnahm und

sche „Society for Psychical Research" (Gesellschaft für Parapsychologie) hat sich dieser Sache nun verstärkt angenommen. Mit dem Projekt JOTT (Just One of Those Things; Dinge, die so passieren) soll über derartige Fälle eine repräsentative Anzahl von Daten zusammengetragen werden.

Nun, was bedeutet das alles? Nach einer weitverbreiteten Spekulation gibt es im Raum eine vierte Dimension, vielleicht sogar noch weitere: Wenn Gegenstände in unserer Welt verschwinden, halten sie sich vorübergehend lediglich in einer anderen Dimension auf.

Eine recht einsichtige Hypothese. Es gibt natürlich auch Gegentheorien. Eine besagt, daß Objekte vorübergehend unsichtbar werden können. Dies trifft vielleicht zuweilen zu, aber nicht auf die Fälle, in denen Gegenstände aus verschlossenen Behältern „entkommen". Möglicherweise sind auch Halluzinationen im Spiel, wie häufig angenommen wird. Dies gilt jedoch wiederum nicht für die Knotenexperimente von Zöllner, denn diese Knoten bleiben sichtbar bestehen. Wenn Materie im dreidimensionalen Raum andere Materie durchdringt, wird ein Objekt vielleicht vorübergehend in seine Atome zerlegt, diese werden einzeln transportiert und dann wieder exakt zusammengefügt. Oder die Atome, aus denen der Gegenstand besteht, werden irgendwie in einen „passiven" Zustand versetzt, so daß sie keinen Verband mehr bilden und den Fremdatomen nicht ins Gehege kommen können, wenn sie sich durch diese hindurchbewegen.

Quanten-Tunneleffekt

Ein Prozeß, der auf atomarer Ebene etwa analog zu der eben beschriebenen Art von Materietransport verläuft, ist der sogenannte Quanten-Tunneleffekt. Dabei durchbricht ein Atom – was eigentlich unmöglich ist – eine Energiebarriere: Das Teilchen schlängelt sich quasi wie durch einen Tunnel durch eine Barriere, die es nicht zu überspringen vermag. Läßt sich Materietransport auf grobstofflicher Ebene möglicherweise durch einen Quanten-Tunneleffekt im großen Maßstab erklären? Dies wirft allerdings gleichzeitig zwei bohrende Fragen auf. Erstens, wie kann sich dieser Tunneleffekt, der sich in der Regel nur über atomare Entfernungen abspielt, so multipli-

Oben: Dieser junge Mann ist Urheber verschiedener Poltergeistaktivitäten und angeblicher Teleportationen. Er schien in der Vergangenheit selbst gelegentlich auf unerklärliche Weise an andere Orte befördert zu werden. Einmal hörte Julian Isaacs, als er sich im Hause des jungen Mannes aufhielt, im oberen Stock ein dumpfes Geräusch – das übliche Indiz dafür, daß die Versuchsperson wieder einmal „abhanden gekommen" war. Isaacs rannte die Treppe hinauf und öffnete die untere Tür des Wäscheschranks. Dahinter kauerte der junge Mann, offenbar in leicht verwirrter Verfassung. Hatte er sich selbst dort versteckt?

zieren, daß das Objekt die bei einer Telekinese üblicherweise auftretenden Distanzen zu überwinden vermag? Zweitens – und dieses Problem betrifft alle Ansätze, die grobstoffliche PSI-Erscheinungen mit der Quantentheorie erklären wollen –, wie schaffen es die Billionen und Aberbillionen von Atomen, vollkommen koordiniert gleichzeitig zu ein- und demselben Ort zu gelangen?

Will man diesen Bereich ernsthaft erforschen, so gilt es zunächst einmal, Menschen mit telekinetischer Begabung dahingehend zu schulen, daß sie unter kontrollierten Bedingungen arbeiten. Außerdem müssen alle Berichte über ähnlich gelagerte Fälle systematisch erfaßt werden, und es müssen moderne elektronische Geräte zur Verfügung stehen, um die Phänomene objektiv zu untersuchen. Sollte es wirklich eine vierte Dimension geben, eröffnet sich dadurch die Möglichkeit einer unendlichen Zahl weiterer Dimensionen – und daraus vielleicht eine Anordnung paralleler Welten.

Links: Dieser kleine gelbe Steinbuddha gehört einem bekannten psychokinetischen Medium, das sich an Experimenten des Forschers Julian Isaacs beteiligte. Nach einem Frühjahrsputz war die kleine Figur von dem Regal verschwunden, auf dem sie immer gestanden hatte. Einige Tage später fiel eine sich ebenfalls im Regal befindliche Muschel auf den Boden – und hervor kullerte der kleine Buddha. Es ist durchaus denkbar, daß seine unverhoffte „Rückkehr" durch die Gedanken des Sensitiven ausgelöst wurde, der sich zu dieser Zeit gerade eine Fernsehsendung über Buddhismus angesehen hatte.

> **"** WENN DIE PARALLELEN DER RELATIVITÄT MIT DENEN DER QUANTENTHEORIE IDENTISCH SIND, BESTEHT DIE MÖGLICHKEIT, DASS DIESE GANZ NAHE BEI DEM UNS BEKANNTEN REALITÄTSSYSTEM LIEGEN, VIELLEICHT NUR EIN PAAR ATOME WEIT WEG ... ODER ABER IN EINER HÖHEREN DIMENSION, EINER ERWEITERUNG DES RAUMS, DEN DIE PHYSIKER HYPERRAUM NENNEN. **"**
>
> **Fred Alan Wolf, Parallel Universes**

Uralte Legenden berichten von riesigen Vögeln, die auch Menschen angriffen. Ornithologen mögen darüber spotten, aber es gibt Menschen, die die mörderischen Klauen am eigenen Leibe gespürt haben. Was ist von solchen Berichten zu halten? Ist alles Einbildung oder steckt doch etwas dahinter?

In Tippah County im amerikanischen Bundesstaat Missouri berichtete ein Lehrer im Jahre 1878 von folgender tragischen Begebenheit: „Vor einigen Tagen ereignete sich an meiner Schule ein furchtbarer Unfall. Die Adler in unserer Gegend waren schon seit geraumer Zeit ein großes Ärgernis gewesen und hatten Ferkel, Lämmer und

GEFLÜGELTE BESTIEN

andere Tiere mit sich davongetragen. Niemand hätte jedoch damit gerechnet, daß sie sich auch an Kindern vergreifen könnten. Letzten Donnerstag jedoch, als die Buben in einiger Entfernung vom Schulhaus mit Murmeln spielten, schoß ein riesiger Adler herab, packte den kleinen achtjährigen Jemmie Kenney und flog mit ihm davon. Die Kinder fingen an zu schreien, aber als ich aus dem Schulhaus stürzte, war der Vogel bereits hoch aufgestiegen. Ich löste die Alarmglocke aus, und verwirrt durch das Geräusch und unsere Rufe ließ der Adler das Kind fallen. Die scharfen Klauen hatten sich jedoch so tief in den Körper des Jungen eingegraben, und der Bub war aus so großer Höhe auf den Boden gestürzt, daß er kurz darauf starb."

Dies ist kein Einzelfall. 1838 wurde in den Schweizer Alpen die fünfjährige Marie Delex mitten im Spiel mit Freunden von einem Raubvogel gepackt. Sie wurde allerdings nicht, wie angenommen, in das Adlernest getragen, denn dort fand eine Rettungsmannschaft lediglich zwei Adlerjunge und einen Haufen Schaf- und Ziegenknochen vor. Die Suche mußte zunächst ergebnislos abgebrochen werden. Erst zwei Monate später entdeckte ein Schafhirte den verstümmelten Leichnam des Mädchens auf einem Felsen.

Gegenüberliegende Seite oben: Die fünfjährige Marie Delex wurde 1838 von einem riesigen Vogel in die Lüfte davongetragen. Die Einheimischen nehmen an, daß es sich um einen Adler handelte.

Gegenüberliegende Seite unten: Svanhild Hantvigsen mit dem zerrissenen Kleidchen, das sie 1932 trug, als ein Adler auf die damals Dreijährige herabstieß und sie zu seinem Nest trug. Glücklicherweise wurde sie von einem Suchtrupp gerettet, so daß sie nicht das gleiche Schicksal ereilte wie Marie Delex 100 Jahre zuvor.

Unten: Die Darstellung zeigt den gigantischen Vogel, der 1895 in West Virginia den Hund des Bärenjägers Peter Swadley ergriff. Der Vogel hatte zunächst Swadley selbst angegriffen, der Hund hatte versucht, sein Herrchen zu verteidigen und bezahlte dafür mit dem Leben.

Die Norwegerin Svanhild Hantvigsen behauptete, daß sie im Jahre 1932, als sie drei Jahre alt war, von einem Adler ergriffen und in sein Nest getragen wurde. Glücklicherweise hatten mehrere Leute den Vorfall beobachtet und konnten sie retten. Sie war nahezu unverletzt geblieben, nur ihr Kleidchen war völlig zerfetzt.

Solche Angriffe sind furchteinflößend, aber nicht unbedingt rätselhaft. Gelegentlich allerdings tauchen Berichte von riesigen Vögeln auf, die in der Ornithologie gänzlich unbekannt sind. Manchmal erinnert ihre Beschreibung an riesenhafte, vor Jahrmillionen ausgestorbene Flugsaurier.

Der größte uns bekannte Vogel ist der Wanderalbatros, der nur in den Südmeeren vorkommt und eine Flügelspannweite von über drei Metern aufweist. Fast genauso mächtig ist der Anden-Kondor. Der Kalifornische Kondor hat eine Spannweite von 2,7 Metern. Allerdings sollen heutzutage, wenn überhaupt, nur noch wenige Exemplare dieser Vögel existieren.

Neben einem Pteranodon, der vor etwa 10 000 Jahren ausstarb, würde ein Kondor allerdings wie ein Zwerg wirken. Mit drei Metern Körperlänge, einer Flügelspannweite von 7,5 Metern und einem Gewicht von mehr als 70 Kilogramm gilt er als der größte Flugsaurier aller Zeiten. Fossile Überreste fand man in Argentinien, Mexiko und im Süden der Vereinigten Staaten.

Riesige Vögel kommen in der Mythologie häufig vor. Die Illini-Indianer beispielsweise malten auf einen Felsen über dem Fluß bei Alton, Illinois, einen riesigen Vogel, den sogenannten Piasa, was mit „der Vogel, der Menschen verschlingt" übersetzbar ist. Jedesmal, wenn die Indianer mit ihren Kanus daran vorbeifuhren, schossen sie mit Feuerpfeilen oder Gewehren auf ihn. Im 17. Jahrhundert entdeckten Missionare diese Felsenzeichnung und ließen sie zerstören. In den siebziger Jahren unseres Jahrhunderts wurde bei Norman's Landing in der traditionellen Darstellungsweise ein neuer Piasa auf den Felsen gemalt.

Indianische Mythen

Die Illini stellten den Piasa als ein schuppiges Wesen mit langem Schwanz, zwei Hörnern und roten Augen dar. Nur einmal im Jahr soll sich das Untier blicken lassen – am ersten Tag des Herbstes, wenn es bei Sonnenaufgang aus dem Fluß auftaucht, um sich eine Höhle für den Winter zu suchen.

Es gibt Indianer, die behaupten, eine andere geflügelte Kreatur, den berüchtigten Donnervogel, in unseren Tagen am Himmel gesehen zu haben.

Oben: Aus der Maske eines Donnervogels lugt ein menschliches Gesicht hervor. Diese Holzschnitzerei stammt von Haida-Indianern von der Nordost-Küste der USA.

James Red Sky vom Stamm der Ojiba-Indianer aus dem Gebiet um Thunder Bay in Ontario, Kanada, erzählt: „Vor einigen Sommern sahen wir einen Donnervogel. Ein riesiger Vogel war das, größer als die Flugzeuge, die man heute am Himmel sieht. Er schlug nicht mit den Flügeln, kein einziges Mal. Er war unten weiß und oben schwarz."

Berichte über gigantische Vögel tauchten in den USA gegen Ende des 19. Jahrhunderts auf. Im Februar 1895 soll die zehnjährige Landy Junkins aus Webster County, West Virginia, von einem gewaltigen Vogelmonster entführt worden sein. Ihre Mutter hatte sie zum Nachbarhaus geschickt, wo sie aber nie ankam. Ein Suchtrupp fand Spuren von ihr im Schnee, die vom Weg ab ein Stück weit in ein Feld führten. Dort häuften sich ihre Fußspuren, als wäre Landy auf einer Stelle mehrmals herumgelaufen, vielleicht, um vor irgend etwas auszuweichen. Das Mädchen wurde nie wieder gesehen.

Oben rechts: Diese Felsmalerei zeigt den Piasa, ein riesiges Vogelmonster aus der Mythologie der Illini-Indianer. Nach der Legende soll diese Bestie die Indianer solange terrorisiert haben, bis ihr Großer Häuptling Ouatogo sich eines Tages selbst als Beute darbot, während sich in der Nähe zwanzig Krieger versteckten. Der Vogel starb unter ihrem Pfeilhagel, und Ouatogo kam unversehrt davon.

Einige Tage später kam es allerdings zu einer Begebenheit, die Landys Verschwinden vielleicht erklärte. Der Bärenjäger Peter Swadley wurde von einem riesigen Vogel angegriffen, der sich von oben auf ihn herabstürzte und ihm seine Krallen in den Rücken stieß. Swadley wäre verloren gewesen, wäre nicht sein treuer Hund zur Stelle gewesen: Er griff den Monstervogel an, dieser ließ von Swadley ab, schlitzte dem Hund mit einem Krallenhieb den Bauch auf und flog mit ihm davon. Ein Hilfssheriff und sein Sohn, die im Wald beim Jagen unterwegs waren, hatten diesen riesigen „Adler" ebenfalls gesehen, als er ein Rehkitz schlug. Nach ihren Aussagen hatte der Vogel eine Flügelspannweite von etwa fünf Metern, und sein Körper war so groß wie der eines ausgewachsenen Mannes.

Dieselbe Bestie ist vermutlich noch für einen weiteren Vorfall verantwortlich. Eines Morgens entdeckte Hanse Hardrick, daß aus seinem verschlossenen Schuppen ein Schaf verschwunden war. Als er nach oben schaute, entdeckte er dann allerdings im Dach ein riesiges Loch.

1940 war der Schriftsteller und Heimatforscher Robert Lynn im Black Forest in der Nähe von Coudersport unterwegs, als er mitten auf der Straße einen bräunlichen Vogel erblickte, etwa einen Meter groß, mit einem kurzen Hals und kurzen Beinen. Als er davonflog, bemerkte Lynn mit Erstaunen, daß die ausgebreiteten Flügel eine Spannweite von etwa 7,5 Metern hatten und sich damit quer über die Straße erstreckten.

Bedrohte Viehbestände

1947 trieb in der Gegend um Ramore in Ontario, Kanada, ein riesengroßer, pechschwarzer Vogel sein Unwesen, der Viehherden angriff. Er hatte einen hakenförmigen Schnabel, enorme Klauen und gelbe Augen. Einige Monate später tauchten auch im Staat Illinois riesige Vögel auf.

Walter Siegmund, ein ehemaliger Oberst, beobachtete am 4. April 1948 einen riesigen Vogel am Himmel, der in einer Höhe von etwa 1200 Metern flog. Aufgrund seiner Erfahrungen beim Militär war

Oben: Fische sind zwar die Lieblingsbeute des majestätischen Weißkopf-Seeadlers; er soll sich allerdings auch ab und zu an kleinen Tieren vergreifen.

Rechts: Der Kalifornische Kondor kann über weite Entfernungen dahingleiten. Er gehört zu den seltensten Vogelarten der Welt und erreicht eine Flügelspannweite von 2,7 Metern. Obwohl er sich wie die meisten anderen Geierarten hauptsächlich von Aas ernährt, greift er mitunter auch lebende Tiere an.

Rechts: Um die Jahrhundertwende stellte ein Maler die dramatische Entführung eines kleinen Mädchens durch einen Raubvogel dar.

Links: 1870 wurde eine Reiterin in der Nähe der Eisenbahnlinie der Pacific Railroad von einem Goldadler angegriffen. Bevor sie ihn erfolgreich abwehren konnte, brachte er ihr jedoch schwere Verletzungen bei.

Siegmund davon überzeugt, daß „es sich um einen Vogel von ungeheuren Ausmaßen" handeln mußte. Es meldeten sich noch weitere Augenzeugen, die den Vogel über der Stadt St. Louis in Missouri gesehen hatten. Aufgrund seiner enormen Größe hielten viele die Erscheinung zunächst für ein Flugzeug, bis das Wesen plötzlich mit den Flügeln schlug und somit als Vogel identifiziert werden konnte.

Fast zwei Jahrzehnte lang tat sich nichts mehr, bis 1957 von einem riesenhaften Vogel mit einer Spannweite von etwa neun Metern berichtet wurde, der in einer Höhe von 150 Metern über Renovo, Pennsylvania, hinwegschwebte. 1966 wurden ähnliche Beobachtungen aus den Staaten Utah, West Virginia, Ohio und Kentucky gemeldet. Nur einige davon lassen sich damit erklären, daß es sich um besonders große Exemplare seltener Vogelarten handelte.

1975 wurden in Puerto Rico große Vögel gesichtet, die weißen Kondoren oder Geiern ähnelten. Am 26. März wurde der Arbeiter Juan Muñiz Feliciano von einer „furchterregenden, gräulichen Kreatur mit vielen Federn" angegriffen, mit „einem dicken, langen Hals, größer als dem einer Gans."

Ende Juli 1977 beobachtete man in der Nähe von Delava, Illinois, einen riesigen Vogel, wie er versuchte, mit einem Ferkel davonzufliegen, das immerhin um die 25 Kilogramm wog. Das kondorähnliche Untier hatte eine Spannweite von 2,5 Metern. In unmittelbarer Nähe hielt sich noch ein zweites Exemplar auf. Wissenschaftler der Universität von Illinois erklärten später allerdings, daß Kondore äußerst rar geworden sind, ja sogar kurz vor dem

Rechts: Der zehnjährige Marlon Lowe, der 1977 beinahe von einem riesigen Vogel davongetragen worden wäre – hier mit seiner Mutter, die durch ihre Schreie das Schlimmste verhindern konnte. Der Vorfall ereignete sich in Illinois, wo die indianische Legende um den Piasa, einen Monstervogel, wurzelt.

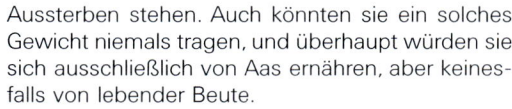

Unten: Zeichnerische Darstellung des Arbeiters Juan Muñiz Feliciano aus Puerto Rico, wie er sich gegen die „furchterregende, dunkelgraue Kreatur" wehrt, die ihn 1975 eines Nachts plötzlich angriff.

Aussterben stehen. Auch könnten sie ein solches Gewicht niemals tragen, und überhaupt würden sie sich ausschließlich von Aas ernähren, aber keinesfalls von lebender Beute.

Was für eine Art Vogel war es dann, dem es beinahe gelang, mit dem zehnjährigen Marlon Lowe in Lawndale, Illinois, in seinen Klauen zu entkommen? Der Vorfall, der zum Glück kein tragisches Ende nahm, ereignete sich nur wenige Tage nach der mißglückten Ferkelentführung und nur 16 Kilometer von diesem Ort entfernt. Marlon spielte noch nach Einbruch der Dunkelheit mit Freunden im Garten, als plötzlich zwei riesige Vögel auftauchten, von denen sich einer den Buben krallte und mit ihm davonfliegen wollte. Glücklicherweise war seine Mutter in der Nähe, die aufgeregt kreischend zu Hilfe eilte. Die Beine ihres Jungen baumelten bereits in der Luft, als der Vogel das Kind dann doch fallen ließ. Frau Lowe befand sich nur etwa drei Meter von den Monstern entfernt und erinnerte sich später an diese Begegnung: „Ich werde nie vergessen, wie dieses riesige Ding seinen weißberingten Hals wendete, als wolle es noch beim Wegfliegen nach Marlon hacken." Sie beschrieb die Vögel als „nahezu schwarz", bis auf die weißen Ringe an ihren etwa 45 Zentimeter langen Hälsen. Sie hatten 15 Zentimeter lange Hakenschnäbel, eine Flügelspannweite von mindestens 2,5 Metern und waren schätzungsweise 1,3 Meter hoch. Sechs glaubwürdige Augenzeugen sahen die beiden Vögel in Richtung Kickapoo Creek davonfliegen, wo sich üppiges Unterholz und dichte Bäume befinden.

In seinem Buch *Die größten Rätsel und Geheimnisse* berichtet Charles Berlitz von einem gewissen James Thompson, der in den frühen Morgenstunden des 14. September 1982 im Rio Grande Valley ein riesiges, vogelähnliches Ding über den Highway 100 hinweggleiten sah. Später erinnerte er sich, daß das Vogeltier schwarz oder dunkelgrau war und anstatt Federn nur eine Art ledrige Haut zu haben schien und überhaupt eher einem Pterodactylus als einem Vogel ähnelte. Könnte es sein, daß manche dieser geflügelten Bestien Nachkommen urzeitlicher Kreaturen sind, die irgendwie bis heute überlebt haben?

Wie können wir herausfinden, ob wir nach unserem Tod in irgendeiner Form weiterexistieren? Viele meinen, Botschaften aus dem Jenseits erhalten zu haben, die Hinweise auf ein Leben nach dem Tode zu geben scheinen.

GIBT ES UNSTERBLICHKEIT?

Der britischen „Gesellschaft für Parapsychologie" (SPR) standen in ihren Anfängen eine Reihe hochgebildeter Sensitiver aufgeschlossenen Geistes zur Verfügung, übrigens zumeist Frauen.

Einige dieser Frauen waren physikalische Medien, bei der Mehrzahl handelte es sich jedoch um paragnostische Medien. Diese Unterscheidung kann deshalb bedeutsam sein, weil physikalische Medien aufgrund der ständig verbesserten Untersuchungs- und Kontrollmethoden immer rarer werden. Skeptiker mag dies zu dem Schluß verleiten, daß das Risiko, bei einer betrügerischen Manipulation ertappt zu werden, heutzutage eben zu groß geworden ist, so daß nur noch wenige ihre angeblichen paraphysikalischen Fähigkeiten unter Beweis zu stellen wagen. Es kann allerdings auch sein, daß die subtilen, noch kaum erforschten Mechanismen, die solchen Phänomenen zugrunde liegen, allein schon durch die Aufstellung hochtechnisierter Überwachungsgeräte behindert werden. Auch mag eine Art Lampenfieber eine Rolle spielen, wobei stark skeptisch eingestellte Versuchsteilnehmer jegliche Aktivität im Séance-Raum im Keim ersticken.

Obwohl viele Medien sehr überzeugende Leistungen vollbrachten, waren die Mitglieder der SPR in der Vergangenheit in bezug auf die bohrende Frage nach einem Leben im Jenseits stets geteilter Meinung. Einigkeit herrschte zumindest jedoch darüber, daß das Phänomen der Gedankenübertragung – die geistige Kommunikation von Gefühlen, Bildern, Tönen und selbst Gerüchen – als zweifelsfrei erwiesen galt. Außersinnliche Wahrnehmungen (ASW) und Psychokinese (PK) wurden zwar bereits als Erklärungsmöglichkeiten für die von Medien behaupteten „Beweise" für ein Leben nach dem Tod herangezogen. Erst mit J.B. Rhine jedoch, der in seinen Arbeiten den Schwerpunkt von der wissenschaftlichen Erforschung paranormaler Erscheinungen auf die Parapsychologie verlagerte, wurden neue Wege beschritten.

Mit ASW ließen sich die oftmals geradezu beklemmend präzisen Informationen zum Jenseits erklären, die uns Medien liefern. Bei ASW kann sich der Geist eines Menschen, ohne daß er sich dessen bewußt ist, in den einer anderen Person „einklinken" und irrtümlicherweise glauben, die so erhaltenen Informationen stammten von einem verstorbenen Verwandten. Die Psychokinese (PK) umfaßt physikalisch unerklärliche, psychisch ausgelöste Wirkungen auf unbelebte Gegenstände. Damit ließen sich Erscheinungen wie Tischerücken und Raps (Klopf-

Oben: Auf diesem Gemälde von Joachim Patinir aus dem 16. Jahrhundert wird die Seele eines Toten über den Styx, den Fluß der Unterwelt, bei dem die Götter ihre Eide schworen, gebracht. Hier verbinden sich antike und christliche Glaubensbilder: Bei den Griechen oblag es dem Fährmann Charon, die Seelen der Toten zu den Gefilden der Unterwelt überzusetzen. Den Verstorbenen wurden daher im Grab Münzen in den Mund gelegt, damit sie für ihre Überfahrt bezahlen konnten. Wer nicht zahlen konnte, fiel in Verdammnis. Zu beiden Seiten des Flusses erkennt man bildliche Darstellungen der christlichen Vorstellungen von Fegefeuer, Paradies und Hölle.

zeichen) im Séance-Raum als Funktion einer natürlichen, wenngleich auch seltenen Fähigkeit des menschlichen Geistes erklären. Manche Menschen sollen sogar zu Allgemeiner Außersinnlicher Wahrnehmung (AASW) imstande sein, das heißt, sie können Informationen beziehen und zusammenhängend wiedergeben, ohne daß ASW-Modalitäten wie Hellsehen, Telepathie oder Präkognition im Spiel sind. Trifft dies zu, dann würde dadurch jede Hoffnung zunichte, einen eindeutigen Beweis für ein Leben nach dem Tode zu erlangen: Jede Botschaft eines Verstorbenen – egal, wie präzise oder persönlich die Informationen auch sein mögen – könnte dann theoretisch dieser besonderen Begabung entspringen. Die Theosophen bezeichnen dieses „Weltgedächtnis" als Akasha-Chronik; in ihr sollen alle Ereignisse, Gedanken und Gefühle seit Anbeginn der Welt gespeichert sein. Bestimmte Sensitive können angeblich in dieser Chronik lesen. Es kann also sein, daß auf irgendeine noch unbekannte Art die Querverweise, die ein Medium für die überzeugende Lebensgeschichte einer Person benötigt, bereits in seinem Unterbewußtsein vorliegen.

Es gibt noch zwei weitere schwerwiegende Argumente gegen Aussagen von Medien, die angeblich den Beweis für ein Überleben im Jenseits erbringen. So kann die sogenannte Kontrollperson, die Trancepersönlichkeit beziehungsweise der Kommunikator, der sich durch das Medium mitteilt, vielleicht nur der Aspekt einer gespaltenen Persönlichkeit sein. Hierbei trennen sich bestimmte mentale Prozesse vom Hauptstrom des Bewußtseins einer Person ab und führen ein Eigenleben. Wenn diese anderen „Persönlichkeiten" an die Oberfläche dringen, können sie über den Betreffenden gänzlich die Oberhand gewinnen und zu einer schwerwiegenden geistigen Erkrankung führen. Zuweilen passiert dies scheinbar „normalen" Personen unter Hypnose. Möglicherweise ist ein Sensitiver von Natur aus eben anfälliger dafür, mehrere Persönlichkeiten zu manifestieren als jemand, der nüchtern denkt oder von Haus aus ein Skeptiker ist.

Imitationen aller Art

Noch eine weitere außergewöhnliche Fähigkeit des menschlichen Geistes sei hier erwähnt, die unter der Bezeichnung Mythopöie oder Automatische Literatur beziehungsweise Malerei bekannt ist. Hier werden Mythen oder umfangreiche Erzählungen erfunden, die verblüffend überzeugend klingen und häufig unter Hypnose im Zuge einer Rückführung in vergangene Leben entstehen. Dabei treten häufig „unterbewußte Fälschungen" auf, wobei manche Sensitive die Stimmen, Eigenheiten, Handschriften und selbst den Stil verstorbener (oftmals berühmter) Maler oder Komponisten imitieren. Auch hier könnte jedoch der Geist sozusagen aus zweiter Hand Informationen empfangen und den Geist eines anderen „anzapfen". Ähnliches gilt für Medien, die im Trancezustand singen oder Worte in einer ihnen fremden Sprache ausstoßen. Letzteres wird als Xenoglossie bezeichnet. Diese Theorie liefert eine weitere mögliche Erklärung für die vielen bizarren Erscheinungen, die als „Beweise" für ein Leben nach dem Tod herangezogen werden.

Seit der Jahrhundertwende gibt es das Phänomen der sogenannten Kreuz-Korrespondenzen. Da-

Links: Pluton, der Herrscher der Unterwelt, des Hades – ein Ort, zu dem die Seelen der Verstorbenen nach griechischem Glauben durch Höhlen gelangten. Die Vasenmalerei zeigt links Persephone, die Pluton zu seiner Königin machte. Der Hades war das Reich der Schatten und der Finsternis, in dem jedoch keine Bestrafungen oder Gottesurteile vollzogen wurden.

Die Themata der Botschaften, Poesie und belesene Anspielungen auf die Klassik, entsprachen in höchstem Maße den Interessen der verstorbenen „SPR"-Mitglieder. Obwohl man viele dieser Kreuz-Korrespondenzen bis zu einem gewissen Grad AASW zuschreiben könnte, sind nicht wenige Forscher bis heute der Ansicht, daß mit diesen Botschaften der bisher schlüssigste Beweis für die Überlebenshypothese vorliegt – ein Versuch, uns auf möglichst vielfältige, erfindungsreiche Art und Weise davon zu überzeugen, daß manche Menschen über ihren Tod hinaus weiter existieren. Aber selbst, wenn dieses großangelegte, ausgeklügelte Experiment authentisch ist – es verrät uns nur wenig darüber, was nach dem Tode geschieht, außer vielleicht, daß uns etwas von unserer Denkweise und unseren irdischen persönlichen Eigenarten verbleibt.

Ausgeklügelte Kommunikation

Manchmal wird eine Séance unerwartet von einer sogenannten Drop-in-Kontrollperson unterbrochen, die den Teilnehmern völlig unbekannt ist und doch Informationen enthüllt, die sich später als zutreffend erweisen. Möglicherweise steckt auch hier AASW dahinter. Weshalb sollte ein Sensitiver jedoch Informationen über jemanden empfangen, für den sich keiner der Anwesenden interessiert? Verschiedenen Aussagen zufolge sehen Menschen an der Schwelle

bei handelt es sich um Fragmente verschiedener Botschaften, die zu verschiedenen Zeitpunkten an verschiedenen Orten von zwei oder mehr Sensitiven empfangen wurden. Für sich allein erscheinen sie meist ungereimt, zusammengefügt ergeben sie plötzlich einen Sinn. Diese Kreuz-Korrespondenzen wurden 30 Jahre lang gesammelt. Die ersten fielen zeitlich exakt mit dem Ableben der Gründungsväter der „SPR" zusammen, die immerhin ihr ganzes Leben der Erforschung der Geheimnisse um das Jenseits gewidmet hatten. Für viele Forscher war damit erwiesen, wer hinter diesem Experiment steckte. Und vieles deutete in der Tat darauf hin, als hätten sich die Gründer der „SPR" im Jenseits getroffen und etwas ausgeheckt: „Wenn wir ihnen eine normale Botschaft übermitteln, werden sie annehmen, es handle sich um Gedankenübertragung. Laßt uns eine Kommunikationsform erfinden, die sich einer solchen Interpretation entzieht."

In der Tat waren noch niemals vorher Informationen, die man leicht der Gedankenübertragung zuschreiben kann, in mehrere Fragmente aufgesplittert an verschiedene Medien übermittelt worden.

Oben links: Die alten Ägypter glaubten, daß das Leben nach dem Tode ähnlich wie das irdische ablief – nur wesentlich angenehmer. Hier die Darstellung eines idealisierten Bauernlebens im Jenseits.

Oben: Sklavenskulpturen wie diese sollten ihrem Herrn, d.h. dem Verstorbenen, dessen Grab sie beigelegt wurden, in seinem jenseitigen Leben nützliche Dienste leisten.

des Todes anscheinend häufig tote Freunde und Angehörige, die herbeikommen, um den neu Verstorbenen im Jenseits willkommen zu heißen. Vielleicht handelt es sich dabei nur um Halluzinationen, einen Mechanismus der Natur, um uns das Hinübergleiten in den Tod leichter zu machen. Allerdings erklärt das nicht diejenigen Fälle, in denen Sterbende den Namen eines verstorbenen Freundes ausriefen, von dessen tatsächlichem Tod sie gar nichts gewußt haben konnten.

Seit der sechziger Jahre werden Fälle untersucht, in denen Menschen bereits klinisch tot waren und dann wieder ins Leben zurückkehrten. Alle schildern ähnliche Erfahrungen und Erlebnisse, unabhängig davon, ob sie früher an ein Leben nach dem

Rechts: So etwa stellte man sich im 15. Jahrhundert den Himmel vor – als einen friedlichen Paradiesgarten. Damals fristeten die Menschen nur ein kurzes Dasein (auch Jugend und Schönheit konnten kaum ausgekostet werden), daher schien ein ewiges Leben in angenehmer Umgebung die Erfüllung aller Wünsche. In diesem Paradies tummeln sich junge, kräftige und gesunde Seelen. Sie entspannen sich in fröhlicher Gesellschaft – lesen, pflücken herrliche Früchte, spielen Instrumente oder plaudern miteinander. Die Mauer ringsum symbolisiert die Abgeschiedenheit dieser Idylle und vermittelt nach dem harten irdischen Dasein ein Gefühl schützender Sicherheit.

Tod geglaubt hatten oder nicht. Nahezu ausnahmslos erzählen sie davon, daß sie bei vollem Bewußtsein ihre Körperhülle verließen und durch einen dunklen Tunnel schwebten, an dessen Ende ein Licht schien. Als sie ihn verließen, stand dort ein strahlendes Wesen, das oft so hell leuchtete, daß sie es nicht erkennen konnten. Dieses Wesen wird, je nach Religionszugehörigkeit des Betreffenden, unterschiedlich bezeichnet – Christen halten es in der Regel für den Heiland. Sie treffen dann verstorbene Freunde und Verwandte und sind von einem unsagbaren Gefühl des Friedens und des Glücks erfüllt. Dann erfahren sie jedoch, daß ihre „Zeit" noch nicht gekommen sei und sie wieder umkehren müßten, und nur mit großem Widerwillen seien sie wieder in ihren Körper zurückgeschlüpft. Bezeichnenderweise werden Menschen, die so etwas erlebt haben, nie mehr von Todesangst geplagt.

Weitere Hinweise dafür, daß es eine Existenz jenseits unseres physischen Daseins geben könnte, liefern sogenannte exsomatische Erfahrungen (Out-of-the-body-experiences; OOBE). Man hat das Gefühl, seinen Körper zu verlassen. Häufig tritt diese

Oben: Im Mittelalter galt die Hölle als Ort der schlimmsten Foltern, sowohl körperlicher als auch seelischer Art. Die Theologen der damaligen Zeit meinten zwar, die wahre Höllenpein bestünde darin, daß man auf Ewigkeit von Gott entfernt wäre – das Volk stellte sich die Hölle jedoch eher vor wie den hier dargestellten glühenden Backofen, in dessen Flammen die Sünder auf ewig schmorten.

Erfahrung in besonders kritischen Momenten auf, so bei Unfällen, unter Folter oder während einer Operation. Es kam sogar vor, daß ein Patient den verblüfften Chirurgen und Schwestern später erzählt hat, was diese während seiner Operation getan und gesagt haben – obwohl er dabei die ganze Zeit über in Narkose war. Manche Menschen behaupten, sie könnten ihren Körper willentlich verlassen und sehen dies als Beweis dafür an, daß sie sich in einer unkörperlichen Dimension aufhalten können und daher nach ihrem körperlichen Tod weiterexistieren werden.

Es gibt Menschen, die noch als Lebende Experimente arrangieren, damit sie nach ihrem Tod mit Hilfe von Medien beweisen können, daß sie weiter-

> **"** ES WIRD IMMER MENSCHEN GEBEN, DIE VON DEN MANIFESTATIONEN SPIRITUELLER KRÄFTE SCHEINBAR UNBERÜHRT BLEIBEN... DER SKEPTIKER, DER JEGLICHE MÖGLICHKEIT EINER EXISTENZ JENSEITS DES TODES LEUGNET UND FÜR MEDIUMISTISCHE DEMONSTRATIONEN NICHTS ALS HOHN ÜBRIG HAT, VERSPÜRT VIELLEICHT DIE GRÖSSTE FURCHT VOR DEM TODE. **"**
>
> **Stephen O'Brien**
> **Visions of Another World**

bestehen, indem sie etwa Lösungen zu Rätseln nennen. Bis jetzt verliefen solche Versuche nicht besonders erfolgreich; allerdings gibt es sie erst in so geringer Zahl, daß sie statistisch wohl noch nicht signifikant sind. Liebes- und Freundespaare haben Pakte geschlossen, daß der jeweils zuerst von dieser Welt Scheidende dem anderen unter bestimmten Gegebenheiten erscheinen soll. Angeblich ist das auch eingetreten. Der Kummer um einen Verstorbenen löst allerdings häufig Halluzinationen des Toten aus. Sie scheinen zum natürlichen Trauerprozeß zu gehören und Trost zu spenden.

Reinkarnationstheorien besagen nicht nur, daß wir den Tod überleben und wiedergeboren werden (vielleicht sogar unzählige Male), sondern liefern auch Anhaltspunkte dafür, warum wir überhaupt geboren werden. Rückkehr in vergangene Leben unter Hypnose, spontane Erinnerungen von Kindern an eine frühere Persönlichkeit, weite Rückerinnerungen mancher Erwachsener, bestimmte „Déjà-vu"-Erlebnisse – die Reinkarnationstheorie läßt sich also vielleicht nicht gänzlich von der Hand weisen. Viele Menschen glauben daran, daß wir eine ganze Reihe irdischer Leben durchlaufen müssen, bevor unsere Seele halbwegs erleuchtet ist. Erst dann dürfen wir zu einer rein spirituellen Ebene aufsteigen.

In den sechziger Jahren tauchten Tonbänder auf, die angeblich Stimmen von Toten aufgefangen hatten, woraus sich in der Folgezeit ein regelrechter Kult entwickelte. Alles, was sich jedoch bis jetzt dazu sagen läßt, ist, daß uns diese Stimmen, woher sie

Oben links: Buddha verkörpert das Prinzip der Ruhe und Erleuchtung.

Oben rechts: Dieses antike chinesische Gemälde zeigt die „siebte Hölle" des Buddhismus, wo die Seelen der Verdammten von furchterregenden Hunden und Teufeln in einen todbringenden Fluß gehetzt werden.

auch immer stammen mögen, keinerlei Informationen über ein Weiterleben nach dem Tode liefern.

Trotz des wachsenden Interesses für das Übernatürliche und alle Bereiche der Parapsychologie sei angemerkt, daß die meisten, die ein unleibliches Weiterleben in einem Jenseits für möglich halten, Anhänger irgendeiner Religion sind und ihre Überzeugung von einem Leben nach dem Tode gänzlich in ihrem Glauben begründet liegt. Dieser Glaube reicht weit in die Vergangenheit zurück: Schon die ältesten uns bekannten Begräbnissitten lassen erkennen, daß auch unsere Vorfahren an ein Weiterleben glaubten.

Am Ende eines jeden Lebens steht der Tod. Das ist bisher das einzige, was wir mit Sicherheit sagen können. Über ein mögliches Weiterleben nach dem Tod können wir daher keine definitiven Aussagen treffen.

"IM JENSEITS GIBT ES VIELE VERSCHIEDENE BEREICHE… NACH SEINEM TODE BEGIBT SICH JEDER IN DIEJENIGEN REGIONEN, IN DENEN ER MENSCHEN SEINES SCHLAGES FINDET. SEINE UMGEBUNG BESTEHT AUS DEN KOLLEKTIVEN ERINNERUNGEN… "

DIE HEILIGEN SCHLANGEN VON AMERIKA

In alter Zeit zogen sich durch die Landschaft Nordamerikas zahlreiche Erdwälle, die die Form von Vögeln, Schlangen oder anderen Tieren hatten. Einige dieser Erdwälle dienten als Gräber, der Zweck der anderen aber ist uns verborgen geblieben.

Unten: Dieser Schlangenwall in Adams County, Ohio, ist die berühmteste der alten indianischen Erdanlagen in Nordamerika. Wissenschaftler haben die Vermutung geäußert, daß die Darstellung einer Schlange, die ein Ei verschluckt, ein astronomisches Ereignis von religiöser Bedeutung versinnbildlicht.

Als die europäischen Siedler immer weiter gen Westen drängten, durch die Ebenen und Wälder, durch die Täler an den Flüssen des mittleren Westens Nordamerikas entlang, stießen sie auf die beeindruckenden Überreste einer früheren Kultur. Zu den Relikten gehörten riesige Erdwälle, die sich über Hunderte Hektar erstreckten.

Zwischen einzelnen Wällen finden sich große, künstliche Hügel, wie der von St. Louis, auf dem einmal Tempel standen. Ein solcher Hügel, den die ersten französischen Kolonisten bei Natchez am Mississippi entdeckten, war sogar noch von einem dort lebenden Indianerstamm bewohnt. Angeblich lebte in dem Tempel auf dem Gipfel des Hügels ihr Herrscher, ein König, dem magische Kräfte zugeschrieben wurden und dem jeder Kontakt mit der Erde verboten war.

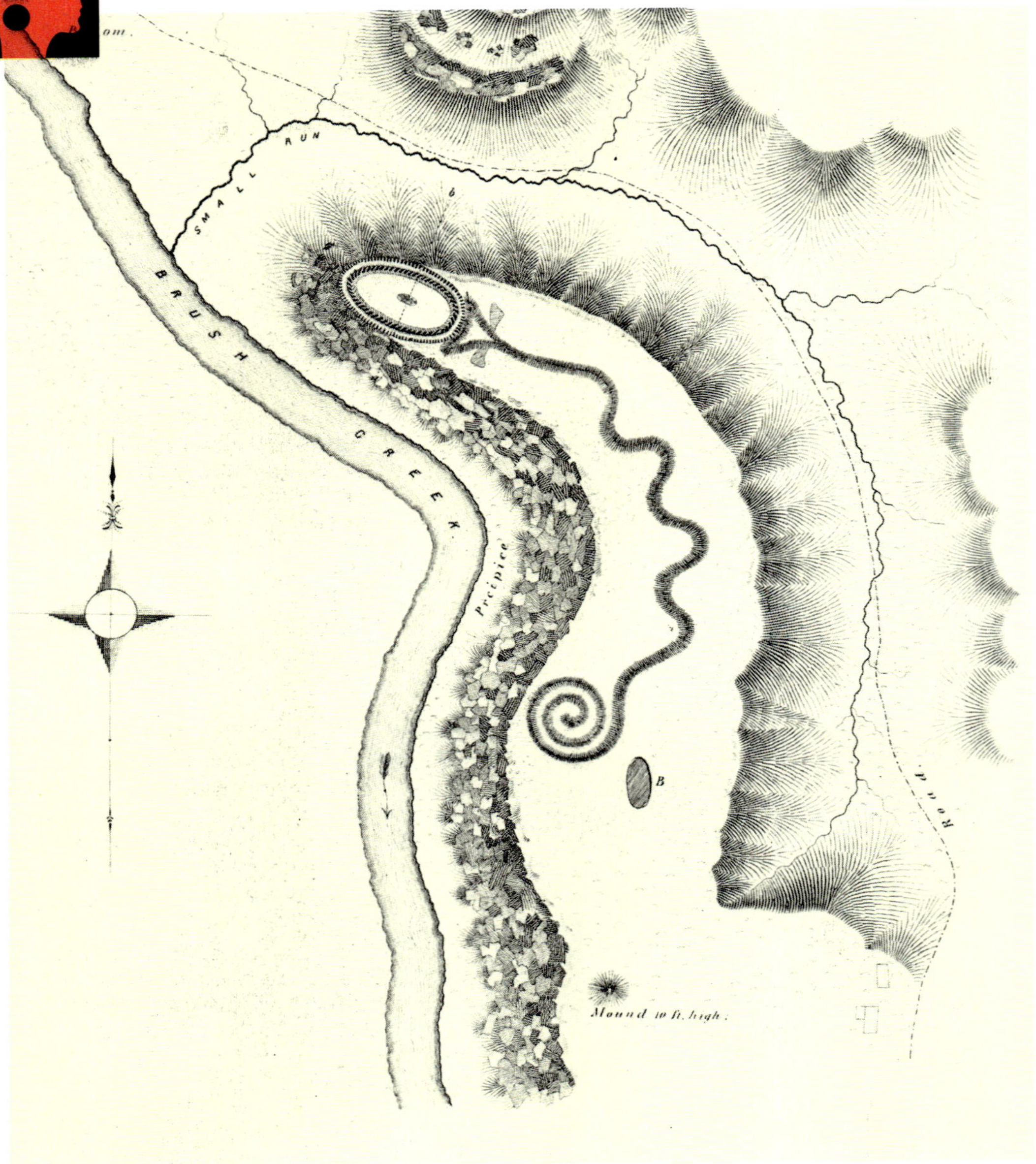

Links: Die amerikanischen Archäologen Edwin Hamilton Davis (unten) und Ephraim George Squier (ganz unten) veröffentlichten Mitte des 19. Jahrhunderts eine Lageskizze der Schlange von Ohio. Die Form der Schlange kann jedoch nur aus der Luft richtig beurteilt werden.

Als die Siedler in die indianischen Gebiete bis zum Mississippi und weiter vordrangen, stießen sie auf die merkwürdigsten aller alten Naturdenkmäler Nordamerikas. Die riesigen Denkmäler bestanden aus niedrigen Erddämmen, die oft die Gestalt von Vögeln, Menschen und wirklichen oder mythologischen Tieren hatten. Die Siedler trafen auch auf geometrische Formen, deren Bedeutung unbekannt ist. Die Mehrzahl dieser großen bildlichen Darstellungen fand man in der Nähe der Flüsse des Staates Wisconsin, während man auf andere in Iowa und Illinois und sogar weiter südlich in Georgia traf.

Merkwürdigerweise sind die Formen dieser Figuren vom Boden aus nur schwer zu erkennen. Und ganze Bildergruppen lassen sich nur aus der Luft überschauen. Außerdem sind viele der Erdwälle nur zu bestimmten Zeiten des Tages oder des Jahres zu sehen, wenn die Konturen durch Sonne und Schatten sichtbar werden.

Der erste schriftliche Beleg über diese alten amerikanischen Erdwälle stammt aus dem Jahre 1838. Zehn Jahre später wurden mehrere Beispiele in der berühmten Studie der amerikanischen Archäologen Ephraim George Squier und Edwin Hamilton Davis über die *Ancient Monuments of the Mississippi Valley* (Antike Denkmäler des Mississippi-Tales) beschrieben und illustriert. Einem größeren Publikum wurden die amerikanischen Erdwälle jedoch erst 1858 bekannt, als William Pidgeon, der mit den Indianern Handel trieb und außerdem ein passionierter Archäologe und Sammler von indianischen Sagen war, seine *Traditions of De-coo-dah* (De-coo-dahs Überlieferungen) veröffentlichte.

Geheimnisvolle Erdwälle

Pidgeon hatte einen Handelsstützpunkt bei den Mauern von Fort Ancient eingerichtet, einer großflächigen, auf einem Hügel gelegenen Erdanlage oberhalb des Flusses Little Miami River in Ohio. Wissenschaftler aus aller Welt beschäftigten sich mit den beeindruckenden Relikten einer früheren Kultur. Von ihnen erfuhr Pidgeon, daß niemand genau wußte, wer diese großartigen Erdanlagen errichtet hatte und zu welchem Zweck dies geschehen war. Theorien gab es in Hülle und Fülle. Keine davon konnte

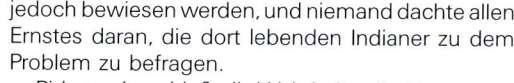

"DIE URALTEN DENKMÄLER IN WISCONSIN SIND UNGEWÖHNLICH UND MERKWÜRDIG. SIE ÄHNELN WENIGER BAUTEN FÜR HEILIGE ODER KULTURELLE ZWECKE IRGENDWELCHER ART ALS VIELMEHR HIEROGLYPHEN ODER SYMBOLEN. WÄREN SIE NICHT AUF DER OBERFLÄCHE DER ERDE ZUSAMMENGETRAGEN WORDEN, SONDERN AUF FELSEN UND STEINE GESCHRIEBEN, WÜRDE MAN ANSTRENGUNGEN UNTERNEHMEN, SIE ALS AUFZEICHNUNGEN ZU ENTZIFFERN…"

Unten: Der Schlangenwall von Ohio aus der Froschperspektive. Da es schwierig ist, die Gestalt der Schlange von diesem Blickwinkel aus zu erkennen, haben einige Forscher die Vermutung geäußert, daß die alten Indianer Nordamerikas die Gabe der Levitation besaßen.

Ganz unten: So sah ein Künstler des 19. Jahrhunderts die Ausgrabung eines indianischen Grabhügels. Die Entweihung ihrer heiligen Stätten trug wesentlich zur Ausprägung einer feindlichen Haltung der Indianer gegenüber dem weißen Mann bei.

jedoch bewiesen werden, und niemand dachte allen Ernstes daran, die dort lebenden Indianer zu dem Problem zu befragen.

Pidgeon beschloß, die Wahrheit selbst herauszufinden. Er baute sich ein Segelboot, mit dem er von 1840 an zahlreiche lange Reisen durch den amerikanischen Kontinent unternahm. Sie führten ihn bis hoch nach Wisconsin und in die Gebiete der Winnebago- und der Sioux-Indianer. Unterwegs trieb er Handel und sammelte eifrig antike Kulturgegenstände.

Mit seinem Boot segelte Pidgeon in zu seiner Zeit noch völlig unberührte Gegenden Amerikas, doch schon bald wurde mit der Besiedlung des Landes ein großer Teil der alten Denkmäler und Erdanlagen zerstört. Viele Erdbildergruppen wurden eingeebnet, so geschehen zum Beispiel beim Bau der Städte Madison und Milwaukee (beide im Staat Wisconsin). Einige der Erdbilder wurden auch durch die Kolonisten dem Erdboden gleichgemacht, weil diese damit jegliche Erinnerung an die Ureinwohner, die sie besiegt und verdrängt hatten, für immer auslöschen wollten.

Auf seinen Reisen stieß Pidgeon auf zahllose dieser Erdbilder, die sich damals noch in unversehrtem Zustand in der Obhut ihrer indianischen Hüter befanden. Auf den Hügeln sah er die langen Reihen von tönernen Bären, Panthern, Eidechsen, Schildkröten und riesigen Vögeln. Er entdeckte mehrere Erdwälle, die sich wie Riesenschlangen über die Landschaft hinzogen, und er fand ausgerichtete Erdwälle, deren Verlauf er über große Entfernungen hinweg verfolgte und an deren Überkreuzungen sich noch andere Figuren befanden. Auch hatte er das große Glück, jemandem zu begegnen, der ihm ihre Bedeutung erklären konnte.

Während Pidgeons archäologischen Untersuchungen der alten Erdwälle in der Nähe von Prairie la Crosse am oberen Mississippi wurde ein alter Indianer namens De-coo-dah auf ihn aufmerksam. Dieser stellte sich ihm vor als ein Angehöriger des Stammes der Elche, der direkt von den eigentlichen Moundbildern (den indianischen Erbauern der Hügel) abstammte. De-coo-dah war über das ehr-

fürchtige Interesse Pidgeons an den Denkmälern seines Volkes erfreut.

„Ein guter weißer Mann" soll er vor Überraschung ausgerufen haben, und Pidgeons Geste, der seine Grabungsschaufel in den Fluß warf und schwor, niemals wieder die heiligen Stätten der Indianer zu entweihen, überzeugte den Indianer vollends. Er erbot sich, ihm von den alten Anlagen zu erzählen. Dann weihte er seinen Schüler in bestimmte Überlieferungen ein, muß ihm aber die Mehrzahl davon vorenthalten haben, denn Pidgeons Bericht über sein erworbenes Wissen ist sehr bruchstückhaft und alles andere als klar. Dennoch vermochte Pidgeon es, ihn mit den folgenden Worten, die er De-coo-dah zuschrieb, gelungen zusammenzufassen:

„Als meine Urahnen dieses Land noch bewohnten, gab es Wild im Überfluß. Die Jagd war leicht, und in Friedenszeiten hatten sie deshalb viel freie Zeit, so schrieben sie ihre Geschichte in Form von Figuren in die Erde... Das Gesicht der Erde ist das Buch des roten Mannes, und diese Wälle und Mauern sind einige der Buchstaben."

Die Vorstellung, daß die Erdbilder und andere große Erdanlagen, die sich quer durch ganz Nordamerika ziehen, uralte Aufzeichnungen in bildlicher Form sein könnten, erregt das Interesse aller derjenigen, die sich mit der Entzifferung von vergessenen Sprachen befassen. Diese Hypothese findet auch durch S. F. Haven Unterstützung, der in seiner Untersuchung *Archaeology in the United States* (Archäologie in den Vereinigten Staaten) ausführt:

„Die uralten Denkmäler in Wisconsin sind ungewöhnlich und merkwürdig. Sie ähneln weniger Bauten für heilige oder kulturelle Zwecke irgendwelcher Art als vielmehr Hieroglyphen oder Symbolen. Wären sie nicht auf der Oberfläche der Erde zusammengetragen worden, sondern auf Felsen und Steine geschrieben, würde man Anstrengungen unternehmen, sie als Aufzeichnungen zu entziffern. Man würde ihnen ein Höchstmaß an Interesse entgegenbringen, angeregt durch die Vermutung, es handle sich um die ,Totems' von Stämmen, möglicherweise zum Gedenken an Freundschaft und Bündnisse, die auf den Boden geschrieben wurden, auf dem sich feindliche Völker friedlich zu treffen pflegten. Man muß sich allerdings eingestehen, daß bildliche Dar-

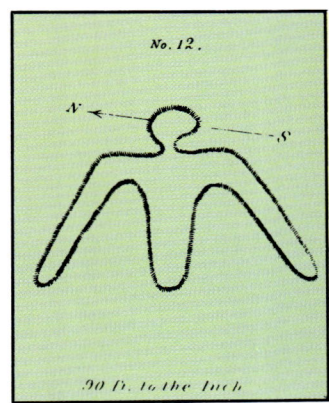

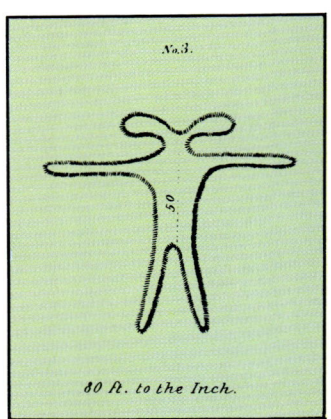

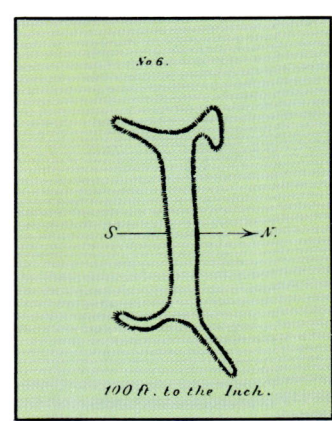

Oben: Die drei Zeichnungen gehören zu einer Reihe von Vermessungen antiker indianischer Erdanlagen in Wisconsin, die 1848 in Squiers und Davis' Buch Ancient Monuments of the Mississippi Valley **veröffentlicht wurden. Die Höhe der Wälle schwankte zwischen 50 Zentimetern und 2 Metern. Die meisten Wälle sind bei der Besiedlung Nordamerikas zerstört worden.**

Links: Die Erbauer der Wälle (Moundbilder) bei der Ernte im Flußtal des Ohio-River. Man nimmt an, daß manche Erdwälle den Indianern als astronomische Kalender, andere als Grabstätten für die Toten gedient haben.

stellungen von dieser immensen Größe, mit einem ganzen Land als Schreibtafel, ein Phänomen sind, das in der Geschichte der Denkmäler seinesgleichen sucht."

Botschaften aus der Luft

Bisher ist es noch niemandem gelungen, die Botschaft der amerikanischen Erdwälle zu entschlüsseln. Es handelt sich allerdings auch um eine merkwürdige Nachricht, die – ob nun von Göttern oder Menschen – scheinbar nur aus der Luft gelesen werden kann. Zu den Darstellungen in Wisconsin gehören riesige, fliegende Geschöpfe mit Menschenköpfen, wie die Donnervögel aus der indianischen Überlieferung oder der Garuda-Vogel, der in der Hindu-Mythologie der Vermittler des magischen Fluges ist. Und neben diesen Riesenvögeln gibt es auch zahlreiche Schlangendarstellungen.

Das Erdbild in Adams County, Ohio, ist der berühmteste aller amerikanischen schlangenförmigen Erdwälle. Die Schlange ist, entlang den Kurven gemessen, 396 Meter lang. Heute gestattet ein Beobachtungsturm den Besuchern, dieses große irdene Reptil im Ganzen zu betrachten. Das Tier schlängelt sich in sieben Windungen am Boden entlang, und die Schlange verschlingt mit weit aufgesperrtem Rachen ein Ei. De-coo-dah erzählte Pidgeon, der schon weiter im Westen andere schlangenförmige Wälle gesehen hatte: „Als diejenigen, die die Reptile anbeteten, durch die Wirren der Kriege immer weniger wurden und gezwungen waren, die Sonne, den Mond und die Himmelskörper als die einzigen verehrungswürdigen Objekte anzuerkennen, begruben sie ihre Götter heimlich in den symbolischen Erdwällen, die die Himmelskörper darstellten."

Demzufolge interpretierte Pidgeon die Darstellung der Schlange und des Eies in Ohio als ein astronomisches Symbol. Heute neigen Wissenschaftler dazu, ihm recht zu geben. 1975 erschien in A. F. Avenis' Buch *Archaeoastronomy in Pre-Columbian America* (Archäoastronomie im Amerika vor Kolumbus) ein Beitrag von T. M. Cowan von der Universität Kansas. In seiner *Effigy Mounds and Stellar Representation* (Erdbilder und Sternendarstellungen) überschriebenen Studie deutete Cowan an, daß sich Erdwälle und andere Erdanlagen früherer Kulturen an den Gestirnen und ihrer Stellung zueinander orientierten. Der Mond, der von einer Schlange verschluckt wird, ist in Asien in der Tat ein traditionelles Bild einer Mondfinsternis. Dies könnte auch ein Teil der Bedeutung des Erdbildes in Ohio sein. Die sieben Windungen jedoch und den eng eingerollten Schwanz interpretiert Cowan als eine Darstellung der sieben Sterne im Sternbild des Kleinen Bären und ihrer jährlichen Rotation um den Polarstern.

Der Schlangenwall von Ohio und andere derartige Erdanlagen könnten durchaus für astronomische Beobachtungen und zur Aufzeichnung von astrologischem Wissen gedient haben. Es gibt aber noch mehr Geheimnisvolles an diesen Stätten, das sich nicht so leicht erklären läßt. Auf den ersten Blick scheint es keinen plausiblen Grund zu geben, daß der Schlangenwall von Ohio genau dorthin gesetzt wurde, wo er sich jetzt befindet. Andere Hügel in der Umgebung sind höher, bieten eine bessere Aussicht, weisen größere ebene Flächen auf oder wären

für die Träger, die die Erde hinaufschaffen mußten, besser zugänglich gewesen. Trotzdem verfügt dieser Ort über eine gewisse spürbare Eigenheit, die scheinbar mit Hilfe der Schlange zum Ausdruck gebracht werden sollte.

Die Bewohner dort und auch die Besucher erzählen sich im Zusammenhang mit dem großen Schlangenwall merkwürdige Geschichten. Eine Schilderung stammt von dem Soziologieprofessor Robert W. Harner, die im Juni 1977 in der Zeitschrift *Fate* erschien. Als Harner an einem klaren, sonnigen Herbsttag allein auf dem Kopf der Schlange stand, geschah etwas, das ihm einen tiefen Schrecken versetzte. Er spürte die Anwesenheit einer bösen Urkraft. Als er merkte, daß sie sich ihm näherte, sah er ihre Gestalt in dem Muster der tanzenden Blätter, die um sie herum hochgewirbelt wurden. Wie er von den Blättern umringt wurde, fühlte er, daß er vor Grauen einer Ohnmacht nahe war – dann, plötzlich, war der Bann gebrochen. Der Energiestrom versiegte, die Blätter beruhigten sich, und Professor Harner ging zurück zu seinem Wagen. Er schwor, sich nie mehr auf den Erdwall zu wagen.

" TROTZDEM VERFÜGT DIESER ORT ÜBER EINE GEWISSE SPÜRBARE EIGENHEIT, DIE SCHEINBAR MIT HILFE DER SCHLANGE ZUM AUSDRUCK GEBRACHT WERDEN SOLL. "

Oben: Diese Erdwälle sind Teil des Effigy Mounds National Monument in der Nähe von Marquette, Iowa, und wurden zwischen 500 v. Chr. und 1400 n. Chr. erbaut. Zahllose Tierfigurgruppen bedeckten in der Zeit vor der Besiedlung Nordamerikas durch die Europäer den Erdboden.

Rechts: Der Campbell-Hügel in der Nähe von Columbus, Ohio, ist einer der vielen Erdwälle im Norden der Vereinigten Staaten.

Unten: William Pidgeon konnte auf seinen Reisen durch Nordamerika noch zahllose Erdwälle entdecken und untersuchen, die durch die europäischen Siedler zerstört wurden.

GEISTER OHNE SEELE

Viele glauben, daß es sich bei Geistern um die Seelen Verstorbener handelt, aber wie lassen sich dann die Erscheinungen von Tieren und leblosen Gegenständen erklären?

In den dreißiger Jahren soll einer der typischen roten Londoner Busse auf der Strecke der Linie 7 mehrfach Kraftfahrer in der Gegend von North Kensington von der Fahrbahn abgedrängt haben. An der schwer einsehbaren Kreuzung St. Mark's Road – Cambridge Gardens war es dadurch schon zu zahlreichen Unfällen gekommen.

Der Beschluß der örtlichen Behörde zur Begradigung der scharfen Kurven an dieser Kreuzung wurde auch durch die Berichte von Kraftfahrern herbeigeführt, die allesamt erzählten, daß sie einem Bus ausweichen mußten, der in den frühen Morgenstunden die St. Mark's Road hinunter raste – zu einer Zeit, da keine Buslinie mehr verkehrte.

Eine typische Anzeige bei der Polizei von Kensington lautete: "Ich bog gerade um die Ecke und sah, wie ein Bus mit hohem Tempo auf mich zukam. Die beiden Stockwerke des Busses waren hell erleuchtet. Doch es waren kein Fahrer und keine Passagiere zu sehen. Ich riß das Lenkrad herum, fuhr auf den Bürgersteig und streifte die Hauswand. Der Bus verschwand einfach."

Nach einem tödlichen Unfall, bei dem der Fahrer ausgewichen und gegen eine Wand geprallt war, bekannte ein Zeuge vor Gericht, daß er den mysteriösen Bus in Richtung auf das Auto hatte zufahren

Rechts: In seinem Buch Wonders of the Invisible World *(Wunder der unsichtbaren Welt) beschreibt der amerikanische Geistliche Dr. Cotton Mather die Geschichte eines Geisterschiffes. Das Schiff setzte die Segel in Amerika, erreichte jedoch seinen Zielort in England nicht. Einige Monate später jedoch wurde in dem Hafen, von dem aus das Schiff losgesegelt war, beobachtet, wie in einer Wolke über dem Meer genau dieses Schiff erschien und dann einfach verschwand.*

Unten: Die Kreuzung St. Mark's Road – Cambridge Gardens in London wurde in den dreißiger Jahren durch einen der roten Busse bekannt, wie sie auch heute noch das Stadtbild Londons prägen. Der geheimnisvolle Bus wurde mehrmals mitten in der Nacht gesehen, wie er führerlos die Straßen entlang raste.

sehen. Als der Untersuchungsbeamte sich etwas zynisch zu dieser Schilderung äußerte, schrieben Dutzende von Bürgern an sein Büro und auch an die Lokalzeitung und boten sich an zu bezeugen, daß auch sie den „Geisterbus" gesehen hatten. Zu den beeindruckendsten Schilderungen gehörte der Bericht eines Angestellten der örtlichen Verkehrsbetriebe, der gesehen haben wollte, wie der Bus in den frühen Morgenstunden zum Betriebshof fuhr, dort eine Weile mit laufendem Motor stand und dann einfach verschwand.

Das Geheimnis wurde nie gelüftet; möglicherweise ist es von Bedeutung, daß der Bus nach der Beseitigung der gefährlich scharfen Kurven dieser Kreuzung nicht mehr gesehen wurde. Es wurden sogar Vermutungen darüber angestellt, daß die Vision eines Busses an die Stelle projiziert worden wäre, um die Gefährlichkeit der Kreuzung deutlicher zu machen. Wenn dem so ist, wer steckte dahinter? Und wenn das Ganze, wie ebenfalls erwogen wurde, sich nur in der Vorstellung der Kraftfahrer abspielte – eine Art der natürlichen Projektion ihrer Angst an dieser Ecke –, wie gelang es ihnen, dies

Unten: In seinem Buch Supernature *(Übernatürliches) deutet Lyall Watson an, daß der Umstand, daß Geister Verstorbener so erscheinen, wie die Hinterbliebenen sich an sie erinnern, darauf hinweist, daß es sich bei Geistererscheinungen eher um einen Teil eines psychischen Prozesses als um einen übernatürlichen Vorgang handelt.*

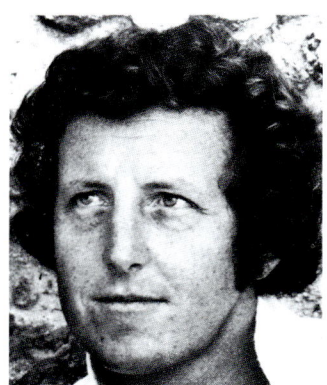

Ganz unten: Auffällig ist, daß die meisten Geister vollständig bekleidet erscheinen oder so etwas wie ein Leichentuch tragen, wie der Geist, der zu Beginn des 19. Jahrhunderts die Bewohner von Hammersmith, London, terrorisierte.

auch in die Vorstellung der Passanten zu projizieren, ganz zu schweigen von dem Angestellten des Betriebshofes, der den Bus in einer völlig anderen Situation gesehen hatte?

Der Geisterbus von Kensington stellt ein Problem dar, mit dem sich Menschen seit Jahrhunderten

konfrontiert sehen, die glauben, daß Geister zurückkehrende Seelen sind. Wenn ein Geist die Seele eines Verstorbenen verkörpert, die zur Erde zurückgekehrt ist, welche Erklärung haben wir dann für Geisterbusse – und natürlich auch für ihre direkten Vorläufer, die Geisterkutschen und Geisterreiter, die so häufig in den Sagen vorkommen?

Es gibt zahllose literarische Auseinandersetzungen mit plötzlich erscheinenden leblosen Gegenständen, beispielhaft genannt sei hier der Dolch Macbeths. William Shakespeare fand für ein solches Phänomen folgende Worte: „. . . bist du, Unglücksgebild, so fühlbar nicht der Hand, gleich wie dem Aug? oder bist du nur ein Dolch der Einbildung, ein nichtig Blendwerk, das aus dem heiß gequälten Hirn erwächst?"

Schwebende Erscheinungen

Eine der überzeugendsten Beschreibungen von vollkommen seelenlosen Erscheinungen findet sich im Tagebuch des Tower von London – einem Ort, an dem es dem Volksglauben nach nur so von Geistern wimmelt. Bei dem Mann, der diesen Eintrag machte, handelte es sich um Edmund Lenthal Swifte, der von 1814 bis 1842 das Amt des Keeper of the Crown Jewels innehatte. Aber überlassen wir es am besten Swifte selbst, zu erzählen, was er an einem Sonntagabend im Oktober 1817 erblickte:

„Ich aß mit meiner Frau, unserem kleinen Jungen und der Schwester meiner Frau im Wohnzimmer des Juwelenhauses zu Abend. Die Türen waren geschlossen, schwere Vorhänge waren vor den Fenstern zugezogen, und der Raum wurde von zwei Kerzen auf dem Tisch erhellt. Ich saß am unteren Ende des Tisches, mir gegenüber meine Schwägerin, mein Sohn zu meiner Rechten und meine Frau links von mir. Ich hatte meiner Frau gerade ein Glas Wein und Wasser angeboten, als sie, das Glas an ihren Lippen, innehielt und ausrief: ‚Mein Gott, was ist das?'

Ich blickte auf und sah eine zylindrische Erscheinung, wie eine Glasröhre, etwa so dick wie mein Arm, die zwischen Decke und Tisch schwebte. Der Zylinder schien mit einer dickflüssigen weißen und einer blauen Substanz gefüllt zu sein … die darin unablässig hin und her wogten und sich vermischten. Das ging etwa zwei Minuten, dann bewegte sich die Erscheinung auf meine Schwägerin zu, dann näherte sie sich meinem Sohn und schließlich mir selbst. Als sie hinter meiner Frau vorbeischwebte, verweilte sie einen Augenblick über ihrer rechten Schulter. (Beachten Sie, es befand sich kein Spiegel ihr gegenüber, in welchem sie ihn hätte erblicken können.) Sofort zuckte sie zusammen, und mit beiden Händen ihre Schulter bedeckend, schrie sie auf: ‚Herrgott, es hat mich angefaßt!'

Selbst jetzt noch, da ich diese Zeilen schreibe, spüre ich das Grauen dieses Augenblicks. Ich sprang auf, ergriff meinen Stuhl und holte zu einem Schlag gegen die Erscheinung aus. Daraufhin schwebte sie über das obere Tischende und verschwand in der Nische des gegenüberliegenden Fensters."

Diese merkwürdige Erscheinung wiederholte sich nie wieder. Aber einige Jahre später half Swifte dieses Erlebnis bei der Beurteilung eines geheimnisvollen Vorfalls im Tower.

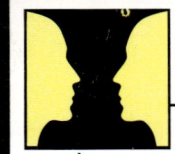

AKTIVE IMAGINATION

Der wegweisende Schweizer Psychologe Carl Gustav Jung (1875–1961) zeigte sich an vielen Aspekten des Paranormalen äußerst interessiert, führte über seine eigenen Erlebnisse auf diesem Gebiet Tagebuch und verfolgte darüber hinaus mit ähnlicher Begeisterung die Entdeckungen, die Parapsychologen zu seiner Zeit machten. Eines seiner faszinierendsten Erlebnisse trug sich während einer Reise nach Ravenna zu, die er mit einem Freund unternahm. Dort war er besonders von einem Mosaik beeindruckt, das darstellte, wie Christus Petrus seine Hand entgegenstreckte, da der Jünger in der See zu ertrinken drohte. Sowohl Jung und sein Begleiter betrachteten das Mosaik mehrere Minuten lang sehr aufmerksam und unterhielten sich auch ausführlich darüber. Von dem Mosaik zutiefst beeindruckt, beabsichtigte Jung, eine Reproduktion dieser Arbeit zu kaufen, konnte aber leider keine finden.

Als Jung schon wieder eine Weile zu Hause war, erfuhr er, daß ein anderer Freund demnächst Ravenna besuchen wollte. Er bat ihn, das Mosaik für ihn zu fotografieren, das ihn und seinen Begleiter seinerzeit so beeindruckt hatte. Als der Freund schließlich von seiner Italienreise zurückkehrte, stellte sich aber heraus, daß es solch ein Mosaik in Ravenna nie gegeben hatte. Jung mußte zwangsläufig einräumen, daß es sich bei dem Mosaik um eine nur von ihm und seinem Begleiter wahrgenommene Erscheinung gehandelt haben muß – und so um eine sehr außergewöhnliche Erfahrung in seinem Leben. Dieses phantastische Ereignis scheint viele Berührungspunkte mit dem aufzuweisen, was Jung mit dem Begriff „aktive Imagination" verband. Es ist bekannt, daß er diese Technik auch manchen seiner Patienten gelehrt hat. 1935 beschrieb Jung während einer Vorlesungsreihe, die Fähigkeit eines ihm bekannten jungen Künstlers, sich selbst in eine gemalte Alpenlandschaft hineinzuversetzen.

Der wachhabende Soldat befand sich außerhalb des Juwelenhauses, als er, etwa gegen Mitternacht, hinter sich ein gefährliches Knurren vernahm. Er drehte sich um und erblickte einen riesigen schwarzen Bären, der sich auf die Hinterbeine erhoben hatte und mit bleckenden Zähnen und rotglühenden Augen mit den Tatzen nach ihm ausholte. Der Soldat rammte sein Bajonett in den Bauch des Tieres, aber die Waffe ging einfach hindurch, und die Erscheinung löste sich in Luft auf.

Wenig später fand eine Patrouille den Soldaten bewußtlos auf dem Boden liegen. Sein Bajonett steckte fest in der massiven Holztür des Juwelenhauses. Der Soldat wurde zum Wachzimmer getragen, wo ein Arzt feststellte, daß er nicht betrunken war und auch nicht schlief. Am folgenden Morgen dann konnte Swifte ihn zu dem Vorfall befragen. Der Soldat erzählte seine merkwürdige Geschichte, bis er schließlich drei Tage darauf starb. Über einen Zeitraum von etwa 300 Jahren, bis zur Mitte des 17.

Unten: Es gibt viele Geschichten über Geisterpferde und ihre Reiter, die meist mit einem bestimmten Ort in Verbindung gebracht werden. Eine Theorie besagt, daß die Erscheinungen an bestimmten Plätzen eine Art von Aufzeichnung eines äußerst emotionalen oder dramatischen Ereignisses verkörpern, welches sich unter bestimmten Umständen wieder abspielt.

Jahrhunderts, beherbergte der Tower von London eine königliche Menagerie. Zu den dort gehaltenen Tieren gehörten auch eine Anzahl Bären. Obwohl kein Autopsiebericht erhalten geblieben ist, könnte der Umstand, daß der Soldat drei Tage nach seinem Erlebnis starb, darauf hindeuten, daß er, ohne es zu wissen, schwerkrank war und es sich bei der Erscheinung um eine durch seinen Gesundheitszustand hervorgerufene Halluzination gehandelt hatte.

Geistertiere

Geschichten über Geisterhunde sind in den Vereinigten Staaten, in Europa und in vielen Teilen Afrikas weit verbreitet. Auch Geisterpferde, Geisterrinder und sogar Geisterschafe haben ihren Platz in den Legenden. Im Jahre 1908 stellte die britische „Society for Psychical Research" (SPR; Gesellschaft für Parapsychologische Forschung) umfassende Nachforschungen bezüglich einer Erscheinung im Dorf Hoe Benham, in der Nähe von Newbury, Grafschaft Berkshire, an, bei der es sich um ein Geisterschwein zu handeln schien.

Am 2. November 1907 arbeiteten die beiden jungen Maler Oswald Pittman und Reginald Waud im Garten ihres Hauses. Etwa gegen 10 Uhr klingelte der Milchmann, und als Pittman ihm öffnete, sah er seine Freundin Clarissa Miles, noch in einiger Entfernung, auf das Haus zukommen. Sie war mit den beiden Malern zu einer Sitzung verabredet. An ihrer Seite lief ein großes weißes Schwein mit einem ungewöhnlich langen Rüssel. Als Pittman Waud zurief, daß Clarissa mit einem Schwein käme, bat dieser ihn, Clarissa solle das Schwein bloß nicht in den Garten lassen, denn der leidenschaftliche Gärtner wollte nicht, daß das Schwein seine Pflanzen zertrampelte. Als Clarissa schließlich eintraf, war sie jedoch allein und bestritt, etwas von einem Schwein zu wissen. Wenn es an ihrer Seite gelaufen wäre, betonte sie, hätte sie es ganz sicher bemerkt. Trotzdem ging sie mit Pittman auf die Straße, und sie fragten mehrere Kinder, ob sie ein weißes Schwein gesehen hätten. Alle verneinten.

Am darauffolgenden Morgen unterzeichnete der Milchmann auf Drängen des verwirrten Pittman eine Erklärung, daß er das Schwein nicht gesehen hätte, und verwies darauf, daß in dieser Gegend aufgrund der Schweinepest jedes frei herumlaufende Tier getötet würde.

Nach diesem Ereignis fuhren Pittman und Waud für einige Monate nach London, wo sie einem Mitglied der „SPR" von diesem merkwürdigen Zwischenfall berichteten. Als sie im Februar wieder nach Hoe Benham zurückkehrten, hatte sich die Geschichte von Pittmans Geistererscheinung im ganzen Dorf herumgesprochen. Die Dorfbewohner verloren ihre natürliche Zurückhaltung und überschütteten die beiden mit Geschichten über frühere Phantome. Im Dorf hatte man die Theorie aufgestellt, daß sie alle auf den Selbstmord eines Bauern, Tommy King, zurückzuführen seien, dessen Grundstück, das 1892 zerstört wurde, an die fragliche Straße gegrenzt hatte. Nachforschungen im Kirchenbuch ergaben, daß es sogar zwei Männer namens Tommy King gegeben hatte, der eine war 1741, der andere 1753 gestorben. Es gab jedoch keinen Hinweis darauf, welcher von beiden Selbstmord begangen hatte. Ein alter Mann namens John Barrett bezeugte, daß er 1850, als er noch ein Kind war, mit sieben oder acht anderen Kindern auf dem Heimweg im Heukarren die Straße entlangfuhr, als plötzlich ein „weißes Ding" in der Luft erschien. Alle hatten es gesehen, und die Pferde waren sehr nervös.

„Das Ding hüpfte ständig auf und ab, und die Pferde schnauften immer wilder, bis der Wagen die benachbarte Farm der Kings erreichte. Da verschwand die Erscheinung." 1873 hatte Barrett an der gleichen Stelle wieder eine unbestimmte Kreatur auf der Straße gesehen, die wie ein Schaf aussah und mit den Hufen in der Erde scharrte. Er versuchte, das Tier mit seinem Stock zu schlagen, aber es verschwand, bevor der Stock es treffen konnte.

Ein weiterer Dorfbewohner, Albert Thorne, beschrieb, daß er im Herbst 1904 ein „Geräusch gehört hatte, als wenn Blätter raschelten, und er daraufhin so etwas wie ein kniendes Kalb am Boden sah". Das Tier war ungefähr 75 Zentimeter hoch und 1,5 Meter lang und hatte glühende Augen. Als er es aus der Nähe betrachten wollte, löste es sich jedoch in Luft auf. Ein weiterer Zeuge, dessen Name nicht genannt wurde, berichtete, daß er im Januar 1905 bei hellem Mondschein etwas auf der Straße gesehen hatte, das er für den Hund des Hilfspfarrers hielt. Es war groß und schwarz. Er nahm an, der Hund wäre ausgerissen und ging hin, um ihn festzuhalten, worauf sich die Erscheinung in einen Esel verwandelte, der sich, bevor er ganz verschwand, drohend auf die Hinterbeine stellte.

Ein schauriger Schrei

Pittman, Waud und Clarissa Miles hatten nach der Geschichte mit dem Schwein noch ein weiteres verwirrendes Erlebnis. Als Clarissa einmal auf dem Weg zu ihren Freunden war, wurde sie plötzlich von einer großen Angst überwältigt. Ihren Freunden erzählte sie, daß sie die Anwesenheit eines bösen Wesens gespürt hätte, das ihnen Böses antun wollte. Gleichzeitig fühlte sie, wie sie keine Luft mehr bekam. Auf dem Nachhauseweg begleiteten Pittman und Waud ihre Freundin. Als sie die Stelle erreichten, an der Pitt-

man damals das Schwein gesehen hatte, vernahmen alle drei einen schaurigen Schrei, obwohl außer ihnen niemand zu sehen war. Dieser seltsame und fürchterliche Schrei überzeugte schließlich Waud, der bis dahin an Pittmans Erzählung Zweifel gehegt hatte, von der Existenz des Geisterschweines.

Die Sensitivität von Tieren, insbesondere von Katzen und Hunden, für paranormale Erscheinungen ist fast schon eine Binsenwahrheit. Dr. Robert Morris, ein Parapsychologe, der Tiere als „Kontrollen" in seinen Experimenten verwendet, beschrieb eine besondere Untersuchung in einem Geisterhaus, in dessen einem Zimmer sich seinerzeit eine Tragödie zugetragen hatte. Er setzte bei dieser Untersuchung einen Hund, eine Katze, eine Ratte und eine Klapperschlange ein, die anscheinend auf die Geistererscheinungen reagierten.

> **"ALS SIE DIE STELLE ERREICHTEN, AN DER PITTMAN DAMALS DAS SCHWEIN GESEHEN HATTE, VERNAHMEN ALLE DREI EINEN SCHAURIGEN SCHREI, OBWOHL AUSSER IHNEN NIEMAND ZU SEHEN WAR."**

Unten: In England geht die Legende, daß Nacht für Nacht eine Geisterkutsche aus dem 17. Jahrhundert, bestehend aus den Knochen der vier Ehemänner der gottlosen Lady Howard – die sie allesamt ermordet haben soll –, die Straße von Tavistock bis zu den Ruinen von Okehampton Castle entlangfährt. Der in ein Leintuch gehüllte Geist der Lady Howard soll in der Kutsche sitzen, der ein Hundeskelett vorausläuft. Der Legende zufolge muß der Hund jede Nacht einen Grashalm aus dem Okehampton Park zum Familiensitz der Lady Howard nach Tavistock bringen.

1

2

Am Abend des 5. März 1979 machte der 26jährige Antonio Gonzales Llopis Aufnahmen von Gran Canaria, als er plötzlich ein merkwürdiges, wirbelndes Licht am Himmel über dem Meer bemerkte (Abb. 1). Einen Augenblick später sauste ein riesiges, dunkles Objekt geradewegs in den Himmel und ließ einen gewaltigen Feuerball hinter sich (Abb. 2, 3). Llopis behielt seinen Finger am Auslöser und fotografierte das Objekt, bis es nach etwa drei Minuten verschwunden war. Dieser Zeitraum wurde später von Zeugen bestätigt.

Das blendende Licht um das dunkle Objekt herum ließ keine Einzelheiten erkennbar werden. Das Objekt schien sich sehr schnell zu bewegen. Nachdem es verschwunden war, wurde der Himmel noch eine halbe Stunde lang von einem leuchtenden Schweif und einer goldfarbenen Wolke erhellt (Abb. 4, 5). Tausende Menschen auf Gran Canaria berichteten von dem Ereignis, und viele von ihnen fotografierten es auch. Einige dieser Fotos wurden sogar in die Unterlagen der spanischen Regierung aufgenommen, die einer ernsthaften Untersuchung von Berichten über UFOs immer aufgeschlossener gegenübersteht.

3

4

5

Diese hellen Lichter (rechts) wurden in einer Dezembernacht des Jahres 1979 in der Nähe des Zentralflughafens von Barajas, zehn Kilometer entfernt von Madrid, beobachtet. Zehn dieser Lichter waren zuerst am Himmel über Madrid gesehen worden, wo sie einen kurzen Tanz am Himmel vollführten und schließlich in Richtung Barajas verschwanden, wo dann diese Fotografie entstand. UFOs scheinen von Flughäfen und Flugzeugen, Marinestützpunkten und Schiffen, Kernkraftwerken und militärischen Einrichtungen jeder Art regelrecht angezogen zu werden. In der Tat sind Vertreter der extraterrestrischen Hypothese der Meinung, daß sich UFOs mit ihrer außerirdischen Besatzung für die Entwicklung unserer technischen Ausrüstung interessieren. Andere, „bodenständigere" Forscher hielten die UFOs für geheime Fluggeräte des Militärs.

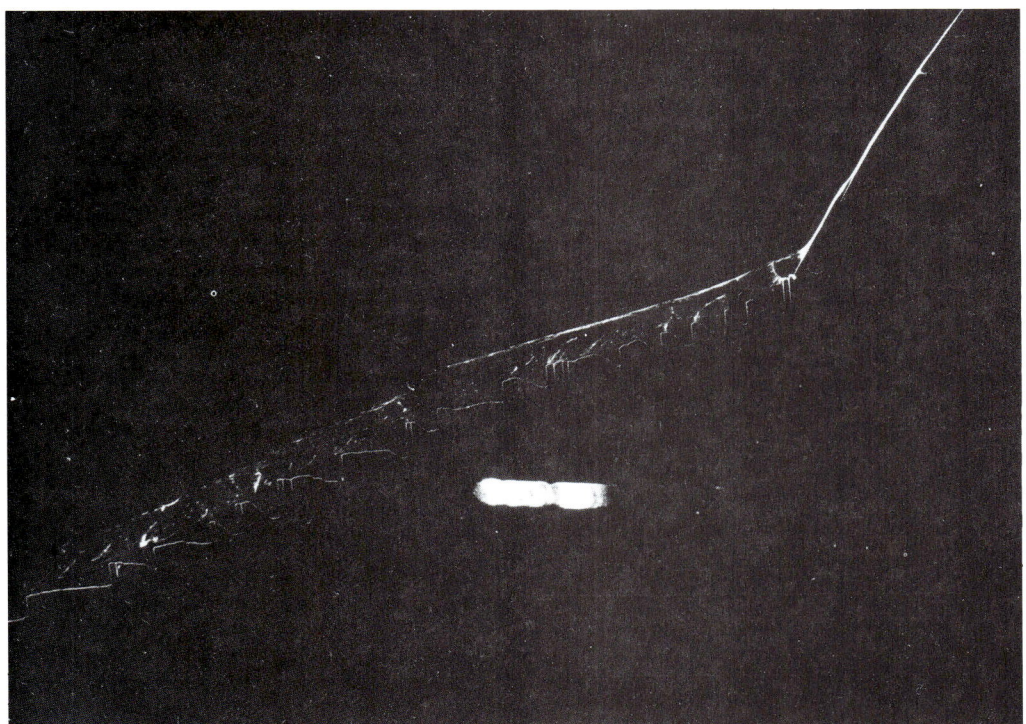

Dieses Foto eines UFOs (links) wurde in der Nacht vom 23. Januar 1967 von einem 17 Jahre alten Schüler der örtlichen Internatsschule unweit Lakeville, Connecticut, USA, aufgenommen. Es handelt sich hierbei aber nur um eine der vielen Beobachtungen von „leuchtenden, sich scheinbar ziellos bewegenden Lichtern", von denen die Schüler über einen Zeitraum von vier Monaten berichteten. Aber auch ein Lehrer und ein 12jähriger Junge, der in der Nähe wohnte, bestätigten diese Lichterscheinungen. Ayer und Wadsworth, beide Mitarbeiter am „Condon Report" (ein amerikanisches UFO-Forschungsprojekt), begannen, Nachforschungen anzustellen, und untersuchten das Foto des Jungen. Der Schüler hatte das UFO als einen „leuchtenden Lichtpunkt, der in gleichmäßigen Abständen flackerte oder pulsierte" beschrieben.

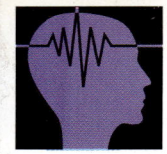

DIE WISSENSCHAFT

UND DIE TRAUMMACHER

Wissenschaftler sind beim Studium von Träumen im Schlaflabor auf bemerkenswerte Beispiele von Telepathie und Präkognition gestoßen. Ist es möglich, außersinnliche Wahrnehmungen (ASW) im Traum künstlich hervorzurufen?

Oben: Dieses Gemälde des Boxkampfes zwischen Luis Angel Firpo und Jack Dempsey wurde telepathisch an eine schlafende Testperson übermittelt und löste einen Traum über Boxen aus.

Unten: Dr. Montague Ullman in seinem Schlaflabor bei der Überwachung der Gehirnwellen einer schlafenden Testperson.

Der Traum verwirrte den Künstler. Zu Beginn des Traums hatte er eine Reihe von Pfosten gesehen. Dann träumte er von einem Boxkampf. „Ich mußte zum Madison Square Gardens gehen, um mir Karten für einen Boxkampf zu holen", erinnerte er sich. „Da standen eine Menge übler Kerle 'rum – Leute, die was mit dem Kampf da zu tun hatten." Warum träumte er von so etwas? Boxen interessierte ihn überhaupt nicht, und außerdem war er noch nie bei einem Boxkampf gewesen.

Überraschenderweise gab es jedoch einen Grund für den Traum. Der Künstler diente als Versuchskaninchen im Schlaflabor vom „Maimonides Medical Center" an der Universität von New York. Freiwillig ließ er sich über Drähte an eine Maschine anschließen, die die Gehirnaktivitäten während des Schlafes kontrollierte. Sobald verzeichnet wurde, daß sein Schlaf in die REM-Phase (engl. rapid eye movement: schnelle Augenbewegung) getreten

war und er demzufolge träumte, weckten ihn die Forscher auf und baten ihn, seinen Traum zu beschreiben.

In der Zwischenzeit hatte sich in einem anderen Raum des Schlaflabors eine Frau ein Bild angesehen, das wahllos aus einem Stapel von 12 Reizbildern gezogen wurde. Sie konzentrierte sich auf den Versuch, dem schlafenden Künstler das Bild zu übermitteln. In diesem Fall handelte es sich um ein Gemälde, das zeigte, wie Jack Dempsey im Ring von Madison Square Gardens k.o. geschlagen wurde. Als man unabhängigen Experten zusammen mit den 12 Reizbildern eine verbale Beschreibung der geträumten Eindrücke des Schlafenden zeigte, konnten sie diese ohne Probleme dem Bild von Dempseys Kampf zuordnen. Der Traum war ein spektakulärer telepathischer Erfolg.

Übermittelte Bilder

Solche Experimente wurden im Schlaflabor des „Maimonides Medical Center" seit Anfang der sechziger Jahre über einen Zeitraum von mehr als 15 Jahren durchgeführt, speziell mit dem Ziel der Erforschung von telepathischen Verbindungen zwischen träumenden Testpersonen und Agenten, die sich vornehmen, ihnen Bilder zu „senden". In Dr. William Erwin fand man eine besonders geeignete Testperson und in dem Doktoranden Sol Feldstein einen genauso guten Agenten, das heißt eine Person, deren Sendung wahrgenommen werden soll. Es gelang der Forschergruppe, Experimente durchzuführen, bei denen während des Traumes eine telepathische Verbindungsaufnahme zustande kam.

Die Forscher stießen auch auf Fälle, in denen Träumer offensichtlich einen Blick in die Zukunft warfen. Das überraschte Dr. Montague Ullman, den New Yorker Psychologen, der die Gruppe vom „Maimonides Medical Center" leitete, keineswegs. Er selbst erfuhr in einem seiner Träume eine Vorahnung auf zukünftiges Geschehen.

Eines Nachts träumte Dr. Ullman, er hätte seinen Kollegen Dr. Krippner getroffen, und stellte überrascht fest, daß er eine große, eitrige Wunde in seinem Gesicht hatte. Dieser Traum erschrak ihn so sehr, daß er mit einem „schmerzlichen Gefühl des Schreckens" erwachte. Im Laufe des Tages hatte Ull-

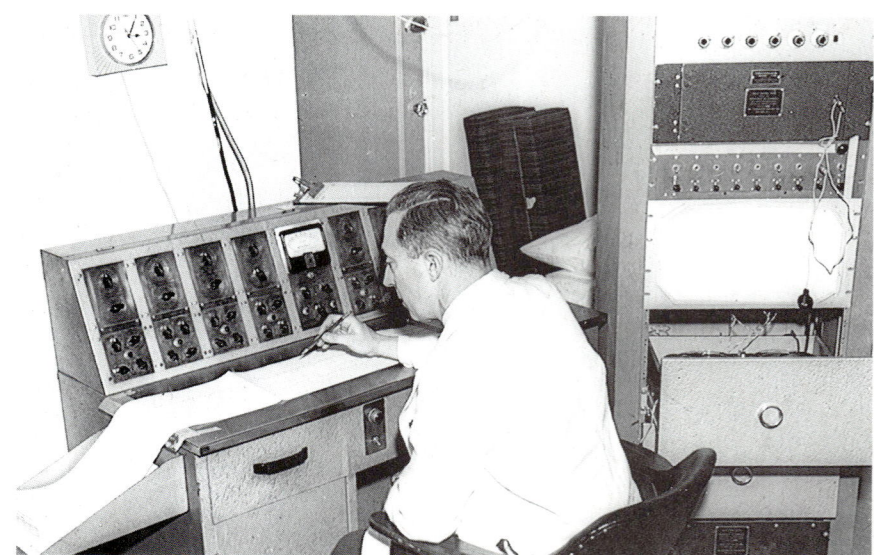

Oben: Bei einem Experiment zur Massentelepathie gewann die Rockband „Grateful Dead" ihr Publikum als Sender. Der Empfänger war Malcolm Bessent (oben), der im Schlaflabor des „Maimonides Medical Center" in New York schlief. Eines Nachts sendete das Publikum das Bild der sieben Chakras (rechts). Die Yogi sehen in ihnen die Energiezentren des Körpers. Bei der späteren Beschreibung seines Traumes erinnerte sich Bessent an die Verwendung natürlicher Energie, an einen „Energiekasten" zum Auffangen des Sonnenlichts, an eine levitierende Person und an eine Wirbelsäule. Beachten Sie die Aura um die Figur, die durchaus die Vorstellung von Sonnenlicht vermittelt haben könnte.

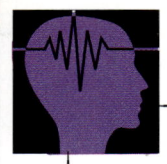

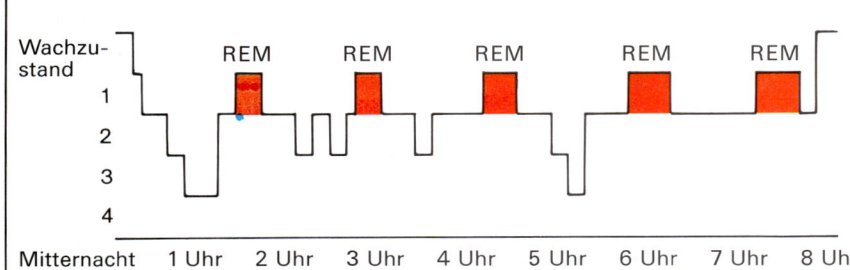

Wachzustand		REM	REM	REM	REM	REM
1						
2						
3						
4						

Mitternacht | 1 Uhr | 2 Uhr | 3 Uhr | 4 Uhr | 5 Uhr | 6 Uhr | 7 Uhr | 8 Uhr

Im Blickpunkt

DER BEOBACHTETE TRÄUMER

Tiefer und flacher Schlaf wechseln sich in regelmäßigen Abständen während der Nacht ab. Die Wissenschaftler unterscheiden diese Phasen auf der Grundlage der elektrischen Wellenmuster des Gehirns. Beim Einschlafen tritt der Mensch in Phase 1 ein – der flachste Schlaf, wenn die Gehirnwellen denen im Wachzustand ähneln. Mit tieferwerdendem Schlaf in den Phasen 2, 3 und 4 verlangsamen sich auch die Gehirnwellen, obwohl sich ihre elektrische Spannung erhöht. Einige Muskeln, wie zum Beispiel die der Gliedmaßen und des Kiefers, entspannen sich, während andere, beispielsweise jene, die die Nahrung im Verdauungstrakt befördern, ihre normale Aktivität beibehalten. Nach etwa eineinhalb Stunden kehren die Gehirnwellen wieder zu Phase 1 zurück, während der Körper sich immer weiter entspannt und vollkommen unbeweglich wird – mit Ausnahme der Augen, die hinter den geschlossenen Lidern ihre schnellen, ruckartigen Bewegungen beginnen. Es ist nicht einfach, den Schläfer während dieser REM-Phase zu wecken. Wenn er geweckt wird, so vermag er jedoch fast immer über seinen Traum zu berichten. Eine REM-Phase dauert etwa 20 Minuten. Dann wiederholt sich der gesamte Zyklus. Die späteren Zyklen laufen flacher ab als die vorhergehenden.

Auch für das Experiment „Traumentzug" fanden sich freiwillige Teilnehmer. Es zeigte sich, daß Traumentzug über längere Zeitspannen nervöse Störungen verursacht. Der Traumentzug führte nach Beendigung des Experiments zu einer verstärkten Tendenz zu träumen.

man in einem Stadtteil New Yorks zu tun, den er noch nicht kannte. Er war erstaunt, als er auf der anderen Straßenseite einen Mann erblickte, dessen Gangart ihn an Dr. Krippner erinnerte.

Überzeugt davon, daß es sich um seinen Kollegen handeln mußte, überquerte Ullman die Straße, um ihn anzusprechen. Wie er sich ihm näherte, erkannte er jedoch, daß es nicht Dr. Krippner war. Aber der Mann hatte die gleiche eitrige Wunde am Mund, die Ullman in seinem Traum in der Nacht zuvor gesehen hatte.

Anfang 1971 interessierte sich die Rockband „Grateful Dead" für die telepathische Forschung am „Maimonides Medical Center" und besuchte das Schlaflabor. Die Wissenschaftler entschlossen sich, die Gruppe an einem Experiment teilnehmen zu lassen, um herauszufinden, ob die telepathische Kommunikation bei Einbeziehung von mehr als einem Agenten auch intensiver ist. Die Band gab damals gerade sechs Konzerte in New York und erklärte sich bereit, jeden Abend die etwa 2000 Zuhörer zu bitten, als telepathische Agenten bei diesem Experiment mitzuwirken.

Am Abend eines jeden Konzertes schlief das Medium Malcolm Bessent unter den wachsamen Augen des Forschungsteams im Schlaflabor des „Maimonides Medical Center". Bei jedem Konzert projizierte man für kurze Zeit ein Bild von Bessent auf die Wand hinter der Bühne. Ein weiteres, nach dem Zufallsprinzip ausgewähltes Bild wurde dann etwa 15 Minuten gezeigt, während „Grateful Dead" ihren Auftritt fortsetzten und die Zuhörer sich bemühten, das gezeigte Bild zu übersenden.

Bei der Analyse von Bessents Träumen nach dem letzten Konzert zeigte sich, daß er vier von sechs möglichen Treffern erzielt hatte. Das ist aber noch lange nicht alles: Nach einigen Konzerten hatten sich die Forscher gefragt, ob es vielleicht auch mög-

> **„ÜBERZEUGT DAVON, DASS ES SICH UM SEINEN KOLLEGEN HANDELN MUSSTE, ÜBERQUERTE ULLMAN DIE STRASSE, UM IHN ANZUSPRECHEN. WIE ER SICH IHM NÄHERTE, ERKANNTE ER JEDOCH, DASS ES NICHT DR. KRIPPNER WAR. ABER DER MANN HATTE DIE GLEICHE EITRIGE WUNDE AM MUND, DIE ULLMAN IN SEINEM TRAUM IN DER NACHT ZUVOR GESEHEN HATTE."**

lich wäre, daß jemand die telepathische Kommunikation „abfangen" und die Bilder beschreiben könnte. Aus diesem Grund baten sie eine weitere Testperson, Felicia Parise, den Versuch zu unternehmen, sich in die Gedanken der Konzertbesucher einzuschalten. Den Zuhörern wurde allerdings nichts davon erzählt. Rein schematisch gesehen war dieses Experiment ein Fehlschlag, denn es wurde nur ein Treffer erzielt. Die Wissenschaftler entdeckten daneben jedoch einen bemerkenswerten Verlagerungseffekt.

Die Eindrücke von Felicia Parise wiesen keinerlei Ähnlichkeit mit dem Bild auf, das den Konzertbesuchern zu dieser Zeit gezeigt wurde. Statt dessen ergaben sich beeindruckende Beschreibungen von Bildern, die man den Zuhörern entweder schon an früheren Abenden gezeigt hatte oder die erst noch zufällig ausgewählt und projiziert werden sollten. Felicia Parise scheint also auf irgendeine Weise in die Zukunft und in die Vergangenheit gesehen zu haben.

Schon seit langem sind sich Parapsychologen darüber im klaren, daß Träume Quelle für eine Fülle von paranormalen Informationen sind. Angeblich gab es viele Träume, die vor dem Unglück von Aberfan im Jahre 1966 warnten, als in einem kleinen walisischen Dorf durch das Absacken einer Kohlenhalde 144 Menschen starben. Als Dr. John Barker 31 vermeintliche Vorahnungen der Tragödie analysierte, stellte er fest, daß 28 davon im Traum vorgekommen waren.

Bis in die fünfziger Jahre hinein stand man bei der Erforschung von Vorahnungen im Traum vor dem Problem, daß sich die meisten Menschen entweder gar nicht an ihre Träume erinnern können oder sie schnell vergessen. Doch fanden die Wissenschaftler heraus, daß Menschen, die man nach einer Schlafphase mit schnellen Augenbewegungen (REM-

Phase) aufweckt, fast immer in der Lage sind, ihren Traum zu beschreiben. Mit Hilfe dieser Methode gelang es den Forschern auch, die Übertragung von Gedankenbildern an einen Schlafenden zeitlich mit einer Traumphase abzustimmen.

Es gibt unterschiedliche Arten von Träumen, und die Erforschung der sogenannten Hellträume stößt seit geraumer Zeit auf reges Interesse. Dieser Begriff wird verwendet, um Erlebnisse zu beschreiben, von denen der Schläfer weiß, daß er sie nur träumt und er seinem Traum objektiv, ja kritisch gegenüberstehen und eventuell sogar auf seinen Inhalt Einfluß nehmen kann.

Bereits 1896 machte sich ein holländischer Forscher, Dr. van Eeden, daran, seine Träume niederzuschreiben, und nach drei Jahren begann er, die Hellträume von den anderen Träumen zu unterscheiden.

(Die Traummaschine), beschritt als erster neue Wege bei der Traumforschung durch Hellträume. Er verbindet sein Studium der Hellträume mit Experimenten zum Wesen der ASW. Träumt eine schlafende Person, dann bewegen sich nicht nur die Augen schneller, gleichzeitig werden die Muskeln praktisch paralysiert. Obwohl der Schlafende einen Helltraum hat und demzufolge weiß, daß er träumt, kann er dies dem Forscher nicht mitteilen, etwa, indem er einen Schalter betätigt, da ihm seine Finger nicht gehorchen. Aus diesem Grund beschloß Hearne zu untersuchen, ob mit Hilfe von Signalen mittels Augenbewegungen eine Kommunikation zwischen Schlafendem und Forscher möglich wäre.

Mit den Testpersonen wurde eine bestimmte Abfolge von Augenbewegungen abgesprochen, mittels derer sie anzeigen konnte, daß zu diesem Zeitpunkt ein Helltraum abläuft. Im April 1975 wurde im Schlaflabor der Universität von Hull, an der Hearne arbeitet, erstmalig eine solche Kommunikation verzeichnet. Die Arbeit erwies sich anfangs als sehr mühsam. Nach 45 Nächten im Laboratorium hatte Hearne lediglich acht Hellträume aufgezeichnet. So machte er sich daran, eine „Traummaschine" zu erfinden, die „bewußt steuerbare Träume" liefert. Sie reagiert, wenn der Schlafende einen Traum beginnt, und signalisiert dies dem Schlafenden durch einen kleinen Stromstoß an seinem Handgelenk. Dadurch erkennt das schlafende Bewußtsein, daß es träumt, und der Traum wird zum Helltraum.

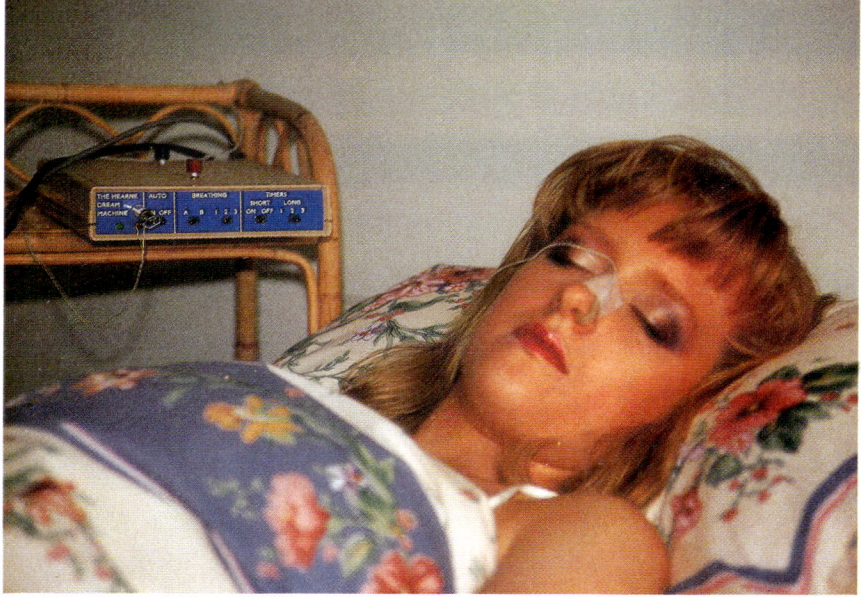

Unten: Bei der Traummaschine von Dr. Keith Hearne wird ein in die Nase eingeführter Schlauch zur Überwachung der Atmung verwendet. Wenn die Atemfrequenz anzeigt, daß ein Helltraum möglich ist, wird dies der Testperson über schwache Stromstöße signalisiert, die so zum Regisseur ihres eigenen „Traumfilms" werden kann.

> **„ IN DEM AUGENBLICK, IN DEM DIE HELLPERIODE DES TRAUMES BEGINNT, FINDET EINE TRANSFORMATION STATT: ES IST, ALS WÄRE DAS BEWUSSTSEIN PLÖTZLICH EINGESCHALTET WORDEN… DIE EMPFINDUNG SCHEINT SO ÜBERAUS WIRKLICH, DASS DAS GESAMTE ERLEBNIS ETWAS GANZ WUNDERBARES SEIN KANN. "**
>
> **Dr. Keith Hearne**

Der folgende Traum hat eine ganz besondere Auswirkung gehabt:

„Im Mai 1903 träumte ich, ich wäre in einer kleinen holländischen Provinzstadt und träfe plötzlich meinen Schwager, der einige Zeit zuvor verstorben war. Ich war mir absolut sicher, daß er es war, ich wußte aber auch, daß er tot war… Er erzählte, daß mir eine finanzielle Katastrophe bevorstünde. Irgend jemand würde mir 10.000 Gulden stehlen. Ich antwortete ihm, daß ich verstanden hätte, obwohl ich nach dem Aufwachen äußerst verwirrt war und mir keinen Reim darauf machen konnte… Ich möchte betonen, daß dies die einzige Vorhersage war, die ich je in einem Helltraum auf so eindrucksvolle Weise erhielt. Sie erwies sich leider als nur zu wahr – mit dem einzigen Unterschied, daß ich eine Summe verlor, die 20mal größer war. Zur Zeit des Traumes schien nicht die geringste Wahrscheinlichkeit für solch eine Katastrophe zu bestehen. Damals besaß ich nicht einmal das Geld, das ich später verlor. Trotzdem war es gerade der Zeitpunkt, an dem die ersten Ereignisse eintraten, die Eisenbahnerstreiks von 1903, die zu meinem finanziellen Ruin führten."

Dr. Keith Hearne, Autor von *Visions of the Future* (Visionen von der Zukunft) und *The Dream Machine*

Traumtelepathie

Hearne entdeckte zudem, daß ein Hellträumer der wachen Welt durch Änderung seines Atemrhythmus Signale geben kann. Diesen Umstand nutzte er auf neuartige Weise zur Überprüfung von ASW. Erkennt ein Schlafender, daß er träumt, dann macht er schnelle Atembewegungen. Ein Gerät am Bett reagiert darauf und setzt sofort einen automatischen Telefonwähler in Gang. Wenn der andere Teilnehmer an diesem Experiment einen Anruf erhält und niemand antwortet, dann weiß er oder sie, daß die Testperson zu diesem Zeitpunkt einen Helltraum hat. Daraufhin wird vom Empfänger des Anrufes eine zufällig gewählte Bildkarte genommen und dem Träumer ein Gedankenbild zugesendet, genau wie in den Telepathie-Experimenten im „Maimonides Medical Center". Hearne hat seine Forschungen zu ASW in Hellträumen noch nicht abgeschlossen.

Seit uralten Zeiten werden Träume als Kanäle des okkulten oder auf andere Weise außergewöhnlichen Wissens angesehen. Vielleicht ist es wirklich so, daß der Mensch während des Träumens auf Einflüsse reagiert, die er im wachen Zustand gar nicht wahrnehmen kann, etwa auf die Gedanken anderer Menschen, auf das Universum und selbst auf Signale aus Vergangenheit und Zukunft. Wir stehen erst am Anfang der experimentellen Überwachung parapsychischer Aktivitäten während des Träumens. Alles deutet darauf hin, daß ein großer Fortschritt im Verständnis dieses Aspektes des Paranormalen bevorsteht. Wie Keith Hearne es ausdrückt: „Hellträume sind der ideale Zustand zur Überprüfung des PSI, da der Träumer weiß, daß er träumt und an einem PSI-Experiment teilnimmt. Hellträume sind möglicherweise der einfachste Weg zum Erkennen parapsychischer Phänomene."

DIE EVOLUTIONS- THEORIE

Darwins Selektionstheorie über die Entstehung der Arten ist heute allgemein anerkannt. Welche Erklärung bietet die Wissenschaft für die erstaunliche biologische Vielfalt, die wir auf der Erde antreffen?

Oben und rechts: Das 19. Jahrhundert erlebte leidenschaftliche Auseinandersetzungen über zwei sich widersprechende Theorien zur Entstehung des Lebens auf der Erde. Die christliche Lehre geht davon aus, daß die Welt und alles Leben auf ihr in sechs Tagen von Gott erschaffen wurde. Tintorettos berühmtes Gemälde (oben) interpretiert den biblischen Schöpfungsbericht. Der britische Biologe Charles Darwin (rechts) stellte eine neue, revolutionäre Theorie in seinem 1859 veröffentlichten Werk Über die Entstehung der Arten *vor, in dem er darlegt, daß sich die Evolution auf Grundlage der natürlichen Auslese vollzieht.*

D er britische Biologe Charles Robert Darwin (1809–1882) gilt als der Begründer der Selektionstheorie. Er trat mit seiner Theorie der zuvor von dem französischen Naturforscher Jean Baptiste Lamarck (1744–1829) aufgestellten Hypothese der stammesgeschichtlichen Entwicklung der Lebewesen durch Umwelteinwirkung zur Seite. Sein 1859 erschienenes Werk *Über die Entstehung der Arten* wurde zum Standardwerk der Evolutionstheorie. Darwins Ideen waren umwälzend und haben bis in die Politik hinein stark eingewirkt. Das gesamte 19. Jahrhundert hindurch war die Evolutionstheorie schärfsten Angriffen ausgesetzt – und sie wird auch heute noch von strengen Bibelauslegern bekämpft. Die Selektionstheorie Darwins steht zu keinem Ergebnis der Biologie in Widerspruch. Heute hat sie vor allem in der modernen Genetik ihre endgültige Grundlage erhalten. Dennoch ist es in den Vereinigten Staaten bis heute nicht erlaubt, an den Schulen die Schöpfungsgeschichte zu bezweifeln.

In seinem berühmten 1859 erschienenen Grundwerk, dessen vollständiger Titel *Über die Entstehung der Arten durch natürliche Zuchtwahl oder die Erhaltung der begünstigten Rassen im Kampf um's Dasein* lautete, stellte Darwin eine besondere Theorie über die Art und Weise der stammesgeschichtlichen Entwicklung (Evolution) vor. Dabei verlieh er der Auffassung von der Evolution durch Abstammung eine viel größere Glaubwürdigkeit, als sie vorher besaß, denn er war in der Lage, einen verständlichen Mechanismus – die natürliche Auslese – für die Veränderung der Arten anzuführen.

Natürliche Auslese

Die Argumente, die für eine Evolution sprechen, sind gut bekannt. Erstens verfügen wir über fossile Funde, die die Überreste von einer großen Anzahl von Tieren und Pflanzen bewahren und sich häufig noch in geologischen Schichten befinden, die Aufschluß über den Zeitpunkt ihres Vorkommens geben. Diese Überreste zeigen, daß zahllose der verschiedenen Tierarten und Pflanzen, die einst die Erde bevölkerten, ausgestorben sind. Das bekannteste Beispiel dafür sind die Dinosaurier, die vor etwa 70 Millionen Jahren von der Erde verschwanden.

Da in vielen Fällen neue Formen von Organismen denen ähneln, die vor ihnen existierten, ist es ganz logisch anzunehmen, daß diese von den ausgestorbenen Arten abstammen. So erschienen die Vögel und Säugetiere lange nach den Reptilien und weisen auch viele übereinstimmende anatomische Merkmale auf, so auch das Vorhandensein von zwei Paar Gliedmaßen mit jeweils fünf Fingern oder Zehen an den Enden. Und trotz der unterschiedlichen Anpassungen der Flügel eines Vogels, der Finger des Menschen und der Flossen beim Wal weisen sie doch eine bestimmte gemeinsame Grundstruktur auf. Ein zweiter Grund für die Annahme, daß die Evolution wirklich vor sich geht, wird von den vielen unterschiedlichen Züchtungen und Varietäten (Unterarten) von domestizierten Tieren und Kulturpflanzen geliefert. Man denke nur an die Unterschiede zwischen Hunden, wie zum Beispiel zwischen Windhund und Pekinese. Der Umstand, daß sich beide durch selektive Züchtung aus ähnlichem Erbmaterial entwickelt haben, beweist doch, daß die Arten nicht unveränderlich festgelegt sind, sondern sich im Laufe der Zeit wandeln können.

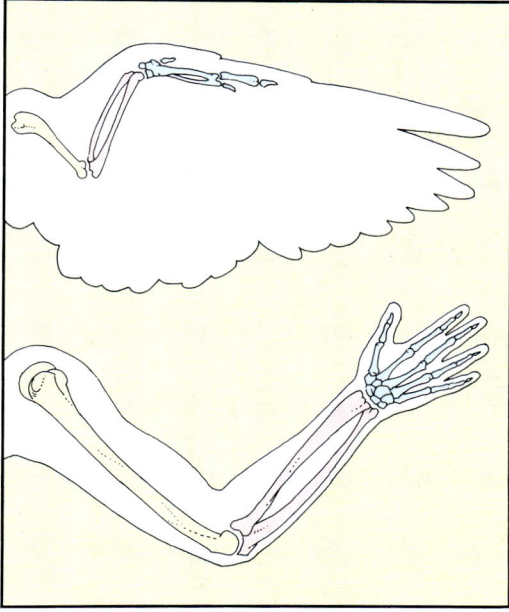

Links: Der Flügel eines Vogels und der Arm eines Menschen weisen trotz ihres sehr unterschiedlichen Aussehens eine ähnliche Struktur auf. Diese Tatsache ist ein nachhaltiger Beweis für die Evolution und deutet an, daß Vögel und Menschen einen gemeinsamen Vorfahren haben, von dem ausgehend sich die Flügel- und Armstruktur herausbildete. Bis sich Darwins umwälzende Theorie durchsetzen konnte, war man von der Unveränderlichkeit der Arten ausgegangen.

Oben: Um 1835 wurden in England Hundekämpfe populär. Der Staffordshire Bullterrier entstand durch Kreuzung einer Bulldogge mit einem Terrier. Er ist das Ergebnis einer besonders rücksichtslosen Form der Auslese: Hunde, die nicht gut kämpften, wurden einfach ertränkt.

Drittens führt die geografische Verteilung bestimmter Tier- und Pflanzenarten zu der begründeten Schlußfolgerung, daß sie sich durch Abstammung entwickelt haben. Ein anschauliches Beispiel, von dem Darwin äußerst beeindruckt war, sind die ausschließlich auf den Galapagosinseln lebenden Finken. Dort sind verschiedene Finkenarten beheimatet, die sich an unterschiedliche Methoden des Nahrungserwerbs angepaßt haben. Alle auf den Galapagosinseln heimischen Arten sind eng mit den Finken auf dem südamerikanischen Festland verwandt. Man nimmt an, daß einige Finken vom Festland zu den Inseln zogen und daß sich ihre Nachkommen an die dort gegebenen Bedingungen anpaßten und so heute die unterschiedlichsten Schnabelformen aufweisen, die den speziellen Erfordernissen auf diesen Inseln in besonderer Weise entspricht. Eine weitere Stütze für die Abstammungslehre findet sich in dem Fakt, daß man Tiere und Pflanzen in hierarchische Klassifikationssysteme einordnen kann. Die Spezies Mensch befindet sich zum Beispiel in der Gruppe der Primaten, zusammen mit den Affen. Die Primaten wiederum gehören zu den Säugetieren, und die Säugetiere werden den Wirbeltieren zugeordnet.

Links: Die Dinosaurier, hier der Tyrannosaurus rex, starben vor etwa 70 Millionen Jahren aus. Ihre fossilen Überreste stellen eine starke Stütze für die Evolutionstheorie dar.

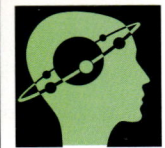

AUS ERFAHRUNG LERNEN

Können erworbene Merkmale vererbt werden? Die Antwort der Neodarwinisten ist ein kategorisches „Nein". Es gibt dennoch Experimente, die das Gegenteil vermuten lassen. Zwischen 1903 und 1908 führte der österreichische Biologe Paul Kammerer eine Reihe von Experimenten mit gefleckten Salamandern (Salamandra maculosa) durch. Diese wassermolchähnlichen Geschöpfe haben gelbe Flecken auf schwarzem Untergrund und sind in der Lage, ihre Körperfärbung der Umgebung anzupassen. Kammerer zog zwei Salamandergruppen auf; die eine auf gelbem Sand (oberer Streifen, links), die andere auf schwarzem Sand (unterer Streifen, links). Die Salamander paßten sich farblich ihrer Umgebung an. Der nächste Schritt bestand darin, von diesen Salamandern Nachkommen zu züchten, um zu überprüfen, ob die angepaßte Färbung auf die nächste Generation weitergegeben würde. Erstaunlicherweise war es so. Die Färbung der Nachkommen der gelben Eltern, die auf gelbem Sand aufgezogen wurden, war fast rein gelb (oberer Streifen, rechts).

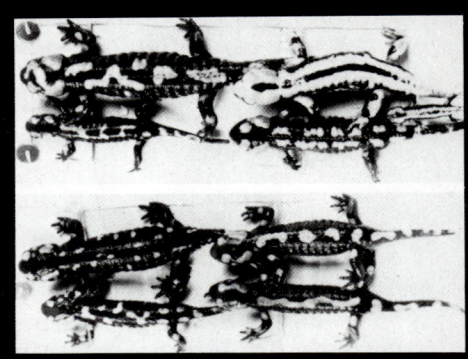

Allem Anschein nach sind diese und weitere von Kammerer durchgeführten Experimente ein Beweis dafür, daß erworbene Merkmale vererbt werden können. Solch ein Beweis würde die Genforschung revolutionieren, und das Mindeste, was Kammerers Ergebnisse verdient hätten, wäre eine sorgfältige Überprüfung gewesen. Doch fanden seine Experimente nicht genügend Beachtung. Von anderen Wissenschaftlern verspottet und als Schwindler beschimpft, wählte Kammerer schließlich den Freitod.

PERSPEKTIVEN

Oben und unten: Zwei der Finkenarten, die ausschließlich auf den Galapagosinseln vorkommen, wo sie sich auf unterschiedliche Formen der Nahrungsaufnahme spezialisiert haben.

Manche Menschen sind davon überzeugt, daß die speziellen Arten in kurzen Abständen und über einen langen Zeitraum hinweg aus lebloser Materie geschaffen wurden, und zwar auf eine Art und Weise, daß die neuen Arten den Arten ähnelten, die vor ihnen in den gleichen geografischen Gebieten lebten. Diese Auffassung erscheint vor dem Hintergrund unserer heutigen Kenntnisse allerdings wenig glaubhaft. Ihre Anhänger sind jedoch zwangsläufig an diese Theorie gebunden, da sie damit den Versuch unternehmen, bestehende Fakten mit einer speziellen Interpretation des Schöpfungsberichts im Buch Genesis in Einklang zu bringen. Dafür besteht jedoch überhaupt keine Notwendigkeit, auch dann nicht, wenn man die Autorität der Bibel anerkennt. Es zeigen sich nämlich überraschend wenig Widersprüche zwischen den modernen wissenschaftlichen Theorien von der Entwicklung des Universums und der Schöpfungsgeschichte im Buch Genesis.

Die Wissenschaftler sind heute der Auffassung, daß das Universum durch eine gigantische Explosion entstanden ist. Als sich das Universum nach dem Urknall abzukühlen begann, verdichtete sich das glühende Plasma zu Materie in Form von Atomen. Auf diese Weise führten riesige Gaswolken zur Entstehung von Sterngalaxien. Von der Gravitationskraft der Sterne eingefangen, wurden verhältnismäßig kleine Massen heißer Materie zu Planeten, die die Sterne umkreisten. Einer dieser Planeten war die Erde. Als sich die Erde abkühlte, kondensierte der Wasserdampf, und es bildeten sich die Meere. Im Wasser entstand das Leben, und zu den ersten Organismen zählten Pflanzen, die zur Photosynthese fähig waren. Tiere entwickelten sich zuerst im Meer und bevölkerten erst später das trockene Land. Aus diesen Landtieren entwickelte sich schließlich zu gegebener Zeit der Mensch.

Im ersten Kapitel der Genesis ist ein ähnlicher Vorgang beschrieben: Als erstes die Trennung des Lichtes von der Finsternis oder, mit anderen Worten, der Strahlung von der Materie. Als nächstes die Trennung der Erde als einzelne Masse vom Himmel und das nachfolgende Erscheinen von Meer und Land. Danach der Ursprung der Pflanzen und darauf der Tiere im Wasser, dann der Landtiere und schließlich des Menschen.

Diese beiden Beschreibungen vom Ursprung der Dinge unterscheiden sich allerdings darin, daß die Wissenschaftler davon ausgehen, daß sich diese Entwicklung über Milliarden von Jahren hingezogen hat. Die Bibel dagegen besagt, daß die einzelnen Etappen an verschiedenen Tagen stattfanden. Interpretiert man den Begriff „Tag" jedoch in der Bedeutung von „Zeitalter", besteht zwischen den beiden Darstellungen kaum noch ein großer Widerspruch. Der Hauptunterschied ist der, daß in der Genesis die Sonne und der Mond erst am vierten Tag erscheinen. Dies ist insofern von Bedeutung, da es beweist, daß der Begriff „Tag" nicht wörtlich zu nehmen ist. Er kann nicht wörtlich gemeint sein, da ja die Sonne, deren Aufgang und Untergang die Tage bestimmt, noch gar nicht existierte, wie im gleichen Text nachzulesen ist. Darüber hinaus machen andere Textstellen der Bibel deutlich, daß sich die Zeitmessung der Menschen von der himmlischen Zeitmessung unterschied. So ist im Zweiten Brief des Petrus (3,8) zu lesen, daß „beim Herrn ein Tag wie tausend Jahre und tausend Jahre wie ein Tag sind".

Letztendlich scheint die Kontroverse zwischen strengen Bibelauslegern und Vertretern der Evolutionslehre auf wenig mehr als auf einen Streit um die Bedeutung des Wortes „Tag" hinauszulaufen. Und das in einem Kontext, der keine Grundlage für die Annahme bietet, der „Tag" müsse 24 Stunden lang

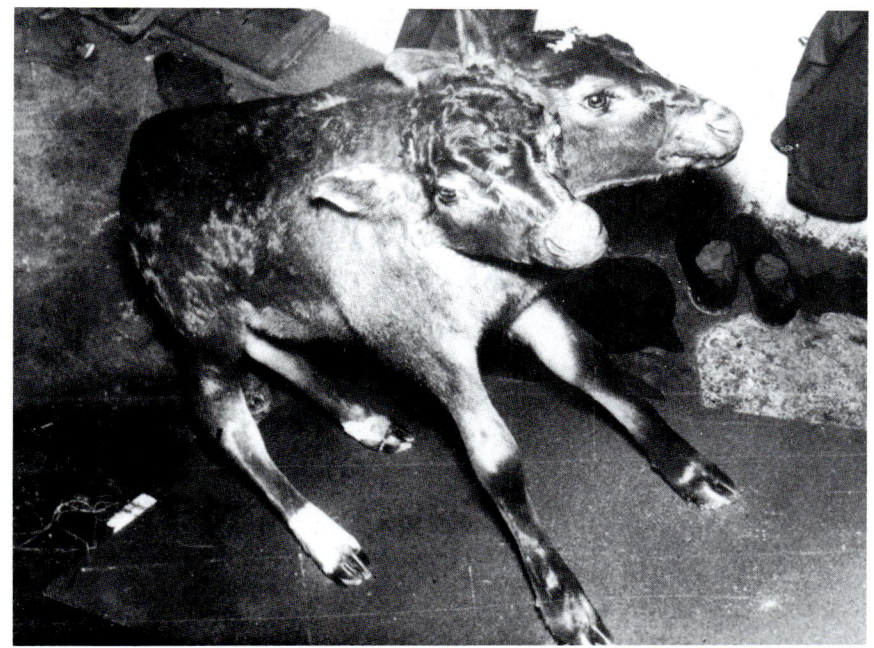

sein. Damit gibt es keine vernünftigen Gründe, auch keine religiösen, für die Ablehnung der Lehre von der Evolution durch Abstammung.

Sobald wir diese Theorie akzeptieren, stoßen wir auf eine ganze Reihe neuer Streitpunkte. Wieder liegen vielen davon religiöse und philosophische Fragen zugrunde, obwohl, oberflächlich betrachtet, sie rein wissenschaftlicher Natur zu sein scheinen.

Die wichtigsten Fragen betreffen die Herkunft neuer Arten. Entstehen sie schrittweise oder als Ergebnis plötzlicher Entwicklungssprünge? Seit mehr als einhundert Jahren führen Vertreter von zwei grundsätzlich entgegengesetzten Lehrmeinungen eine scharfe Auseinandersetzung um diese Frage.

Darwin selbst verfocht die schrittweise Entwicklung, und das tun auch seine modernen Anhänger, die Neodarwinisten. Die Gründe für diese Auffassung liegen jedoch mehr im philosophischen als im wissenschaftlichen Bereich. Schon vor der Veröffentlichung *Über die Entstehung der Arten* betonten verschiedene Wissenschaftler, daß die Evolutionstheorie nicht im Widerspruch zur göttlichen Schöpfung der Arten stehe, da auch Gott eine neue Art dadurch geschaffen haben könnte, indem er

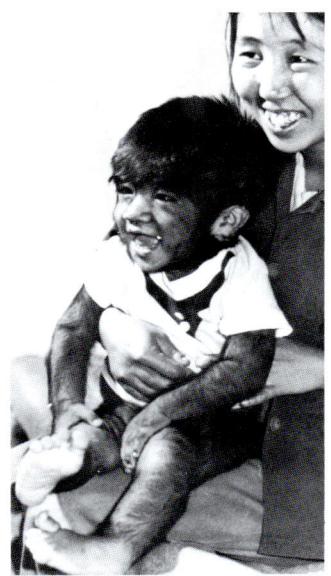

Ganz oben: Dieses Kalb mit zwei Köpfen ist das Produkt einer Genmutation.

Oben: Dieser behaarte Junge wurde 1977 im Nordosten Chinas geboren. Zufällige Genkombinationen können zu solchen Erscheinungen führen.

Rechts: Ein Ancon-Schaf, das sehr kurze Beine hat. Gentechnische Manipulationen wurden in der Tat schon praktiziert, als man die theoretischen Grundlagen dafür noch gar nicht kannte. Das Ancon-Schaf wurde nämlich von einem Schafbocklamm gezüchtet, das 1791 zufällig mit besonders kurzen Beinen geboren wurde.

eine bestehende Art umwandelte und auch, indem er sie direkt aus lebloser Materie schuf.

Auf der anderen Seite mußten die Verfechter der materialistischen Philosophie den Versuch unternehmen, den Vorgang der Evolution rein nach den Gesetzen der Materie zu erklären. Sie bemühten sich, alles, was den Anschein von Übernatürlichem hatte, abzulehnen. Darwin sprach sich gegen die Vorstellung einer sprunghaften Entwicklung aus, da dies, wie er in *Über die Entstehung der Arten* schrieb, „heißt, wie mir scheint, in den Bereich des Wunders eintreten und den der Wissenschaft verlassen".

Obwohl solche philosophischen Aspekte immer eine Rolle in der Auseinandersetzung gespielt haben, gibt es keinen Grund anzunehmen, daß der Glaube an die Schöpfung einer Negierung der schrittweisen Entwicklung neuer Arten gleichzusetzen wäre. Es gibt auch keinen vernünftigen Grund für einen Materialisten, plötzliche Sprünge in der Evolution abzulehnen. Überraschenderweise lassen sich die beiden Konzepte wirklich miteinander vereinbaren. Es gibt Theologen, die äußern, daß Gott durch die Einrichtung des Universums und der Naturgesetze, einschließlich der Möglichkeit der zufälligen genetischen Veränderung, verschiedene Lebensformen geschaffen hat, so daß die Evolution genau in der Art und Weise ablaufen mußte, wie es die Neodarwinisten glauben. Im Vergleich dazu akzeptieren einige Materialisten die Vorstellung von plötzlichen großen Veränderungen, gehen jedoch davon aus, daß sie zufällig auftreten.

Vielversprechende Exemplare

Darwins Hauptargument für eine schrittweise Entwicklung stützte sich auf eine Analogie zur Entwicklung von Züchtungen domestizierter Tiere, wie zum Beispiel Hunde, Tauben und Hasen, sowie von kultivierten Pflanzenarten, wie Kohl, Dahlien und Weintrauben, bei denen die Selektion durch den Menschen erfolgte. Genauso wie ein Tier- oder Pflanzenzüchter vielversprechende Exemplare als Grundlage für die nächste Generation auswählt und auf diese Weise schrittweise die Qualität der Züchtung verbessert, genauso würde – in der Wildnis – die natür-

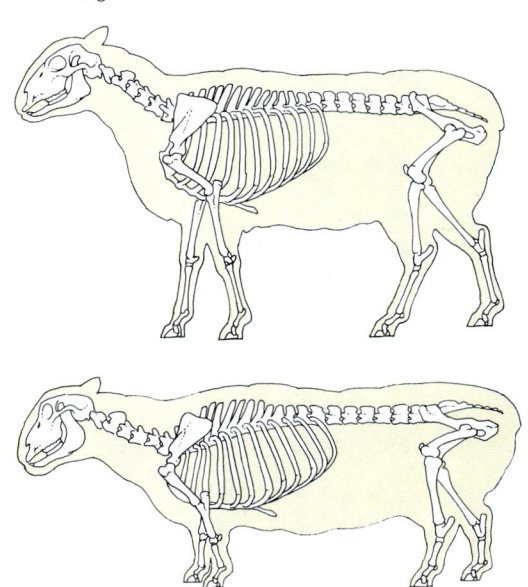

> **"ES IST WAHRLICH EINE GROSSARTIGE ANSICHT, DASS … WÄHREND UNSER PLANET DEN STRENGSTEN GESETZEN DER SCHWERKRAFT FOLGEND SICH IM KREISE GESCHWUNGEN, AUS SO EINFACHEM ANFANGE SICH EINE ENDLOSE REIHE DER SCHÖNSTEN UND WUNDERVOLLSTEN FORMEN ENTWICKELT HAT UND NOCH IMMER ENTWICKELT."**
>
> **Charles Darwin, Über die Entstehung der Arten**

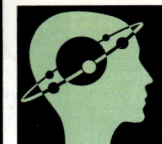
liche Auslese Elterngenerationen hervorbringen, die sich gut an die Lebensbedingungen angepaßt haben und mehr Nachkommen hinterlassen als die weniger gut angepaßten. Somit ergäbe sich eine schrittweise Verbesserung in der Anpassung der Rasse an ihre Umwelt.

Die Kontroverse dreht sich aber nicht darum, wie es zur Bildung von örtlich angepaßten Unterarten innerhalb von Arten kommt, sondern darum, wie die Arten selbst entstehen. Ironischerweise ist dies genau die Frage, die Darwin in seinem Werk *Über die Entstehung der Arten* nicht zufriedenstellend beantwortet hat. Er, wie auch seine Anhänger, nimmt einfach an, daß der gleiche, sich über lange Zeiträume hinziehende Prozeß zur schrittweisen divergierenden Entwicklung von Unterarten zu neuen Arten führen würde. Unbestreitbar kann dies manchmal der Fall sein. Die Gegner der schrittweisen Entwicklung beharren aber darauf, daß viele, wenn nicht sogar die meisten Arten viel schneller durch plötzliche Transformationen entstehen.

Dieser Fall, wie auch der Darwins, kann sich auf eine Analogie bei der Züchtung von domestizierten Tieren und kultivierten Pflanzen stützen. Denn, während einige neue Unterarten oder Rassen schrittweise durch lang andauernde Selektion entstanden sind, haben sich andere ganz plötzlich aus zufälligen Mißbildungen oder Typabweichungen gebildet.

Genetische Mutationen

Wenn im Verlauf der Evolution gelegentlich Mißbildungen überlebten und es ihnen gelang, sich erfolgreich zu vermehren, könnte mehr oder weniger plötzlich eine neue Art entstanden sein, die von der ursprünglichen Art abstammte. Es scheint wahrscheinlich, daß eine fossile Nashorngattung, die als Teleoceras bezeichnet wird, auf diese Weise entstand. Die kurzbeinigen Zwergnashörner ähneln den Ancon-Schafen und sind möglicherweise wie diese plötzlich als Ergebnis einer genetischen Mutation entstanden, die zu einem gestörten Wachstum des Knorpels an den Knochenenden führte. Interessanterweise gibt es unter den fossilen Funden eine ganze Reihe von Zwischentypen zwischen Teleoce-

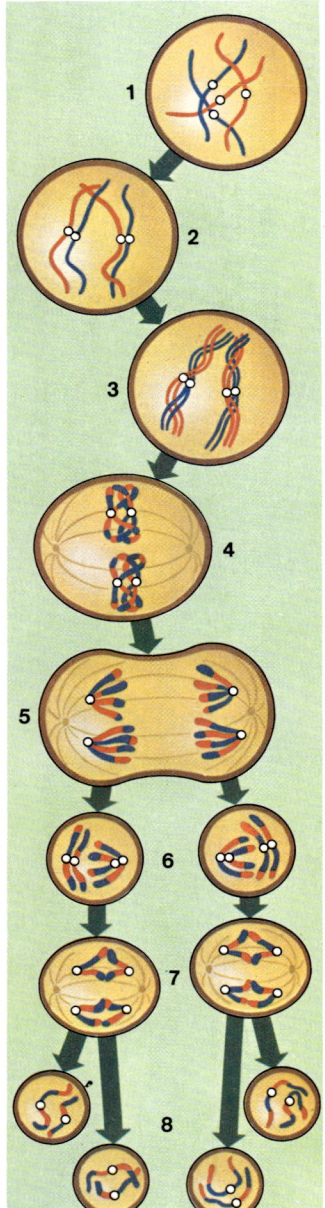

Oben: Das Schema zeigt den Ablauf der Meiose (Zellteilung). Chromosomen lagern sich zu Paarlingen zusammen (wie in 1 und 2), bilden je einen Doppelstrang (3), umwinden sich gegenseitig, wobei zur Vermischung genetischer Informationen Strangsegmente ausgetauscht werden (4). Die Paare trennen sich (5), und die Zelle teilt sich (6). Daraufhin trennen sich die Doppelstrang-Chromosomen in jeder Zelle, die einzelnen Zellen teilen sich (7). Die sich ergebenden Zellen (8) besitzen die Hälfte der Chromosomen der Mutterzelle.

Links: Diese Abart des Wiesenpippau entstand aus einer fehlerhaften Meiose.

ras und den Nashornarten, aus denen es sich entwickelte. Bisher wurden in der Tat noch keine fehlenden Glieder in der Evolutionskette gefunden.

Berechnungen zur Geschwindigkeit der evolutionären Veränderungen, die sich auf Daten von fossilen Tieren stützen, haben ebenfalls deutlich werden lassen, daß sie viel zu langsam abläuft, als daß man darauf das schrittweise Erscheinen all der verschiedenen Arten von Organismen in der verfügbaren Zeit, so lang sie auch gewesen sein mag, zurückführen könnte. Die Neodarwinisten erwidern hier, daß zu bestimmten Zeitpunkten sich die schrittweisen Veränderungen eventuell nicht so langsam vollzogen haben wie in anderen Zeitabschnitten. Damit gelangen sie mit ihrer Position immer näher an die Vorstellung von sprunghaften Veränderungen.

Evolutionssprünge

Einer der überzeugendsten Gründe für das Auftreten von plötzlichen Sprüngen ist der Umstand, daß viele heute lebende Arten sich von mehr oder weniger eng verwandten Arten in der Anzahl und der Struktur ihrer Chromosomen unterscheiden. Man weiß, daß Veränderungen in den Chromosomen dieses Typus gelegentlich während der Zellteilung (Meiose) auftreten, bei der Ei- und Samenzellen gebildet werden. Die Chromosomen der Mutterzelle lagern sich zu Beginn der Meiose in Paarlingen zusammen. Normalerweise trennt sich dann jedes Chromosomenpaar und verteilt sich auf jede der zwei Tochterzellen. Manchmal ist jedoch die Trennung der Paare gestört, und eine Tochterzelle erhält zu viele Chromosomen, die andere zu wenig. Als Folge davon besitzen die von diesen Zellen stammenden Abkömmlinge eine falsche Chromosomenzahl, wodurch sie häufig abnormal und unfruchtbar sind. Gelingt ihnen allerdings die Vermehrung, entweder durch Selbstbefruchtung, wie es häufig bei Pflanzen der Fall ist, oder durch Kreuzung mit ähnlich abnormalen Organismen (ihren Geschwistern vom gleichen Wurf zum Beispiel), kann dies direkt zum Entstehen einer neuen Art führen. Die unterschiedliche Chromosomenzahl stellt danach eine Barriere für die Kreuzung dar und hält die Trennung der neuen Art von der Mutterart aufrecht. Andere Chromosomenveränderungen während der Meiose mit Aufspaltung und Wiedervereinigung von Chromosomen an den falschen Stellen können ähnliche Auswirkungen haben.

Die Befürworter von plötzlichen Evolutionssprüngen leugnen nicht, daß die große Mehrzahl der mutierten Organismen durch natürliche Selektion wieder ausgesondert wird. Betrachtet man allerdings den langen Zeitraum der Evolution, ist es bereits ausreichend, wenn nur sehr selten „hoffnungsvolle Monster" in der Lage sind, zu überleben und sich zu reproduzieren. Daß so etwas eingetreten sein kann, werden selbst Neodarwinisten kaum leugnen können. Die zwei Lehrmeinungen unterscheiden sich hauptsächlich in der Verteilung der Schwerpunkte: Die einen sind der Meinung, daß plötzliche Sprünge kaum eine Rolle in der Evolution neuer Arten gespielt haben, während die anderen behaupten, daß viele, wenn nicht sogar die Mehrzahl der neuen Arten auf diese Weise entstanden sind. Alles in allem stützen die verfügbaren Beweise die zweite These.

GÖTTER AUS DEM ALL?

In zahllosen Legenden wimmelt es von seltsamen Reisefahrzeugen und Flügelwesen, die halb Mensch, halb Tier sind.

Dem christlichen Glauben zufolge sind wir alle Nachfahren des ersten Menschenpaares Adam und Eva. In der biblischen Schöpfungsgeschichte ist nun aber auch davon die Rede, daß das menschliche Erbe durch einen zweiten Stamm erweitert wurde, der nicht von dieser Welt, sondern von einer „himmlischen Quelle" zu den Menschen kam. Im 1. Buch Mose heißt es: „Als aber die Menschen sich zu mehren begannen auf Erden und ihnen Töchter geboren wurden, da sahen die Gottessöhne, wie schön die Töchter der Menschen waren, und nahmen sich zu Frauen, welche sie wollten... Zu der Zeit und auch später noch, als die Gottes-

Oben: Die christliche Schöpfungsgeschichte ist nur eine von vielen Theorien über den Ursprung der Menschheit.
Unten: Den indischen Gott Vishnu halten manche für einen frühzeitlichen Besucher aus dem Weltall.

söhne zu den Töchtern der Menschen eingingen und sie ihnen Kinder gebaren, wurden daraus die Riesen auf Erden. Das sind die Helden der Vorzeit, die hochberühmten."

Diese Bibelverse weichen von der restlichen Schöpfungsgeschichte auffällig ab und haben Theologen so manches Kopfzerbrechen bereitet. Wer waren diese Gottessöhne? Die Bibel leugnet ja explizit die Existenz anderer Götter, und das hebräische Wort für Götter – *elohim* – lautet im Plural wie im Singular gleich. Warum mischen sich hier aber Gottessöhne in das irdische Geschehen ein, wenn Gott doch Adam nach seinem Abbild und als seinen Verwalter auf Erden erschaffen hatte?

Die Verse mit den Gottessöhnen lesen sich wie ein altheidnisches Textfragment. Wäre dies die einzige Andeutung dieser Art, könnte man die Sache wohl einfach auf sich beruhen lassen. Aber der frühzeitliche Glaube, daß himmlische Wesen auf die Erde herabkamen und sich mit Menschen vereinigten, findet nicht nur in dieser dunklen Bibelstelle seinen Niederschlag, auch die berühmten griechischen Legenden erzählen von amourösen Abenteuern ihrer Götter.

Liebesaffären zwischen Sterblichen und Wesen aus anderen Welten spielen auch in der Folklore

der nordamerikanischen Indianer eine große Rolle. Eine Legende der Thompson-Indianer aus British Columbia erzählt beispielsweise davon, wie die „Himmelsgeschöpfe" eine verheiratete Frau entführten. Erzürnt erhoben sich alle „Erdenmenschen" zu einem ausweglosen Krieg gegen sie. Um in den Himmel zu gelangen, bauten sich die Erdenmenschen ein Gefährt, das jedoch beim ersten Angriff der Himmelsgeschöpfe auseinanderbrach. Die Menschen erlitten riesige Verluste, und viele Tierarten starben aus. In der Version der Quinalt-Indianer aus dem US-Staat Washington stammten die Angreifer aus dem „Land im Himmel, wo die Sterne sind". Die Entführung zweier unschuldiger Mädchen zu fremden Sternen brachte großes Verderben über die Stämme.

Nicht immer endeten solche Vereinigungen auf derart tragische Weise. Die Maori schreiben den Grad ihrer Zivilisation einer Verbindung zwischen einer Häuptlingstocher und einem Prinzen aus dem „Himmelsland" zu. Der Eindringling wurde vom Häuptling der Maori erst gefangengenommen, dann aber als Schwiegersohn akzeptiert. Eine Abordnung der Maori durfte das „Himmelsland" besuchen, wo sie von den überlegenen Fremden treffliche Kunstfertigkeiten erlernten. Ähnliche Überlieferungen über enge Beziehungen zwischen Menschen und fremden Wesen finden sich selbst in geographisch weit auseinanderliegenden Kulturen. Die Machinguenga-Indianer aus dem peruanischen Dschungel erzählen zum Beispiel von „Himmelswesen, die auf einem glänzenden Pfad vom Himmel auf die Erde herabkamen". Und nach einem japanischen Mythos soll es einstmals eine Brücke vom Himmel herab gegeben haben, über die die Götter der Erde häufige Besuche abstatteten.

Offene Fragen

Was sollen wir von diesen seltsamen Legenden über Verbindungen zwischen Menschen und „Himmelswesen" halten? Die Wissenschaft hat keine Standarderklärung für solche Geschichten parat, in denen ein Bezug zu „paranormalen" Phänomenen äußerst augenfällig ist. Einige Legenden ähneln so-

Oben: Das Buch des Henoch entstand im 2. und 1. Jahrhundert v. Chr. und erzählt von aufrührerischen Engeln, die aus dem Himmel vertrieben wurden und fortan auf der Erde leben mußten, wo sie an die Menschen verbotenes Wissen weitergaben. Pieter Brueghel setzte sich in seinem berühmten Bild phantasievoll mit dem Geschehen auseinander.

Unten: Auf dem neoassyrischen Siegel (950–612 v. Chr.) sind seltsame Wesen zu erkennen, teils Mensch, teils Fisch, teils Vogel, die durchaus an außerirdische Vorfahren denken lassen.

gar den Berichten über UFO-Entführungen aus unseren Tagen. Bei vielen dieser angeblichen Entführungen soll es gleichfalls zu sexuellen Kontakten mit den Außerirdischen gekommen sein. Hier ergibt sich zweifellos eine Parallele zu den „Mischehen" zwischen „Göttern" und den „Töchtern der Menschen", von denen die frühzeitlichen Legenden erzählen.

Haben wir es hier vielleicht mit einer rätselhaften Eigenart der menschlichen Psyche zu tun, die bei den einzelnen Völkern unabhängig voneinander dieselben Phantasiebilder entstehen läßt – die Vorstellung, daß es im Himmel intelligente Wesen gibt, die dem Menschengeschlecht überlegen sind? Eine solche Möglichkeit, daß diese Geschichten sozusagen Erinnerungsfetzen an irgendwelche historisch weit zurückliegenden Kontakte zwischen Menschen und Außerirdischen darstellen, ist schwer zu akzeptieren. Eine ganze Reihe von Autoren hat aber viel Mühe darauf verwendet, dies überzeugend und glaubwürdig darzulegen.

Der 1971 verstorbene T. C. Lethbridge, eine der schillerndsten Figuren unter den englischen Archäologen, unternahm den ernsthaften Versuch, die vielen Mythen und Glauben, die sich um die „Göttersöhne" ranken, zu entwirren. Ihn ärgerte die mangelnde Phantasie seiner Kollegen, die zum Beispiel seine Behauptung, unter dem Rasen von Wandlebury Camp in Cambridgeshire befänden sich riesige Kreidefiguren, Darstellungen von Göttern und Sternensymbole, rundweg verlachten. 1957 trat Lethbridge daher enttäuscht von seiner Stelle als Kustos der Abteilung „Angelsächsische Altertümer" am Archäologischen Museum von Cambridge zurück.

Er ließ sich in Devon nieder und widmete sich wieder seinem alten Hobby, dem Wünschelrutengehen. Er hatte dafür ausgeklügelte Methoden entwickelt, die er auch bei seinen archäologischen Forschungen mit Erfolg einsetzte. Bald bezog er in seine Untersuchungen und Berichte auch ASW und andere parapsychologische Themen mit ein, und sein Werk fand seinen Höhepunkt in der stark umstrittenen Untersuchung *The Legend of the Sons of God*

(Die Legende der Göttersöhne). „Ich hatte mich schon seit Jahren mit dem Problem auseinandergesetzt, wer diese ‚Göttersöhne' sein könnten, und hatte dazu auch viele Archäologen, Anthropologen und Theologen in Cambridge und anderswo befragt. Niemand konnte mir auch nur die geringste zufriedenstellende Antwort liefern."

Lethbridge erkannte das Ausmaß der Problematik, die an fundamentale Dinge rührte. Was oder wer waren diese Götter? Und warum hatten die meisten Völker dieser Erde anscheinend schon seit Urzeiten daran geglaubt, daß es derlei Wesen gäbe? Seine gelehrten Kollegen hatten natürlich viele Antworten parat, die deren jeweilige Lieblingstheorie untermauerten, aber die Legende von den „Göttersöhnen" widersetzte sich jeglicher Analyse. „Läßt sich dieses Stück Legende in irgendeines der bekannten ‚ismen' einfügen?" fragte Lethbridge. Weiter stellte er fest: „Es handelt sich weder um Totemismus noch um Anthropomorphismus, noch handelt es sich um irgend etwas anderes in dieser Richtung. Was wir haben, ist eine konkrete Aussage, daß sich eine Rasse, die als Göttersöhne bezeichnet wurde, mit einer anderen vereinigte, die man die Töchter der Menschen nannte."

Bemerkenswerte Flugmaschinen

Aus mythologischen Schilderungen bezog Lethbridge auch seine Informationen über die Fahrzeuge, die die vorzeitlichen Götter benutzt haben. Nach der Bibel wurde Elijah auf einem Feuerwagen gen Himmel befördert. Ein solches Gefährt taucht jedoch laut Lethbridge nicht nur in der griechischen und hebräischen Vorstellungswelt auf. Auch indische Mythen erzählen von götterähnlichen Wesen, die über bemerkenswerte Flugmaschinen und Zerstörungswaffen verfügten. Lethbridge sah einen augenfälligen Zusammenhang zwischen diesen Fahrzeugen und den UFOs aus neuzeitlichen Berichten, was ihn zu einer ganz bestimmten Schlußfolgerung über diese „Göttersöhne" brachte. So führte er aus, daß diese Mythen von Besuchen außerirdischer Wesen erzählen, die vor vielleicht 5000 oder mehr Jahren aus fremden Welten auf die Erde kamen und die Menschheit durch Wissensvermittlung und Mischpaarung in ihrer Entwicklung ein bis zwei Stufen weiterbrachten.

Derlei Gedanken waren nicht neu. Eine ganze Reihe von Autoren hatten über mögliche „Astronautengötter" bereits spekuliert, bevor sich von Däniken dank geschickter Selbstdarstellung als Urheber dieser Idee hervortat und mit seinem Buch *Im Kreuzverhör: Waren Götter auf der Erde?* an die Öffentlichkeit trat. Die mythologischen und anthropologischen Nachweise, die von Däniken Ruhm und Reichtum einbrachten, waren bereits in den vierziger Jahren von verschiedenen Forschern gesammelt worden, insbesondere von den Franzosen Louis Pauwels und Jacques Bergier sowie von den englischen Autoren Raymond Drake, John Mitchell und Brinsley le Poer Trench (der als Lord Clarency 1979 im „House of Lords" eine Debatte über UFOs anregte).

Insgesamt hatten diese Autoren eine überwältigende Menge von Hinweisen (unterschiedlicher Qualität) über die Traditionen und Glaubensvorstellungen aus jedem Winkel der Welt zusammengetragen, die nahelegten, daß die Menschheitsge-

PERSPEKTIVEN

IM GROSSEN MASSSTAB

Anhänger der Theorie der frühzeitlichen „Astronautengötter" zitieren mit Vorliebe aus den Mythen und Legenden alter Kulturen, um ihre Sache zu untermauern. In vielen Legenden wird wortreich geschildert, wie die Götter der Menschheit die Beherrschung des Feuers und die Kunst des Ackerbaus beibrachten. Das bedeutet natürlich nicht unbedingt, daß die Götter in Raumschiffen daherkamen – und auch nicht, daß die Menschen so dumm waren, daß sie diese Fähigkeiten nicht selbst entwickeln konnten. Und nicht nur das, die Anhänger der Astronautentheorie scheinen auch geflissentlich zu übersehen, daß jede Legende nicht nur von den Großtaten, sondern auch von den Untaten der Heldenfiguren erzählt. Diese Helden führen ein erhöhtes, auch ausschweifendes Leben. Die Seifenopern der modernen Zeit weisen eine ähnliche Tendenz auf, indem sie ihre Charaktere überzeichnet darstellen und die Komplexität des Lebens vereinfachen, damit wir diese (und auch uns selbst) klarer erkennen und somit vielleicht besser mit dem Leben zurechtkommen können. Mythen und Legenden schildern zum Teil ausgesprochen erschütternde Begebenheiten, die das tatsächliche Geschehen auf der Erde in ihrer Weise widerspiegeln. Weil die Erlebnisse aber mythologischen Wesen widerfahren, die von uns restlichen Menschen „abgehoben" sind, können wir dies gelassener ertragen. Die Entdeckung des Feuers muß eine unfaßliche Erfahrung gewesen sein, umrankt von Furcht und Magie. Wie sollte der Frühmensch dies anders verkraften, als diese Erscheinung als Eigentum der Götter zu betrachten? Ähnlich hat wohl auch die Einführung der Landwirtschaft auf das Leben der Menschen eine tiefgreifende Auswirkung gehabt und weitreichende psychische und soziale Umwälzungen mit sich gebracht. Die frühen Menschen mußten ihnen unerklärliche Vorgänge in der Natur oder Erfindungen wie den Ackerbau dem Wirken höherer Wesen zuschreiben. Wie sonst hätten sie ohne physikalische Kenntnisse etwa Feuer oder Gewitter erklären können?

Gegenüberliegende Seite oben: *Die griechischen Göttinnen Demeter und Persephone reichen dem Triptolemus Getreide, das er auf einer Reise zur Erde den Menschen als Geschenk mitbringen soll.*

Gegenüberliegende Seite unten: Hesekiels Gottesvision muß ein furchterregendes Erlebnis gewesen sein. Inmitten eines hellen Flammenfeuers sah der Prophet geflügelte Gestalten, die „waren anzusehen wie Menschen" und „glänzten wie blinkendes, glattes Kupfer". Über ihnen erblickte er einen rings von Feuer und Glanz umgebenen Thron und darauf „einen, der aussah wie ein Mensch… So war die Herrlichkeit des Herrn anzusehen."

> **WENN ABER EINE KOSMISCHE KATASTROPHE ALS MÖGLICHE URSACHE FÜR DIE ZERSTÖRUNG DER ZIVILISATION AUF DEM MARS IN BETRACHT KOMMT, DANN WÜRDE DADURCH AUCH MEINE THEORIE UNTERMAUERT, DASS VOR URZEITEN AUSSERIRDISCHE DIE ERDE BESUCHT HABEN.**

Erich von Däniken

schichte durch das Eingreifen Außerirdischer beeinflußt worden sein könnte. Am eindrucksvollsten hierbei sind die allgegenwärtigen Mythen von Helden mysteriöser Herkunft, die den Menschen angeblich alle kulturellen Errungenschaften vermittel-

Oben: Die älteste bekannte hebräische Münze stammt aus dem 4. Jahrhundert v. Chr. und zeigt Jehova auf einem geflügelten Wagen sitzend, der dem des Triptolemus aus der griechischen Mythologie ähnelt (siehe Vase auf der gegenüberliegenden Seite oben). Waren Götter auf der Erde? fragt Erich von Däniken im Untertitel seines Buches Im Kreuzverhör.

Links: Die Babylonier berichteten von seltsamen Wesen, die den Menschen praktische und kunstvolle Fertigkeiten vermittelten. Oft wurden diese Wesen mit Fischschwänzen dargestellt.

Oben: Die australischen Aborigines glauben, daß die Erde von Wesen namens Wondjina (siehe Darstellung) erschaffen wurde, die das Chaos der Welt ordneten. Manche Ureinwohner glauben bis heute, daß diese Wondjina auch in unserer Zeit gelegentlich die Erde besuchen.

ten. Lassen wir Lethbridge zu Wort kommen: „Aus so vielen Legenden geht klar hervor, daß dieser oder jener Gott der Menschheit diese oder jene Kunst beibrachte. Laut der walisischen Barddas hatte beispielsweise Hu der Mächtige den Menschen beigebracht, das Land zu bestellen. Der Mensch hat diese Kunst nicht selbst erlernt, indem er etwa mit einem angespitzten Stock in der Erde herumkratzte: Es war ein Gott, der ihm zeigte, wie es geht."

Viele dieser Heldenlegenden scheinen die Theorie der „vorzeitlichen Astronautengötter" auf beeindruckende Weise zu bestätigen. Die Babylonier überlieferten über Generationen die Geschichte einer fischschwänzigen Rasse, die täglich aus dem Persischen Golf auftauchte und ihre Vorfahren in allen Künsten und Wissenschaften unterwies. Hierzu gibt es eine Parallele in der griechischen Mythologie, in der amphibische Götter, die sogenannten Telchinen, das Handwerk der Metallurgie unter den Menschen verbreiteten. Der Stamm der Dogo in Westafrika kannte ähnliche fischähnliche Wesen namens Nommo, die mit einem rotierenden Fahrzeug unter Donnergetöse vom Himmel herabkamen. Ihnen verdanken sie laut der Legende ihre Zivilisation, und die von ihnen praktizierten traditionellen Zeremonien, die um den Stern Sirius B (die Heimat der Nommo) kreisen, entsprechen auf geradezu beängstigende Weise dem Mythos um den Sirius, der in den letzten Jahren immer wieder von Ufologen als Ursprung fremder Intelligenzen angesehen wurde. Die australischen Ureinwohner schreiben die Erschaffung und die Ordnung der Welt Wesen zu, die sie als Wondjina bezeichnen. Sie verehren bis heute Felsenbilder von diesen Wondjina und glauben, daß diese Wesen in den rätselhaften Lichtern im Himmel zu Hause sind, die von den weißen Australiern UFOs genannt werden.

Diese mythischen „Kulturträger" wirken besonders dann als Außerirdische plausibel, wenn sie in Fluggeräten daherkommen. Wie die frühzeitlichen Waliser waren auch die alten Griechen davon überzeugt, daß die Landwirtschaft keine irdische Erfindung ist, sondern von anderswo auf der Erde einge-führt wurde. So soll die Göttin Demeter ihren Schütz-ling Triptolemus in einem fliegenden, von Drachen gezogenen Streitwagen mit geflügelten Rädern rund um die Welt geschickt haben, damit er unter den Völkern Saat und die Kunst des Ackerbaus und des Brotbackens verbreite. Auf Vasenbildern wird er oft in einem zweirädrigen Gefährt sitzend und von Federflügeln und Schlangen umgeben dargestellt.

In gewisser Weise erinnert das an den biblischen Propheten Hesekiel und dessen bekannte Gottes-vision. Hesekiel saß am Fluß Kebar in Babylonien, als ein „ungestümer Wind von Norden her" kam, „eine mächtige Wolke und loderndes Feuer", die mit einem donnergleichen Geräusch landete. Dann sah er seltsame Fahrzeuge, die nach seiner Beschrei-bung aus Rädern, Flügeln und lebenden Gestalten bestanden. Sie trugen einen Thron, auf dem „einer saß, der aussah wie ein Mensch ... Und wenn die Gestalten gingen, so gingen auch die Räder mit, und wenn die Gestalten sich von der Erde empor-hoben, so hoben die Räder sich auch empor ... denn

es war der Geist der Gestalten in den Rädern" (He-sekiel 4, 26, 19, 20). Vergleiche mit dem fliegenden Gefährt des Triptolemus drängen sich hier geradezu auf. Eine Münze aus dem 4. Jahrhundert v. Chr. zeigt Jehovah auf einem ähnlichen Fahrzeug sitzend.

Die meisten Anhaltspunkte für die Verfechter der außerirdischen Götter liefert jedoch die indische Mythologie, deren farbige Schilderungen nahezu alle Elemente der „Göttersöhne"-Legende enthal-ten. Götter und Halbgötter kamen da vom Himmel herab, verbreiteten ihr Wissen und nahmen sich sterbliche Frauen zur Ehegattin. Sie flogen auf merk-würdigen Tierwesen oder eindrucksvollen Fahrzeu-gen umher, die Wind hinterließen. Die indischen Heldengedichte erzählen von heftigen Kämpfen in der Luft und blitzähnlichen Geschossen, die das Land zur Wüste machen konnten. Eine dieser Waf-fen enthielt die „Macht des Universums" und setzte „Rauch frei, der heller ist als zehntausend Sonnen". Nach den Autoren Raymond Drake und Erich von Däniken braucht man die „Götter" lediglich durch „Außerirdische" zu ersetzen, und die indischen Le-genden entpuppen sich als eine Chronik vorzeitli-cher Astronautik im Stile modernster Star-Wars-Romane.

Die Theorie, daß es sich bei den „Göttersöhnen" eventuell um Wesen von anderen Planeten gehan-delt hat, entbehrt nicht an Faszination, beruht aber bisher auf reiner Spekulation. Die Mythen geben der Phantasie allzeit genügend Nahrung, aber keine Beweise für außerirdische Besucher.

" MANCHE GLAUBEN, DASS MENSCHEN FRÜHER EINMAL MIT WESEN IN KONTAKT KAMEN, DIE VON AUSSERHALB UNSERER GALAXIS STAMMTEN ... DIESE VORSTELLUNG IST WEDER GROTESK, NOCH UNWAHRSCHEINLICH. SOLCHE RAUM-FAHRTEN KANN ES GEGEBEN HABEN ... "

SPUR- LOS VER- SCHWUN- DEN

Welches Geheimnis birgt das Bermudadreieck, wo immer wieder Schiffe und Flugzeuge unter seltsamen Umständen einfach verschwanden? Wirken dort mysteriöse Kräfte, oder gibt es für diese Vorfälle eine ganz profane Erklärung?

Unten: Die Cyclops, ein Manganerz-Frachter der US-Marine, verschwand im März 1918 auf ihrer Fahrt von Barbados nach Chesapeake Bay an der amerikanischen Ostküste. Auf dem 165 Meter langen Schiff befand sich eine 300 Mann starke Besatzung.

Das Bermudadreieck, ein Gebiet im westlichen Atlantik, wo bislang mehr als hundert Schiffe und Flugzeuge auf mysteriöse Weise verschwanden, scheint zahllose Rätsel aufzugeben. Die Tatsache, daß dort nicht nur Schiffe und Flugzeuge verschwanden, sondern das eigenartige Phänomen, daß zumeist keine Leichen oder Wrackteile gefunden wurden, könnten als Ursache für das Verschwinden eine Kraft vermuten lassen, die der Wissenschaft noch unbekannt ist.

Im Bermudadreieck gibt es nicht nur die auf dem Meer üblichen Naturgewalten wie Sturmböen, Hurrikane und Wasserhosen, sondern auch den Golfstrom, eine rasch fließende Wassermasse, die einen unachtsamen oder unerfahrenen Seemann innerhalb weniger Stunden Meilen von seinem Kurs abbringen und Wrackteile in alle Winde zerstreuen kann.

Über den genauen Umriß und die Ausdehnung des Bermudadreiecks gehen die Meinungen auseinander. Der Amerikaner Vincent Gaddis, der dem Gebiet den Namen gab, fixierte seine Eckpunkte bei Florida, den Bermudas und Puerto Rico. Obwohl das Gebiet so berüchtigt ist, kann man nicht behaupten, daß die Zahl der verschwundenen Schiffe übermäßig hoch ist. Jedes Jahr wird dieses Gebiet von etwa 150 000 Schiffen durchquert. Durchschnittlich 10 000 davon senden ein Notsignal, aber bisher wurden nicht mehr als 100 Verluste registriert.

Charles Berlitz, der wohl bekannteste Autor, der über dieses Gebiet geschrieben hat, meint in seinem Buch *Das Bermudadreieck*: „In gewissem Sinn sind natürlich alle Schiffbrüche rätselhaft, da ja kein Kapitän die Absicht hat, ein Schiff zu verlieren. Wenn das Schicksal eines Schiffes geklärt ist oder es zumindest Hinweise dazu gibt, endet das Rätsel.

Gegenüberliegende Seite oben: Dieses Plakat machte in den siebziger Jahren auf die verschwundene Jacht Saba Bank aufmerksam, die während der Überfahrt von Nassau auf den Bahamas nach Miami im April 1974 spurlos verschwand.

Unten: Dieser britische Frachter, der ebenfalls den Namen Cyclops *trug, verschwand während des Zweiten Weltkrieges im Nordatlantik. Man nahm an, daß er torpediert wurde, aber nach Charles Berlitz wurden zu dieser Zeit im fraglichen Gebiet keinerlei deutsche U-Boote gemeldet.*

Ganz unten: Der Frachter SS Marine Sulphur Queen *lief am 2. Februar 1963 aus Beaumont, Texas, aus und hielt mit einer Ladung aus geschmolzenem Schwefel Kurs auf Norfolk, Virginia. Die letzte Meldung von dem Schiff stammt vom 4. Februar. Die Untersuchungskommission vermutete, daß das Schiff explodiert und daraufhin gesunken war. Möglich ist auch, daß es bei rauhem Seegang gekentert oder der Schiffsrumpf entzweigebrochen war.*

wird sein Untergang bestätigt. Das einzige Schiff, das der *Bella* entspricht, ist ein Schiff gleichen Namens, das häufig im Zusammenhang mit dem berühmten „Tichborne-Erbfall" genannt wird, der sich im 19. Jahrhundert ereignete. Damals versuchte der Metzger Arthur Orton, sich für den Erben des Tichborne-Anwesens, Sir Roger Tichborne, auszugeben, der nach dem Verlassen von Rio de Janeiro auf der Liverpooler *Bella* bei einer Havarie ums Leben gekommen war. Von Tichbornes Dampfer fand man keine Spur. Von der *Bella*, die nach Jamaika unterwegs war, tauchten allerdings sechs Tage nach ihrem Auslaufen aus Rio Wrackteile auf.

Wenn man jedoch optimale Wetterbedingungen und eine maximale Knotenzahl voraussetzt, mußte dieses Schiff, als das Unglück geschah, immerhin noch 3200 Kilometer vom Bermudadreieck entfernt gewesen sein.

Von Mann und Maus verlassen

Ein ähnlicher Fall betrifft die deutsche Barke *Freya*, die 1902 aus Manzanillo, Kuba, auslief und im Gebiet des Bermudadreiecks verlassen aufgefunden wurde. Man nahm an, daß sie in einen schweren Sturm geraten war, der die Mannschaft über Bord gespült hatte. Laut der meteorologischen Aufzeichnungen hatte zum Unglückszeitpunkt jedoch kein Sturm geherrscht. Allerdings gab es Berichte über submarine Vulkanausbrüche in just diesem Gebiet, so daß die Mannschaft, so wird vermutet, wohl aus diesem Grund über Bord ging. Wie auch immer, aus den Aufzeichnungen geht hervor, daß die *Freya* mitnichten aus Manzanillo, Kuba, ausgelaufen war, sondern aus Manzanillo, Mexiko. Man fand sie auch nicht im Bermudadreieck, nicht einmal im Atlantik, sondern im Pazifik verlassen auf.

Tatsache ist, daß weder das Kentern der *Bella* noch das der *Freya* vom leisesten Hauch eines Rätsels umgeben war, bis einige Autoren damit begannen, nach Unglücksfällen aus dem Bermudadreieck zu fahnden. So betrachtet ist es fraglich, ob so manche anderen angeblich verschwundenen Schiffe, wie die *Lotta*, die *Viego*, die *Miramon* oder *Miramonde*, überhaupt je existierten.

Während des 19. und Anfang des 20. Jahrhunderts waren Schiffe noch nicht mit Funk ausgerüstet, daher ist unbekannt, wo sie sich zum Zeitpunkt des Unglücks befanden und was überhaupt vor-

Bei den vielen Schiffen, die in der Sargasso-See verschwanden, war das jedoch nicht der Fall."

Dort beziehungsweise in der Nähe dieses Gebietes gehen nach Berlitz die meisten Schiffe verloren. Der britische Dampfer *Bella* zum Beispiel soll Alan Landsberg zufolge 1854 auf der Überfahrt von Rio de Janeiro nach Jamaika abhanden gekommen sein. Das Schiff war überladen und ist vermutlich gekentert. Landsberg wunderte sich allerdings darüber, warum das Schiff offenbar keinerlei Probleme hatte, bis es sich dann in dem geheimnisvollen Dreieck befand.

Aus den Unterlagen der Lloyds-Versicherung geht hervor, daß 1852 zwar ein Schiff dieses Namens in Liverpool gebaut wurde, aber nirgendwo

ging. Die *Atalanta* (nicht *Atlanta*, wie sie fälschlicherweise oft bezeichnet wird) verschwand auf einer 4800 Kilometer langen Fahrt, wovon sie nur 500 Kilometer durch das Bermudadreieck führten. Wir wissen nicht, wo sie gerade war, als das Unglück geschah; allerdings ist bezeugt, daß die Mannschaft aus einem Haufen unerfahrener Kadetten bestand und schwere Stürme aufgezogen waren.

Das Kentern der Cyclops

Der amerikanische 19.000-Tonnen-Frachter *Cyclops* war das erste mit Funk ausgerüstete Schiff, das im März 1918 im Bermudadreieck in Seenot geriet. Wie die *Atalanta* wurde auch dieser Manganerz-Frachter von heftigen Stürmen und Winden mit einer Spitzengeschwindigkeit von 135 Stundenkilometer begleitet, so daß er sehr wahrscheinlich einfach kenterte. Aufgrund seines oberlastigen Aufbaus und der Art seiner Ladung – die womöglich nicht ordnungsgemäß gesichert war – könnte der Frachter in Null Komma nichts untergegangen sein.

Der japanische Frachter *Raifuku Maru* soll 1925 verschwunden sein, nachdem er noch einen merkwürdigen Funkspruch abgesendet hatte: „Gefahr wie Dolch. Schnell kommen!" („Danger like dagger now. Come quick!") Dieser wurde von dem White-Star-Linienschiff *Homeric* aufgefangen, aber durch elektrische Interferenzen verstümmelt. In Wirklichkeit lautete er: „Jetzt sehr gefährlich. Schnell kommen!" („Now very danger. Come quick!") Die *Homeric* eilte zwar unverzüglich zum Unglücksort, konnte aber nur noch hilflos zusehen, wie die *Raifuku Maru* zwischen aufgetürmten Wellen mit Mann und Maus versank.

In vielen Berichten über das Bermudadreieck ist von dem 106 Meter langen Frachter *Sandra* die Rede, der mit einer 28köpfigen Mannschaft im Juni 1950 bei strahlend blauem Himmel und ruhiger See auf Nimmerwiedersehen verschwunden sein soll. Was an dieser Geschichte stimmt, sind allerdings einzig und allein Name und Nationalität des Schiffes. Die Länge des Schiffes betrug 55 Meter, es handelte

Oben: Hurrikane und Sturmböen liefern sicherlich die Erklärung für so manches „rätselhafte" Verschwinden im Bermudadreieck. Die Connemara IV *etwa wurde im September 1955 vor Bermuda ohne Besatzung ziellos treibend aufgefunden. Die Mannschaft war vermutlich über Bord gegangen, als die Jacht in einen Orkan geraten war.*
Rechts: Die Rennjolle Revonoc *ereilte einige Jahre später, 1958, zwischen Key West und Miami ein ähnliches Schicksal. Die Küste von Florida wurde damals von heftigen, Sturmböen heimgesucht.*
Unten: Im Dezember 1948 verschwand auf rätselhafte Weise ein solches Flugzeug vom Typ Douglas DC-3.

sich nur um eine 11köpfige Besatzung, und verschwunden war die Sandra im April 1950 in einem Orkansturm.

Stürme und Orkane spielten auch im Fall des Frachters *Anglo-Australian* eine Rolle, der angeblich 1938 verschwand, ebenso bei der Jacht *Connemara IV*, die man 1958 verlassen vor den Bermudas auffand, und bei der *Revonoc*, die sich samt ihrem Besitzer Harvey Conover 1958 angeblich in Luft aufgelöst haben soll. Ähnliche Erklärungsmöglichkeiten lassen sich übrigens für die meisten der angeblich rätselhaften Bermudadisaster finden.

Auslöser des Rätsels um das Bermudadreieck war das Verschwinden von fünf Torpedobombern der US-Marine – Flug 19 – und eines Wasserflugzeuges am 5. Dezember 1945. Unter den Flugzeugen, die 1948 über dem Bermudadreieck spurlos verschwanden, befanden sich das britische Passagierflugzeug *Star Tiger* und eine Douglas DC-3.

Die *Star Tiger* vom Typ Tudor IV wurde am 30. Januar 1948 gegen Ende ihres Fluges von den Azoren nach Bermuda als spurlos verschwunden gemeldet. Entgegen der Gerüchte bestätigte sie in ihrem letzten Funkspruch eine kurz vorher angefor-

Im Blickpunkt

SCHICKSALSFLUG NR. 19

Eines der noch ungeklärten Rätsel um das Bermudadreieck ist der Fall des Fluges 19, des sogenannten „Verlorenen Geschwader". Am 5. Dezember 1945 starteten 14 US-Marineoffiziere in fünf einmotorigen Avenger-Torpedobombern von Fort Lauderdale, Florida, zu einem Trainingsflug. Sie sollten nach Osten fliegen, wo der Schwarm in der Nähe der Bahamainsel Bimini Übungsangriffe auf einen Schiffsrumpf durchführen, dann nach Norden abdrehen und schließlich zum Stützpunkt zurückkehren sollte. Alles lief plangemäß – bis zum Rückflug. Eine Stunde nach Ende der Übung kam von Geschwaderführer Leutnant Charles Taylor die Funkmeldung, daß die Flugzeuge vom Kurs abgekommen waren und sich verirrt hatten und die Kompaßnadeln „verrückt spielten".

Zwei Stunden später konnte der Turm in Fort Lauderdale Gespräche zwischen den Flugzeugen mithören, die sich auf ihre mögliche Position bezogen. Manche mutmaßten, sie befänden sich über den Keys von Florida, später wähnten sie sich über dem Mexikanischen Golf. Dann wurde der Kontakt zu dem Geschwader immer schwächer, und die letzten Worte, die der Stützpunkt erhielt, waren: „Wir kommen in weißes Wasser... Wir haben uns völlig verirrt." Damit nicht genug: Auch das losgeschickte Suchflugzeug verschwand spurlos. Das Rätsel um Flug 19 beschäftigte die Gemüter 45 Jahre lang. Im Mai 1991 behaupteten Tiefseetaucher, die auf der Suche nach einem spanischen Schatz waren, daß sie die fünf Bomberflugzeuge in 230 Meter Tiefe etwa 20 Kilometer von der Küste von Florida entfernt entdeckt hätten. Die Seriennummer auf dem Leitwerk eines der Flugzeuge, 28, schien mit des Staffelführers des vermißten Geschwaders übereinzustimmen. Im Juni verkündeten allerdings Experten einer Bergungsmannschaft, daß es sich bei den Bombern nicht um die seinerzeit verschwundenen Maschinen handelte, sondern um Flugzeuge aus weiter zurückliegenden Unfällen. Mit Hilfe von Unterseerobotern fand man heraus, daß auch die Seriennummern der anderen Flugzeuge in der Tat nicht mit denen des Geschwaders von Flug 19 übereinstimmten (was die „28" betrifft, so zeigte sich später, daß die amerikanische Marine Seriennummern von abkömmlichen Flugzeugen wieder verwendet). Das Geheimnis um das rätselhafte Ende von Flug 19 liegt also nach wie vor im Dunkeln.

derte Funkpeilung und verkündete keineswegs: „Wetter und Flugbedingungen ausgezeichnet. Erwarten planmäßige Landung." Das Wetter war nämlich alles andere als ausgezeichnet. Eine dichte Wolkendecke hatte während des ganzen Fluges hindurch zu Navigationsproblemen geführt, und das Flugzeug hatte gegen heftige Gegenwinde zu kämpfen, so daß der Pilot seine Ankunftszeit verschieben und seine Kraftstoffnotvorräte anzapfen mußte. Das Flugzeug verschwand in der kritischsten Flugphase. Es hatte nicht mehr ausreichend Kraftstoff, um irgendeinen Flugplatz außer den Bermudas zu erreichen, und mußte wegen Gegenwind in einer Höhe von 600 Metern fliegen. Bei einem Motorausfall wäre die *Star Tiger* innerhalb von Sekunden ins Meer gestürzt.

Verzerrte Wahrheit

Der Fall der Douglas DC-3, die am 28. Dezember 1984 verschwand, ist ein gutes Beispiel dafür, wie geflissentlich zuweilen Fakten übersehen oder zurechtgebogen werden, um aus Sensationshascherei einen durchaus erklärbaren Vorfall als Rätsel hinzustellen. Das Flugzeug war mit 27 Passagieren von San Juan, Puerto Rico, nach Miami, Florida, unterwegs. Der Pilot Robert Linquist soll etwa 80 Kilometer vor Miami per Funk durchgegeben haben, er sehe bereits die Lichter der Stadt und warte auf die Landeinstruktionen. Miami antwortete sofort, erhielt aber keine Antwort mehr. In den nur sechs Meter tiefen Gewässern, über denen sich das Flugzeug befunden hatte, fanden Suchtrupps später nicht die Spur eines Wracks.

Die DC-3 hatte nachweislich ein defektes Funkgerät an Bord, so daß die plötzliche Stille nicht bedeutete, daß das Flugzeug sofort nach seinem letzten Funkspruch verschwunden war. Daher ist auch nichts Mysteriöses an der Tatsache, daß kein Notruf einging. Im übrigen hatte der Pilot nie durchgegeben, daß er „bereits die Lichter der Stadt sehen" könnte. Diese dramatischen Worte wurden ihm anscheinend von einigen Autoren in den Mund gelegt, da er gefunkt hatte, er befände sich nur noch

> **"** DER PILOT ROBERT LINQUIST SOLL ETWA 80 KILOMETER VOR MIAMI PER FUNK DURCHGEGEBEN HABEN, ER SEHE BEREITS DIE LICHTER DER STADT UND WARTE AUF DIE LANDEINSTRUKTIONEN. MIAMI ANTWORTETE SOFORT, ERHIELT ABER KEINE ANTWORT MEHR. IN DEN NUR SECHS METER TIEFEN GEWÄSSERN, ÜBER DENEN SICH DAS FLUGZEUG BEFUNDEN HATTE, FANDEN SUCHTRUPPS SPÄTER NICHT DIE SPUR EINES WRACKS. **"**

80 Kilometer von Miami entfernt (aus dieser Entfernung könnte man die Lichter sehen).

Linquist mußte einen starken Nordwestwind ausgleichen, allerdings hatte die Windrichtung während des Fluges gewechselt, und es ist denkbar, daß der Pilot die entsprechende Funkmitteilung nicht erhalten hat. War das der Fall, dann kann er sehr leicht die Halbinsel von Florida verpaßt haben und in den Golf von Mexiko eingeflogen sein. Zum Zeitpunkt des letzten Funkspruchs befand sich die Maschine zwar über nur sechs Meter tiefen Gewässern, aber in anderen Gebieten sackt das Meer hier und da unvermittelt auf 1520 Meter ab. Und kein Mensch kann wissen, wo genau das Flugzeug abstürzte.

In der Regel ist jedes Luftunglück Gegenstand einer gründlichen Untersuchung zur Feststellung der Ursache, und solche Nachforschungen hängen zu einem großen Teil von der gewissenhaften Auswertung der Wrackteile ab. Wenn solche jedoch nicht vorhanden sind, ist es nahezu unmöglich, die Unglücksursache zu rekonstruieren. Da demnach auch natürliche Ursachen im Bereich des Möglichen liegen, kann niemand mit Sicherheit behaupten, daß irgendwelche unerklärlichen Kräfte für das Verschwinden der Maschine verantwortlich waren.

Als vor einigen Jahren bekannt wurde, daß ein Wettersatellit auf seiner Umlaufbahn genau über dem Bermudadreieck keine Informationen sendete, hieß es sofort, die angeblich hier wirkenden unheilvollen Kräfte reichten bis ins All hinauf. Bei näherer Untersuchung aber stellte sich heraus, daß der Satellit nur zu bestimmten Zeiten aus technischen Gründen keine Signale übermitteln konnte.

Ein eigenartiger Fall soll sich 1970 in Florida ereignet haben. David Group berichtet in seinem Buch *The Evidence for the Bermuda Triangle* (Beweise für das Bermudadreieck), daß eine Boeing 727 der National Airlines kurz vor ihrer Landung in Miami für etwa zehn Minuten vom Radarkontrollschirm verschwand. Bei der Landung stellte man fest, daß sämtliche Uhren an Bord des Flugzeugs zehn Minuten nachgingen, so als hätte es für diese Zeitspanne aufgehört zu existieren. Die Flugnummer sowie Start- und Landezeit wurden jedoch nie angegeben.

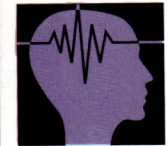

Geisterbeschwörungen haben in der Vergangenheit so manches Mal böse Folgen gehabt. Bergen okkulte Praktiken ungeahnte Gefahren?

SYMBOLE, ZEICHEN, RITUALE

Im 16. Jahrhundert hatten verschiedene magische Rituale, die in den *Grimoires* – einer Sammlung mittelalterlicher Zaubersprüche und Rituale – überliefert waren, ihre größte Verbreitung erlangt. Im 17. und 18. Jahrhundert ließ das Interesse an okkulten Zeremonien allmählich nach. Diejenigen, die weiterhin mit Methoden experimentierten, die sie den *Grimoires* entnahmen, sollen zuweilen mit überraschenden oder auch unheilvollen Folgen konfrontiert worden sein, wie Thomas Parkes aus Bristol, dessen okkulte Mißgeschicke von dem Geistlichen Arthur Bedford aufgezeichnet wurden.

Parkes war von Beruf Büchsenmacher, aber auch gut bewandert in Mathematik, Astronomie und

Oben: Die Nekromantie, das heißt die Voraussage der Zukunft aufgrund von Kommunikation mit den Toten, war früher stark mit Ritualen verknüpft, die man in den Grimoires *(mittelalterliche Sammlungen magischer Texte) nachlesen konnte. Der Magier stand in einem mit Namen und Symbolen beschriebenen Kreis, innerhalb dessen er vor bösen Dämonen geschützt war. Allerdings konnte die Sache auch schiefgehen.*

Astrologie. Er erstellte Horoskope für Freunde und Bekannte, und seine Vorhersagen trafen auch häufig ein. Trotzdem hielt er die Astrologie für eine unbefriedigende Wissenschaft, da „sie sich einem mathematischen Nachweis gänzlich entzog."

Eines Tages trat Parkes mit einer theologischen Frage an Bedford heran. Darf ein Christ, so wollte er wissen, Geister anrufen und sich mit ihnen unterhalten? Der Pfarrer sagte nein.

Daraufhin gestand Parkes, daß er just dies anhand einer Beschwörungsformel aus dem Vierten Buch der *Okkulten Philosophie* des Philosophen Agrippa von Nettesheim bereits getan hätte. Um Mitternacht habe er an einem Damm mit heiliger Kreide einen Kreis gezogen und ihn mit bestimmten Zeichen beschrieben. Dann habe er sich in diesen Kreis, „in dem ihm kein Wesen etwas anhaben konnte", hineingestellt und Geister angerufen – und diese wären auch prompt erschienen. Nach den Aufzeichnungen des Geistlichen manifestierten sich diese Wesen „...in Form kleiner Mädchen, zwischen 40 und 50 Zentimetern groß, die um den Kreis herumhüpften".

Zunächst hielt der Geistliche Parkes für geistesgestört, aber nachdem dieser ihm die astronomische Projektion einer Kugel demonstriert und damit bewiesen hatte, daß er „frei von jeglichem Wahnsinn" war, mußte ihm der Geistliche die Geschichte zum Schluß glauben. Er konnte ihm nur raten, unbedingt von der rituellen Magie abzulassen.

Etwa drei Monate später suchte Parkes den Geistlichen erneut auf und bat um seinen Rat, da er „glaubte, er habe etwas getan, was ihn das Leben kosten könnte." Er hatte sich entschlossen, sich einen Geist als Vertrauten anzueignen – ein Wesen aus einer anderen Welt, das ihm stets zur Seite stehen sollte. Hierzu wollte er die Instruktionen in den *Grimoires* befolgen.

Parkes rief also seinen künftigen dienstbaren Geist an, der auch sogleich erschien. Dann jedoch kamen weitere, ungerufene Geister in Bären-, Löwen- und Schlangengestalt, die den Laienmagier aufs schlimmste erschreckten. Seine Panik wuchs, als er merkte, daß er über diese übernatürlichen Kreaturen keine Kontrolle hatte. Schließlich verschwanden sie und ließen Parkes allein zurück. Bedford überlieferte uns auch den Rest der Geschichte: „...von Stund an ging es ihm für den Rest des Lebens nie mehr gut... er bereute seine Sünden von Herzen und verabscheute sein Tun. Obwohl ihm diese Begebenheit also sein Leben kostete, glaube ich doch, daß er im Jenseits glücklich geworden ist."

1801 veröffentlichte Francis Barrett ein Buch mit magischen Texten mit dem Titel *The Magus or Celestial Intelligences* (Der Magus oder Himmlische Intelligenzen). Bei diesem Werk handelte es sich größtenteils um eine Zusammenstellung von Texten aus den *Grimoires*. Barrett warb Schüler an und gründete eine kleine „esoterische Akademie", deren Zweck die „Erforschung der verborgenen Schätze der Natur" sein sollte. Seinen Schülern stellte Barrett in Aussicht, daß sie bei ihm in die Geheimnisse der Naturphilosophie ebenso wie in die natürliche Magie, die Kabbala, die Chemie, die Astrologie und in die Kunst der Auslegung des menschlichen Charakters anhand der Physiognomie eingeweiht würden.

Ob Barrett wirklich dazu qualifiziert war, diese Dinge im praktischen Unterricht zu lehren, ist umstritten. Montague Summers zufolge, der zahlreiche Bücher über Hexerei und Schwarze Magie verfaßte, waren einige Schüler von Barrett jedoch „weit über die Grenzen des transzendenten Wissens hinaus vorgedrungen".

Während des gesamten 19. Jahrhunderts wurde Barretts Werk in England von kleinen okkultistischen Zirkeln eifrig studiert, die nach seinen Anweisungen auch magische Riten praktizierten. In den siebziger Jahren des 19. Jahrhunderts begannen sich Anhänger der Parapsychologie für die Werke des französischen Okkultisten Eliphas Lévi (1810–1875) zu interessieren. Darunter befand sich zum Beispiel der Freimaurer Kenneth Mackenzie, der behauptete, in eine geheime Gemeinschaft (angeblich die Rosenkreuzer) aufgenommen worden zu sein. Mackenzie verbrachte einige Zeit in Frankreich und Deutschland und war mit verschiedenen früheren Mitgliedern des „Ordens der Goldenen Dämmerung" befreundet.

Die Mitglieder dieser geheimen Ordensgemeinschaft durchliefen aufeinanderfolgende Initiationen beziehungsweise zeremonielle Grade, die den Freimaurerritualen ähnelten. Der Orden war 1888 von drei Freimaurer-Okkultisten gegründet worden. Ihr spiritueller Leiter, S. L. MacGregor Mathers, der den beiden anderen – Dr. William Wynn Westcott und Dr. Robert Woodman – anfänglich untergeordnet war, erwarb sich kraft seiner selbstherrlichen Persönlichkeit mit der Zeit eine dominierende Position.

Der Weg zur Weisheit

Anfangs war der Orden nicht viel mehr als eine Quasi-Freimaurergemeinschaft, die ihren Mitgliedern keine rituell-magischen Techniken beibrachte. Überhaupt wurde ursprünglich keine okkulte Lehre vermittelt, jedenfalls nichts, was man nicht in leicht

Rechts: Diese Darstellungen sind einer deutschen Sammlung okkulter Erzählungen aus dem Jahre 1846 entnommen.

Unten: Der Meistermagier De Philipsthal bei einer Vorführung im Londoner Lyceum Theatre im Jahre 1803. Wer rituelle Magie praktizierte, hatte oftmals keine Scheu vor der Bühne.

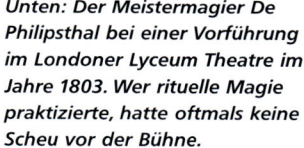

PHANTASMAGORIA
THIS and every EVENING,
AT THE
LYCEUM, STRAND.

zugänglichen Büchern finden konnte. Trotzdem wurde neuzugelassenen Mitgliedern versichert, daß „der Orden der Goldenen Dämmerung, in dem du nun Mitglied bist, dir den Weg zu geheimem Wissen und geistigem Fortschritt weisen kann; er vermag dich … zu wahrer Weisheit und vollständigem Glück zu führen."

In Wahrheit waren die Mitglieder alles andere als glücklich, vielmehr machte sich langsam Unzufriedenheit breit. Sie wollten über okkulte Künste nicht nur reden, sondern sie auch praktizieren, besonders die rituelle Magie.

1892 entschloß sich Mathers, diesem Wunsch nachzukommen, und bot Unterweisungen an, in denen ein komplexes und – wenigstens behaupten das jene, die damit experimentiert haben – auch funktionierendes System ritueller Magie vermittelt wurde. Laut Mathers und seiner Frau Moina, der Schwester des französischen Philosophen Henri Bergson, stammte dieses System von den „Geheimen Führern". Diese übermenschlichen Wesen waren vom gleichen Schlag wie die sogenannten Mahatmas, die Meister, von denen die Theosophistin Madame Blavatsky angeblich in die Geheimnisse der Mystik eingeweiht worden war. Mathers sagte, er habe diese Wesen gelegentlich in ihrer verkörperlichten Gestalt gesehen; die Treffen mit ihnen wären „astral" erfolgt. (Vermutlich erschienen sie ihm in Träumen als körperlose Seelen, oder er emp-

Links: Mitglieder des „Ordens der Goldenen Dämmerung" bei einer Initiationszeremonie. Ursprünglich hatte die Gemeinschaft verlangt, daß ihre Mitglieder im Zuge ihres zunehmenden Wissens mehrere zeremoniellen Grade erlangten, die verschiedenen höheren Bewußtseinsstufen innerhalb des unten dargestellten Baumes des Lebens entsprachen.

Links unten: Auf der Spitze dieses magischen Stabes, der dem bekannten Okkultisten Aleister Crowley gehörte, erkennt man den Kopf des römischen Gottes Janus, gekrönt von einer dreiteiligen Flamme.

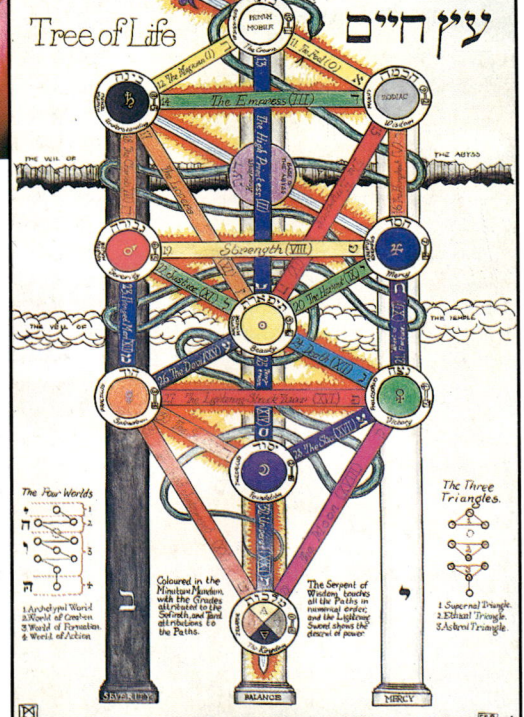

Mathers Lehrmaterial erhielt, mußte zunächst eine Reihe magischer Objekte anfertigen, meist aus Holz, Pappe oder farbigem Papier. Da gab es den „Lotus-Stab", der die zwölf Tierkreiszeichen und den Triumph des Geistes über die Materie symbolisierte, einen Becher für Zeremonien (meist ein mit mystischen Symbolen verziertes Weinglas), eine hölzerne Scheibe, die die Materie verkörpern sollte, sowie ein Schwert, Symbol für die Kraft und Stärke des Mars. Nach ihrer Fertigstellung wurden diese Objekte im Rahmen einer Zeremonie geweiht.

Okkulte Zeremonien

Auf der Grundlage seiner okkulten Kenntnisse legte sich der frischgebackene Magier dann seine eigenen Zeremonien zurecht. Manchmal handelte es sich dabei um vergleichsweise unkomplizierte Rituale. Als etwa ein gewisser J.W. Brodie-Innes immer mehr zu der Überzeugung gelangte, daß er und seine Frau von einem „Vampirwesen" besessen waren, verbrannte er Weihrauch auf Kohlen, zeichnete mit der rechten Hand ein Pentagramm in die Luft und skandierte in einem inbrünstigen Sprechgesang den „Gottesnamen" *Adonai ha-Aretz*, das hebräische Wort für „Herr der Erde". Gleich darauf materialisierte sich vor seinen Augen ein schemenhafter Fleck, der sich zu einer furchteinflößenden Erscheinung formte, einem Mittelding zwischen „einer dickbäuchigen Kröte und einem bösartigen Affen". Anhand eines Visualisierungsprozesses, wie er in Mathers Manuskripten dargelegt war, konzentrierte sich der Magier daraufhin im Geiste intensiv auf ein bestimmtes Bild, bis er es fast leibhaftig vor sich sah – einen glühenden Feuerball, der starke Kraft verkörperte. Diesen richtete er gegen das Vampirwesen, woraufhin er „einen leichten Schock, einen ekelerregenden Gestank und ein kurzes Schwindelgefühl" wahrnahm. „Dann war das Ding verschwunden."

Die Macht der Symbole

Es gab aber auch ausgefeilte Rituale, zum Beispiel jene, mit deren Hilfe man Geister heraufbeschwören und „einen astralen Schleier der Dunkelheit" hervorrufen, das heißt Unsichtbarkeit erlangen können sollte.

Die Grundhandlung war den *Grimoires* entnommen; allerdings wurden die Zeremonien dann zusätzlich durch Praktiken bereichert, die dem Symbolsystem entstammten, das Mathers angeblich von seinen Lehrern zugetragen worden war. Eine Schlange stand danach zum Beispiel sowohl für den Gott als auch den Planeten Merkur. Wollte ein Magier also Geister anrufen, die einen merkurialen Charakter hatten, konnte er den bei der Zeremonie verwendeten Kerzen eine bestimmte Menge Schlangenfett beifügen.

Später zerfiel der „Orden der Goldenen Dämmerung" in verschiedene, miteinander konkurrierende Gemeinschaften. Aber auch diese lösten sich aufgrund persönlicher Fehden allmählich auf, aber die magischen Rituale des Ordens wurden weiterhin überliefert. In Großbritannien und Nordamerika gibt es in nahezu jeder größeren Stadt kleine Zirkel und auch einzelne Okkultisten, die dieses magische System bis heute praktizieren.

fing ihre Botschaften telepathisch.) Diese Treffen schienen Mathers sehr mitzunehmen, denn hinterher hatte er immer das Gefühl, er sei einer „schrecklichen Macht" begegnet.

Ob Mathers Meister nun echt oder Produkte seiner Phantasie waren – das System magischer Praktiken, das ihren Lehren zugeschrieben wird, ist ohne Zweifel in sich schlüssig und auf seine Weise beeindruckend. Die Theorien, die hinter den rituell-magischen Techniken stehen, sind wesentlich ausgereifter und klarer als in den Schriften von Eliphas Lévi.

Magische Objekte

Wer zum „Orden der Goldenen Dämmerung" zugelassen war und aufgrund seines Grades Zugang zu

RÄTSEL-HAFTER VULCANUS

Beobachtungen während einer Sonnenfinsternis im 19. Jahrhundert schienen darauf hinzudeuten, daß zwischen Merkur und der Sonne ein bis dato unbekannter Planet liegen sollte.

Im Jahre 1878 herrschte während einer Sonnenfinsternis helle Aufregung: In unmittelbarer Sonnennähe hatte man ein planetenähnliches Objekt entdeckt. Damit schien sich zu bewahrheiten, was die Wissenschaft schon seit langem vermutete – daß dort ein Planet namens Vulcanus existierte. 1859 hatte ihn der französische Amateurastronom Lescarbault tagsüber zum erstenmal an-

Oben: Während einer Sonnenfinsternis kann man Sterne, die ansonsten unsichtbar sind, deutlich erkennen.
Unten: Hier entdeckte der Amateurastronom Lescarbault einen Himmelskörper, den er für Vulcanus hielt.

geblich als Silhouette vor der Sonne gesichtet. Kein Astronom jedoch, der auf sich hielt, glaubte, daß es einen solchen Planeten wirklich gab. Harte Kritik an Lescarbaults Theorien kam auch von dem amerikanischen Astronom Simon Newcomb, der sein Leben der präzisen Berechnung von planetarischen Umlaufbahnen widmete.

Im vergangenen Jahrhundert wurden 19mal dunkle Flecken beobachtet, die sich mit großer Geschwindigkeit an der Sonne vorbeibewegten, und nahezu alle diese Beobachtungen stammten von auf dem Gebiet der Astronomie wenig bewanderten Leuten und erfolgten mit technisch minderwertigen Teleskopen. Bezeichnend ist auch, daß hochqualifizierte Astronomen, die die Sonne zur selben Zeit beobachteten, keine derartigen Entdeckungen machten.

Der deutsche Amateurastronom Heinrich Schwabe begann 1826 damit, die Sonne zu beobachten, und tat dies dann 17 Jahre lang an jedem wolkenfreien Tag. Er hatte gehofft, einen unbekannten Planeten zu sichten, entdeckte jedoch die ganzen Jahre hindurch nichts dergleichen. Immerhin erkannte er Details von Sonnenflecken und fand

Links: Künstlerische Darstellung der Sonne, vom Merkur aus gesehen. Eine Unregelmäßigkeit innerhalb der Umlaufbahn des Merkur brachte den französischen Astronom Urbain Le Verrier zu der Überzeugung, daß der Planet Vulcanus wirklich existiere.

Unten: Der amerikanische Astronom Simon Newcomb (1835–1909) war einer der entschiedenen Kritiker der Vulcanus-Theorie.

Ganz unten: Der Komet Humason, der 1961 im Zeitrafferverfahren fotografiert wurde. Man nimmt an, daß es sich bei einigen der frühen Vulcanus-Beobachtungen in Wirklichkeit nur um Kleinkometen gehandelt hat.

heraus, daß sie periodisch in größerer Anzahl erscheinen. Daraufhin wurde die Sonne auch von professionellen Astronomen etwas genauer beobachtet. Niemals wurde allerdings in ihrer Nähe ein unbekannter Planet gesichtet.

Heutzutage wird die Sonne in speziellen Observatorien den ganzen Tag über beobachtet, und es werden Filmsequenzen über die Gasbewegungen rings um die Sonnenflecken erstellt. Sollte ein Planet wie Vulcanus tatsächlich existieren, hätte man ihn mit Sicherheit längst entdeckt.

Was war es dann aber, was Lescarbault damals beobachtet hatte? Schon der große französische Astronom Urbain Le Verrier (1811–1877) hatte einmal die Existenz eines zusätzlichen Planeten angedeutet, und nach seiner Meinung erbrachte Lescarbaults Beobachtung dafür den Beweis. Andererseits waren dessen Beobachtungen in mehr als einer Hinsicht zweifelhaft. Zum einen hatte der französische Astronom E. Liais die Sonne in Brasilien genau zur selben Zeit wie Lescarbault im Visier gehabt, aber nichts Außergewöhnliches bemerkt. Allerdings galt sein Wort zu seiner Zeit weniger als das des berühmten Urbain Le Verrier.

Zum anderen war Lescarbault von Beruf Arzt und betrieb die Astronomie nur als Hobby. Er verfügte auch nur über ein minderwertiges Teleskop. Als Le Verrier ihm inkognito einen Besuch abstattete, bemerkte auch er „die Unzulänglichkeiten der Instrumente und die Fehler, zu denen sie führten". Angesichts dessen erstaunt es, daß er Lescarbaults Beobachtung des Planeten Vulcanus überhaupt ernsthaft in Betracht zog.

1891 trat Lescarbaults Mangel an Genauigkeit und Wissen offen zutage: Vor der französischen Akademie der Wissenschaften hatte er verkündet, er habe im Sternbild des Löwen einen neuen, hellen Stern entdeckt, der sich jedoch bald als der altbekannte Planet Saturn entpuppte. Es steht außer Zweifel, daß Lescarbault ein schlampiger Beobachter war, der sich selbst glauben machen wollte, er habe Vulcanus gesehen. Vielleicht hatte er seinerzeit in seinem Teleskop nur einen Sonnenfleck oder einen in großer Höhe vorbeifliegenden Vogel gesehen – wir werden es nicht mehr erfahren.

Die beiden Astronomen, die während der totalen Sonnenfinsternis von 1878 interessante Beobachtungen machten, waren fraglos mit besseren Instrumenten ausgerüstet. Merkwürdigerweise weichen ihre Berichte etwas voneinander ab. Lewis Swift sah „gegen den südwestlichen Sonnenhorizont" zwei Sterne. Den einen hielt er für den Stern Theta Cancri, den anderen für den Planeten Vulcanus. James Watson dagegen hatte nur einen Stern gesehen, dessen Position genau der von Theta Cancri entsprach.

Verdächtiger Stern

Es gibt noch einen weiteren, gewichtigen Grund zu der Annahme, daß Lewis Swift nicht Vulcanus gesehen hat. Er gab an, daß der betreffende Stern relativ dunkel war: Bei einer Vergrößerung von 4½ auf der astronomischen Skala wäre er nur unwesentlich heller als der am schwächsten leuchtende Stern, den man am Himmel mit bloßem Auge erkennen kann. Le Verrier hatte aufgrund einer seltsamen Unregelmäßigkeit in der Umlaufbahn des Planeten auf die Existenz von Vulcanus geschlossen. Um Merkur durch Schwerkrafteinflüsse aus seiner Bahn zu bringen, hätte Vulcanus drei- bis viermal schwerer sein müssen als dieser Planet. Wäre Vulcanus größer und näher an der Sonne, hätte er wesentlich mehr Sonnenlicht reflektieren müssen als Merkur und wäre daher viel heller erschienen – und zwar genauso hell wie die Venus und zehnmal heller als Sirius, der hellste Stern an unserem Nachthimmel.

Sollte es Le Verriers Vulcanus tatsächlich geben, wäre er bei einer Sonnenfinsternis als das hellste Objekt am Himmel sichtbar, und man hätte ihn mit Sicherheit schon längst entdeckt.

Was Swift gesehen hatte, war vermutlich ein kleiner Komet, der nahe an der Sonne vorbeizog. Große Kometen glänzen hell und haben lange Schweife, während kleine wie schwachleuchtende,

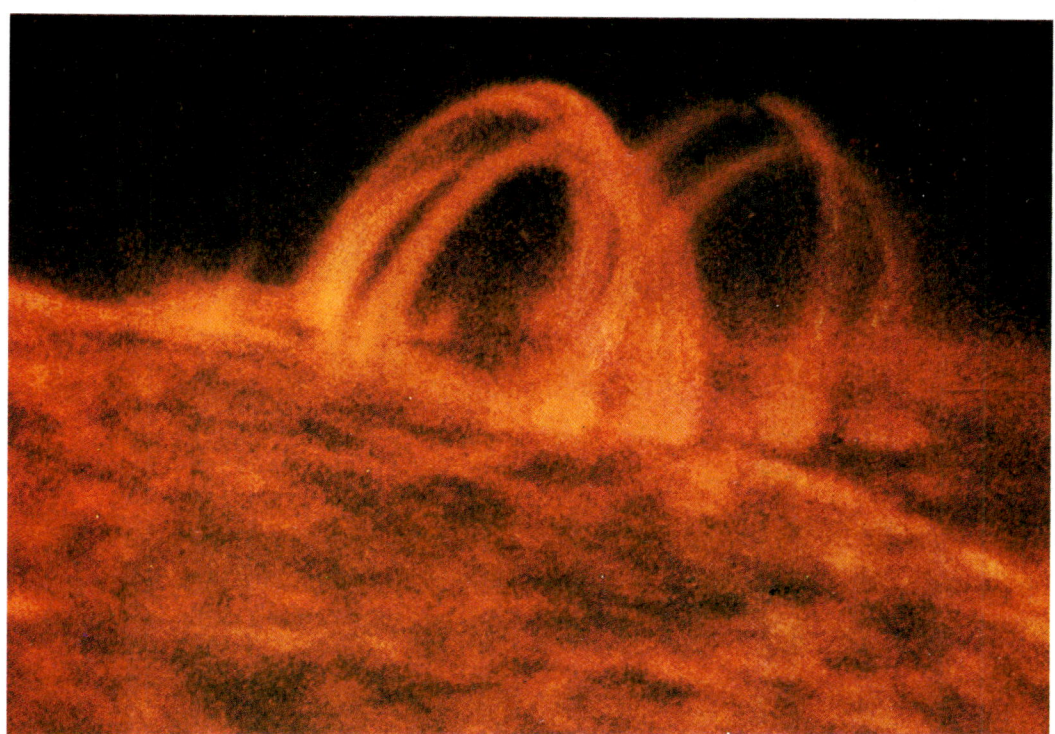

schemenhafte Gasbälle aussehen. In seinem Teleskop hätte so ein kleiner Komet dann etwa wie eine winzige Planetenscheibe ausgesehen.

Gegen Ende des letzten Jahrhunderts war niemand mehr von der Existenz des Vulcanus überzeugt. Allerdings ging nach wie vor kein Weg daran vorbei, daß Merkurs Umlaufbahn „eierte": Obwohl Simon Newcomb die Berichte über angebliche Vulcanus-Beobachtungen erfolgreich diskreditiert hatte, erwiesen seine sorgfältigen Analysen der Rotationsbewegung des Merkur, daß dessen Umlaufbahn tatsächlich asynchron verlief, sogar in noch höherem Maße, als Le Verrier es berechnet hatte.

Erst mit Einsteins *Allgemeiner Relativitätstheorie* konnte man das Phänomen erklären. Solange die Anziehungskraft, die ein Körper auf einen anderen ausübt, sehr schwach ist, kam Einstein mit seiner Theorie zum gleichen Ergebnis, wie es das Newtonsche Gravitationsgesetz lieferte. Sind jedoch sehr starke Schwerkräfte im Spiel, weichen die Voraussagen der beiden Theorien voneinander ab.

In unserem Sonnensystem tritt die stärkste Schwerkraftanziehung in der Nähe der Sonne auf. Nach der allgemeinen Relativitätstheorie kann Merkur nicht immer und immer wieder dieselbe elliptische Bahn beschreiben; vielmehr muß das Oval allmählich runder schwingen. Einstein berechnete eine Schwingungsrate als 43 Bogensekunden pro Jahrhundert (eine Bogensekunde = 1/3600 Winkelgrad). Dieses Maß entspricht exakt der Vorwärtsschwingung der Umlaufbahn des Merkurs.

Was Astronomen im 19. Jahrhundert vereinzelt für eine Störung der Merkurumlaufbahn durch einen anderen Planeten hielten, hatte also eine ganz andere Ursache. Die Rotation entsprach schlicht und einfach deshalb nicht ihrer Theorie, weil sie von einer falschen Schwerkrafttheorie ausgingen.

Seit der Allgemeinen Relativitätstheorie war jeglichen Spekulationen um einen Planeten Vulcanus der Boden entzogen. Es kann gar keinen Planeten

Oben links: Die Amerikaner James Craig Watson (links oben) und Lewis Smith (darunter) machten während der Sonnenfinsternis am 29. Juli 1878 interessante Beobachtungen, die die Existenz des Planeten Vulcanus zu bestätigen schienen.

Oben: Protuberanzen auf der Sonnenoberfläche. Von der Erde aus erscheinen Sonnenflecken als dunklere Stellen auf der Sonne, die ein Laie leicht als kleine Planeten mißdeuten kann.

″ SEIT DER ALLGEMEINEN RELATIVITÄTSTHEORIE WAR JEGLICHEN SPEKULATIONEN UM EINEN PLANETEN VULCANUS DER BODEN ENTZOGEN. ″

innerhalb der Merkurumlaufbahn geben, da dessen Schwerkraftwirkung der Übereinstimmung zwischen der Merkurbewegung und Einsteins Theorie zuwiderlaufen würde, deren Richtigkeit jedoch durch andere Tests bewiesen wurde.

Eine neue Theorie des amerikanischen Astronomen Kenneth Brecher eröffnet eine weitere Erklärungsmöglichkeit. Anstatt eines einzigen Planeten befinden sich vielleicht in der Merkurumlaufbahn Millionen kleinerer Himmelskörper – eventuell Fels- oder Metallbrocken von bis zu 50 Kilometer Durchmesser, ähnlich wie die Asteroiden, die die Sonne zwischen Mars und Jupiter umkreisen.

Asteroiden innerhalb der Merkurumlaufbahn wären so nahe an der Sonne, daß sie rot glühen würden. Auch würden sie enorme Mengen an Infrarotstrahlung abgeben. 1983 beobachtete ein Team japanischer Astronomen während einer Totalfinsternis die Umgebung der Sonne mit einer Infrarotkamera. Sie entdeckten zwar keine einzelnen Asteroiden, aber dafür einen Ring aus heißem Staub, der die Sonne in drei Millionen Kilometer Entfernung umkreiste. Er bestand aus Steinfragmenten mit einer Temperatur von 1200 Grad Celsius.

Einige Astronomen vermuteten nun, daß dieser Staub bei Kollisionen zwischen kleinen Asteroiden entstanden war, die zu winzig waren, um von der Kamera erfaßt zu werden. Während der Sonnenfinsternis 1991 stellte man jedoch fest, daß dieser Ring verschwunden war. Wahrscheinlich hatte es sich nur um Überreste eines Kometen gehandelt, der Anfang unserer achtziger Jahre zu nahe an der Sonne vorbeizog und dabei zerfallen war. Damit ist die Suche nach dem rätselhaften Planeten Vulcanus beendet. Vielleicht befinden sich ja in der Nähe der Sonne wirklich ein paar kleine Asteroiden, aber es steht außer Zweifel, daß Merkur der innerste Planet unseres Sonnensystems ist. Es hat sich wieder einmal gezeigt, daß die Menschen über Generationen einem Phänomen nachforschen, das es nicht gibt.

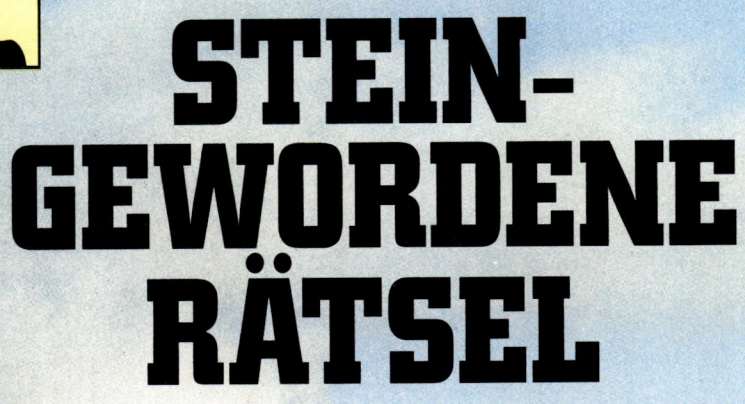

STEIN-GEWORDENE RÄTSEL

Menhire werfen oft markante Schatten, besonders zur Zeit der Winter- und Sommersonnenwende. Können uns diese Licht- und Schattenspiele verraten, zu welchem Zweck die imposanten Steinmonumente einstmals errichtet wurden?

Inmitten der Landschaft aufragende Menhire, Megalithgräber und Steinkreise wirken wie eine Herausforderung aus ferner Vergangenheit, Rätsel einer lange versunkenen Kultur. Die Erhabenheit und Unvergänglichkeit dieser Steine lassen vermuten, welche Bedeutung sie einstmals gehabt haben müssen.

Die Archäologen sehen sich bei der Untersuchung von Menhiren mit einigen Problemen konfrontiert. Zunächst einmal läßt sich das Alter der Steinblöcke nicht genau datieren. Die Radiokarbon- beziehungsweise C14-Methode funktioniert nur bei einstmals lebenden Objekten. Das Alter eines Steins läßt sich also nur dann bestimmen, wenn man Organismen datiert, die vermutlich zeitgleich mit seiner Errichtung existiert haben. Die C14-Datierung von Gräbern, die man bei manchen Menhiren entdeckte, läßt darauf schließen, daß sie aus der Zeit um 2000 v. Chr. stammen. Datierungsversuche in Nordwesteuropa, zum Beispiel in der Bretagne, ergaben eine ähnliche oder noch ältere Entstehungszeit. Manche Steinmonumente, etwa *Devil's Arrows* und der Monolith von Rudston in Yorkshire, stehen in

Gebieten, in denen man auch bemerkenswerte neolithische Erdwerke vorfindet. Von diesen Steinen läßt sich mit einiger Sicherheit sagen, daß sie um das dritte Jahrtausend v. Chr. errichtet wurden.

Auch Steinkreise stellen die Archäologie vor einige Rätsel. Man weiß heute, daß es sich bei den kreisförmig angeordneten Steinanlagen in England um Kultanlagen aus der späten Jungsteinzeit und der frühen Bronzezeit handelt. Gelegentlich stieß man innerhalb dieser Steinkreise auf Grabanlagen; allerdings nimmt man an, daß die Menschen dort im Rahmen bestimmter Zeremonien begraben wurden, das heißt, die Steinkreise selbst waren nicht von vornherein als Grabstätte gedacht.

Vorgeschichtliche Kultstätten

Megalithgräber, wie das in West Kennet in der Nähe von Avebury in der Grafschaft Wiltshire, sind vermutlich älter als die meisten Steinkreise. Knochenreste weisen darauf hin, daß die Ruhe der Toten im Laufe der Zeit immer wieder gestört wurde. Gelegentlich stieß man bei Ausgrabungen nicht auf menschliche, sondern auf tierische Überreste. Alles deutet darauf hin, daß an diesen Orten magische oder rituelle Kulthandlungen, vielleicht sogar Opferzeremonien stattgefunden haben. Riesige Menhire, die sich oft in der Nähe solcher Grabanlagen befinden, sind ebenfalls von vielen Geheimnissen umrankt. Auch sie wurden wahrscheinlich lange vor den Steinkreisen errichtet. Die kolossale Bauleistung und das große handwerkliche Können, das beim Bau dieser Anlagen erbracht wurde, läßt darauf schließen, welch überragende Bedeutung diese für ihre vorgeschichtlichen Erbauer gehabt haben müssen.

Schon seit Jahrhunderten hat es Spekulationen darüber gegeben, daß gewisse Steinanlagen irgend etwas mit astronomischen Peilungen zu tun haben. So war zum Beispiel bekannt, daß die Sonne exakt

Oben: 1981 entdeckte man, daß der zentrale Pfeiler des Steinkreises bei Boscawen-un in Cornwall, England, sich zur Zeit der Sommersonnenwende genau in Richtung der aufgehenden Sonne neigt.

Unten: Die in Doppelreihen stehenden Menhire bilden die sogenannte Straße von West Kennet bei Avebury, Wiltshire. Die Steine sind teils rhomben-, teils säulenförmig und sollen angeblich weibliche und männliche Attribute symbolisieren.

über dem Heelstone von Stonehenge aufging. Erst um die Jahrhundertwende nahm Sir Norman Lokkyer derlei Beobachtungen ernsthaft unter die Lupe. Er untersuchte überall in England und Ägypten vorgeschichtliche Steinanlagen und kam zu dem Schluß, daß diese errichtet worden waren, um zum Zweck kalendarischer Bestimmungen den Mond, die Sonne und bestimmte andere Gestirne zu beobachten. Allerdings erlangte die Untersuchung alter Stätten unter diesem Vorzeichen für die vorgeschichtliche Astronomie erst in den sechziger Jahren allgemeine Anerkennung.

Die Arbeiten C. A. Newmans über Stonehenge ergaben ebenfalls, daß die Anordnung der Steine vermutlich auf Sonnen- und Mondbeobachtungen an

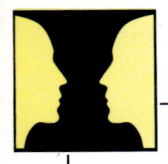

Im Blickpunkt

In dieser Darstellung aus William Stukeleys 1740 erschienenem Buch Stonehenge, A Temple Restor'd to the British Druids (Stonehenge, ein Tempel, der wieder an die Druiden Großbritanniens zurückging) sieht man zwei Druiden bei Stonehenge, so wie es nach Stukeley ursprünglich ausgesehen haben muß.

VON GÖTTERN UND STEINEN

Steinkreise wurden bis weit in das christliche Zeitalter hinein verehrt. Erst im Jahre 452 wurde dies vom Laterankonzil verboten, und 1560 sah sich die Synode von Argyll gezwungen, einen Steinkreis auf der Insel Iona zu zerstören.

Bis ins 15. Jahrhundert waren britische Gelehrte, wie William Stukely, der Meinung, daß Stonehenge und andere vorgeschichtliche Stätten von den Druiden, den Priestern der Kelten, als Tempel errichtet wurden, deren Religion man aus den Aufzeichnungen römischer Geschichtsschreiber kannte.

Nun, die Druiden haben die Menhire von Stonehenge zwar höchstwahrscheinlich als Observatorium benutzt, um damit die Ankunft der Jahreszeiten zu ermitteln, aber erbaut haben sie diese Stätte ganz sicher nicht. Stonehenge stand schon mindestens 1000 Jahre vor der Ankunft der Druiden in England an seinem Platz.

Heutzutage gibt es moderne Druiden, die weißgewandet bei Stonehenge alljährlich zeremoniell die Sommersonnenwende begehen. Seit 1989 müssen sie ihre Riten allerdings an anderem Ort abhalten, da *English Heritage*, ein Verein zur Erhaltung Britischer Altertümer, erfolgreich eine sinnvolle Eindämmung des touristischen Massenansturms forderte, um die Monumente zu schützen.

---

diesem Ort zurückzuführen ist. Kurz nach der Veröffentlichung seiner Forschungsergebnisse im Jahre 1965 erschien in Amerika das umstrittene Buch von Gerald Hawkins vom „Smithsonian Institut" mit dem Titel *Stonehenge Decoded* (Die Lösung des Stonehenge-Rätsels), in dem dieser seine eigenen Ergebnisse hierzu darlegte. Auch er hatte entdeckt, daß die Anlage astronomisches Wissen voraussetzte, das aus Sonnen- und Mondbeobachtungen gewonnen wurde. Anhand des Grabenrings beziehungsweise der Aubrey-Löcher, die sich rings um die Steinmonumente befinden, so Hawkins, könnten zum Beispiel Finsternisse vorhergesagt worden sein.

Unten: 1979 entdeckte man bei Ausgrabungen in Stonehenge in der Nähe des berühmten Heelstones eine Vertiefung. Dies führte manche zu der Annahme, daß hier früher einmal zwei Steine gestanden hatten, die die aufgehende Sonne einrahmten und eine Art Torbogen für die Dämmerung bildeten.

Statistische Untersuchungen

Hawkins unterliefen jedoch einige Irrtümer, und sein Werk war unter Archäologen stark umstritten. Erst die weniger aufsehenerregenden Forschungsergebnisse Alexander Thoms, der von 1945–1961 als Professor für Ingenieurwesen an der Universität von Oxford lehrte, verschaffte der Archäoastronomie eine solide Grundlage. Thom hatte in England jahrzehntelang Hunderte von Steinkreisen ausgewertet und deren Grundrisse, Erhebungen und den jeweils sichtbaren Horizont erfaßt. Dieses Datenmaterial wurde statistisch ausgewertet und die Ergebnisse mit astronomischen Informationen verknüpft, die bis in die vorgeschichtliche Zeit zurückreichten.

Thoms Werk ergab drei grundlegende Beobachtungen: Die Grundrisse der Steinkreise waren entweder exakt kreisförmig oder ausgeklügelte geometrische Konstruktionen; weiterhin schien jeweils ein bestimmtes Grundmaß eingehalten worden zu sein, das Thom als „megalithische Maßeinheit" bezeichnete; und schließlich bewiesen die statistischen Daten überzeugender als je zuvor, daß die Steinkreise als Observatorien für die Berechnung der Sonnenaufgänge in der Sommer- und Wintermitte gedient haben, ebenso für die Berechnung der Mondumlaufbahn, möglicherweise auch noch weiterer astronomischer Erscheinungen. Thom fand außerdem heraus, daß diese Beobachtungen von einer Genauigkeit waren, die über die praktischen Bedürfnisse einer bäuerlichen Bevölkerung weit hinausreichte.

Obwohl diese Spekulationen nach wie vor hitzige Kontroversen auslösen, gelangt die Archäoastronomie zu immer neuen Erkenntnissen, insbesondere in Großbritannien und den USA, und es treten laufend neue interessante Einzelaspekte zutage. Die Theorie, daß der Heelstone von Stonehenge eine

Sonnenwende markiert, mag vielleicht allzu vordergründig erscheinen. Jedenfalls wurde immer wieder darauf hingewiesen, daß bei Stonehenge die Sonne, vom Zentrum des Steinkreises aus betrachtet, zur Sommersonnenwende ein wenig neben dem Monolithen aufgegangen wäre, und zwar aufgrund der Präzession der Tagundnachtgleiche, das heißt der Schwankung der Erdachse. Bei Aushebungen im Jahre 1979 entdeckte man dann jedoch in der Nähe des Heelstones ein Loch: Dies könnte bedeuten, daß sich hier ursprünglich ein weiterer Menhir befand, der mit dem noch vorhandenen für die aufgehende Sonne einen Rahmen bildete, eine Art Eingangstor für die Dämmerung. Vielleicht hatte der Heelstone aber auch gar nichts unmittelbar mit Sonnenbeobachtungen zu tun: In den Jahren, in denen zur Wintersonnenwende der Vollmond über ihm aufgeht, kündigt er nämlich eine nahende Sonnenfinsternis an.

Alle Zahlen, Daten und gelehrten Argumente schrumpfen jedoch zur Bedeutungslosigkeit, wenn man diese astronomischen Erscheinungen einmal mit eigenen Augen sieht. Es ist ein atemberaubendes Erlebnis, im Winter inmitten des Castlerigg-Steinkreises in Cumbria im Nordwesten Englands zu stehen und dort den Sonnenaufgang mitzuerleben. Sobald die ersten Strahlen hinter dem hügeligen Horizont hervorlugen, fällt einem sofort ins Auge,

Unten: Im Steinkreis von Castlerigg in Cumbria kann man interessante Schattenspiele beobachten.

Ganz unten: Bei Sonnenaufgang am 21. Dezember zeigt sich zwischen den zwei höchsten Steinen des Kreises ein Schatten, und am 21. Juni wirft der höchste Stein eine 1,6 Kilometer lange Schattenlinie.

daß die beiden niedrigsten Steine diametral entgegengesetzt zueinander stehen und entlang dieser besonderen astronomischen Ausrichtung eine Kluft quer durch den Steinkreis bilden.

Wie ausgeklügelt die Anordnung solcher Steinmonumente sein kann, bemerkte 1976 der Forscher John Glover. Er wollte am 21. Juni die Szenerie bei Castlerigg bei Sonnenuntergang fotografieren und bemerkte, als er sich einmal kurz umdrehte, daß der höchste Stein eine enorm lange, dunkle Schattenlinie warf, die sich etwa 1,6 Kilometer in die Landschaft erstreckte. Obwohl das im Grunde nichts Außergewöhnliches ist, war Glover doch einigermaßen verblüfft; später entdeckte er ähnliche „Schattenpfade" auch an anderen Stätten. In der Nähe des Städtchens Little Salkeld in Cumbria steht ein vier Meter hoher Menhir, der sogenannte *Long Meg*, außerhalb eines von aufrecht stehenden Steinen,

den *Daughters*, gebildeten Kreises. Bei Sonnenuntergang am 21. Dezember wirft *Long Meg* seinen Schatten exakt bis zur äußersten Umfangslinie des Kreises. Man kommt nicht umhin anzunehmen, daß manche Steine gezielt zum Zweck solcher Schattenphänomene aufgestellt wurden.

Licht- und Schattenspiele

Martin Brennan führte verschiedene archäoastronomische Untersuchungen in Irland durch und war davon überzeugt, daß einige der Einritzungen in Newgrange und anderen irischen Steinanlagen in Verbindung mit bestimmten Schattenlinien, die mit Hilfe unterschiedlich langer Stäbe entstanden, eindeutig komplexe Sonnen- und Monduhren darstellten. Mehr noch, für Brennan lieferte der 23 Meter lange Sonnenstrahl, der zur Wintersonnenwende frühmorgens in die Newgrange-Anlage hineinstrahlt und die Innenkammer mit gleißend-goldenem Licht durchflutet, den Beweis dafür, daß die Erbauer dieser Steinanlagen Licht und Schatten bewußt für astronomische Peilungen, aber auch für religiöse Zwecke benutzten.

Solche Lichtstrahlen lassen sich nach Brennans Entdeckungen und Aufzeichnungen auch bei anderen irischen Steinmonumenten beobachten. Eines der schönsten und auch rätselhaftesten Beispiele

Links: Ein von hellem Sonnenlicht durchfluteter Steingang im Kammerhügel von Newgrange in Nordirland. Etwa alle 19 Jahre treffen in der mittleren Kammer Mond- und Sonnenlicht gleichzeitig aufeinander.

Rechts: Die Sonne zur Zeit der Wintersonnenwende, beobachtet aus einer der Steinkammern der als Calendar 2 bezeichneten Steinanlage in Vermont, USA. Skeptiker behaupten vielfach, daß diese angeblich vorgeschichtlichen Kammern nichts als einfache Steinkeller sind.

für solche atemberaubenden Erscheinungen ist der Kammerhügel von Knowth in der Nähe von Newgrange. Zu einem bestimmten Zeitpunkt während des etwa 19jährigen Mondzyklus, der als „der große Stillstand" bezeichnet wird, scheinen Sonne und Mond jeweils direkt in einen von zwei Gängen hinein. Im Inneren der Kammer vermischt sich das silbrige, „feminine" Mondlicht mit dem goldenen, „maskulinen" Sonnenlicht – eine Art alchemistisches Lichtspektakel und zweifelsohne das Ergebnis minutiöser astronomischer Beobachtungen.

Manche Wissenschaftler schlugen andere Pfade ein. Sie setzten sich mit Legenden auseinander, um herauszufinden, ob sie vielleicht Anhaltspunkte über den Sinn und Zweck der prähistorischen Steinanlagen enthalten. In England und verschiedenen anderen europäischen Ländern, und bis zu einem gewissen Grad auch in Afrika, etwa Senegal und Gambia,

Unten: Ein Steinkreis in Cumbria. Der Schatten des etwas abseits stehenden Menhirs Long Meg trifft am 21. Dezember bei Sonnenuntergang direkt auf einen der sogenannten Töchter-Steine.

enthalten die Volksmythen bestimmte Motive, die sich auf diese steinernen Zeugen der Vergangenheit beziehen. So sollen sich die Steine nachts bewegen, aber auch tanzen und trinken können. Andernorts heißt es, sie seien in Stein verwandelte Menschen, oder sie haben Heilkräfte oder könnten Blitze herbeiholen und jeden, der sie entweihen will, damit bestrafen. In manchen Legenden wird berichtet, daß in bestimmten Steinanlagen vergrabene Schätze zu finden seien oder daß Feen und andere Wesen darin hausten. Für viele symbolisieren gewisse Steine auch Fruchtbarkeit und Fortpflanzung. Viele, die sich intensiv mit diesen Volkslegenden beschäftigt haben, waren zum Schluß davon überzeugt, daß es sich dabei um ein kulturelles Erinnerungserbe handelt, das seit vorgeschichtlichen Zeiten in immer ausgeschmückterer Form von Generation zu Generation überliefert wurde.

GEHEIMNISVOLLE FLIEGENDE MASCHINEN

...schaft bestehen inzwischen darauf, daß es sich dabei um falsch interpretierte natürliche Erscheinungen oder um konventionelle Fluggeräte handelt. Kommentare von Militärsprechern schließen allerdings immer wieder die Möglichkeit aus, daß es sich um Fluggeräte mit bemerkenswerten Fähigkeiten handeln könnte, die man vor der Öffentlichkeit versteckt halten möchte.

Die vermeintlichen Sichtungen von UFOs in früheren Zeiten mögen durchaus auf Naturerscheinungen zurückzuführen sein. Kometen, Sternschnuppen, nächtlich leuchtende Wolken, Kugelblitze, Luftspiegelungen und so weiter dürften die technisch noch nicht so fortgeschrittenen Generationen verblüfft und in Schrecken versetzt haben. Die jüngste Welle von Sichtungen "fliegender Untertassen" wird auf einen ganz anderen Aspekt zurückgeführt. Diese Theorien gehen davon aus, daß die fliegenden Maschinen rein irdische Ursprünge haben.

Die ersten UFO-Sichtungen, die sich so erklären ließen, waren die "geheimnisvollen Luftschiffe", die zwischen November 1896 und Mai 1897 in den Vereinigten Staaten von Tausenden Menschen bezeugt wurden. Damals waren die europäischen Erfinder ihren amerikanischen Kollegen bei Experimental-Luftschiffen weit voraus. Doch weder den Franzosen noch den Deutschen war es bis dahin gelungen, ein wirklich steuerbares Luftfahrzeug zu konstruieren. Seit 1892 beschäftigte sich Ferdinand Graf Zeppelin mit dem Bau eines Luftschiffes, und am 2. Juli 1900 erfolgte der erste Start bei Friedrichshafen. Somit gibt es keine Erklärung für die geheimnisvollen Luftschiffe von 1896 und 1897.

Bezeichnenderweise wurden alle geheimnisvollen Fluggeräte als zylindrisch oder zigarrenförmig

In den 90er Jahren des vorigen Jahrhunderts wurden häufig merkwürdige Luftschiffe gesichtet. Handelte es sich dabei um außerirdische Fluggeräte oder um Konstruktionen von Ingenieuren, die der Luftfahrt ihrer Zeit weit voraus waren?

F ür nicht identifizierte fliegende Objekte existieren die verschiedensten Erklärungen. Unsere frühen Vorfahren glaubten in ihnen übernatürliche Besucher oder Omen von göttlicher oder dämonischer Herkunft zu erkennen. In unserem Zeitalter der Technik werden sie manchmal für Raumschiffe von weit entfernt lebenden Zivilisationen gehalten, für die Verkehrsmittel von Zeitreisenden oder Abgesandten von Bewohnern aus dem Inneren der Erde. Eine Reihe von Skeptikern, die solche Theorien für nicht beweisbar halten, spekulieren, daß die UFOs "Gedankenbilder" der Beobachter sein könnten oder aber auch das Ergebnis von gezielten Bewußtseinsmanipulationen sind. Einige Kritiker aus der Wissen-

Oben: Dieses flexible Luftschiff wurde um die Jahrhundertwende von Santos-Dumont aus Frankreich gebaut. In den USA war offiziell nichts von solchen weitentwickelten Maschinen bekannt.

Rechts: In einer Lokalzeitung wurde dieses fliegende Objekt, das 1896 über Kalifornien gesehen wurde, dargestellt. Zeugen beschrieben einen dunklen Körper über einem strahlenden Licht, der anscheinend abwärts schwebte.

mit Propellerantrieb beschrieben. Auch weitere De-
tailbeschreibungen stimmten mit den später kon-
struierten Luftschiffen überein. Auch schienen sie
von Menschen und nicht von extraterrestrischen
Wesen gesteuert worden zu sein. Viele Zeugen gaben an, daß sie mit der Besatzung gesprochen
haben, die öfter um Wasser für ihre Maschinen
gebeten hat.

Auf einer grünen Wiese

Die sicherlich beeindruckendsten Fälle betreffen
einen Mann, der sich selbst Wilson nannte. Die *Houston Post* vom 21. April 1897 veröffentlichte eine
Meldung zu einem Zwischenfall, der sich zwei Tage
zuvor in Beaumont, Texas, zugetragen hatte. Der
dortige Vertreter der Magnoliabrauerei, J.B. Ligon,
und sein Sohn bemerkten auf einer benachbarten
Weide in einer Entfernung von ein paar hundert
Metern merkwürdige Lichter. Sie gingen darauf zu
und stießen auf vier Männer, die neben einem „großen, dunklen Objekt" standen, das keiner der Zeugen deutlich erkennen konnte. Einer der Männer bat
Ligon um einen Eimer Wasser. Ligon kam der Bitte
nach, und der Mann stellte sich ihm als Wilson vor.
Er erzählte Ligon, daß er und seine Mannschaft mit
einer fliegenden Maschine unterwegs wären, daß
sie einen Ausflug „hinaus über den Golf" unternommen hätten und jetzt wieder auf dem Rückweg in die
„ruhige Stadt in Iowa" wären. Dort sollen insgesamt
fünf Luftschiffe gebaut worden sein. Wilson erläuterte, daß die Flügel des Luftschiffes durch Elektrizität angetrieben würden. Dann bestieg er mit seinen
Freunden die Passagiergondel und flog davon.

Am nächsten Tag, dem 20. April, bemerkte Sheriff
H.W. Baylor aus Uvalde, ebenfalls Texas, ein seltsames Licht und Stimmen hinter seinem Haus. Als er
nachschaute, traf er auf ein Luftschiff und drei Männer. Wieder gab sich ein Mann als Wilson zu erkennen und erzählte, er käme aus Goshen im Staat New

*Ganz oben: Im Jahre 1900 galt
das Luftschiff als die Flugmaschine der Zukunft. In dieser Illustration stellt sich der Künstler ein
fliegendes Panzerschiff des Jahres
2000 vor, das an einem recht
ungeschützten gasgefüllten
Körper hängt und gegen Flugzeuge und Seeschiffe kämpft.*

*Oben: Dies ist eine der Konstruk-
tionen von Samuel Pierpont
Langley für ein unbemanntes
Flugzeug, angetrieben von einem
leichten Benzinmotor. Mit einigen
seiner kleineren Versuchsflug-
zeuge hatte er Erfolg, zwei Proto-
typen in Originalgröße stürzten
jedoch 1903 ab.*

York. Danach erkundigte sich Wilson nach dem ehemaligen Sheriff von Zavalia County, C.C. Akers, und
erklärte, daß er ihn 1877 in Fort Worth getroffen hätte
und ihn jetzt gerne wiedersehen wollte. Überrascht
antwortete Sheriff Baylor, daß Akers mittlerweile in
Eagle Pass, 96 Kilometer weiter südwestlich, zu finden sei. Wilson war sichtlich enttäuscht und bat
Sheriff Baylor, ihn von ihm bei nächster Gelegenheit
zu grüßen. Anschließend erbat sich die Besatzung
Wasser für die Flugmaschine und ersuchte ihn, Still-
schweigen über ihren Besuch zu bewahren. Daraufhin nahmen sie wieder ihre Plätze im Luftschiff ein
und setzten die großen Flügel und Propeller in Gang
und entfernten sich schnell nordwärts in Richtung
San Angelo. Auch ein Verwaltungsbeamter des Be-
zirks bestätigte, das geheimnisvolle Luftschiff gesehen zu haben.

Zwei Tage später wurde der Farmer Frank Nichols
in Josserand, Texas, von einem surrenden Geräusch
aus dem Schlaf gerissen. Er blickte zum Fenster hinaus und sah in seinem Maisfeld, „wie aus einem

massigen Luftschiff von merkwürdigen Ausmaßen glänzende Lichter fluteten". Nichols ging aus dem Haus, um sich das Ganze aus der Nähe anzusehen. Doch noch ehe er das Objekt erreichte, traten zwei Männer auf ihn zu und suchten um Wasser aus seinem Brunnen nach. Nichols hatte nichts dagegen, und die Männer luden ihn ein, ihr Luftschiff zu besichtigen. Er sagte, es müßten sechs oder acht Mann an Bord gewesen sein. Einer erzählte ihm, daß das Schiff durch sehr starken elektrischen Strom angetrieben werde und daß es eines von fünf Schiffen sei, die kürzlich mit Unterstützung eines großen New Yorker Unternehmens in einer Kleinstadt in Iowa gebaut worden sind.

Am folgenden Tag, dem 23. April, bezeugten zwei „verantwortungsbewußte Männer", wie die *Houston Post* sie beschrieb, daß in ihrer Heimat, in Kountze, Texas, ein Luftschiff gelandet wäre und zwei Besatzungsmitglieder sich als Jackson und Wilson vorgestellt hätten.

Am 27. April druckte die *Galveston Daily News* einen Leserbrief von C. C. Akers ab, der vorgab, wirklich einen Mann namens Wilson in Fort Worth gekannt zu haben. Dieser Wilson sei aus New York, wäre ein „technisches Talent und beschäftigte sich damals mit der Luftfahrt und einer Sache, die die Welt in Erstaunen versetzen würde".

Landung in Deadwood

Später meldete die *Houston Post*, daß in Deadwood, Texas, der Farmer H. C. Lagrone gehört hätte, daß sein Pferd plötzlich unruhig wurde, als ob es durchgehen wollte. Als er hinausging, erblickte er ein strahlendes weißes Licht, das die nahegelegenen Felder umkreiste und das gesamte Gebiet erhellte, bevor es schließlich niederschwebte und in einem der Felder landete. Lagrone lief zu der Stelle und traf fünf Personen, von denen sich drei mit ihm unterhielten, während die anderen Wasser in Eimern heranschafften. Die Männer erzählten Lagrone, daß ihr Fluggerät eines von fünf Schiffen wäre, die in letzter Zeit im Land umhergeflogen sind. Ihr Luft-

Oben: Der deutsche Ingenieur Otto Lilienthal war der erste, der ein steuerbares Fluggerät erfolgreich baute und auch flog. Die Lenkung erfolgte über Verlagerung seines frei hängenden Körpers und der Beine von einer Seite zur anderen. Obwohl er 1896 bei einem Absturz ums Leben kam, inspirierten seine Versuche andere Pioniere der Luftfahrt, so auch die Gebrüder Wright.

schiff sei auch in Beaumont gelandet, und alle Schiffe wären in einer Binnenstadt im Bundesstaat Illinois (der an Iowa grenzt) gebaut worden. Mehr wollten sie nicht dazu sagen, um das Patent nicht zu gefährden.

Im Mai 1897 hörten diese geheimnisvollen Begegnungen mit Luftschiffen auf. Was aber hatten sie zu bedeuten? Bestand wirklich die Möglichkeit, daß ein mächtiges Unternehmen in New York ein Luftschiffprogramm finanziert hatte und die ersten Maschinen dann heimlich in der Abgeschiedenheit von Iowa oder Illinois gebaut wurden? Dies scheint gar nicht so abwegig. Gegen Ende des 19. Jahrhunderts meldeten eine ganze Reihe von Erfindern Luftschiffpatente an, jedoch wurden viele Pläne aus Angst vor einem möglichen Diebstahl oder einer Nachah-

---

EINE WELLE VON UFO-SICHTUNGEN

In Amerika nahmen die Sichtungen von geheimnisvollen Luftschiffen im November 1896 ihren Anfang, als Bürger von Sacramento, Kalifornien, sahen, wie sich ein Lichtfleck durch den nächtlichen Himmel bewegte. Im Verlauf des Monats häuften sich solche Beobachtungen in ganz Kalifornien. Einige wenige stammten auch aus dem Bundesstaat Washington und aus Kanada. Manchmal konnte man ein dunkles Objekt als Quelle des Lichtes ausmachen, das einmal wie eine Zigarre, dann wieder wie ein Faß oder auch ein Ei ausgesehen haben soll. Das Luftschiff bewegte sich langsam wellenförmig vorwärts, so daß man auf ein vom Wind getriebenes Fluggerät schloß. In einigen Zeitungen spekulierte man, welche bekannten Techniker dafür verantwortlich sein könnten. Andere vermuteten außerirdische Besucher hinter diesen Erscheinungen. Ab und zu wurden auch Luftschiffe am Boden erblickt. In einem Fall sahen

zwei Methodisten-Pfarrer ein glühendes Objekt, das startete, als sie sich näherten. Angeblich versuchten drei seltsame, sehr große und glatzköpfige Wesen auf einer Landstraße zwei Männer zu entführen. Sie flohen in einem zigarrenförmigen Luftschiff.

Nach einer zweimonatigen Pause wurden überall in den Vereinigten Staaten und in Kanada eine Vielzahl von UFOs gesichtet. So erzählte ein Bürger aus Michigan, daß ihn eine Stimme aus den Wolken um vier Dutzend Eier-Sandwiches und eine Kanne Kaffee bat, die in einem Eimer zum unsichtbaren Fluggerät gezogen wurden. Ein Zeuge beteuerte sogar, ein landendes Schiff gesehen zu haben, dessen Besatzung ein orientalisches Aussehen gehabt haben soll.

Mitte 1897 ebbte die UFO-Welle ab. Gegen Ende des Jahres gab es noch vereinzelt Berichte, besonders aus Schweden, Norwegen und Rußland. So sah ein Ingenieur im September 1897 nahe der russischen Stadt Ustjug eine Art Ballon, der hell glänzte.

mung streng geheimgehalten. Von daher spricht einiges für die Möglichkeit, daß Wilson tatsächlich funktionstüchtige Luftschiffe erfunden haben könnte. Vor hundert Jahren war die Erforschung der Aerodynamik schon relativ weit fortgeschritten. Dies galt besonders für Massachusetts (wo zahlreiche geheimnisvolle Luftschiffe gesichtet wurden) und für New York, woher Wilson angeblich stammte. Am „Massachusetts Institute of Technology" (MIT) wurde eine Fülle von inoffiziellen Kursen zum Antrieb und zum Verhalten von Flüssigkeiten in bezug auf die Aerodynamik durchgeführt. Darüber hinaus hatten 1896 Lehrer und Studenten am MIT sogar einen Windkanal gebaut und führten praktische Versuche zur Aerodynamik durch. Ein Mann wie Wilson hätte sicher an diesen Kursen teilnehmen und dann zur „Cornell University" nach Ithaca, New York, gehen können, um sich die erforderlichen Kenntnisse anzueignen.

Luftfahrtpioniere in der Öffentlichkeit

Der weltberühmte Ingenieur Octave Chanute beteiligte sich 1897 und 1898 an einer Vorlesungsreihe über Aerodynamik an der „Cornell University". 1896 hatte er die bemannten Gleitflugexperimente des deutschen Ingenieurs Otto Lilienthal erfolgreich wiederholt. Die Kurse an der Universität behandelten Experimentaltechnik, Maschinentechnik und Elektrotechnik sowie die Konstruktion und den Bau von Maschinen. Zu den Texten der Aeronautik gehörten die *Experiments in Aerodynamics* (Experimente zur Aerodynamik) vom „Smithsonian Institute", Sir Hiram Maxims Berichte zu seinen Versuchen mit Motoren, Propellern und Fluggeräten und das *Aeronautical Annual* (Jahrbuch der Aeronautik), welches die neuesten Beiträge der damals führenden Aeronautiker enthielt.

1896 hatten bereits die ersten erfolgreichen Flüge von S. P. Langley in Washington, D.C., stattgefunden, und im folgenden Jahr wurden zahlreiche Patente für weitere fliegende Maschinen registriert. Überhaupt erreichten in diesen Jahren die wissenschaftlichen Fortschritte ein erstaunliches Ausmaß

Oben: Der von den Gebrüdern Wright gebaute „Flyer" (Flieger) startet zu seinem ersten kurzen Flug und leitet ein neues Zeitalter ein. Am 17. Dezember 1903 erfolgten die ersten vier durchgängigen und gesteuerten Motorflüge. Wäre es aber möglich, daß heimlich arbeitende Erfinder den Wrights zuvorgekommen waren und für die früheren Sichtungen von Luftschiffen verantwortlich sind?

Rechts: Das Flugzeug Blériot XI von Louis Blériot überfliegt die Klippen bei Dover am Ende der preisgekrönten Überquerung des Ärmelkanals am 25. Juli 1909.

und bildeten die entscheidende Grundlage für weiterführende aeronautische Experimente. Es spricht also einiges dafür, daß die gehäuften Begegnungen mit Luftschiffen und deren Besatzungen durch eine gelungene Konstruktion enthusiastischer Wissenschaftler erklärt werden kann. Von dem mysteriösen Mr. Wilson wurde jedoch nie wieder etwas gehört.

Das folgende Jahr brachte weitere bemerkenswerte Neuerungen auf dem Gebiet der Luftfahrt. 1901 gelang es dem Brasilianer Alberto Santos-Dumont, mit einem Luftschiff von St.-Cloud, am westlichen Rand von Paris, in weniger als 30 Minuten bis zum Eiffelturm und zurück zu fliegen. Zwei Jahre danach starteten die Gebrüder Wright in Kitty Hawk, North Carolina, zum ersten bekannten Schwerer-als-Luft-Flug. 1906 hatte der Amerikaner Robert Goddard ein aufregendes Raketenexperiment begonnen, und am letzten Dezembertag im Jahre 1908 legte Wilbur Smith in nur 2 Stunden und 30 Minuten 123 Kilometer im Flug zurück. Sieben Monate später überflog der französische Pilot Louis Blériot erstmals den Ärmelkanal.

Diese Leistungen wurden in der Presse ausführlich besprochen. Doch ist es durchaus möglich, daß ohne Wissen der Öffentlichkeit noch größere Fortschritte erzielt wurden. Die zahlreichen UFO-Sichtungen und das schnelle Entwicklungstempo der Technik dieser Zeit sprechen dafür. Im Jahre 1904 sagte der Leutnant der amerikanischen Marine und spätere Oberkommandierende der US-Pazifikflotte Frank H. Schofield offiziell aus, daß er vom Deck seines Schiffes aus drei strahlende Lichter gesehen hatte, die in Staffelformation flogen. Sie blieben oberhalb der Wolken und stiegen höher, bevor sie verschwanden. 1909 wurden zahlreiche, nicht identifizierte Flugobjekte über Massachusetts erblickt. Am 30. August 1919, gegen 9 Uhr abends, überflog ein langes, schwarzes Objekt in niedriger Höhe Madison Square Gardens in New York City. Es wurde von mehreren hundert Menschen gesehen. Woher das Objekt kam und was es eigentlich war, blieb offen.

In Skandinavien kam es 1933 und 1934 zu einer Welle von UFO-Sichtungen. Die oft sehr genauen Beschreibungen der „Geisterflugzeuge" enthielten zum Teil technische Details, die von der damaligen Flugzeugtechnik noch nicht hätten entwickelt werden können. Man beschrieb sie als Eindecker von zumeist grauer Farbe. Manchmal gelang es auch, die Besatzung für kurze Zeit zu erspähen. Oft wurden die Motoren abgestellt, und das Flugzeug segelte weite Strecken, bis sie wieder gestartet wurden, eine damals kaum mögliche Leistung für ein konventionelles Flugzeug.

Eindringlinge aus der Luft

1934 begann die schwedische Luftwaffe die abgelegenen Gegenden, in denen die Flugobjekte beobachtet worden waren, systematisch abzusuchen. An der Aktion waren insgesamt 24 Flugzeuge beteiligt. Von den geheimnisvollen Fluggeräten, von deren Startplätzen oder Treibstoffbasen fand man jedoch keinerlei Spuren. Im April 1934 gab ein hochrangiger schwedischer Offizier in einer Presseerklärung bekannt:

„Ein Vergleich dieser Berichte läßt keinen Zweifel an einem illegalen Luftverkehr über unsere geheimen militärischen Gebiete zu... In jedem Fall ist die gleiche Feststellung getroffen worden: An der Maschine waren keine Abzeichen oder Identifikationszeichen erkennbar... Man kann das Ganze nicht einfach als Einbildung abtun. Die Frage bleibt: Wer sind sie? Und warum sind sie in unseren Luftraum eingedrungen?"

Die gleichen Fragen hat man sich dann auch in Norwegen und Finnland gestellt, wo es angeblich zu ähnlichen Vorfällen kam. Aber auch diese konnten nicht zufriedenstellend beantwortet werden, so daß die Herkunft und Absicht dieser „Geisterflugzeuge" weiterhin ein Geheimnis blieb.

Die Luftfahrttechnik konnte in kurzer Zeit immer neue revolutionäre Entwicklungen feiern. Zwischen den ersten simplen Experimenten in den Windkanälen von Massachusetts und der hochkomplizierten Raketenforschung in Peenemünde, an Deutschlands Ostseeküste, lagen gerade vierzig Jahre. Wenn man bedenkt, daß nur ein Bruchteil der militärisch relevanten wissenschaftlichen Ergebnisse der Öffentlichkeit bekannt wird, so liegt es im Bereich des Möglichen, daß die Geheimforschung in Amerika und Europa zur Konstruktion von Maschinen geführt hatte, die weitaus leistungsstärker und von der Formgebung her unkonventioneller waren als die, welche man offiziell in den Dienst stellte. Seit dem Ersten Weltkrieg wurde die technische Forschung immer häufiger von Regierungen finanziert und kontrolliert, um den militärischen Standard weiter ausbauen zu können. Es bleibt also zu klären, ob die Möglichkeit besteht, daß Bürger der USA und bestimmter europäischer Staaten Zeuge von geheimen aeronautischen Experimenten wurden, die ihre eigene Führung organisierte.

Der Zweite Weltkrieg beschleunigte die Entwicklung in der Luftfahrt erneut. Düsenflugzeuge, radargestützte Navigation und Ortung, ballistische Raketen und Bomber von nie gekannter Größe wurden von den kriegsführenden Mächten entwickelt, erprobt und eingesetzt. Alliierte Bomberpiloten haben bei ihren Einsätzen im umkämpften Luftraum über Deutschland geheimnisvolle Lichtkugeln beobachtet, die als Foo-fighter bekannt wurden.

Unten: Nur 40 Jahre nach dem ersten Flug der Gebrüder Wright plante das nationalsozialistische Regime in Deutschland ballistische Langstreckenraketen zum Einsatz gegen Städte. Dieses Foto zeigt drei Experimentalraketen V-2 auf ihren Schleppern im Forschungszentrum Peenemünde.

SUCHE NACH VERLORENEN SEELEN

Wild zu finden, werden als Ergebnis übernatürlicher Abläufe begriffen, in denen der Jäger vielleicht Angriffsziel böser Geister war oder er den Göttern nicht den gebührenden Respekt gezollt und so ihren Groll auf sich gezogen hat. Vielleicht kommt es aber auch noch schlimmer, und es hat ein Teil der Seele den Körper des Jägers unbemerkt verlassen und sich verirrt oder wird von bösen Dämonen gefangengehalten.

In vielen Schamanen-Stämmen werden körperliche Erkrankungen, besonders solche, die mit hoher Temperatur und Fieberwahn einhergehen, wie zum Beispiel Fleckfieber und Pocken, mit derartigen Ursachen erklärt. So herrschte bei den Altai-Stämmen in Sibirien der Glaube, daß wirklich schwere Fieberanfälle oft dadurch verursacht werden, daß die Seele des Kranken im Reich des Erlik Khan, eines der obersten Herrscher der Unterwelt, gefangen ist. Diese Vorstellungen haben auch die kommunistische Staatsdoktrin überlebt. Dabei ist zu bedenken, daß

Schamanen verwenden häufig halluzinogene Drogen, die es ihnen gestatten, ihren Körper nach Belieben zu verlassen und in die Geisterwelt einzutreten. Wie hilft ihnen dies bei der Behandlung von Kranken?

Oben: In den 60er Jahren war das Dorf Huautla de Jimenez in Mexiko ein Anziehungspunkt für amerikanische Hippies, weil die Dorfschamanen geheiligte Pilze aßen, deren halluzinogene Wirkung bekannt war. Häufig verzehrt die gesamte Gemeinschaft die Pilze in Ritualen zur Ehrung der Toten. Die Frau ist auf dem Weg zu einem Begräbnis, bei dem sie solche heiligen Pflanzen essen wird.

in diesem Zusammenhang das in die deutsche Sprache mit "Seele" übersetzte Wort eine Bedeutung hat, die näher bei „Vitalität" oder „Lebenskraft" liegt als bei „Seele" im christlichen Sinn. Im Altai-Stamm glaubt man, daß es durchaus möglich ist, vollkommen bei Bewußtsein zu bleiben und sogar ein vernünftiges Gespräch zu führen, während sich die „Seele" außerhalb des Körpers befindet.

Genauso, wie man annimmt, daß der Schamane in den Himmel reisen kann, während sein Körper in Trance liegt, hält man es für möglich, daß er in die sieben pudaks, was soviel wie Höllen bedeutet, der Unterwelt hinabsteigen kann. Diese Reise in die Tiefe wird als weitaus komplizierter und auch gefährlicher angesehen als die aufwärtsgerichtete Bewußtseinswandlung in die neun Himmel. Deshalb können nur die versiertesten Schamanen diese Reise antreten. Selbst sie laufen Gefahr, beim Höllenbesuch ihr Leben zu verlieren oder wahnsinnig zu werden, und nur die „blauen Schamanen" – Männer, die auf den Umgang mit bösen Geistern spezialisiert sind – können den Gefahren entgehen. Bevor sich

B ei vielen Stämmen in der ganzen Welt nimmt der Schamane oder Medizinmann eine bedeutende Position ein. Er sieht die physische Welt als der Geisterwelt, mit der er kommuniziert und in die er in Trance zu reisen glaubt, untergeordnet und von ihr abhängig.

Selbst ganz gewöhnliche Ereignisse wie das gebrochene Bein eines Jägers oder sein Unvermögen,

ein Schamane auf die Reise nach Erlik Khans schwarzem Palast begibt, um die verlorene Seele eines Kranken zu finden, wird er zunächst versuchen, in den leichter zugänglichen Orten zu operieren.

Der Schamane versetzt sich in einen Trancezustand, „verläßt seinen Körper" und macht sich in der unmittelbaren Umgebung der Jurte (Zelt) des Kranken auf die Suche nach einer verirrten Seele. Man glaubt, daß es ihm dann zumeist gelingt, diese zu überreden, in den zu ihr gehörenden Körper zurückzukehren.

Wenn die Seele sich jedoch nicht in der Nähe aufhält, dehnt der Schamane seine Suche aus. Er entsendet seinen Geist, um das Bett von Seen und Flüssen zu durchforschen, die Tiefen des Waldes und die endlosen Weiten der Steppe. Von all diesen Orten kann der Geist des Schamanen normalerweise die verlorengegangene Seele zur Rückkehr überreden, obwohl hier die Aufgabe schon schwieriger ist, als wenn die Seele in der Nähe der Jurte geblieben wäre. Verhallt das Drängen des Schamanen immer noch ungehört und kehrt die Seele nicht in ihren Körper zurück, schreitet die Erkrankung fort, und der Patient stirbt.

Wenn man die Seele nicht finden kann, wird geschlußfolgert, daß sie im Palast des Erlik Khan festgehalten wird. Die einzige Möglichkeit, sie zurückzuholen, besteht darin, eine Art unterirdischen Gefangenenaustausch durchzuführen: Erlik Khan wird eine Seele freigeben, wenn er dafür eine andere erhält. Der Schamane handelt dann eine Vergütung für die Auslösung der verirrten Seele aus, entweder mit dem Patienten selbst oder mit seiner Familie. Gleichzeitig wird beschlossen, wessen Seele gestohlen und Erlik übergeben werden soll. Man wählt

höchstwahrscheinlich die eines Feindes des Schamanen und des Patienten. Während das ausgewählte Opfer noch schläft, begibt sich der Schamane in Trance und verläßt seinen Körper. Dann verändert er die Gestalt seines Geistes. Meist wählt er die Form eines Adlers oder eines anderen Raubvogels. Die Veränderung der Gestalt ist eine der herausragenden Fähigkeiten der Schamanen. Jetzt fliegt der Schamanen-Adler zur Jurte des Opfers, senkt sich auf seinen Körper und ergreift die sich wehrende Seele.

Darauf folgt die Reise in die Tiefe zu Erlik Khans Palast, der aus schwarzen Erzklumpen erbaut ist, die mit schwarzem Ton zusammengefügt sind. Wenn der Schamane diese düstere Wohnstatt erreicht, bittet er den unterirdischen Herrscher höflich um den Austausch der Seelen, dem der letztere normalerweise auch zustimmt. Nun kehrt der Schamane mit der freigelassenen Seele zum Körper des Patienten zurück, der sofort genesen wird. Der Mann, dessen Seele gestohlen und Erlik Khan übergeben wurde, hingegen erkrankt und ist dem Tod geweiht. Zuwei-

Rechts: Der Palast des Erlik Khan ist in der sibirischen Mythologie Sitz eines der obersten Unterweltsherrscher. Um einen Erkrankten zu heilen, ergreift der Schamane in Gestalt eines Adlers die sich wehrende Seele eines unschuldigen Opfers und trägt sie in den Palast. Dort tauscht er die Seele des Kranken mit der neuen Seele, die daraufhin hinter den Mauern des Palastes gefangen bleibt.

> **EINE DER WIRKSAMSTEN HALLUZINOGENEN DROGEN IST DAS VON DEN INDIANERN KOLUMBIENS VERWENDETE… YAGÉ… DIE EINGEBORENEN GLAUBEN AN SEINE HELLSEHERISCHE WIRKUNG…**
>
> **D. H. Rawcliffe,**
> **Occult And Supernatural Phenomena (Okkulte und übernatürliche Phänomene)**

len wird auch eine schamanische Handlung in Trance vorgenommen, nicht so sehr, um eine Krankheit zu heilen, sondern um herauszufinden, ob sich die Götter für Leben oder Tod entschieden haben.

Eine von R. Gordon Wasson geleitete Gruppe konnte in Mexiko eine derartige Zeremonie vollständig mit dem Tonband aufnehmen. Die rituelle Handlung wurde in der Nacht des 12. Juli 1958 in dem Mixtekendorf Huautla von zwei weiblichen und einem männlichen Schamanen durchgeführt, um herauszufinden, ob der siebzehnjährige Perfeto, von seiner Lungenerkrankung – wahrscheinlich Tuberkulose – genesen würde. Auf der Grundlage der göttlichen Botschaften, die sie auf dem Höhepunkt des Rituals empfingen, prophezeiten die Schamanen seinen Tod. Diese düstere Prognose sollte sich wenige Wochen später bestätigen. Die Schamanen hörten die Botschaften unmittelbar: Ihre Visionen waren nur vorübergehend und wurden von ihnen als verhältnismäßig unbedeutend angesehen.

Kontakt mit Göttern

Die Betonung des Gehörten und nicht des Gesehenen in der mexikanischen schamanischen Trance steht in deutlichem Widerspruch zu seinem sibirischen Pendant und hat wahrscheinlich eine rein physische Ursache. Mexikanische Schamanen rufen den Trancezustand für gewöhnlich durch das Essen eines schwach giftigen Pilzes hervor. Die Besonderheit dieses „göttlichen Pilzes" besteht darin, daß die von ihm verursachten Halluzinationen hauptsächlich den Hörsinn und weniger visuelle Erscheinungen betreffen.

In allen Teilen der Welt werden von Schamanen halluzinogene Pflanzen als Mittel eingesetzt, um „die Fesseln der Seele zu lockern", sich in Trance zu begeben und mit Göttern, Dämonen sowie verirrten Seelen Verbindung aufzunehmen. In Sibirien trinken Schamanen einen Aufguß aus dem getrockneten

Hut des Amanita muscaria, des Fliegenpilzes, einem roten „Giftpilz" mit weißen Punkten, der in bebilderten Märchenbüchern häufig als ein schnell wirkendes Mittel zum Erreichen von Trance und Visionen dargestellt wird. Der Fliegenpilz ist in Sibirien noch sehr weit verbreitet. Im 18. Jahrhundert beschrieb der schwedische Offizier Graf von Strahlenberg, der mehrere Jahre in Sibirien gefangen war, wie sich die Menschen dort in einen Zustand der „Betrunkenheit" versetzten. Sie kannten, so berichtete er, die Wirkung der alkoholischen Gärung nicht, sondern berauschten sich an einem Aufguß aus Fliegenpilz, eine Art „Pilztee". Dieses Getränk wurde von den Mitgliedern des Stammes so hoch geschätzt, daß die getrockneten Hüte des Pilzes zu einem Luxusartikel geworden waren, den sich nur die Reichsten leisten konnten. Der aufmerksame Schwede fuhr fort: „Jene, die es sich nicht leisten können, postieren sich ... in einem Laden von diesen Pilzen zu kaufen, postieren sich ... um die Hütten der Reichen und passen auf, wenn die Gäste zum Wasserlassen herauskommen. Dann halten sie eine hölzerne Schüssel hin, um den Urin aufzufangen, den sie gierig trinken, da er noch einiges der Wirkungen des Pilzes enthält und sie auf diese Weise auch betrunken werden."

Bad Trips

Die „Trunkenheit", die von Strahlenberg beobachtete, unterscheidet sich sehr von der Wirkung des Alkohols. Steven Krassenikov, ein anderer Beobachter sibirischer Stammeskulturen des 18. Jahrhunderts, bemerkte, daß die so berauschten Personen verschiedene Visionen hatten, die, je nach Temperament des Betroffenen, schrecklich oder freudig

Unten: Dieser Gegenstand ist ein „Seelenfänger" aus der Mitte des 10. Jahrhunderts, der an der Nordwestküste Amerikas gefunden wurde. Wie auch die Sibirier glaubten viele Indianerstämme Nordamerikas, daß die Seelen der Kranken in der Unterwelt umherirren und daß Schamanen oder Medizinmänner einen Patienten heilen könnten, indem sie seine Seele auffinden und zu seinem Körper zurückbringen.

Links: Diese Puppe wurde 1910 am Fluß Nass in British Columbia, USA, gefunden. Schamanen des Stammes der Tsimshian verwendeten sie bei dramatischen Vorführungen und auch bei Heilzeremonien.

waren. Einige vollführten Sprünge, manche tanzten, andere weinten und durchlebten offensichtlich schlimme Erlebnisse. Wieder andere hielten einen kleinen Riß für so breit wie eine Tür und eine Wanne Wasser für den Ozean.

Durch das Trinken des Suds vom Fliegenpilz wurde oft etwas hervorgerufen, das sowohl dem „Bad Trip" (Drogenrausch mit Angstzuständen) bei Verwendung von LSD als auch der schamanischen Trance stark ähnelt, bei der der Schamane die Kontrolle über die Unmenge von Bildern verliert, die plötzlich sein Bewußtsein während des Trancezustandes überfluten.

Viele Wissenschaftler bestätigen, daß die Verwendung von Pilzen und anderen pflanzlichen Substanzen zur Herbeiführung von Bewußtseinsveränderungen schon in den ganz frühen Kulturen nachweisbar ist. So verabreichte man im klassischen Griechenland denjenigen, die in den mystischen Kult von Eleusis neu aufgenommen wurden, Mutterkorn, einen Pilz, der auf Weizen und anderen Gräsern wächst, um sie in die Lage zu versetzen, „die Göttin zu sehen".

Im alten Indien galt eine Substanz, die als „Soma" bezeichnet wurde, als „Nahrung der Götter" und war auch das bevorzugte Mittel derjenigen, die mit diesen Göttern Verbindung aufnehmen wollten. Über die Zusammensetzung des Soma gab es eine Reihe von wissenschaftlichen Disputen. Ein exzentrischer Gelehrter des vorigen Jahrhunderts war sogar der Meinung, es handelte sich um Rhabarber, dessen mild abführende Eigenschaften ihm fast wie ein Wunder vorkamen. Heute wird allgemein angenommen, daß es sich um eine halluzinogene Substanz handelte, die die Schamanen in Rauschzustände versetzte, die vermutlich dem Leben der Unsterblichen ähneln sollten. Einige wichtige Fragen bleiben jedoch unbeantwortet. Besitzen Schamanen wirklich übernatürliche Kräfte? Können sie das normale Bewußtsein übersteigen? Oder beruht alles nur auf lebhaften Halluzinationen?

Die römisch-katholischen Priester, die im 16. und 17. Jahrhundert an der Kolonialisierung Südamerikas beteiligt waren, vertraten die Auffassung, daß einige

*Links: Dieser kambodschanische Schamane hält Weih-
rauchstäbe in der Hand und bespritzt seinen
Patienten mit Heilwasser. Dabei spricht er ein Gebet in
einer seltsamen, ekstatischen Sprache. Masken wie
diese (unten) werden vielfach von Schamanen
während der Trance getragen, wenn die Seele angeblich den Körper verläßt.*

stellt wird, diente dazu, „Geheimnisse zu entdecken
oder herauszufinden, wo sich verlorene oder gestohlene Dinge befinden".

Der grundsätzliche Charakter schamanischer
Handlungen bringt es mit sich, daß kein konkreter
wissenschaftlicher Beweis für die Gültigkeit oder
Ungültigkeit der Behauptungen dieser Medien erbracht werden kann. Viele Erzählungen lassen jedoch darauf schließen, daß die Erlebnisse einiger
Schamanen durchaus mit Hellsehen und Hellhören
in Verbindung gebracht werden können.

> **DER MEDIZINMANN IST NICHT IMMER EIN
> MUSTER AN TUGEND UND SITTLICHKEIT… BEI
> SEINER RÜCKKEHR AUS DER GEISTERTRANCE
> KOMMT ES ZUWEILEN ZU EINEM UNGEWÖHNLICH
> STARKEN GEWALTTÄTIGEN AUSBRUCH SEINER
> VERDRÄNGTEN EMOTIONEN… SO PASSIERT.**
>
> **J. L. Maddox, The Medicine Man
> (Der Medizinmann)**

Schamanen die Fähigkeit besäßen, Kenntnisse über
die Zukunft und von Dingen zu erlangen, die sich
an entfernten Orten zutragen. Ihrer Meinung nach
lagen diese übernatürlichen Kräfte jedoch nicht in
der Persönlichkeit des Schamanen selbst begründet, sondern wären vielmehr eine Gabe des Satans,
dem Meister aller Schamanen und Zauberer. Mehrere spanische Chronisten bestätigten, daß die von
den Schamanen gegebenen Informationen „genau
stimmten". So erklärte Gonzalo d'Oviedo y Valdez,
daß die indianischen Schamanen über geheime
Mittel verfügten, mit Geistern zu kommunizieren,
„wann immer sie die Zukunft vorherzusagen wünschen". Er selbst war Zeuge von schamanischen
Riten und beteuerte, die Genauigkeit der Vorhersagen beobachtet zu haben. Er schrieb: „Der Schamane schien sich in Ekstase zu befinden und seltsame Schmerzen zu erdulden… Während er bewußtlos auf dem Boden lag, stellte der Häuptling
oder ein anderer Fragen, und der Geist antwortete
durch den Mund des inspirierten Mannes auf ganz
genaue Art und Weise."

Insbesondere die spanischen Jesuiten sahen die
Schamanen als eine gefährliche und diabolische
Nachahmung der wirklichen physischen und parapsychischen Phänomene an, die dem römisch-katholischen Mystizismus zugeschrieben wurden. Die
Priester wurden angewiesen, die zum Christentum
bekehrten Indianer genau zu befragen, ob sie Peyote
getrunken hatten. Dieses Halluzinogen der mexikanischen Schamanen, das aus Kaktusspitzen herge-

GESPALTENE PERSÖNLICHKEITEN

Manche Menschen scheinen verschiedene Ichs zu besitzen, die ununterbrochen kommen und gehen. Was liegt solchen Fällen von wechselnder unbestimmter Identität zugrunde?

Seit dem Mittelalter wird behauptet, die Geschichte des Erkenntnisfortschritts habe gezeigt, welch eine geringe Rolle der Mensch in der Weltenordnung spielt. Von der vorkopernikanischen, geozentrischen Auffassung, daß er im Zentrum des Universums lebt, mußte er abrücken. Der Mittelpunkt des Universums ist nun einmal nicht die Erde, sondern durch die neuzeitlichen astronomischen Entdeckungen wurde klar, daß sie nur ein unbedeutendes Pünktchen in der Galaxis ist. Diese Galaxis wiederum hat im Vergleich zum sichtbaren Universum nur die Größe eines Staubkorns in einer Kathedrale. Von seiner törichten selbstgefälligen Vorstellung, er wäre der „Herr der Schöpfung" und Gebieter über die Tiere des Feldes, wurde er von

Oben: Werden solche Kreaturen wie die in Goyas Werk Der Schlaf der Vernunft gebiert Ungeheuer *von unserem eigenen Unterbewußtsein geschaffen, oder dringen sie manchmal von außen in unser Gehirn ein? In dem Stück* The three faces of Eve *(Die drei Gesichter der Eve) spielte Joanne Woodward (rechts) eine multiple Persönlichkeit, wobei das eine Ich ein hemmungsloses Benehmen zeigte.*

Darwin und seinen Nachfolgern geheilt: Für viele scheint die Menschheit in der Tat nur eine Tierart zu sein, die über ein großes Gehirn verfügt und jetzt ernsthaft in Gefahr gerät, wie einst die Dinosaurier auszusterben. Im 19. Jahrhundert wurde die Vorstellung, der Mensch würde wenigstens die Kontrolle über seinen Verstand ausüben, dessen Aktivitäten überwachen und ihn nach rationalen Gesichtspunkten leiten, durch Freuds Theorien über das Unbewußte allmählich zerstört. Freud entdeckte, daß große Teile der menschlichen Gedankenabläufe hinter einer Barriere liegen. Oft werden dort Entscheidungen getroffen, die dann zutage treten: In ihrer Ausführung übernimmt der Mensch im übertragenen Sinne mehr die Rolle eines Pressesprechers als die eines Generaldirektors.

Ungeachtet des Rückzuges zu einer solchen bescheideneren Einschätzung seiner Rolle, konnte der Mensch sich immerhin noch mit der Idee trösten, daß sowohl die bewußten als auch die unbewußten gedanklichen Prozesse ihren Ursprung auf jeden Fall in seinem Kopf hätten, ersonnen in den phantastischen elektrochemischen Windungen seines Gehirns. Das Material, mit dem das Gehirn gefüttert wird, würde er durch seine fünf Sinne und seine Nerven erhalten, die den Körper überwachten.

Der spirituelle Faktor

Diese Meinung wird selbst von einer großen Zahl äußerlich religiöser Menschen vertreten. Es existiere noch ein nicht-materieller Faktor – der spirituelle –, der den Menschen beeinflußt und der mit ihm Verbindung aufnimmt. Auch gibt es die Auffassung, daß die Gedanken nur dem Individuum gehören und daß Träume das Produkt des Bewußtseins und des Gehirns sind: Phantasien und Wunschvorstellungen gehören allein der individuellen Persönlichkeit. Werden so denkende Personen durch die Ereignisse in ihren Träumen überrascht oder erschreckt, führen

sie das auf ihr Unterbewußtsein, dem Traumproduzenten und „Zeremonienmeister", zurück, darauf, daß sie zuviel zum Abendbrot gegessen haben oder daß sie sich über irgend etwas Sorgen machen. In ihren Träumen sind sie wie Kinobesucher, die einen Film sehen, an dessen Entstehung sie nicht beteiligt waren. „Was für eine tolle Phantasie ich habe!" sagen sie bewundernd zu sich selbst.

Doch nicht jeder kann daran glauben, etwa Leute mit multipler Persönlichkeit, bei denen eine Anzahl unterschiedlicher Charaktere Anspruch auf den Besitz des Körpers erhebt. Bei einigen solchen Menschen scheint die ursprüngliche Persönlichkeit durch traumatische Erlebnisse zerstört worden zu sein und zur Bildung von „Nebenpersönlichkeiten" geführt zu haben. Andere, von Psychologen sorgfältig untersuchte Patienten wiederum weisen solche absonderlichen Eigenheiten auf, daß die Möglichkeit einer tatsächlichen Invasion durch äußere selbständige Persönlichkeiten oder Persönlichkeitsteile ernsthaft in Erwägung gezogen werden muß. Wenn der Mann auf der Straße solch eine Theorie als Aberglauben des tiefsten Mittelalters abtut, geben ihre Verfechter zur Antwort, daß er die Fakten nicht kenne.

Im Verlauf der letzten 100 Jahre gab es viele Fälle von multiplen Persönlichkeiten, die von solchen Autoritäten wie Sigmund Freud, Carl Gustav Jung, William James, Morton Prince, Walter F. Prince und anderen behandelt und sorgfältig studiert wurden. Viele wiesen übereinstimmende Merkmale auf, doch es wäre eine vorschnelle Vermutung, daß eine einzige Theorie alle Fälle zufriedenstellend erklären würde. Gesetzt den Fall, bei der Persönlichkeit handelt es sich um ein ruhiges, zurückhaltendes, übertrieben gewissenhaftes und freudloses Mädchen. Sie hat zumeist eine sehr unglückliche Kindheit gehabt und stammt aus einem gewalttätigen Elternhaus. Vielleicht wundert sie sich, daß sie sich nicht an bestimmte Zeitabschnitte und die jeweiligen

Oben: Dr. Walter Franklin Prince, Geistlicher und Psychologe, studierte viele Fälle von multiplen Persönlichkeiten und offensichtlicher Besessenheit durch Geister. Zu seinen berühmtesten Patienten gehörte Doris Fischer, die mit fünf Persönlichkeiten lebte, von denen eine behauptete, eine Art Schutzengel zu sein.

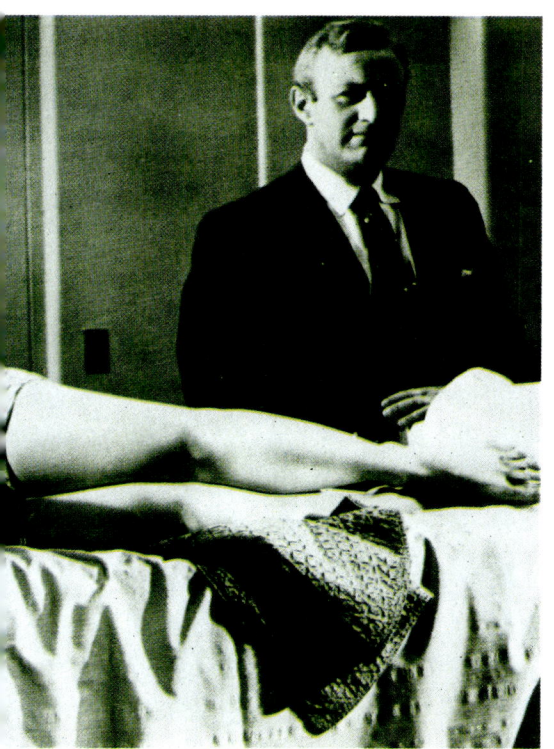

" GENAUSO, WIE EIN KRISTALL UNTER DEM SCHLAG EINES HAMMERS ENTLANG BESTIMMTER FESTGELEGTER SPALTLINIEN ZERSPLITTERT, SO ZERBRICHT BISWEILEN AUCH DIE MENSCHLICHE PERSÖNLICHKEIT UNTER DEM SCHOCK VON ZU STARKEN EMOTIONEN ENTLANG DER LINIEN DES GERINGSTEN WIDERSTANDES. **"**

Theodor Flournoy (1854–1921)

Prof. der Psychologie an der

Universität Genf

Ereignisse zurückerinnern kann. Merkwürdige Kleidungsstücke erscheinen in ihrem Kleiderschrank, und langsam fürchtet sie um ihren Verstand. Wenn sie sich an einen Psychologen wendet, hat sie vielleicht das große Glück, auf jemanden zu treffen, der ihren Zustand erkennt und der eine oder mehrere Nebenpersönlichkeiten feststellt, die zeitweise erscheinen, um die Kontrolle über den Körper zu übernehmen und das farblose Mauerblümchendasein verdrängen.

In vielen Fällen stellt sich heraus, daß die stärkste Nebenpersönlichkeit lebhaft und zu Späßen aufgelegt ist und das ruhige Mädchen, mit dem sie den Körper teilt, offen verachtet. Diese Abneigung und Verachtung seitens der Nebenpersönlichkeit kann sich darin äußern, daß sie dem verwirrten Rivalen, der nichts von der Existenz des Spaßvogels ahnt und auch deren Erinnerungen an dessen Erlebnisse nicht teilt, Streiche spielt. Auf der anderen Seite nimmt der Spaßvogel häufig alles wahr, was das Mauerblümchen erlebt, wenn es die Kontrolle über den Körper hat. Diese beiden Charaktere unterscheiden sich so stark voneinander, daß der den Fall behandelnde Psychologe sofort erkennt, welche Persönlichkeit gerade den Körper kontrolliert. Dieses Erkennen resultiert nicht nur aus dem unterschiedlichen Modegeschmack, sondern auch aus einer fast physischen Veränderung im Gesicht der Patientin. Robert Louis Stevenson bewies eine bemerkenswerte Kenntnis der Komplexität des menschlichen Bewußtseins, als er gegen Ende des 19. Jahrhunderts sein Buch *Dr. Jekyll und Mr. Hyde* schrieb.

Ein Körper mit fünf Besitzern

Bei einer Reihe von Fällen ist man auf sogar fünf oder sechs eigenständige Persönlichkeiten in einem Körper gestoßen, die sich in ihren Überzeugungen, der Moral und der Intelligenz auffällig unterschieden. Die Amerikanerin Doris Fischer, die von Dr. Walter F. Prince aus Pittsburgh untersucht wurde, teilte sich beispielsweise in fünf Persönlichkeiten: Doris, Margaret, Ariel, die kranke Doris und die schlafende, echte Doris. Doris war die „normale" ruhige, verwirrte Persönlichkeit, während Margaret boshaft war und Doris in Schwierigkeiten brachte. Ariel erschien, wenn Doris schlief und behauptete immer, sie wäre ein Geist, der zu ihrem Schutz gekommen sei. Die Kranke Doris vermittelte den Eindruck einer langweiligen, nervösen, schüchternen, fast einfältigen Person. Die schlafende, echte Doris schien hauptsächlich die Rolle eines Hüters der Erinnerungen zu spielen: Sie besaß keine ausgesprochen selbständige Persönlichkeit, konnte jedoch wie ein lebendes Tonbandgerät die Erinnerungen an vergangene Ereignisse herunterspulen. Dr. Prince bezeichnete sie als „schlafend", weil diese Fähigkeit die meiste Zeit über schlummerte.

Dr. Prince und seine Frau nahmen das äußerst beunruhigte Mädchen fast wie eine Tochter bei sich zu Hause auf. Dank der Pflege durch die Familie Prince und der psychiatrischen Betreuung verbesserte sich das körperliche und seelische Befinden des Mädchens im Laufe weniger Jahre. Während dieser Zeit veränderten sich die komplizierten Beziehungen zwischen den fünf Persönlichkeiten, die Doris Fischer verkörperte. Zuerst erhielt Margaret Zugang zu den Bewußtseinsinhalten von Doris und

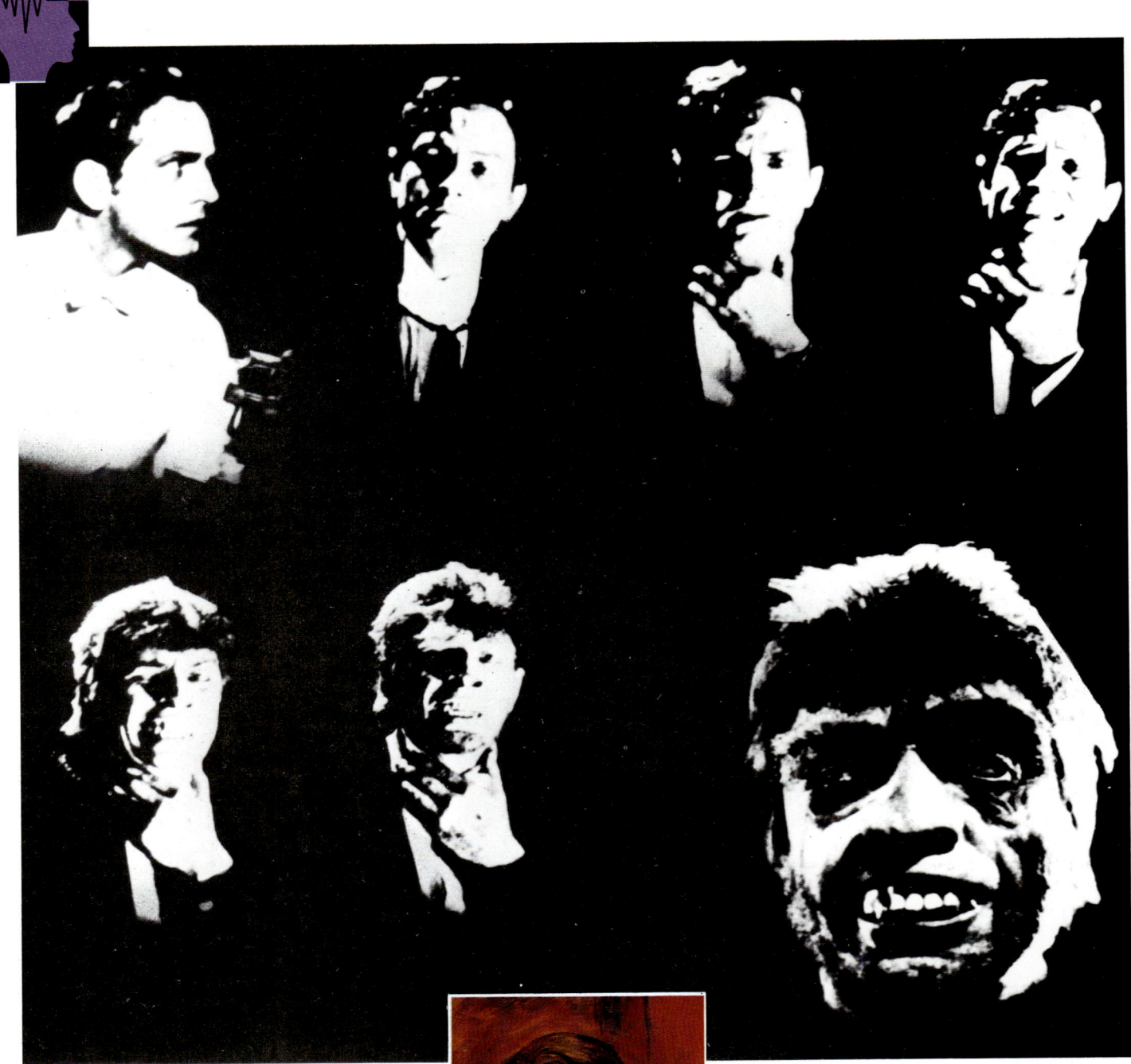

der kranken Doris, während sich Ariel mit allen drei Bewußtseinsinhalten bekannt machte. Manchmal kam es zu Streitigkeiten, wer die Kontrolle über den Körper hat. Mit der Zeit dehnte Doris ihre Kontrolle in dem Maße aus, wie die kranke Doris und dann auch die schlafende, echte Doris an Einfluß verloren und schließlich verschwanden. Dann war Margaret an der Reihe. Auch diese gerissene, zu Späßen aufgelegte Persönlichkeit mußte schrittweise zurückweichen, bis sie ebenfalls verschwand.

Über die letzten Tage der kranken Doris gibt es einen bewegenden Bericht, der Fragen aufwirft. Als sie sich aufzulösen begann, schien sie zu erkennen, daß sie verschwinden würde. Sie ging ein letztes Mal mit Dr. Prince spazieren und hinterließ einen Brief für Margaret. Eines der Mittel, durch die jedes Wesen mit den jeweils anderen kommunizierte, bestand im Schreiben von Briefen, wenn sie den Körper kontrollierten. Diese würden dann gelesen

werden, wenn die entsprechende andere Persönlichkeit an die Reihe kam. In ihrem Brief gab die kranke Doris Margaret Anweisungen, was diese nach ihrem Hinscheiden mit ihren persönlichen Sachen machen sollte und bemühte sich, ihrer Schwesterpersönlichkeit einige gute Ratschläge zu geben.

Bis zum Ende blieb Ariel bei ihrer Behauptung, sie sei ein Geist, der sich um Doris zu kümmern habe. Dr. Prince gibt in seinem Bericht zu, daß sie für ihn persönlich die reifste und klügste aller Persönlichkeiten gewesen war und daß er ernsthaft die Hypothese überprüfen mußte, ob ihre Behauptung nicht auf eine Art wahr wäre.

Der Fall der Christine Beauchamp wies viele Übereinstimmungen mit Doris Fischer auf und wird recht häufig mit diesem verwechselt, insbesondere, da auch sie von einem Dr. Prince behandelt wurde. Dieses Mal war es aber Dr. Morton Prince, Professor an der „Tufts Medical School" in Boston, USA. Christine Beauchamp war Studentin und einem Nervenzusammenbruch nahe, als sie sich das erste Mal an ihn wendete. Er wählte die Hypnose als Therapie und stellte fest, daß sie eine gute Testperson war. Zu seiner Überraschung kam eine völlig andere Persönlichkeit zum Vorschein, eine entspannte, sehr viel ruhigere Version, die Prince mit B-2 bezeichnete, um sie von der ersten Christine, B-1, zu unterscheiden. Aber damit nicht genug. B-2 rieb sich unter Hypnose ständig die geschlossenen Augen. Dr. Prince entdeckte, daß es noch eine dritte Persönlichkeit gab, die er anfangs B-3 nannte, und welche die Augen rieb, um sie zu öffnen. B-3 beharrte, sie hätte ein Recht darauf, zu sehen. Bei einer späteren Gelegenheit gelang es ihr auch, Christines Augen zu öffnen. Von da an bestand sie darauf, Sally genannt zu werden. Sie war eine lebhafte, boshafte Person, lange nicht so gebildet wie Christine. Jedoch im Gegensatz zu Christines geschwächtem und entnervtem Zustand erfreute sie sich einer blendenden Gesundheit. Scheinbar haßte sie Christine und meinte, sie würde niemals schlafen, sondern wach bleiben, selbst wenn die andere Persönlichkeit schlief. Sie spielte Christine beständig Streiche. Dr. Prince berichtete, daß Sally auf das Land fuhr und dort Schlangen und Spinnen in eine Schachtel sammelte und diese dann an Christine adressierte. Wenn Chri-

Gegenüberliegende Seite links: Die Einzelaufnahmen der Umwandlung des anständigen Dr. Jekyll in die Bestie Mr. Hyde stammen aus einer Filmfassung der klassischen Geschichte von Robert Louis Stevenson (links unten). Bei Hyde handelte es sich tatsächlich um ein Bruchstück einer Persönlichkeit, die verdrängte böse Seite von Dr. Jekylls Charakter. In vielerlei Hinsicht nahm Stevenson, der die Geschichte 1886 geschrieben hatte, Freuds Ansichten über eine potentiell destruktive, dunkle Seite des Bewußtseins vorweg, die die Welt des Verstandes und des Lichtes bedroht.

stine die Schachtel öffnete, brach sie in hysterische Schreie aus, was niemanden überraschte, denn sie ekelte sich vor diesem Getier.

Darüber hinaus verwickelte Sally die streng erzogene Christine in peinliche Situationen und zwang sie zum Lügen. Obwohl Dr. Prince sich bemühte, diesen Streit beizulegen, dauerte er an, bis plötzlich eine vierte Persönlichkeit, B-4, erschien. Bei B-4 handelte es sich um eine reife, verantwortungsbewußte, entschlossene Persönlichkeit, die die unglückliche Christine vor Sallys geradezu sadistischen Quälereien schützte, indem sie Sally alles mit gleicher Münze heimzahlte.

Dr. Prince vermutete, daß er, wenn es ihm gelänge, B-1 mit B-4 zu verschmelzen und Sally zu verdrängen, möglicherweise einen Zugang zur wahren Christine erhalten würde. Die Hypnose sollte das Mittel sein, um dieses Ziel zu erreichen. Es ist kein Wunder, daß sich Sally bis zum Schluß wehrte und behauptete, sie hätte ein Recht auf Leben und darauf, das Leben zu genießen. Es gelang Dr. Prince jedoch, eine vollständigere Persönlichkeit für Christine hervorzubringen, obwohl er Sally nicht ganz unterdrücken konnte. Im Laufe der Jahre erschien Sally noch von Zeit zu Zeit und genoß es, so als wenn man zu seinen Lieblingsplätzen zurückkehrt, Christine Streiche zu spielen.

Im Blickpunkt

MEHR ALS EIN BEWUSSTSEIN

In den USA wurde bereits der Vorschlag gemacht, die Angaben zur Einwohnerzahl zu erhöhen, weil so viele Menschen dort von zusätzlichen Persönlichkeiten heimgesucht oder beehrt zu werden scheinen.

Links: Bei William Milligan entdeckte man schließlich zehn verschiedene Persönlichkeiten. Eine war ein lesbischer Teenager.

William Milligan beispielsweise wurde für schuldig befunden, im Jahre 1976 vier junge Frauen in Columbus, Ohio, vergewaltigt zu haben. Bei ihm stellte man zehn Persönlichkeiten fest, von denen eine 18 Jahre alte lesbische Persönlichkeit an der Tat schuldig war. Dr. Cornelia Wilbur war als psychologische Gutachterin vom Gericht bestellt. Sie hatte vorher „Sybil" behandelt, über die ein Buch geschrieben und ein Film gedreht wurde und von der behauptet wird, sie hätte sogar 16 Persönlichkeiten.

Alle diese Fälle werden sicherlich noch von „Charles" übertroffen. Dies ist das Pseudonym, das ein Psychologe dem Teil der Persönlichkeit seines Patienten Eric gab, in dem er das Persönlichkeitszentrum vermutete. Auf diesen Menschen wurde man aufmerksam, als er im Februar 1982 in Daytona Beach, Florida, benommen umherirrte. Er spaltete sich sofort in zwei Ichs: „Junger Eric" und „Älterer Eric".

Der „Junge Eric" erzählte eine (erfundene) Geschichte über seine Kindheit bei Drogenhändlern, wie er vergewaltigt und Zeuge von Morden wurde, die sein Stiefvater begangen hatte. In den folgenden Wochen erschienen weitere Persönlichkeiten. Dazu zählten der gewalttätige „Mark", der überhebliche „Michael" sowie ein blinder und stummer „Jeffrey". Schließlich identifizierte der Psychologe nicht weniger als 27 Persönlichkeiten. Die jüngste war noch ein Fötus. Viele dieser verschiedenen Ichs standen in Konflikt zueinander und bereiteten sich gegenseitig Probleme. „Michael" zum Beispiel war sehr sportlich und machte einmal einen langen Dauerlauf, den „Eric" – und all die anderen Persönlichkeiten in seinem Körper – tagelang schmerzhaft spürten.

Seit langem schon wird behauptet, daß die Aktivitäten eines Poltergeistes auf ein gestörtes jugendliches Mädchen zurückzuführen sind. Jetzt nehmen Experten an, daß sexuelle Spannungen dieses Phänomen hervorrufen können.

Die immer eingehenderen Untersuchungen der ständig wachsenden Zahl von Poltergeisterscheinungen durch Parapsychologen ergibt nicht nur eine deutlichere Vorstellung von ihren möglichen Ursachen, sondern gibt auch Aufschluß über die Opfer des Poltergeistes. Auch wenn sich einige Fälle nicht einordnen lassen, erlaubt die „Erforschung der Periodischen Spontanen Psychokinese" (englisch: RSPK = Recurrent Spontaneous Psychokinesis) gewisse allgemeingültige Schlußfolgerungen. Der Geschlechtstrieb liegt offenbar vielen paranormalen Erlebnissen zugrunde. In den 40er Jahren des 19. Jahrhunderts, als der Fall der Geschwister Fox über die USA hinaus auf ein großes Interesse stieß, wurden die Erlebnisse der Mädchen mit ihrem Pubertätsalter in Verbindung gebracht. Andere damals untersuchte Vorkommnisse bestätigten offensichtlich die Vermutung, daß Mädchen an der Schwelle zur Geschlechtsreife für solche mysteriösen Zwischenfälle verantwortlich wären. Nur pubertierende Mädchen wären in der Lage, die Energiereserven aufzubieten, mit deren Hilfe sich Tische bewegen, merkwürdige Geräusche erzeugen und Gegenstände erscheinen und verschwinden lassen könnten, eben die vertrauten Hinweise auf Poltergeister.

SEXUALITÄT UND DER BOSHAFTE GEIST

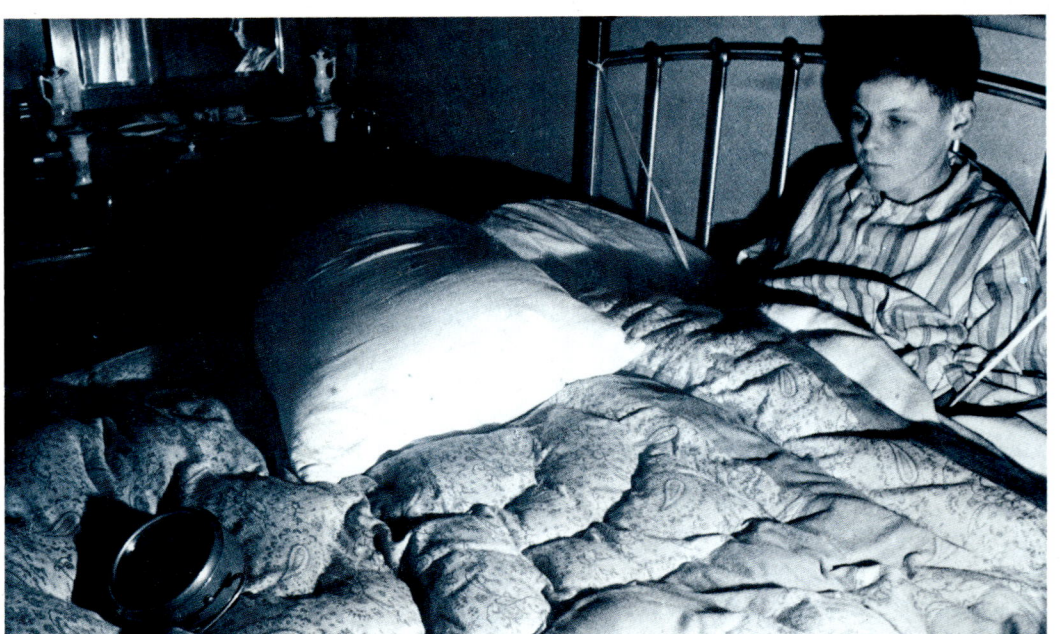

Oben: Dieser 10 Jahre alte Junge wurde gefilmt, während der am Kopfende seines Bettes hängende Spazierstock aus eigenem Antrieb hin- und herhüpfte.

Links: Der 12jährige Alan Rhodes war, um einen Betrug auszuschließen, mit den Händen an das Bettgestell gebunden, als Harry Price 1945 seinen Poltergeist erforschte. Trotzdem gelang es dem Wecker, auf das Bett zu springen. Ihm folgte ein Schmuckkästchen, das auf dem Frisiertisch stand.

Ein geradezu klassischer Fall ereignete sich zwischen 1977 und 1978 in einer Familie, die im Londoner Außenbezirk Enfield lebte. Das Epizentrum, das heißt der Mittelpunkt der Erscheinungen des Poltergeistes war eindeutig die 12jährige Janet. Shirley Hitchings aus Battersea, ein weiteres berühmtes Opfer eines Poltergeistes, war damals 14 Jahre alt. Die Mutter einer 12jährigen Tochter erzählte einem Parapsychologen, daß es in ihrer Familie einige Wochen lang in der Küche und auch im Schlafzimmer ihrer Tochter zu einer Reihe von Zwischenfällen mit RSPK gekommen war.

„Heftige Stöße, Krachen, umherfliegende Kochtöpfe und alle sonst bekannten Anzeichen eines Poltergeistes. Als bei Stella die Menstruation einsetzte, hörte alles mit einem Schlag auf. Es war damals schon ganz schön lästig, aber heute ist alles wieder in Ordnung."

Neben dem Beginn der Pubertät wurde bei jungen Opfern der RSPK noch ein weiteres gemeinsames Merkmal beobachtet. Janet und ihre Schwester in Enfield waren in Starsky und Hutch, die Helden einer Fernsehserie vernarrt; Shirley Hitchings vergöt-

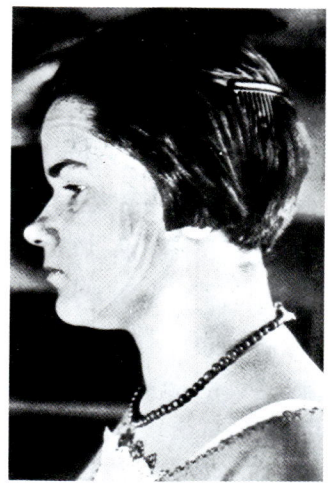

Oben: Immer, wenn Eleanora Zugun sich beleidigt fühlte, erschienen mysteriöse Zeichen auf ihrem Gesicht.

" AM MONTAG, DEM 16. DEZEMBER 1968, BETRAT ICH UM FÜNF MINUTEN NACH MITTERNACHT HINTER DEM ZWÖLF JAHRE ALTEN ROGER CULLIHAN DIE KÜCHE SEINES HAUSES. ALS ER ZUM SPÜLBECKEN KAM, DREHTE ER SICH ZU MIR UM, UND IN DIESEM AUGENBLICK… SPRANG DER KÜCHENTISCH IN DIE LUFT, SCHWENKTE UM ETWA 45 GRAD UND SETZTE AUF DIE LEHNEN DER STÜHLE AUF, DIE UM IHN HERUMSTANDEN. **"**

Dr. W. G. Roll, The Poltergeist (Der Poltergeist)

terte den Filmstar James Dean, und ein anderes Poltergeistopfer war von Dr. Who, der Gestalt in einer bekannten Science-fiction-Reihe, betört. Es wird vermutet, daß diese Art von Leidenschaft unter Einbeziehung von fiktiven Personen dafür sorgt, daß die von den Mädchen aufgebrachten mächtigen Kräfte sich nicht den Einflüssen des Alltagslebens unterwerfen.

Eine derartige Abweichung von der Norm war bei dem rumänischen Bauernmädchen Eleanora Zugun noch deutlicher zu erkennen. Im Alter zwischen 12 und 15 Jahren konnte sie auf ihrem Körper Zeichen erscheinen lassen, wann immer sie glaubte, ihr persönlicher „Teufel" wäre beleidigt worden. Bei der leisesten Vermutung, daß ein Wort oder eine Geste beleidigend gemeint sein könnte, erschienen auf ihrem Gesicht und den Armen Kratz- und Bißspuren.

Obwohl häufig junge Mädchen im Mittelpunkt von RSPK stehen, ist auch beobachtet worden, daß sie selten die einzigen Vermittler dieser Störungen sind. Bei der Familie Fox waren zum Beispiel zwei der drei Geschwister beteiligt, und in Enfield befanden sich Janet und ihre Schwester im Zentrum vieler

Oben: Die Familie Fox wurde regelmäßig durch Klopfgeräusche beunruhigt. Dieser Fall trug zu der Annahme bei, daß Poltergeister insbesondere mit jungen Mädchen in Verbindung zu bringen seien.

Zwischenfälle. Interessanterweise besuchte ein weiteres Familienmitglied, Janets Bruder, zu der damaligen Zeit gerade eine Schule für geistig Minderbegabte. Minderbegabung wird oft mit Ausbrüchen von Poltergeisterscheinungen in Zusammenhang gebracht.

Es gibt auch Fälle, an denen überhaupt keine Mädchen beteiligt sind. Noch vor hundert Jahren wurden männliche Opfer von Poltergeistern weit weniger ernst genommen, so verwurzelt war die Auffassung, daß nur Mädchen in der Pubertät die Quelle von Erscheinungen mit Poltergeistern wären. Die Erlebnisse eines Sensitiven, D. D. Home, führten zu einer ernsthafteren Beschäftigung mit paranormalen Zwischenfällen, in die Männer verwickelt waren. Doch die Forscher begnügten sich mit der Schlußfolgerung, daß Home homosexuell war und beließen die Sache dabei.

Erst in den letzten Jahren stoßen auch männliche Sensitive aller Altersstufen auf mehr Verständnis. Ein

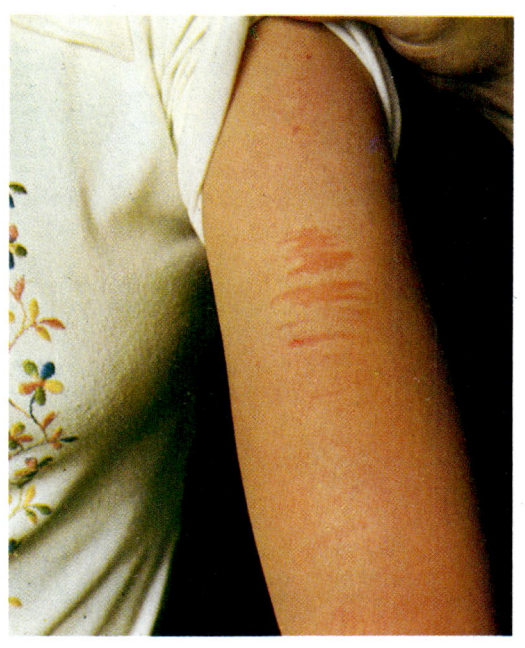

Rechts: Diese Kratzspuren auf dem Arm eines 19jährigen Mädchens aus Rotherhithe, England, stellten sich spontan ein. Sie waren offenbar das Ergebnis emotionaler Störungen.

10 Jahre alter Junge wurde dabei gefilmt, wie er wach im Bett lag, während ein Spazierstock aus eigenem Antrieb hinter dem Kopfende des Bettes ziellos umherhüpfte. Wie es oft beobachtet wurde, befand sich auch dieses Kind in einem äußerst angespannten nervlichen Zustand und war anämisch.

Ein weiterer interessanter Fall betraf von August 1974 bis Mai 1975 zwei Jungen in Glasgow. Sie waren 11 und 15 Jahre alt und bewohnten mit ihren Eltern eine Mietwohnung. Man hörte eine Reihe von „eigenartigen Tönen", denen Klopfgeräusche folgten, die man leicht für Botschaften halten konnte. Es stellte sich heraus, daß die beiden Jungen unbewußt in telepathischer Verbindung zu einem alten Mann standen, der in einer Wohnung im Erdgeschoß lebte und an einem bösartigen Tumor litt. Sobald sich der Gesundheitszustand des Mannes verschlechterte, wurden die Klopfgeräusche immer intensiver. Als der Mann starb, hörten sie plötzlich auf. Am meisten Aufsehen erregte aber vermutlich der bekannte Geistheiler Matthew Manning. Im Alter von 11 Jahren war er in der Lage, beliebig viele Erscheinungen hervorzurufen. Sowohl in seinem Zuhause in Cambridge, als auch in seiner Schule kam es zu solchen Zwischenfällen: Betten bewegten sich, Steine erschienen auf unerklärliche Art, und man entdeckte plötzlich kalte Flecken. Sein Bruder und seine Schwester schienen von diesen Erlebnissen nicht betroffen zu sein.

Es wäre aber falsch, anzunehmen, daß die RSPK ausschließlich mit der Pubertät in Verbindung stünde. Eine in den 50er Jahren durchgeführte Untersuchung deutet darauf hin, daß die meisten Kinder im Alter von sieben Jahren besonders sensitiv und empfänglich wären. Diese Erkenntnis wurde von nachfolgenden Studien bestätigt, obwohl man schon vier- und fünfjährige Kinder als Epizentren identifizierte. Meist sind sie sich gar nicht darüber im klaren, daß sie für die Störungen verantwortlich sind. Ihre Kräfte sind unterschiedlich: Einige, wie zum Beispiel Shirley Hitchings, müssen „ihre Augen zusammenkneifen, als ob sie sich konzentrieren", um vernehmbare Klopfgeräusche hervorrufen zu können. Viele der Kinder, die ähnlich wie Uri Geller Metall ver-

Links: Die Familie Harper aus Enfield war von den umfangreichsten und ungewöhnlichsten Poltergeisterscheinungen betroffen, die je dokumentiert wurden.

"DER POLTERGEIST MACHTE JEDESMAL SCHWIERIGKEITEN, WENN ER SEINE FREUNDIN BESUCHTE, UND QUÄLTE SIE IN SEINER ABWESENHEIT. ER QUÄLTE AUCH IHN DES NACHTS. ER ÜBERFIEL IHN, WENN ER IM BETT LAG, HIELT IHN FEST, WÄHREND ER SEIN GESICHT KITZELTE UND IHN AN DEN HAAREN ZOG."

Mary Williams,

The Poltergeist Man,

Journal of Analytical

Psychology Vol. 8

Unten: Anne-Marie Schneider ließ die Telefonrechnung ihres Arbeitgebers in die Höhe schnellen, als ihr Poltergeist ständig die Zeitansage anwählte. Nach ihrer Hochzeit hörten diese Aktivitäten jedoch auf.

biegen können, brauchen den Gegenstand nur kurz anzustarren und dann wegzuschauen, damit sich das Metall bewegt oder verdreht.

Aber auch am anderen Ende des Altersspektrums werden Poltergeisterscheinungen registriert. Jedoch scheint bei Erwachsenen eine unzweideutige Verbindung zwischen Sexualität und RSPK zu bestehen. Interessanterweise handelt es sich bei den meisten Medien, die physische Phänomene provozieren, um Frauen im mittleren Alter, bei denen die Menopause eingesetzt hat und deren Stoffwechsel daher ähnlich wie in der Pubertät gestört ist. In diesem Zusammenhang muß erwähnt werden, daß Janets Mutter in Enfield genau dieses Alter hatte, ein Umstand, der durchaus zur Intensität der Aktivitäten des Poltergeistes im Haushalt beigetragen haben könnte. Unter den Medien beiderlei Geschlechts trifft man auch auf solche, die eine sexuelle Frustration zugeben und bestätigen, daß die Séancen eine Art sexuelle Entspannung vermitteln.

Angestaute Gefühle

Sexuelle Störungen können in der Tat zur Sensitivität beitragen oder diese steigern. Eine Anzahl kürzlich aufgetretener Vorkommnisse von RSPK läßt vermuten, daß sie mit Frustration und Sorgen in Beziehung stehen könnten. Da gibt es zum Beispiel den 48jährigen Mann, der mit seinem betagten Onkel ein großes Haus in York, England, bewohnte. Immer, wenn der Jüngere sein Arbeitszimmer betrat, schien es auf seine Anwesenheit zu reagieren: Sein Schreibtisch bewegte sich; Stühle schoben sich über den Fußboden, die Vorhänge wurden auch an windstillen Tagen in den Raum geweht. Ferner öffneten sich die Fenster und schlugen schnell wieder zu. Dieser Zustand dauerte fast drei Jahre lang an. Die Erscheinungen wurden mit der Zeit immer häufiger und intensiver, bis der Mann psychisch so erschöpft war, daß er sich in ärztliche Behandlung begab. Der Arzt stellte fest, daß der Mann impotent war, und leitete eine Behandlung ein. Innerhalb von einer Woche hörten die Erscheinungen auf.

Ein weiteres Beispiel betrifft eine vierköpfige Familie in Somerset, im Südwesten Englands. Einige Monate lang wurde die Familie durch alle möglichen paranormalen Zwischenfälle gestört, und man nahm an, daß die beiden jugendlichen Mädchen der Grund dafür wären. Bei der Untersuchung des Falles schien jedoch alles eher auf den Vater als die Quelle der Störungen hinzudeuten. Der 49jährige Akademiker hatte berufliche Sorgen, litt an Schlaflosigkeit und Impotenz. Seine Ängste führten ihn schließlich an den Rand eines Nervenzusammenbruchs. Nachdem er aber die Hilfe und Unterstützung erhalten hatte, die er brauchte, gab es in der Familie keine weiteren Störungen dieser Art.

Ein ähnlich merkwürdiger Fall ereignete sich 1967 in Bayern. Angestellte eines Rechtsanwaltsbüros beobachteten eine Reihe von unerklärlichen Zwischenfällen, die mit einem alarmierenden Anstieg der Telefonrechnung einhergingen. Das Elektrizitätswerk und die Post wurden benachrichtigt und aufgefordert, die Anlagen in dem Gebäude zu überprüfen. Professor Hans Bender führte eine Untersuchung des Falles durch. Eine Überprüfung der vom Büro aus angewählten Nummern ergab, daß eine bestimmte Nummer immer wieder vorkam, obwohl

Oben: Spontane Brände sind ein typisches Kennzeichen von Poltergeistern. Zwei aufsehenerregende Fälle ereigneten sich in Brasilien. Sechs Jahre lang verbrannte einer Familie aus Sao Paulo die Kleidung in einem geschlossenen Kleiderschrank (oben links). Der andere Fall, bei dem ein Kleiderschrank brannte, ereignete sich 1970 in Suzano. Als man die Polizei rief, gab es auch bei ihr mysteriöse Brände.

Mary Sharman lebte mit ihren zwei Söhnen in einer Sozialwohnung und litt zwölf Jahre unter einem Poltergeist. Erst als die Familie umzog, hörten die Erscheinungen auf.

sie von niemandem gewählt wurde: die Nummer der Zeitansage. Schließlich gelang es Professor Bender, ein 19jähriges Mädchen mit Namen Anne-Marie als Ursache der Zwischenfälle zu bestimmen. Er fand heraus, daß sie mit den Arbeitsbedingungen unzufrieden und im großen und ganzen unglücklich war, denn sie schien eine bemerkenswerte Wirkung auf die Maschinen im Büro, die sie, wie sie zugab, nicht leiden konnte, und auf andere elektrische Anlagen auszuüben. Die Deckenbeleuchtung fing an, hin und her zu schwingen, wenn sie unter ihr entlanglief, und die Flüssigkeit der Kopiergeräte lief aus. Die einzige plausible Erklärung für das Phänomen der nichtgewählten, aber registrierten Telefonnummer lag in der Langeweile von Anne-Marie. Sie dachte immerzu an die Uhrzeit und provozierte so eine Antwort von der telefonischen Zeitansage. Mit ihrer Hochzeit hörten alle diese Zwischenfälle mit einem Mal auf.

Sexuelle Unausgeglichenheit ist jedoch nicht die einzige Quelle für Spannungen oder Sorgen. Einige

Forscher nehmen an, daß die RSPK noch mit vielen anderen Zuständen in Verbindung stehen könnte. Migräne und Epilepsie sind unter Epizentren mittleren Alters und unter Sensitiven weit verbreitet. Es besteht der begründete Verdacht, daß zwischen diesen Störungen und „parapsychischen" Fähigkeiten ein Zusammenhang existiert. Man hat beobachtet, daß die Eltern von vielen jungen Epizentren gegensätzliche religiöse Überzeugungen vertraten, die offensichtlich bei ihren Kindern Kummer auslösen, der seinerseits dann zu Ausbrüchen von RSPK führt.

Die vielleicht wichtigste Erkenntnis der neueren Forschung besteht darin, daß 86 Prozent aller Poltergeisterscheinungen in Familien auftreten, die kurz zuvor in Sozialwohnungen eingezogen sind. Die Erklärung dafür liegt auf der Hand. Jeder Umzug ist schon eine Störung, und unter diesen Umständen überrascht es kaum, wenn die Familienmitglieder, sowohl individuell als auch in der Gruppe, Spannungen aufbauen, die Zwischenfälle und Geräusche provozieren, deren Ursache nicht so leicht geklärt werden kann, oder daß letzten Endes viele Familien vor lauter Angst und Sorge eine andere Wohnung verlangen.

Jeder Versuch einer endgültigen Klassifizierung von tatsächlichen und potentiellen Epizentren von Poltergeistern muß sich auf eine gründliche psychologische und medizinische Untersuchung aller Opfer, die man entdecken kann, stützen. Jedoch werden solche Untersuchungen kaum durchgeführt. Die Forscher sind im allgemeinen viel zu eifrig dabei, die Zwischenfälle aufzuzeichnen oder die Möglichkeit eines Betruges auszuschließen, als daß sie sich damit beschäftigen würden, den geistigen und körperlichen Zustand der Opfer und ihrer Familien zu analysieren.

" ES BESTEHT DER VERDACHT, DASS ZWISCHEN DIESEN STÖRUNGEN UND ‚PARAPSYCHISCHEN' FÄHIGKEITEN EIN ZUSAMMENHANG EXISTIERT. "

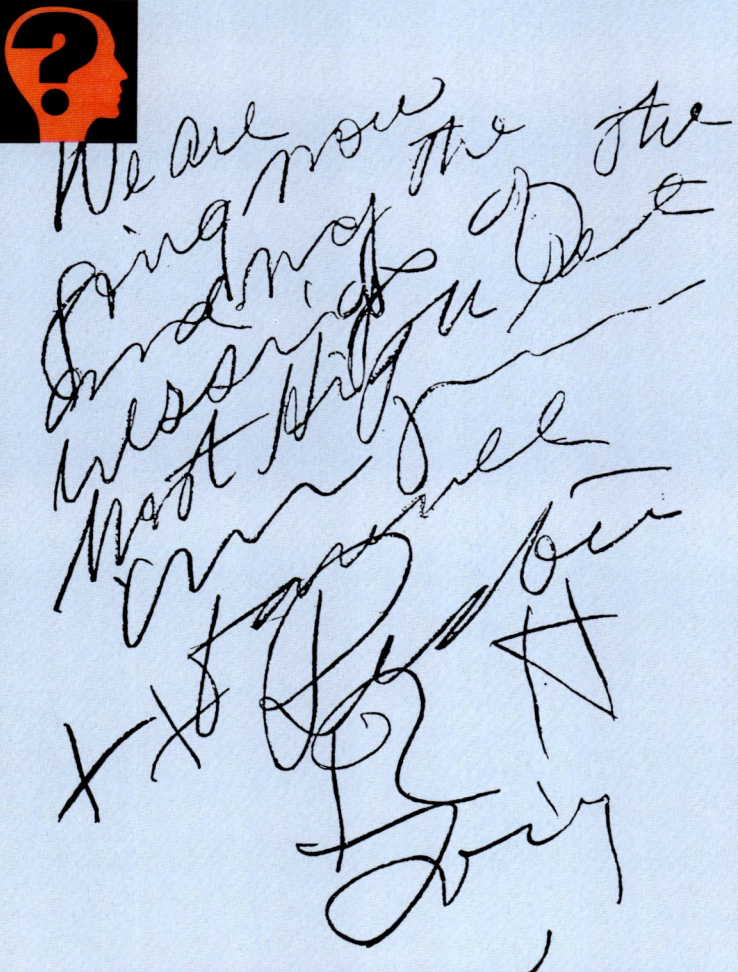

BOTSCHAFTEN AUS DEM JENSEITS

Eine Gruppe passionierter Parapsychologen plante, nach ihrem Tod Beweise für ihr Weiterleben an bestimmte auserwählte Medien zu senden.

Frederic Myers, der Altphilologe und Mitbegründer der „Society for Psychical Research" (Gesellschaft für parapsychologische Forschung), galt als leidenschaftlicher und lautstarker Verfechter des Glaubens an einem Leben nach dem Tode. Er ließ auch kaum eine Gelegenheit aus, anderen seine Ansichten zu vermitteln. Wenn man dem eindrucksvollen Beweismaterial glauben schenkt, so hat er diese Propaganda vor allem nach seinem Tode im Jahre 1901 betrieben. Denn in den folgenden 30 Jahren sammelte und ordnete seine Gesellschaft mehr als 2000 automatische Schreiben, die angeblich von Myers und anderen verstorbenen Mitgliedern durch mehrere Frauen übersendet wurden, die als Medium dienten. Diese Botschaften scheinen speziell darauf ausgerichtet zu sein, den Beweis für die Existenz von einem Leben nach dem Tode anzutreten.

Oben: Frederic Myers, angesehenes Gründungsmitglied der Society for Psychical Research, soll versucht haben, seinen noch lebenden Freunden und Kollegen sein Weiterleben nach dem Tod zu beweisen. Er sandte angeblich durch verschiedene Medien in weit voneinander entfernten Gegenden der Welt Botschaften, die mit Hilfe der Technik des automatischen Schreibens, die er zu Lebzeiten intensiv studiert hatte, empfangen wurden.

Diese als Kreuz-Korrespondenzen bekannt gewordenen Mitteilungen lassen in der Tat auf eine Art von intelligenter Kommunikation zwischen den Lebenden und den Toten schließen, und ihre Gestaltung läßt so manchen Kritiker verstummen. Wer immer sich dieses System ausgedacht hat, ob im Diesseits oder im Jenseits, er hat es jedenfalls genial angestellt.

Neben Myers zählten zu den Geistersendern der 1888 verstorbene Edmund Grundy und Professor Henry Sidgwick, der ihn um zwölf Jahre überlebte. Zu den Medien gehörten die in Indien lebende Schwester von Rudyard Kipling, Alice Flemming, die das Pseudonym „Mrs. Holland" führte. Ferner sind zu erwähnen:„Mrs. Willett" (das Pseudonym von Mrs. Combe-Tennant), die in London lebte, Mrs. A.W. Verrall, eine Dozentin für Altphilologie an der „Cambridge University", England, ihre Tochter Helen (die spätere Mrs. W.H. Slater) und das berühmte amerikanische Trancemedium Leonora Piper aus Boston, Massachusetts.

Ein komplizierter Plan

Der Zweck und der Aufbau der Kreuz-Korrespondenzen ist gewagt und kompliziert zugleich. Es ist jedoch gerade die Komplexität, die ihnen den einzigartigen Anschein von Echtheit gibt. Die Planung der postumen Mitteilungen mutet in der Tat recht abenteuerlich an. Mr. Myers wollte nach seinem Tod mit seinen verstorbenen Kollegen ein System erarbeiten, mit dessen Hilfe Bruchstücke von automatischen Schreiben, die für sich genommen bedeutungslos sind, über verschiedene Medien an weit voneinander entfernte Plätze der Welt übermittelt werden sollten. Erst wenn man diese Fragmente zusammenstellt, ergeben sie einen Sinn. Um das Verstehen der Botschaften noch schwieriger zu gestalten, sollten sie in Griechisch oder Latein abgefaßt sein oder Anspielungen auf klassische Werke enthalten. Myers diktierte Mrs. Verrall: „Schreiben Sie die Teilstücke nieder, und nach dem Zusammenfügen wird sich daraus ein Ganzes ergeben… Ich werde die für den Sinn notwendigen fehlenden Worte ergänzen. Dann halten Sie den Schlüssel in Händen."

Die Bezüge auf die Klassik gingen, mit Ausnahme von Mrs. Verrall, weit über das Bildungsniveau der Medien hinaus und bewiesen so, daß die Niederschriften nicht ihr geistiges Produkt sein konnten. Der Umstand, daß die Fragmente für die Medien selbst unverständlich waren, schloß die Möglichkeit einer gemeinsamen telepathischen Erarbeitung der Schriftstücke aus.

Es scheint, als ob sich Myers den Plan ausgedacht hatte, nachdem er über den endgültigen persönlichen Beweis für ein Leben nach dem Tode verfügte. Keine der Aufzeichnungen während seines irdischen Lebens enthält auch nur eine Andeutung auf ein derartiges Vorhaben. Zumindest aber muß ihm klar gewesen sein, wie er seine Meinung beweisen könnte, denn schließlich wußte er als ehemaliger Präsident der SPR, welche Medien echt und kompetente automatische „Schreiber" waren.

Die verschiedenen automatischen Schreiber in England, Indien und in den USA wurden angewiesen, ihre offenbar inhaltslosen Niederschriften an bestimmte Forscher zu senden, deren Adressen mit angegeben wurden. Jeder Teil des automatisch aufgeschriebenen Textes sollte sorgfältig mit einem Datum versehen und möglichst beglaubigt werden.

H. F. Saltmarsh hat in seinem Werk *Evidence of Personal Survival* (Beweise für das Leben nach dem Tode) eine „einfache" Kreuz-Korrespondenz beschrieben: Mrs. Piper in Amerika hörte am 17. April 1907 in Trance ein Wort, das sie anfangs als sanatos verstand, dann aber selbst zu tanatoskorrigierte. Etwas später im gleichen Monat verstand sie thanatos, und bei einer anderen Gelegenheit wurde es dreimal wiederholt. Am 7. Mai hörte sie den ganzen Satz: „Ich möchte ‚thanatos' sagen." Mrs. Piper erkannte in dem Wort jedoch nicht den griechischen Ausdruck für „Tod".

Am 16. April 1907 empfing Mrs. Holland in Indien einen seltsamen Einführungssatz für ihr automatisches Schreiben: „Maurice Morris Mors. Und damit fiel der Schatten des Todes auf seine Glieder." Die beiden Namen schienen der Versuch zu sein, das Wort mors – lateinisch für „Tod" – zu formulieren.

Symbol des Todes

Mrs. Verrall in Cambridge erhielt am 29. April 1907 diese rätselhafte Nachricht: „Wärmte beide Hände am Feuer des Lebens. Es verlischt, und ich bin bereit zu gehen." Dann zeichnete ihre Hand etwas, das sie für den griechischen Buchstaben Delta (ein Dreieck) hielt. Als nächstes kamen die getrennten Sätze in lateinischer Sprache: „Gebe Lilien aus vollen Hän-

Unten: Leonora Piper war eine der berühmtesten Medien ihrer Zeit. Mehrere hervorragende Forscher, die sie studierten, unter ihnen auch Myers, sollen nach ihrem Ableben durch sie kommuniziert haben.

PERSPEKTIVEN

LITERARISCHE BEWEISE

Unten: Myers versuchte Zitate aus dem Gedicht The Pied Piper of Hamelin von Robert Browning (oben) zu senden.

Eine der berühmtesten Beobachtungen von Kreuz-Korrespondenz wird als der „Hope, Star und Browning"-Fall (Hoffnung, Stern und Browning) bezeichnet. Im Januar 1907 schlug einer der Mitteilenden anonym über das Medium Mrs. Verrall ein Experiment vor. Die rätselhafte Botschaft lautete: „Ein Anagramm wäre besser. Sagen Sie ihm das – rats, stars, tars und so weiter…" Einige Tage danach empfing Mrs. Verrall ein Schreiben, welches begann mit: „Aster (lateinisch für ‚Stern'), Teras (griechisch für ‚Wunder' oder ‚Zeichen')… Ihre eigenen Flügel. EIN GEFLÜGELTES VERLANGEN… die Hoffnung, die die Erde dem Himmel überläßt – Abt Vogler…"

Mrs. Verrall erkannte darin Fragmente aus Gedichten von Robert Browning: *Abt Vogler und Der Ring und das Buch*. Innerhalb von einer Woche produzierte auch Mrs. Verralls Tochter ein automatisches Schreiben, das Zeichnungen eines Vogels, eines Sterns und eines Halbmondes sowie verbale Bezüge auf Singvögel enthielt. Am 11. Februar hatte Mrs. Verrall eine Sitzung mit J. Piddington, einem Mitglied der „Society for Psychical Research". Myers „kam durch" und sagte, er hätte vorher etwas mitgeteilt, was für Mrs. Verrall von Interesse wäre. „Ich bezog mich auf Hope (Hoffnung) und Browning … und ich sagte Star (Stern)."

Die Forscher bemerkten, daß „Hope" (Hoffnung) durch den Umstand betont worden war, daß es im Zitat für ein anderes Wort eingesetzt wurde. Das Zitat hätte lauten müssen: „die Leidenschaft, die…" und nicht „die Hoffnung, die…" Mrs. Verrall, die ihren Browning kannte, hatte nach der Lektüre ihres Schreibens bemerkt: „Ich frage mich, warum der Mann das gesagt hat: ‚Hoffnung'." Jetzt ergab sich eine eindeutige Übereinstimmung zwischen dem „Hope, Star und Browning"-Bezug der Mrs. Piper und der Texte der Mrs. Verrall und ihrer Tochter. Mrs. Verrall hatte ihrer Tochter erzählt, daß es eine solche Korrespondenz gegeben hatte, aber, um ihr Schreiben nicht zu beeinflussen, bezog sie sich nicht auf „Hope, Star und Browning", sondern auf „Virtue (Tugend), Mars (den Planeten) und Keats". Zwei Tage danach produzierte Mrs. Verralls Tochter wieder ein Schreiben, in dem der Satz vorkam: „a star above it all rats everywhere in Hamelin town" (ein Stern darüber, überall Ratten in der Stadt Hamelin). Dies war ein eindeutiger Bezug auf das Gedicht *The Pied Piper of Hamelin* (Der Rattenfänger von Hameln) von Robert Browning.

Frederic Myers besaß umfassende Kenntnisse über Brownings Werke und hatte stets seine Vorliebe für den Poeten zum Ausdruck gebracht. So war es vielleicht ganz natürlich, daß sein körperloses Bewußtsein auf seine alten Lieblingsdichter zurückgreifen sollte.

Links: Ein Brief, den der lebende Myers schrieb, zeigt eine Handschrift, die sich beträchtlich von den Niederschriften unterscheidet, die er angeblich nach seinem Tod „sendete".

Unten: Mrs. A.W. Verrall war das wichtigste Medium in Myers Leben-nach-dem-Tod-Plan.

nicht nur ein Kritiker betont, daß das Jenseits, wenn man nach den Mitteilungen aus den Kreuz-Korrespondenzen urteilt, einzig von Vertretern der Oberschicht aus der Zeit König Edwards bevölkert ist, die über eine fundierte klassische Bildung verfügten und Mitglieder der SPR waren. Wenn jedoch die nächste Welt mehr oder weniger eine körperlose Fortsetzung dieser Welt ist, dann wäre es doch nur selbstverständlich, die ehemaligen Freunde und Kollegen in ein gewaltiges, epochemachendes Wagnis einzubeziehen. Zum Vergleich könnte man anführen, daß sich niemand die Mühe machen würde, jemanden, der nicht schwindelfrei ist, auf eine Mount-Everest-Expedition mitzunehmen.

Um die Zweifler zum Schweigen zu bringen, hat Myers scheinbar den leidenschaftlichen Versuch unternommen „durchzukommen", und er war auch fest entschlossen, Mittel einzusetzen, die einen wirklichen Beweis darstellen würden. Am 12. Januar 1904 schrieb Myers durch Mrs. Holland in Indien: „Wenn es der Seele gegeben wäre, wieder in das irdische Leben zurückzukehren, würde ich vor reiner Sehnsucht fast sterben, Sie zu erreichen und Ihnen zu sagen, daß all das, was wir uns vorstellten, nicht halb so wunderbar ist wie die Wirklichkeit…" Durch Mrs. Piper in den Vereinigten Staaten schrieb er: „Ich bemühe mich mit aller Kraft… zu beweisen, daß ich Myers bin."

Oben: Alice Flemming (alias „Mrs. Holland") gehörte zu der Gruppe Frauen, die scheinbar rätselhafte Botschaften von Mitgliedern der SPR nach deren Tod erhielt. Die Schwester von Rudyard Kipling lebte in Indien, als die vermutlichen Kreuz-Korrespondenzen entstanden.

den… Leb wohl, leb wohl, Pallida mors (lateinisch: der bleiche Tod)."

Hier tauchen mehrere Anspielungen auf den Tod auf. Offensichtlich hatte Mrs. Verrall in dem Delta schon immer ein Symbol des Todes gesehen. Das „Lilien"-Zitat ist eine entstellte Passage aus der Äneis, in der der frühe Tod von Marcellus prophezeit wird, und „Leb wohl…" ist aus dem Lied in Shakespeares *Wie es Euch gefällt*, welches beginnt mit: „Leb wohl, mein Schatz, ich muß von hinnen gehen." Der erste Teil, „Wärmte beide Hände…", ist ein leicht abgeändertes Zitat aus einem Gedicht von W. S. Landor. So empfingen drei automatische Schreiber in drei Ländern und in drei Sprachen sowohl eindeutige als auch versteckte Bezüge zum Thema Tod. H. F. Saltmarsh erklärt in seinem Buch, wie kompliziertere Kreuz-Korrespondenzen ablaufen können.

„Nehmen wir einmal an, das gewählte Thema wäre ‚Zeit'. Der automatische Schreiber A könnte den Ball ins Rollen bringen mit einem Zitat aus der Hymne *Like an ever-rolling stream* (Wie ein ewig dahinströmender Fluß). Schreiber B könnte dann folgen mit einem Zitat aus *Alice im Wunderland*, die von der Diskussion über ‚Zeit' bei der Teegesellschaft vom Hutmacher handelt, etwa so etwas wie: ‚Sie (die Uhr) hat was dagegen, geschlagen zu werden.' Oder: ‚Im letzten März habe ich mich mit Frau Zeit überworfen, kurz bevor der da verrückt wurde.'

Schreiber C gibt den Hinweis mit dem Sprichwort ‚Das Rad der Zeit hält niemand auf.' Die meisten der tatsächlich auftretenden Fälle sind weitaus subtiler, und es bedurfte vieler Nachforschungen, ehe man Verbindungen herstellen konnte. Es ist wahrscheinlich, daß selbst jetzt noch vieles übersehen worden ist." Dieses wissenschaftliche Puzzle scheint auf den ersten Blick nicht mehr als eine Art Post-mortem-Spiel für intellektuelle Snobs zu sein. Tatsächlich hat

Skeptische Einwände

Die Kreuz-Korrespondenzen sind bald Gegenstand von Untersuchungen geworden und stehen auch heute noch im Mittelpunkt vieler Forschungen. Aufgrund der angeführten Beispiele wird es mit Sicherheit viele Skeptiker geben, die vermuten, daß die ganze Angelegenheit nicht mehr als ein vornehmer Schwindel war, den Myers und seine Kollegen von der SPR vielleicht vor ihrem Tod heimlich verabredet hatten. Wollte man den Leuten keinen bewußten Betrug unterstellen, so könnte die Serie der bizarren Wortspiele möglicherweise das Ergebnis der Telepathie zwischen den beteiligten Medien gewesen sein. Die Beziehung zwischen Mrs. Verrall und ihrer Tochter war sicherlich zu eng, als daß sie voreinander Geheimnisse gehabt hätten. Außerdem haben eingehende Studien gezeigt, daß die klassischen Worte und Anspielungen tatsächlich zum großen Teil durch die Vermittlung der Frauen kamen, die über eine klassische Bildung verfügten. Bei Mrs. Willett und Mrs. Piper, die diese Bildung nicht genossen hatten, fehlten sie fast vollständig.

Die Tatsache, daß der „Myers" von den Piper-Niederschriften vollkommen anders klingt als der „Myers" von den Aufzeichnungen der Mrs. Willett, muß ebenfalls berücksichtigt werden. Obwohl sich die Handschrift von der persönlichen Handschrift der Frauen unterschied, so war es auch nicht die von Myers, und sie war ihr auch nicht ähnlich.

Es scheint jedoch, als ob Myers und seine Freunde entschlossen waren, derartige Einwände im Keim zu ersticken. Im Leben hatten sie Betrüger und auch Zyniker gekannt und herausgefordert und wußten daher auch, was sie erwartete. So sammelten sie ihre Geisterkräfte und begannen ihre bruchstückhafte intellektuelle Kommunikationen mittels Kreuz-Korrespondenz, die Kontinente und Jahrzehnte überbrückte, um glaubwürdig zu sein.

SEXUALRITEN DES TANTRA

Manche Menschen glauben, daß bestimmte Geheimkulte den Schlüssel zur ewigen Jugend besitzen. Was steckt hinter der erstaunlichen Behauptung, daß es möglich ist, das Leben zu verlängern?

Obwohl die meisten westlichen Schriften zum Thema Tantra sich nur unklar zu seinen inneren Geheimnissen äußern, versuchen einige Forscher, darunter auch Kenneth Grant, der Verfasser von *The Typhonian Trilogy* (Die Typhon-Trilogie), dieses System zu enthüllen und zu analysieren. In seiner Trilogie beschreibt Grant einige der Mysterien, die dem Symbolismus des sogenannten Linkshand-Tantrismus, wie er im Westen praktiziert wird, zugrunde liegen.

Nach Grant ist die Lotosblume, die heilige Blume des Orients, ein Symbol der weiblichen Genitalien und der parapsychischen Energie. Angeblich werden ihre Sekrete bei verschiedenen magischen Ritualen und bei der Weihung von Talismanen verwendet. Grant erklärt anhand eines Zitats von einem Eingeweihten:

„Die wenigsten wissen, daß diese Sekrete keine einfachen Ausscheidungen, sondern wertvolle Flüssigkeiten sind, die selbst wiederum Sekrete der endokrinen (inneren) Drüsen in einer viel reineren Form enthalten. Diese sind für den Menschen viel gesünder als die Drüsenextrakte und getrockneten

Oben: Die Lotosblume ist die heilige Blume des Orients, und die Tantriker verwenden sie, um die Entfaltung des Ichs und die Erweiterung des Bewußtseins zu symbolisieren. Sie ist gleichsam das Tantra-Symbol für die Chakras oder geistigen Energiezentren des menschlichen Körpers. In dieser Symbolik bedeutet jedes Blütenblatt das Erblühen eines besonderen Talents oder einer geistigen Fähigkeit.

Drüsenprodukte der heutigen Organotherapie… Die Sekrete von Frauen werden im Laboratorium der Gottheit, dem Tempel der Mutter, gewonnen, und sie liefern genau das, was die Menschen benötigen… Urin ist die Körperflüssigkeit mit der geringsten Wirkung; rajas oder Menstrualsekret kommt als nächstes; und bindhu ist ein Sekret, das der Westen noch nicht kennt und das man nur durch die Mittel des Shakta-Tantra und seiner Entsprechungen in der Mongolei, in Tibet, China, Peru oder Mexiko erlangen kann; eine Flüssigkeit, die bisexuell macht … und in erstaunlichem Maße verjüngt."

Der Erzähler berichtet weiter, daß mindestens 16 unterschiedliche Körperflüssigkeiten von Frauen im östlichen Tantra-System genutzt werden – die sechzehnte, *sadhakya kala* (auch als der Strahl des Mondes bekannt), ist die geheimste. Zur Stützung dieser Behauptungen zitiert Grant den bahnbrechenden Sexualwissenschaftler Havelock Ellis. In seinem Buch *Studies in the Psychology of Sex* (Studien zur Psychologie der Sexualität) schreibt Ellis, daß von der westlichen Wissenschaft erst 14 der im Tantrismus bekannten Körperflüssigkeiten bestimmt worden sind.

Wie man die verschiedenen Essenzen genau erhält und anwendet, das wurde jedoch nicht enthüllt. Genausowenig kennt man die exakten Resultate ihrer angeblichen Wirkung. Es gibt Hinweise, daß sie auf irgendeine Weise in der Lage sind, den Alterungsprozeß zu verzögern.

der Kult über keine stärkeren Kräfte als andere Kultgruppen.

Jahr für Jahr

Weech bestätigte allerdings, daß die Gruppe augenscheinlich die Macht besaß, den Alterungsprozeß aufzuhalten. Er vertrat die Auffassung, daß zur normalen Lebenserwartung noch 20 bis 40 Jahre hinzukommen könnten, und das bei Erhaltung eines jugendlichen Aussehens. Zu dieser Überzeugung gelangte er durch eine bezeichnende Begegnung. Er hatte ein junges Mädchen getroffen, das das Aussehen einer 18jährigen hatte. Weech berichtete: „Erst nachdem ich ihre Tochter und Enkelin (die diese Kraft nicht besaßen) gesehen hatte, wurde mir langsam klar, daß es solch eine Kraft gab."

Später traf Weech noch auf ein anderes Mitglied des Kultes, einen Mann, der Mitte dreißig zu sein schien. Der Mann behauptete, er hätte während des Ersten Weltkriegs auf dem Schiff *HMS Iron Duke* gedient. Zufällig kannte Weech einen Mann in seinem Heimatdorf, der damals auf dem gleichen

Eine streng geheime Gruppe, die scheinbar diese Technik erfolgreich anwendet, ist der Kult von Priapos und Ayana, der noch in Großbritannien, Europa und in den Vereinigten Staaten aktiv sein soll. Der Kult wurde nach zwei antiken Göttern benannt. Priapos war der Gott der Fruchtbarkeit und wurde immer mit großem Phallus dargestellt; seine Gemahlin Ayana hatte drei Brüste.

Dem römischen Gelehrten, Kaufmann und Reisenden Lucius Marcellus zufolge übergaben die Anhänger des Kultes ihre Töchter dem Tempel der Ayana, damit sie dort als Priesterinnen erzogen wurden. Als Gegenleistung war es ihnen gestattet, das innere Heiligtum zu betreten, in dem sie in magische Kräfte eingeweiht wurden, einschließlich in das Geheimnis der ewigen Jugend.

Das Aufkommen des Christentums zwang die Anhänger dieses Kultes, sich zu verstecken. Seitdem wird dieser Kult im verborgenen praktiziert. Wie die Tantriker, so praktizierten auch die Anhänger der Ayana wahllosen Geschlechtsverkehr, Inzest und andere Formen von Sexualriten.

Einer der Gründe, warum es dem Kult gelingt, geheim zu bleiben, liegt darin, daß er auf regelmäßige Massentreffen verzichtet. Seine Priesteranwärterinnen werden einzeln oder in kleinen Gruppen von einer Priesterin unterwiesen, bei der sie auch wohnen. Die Vertreter des inneren Heiligtums der verschiedenen Untergruppen kommen nur zweimal im Jahr zusammen, und dann immer an verschiedenen Orten.

In den späten fünfziger Jahren dieses Jahrhunderts entdeckte der Amerikaner James McNally, daß der Kult bis in die heutige Zeit überdauert hat. Ein weiterer Forscher, Justin C. Tanner, fand heraus, daß es drei Tempel des Kultes in den Vereinigten Staaten, einen in Dänemark, einen in Großbritannien und möglicherweise noch weitere in anderen Ländern gibt.

Inzwischen gelang es einem anderen Forscher, Arnold Weech, das Vertrauen des inneren Kreises des britischen Tempels zu gewinnen, und er veröffentlichte 1978 eine Schrift mit seiner Einschätzung des Kultes der Ayana. Seiner Meinung nach verfügte

Ganz oben: Der Schriftsteller und Okkultist Kenneth Grant hat in einer Trilogie einige der inneren Mysterien des Ordo Templi Orientis (OTO) enthüllt. Die Sexualriten des Ordens verbinden ihn mit dem Tantrismus, dessen Riten hier symbolisch dargestellt sind (oben).

Schiff Offizier gewesen war, und organisierte ein Treffen zwischen beiden – unter der Bedingung, daß der Offizier versprach, später niemandem von dieser Begegnung zu erzählen.

„Das Treffen fand planmäßig statt, und bereits nach den ersten Minuten war klar, daß kein Zweifel mehr blieb. Sie verbrachten fast fünf Stunden damit, sich über die alten Zeiten und vergangene Ereignisse zu unterhalten. Der Höhepunkt kam, als unser

Gastgeber eine Reihe Fotos hervorholte. Auf dem einen sah man eine Geschützmannschaft vor einem Geschützturm, und dort, in die Kamera lächelnd, mit der gleichen eindeutigen Narbe am Kinn und nur etwas jünger aussehend, stand das Kultmitglied."

Geheimer Gehorsam

Eine geheime Kraft scheint zu gewährleisten, daß jedes Mitglied dem Kult immer unbedingten Gehorsam leistet und niemandem dessen Existenz oder Geheimnisse offenbart. Weech zufolge verlangt der Kult der Ayana keinerlei Geld für die Mitgliedschaft und akzeptiert nicht einmal freiwillige Spenden. Der Lebenswandel von Kandidaten wird sorgfältig überprüft, bevor sie in den Kult aufgenommen werden. Stellt sich heraus, daß irgendeine Einzelheit, die sie angegeben haben, nicht stimmt, werden sie sofort abgewiesen. Diejenigen, deren Aufnahme bestätigt ist, werden einem Mentor vorgestellt, der über die gesamte Vorbereitungszeit ihr einziger Kontakt zum Kult bleibt. Später wird der Kandidat vor die Wahl gestellt, dem Kult auf Lebenszeit beizutreten oder ihn zu verlassen.

Die Kult-Ältesten üben die vollständige Kontrolle aus, und jedes Mitglied, das einen Ältesten beleidigt, hat schwere Strafen zu erwarten, einschließlich körperlicher Züchtigung. In seiner Schrift gibt Weech an, daß keines der Mitglieder, die er getroffen hatte, irgend etwas bereute. Ein junger, verheirateter Mann erzählte ihm: „Mitunter müssen wir regelrecht kriechen. Der Älteste hat absolute Macht über uns und kann mit uns machen, was er möchte – wir haben zu gehorchen. Wenn er meine Frau wünscht, dann nimmt er sie, und ich habe da kein Wort mitzureden. Einige der Zeremonien nehmen einem das letzte bißchen menschlicher Würde, und trotzdem bereuen wir nichts. Die Herabwürdigung des eigenen Ego ist ein kleiner Preis, den wir für die kostbaren Kräfte zahlen, über die wir jetzt verfügen."

Bei dem Versuch, den Kult weiter zu erforschen, wurde Magdalene Graham, die Herausgeberin der

> **„EINE GEHEIME KRAFT SCHEINT ZU GEWÄHRLEISTEN, DASS JEDES MITGLIED DEM KULT IMMER UNBEDINGTEN GEHORSAM LEISTET UND NIEMANDEM DESSEN EXISTENZ ODER GEHEIMNISSE OFFENBART."**

Unten: Dieses Gemälde von Austin O. Spare zeigt den Gott Priapos ohne Arme. Er war der antike Gott der Fruchtbarkeit, der meist mit einem riesigen, erigierten Phallus dargestellt wurde. Ayana, die Göttin mit den drei Brüsten, war seine Gattin. Mitglieder des geheimen Kults von Priapos und Ayana, der Sexualriten betont, sollen in der Lage sein, durch ihre magischen Handlungen den Alterungsprozeß aufzuhalten.

vierteljährlich erscheinenden Zeitschrift *Occult World* (Okkulte Welt), die Weechs Schrift publiziert hatte, angesprochen. „Leider lebt der Kult des Priapos und der Ayana jetzt tief im verborgenen und hat sämtliche Verbindungen zu anderen Organisationen abgebrochen", berichtete Magdalene Graham. Auf die Frage, ob sie glaube, der Kult wende Tantra-Methoden an, um die Alterung aufzuhalten, erwiderte sie: „Ich halte es für äußerst unwahrscheinlich, daß der Kult östliche Methoden nutzte, da sie … den östlichen Mystizismus sehr geringschätzten. Sie erwähnten zwar, daß sie sexuelle Magie anwendeten, aber den beabsichtigt vagen Hinweisen läßt sich eindeutig entnehmen, daß sie etwas ungewöhnliche Formen annahm und wahrscheinlich aus Handlungen bestand, die selbst in diesen aufgeschlossenen Zeiten streng verboten bleiben."

Es ist bekannt, daß einmal eine okkulte Gruppe mit Namen „Society of the Third Eye" (Gesellschaft des dritten Auges) begann, einen Fernkurs vorzubereiten, der auch eine Lektion zum Ayana-Kult beinhalten sollte. Schließlich aber bat die Sekte darum, diese zu streichen. Magdalene Graham, die an dem Projekt beteiligt gewesen war, berichtete: „Mein persönlicher Kontakt mit dem eigentlichen Kult lief natürlich über die ‚Society of the Third Eye', als wir eine Lektion über P & A (Priapos und Ayana) für den Kurs vorbereiteten. Es tut mir wirklich leid, aber ich kann keine Einzelheiten darüber angeben, nur, daß wir Beweise forderten, bevor wir ihre Kräfte bezeugen könnten…"

Zweifelsohne gibt es in Großbritannien, in Europa und in den USA heute geheime Gruppen, die sexuelle Magie praktizieren. Diese soll, wie sie behaupten, ihren Eingeweihten geheimnisvolle Kräfte verleihen. Auch wenn sie die Herkunft aus dem Tantra leugnen, ist es doch fast sicher, daß der antike Tantra-Kult, der sich auf die symbolische Vereinigung des Gottes Shiva und seiner Gattin Shakti gründet, den ersten Anstoß für solche Praktiken und Überzeugungen gegeben hatte.

Gegenüberliegende Seite oben links: Stella Lansing, eine Hausfrau aus Massachusetts, entdeckte nach einer Begegnung mit Außerirdischen in den sechziger Jahren, daß sie die Fähigkeit besaß, Geistergestalten, Lichtblitze oder UFO-ähnliche Objekte auf Fotos festzuhalten. Nach dieser Episode verknipste sie weit über 500 Farbfilme, die rätselhafte Gebilde zeigen, welche im Moment der Aufnahme selbst nicht sichtbar waren. Besonders interessant ist der innere Drang, der sie jeweils dazu veranlaßt, ihre Kamera auf beliebig anmutende Szenen zu richten. Der Psychologe Dr. Berthold Schwarz beobachtete Frau Lansing über mehrere Jahre und war von der Echtheit ihrer Bilder überzeugt.

Kann die Kamera „sehen", was dem menschlichen Auge verborgen bleibt? Spiritisten und Medien haben oft fotografische „Beweise" für ihre Überzeugungen angeboten. Allzuoft stellte sich jedoch heraus, daß die vermuteten übersinnlichen Erscheinungen das Produkt fehlerhafter Geräte oder eines regelrechten Betrugs waren. Trotzdem bleiben einige Geisterfotografien, obwohl umstritten, im wesentlichen unerklärt.

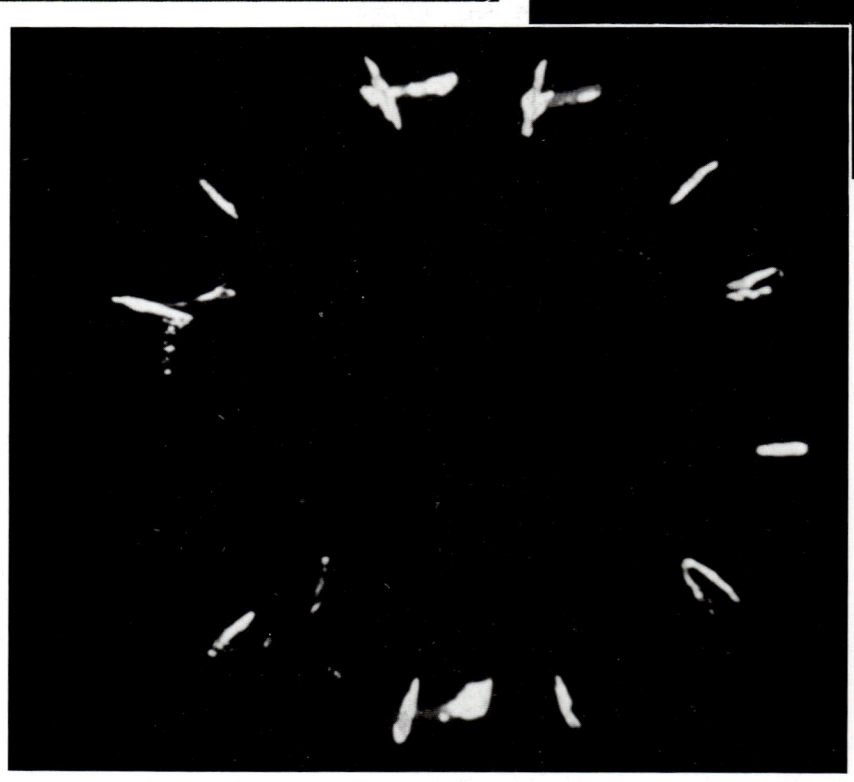

Oben: Das Londoner Medium Gladys Hayter interessiert sich seit 1970 für Geisterfotografie. Damals hatte sie eine Instamatic-Kamera gekauft und seltsame Erscheinungen auf ihren Fotos bemerkt, Lichtwirbel und das Vorhandensein von Dingen und Personen, die, als das Foto gemacht wurde, gar nicht anwesend waren. Der verschwommene Lichtball auf dem Schoß der Frau wurde von ihr als die Geistergestalt eines toten Pudels interpretiert. Skeptiker haben die Bilder jedoch als das Ergebnis einer undichten Kamera erklärt.

Oben: Dieses Detail aus Stella Lansings „uhren-ähnlichen" Gebilden *(gegenüberliegende Seite links)* weist die klassische UFO-Scheibenform auf. Sie sah dieses Objekt eigentlich als ein einzelnes Licht, das sich „schnell und ziellos" umherbewegte. Zu erkennen war dieses runde Gebilde erst, als man den Super-8-Kodachrome-Schmalfilm Bild für Bild durchging.

Rechts: Dieses Foto wurde von Stella Lansing im Februar 1967 aufgenommen und zeigt, wie man vermutet, ein UFO, das „von der Kuppe eines Hügels in einem Gebiet mit Hochspannungsleitungen startete ... begleitet von einem plötzlichen Ausbruch weißen Lichtes, das beim Höhersteigen die Farbe wechselte und schließlich nur noch wie ein sternengleiches, blitzendes Licht aussah ..."

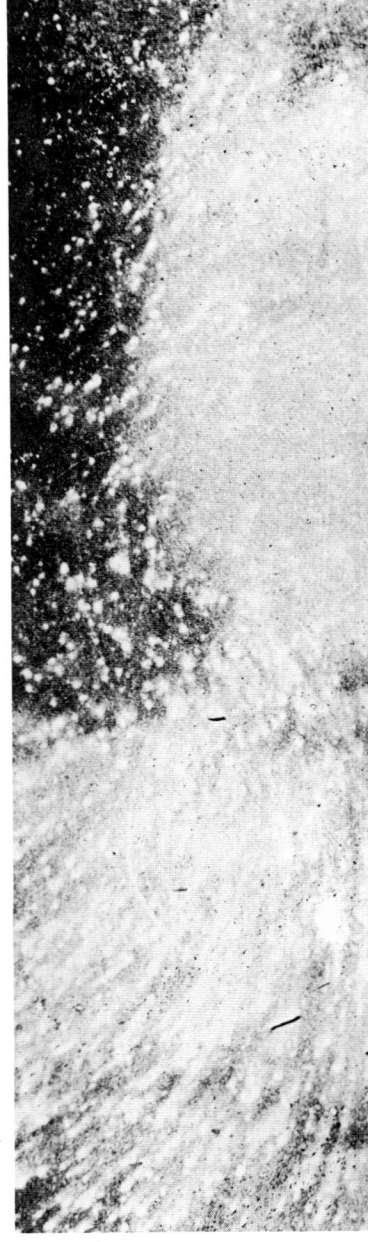

Links: Dieses Foto zeigt zwei UFOs, von denen Stella Lansing eines als „Saturntyp" bezeichnet. Es wurde im Oktober 1974 auf der Fernstraße 32A in der Nähe von Petersham, Massachusetts, mit einer Super-8-Filmkamera aufgenommen. Vom linken Objekt sagt Stella Lansing, daß es „an der Grenzlinie reiste" und „in unsere Dimension durchkäme". Stella Lansing zufolge werden die UFOs in dieser Gegend vom Staudamm und den Hochspannungsleitungen angezogen, was gleichzeitig bedeutet, daß für sie diese UFOs „echte" Objekte sind und keine subjektiven übersinnlichen Erscheinungen, die von anderen nur in einem Film gesehen werden können. Jeder könne die UFOs wahrnehmen.

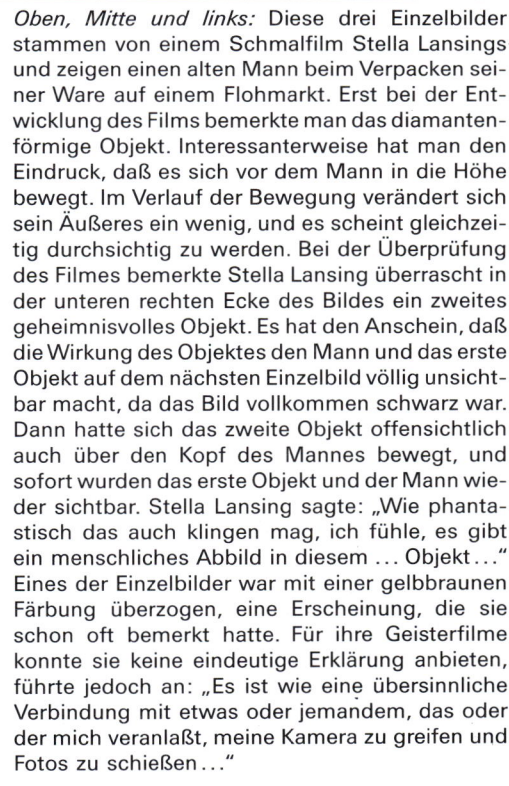

Links und ganz unten: Obwohl der Mechanismus, der der Gedankenfotografie auf einem Film zugrundeliegt, ein Geheimnis bleibt, scheint dieses Phänomen doch eindeutige Merkmale aufzuweisen. Die typischen federähnlichen wirbelnden Effekte, die auf den Fotos von Ted Serios zu sehen sind, hat man auch auf dem Foto von Charles Lancelin *(links)* und auf denen von Professor Tomokichi Fukurai *(unten)* aus Tokio, wiedergefunden, die von 1910–1913 aufgenommen wurden.

Oben, Mitte und links: Diese drei Einzelbilder stammen von einem Schmalfilm Stella Lansings und zeigen einen alten Mann beim Verpacken seiner Ware auf einem Flohmarkt. Erst bei der Entwicklung des Films bemerkte man das diamantenförmige Objekt. Interessanterweise hat man den Eindruck, daß es sich vor dem Mann in die Höhe bewegt. Im Verlauf der Bewegung verändert sich sein Äußeres ein wenig, und es scheint gleichzeitig durchsichtig zu werden. Bei der Überprüfung des Filmes bemerkte Stella Lansing überrascht in der unteren rechten Ecke des Bildes ein zweites geheimnisvolles Objekt. Es hat den Anschein, daß die Wirkung des Objektes den Mann und das erste Objekt auf dem nächsten Einzelbild völlig unsichtbar macht, da das Bild vollkommen schwarz war. Dann hatte sich das zweite Objekt offensichtlich auch über den Kopf des Mannes bewegt, und sofort wurden das erste Objekt und der Mann wieder sichtbar. Stella Lansing sagte: „Wie phantastisch das auch klingen mag, ich fühle, es gibt ein menschliches Abbild in diesem ... Objekt ..." Eines der Einzelbilder war mit einer gelbbraunen Färbung überzogen, eine Erscheinung, die sie schon oft bemerkt hatte. Für ihre Geisterfilme konnte sie keine eindeutige Erklärung anbieten, führte jedoch an: „Es ist wie eine übersinnliche Verbindung mit etwas oder jemandem, das oder der mich veranlaßt, meine Kamera zu greifen und Fotos zu schießen ..."

Außerirdische Raumschiffe – Halluzinationen oder Betrug? Im folgenden betrachten wir verschiedene mögliche Erklärungen und setzen uns mit der Frage auseinander, ob eine Deutung dieses Phänomens eventuell außerhalb unserer üblichen Denkkategorien liegt.

UFOS – GIBT ES BEWEISE?

Irgendwo in den unendlichen Weiten des Universums kann es außerirdisches Leben in der einen oder anderen Form geben. Daran zweifelt kaum jemand. Das Problem, mit dem wir uns konfrontiert sehen, besteht vielmehr darin, ob die Hinweise, über die wir verfügen, darauf schließen lassen, daß einige dieser Außerirdischen in der Lage sind, die Erde zu besuchen.

Leider haben wir außer den Berichten der Augenzeugen von UFO-Begegnungen nichts in der Hand, keine verläßlichen Fotografien, Filme oder Tonbandaufzeichnungen von Außerirdischen oder von künstlichen Gebilden, die in einer anderen Welt geschaffen wurden. Angesichts des Mangels an echten Beweisen können wir also nicht sagen, ob die Erde von Außerirdischen besucht wird oder nicht.

Das Dilemma mit den Berichten über außerirdische Begegnungen läßt sich ausgezeichnet an einem Fall aufzeigen, der sich am 28. November 1980 im Norden Englands zutrug. Der Wachtmeister Alan Godfrey hatte Nachtdienst und wurde wegen ein paar Kühen gerufen, die angeblich durch eine Wohnsiedlung liefen. Als er morgens um 5.15 Uhr noch immer keine Kuh gefunden hatte, wollte er die Suche aufgeben. Bei seiner letzten Runde vor Dienstschluß sah er vom Streifenwagen aus vor sich

auf der Straße etwas glühen. Er dachte unvermittelt an einen Fabrikbus, der regelmäßig diese Strecke entlang fuhr, und wunderte sich, warum er schon so früh unterwegs war. Als er näher heranfuhr, wurde ihm jedoch klar, daß er sich geirrt hatte.

Wachtmeister Godfrey sah sich einem Objekt gegenüber, das wie ein Kreisel mit Fenstern aussah. Es schwebte über der Straße, füllte die Lücke zwischen zwei Lampenmasten aus und drehte sich schnell im Kreis. Er konnte sehen, wie sich die Scheinwerfer seines Autos auf der metallischen Oberfläche widerspiegelten und daß die Blätter der Büsche am Straßenrand in dem Wirbel, den das rotierende Objekt verursachte, tanzten. Die Straßendecke, an anderen Stellen vollkommen naß, war direkt unter dem Objekt stellenweise trocken. Für ihn bestand kein Zweifel, daß dieses Objekt real war.

Der Wachtmeister blieb ruhig, nahm seinen Aufzeichnungsblock zur Hand und zeichnete das Objekt. Da passierte etwas Unerklärliches. Auf einmal stellte er fest, daß sich sein Auto bewegte und von dem Objekt entfernte. Er bremste und fuhr zu der Stelle zurück, wo er das UFO gesehen hatte, aber das Objekt war bereits verschwunden. Daraufhin fuhr er die kurze Strecke weiter in die Stadt, um einen

Gegenüberliegende Seite oben und unten: Im Norden Englands schwebte ein Fluggerät, das einem Kreisel ähnelte, über einer Straße. Zeuge war der Wachtmeister Alan Godfrey (unten). Später erinnerte er sich, wie er an Bord des Fluggerätes genommen wurde, wo ihn die außerirdischen Wesen untersuchten.

Kollegen zu holen. Erst jetzt schaute er wieder auf die Uhr. Irgendwie fehlten seit dem Augenblick, als er zuerst das UFO erblickt hatte, zehn Minuten.

Aber das war noch nicht alles. Wachtmeister Godfrey berichtete, er erinnere sich dunkel an eine seltsame Stimme, die ihm sagte: „Das ist nicht für deine Augen bestimmt. Du wirst es vergessen." Weitere bruchstückhafte Erinnerungen kamen allmählich in sein Gedächtnis zurück, bis er sich schließlich neun Monate nach dem Zwischenfall mit der Unterstützung von Ufologen einer Regressionshypnose unterzog. Diese Hypnose wurde von einem außerordentlich qualifizierten und eher skeptischen Psychologen durchgeführt und erbrachte eine offensichtlich zusammenhängende Gedächtnisschilderung des Zwischenfalls.

Es war die übliche Geschichte: Der Wachtmeister war mit an Bord des UFOs genommen worden und von zwei unterschiedlichen Typen humanoider Wesen medizinisch untersucht worden – das eine war groß, das andere klein und irgendwie häßlich. Interessanterweise gleicht sich dieses Erlebnis mit dem der Familie Day, die in Aveley, Essex, England, angeblich von UFOs entführt worden war. Tatsächlich stimmen Berichte über außerirdische Kontakte aus Großbritannien in vielen solchen Aspekten überein. Fälle aus anderen Ländern weisen untereinander ebenfalls viele Gemeinsamkeiten auf.

Was war dem Wachtmeister passiert? Hat er gelogen? Wenn nicht, hatte er eine Halluzination oder hatte er die Dinge, die er beschrieb, wirklich erlebt? Oder ist es etwas, das zwischen einer Halluzination und einem richtigen Erlebnis liegt – eine Verdrehung oder Fehlinterpretation eines irgendwie sonderbaren Ereignisses?

Zufällig gibt es weitere Augenzeugen. Vier Polizeibeamte, die 13 Kilometer von der Stelle entfernt auf Streife waren, mußten sich ducken, als dicht über ihren Köpfen ein Objekt hinwegzischte und sich direkt in Richtung Stadt bewegte, wo die Begegnung stattfand. Und ein Hausmeister, der in einer Schule einen Heizkessel unter Feuer setzte, sah ein

Objekt, auf das Wachtmeister Godfreys Beschreibung paßte, himmelwärts fliegen.

Berichte über Sichtungen von Außerirdischen werfen viele Fragen auf. Warum sollten die Fremden uns ähnlich sehen? Warum benehmen sie sich wie wir? Warum erzählen sie uns nie etwas Wichtiges, das uns noch nicht bekannt ist? Insgesamt gesehen scheinen diese Fakten darauf hinzudeuten, daß diese seltsamen Erlebnisse nur in der Phantasie der Menschen existieren.

Die Erforschung von Hellträumen hat ebenfalls zu Erkenntnissen über vermeintliche UFO-Sichtungen geführt. Bei dieser Art von Träumen weiß der Schläfer, daß er träumt. Oft kann man den Ablauf des Traumes bewußt steuern.

Obwohl die Hellträume in dem Moment sehr wirklich erscheinen, verraten sie ihre „unwirkliche" Natur durch verschiedene subtile Zeichen. So zeigt die Testperson beispielsweise keine normalen Reaktionen und verspürt etwa bei einem schaurigen Erlebnis keine Angst. Auch wird sie einen schlafenden Partner nicht aufwecken, damit dieser Zeuge des Ereignisses wird. In einem Fall handelte der Helltraum von der Explosion einer Atombombe im Garten. Die Reaktion des Träumers bestand allein darin, zu gähnen und einzuschlafen.

Sensorische Deprivation

Bemerkenswert sind auch die Halluzinationen, die langen Perioden sensorischer Deprivation folgen. Hält sich eine Testperson längere Zeit in völliger Dunkelheit und Stille auf, und nimmt man selbst dem Tastsinn die normalen Reize, indem man ihre Hände in spezielle Handschuhe hüllt, beginnt das Bewußtsein, seine eigenen „Wahrnehmungen", Halluzinationen des Hör-, Seh- und Tastsinns zu erzeugen. Berücksichtigt man den üblichen Hintergrund bei den meisten UFO-Begegnungen – Nachtzeit, ein übermüdeter Fahrer, eine einsame Landstraße und das plötzliche Auftauchen einer etwas ungewöhnlichen Erscheinung, wie zum Beispiel ein hel-

> **"** JE HÖHER DAS BILDUNGS-
> NIVEAU, DESTO HÖHER WAR
> AUCH DER ANTEIL DERJENIGEN,
> DIE SAGTEN, SCHON ETWAS
> VON FLIEGENDEN
> UNTERTASSEN GEHÖRT ZU
> HABEN, DIE GLAUBTEN, DASS
> DIESE EHER REAL SIND UND
> NICHT DAS PRODUKT DER
> PHANTASIE, UND DIE
> GLAUBTEN, DASS ES
> MENSCHENÄHNLICHE WESEN
> GIBT, DIE AUF ANDEREN
> PLANETEN WOHNEN... **"**
>
> **Aldora Lee,**
> **Colorado University Report**

Im Blickpunkt

WEISE WORTE?

1976 veröffentlichte eine Gruppe amerikanischer Kontaktpersonen einen Brief, der ihnen angeblich mittels Telepathie aus dem Weltraum übermittelt worden war. Der Brief war an den Erdenbruder Carter (der damalige US-Präsident) adressiert und warnte: „Erinnere Dich! Handle nicht so, wie es die anderen taten. Wir erinnern Dich daran, daß Dir dieses Amt von oben ... gewährt wurde. Deine Handlungen könnten es zu einem konstruktiven und rettenden Licht für die ganze Menschheit werden lassen. Erinnere Dich, Jimmy Carter, erinnere Dich! Vom Himmel zur Erde."

Eine derartige Botschaft ist schon eher die Ausnahme. Charles Bowen, der 16 Jahre lang den *Flying Saucer Review* (Magazin Fliegende Untertasse) herausgab, berichtete über die üblichen Absurditäten, die in außerirdischen Mitteilungen vorkamen. 1968 übergaben in Argentinien zwei „Männer" mit durchsichtigen Beinen dem Sohn eines Bauern eine Botschaft, die wiedergegeben wurde mit: „Du sollst die Welt kennen. F. Untertasse."
Im Jahre 1965 wurden zwei Wesen, angeblich 2,10–2,40 Meter groß, mit langem, gelbem Haar und hervorstehenden Augen, in Venezuela gefragt, ob „menschliche Wesen wie sie unter uns leben". Die Antwort lautete: „Ja. 2 417 805."
1954 begegnete ein französischer Zeuge einem kleinen Wesen, das vor einem glühenden scheibenförmigen Fluggerät stand. Der Außerirdische wiederholte mehrmals mit blecherner Stimme auf Französisch: „Die Wahrheit wird den an Verstopfung Leidenden vorenthalten" und „Das, was ihr als Krebs bezeichnet, kommt von den Zähnen."

PROBLEMPUNKT HYPNOSE

1977 begann Professor Alvin Lawson den Wahrheitsgehalt von Berichten über UFO-Entführungen zu überprüfen, die unter Hypnose gegeben wurden. Er hypnotisierte insgesamt 16 Freiwillige, die nur wenig über UFOs wußten. In Trance wurden sie gebeten, sich eine Abfolge von Ereignissen vorzustellen – Erblicken eines UFOs, Aufnahme an Bord, medizinische Untersuchung und so weiter. Lawson hoffte, Unterschiede zwischen ihren Phantasieberichten und denen von angeblichen UFO-Begegnungen zu finden. Diese Unterschiede würden die Glaubwürdigkeit der „echten" Berichte erhöhen.

Zu seiner Überraschung waren gerade die Übereinstimmungen am auffälligsten. So schilderten seine Testpersonen beispielsweise Lichtröhren, die von den UFOs herausgeschoben oder ein-gezogen wurden und so vielleicht die Person an Bord holten. Zuweilen beschrieb eine hypnotisierte Testperson das Phantasie-UFO als „größer und kleiner werdend". Wiederholt wurden auch pulsierende Farbmuster, rotierende Spiralen und geometrische Formen erwähnt. All diese Merkmale kommen auch bei „echten" UFO-Berichten oft vor. In Science-fiction-Geschichten und Filmen, einer geeigneten Quelle für UFO-Phantasien, sind sie jedoch selten zu finden. Die Experimente wiesen nach, daß man in hypnotischen Trancezuständen, bei denen sich Testpersonen, die nie behauptet haben, von einem UFO entführt worden zu sein, Begegnungen mit Außerirdischen vorstellen sollen, eine Fülle von authentisch klingenden Berichten erhalten kann. Dr. Lawson zog den Schluß, daß die Zeugen von UFO-Kontakten nicht lügen, er konnte aber keine Hypothese über den Ursprung der Reize anbieten, die zu diesen Erlebnissen führten.

PERSPEKTIVEN

les Licht am Himmel –, spricht alles dafür, daß es sich hierbei um Halluzinationen handeln könnte, die durch einen Mangel an sensorischen Reizen entstanden sind.

In den USA führte Dr. Alvin Lawson, Professor an der University of California, Experimente durch, die sich auf die Halluzinationstheorie beziehen. Über Inserate suchte er Freiwillige mit einer „kreativen" Veranlagung, die an einem nicht näher bezeichneten Experiment teilnehmen sollten. Alle diejenigen, die Kenntnis von oder Interesse an UFOs hatten, wurden nicht genommen. Der Rest wurde unter Hypnose gebeten, sich vorzustellen, daß sie von außerirdischen Wesen entführt werden. Mit Hilfe bestimmter Schlüsselfragen wurden sie geleitet, und die Ergebnisse, so versicherte Dr. Lawson, ähnelten so sehr den Geschichten, die von den angeblich „wirklich" Entführten erzählt wurden, daß es wahrscheinlich sei, daß auch diese vollständig oder teilweise Phantasien des Unterbewußtseins waren.

Derartig unterschiedliche Beweismittel unterstützen auf eindrucksvolle Art und Weise die Theorie, daß Kontakte mit Außerirdischen Halluzinationen sind. Es gibt jedoch auch eine relativ große Anzahl gegenteiliger „Beweise". Einige der Kontakte wurden von mehreren Personen erlebt. Obwohl kollektive Halluzinationen auftreten können, versteht man den Mechanismus noch nicht umfassend, und manche Begegnungen mit Außerirdischen strapazieren die Halluzinationshypothese bis zur Grenze der Belastbarkeit. Bei einem Fall in Italien waren sogar sieben Zeugen beteiligt; bei einem Fall in Großbritannien vier. In anderen Fällen wiederum, wie denen in Puerto Rico und im Fall des englischen Wachtmeisters, gibt es wenigstens in gewissem Maße voneinander unabhängige Bestätigungen.

> **WACHTMEISTER GODFREY BERICHTETE, ER ERINNERE SICH DUNKEL AN EINE SELTSAME STIMME, DIE IHM SAGTE: ‚DAS IST NICHT FÜR DEINE AUGEN BESTIMMT. DU WIRST ES VERGESSEN.'**

Rechts: Alpha Centauri, ein Science-fiction-Monster aus der Fernsehserie Dr. Who, wirkt fremdländischer als die meisten Beschreibungen von Zeugen, die Kontakt mit Außerirdischen hatten. Die Beschreibungen „echter" Ufonauten ähneln Menschen, Gnomen, Riesen, Zwergen und anderen traditionellen mystischen Geschöpfen.

Links: Diese beiden Abgeordneten der drakonischen Rasse sind ein hervorragendes Beispiel für die Phantasie von Filmemachern. Auch Tiergestalten oder eine Mischung aus Tier und Mensch sind eher das Produkt der menschlichen Phantasie. Die „wahren" als auch die „eingebildeten" Begegnungen, die im Labor entstanden, ergaben meist ganz andere Beschreibungen.

Alvin Lawsons Arbeit wies wesentliche Unterschiede zwischen angeblich „wirklichen" Entführungen und eingebildeten Erlebnissen nach, aber genauso auch Ähnlichkeiten zwischen ihnen. Wenn nach einem UFO-Kontakt mittels Hypnose die Erinnerungen wachgerufen werden, sind diese fast immer mit sehr starken Emotionen verbunden, die mehr der Erinnerung an ein wirkliches Erlebnis als einer Einbildung entsprechen. Bei den „Entführungen" im Labor gab es diese Wirkung nicht, und im allgemeinen wußten jene, die am Experiment teilnahmen, hinterher, daß sie sich alles nur vorgestellt hatten. Sämtliche Zeugen von außerirdischen Kontakten hegen nie auch nur den geringsten Zweifel, daß ihr Gedächtnis sich auf ein „wirkliches" Ereignis bezieht.

Ebenfalls berücksichtigt werden müssen die zahlreichen Berichte über physische Auswirkungen auf den Körper eines Zeugen, wie etwa Brandstellen auf der Haut. Auf der anderen ist bekannt, daß physische Phänomene rein psychisch verursacht werden können.

Alles Halluzinationen?

Wenn man sich die Details solcher Berichte genauer ansieht, so gibt es eine auffällige Übereinstimmung und eine Art einleuchtenden Zusammenhang in allen Fällen, bis auf die der „Schlafzimmerbesucher". Dies läßt den UFO-Forscher daran zweifeln, daß er es hier mit Erlebnissen zu tun hat, die mehr Träumen ähneln als der Realität.

Das vielleicht gerechteste Urteil, das wir heutzutage fällen können, würde lauten, daß ein Teil solcher Erlebnisse wie lebhafte Halluzinationen anmuten. Einige Fälle weisen Elemente auf, die auf Halluzinationen hindeuten, liefern andererseits aber auch Informationen, die diese Vermutung wieder in Zweifel ziehen. Wieder andere scheinen einen ganz einzigartigen Charakter zu haben, fast wie eine Mischung aus Traum und Realität.

Unten: Von diesen sechs Zeichnungen wurden drei durch Zeugen von UFO-Begegnungen angefertigt, die als „echte" Darstellungen von außerirdischen Wesen gelten. Die anderen wurden von Teilnehmern an Alvin Lawsons Experimenten mit „simulierter Entführung" gezeichnet. Obwohl die Testpersonen ihre Berichte unter Hypnose gaben, zweifelten sie nie daran, daß sie sich diese nur eingebildet hatten. Vermitteln die beiden Arten von Zeichnungen eine unterschiedliche „Stimmung"? Finden Sie die drei Zeichnungen der „echten" Zeugen heraus? Die Auflösung steht unten rechts.

Wie steht es aber mit den außerirdischen Wesen selbst? Glaubt man den Zeugenberichten, so müßten Hunderte von verschiedenen Rassen (die meisten nicht gerade sehr phantasievollen Varianten des Menschen) aus vielen verschiedenen Welten sich außerordentlich stark für die Erde interessieren. Sie alle sollen medizinische Untersuchungen durchführen und unzählige Bodenproben sammeln.

Die Skeptiker fragen unverwandt, warum diese Außerirdischen nicht Kontakt zu wichtigen Persönlichkeiten aufnehmen. Warum landen sie nicht auf dem Rasen vor dem Weißen Haus und räumen so alle Zweifel aus dem Weg? Genau diese Frage stellte Gaynor Sunderland einem der Außerirdischen namens Arna, den sie angeblich getroffen hatte. Die Antwort lautete, daß solche wichtigen Persönlichkeiten Angst hätten, ihre Glaubwürdigkeit zu verlieren, daß es keinen Zweck hätte, mit ihnen Kontakt aufzunehmen, obwohl es bei einigen wenigen Gelegenheiten versucht worden war. Die Angst vor den Konsequenzen ließ diese Menschen stets schweigen. Statt dessen bevorzugen die Außerirdischen den Kontakt mit Kindern oder einfachen Menschen, da sie wissen, daß es unter ihnen einige geben wird, denen der Spott der anderen nichts ausmacht und die reden werden.

Dieses Argument scheint einleuchtend. Ein langsamer, verdeckt ablaufender Prozeß der Gewöhnung der Weltmeinung an die Vorstellung von außerirdischen Besuchern paßt gut zu den provozierenden, aber nicht beweiskräftigen Indizien, über die wir verfügen. Ein eindeutiger Beweis wäre für eine solche Taktik hinderlich: Man könnte ihn beschlagnahmen oder gänzlich verleugnen. Auf der anderen Seite erregen mehrdeutige Hinweise nicht die unwillkommene Aufmerksamkeit der Behörden, halten dennoch das stete Interesse aufrecht und bauen allmählich den Glauben an außerirdische Lebensformen auf. Selbst das verwirrende und oft lächerlich anmutende Verhalten von Außerirdischen würde zu dieser Theorie passen.

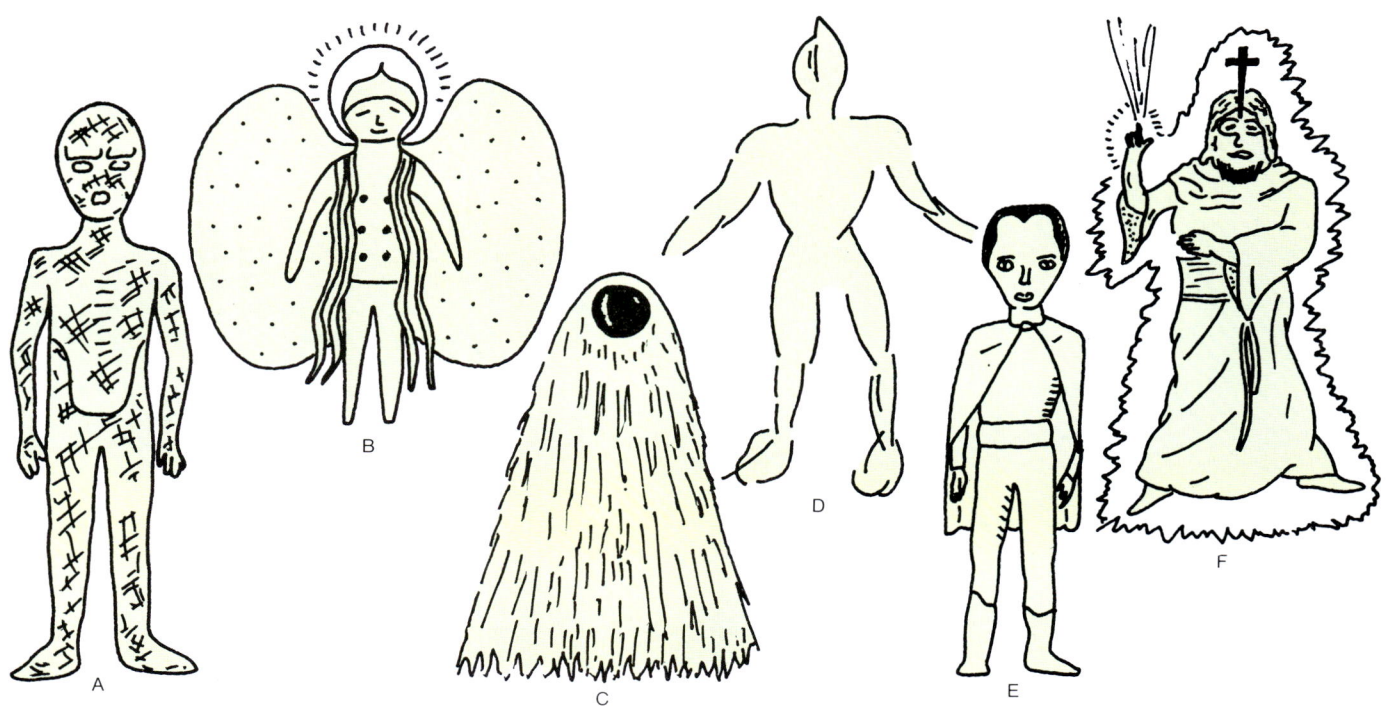

KÖNNEN UFOS TÖTEN?

Unbändiges Grauen, Krankheit und selbst Tod kennzeichnen zwei bedeutsame Begegnungen mit Außerirdischen in Brasilien.

Mit der Welle von UFO-Sichtungen nach dem Zweiten Weltkrieg ist unter den Ufologen die Auseinandersetzung entbrannt, ob die Objekte am Himmel feindlich gesinnt sind oder nicht. Einige Forscher halten an der Auffassung fest, daß außerirdische Trupps die Erde erkunden. Eine Reihe von ihnen geht noch einen Schritt weiter. Sie verkünden, daß „Weltraumwesen" auf die Erde kommen, um den Menschen zu erziehen und vor seinem bösen Handeln zu warnen. Andere sind der Überzeugung, daß die Extraterrestrischen (oder Metaterrestrischen für jene, die sie für Bewohner von parallelen Universen halten) damit beschäftigt sind, um die Herrschaft über die menschliche Rasse

Unten: Die Darstellung zeigt das unheimliche orangefarbene Licht, welches das UFO umgab, das im November 1957 in Sao Vicente gesichtet worden war.

zu kämpfen. Diese Außerirdischen seien nicht am Wohlergehen der Menschen interessiert.

Noch andere Forscher behaupten, daß die UFOs psychisch verursachte Phänomene sind, während wiederum andere entgegenhalten, daß die UFOs selbst solche psychischen Erscheinungen hervorrufen. Dann gibt es noch jene, die zu der Schlußfolgerung gelangt sind, daß UFOs lediglich Produkte der eigenen Phantasie sind.

Im großen und ganzen nehmen die UFO-Forscher jedoch an, daß sie es mit einer gutartigen Erscheinung zu tun haben. Falls menschliche Wesen gelegentlich von UFOs in Mitleidenschaft gezogen werden, so sagen sie, ist es entweder die unbeabsichtigte Folge der UFO-Aktivität, die keinen bösen

> **"FAST IM GLEICHEN AUGENBLICK SANDTE DAS FLUGGERÄT EINEN STRAHL GRÜNEN LICHTES AUS, DER DE SOUZA WOHL AN DER SCHULTER UND AM KOPF TRAF. ER FIEL ZU BODEN."**

Zweck verfolgt, oder es handelte sich um eine reine Verteidigungsmaßnahme. In den hier besprochenen Fällen erlitten menschliche Zeugen von UFO-Aktivitäten schwerwiegende Verletzungen, in einem Fall sogar den Tod. Man könnte in einem Fall dem Betroffenen vorwerfen, er hätte den tragischen Ausgang der UFO-Begegnung provoziert. Trotzdem lassen diese Zwischenfälle die schreckliche Vorstellung entstehen, die H. G. Wells als erster in seinem Buch *War of the Worlds* (Krieg der Welten) entwarf: ein Angriff auf die Menschheit durch außerirdische Wesen.

Die brasilianische Küstenfestung Itaipu liegt bei Sao Vicente, in der Nähe des Hafens von Santos, im Staat Sao Paulo. Den zwei Wachen, die in den frühen Morgenstunden des 4. November 1957 ihren Kontrollgang entlang der Geschützstellungen unternahmen, erschien alles ruhig. Nichts deutete darauf hin, daß sie innerhalb weniger Minuten eine schreckliche Tortur durchmachen sollten, für die nie eine Erklärung gefunden wurde.

Um 2 Uhr früh erblickten die Wachen etwas, das wie ein leuchtender Stern aussah und plötzlich am Horizont über dem Atlantik aufgetaucht war. Es wurde größer, und die Soldaten erkannten bald, daß es mit hoher Geschwindigkeit auf sie zukam. Zuerst glaubten sie, es wäre ein Flugzeug, und dachten nicht daran, Alarm zu schlagen.

In nur wenigen Sekunden hatte das lautlos fliegende UFO die Festung erreicht, und hoch über ihr blieb es in der Luft stehen. Dann glitt es nach unten, bis es 50 Meter über dem höchsten Geschützturm bewegungslos verharrte und den Boden zwischen den Geschütztürmen mit einem unheimlichen orangefarbenen Licht bedeckte. Das kreisförmige Objekt hatte, wie die Soldaten berichteten, etwa die Größe einer „großen Douglas" (womit sie vermutlich eine Douglas DC-6 meinten). Jetzt vernahmen die Wachen auch ein leises Summen, das von dem Objekt zu kommen schien.

Plötzlich breitete sich sengende Hitze aus, die Uniformen schienen auf der Haut zu brennen, und der Summton wurde lauter. Ein Posten schwankte benommen und fiel darauf bewußtlos zu Boden, während es seinem Kameraden gelang, strauchelnd einen relativ sicheren Platz unter einem der Geschütze zu erreichen. Doch dort schien er den Verstand zu verlieren. Vom Schrecken überwältigt, stieß er grauenvolle Schreie aus, die die restliche Garnison weckten. Nach wenigen Sekunden brach die Stromversorgung zusammen, die Lichter erloschen, und alle Geräte fielen aus. Ein Offizier versuchte, das Notstromaggregat zu starten, aber es funktionierte nicht. Die schrecklichen Schreie wollten nicht verstummen, und unter den verwirrten Soldaten brach in den dunklen, unterirdischen Gängen Panik aus.

Unvermittelt ging das Licht wieder an. Die Offiziere und Soldaten, die als erste ins Freie kamen, konnten gerade noch sehen, wie ein großes, orangefarbenes Licht senkrecht nach oben stieg und mit hoher Geschwindigkeit davonjagte. Die Soldaten untersuchten sogleich den bewußtlosen Posten, während sein Kamerad noch immer zusammengekauert in seinem Versteck lag und wie wild schrie.

Die Ärzte stellten fest, daß beide Männer Verbrennungen ersten Grades und schwere Verbrennungen zweiten Grades erlitten hatten, und zwar vorrangig an Stellen, die durch Kleidung bedeckt waren. Der Posten, der sein Bewußtsein wiedererlangt hatte, litt an einem schweren Nervenschock, und es sollten noch viele Stunden vergehen, bevor er sprechen konnte.

Später wurde festgestellt, daß die elektrischen Uhren der Festung um 2.03 Uhr stehengeblieben waren, was darauf hinweist, daß der ganze Alptraum nicht länger als etwa vier Minuten gedauert hatte.

Am Morgen des gleichen Tages erließ der kommandierende Oberst der Festung Itaipu den Befehl, der der Einheit verbot, irgend etwas über diesen Zwischenfall verlauten zu lassen. Nachrichtenoffiziere nahmen eine Untersuchung vor, das Armeehauptquartier erhielt einen Bericht. Wenige Tage danach erschienen Offiziere der amerikanischen Militärmission zusammen mit Offizieren der brasilianischen Luftwaffe. In der Zwischenzeit wurden die beiden Soldaten nach Rio de Janeiro geflogen und in das Zentrale Armeekrankenhaus gebracht, wo sie sofort durch ein Sicherheitsnetz abgeschirmt wurden.

Drei Wochen später suchte ein Offizier der Festung, der sich für UFO-Berichte interessierte, Dr. Olavo Fontes auf, welcher an anderen derartigen Untersuchungen beteiligt war. Der Offizier hatte sich während des Zwischenfalls in der Festung aufgehalten. Nachdem ihm versichert wurde, daß sein Name nicht preisgegeben würde, berichtete er Dr. Fontes alle Einzelheiten des Falles. Daraufhin wandte sich Dr. Fontes an Ärztekollegen im Krankenhaus von Rio de Janeiro, die bestätigten, daß zwei Soldaten mit schweren Brandverletzungen in Behandlung wären, gaben ihm aber keine nähere Auskunft zu dem Fall.

Ohne weitere Bestätigungen konnte Dr. Fontes keinen Bericht veröffentlichen. So blieb der Fall bei den Akten liegen, bis Fontes Mitte des Jahres 1959 die Gelegenheit zu einer Unterhaltung mit drei Offizieren hatte, die ihm bestätigten, was damals in der Festung passiert war. Dank der eigentlich verbotenen Enthüllungen dieser Offiziere hat die Weltöffentlichkeit Kenntnis erhalten, so quälend unvollständig sie auch sein mag, von jenem unwillkommenen Besuch eines UFOs auf der Festung Itaipu.

"IN NUR WENIGEN SEKUNDEN HATTE DAS LAUTLOS FLIEGENDE UFO DIE FESTUNG ERREICHT, UND HOCH ÜBER IHR BLIEB ES IN DER LUFT STEHEN. DANN GLITT ES NACH UNTEN, BIS ES 50 METER ÜBER DEM HÖCHSTEN GESCHÜTZTURM BEWEGUNGSLOS VERHARRTE UND DEN BODEN ZWISCHEN DEN GESCHÜTZTÜRMEN MIT EINEM UNHEIMLICHEN ORANGEFARBENEN LICHT BEDECKTE."

Unten: Nach einer Begegnung der dritten Art mit drei Wesen litt Inácio de Souza an mysteriösen Symptomen. Man diagnostizierte Leukämie, die zu seinem Tod führte.

Ungebildet, einfach, ehrlich, vertrauenswürdig und zurückhaltend – so wurde Inácio de Souza, ein 41 Jahre alter brasilianischer Rancharbeiter, von seinem Arbeitgeber beschrieben. Doch es sollte ein tragisches Ende mit ihm nehmen, und das offensichtlich in Folge einer Begegnung mit einem UFO, während der er, von panischer Angst überwältigt, Gewalt anwendete und man ihm auch mit Gewalt antwortete.

Am 13. August 1967 waren de Souza und seine Frau Louiza, die Eltern von fünf Kindern, gegen 16 Uhr auf dem Rückweg zur Ranch, nachdem sie zu Fuß ins nächste Dorf einkaufen gegangen waren. Die Ranch befand sich in der Nähe von Pilar de Goias, etwa 240 Kilometer von der Landeshauptstadt Brasilia entfernt. Das Ehepaar hatte schon fast das erste Gebäude der Ranch erreicht, als es drei „Menschen" sah, die augenscheinlich auf der Landebahn spielten. (Der reiche Besitzer der Ranch besaß mehrere Flugzeuge.) De Souza meinte, die Eindringlinge wären nackt, doch seine Frau sagte, sie trügen hauteng gelbe Kleidung. Zu diesem Zeitpunkt schienen die Fremden das Paar zu bemerken und näherten sich ihnen.

In diesem Moment erblickte de Souza ein seltsames Flugzeug am Ende der Landebahn. Es befand sich entweder auf oder wenig über dem Boden und sah aus wie ein umgedrehtes Waschbecken. Den Rancharbeiter packte plötzlich große Angst, er nahm seinen 44er Karabiner, legte an und schoß auf die Gestalt, die am nächsten stand.

Fast im gleichen Augenblick sandte das merkwürdige Fluggerät einen Strahl grünen Lichtes aus, der de Souza wohl an der Schulter und am Kopf traf. Er fiel zu Boden. Als seine Frau ihm zu Hilfe eilte, gewahrte sie, wie die drei „Personen" das Fluggerät bestiegen, das daraufhin mit hoher Geschwindigkeit und einem lauten Summton senkrecht nach oben stieg. In den folgenden Tagen klagte de Souza über Starrheit und Prickeln am ganzen Körper, über Kopfschmerzen und starke Übelkeit. Am dritten Tag kam ununterbrochenes starkes Zittern hinzu. Der Besitzer der Ranch, der erst jetzt über den Zwischenfall informiert worden war, flog den Kranken in das 300 Kilometer entfernte Goiania, wo ein Arzt ihn untersuchte.

An seinem Kopf und Oberkörper entdeckte man exakt kreisförmige Stellen von 15 Zentimeter Durchmesser. Der Arzt hielt sie für Ausschlag, der von einer giftigen Pflanze verursacht wurde. Als er dem Rancher seine Diagnose mitteilte, erzählte dieser ihm Souzas Geschichte von dem Zusammenstoß mit dem UFO und dessen Besatzung. Der verblüffte Arzt schlug Stuhl-, Urin- und Blutuntersuchungen vor und verschrieb eine Salbe, er brachte jedoch die Ansicht zum Ausdruck, daß de Souza das Opfer einer Halluzination geworden war und sich irgendeine Krankheit zugezogen hätte. Er machte keinen Hehl daraus und daß er keine Zeit für Geschichten von fliegenden Untertassen hätte.

In den folgenden fünf Tagen wurden im Krankenhaus von Goiana zahlreiche Untersuchungen angestellt. Bei de Souzas Entlassung wurde seine Erkrankung als Leukämie diagnostiziert. Die Prognose war schlecht: Man gab ihm höchstens noch 60 Tage zu leben. Er verfiel auch wirklich zusehends. Seine Haut wurde von weißen und gelblichweißen Flecken bedeckt. Am 11. Oktober 1967 starb er.

Eva C ist einer der am besten dokumentierten Fälle eines Mediums, das Ektoplasmen hervorbringt. Viele dieser Materialisationen wurden fotografiert.

Im ersten Jahrzehnt unseres Jahrhunderts begann eine junge, in Algier lebende Französin bemerkenswerte übersinnliche Kräfte zu entwickeln. Marthe Béraud, die Tochter eines französischen Offiziers, war offensichtlich in der Lage, während ihrer Séancen Gestalten aus einer ektoplasmatischen Substanz zu materialisieren. Als ihre medialen Fähigkeiten bekannt wurden, kam so mancher führende europäische Parapsychologe, um sie zu

überprüfen. Viele von ihnen wurden überzeugt, daß die von Eva C – das Pseudonym von Marthe Béraud – hervorgerufenen Erscheinungen echte ektoplasmatische „Teleplasmen" waren.

Schon sehr früh in ihrer Laufbahn wurde Eva C des Betrugs verdächtigt. 1904 nahm ein Rechtsanwalt namens Marsault an Séancen teil, die in der Villa Carmen stattfanden, dem Haus der Familie Noël, die einen Spiritistenkreis leitete. Marsault gab vor, das junge Medium hätte ihm gestanden, daß diese Phänomene auf Betrug basierten. Weniger als ein Jahr danach veröffentlichte jedoch Professor Charles Richet, einer der geachtetsten parapsychologischen Forscher der damaligen Zeit, einen positiven Bericht über Evas mediale Kräfte.

Professor Richet geht in seinem Buch *Thirty Years of Psychical Research* (Dreißig Jahre parapsychologische Forschung) auf seine Erlebnisse mit Eva C ein. So berichtet er, daß es ihm möglich gewesen wäre, „die ersten Züge der Materialisationen bei ihrer Entstehung zu sehen. Eine Art flüssige oder gallertartige Masse tritt aus dem Mund oder der Brust von Marthe aus, die sich schrittweise selbst formt und die Gestalt eines Gesichtes oder einer Extremität annimmt... Ich habe gesehen, wie diese Masse auf mein Knie floß und sich allmählich zu Gestalten

Unten: Eva C wurde um 1890 geboren und wuchs in Algier (unten) auf, wo sie sich mit dem Sohn von General Noël verlobte, in dessen Haus Séancen stattfanden. Hier wurden ihre medialen Kräfte entdeckt. Unglücklicherweise starb ihr Verlobter noch vor der Hochzeit, ihre Karriere als Medium war allerdings nicht aufzuhalten. Bei Séancen in Paris, wie der vom 7. Juni 1911 (links), gelang es Eva C, ektoplasmatische Materialisationen hervorzubringen, obwohl ihre Hände und Füße während der gesamten Séance von zwei Zeugen festgehalten wurden.

GESTALTEN AUS DEM NICHTS

formte, die im Ansatz den Speichenknochen, den Ellenbogen oder den Mittelhandknochen darstellten."

Der Professor für Physiologie an der Medizinischen Fakultät von Paris räumte jedoch ein, daß diese Gebilde oft sehr unvollständig waren. Zuweilen ähnelten sie eher bedrucktem Papier, „so daß man trotz seiner eigenen Anwesenheit geneigt ist, einen Betrug anzunehmen, da das, was erscheint, der Materialisation eines Abbildes und nicht eines Wesens ähnelt." Zu anderen Gelegenheiten produzierte Eva C jedoch erkennbare Geistergestalten. Richet war Zeuge einer solchen Materialisation in der Villa Carmen: „Zuerst war es nur ein weißer, trüber Fleck wie ein Taschentuch, der vor dem Vorhang auf dem Boden lag. Dann nahm dieses Taschentuch unvermittelt die Gestalt eines menschlichen Kopfes auf dem Fußboden an und stieg wenige Augenblicke später in einer geraden Linie nach oben, wurde zu einem kleinen Mann, der in eine Art weißen Burnus eingehüllt war. Er machte vor dem Vorhang zwei oder drei holprige Schritte, sank dann zu Boden und verschwand wie durch eine Falltür. Es gab dort aber keine Falltür."

Ein bärtiger Geist

Ein Geist, der regelmäßig bei den Séancen von Eva C erschien, war Bien Boa, von dem die Rede ging, er sei vor 300 Jahren gestorben. Auf einem eindrucksvollen Foto ist er mit einem dicken Bart zu sehen, trägt einen Helm und ist von Ektoplasma umhüllt. Richet blieb bei seiner Versicherung, daß er fünf oder sechs Male sowohl Bien Boa als auch Eva C gleichzeitig gesehen hatte. Die Augen des Phantoms und auch seine Lippen bewegten sich, als es versuchte zu sprechen. Die Zeugen hörten ihn auch atmen, und der Professor verwendete einen Glaskolben mit einer chemischen Lösung, um zu prüfen, ob

Ganz oben und Mitte: Herausragende Parapsychologen wie Baron von Schrenck-Nötzing und Professor Charles Richet (ganz oben) sowie Juliette Bisson in ihrem Séanceraum (oben) überprüften sorgfältig Evas Manifestationen.

Links: Am 13. März 1911 produzierte Eva C in Anwesenheit von Schrenck-Nötzing, Richet und Juliette Bisson bei einer Séance in Paris Ektoplasmen, die die Gestalt von Händen annahmen.

Bien Boas Atem Kohlendioxyd enthielt, wie es tatsächlich der Fall war.

Bei einer anderen Séance erblickte man eine schöne Prinzessin. Wie Richet darlegte, zeichnete sich dieser Geist deutlich ab und trug ein vergoldetes Band oder ein Diadem im blonden Haar. Als die Prinzessin lachte, konnte er ihre perlweißen Zähne sehen. Am nächsten Tag sollte Richet eine Schere mitbringen, damit er eine Locke aus dem Haar des Geistes schneiden konnte. Die Frau materialisierte sich wieder, und er sah, daß sie sehr volles Haar hatte, obgleich es ihm Mühe bereitete, ihr Gesicht zu erkennen. Richet berichtete:

„Ich wollte gerade eine lange Locke nahe dem Haaransatz abschneiden, als eine Hand hinter dem Vorhang meine Hand hinunterdrückte, so daß ich nur ein kurzes Stück der Locke abschneiden konnte... Ich habe diese Locke aufgehoben: Es ist sehr feines, seidiges und nicht gefärbtes Haar. Eine mikroskopische Untersuchung ergab, daß es echtes Haar war... Marthe hat sehr dunkles Haar, und sie trägt es auch ganz kurz."

Gelang es Eva C vielleicht, Requisiten in den Séanceraum zu schmuggeln und auf diese Weise Erscheinungen zu produzieren? Viele andere Medien wurden bei solchen Betrugsversuchen ertappt, aber Richet und andere Forscher waren mit viel Aufwand bemüht, auszuschließen, daß das Medium Tricks versuchte.

Bei Séancen, die der deutsche Arzt Baron von Schrenck-Nötzing über einen Zeitraum von vier Jahren organisierte, wurden die schärfsten Vorkehrungen getroffen. Die Séancekabine, die wie üblich mit einem Vorhang vom Raum abgetrennt war, wurde durchsucht, und Eva C mußte sich vor Zeugen nackt ausziehen. Im Anschluß erhielt sie enganliegende Kleidung, die von den Schultern bis zu den Füßen reichte. Vielfach war ihr Kopf vollständig von einem Tüllschleier bedeckt, der dann an die Kleidung angenäht wurde.

Trotz all dieser Maßnahmen blieben die Skeptiker bei ihrer Meinung, daß Eva C irgendeine Möglichkeit fand, Requisiten an ihrem Körper zu verbergen. Mund, Vagina und After wurden untersucht, ohne daß man jemals irgend etwas bei ihr fand. Eine andere Theorie besagte, daß sie die Requisiten verschluckte und während der Séancen wieder hervor-

brachte. Deshalb wurde ihr Blaubeersirup zu trinken gegeben, damit sich alles, was sie eventuell geschluckt hatte, blau verfärbt. Die produzierten Ektoplasmen waren jedoch genauso weiß wie vorher. Einmal mußte Eva C vor der Séance sogar ein Brechmittel trinken, um ganz sicherzustellen, daß sie kein Tuch oder Papier verschluckt hatte. Innerhalb von zehn Minuten erbrach sie, und eine weitere Theorie war widerlegt. Selbst wenn es ihr gelungen wäre, Requisiten in den Séanceraum zu schmuggeln, wäre es ihr aufgrund der strengen Kontrollen offensichtlich unmöglich gewesen, diese auch einzusetzen.

Im Verlauf der Untersuchungen von Schrenck-Nötzing wurde keine einzige Séance in völliger Dunkelheit abgehalten. Man verwendete ein rotes Licht. Zuerst nahm man eine einzelne Lampe, später erlebte man die Erscheinungen unter einem Kronleuchter mit sechs Glühbirnen von insgesamt mehr als 100 Watt. Das Medium saß hinter einem oder mehreren Vorhängen, damit die Dunkelheit vorhanden war, die es brauchte, um Ektoplasmen zu produzieren. Normalerweise saß Eva C aber so, daß ihre Hände sichtbar blieben, und die Vorhänge wurden aufgezogen, wenn die Phänomene auftraten. Bei anderen Gelegenheiten hielten Zeugen die ganze Zeit über ihre Hände fest.

Betrug

Juliette Bisson gehörte zu den Forschern, die die Séancen bei Schrenck-Nötzing abhielten und in deren Haus Eva C jahrelang lebte. Um ihre visuellen Beobachtungen aufzuzeichnen, verwendeten die beiden Forscher eine Reihe von Kameras (manchmal bis zu neun), einschließlich stereoskopischer Geräte. Die Kameras wurden so aufgebaut, daß sie die Erscheinungen gleichzeitig von verschiedenen Blickwinkeln aus aufnahmen (dabei auch von oben

Oben: Eva C bei einer Séance am 22. November 1911 in Paris, bei der sie Ektoplasmen hervorbrachte, die die Gestalt eines menschlichen Gesichts hatten. Obwohl Skeptiker anführten, daß ihre Materialisationen nicht überzeugend wären, zweifelten andere, wie zum Beispiel Dr. Gustave Geley, nicht an deren Echtheit. Geley beschrieb detailliert, wie Evas Ektoplasmen entstanden. Zuerst wurde das Medium in ein dunkles Zimmer gesetzt und trat dann in einen hypnotischen Zustand ein. Das Erscheinen der Phänomene führte zu schmerzhaften Empfindungen. Eva C seufzte und stöhnte so lange, bis sich die Gestalten voll ausgebildet hatten.

und hinter dem Vorhang), die den Forschern normalerweise nicht zugänglich waren. Dieser Aufbau führte zu einem der stärksten Beweise gegen Eva C. Am 27. November 1912 wurden bei einer Séance in Paris, bei der Schrenck-Nötzing und Frau Bisson die einzigen Beobachter waren, Fotos gemacht, die eine flache zerknitterte Papierscheibe zeigten, auf der die Worte „Le" in kleinen Buchstaben und „Miro" in großen Buchstaben zu erkennen waren. Schrenck-Nötzing kommentierte: „Das heißt ganz eindeutig *Le Miroir*. Wir können gerade noch die Spitze eines ,I' nach dem ,O' erkennen, aber das folgende ,R' ist verdeckt. Ich kann mir keinen Reim auf dieses merkwürdige Ergebnis machen."

Andere konnten das jedoch recht gut und wiesen sofort darauf hin, daß das Medium ein Bild verwendet hatte, das aus dem Magazin Le Miroir ausgeschnitten worden war. Laut Schrenck-Nötzing waren die Hände des Mediums während des Ausströmens dieser ektoplasmatischen Form vollkommen sichtbar gewesen.

1914 veröffentlichte Schrenck-Nötzing in seinem Buch *Phenomena of Materialisation* (Phänomene der Materialisation) dieses Foto zusammen mit einigen offenen, kritischen Anmerkungen. Vielleicht verbarg Schrenck-Nötzing die Identität des Mediums durch das Pseudonym Eva C deshalb, weil er befürchtete, daß ein früherer Betrugsverdacht gegen sie (in Algier, als sie angeblich Fälschungen eingestanden hatte) seine Arbeit in Mißkredit bringen könnte.

Diese Anschuldigung war von einem arabischen Kutscher erhoben worden, den General Noël (in dessen Haus die früheren Séancen stattfanden) wegen Diebstahls entlassen hatte. Areski, der Kutscher, sagte, er hätte bei den Séancen „Geist gespielt". Er wurde sogar von einem Doktor in Algier, der das Medium überführen wollte, ganz in Weiß gekleidet zur Schau gestellt. Areskis Behauptung ist jedoch nicht besonders glaubwürdig. Er versicherte, daß er jeweils mit den anderen zusammen den Séanceraum betreten hätte und, während die anderen Anwesenden die Möbel überprüften, hinter den Vorhang geschlüpft wäre. Dort wartete er dann auf seinen Einsatz als Phantom. Richet, der an diesen Séancen teilgenommen hatte, widersprach dieser Behauptung empört: „Ich erkläre hiermit offiziell und feierlich, daß während der Séancen – 20 an der Zahl – es Areski kein einziges Mal gestattet war, den Séanceraum zu betreten."

Unter Überwachung

Ein weiterer Betrugsverdacht wurde von einem Beobachter geäußert, der glaubte, daß Juliette Bisson mit dem Medium zusammenarbeite, um Schrenck-Nötzing hinters Licht zu führen. Dieser Beobachter beauftragte eine Pariser Detektivagentur, die beiden Frauen zu überwachen, Informationen zu sammeln und sogar Fotos zu besorgen, die Schrenck-Nötzing bei den Séancen gemacht hatte. Doch im Verlauf der achtmonatigen Nachforschungen konnte die Detektei keinen Beweis für einen Betrug erbringen und fand auch nicht heraus, was für ein Material eingesetzt wurde, um die Materialisationen zu produzieren.

Die Fotos selbst, von denen Schrenck-Nötzing viele in seinem Buch veröffentlichte, würden niemanden von der Echtheit der Materialisationen überzeugen. Sie sehen wie plumpe Fälschungen aus. Auf vielen sind zerknitterte und faltige tuchähnliche Gebilde zu erkennen, die am Haar des Mediums zu hängen scheinen. Diese Phänomene sind weit von den voll ausgeformten Geistern entfernt, die während der Séancen der stärksten Medien angeblich umhergehen und sprechen.

Trotzdem lassen sich viele der Erscheinungen, die in Gegenwart des Mediums Eva C auftauchten, angesichts der ihr auferlegten strengen Kontrollen schwer in normale Begriffe fassen. Bei den erfolgreichen Séancen (durchschnittlich die Hälfte der Séancen blieb ohne Ergebnis) erschien oftmals eine weiße Substanz. Diese veränderte die Form, bewegte sich langsam umher und warf antennenähnliche Fäden aus. Manchmal bildete sie sich zu einer vollständigen Hand aus, an der man Fingernägel und Knochen erkennen konnte. Danach wurde sie wieder zum weißen Fleck und verschwand schließlich wieder vollständig.

Weitere Berichte stammen aus Dr. Gustave Geleys Buch *From the Unconscious to the Conscious* (Vom Unbewußten zum Bewußten): „Aus Evas Mund erstreckte sich bis zu ihrem Knie ein Seil einer weißen Substanz, das etwa so dick wie zwei Finger war ... das Seil ... löst sich selbst von dem Medium und bewegt sich auf mich zu. Ich bemerke, wie das

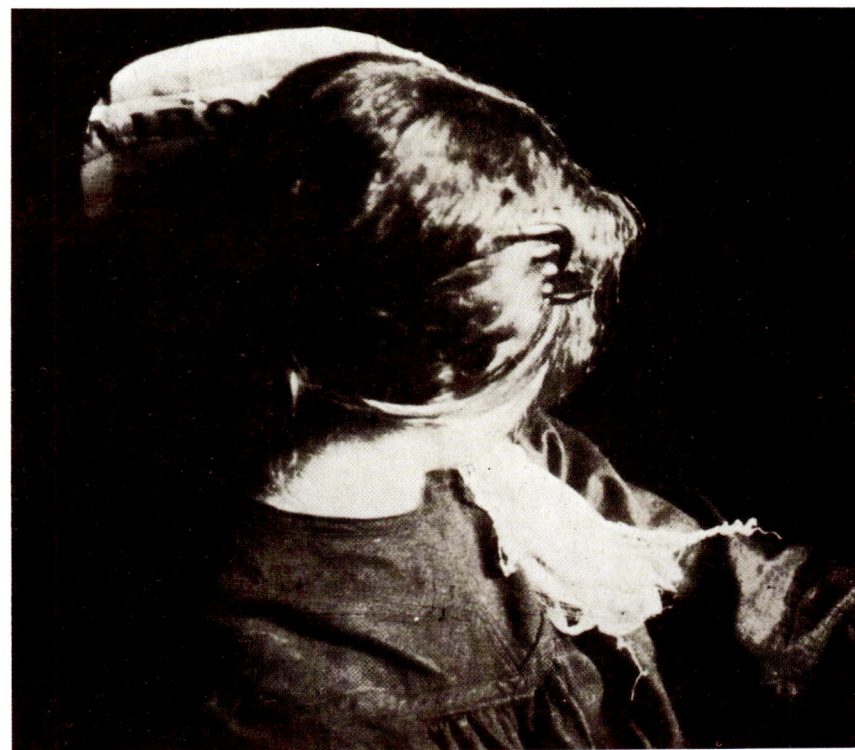

Oben: Diese Aufnahme wurde am 27. November 1912 von einer über Evas Kopf angebrachten Kamera gemacht und fügte ihrem Ruf beträchtlichen Schaden zu, da auf dem Papier der Schriftzug Le Miroir zu erkennen ist.

Ende immer weiter anschwillt, und diese Schwellung entwickelt sich zu einer perfekt ausgestalteten Hand. Ich berühre sie ... Ich spüre die Knochen und die Finger mit den Fingernägeln. Dann zieht sich die Hand zusammen, wird kleiner und verschwindet im Seilende."

Faule Tricks

In den Jahren 1917 und 1918 hielt Geley in seinem eigenen Labor eine Anzahl experimenteller Sitzungen mit Eva C ab. Vor den Séancen wurde sie entkleidet und durchsucht. Dann erhielt sie Kleidung, die am Rücken und an den Ärmelenden festgenäht war. Während der Séancen wurden ihre Hände außerhalb des Vorhangs festgehalten.

Was immer andere auch von Evas medialen Kräften hielten, für Geley gab es keinen Zweifel: „Ich sage nicht einfach: Da gibt es keine Tricks. Ich sage, daß es gar keine Möglichkeit gab, zu betrügen ... Mit meinen eigenen Augen habe ich die Materialisationen gesehen."

Nach einer Serie erfolgreicher Séancen mit Geley schienen die Kräfte des Mediums nachzulassen. 1920 besuchte Eva C London und hielt im Verlauf von zwei Monaten 40 Séancen für die „Society for Psychical Research" (SPR; Gesellschaft für Parapsychologische Forschung) ab. Die Hälfte der Séancen brachten gar kein Ergebnis, und bei den anderen zeigten sich nur schwache Erscheinungen. Obwohl man keinen Betrug nachweisen konnte, deutete das „SPR"-Komitee an, daß die von ihnen beobachteten Materialisationen durch Hervorwürgen von verschluckten Requisiten verursacht worden sein könnten. 1922 führte Eva C noch 15 Séancen an der „Sorbonne" in Paris durch, die aber ebenfalls nicht überzeugend waren. Sowohl Eva C als auch ihre Materialisationen zogen sich aus der Öffentlichkeit zurück.

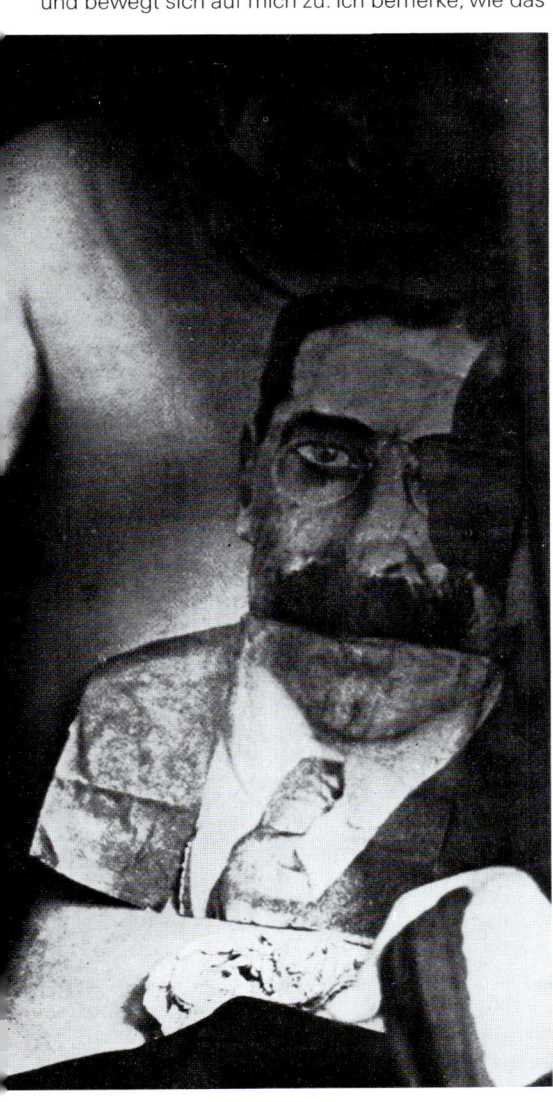

Links: Bei einer Sitzung am 19. Januar 1913 war Eva C allein mit Juliette Bisson und vollkommen unbekleidet. Trotzdem gelang es Eva C, eine Materialisation hervorzubringen. Viele Menschen waren jedoch von dem zweidimensionalen Abbild alles andere als überzeugt.

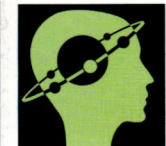

VELIKOVSKYS KATASTROPHEN-THEORIE

Einst verspotteten die Gegner Immanuel Velikovskys Arbeit, und seine Theorie von der „Evolution durch Katastrophen" wurde als intellektuelles Hirngespinst abgetan. Heute unterstützt die Forschung jedoch viele seiner Überzeugungen.

Im Jahre 1950 veröffentlichte Immanuel Velikovsky sein Buch *Worlds in Collision* (Kollision der Welten), das unter westlichen Wissenschaftlern einen Sturm der Entrüstung auslöste und Velikovsky in den Ruf eines phantastischen Spinners brachte. Der Soziologe Norman Storer, der sich mit der Wirkung von Velikovskys Theorien in seinem Buch *Scientists Confront Velikovsky* (Wissenschaftler stellen sich gegen Velikovsky) auseinandersetzte, betont, daß das Jahr 1950 in vielerlei Hinsicht ein schlechtes Jahr war, in dem der Kalte Krieg am kältesten war und die Kommunistenfurcht zunehmend wuchs. In diesem ungünstigen Klima erschien nun Velikovskys außergewöhnliches Buch, das von westlichen Wissenschaftlern im ganzen verworfen wurde.

Velikovskys grundlegende These klingt beim ersten Hinhören wenig überzeugend. Er geht davon aus, daß sich irgendwann vor 1500 v. Chr. vom Jupiter ein Komet löste. Dieser Komet soll sich der Erde genähert haben, als Mose versuchte, den Pharao zu überzeugen, die Israeliten aus Ägypten ziehen zu lassen. Velikovsky argumentiert nun, daß just, als der Schweif des Kometen die Erde passierte, Ägypten von den Plagen heimgesucht wurde, die in der Bibel beschrieben sind – unter ihnen die Verwandlung von Wasser in Blut, die Heuschreckenplage und der Tod aller Erstgeborenen. Er verlangt weiter von uns zu glauben, daß der Wasserspiegel des Roten Meeres immer weiter anstieg, je näher das Zentrum des Kometen der Erde kam. Als Komet und Erde zusammentrafen, soll es eine gewaltige elektrische Entladung gegeben haben, die den Wasserspiegel senkte. Die Israeliten konnten so unbeschadet das Rote Meer überqueren, während die ägyptischen Verfolger ertranken, als das Wasser wieder anstieg. Das Leben auf der Erde wäre vielleicht ausgelöscht worden, hätte der Komet nicht ebenfalls eine Art Nahrung in Form von Kohlehydraten, das Manna, abgegeben, das die Überlebenden nährte. Dann, fünfzig Jahre später, so versichert Velikovsky, kam der Komet zurück, gerade als Josua die Israeliten in das Gelobte Land führte. Er verursachte ein Erdbeben, und die Mauern von Jericho fielen zusammen.

Interessante Aspekte

Die meisten Leser dieser Darstellung haben das Gefühl, daß Velikovskys Hypothese zu weit geht. In gewissem Sinne kann man ihn mit einem echten Freudianer vergleichen, da er nicht widerstehen kann, sämtliche Fakten, auf die er stößt, in seine Theorie einzubauen, genau wie Freud zum Beispiel beinahe jedes Genie in der Geschichte als eine Veranschaulichung des Ödipus-Komplexes sah. Es bleibt aber der Fakt bestehen, daß Velikovsky ein interessantes Problem aufgeworfen hat.

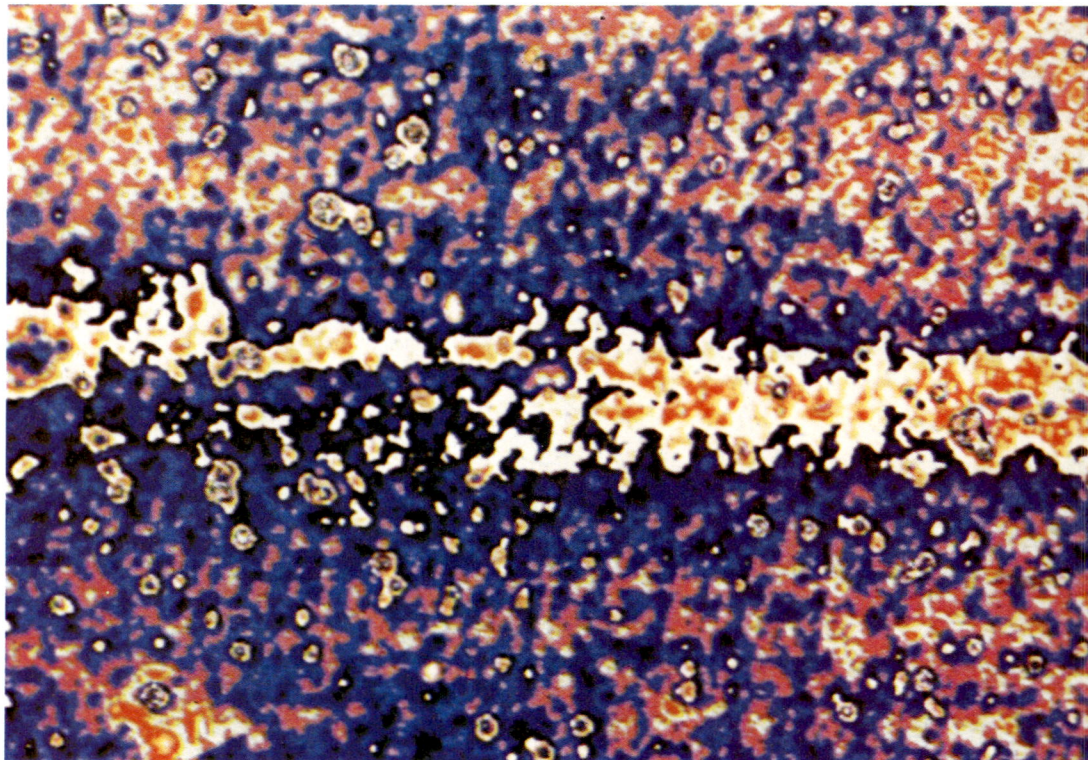

Rechts: Die computerverstärkte Fotografie des fünf Millionen Kilometer langen Schweifes des Kometen Kohoutek wurde 1973 von Skylab aufgenommen. Velikovsky glaubte, daß die in der Bibel beschriebenen Katastrophen – wie zum Beispiel die Plagen, die Ägypten heimsuchten (gegenüberliegende Seite) – auftraten, als der Schweif eines Kometen die Erde passierte, der später zum Planeten Venus wurde.

Während die Kontroverse über Velikovskys Thesen noch tobte, zog er von New York nach Princeton, New Jersey, wo er die Bibliothek des Geologieinstituts nach Materialien durchforstete. Hier studierte er ausführlich Material zu den gewaltigen Erdstößen, die die Oberfläche unserer Erde in ihrer Frühzeit verändert haben sollen. Dabei wurde er sich darüber klar, daß er eine Theorie neu belebte, der man bereits in früheren Zeiten keinen Glauben geschenkt hatte, der Katastrophentheorie. Mit ihr hatte man beispielsweise versucht, das Rätsel der Dinosaurier zu erklären. Warum sind sie ausgestorben? Herausragende Wissenschaftler wie Georges Cuvier (1769–1832) gaben darauf als Antwort, daß eine Reihe von schweren Katastrophen verschiedene Tierarten vernichtet hätten und die Natur zwangen, noch einmal von vorn anzufangen. Aber Lyells *Principles of Geology* (Prinzipien der Geologie) und *Darwins Origin of Species* (Über den Ursprung der Arten) zerschlugen die Katastrophentheorie, indem sie zeigten, daß die Dinosaurier durch den schrittweisen Prozeß der natürlichen Auslese über einen langen Zeitraum hinweg ausstarben. So war es doch, oder?

Einer der ungeklärten Fakten der Frühgeschichte ist der, daß die Dinosaurier unter Umständen ganz plötzlich verschwunden sind. Sie hatten einhundert Millionen Jahre existiert, und trotzdem verschwanden sie, gemessen an den Maßstäben der Geologen, von einem Augenblick zum anderen. Eine Theorie führt an, daß dies auf den Ausbruch einer Supernova – einem explodierenden Riesenstern – zurückzuführen sei, der die Erde mit tödlicher Strahlung bombardierte. Selbst wenn wir solch eine Hypothese ausschließen, hätte die Katastrophe noch auf

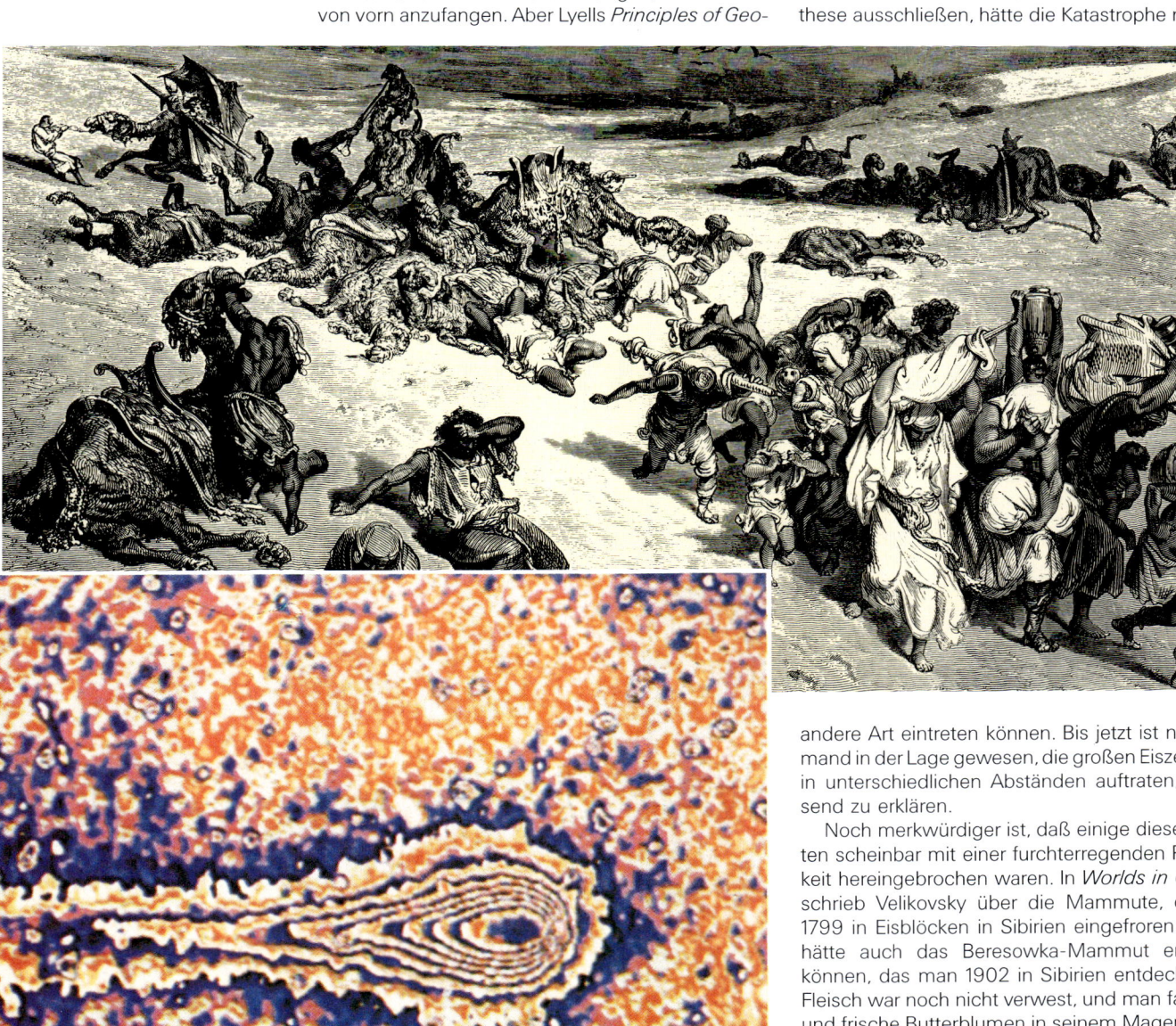

andere Art eintreten können. Bis jetzt ist noch niemand in der Lage gewesen, die großen Eiszeiten, die in unterschiedlichen Abständen auftraten, umfassend zu erklären.

Noch merkwürdiger ist, daß einige dieser Eiszeiten scheinbar mit einer furchterregenden Plötzlichkeit hereingebrochen waren. In *Worlds in Collision* schrieb Velikovsky über die Mammute, die man 1799 in Eisblöcken in Sibirien eingefroren fand. Er hätte auch das Beresowka-Mammut erwähnen können, das man 1902 in Sibirien entdeckte. Sein Fleisch war noch nicht verwest, und man fand Gras und frische Butterblumen in seinem Magen. Experten konsultierten ein Tiefkühlunternehmen, das zugab, keine Vorstellung davon zu haben, wie man ein ganzes Mammut so einfrieren könnte, daß das Fleisch auch nach Tausenden von Jahren noch nicht verwest wäre. Man benötigt etwa 30 Minuten, um eine Rinderseite tiefzufrieren. Bei einem Tier von der Größe eines Mammuts braucht die Kälte jedoch mehrere Tage, um es vollständig zu gefrieren. In der Zwischenzeit hätten bereits Zersetzungsprozesse

fel und schlägt statt dessen eine Theorie der „kataklystischen Evolution" (einer Evolution durch Katastrophen) vor, bei der neue Arten durch Mutation von Genen hervorgebracht werden. Zu diesem Zeitpunkt war jeder angesehene Wissenschaftler von Darwins Evolutionstheorie überzeugt, und Velikovskys These einer „kataklystischen Evolution" wurde als Beweis für seine intellektuelle Unzurechnungsfähigkeit angeführt. Heute gibt es jedoch Biologen, die der Ansicht sind, daß Darwins Evolutionstheorie auch Fragen offen läßt. Tiefgreifende biologische Veränderungen können durchaus in plötzlichen Sprüngen auftreten. Die Genforscher sind immer noch bemüht, den Mechanismus, der dem zugrunde liegt, zu verstehen. Vielleicht finden sie zufriedenstellende Erklärungen, die auf die Hypothese einer Intervention von draußen verzichten können. In der Zwischenzeit jedoch beginnt man Velikovskys

Oben links: Die Wandmalerei in Deir el-Bahri zeigt die ägyptische Königin Hatschepsut auf der Reise zum geheimnisvollen Land Punt. Velikovsky vermutete jedoch, daß auf der Wandmalerei dargestellt wird, wie die Königin nach Jerusalem unterwegs ist, um König Salomo zu besuchen. Außerdem soll es sich bei Hatschepsut in Wirklichkeit um die Königin von Saba gehandelt haben (links eine Darstellung aus dem 15. Jahrhundert). Allgemein wird angenommen, daß Hatschepsut einige Jahrhunderte vor Salomo gelebt hat – Velikovsky dagegen argumentiert kühn, daß sie etwa 600 Jahre später als allgemein angenommen lebte.

> **SIE (DIE DINOSAURIER) HATTEN EINHUNDERT MILLIONEN JAHRE EXISTIERT, UND TROTZDEM VERSCHWANDEN SIE, GEMESSEN AN DEN MASSSTÄBEN DER GEOLOGEN, VON EINEM AUGENBLICK ZUM ANDEREN.**

im Magen eingesetzt, was allerdings bei dem Beresowka-Mammut nicht der Fall war. Laut Velikovsky wurden die Mammute wahrscheinlich „durch einen Sturm von Gasen getötet, die mit einem plötzlichen Sauerstoffmangel einhergingen, verursacht durch die Feuer, die hoch in der Atmosphäre wüteten". Nach dem Erstickungstod gefroren ihre Körper sehr schnell, als sich die Landmasse von Sibirien weiter in die polaren Regionen verschob. Eine andere Erklärung führt ein schlagartiges Absacken der Temperaturen an.

Dies könnte zum Beispiel eingetreten sein, indem Vulkane Unmengen von Gas und Staub in die Atmosphäre geschleudert haben. Tosende Stürme hätten Kaltfronten aufbauen können, die riesige Wolken von Eisschnee hervorbrachten. Solch eine Kältewolke, die in einem geschützten Tal auf eine ruhige, warme Luftschicht stößt, würde wie eine Tonne Ziegelsteine herunterkommen. Alles Leben in dem Tal wäre sofort tot und tiefgefroren.

Evolution durch Katastrophen

Die Ergebnisse seiner Studien in Princeton hat Velikovsky 1955 in seinem fesselnden Buch *Earth in Upheaval* (Erde im Umbruch) veröffentlicht. Dieses Buch vermittelt etwas von der wagemutigen Intuition, die seinen Gedankengang so spannend macht. Nachdem er Darwins Evolutionstheorie besprochen hat, stellt er ihre Angemessenheit ernsthaft in Zwei-

Unten: Der Kopf und das Bein dieses Mammuts wurden im Dauerfrostboden von Alaska gefunden. Velikovsky deutete an, daß das plötzliche Verschwinden der Mammute auf elektrischen Strom zurückzuführen sei, der durch Feuer in der Atmosphäre verursacht worden sein könnte.

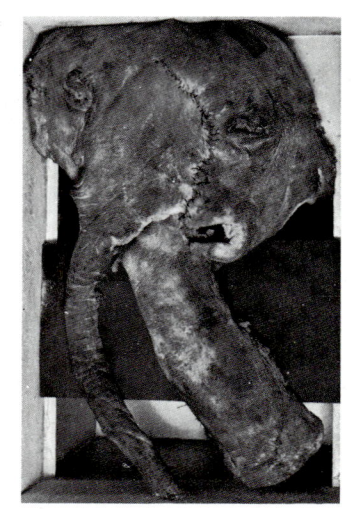

unkonventionelle Theorie in vielerlei Hinsicht als eine einzigartige wissenschaftliche Inspiration anzusehen. Die wissenschaftliche Forderung der Zukunft wird zeigen, ob Velikovskys Überlegungen tatsächlich weiterführen, oder ob man seine Theorie als endgültig obsolet betrachten kann.

> **BIS JETZT IST NOCH NIEMAND IN DER LAGE GEWESEN, DIE GROSSEN EISZEITEN, DIE IN UNTERSCHIEDLICHEN ABSTÄNDEN AUFTRATEN, UMFASSEND ZU ERKLÄREN. NOCH MERKWÜRDIGER IST, DASS EINIGE DIESER EISZEITEN SCHEINBAR MIT EINER FURCHTERREGENDEN PLÖTZLICHKEIT HEREINGEBROCHEN WAREN.**

Die Christen glauben, daß Jesus am Kreuz starb. Indischen Legenden zufolge soll er jedoch seine Kreuzigung überlebt haben und in hohem Alter in Kaschmir gestorben sein. Ist die biblische Überlieferung fehlerhaft? Es gibt Indizien dafür, daß Jesus nach seinem angeblichen Tod Palästina verlassen hat.

Unten: Einer indischen Legende zufolge soll Jesus am See Nagin in der Nähe der Stadt Srinagar, der Hauptstadt des indischen Teils von Kaschmir, gelebt haben. Er habe geheiratet und Kinder gezeugt und soll bis an sein Lebensende in dieser Gegend ansässig gewesen sein.

In Srinagar, der Hauptstadt des indischen Teils von Kaschmir, befindet sich vor einem muslimischen Friedhof in der Nähe des Stadtzentrums ein einzelstehendes Gebäude, das den Namen rauza bal trägt, was „Grab des Propheten" bedeutet. In seinem Inneren findet man eine hölzerne Tafel mit der Inschrift „Das Grab des Yuz Asaf". Sie verweist auf eine Grabkammer mit einem einfachen Steinsarg, der durch ein offizielles Staatsdokument von Srinagar 1766 zum Heiligtum erklärt worden war. Die Inschrift erläutert Einzelheiten über den Toten:

„Ein Mann namens Yuz Asaf kam in das Reich des Radscha Gopadatta... Er war ein Mann von königlichem Geblüt, der allen weltlichen Ansprüchen abschwor und ein Gesetzgeber wurde. Seine Nächte und Tage verbrachte er im Gebet, und oftmals versank er in einsamer Meditation... Er predigte die Einheit Gottes, bis ihn der Tod ereilte." Dieses Epitaph auf einen Heiligen, der in Kaschmir lebte, predigte und starb, besagt an sich nichts Besonderes – wenn nicht die Legende überliefert wäre, daß es sich dabei um Jesus Christus handeln soll.

An der auf den ersten Blick unglaublichen Behauptung, daß Christus in Kaschmir gestorben sein soll, hält die Ahmadiyya-Sekte fest, die weltweit mehrere hunderttausend Anhänger hat. Die Ahmadiyyas haben zahlreiche Überlieferungen aus Afghanistan, Pakistan, Indien und dem Iran zusammengetragen. Demnach soll es noch ein weiteres Kapitel der Lebensgeschichte von Jesus Christus geben – ein Kapitel, das im Westen weithin unbekannt ist.

Nach der Wiederauferstehung, seinem Erscheinen vor mehreren Jüngern und der Himmelfahrt soll Jesus Christus auf der Erde weitergelebt und nach Rekonstruktion der Ahmadiyyas das Land Palästina

STARB CHRISTUS IN KASCHMIR?

PARADIES AUF ERDEN

In seinem Buch *Jesus lebte in Indien* berichtet der deutsche Autor, Reisende und Lehrer Holger Kersten von der Gründung der „Identification Society of London" im 19. Jahrhundert in London. Deren erklärtes Ziel war es herauszufinden, was aus den zehn verlorenen Stämmen Israels geworden war.

Eines ihrer wichtigsten Ergebnisse besagt, daß die Bevölkerung von Kaschmir sehr wahrscheinlich jüdischer Abstammung ist. Diese Schlußfolgerung basiert auf verschiedenen Faktoren. So ähneln zum Beispiel viele Orts- und Familiennamen denen im Alten Testament. Auch ist augenfällig, daß sich die Bewohner von Kaschmir von den übrigen indischen Volksgruppen ziemlich unterscheiden, nicht nur in ihren Gesichtszügen, sondern auch in der Art ihrer Kleidung und bestimmter Gebräuche. Die Männer tragen beispielsweise kleine Käppchen, ähnlich wie orthodoxe Juden. Auch die in Kaschmir gesprochene Sprache und das Hebräische weisen Gemeinsamkeiten auf. Kersten schildert die Rituale, die die Frauen in Kaschmir beim Baden der Kinder nach der Geburt durchführen und die an jüdische Gebräuche erinnern. Selbst die Zubereitung bestimmter Nahrungsmittel weist verblüffende Ähnlichkeiten auf. Im Süden von Srinagar, der Hauptstadt von Kaschmir, steht der Tempel Martand, der zwar zahlreiche hinduistische Schnitzereien aufweist, architektonisch jedoch einen jüdischen Baustil erkennen läßt. Anscheinend gibt es also eine ganze Reihe von Hinweisen darauf, daß verschiedene Gebiete Indiens schon in der Frühzeit von Juden besiedelt wurden. Abraham, der Stammvater des jüdischen Volkes, lebte laut der Schöpfungsgeschichte einmal in Haran, bevor ihm Gott befahl, diesen Ort zu verlassen. Vielleicht ist es ja nur Zufall, aber wenige Kilometer nördlich von Srinagar gibt es eine kleine Stadt mit dem Namen Haran.

Manche behaupten sogar, daß Kaschmir das in der Bibel genannte Gelobte Land sein könnte. In der einheimischen Sprache bedeutet der Landesname in der Tat „Paradies auf Erden". Der Forscher Dr. George Moore soll in Kaschmir sogar einen Stein mit aramäischer Inschrift entdeckt haben, die Sprache, mit der der in Palästina geborene Jesus aufgewachsen war.

Alle diese Indizien stützen die These, daß die uns überlieferte Version vom Kreuzestod, Auferstehung und Himmelfahrt Jesu nicht den Tatsachen entspricht. Sicher ist jedes der angeführten Argumente für sich nicht hinreichend, um eine Revision des Neuen Testaments verlangen zu können.

PERSPEKTIVEN

Unten: Dieses Gebäude steht außerhalb eines moslemischen Friedhofs im Stadtzentrum von Srinagar. Hier liegt die Grabstätte des Yuz Asaf, eines Heiligen, den manche für Jesus Christus halten.

Gegenüberliegende Seite oben: Die unterirdische Grabkammer.

Gegenüberliegende Seite unten: Im Inneren befindet sich hinter dekorativen Ziergittern das in Ost-West-Richtung ausgerichtete Grab. Die Moslems bestatten ihre Toten in Nord-Süd-Richtung, die Hindus verbrennen ihre Toten. Jüdische Gräber dagegen sind oft nach Ost-West ausgerichtet. Somit kann es sich bei dem hier begrabenen Yuz Asaf durchaus um einen jüdischen Heiligen gehandelt haben.

verlassen haben, um der Gerichtsbarkeit der Römer zu entkommen und nicht erneut gekreuzigt zu werden. Er soll dann in Begleitung seiner Mutter Maria die Nordroute durch Damaskus genommen haben. Auf seinem Weg habe er dann Paulus konvertiert und weiter im Osten in den dort verstreuten jüdischen Gemeinden Zuflucht gesucht. Er sei dann durch den heutigen Irak, Iran und Afghanistan bis nach Indien gereist. Auf seiner Wanderschaft habe er Monotheismus und Gottesfürchtigkeit gepredigt und den Namen Yuz Asaf angenommen, was auf Persisch „Führer der von den Wunden Geheilten" bedeutet. Einige behaupten, daß Yuz Asaf über Pakistan nach Kaschmir gelangte und seine in hohem Alter verstorbene Mutter in der Stadt Murree begrub, etwa 50 Kilometer nordöstlich des heutigen Rawalpindi. Andere meinen, daß er predigend durch Ceylon (das heutige Sri Lanka) reiste und erst später nach Kaschmir kam, wo er dann bis zu seinem Lebensende blieb. Dort habe ihn sein Jünger Ba'bad in Srinagar beerdigt, wo sein Grab als heilige Stätte bis zum heutigen Tage verehrt wird. Und als wären diese Geschichten über Jesus' zweites Leben nicht genug, gibt es noch weitere Erzählungen, die für alle, die an seinen Tod am Kreuz glauben, schockierend sein müssen. Laut einer persischen Legende lebte Yuz Asaf in Kaschmir mit einer einheimischen Frau, die ihm angeblich auch Kinder geboren hat.

Man ist sehr versucht, die ganze Geschichte als lächerlichen Irrglauben oder falsche Interpretation

Mann von heller Hautfarbe und in weiße Kleider gehüllt", der Wunder vollführte, mit den Engeln sprach und sich als der Sohn einer Jungfrau bezeichnete. Jedes Merkmal seines Charakters und seines Verhaltens ist in der Tat „christusähnlich". In den einzelnen Traditionen scheint es sich tatsächlich um Jesus Christus zu handeln. Er wird durchweg als „Fremder" beschrieben, als ein Prophet aus dem fernen Westen. Nach einer persischen Handschrift stammt er aus dem Heiligen Land, ein Begriff, der bei den Moslems unter anderem auch für Palästina steht.

Was das Grab selbst betrifft, so stammt die Steinplatte aus moslemischer Zeit, während sich darunter in Ost-West-Ausrichtung eine ältere Grabkammer befindet. Da die Moslems ihre Toten in Nord-Süd-Richtung bestatten und die Hindus ihre Toten verbrennen, muß es sich bei diesem Toten um einen Juden gehandelt haben (jüdische Gräber, von denen es in Kaschmir viele gibt, liegen in Ost-West-Richtung). Da der Islam nach Mohammed keinen weiteren Propheten anerkennt und die lokale Tradition eindeutig besagt, daß hier ein Prophet begraben liegt, kann das in dem vorherrschend moslemischen Kaschmir nur bedeuten, daß dieses Grab aus der Zeit vor Mohammed (etwa 570–632) stammt. Dies läßt vermuten, daß darin die sterblichen Überreste eines jüdischen Propheten ruhen, der irgendwann vor dem Aufstieg des Islam hier bestattet wurde.

Professor Fida Hassnain, Direktor des Archivs und der Altertumssammlung von Kaschmir, hat das Grab untersucht. Die Geschichten um das Grab hatten

zufällig überlieferter Quellen abzutun. Aber die Legenden um Yuz Asaf sind sehr alt und weit verbreitet. Zum anderen verdient die Tatsache, daß sie von jemandem erzählen, der außerordentliche Ähnlichkeit mit dem Begründer des christlichen Glaubens aufweist, schon eine gewisse Beachtung. Ein islamischer Gelehrter aus dem 10. Jahrhundert überlieferte zum Beispiel eine Erzählung über die Ankunft von Yuz Asaf in Kaschmir. Diese Legende schildert in allen Einzelheiten seine ausgedehnten Reisen, seinen Tod und sein Begräbnis ebenso wie seine Lehre über die Entsagung weltlicher Begierden, den Wert der Demut und das bevorstehende Himmelreich. Die darin enthaltene Parabel über die Wahrheit, die wie verstreute Samen niederfällt und in mancherlei Hinsicht an Jesu eigenes Gleichnis von dem Sämann (Markus 4, 3–20) erinnert, liefert Hinweise darauf, daß hier von diesem selbst die Rede sein könnte. Sadiq schrieb natürlich zu einer Zeit, als das Alte Testament islamischen Gelehrten überall zugänglich war, und er hätte solche Details daher leicht selbst hinzufügen können. Aber seine Geschichte läßt erkennen, daß die Annahme der Identität zwischen Yuz Asaf und Jesus Christus sehr alt ist.

Angesichts der aus weit auseinanderliegenden Regionen zusammengetragenen Legenden über Yuz Asaf kann man sich nur schwer des Eindrucks erwehren, daß es sich hier wirklich um ein Abbild Christi handeln könnte. In den lokalen Legenden wird er beschrieben als „ein glückverheißender

Lupe nehmen. Hier stellen sich zwei Fragen. Hätte Jesus Christus die Kreuzigungsqualen überhaupt überleben können? Und wenn ja, ist es historisch plausibel, daß ein „Guru" aus Palästina aus dem 1. Jahrhundert ausgerechnet in Indien seine letzte Ruhe fand?

Zur ersten Frage hat die christliche Theologie natürlich eine Menge zu sagen. Sie bejaht, daß Christus am Kreuz starb, aber auch, daß er nach seiner Wiederauferstehung in mehr als geistiger Form weiterlebte. Das Neue Testament hebt nachdrücklich hervor, daß die Wiederauferstehung Christi auch im körperlichen Sinne zu verstehen ist. Maria Magdalena und ihre Gefährtinnen sahen, daß „der Stein vom Grabe weggewälzt war ... aber den Leichnam Jesu ... fanden sie nicht." (Hätte Christus nur noch in Geistform existiert, hätte man sich das mühsame Wegwälzen des Grabsteins wohl sparen können.) Kurz darauf erschien er Maria, und auf dem Weg nach Emmaus saß er höchst leibhaftig mit zwei Reisenden zu Tische (Lukas 24, 2–3). Dann erschien er seinen elf verbliebenen Jüngern – „sie erschraken und hatten große Angst, denn sie meinten, sie sähen einen Geist." Christus konnte sie dann dazu überreden, ihn zu berühren und zu erkennen, daß er aus „Fleisch und Knochen" war (Lukas 24, 36–40; Johannes 20, 27–28). Da sie es immer noch nicht ganz glaubten, aß er ein Stück Fisch und sprach dabei zu den verdutzten Jüngern.

Paulus fügt hinzu, daß außer diesen Erscheinungen, von denen das Evangelium erzählt, Christus

sein Interesse geweckt, eindeutige archäologische Nachweise über Art und Alter der Begräbnisstätte konnte aber auch er nicht erbringen. Ein Vorhaben aus den fünfziger Jahren – eine umfassende Grabaushebung mittels finanzieller Unterstützung der Ahmadiyya-Sekte – scheiterte zwar, aber Hassnains erste Untersuchungen hatten doch etwas Licht in die Geschichte des Grabes gebracht. Im nordöstlichen Winkel des Grabraums befindet sich ein Steintisch, auf dem von Pilgern früher Kerzen entzündet wurden. Nachdem Hassnain die dicken Wachsschichten entfernt hatte, fand er einen Rosenkranz und ein Kruzifix, Devotionalien, die offenbar von christlichen Besuchern zurückgelassen wurden. Dann stieß er auf die Oberfläche der Steinplatte selbst, auf der zwei Darstellungen erkennbar wurden, die wie große menschliche Fußabdrücke aussehen und tiefe Einkerbungen aufweisen. Diese „Abdrücke" wurden offensichtlich eingemeißelt und sollen vielleicht, so wird gemutmaßt, die Füße eines Gekreuzigten darstellen.

Mangels archäologischer Fakten beruht die Annahme der Bestattung Christi in Kaschmir weiterhin nur auf der Überlieferung von Legenden. Die Auslegung der Ahmadiyya-Sekte besagt dabei, daß sich Jesus Christus nach seinen in Palästina erduldeten Leiden gen Osten aufgemacht hatte. Um diese Version abzurunden, weisen die Ahmadiyya darauf hin, daß die Könige, darunter etwa Radscha Gopadatta, unter deren Regentschaft Yuz Asaf angeblich aktiv war, alle um die Mitte des 1. Jahrhunderts herrschten, also in den Jahrzehnten nach Christi Kreuzigung, die etwa im Jahre 30 stattfand.

Zur Beurteilung dieser Theorie können wir nochmals die Fakten von Yuz Asafs Ausgangspunkt Palästina und die entsprechenden Bibelstellen unter die

Links: Darstellung der Bekehrung des Paulus auf dem Weg nach Damaskus (Detail aus einem Glasfenster in der Lincoln-Kathedrale aus dem 19. Jahrhundert). Wenn es stimmt, daß Christus seine Kreuzigung überlebte, dann erhalten Geschichten über seine angeblich leibhaftigen Erscheinungen eine ganz neue Bedeutung.

Unten: Der Dichter Sahibzada Basharat Saleem aus Srinagar glaubt, daß sein Stammbaum bis zu Jesus Christus zurückreicht. Nach der Legende heiratete Jesus ein Mädchen aus Kaschmir.

Gegenüberliegende Seite oben: Diesen Steinblock fand man in der nordöstlichen Ecke im Grabraum des Yuz Asaf. Man sieht darauf zwei menschliche Fußabdrücke, die die Merkmale der Wunden Christi erkennen lassen.

Gegenüberliegende Seite unten: Dieser Stich aus dem 19. Jahrhundert entstand nach einem Gemälde von Carle Maratte und zeigt den Tod der Jungfrau Maria. Nach einer Legende aus Kaschmir soll Christus nach der Kreuzigung mit seiner Mutter durch den heutigen Irak, Afghanistan und Pakistan gereist sein, wo Maria in der Stadt Murree starb. Angeblich ist Jesus dann alleine weiter nach Indien gereist.

sich vor „etwa fünfhundert Brüdern auf einmal" zeigte und bei anderer Gelegenheit auch ihm selbst und Johannes erschienen war. Was ist von diesen Behauptungen über die Wiederauferstehung Christi zu halten? Rational-materialistisch betrachtet kann ein Toter nicht wieder auferstehen. Wenn die Erzählungen um seine Erscheinungen nach der Kreuzigung also authentisch sind, muß Jesus in einem Komazustand begraben worden sein, aus dem er später erwacht war. Bis zum heutigen Tage ist die präzise Definition von Tod noch umstritten, und es gibt zahllose Fälle von angeblich „Verstorbenen", die wieder ins Leben zurückkehrten. Ein hervorragendes Beispiel liefert hierzu der englische Dichter und Gelehrte Robert Graves. Als Fußnote zu seiner Untersuchung der Kreuzigung fügte er hinzu, daß ihn selbst 1916 während der Schlacht an der Somme ein erfahrener Sanitäter für „an seinen Wunden verstorben" erklärt hatte. Graves hatte daraufhin einen ganzen Tag lang totgeglaubt auf einer Bahre in einer Ecke verbracht, bis er plötzlich wieder zu sich kam.

„Ich konnte meine Körperwärme einen Tag lang aufrechterhalten, wobei mich nur eine Bahre vom nackten Boden trennte. Jesus Christus lag 30 Stunden in seinem Grab. Die physische Widerstandskraft orientalischer Heiliger ist aber bekanntermaßen größer als die europäischer Sünder." Es scheint nicht allzuweit an den Haaren herbeigezogen, wenn man annimmt, daß jemand von so außerordentlicher Geisteskraft wie Jesus durchaus imstande war, bis zu zwei Tage lang in einem vorübergehenden, todesähnlichen Zustand auszuharren. Eine solche Leistung entspricht immerhin einem ganz gewöhnlichen „Trick" indischer Yogis. Diese Erklärung würde die Aussagen im Neuen Testament untermauern. Jene Christen, die an eine echte Wiederauferstehung eines Toten als Zeichen der wahren Göttlichkeit Christi glauben, würden sie jedoch bestreiten.

Nun, der Historiker kann weder mit dem christlichen noch mit dem skeptischen Standpunkt etwas anfangen. Es ist unsinnig, einen Glaubensartikel für einen geschichtlichen Nachweis zu halten. Auf der anderen Seite verlieren auch jene Skeptiker an Boden, die die Erscheinungen nach der Kreuzigung allzu leichtfertig abtun, denn immerhin liegt hier eine denkbare Erklärung für die starke Verbreitung der Frühkirche. Wir können uns hier zwar im Hinblick auf die Wiedererscheinung Christi lediglich auf das Wort des Neuen Testaments verlassen, aber wir wissen, daß sich das Christentum Mitte des 1. Jahrhunderts n. Chr. wie ein Lauffeuer ausbreitete. Wie konnte das geschehen? Das Neue Testament bietet die sehr plausible Möglichkeit, daß eine kleine Gruppe von Anhängern, durch die Gefangennahme und die Kreuzigung ihres Anführers vollkommen dem Unglauben und der Ernüchterung verfallen, im nachhinein durch die Rückkehr des Messias inspiriert und in ihrem Glauben erneut bestärkt wurde. Die durch viele Zeugen bestätigte Wiederauferstehung Christi ist das Kernstück des Glaubens der Apostel: „Ist Christus aber nicht aufgeweckt worden, dann ist euer Glaube nutzlos, und ihr seid immer noch in euren Sünden", sagt Paulus (1. Korinther 15, 17). Wenn Christus nun aber nach seiner Kreuzigung weitergelebt hat – nicht, weil er wiederauferstanden war, sondern weil er überhaupt nicht tot war?

„FÜR FAST ALLES, WAS JEMALS ÜBER JESUS CHRISTUS GESAGT WURDE, FINDEN SICH PARALLELEN IN ALTEN INDISCHEN LEGENDEN… ERST JETZT BEGINNEN DEREN ÜBERLIEFERUNGEN IN DER WESTLICHEN WELT AUF INTERESSE ZU STOSSEN."

Holger Kersten, Jesus lebte in Indien

DAS RÄTSEL DER LEY-LINIEN

Dienten die schnurgerade verlaufenden Linien zwischen megalithischen Monumenten als Verbindungswege zwischen den einzelnen Anlagen? Oder hatten sie eine andere Funktion, von der wir heute nichts mehr wissen?

Als der angesehene Bierbrauer Alfred Watkins an einem Junitag 1921 seinen Blick über die Landschaft bei Bredwardine in Herefordshire schweifen ließ, überkam ihn auf einmal eine aufregende Vision, die er später als „eine hereinbrechende Flut von Erinnerungen aus uralten Zeiten" beschrieb. Er sah die ihm so vertraute Landschaft plötzlich mit ganz anderen Augen – überzogen von einem komplexen Netzmuster aus geraden Linien, die Grabhügel, Hügelkuppen und Kirchenbauten miteinander wie eine Kette verbanden.

Watkins erzählte zunächst niemandem von seiner Idee. Um herauszufinden, ob ihm nur seine Phantasie einen Streich gespielt oder ob seine Vision einen tieferen Sinn hatte, studierte er verschiedene Landkarten der Gegend. Dabei stellte er fest, daß auf

Oben: Alfred Watkins, ein Braumeister aus Herefordshire, entdeckte, daß viele megalithische Stätten aus der Frühzeit geographisch gezielt verteilt auf einem Netz von verbindenden Geraden angelegt zu sein scheinen. Er prägte für diese Linien den Begriff „Ley", da die Namen vieler sich auf diesen Linien befindenden Orte auf „ley", „lay", „lee", „lea" oder „leigh" enden.

Links: Mit 7,7 Metern Höhe ist der Menhir auf dem Kirchenfriedhof in Rudstone, Humberside, der höchste von Großbritannien. Dieses prähistorische Steinmonument liegt genau auf einer Ley-Linie.

Links: Hügelgräber – von Menschenhand geschaffene Erdaufschüttungen aus vorgeschichtlicher Zeit – gelten als primäre Markierungspunkte auf Ley-Linien. Manchmal sind sie nur schwer von natürlichen Hügeln zu unterscheiden, viele sind nur 50 Zentimeter hoch. Langgezogene Hügelgräber, wie dieses Langhügelgrab bei Stoney Littleton in Avon, stammen meistens aus der Jungsteinzeit und sind damit älter als runde. Manche sind auch asymmetrisch angelegt, wobei ein Ende höher ist als das andere.

Unten: Am häufigsten trifft man jedoch auf runde Hügelgräber. Oft liegen gleich mehrere zusammen angeordnet, wie hier bei Stoke Winterborne in der Grafschaft Dorset.

eigentlich nicht als zuverlässige Markierungsorte für Ley-Linien. Manchmal wird eine Ley-Linie durch einen Teich unterbrochen. Teiche und Furte gelten wiederum in der Regel nicht als primäre Markierer, dienen aber oft als Bestätigung für den Verlauf einer Ley-Linie. Heilige Brunnen, wie der St. Ambrew's Well bei Crantock in Cornwall und der St. Hilda's Well bei Hinderwell in North Yorkshire, sind wichtige Anfangspunkte für eine Ley-Linie. Oft befinden sich direkt auf diesen Linien Schlösser und Burgen – wahrscheinlich deshalb, weil sie meistens auf den Überresten noch älterer Bauwerke oder Erdwälle errichtet wurden. So hat man Schlösser vorzugsweise auf Hügeln erbaut, um sich dadurch einen weiten Überblick und eine gute Verteidigungsposition zu verschaffen. Auch der Hügel selbst war nicht selten ein prähistorischer Erdwall. Ausgrabungen bei Worcester, Penworham und Warrington brachten vornormannische Artefakte ans Tageslicht, die sich in den Hügeln befunden hatten, auf denen die Schlösser errichtet worden waren.

Es gibt eine ganze Reihe von Beweisen dafür, daß an die Stelle heidnischer Heiligtümer oft Kirchen gesetzt wurden. Papst Gregor klagte gegen Ende des 6. Jahrhunderts, daß „das englische Volk, in einem dunklen Winkel der Welt ansässig, sich bisher gänzlich der Verehrung von Holz und Steinen verschrieben hat". Er schloß aber mit der Feststellung, daß „es

den Karten verzeichnete frühgeschichtliche Stätten mit schnurgeraden Linien miteinander verbunden werden konnten.

Markierungspunkte

Watkins prägte für diese auffälligen Verbindungslinien den Begriff Ley-Linien. Andere nennen sie geomantische Linien, Kraftfeldlinien oder einfach Spuren. Die Anhänger der Linientheorie sind sich einig, daß die Linien ganz bestimmte Orte markieren, nämlich Steinkreise (von denen es allein in England 900 gibt) und Steinreihen, wie beispielsweise die Steinreihe von Stall-Moor, die sich drei Kilometer weit in die Grafschaft Dartmoor erstreckt und einen Steinkreis mit einer vorgeschichtlichen Steinpyramide verbindet. Auch andere Steinmonumente sind möglicherweise Markierungspunkte für Ley-Linien, aber auf den amtlichen Karten sind nicht alle Monumente verzeichnet. Menhire, wie etwa die *Devil's Arrows* (Teufelspfeile) in der Nähe von Boroughbridge in North Yorkshire, sind kaum zu übersehen. Andere Steine jedoch sind viel kleiner und schwerer aufzuspüren; oftmals liegen sie versteckt unter Hekken oder wurden zu Grabmälern umfunktioniert.

Steinpyramiden und Hügelgräber gehören zu einer weiteren Gruppe von Ley-Markierungspunkten. Zu den ältesten Punkten zählen die langgestreckten Hügelgräber aus der Jungsteinzeit, aufgeschüttet aus Erde oder Kalk und oft über 100 Meter lang und bis zu 30 Meter hoch. Am häufigsten sind jedoch runde Hügelgräber, von denen es allein in England ungefähr 20 000 gibt. Oft liegen sie zu mehreren zusammen, wie die Gruppe bei Winterborne Abbas in Dorset.

Rundgräben bilden ebenfalls Markierungspunkte, da sie häufig aus Furchen rund um Hügelgräber herum entstanden. Viereckige Gräben stammen dagegen meist aus viel späterer Zeit und gelten daher

denn es gibt viele Linien von nur 12 oder 15 Kilometern Länge, auf denen sechs oder mehr Markierungsorte liegen.

Schnurgerade Linien

In seinem Buch *The Old Stones of Land's End* (Die alten Steine von Land's End) veröffentlichte John Michell eine detaillierte Computeranalyse. Michell hatte 53 Stätten in Cornwall in seine Untersuchung mit einbezogen und sich dabei nur auf bekanntermaßen prähistorische Anlagen beschränkt. Er fand heraus, daß diese durch 22 Ley-Linien verbunden waren, die „wie mit dem Lineal gezogen" verliefen. Oft konnte man auf exakten Geraden über zehn Kilometer weit von einer Anlage zur nächsten Verbindungslinien ziehen. Der Computer bestätigte diese Linien bis auf zwei – und entdeckte zusätzlich noch 29 weitere, die Michell übersehen hatte!

Archäologen halten die Vorstellung, daß frühgeschichtliche Stätten durch ein sinnvolles Netzwerk aus Linien miteinander verknüpft sind, für vollkommen absurd. Wenn in Interviews mit Wissenschaftlern Ley-Linien zur Sprache gebracht werden, fallen oftmals Äußerungen, vergleichbar denen, die die ersten Gelehrten zu hören bekamen, die es zu behaupten gewagt hatten, die Erde sei rund …

Aber bereits zu Beginn unseres Jahrhunderts hatte der angesehene Astronom Sir Norman Lockyer auffällige Verbindungslinien bei Stonehenge entdeckt. Lockyer fand heraus, daß die Hauptachse, auf Stonehenge liegt, direkt auf die jungsteinzeitliche Siedlung bei Grovely Castle zuführt und die Entfernung zwischen diesen beiden Orten zehn Kilometer beträgt. Dann stellte sich heraus, daß Old Sarum, ein prähistorischer Hügel, auf dem die erste Kathedrale von Salisbury erbaut worden war, sich ebenfalls zehn Kilometer von Stonehenge entfernt befindet und daß zwischen Old Sarum und Grovely Castle wiederum zehn Kilometer liegen. Diese drei Punkte bilden die Eckpunkte eines exakt gleichseitigen Dreiecks – zu perfekt, als daß Zufall im Spiel sein könnte. Dies war der erste Hinweis darauf, daß Mu-

nicht gut ist, ein starrsinniges Volk mit einem Sprung zu Besserem bekehren zu wollen, sondern man dabei langsamen Schrittes vorgehen muß." Auch Augustinus riet dazu, die alten Schreine und Tempel nicht zu zerstören, sondern sie allmählich umzuwandeln, mit Weihwasser zu besprengen und die Heilkräfte der alten heidnischen Brunnen zu respektieren. Auf diese Weise würden die Bewohner der Insel allmählich bekehrt. Aus diesem Grunde stehen viele Kirchen auf alten, von Menschenhand errichteten Hügeln, wie Brent Tor in Dartmoor, oder zwischen Erdwällen, wie die Kirchenruine bei Knowlton in Dorset. Dieses Bauwerk aus dem 12. Jahrhundert steht genau in der Mitte einer riesigen, prähistorischen Einfriedung, etwa 350 Meter von dem dazugehörigen Dorf entfernt und allseitig von anderen Einfriedungen und Grabhügeln umgeben.

Trotz dieser Anhaltspunkte streiten viele die Existenz solcher Netz- und Linienmuster rundweg ab. Statistiker argumentieren, daß man auf topographischen Karten einer so kleinräumigen, vielgestaltigen und dichtbevölkerten Insel wie Großbritannien Linien in jede beliebige Richtung ziehen kann und diese unweigerlich durch irgendwelche antiken Monumente, heilige Brunnen, Hügelgräber und andere Stätten verlaufen, die Anhänger der Ley-Linien-Theorie für bedeutsame Markierungspunkte halten. Mathematische Analysen haben ergeben, daß der Zufallsfaktor für die Existenz einer Ley-Linie mit sechs Markierungspunkten 1:200 beträgt – wobei also sechs bedeutsame und allgemein als Markierungspunkte anerkannte Orte exakt auf eine nicht mehr als 50 Kilometer lange, schnurgerade Linie fallen. Für eine Linie mit sieben Markierungsorten schnellt die Wahrscheinlichkeitsrate auf 1:1000 hinauf. Hier sei hinzugefügt, daß diese Ergebnisse das Konzept der Ley-Linien ja gerade widerlegen sollten,

Oben: Der heilige Brunnen St. Ambrew bei Crantock in Cornwall. Solche Brunnen bilden oft den Ausgangs- beziehungsweise Endpunkt einer Ley-Linie.
Unten: Die Ruinen der Kirche bei Knowltown in Dorset befinden sich in der Mitte eines riesigen, kreisförmigen Erdwalls. Früher errichtete man häufig Kirchen auf den Überresten von megalithischen Anlagen.

Links: Das Hügelfort Old Sarum stammt aus der Eisenzeit und befindet sich auf ein- und derselben Geraden mit der Kathedrale von Salisbury und einer weiteren Hügelburg bei Clearbury Ring. Diese drei Anlagen liegen auf der berühmten Ley-Linie von Old Sarum, die auch durch Stonehenge verläuft.

ster und Zahlen in den Magalithkulturen eine überragende Rolle gespielt haben müssen.

1967 machte Alexander Thom, Professor für Ingenieurwesen, eine bedeutende Entdeckung. Er hatte über 600 vorgeschichtliche Steinanlagen in Großbritannien und Frankreich untersucht und dabei festgestellt, daß sie mit erstaunlicher Präzision und viel technischem Geschick auf astronomisch bedeutsamen Linien ausgerichtet waren. Thom erkannte auch eine Grundmaßeinheit von 81 Zentimetern, das „megalithische Yard".

Diese Entdeckungen zwangen so manchen zum Umdenken. Der angesehene Archäologieprofessor Richard Atkinson schrieb in der Zeitschrift *Antiquity*: „Es ist wichtig, daß Nicht-Archäologen begreifen, wie beunruhigend die Ergebnisse von Thoms Werk für die Archäologie sind, weil sie nicht in deren Konzept von der europäischen Vorgeschichte passen, das ein ganzes Jahrhundert hindurch Gültigkeit hatte und nun an allen Ecken zu bröckeln beginnt... Im Rahmen dieses Konzeptes ist es nahezu unvorstellbar, daß barbarische Völker in den nordwestlichen Zipfeln dieses Kontinents über mathematische Kenntnisse verfügt haben sollen, die dem Stand in Ägypten zu etwa der gleichen Zeit oder den mathematischen Errungenschaften in Mesopotamien geraume Zeit später kaum nachstehen."

Thoms Forschungsarbeiten zerstreuten manche Zweifel und deuten darauf hin, daß die Megalithkulturen ihre Monumente mit peinlicher Genauigkeit und wohlüberlegt errichtet hatten. Eine Frage bleibt jedoch offen: Was hatte sie dazu inspiriert, dies zu tun?

" WENN DIE SONNE AM SPÄTEN NACHMITTAG SEHR TIEF STEHT, SIND DIE SCHWACHEN SPUREN VORGESCHICHTLICHER LINIEN ODER ERDWÄLLE GUT ERKENNBAR... IN ZUKUNFT WIRD MAN DIE LINIEN WOHL AUS DER LUFT VERFOLGEN. SCHWACHE SPUREN SIND AM BESTEN AUS DER LUFT WAHRNEHMBAR... AM BODEN SIEHT MAN SIE KAUM. **"**

Alfred Watkins,

The Old Straight Track

Im Blickpunkt

AUS DER PERSPEKTIVE EINES „LEYEN"

Alfred Watkins, der Entdecker der Ley-Linien, die die Britischen Inseln und andere europäische Landschaften wie ein Netzwerk überziehen, erblickte 1855 in Hereford, England, das Licht der Welt. Nach Abschluß der Schule wurde er Vertreter in der väterlichen Brauerei, wodurch er viel herumkam und mit der Topographie und den Legenden seiner Heimat vertraut wurde. 1921 traf ihn jäh die Erkenntnis, daß viele prähistorische Stätten auf einem Netz aus Linien und Mustern ausgerichtet zu sein schienen. Watkins war zu dieser Zeit 65 Jahre alt, ein angesehener Kaufmann, Friedensrichter, Landschaftsfotograf und Erfinder der Lochkamera. In den nächsten 14 Jahren, bis zu seinem Tod im Jahre 1935, verfolgte Watkins seine Idee weiter und kam zu dem Schluß, daß es sich bei diesen Linien – oder „Leys", wie er sie nannte – um Wege handelte, die vor 4000 bis 2000 v. Chr. von Menschenhand angelegt und später in Vergessenheit geraten waren. Seine Erkenntnisse hat er in zwei Büchern niedergeschrieben: *Early British Trackways* (Wanderwege des alten Britanniens) und *The Old Straight Track* (Die alte gerade Straße).

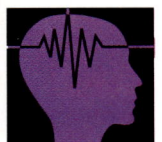

GEIST-CHIRURGIE

Manche Eingeborenen aus Brasilien und von den Philippinen können angeblich mit bloßen Händen Operationen durchführen. Ihre Patienten sind begeistert, doch wie steht die westliche Wissenschaft dazu?

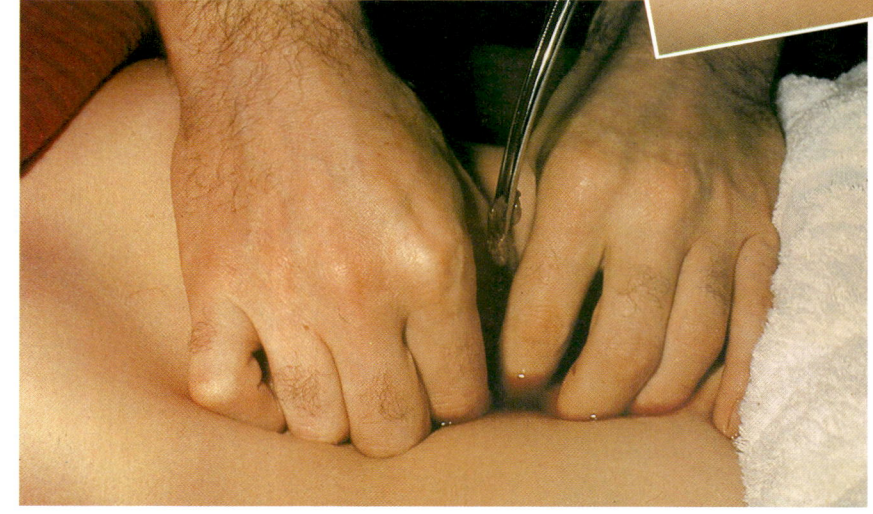

V on allen paranormalen Phänomenen ist die Geistchirurgie zweifellos eines der spektakulärsten und umstrittensten. Seit den fünfziger Jahren kursieren Berichte über chirurgische Eingriffe, die vor zahllosen Augenzeugen angeblich ohne Zuhilfenahme von Instrumenten an Tausenden von willigen Patienten durchgeführt wurden. Diese Eingriffe geschahen ohne jede Heimlichtuerei am hellichten Tag.

Trotz angeblicher Heilerfolge gilt die Geistchirurgie heutzutage weithin als fingerfertige Betrügerei oder als Kulthandlung primitiver, abergläubischer Volksstämme. Den meisten Beobachtern erschien anfangs alles sehr echt und überzeugend, bei näherem Hinsehen schrumpfte die Glaubwürdigkeit allerdings immer mehr zusammen.

Augenzeugen versicherten den westlichen Wissenschaftlern, daß einfache, medizinisch nicht ausgebildete Männer und Frauen täglich solche Wun-

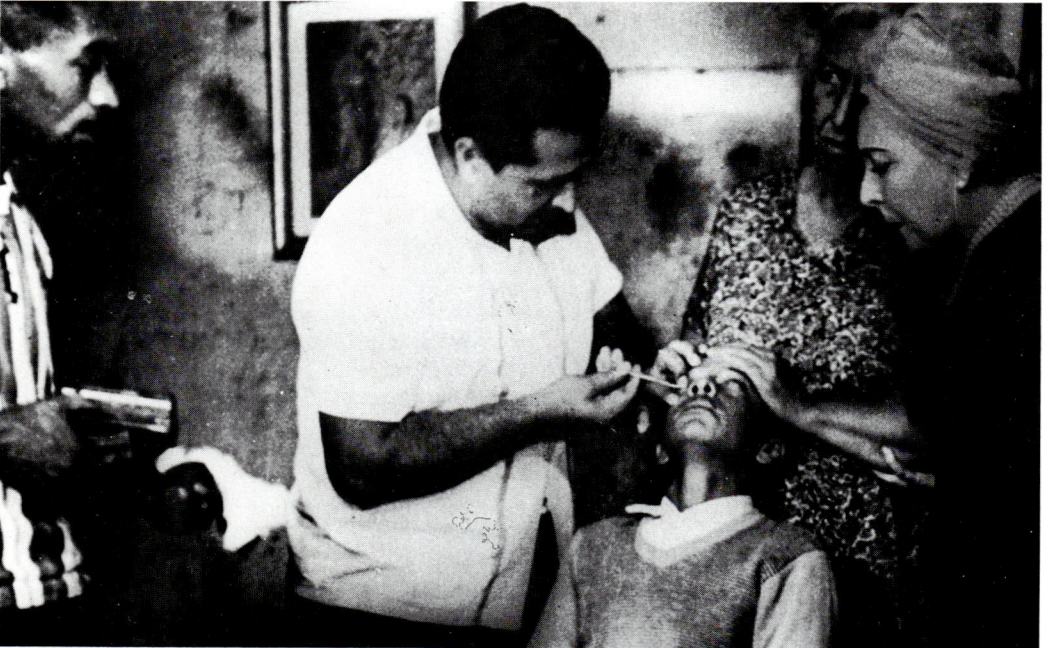

Links: Der brasilianische Geistheiler José Pedro de Freitas, genannt Arigó, bei einer Augenoperation. Seine Behandlungen, die er oft mit primitivsten Instrumenten wie rostigen Scheren und Küchenmessern ausführte, erregten im Westen großes Interesse. Anscheinend erzielte er echte Heilerfolge, während die Behandlungen anderer Geistheiler eher zweifelhaft erscheinen.

Oben links, Mitte und oben rechts: Der Franzose Michel Carayon erlernte von Filipinos die Kunst des Geistheilens. Die Bilder wurden bei einer Operation, die er in seiner Pariser Klinik durchführte, aufgenommen. Er behauptet nicht, daß die Gewebeteile, die er aus den Körpern seiner Patienten „herausholt", in ihren Körpern entstanden. Allerdings soll seine Erfolgsrate recht hoch sein.

derheilungen durchführten. Dabei handelte es sich offensichtlich um echte Operationen, die mit bloßen Händen beziehungsweise unter Zuhilfenahme einer Schere oder eines Küchenmessers vorgenommen wurden. Trotz solch unhygienischer Umstände soll es nie Anzeichen für irgendwelche Infektionen oder Folgeschäden gegeben haben.

Besondere Berühmtheit erlangte der Brasilianer José Pedro de Freitas, besser bekannt unter dem Namen Arigó. Bis zu seinem Unfalltod 1971 nahm er Tausende von Operationen vor und erzielte dabei spektakuläre Heilerfolge. Seine Ausrüstung bestand lediglich aus einem rostigen Messer und ähnlich primitiven Mitteln. Nach einer Anklage wegen Kurpfuscherei beschränkte er sich darauf, nach einem kurzen Blick auf die Patienten nur noch Diagnosen zu stellen und Medikamente zu verabreichen, ohne daß ihm dabei je ein Fehlschlag unterlaufen sein soll.

In den letzten Jahren haben die Geistchirurgen auf den Philippinen große Aufmerksamkeit erregt. Sie führen Operationen durch, bei denen sie mit bloßer Hand den Körper des Patienten öffnen und erkrankte Organe oder abgestorbenes Gewebe entfernen. In den sechziger Jahren hörten westliche Wissenschaftler zum ersten Mal von diesen außergewöhnlichen Eingriffen und den angeblich verblüffenden Heilerfolgen. Ähnlich wie seinerzeit im Fall des Löffelbiegers Uri Geller entzündete sich bald eine heftige Kontroverse. Die Kritiker behaupteten, daß diese Geistheiler in Wirklichkeit gar keine Operationen durchführten und mittels geschickter Tricks den Patienten und den Zuschauern etwas vorge-

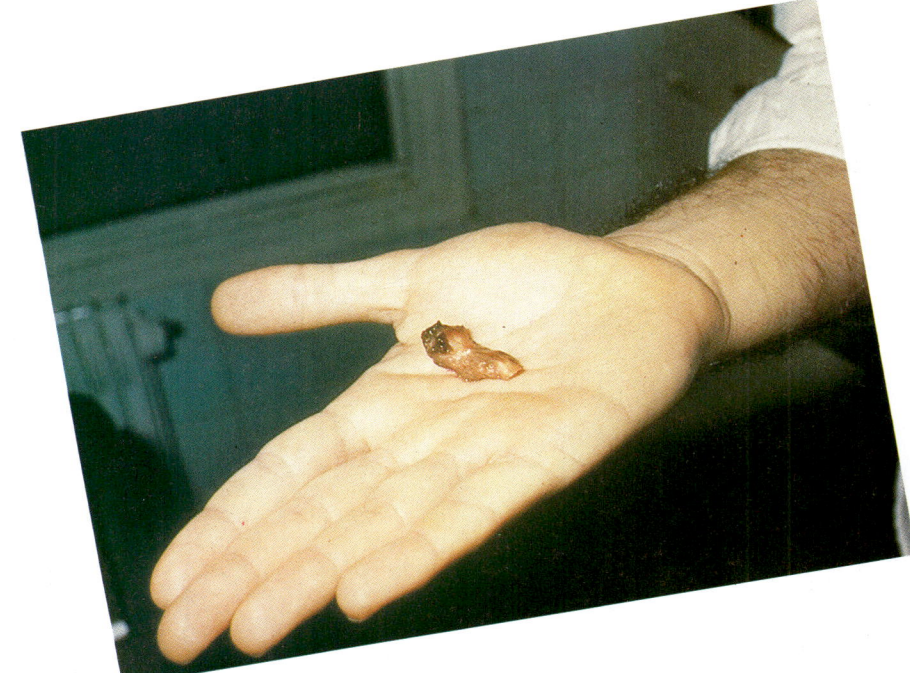

täuscht hätten. Immer mehr Beobachter kamen von ihren Reisen nicht mehr wie anfangs mit atemberaubenden Erfolgsstories zurück, sondern berichteten von schäbigen Tricks und Ausbeutung.

Belastende Beweise

Anfang der siebziger Jahre erschienen in Deutschland die ersten Presseartikel und Fernsehsendungen, die das falsche Spiel entlarvten. 1975 brachte der englische Sender *Granada Television* eine Programmserie, in der Geistheiler kritisch unter die Lupe genommen und als Betrüger überführt wurden. 1979 folgte ein BBC-Film aus der Serie *Nationwide*, in dem über das Ehepaar Elizaldes berichtet wurde, das zu Besuch in England war, um Geistheilungen vorzunehmen. Was anfangs eine wiederholbare Demonstration paranormaler Leistungen zu sein versprach, konnte auch hier in Kürze in aller Öffentlichkeit als Täuschungsmanöver bloßgestellt werden.

Ist das Thema damit aber wirklich abgeschlossen? Viele sind der Überzeugung, daß es über Geistchirurgie nichts weiter zu sagen gibt. Es handele sich immer um Fälle naiver, leichtgläubiger Zuschauer, die durch fingerfertige, aber letztlich nachweisbare Taschenspielertricks hinters Licht geführt werden. Ist das wirklich alles? Um dies zu beantworten, muß die Geschichte dieser Geistheilungen bis zu ihren Wurzeln zurückverfolgt und das vorhandene Beweismaterial einer kritischen Überprüfung unterzogen werden.

Die philippinischen Geistheiler wurden von ihren eigenen Leuten, in ihrem eigenen Land und innerhalb ihrer eigenen traditionellen Kultur entdeckt. Sie gingen mit ihrer Fähigkeit weder hausieren noch legten sie es darauf an, diese unter Beweis zu stellen. Medienwirksam in Szene gesetzt wurden sie dann von der anderen Seite des Globus aus.

Die Filipinos glauben seit jeher an Welten spiritueller und paranormaler Erscheinungen. Von daher konnte die spiritistische Bewegung hier im 19. Jahrhundert leicht Fuß fassen. Überall auf den Philippinen gibt es bis heute aktive Ortsgruppen der Spiritistischen Gesellschaft. Das Zentrum dieser Aktivitäten befindet sich auf Luzon, der größten Insel des Archipels, wo der Biologe, Autor und Forscher Lyall Watson in einer bäuerlichen Gemeinde, etwa 100 Kilometer von der Hauptstadt Manila entfernt, auf die dichteste Anhäufung von Geistheilern stieß. Die meisten der auf Luzon lebenden und praktizierenden Heiler gehören zur „Union Espiritista Cristiana de Filipinas" („Christlich-spiritistische Union der Philippinen"), einer Vereinigung ländlicher spiritistischer Landkirchen.

Lyall Watson war einer der ersten westlichen Beobachter, die hierherkamen, um mit eigenen Augen zu sehen, was es mit diesen Geistheilungen auf sich hatte. Er besuchte die Philippinen dreimal und war als Zuschauer bei über eintausend Eingriffen dabei, die von insgesamt 22 Heilern vorgenommen wurden. Er war ausgesprochen beeindruckt. Selbst die bereits einsetzenden heftigen Kontroversen, die der Glaubwürdigkeit früherer, übertriebener Berichte über die Heilkraft der Filipinos allmählich den Boden entzogen, taten seiner Bewunderung keinen Abbruch. Der Wissenschaftler Watson führte eine unvoreingenommene Untersuchung von

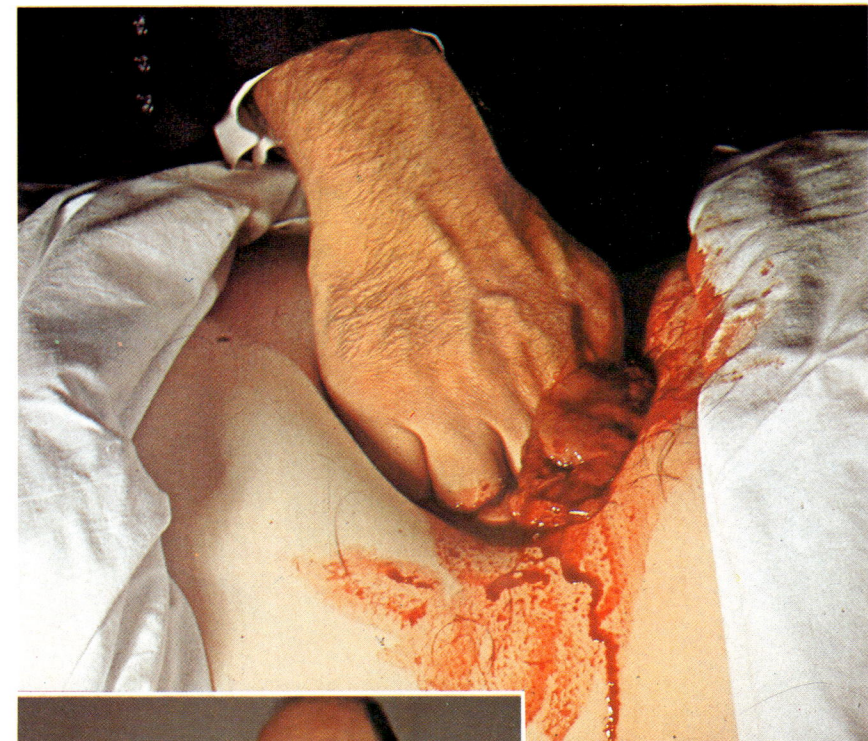

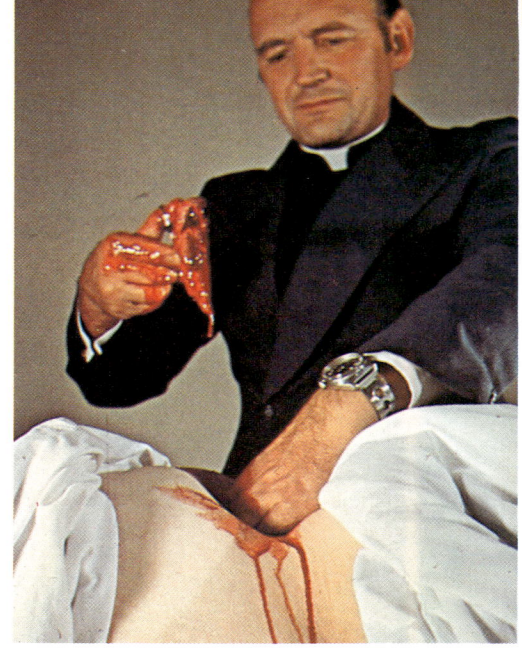

Geistoperationen durch und faßte seine Ergebnisse in dem Buch *The Romeo Error* zusammen. Darin schildert er Schritt für Schritt den Ablauf einer etwa fünfminütigen Operation und behauptet, es habe sich um eine echte Demonstration parapsychologischer Chirurgie gehandelt.

Die Patientin war eine Frau mittleren Alters, die an Magenschmerzen litt. Sie legte sich bekleidet auf einen Holztisch, dann wurde ihr Bauch entblößt und ihr Rock mit einem Handtuch bedeckt. Mit der gesunden Skepsis des Wissenschaftlers schaute Watson unter das Handtuch: „Ich fand absolut nichts darunter, außer, daß es nicht das sauberste war." Schließlich betrat der Heiler den Raum. Er trug eine Baumwollhose und ein kurzärmeliges Hemd und

Gegenüberliegende Seite links: Die Haltung der Kirche ist zwiespältig. In Brasilien, wo anscheinend sehr viele erfolgreiche Geistheilungen stattfinden, nimmt die katholische Kirche eine eher skeptische Haltung ein. Jesuitenpater Quevedo, Direktor der Universität für Parapsychologie in Sao Paolo, hat Fotos angefertigt, die beweisen, wie leicht Geistheilungen vorgetäuscht werden können.

Unten: Die meisten Geistheiler auf den Philippinen sind aktive Mitglieder der lokalen Spiritistenkirche und umgeben sich bei ihren Operationen mit religiösen Texten.

Rechts: Der brasilianische Geistheiler Edivaldo Oliveira Silva während einer Bauchoperation an einem kleinen Jungen.

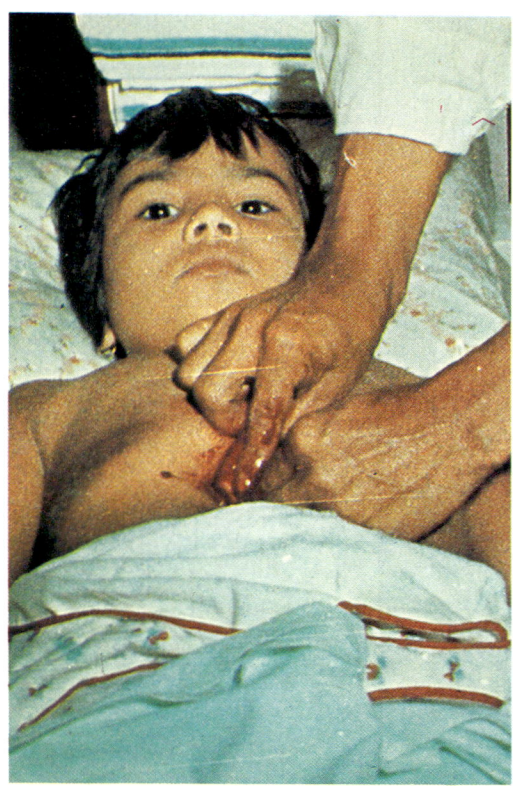

zeigte Watson, daß sich nichts in den Falten seiner Kleidung verbarg. Danach sprach der Mann ein Gebet. Watson reichte ihm etwas Baumwolle und eine Schüssel, die er kurz vorher selbst mit Wasser gefüllt hatte. Der Heiler reinigte damit den Bauch der Frau.

„Er greift nun knapp rechts von ihrem Nabel, und plötzlich zeigt sich eine rote Flüssigkeit. Es könnte sich um Blut handeln. Zunächst ist sie wäßrig und vermischt sich mit der Feuchtigkeit auf ihrer Haut, aber jetzt wird es dunkler und sprudelt ziemlich kräftig zwischen seinen Fingern hervor... Ich erkenne etwas, das wie Bindegewebe aussieht – dünn, fast durchsichtig, eindeutig elastisch, rot und blutig." Als nächstes schien der Heiler seine Hände tief in den Bauch der Patientin hineinzustoßen. Er drückte fest zu und spreizte dabei die Finger seiner rechten Hand, bis plötzlich zwischen seinem Daumen und Zeigefinger ein ballartiges Etwas erschien, das immer größer wurde und offenbar aus der Bauchhöhle der Frau stammte. Als es nach wenigen Sekunden die Größe eines Tennisballs erreicht hatte, langte ein Assistent mit einer Zange herüber und hob den Klumpen aus der Bauchhöhle heraus. Dann durchtrennte er den Gewebefaden, der die Zyste noch mit dem Körper verband und ließ sie in Watsons Hand fallen. Dieser erinnert sich: „Es war warm, und beim Draufdrücken quoll nur wenig Blut heraus. Innen fühlte es sich hart an."

Nachdem der Heiler sein Werk beendet und das restliche Blut von der Bauchdecke abgewischt hatte, sah man verblüffenderweise keine Wunde. „Ich strich mit der Hand über ihre Haut", berichtet Watson, „sie ist etwas erhitzt, aber sonst ist nichts zu sehen, keinerlei Narbe."

Nicht nur Wissenschaftler reisten auf die Philippinen, viele Westeuropäer und Amerikaner kamen auch, um sich selbst operieren zu lassen. Dabei handelte es sich meist um verzweifelte Menschen, bei denen die Schulmedizin versagt hatte. Sowohl unter den Patienten als auch unter den Forscherteams herrschten geteilte Meinungen. Manche sagen, sie hätten Behandlungen als Patienten oder als Zeugen miterlebt, die sich nicht als Betrug abtun lassen, für andere sind Geistheilungen samt und sonders raffinierte Schwindelmanöver. Je intensiver man sich mit diesem Phänomen auseinandersetzte und je mehr Erkenntnisse man gewonnen hatte, desto mehr schienen die Meinungen in eine bestimmte Richtung zu tendieren.

Reine Fingerfertigkeit?

Tom Valentine, ein Journalist aus Chicago, schildert in seinem Buch *Psychic Surgery* (Geistchirurgie) eine bestimmte Heilbehandlung: „Ich war davon überzeugt, daß die Operationen, die an jenem Morgen in diesem Haus stattfanden, nicht auf Taschenspielertricks beruhten. Wir standen nicht unter Hypnose, und ich war weit davon entfernt, mich beeinflussen zu lassen... Paranormale Operationen sind möglich, sie sind kein Betrug, keine hypnotische Suggestion, kein Schwindel, und es handelt sich auch nicht um Wunder. Sie sind auch nicht auf die Philippinen beschränkt."

Im März 1973 und April 1975 reiste ein Wissenschaftlerteam unter der Leitung von George Meek auf die Philippinen, bestehend aus ausgebildeten Medizinern, Biologen, Psychiatern, Physikern, Chemikern, Parapsychologen und Magiern aus sieben Ländern. Sie brachten Patienten und Kontrollapparate mit sich.

Das Team fand heraus, daß sich unter den angeblichen Heilern in der Tat einige Betrüger befanden. Es wurde aber auch „eindeutig bestätigt, daß verschiedene Formen psychoenergetischer Phänomene faktisch existieren und von mehreren eingeborenen Heilern tagtäglich praktiziert werden. Es traten für jeden sichtbar Materialisationen und Dematerialisationen von menschlichem Blut, Gewebe und Organen zutage."

Alles Betrug?

Andere Wissenschaftler teilten diese Auffassung nicht und erklären derartige operative Eingriffe unverblümt für Betrug. Auch sie haben Experten aufgeboten und die Erfahrungen von Patienten ausgewertet. Bedeutet dies nun, daß eine dieser Gruppen zu einer völlig irrigen Schlußfolgerung gelangt ist? Oder ist das Ganze vielleicht doch etwas komplexer gelagert?

Im November 1990 stellte sich diese Frage erneut. In London demonstrierten zwei philippinische Geistheiler, Schwester Flor Cometa und Emilio Laporga, ihr Können vor den Augen mehrerer hundert Zuschauer, darunter auch Klinikärzten. Unter den Patienten befand sich ein Mann mit einer subkutanen (unter der Haut befindlichen) Zyste und eine Frau mit einer großen Gesichtsgeschwulst, die beide unter relativ geringen Schmerzen behandelt wurden. Sämtliche Operationen wurden gefilmt und von Ärzten, Bischöfen, Parapsychologen und Magiern diskutiert. Keiner von ihnen konnte jedoch eine schlüssige Erklärung für diese wirklich erstaunlichen Heilerfolge liefern.

UNHEIM-LICHE BESUCHER

Immer wieder wird von mysteriösen Besuchen und Drohungen von „Männern in Schwarz" berichtet. Was steckt hinter diesen unheimlichen Erlebnissen? Ist mit der Existenz solcher Wesen zu rechnen, oder lassen sich derartige Erscheinungen als Phantasterei abtun?

Im September 1976 war Dr. Herbert Hopkins, ein 58jähriger Arzt und Hypnotiseur, als Berater im Fall einer angeblichen UFO-Teleportation in Maine, USA, tätig. Eines Abends waren seine Frau und seine Kinder ausgegangen, und er war allein im Haus. Das Telefon klingelte, und ein Mann, der sich als Vizepräsident der „UFO-Forschungsorganisation von New Jersey" ausgab, fragte Hopkins, ob er ihn noch an diesem Abend besuchen könne, um einige Einzelheiten des Falles mit ihm durchzusprechen. Hopkins willigte natürlich ein. Er ging zur Hintertür, um das Licht einzuschalten und so den Weg vom Parkplatz zum Haus zu beleuchten, als er sah, daß der Mann bereits die Stufen zur Veranda hochkam. „Ich sah nirgendwo ein Auto, und selbst wenn er mit einem gekommen wäre, hätte er unmöglich so schnell vom nächstgelegenen Telefon zu meinem Haus gelangen können", erinnerte sich Hopkins später.

Zunächst jedoch dachte sich Hopkins nichts weiter dabei und bat seinen Besucher herein. Der Mann trug einen schwarzen Anzug, ein weißes Hemd und eine schwarze Krawatte. „Der sieht ja aus wie vom Bestattungsinstitut", dachte Hopkins bei sich. Als der Besucher seinen schwarzen Hut abnahm, kam darunter ein völlig haarloser Kopf zum Vorschein. Der Mann hatte aber nicht nur eine Glatze, sondern auch keine Augenbrauen und Wimpern. Seine Haut war vollkommen weiß, die Lippen kräftig rot. Im Verlauf ihres Gespräches strich er sich mit seinen grauen Wildlederhandschuhen dauernd über die Lippen, und Hopkins stellte mit Erstaunen fest, daß er sich

Oben: Ein solcher MIB besuchte Dr. Herbert Hopkins und warnte ihn, er solle seine Untersuchungen einstellen. Er forderte ihn auf, ihm eine Münze in die Hand zu legen. Hopkins sah, wie die Münze sich in der Hand des Unbekannten langsam in Nichts auflöste. Der unheimliche Besucher betonte, daß niemand diese Münze wieder zu Gesicht bekämen.

dabei den Mund verschmierte und die Handschuhe Lippenstiftflecke bekamen.

Erst nachträglich fielen ihm dann noch weitere Absonderlichkeiten ein. Besonders verwunderlich war, daß der Besucher äußerte, Hopkins habe zwei Münzen in seiner Hosentasche, was tatsächlich stimmte. Er bat den Arzt dann, ihm eine davon auf die Handfläche zu legen und diese Münze, nicht ihn, genau zu beobachten. Hopkins tat, wie ihm geheißen, und allmählich verschwammen die Konturen der Münze, die sich schließlich in Nichts auflöste.

> **"**ER WANKTE ZUR TÜR UND GING SEHR VORSICHTIG EINE STUFE NACH DER ANDEREN HINUNTER. HOPKINS SAH IN DER EINFAHRT EIN WEISSLICH-BLAUES LICHT, DAS IHM WESENTLICH HELLER ALS EIN NORMALER AUTOSCHEINWERFER VORKAM.**"**

„Weder Sie noch irgend jemand anderes in dieser Ebene wird diese Münze jemals wiedersehen", sagte sein Gast daraufhin. Beide unterhielten sich dann noch eine Weile über allgemeine UFO-Themen, als Hopkins plötzlich bemerkte, daß der Mann immer langsamer sprach, dann aufstand und mit schleppenden Worten sagte: „Meine Energie ist erschöpft, muß jetzt gehen, auf Wiedersehen." Er wankte zur Tür und ging sehr vorsichtig eine Stufe nach der anderen hinunter. Hopkins sah in der Einfahrt ein weißlich-blaues Licht, das ihm wesentlich heller als ein normaler Autoscheinwerfer vorkam. Damals hielt er es jedoch für die Autoscheinwerfer des Fremden, obwohl er weder einen Wagen hörte noch sah.

Mysteriöse Spuren

Als später Hopkins Familie zurückkehrte, entdeckten sie in der Einfahrt eigenartige Spuren, die sicher nicht von einem Auto herrührten. Am nächsten Tag waren diese Spuren jedoch verschwunden, obwohl in der Zwischenzeit niemand die Einfahrt benutzt hatte. Hopkins hatte dieser Besuch regelrecht in Panik versetzt. Er mußte immer wieder an das be-

unruhigende Verhalten des Fremden denken. Der Schreck war ihm so in die Glieder gefahren, daß er der Forderung, die der Mann an ihn gestellt hatte, bereitwillig nachkam: Er löschte die Bänder, auf denen die Hypnosesitzungen zu dem UFO-Fall aufgezeichnet waren, und brach seine Mitarbeit an der Untersuchung ab. Er hatte sich gründlich einschüchtern lassen.

Im Anschluß an diesen Besuch ereigneten sich sowohl in seinem Haus als auch bei seinem ältesten Sohn merkwürdige Vorfälle. Er konnte zwar einen Zusammenhang zu seinem mysteriösen Besucher herstellen, hörte aber nie mehr etwas von ihm. Eine „UFO-Forschungsorganisation" hat in New Jersey übrigens nie existiert.

Hopkins Bericht zählt zu den detailliertesten, die über die sogenannten MIBs (englisch: Men in Black = Männer in Schwarz) vorliegen, und stellt uns vor ein höchst bizarres Problem.

Zunächst einmal ist zu fragen, ob ein angesehener Arzt eine derart merkwürdige Geschichte wohl erfinden würde, und wenn ja, was ein plausibles Motiv dafür wäre? War das Ganze vielleicht nur eine Sinnestäuschung, obwohl immerhin auch andere Familienmitglieder die Spuren in der Einfahrt sahen?

EIN HÖCHST SELTSAMES PAAR

Am 24. September 1976 – nur wenige Tage nach dem beunruhigenden MIB-Besuch bei Dr. Herbert Hopkins – erhielt seine Schwiegertochter Maureen einen Anruf von einem Mann, der vorgab, ihren Mann John zu kennen, und anfragte, ob man ein Treffen vereinbaren könnte.

John war neugierig geworden und traf den Mann und seine Begleiterin schließlich in einem Imbißrestaurant. Anschließend fuhr er mit den beiden nach Hause. Beide waren etwa Mitte dreißig und sonderbar altmodisch gekleidet. Besonders merkwürdig schien die Frau: Wenn sie aufstand, sah es so aus, als würde mit ihren Beinen und ihrer Hüfte etwas nicht stimmen. Beide machten nur sehr kleine Schritte und beugten sich beim Gehen auffällig nach vorn. Der Mann stellte Maureen und John eine Menge persönlicher Fragen: Ob sie beide viel fernsehen, welche Bücher sie lesen, worüber sie sich so unterhalten? Die ganze Zeit über betätschelte und streichelte der Mann seine Begleiterin und fragte John, ob ihn das störe und ob er es richtig mache.

Dann verließ John für einen Moment das Zimmer, und der Mann versuchte Maureen dazu zu bewegen, sich neben ihn zu setzen. Er fragte sie, „wie sie gemacht" sei und ob es Nacktfotos von ihr gebe. Offenbar erschienen ihm solche Fragen überhaupt nicht anzüglich.

Kurz danach erhob sich die Frau und sagte, sie wolle nun gehen. Auch der Mann stand auf, machte aber keine Anstalten zu gehen. Er stand zwischen der Frau und der Tür und versperrte ihr so den Ausgang. Schließlich drehte sie sich zu John um und sagte: „Bitte schieben Sie ihn weg. Ich schaffe das nicht selbst." Daraufhin verließ der Mann sofort das Zimmer, und die Frau folgte ihm. Sie hatten sich nicht einmal verabschiedet.

Möglicherweise liegt die Wahrheit irgendwo zwischen Realität und Illusion. Ist es denkbar, daß irgend jemand den Arzt aufgesucht und Hopkins auf rätselhafte Weise dazu gebracht hat, sich diese seltsamen Dinge auszudenken? Möglich ist auch, daß sich der ganze Vorfall lediglich im Kopf des Arztes abgespielt hatte.

Seine Familie hatte ihn an einem Tisch vor seinem Gewehr sitzend vorgefunden, offenbar unter schwerem Schock. Im Haus brannten sämtliche Lichter. Für ein „tatsächliches" Ereignis und gegen die Theorie, es handle sich nur um einen Streich der Psyche, spricht, daß auch andere Familienmitglieder die ungewöhnlichen Spuren in der Einfahrt gesehen haben. Auch kam es unmittelbar nach dem Besuch zu Telefonstörungen. Was sich an jenem Abend tatsächlich zugetragen hat, bleibt allerdings ungeklärt.

Die US-Luftwaffe (USAF) zeigte sich besorgt über die Möglichkeit, daß es Leute geben könnte, die sich als militärische Mitarbeiter ausgeben und UFO-Augenzeugen aufsuchen. Im Februar 1967 äußerte Colonel George P. Freeman, Sprecher des Pentagons für das USAF-Projekt Blue Book, gegenüber dem UFO-Forscher John Keel in einem Gespräch:

„Seltsame Männer, in Air-Force-Uniformen oder mit überzeugend wirkenden Referenzen von Regierungsbüros ausgestattet, haben UFO-Augenzeugen zum Schweigen gebracht. Wir haben eine Reihe solcher Fälle überprüft, und diese Männer haben mit der Air Force nicht das geringste zu tun. Wir konnten über diese Personen noch nichts in Erfahrung bringen. Wenn sie sich als militärische Geheimdienstbeamte oder als Regierungsbeamte ausgeben, begehen sie eine Straftat, und wir würden liebend gerne einen davon schnappen, aber bis jetzt kamen wir leider immer zu spät. Trotzdem werden wir am Ball bleiben."

Haben diese Hochstapler und Hopkins seltsamer Gast etwas gemeinsam? UFO-Berichte, wie auch sensationelle Mordfälle, üben eine große Anziehungskraft aus auf geistig instabile Menschen. Viel-

leicht sind viele angebliche MIBs ganz einfach nur psychisch kranke Menschen, die sich etwa als höhere Regierungsbeamte ausgeben und sich so Zugang zu den Augenzeugen verschaffen.

In allen MIB-Berichten wird die eigenartige Unbeholfenheit der Besucher erwähnt. Ihre Art zu schauen oder zu sprechen, was sie wissen beziehungsweise nicht wissen, erweckt meist sofort Mißtrauen. Es könnte nun sein, daß eben nur die schlechten Schwindler entdeckt werden und es noch viel mehr MIB-Begegnungen gibt, die aber nicht bekannt werden, weil die Besucher nichts besonders Auffälliges an sich haben oder ihren Opfern nahelegen, über den Besuch zu schweigen.

Leere Drohungen

In der Tat fordern viele MIBs ihre Opfer auf, niemand etwas von ihrem Besuch zu erzählen und ihre UFO-Forschungen einzustellen. (Natürlich wissen wir von diesen Fällen nur, weil diese Aufforderungen nicht befolgt wurden.) Ein UFO-Augenzeuge aus Kanada berichtet von einem mysteriösen Mann, der ihn 1976 aufsuchte und ihm riet, seine Beobachtungen niemandem mehr zu schildern und die Sache nicht weiter zu verfolgen, oder es würden ihn drei Männer in schwarzen Anzügen aufsuchen. „Was soll das denn heißen?" fragte der Augenzeuge. „Nun", lautete die Antwort, „ich könnte Ihnen ganz schön einheizen... Sie könnten dabei verletzt werden." Ein Jahr zuvor war der mexikanische UFO-Augenzeuge Carlos de los Santos auf dem Weg zu einer Fernsehanstalt, wo er ein Interview über seine UFO-Beobachtung geben sollte, von zwei schwarzen Limousinen angehalten worden. Einer der schwarzgekleideten Insassen sagte zu ihm: „Hör zu, Junge, wenn dir dein Leben lieb ist und auch das deiner Familie, dann sprich nicht mehr darüber, was du gesehen hast."

Anscheinend wurden derlei Drohungen aber niemals wahrgemacht. Die MIBs mögen düstere Gestalten sein, aber sie fallen auch durch ihre Gewaltlosigkeit auf. Das Schlimmste, was sie ihren Opfern je angetan haben, waren lästige Besuche oder Telefonanrufe zu ungelegenen Zeiten.

Für die Opfer ist es natürlich beruhigend, daß es sich bei MIB-Drohungen nur um leere Drohungen handelt. Für die Forscher aber ist das ein irritierender Aspekt. Körperliche Gewaltanwendung würde es ihnen erleichtern, der Natur dieses Phänomens auf die Spur zu kommen.

Der amerikanische Autor Brad Steiger macht geltend, daß Hunderte von Ufologen, Kontaktpersonen und zufälligen UFO-Beobachtern behaupten, Besuche von solchen ominösen Fremden erhalten zu haben. Meistens sollen sie zu dritt gekommen und schwarzgekleidet gewesen sein. Recht viel mehr Informationen gibt es aber selten. Der Reporter John Keel, ein Experte für unerklärliche Phänomene, behauptet, daß er mehr als einmal mit eigenen Augen Phantom-Cadillacs gesehen hat, in denen schwarzgekleidete Gestalten mit asiatischen Gesichtszügen saßen. Für einen Reporter legte er allerdings ein sehr eigenartiges Desinteresse an den Tag, diese wichtigen Beobachtungen zu verfolgen oder sie genau zu belegen. Derlei vage Aussagen tragen lediglich dazu bei, daß der Mythos noch größer wird.

Lassen sich diese Vorfälle samt und sonders als Täuschung abtun? Handelt es sich dabei nur um

Unten: Der Ufologe David Tansley hält MIBs für eine Art dämonischer, paranormaler Wesen.

Hirngespinste phantasiebetonter oder psychisch kranker Leute, deren Gedanken diese besondere Form nur deshalb annehmen, weil sie dem einen oder anderen kulturellen Aspekt unserer Zeit entsprechen?

Die Opfer und die Forscher haben unterschiedliche Erklärungsmodelle für die mysteriösen MIBs. Woodrow Derenberger hält die beiden MIBs, die ihn angeblich zum Schweigen bringen wollten, felsenfest für Abgesandte der Mafia. David Tansley stellt die Theorie auf, daß es sich bei MIBs um übernatürliche Wesen und dämonenhafte Vertreter dunkler Mächte handelt, die die Verbreitung der Wahrheit unterbinden wollen. Für Dominick Lucchesi stammen die MIBs aus einer unbekannten, möglicherweise unterirdisch lebenden Zivilisation aus einem weit abgelegenen Winkel der Welt.

Ein Merkmal ist jedoch allen MIBs gemeinsam, und genau hier liegt vielleicht der Schlüssel zu dem Problem: Sie verfügen über Informationen, von denen sie theoretisch gar nichts wissen konnten, da diese nur einer Handvoll Untersuchern und Beamten bekannt waren. Dazu kommt, daß die Opfer meist alleine sind, wenn ein MIB auftaucht; im Fall von Herbert Hopkins hatte der Besucher geschickt einen Zeitpunkt abgepaßt, an dem Frau und Kinder aus dem Haus waren. Man kann wohl davon ausge-

hen, daß zwischen den MIBs und ihren Opfern eine Art paranormale Verbindung besteht.

Krankhafter Verfolgungswahn?

Das Phänomen wirft noch eine Reihe weiterer Fragen auf, die mit der alltäglichen Realität unvereinbar scheinen. Wo befinden sich beispielsweise die berüchtigten schwarzen Autos, wenn sie nicht dazu benutzt werden, um Augenzeugen aufzusuchen? Wo werden sie abgestellt oder gewartet? Sind sie jemals in Unfälle oder Pannen verwickelt? Kann es sein, daß sie bei Bedarf aus einer anderen Existenz-

Oben: Der mexikanische UFO-Augenzeuge Carlos de los Santos war unterwegs zu einem Fernsehinterview, als er von mehreren MIBs in zwei großen schwarzen Limousinen angehalten wurde. Sie warnten ihn, nichts über seine Beobachtungen verlauten zu lassen, und er ließ das Interview ausfallen. Zwei Wochen später änderte er seine Meinung, und die Sendung fand statt. Trotz der Drohungen geschah nichts.

ebene materialisiert werden? Oder sind sie überhaupt nicht wirklich existent?

Dies sind nur ein paar der vielen Fragen, die das MIB-Phänomen aufwirft. Was die Sache zusätzlich kompliziert macht, ist das breite Spektrum von überzeugenden bis hin zu total unglaubwürdigen Fällen. Da gibt es Begebenheiten, bei denen nichts Außergewöhnliches passiert, außer daß jemand Amtsanmaßung betreibt oder unerklärlicherweise Kenntnis von geheimen Informationen hat. Dann gibt es Fälle, bei denen die einzig mögliche Erklärung zu sein scheint, daß der Augenzeuge unter Verfolgungswahn leidet. In ihrem Buch *The Truth About the Men in Black* (Die Wahrheit über die Männer in Schwarz) berichtet die UFO-Forscherin Ramona Clark von einem anonymen Untersucher, der am 3. Juli 1969 von drei MIBs aufgesucht worden sein soll. „An der Windschutzscheibe ihres Autos war ein auffälliger Aufkleber angebracht. Dieser Aufkleber löste bei dem Mann eine heftige psychische Reaktion aus. Niemals zuvor habe ich in den Augen eines Menschen eine solch entsetzliche Panik gesehen."

Nach dem ersten Besuch fühlte sich der Mann regelrecht verfolgt. Er erhielt mysteriöse Telefonanrufe, und einmal hat irgend jemand sein Haus durchwühlt. Bald darauf begann er, Stimmen und seltsame Gestalten wahrzunehmen. „Vor seinem Haus sollen schwarze Limousinen auf und ab gefahren sein, die ihn überall hin folgten. Einmal wurde er mit seiner Familie von einem entgegenkommenden schwarzen Cadillac beinahe von der Straße abgedrängt. Nachts plagten ihn Alpträume über MIBs. Bald konnte er nicht mehr schlafen, seine Arbeit litt darunter, und er hatte Angst, seine Stelle zu verlieren."

Geschah das alles nur in seinem Kopf? Man ist versucht, so etwas anzunehmen. Aber ein Freund des Augenzeugen bestätigte, daß auch er einmal einen merkwürdig aussehenden Mann vor dem Haus seines Freundes bemerkt hatte, der ganz in Schwarz gekleidet war.

"DREI MÄNNER IN SCHWARZEN ANZÜGEN STEHEN MIT BEDROHLICHEN GESICHTSAUSDRÜCKEN DA... DREI MÄNNER, DIE DIREKT AUF DICH ZUKOMMEN UND UNGEHEURE FORDERUNGEN STELLEN. NACHDEM SIE VERSCHWUNDEN SIND, WÜNSCHT DU DIR, DASS DU NIEMALS ETWAS VON FLIEGENDEN UNTERTASSEN GEHÖRT HÄTTEST. DENN DU WIRST BLEICH UND KRANK. FÜR DREI TAGE HAT ES DIR DEN APPETIT VERSCHLAGEN."

Gray Barker,

They Knew too much about Flying Saucers

BEWEISE AUS DEM PARALAB

Benson Herbert versuchte in den sechziger Jahren, physikalischen Gesetzmäßigkeiten paranormaler Phänomene auf die Spur zu kommen, und kam dabei zu erstaunlichen Ergebnissen.

Im Jahre 1966 richtete der englische Wissenschaftler Benson Herbert, der sich mehrere Jahre lang mit Psychokinese (PK) beschäftigt hatte, in einem abseits gelegenen Bauernhaus in Downton, Wiltshire, ein Forschungslabor ein. In dieser Gegend gibt es weder Autoverkehr noch elektrische Interferenzen – beides hatte seine empfindlichen Instrumente in London immer wieder gestört.

Das neugegründete Paraphysikalische Labor (Paralab) wurde in Großbritannien bald zu einem umstrittenen Forschungszentrum für paranormale Phänomene. Herbert hatte seine Laufbahn als Physiker begonnen, interessierte sich aber auch für Archäologie und Mythologie. In den Jahren vor dem Zweiten Weltkrieg hatte er Gutachten über verschiedene

Oben: Benson Herbert in seinem 1966 eingerichteten Paraphysikalischen Versuchslabor in Wiltshire. Hier mißt er die elektrische Spannung der rechten Hand einer Versuchsperson.

archäologische Stätten in England und Irland erstellt und diese Arbeit mit der Untersuchung von angeblichen Spukschlössern verbunden. Dabei war er zu dem Schluß gekommen, daß die dicken Mauern alter Bauwerke wie eine Art Faradayscher Käfig wirken, das heißt Radio- und andere elektromagnetische Wellen abschirmen, wodurch besondere elektrische Phänomene entstehen.

Im September 1970 fand in Prag ein Symposium über Psychotronik statt. Dort schlossen Herbert und sein Mitarbeiter Manfred Cassirer Kontakte mit Wissenschaftlern aus Rußland, der Tschechoslowakei und anderen Ostblockländern; daraufhin folgten Einladungen nach Moskau und Leningrad. Dank dieser Treffen wurde Herbert schon bald in das internationale Netz der paraphysikalischen Forschung integriert, wobei er insbesondere mit den sowjetischen Parapsychologen enge Kontakte pflegte.

Sowjetische Einflüsse

In den frühen sechziger Jahren erwachte im Westen das Interesse an der sowjetischen Parapsychologieforschung. In England trug die Übersetzung des Buchs *Experiments in Mental Suggestion* (Experimentelle Untersuchungen zur Mentalsuggestion) von Professor Leonid Wassiliew von der Leningrader Universität zu einem breiteren Interesse an Parapsychologie bei. Mit Hilfe von Versuchspersonen hatte Wassiliew in Räumen, die gegen elektromagnetische Wellen abgeschirmt waren, Telepathie- und Hypnoseexperimente durchgeführt. 1968 brachte Herbert dann in seinem *Journal of Paraphysics* einen Bericht über eine Internationale PSI-Konferenz, die im Juni jenes Jahres in Moskau abgehalten worden war.

Dieses Journal wurde von der etablierten Parapsychologie wenig freundlich aufgenommen. Dies vor allem wohl deshalb, weil Benson Herbert alle Regeln brach, die in den sechziger Jahren für die Erforschung paranormaler Phänomene galten. Er selbst bezeichnete sich als Paraphysiker. 1964 erklärte er: „Wir versuchen, die physikalischen Umstände paranormaler Erscheinungen präzise und systematisch zu erforschen... Niemand weiß, in welchem Ausmaß unbekannte Spannungen mit rein mentalen Phänomenen, wie Trancezuständen, verknüpft sind." Trotz seiner isolierten Stellung hielt er an der Theorie unbeirrt fest.

Eine neue Realität

Für Herbert war es die Physik, die ihm die seltsamen und erregenden Möglichkeiten im Universum zu Bewußtsein gebracht hatte. An der Universität hatte er sich intensiv mit Einsteins Relativitätstheorie, mit Eddingtons Theorie des sich ausdehnenden Universums, mit der Heisenbergschen Unschärferelation sowie mit Quantenmechanik und polydimensionaler Geometrie beschäftigt. Ihm war klar, daß unsere Welt mitnichten so ist, wie sie erscheint, und daß „unsere Sinne recht primitive und untaugliche Wahrnehmungsinstrumente sind, die zwischen unseren Gehirnen und der mysteriösen Realität außerhalb davon eine künstliche Barriere der Illusion aufbauen."

Rechts: Benson Herbert bei dem Versuch, das Unterbewußtsein einer Gruppe von Versuchspersonen mittels eines sogenannten Oktotrons anzuzapfen. Jede Versuchsperson legt ihre Finger leicht auf eines der Quadrate, die jeweils am Ende der acht „Arme" befestigt sind. Diese Arme beginnen sich in der Regel kurz darauf zu bewegen und zeigen auf darunter angeordnete Buchstaben. Es ist nahezu ausgeschlossen, daß einer der Teilnehmer diesen Vorgang beeinflussen kann.

skeptisch beurteilten. Zu einer Zeit, als die Erforschung verschiedener Bewußtseinszustände noch in ihren Anfängen steckte, empfand man es als schockierend, daß Herbert die Grenze zwischen Wissenschaftler und Versuchsperson überschritten hatte, indem er sich selbst in Trance versetzen ließ.

Mit einem Leitartikel in einer der ersten Ausgaben des *Journal of Paraphysics* goß er dann noch weiter Öl aufs Feuer: „Sind Hexen übersinnlich?" fragte Herbert. Er bejahte diese

Oben: Die Hexe Sybil Leek, die zeitweise mit Herbert zusammenarbeitete, bei einem Treffen mit dem paranormalen Phänomenen skeptisch gegenüberstehenden Dr. Hope und seiner Frau.

Frage und führte weiter aus, daß viele Hexen ein hohes Maß an Persönlichkeitsspaltung aufweisen und sich daher hervorragend als Versuchspersonen eignen würden. Er berichtete über seine Experimente mit einer Gruppe von Hexen, die behauptet hatten, sie könnten mittels Beschwörungen eine Kerzenflamme in vorbestimmten Intervallen zum Flackern bringen. Auch legte er dar, daß sich außersinnliche Wahrnehmungen (ASW) durch Absorption negativer Ionen durch die Haut stimulieren lassen. „Es scheint", schrieb er, „daß die Hexenkunst der Paraphysik ein weites Betätigungsfeld eröffnet, und wir vertrauen darauf, daß uns unsere vielen Hexenfreunde auch weiterhin ihre wertvolle Mitarbeit zuteil werden lassen, damit wir eines Tages die Kräfte, die einige von ihnen zweifelsohne besitzen, kontrollieren und steuern können."

Die wenigsten Parapsychologen teilten Herberts Vorliebe für Hexen. Ihnen war vielmehr daran gelegen, sich von diesen „primitiven Bindegliedern zum Okkulten" möglichst zu distanzieren. Auch mit Ufologen, die Mitte der sechziger Jahre genauso wenig Ansehen genossen, stand Herbert in gutem Kontakt. In einem Artikel über Ufologie und Paraphysik bemerkte er einmal: „Es besteht eine fortlaufende Abstufung zwischen poltergeistartigen und UFOartigen Erscheinungen." Erst zwei Jahrzehnte später wurden seine Bemerkungen ernst genommen.

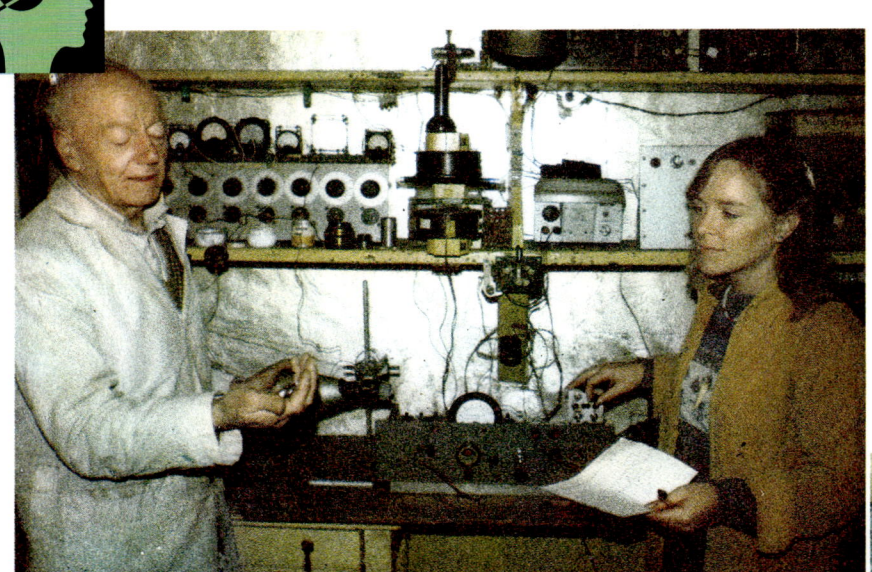

Überlegung, eher wie ein schwacher elektrischer Schock erscheint."

Ein Jahr später, als er Nina Kulagina erneut aufsuchte, ließ er dieses Experiment mit sich wiederholen. Sie ergriff seinen Arm oberhalb des Handgelenks. Nach einigen Minuten brach Herbert zusammen und kam zu dem Schluß, daß es sich diesmal wirklich um Hitzeübertragung gehandelt hatte. In der Tat zeigte seine Haut leichte Verbrennungsspuren, die noch acht Tage lang für jedermann deutlich erkennbar zu sehen waren.

In den Protokollen der „Society for Psychical Research" (Gesellschaft für Parapsychologie) berichtete Herbert über diese Experimente mit Nina Kulagina und wies jegliche Vorwürfe wegen Betrugs, die

Mit der Zeit gelangte Herbert zu der Überzeugung, daß die Untersuchung paranormaler Phänomene für die Physik einen umwälzenden Durchbruch bedeutete, und dies war der Beginn seines lebenslangen Ringens um den Beweis, daß Erscheinungen wie Hellsehen, PK, Wunderheilungen und die Dermooptik (die Theorie, daß Farben oder Texte durch die Haut „gesehen" werden können) auf einer physikalischen Grundlage stehen.

Während der frühen siebziger Jahre konzentrierte sich das *International Journal of Paraphysics* nahezu ausschließlich auf die Forschung, die auf diesem Gebiet im Ostblock unternommen wurde. 1972 traf Herbert bei einem Besuch in Leningrad die berühmte Nina Kulagina, der man außergewöhnliche dermooptische und psychokinetische Fähigkeiten nachsagte. Angeblich konnte sie mittels einfacher Gesten oder durch simples Fixieren mit den Augen feste Gegenstände bewegen. Dieser Ruf sollte nun auf seinen Wahrheitsgehalt untersucht werden.

Als sie hörte, daß Herbert ein Verbindungsglied zwischen PK und Heilkräften für möglich hielt, ergriff Nina Kulagina seinen linken Arm. Zwei Minuten lang tat sich nichts. Dann verspürte er ganz plötzlich „eine völlig neue Empfindung, die ich damals als ‚Wärme' beschrieb, die mir aber jetzt, nach gründlicher

Ganz oben: Benson Herbert und die Wunderheilerin Josephine Blatch vor der Infrarotausrüstung im paraphysikalischen Labor.

Oben links: Sarah Dodd, eine von Herberts Versuchspersonen, bei einem Experiment an einem Gerät, mit dem sich dermooptische Fähigkeiten ermitteln lassen. Sie trägt eine Maske aus Aluminiumfolie und berührt mit ihrer linken Hand einen Schalter. Solange dieser gedrückt ist, dreht sich die Scheibe mit der roten Karte. Sobald sich diese Farbkarte unter ihrer ausgestreckten rechten Hand befindet, drückt sie auf den Schalter und hält dadurch die Scheibe an.

Oben rechts: In einem Kasten mit 64 Fächern ist ein Röhrchen mit Hämoglobin versteckt. Die Versuchsperson soll herausfinden, in welchem Fach es sich befindet.

von James Randi und anderen gegen sie erhoben worden waren, energisch zurück.

Ein weiteres bemerkenswertes Medium, mit dem Herbert zusammenarbeitete, war Suzanne Padfield. Die psychometrischen Fähigkeiten der Hellseherin hatten es ihr ermöglicht, einen Mörder zu identifizieren, der im weit entfernten Moskau ein kleines Mädchen getötet hatte. Dazu hatte sie Gegenstände der Kleinen sowie ein Foto von ihr benötigt, das sie in den Händen hielt. In Herberts Paralab wurde später auch untersucht, ob Suzanne Padfield einen Lichtstrahl abzulenken vermochte. Hierzu wurde durch einen Apparat ein polarisierter Lichtstrahl erzeugt, dessen Leuchtkraft von einem Meßgerät registriert wurde. Suzanne Pladfield legte ihre Hand in die Nähe der Röhre, durch die das Licht austrat, und versuchte, den Strahl zu beeinflussen. In einigen Fällen gelang es ihr nachweislich, die Lichtstärke zu verringern. Weiter wurden im Paralab Versuche zu paranormalen Heilungen, Experimente mit Bakterien und Viren sowie Experimente zur Dermooptik durchgeführt.

Benson Herberts Tod im April 1991 gilt als ein großer Verlust für die Parapsychologie – um so mehr, als auch er selbst über bemerkenswerte parapsychologische Begabungen verfügte.

DAS RÄTSEL DER PYRAMIDEN

Seit über vier Jahrtausenden werfen die ägyptischen Pyramiden

wieder und wieder die gleichen Fragen auf: Wie und zu welchem

Zweck wurden die geheimnisvollen Bauwerke errichtet?

Können wir dem Geheimnis auf die Spur kommen?

Die Pyramiden sind das Symbol Ägyptens schlechthin – Denkmäler einer einstmals blühenden Kultur. So einfach und klar ihre Form auch scheint, strahlen sie etwas Geheimnisvolles aus und wecken verwirrende Gefühle, denen man sich nicht entziehen kann.

Unten: Über eine Rampe, die sich um die Pyramide wand, könnten die Arbeiter die Steinblöcke nach oben geschafft haben.

Eine Pyramide besitzt vier Außenflächen, die sich zu einer gemeinsamen Spitze hin verjüngen, und im Inneren Gänge, die zu einer Kammer führen. Steht man dicht vor einer Pyramide und läßt den Blick zur Spitze hinaufwandern, so scheint die Welt plötzlich zur Hälfte aus Stein zu bestehen, der Rest ist Himmel. Und betritt man eine Pyramide, verliert man in den engen, feuchten Gängen sehr schnell die Orientierung.

Wozu und wie Pyramiden einst errichtet wurden, ist nach wie vor ungeklärt, denn es sind keine Aufzeichnungen der Alten Ägypter überliefert. Das einzige erhaltene Zeugnis sind die Pyramiden selbst.

Das erste Bauwerk dieser Art, die über 60 Meter hohe Stufenpyramide von König Djoser, entstand in der 3. Dynastie um 2650 v. Chr. in Saqqara, 15 Kilometer südlich des heutigen Kairo. Man stelle sich vor, was die Bewohner von Memphis, der damaligen Hauptstadt Ägyptens, empfanden, wenn ihr Blick zu den Hügeln am Rand der Wüste wanderte und schließlich auf dem sechsstufigen Denkmal ihres verstorbenen Königs haftenblieb. Auch in bautechnischer Hinsicht ist diese steinerne Pyramide bemerkenswert, denn bis dato hatte man die Königsgräber stets aus Lehmziegeln errichtet.

Anfangs war das Grabmal des Djoser, dessen Kammer 30 Meter tief in den Boden getrieben worden war, als flacher, blockartiger Bau aus solidem Stein angelegt. Als eine Erweiterung geplant wurde, hatten die Baumeister anscheinend die zündende

Idee, die das Zeitalter der Pyramiden einleitete. Sie setzten auf den Grundblock drei weitere Stufen. Später vergrößerte man die Basis abermals und erhöhte den Bau um zwei weitere Stufen. Möglicherweise sollte die Stufenpyramide die Treppe verkörpern, über die der verstorbene König in den Himmel gelangte.

Auch die Anlagen um die Pyramide lassen sich nicht eindeutig erklären. Dienten die Gebäude und Plätze zu Lebzeiten Djosers höfischen oder religiösen Zeremonien, kamen hier nach seinem Tode Priester und Pilger zur kultischen Verehrung des Verstorbenen zusammen, oder handelte es sich gar um Stätten, an denen der Geist des toten Herrschers magische Taten vollbrachte? Bei späteren Pyramiden umfaßten die umgebenden Anlagen einen Totentempel an der Ostflanke der Pyramide, von dem eine Rampe zu einem Taltempel am Rand des fruchtbaren Nilschwemmlands führte.

Unter Djosers Nachfolgern wurden weitere zwei oder drei Stufenpyramiden begonnen, aber nicht fertiggestellt, bevor schließlich in Maidum, etwa 65 Kilometer südlich von Kairo, die erste glatte Pyramide errichtet wurde. Sie ist nur als Ruine erhalten. Das Kernstück ragt an die 75 Meter aus einem Geröllhaufen empor, dem Schutt der einstigen Pyramide. Bei dem Bau handelte es sich um eine Stufenpyramide, die durch Auffüllen der Terrassen eine durchgehende Schrägung erhalten sollte. Da die

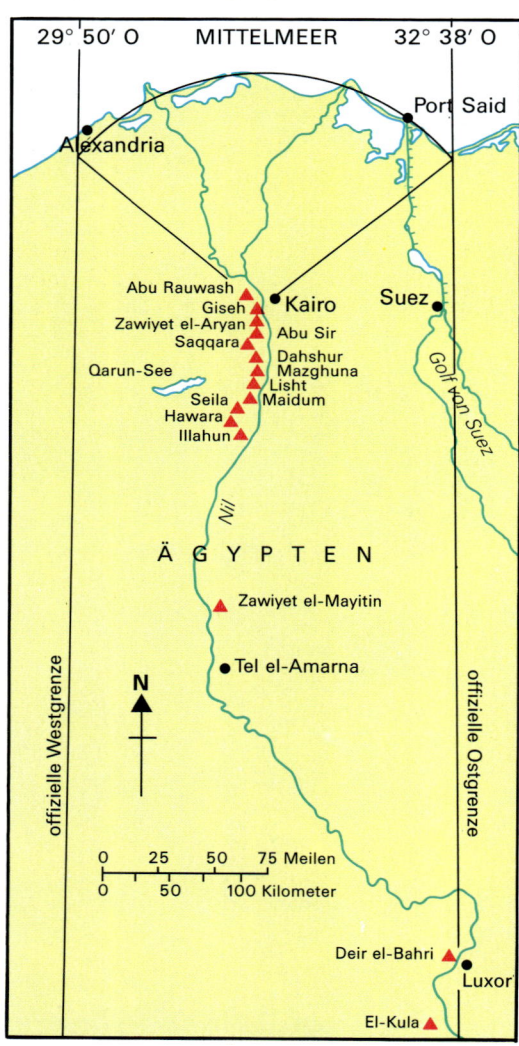

Oben: Die erste Pyramide wurde um 2650 v.Chr. über dem Grab von König Djoser in Saqqara errichtet. Ursprünglich war sie vermutlich über 60 Meter hoch.

Links: Auf der Karte sind einige der etwa 40 bedeutenderen Pyramiden, die entlang des Nils erbaut wurden, eingezeichnet. Bemerkenswert die Position der Großen Pyramide: Sie liegt genau zwischen der Ost- und Westgrenze des Alten Ägyptens und exakt im Zentrum eines Viertelkreises, der das Nildelta umschreibt.

Unten: Diese Ansicht der Großen Pyramide zeigt deutlich, wie die Steine zusammengefügt wurden.

erweiterte Basis jedoch nicht auf Fels, sondern auf Sand ruhte, stürzte die Pyramide vermutlich noch vor ihrer Vollendung ein.

Der absolute Höhepunkt

Die Baumeister lernten aus diesem gescheiterten Versuch. Snofru, der erste König der 4. Dynastie – sie dauerte etwa von 2500–2400 v.Chr. –, baute zwei stattliche Pyramiden in Dashur gleich südlich von Saqqara. Dann folgten die drei Pyramiden von Giseh: die große Cheops-Pyramide, die nicht minder beeindruckende Pyramide des Chephren und die etwas kleinere des Mykerinos. Die Große Pyramide ist insofern einzigartig, als sie in den oberen Bereichen mehrere Gänge und Kammern aufweist. Alle übrigen Pyramiden besitzen einen einzigen Gang, der zu einer kleinen Kammer auf Bodenniveau oder im darunter befindlichen Fels führt. Zugleich stellt die Große Pyramide in jeder Hinsicht den Höhepunkt der Pyramidenbaukunst dar. Ursprünglich gut 146 Meter hoch und an der Basis knapp 231 Meter breit, wurde sie im Mittelalter ihrer Steinverkleidung für Bauvorhaben in Kairo beraubt, so daß die heutige Höhe nur noch etwa 137 Meter beträgt. Niemals zuvor und danach wurde eine so hohe und bautechnisch so ausgefeilte Pyramide errichtet.

Die Herrscher der 5. und 6. Dynastie errichteten Pyramiden in Saqqara und im benachbarten Abu-Sir. So gut manche von ihnen auch ausgeführt worden sein mögen, wurden in ihrem Inneren nur grob behauene Steine und später gar nur mit Nilschlamm gebundene Kiesel verwendet. Nachdem die Sandsteinverblendung von nachfolgenden Generationen entfernt worden war, bröckelte der Kern auseinander. Gegen Ende der 6. Dynastie, um 2180 v.Chr., war das Reich in zahlreiche Provinzen zersplittert, und Monumentalbauten gerieten aus der Mode. In der 11. und 12. Dynastie war das Land wieder vereint, und in der Folgezeit, etwa von 2000 bis 1750 v.Chr., entstanden weitere Pyramiden. Diese erreichten jedoch nicht einmal die halbe Höhe der Großen Pyramide und bei weitem nicht deren bauliche Perfektion. In einigen Fällen bestand der Kern hauptsächlich aus Lehmziegeln, die durch Stützmauern gesichert wurden. Das Ende der Pyramidenzeit war ge-

Kartenbeschriftung

MITTELMEER
29° 50' O
32° 38' O
Port Said
Alexandria
Abu Rauwash
Giseh
Kairo
Zawiyet el-Aryan
Suez
Saqqara
Abu Sir
Dahshur
Mazghuna
Qarun-See
Lisht
Seila
Maidum
Hawara
Illahun
Nil
Golf von Suez
ÄGYPTEN
Zawiyet el-Mayitin
Tel el-Amarna
N
offizielle Westgrenze
offizielle Ostgrenze
0   25   50   75 Meilen
0   50   100 Kilometer
Deir el-Bahri
Luxor
El-Kula

kommen. Die nachfolgenden Herrscher verlegten sich auf den Bau großer Tempel, die ihre Macht zu Lebzeiten demonstrieren sollten, und auf geheime Grabstätten, in denen sie ihre Leichname in Sicherheit wähnten.

Giza und die Große Pyramide verkörpern in besonderem Maße all die mit dem Phänomen der Pyramiden verbundenen Mysterien. Welchem Zweck diente die Große Pyramide? Die Annahme, sie sei als Grabmal errichtet worden, ist durchaus berechtigt. Denn tatsächlich wurde in der Königskammer ein Sarkophag gefunden. Doch gibt es keinen Hinweis auf eine tatsächlich stattgefundene Bestattung. Der unmittelbar in die Königskammer mündende Gang, die Große Galerie, ist 47,5 Meter lang, 8,5 Meter hoch und 2 Meter breit, führt allerdings zunächst nach oben und dann im 26°-Winkel steil nach unten. Möglicherweise plante die Priesterschaft des Cheops auf dem ansteigenden Teil eine letzte große Prozession, doch bleibt damit noch immer ein Rätsel ungelöst: Der zum Anfangspunkt der Großen Galerie führende Gang ist so niedrig, daß man nur in stark gebückter Haltung hinaufsteigen kann.

Nach welchen Kriterien wurde der Standort der Großen Pyramide festgelegt? Man nimmt an, daß die Alten Ägypter ihre Pyramiden, wie alle Königsgräber, an den Abhängen des Niltales, am westlichen Horizont also, errichteten. Von Memphis aus sah man ihre Silhouetten sich gegen das Licht der

Unten: Der Querschnitt der Großen Pyramide wurde 1864 von dem schottischen Astronomieprofessor Charles Piazzi Smythan angefertigt. Smyth war der Überzeugung, der Eingang sei auf die Position des Sterns Alpha Draconis im Jahr 2170 v. Chr. ausgerichtet worden.

Ganz unten: Die majestätischen Pyramiden von Giza.

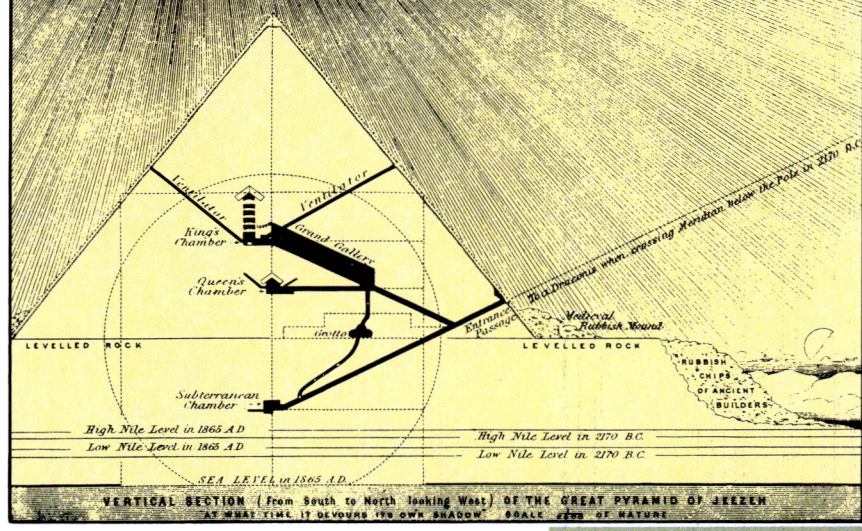

untergehenden Sonne abzeichnen, mit der nach altägyptischem Glauben das Schicksal der Geister verstorbener Könige eng verknüpft war.

Unlängst entwickelten einige Forscher jedoch Theorien, die weiter gingen. Diesen Theorien zufolge, die von Professor Livio Catullo Stecchini in Peter Tompkins' Buch *Cheops – Die Geheimnisse der Großen Pyramide* ausführlich erläutert werden, verfügten die Alten Ägypter über weit umfangreichere Kenntnisse der Geographie und Kosmologie, als gemeinhin angenommen wird. So behauptet Stecchini, sie hätten damals schon gewußt, daß die Erde eine Kugel ist, und die Abstände zwischen den Längen- und Breitengraden ermitteln können, was einer Berechnung des Erdumfangs gleichkäme.

Professor Stecchini schließt auch nicht aus, daß die Alten Ägypter bei der Planung und Aufteilung

ihres Landes unter dem Gesichtspunkt vorgingen, diese Kenntnisse unter Beweis zu stellen. Sie hätten demnach Grenzen und Standorte von Städten und größeren Tempelanlagen so festgelegt, daß ihre Position mit bestimmten Längen- und Breitengraden übereinstimmte und die Distanz zwischen ihnen eine runde Zahl ergab. Andere Völker, so Stecchini weiter, zeigten sich davon derart beeindruckt, daß auch sie ihre bedeutendsten Zentren in einer bestimmten Distanz und einem bestimmten Winkel zu den wichtigsten Meridianen Ägyptens anlegten.

Der Goldene Schnitt

Darüber hinaus liefert die Große Pyramide Nahrung für weitere Deutungsversuche. Laut Stecchini und anderen ergibt das Verhältnis zwischen ihrer Höhe und Breite an der Basis die Zahl Pi, die das Verhältnis des Kreisumfangs zum Durchmesser angibt. Ebenso soll sie gemäß dem Prinzip des Goldenen Schnitts errichtet sein, demzufolge eine Strecke so zu teilen ist, daß das Verhältnis der kürzeren zur längeren Teilstrecke dem der längeren Teilstrecke zur Gesamtstrecke entspricht. Jahrhunderte später spielte der Goldene Schnitt in der Architektur der griechischen Antike eine wichtige Rolle als Grundmaß für besonders harmonisch proportionierte Bauwerke. Im Falle der Großen Pyramide müßten die einzelnen Flächen dem Quadrat ihrer Höhe entsprechen. Die modernen Schätzungen der Originalhöhe der Großen Pyramide sind nicht exakt genug, um dieses Rätsel ein für allemal zu lösen.

Die genaueste Messung der Großen Pyramide wurde 1925 von James Humphrey Cole durchgeführt. Ihm gelang es, die einstigen Eckpunkte der Pyramide zu bestimmen, obgleich die betreffenden Steinblöcke nicht mehr vorhanden sind, und die Seiten mit einer Abweichung von weniger als 3,8 Zentimetern zu messen. Dabei kam er zu folgenden Resultaten: Seitenlänge im Norden 230,253 Meter, im Süden 230,454 Meter, im Osten 230,391 Meter und im Westen 230,357 Meter. Die längste und die

kürzeste Seite wichen also nur um 20,1 cm voneinander und die am „ungenauesten" ausgerichtete Seite weniger als ein Zehntel Grad vom geographischen Nordpol ab.

Cole unternahm keine genaue Bestimmung der Originalhöhe der Großen Pyramide, doch nahm er für die Seiten einen Neigungswinkel von 50° 51' an, woraus sich eine Höhe von 146,65 Metern ergibt. Einer Berechnung des Archäologen Sir Flinders Petrie aus dem Jahre 1883 zufolge betrug die ursprüngliche Höhe 146,70 Meter.

Die meisten Schätzungen gehen bei der Großen Pyramide von einer Bauzeit von 20 bis 30 Jahren und von einer Arbeiterschaft von 4000 bis 10000 Mann aus, die ständig im Einsatz waren und zu denen weitere Arbeiter in den Steinbrüchen hinzukamen. Zudem wurden vermutlich während der drei- bis viermonatigen sogenannten Nilschwelle, der jährlichen Überschwemmung, bis zu 100000 Männer eingezogen, um die Steine für das nächste Jahr zur Baustelle zu schaffen und fertig bearbeitete Blöcke auf Bauhöhe zu hieven. Die minderwertigen Steine für den Pyramidenkern stammten zum Großteil aus nahegelegenen Steinbrüchen, während der Granit für die Auskleidung der Kammern den Nil heraufgeschafft und der feine Sandstein für die Außenverblendung aus den Tura-Steinbrüchen in den Muqattam-Hügeln östlich von Kairo jenseits des Flusses herbeitransportiert wurde.

Harte Arbeit

Nach Petries Vorstellung waren die 100000 Arbeitskräfte in Gruppen von jeweils etwa acht Mann aufgeteilt, die in einer dreimonatigen Arbeitsphase den Transport von zehn Steinblöcken mit einem Durchschnittsgewicht von 2,5 Tonnen zu bewerkstelligen hatten. Zwei Wochen benötigten sie, um die Steine über die Rampe in den Steinbrüchen zu schieben, ein bis zwei Tage bei gutem Wind, um sie über den Fluß zu schaffen, sechs Wochen für den Transport

Oben: Am linken Bildrand die Stufenpyramide von König Djoser neben einer weiteren, stark verfallenen Pyramide.

Links: In einem Steinbruch bei Assuan wurde ein unvollendeter Obelisk gefunden. Möglicherweise scheiterte der Versuch, den Stein im Ganzen zu bewegen.

über die Rampe an der Pyramide und schließlich vier Wochen, um sie an ihren endgültigen Platz an der Pyramide zu bringen. Aller Wahrscheinlichkeit nach wurden für den Transport Holzschlitten verwendet, wobei ein Arbeiter ständig Schlamm vor die Kufen

Im Blickpunkt

PYRAMIDEN-ENERGIE

Kein anderes Bauwerk war Gegenstand so vieler Theorien wie die Große Pyramide von Giza, mutmaßlich eine Grabstätte und vielleicht gar Hort der Geschichte von Atlantis, dem „untergegangenen Kontinent". Da die Umstände ihrer Errichtung, die Ausrichtung und die Abmessungen der Pyramide sich nicht eindeutig klären lassen, wurde die Vermutung laut, ob ihre Baumeister möglicherweise von einer außerirdischen Macht Hilfe erhielten. Andere Theorien befassen sich mit den seltsamen Kräften, die Pyramiden anscheinend auf in ihnen befindliche Objekte ausüben. Zum Teil wurden diese Theorien durch die Entdeckung sterblicher Überreste von Menschen in der Großen Pyramide untermauert, die nicht verwest, sondern mumifiziert waren. Viele sahen darin einen Beweis für die konservierende Kraft der Pyramide. Hypothesen über eine unerklärliche Energieausstrahlung der Pyramiden sind heute dutzendfach in Umlauf. Besonderes Aufsehen erregte der tschechische Rundfunktechni-

ker Karl Drbal, der 1949 ein Patent für ein kleines Pappmodell der Großen Pyramide anmeldete, das er „Pharao-Rasierhilfe" nannte. In seinem Inneren, so behauptete er, bliebe eine Rasierklinge über einhundert Rasuren lang scharf. (Das Patent wurde 1959 erteilt, nachdem sich die Prüfer durch umfassende Versuche von der Richtigkeit seiner Behauptung überzeugt hatten.)

Interessante Resultate erbrachten auch Experimente mit Pyramiden und Menschen. Freiwillige Versuchspersonen, die sich über einen bestimmten Zeitraum in 1,80 und 2,40 Meter hohen Pyramiden sitzend aufhielten, registrierten widersprüchliche Gefühle: Im unteren Bereich der Pyramide empfanden sie eine wohltuende Wärme, reckten sie ihre Hände aber nach oben zur Spitze, spürten sie ein unangenehmes Kribbeln, als würden sie mit Nadeln gepiekt. Viele Menschen, die zu Hause in pyramidenförmigen Zelten meditieren, berichten von einem Nachlassen der Spannungen und Sorgen, gesteigerter psychischer Energie und der Wahrnehmung ihrer vergangenen Inkarnationen. Mitunter ist sogar von einer Verzögerung des Alterungsvorgangs die Rede, während andere behaupten, ein pyramidenförmiger Behälter nehme Kaffee seinen bitteren Geschmack. Ein schlüssiger Beweis für die geheimen Kräfte der Pyramiden steht jedoch noch aus.

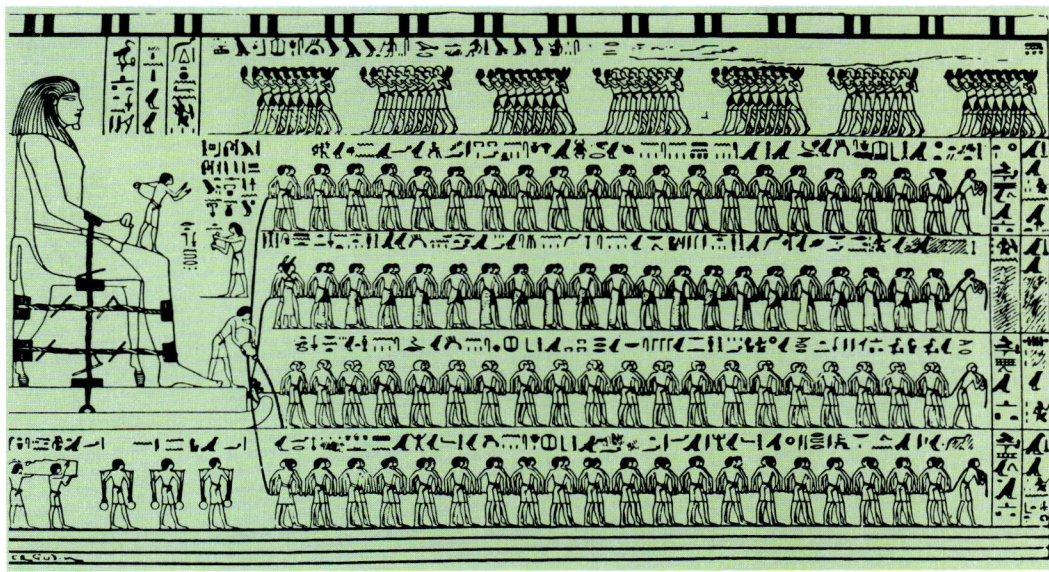

Rechts: Etwa 150 Männer ziehen auf einem Schlitten eine riesige sitzende Figur. Bemerkenswert sind der auf dem Knie der Statue stehende Taktgeber und der Mann, der aus einem Gefäß ein Gleitmittel vor die Kufen des Transportschlittens gießt. Dieses Dokument ist als Beweis für die Theorie zu werten, daß die Steinblöcke mittels Holzschlitten zu den Pyramiden geschafft wurden.

goß, um die dabei entstehende Reibung so weit wie möglich zu verringern.

Immer wieder haben Wissenschaftler darüber gegrübelt, wie die Ägypter die monumentalen Bauwerke errichtet haben könnten. Eine Theorie vermutet einfache Kräne, die auf verschiedenen Höhen aufgebaut und mit langen Hubseilen versehen wurden, die über mehrere Riemenscheiben mit einer riesigen Winde auf Bodenhöhe verbunden waren. (Dem widersprechen Behauptungen, die Ägypter hätten keine Riemenscheiben gekannt.) Der französische Architekt August Choisy nahm an, man habe mit Doppelhebeln die Blöcke gerade in die Höhe gehoben und dann seitlich weiter nach oben geschoben. Wiederholt war auch die Rede von einem Waagebalken an einem etwa zwei Meter hohen Pfosten. Hätte man an den kürzeren, etwa ein Meter langen Arm einen Steinblock und an den anderen, bis zu 4,5 Meter langen Arm Steine als Gegengewicht gehängt, so hätten Arbeiter den Block in die Höhe und auf einen Schlitten oder ein anderes Transportmittel heben können. Einer der Verfechter der Waagebalken-Theorie, der norwegische Marineingenieur Olaf Tellefsen, formulierte vor einigen Jahren eine weitere Theorie, der zufolge Gruppen von 25 bis 30 Mann die beladenen Schlitten über gleitfähig gemachte Aufschleppen hinaufzogen, die im rechten Winkel an die Pyramidenwände angebaut waren. Bewiesen ist dies keineswegs, und für andere Ansichten sprechen starke Argumente.

Sehr glaubwürdig erscheint vielen die These, die Ägypter hätten die Steinblöcke über Rampen aus Lehmziegeln nach oben gezogen. Tatsächlich ist auf einer Wandmalerei in einem Grab eine solche Rampe zu sehen, mit deren Hilfe Tempelsäulen errichtet werden, und Überreste von Rampen finden sich auch bei mehreren Pyramiden. Überdies ist ein Papyrus mit Berechnungen zur Ermittlung der benötigten Ziegel für eine 30,5 Meter hohe Rampe von 366 Metern Länge und 27,5 Metern Breite erhalten. Indes steht außer Frage, daß eine Rampe von solch bescheidenen Ausmaßen für den Bau der Großen Pyramide niemals ausgereicht hätte. Daher kam der Gedanke auf, möglicherweise wären die Rampen um die Pyramiden herumgeführt worden, wogegen der Einwand laut wurde, eine solche Konstruktion hätte dem Gewicht schwerer Steinblöcke kaum standgehalten.

Einige arabische Historiker wollen wissen, daß die Alten Ägypter Talismane auf die Steinblöcke legten, die daraufhin mühelos hin- und hergeschoben werden konnten. Sir Flinders Petrie mutmaßte, es seien Wippen mit gebogenen Kufen verwendet worden, die man beladen und dann in Schwingung versetzt hätte. Bei jeder Vorwärtsschwingung hätte man abwechselnd unter die Enden dünne Planken geschoben, wodurch die Wippe schrittchenweise nach oben „geklettert" sei. Professor John Fitchen von der Colgate University, New York, schließlich stellte die Überlegung an, ob man vielleicht die unfertigen Pyramidenflanken als riesige Treppe genutzt hätte, über deren Stufen Gruppen von Arbeitern die Blöcke hinaufgehievt hätten.

Bedauerlicherweise ist keinerlei Beschreibung der damaligen Bauprojekte und -techniken überliefert, so daß das Rätsel um die Pyramiden wohl auch weiterhin ungelöst bleiben wird. Laut Kurt Mendelssohn diente der Bau der Pyramiden nicht zuletzt dazu, Heerscharen von Arbeitern durch eine große gemeinsame Aufgabe zu vereinen. Nachdem die Staatseinheit hergestellt war, so behauptet der Autor von *The Riddle of the Pyramids* (Das Rätsel der Pyramiden), wurden derlei gigantische Bauvorhaben nicht mehr ausgeführt.

Unten: Neben der spiralförmig um die Pyramide angelegten Rampe zum Antransport der Steinblöcke wird auch die Möglichkeit eines geraden Aufwegs erwogen, der mit zunehmender Bauhöhe entsprechend verbreitert und verstärkt wurde.

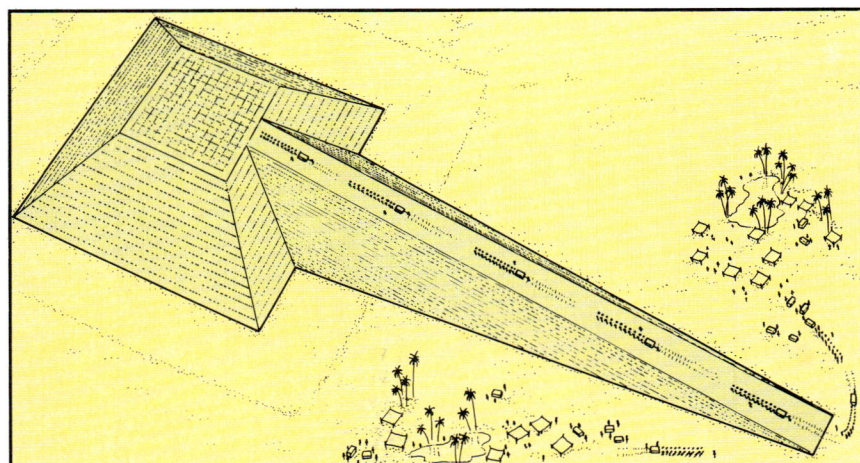

SIE DREHTEN SICH IM GRABE UM

Mysteriöse Bewegungen von Bleisärgen in einem verschlossenen Grab wurden von vielen als Werk übernatürlicher Kräfte gedeutet.

Tote, so heißt es, erzählen keine Geschichten. Und leider gibt es für folgendes unheimliche Geschehnis auch keine unmittelbaren Zeugen. Zu Beginn des vergangenen Jahrhunderts ereigneten sich in einer Gruft auf Barbados seltsame Phänomene. Die dort beigesetzten Särge hatten sich mehrmals in der Gruft bewegt.

Zwischen 1812 und 1820 verbreitete sich in Westindien die Geschichte von den „kriechenden Särgen von Barbados". Bei diesem Phänomen handelte es sich jedoch um keinen Einzelfall. Es wurde mehrmals beobachtet, bis sowohl die Besitzer der Gruft als auch die Honoratioren am Ort schließlich mit den Nerven am Ende waren. Die fragliche Grabstätte, nahe dem Eingang des Christ-Church-Friedhofs an der Oistins-Bucht im Süden der Insel gelegen, gehörte damals der Familie Chase. Sie maß vier auf zwei Meter, war mit soliden zementierten Blöcken aus Korallenkalk ausgemauert, die zur Hälfte in den Boden eingelassen waren, und mit einer schweren Marmorplatte verschlossen. Heimlich in das Grab einzudringen, wäre für jeden ein kühnes, wenn nicht gar unmögliches Unterfangen gewesen.

Zwei Bestattungen fanden statt, bevor überhaupt etwas geschah. Am 31. Juli 1807 wurde Mrs. Thomasina Goddard beerdigt und am 22. Februar 1808 die kleine Mary Anna Maria Chase. Am 6. Juli 1812 geleiteten Sargträger und Trauernde Dorcas Chase, die ältere Schwester von Mary Anna Maria, zu ihrer letzten Ruhestätte. Mehrere Männer nahmen unter Aufbietung all ihrer Kräfte die schwere Platte ab, und der Sarg wurde hinunter in die Gruft getragen. Als sie von den oberen Stufen ins Dunkel starrten, bot sich den vorausgehenden Sargträgern ein wahrhaft erstaunlicher Anblick.

Der Sarg Mary Anna Marias hatte sich in die seiner ursprünglichen Position entgegengesetzte Ecke bewegt, und der von Mrs. Goddard lehnte gegen eine Seitenwand. Da mußten schon Kräfte am Werk gewesen sein, denn beide Särge waren bleiverkleidet. Ohne ein weiteres Wort darüber zu verlieren, stellten die Arbeiter erst die beiden Särge an ihre ursprünglichen Plätze und dann Dorcas' Sarg an die ihm zugedachte Stelle und verschlossen das Grab wieder. Wer oder was aber hatte sich an den Toten zu schaffen gemacht? Und warum? Verwundert und verängstigt schob man die Schuld den schwarzen Sklaven zu, die bei der Beerdigung der ersten Chase-Schwester geholfen hatten.

War diese Schuldzuweisung aber gerechtfertigt? Bekanntlich ging der Patriarch Thomas Chase mit seinen Sklaven sehr hart um. Nach allem, was man hörte, war Chase ein grausamer Mann und hatte mit seiner Tyrannei seine eigene Tochter in den Tod getrieben. Dennoch schien es unwahrscheinlich, daß jemand nur aus Rache solche Mühen auf sich genommen hätte, um einen solch eigenartigen Schaden anzurichten.

Böse Geister?

Wenige Wochen nach diesem Ereignis verschied Chase selbst. Als er am 9. August 1812 zu Grabe getragen wurde, standen die vorhandenen drei Särge unverändert an ihrem Platz. Einige Jahre gingen ins Land, ohne daß eine Wiederholung der ungeheuerlichen Vorgänge auf dem Friedhof von Oistins bekannt geworden wäre.

Als jedoch am 25. September 1816 die Gruft beim Tode des kleinen Samuel Brewster Ames wieder geöffnet wurde, standen die Särge abermals völlig durcheinander. Die prompt bezichtigten schwarzen Arbeiter wiesen jede Schuld für die schreckliche Untat weit von sich, die sie für das Werk böser Geister hielten. Tatsächlich kamen sie mit ihrer abergläubischen Ehrfurcht vor den Toten als Verdächtige am wenigsten in Frage. Ohne den Vorfall klären zu können, stellte man alle Särge an ihren richtigen Platz und verschloß den Eingang eilends mit der schweren Platte.

Am 17. November wurde das Grab der Familie Chase erneut geöffnet, um einen weiteren Samuel Brewster, der zunächst auf einem Friedhof in St. Philip bestattet worden war, umzubetten. Inzwischen waren die mysteriösen Vorgänge in der Familiengruft weithin bekannt geworden, so daß sich viele Schaulustige zur Graböffnung einfanden.

Sie wurden nicht enttäuscht: Alle Särge waren verschoben, und der von Mrs. Goddard war auseinandergebrochen. Eine gründliche Untersuchung der Gruft verlief ergebnislos. Wände, Boden und Decke erwiesen sich als fest und stabil wie eh und je. Und dennoch hatten zum drittenmal und unübersehbar heftige Bewegungen im Grab stattgefunden. Mit welch unbehaglichen Gefühlen die Hinterbliebenen die Särge an ihre Plätze zurückstellten – der von Mrs. Goddard wurde, so gut es ging, repariert und an eine Wand gelehnt –, kann man sich leicht vorstellen. Die schwere Marmorplatte wurde in ein Zementbett eingelassen.

Beinahe drei Jahre, während derer Tausende Neugieriger das Grab besuchten, vergingen bis zu seiner abermaligen Öffnung. Am 17. Juli 1819 wurde Thomasina Clarke bestattet. Die seltsamen Geschehnisse waren inzwischen wohl zu einem Thema von nationaler Bedeutung geworden, denn Viscount Combermere, der Gouverneur von Barbados, und zwei Regierungsbeamte wohnten der Beerdigung bei. Vor den Augen Hunderter Schaulustiger wurde die Marmorplatte von Steinmetzen aus dem Zementbett gelöst und von mehreren Sklaven beiseite geschoben.

In der Gruft herrschte völliges Chaos, nur Mrs. Goddards beschädigter Sarg war noch an seinem Platz. Auch diesmal brachte die Untersuchung des Grabes keine Ergebnisse. Die Arbeiter stellten die

ursprüngliche Ordnung wieder her und streuten den Boden der Gruft dick mit Sand aus, in dem der mysteriöse Särgeschieber, sollte er sich erneut ans Werk machen, zwangsläufig Spuren hinterlassen mußte. Die Tür wurde wieder eingesetzt, und Combermere wie auch andere drückten ihre Siegel in den frischen Zement.

Nach einer Weile erreichte die allgemeine Aufregung über die seltsamen Vorgänge ein solches Ausmaß, daß man erwog, mit der endgültigen Klärung der Angelegenheit nicht bis zur nächsten Bestattung zu warten. Es folgte eine längere Debatte, die auch zu einer Entscheidung führen sollte. Am 18. April 1820 begaben sich Viscount Combermere, sein Sohn Nathan Lucas, sein Sekretär Major J. Finch, Mr. R. Bowcher Clarke und Mr. Rowland Cotton gemeinsam mit Reverend Thomas Orderson, den sie von der Christ Church abgeholt hatten, und begleitet von einer Gruppe furchtsamer schwarzer Arbeiter auf den Friedhof.

Die Siegel im Zement waren unversehrt, niemand konnte also durch den Eingang in die Gruft eingedrungen sein. Auch ringsum war das Grab völlig intakt. Nachdem auf Geheiß Combermeres der Zement entfernt worden war, wurde die schwere Platte beiseite geschoben, wobei ein seltsames kratzendes Geräusch zu vernehmen war. Es wurde durch einen der größeren Bleisärge verursacht, der gegen die Tür geschleudert worden war und nun davor lag. Der kleinere Sarg von Mary Anna Maria war eindeutig quer durch die Gruft geflogen und dann so heftig

Unten: Die Bucht von Oistins an der Südküste von Barbados wurde zwischen 1812 und 1820 von Tausenden von Touristen besucht. Sie alle wollten mit eigenen Augen die Chase-Familiengruft auf dem Friedhof der Christ Church sehen, in der gerüchteweise jemand – oder etwas – sich an den Särgen zu schaffen machte.

gegen die Wand geprallt, daß der Korallenkalk beschädigt worden war. Die übrigen Särge waren überall verstreut. Im Sand aber waren keine Spuren zu sehen, die auf Fremdeinwirkung schließen ließen. Nathan Lucas berichtete später folgendes:

„Ich untersuchte die Wände und jeden Teil des Gewölbes und fand alles im alten Zustand vor. Ein Steinmetz klopfte vor meinen Augen den Boden Stück für Stück mit seinem Hammer ab, und alles war fest. Ich muß gestehen, für die Bewegungen dieser Bleisärge keine Erklärung zu haben. Diebe hatten zweifellos nicht ihre Hand im Spiel, und falls es sich um einen Streich handelte, hätten zu viele in das Geheimnis eingeweiht werden müssen, um dieses wirklich geheim zu halten; und was die Schwarzen betrifft, schließt ihre abergläubische Furcht vor den Toten und allem, was zu ihnen gehört, jede Beteiligung ihrerseits aus. Ich weiß nur, daß es geschah und ich es mit eigenen Augen gesehen habe!"

Was oder wer immer die Verschiebung der Särge in der Gruft der Familie Chase verursachte, erhielt künftig keine Gelegenheit mehr dazu. Denn alle Särge wurden aus der Gruft entfernt und erhielten einen friedlicheren Platz auf einem anderen Friedhof.

Werwölfe und Vampire

Es gibt noch weitere Berichte von Särgen, die sich im Grabe bewegten. In seinem Buch *West Indian Tales of Old* (Westindische Erzählungen aus alten Zeiten), das auch die rätselhaften Vorkommnisse auf Barbados behandelt, erwähnt Sir Algernon E. Aspinall beispielsweise das *European Magazine*, das im September 1815 von einer Gruft in Stanton, Suffolk, England, berichtete. Hier waren Särge mindestens dreimal und – wie in Oistins – hinter einer versiegelten Tür von ihren Podesten „gesprungen". Bei einem dieser Manöver war der schwerste Sarg, der mit Mühe von acht Männern getragen werden konnte, bis zur vierten Treppenstufe „hinaufgeklettert". „Wie kam es zu diesem Geschehnis, an dem gewiß niemand mitwirkte?" fragte das *European Magazine*. Natürlich waren die Einwohner Stantons nicht minder schockiert als die Menschen auf Barbados. 1867 wandte F. C. Paley, der Sohn des Rektors von Gretford nahe Stamford in Lincolnshire, England, sich an *Notes and Queries* mit einem Bericht über wiederholte Bewegungen schwerer Bleisärge (auch holzverschalter Särge) in einer Gruft des örtlichen Friedhofs. Seinem Brief lag eine Zeugenaussage bei, der zufolge einige der Särge sogar gegen die Wand gelehnt aufgefunden worden waren.

Die Einwohner von Arensburg auf der Ostseeinsel Ösel machten 1844 für ähnliche Vorkommnisse auf dem Stadtfriedhof sogleich Werwölfe und Vampire verantwortlich. Das Unheil begann im Juni jenes Jahres damit, daß die Pferde von Besuchern des Friedhofes ohne Grund durchgingen oder bewußtlos oder auch tot zusammenbrachen. Das Übel wurde an der Tür der Gruft der Familie Buxhoewden festgemacht. Als man während eines Trauergottesdienstes in der Familienkapelle schauerliche Geräusche aus der angrenzenden Grabkammer vernahm, wagte der beherzteste der Buxhoewdens sich hinein und stellte fest, daß die Särge seiner Verwandten durcheinandergeworfen waren. Gerüchte von Teu-

Oben: Die Chase-Familiengruft steht seit 1820 offen. Damals wurden alle Särge an einen anderen Ort überführt.

felskunst machten die Runde, und in Arensburg herrschte allseits große Furcht und Verwirrung. Der Vorsitzende des örtlichen kirchlichen Gerichtshofs, Baron de Guldenstabbe, leitete eine offizielle Ermittlung ein und besichtigte das Grab, das inzwischen wieder verschlossen worden war. Doch erneut hatten die Särge sich bewegt.

Entschlossen, der Sache auf den Grund zu gehen, berief der Baron ein Untersuchungskomitee ein. Man riß sogar den Boden der Gruft auf in der Hoffnung, einen geheimen Einstieg zu finden. Aber ohne Erfolg. Leichenfledderei kam nicht in Frage, da keiner der Särge abhanden gekommen war. Nach einer erfolglosen Suche ließ das Komitee die gesamte Gruft und die Kapelle mit Asche ausstreuen und, wie in Oistins, die Tür mit geheimen Siegeln versehen, die beim Versuch, sie zu öffnen, beschädigt worden

Unten: Viscount Combermere, der Gouverneur von Barbados, überwachte persönlich die Versiegelung des Chase-Familiengrabes nach der Bestattung von Thomasina Clarke am 17. Juli 1819. Als er neun Monate später zurückkehrte, um den Zustand des Grabes zu überprüfen, standen alle Särge kreuz und quer durcheinander, obwohl die Siegel an der Tür völlig intakt waren.

> „BEI ALLEN FÄLLEN IST ZU BEDENKEN, DASS METALLGEGENSTÄNDE DURCH IRGENDEINE UNBEKANNTE KRAFT BEWEGT WERDEN KÖNNEN, MÖGLICHERWEISE UNTER DER VORAUSSETZUNG, DASS ES SICH UM BLEI VON EINEM BESTIMMTEN GEWICHT, EINER BESTIMMTEN FORM UND MASSE HANDELN MUSS, DAS SICH ZU EINER BESTIMMTEN ZEIT AN EINEM BESTIMMTEN ORT BEFINDEN MUSS. ÄHNLICHE BEDINGUNGEN MUTEN … VERTRAUT AN, HANDELT ES SICH BEI DEM METALLGEGENSTAND UM EINE NADEL AUS MAGNETISIERTEM EISEN."

Eric Frank Russell, Great World Mysteries

wären. Zusätzlich wurden Wachen aufgestellt. Als das Komitee nach Ablauf dreier Tage und dreier Nächte zurückkehrte, waren die Siegel intakt, die Asche unberührt und dennoch die Särge völlig durcheinandergebracht. Einige standen auf dem Kopf, und ein anderer wies einen klaffenden Riß auf, aus dem ein Armknochen ragte. Anders als auf Barbados, wo man die Geschehnisse ratlos acht Jahre mit ansah, machte man in Arensburg dem Spuk kurzerhand ein Ende, indem man die Särge an einen anderen Platz brachte.

Was aber könnte nun die Bewegungen von Särgen bewirken, sei es auf Barbados, in England oder auf einer Ostseeinsel? Eindeutig läßt sich dies scheinbar nicht klären. Immerhin kommt angesichts der intakten Siegel und unberührten Sand- und Ascheschichten eine Einwirkung durch Menschenhand wohl nicht in Betracht.

Einer, der nach einer übernatürlichen oder paranormalen Erklärung suchte, war Sir Arthur Conan Doyle. Er führte die Bewegungen der Särge von Oistins auf außergewöhnliche physikalische Kräfte

Unten und ganz unten: Der Augenzeuge Nathan Lucas fertigte Skizzen an, aus denen erkennbar wird, wie die Särge in der Gruft in Oistins ursprünglich angeordnet waren (unten links) und wie sie im April 1820 vorgefunden wurden (unten rechts). Allerdings weichen die Skizzen von Aussagen anderer Zeugen ab. Darüber hinaus liegen zwei weitere Zeichnungen vor (ganz unten), die angeblich vor Ort zum Zeitpunkt der Graböffnung entstanden und die allgemein als glaubwürdigere Quelle eingeschätzt werden.

Die Bleisärge auf Barbados können auch nicht durch gewöhnliche magnetische Kräfte bewegt worden sein. Und dennoch ist die Erklärung für das Phänomen möglicherweise in einer solchen Kraft zu suchen. Einen entscheidenden Hinweis lieferten die von den Barbadiern selbst durchgeführten Untersuchungen. Bei der letzten Bestattung 1819 fertigte jemand eine Zeichnung der Gruft mit den richtig angeordneten Särgen an, und eine weitere Skizze des chaotischen Durcheinanders entstand bei der letzten Graböffnung im April 1820. Eric Frank Russell verglich die beiden Zeichnungen in seinem Buch *Great World Mysteries* (Die großen Rätsel der Welt):

„In der ursprünglichen Anordnung standen drei große Särge akkurat nebeneinander, wobei der mittlere etwas weiter vom Grufteingang entfernt war. Auf diesen standen drei kleinere Särge. Sie alle zeigten mit dem Fußende zur Tür und mit dem Kopfende zur Rückwand der Gruft, und ihre Längsachsen verliefen parallel zur Seitenwand.

Bei der Entdeckung des Durcheinanders waren alle Särge unterschiedlich, aber doch recht gleichmäßig gedreht, die Kopfenden zeigten mehr oder weniger zur Tür… Sie sahen genauso aus, als sie im Schneckentempo um ihren eigenen Schwerpunkt rotiert, wobei einige stärker gedreht waren als die anderen. Ihre Achsen durchschneiden jetzt einen Bogen von etwa 120°. Zusammen stellen sie einen Wirbel dar… wie so viele Metallformen, die an einem Ende schwerer als am anderen sind und von einer Gravitations-, gyroskopischen, elektromagnetischen oder wer weiß was für einer Kraft herumgewirbelt werden."

Zwar gelangt Russell in seinen Überlegungen zu keinem konkreten Ergebnis, doch scheinen diese zumindest sehr plausibel. Allerdings wurde durch das hastige Überführen der Särge aus Aberglauben und Furcht jede weitere Möglichkeit der wissenschaftlichen Erforschung dieser seltsamen Phänomene ein für allemal zunichte gemacht.

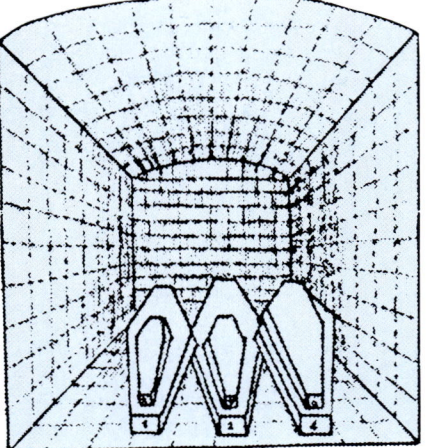

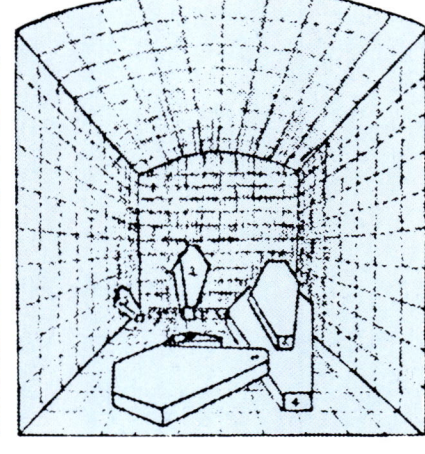

zurück, die in den Körpern jung Verstorbener, im Falle Chase der beiden Mädchen und Samuel Brewster Ames', vorhanden seien. Plausibler scheint indes die Theorie George Huntes, der in seinem Buch *Barbados* ausführt, „bei der Verwesung der Körper entstandene Gase und nicht etwa böse Geister sind die Ursache für das heftige Auseinanderstreben und die Zerstörung der von den Leichenbestattern geschaffenen Ordnung".

Wie steht es mit der Möglichkeit, daß Wasser in die Grüfte eindrang und die Särge an eine andere Stelle in der Gruft schwemmte? Die Chase-Gruft war nicht nur wasserdicht, sondern von Grundwasser absolut nicht bedroht. Und in Arensburg hätte man, da die Ereignisse sich innerhalb weniger Wochen abspielten, von größeren Wassermassen zweifellos etwas gemerkt.

Eine weitere Erklärung wäre im Falle von Barbados eine seismische Erschütterung. Tatsächlich finden sich rings um die Insel Brüche in der Erdkruste, und auf der benachbarten Insel St. Vincent steht ein Vulkan. Noch das leichteste unterirdische Beben könnte die Särge verschoben haben. Warum aber wäre nur die Chase-Gruft davon betroffen gewesen? Die These ist äußerst fragwürdig, zumal in Stanton, Gretford und Arensburg niemals Erdbeben registriert wurden.

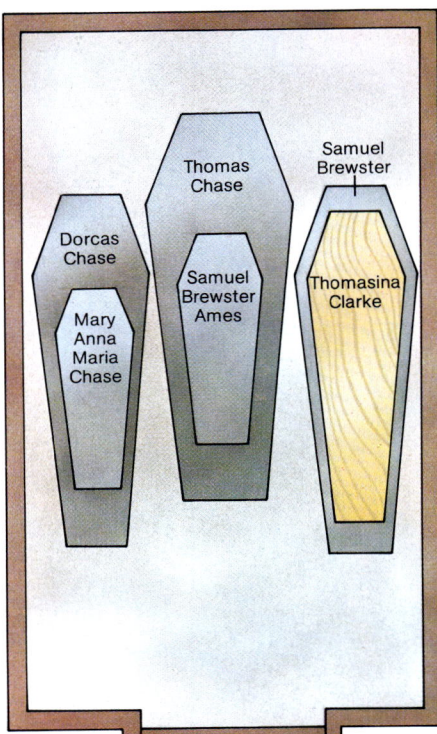

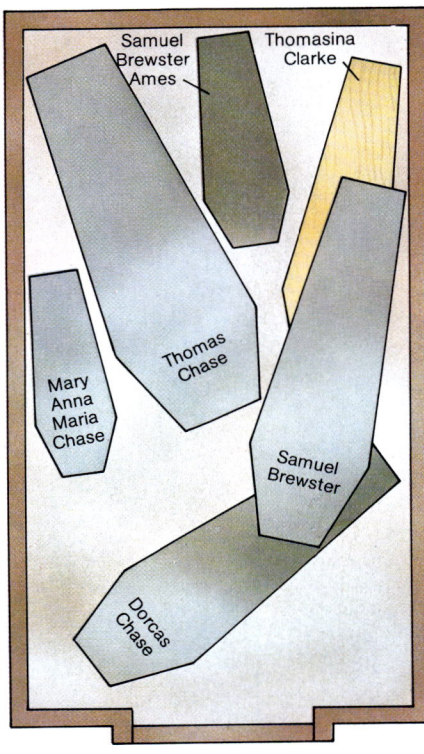

SKLAVEN DER SONNE

Permanente Turbulenzen auf der Sonnenoberfläche beeinflussen, so wird mitunter behauptet, chemische, biologische und gesellschaftliche Prozesse auf unserem Planeten.

Dunkle Flecke auf der Sonnenoberfläche werden seit zwei Jahrtausenden beobachtet, detailliert untersucht jedoch erst, seit das Teleskop im frühen 17. Jahrhundert in die Astronomie Einzug hielt. Wir wissen inzwischen, daß diese Sonnenflecke in Zyklen von etwas mehr als elf Jahren auftreten und daß sie in engem Zusammenhang mit Sonnenfackeln stehen, starken Strahlungsausbrüchen auf der Sonnenoberfläche. Warum Sonnenflecke aber an bestimmten Stellen und zu bestimmten Zeiten auftauchen, wie sie entstehen und welche Auswirkungen sie auf das Leben auf der Erde haben, konnte bis heute nicht hinreichend geklärt werden.

Sonnenflecke werden zunächst als „Löcher" in der körnigen, Wirbelstrukturen aufweisenden Sonnenoberfläche sichtbar. Manche schließen sich zu Gruppen von der Größe des mehrfachen Erddurchmessers zusammen. Gruppen wiederum können zu größeren Formationen mit einer Fläche von bis zu 18 000 Millionen Quadratkilometern verschmelzen.

Sonnenflecke erscheinen, wie wir inzwischen wissen, dunkel, weil sie etwa 2000 °C kälter als ihre Umgebung sind. Ihre Zahl wird anhand einer eher willkürlichen Formel geschätzt, die der Schweizer Astronom Rudolf Wolf 1852 einführte. Diese Relativzahl schwankt zwischen 0 und 300 und kann sehr schnell ansteigen. Vom 8. bis 18. Februar 1956 beispielsweise schnellte sie von 26 auf 270 empor, um in den nächsten zehn Tagen auf 125 zurückzugehen. Diese Schwankung stellte sich innerhalb des Gesamtzyklus als kleine Spitze dar.

Der Hauptzyklus beträgt im Durchschnitt 11,1 Jahre, wobei die beobachtete Spanne von 7 bis 17 Jahren dauerte. Daneben gibt es einen längeren Zyklus von 179 Jahren, der offenbar mit der Bewegung der Sonne um den Massenmittelpunkt des Sonnensystems zusammenhängt. Außerdem ist ein 25monatiger Zyklus zu beobachten, der vermutlich von der jeweiligen Emission subatomarer Teilchen, sogenannter Neutrinos, aus dem Inneren der Sonne abhängt.

Störungen auf der Erde

Auch orthodoxe Wissenschaftler räumen inzwischen ein, daß Sonnenflecke die Erde beeinflussen. Sonnenfackeln etwa – plötzliche Energieausbrüche, die sich stets in der Nähe von Sonnenflecken ereignen – und die dabei freiwerdenden elektrisch gela-

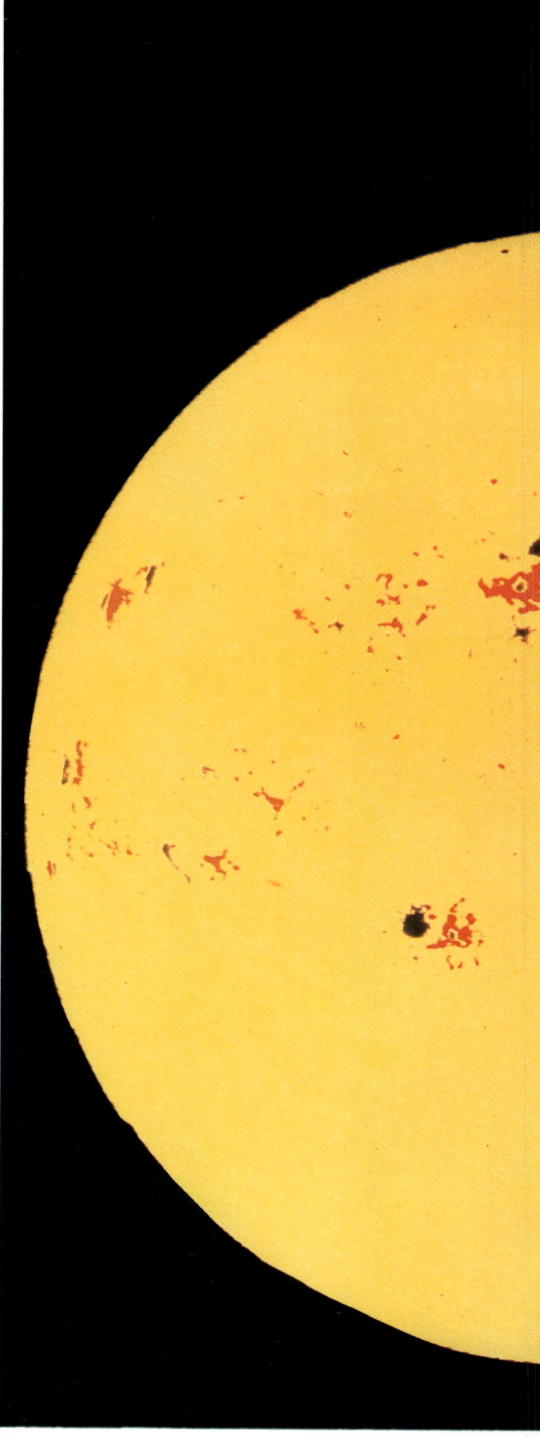

Rechts: Auf dem riesigen Sonnenball, dessen Volumen ein Millionenfaches unseres Planeten beträgt, sind ausgedehnte Gruppen von Sonnenflecken zu erkennen. Jede Gruppe verhält sich wie ein großer Magnet, dessen beide Pole auf diesem Computerbild in unterschiedlichen Farben dargestellt sind. Schwankungen der Magnetkräfte der Sonne scheinen eindeutig das Magnetfeld der Sonne zu beeinflussen, das sich wiederum auf das Leben auf der Erde auswirkt.

Unten: Das Diagramm zeigt die Sonnenfleckenzyklen über einen Zeitraum von 280 Jahren. Anzahl und Ausdehnung der Sonnenflecken unterliegen zyklischen Schwankungen und erreichen etwa alle elf Jahre Spitzenwerte. In den Phasen mit geringster Aktivität treten mitunter mehrere Tage lang keine Flecken auf.

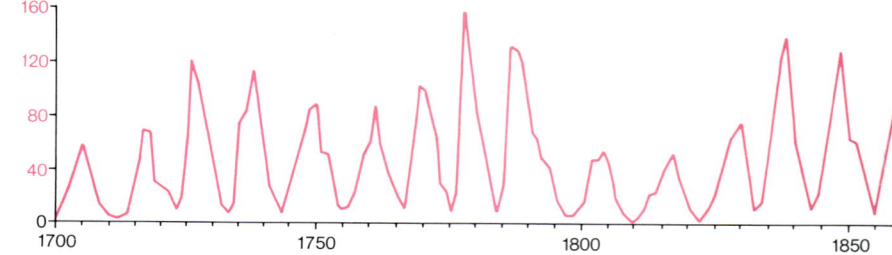

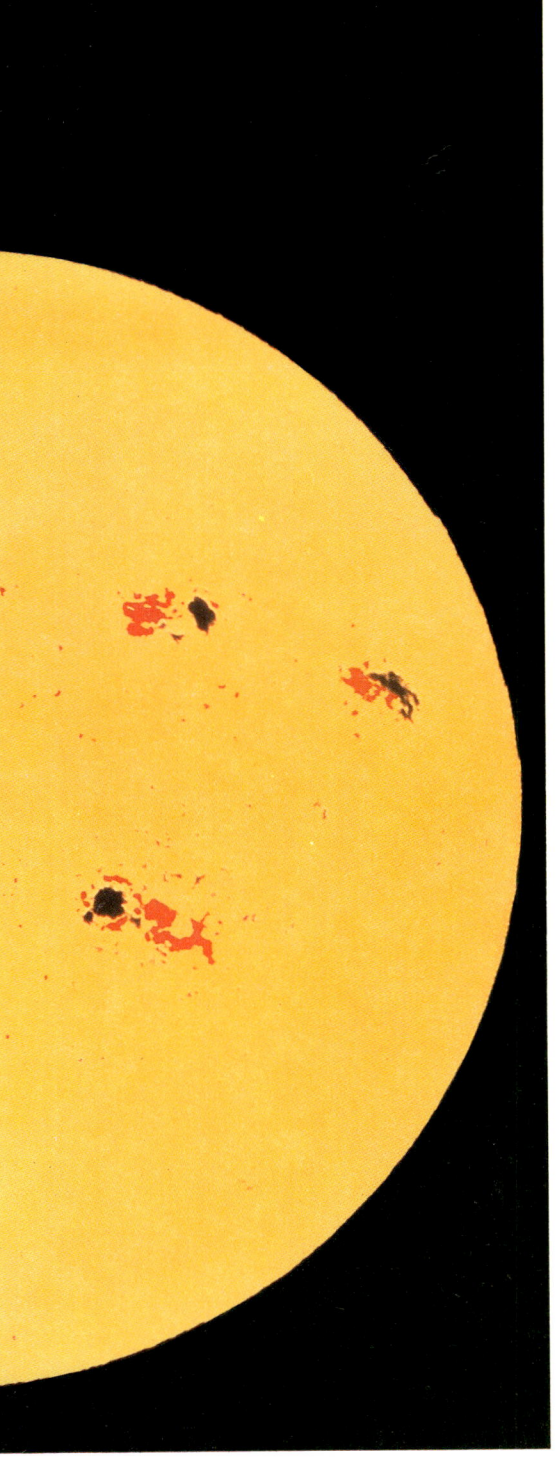

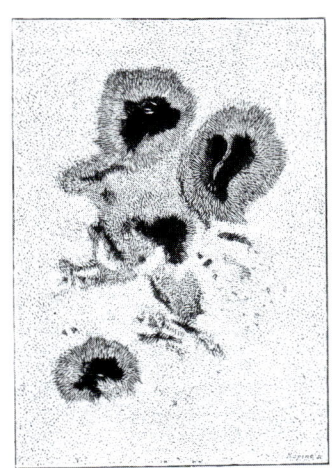

denen Teilchen können in der Erdatmosphäre Licht-effekte ähnlich der Morgenröte und zudem starke Schwankungen des Erdmagnetfeldes hervorrufen. Eine stärkere Sonnenfackel kann durch ihren Einfluß auf das Magnetfeld der Erde sogar geringfügige Änderungen der Erdrotation bewirken.

Ein kostspieliger Versuch, die Sonne zu erfor-schen, fand durch Sonnenfleckentätigkeit ein früh-zeitiges Ende. Als die 80 Tonnen schwere US-Raumstation Skylab 1979, zu diesem Zeitpunkt be-reits wieder unbemannt, die Erde umkreiste, wurde sie durch die Expansion der Erdatmosphäre infolge von Sonnenaktivitäten aus ihrer Umlaufbahn ge-drängt und stürzte im Juli über Westaustralien ab.

Was tut uns, so dürfen wir uns durchaus fragen, die Sonne noch an, außer eine Raumstation aus der Bahn zu werfen und gelegentlich die Erdrotation zu beeinflussen? Der inzwischen erwiesene enge Zu-sammenhang zwischen dem Sonnenzyklus und Veränderungen des Erdmagnetfeldes könnte mögli-cherweise auch Auswirkungen auf das Leben auf der Erde haben. Tatsächlich liegen allgemein akzep-tierte Beweise dafür vor, daß das Magnetfeld der Erde sich auf alle möglichen Vorgänge bei den ver-schiedensten Lebewesen von Mikroorganismen bis hin zum Menschen auswirkt. Nicht von ungefähr ist die elektromagnetische Ökologie inzwischen als eigenständige wissenschaftliche Disziplin aner-kannt.

Nervensystem, elektrischer Hautwiderstand, Blutbild, Blutgerinnungsrate, Herz- und Augenfunk-tionen, Einsetzen und Dauer der Menstruation und selbst das Auftreten von Neurosen, Epilepsie und Schizophrenie können, wie der sowjetische Wissen-schaftler Dr. A. P. Dubrov behauptet, durch Schwan-kungen im Magnetfeld der Erde beeinflußt werden.

Eine lebende Sonnenuhr

20 Jahre lang beschäftigte sich der japanische Arzt Dr. Maki Takata mit dem Einfluß der Sonne auf Blut-gerinnungsraten. Er wies nach, daß sich die Blutge-rinnungsraten in Abhängigkeit von kurz- und langfri-stigen Zyklen der Sonnenaktivität ändern. „Der Mensch ist eine lebende Sonnenuhr", lautete seine abschließende Erkenntnis. Seine Ergebnisse unter-mauerten die des Florentiner Professors Giorgio Pic-cardi. Nachdem Piccardi im Verlauf eines komplet-ten Sonnenzyklus Tausende von Versuchen mit Wasser durchgeführt hatte, resümierte er, daß der Ablauf bestimmter chemischer Prozesse exakt mit den täglich gezählten Sonnenflecken sowie dem Auftreten von magnetischen Stürmen und Sonnen-fackeln korrespondierte. Bei dem untersuchten Pro-zeß handelte es sich um die Ausfällung einer gelö-sten Verbindung, in diesem Fall Wismutoxychlorid.

In einer weiteren Versuchsreihe mit Blut stellte Piccardi fest, daß die Gerinnung sich durch einfa-ches Abschirmen des Blutes gegen das magneti-sche Kraftfeld der Erde um bis zu 50 Prozent beschleunigen ließ. „Alle Lebewesen", folgerte Pic-cardi, „stehen in größerer Abhängigkeit zur Außen-welt, als gemeinhin angenommen."

Die Behauptungen Takatas und Piccardis wurden durch zahlreiche Berichte aus der heutigen GUS gestützt, wo die Heliobiologie – das Studium der Einflüsse der Sonne auf das Leben – ein anerkannter Forschungszweig ist. Das besondere Augenmerk

Ganz oben, Mitte, oben: In Rußland entstandene Bücher wie **Das geomagnetische Feld und Leben** *von A. P. Dubrov (ganz oben) und* **Völlige Harmonie in der Natur** *von L. V. Glolvanov (Mitte) vertreten die These, daß der Einfluß der Sonne auf die Erde auf Magnetfelder zurückzu-führen sei, die an den Positionen von Sonnenflecken die Ober-fläche durchbrechen (oben).*

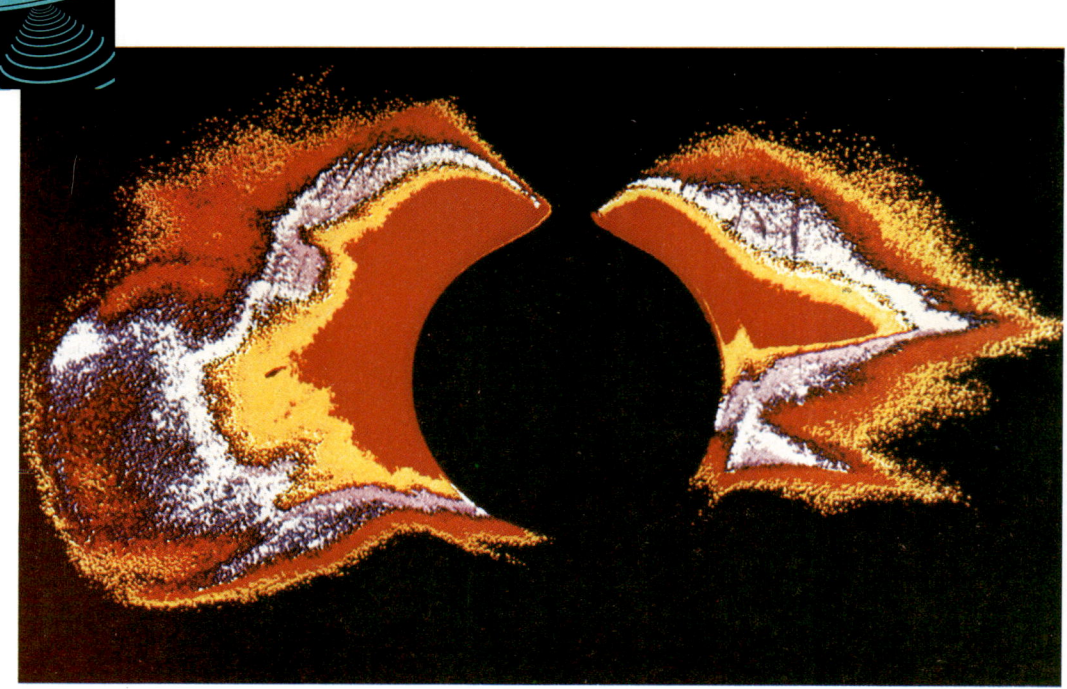

der dortigen Wissenschaftler richtet sich auf die sogenannte Kursk-Anomalie. Im Gebiet um die russische Stadt Kursk erreicht das Magnetfeld der Erde das Dreifache des Durchschnittswertes. Die Häufigkeit bestimmter Krankheiten liegt hier 160 Prozent über dem Durchschnitt, und viele Nutzpflanzen bringen durchweg geringere Ernten.

Was die Forschung im Bereich der Heliobiologie betrifft, hinkt der Westen der ehemaligen Sowjetunion erheblich hinterher. Dennoch gab es einige Überraschungen. So berichtete das renommierte Wissenschaftsmagazin *Nature* von deutlichen Zusammenhängen zwischen Schwankungen des Erdmagnetfeldes und Noteinlieferungen von Herzpatienten in zwei indische Krankenhäuser, die über

einen Zeitraum von sechs Jahren protokolliert wurden. Dies beweist die auf mindestens 14 sowjetischen Studien basierende Behauptung Dubrovs, Magnetstürme seien „eine der unmittelbaren Ursachen von Herzattacken".

Eine der kühnsten Thesen aber wurde von dem verstorbenen russischen Wissenschaftler A. L. Chizhevsky aufgestellt. Zehn Jahre lang beobachtete er Sonnenflecke und ihre Korrelation zu seiner Gesundheit. „Wir müssen annehmen", so das Ergebnis seiner Untersuchung, „daß es einen starken Faktor außerhalb unseres Globus gibt, der die Geschehnisse in der menschlichen Gesellschaft bedingt und mit der Sonnenaktivität einhergeht ... wir müssen annehmen, daß die elektrische Energie der Sonne

Oben links: Die ausgedehnte „Atmosphäre" – oder Korona – der Sonne wird in dem von Skylab erstellten Computerbild sichtbar. Ihre Form wird durch das Magnetfeld der Sonne bestimmt.

Oben rechts: Der Rundfunktechniker John H. Nelson projiziert ein Bild der Sonne auf einen runden Projektionsschirm. Auf diese Weise konnte Nelson anhand der Sonnenflecke und Planetenstellungen das Funk-„Wetter" vorhersagen.

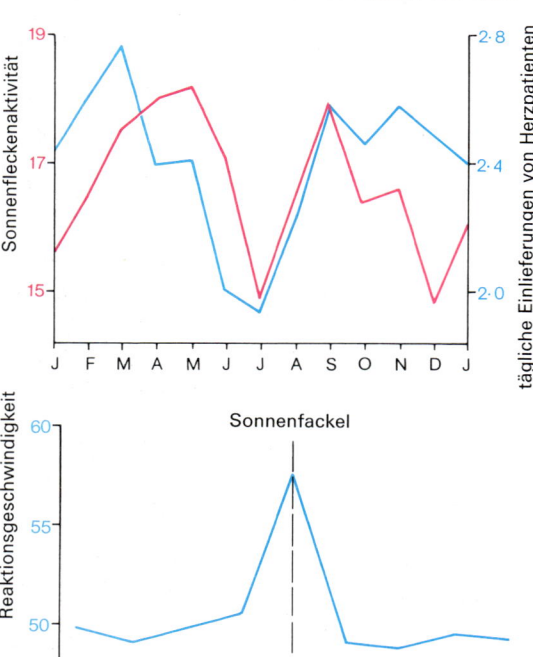

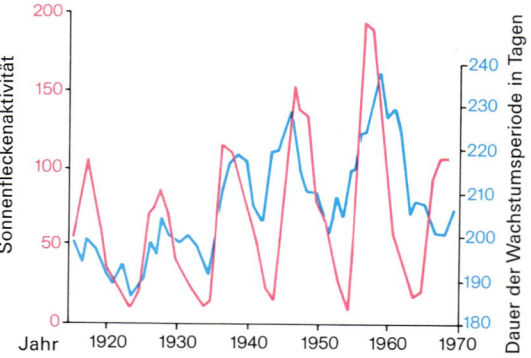

Links und rechts: Einige der mutmaßlichen Einflüsse der Sonnenaktivität sind in diesen vier Grafiken dargestellt. Die Einlieferungen von Herzpatienten (blau) in ein indisches Krankenhaus scheinen ganzjährig ähnlich verteilt wie die Veränderungen des Erdmagnetfeldes (links oben). An einem Tag mit Sonneneruption verlief eine chemische Reaktion im Freien überdurchschnittlich schnell (links unten). In Schottland über einen Zeitraum von 50 Jahren durchgeführte Messungen ergaben Parallelen zwischen warmen Perioden (blau) und der Sonnenfleckenkonzentration (rechts oben). In der Sowjetunion wurde eine Korrelation zwischen der Zahl staatlich angekaufter weißer Hasen, begehrt wegen ihres Felles, und der Anzahl der Sonnenflecken verzeichnet, wobei der Kurvenverlauf jedoch um fünf Jahre verschoben war (rechts unten).

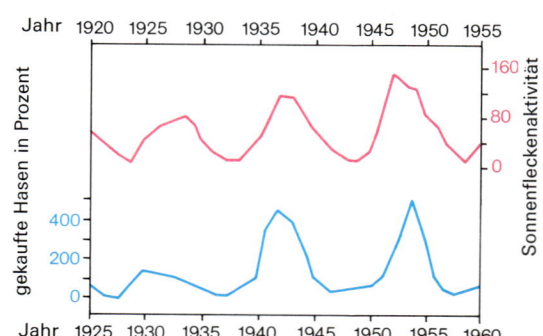

der überirdische Faktor ist, der historische Abläufe beeinflußt."

Er belegte diese erstaunliche Behauptung mit einer Vielzahl von Beweisen aus 2400 Jahren Menschheitsgeschichte. Sie ließen seiner Ansicht nach einen „universalen Zyklus in geschichtlichen Ereignissen" erkennen, der mit dem der Sonne verknüpft sei. Jeder Zyklus gliedere sich in vier Phasen annähernd gleicher Dauer. In der ersten Phase seien die Menschen friedlich, aber teilnahmslos; in der zweiten tauchten neue Ideen und Führer auf; in der dritten (mit maximaler Sonnenaktivität einhergehenden) Phase erreichten die Nationen ein „Maximum an Erregbarkeit" und vollbrächten die größten Taten, seien diese negativ oder positiv; und in der vierten Phase schließlich mache sich allgemeine Erschöpfung breit, sie leite zur ersten Phase des nächsten Zyklus über.

Chizhevsky meinte, diese Zyklen überall erkannt zu haben: in der Geschichte der Juden ebenso wie in Diphtherie- und Grippeepidemien, Streiks, Terrorismus, in allen größeren Kriegen und selbst im Wahlverhalten der Briten. So absurd einige dieser angeblichen Zusammenhänge auch anmuten mögen, Chizhevsky mag nicht überrascht gewesen sein vom zeitlichen Zusammentreffen maximaler Sonnenfleckenaktivität mit den sowjetischen Einfällen in Ungarn, der Tschechoslowakei und Afghanistan, dem polnischen Arbeiteraufstand von 1980 und den offiziell noch immer nicht hinreichend erklärten Grippepandemien von 1957 und 1968.

Einzelgänger unter den Sonnenflecken

Praktische Gründe veranlaßten den Rundfunktechniker J. H. Nelson, Chefanalytiker der Kurzwellen-Rundfunkübertragung bei „RCA Communications" in New York, dazu, die Sonnenflecke über 20 Jahre bis zu seiner Pensionierung zu beobachten. Vor dem Satellitenzeitalter waren die Rundfunksender den Launen der Sonne preisgegeben, denn Reichweite und Übertragungsqualität der Funkwellen hingen vom Zustand der Ionosphäre ab. Die genaue Untersuchung einzelner Sonnenflecke und -fackeln bescherte Nelson eine bedeutende Erkenntnis: Manche Sonnenflecke waren Vorboten eines Funkausfalls, andere hingegen nicht.

Durch die nähere Erforschung der disruptiven „Einzelgänger"-Sonnenflecke, wie er sie taufte, gelangte Nelson zu einer noch bedeutenderen Erkenntnis: Sie traten stets im Zusammenhang mit bestimmten Planetenpositionen auf. Nelson war kein ausgebildeter Astronom und schon gar kein Astrologe. Trotzdem kam er einem direkten Zusammenhang zwischen schlechtem Funk-„Wetter", starken Magnetstürmen und Planetenstellungen auf die Spur. Unter Einbeziehung der Positionen aller Planeten einschließlich des fernen Plutos erreichte Nelson schließlich nach eigener Einschätzung bei der Vorhersage des Funk-„Wetters" eine Genauigkeit von 85 Prozent.

Wie sich dieser Zusammenhang erklärt, fand Nelson jedoch niemals heraus. Durch ihre Anziehungskräfte erzeugen die Planeten auf der Sonnenoberfläche Gezeiten, die jedoch äußerst gering sind. Außerdem besitzen die Planeten unterschiedlich starke Gravitationsfelder. Das des Jupiters etwa ist mehr

Unten: J. H. Nelson fand heraus, daß Sonnenflecke, die zu einem Zeitpunkt entstehen, in dem die Sonne mit anderen Planeten einen Winkel von 90° oder 180° ergibt, auf der Erde Magnetstürme hervorrufen. Eine solche Planetenposition ist auf dem Schaubild dargestellt. Jeder Planet, auch die drei äußeren, hier nicht dargestellten, kann an einer solchen Konstellation beteiligt sein. Bei Winkeln von 60° oder 120° treten hingegen keine magnetischen Störungen auf. Auch in der Astrologie gelten Winkel von 90° oder 180° als heikel, 60°- und 120°-Winkel jedoch als günstig.

als dreißigmal so stark wie das des Merkurs, der der Sonne viel näher steht. Immerhin stellte Nelson fest, daß seine Vorhersage nur funktionierte, wenn er alle Planeten berücksichtigte. Auf diese Weise konnte die Schwerkraft nicht allen den gleichen „Stimmenanteil" geben. Nelson mußte sich daher auf die unbefriedigende Feststellung beschränken, „unbekannte Kräfte" seien an den Vorgängen beteiligt.

Ungeachtet der Frage, ob die Strahlung von Sonnenfackeln uns nach einem Zeitplan erreicht, der von den Planeten bestimmt wird, übt sie fraglos einen unmittelbaren Einfluß auf den Magnetismus unserer Umgebung aus, und dieser wiederum beeinflußt erwiesenermaßen viele biologische Prozesse. Diese Strahlung ist gewiß nicht das einzige Moment, das weltweite Entwicklungen steuert, doch ist sie als zyklisch auftretender Faktor möglicherweise mitverantwortlich für verschiedenste Ereignisse wie Herzinfarkte, Grippewellen, Geburten oder gar das Aufkommen politischer und religiöser Bewegungen.

" MEHRJÄHRIGE UNTERSUCHUNGEN DES TOMSK MEDICAL COLLEGE ERGABEN EINEN ZUSAMMENHANG ZWISCHEN VERKEHRSUNFÄLLEN UND SONNENAKTIVITÄT… NACH DER ERUPTION EINER SONNENFACKEL STIEG DIE UNFALLHÄUFIGKEIT MITUNTER AUF DAS VIERFACHE AN. "

New Scientist

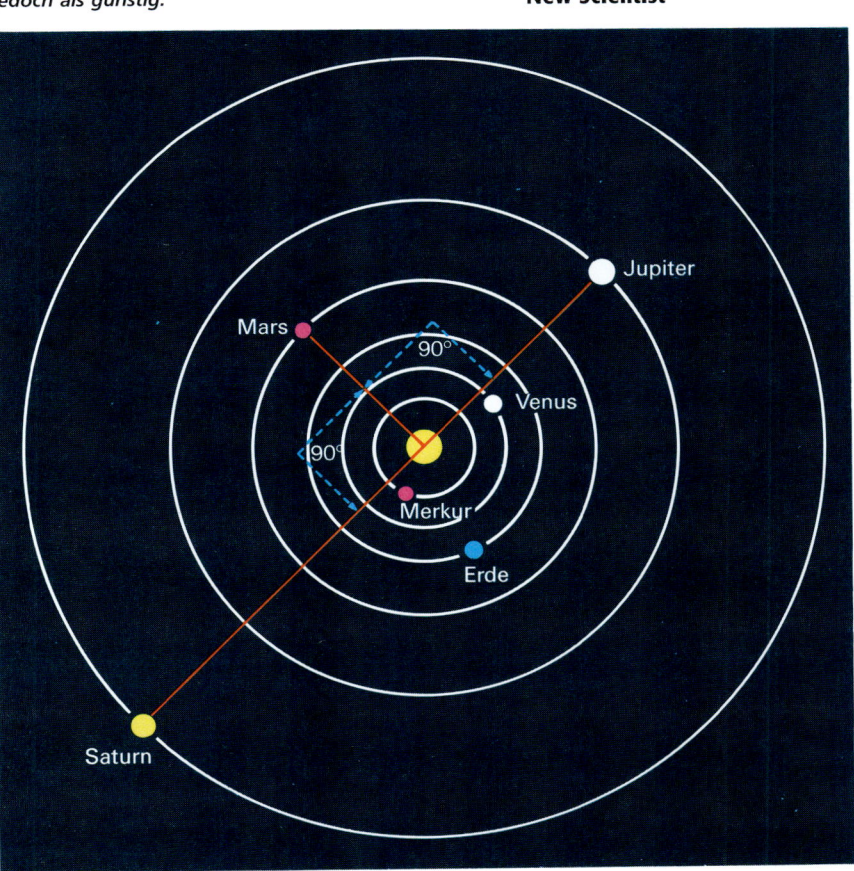

EXPERIMENTE MIT ASTRALREISEN

Was geschieht während einer außerkörperlichen Erfahrung (AKE)?
Professor A. J. Ellison beschreibt Experimente zu diesem Thema.

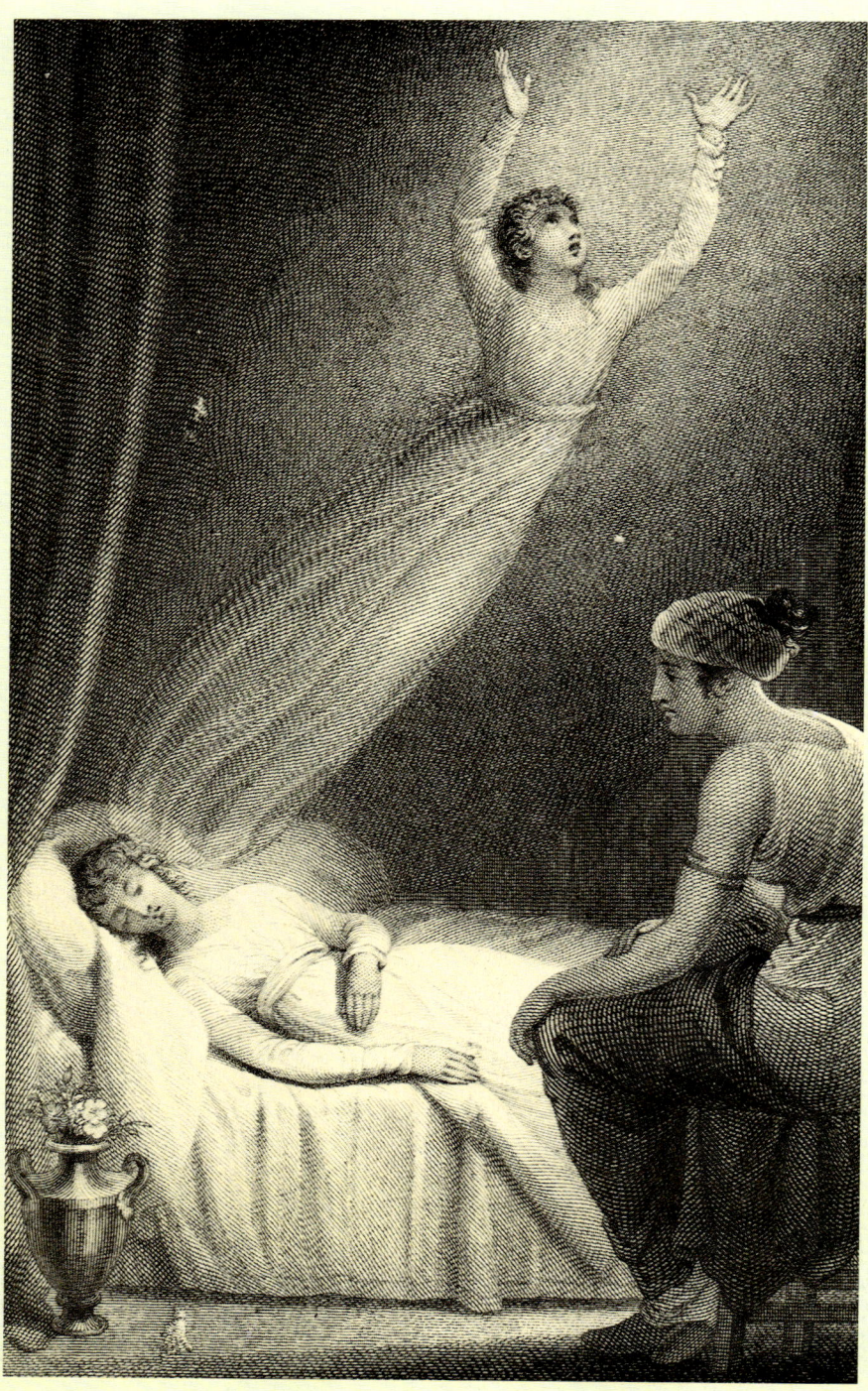

E ines der größten Probleme bei parapsychologischen Experimenten besteht darin, die Beteiligung telepathischer Kräfte auszuschließen. Besondere Bedeutung hat dieses Problem bei der Untersuchung von AKEs. Ob es sich um eine AKE handelt, stellt man fest, indem man die betreffende Person auffordert, einen Ort zu „besuchen", den sie im Wachzustand niemals gesehen hat, und sie um eine detaillierte Beschreibung der Umgebung bittet, die später überprüft wird. Allerdings gibt es anscheinend keine Möglichkeit herauszufinden, ob es sich um eine wirkliche AKE handelt oder die Angaben der Person auf Clairvoyance, also auf hellseherische Kräfte, zurückzuführen sind. Noch eine weitere interessante Theorie wurde in diesem Zusammenhang aufgestellt: Möglicherweise fungiert eine AKE als Auslöser, der Wissen an die Oberfläche befördert, das passiv im Unbewußten der Person ruhte. In ihrer letzten Konsequenz könnte diese Theorie bedeuten, daß selbst alltägliche Erfahrungen wie Sehen, Hören, Fühlen, Riechen und Schmecken reine Illusionen sind und wir die Welt um uns herum vielmehr durch Clairvoyance wahrnehmen.

Zur Klärung dieses Problems fertigte ich vor Jahren ein Gerät mit einer ausgetüftelten elektronischen Schaltung an. Wenn die Versuchsperson in den AKE-Zustand getreten war, konnte ich durch Betätigen eines Knopfes eine dreistellige Zufallszahl erzeugen, die an der Rückseite des Geräts und somit außerhalb meines Blickfeldes und desjenigen der Versuchsperson erschien. Ich forderte die Versuchsperson auf, mir die Zahl zu nennen, die ich dann in das Gerät eingab. Daraufhin überprüfte die Maschine die beiden Zahlen auf ihre Übereinstimmung. Dieser Vorgang konnte beliebig oft wiederholt werden. Am Ende einer Versuchsreihe konnte dann die Anzahl der erfolgreichen Versuche abgerufen werden. Ebenso konnte die Maschine anzeigen, wie viele der Ziffern jeweils übereinstimmten.

Der entscheidende Punkt bei dieser Methode war der, daß die Zufallszahl zu keinem Zeitpunkt vor, während oder nach dem Versuch in den Gedanken des Versuchsleiters vorkam und damit jeder telepathische Einfluß ausgeschlossen werden konnte. Als nächstes wurde das Gerät bei einer Reihe von Versuchspersonen eingesetzt, die vorherigen Experimenten zufolge in den AKE-Zustand eintreten konnten, wenn dies ihnen unter Hypnose eingegeben wurde. (Diese Fähigkeit ist unter begabten Hypnose-Subjekten relativ verbreitet.)

Ich führte zunächst zwei, drei Testläufe durch, bei denen ich, um die Sache zu beschleunigen, die Zahlen auf der Rückseite des Geräts anschaute, während die Versuchsperson mir die Zahlen nannte. Dabei war die Erfolgsquote erstaunlich hoch. Anschlie-

Links: Professor Arthur Ellison entwickelte ein Gerät zur Untersuchung von AKEs. Es erzeugt mit einem Zufallsgenerator eine Zahl, die auf der Rückseite des Gerätes erscheint. Die Versuchsperson wird nun aufgefordert, sich mit ihrem Astralleib dorthin zu begeben und die Zahl zu lesen. Die genannte Zahl wird in das Gerät eingegeben, das beide Zahlen miteinander vergleicht. Zu keinem Zeitpunkt wird die vorgegebene Zahl vom Versuchsleiter oder der Versuchsperson im herkömmlichen Sinne gesehen. Daher kann ein richtiges Ergebnis nicht auf Telepathie zurückzuführen sein.

> **ICH ERINNERE MICH NOCH LEBHAFT AN DIE DETAILS, DIE ICH IM BEWUSSTLOSEN ZUSTAND WAHRNAHM, UND FÜR MICH BESTEHT KEIN ZWEIFEL, DASS ICH IN JENEM AUGENBLICK VON MEINEM KÖRPER LOSGELÖST WAR.**

Lyall Watson, The Romeo Error

Gegenüberliegende Seite links: Der Astralleib soll den Körper im Augenblick des Todes verlassen. Hier ist dieser Vorgang in einer Darstellung des französischen Künstlers Corbould zu sehen. AKEs werden von denjenigen, die sie erlebt haben, oft als Reise des Astralleibes beschrieben. Was jedoch wirklich bei einer AKE geschieht, ist noch immer nicht geklärt.

ßend führten wir eine Reihe von 25 Versuchen durch, bei denen ich mir die Zahl nicht anschaute, sondern wie zuvor beschrieben verfuhr. Prompt meinte die Versuchsperson, sie könne die Zahlen unmöglich „lesen", denn sie seien „zu klein". Die Person hatte also offenbar Schwierigkeiten. Ich schlug ihr vor, zu Hause ein bis zwei Monate mit kleinen Zahlen zu üben, die von einem Helfer vorgegeben und hinterher zur Überprüfung des Ergebnisses angeschaut werden sollten. Anschließend sollte sie zur Wiederholung der Versuche mit meinem Gerät wiederkommen. Es überraschte mich nicht, daß die Person unsere Verabredung nicht einhielt.

Eine zweite Testperson erwies sich als noch erfolgloser. Sie konnte die Zahlen auf der Rückseite des Gerätes unter keinen Umständen lesen und brach die Experimente ab.

Meine dritte Versuchsperson war ein berühmter amerikanischer Sensitiver. Während eines Aufenthalts in Großbritannien hörte er von meiner Entwicklung und besuchte unser Labor. Spontan erklärte er sich zu einem Versuch bereit – bedauerlicherweise nahmen wir uns nicht die Zeit, die Funktion des Gerätes richtig zu überprüfen. Selbstbewußt meinte er, die Zahlen würden vor seinem geistigen Auge „einfach erscheinen", eine AKE war also in diesem speziellen Fall nicht nötig. Es sind etliche Fälle bekannt, in denen sich die Informationen der Versuchsperson auch ohne eine bestimmte Prozedur, wie etwa der Einleitung einer AKE, mitteilten. Der Mann absolvierte ungefähr 20 „Rateversuche". Als ich anschließend das Gerät umdrehte, um seine Trefferquote abzulesen, sah ich nicht die erwartete Null, sondern eine Acht im Fenster.

Am nächsten Morgen beschloß ich, der Sache nachzugehen, und erzielte bei einem Selbstversuch ebenfalls acht Treffer. Offensichtlich stimmte da etwas nicht. Eine gründliche Untersuchung des Gerätes ergab einen Fehler in einer Mikroschaltung, aufgrund dessen alle sieben Segmente der Anzeige aufleuchteten, was eine Acht ergab. Das Ergebnis vom Vortag beruhte also auf einer falschen Ablesung. Nach sorgfältiger Reinigung des betreffenden

PERSPEKTIVEN

REISEN BIS IN FERNE WELTEN

Die zahlreichen verschiedenen Berichte über AKEs dürfen durchaus als Beweis für die Existenz dieses Phänomens gelten. Trotz zahlreicher wissenschaftlicher Experimente aber kann die Möglichkeit, daß Clairvoyance oder Telepathie an dem Phänomen beteiligt sind, noch immer nicht ganz ausgeschlossen werden. In seinem Buch *To Kiss Earth Goodbye* (Der Erde zum Abschied ein Kuß) erzählt der amerikanische Künstler Ingo Swann, wie er als kleiner Junge während einer Mandeloperation einmal seinen Körper verließ. Dabei sah er sogar, wie der Chirurg mit dem Skalpell versehentlich in den hinteren Bereich seiner Zunge schnitt, und hörte daraufhin dessen Fluchen. Swann behielt die Fähigkeit, seinen Körper willentlich zu verlassen, was er später bei Experimenten an der Stanford University durch spektakuläre Ergebnisse unter Beweis stellte. Zum Beispiel schien Swann in der Lage, sich weit über unseren Planeten hinauszubewegen. Mit bemerkenswerter Genauigkeit beschrieb er Merkur bis hin zur Form seines Magnetfeldes – und dies lange bevor Mariner 10 die

Möglichkeit bot, seine Beschreibungen zu überprüfen. Dagegen war seine Schilderung von Jupiter bei weitem nicht so detailliert und in mancherlei Hinsicht auch unzutreffend.
Genaue Beschreibungen lieferte auch Bob Morrell, der behauptete, während Folterungen im Staatsgefängnis von Arizona häufig als unmittelbare Reaktion auf diese Behandlung seinen Körper verlassen zu haben und außerhalb des Gefängnisses umherspaziert zu sein. Seltsamerweise verlor er, als die Torturen ein Ende hatten, seine Fähigkeit der Astralprojektion. Bei wissenschaftlichen Befragungen berichtete er über Vorfälle, die sich in San Francisco zugetragen hatten, von denen er eigentlich unmöglich Kenntnis haben konnte.
In seinem Buch *Mysteries* (Geheimnisse) stellt Colin Wilson Betrachtungen dazu an, wie die Fähigkeit der Astralprojektion für persönliche Interessen mißbraucht werden könnte, beispielsweise von Einbrechern. In dem Zusammenhang erwähnt er auch den Fall des Okkultisten Aleister Crowley, der sich angeblich dieser Fähigkeit bediente, um Frauen auf brutale Art und Weise zu vergewaltigen.

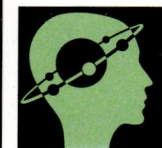

Bauteiles erzielte ich beim nächsten Durchlauf eine Null wie sonst auch.

Die vierte Versuchsperson war ein bekannter Sensitiver aus Großbritannien. Diesmal war das Experiment gut vorbereitet und das Gerät entsprechend gründlich überprüft. Mein Assistent und ich absolvierten ein, zwei Testläufe mit den üblichen niedrigen Erfolgsquoten. Nachdem die Schaltung richtig warmgelaufen war und eine letzte Überprüfung stattgefunden hatte, absolvierte die Versuchsperson eine erste Testserie mit 20 Versuchen. Abermals erschien auf der Ergebnisanzeige eine Acht, die auch nach einem weiteren Probelauf meinerseits aufleuchtete. Es mußte wieder etwas an dem Gerät kaputt sein. Nach einer erneuten gründlichen Reinigung der Mikroschaltung erzielten mein Assistent und ich wie gewohnt niedrige Ergebnisse. Alles schien wieder bestens zu funktionieren. Nun kam die Versuchsperson wieder an die Reihe und erzielte auch diesmal acht Treffer. Als wir das Gerät zum wiederholten Male reinigten und selbst eine Testreihe durchführten, erreichten wir die üblichen schlechten Resultate. Hatte das Gerät etwa wieder einen Fehler produziert? Wir konnten es trotz aller Bemühungen nicht definitiv klären.

Skeptiker könnten durchaus einwenden, daß das Auftreten desselben Fehlers bei zwei für ihre Fähig-

Unten und ganz unten: Von der „Psychical Research Foundation" in Durham, North Carolina, durchgeführte Experimente scheinen darauf hinzudeuten, daß Tiere die Anwesenheit von Astralkörpern spüren. Der Sensitive Stuart Blue Harary (unten) konnte im AKE-Zustand „losgehen" und ein Kätzchen beruhigen (ganz unten). Um die Befindlichkeit des Tieres objektiv feststellen zu können, setzte man es in eine Kiste, deren Boden in Quadrate unterteilt war, und protokollierte genau seine Bewegungen.

keiten bekannten Versuchspersonen reiner Zufall gewesen sei. Ein erfahrener Parapsychologe würde dem entgegenhalten, daß Derartiges häufig vorkommt. Man wäre versucht zu glauben, daß das Unbewußte der Versuchsperson in dem Wissen, daß ein hohes Ergebnis verlangt war, dieses auf einfachstem Wege erzielte, indem es anstelle von Clairvoyance psychokinetische Kräfte einsetzte, um die Mikroschaltung zu beeinflussen. Doch handelt es sich hierbei lediglich um eine Möglichkeit, die derzeit nicht eindeutig zu beweisen ist.

Dr. Karlis Osis, Forschungsleiter der „American Society for Psychical Research", führte einige interessante Experimente mit Alex Tanous durch, um herauszufinden, ob die Wahrnehmungen während einer AKE auf ähnliche Weise wie das normale

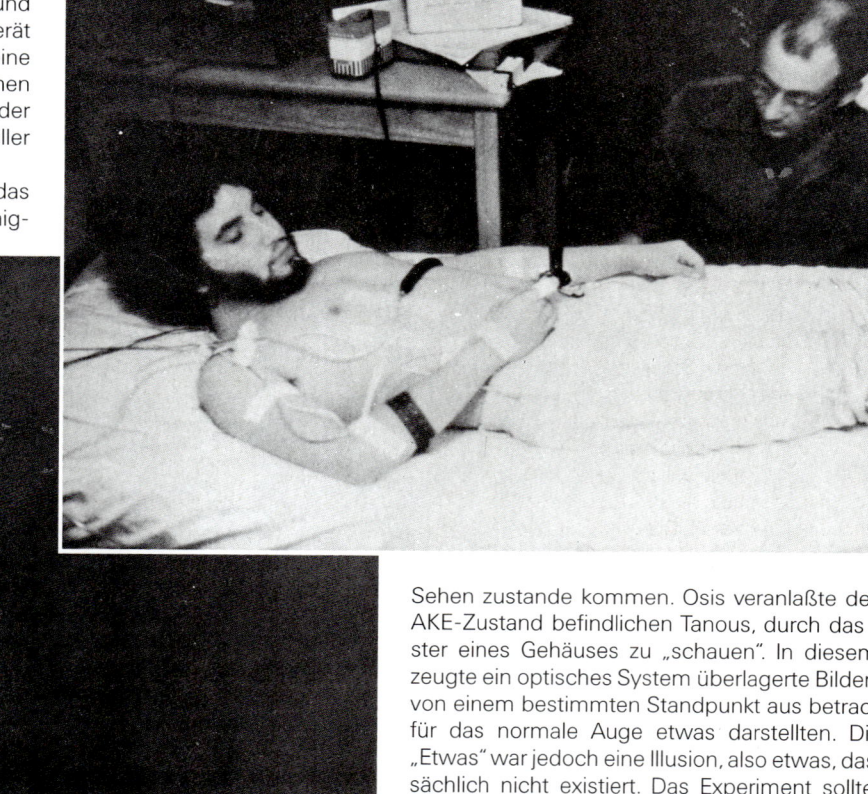

Sehen zustande kommen. Osis veranlaßte den im AKE-Zustand befindlichen Tanous, durch das Fenster eines Gehäuses zu „schauen". In diesem erzeugte ein optisches System überlagerte Bilder, die von einem bestimmten Standpunkt aus betrachtet, für das normale Auge etwas darstellten. Dieses „Etwas" war jedoch eine Illusion, also etwas, das tatsächlich nicht existiert. Das Experiment sollte die Frage beantworten, ob AKEs als eine Art dramatisierter Clairvoyance anzusehen sind oder ob etwas – vielleicht der Astralleib – sich während einer AKE tatsächlich von einem Ort an einen anderen begibt. Nach Osis' Meinung waren seine Ergebnisse als Beweis für letztere Möglichkeit zu werten. Doch ergeben sich bei der Interpretation seiner Ergebnisse Probleme: Erstens sind die Grenzen der Hellseherei nach wie vor unbekannt; und zweitens wäre es trotz zufallsbestimmter Auswahl der Zielbilder, von denen niemand wußte, wie sie sich dem menschlichen Auge darstellen würden, für das Unterbewußtsein der Versuchsperson eventuell möglich gewesen, durch hellseherische Kenntnis der Positionen der verschiedenen Komponenten im Gehäuse auf die Darstellung zu schließen und das Erlebnis zu dramatisieren, um die richtigen Ergebnisse zu liefern. In späteren Experimenten plazierte Osis Dehnungsmesser vor dem Sichtfenster des Gerätes, die seiner Ansicht nach anzuzeigen schie-

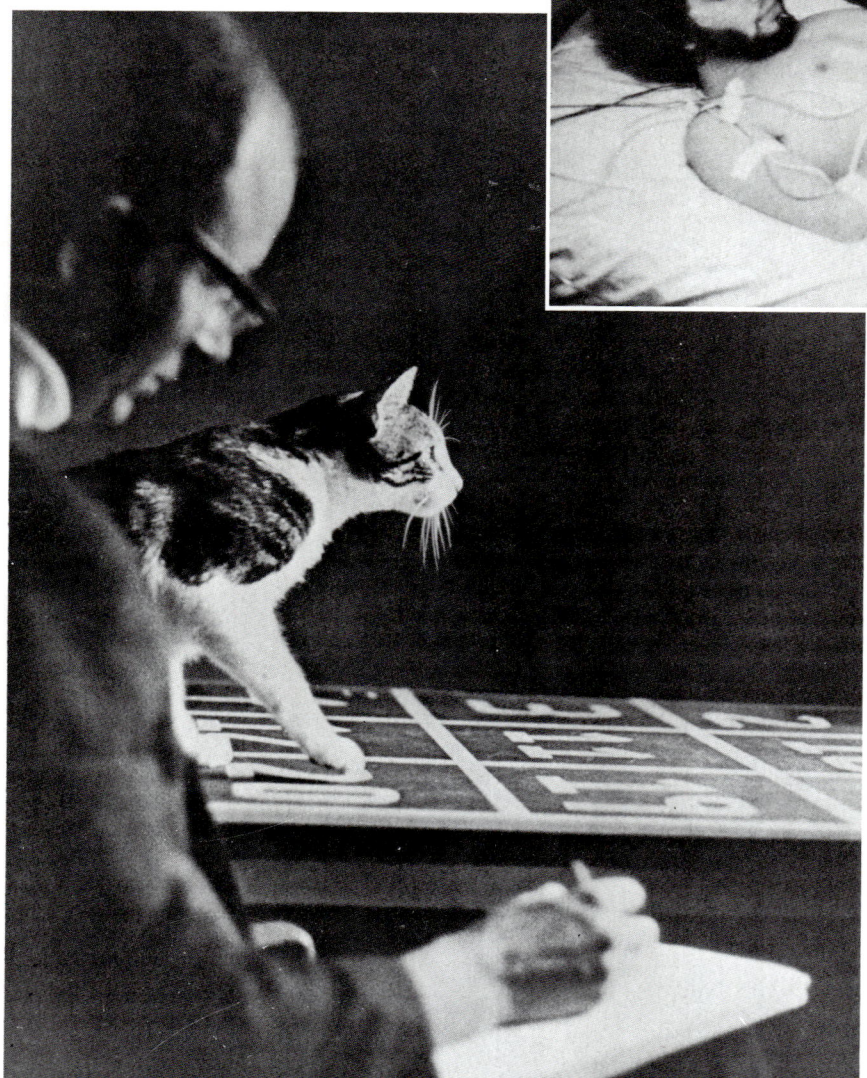

Im Blickpunkt

MISS Z UND DIE VERBORGENE ZAHL

Das erste Experiment zur Untersuchung des AKE-Phänomens unter Laborbedingungen fand unter Leitung von Dr. Charles Tart (links) an der University of California statt. Seine Versuchsperson war eine gewisse Miss Z, die behauptete, seit ihrer Kindheit AKEs erlebt zu haben.

Nachdem sie an einen Elektroenzephalographen angeschlossen worden war, versetzte sie sich auf Geheiß von Dr. Tart selbst in einen AKE-Zustand. Auf einem Regal über ihrem Kopf lag ein Zettel mit einer Zahl darauf, die Dr. Tart vor Beginn des Experiments aus Zahlentabellen ausgewählt hatte. Die Drähte, die von Miss Z's Kopf zum Gerät führten, waren so bemessen, daß sie sich unmöglich erheben und einen Blick auf den Zettel über ihr werfen konnte, ohne im Elektroenzephalogramm (EEG) eine Unterbrechung zu verursachen.

Am ersten Versuchsabend ereignete sich nichts Außergewöhnliches. Dann aber, am zweiten Abend, erlebte Miss Z eine AKE, während derer sie angab, eine Uhr an der Wand über dem Regal zu sehen, die 3.15 Uhr anzeige. Die Uhr aber war außerhalb ihres Blickfeldes. Eine Überprüfung des EEGs ließ zu jenem Zeitpunkt ungewöhnliche Wellenformen erkennen. Am dritten Abend geschah etwas Ähnliches.

Erst am vierten Abend unternahm Miss Z einen Versuch, die Zahl auf dem Zettel zu lesen, was ihr auch gelang. Als Zeitpunkt gab sie – wieder anhand der Laboruhr – 5.50 Uhr bis 6 Uhr an. Tatsächlich hatte der Elektroenzephalograph um 5.57 Uhr sehr auffällige Wellenformen aufgezeichnet. Dr. Tarts Experiment legt den Schluß nahe, daß während Miss Z's AKEs tatsächlich ein paranormales Moment im Spiel war.

Freilich ist dieser Versuch kein absolut stichhaltiger Beweis für die Existenz wahrhaftiger AKE-Phänomene. Die Möglichkeiten, Laborversuche zu manipulieren, sind recht vielfältig, und der Ehrgeiz mancher Zeitgenossen, die Wissenschaft hinters Licht zu führen, nimmt zum Teil erstaunliche Ausmaße an.

---

nen, daß während der beobachteten AKEs irgendeine physische Erscheinung dort gewesen sei. Die Trefferquote schien höher, wenn die Meßgeräte auf eine Aktivität hindeuteten.

Weitere interessante Experimente wurden von der amerikanischen „Psychical Research Foundation" in Durham, North Carolina, mit dem Sensitiven Stuart Blue Harary durchgeführt. Dabei ging es um das Verhalten von kleinen Nagetieren, Schlangen und Katzen bei Anwesenheit einer „Astralprojektion". Die zwei jungen Katzen wurden in eine große, offene Versuchskiste gesetzt, die in Quadrate unterteilt war. Die normale, unbeeinflußte Aktivität der Kätzchen

Oben: Verläßt bei einer AKE tatsächlich etwas den stofflichen Körper? Dr. Karlis Osis, Forschungsleiter der „American Society for Psychical Research", brachte bei manchen seiner Experimente vor dem Ort, den die Versuchsperson besuchen sollte, Dehnungsmesser an.

ließ sich durch die Anzahl der in einer vorgegebenen Zeit von ihnen aufgesuchten Quadrate ausdrücken. Unter normalen Bedingungen waren die Kätzchen ziemlich ängstlich, gaben entsprechende Laute von sich und bewegten sich sehr viel. Harary „ging" im AKE-Zustand zu ihnen in die Kiste und versuchte, sie zu beruhigen. Eines der Tiere änderte tatsächlich sein Verhalten, das heißt, es war während der AKE Hararys ruhiger. Das andere Kätzchen zeigte hingegen keine Reaktion. Spätere Experimente brachten keine bemerkenswerten Ergebnisse, doch werfen die mit Harary und auch von anderen Forschern mit anderen Sensitiven durchgeführten Versuche die Frage auf, ob Tiere wohl als Detektoren für AKEs besser geeignet sind als Maschinen.

Reine Gedankengebilde?

Aus dem bisher Gesagten geht hervor, daß man die Beschreibungen, die Versuchspersonen von ihren eigenen AKEs geben, nicht zu wörtlich nehmen sollte. Möglicherweise sind AKEs reine Gedankengebilde, bestehend aus Erinnerungen an die physische Welt, die von einigen durch Telepathie oder Clairvoyance erlangten Informationen überlagert sind. Östlichen Lehren zufolge ist die „Astralwelt", in die wir nach weitverbreiteter Meinung nach dem Tod eingehen (und die wir bei einer AKE im „Astralleib" besuchen), eine „Welt der Illusion", die sich vielleicht auf eine Kombination aus unseren Erinnerungen an diese Welt und unseren Wünschen, bewußten wie unbewußten, stützt. Professor H. H. Price zufolge wäre eine solche, aus mentalen Bildern bestehende Welt identisch mit jener, die häufig von Medien und Sensitiven beschrieben wird, wobei natürlich ein gewisses Maß individueller Abweichungen vorkommt. Eine solche „nächste Welt" aber, so Professor Price, ist dem nicht unähnlich, was einige Philosophen als die wirkliche Welt bezeichnen. Vielleicht können Analysen von AKEs uns zu einem besseren Verständnis unserer selbst, unserer Wahrnehmungen und geistigen Prozesse verhelfen.

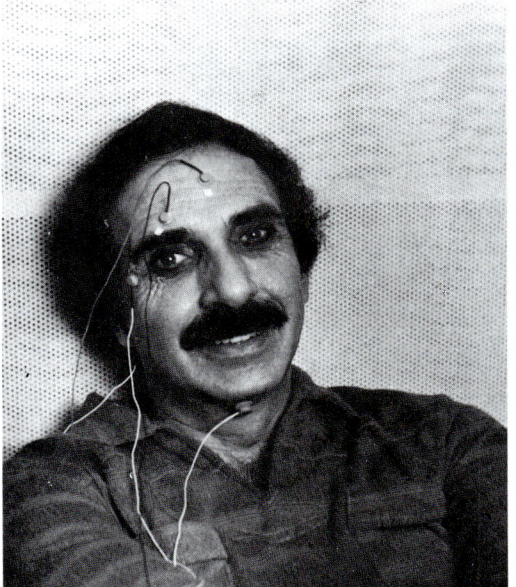

Links: Seine Versuchsperson, der Sensitive Alex Tanous, mit den Anschlußdrähten des Elektroenzephalographen, die auch während der Versuche angelegt waren.

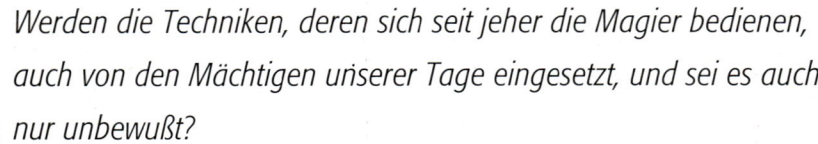

Werden die Techniken, deren sich seit jeher die Magier bedienen, auch von den Mächtigen unserer Tage eingesetzt, und sei es auch nur unbewußt?

RITUELLE MAGIE

Die Kunst, willentlich Bewußtseinsveränderungen herbeizuführen, stößt in den westlichen Ländern der Welt auf großes Interesse. Verschiedene Theorien und Praktiken, von Materialisten als traurige Relikte einer vernunftlosen Vergangenheit angesehen, erleben derzeit eine neue Blüte. Genaue Angaben, wie viele Männer und Frauen in der westlichen Welt regelmäßig rituelle Magie betreiben, sind nicht möglich. Zweifellos aber ist es eine stattliche Zahl, denn die Geschäfte mit den entsprechenden Bedarfsartikeln haben Hochkonjunktur. In England beispielsweise gibt es eine Reihe von Versandhäusern, die per Katalog eine breite Auswahl magischer Utensilien von Schwertern und Dolchen bis hin zu Kerzen und duftenden Substanzen anbieten.

Viele moderne Magier leben nach außen ein ganz normales Leben. Sie gehen einer geregelten Arbeit nach, haben Familie, fahren in Urlaub und zahlen ihre Steuern genau wie ihre Nachbarn auch. Befragte man sie jedoch nach ihren Überzeugungen, stieße man auf allerlei Sonderliches oder gar Exzentrisches. Sie betrachten das Universum als Lebewesen, dessen sichtbares Äußeres seine wahre Natur verschleiert. Und sie halten Symbole und Allegorien, Träume und Visionen für wirklichkeitsnäher als alle Gleichungen der Mathematiker und Astrophysiker zusammen.

Die körperlichen und psychologischen Praktiken der modernen Magier sind nicht minder seltsam wie die dahinter stehenden Glaubenssätze. Beispielsweise nehmen sie über lange Zeiträume unbequeme bis schmerzhafte Stellungen ein, verharren wochenlang in der Meditation über einem einfachen Symbol, einem roten Dreieck etwa oder einem gelben Quadrat, nehmen sich beinahe die Luft mit dem Rauch sinnbetäubender Räucherstäbchen, wirbeln wie ein Kreisel, bis sie bewußtlos zu Boden sinken, oder kleiden sich in bizarre Gewänder und verkünden, inmitten von Kreisen und Symbolen stehend, mit monotonem Singsang die Worte, mit denen sie glauben, die Götter auf die Erde zu rufen und dadurch selbst zu höchster Macht und Herrschaft zu gelangen.

Oben links, oben rechts, Mitte: Nur wenige politische Bewegungen unserer Zeit haben Spezialeffekte wie Licht, Musik und aufwühlende Reden so erfolgreich zur Manipulation der Massen eingesetzt wie die Nazis (oben links). Nichts wurde dabei dem Zufall überlassen, und das Blutbanner, das Hitler bei seinem Umsturzversuch 1923 getragen hatte, kam bei jeder Weihung neuer Hakenkreuzfahnen zum Einsatz (oben rechts). Die absolute Fixierung auf Blut und Tod aber richtete sich schließlich gegen die Urheber selbst: Die Visionen der Nationalsozialisten von ruhmreichen Schlachten endeten in sinnlosen Gemetzeln wie der Schlacht bei Stalingrad (links).

Nun wurde die Vermutung laut, daß neben diesen Okkultisten auch andere rituelle Magie praktizieren. Politiker und Geistliche, Sprecher bei Demonstrationen und Streikführer – sie alle setzen, so wird behauptet, unbewußt magische Praktiken ein. Sie haben die von den modernen Magiern praktizierten Methoden der Bewußtseinsänderung unbewußt von diesen übernommen oder sich selbst anhand von Erfahrungswerten angeeignet. Während aber der Magier gewöhnlich auf die Bewußtseinsänderung seiner selbst oder einiger weniger Anhänger abzielt, geht es dem Politiker oder Priester darum, die Gefühle und Handlungen Hunderter, Tausender oder, wie im Falle von Adolf Hitler, gar von Millionen zu verändern.

Magische Rituale

Mittels Licht, Farbe, Klang und theatralischen Zeremonien versucht die rituelle Magie, alle Gedanken auf eine bestimmte Idee zu lenken. Möchte ein moderner Magier beispielsweise sein ganzes Bewußtsein auf das Ideal der positiven Kraft konzentrieren, bis sein Geist und seine Seele völlig davon durchdrungen sind, so wird er Jupiter „heraufbeschwören". Das heißt, er wird die Haupt- oder die einzige Rolle in einem „Mysterienspiel" spielen, in dem er sich mit dem Gott identifiziert und sich mit Requisiten umgibt, die traditionell mit diesem in Zusammenhang gebracht werden.

In seinem magischen Zirkel zeichnet er mit Kreiden oder Farben in Violett, Purpur und Blautönen, den Farben Jupiters, ein Quadrat oder einen vierspitzigen Stern – die Vier ist die Jupiter zugeordnete heilige Zahl. Er dekoriert seinen „Tempel", den Raum, in dem er seine Rituale zelebriert, mit Eichen- und Pappelzweigen, die seit alters her mit diesem Gott in Verbindung gebracht werden. In seinem Räuchergefäß brennen auf einem Bett glimmender Holzkohle Zedernholz und Safran, die Düfte Jupiters. Und wenn er einer jener wenigen Magier ist, die bewußtseinsverändernde Drogen verwenden, so gibt er auch etwas Opium dazu oder raucht vor der Zeremonie eine Pfeife.

Auf dieser Bühne für das Mysterienspiel zu Ehren Jupiters spielt der Magier nun seine Rolle, wobei er sich mit dem Gott identifiziert, so, wie ein Schauspieler sich in die Figur, die er spielt, vollends hineinversetzt. Jedes seiner Worte, jede seiner Handlungen, jede seiner Anrufungen sind mit dem Jupiter-Prinzip der wohlwollenden Macht verknüpft. Am Ende der Zeremonie ist der Geist des Magiers, wenn er Erfolg hatte, mit diesem Prinzip und nur mit ihm erfüllt.

> **KEIN WESEN DER SCHÖPFUNG IST**
>
> **GEWIEFTER ALS DER MENSCH ... KANN ER**
>
> **SICH DIE GESAMTE SCHÖPFUNG**
>
> **UNTERTAN MACHEN ...**
>
> **Ko Hung,**
>
> **Rejoinder to Popular Conceptions**

Oben: Auch der Ritualmagier von heute beschwört die Götter, indem er seinen Geist mit den Vorstellungen von einer höchsten Macht erfüllt und sich mit traditionellen Symbolen umgibt.

Genau das gleiche System wird in vielerlei Hinsicht von Staatsmännern angewandt. Auch sie bedienen sich verschiedener Zeremonien, um Gefühle und Bewußtsein zu verändern. Ein anschauliches Beispiel liefern die Maifeiern, die früher in jedem kommunistisch geführten Staat stattfanden. Die flatternden roten Fahnen, die weithin sichtbaren Bilder von Volkshelden und Märtyrern, die Tausende geballter Fäuste und stampfender Füße und die Podien, auf denen die Parteivorsitzenden unter riesigen romantisierten Porträts von Marx, Engels und Lenin standen – all dies sind politische Pendants der Requisiten im Tempel des Magiers. Daß sie ihre Wirkung auf die Zuschauer und Teilnehmer dieser zeremonienhaften Demonstrationen nicht verfehlten, steht außer Frage. Der graue Arbeitsalltag, die schlechte Wohnsituation und Unterversorgung mit Lebensmitteln sowie Zukunftsängste – alles war vergessen. Die Menschen fühlten sich als Teil einer großen marschierenden Armee, mitgetragen von einer Welle des Fortschritts, die, glaubte man den Gesetzen der Geschichte, zwangsläufig alles beiseite räumen mußte, was ihr im Wege stand und eine neue, bessere Welt entstehen lassen müßte.

Die vielleicht größten Meister dieser „politischen rituellen Magie" waren die Nazi-Führer. Einige Okkultisten behaupten gar, Adolf Hitler und seine engsten Vertrauten hätten die Praktiken der okkulten Zeremonien studiert und sie vorsätzlich für ihre politi-

schen Rasse. Der erfahrenste Okkultist, der Jahre an einem Ritual zur Anrufung des Kriegsgottes Mars gearbeitet hätte, hätte es keinesfalls besser machen können.

Manche Magier behaupten, wer die alten Götter aus den Tiefen des Unbewußten wachriefe, liefe Gefahr, von ihnen zerstört zu werden. Und der Krieg forderte zahllose Opfer.

Heute vollführt kein Staatsmann bewußt solche unheilvollen magischen Zeremonien, wie es die Nazis taten. Doch ist in anderen Bereichen, zum Beispiel bei religiösen Feiern und selbst bei Rockkonzerten, ein ähnlicher Einsatz von Licht, Farbe und Klang zu beobachten. Es wurde sogar behauptet, daß man bei den Auftritten der verstorbenen Rocksängerin Janis Joplin eine rituelle Evokation der Venus miterleben konnte, wie sie eines Magiers würdig gewesen wäre.

Oben: Riesige Porträts der offiziellen Helden der ehemaligen UdSSR dienten bei den Maifeiern dazu, die Gedanken der Teilnehmer auf ein einziges Ziel zu lenken, das Gedeihen des kommunistischen Staates.

schen Ziele eingesetzt. Lange wurde diese Möglichkeit diskutiert, ohne daß man jedoch zu konkreten Schlüssen gelangt wäre. Sicher ist, daß sich der zukünftige Führer in einer Anfangsphase seines politischen Lebens intensiv mit okkulten Schriften befaßte. Und unbestritten scheint, daß die Nürnberger Parteitage der Nationalsozialisten streng reglementierte und bewußt inszenierte Zeremonien waren, die sowohl auf die Teilnehmenden als auch auf diejenigen, die später Filme davon sahen, eine gezielte Wirkung ausüben sollten.

Fanfarenbläser in traditionellen Kostümen, die dramatischen SS-Uniformen, die Wagner-Musik und die zackigen Märsche, die gewöhnlich vor jeder dieser Versammlungen erklangen, riefen Gedanken an germanische Mythen und militärische Ruhmestaten wach. Die zahllosen Hakenkreuzfahnen, deren Farben Schwarz, Weiß und Rot Krieg, Terror und Tod assoziierten, riefen den Anwesenden die gesamte Ideologie des Nationalsozialismus ins Bewußtsein. Höhepunkt und Urritual der Parteitage aber war der Weiheakt, der bei den Zuschauern starke Verbundenheitsgefühle mit den Märtyrern des Nationalsozialismus hervorrief. Dabei schlug Hitler neue Hakenkreuzfahnen gegen das „Blutbanner", das er und andere 1923 bei dem erfolglosen Putsch in München getragen hatten. Der Weiheakt war das wirksamste Werkzeug im schändlichen „Mysterienspiel" der Nationalsozialisten, ja fast könnte man von einem Sakrament sprechen.

Die magischen und quasi-religiösen Aspekte dieser Versammlungen wurden in ihrer Wirkung dadurch noch gesteigert, daß ihr Höhepunkt fast immer nach Einbruch der Dunkelheit und in einer „Kathedrale des Lichts", wie der Nazi-Technokrat Albert Speer es nannte, stattfand: Der weite Platz unter freiem Himmel war von Flugabwehr-Scheinwerfern gesäumt, die ihre Strahlen, den Pfeilern gotischer Bauwerke gleich, senkrecht in den Himmel schossen.

Ohne Frage erreichten die Nürnberger Parteitage die gewünschte Wirkung. Die überwältigende Mehrheit der Teilnehmer und Augenzeugen waren erfüllt von Gedanken an militärischen Ruhm und Kampf und Selbstaufopferung zum Wohle der ari-

> " MAGIE GIBT ES WELTWEIT IN JEDER KULTUR – UND ÜBERDIES, TROTZ ALLER ZWISCHEN DEN KULTUREN BESTEHENDEN UNTERSCHIEDE, IN ÜBERRASCHEND ÜBEREINSTIMMENDER FORM –, DENN SIE IST EIN SPIEGEL DER IMMERWÄHRENDEN PRINZIPIEN UND MUSS ALS SOLCHER SO LANGE BESTAND HABEN WIE DIE KULTUREN SELBST. "
>
> **Arthur Versluis,**
> **The Philosophy of Magic**

Rechts: Die verstorbene Janis Joplin elektrisierte bei ihren Auftritten geradezu die Zuschauer, indem sie, vermutlich unbewußt, alle Elemente einer Beschwörung der Venus einsetzte.

Fotonachweis